1. 本书是教育部人文社会科学重点研究基地华中师范大学中国农村研究院 2016 年基地重大项目"作为政策和理论依据的深度中国农村调查与研究"（16JJD810004）的成果之一。

2. 本书是华中师范大学中国农村研究院"2015 版中国农村调查"的成果之一。

天津市重点出版扶持项目

中国农村调查

（总第41卷·家户类第10卷·中等家户第7卷）

徐勇 邓大才 主编

天津出版传媒集团

天津人民出版社

图书在版编目(CIP)数据

中国农村调查. 总第 41 卷, 家户类. 第 10 卷, 中等家户. 第 7 卷 / 徐勇, 邓大才主编. -- 天津 : 天津人民出版社, 2020.12
　　ISBN 978-7-201-16653-7

　　Ⅰ.①中… Ⅱ.①徐… ②邓… Ⅲ.①农村调查-研究报告-中国 Ⅳ.①F32

　　中国版本图书馆 CIP 数据核字(2020)第 220551 号

中国农村调查(总第 41 卷·家户类第 10 卷·中等家户第 7 卷)

ZHONGGUO NONGCUN DIAOCHA

出　　版	天津人民出版社
出 版 人	刘　庆
地　　址	天津市和平区西康路 35 号康岳大厦
邮政编码	300051
邮购电话	(022)23332469
电子信箱	reader@tjrmcbs.com

策划编辑	王　玪
责任编辑	王　玪
特约编辑	郭雨莹
装帧设计	汤　磊

印　　刷	北京虎彩文化传播有限公司
经　　销	新华书店
开　　本	787 毫米×1092 毫米　1/16
印　　张	46.25
插　　页	6
字　　数	1000 千字
版次印次	2020 年 12 月第 1 版　2020 年 12 月第 1 次印刷
定　　价	750.00 元

总　序

2015年是华中师范大学中国农村研究院历史上的关键一年。在这一年,本院不仅成为完全独立建制的研究机构,更重要的是进一步明确了目标,特别是进行了学术整合,构建了一个全新的调查研究计划。这一计划的内容包括多个方面,其中,中国农村调查是基础性工程。从2015年开始出版的《中国农村调查》便是其主要成果。

学术研究是一个代际接力、不断提升的过程。农村调查是本院的立院之本、兴院之基。本院的农村调查经历了三个阶段。

第一阶段主要是基于项目调查基础上的个案调查(1985—2005年)。

20世纪70年代末80年代初开启的中国改革开放,起始于农村改革。延续二十多年的人民公社体制废除后,农村的生产功能由家庭所承担,社会管理功能则成为一个新的问题。这一问题引起我院学者的关注。1928年出生的张厚安先生是中国政治学恢复以后较早从事政治学研究的学者之一,他与当时其他政治学学者不同,他比较早地关注农村政治问题,并承担了农村基层政权方面的国家研究课题。与此同时,本校其他学者也承担了有关农村政治研究的课题。1988年,这些学者建立起以张厚安先生为主任的农村基层政权研究中心,由此形成了一个自由结合的学术共同体。

作为一个学术共同体,农村基层政权研究中心有其独特的研究宗旨和方法。在学术共同体建立之初,张厚安先生就提出了"三个面向,理论务农"的宗旨。"三个面向"是指面向社会、面向基层、面向农村,"理论务农"是指立足于农村改革实践、服务于农村改革实践。这一宗旨对于政治学学者是一个全新的使命。政治学研究政治价值、政治制度与政治行为。传统政治学更多研究的是国家制度和国家统治,以文本为主要研究素材。"三个面向"的宗旨,必然要求方法的改变,这就是进行实地调查。自学术共同体形成开始,实地调查便成为我们的主要研究方法。

自20世纪80年代中期始,以张厚安先生为领头人的学者就开始进行农村调查。最初是走向农村,进行全国性的广泛调查,主要是面上了解。1995年,在原农村基层政权研究中心的基础上,成立了农村问题研究中心,由张厚安先生担任主任,由1955年出生的中年学者徐勇教授担任常务副主任。新中心的研究重点仍然是基层政权与村民自治,但领域有所扩大,并将研究方法凝练为"实际、实证、实验",更加强调"实"。这种务实的方法引起了学术界的关注,并注入国际学术界的一些研究理念和方法。我们的农村调查由面上的了解走向个案调查。当时,年届七旬的张厚安先生带领队伍参与村庄个案调查,其代表作是《中国农村村级治理——22个村的调查与比较》。这一项目在全国东、中、西三个地区选择了6个重点村和18个对照村进行个案调查,参与调查人员数十人,并形成了一个由全国相关人员参与的学术调查研究团队。

第二阶段主要是基于机构调查基础上的全面调查(2005—2015年)。

1999年,教育部为推动人文社会科学研究,启动了教育部人文社会科学研究重点基地建设。当年,华中师范大学农村问题研究中心更名为"华中师范大学中国农村问题研究中心",由徐勇教授担任主任。2000年,中心成为首批教育部人文社会科学重点研究基地。在基地成立之前，以张厚安教授为首的研究人员是一个没有体制性资源保障、纯因个人兴趣而结合的学术共同体，有人坚持下来，也有人离开。成为教育部研究基地以后，中心仍然坚持调查这一基本方法，并试图体制化。其主要进展是在全国选择了二十多家机构作为调研基地，为全国性调查提供相应的保障，并建立相互合作关系。

作为教育部重点基地，中心是一个有一定资源保障的学术共同体，有固定的编制人员，也有固定的项目经费，条件大为改善，但也产生了新的问题。这就是农村调查根据个人承担的研究项目而开展。这不仅会导致研究人员过分关注项目资源分配，更重要的是易造成调查研究的"碎片化"和"片断化"，难以形成整体性和持续性的调查。同时，研究人员也会因为理念和风格的不同而产生分歧，造成体制性的学术共同体动荡。为了改变调查研究项目体制引起的"碎片化"倾向，2005年，徐勇教授重新规划了基地的发展，提出"百村观察计划"，计划在全国选择一百多个村进行为期10年、20年、30年甚至更长时间的调查和跟踪观察。目标是像建立气象观测点一样，能够及时有效地长期观测农村的基本状况及变化走向。这一计划得到时任华中师范大学社会科学研究处处长石挺先生的鼎力支持。2006年，计划得以试行，主要由刘金海副教授具体负责。最初的试点调查村只有6个，后有所扩展。2008年，在试点基础上，由邓大才教授主持，全面落实计划，调查团队通过严格的抽样，确定了二百多个村和三千多个农户的调查样本。

"百村观察"是一项大规模和持续性的调查工程，需要更多人的参与。同时它又是一项公共性的基础工程，人们对其认识有所不同。因为它要求改变项目体制造成的调查"碎片化"和研究"个体化"的工作模式，为此，学术共同体再次出现了有人退出、有人坚持、有人加入的变化。

2009年正式启动的"百村观察计划"，取得了超出预想的成绩：一是从2009年开始，我们每年都要对样本村和户进行调查，调查内容和形式逐步完善，并形成相对稳定的调查体系。除了暑假定点调查以外，还扩展到寒假专题调查。每年参与调查的人员达五百人左右，并出版《中国农村调查》等系列著作。二是因为调查的规模大，可以进行充分的分析，并在此基础上形成调查报告，提供给决策部门，由此也形成了"顶天立地"的理念。"顶天"就是为决策部门服务，"立地"就是立足于实地调查。这一收获，使中心得以在教育部第二次基地评估中成为优秀基地，并于2010年更名为华中师范大学中国农村研究院，由徐勇教授担任院长，邓大才教授担任执行院长。三是形成了一支专门的调查队伍并体制化。起初的调查者有相当一部分是没有受过严格专业训练的志愿者。为了提高调查质量，自2012年起，研究院将原来分别归于导师名下指导的研究生进行整合，举办"重点基地班"。基地班以提高学生的调查研究能力为导向，实行开放式教学、阶梯性培养、自主性管理，形成社会大生产培养模式，改变了过往一个老师带三五个学生的小作坊培养方式。至此，农村调查完全由受到专门调查和学术训练的人员承担，走向了专业化道路。四是资料数据库得以建立并大大扩展。过往的调查因为是项目式调查，所以资料难以统一保管和使用。2006年，我们启动了中国农村数据库建设。随着"百村观察计划"的正式实施，大量数据需要录入，并收集到许多第一手资料，资料数据库得以迅速扩展。

第三阶段主要是基于历史使命基础上的深度调查（2015年至今）。

农村调查的深入和相应工作的扩展，势必与以行政方式组织科研的现行大学体制发生碰撞。但是已经有一个良好开端的调查不可停止。适逢中国的智库建设时机，2015年，华中师范大学中国农村研究院成为完全独立建制的研究机构,由 1970 年出生的邓大才教授担任行政负责人。

中国农村研究院独立建制,并不是简单地成为一个独立的研究机构,而是克服体制障碍,进一步改变学术"碎片化"倾向,加强整合,提升调查和研究水平,目标是在高等学校中建设适应国家需要的智库。实现这一目标有五大支撑点:一是大学术,以政治学为主,多学科参与,协同研究;二是大服务,继续坚持"顶天立地"的宗旨,全面提高服务决策的能力,争取成为有影响力的决策咨询机构;三是大调查,在原有"百村观察计划"的基础上构建内容更加丰富的农村调查体系,争取成为世界农村调查重镇;四是大数据,收集和扩充农村资料和数据,争取拥有最丰富的农村资料数据库;五是大平台,将全校、全省、全国,乃至全球的农村研究学者吸引并参与到农村研究院的工作中来,争取成为世界性的调查研究平台。这显然是一个完全不同于以往的宏大计划,也标志着中国农村研究院的全新起步。

独立建制后的中国农村研究院仍然将农村调查作为自己的基础性工作,且成为体制性保障的工作。除了"百村观察计划"的持续推进以外,我们重新设计了 2015 版的农村调查体系。这一体系包括"一主三辅":"一主"即以长期延续并重新设计的"中国农村调查"为主体;"三辅"包括"满铁农村调查"翻译、"俄国农村调查"翻译和团队到海外农村进行实地调查的"海外农村调查",目的是完善农村调查体系,并为中国农村调查研究提供借鉴。

现代化是一个由传统农业社会向现代工业社会转变的过程,这一转变是从农村开始的。农村和农民成为现代化的起点,并规划着现代化的路径。19 世纪后期,处于历史大转变时期的俄国,数千人参与对俄国农村调查,持续时间长达四十多年。20 世纪上半叶,日本在对华扩张中,以南满洲铁道株式会社为依托开展对中国农村的大规模调查,持续时间长达四十多年,形成著名的"满铁调查"。进入 21 世纪,中国作为一个世界农业文明最为发达的大国,正在以超出想象的速度向现代工业文明迈进。中国需要也应有能够超越前人的大规模农村调查。"2015 版的中国农村调查"正是基于这一历史背景设计的。

"2015 版的中国农村调查"超越了以往的项目或者机构调查体制,而具有更为宏大的历史使命:一是政策目的。智库理所当然要出思想,但"思想"除了源自思考以外,更要源自于可供分析的实地调查。过往的调查虽然也是实地调查,但难以对调查进行系统化的分析,并根据调查提出有预见性的结论。在这方面,19 世纪的俄国农村调查有其长处。"2015 版的中国农村调查"将重视实地调查的可分析性和可预测性,以此提高决策服务的成效。二是学术目的。调查主要在于知道"是什么"或者"发生了什么",是事实的描述。但是这些事实为什么发生?其中存在什么关联?这是过往调查关注比较少的,以至于大量的调查难以进行深度的学术开发,学术研究主要依靠的还是规范方法,实地调查难以为学术研究提供必要的基础,由此会大大制约调查的影响力。"2015 版的中国农村调查"特别重视实地调查的深度学术开发性,调查中包含着学术目的,并可以通过调查提炼学术思想,使其作为一种有实地调查支撑的学术思想也可以间接影响决策。为此,"2015 版的中国农村调查"在设计时,除了关注"是什么"以外,也特别重视"为什么",试图对中国农村社会的底色及其变迁进行类似于生物学"基因测序"的调查。三是历史传承目的。在现代化进程中,传统农村正在迅速消逝。"留得住乡愁"需要对"乡愁"予以记录和保存。20 世纪以来,中国农村发生了太多的变化,中国农民经历了太多的起伏,农民的历史构成了国家历史不可或缺的部分。"2015 版的中国农村调查"因此特别关注历史的传承。

基于以上三个目的,"2015版的中国农村调查"由四个部分构成:

其一,口述调查。主要是通过当事人的口述,记录20世纪上半期以来农村的变化及其对当事人命运的影响。其主体是农民个人。在历史上,他们是微不足道的,尽管是历史的创造者,但没有哪部历史记载他们的状况与命运。进入20世纪以后,这些微不足道的人物成为"政治人物",尽管还是"小人物",但他们是大历史的折射。通过他们自己的讲述,我们可以更加充分地了解历史的真实和细节,也可以更好地"以史为鉴"。口述史调查关注的是大历史下的个人行为。

其二,家户调查。主要是以家户为单位的调查,了解中国农村家户制度的基本特性及其变迁。中国在历史上创造了世界上最为灿烂的农业文明,必然有其基本组织制度为支撑。但长期以来,人们只知道世界上有成型的农村庄园制、部落制和村社制,而没有多少人了解研究中国自己的农村基本组织制度。20世纪以来受革命和现代化思维的影响,人们对传统一味否定,更忽视对中国农村传统制度的科学研究,以至于我们在否定自己传统的同时引进和借鉴的体制并不一定更为高明,使得中国农村变迁还得在一定程度上向传统回归。实际上,中国有自己特有的农村基本组织制度,这就是延续上千年的家户制度。家户调查关注的是家户制度的原型及其变迁,目的是了解和寻求影响中国农业社会变迁的基因和特性。

其三,村庄调查。主要是以村庄为单位的调查,了解不同类型的村庄形态及其变迁实态。农村社会是由一个个村庄构成的。与海洋文明、游牧文明相比,农业文明的社会联系更为丰富,"关系"在中国农村社会形成及其演变中居于重要地位。中国在某种意义上说是一个"关系国家",但是作为一个历史悠久、人口众多、地域辽阔、文明多样的大国,关系格局在不同的地方有不同的表现,由此形成不同类型的村庄。国家政策要"因地制宜",必须了解各个"地"的属性和差异。村庄调查以"关系"为核心,注重分区域的类型调查,通过不同区域的村庄形态和变迁的调查,了解和回答在国家"无为而治"的传统条件下,一个超大的农业社会是如何通过自我治理实现持续运转的;了解和回答在国家深度介入的现代条件下,农业社会是如何反应和变化的。

其四,专题调查。主要是以特定的专题为单位的调查,了解选定的专题领域的状况及其变化。如果说前三类调查是基本调查的话,专题调查则是专门性调查,针对某一个专题领域,从不同角度进行广泛深入的调查,以期获得对某一个专门领域的全面认识和把握。

"2015版的中国农村调查"是一项世纪性的大型工程,它是原有基础的延续,也是当下正在从事、未来需要长期接续的事业。这一事业已有数千人参与,特别是有若干人在其中发挥了关键性作用,当下和未来将有更多的人参与。历史将会记录下他们的功绩,他们的名字将与我们的事业同辉!

2016年6月,教育部公布了对人文社会科学重点研究基地的评审结果,我院排名全国第一,并再获优秀。这既是对过往的高度肯定,也是对进一步发展的有力鞭策。为此,本院再次明确自己的目标,这就是建设全球顶级农村调查机构、顶级农村资料数据机构,并在此基础上,形成自己的学术领域和学术风格,而达到这一目标,需要一代又一代人攻坚克难、不懈努力!

徐　勇

2015年7月15日初序

2016年7月15日补记

凡　例

　　作为教育部人文社会科学重点研究基地，华中师范大学中国农村研究院历来重视农村调查与研究，《中国农村调查·家户类》是基地新版"中国农村调查"项目的重要成果，在付梓之际，特作以下说明：

　　1. 根据徐勇教授提出的"中国家户制度学说"，家户制度是中国的本源型传统和基础性制度，并在此基础上形成独特的中国农村发展道路。本项目旨在通过传统时期的家户调查揭示和挖掘这一本源型传统和基础性制度。

　　2. 在家户对象的选取上，本项目以 1949 年以前的完整家户为调查对象，并根据人口规模进行分类。其中，7 口人及以下为小家户，8 至 13 口人为中等家户，14 口人及以上为大家户。本项目所调查的家户，分布在全国绝大多数的省份，具有广泛的代表性。每一位调查员在调查之前均受过严格的学术培训，每个家户的调查时间在 15 天以上。

　　3. 每一篇家户调查报告分为"家户的由来与特性、经济、社会、文化、治理"五章，重点围绕家户的"特性、特色、关系与层次"开展调查和写作。同时，在每篇报告的后面附有调查员的调研小记、日记等，供读者了解整个调查的进展与历程。

　　4. 在报告写作中，"市县名、乡镇名、村庄名、家户名、人物名、部门单位"等均为实名。报告中出现的照片、人名、数据等信息，均得到了访谈对象或数据提供者口头或书面授权。另外，写作中引用的档案材料、政府部门提供的资料、历史材料等均标注出处。

　　5. 本项调查主要通过老人口述获取信息、数据，因而报告中的数据可能不甚精准，其中土地面积、粮食计量单位也实难统一，仅供参考，请各位读者、学者在引用、使用的过程中酌情处理。

　　6. 在考察家户变迁时，调查有时会涉及土地改革、"文化大革命"等内容，但是调查者均怀揣学术研究之心，从家户的变迁与发展的历史视角去调查和写作，力求客观、真实地反映中国家户形态。

　　7. 在出版方面，项目组组建了审稿与编辑小组，严格审查、校审每一篇家户调查报告，并从中遴选出优秀的报告，集结成卷出版。

　　8.《中国农村调查·家户类》的重点在于传统形态的调查，是一项抢救历史的学术工程。由于时间仓促，其中不免有错漏，也希望海内外学术界、读书界提出批评、建议，帮助我们提高这套丛书的质量。

《中国农村调查》编辑组

目　录

第一篇

维生以佃：无房无地家户的艰难生存
——川东舒安村明氏家户调查

报告撰写：柏　静[*]

受访对象：明少安

[*] 柏静(1994—　)，女，四川省自贡市人，华中师范大学中国农村研究院 2016 级硕士研究生。

导　语

明氏祖辈为响应清政府号召,由江西吉安府吉水县出发,一路辗转迁移,曾迁移到湖北武昌府蒲溪县吉阳乡,然后迁移到重庆云阳县洞炉,最后迁移到四川自贡富全乡舒安村,并正式定居。至1949年,明家在舒安村已经繁衍六代。明家祖辈在江西带来的字辈为"尚再成兴朝廷金应",入川后的字辈则是"为正学永少次曾又"。明家在1949年之前,共有三代人一起生活,第一代为家长明永正和妻子刘贵芳,第二代为大儿子明少安和大儿媳妇王蒙丽、二儿子明少友和二儿媳妇陈发菊,第三代为孙子明次良、明次华和明次平。

明家在家庭治理方面,明永正是明家的家长,对明家各项事务拥有支配权,主要负责明家土地和房屋租佃、家户收入与分配、家户消费、家户教育、家户治理、对外交往等方面;妻子刘贵芳是明家的内当家,主要负责明家内部事务的管理。在家庭经济方面,明家在舒安村属于小户人家,在村内没有自己的土地和房屋,农业耕作依靠向黄姓地主租佃土地7667平方米,同时租佃黄家房屋居住。明家家庭收入主要包括农业生产的收入和木匠的副业收入,另外还有少量的家畜饲养收入和手工业收入,每年需要向地主缴纳地租十石①,交租之后剩余的粮食只能够让明家勉强度日,收成不好的年份明家需要依靠借粮度过。明家租佃的房屋共有六个房间,面积为120平方米,供全家人在此生活。在家户婚配方面,明永正的三个孩子均正常结婚生子,两个儿子都在24岁时娶妻成家并生儿育女,女儿明少琴在19岁便出嫁到蒲店乡。在家户交往方面,明家家庭内部关系和谐,家庭成员之间除了妯娌关系会有小矛盾之外,其余均无冲突;明家对外交往同样融洽,与村内亲朋好友相互帮助,对黄姓地主和管事相当尊敬,逢年过节会到黄家送礼。在文化教育方面,明永正的三个孩子都读过几年村内的私塾,目的只是为了识字。明家没有成文的家规,孩子的教育依靠家长口头教导和潜移默化的影响。在公共事务方面,明家对于村庄公共事务都正常参与,筹资筹劳并无逃避,家中儿子曾被抓壮丁后自己逃回明家。总体上,房屋和土地都为租佃的明家人靠着勤劳节俭,艰难地维持着家庭的生存。

---

① 石:计量单位,当地一石约为三百斤。

第一章　家户的由来与特性

　　明氏祖辈因清政府推行"移民垦荒、插占为业"政策，由江西吉安府吉水县，一路辗转迁移，最后定居四川自贡富全乡舒安村，至 1949 年已在村内繁衍六代。1949 年之前，明家三代人同居共财，家庭成员共九人，其中劳动力为六人，男性劳动力三人。明家男性劳动力负责主要的农业生产和副业收入，女性劳动力负责农业生产中的轻活和明家内部的家务及纺棉织布的手工业；明家土地和房屋均为租佃，土地租佃面积 7667 平方米，房屋面积 120 平方米；明家农具和家具均为自己制作，与邻居共养一头牛，另有少量家畜。明家经济状况在舒安村处于低等水平，每年家庭收入交租之后所剩不多，一家人节衣缩食只能勉强度日。明永正为明家家长，管理明家大小事务，妻子刘贵芳为内当家，管理明家内部事务。

一、家户迁徙与定居

(一)清初由江西入四川

　　明末清初，张献忠、李自成、清军以及后来康熙年间的三藩之乱，三十年间经历长期战争加瘟疫等自然灾害发生，四川人口锐减，据官方统计，康熙七年(1668)，四川省会城市成都只剩下七万人，四川全省人口约六十万人，比明末四百万人锐减了三百四十万人，四十多万平方公里的四川土地上几乎荒无人烟。清政府为了增加财政收入，巩固其统治，采取了一系列增加人口、恢复生产的措施，大规模移民四川的活动正式开启，史称"湖广填四川"。"查川省孑遗，祖籍多系湖广人氏。访问乡老，俱言川中自昔每遭劫难，亦必至有土无人，无奈迁外省人民填实地方。"明家的祖上就是在这一时期由江西吉安府吉水县出发，然后一路辗转迁入自贡。

(二)三次迁移定居舒安

　　康熙二十九年(1690)清政府颁令："凡他省民愿在川垦荒居住者……准所垦荒地给为永业，发给照票"，迁移到四川地区的人皆能"挽草为记、手指成界、占地落户"。明氏祖辈一路辗转迁移，曾在多个地方落脚，最初由江西吉安府吉水县，迁移到湖北武昌府蒲溪县吉阳乡，然后再迁移到重庆云阳县洞炉，最后才迁移到四川自贡富全乡舒安村，并正式在此定居。由于迁移时间较长且多次变换地方，明氏一族到达时，舒安村已没有土地可占，所以明家并没有自己的土地和房屋，在舒安村一直都是佃户。明家第一位"落担"在舒安村的人，当地俗称为"落担始祖"①。

(三)在此生活已有六代

　　1949 年之前，明家自"落担始祖"定居舒安村已在当地繁衍六代，明家的族谱已经无迹

---

　　① 落担始祖：指家族中第一个经过迁移定居四川某地的人。

可寻,后代能够记起的字辈有在江西带来的字辈:"尚再成兴朝廷金应",入川后的字辈则是"为正学永少次曾又"。家长明永正属于明家"落担"舒安村之后在此繁衍的第四代,共生育两儿一女,分别是大儿子明少安、二儿子明少友和女儿明少琴,这是明家在舒安村的第五代。明少安已有两个儿子,分别是明次良和明次华,明少友已有一个儿子明次平,这是明家在此繁衍的第六代。明家在村里面没有自己的土地和房屋,一直靠着向地主租佃土地进行农业耕作为生,属于舒安村的小户人家。

(四)因无地而导致家庭贫困

明家一直以来最大的问题就是没有自己的土地和房屋,这导致明家的人虽然很努力辛苦地干活,但是交完租之后就所剩不多,一家人始终只能够勉强度日。另外,明家经历过的最主要的损失是大干旱和土匪抢劫。1933年当地遭受了一次严重的大旱灾,明家的粮食因此而遭到大量减产,即使地主减少地租,明家的人也节衣缩食地过日子,仍然还是需要家长明永正向黄姓地主进行借粮才能够度过困难时期。明家曾经遭到土匪的抢劫,土匪晚上到明家,将家里面本就不多的钱和油、鸡鸭、衣服等财产抢走,这对于贫困的明家来说更加大了家中的困难。

二、家户基本情况

(一)家庭人口三世同堂

1949年之前,明家的家庭人口数量为九人,一共有三代人在一起生活。第一代是明永正和妻子刘贵芳,两人分别是明家的家长和内当家。第二代是明永正和刘贵芳的两个儿子和儿媳妇,分别是大儿子明少安和大儿媳妇王蒙丽,二儿子明少友和二儿媳妇陈发菊,明永正的女儿明少琴在19岁的时候已经出嫁到蒲店乡,并不在明家生活。第三代是明永正的三个小孙子,分别是明少安和王蒙丽的两个儿子明次良、明次华,以及明少友和陈发菊的儿子明次平。明家没有请雇工,也没有收养和过继等特殊情况,长期就是以上九个家庭成员在一起生活。

表1-1　1949年以前明家家户情况表

家庭基本情况	数据
家庭人口数	9
劳动力数	6
男性劳动力数	3
家庭际代数	3
家内夫妻数	3
老人数量	0
儿童数量	3
其他非亲属人员数	0

(二)家庭成员基本情况

1949年之前,明家的劳动力充足,生活在明家的九个家庭成员里,劳动力数量为六人,其中男性劳动力三人,女性劳动力三人。家长明永正和大儿子明少安、二儿子明少友是明家最主要的劳动力,明家农业生产和家庭生活中的重活都是属于这三个男性做,同时明永正还是当地的木匠,他也将木匠手艺传给了两个儿子,三人会在当地接一些木匠的"活路"①干,给明家挣一些粮食补贴家用。妻子刘贵芳是明家的内当家,整体负责明家的家庭内部管理,会和两个儿媳妇王蒙丽、陈发菊一起进行家务劳动和照看小孩、纺棉织布的活动,同时三个女性还要负责明家干土②里面的蔬菜耕作,进行一些相对较轻的农业劳动。第三代的三个小孙子则因为年龄太小而不能够参加劳动。这便是明家的家户劳动力情况。

明家人的身体状况一直都很健康,很少会有病痛,明家的家庭成员都没有宗教信仰。明永正和妻子刘贵芳都没有读过书,明家的三个孩子都读过两三年书,因为明永正希望孩子们能够识字,所以把儿子和女儿都送到村里面的私塾去读了几年书。家庭成员的婚姻状况皆为正常,明永正和妻子刘贵芳共生育三个孩子,大儿子明少安在 24 岁时娶妻王蒙丽成家,之后女儿明少琴在 19 岁时出嫁,二儿子明少友同样在 24 岁时娶妻陈发菊成家,三人的婚姻都是"父母之命,媒妁之言",通过媒人介绍然后正常结婚生子。1949 年之前,明少安和王蒙丽已经生育两个孩子,明少友和陈发菊已经生育一个孩子,且以上三个都是男孩。

表 1-2　1949 年以前明家家庭成员情况表

成员序号	姓名	家庭身份	性别	年龄	婚姻状况	健康状况	受教育情况
1	明永正	家长	男	47	已婚	优	无
2	刘贵芳	妻子	女	45	已婚	优	无
3	明少安	大儿子	男	28	已婚	优	三年
4	王蒙丽	大儿媳妇	女	24	已婚	优	无
5	明少友	二儿子	男	25	已婚	优	三年
6	陈发菊	二儿媳妇	女	21	已婚	优	无
7	明次良	大孙子	男	3	未婚	优	无
8	明次华	二孙子	男	1	未婚	优	无
9	明次平	小孙子	男	1	未婚	优	无

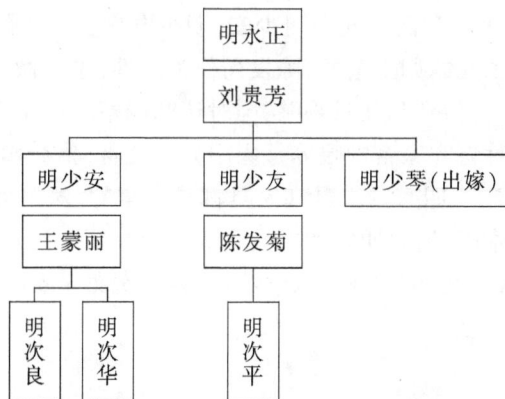

图 1-1　1949 年以前明家家户结构图

---

① 活路:指从事劳动。
② 干土:指家门口种蔬菜小块土地。

(三)租佃房屋全家居住

1949年之前,明家并没有自己的房屋,一家人所居住的房屋是和土地一起在黄姓地主处租佃的,村内许多"写田户"①都是这样连着房屋一起租佃。明家租佃的房屋面积约为一百二十平方米,材料是土坯房,是一处独立的房屋。明家居住的房屋共有六个房间和两个耳房,六个房间分别是一间堂屋、三间卧房、一间灶火间和一个猪圈带厕所。房屋的空间布局是正中间为堂屋,堂屋是明家人用来吃饭和会客的地方,堂屋左右两边和右后方分别是三间卧房,右边的卧房是家长明永正和妻子刘贵芳居住,左边的卧房是大儿子明少安一家居住,房屋右后方的卧房是二儿子明少友一家居住,堂屋往里是明家的灶火间,左后方则是用于饲养家畜的地方和厕所。左右两边的耳房分别用于养牛和放柴。明家房屋前面是一块"土坝子"②,平常明家人用来生活,农忙时候可以用作晒场,房屋背后是一条排水沟。

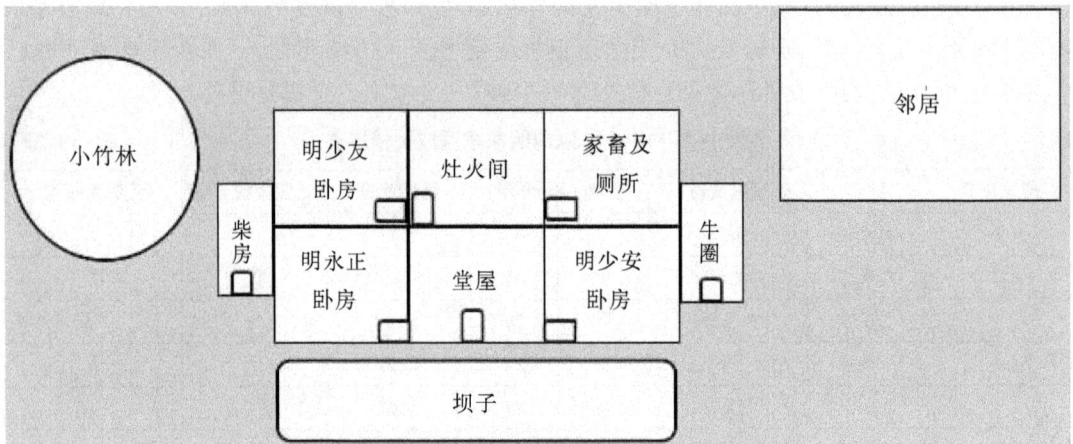

图1-2　1949年以前明家家户空间结构图

(四)家庭经济勉强度日

1949年之前,明家在村里面只是"写田户",既没有自己的土地,也没有自己的房屋,靠着向村内黄姓地主租种了五十"挑"③田耕种为生,为7667平方米的田地。明家的六个成年人都会进行农业耕作,其中明永正和两个儿子明少安、明少友作为家中的男性,承担农业生产中的主要劳动,刘贵芳和两个儿媳妇王蒙丽、陈发菊作为女性,主要做一些干土里面的农活,相对轻松。明家每年会养一头猪和十几只鸡鸭,同时还和隔壁的两家人一起养了一头牛,三家人轮流喂养和使用,明家牲畜和家畜的喂养是家中妇女负责,猪会卖掉,鸡鸭则有的卖掉,有的送人,有的自家杀掉来吃。明家的农具和家具都是齐全的,家里面有两辆水车④,"四大农具"⑤齐备,因为明永正是木匠,所以明家的家具和农具都是明永正自己制作的。明家的收入主要包括农业生产的收入、木匠的副业收入、少量家畜和蔬菜出卖的收入以及手工纺织的收

---

① 写田户:指没有土地,靠租佃土地为生的家庭。

② 土坝子:指房屋门前一块土空地。

③ 挑:当地的土地计量常用单位,一挑是一百斤谷子,在当地相当于0.23亩土地。

④ 水车:当地一种用于抽水灌溉的农具。

⑤ 四大农具:当地四种用于农业生产的重要农具,包括犁、耙、播、簸。

入等,家庭支出主要包括全家人的粮食消费、衣物消费、地租支出、人情支出等。明家没有自己的房屋,所以居住的房屋也是向黄姓地主租住,租金算在土地的租金里面一起收,明家每年土地租佃的租金为十石谷子,将近一年收成的一半。明家的经济条件不好,在收成好的年份还可以勉强度日,收成不好的年份需要通过借粮来度过一年。

表1-3　1949年以前明家家计状况表

土地占有与经营情况		土地自有面积	0	租入土地面积	7667平方米
		土地耕作面积	7667平方米	租出土地面积	0
生产资料情况		大型农具	水车2辆、石磨1个、"四大农具"		
		牲畜情况	猪1头、鸡鸭十几只、三家合养牛1头		
收入		农作物收入			其他收入	
	农作物名称	耕作面积	产量	单价	收入金额(折算)	收入来源	收入金额
	水稻	6000平方米	5000斤	0.3元	—	木匠	—
	小麦	1333平方米	300斤	0.1元	—	手工业	—
	苞谷	1000平方米	300斤	—	—	牲畜	—
	蔬菜	2000平方米	200斤	—	—	收入共计	
	高粱	1333平方米	300斤	—	—	—	
支出	食物消费	衣服鞋帽	燃料	肥料	租金		
	自给自足				十石谷子		
	赋税	雇工支出	医疗		支出共计		
	0	0			—		
结余情况	勉强收支平衡		资金借贷	借入金额		收成差时借粮	
				借出金额		0	

（五）因贫穷而无声望

1949年之前,明家没有人在村里面担任过任何职务,明家一直都是村里面的"写田户",属于经济条件不好的小户人家,在当地并没有声望,能够担任职务的都是村里面有权有势的人家,所以明家没有机会担任职务。明家虽然贫困,但是和村里面其他人家的关系还是处得挺好,因为明家一直都是低头种地的老实人,没有和村里人发生过直接的冲突,和周围的邻居们都是和谐相处,相互帮助。

（六）家庭属于村内小户人家

1949年之前,明家一共有三代人,家里面的家长是明永正,内当家是妻子刘贵芳,明家自从明永正这一代分家之后,便一直是他担任明家的家长,没有其他的当家人。明家所在的村庄为富全乡舒安村,交往最密切的范围是自家所在的院子[①],舒安村里面有好几个大户人

---

① 院子:村里面住得近的十几户人家组成一个院子,是比小组更小的单位。

家,拥有很多的土地,明家租佃土地的黄家就有一百多"挑"田土,靠着出租土地、收租为生,舒安村最大的姓氏就是黄姓。明家在舒安村属于小户人家,因为没有自家的土地和房屋,全部都靠着租佃。每年的所有收入交了租金之后,只能勉强够一家人维持生活,而且明家日常吃的以稀饭和杂粮为主,能吃上干饭和肉的时候非常少。舒安村还是小户人家居多,一些小户人家和明家一样没有自己的土地,全部依靠租佃地主的土地过活,有的小户人家有一点自己的土地,但仍然不够一家人支出。

明家的家庭人口数在村里面属于中等水平,且家中男性较多,家长明永正和妻子刘贵芳共有三个孩子,其中有两个是儿子。1949 年之前,大儿子明少安已有两个男孩,小儿子明少友已有一个男孩,明家的家庭人口数为九人,在村里面还是属于中等水平。明家的财产在村里面处于下等水平,每年勉强度日,算是村里面的贫困人家。

第二章　家户经济制度

明家在家户产权方面,没有自有土地,农业耕作依靠租佃7667平方米的土地,租金为十石谷子;明家所居住房屋同为租佃,面积120平方米,一家人生活足够;各类生产资料和生活资料均有,一头牛为明家与另两家邻居共同所有,家长明永正在家户产权上处于支配地位。家庭经营方面,明家经济收入不多,主要为农业生产收入和木匠副业收入,外加少量家畜饲养收入和手工业收入,家庭收入在交租之后仅够明家勉强度日。明家家庭收入分配以家庭为单位,收入分配顺序为先交租再自家食用,家户分配和消费由明永正支配。家户借贷方面,明家在收成不好的年份,需要进行借粮以渡过难关,借粮均为家长明永正出面。明家的家户交换活动主要是在市场进行,家中男女都能上街"赶场"①,既购买东西,也卖蔬菜和棉布。

一、家户产权

(一)家户土地产权

1.家户耕种土地逐渐增加

明家在1949年之前耕种的土地共有五十"挑",土地类型主要是水田,外加少量的旱地。因为房屋和土地是一起向地主租的,所以土地位置就在明家居住的房屋周围,土地比较零散,分为十到二十块小片土地,其中最大的几块就在明家正门前,这部分土地的质量也较好。明家的土地质量总体可以,每年的谷子产量能够达到正常水平,一"挑"田的产量大概为一百斤。但是明家土地距离村里面水塘并不近,所以每次都需要花费很大的功夫来蹬水车进行抽水灌溉。明家土地地势不高,舒安村的土地以平地和丘陵为主,除了灌溉需要费些力气,别的都方便。每到需要灌溉的时候,明家和亲友地邻们就会进行换工,一起蹬水车抽水,以解决水田用水问题。明家耕种的土地数量逐年增多,随着明永正的儿子们越来越大,家里面的劳动力越来越多,明家租佃的土地也需要随着增加才能够养活一家人,到1949年之前,明家租佃的土地增加到五十"挑"。

2.土地来源皆为租佃

明家耕种的所有土地都是来自于租佃,明家租地的大户人家姓黄,就是舒安村本地人,黄姓家里面有一百多"挑"土地和几处房屋,是当地有名的大户人家,主要靠出租土地和收租为生,自家只耕种很少的土地。明家向黄姓人家租种了五十"挑"田土,住的也是黄家的房屋,每年需要给黄家交租十石谷子。黄姓家主租给明家的土地质量也是好坏兼有,中等田和下等田都有,黄家不会将上等田用于出租,都是留着自家耕种。明家在1949年之前,一直都没有

---

① 赶场:意为赶集。

自己的土地,祖辈都是靠租地为生,没有其他的土地来源方式。

3.土地使用权归家户共同所有

明家没有自己的土地,所耕种的土地全部都来源于租佃,所以明家并不拥有土地的所有权,但是所租佃土地的使用权是属于明家有劳动力的人共同所有,虽然明家主要是男性劳动力在从事农业生产活动,女性劳动力在农业生产上面分工很少,但是租佃的土地属于全家,土地上面的产出也是全家共同所有。土地并不单独属于某一个人,而是属于耕种土地的人,家里面的小孩子因为年龄还小,不具有劳动力,因此没有土地的使用权。土地上面的农业生产安排由家长明永正支配。明家因为没有自有土地,所以不存在私房地和养老地的说法,都是统一安排,统一耕种。

明家土地的使用权是全家有劳动力的人都有份,明家在 1949 年之前,家里面男女劳动力共有六人,六人都会从事农业生产活动,因此所租佃土地的使用权就是六人共同所有。家中女儿明少琴已经出嫁,所以并不拥有土地的使用权。

4.土地四邻清晰

明家租种的土地与别人家土地之间的划分主要是以田埂为界,水田之间的田埂是自然产生,非常明确,不是自己家的田就不能动,田埂上面属于别人家的作物也不能动,否则就是越界。土地里面的区分则主要是人为产生的,比如用作物来进行区分。总之四邻是不能够越过自家土地来进行农业生产,这是属于侵占别人家财产的行为,土地是最重要的财产,明家的四邻并不会越界。

明家租种的土地,只要是家里面有劳动力的人都可以耕种使用,明家主要是家长明永正和两个儿子挑大梁耕作,妻子刘贵芳和两个儿媳妇也会下田做农活,只是干的农活相对要轻一些。不是明家的人就不能够耕种明家的土地,明家也不会同意外面的人来动自家的土地。租种的土地明家是没有继承权的,只有暂时的使用权。

虽然明家的土地是向大户人家租佃,但是在租佃期间,对于明家来说这就是自己家的土地,家庭要靠这些土地来生产生活,所以对所租佃的土地也是看作自家的财产,对于土地有清晰的心理认同,知道哪里的土地是属于自家租佃的范围,不能忍受土地被别家侵占。

明家土地的经营权就属于明家所有,土地里面种着什么粮食、种多少、什么时候种等问题都是由明家家长明永正来决定的,黄姓家主只管每年能够按时按量收租就可以,并不会管明家怎么安排农业生产。外人和宗族、村庄也不会管明家怎么安排种植,都是明家自己做主,最主要就是明永正做主。

5.家长支配土地租佃

明家的土地租佃活动都是由家长明永正进行支配,明永正不需要和明家其他人进行商量,妻子和孩子都得听他的,由他出面和佃主家的管事进行沟通,租佃数量的增减也是明永正来决定。大儿子明少安年满 18 岁之后,同时二儿子明少友也能够进行农业生产,明永正就增加了明家租佃土地的数量,增加到五十"挑",此后明家就一直都是租佃这么多土地。土地租佃都会优先选择自己家族的人来进行,或者是熟人的土地,但是明家自明少安记事以来就是租种的黄姓人家的土地。可能是因为他们的土地比较多,能够满足明家的租佃需求。明家租佃土地不需要请示四邻和家族,但是需要到保甲长那里进行登记,保甲长为了收税方便,会登记村里面每家人的土地情况,即使是租佃土地也需要进行登记。这些都是家长明永正完成的,因为他在明家土地租佃中居于支配地位。

明家所耕种土地的买卖、租佃、典当、置换等活动,决定权都在黄姓地主手里面,因为土地的所有权属于他,所以他能够决定自家的土地怎么处理。因为这样,明家为了不被取租,每年就必须要按时按量缴纳地租,还要经常给佃主家的管事说好话,给他一点好处,过年过节或是佃主家里面有红白喜事,还要到黄家去帮忙,以维持这种租佃关系。

6.家庭成员参与度低

明家的其他家庭成员对于明家土地租佃活动的参与度并不高,妻子刘贵芳不太管这些事情,土地上面的事她都主要是听从明永正的安排,两个儿子因为年龄问题也不能起到大的作用,儿媳妇更不能插手公公的决定,所以明家的土地租佃以及农业生产上面都是家长说了算,其他的家庭成员很少会有其他的意见。如果家长明永正不在场,明家其他的人也不能就土地的租佃问题作出决定。

7.家户土地不可侵占

明家的土地没有受到过侵占。土地侵占是很少发生的事情,因为土地的边界都非常清晰,除非是故意想要侵占别人家的土地,才会发生侵占事件。侵占别人家土地的多是那些霸道的人家,想要欺负别人家没人,比如家里面男性少或者是寡妇家庭,有些霸道的人家就要想去占点便宜。舒安村在1949年之前发生过一起较大的侵占事件,村里面有一户人家,本身人多地少,主要靠着租地为生,他们家土地紧挨着的另一家人是寡妇家庭,家中只有一个妇女和几个小孩子,人多的那家人在种菜的时候总是故意往寡妇家的土地上面挪一点,寡妇看到之后就把超过界的粮食扯掉,然后在土地旁边念叨几句,说对方不守规矩,之后那家人就找寡妇吵架,最后是寡妇娘家的人过来帮忙才把事情解决。

除了这一次比较严重的事件之外,村里面没有发生过其他故意的侵占行为,明家人种的东西偶尔长到别人土里一点,他们都会把它扶回来,其他四邻的庄稼长过来,明家人也是自行扶回去就好,犯不着为这个吵架。

8.舆论保护土地产权

明家的土地虽然都是租佃而来,但都是通过正规的流程完成,租佃双方签订佃约,所以对于明家所耕种的土地,村民们都认可。他们不会随意侵占明家的土地,如果有需要用到明家土地的地方,也会询问明家的家长明永正,得到他的同意才可以。村里面对于土地产权最大的保护可以说是舆论保护,发生恶意侵占土地的事件,村民们会站出来指责侵占者,会说他的不是,也因为这个原因,大家不会随意去侵占别人的土地,都是"低头不见抬头见"的人,不会愿意被别人背后说闲话。

家族、村庄和政府也认可明家所租佃的土地,不能随意侵占明家人对于自己所租佃的土地的权利,但是他们都不会提供具体的保护,土地的保护还是主要靠明家人自己。

(二)家户房屋产权

1.房屋功能齐全

1949年之前,明家人居住的房屋面积为120平方米,属于农村常见的土坯平房,是一所单独的房屋。明家居住的房屋还算比较宽敞,因为明家的家庭人口也多。明家房屋一共有六个房间外带两个耳房,六个房间分别是一间堂屋、三间卧房、一间灶火间、一个猪圈带厕所,左右两边的耳房分别用于养牛和放柴。房屋的布局是中间为堂屋,堂屋是明家人用来吃饭和会客的地方,两边分别是两个卧房,右边的卧房是家长明永正和妻子刘贵芳居住,左边的卧房是大儿子明少安一家居住,房屋右方的卧房是二儿子明少友一家居住,堂屋往里是明家的灶火间,左后方则是用于饲养家畜的地方和厕所。明家房屋前面是一块"土坝子",平常明家人用来生活,农忙时候可以用作晒场,房屋背后是一条排水沟。

2.房屋来源于租佃

明家所居住的房屋是向黄姓人家租佃土地的时候一起租来的,村里的纯"写田户"大多都是这样,自己没有房屋的人家,在租土地的时候会连带着房屋一起租住,如果需要重新找地主租佃,那就需要搬家,所以佃户都不愿意轻易退租。明家人没有自己的房屋,自明少安记事以来,一直都是在黄姓佃主的房屋里面生活。

3.房屋为全家人居住

明家所居住的房屋,产权并不在明家,但是在土地租佃期间,房屋的使用权属于明家全家人共同所有,明家所有人都居住在这一所房屋之中,房间的具体安排由家长明永正负责。两个儿子成家之后,属于两个小家庭的房间,明永正不会随意进入,明永正和妻子刘贵芳的房间,明家的人也不能够随便进去翻动。在房屋的使用权上,除了卧房是单独使用之外,其他的房间如堂屋、灶火间、厕所等,都是明家人的公共空间,大家都可以使用,没有特别严格的使用顺序, 灶火间大多数是明家的女性在里面做饭, 其他的房间则是谁有需要谁就可以使用。明家房屋的使用权,只要是明家的人就可以拥有,嫁出去的女儿明少琴因为不再生活在明家, 所以就没有了房间, 嫁入明家的儿媳妇们则和自己的丈夫一起拥有明家房屋的使用权,未成年的儿童也有权利使用。明家在 1949 年之前并没有分家,所以房屋属于全家人共同使用,并不是单独属于某个人,这样来说有利于明家人的团结,划分的过于清楚既不方便平时的生产生活,也容易导致家庭成员之间的矛盾,所以明家的房屋并没有做详细的划分。

4.房屋独立存在

明家居住的房屋是独立的一所土坯房屋,并不与别的房屋直接相连,所以明家和四邻的房屋划分是以"屋檐水"①和土墙为界,这种划分方式是当地长期习惯的方式,其他的人家需要修建或者扩建房屋,不能够越过这个范围,否则就是侵占了明家的房屋。明家的房屋虽然不是自家修建或者购买的,而是租用的房屋,但是同样不能够受到别人的侵占,只有明家的人才可以使用这个房屋,而外人不可以不经同意就使用明家的房屋。明家房屋的使用权利在全部家庭成员手里,外人并不享有。明家不会容忍自家居住的房屋受到别人的侵占,对于自己房屋的范围有清晰的认识,明家人不会越界去别人家房屋所属的范围内进行生产生活,同时别人也不能不经过明家的同意进入到明家房屋的范围活动。

明家居住的房屋的最终管理权在佃主手里,房屋的买卖、拆除、修缮、重建等活动都必须要经过他的同意,明家的人也不能随意改动房屋。具体来说,平时房屋的使用管理权在家长明永正手里,只要不动房屋,具体的使用安排都是家长进行安排。这也不需要外人、家族或者村庄的干预,明家人自己决定就好。

5.家长支配房屋租佃

明家居住的房屋是租入的,租佃的过程中起到支配作用的是家长明永正,因为明家一直

---

① 屋檐水:指房屋屋檐滴落的水。

向黄姓大户人家租佃土地,所以房屋也是租他们的。房屋租佃一起写进佃约,并不需要另外给佃主粮食,而是和土地的租金算在一起,所以明家每年的租金算是比较高的。在租人的过程中,所有需要明家出面的活动都是家长明永正完成,包括和佃主家的管事见面和签约等等。房屋的租入不需要和四邻、家族、保甲长商量或请示,明家内部也由明永正做主。

明家房屋的其他权利,包括买卖、典当、建造等活动的决定权都在黄姓佃主手里,他能够决定怎样处理自己的房屋,不需要请示别的人,如果不愿意再给明家居住,就会直接让明家搬出去,所以明家的人必须要对自己的"主人家"①好,要和管事搞好关系,要不然搬家是一件很麻烦的事情。明家和佃主的关系一直都比较好,没有发生过不太愉快的事情,只要能够按时交租,不亏待佃主的土地,他们一般不会取消租约。

6.家庭成员作用不大

明家的家庭成员对于房屋只有使用的权利,房屋租入的事项是家长明永正来负责,作为佃户在这方面说不上话,明永正也只是按照佃主定的规矩来办事,明家的其他成员能够起到的作用就更小,他们也只能通过努力的劳作来保证每次及时交租,免得土地被收回去,一家人又需要重新找地方。

7.房屋受外界认可

明家居住的房屋没有出现过被别人侵占的情况,虽然房屋是向地主租住,但是这是明家人生活的地方,外人也不能够来侵占,而且房屋的边界非常明显,除非是故意想要侵占别人的房屋,不然不会发生这种事情,而且明家居住的房屋实际上是黄姓佃主所有,村内的人也不敢去侵占大户人家的财产。

村里面对于明家居住的房屋都认可,像租佃土地带房屋这种情况在村内的"写田户"当中比较普遍,不管是村里面的人家,还是家族、村庄、政府都不能不经过明家的同意,随意使用或者买卖、租用明家房屋。但是他们也不会对明家的房屋提供保护,这是明家和黄姓地主之间的事情,外面的人不会插手。

(三)生产资料产权

1.家户生产资料自备

明家的生产工具齐全,农业生产需要的农具包括"四大农具"和水车,以及一些其他的小农具,像弯刀、背篼、箩筐等,明家都是自备。明家和周围的两户人家共养一头牛,除此之外,家中没有其他交通工具。

明家的农业生产农具都是自家做,家长明永正是一个木匠,所以家里面的大小农具都是他自己制作,不需要再请人来家里面做。制作材料有的是砍来木头或者竹子,有的是到街上花钱购买。明家之所以和其他的人家一起共养牛,是因为家里面的经济条件不太好,自己养一头牛很吃力,所以就和关系好的两户人家一起,三家人共养一头牛。不管是否为佃户,家里面都需要有生产工具,否则连土地都租不到,佃主们只会出租自家的土地,不会提供生产工具,所以明家虽然没有土地,但是为了能够租佃土地和耕耘,明永正制作了所有需要用到的农具。

---

① 主人家:指租佃土地的地主。

13

2.生产资料属于全家

明家的生产资料,除了牛是和别人家共用之外,其他所有的农具都是明家自己所有,且是属于明家所有家庭成员共有,并不单独属于某一个人,虽然是家长明永正制作,但也是属于明家人的家庭共有财产。明家的女儿明少琴对这些农具没有份,因为她已经嫁到丈夫家,享有丈夫在家里面的那一份,嫁入明家的儿媳妇们则有份,明家的孩子们也有份。生产资料属于全家人所有更有利于农业生产的进行,需要用到的时候就可以使用,不需要特别去问某一件农具的主人,这样也更有利于保证全家人的和谐与团结。明家的牛则不单独属于明家所有,而是三家人一起所有,三家轮流饲养和使用。

3.家长支配生产资料

明家的家长明永正对于生产资料具有支配性地位,生产资料的购买或者制作,都是明永正出面完成。因为明永正自己就是木匠,专门负责制作农具和家具,所以明家的农具都是明永正自己制作和维修。明家在购买牛的时候,也是三家的家长一起去市场上买回来的。牲畜和农具制作材料的购买都是由明永正完成,家长不在的情况下,明家的其他家庭成员并不能购买,明永正也不需要和明家的成员们商量购买生产资料,这些都是农业生产必需的东西,家长做主买回来就可以。

4.家庭成员可以外借生产资料

明家的家庭成员在生产资料上面的权利除了拥有所有权和使用权之外,还可以外借农具。村里四邻之间,有些时候需要借一些农具使用,有人家需要借明家的农具,只要到明家去说一声就可以了,不一定要给明永正说,如果家长不在,妻子刘贵芳和两个儿子都可做主借出农具,因为都是熟人才会来找明家借用,面对熟人,明家都会同意借用。

5.生产资料不会被侵占

明家的生产资料虽然经常会外借,但是却没有受到过侵占,村里面的熟人之间不会做出侵占别人生产资料这样的事情,使用完之后都会及时归还,"有借有还,再借不难",如果借了之后不还,农具的主人就会到家里面去问,心里面就会"不安逸"①。想要占有别人家生产资料更是不可能的事情,每户人家对自己家里面的农具都非常熟悉,而且明家的农具还是自己制作的,只要看一眼就能够认出来是自家所有,想要耍小聪明占有别人的农具往往行不通,被认出来是非常丢脸的事情,没有人会冒着丢脸的风险去侵占自己熟人的农具。

6.外界的认可与保护

明家的生产资料都是自家制作或者购买,完全是属于明家人自己所有,所有权也得到村里面的承认,不管是村民还是家族、村庄、政府,都承认明家对于自家生产资料的所有权,不能随意侵占明家的生产资料,如果需要借用或是其他,都需要得到明家人的同意才可以。村庄和政府对于生产资料方面没有特别的保护政策,主要还是依靠村里人的自我约束,都是"低头不见抬头见"的人家,拉不下脸去做侵占别人东西的事情。

(四)生活资料产权
1.生活资料齐全

1949年之前,明家的晒场就是租住的房屋门前的一块"土坝子",刚开始的时候"坝子"

---

① 不安逸:形容对人或者事不满。

不平整,后来明永正请土匠来家里面进行过平整,之后就在农忙的时候充当晒场,"土坝子"的面积并不太大,明家秋收之后晒谷子并不够用,这时明家会去借用别人家的晒场,都是找和自己家关系好的人家,只要说一声什么时候需要用,到了时候就可以把谷子晒过去,太阳落了再自己收回来就可以。

明家生活用的水井距离自家不算太远,步行十分钟左右能到,生活用水都从这里来。水井是很早之前的村民打的,之后水井周围的十几户人家都共用这口井,平时水井被竹叶或是其他东西堵住,村民会自行组织淘井的活动,使用水井的每家人都需要出人。

明家有自己的石磨,这是明永正请石匠到家里面打的,平时用来磨豆子和其他东西。家里面的桌椅板凳都有,有些家具是房屋里面本来就有,也就是黄姓佃主所有,其他大多数的桌椅板凳都是明家后来自己制作,明家的床也是自己制作,明永正作为木匠就是专门负责做这些东西,所以明家在家具方面都很齐全,包括女儿明少琴出嫁时候的柜子,也是明永正所制作。

生活用品方面,明家是自制外加购买。家里面的油是自家种的菜籽拿去榨油,街上有油匠专门负责榨油。盐是从集市上面购买,明家一次性会买较多的盐放着,因为每天都要用到,所以会有一个盐罐专门放盐。明家的酱是自己做,妻子刘贵芳会在家制作酱水,儿媳妇们也会制作。1949 年之前,明家没有醋。

2.生活资料明家所有

明家的生活资料除了用做晒场的"土坝子"和水井之外,其他的都是属于明家全家人共同所有。"土坝子"所有权属于黄姓佃主,明家只是在租住期间能够使用,使用权属于全家人所有。水井也是由村里面十几户人家公共使用,所有权并不单独属于任何一家人。其他的生活资料像石磨、家具和生活用品等,则是属于明家全家共同所有,只要是明家的人就拥有所有权,并不单独属于某个人。这些东西没办法具体分到某个人,都是大家每天需要使用的东西,分掉就不再是一个完整的家庭了,所以生活在明家的人都拥有这些生活资料,这也更有利于家庭的团结与和睦。

3.家长支配生活资料

明家的生活资料的支配权属于家长明永正,最主要体现在生活资料的购买和维修上面,特别是在两个儿子都还小的时候,生活资料的购买都是明永正在"赶场"的时候进行,妻子刘贵芳属于很少出门的女性,除了到田地里面干活之外,她很少会外出,主要都在家里面忙着家务,需要购买盐或者其他东西的时候,刘贵芳会和明永正说,然后明永正外出购买。家具的制作和维修也是明永正占据着支配地位,明家最开始并没有那么多床,后来明少安和明少友长大需要成家的时候,明永正带着两个儿子又制作新的床,给家里面添置了一些桌椅板凳。

4.家庭成员提建议

在生活资料方面,明永正管得并不严,更多的是家里面的女性在操心,家中缺什么东西都会跟明永正说,明永正根据情况来进行购买。生产资料的外借也是家庭成员可以做主的,有时会有四邻来借用明家的石磨,只需要跟明家的人打个招呼就可以用,不需要特意请示家长。明永正不在家的情况下,明家其他人也可以将生活资料外借。两个儿子会做木工活之后,也能够制作和维修家里面的家具。

5.外界认可生活资料产权

明家的生活资料产权受到村民和家族、村庄、政府的认可,因为是明家自己购买或者是自己制作,所以理所当然的属于明家所有,其他人不能随意侵占明家的生活资料,需要借用的时候要跟明家的人说,取得同意之后才可以使用,明家的生活资料也没有受到过侵占,借用的人家都会在使用完之后归还给明家。明家的石磨经常会有需要"推豆子"①的人家来借用,借用的人家使用之后通常还会给明家一些豆子或者是做好的饭豆花,以表达自家的感谢之情。明家的桌椅板凳有时候也会外借,需要的人家在酒席完了之后也会及时归还。村庄和政府在这方面并不怎么管,但是也不会侵占明家的生活资料。

二、家户经营

(一)生产资料

1.家户劳动力充足

1949 年之前,明家的劳动力很充足,主要的劳动力有六个人,分别是家长明永正和妻子刘贵芳、大儿子明少安和儿媳妇、二儿子明少友和儿媳妇。六个人都参与家庭生产劳动但分工不同,男性主要负责田间地头的重农活,同时还会从事木匠"活路",女性则主要负责家务活动和田土里面的轻一点的农活,同时负责抚养后辈。明家的人,除了小孩子之外,都会参与家庭生产活动,都要为明家的发展做事情,否则会受到责骂。明家的孩子在能够干活之后也会帮着家长做一些活。

明家的劳动力一直以来都比较够用,一家人一起经营租佃的土地刚好,家里没有人在外面找事情做,都是在家务农,有人请的时候才外出做木匠,并没有到别人家做短工或者长工之类。明家也没有请工,因为家里条件并不允许请工,家中因为没有自己的土地,一年下来,收成中将近一半都要给佃主交租,所以明家虽然劳动力充足,但是家庭条件并不富裕,不能负担请工的费用,都是明家人自己使劲干活,在每年栽秧打谷的农忙时节,明家就通过与别的人家换工来完成巨大的农业劳动。明家换工的对象都是自家的地邻和亲戚,最主要的是和地邻,因为住的近,换工是实行一工抵一工,今天别人来明家做一天,明天明家的人也要到那家人田地里面去做一天,去的人数也一样,在哪一家做工就在哪一家吃饭,一天三顿都在他们家里吃,而且饭菜要做得比较好,招待来家里面做工的人。换工是明家与地邻和亲戚之间协商好了就可以,规矩一直以来都一样,没有会起冲突的地方,并不需要请示家族或者保甲长,一到了农忙时节,整个村里面的人都是这样换工,所以不需要特意请示谁。换工不需要支付报酬,只要同样地去对方家做工就可以,家长如果不在,儿子也可以过去做工。因为都是亲戚朋友之间进行,所以不会担心偷懒的问题,大家都会尽力做,如果偷懒,别人第二年就不会来你家进行换工。

2.土地全部靠租佃

1949 年之前,明家并没有自己的土地,家里面所有耕种的土地都是靠租佃,明家一直都是向黄姓人家租佃土地,他的土地数量很多,村里面同时还有好几户人家也是在黄姓佃主处租的土地。黄姓佃主本就是舒安村的人,家里面土地多是因为祖上积累,他们自家只种一点

---

① 推豆子:用石磨将豆子碾成豆汁。

土地,更多的是靠出租土地以及收租维生。明家租佃土地的过程都是家长明永正和黄家的管事完成,明家在土地租佃中处于弱势地位,没有什么选择权,黄姓愿意租给明家就已经很好,所以明家对管事的态度非常好,每次管事来明家,明家都会做好吃的菜来招待管事,还要给管事打酒喝,说话也要说得好才可以,不可以得罪管事。明家并不怎么直接和黄姓佃主接触,几乎都是依靠管事传话,所以不能够得罪管事。每到过年过节的时候,明家需要给佃主送东西,都是明永正亲自到他们家拜年,明永正一般会带上肉和糖。同时还需要给管事东西或者请他到家里面来吃饭,管事和明永正年纪差不多,到明家吃饭都是管事坐上席。遇到收成不好,庄稼减产的年份,还要请管事代明家跟佃主说明情况,请求减租,所以明家作为佃户,必须要和佃主家处好关系。

3.共养一头牛

1949 年之前,明家因为家庭条件的限制,和其他的两家人共养了一头牛,两家人都是和明家关系好的邻居,因为家庭条件差不多,于是三个家庭的家长商量着一起买一头牛。这头牛采用轮流喂养方式,每家喂养两个月,牛在谁家,这家人就得在这段时间内负责给牛割草。牛的使用则是哪家人有需要就可以使用,如果需要使用的时候并不在自家喂养,那就可以跟喂养的人家说,然后去那家人牛棚里面牵牛使用,用完之后再牵回去就可以。遇到农忙都需要用牛的时候就是三家人商量着轮流用,一家人用一天,只要抓紧时间,就能够满足三家人的用牛需要,不用再到外面去借牛。

4.农具完全自给

明家在农业生产当中需要使用的农具都是完全自给,明永正自己制作农具,不需要再购买农具,明家的农具完全能够满足自家耕耘的需要,不需要借用别人家的,相反,别人家会到明家借用农具,明家也都是免费借出去,因为都是关系好的才会来借,借的时候不需要带礼物,也不一定要跟明永正打招呼,只要明家有人知道和同意就可以,当天借当天还,如果第二天还需要,则第二天再来借,一般不会让借来的农具在自己家过夜,都要当天归还。

(二)生产过程

1.农业耕作全家负责

1949 年之前,明家的主要收入就是依靠农业耕作产生,农业生产之余明家也饲养家畜,从事一些简单的纺织和木匠的手工业。明家最主要的生产活动还是农业活动,然后是明永正外出做木匠的收入,哪家人需要木匠去做一些家具、农具,就会请明永正过去做。明家的人不论男女都会从事农业生产活动,男性主要负责重一些的农活,比如犁田耙田、栽秧打谷、抽水等活动,女性做的农活相对要轻松一些。家里面的家畜饲养和织布纺棉则是家中女性负责,女性还负责明家的家务和家中小孩子的抚养照看,木匠的手艺活是明永正做。

明家种植的农作物和村里面的人家都一样,主要是水稻、高粱、小麦、玉米、蔬菜、胡豆等等,农业生产的时间安排也是按照村里面传统的做法,不同的时节有不同的安排。三四月份的时候首先要进行"三犁三耙",要反复犁地和耙田,这样才能保证土壤的松软,便于后续栽种,这个环节就是明家的男性负责完成,明永正和两个儿子一起进行;犁地和耙地之后就开始"插秧子",还有种高粱也是在三四月份进行的活动;接着在四五月份要开始锄草和灌溉;八月份开始就是农村一年中最忙碌的日子,往往每年的这个时候都要通过换工才能够完成,这段时间要开始平整晒场,八月可以收割水稻、收玉米和高粱,收割完成之后,九月份开始种小麦和胡豆、油菜等蔬菜，等到第二年的三四月份就可以收麦子。明家每年种植的安排都是明永正决定，不过每年的变化也不大，都是按照往年的做法来进行耕种。

2.女性负责饲养家畜

1949年之前，明家饲养了少量的家畜，家里面有一头猪，还有十几只鸡鸭。家畜的喂养由明家的女性负责，妻子刘贵芳和两个儿媳妇都会负责，主要是喂猪，每天都要出去割猪草，背一个背篼去割，大儿子明少安在年纪小的时候也要去割猪草，基本上都是一个人去割草，因为担心孩子们一起出去就知道玩，耽误了正事，所以不让孩子们一起出去。两个儿子长大之后，喂猪的事情便交给了家里面的女性负责。明家另外还喂养十几只鸡鸭，这些鸡鸭不用单独喂它们，都是放到外面自己去找吃的，明家也没有多的粮食可以喂，所以不敢养太多的鸡鸭，如果放出去吃到别人家田里面的粮食，两家人就要吵架，所以都要留个心看着鸡鸭，不能跑到别人田里面去吃和乱踩。村里面的人相互之间也会看管着，如果有鸡鸭在明家的田土里面吃东西，看到的人也会到明家来告诉一声，让明家的人去看看。

3.手工业和副业分工明确

1949年之前，明家的手工业在整个家庭的生产活动中只占很小的比重，主要就是家中妇女纺棉织布，明家的女性包括妻子刘贵芳和两个儿媳妇，都会做女工，做完家务的时候就在家里面纺棉花，然后织布，这些布可以用来做衣服、做床单、做鞋子等，就不用再到外面去买布。明家的副业就是明永正外出做木匠，两个儿子长大之后也会做木匠，邻里之间有需要就会喊他们过去，他们就可以靠这个挣一点粮食来补贴家用。明家在副业和手工业上面的分工一直以来都是如此，女性主要在家做手工，男性外出做副业，不需要特意的安排，妻子刘贵芳会管理儿媳，家长明永正则带着儿子，分工明确。

4.手艺祖传

明家会做木匠的手艺来自于祖传，明永正的父亲就是当地的木匠，他到别人家做工的过程中，便会带上明永正一起去学习，明永正也是这么把手艺教给自己的两个儿子。手艺并不是只交给长子，而是两个儿子都教，明永正也是希望他们以后都能靠这门手艺挣点钱补贴家用。明永正的女儿明少琴并没有学，因为木匠的手艺都是传男不传女。明家的女性都会做女工，这都是来源于上一辈的传授，明少琴在还没有出嫁的时候，刘贵芳会从小教她做家务和纺棉织布，否则到婆家之后会被嫌弃。手艺的传承和学习是家庭内部自己的事情，不需要请示家族或者保甲长，明家的手艺都是家庭自己传承，家长和内当家安排就可以。

(三)生产结果

1.农业生产收成占比最大

明家的各项家庭收入之中，农业生产的收入占比最大，根据明家种植的各种农作物一年的收成进行估算，其水稻种植面积为九亩多，亩产量为五百斤，一年总产量在五千多斤；高粱种植面积约为两亩多，亩产量一百五十斤，一年总产量约为三百斤；小麦种植面积约为两亩，亩产量为一百五十斤，一年总产量为三百斤左右；其余各类蔬菜以及玉米的种植面积约为一亩半，玉米亩产量二百五十斤，一年总产量约为三百多斤，各类蔬菜一年总产量大约为二百斤。明家每年种植农作物的收成大致平均，除非是天气特别干旱的年份，或者是种子受到影响的年份，其余时候的收成都是在正常水平，明家一直都是"做一年滚一年"，每年农业生产各项开支之后没有什么结余,"将将"①够一家人的开销。收成属于明家全家人共同所有,由明永正统一管理和支配。

明家的人都关心农业收成如何,这直接影响整个家庭的生活状况,收成正常的年份,明家除去交租之外剩余的粮食刚好能够保证一家人的吃穿花销,如果收成不好,那么一家人就要节衣缩食,甚至需要到别处去借粮食来吃,"不吃稀饭不过年"②,明家人平时都是靠吃稀饭过完这一年,吃得上干饭的时候非常少,都是稀饭和着玉米、红薯等杂粮一起吃。粮食减产的年份,明家也会请求佃主家的管事代为说几句话,请佃主能够减租,如果真的是收成不好的年份,佃主还是会相应减少一点租金。

2.家畜收益很少

明家饲养的家畜不多,每年的数量也不太稳定,主要根据当年明家的家庭状况来喂养。猪都是在过年的时候卖掉,明永正会请村里面专门负责猪买卖的人到家里面称重,然后"赶走"③。养的少量鸡鸭也是卖一些,走亲访友送一些,自家过年的时候再杀一两只来吃,所以在这方面的收入非常少,卖猪和鸡鸭的钱都是家长明永正统一保管,这算作是明家人的整体收入,为全家人共同所有。

3.手工业和副业补贴家用

明家妇女们从事的手工业活动,一方面可以满足自家的消费需要,家里面的床单被套和做衣服要用到的布料都可以自己纺织,另一方面,多纺织的布料还可以拿到市场上卖掉换一点钱。明家的副业收入就是木匠收入,这部分收入主要是粮食收入,每次做木匠收的粮食不等,主要根据做的"活路"和时间来定,一般一次木匠的收入能有好几百斤米,这就可以起到补贴家用的作用。手工业和副业的收入都是属于明家的整体收入,并不属于单独的某一个人,全部都是交给家长明永正管理和支配,用作明家的家庭开支。

三、家户分配

(一)家户为分配主体

明家的家庭分配都是以家户为主体进行。舒安村和周围地区的宗族并不特别兴旺,家族的存在主要体现在每年的清明会,其他时候都是各家忙各家的事情,宗族并不会进行分配,因为宗族本身并没有收入。村庄也不会进行分配,保甲长都是"贪污分子",专门压榨村里面的人家,不会对村里面进行分配。

明家的家户分配对象就是明家的家庭成员,只有家庭成员才能享受明家的财产,不是在一口锅里面吃饭的人就不能够参与分配,亲戚朋友、邻居等都不能够参与分配,即使是女儿明少琴出嫁之后也不参与分配,但是嫁进明家的人能够参与分配。分配物的来源就是明家的收入,包括农业生产收入、家畜饲养收入、手工业收入和副业收入,只要是明家的收入就是属于全家人共同所有,由家长明永正统一保管和支配,所以在分配的时候,来源也是这些收入。家户分配是明家内部的事情,外人不可以参与,四邻、亲戚、家族、村庄都不能介入明家的分

---

① 将将:刚好的意思。

② 不吃稀饭不过年:形容家庭贫困,靠着吃稀饭生活。

③ 赶走:指将猪买走。

配安排。

(二)分配类型

1.农业收入多种用途

明家的农业收入包括明家耕种的所有农作物的收成,包括水稻、小麦、高粱、蔬菜和玉米等农作物的收入,这些收入的分配一共可以分为三部分,分别是用于交租、村内派款和自家食用。第一部分是用于交租,这是占比最大的一部分分配,明家向黄姓佃主租佃了将近十一亩半的土地,按照佃约上面的规定,每年秋收之后需要向黄家缴纳的地租为十石谷子。明家每年水稻收成就在五千多斤左右,交租就需要三千斤,所以明家每年能够留下的粮食并不多。这个租金在舒安村并不是最高的,最高的租金可以达到"三七分",明家因为没有自己的房屋,还租住着黄家的房屋,所以地租在"五五分"的基础上又增加了一些。遇到荒年的时候,黄姓佃主会稍微减少一些租金,但是也不会减少特别多,实际上对明家也起不到实质性的帮助。

地租的缴纳是佃主家的管事到明家收租,管事会带着人和秤到佃户家收租,首先会检查谷子的质量,不能够有任何的渣滓,然后必须是充分晒干的谷子,用秤量过之后,管事就会让跟着来的人抬走。明家和管事的关系保持的还算可以,家长明永正会和管事说好话,有时候还会请管事到家里面吃饭喝酒,这样管事才不会为难明家。村里面另外一户佃户就是在管事到家里面收租的时候,由于管事觉得谷子晒得不够干,家中的妇女就和管事"理了两句嘴",然后装筐的时候撒了一些谷子在地上,妇女就随口说了一句:"撒了算了,撒了就喂狗吃",管事听到后认为妇女是在骂他,于是就让收租的人将妇女打了一顿,并且下手很重。妇女被打之后,那家人把妇女抬到保甲长那里要公道,但是保甲长和村里的大户人家都是一边的,并没有理会这件事,让那家人就此作罢,后来事情也就不了了之,所以佃户不能够得罪管事和佃主。明家就一直和黄家保持着关系,黄家有事情的时候会过去免费帮忙。家长是交租的第一责任人,佃主那边都只认一个家庭的家长。

第二部分农业收入是用于村里面的派款。虽然明家没有自己的土地,不需要上交赋税,但是村庄不定期的会有一些派款,每一次的数量不等,派款根据家庭情况不同,数量就会不一样,明家每次派款数量不算很多,但是这对于明家来讲依然是一笔不小的开支。派款是保甲长到家里面通知,该交的时候就要交,交不上即使是想办法借也得交,否则就会把一家的家长带走关起来,直到家里面凑够款额,才会放人。第三部分的分配才是明家自家食用的分配,这部分的数量已经不多,明家也只能节衣缩食度过一年。家里面交租和派款都是以家庭为单位进行,明家都是家长明永正出面,管事来收租的时候,明永正必须要在场,保甲长派款也是以家长的名义进行。

2.手工业收入归全家所有

明家的手工业收入数量很少,就是"赶场"的时候拿到集市上面边走边卖,换一点钱,然后还需要重新买棉花,因为明家自家没有种棉花,所以纺织的棉花都需要购买。卖布换的这些钱购买新的棉花之后,剩下的一点钱都会交给家长明永正,由家长统一保管,算作是明家的家庭收入,并不是单独算做一个人的收入。明家所有的人为了家庭生计都在做着自己的贡献,收入都是统一归家庭所有,不能够私藏。手工业收入的钱交给家长明永正之后,钱的分配也是家长决定,不需要请示四邻、家族和村庄,这是明家自己的收入,自家的事情,外人不能够插手。

3.副业收入归家庭

明家的男性外出做木匠的副业收入还是比较多的,能够在农业生产之外补贴家用,这部分的收入也是归明家全家所有,由家长明永正统一分配,用于全家的开支。因为木匠的收入本来就是粮食居多,所以都是直接带回家供全家人食用,没有私藏的必要和可能。明家的人没有自己的私房钱,因为并没有分家,大家都在一起生活,所有的收入都统一由家长管理,这样更能减少家庭内部的矛盾,以免因为收入和分配问题引发家庭冲突。

(三)分配家长决定,成员听从

明家的食物、衣物、租金、派款等活动中,家长明永正都是实际支配者,拥有决定性的权利,明家的其他家庭成员都会听从家长的安排。明家的食物分配主要分为交租、交款和自家食用,前两者都是家长作为对外交往的代表,交租的时候明永正必须要在场,和管事打交道的也是明永正,其他的家庭成员不能够随意越界。

明家衣物的分配方面,做新衣服的时候就是过年,明家每个人都能够做一套新衣服和新鞋子,用的布料就是明家女性自己纺织的棉布,刘贵芳会拿到染坊去染上颜色,衣服的颜色都是青色为主,这样耐脏。明家做新衣服的次数一年就这一次,平时的衣服都是"大的穿完小的穿"。每年做新衣服之前,妻子刘贵芳会和明永正商量,明永正同意之后,家里面才会开始做新衣服。

明家的人没有自己的私房钱和私房地,这都是大户人家才会有的东西,明家本来耕种的土地就是租的,平时的各方面收入都需要交给家长明永正,不能够自己私藏,如果被发现肯定会受责骂,不过明家并没有发生过这类事情。零花钱方面,明家的小孩子没有零花钱,有时候明永正"赶场"回来会给孩子们带点吃食,但是不会给零花钱。成年的两个儿子会有部分零花钱,因为儿子们也有自己需要用钱的地方,但是钱不多,一般就是"块块钱"①,都是家长明永正决定的数量,两个儿子的数量一样。在家户的分配上面,家长明永正做出的安排,明家的家庭成员一般没有意见,家长在明家的权威比较高,大家都会听从明永正的安排,两个小家庭的零用钱则可以自己安排,只要不拿出去乱用,明永正不会管。

(四)分配次序,食物为先

明家在进行分配的过程中,会照顾到家里面所有家庭成员的需要,全家人都是一同吃饭,做新衣服都是每人一件,零花钱也是两个儿子相同,家长明永正不能够偏心任何人,否则其他的家庭成员就会有意见,即使不敢当面说,也会影响一家人的团结与和谐。妻子刘贵芳对待家中的小孩子也是一样,不能够偏心,否则会影响妯娌之间的关系。但是明家的妯娌关系还是有一些不和谐,比如有一次过年的时候,明永正上街买东西的时候碰到个熟人,他拿了两小袋吃的给明永正,回家之后明永正便给了大儿子明少安的两个儿子,因为二儿子明少友的孩子还太小,并不能吃这类零食,所以就没有给他。但是小儿媳妇知道以后却不开心,觉得公公偏心大儿子,不重视小儿子,然后就念了几句说:"你爸去给你买",大儿媳妇觉得她太不讲道理,孩子明明不能吃零食还要争,于是也很不高兴。明家妯娌之间的关系就因为一些小事情变得不太和谐。

---

① 块块钱:指一两块钱。

21

明家在分配自家产品的时候,食物排在第一位,不管怎样,吃饭都是最重要的事情。在食物分配里面,又先是地租和派款,再是自家消费的顺序,因为如果不能交上地租和派款,家里面就会很麻烦,还会被抓走,所以都会在收成之后首先交租,然后剩下的再安排自家食用。分配规则上面没有什么特权,吃饭都是一样的吃饭,做衣服的顺序,一般是先给家里面的小孩子做,然后再给大人做。年景不好的时候,家里面就靠着节约和借贷生活,一家人会吃的更差。

四、家户消费

(一)收支相当的家户消费

1.家户消费大半交租

1949年之前,明家的消费水平不高,在村里面只能属于下等水平。因为没有自己的土地和房屋,所以不管明家的人多么勤劳能干,农业收入的一大半都要交给佃主,明家自己能够支配的粮食只是其中一小部分。在正常收成的年份,明家的农业生产收入,加上副业手工业等额外收入,基本能够保证生活,而且这还是以经常吃稀饭和杂粮为前提。遇到收成不好的年份,明家就需要通过节衣缩食和借粮的办法来渡过难关。

2.粮食消费占比最大

粮食消费在明家的家户消费当中所占的比重最大,明家百分之八十的消费都是粮食消费。明家消费的粮食绝大多数来源于租佃土地上面的产出,少部分来源于做木匠的副业收入,明家不会在外面购买粮食,因为对明家来说,购买的花费太大,所以都是吃得差点来减少粮食的消费。明家在最困难的年月,就是靠着吃"二八五"的方法度过,也就是一天只吃早饭和午饭两顿饭,晚上不再吃饭,这在当地的贫困家庭中并不少见,收成不好的年月很多人家都需要这样做。

明家的食物消费不太多,家里面吃肉的时候很少,过年的时候吃一点肉也是将自家喂养的鸡鸭杀掉,很少会到外面去花钱购买。家中小孩子生日的时候吃鸡蛋,也是自家鸡下的蛋。蔬菜更是不需要购买,都是到自家土里面去摘。

3.衣物消费一年一次

明家的衣物消费也非常节俭,基本上一年就只做一次新衣服,就是在过年的时候,家里面的每个人都能有一件新衣服。做衣服的布是明家的妇女自己纺织,花钱的地方是染色和裁剪,染色的时候会拿到染坊去,裁剪是请裁缝到家里面量尺寸,然后把布带回去做。平时明家人穿衣服都是"新三年,旧三年,缝缝补补又三年",年龄大一点的孩子穿过的衣服会留给弟弟妹妹穿,穿旧的毛衣也会由家里面的妇女拆掉重新织。总之,在衣物方面,明家的消费非常节俭。

4.住房消费与地租一起

住房消费对于明家来说是算在土地租金里面一起,因为明家居住的房屋也是黄姓佃主所有,连同土地一起租给明家,租金也是一起算在十石谷子里面。明家没有对居住的房屋进行过改造,因为不是自己所有,只能够居住,不敢动佃主的房子,所以在这上面的消费就是地租。

5.医疗消费占比极小

明家的医疗消费方面支出不多,家里面没有老年人,孩子们也身体健康,一般的小病都是通过去山上扯草药来熬水喝,以此进行医治,明家的人感到身体不适,绝大多数时候都是自己硬抗,或者煎一点草药来喝,一般不会去找医生看病,因为家里面没有钱,所以就想要省下这笔开支。明家在这方面的开支就是儿媳妇生孩子的时候请产婆,也不是给钱,就是给一些米或者是鸡和鸡蛋等,开销也不算大。

6.人情消费数量不大

明家的人情消费不算很多,因为家里面贫穷,村里面的红白喜事就不会赶太多的礼,村民们也都能够理解,明家来往的人家也是小户人家居多,相互之间不讲究排场,实在没有钱赶礼①的时候,还可以送一些东西作为人情,明永正是木匠,可以只做生产工具送人。另外,逢年过节,明家家长明永正会到佃主家里面去送礼,还会单独给管事送礼,这主要是花钱买点糖,带上自家养的鸡鸭等,这也是一笔开支。

7.红白喜事消费不可避免

明家自己的红白喜事开支不多,明永正的父母去世均较早,1949 年之前,家里面很久都没有办过白事,红事就是女儿明少琴出嫁和三个孙子出生办过几次,请的人不多,主要是家门亲戚和四邻朋友。这部分开支对于明家来说并不小,但是这是必须的,女儿出嫁和孙子出生都是明家的大事情,所以这部分消费不可避免,明永正也不偏爱,尽量做到差不多的标准。

8.教育消费节约拼凑

家户教育方面,明家的大儿子明少安和二儿子明少友,以及女儿明少琴都读过两三年书,他们认为只要能够认字就可以,之后便回家务农,没有再继续读书。读书的花费也是支付粮食,儿子小的时候,明家的人口很少,粮食花费就更少,基本上还是能够凑出来学费。

(二)家户负担家庭消费

明家的粮食消费、食物消费、衣物消费、住房消费、人情消费、医疗消费、红喜事消费和教育消费,全部都是明家自行负担,宗族并不会负担这些消费,村庄更不会,由明家人自己劳动来负担家庭的全部消费。这些消费对于明家来说还是偏重,每年交租之后剩下的粮食本就只是一小部分,加上副业、手工业等所有的收入只能勉强负担一家人的所有消费,而且都是很节俭的消费,遇到收成不好的时候,还需要通过借贷来负担消费。村里面的小户人家都是这么过来的,没有人会帮忙负担穷人的消费,只能够靠自己。

(三)家长决定家户消费

明家所有家户消费的最终决定权都在家长明永正手里面,因为明家的各种收入都必须交给家长保管,所以消费方面同样需要得到明永正的认可,家庭成员在消费方面的权利可以提出自己的意见。家庭食物消费方面,明家每天的伙食其实是家里面的内当家刘贵芳来做具体安排,明家的两个儿媳妇都是根据婆婆的安排来做饭,大多数时候都是吃稀饭。在农忙的时候,刘贵芳会安排做些干饭,因为家里面男性的劳动强度太大,吃稀饭身体受不了,而且换工的时候,别人在家里面吃饭也不能给稀饭吃。明永正在这方面并不怎么插手,每天干活回到家里面,有什么吃的就吃什么,有时候还会给家里面的孩子们带一点小零食回家。家里面的生活用品没有了,需要购买的时候,刘贵芳会跟明永正说。衣物消费方面,明家做新衣服都是在过年,按照村里面的习俗来做,明永正只需要在付钱的时候给刘贵芳就可以。人情消费

---

① 赶礼:指随礼。

和红喜事消费以及教育消费则都是根据家长明永正的意见,他决定怎么消费便怎么消费,家里面办酒席也由明永正决定怎么办,孩子读书也是明永正的决定,他认为孩子应该识字,于是便把三个孩子都送到学校去读了两到三年的书。这些方面的消费,家庭成员们都会听从明永正的安排,由他来进行整个家庭的管理。

(四)家庭成员消费无决定权

明家除家长明永正之外,在家庭的各项消费中,内当家刘贵芳是最能够说得上话的家庭成员,比如在明家的粮食消费、食物消费和衣物消费的具体安排上面,刘贵芳实际上更为操心,也拥有一定的决定权,明家其他的家庭成员则没有这方面的决定权,只能够提出自己的想法,尽力得到家长的同意,儿媳妇王蒙丽和陈发菊在做饭的事情上面一般都是听从刘贵芳的安排。在消费的次序上面,明家人吃饭都在一张桌子上,不存在先后次序,在做新衣服方面,则会优先给孩子们做,然后再是大人。至于明家的医疗、人情和教育等方面消费,家庭成员的意见并不多,都是家长明永正说了算,明永正的三个孩子都读过几年书,因此这方面消费次序平等。

五、家户借贷

(一)家户为借贷单位

1949年以前,明家有过几次向别人家借粮的经历,明家借粮多数时候是因为收成不好的年份,交了租金之后剩余的粮食不够一家人吃。当地最严重的一次灾荒是1933年四川地区的一次大旱灾,旱灾导致明家收成大量减少,虽然这一年黄姓佃主也酌情减租,但还是不够一家人吃一年,于是便需要借粮维持生活。后面还有几次借粮的经历也多多少少和天气影响收成有关,特别是明家孩子还在读书的那几年,家里面没有粮食吃就跑到别人家去借一点吃,粮食收成之后再还。

明家借粮都是以家户为单位,并没有与别的人家共同借贷的经历。家庭借贷都是用于一家人维持生活,家里面实在是没有粮食吃,明家才会选择借粮。借粮由家长明永正来安排和决定,不需要和外面的其他人商量,家里面没有粮食吃,就必须要去借粮,只要家长同意就可以,不需要得到别人的允许。明家内部两个儿子的小家庭没有单独借贷过,1949年之前,明家没有分家,明家的所有家庭成员都是居住在一起,一起生活,所以借贷都是明永正出面,以明家的名义进行借贷,不存在小家庭或者是个人借贷的情况。

(二)家长为借贷主体

明家的借贷行为中,家长明永正处于绝对的支配地位,家里面能够作出借粮决定的人只能是家长,外出借粮的也是明永正,外面的人也都知道明永正是家长,他才能够代表明家一家人,所以借粮的时候都是家长出面,这算是一种规定,明家从来没有进行过委托借贷的事情。明家的其他家庭成员不能够擅自决定家庭的借贷活动,只能够给家长提意见,关于借贷的需要或者是借贷的人选,家庭成员能够提出自己的想法,不过最后做决定的始终是家长明永正。

明家的借贷行为,第一责任人就是家长明永正,但是还贷是明家全家人的事情,大家都需要进行劳动,共同把明家的收入提高,男性更加卖力地种地,女性也更加努力经营家里面的事务,这样才可以在第二年秋收之后还上借贷的粮食。

(三)借贷过程家长出面

明家的借贷主要分为两种情况,第一种情况是向黄姓佃主进行的借贷,1933 年大旱灾,明家没有足够的粮食,村里面的四邻和亲戚朋友也大多都拿不出来多余的粮食,于是明家就向租佃土地的黄姓人家进行借贷。向大户人家进行借粮都需要写借据和交利息,明家因为长期租种着黄姓佃主的土地,黄家信任明家人,所以借粮的时候并没有请保人,就是明家的家长明永正在黄家管事面前签好借据,借据上面写清楚借贷双方和借贷数量以及还贷日期等信息,明永正签字之后便可以拿走粮食。向黄家借贷的利息是今年借一石,那么第二年就需要还一石五,当地普遍都是这种利息方式。明家迫于生活压力,只能向黄家借粮食。

第二种情况是明家向亲戚地邻借粮,这种情况因为双方都是熟人,所以不需要请保人,也没有写借据,借贷的数量都比较小,比如这段时间没有粮食,就去找有粮食的亲戚邻居借一点来吃,等有了多余的粮食之后再还回去就可以,也不用额外拿利息。明家大多数时候借粮都是采用这种方式,只有借贷数量多的时候才会找黄家。

(四)家户共同还贷

明家还贷都是由家长明永正在秋收之后将粮食亲自还到对方家里面去,这是默认的还贷方式,表示对愿意借粮的人家的重视和感谢。还粮一般都是在第二年秋收之后,这个时候收获新的粮食,就要把之前借来的还清,否则就要承担相应的后果,一是会加多利息,二是拖着不还,下次再有需要借粮的时候就不容易借到。所以说即使收成不好,也要先把之前的还上,有借有还,再借不难,只要能够还上,日后就还能借到粮食。

还贷是一家人共同的事情,并不是说家长出面借的就只靠家长还,明家还贷都是一家人一起努力的结果,各司其职,做好该做的事情,一家人一起节衣缩食,省下粮食来还贷。如果家长去世,家里面的其他人也要继续还贷,长辈去世,后代也要继续还贷,也就是"父债子偿"和"夫债妻偿",这都是当地默认的规矩,否则就没人敢借粮。不管借贷的家庭发生怎样的变动,对于已经发生的借贷都必须要归还。

六、家户交换

(一)家庭为交换主体

1949 年之前,明家的家户交换活动都以家庭为单位进行,家长明永正和内当家刘贵芳能够进行安排,内部小家庭可以上街进行经济交换,但都是小物件的交换,比如用小家庭的零用钱给孩子们买一点吃食,大物件方面则都是明家整体对外进行经济交换,不需要请示四邻、家族、保甲长,家里面需要什么东西,在"赶场"的时候自己上街去买就可以。交换活动中,家长明永正是实际支配者,明家很少需要购买菜和肉,因为家里面自己种着蔬菜,而且并不经常吃肉,明家购买的东西多是生活用品或者是制作生产工具需要的材料。家里面需要购买生活用品的时候,妻子刘贵芳作为内当家,会及时跟明永正说,然后明永正便会到集市上面购买,如果明永正没时间,也可以叫家里面其他的人去购买,明永正会给他们钱,买东西不需要记账,回来后将剩下的钱交给明永正便可以。

(二)交换客体集市为主

1949 年之前,当地"赶场"的时间为农历每逢三六九的日子,到了"赶场"的日子,需要进行买卖的农户就会到集市上面去逛逛,明家距离集市有一段路程,每次去"赶场"都是步行半个小时左右才能到达。明家的人都可以去"赶场",但是大多数时候还是家长明永正去,妻子刘贵芳和儿媳妇们去街上"赶场"就是为了卖布或者是卖一些小菜,明家女性在家纺棉织布后就会拿到市场上面卖钱,家里面种的辣椒、胡豆等蔬菜,产量比较多的时候也会由刘贵芳或者儿媳妇上街卖掉,具体谁去主要由刘贵芳安排,刘贵芳会安排当天不负责做主要家务的儿媳妇上街,平时不需要卖东西的时候女性不会去"赶场",因为家里面还有很多家务需要她们操持。明永正"赶场"的时候会起的特别早,因为吃过早饭之后还需要步行半个多小时,一般七点多就会出发,在集市上面碰到熟人要聊一聊,有时候到茶馆听别人聊天,看别人打牌,这都是在农闲的时候,到了上午十一点左右就开始往家走。"赶场"的集市就是富全乡的大集市,周边的几个村都在这里"赶场"。明永正作为家长可以代表明家,明家其他的人如果到街上买东西,别人也认为是代表明家。

(三)"赶场"过程靠熟人

明家在"赶场"的时候,和当地的大多数人一样,都会选择到熟人处买东西,因为熟人之间可以相互信任,不用担心被骗,因此也就不需要货比三家。集市里面也会有舒安村的人拿自家的东西去卖,明家有时候也在其中。明家买盐的商铺是当地专门做盐生意的人家,当地的人都在那里买盐,每次明家会买上一大罐,能用很长时间。买东西可以赊账,只要是相互认识的熟人之间就可以,当天没有带钱,第二天再给也可以。明家的人都是老实种地的农民,街上商铺的人会愿意赊账给明家,不一定是明永正本人,明家的其他人也可以赊账。

第三章　家户社会制度

明家在家户婚配方面,家庭成员均为正常婚嫁,明永正和妻子刘贵芳是经媒人介绍而结婚,大儿子明少安和二儿子明少友均为24岁时娶妻成家,女儿明少琴为19岁时出嫁,明永正作为家长决定家庭成员的婚姻事务。明家生育情况处于村内中等水平且男性居多,明永正和妻子共生育二男一女,1949年之前,大儿子明少安已有两个儿子,二儿子明少友已有一个儿子;明家孩子起名字根据字辈,由家长起名。家户财产的继承,明家的两个儿子均有资格继承家产,女儿则因为出嫁而没有资格继承。在家户交往方面,明家家庭内部关系总体和谐,只有妯娌之间常发生口角,但刘贵芳能够及时制止两人争吵;明家对外关系也非常和谐,从未与人发生冲突,和村内人相互帮助。

一、家户婚配

(一)家户婚姻情况正常

1949年之前,明家家庭成员的婚姻状况均为正常结婚,明永正的两个儿子和一个女儿都已经成家,明家一起生活的一共有三对夫妻。首先是明永正和妻子刘贵芳,两人已经结婚多年,且已生儿育女;大儿子明少安在1945年24岁的时候结婚成家,大儿媳妇名为王蒙丽,并不是舒安村的人,本家为蒲店,两人在1949年的时候已经生育两个孩子;二儿子明少友在1948年结婚成家,同样是24岁的时候,二儿媳妇名叫陈发菊,也不是舒安村的人,本家在永安,两人在1949年的时候已经生育一个孩子;小女儿明少琴在19岁时也已经出嫁。明家人的婚姻都是"父母之命,媒妁之言",都是通过别人介绍。

越是大户人家越重视婚姻的规模和流程,需要按照步骤一步一步做,小户人家则不同,小户人家的婚姻会简单很多。当地的大户人家结婚"办酒"的规模都很大,还会邀请保甲长到场吃酒,明家作为小户人家,结婚的时候虽然也办了酒席,但是规模远远没有大户人家那么大,都是明家自家的家门亲戚和村里面一些关系较好的人家前来吃酒祝贺,也没有请保甲长。

(二)婚前准备

1.婚姻家长做主

1949年之前,明家的婚姻分为两种类型,女儿明少琴出嫁和两个儿子娶妻。明少琴出嫁是在年满19岁之后,明家本来还没有请人进行说媒,有一天明家三个孩子的三嬢①突然来到明家,说蒲店有一家人的孩子正在请人说媒,三嬢刚好认识这个媒人,三嬢觉得那家人很不

---

① 三嬢:指带有亲戚关系的阿姨。

错,都是老实本分人,在家里面务农,孩子长的也清秀,年龄二十出头,同样也是个老实孩子,让明永正考虑一下将女儿嫁过去。明永正和妻子刘贵芳听了之后,觉得女儿明少琴确实也到了应该谈婚论嫁的年龄,再加上对明家这个三孃的信任,就答应对方交换一下生辰八字看看合适不合适,请"阴阳先生"[①]算过之后,双方的生辰八字合适,于是明永正便将女儿明少琴的婚事定下来。

明家两个儿子的婚事则是明永正自己主动找媒人进行结亲,媒人就是孩子们的三孃,因为她长期都在村里面和周围的村进行说媒的活动,认识的人比较多,看人也很准,所以明家信任这个媒人。经过寻找合适的人家,最后分别在蒲店和永安找到了嫁入明家的两个儿媳妇。两次的经过都一样,先是介绍对方家庭和女子的情况,明永正觉得可以就能够交换生辰八字,如果各方面都合适,明永正就会同意这门亲事。这些婚事都是由家长明永正做主,他觉得两个儿子应该要找人成家,就会去找媒人,过程也是由他经手和把关,明永正觉得可以的人家,婚事就可以定下来。家长在决定婚事的时候会和妻子刘贵芳商量,也让妻子知道对方的情况,明永正也会和儿子说明对方的情况,但是最后做决定的还是明永正,不需要告知或者请示四邻、家族、保甲长,这是明家自己家庭内部的事情,只要家长明永正觉得可以,对方也愿意,那就可以定下这门亲事,这方面两个儿子和女儿并不能决定什么,都是听从父母的安排。

2.婚配看重门当户对

1949 年之前,明家对于儿媳妇的要求主要还是门当户对,然后两人八字相合,女方贤惠勤快、勤俭持家。这些要求来自于家长明永正,他希望自己的儿子能够娶到一个贤良的媳妇,这对于一个家庭的发展来说尤为重要。具体来讲,对于女方的长相要求不算太高,只要端正干净就可以,结婚之前也没有办法看到女方的长相,只能听媒人的描述,所以明家在这方面的要求比较简单。对于年龄的要求是女方年龄比男方要小几岁,明家两个儿子的媳妇都比他们小,这也是明永正的要求。对于持家方面,明永正要求儿媳妇会做家务,能够管理家里面的大小事务和孩子,嫁到明家却什么都不会做,还需要人伺候,这种条件的直接拒绝。因为明家并不是什么大户人家,全部都是靠卖体力为生的人,所以不允许家里边有不干活只吃饭的闲人,儿媳妇也要能做农活。对于德行名声的要求则是和村里面普遍要求的一样,明永正肯定不同意德行和名声不好的女子嫁入明家,以免背后被人嚼舌根,所以明永正要求儿媳妇德行和名声不能有损。对于对方家庭的要求也是门当户对即可,明永正觉得自己是村里面的写田户,本身明家条件就一般,所以只要对方家庭都是老实本分的庄稼人就可以,女方勤快能干,到了明家能够帮着干活便已足以。除此之外,还有很重要的一点就是男女双方的八字必须要相合,如果双方八字被"阴阳先生"说不合,不能结婚,那明永正就不会让两人结婚,他很信八字的说法。

明家对于男方的要求和对于女方的要求相差不多,同样注重门当户对和八字相合,要求男方必须是踏实肯做的人,不能够游手好闲、懒惰散漫,女儿嫁过去只能跟着受苦。因为明家只有明少琴这一个女儿,而且又是明永正最小的孩子,所以他没有重男轻女的思想,对于明少琴,能够考虑的还是都帮她考虑上,在选择丈夫方面同样也是如此,明永正要求男方家庭

---

① 阴阳先生:指算命先生。

最好有一点土地,因为他知道自己没有土地的日子有多难过,所以希望女儿能够嫁到有自己土地的家庭。明少琴嫁过去的那家人确实有一点自己的土地,同时还租佃一些土地,总体来说,家庭条件要比明家好一点,所以明永正对于这门亲事还是很满意的,况且男方为人挺老实,和明少琴回明家的时候虽然话不多,但会帮着明永正干活,手脚也麻利,所以明永正对自己的女婿也很满意,经常在家里面说女儿嫁得好。

相对于明家这种小户人家,大户人家在婚事上面更加注重标准,大户人家首先要求门当户对,然后对于女方的长相和性格要求更高。

3.婚姻目的为传宗接代

1949 年之前,在明家人看来,婚姻最重要的目的就是能够生儿育女,起到传宗接代的作用。明家人的婚姻都和个人的爱情无关,因为都是来自于家长的决定,不管是出嫁的女儿明少琴还是两个成家的儿子,他们的另一半都不是自己认识的,而是通过媒人的介绍,再由父母定下来。孩子们结婚是到了年纪之后必然要做的事情,既是为了个人,更多的也是为了家庭。明家的两个儿子如果不结婚,那就没有办法生育孩子,对于一个家庭来说,没有后代可以说是最大的打击。而且通过结婚和生育才能够使得明家的人口数不断增加,家庭实力也更加强大。农业生产是绝对依靠劳动力的活动,如果成年孩子不结婚,那家中人口只会越来越少,而且年龄越来越大,劳动力逐渐减少,这个家庭也就只能不断衰落,村里面容易受欺负的家庭,都是家里人口少,特别是男性劳动力少的人家,比如寡妇家的土地容易被侵占等。所以出于家庭不断发展的原因,结婚的目的就是生儿育女,传宗接代。

4.不允许自由恋爱

1949 年之前,明家不允许家中的孩子们自由恋爱结婚,这个和当地的习惯一样,结婚都是"父母之命,媒妁之言",并不允许孩子自由恋爱。村里面有一个大户人家的小姐,家中请土匠修建房子的时候,土匠带来自己的儿子跟着学手艺和"打下手",大户人家的女儿因为读了很多书,本来思想就比较先进,所以当土匠儿子经常出现在家里面的时候,两个人便彼此相中,结果大户人家的家长当然不同意这门亲事,把土匠的儿子从家里面赶了出去,女儿央求父亲很久都没有同意,最后两个人就决定一起私奔。两人私奔之后,大户人家的家长非常生气,让人出去寻找也没有找回女儿后,就不再认自己的这个女儿,就当这个女儿已不在人世。所以明家和村里面的其他人家都一样,并不允许自由恋爱的发生,并且明家的孩子们也没有机会自由恋爱,两个儿子每天都跟着父亲干农活,女儿明少琴每天都在家里面跟着母亲刘贵芳做家务,单独外出的时间非常少,外出割草也必须快速割完回家,因此孩子们都没有机会发生自由恋爱。

5.穷人家的聘礼和嫁妆

1949 年之前,明家的家庭条件不好,因此在婚事上的聘礼和嫁妆都不多。小户人家之间的婚礼很少会有定亲这个环节,明家的三桩婚事都没有这个过程。女儿明少琴出嫁的时候,明家准备的嫁妆就只是一套铺盖和一个衣柜。铺盖是妻子刘贵芳自己纺棉织布,然后拿到染坊去染成颜色,以此给明少琴当作嫁妆,衣柜则是家长明永正自己制作,因此明家的嫁妆本身并没有花多少钱,却是明永正和妻子刘贵芳两人尽力用心准备的。明家儿子的聘礼大致差不多,因为两人结婚的时候不一样,所以做不到完全相同的聘礼标准,只是大致相当。明家的聘礼并不多,主要还是米、肉、酒之类的食物,因为明家也没有钱财去另外买一些其他的东西,所以聘礼比较简单。明家没有发生退婚的事情,如果发生,那退婚的一方就需要返还对方所有的东西,还需要进行赔礼道歉,即使是这样,两家人也是多半不会再来往。大户人家对于聘礼和嫁妆上面的讲究,比起小户人家来说,要精致许多,有的大户人家直接给土地或者是金银首饰,这些东西小户人家给不起。

(三)婚配过程简约

1949 年之前,明家办过三次婚礼,其中两次是儿子明少安和明少友娶妻,一次是女儿明少琴出嫁,三次婚配过程都比较简单。明少安和明少友娶媳妇的时候,明家办过娶妻的酒席,邀请明家的家门亲戚和明家在村里面的邻居好友,酒席上的饭菜都是明家人自己做的,刘贵芳一个人忙不过来,村里面来吃酒席的人家都会提前过来帮忙,女性过来明家帮着做饭、打扫卫生,男性则帮着抬桌子、板凳等。明少琴出嫁的时候,明家也办过酒席,来的人同样都是亲戚和关系亲近的朋友,吃过饭之后便由哥哥明少安送着去男方家,男方家还请来轿子,明少琴坐着轿子,和自己的兄长一起,带着自己的嫁妆便嫁到蒲店男方家里面,明少安在男方家吃过饭之后,才又自己一个人赶回明家。

到明家吃酒席的人都会带上一点礼物表示自己的祝贺,礼物并不用特别多或者贵重,明家本来就是小户人家,在村里面关系好的也多数都是穷困的小户人家,所以大家的难处都理解,"赶礼"也就是一些鸡蛋或者是一些米便可以,很少会给钱。

明家婚配过程都是由家长明永正来安排和决定,结婚并没有写婚帖,而是明家的人到别人家里面一个个通知,告诉亲戚朋友们什么时候来家里面吃饭就可以,到了时间,被通知的人都会过来,村里面的人还会提前过来明家帮忙。明家其他的家庭成员在婚配过程中主要是帮忙,听从明永正的安排,每个人都会有自己的事情,该负责家务的负责家务,刘贵芳主要负责酒席的饭菜,还有酒席之后的打扫收拾,儿子就负责和明永正一起招待客人,给客人抬板凳和倒水等,明少安送明少琴过去夫家也是明永正安排他去的。总之,没有人会闲着不动,大家都会在婚礼的过程中做自己该做的事情,否则就会被明永正骂。

(四)婚配原则

1.结婚兄长优先

1949 年之前,明家三个孩子的婚事顺序是大儿子明少安最先成家,然后是女儿明少琴出嫁,最后是二儿子明少友结婚成家。两个儿子都是在 24 岁那一年成家,按照年龄就是兄长会先成家。女儿明少琴比哥哥明少友先结婚,原因在于两点,首先是哥哥的年龄没到,明永正还没有替他找媒人说媒,然后明少琴的媒人突然登门,明永正觉得合适也就同意了这桩婚事,所以妹妹会比哥哥先结婚。但是总体来说,明家结婚还是讲究次序,兄长明少安是最先结婚的人。村里面的习惯便是如此,都是长子先结婚,孩子们按照次序结婚成家,到了年纪就该结婚,那自然就是年龄大的孩子先结婚,如果跳过家中老大,先给年龄小的孩子说媒,这就表示家长偏心,外人也会说三道四,所以一般情况下都不会这么做。明永正是一个对三个孩子都一视同仁的家长,并没有偏心谁,所以孩子们到了年龄之后,有合适的人选,明永正都会让孩子成家。

2.结婚花费家户负担

明家所有孩子结婚的花费都是明家自己承担。明少琴出嫁的花费主要是请客吃饭的花费,嫁妆方面主要是明永正和妻子刘贵芳的手艺,除了染色之外并没有什么花费。明少安和明少友结婚的花费主要是酒席的花费和聘礼的花费,两个儿子的聘礼都是以食物为主,这就是明家的花费。除此之外,明家还需要给两个儿子的媒人三孃一些礼物,这代表着谢媒,以表达对于她促成婚事的感谢,明家都是给媒人米和面。在结婚的花费上面,明永正没有偏心,都是该花的花,然后也尽量节约,毕竟明家的家庭条件并不好。如果厚此薄彼,孩子肯定会有意见,新进来的儿媳妇更会不满意,觉得公公不看重自己,为了避免这些麻烦和误会,明永正都是"一碗水端平",两边都不亏待。

大户人家在婚礼上面的花费会远远超过小户人家,首先在酒席方面,大户人家的标准就不一样,吃食肯定都是贵的,酒席的数量也更多。在聘礼和嫁妆方面的花费更是要高于小户人家,很多小户人家根本出不起聘礼和嫁妆,大户人家却是各种各样的礼物,包括食物、首饰、田产甚至房屋等。

二、家户生育

(一)生育男孩居多

1949年之前,明家的生育情况属于正常,明永正父亲这一辈共生育两男一女,其中明永正是最大的一个儿子;明永正和妻子刘贵芳也是共生育两男一女,即大儿子明少安和二儿子明少友以及小女儿明少琴;明少安在24岁成家之后,和王蒙丽在1949年之前共生育两个儿子,分别是明次良和明次华;二儿子明少友成家之后,与陈发菊在1949年之前共生育一个儿子,叫做明次平;女儿明少琴在1947年出嫁,第二年生育一个女儿。明家生育的孩子数量在村里面处于中等水平,而且在性别上是男性居多,这对于明家来说非常有利于家庭的农业生产劳动。明家没有发生过孩子夭折的情况,每个孩子的身体都很健康,也没有丢弃过孩子。

(二)生育是为传宗接代

对于明家来说,生育孩子最大的目的就是为了传宗接代,而且明家这样靠劳动力做"力气活路"的人家,如果没有孩子,那家中就没有办法发展,"不孝有三,无后为大",没有后代来传承家族的血脉,这会被看作是对祖辈最大的不孝,所以明家生儿育女的目的就是为了能够传宗接代,同时起到养儿防老的作用。也是因为这个原因,在生育孩子的性别上面,当地的人大多倾向于生男孩,明家也一样,虽然明永正并不是一个只想要男孩、不愿意养女孩的人,但是他也会更多的希望妻子以及儿媳妇们能够生男孩。女儿出嫁之后就是夫家的人,嫁过去之后便很少回娘家,但是儿子一直都在明家,传承着明家的血脉,老一辈的养老问题也需要依靠儿子,所以会更倾向于生儿子。

明家没有非婚生育的情况,都是结婚之后才生育的孩子,明家的人也算不上早婚早育,比起村里面一些家庭的孩子16岁或者18岁的时候便办了婚事,明家的明少安和明少友都是在24岁才结婚,明少琴也是在19岁之后才出嫁,这已经算是较晚结婚、出嫁的情况。对于多生多育,明家的态度属于正常,并没有想要生过多的孩子,因为明家的条件并不好,生的孩子太多,有可能根本养不活,明家每一代人基本上都是生育三到四个孩子,且有男有女,这个数量尚且能够保证家里养活孩子,也能够保证明家血脉的传承和劳动力的需要。当地大多数的人对于生育的态度还是必须要有男孩子,否则就会一直生。大户人家对于生育的态度和目的同样是传宗接代,他们更加倾向于生男孩,因为家业不想分到外人手里,所以都会尽量多生男孩。小户人家也想要生育更多的孩子,但是迫于生活压力,并不会像大户人家一样可以随便生。

（三）孕妇同样辛苦

1949 年之前，在明家的儿媳妇生育孩子这件事上，明永正和妻子刘贵芳并不需要插手进行管制，两个小家庭自己都会进行生儿育女，生多少也是儿子和儿媳妇们自己决定，再加上两个儿子生育的第一个孩子都是男孩，所以家长明永正就更加不用操心。明家儿媳妇怀孕期间并不像大户人家的妇女一样，只要怀孕便在家里面养胎，她们仍然需要干活，大儿媳妇王蒙丽和二儿媳妇陈发菊在怀孕期间对于家务事都是照做不误，并且还会到田间地头给丈夫和公公明永正送饭，怀孕后期家里面的农活倒是做得少一些，主要就是在家里面操持家务，做饭洗衣、喂养牲畜等。平时孕妇的照顾算是比较粗糙，刘贵芳会在安排家务的时候，倾向于照顾一下孕妇，让没怀孕的儿媳妇多做一些。明家姑娌之间的关系并不是非常和谐，时常会有几句拌嘴的时候，两人相互之间不会特别照顾，但是因为有刘贵芳在，她们也不敢公然不管对方，一方怀孕期间，另一方多多少少会多做一些活。在吃的方面，明家没有经济能力来改善孕妇的饮食，怀孕的儿媳妇还是和家里人吃同样的饭菜，并没有特殊的照顾。

孕妇生产的时候，明家会给儿媳妇请产婆，因为刘贵芳并不会接生，请产婆就是她去村里面请有接生经验的妇女前来，接生完成之后，明家会给产婆一些米和蛋作为感谢，明家也给不起钱，而且村里面能给得起钱的也不多。生产的花费都是明家这个大家庭承担，明永正也希望儿子们能够生孩子，所以请产婆的花费都是明家统一出，不需要小家庭承担。生产之后，儿媳妇在坐月子期间同样需要自己照顾自己，家里事情都很多，没有人能够专门照顾月子，生产完成，明家会杀一只自己养的鸡来给孕妇吃，其他方面便没有再特别改善伙食。因为孕妇在坐月子期间不能够碰冷水，所以那段时间就不用洗衣服，但是其他家务能做的还是都尽量做。明家儿媳妇的生产过程都很顺利，没有遇到过危险的事情。大户人家在生育上面对于孕妇的照顾会更多，孕妇怀孕便可以不干活，坐月子期间同样可以不干活，但在明家这样的小户人家做不到。

（四）生育后的"小请"

1949 年之前，明家在生育孩子之后都会在家里面请客，当地将请客分为"大请"和"小请"，明家因为家庭条件的限制，生育之后的请客都是属于"小请"，只是请一些家门亲戚和村里面的熟人来吃饭，凡是生育孩子，家人便会通知这些亲朋好友，他们就会送来一些贺礼，明家收下贺礼就会定一个日子请大家来吃饭。请客的花费都是明家整体承担，明永正会从明家的财产里面拿出一部分请客，亲朋好友们送的礼物也是归明家全家所有，并不是单一小家庭所有。儿媳妇生产之后，明家的人也会通知她的娘家，因此儿媳妇的娘家也会派人过来祝贺、吃酒。举办仪式的酒席，一方面是为了答谢送来礼物的亲朋好友们，另一方面也是为了庆祝孩子和母亲渡过难关，祝愿自己的孩子能够健康成长。在这种酒席上，一般都会有红蛋，也就是将鸡蛋染红，每个人都会吃一个红蛋，代表对请客人家的祝贺。明家请客的菜都是刘贵芳和儿媳妇们负责做，也会有其他妇女前来明家帮忙，具体的分工为女性操持酒菜，男性负责招待客人。明家在 1949 年之前，儿媳妇所生育的都是男孩子，所以都有请客，在仪式上面也没有什么不同。

（五）起名权力归家长

1949 年之前，明家的孩子起名字首先是按照字辈，"永少次曾又"是明家在明永正及其以后几代的字辈，明永正的三个孩子是由明家的大家长，也就是明永正的父亲起的，分别叫做明少安、明少友和明少琴，寓意就是希望孩子们平安健康地过一生。明少安和明少友的孩子则是由明永正起名字，按照字辈，大儿子明少安的两个孩子分别叫明次良和明次华，二儿子明少友的孩子叫作明次平。给孩子起名字的权力在家长手中，明家孩子的名字都是由此得来，这也代表家长对于孩子的重视，所以孩子的父母也觉得很好。孩子们在家里面的时候，家长和父母都不会直接叫孩子的名字，而是会另外起一些小名来称呼孩子，孩子们的小名比较随意，当地的人都喜欢给孩子起一个不好听的小名，往往名字越难听，孩子越好养活，就是所谓的"贱人命好活"，所以很多孩子的小名都叫"秋娃儿"，或者"狗蛋儿"之类，或者直接就用家里面的排行来代替名字，比如"三儿"，外人叫的时候加上姓氏就可以，村里人称呼明家的两个儿子就是"明大娃儿"和"明二娃儿"。

三、家户继承权属于儿子

1949 年之前，明家家户继承的资格属于明永正的两个儿子，女儿明少琴出嫁之后便在夫家生活，并没有明家的继承权，家产继承只有家庭内部成员才有资格。明家没有自己的土地和房屋，耕种的土地和居住的房屋都是向佃主租佃，所以在这方面没有继承的财产，所以只有家里面的生产工具和一些家具可以继承。继承的方式也很简单，就是两个儿子平分，因为没有太多的财产，所以这方面没有什么矛盾。继承的资格并不是家长一人决定，而是当地的规矩就是儿子继承，除非有儿子非常不孝顺，家长可以取消他的继承资格，一般情况下，家长肯定希望自己的孩子都能够好好生活，所以都会给孩子分一点家产。

四、家户内部交往

(一)父子关系
1.父亲对儿子负责

在明家，明永正作为明少安和明少友的父亲，对于两个儿子承担着许多的责任，首先就是要抚养孩子长大，明永正作为明家的家长，身上的责任非常重大，明家整个家庭的生计都需要他来负责，对于自己的儿子，他通过进行农业生产和做木匠挣钱养活他们，同时还要教会他们生活的技能，明家儿子的谋生之道都是从父母那里学习，并代代相传。父亲还需要给儿子留下一些家业，明家没有自己的土地和房屋，因为明永正也没有从自己的父亲那里继承到土地和房屋，虽然他自己非常辛苦的劳动，但是地租缴纳之后依然剩不下多少粮食，所以明永正没办法给孩子留下大的家业，只有简单的农具和劳动的技能。父亲也需要给儿子娶媳妇，明少安和明少友都是在年满 24 岁之后，明永正便开始给他们张罗婚事，请媒人说媒，如果不能够给儿子娶妻，便是没有尽到作父亲的责任。

父亲对于儿子的权利很大，在明家也是这样，明永正说的话，儿子们都要听从，有不同的意见可以提出来，但是还是要遵从父亲明永正的决定。父亲可以打骂自己的儿子，明永正也会打骂孩子，明少安小的时候就经常因为不听话而挨打，出去割猪草的时候，和别人家的几个孩子一起用弹弓打鸟，上树掏鸟窝，被村里人看到后告诉明永正，明永正怕孩子爬树摔出好歹，回家就打了明少安一顿，说他做事不认真，贪玩好耍。明永正还会让儿子们干活，做得不对也会进行打骂，他相信"棍棒底下出孝子"，但是也不会随意打骂，都是有原因才会教训

33

孩子。总体来说,明永正算得上是一个好父亲,承担家庭的责任,抚养孩子,教会孩子生存技巧,给孩子娶妻,尽到了作为一个父亲应有的责任。

2.日常交往严肃

1949年之前,明家父子交往的关系比较严肃,但父子之间的感情仍然存在,明永正也很爱自己的孩子,有的时候"赶场"回来的时候都会给孩子们带上一点小吃,家里困难的时期,也是先让孩子们吃东西,家里过年做新衣服,明永正也会让妻子刘贵芳先给孩子们做,然后再给自己做。但是他本人性格就是不苟言笑,说话做事都比较认真,所以在孩子看来并不是很容易亲近,因此儿子们反而都比较惧怕自己的父亲,父亲说的话他们不敢反对,明少安挨打之后也会给父亲认错,不会耍脾气。明少安和明少友很少会和父亲说心事,明永正也没有跟儿子们说过自己的心事。虽然也有开玩笑的时候,但是这种时候很少。明家的经济条件可能给了明永正很大的压力,他非常希望能够让家庭状况变好,于是非常努力的干活,也会让儿子们努力干活。父子之间的冲突很少,虽然父子之间关系比较严肃,但是并不怎么起冲突,儿子小的时候犯错,明永正打骂之后也就不了了之,儿子长大之后,明永正也不会再打骂他们,有事情都会和他们说清楚,明少安和明少友也很尊重自己的父亲,很多事情都愿意听父亲的安排。

(二)婆媳关系正常

1949年之前,明家的婆媳关系比较普通,婆媳之间没有产生大冲突,但是因为两个儿媳妇之间的关系并不好,所以连带着婆媳关系也无法亲近。在权利义务关系上面,婆婆对于儿媳妇的责任不多,主要包括在生产期间照顾儿媳妇和给儿媳妇请产婆,明家媳妇怀孕期间还是需要干活,但是刘贵芳也会在家务安排方面尽可能让孕妇少干一些,也算是一种照顾,儿媳妇生产的时候也是刘贵芳去请的产婆。除此之外,刘贵芳也会指导儿媳妇做家务,大儿媳妇王蒙丽和二儿媳妇陈发菊刚来明家的时候,都是刘贵芳带着她们做家务,等到她们学的差不多,也就不需要刘贵芳带着,而是安排好谁负责哪些家务便可以。婆婆可以打骂媳妇,不过刘贵芳并没有打过自家的儿媳妇,刘贵芳说的话,两个媳妇也会听。

婆婆刘贵芳在婆媳关系里面还有一个重要的事情就是劝架,两个儿媳妇之间时常会有一些口角,刘贵芳会在她们发生口角的时候及时制止,免得扩大成吵架。王蒙丽和陈发菊发生口角的时候,如果婆婆站出来制止,她们就会停止争吵,这时候谁再吵,那就会被认为是谁的错。每次她们争执的时候,刘贵芳都会说"不要争了,都不让人,那咋子过?"然后两人便不再争执,否则就会挨骂。明家的婆媳关系就是既不发生冲突,但是也不亲近,媳妇会听从婆婆的安排,不敢反抗婆婆。

(三)夫妻关系和谐

1949年之前,明家的夫妻一共有三对,分别是家长明永正和妻子刘贵芳,大儿子明少安和大儿媳妇王蒙丽,二儿子明少友和二儿媳妇陈发菊。明家这三对夫妻关系相处的都还比较融洽。在权利义务关系上面,丈夫对于妻子的责任就是将家庭发展好,和妻子一起生儿育女,抚养孩子长大,如果妻子生病要给妻子看病。四川地区的女性在家里面的地位普遍不算低,明家同样如此,妻子并不是要对丈夫言听计从、百般讲究,妻子也会管理家庭内部的事务,有意见可以和丈夫说,丈夫不能够随意打骂妻子。

明永正和刘贵芳这一对夫妻相处和谐,刘贵芳将明家内部的大小事务打理得井井有条,明永正则主要负责明家对外的关系和家计营生，两人很少会吵架，刘贵芳大多数时候都会同意明永正的做法。两人有一次吵架却是因为很小的一件事情，那是在明少安还没有成家的时候，快要过年的前几天，刘贵芳起床之后觉得头疼，就一天都没怎么说话，低头在家里面择菜，明永正中午回家看到刘贵芳不说话，又让她下午打扫一下家里面的卫生准备过年，刘贵芳就说自己头痛得很，今天不想打扫，明永正就接了一句"你平时都没事，一到过年过节的时候就头痛"，刘贵芳听罢之后突然涌上脾气，就说"就准你感冒不好，我就不能头痛，我就是装的，我就是不想干活"，这么一来一往，两人便开始吵起来，后来刘贵芳就哭了。像这样的吵架，在明永正和刘贵芳之间发生的并不多，大多数时候两人都是和和气气。

大儿子明少安和大儿媳妇王蒙丽这对夫妻的关系也是较为和谐，两人吵架的时候也不多，有的时候两个妯娌之间吵架，王蒙丽会跟明少安抱怨，但是明少安看在自己兄弟的面子上都会劝王蒙丽大事化小，小事化了，不要那么计较，因为都是一家人。

（四）兄弟关系渐变

1949年之前，明家的兄弟关系是一个渐变的过程，开始的时候明少安和明少友两兄弟一起长大，虽然也会吵架打架，但是兄弟之间的关系很亲密，明少友小时候在外面和其他孩子一起捡牛粪，两个人都说是自己最先看到的牛粪，为此还打架，明少安知道之后，还去帮弟弟"报仇"。但各自娶妻生子之后，两个媳妇之间总是发生口角，然后各自回房间跟丈夫说，长久一来，两兄弟之间的关系反而渐渐变得不再那么亲密，开始有了隔阂。但是两兄弟却没有吵过架，他们都会劝自己的妻子不要计较那么多，都是一家人。直到分家之后，两家人的矛盾反而开始减少，平常孩子们经常一起玩耍，王蒙丽和陈发菊也能够一起说话。

（五）妯娌关系紧张

1949年之前，明家的妯娌关系可以算得上是明家矛盾最多的一对关系，王蒙丽和陈发菊两人先后来到明家做儿媳妇，年龄上两人相差不大，因为两人都是性格要强，嘴巴又爱说的人，所以常常是在说话之间就得罪对方，而两个人又都不是愿意忍气吞声的人，一有不高兴就想要说出来，一说出来就会开始拌嘴，发生口角，然后此时就需要刘贵芳站出来说话。

明家两妯娌争吵都是因为小事情引发，比如洗衣服，两人是轮流洗衣服，轮到谁，谁就要洗一家人的衣服，有一次轮到大儿媳妇王蒙丽，那天的衣服比较多，她就说了一句："今天衣服真多，怕是手都要洗软"，这么一说，二儿媳妇陈发菊就觉得她在说自己洗衣服不够多，暗指自己偷懒，就说："轮到了就是轮到了，能怪谁啊"，然后两个人又开始一言一语地争吵，从这件小事情说到其他事情，都觉得对方对自己有偏见。还有经常引发争执的就是小孩子，两人都怕自己的孩子吃亏，在孩子的事情上面显得很在意。明家说到小孩子以后上学读书的问题，王蒙丽希望明次良能够多读书，以后有出息，陈发菊就说"读书好啊，读书就不用干活了，到时候自己的儿子明次平就在家里面种地，供哥哥读书"。因为明家本来就家庭条件不好，不可能供每个孩子一直读书，陈发菊这么一说，王蒙丽就觉得她在讽刺自己，还在说明少安不干活，于是两人又不高兴，到了晚上，王蒙丽就告知明少安这件事情，明少安让王蒙丽别多想，对方没有那个意思，但是这种事情多了之后，两兄弟的关系也逐渐发生隔阂。两人之间吵的最严重的事情还是因为王蒙丽从外人嘴里听到陈发菊在外面说她的不是，说王蒙丽小心眼，她听到之后就非常生气，认为不管在家里面怎么样，都不该拿到外面去说，毕竟"家丑不可外扬"，就回家说她管不住自己的嘴巴，陈发菊也很生气，不承认她在外面这么说过，"赌咒发誓"地说自己没有乱说王蒙丽,两人因此爆发争吵,这算是最严重的一次争吵。这种事情上面发生口角是两妯娌之间经常会有的事情,有的时候说几句话也就这么过去,有的时候则越吵越严重,刘贵芳就会站出来说她们不干正事,只知道乱说话。两人看到婆婆生气,也就不再说话,谁也不理谁,但是消气之后还是会说话。

明家的妯娌关系就是这样经常会发生口角,不过两个人都是心直口快的人,其实没有什么坏心眼,心里面想不过的事情就想要说出来理论几句,这也是明家家长明永正和内当家刘贵芳能够容忍她们的原因。她们虽然嘴上经常会闹不愉快,但是做事情还是很认真,也不会真的黑心去害谁。

五、家户外部交往

(一)不同关系的对外交往

1949 年之前,明家和亲戚、邻里、朋友、之间的关系和与佃主家的关系不同,相互的责任和义务不一样。首先,明家和黄姓佃主家的关系一直都保持得不错,明永正每逢过年过节的时候,都会到黄家去问候,提上一点小礼物,礼物并不贵重,但是是明家的一份心意,黄家作为舒安村的大户人家,并不真的想要那一点礼物,而是想要佃户对他们的尊敬,明永正和黄家人说话都很注重身份,黄家有事情需要请客的时候,明永正和两个儿子都会过去帮忙,而且不要酬劳,就这样,明家才能一直都租种黄家的土地还有房屋,而且和黄家的管事之间也一直保持良好的关系,有时候会请管事来家里面吃饭。明家之所以能和黄家保持良好关系,最主要还是因为他们能够按时交租,佃主们最看重的就是这一点,如果佃户不能够按时交租,他们就会考虑取租,因为他们也是靠收租吃饭。明家每年秋收之后,都会先把租子交上,剩余的才是自家食用,如果确实不够自家吃,那再到黄家或者是亲戚家和邻居那里借一点。1933 年大干旱的时候,黄家就借给明家谷子,让他们第二年再还。

明家和亲戚朋友之间的关系也是相互帮助的关系,明家是小户人家,在村里面关系好的人家普遍也都情况相当,邻里之间有什么事情都是"帮着跑",某家人有红白喜事的时候,该借东西的借东西,该帮忙做事的帮忙做事,等到明家也需要办酒席的时候,那些人家同样也会来明家帮忙,这就是村里面一直以来的良好习惯,邻里、亲戚之间相互帮忙,很多事情只靠一家人的力量不能完成。每年农忙的时候,明家都会和村里面关系好的人家,还有自己的近亲进行换工,这也算是相互之间的一种责任和义务,还有田里面需要灌溉的时候,明家一家人抽水还不够,也需要邻里们一起帮忙,同样,邻里们需要帮助的时候,明家的人也会去帮着蹬水车。这些责任和义务都是为了能够更好的生产和生活,一直延续下来的做法,明家的人都遵守着这些做法。

(二)对外交往关系融洽

明家的对外交往关系都很融洽,和邻里之间、地邻之间、亲戚之间、朋友之间以及主佃之间都没有发生过争吵,本来明家的日常事务就很多,家里面的人都很忙,没有过多的时间出去进行交往,都是老实本分的在家里面种地干活,所以明家人在村里面的闲言碎语并不多,不容易招惹是非。明家的女性在空闲的时候会到院子里和邻里们聊天,听各家各户的事情,有时候也会说说自家的事情,但是因为一次妯娌之间的争吵之后,刘贵芳便不让王蒙丽和陈发菊出去说自己家里面的事情,让她们说话注意一些。

明家和亲朋好友、地邻们的交往关系平等,没有谁惧怕谁的说法,大家生活在一个村里面,而且住的都很近,没必要因为一些琐碎的事情争红脸,所以明家从来不和外面的人吵架。明家和黄家的关系则算不上平等,毕竟一个是佃主一个是佃户,明家只会跟黄家的人说好话,不敢得罪黄家的人。

第四章 家户文化制度

　　家长明永正让三个孩子都到村内私塾读过几年书,只是想让孩子们能够识字;家庭教育"男女有别",母亲主要负责教育女儿成为贤妻良母,父亲则教育儿子谋生技能。在家户意识方面,明家人将住在一个屋子的人看作自家人,将没有血缘关系且交往很少的人看作外人,并认为一家人应该团结和睦,以家庭为重。在家户习俗方面,明家人遵守村里面长辈们留下来的传统规矩,不论过年过节还是操办红白喜事都按照规矩进行;明家信仰家神与祖先,并按规矩进行祭祀和祭拜,表达感激与祈求保佑;在家户娱乐方面,明家妇女最主要的娱乐休闲方式就是到院子里面串门聊天,明永正则非常繁忙,非农忙时节还需要做木匠,娱乐时间相对来说并不多。

一、家户教育

(一)教育只为识字

　　1949 年之前,明家的教育水平普遍不高,家长明永正没有读过书,妻子刘贵芳也没有念过书,明家的三个孩子,大儿子明少安、二儿子明少友以及女儿明少琴都读过两三年的书。明家的条件本来就不好,明永正辛苦送三个孩子去读书是为让孩子们能够识字,能够为家里面"写符子"①,读了三年之后,明永正觉得能够认识基本的字,就没有再让三个孩子继续读书。最主要的原因还是因为家里面穷,而且需要劳动力,那些年份明家就只有明永正和妻子刘贵芳是家里面的劳动力,孩子们虽然还小,但是总还是能够帮上一点忙,而且这些劳动技能也需要孩子们学会,这对于明家来说是比让孩子们读书更为重要的事情,所以孩子才没有继续读书。孩子们具体读几年书以及是否可以继续读书都取决于明永正,在这方面,家里其他人都没有发言权,都是家长明永正按照他自己的想法来决定。明家三个孩子,明永正都让他们去读过几年,包括女儿明少琴,明永正并不是一个只看重男孩的人,他对女儿也很好,因为他只有一个女儿,年龄又是家里面最小的,因此明永正对女儿很疼爱。明家孩子接受教育的目的并不是为了光宗耀祖,明永正认为读书当官是有钱人家才可能做到的事情,没有想过要自己的孩子走这条道路,只希望他们认识基本的字,能够为家里面写点东西就可以。

(二)孩子接受私塾教育

　　明家三个孩子读书的时候都是在村里面的私塾,村里没有人办公读学校,而乡里的学校又在街上,距离舒安村很远,所以明家便让三个孩子在村里面读私塾。孩子们读私塾的学费同样可以用粮食代替,只是收费会比学校更高,明家给的学费都是米,后来家里面的米不够

_____
　　① 写符子:指在祭祀的时候写的一张火单。

吃,还去向邻居借来一些吃。这笔学费就是明家自己出,没有其他的人帮着出学费。私塾就在舒安村里面,距离明家不远,这也是明永正让孩子们读私塾而不是学校的主要原因,私塾老师不会上门讲课,都是孩子们自己去老师家上课,明家孩子们上学不用家长送,放学之后也是自己回来。明家的三个孩子只读过两三年的时间,学习的东西不多,主要是《三字经》和《弟子规》之类的古书,女儿明少琴还会学习《女儿经》之类的书籍。过年的时候明家没有向私塾的老师拜年,一是因为上学时间短,二是因为明家实在拿不出东西来送礼,孩子们读书的花费对于明家来说很大。

(三)基础的家庭教育

明家孩子的基础教育都来自于明家的家庭教育,主要是来自于明永正和刘贵芳。明永正因为自己也没念过书,不认识字,所以在孩子们还小的时候,明永正会在家里面逗弄孩子们,当地流行的一些玩耍样式都是明永正教给孩子的,比如勾铁钩和转陀螺,明永正会自己给孩子们制作陀螺和木棍,还有铁圈这些玩具也都是明永正自己动手给孩子们做,然后带着孩子们玩,女儿明少琴也可以一起玩。后面孩子们开始读书识字之后,明永正还给孩子们做小木板,让孩子们可以在上面写字。刘贵芳则更多的是照看孩子们,给他们洗衣做饭,也会给孩子们讲故事,村里面大人给孩子们讲述的故事基本上都一样,都是代代相传下来的。明家的孩子在很小的时候,明永正和刘贵芳对他们管的并不多,孩子长大能够干活之后,明永正和刘贵芳才开始教他们怎么干活。

(四)家庭教育形成人格

在明家,三个孩子一直都是与明永正和刘贵芳生活在一起,两人的思维方式和人格在孩子的成长过程中起到很大的作用,孩子们都会不自觉地模仿自己父母的说话和动作,孩子自己的思维方式和人格的形成,很大程度上会受到父母亲的影响。明家的相处模式,明永正和刘贵芳之间比较和谐,两人之间的争吵不多,因此孩子们是在相对比较和谐的家庭氛围里面长大,三个孩子之间的关系也很亲密,不过因为明永正并不是一个健谈的人,相反很多时候他都很严肃,所以孩子们在他面前都不敢过于顽皮。

明家孩子做人做事的道理都是从父母那里学习得来,并不需要父母专门告诉孩子们是什么道理,而是孩子们在潜移默化之中学习,当然,孩子犯错误的时候,明永正和刘贵芳会及时教导他们,两人最不能够忍受的就是孩子撒谎和偷懒,如果被发现,就会挨打。明家三个孩子的生活习惯,都是从小在家里面看明永正和刘贵芳怎么做而学到的,明家都很遵守过年过节的风俗习惯,所以孩子们都不会做违反风俗习惯的事情。明永正相信"勤劳致富"这个道理,他每天都会很辛苦的干活,也给孩子们起到表率的作用,让孩子们不要学会偷懒,而是要踏实肯干。

明家也信奉"家和万事兴"的道理,明永正和刘贵芳很少会吵架,后来儿子成家之后,妯娌之间多有争吵,刘贵芳也会及时阻止,她不喜欢家里面吵来吵去,这样不利于家庭的团结,家庭如果不团结,那家人都会因此受累,这也是当王蒙丽和陈发菊向自己的丈夫抱怨对方的时候,明少安和明少友会劝自己的妻子不要计较的原因,因为这是他们从小受到的教育。

(五)劳动技能靠家庭教育

明家孩子的劳动技能都是在家里面习得,明少安和明少友主要是学习农业生产的技能和明永正的木匠手艺,女儿明少琴则主要是学习家务劳动和纺棉织布之类的女工技能。农村人必须要学会这些技能,特别是像明家这样小户人家的孩子,男孩如果不学会农业耕作技能,长大后便没有办法进行农业生产,就会成为村里面不学无术、好吃懒做的典型,自己不能够养活自己,而且没有人会愿意嫁给一个不会做农活的人,也会被村里面的人看不起,说这家人没出息。女孩如果不学会做家务和女工,那就不是一个贤妻良母,没人愿意娶一个不会做家务的人当妻子,即使嫁到婆家,也会被婆婆嫌弃。明家的农业耕作知识都是遵从长辈教给后代的规矩,明永正做农活也是跟着父亲学习,明永正也会带着自己的儿子到田间地头干活,一边做一边跟他们说该怎么做,孩子们还小的时候,明永正就教他们干活,就是希望他们也能够成为一个勤快的人,不要游手好闲。妻子刘贵芳则主要负责教导女儿家务活和女工,明少琴8岁左右的时候便开始跟着母亲洗衣做饭,每天看母亲怎么做,然后跟着学,等到明少琴年满19岁出嫁的时候,已经是另一个刘贵芳,贤惠持家。孩子们跟着干活的过程中会有不想干活和偷懒的时候,这时候明永正和刘贵芳会严肃的教育孩子,这也是为了孩子好,害怕他们长大后没有一技之长。

(六)木匠手艺的传承

明家会的手艺就是木匠,这是明家三代传下来的家门手艺,明永正的父亲教给明永正,然后明永正又将手艺传给自己的两个儿子。明家的木匠手艺是传内不传外、传男不传女,明永正没有收过徒弟,只是传给明少安和明少友,明永正也没有传给女儿明少琴,这是因为女生本就不适合学习木匠手艺,而且也不方便到各家去做木匠活,所以明永正没有把这门手艺传给自己的女儿。明家传手艺的顺序是大儿子明少安先学,明少安15岁之后,明永正去做木匠手艺时都会带上明少安,平时明家的农具和家具的制作与维修也都是明永正自己动手,两个孩子就可以在旁边学习,等到明少友年纪差不多也可以学木匠的时候,明永正便会带着两个孩子一起出去。明永正之所以要把木匠手艺传给孩子,一个是为了继承明家的手艺,手艺不能在自己这一代失传,第二个原因也是为了孩子们的谋生考虑,会一门手艺总好过只会种地,所以他把手艺传给两个儿子,希望他们能够利用这门木匠手艺把家庭发展得更好。明家学手艺没有花费,就是明永正带着孩子学。

二、家户意识

(一)一个灶就是一家人

明家的人把在同一个灶上做饭吃饭的人看作是一家人,把同血缘的但是不在一起吃饭和生活的人看作是家门亲戚,把没有血缘关系,但是和自己家关系好的人看作是邻里朋友,而其他既不在一起生活,关系又不好的人,明家则看作是外人。1949年之前,明家的自家人就有家长明永正,内当家刘贵芳,大儿子明少安和大儿媳妇王蒙丽,二儿子明少友和二儿媳妇陈发菊,孙子明次良、明次华和明次平九人。而女儿明少琴因为已经出嫁,并不和明家人生活在一起,所以不能再看作是自家人,而是将她看作亲人。明家的亲人还有明永正的兄弟们、刘贵芳的娘家人,以及其他一些家门亲戚。明家的朋友则是村里的邻居和一些关系好的熟人。外人不能够介入明家的家事,任何人都不能够随便去管别人家的事情,像打骂孩子或者是夫妻打架,除去情况确实非常严重之外,外人不能够多言多语,因为这算是人家的私事。明家人和家门亲戚以及朋友们之间的相处比较随意,不太注重礼节,都是有话直说,有忙就帮,而明家人和外人之间几乎没有什么机会相处,相互都不插手别人的事就可以。

(二)家户同力改善条件

1949年之前,明家并没有分家,家里面所有的家庭成员都是把大家庭当作自己的家,为了家庭的发展而一起努力辛苦地干活,家人之间会相互帮助,虽然妯娌之间会小吵小闹,但是两人该干的活也不会少干。"发家致富"是明家所有人共同的愿望,明家没有土地和房屋,导致家里面的生活条件不好,吃的都是稀饭和杂粮,所以明家人过上好日子的愿望非常强烈。"光耀门楣"在明家看来只有通过读书、考试然后当官,才能够算是光耀门楣,但是明家没有这个经济实力供孩子们一直读书,所以没有想过自己家的孩子能够当官,就希望孩子健康,家里面的生活越过越好,明家人就已经很满意。

(三)家庭高于个人

对于个人和家庭之间的重要性,明家同意"没有家就没有个人"的说法,都是一家人,就不能够只想到自己的"小算盘",而要站在全家的角度做事情。明家人不管做什么得到的收入,都会统一交给家长明永正进行保管,然后用于明家的家庭支出,没有人会想要把钱留下来私藏,包括儿子们成家之后,有了自己的小家庭,但是在分家之前,明家人都还是保持这个习惯,统一由家长明永正支配家里面的财产。

(四)积德在于不作恶

明家人相信善有善报、恶有恶报,在日常生活中不敢作恶事,明永正教育孩子们也不能做坏事,不要出去偷东西。但是因为经济条件限制,明家人也不爱管闲事,村里面救济穷人的事情也不会落到明家身上,而是由村内有钱人家进行救济,对于村里面的公共事务,明家人应该参加的都会参加,但也只是在其中发挥一些小作用,而不会主动组织公共事务,穷人在村里面基本上不起作用。在积德这件事上面,明家主要是管好自己不作恶事,没办法再兼顾帮助其他人家来进行积德。

三、家户观念

(一)家户时间观

1.严格的生产时间

明家人的农业生产有着严格的时间标准,标准主要来自于长辈们流传下来的经验,到了固定的时间就应该做相应的农活,比如"年怕中秋月怕半,庄稼就怕误时间""夏至三庚进伏,头伏秧苗二伏谷,三伏谷子收进屋""三亩棉花三亩稻,晴挨好,雨挨好""立秋栽葱,白露种蒜"等俗语,都说明种庄稼应该遵守时间规定。夏天的时候,明家人会起得更早,早上天一亮就会到田里面干活,到太阳出来之后再回家吃早饭,然后下午温度降一些之后再出门干活,等到农忙的时候便只有顶着大太阳在田里面干一整天,水稻如果收割不及时就会掉,赶不上时候晾晒,等到下雨的时候就会发芽,所以必须争分夺秒地劳作。这种时候就是进行换工的时候,几家人必须依靠相互帮助才能够来得及,避免损失。

2.忙碌的日常生活

明家的人向往清闲的生活,但现实却是一年到头都非常忙碌,绝大部分的时间都花在养家糊口的劳动上面,家长明永正和两个儿子明少安、明少友大多数时间都在土地里面劳作或是做木匠赚钱,刘贵芳和儿媳妇王蒙丽、陈发菊则主要在家里面做家务、带孩子、纺棉花。明家人每天的生活差别不大,并没有特别强烈的仪式感,家中大人都得早起,平时六七点就会吃早饭,午饭则在一点左右,晚饭在七点左右。明家人的娱乐活动并不多,休闲时就是在村里面到处走一走,或者到谁家的"坝子"里面聊天,这种时候,人都会越集越多,妇女们坐在一起聊一些家长里短,村里面的闲话也大都是在这样的场合散播出去。

(二)家户空间观

1.内部空间除卧房皆公用

明家租住的房屋面积为 120 平方米,位置挨着租种的土地,房屋一共有六个房间和两个耳房,分别是堂屋、卧房三间、灶火间、猪圈,耳房则用于放柴和养牛。堂屋处于房屋的正中间,是明家人吃饭的地方,右边卧房是家长明永正和妻子刘贵芳的房间,左边卧房是大儿子明少安和大儿媳妇居住,房屋右后方的卧房则是二儿子明少友和二儿媳妇居住,明家的猪圈里面还有厕所,房屋背后是一条排水沟。明家两个儿子结婚之后,明永正便不会随意进入两个儿子的房间,这是因为公公与儿媳妇之间需要避嫌,明永正和刘贵芳的房间,明家的人也不能够随意进入,需要得到家长或者内当家的允许才能够进去,在进入其他人房间的时候,都要把房间门打开,不能够关上门在里面待着。除了卧房不能够随便进入之外,其他房间都是公用,明家的人都能够使用,灶火间主要是刘贵芳和两个儿媳妇使用,明家男性忙于农业生产,做饭都是女性的任务。

2.外部空间同样不可侵犯

明家的房屋是独立的一栋,没有和别的人家连在一起,所以房屋边界特别清晰,其他人进入的时候必须要跟明家的人打招呼,明家的人同意之后才能够进入,即使明家大门开着,但是家里面没人,外面的人也不能够走进去,只能够在外面"坝子"里面喊几声,屋里有人出来才能够进去,要是家中真的没人,那就只能到周围找。明家房屋前面"坝子"的使用权也属于明家,平时一家人可以在上面干活或者聊天,农忙的时候则用作晾晒谷子、高粱等作物的场地,村里每一户都要有晒场,否则收上来的水稻等作物没办法晒干就会发芽,晒场作为重要的农业生产用地,互相之间不能够占用,明家房前的"坝子"足够一家人晾晒水稻、高粱等。明家所使用的水井是和周围人家共同使用,村里面的公共场所就是舒安大庙,明家的人逢年过节会到庙里去烧香。

(三)家户生活观

1.有土地就是理想生活

明家人在 1949 年之前所追求的理想生活就是能够有自己的一块土地,因为没有自己的土地,一家人一年辛苦劳动所得的大半都要给佃主家交租,这也直接导致明家的生活条件一直得不到改善,所以明家人最希望的事情就是能够有自己的土地,收获的粮食都能为自己所有。

明家的家庭成员中,除去年龄尚小的三个孩子,其余六个人都要为明家的生存而担负自己的责任。家长明永正的责任最大,整个家庭的管理都是明永正来进行安排,他必须要对自己的子孙后代尽责,保证明家的发展。妻子刘贵芳最主要的责任是保证明家内部的和谐与秩序,安排两个儿媳妇的家务,调解王蒙丽和陈发菊之间的小矛盾,不让这些事情影响到明家的生活。两个儿子明少安和明少友的责任同样很重,他们既要辛苦地劳动,又要管理好自己的小家庭。在明家整体努力之下,明家的情况逐渐变好,不过在1949年之前,明家还是没能拥有自己的土地。

2.辛勤劳动是生存保障

明家人为了生存和更好的生活,必须要辛勤劳动,否则每年的收入连交租都不够。家长明永正和妻子刘贵芳两人都是老实的种地人,懂得只有自己劳动才有得吃的道理,两人一直都是起早贪黑,明家的孩子们从小耳濡目染,受到的教育也是要靠自己,所以也和明永正一样,一直都是老实本分的庄稼人。明家在没有土地的情况下,能够养活这么一大家子人,也正是靠着一家人的辛勤劳动。

3.精打细算是现实必须

明家的各类消费都非常节约,算得上是精打细算,这是由明家所面临的现实经济条件所决定。在日常饮食方面,明家很少有能够吃得上干饭的时候,大多数时候都是吃稀饭和杂粮,也从来不会有浪费粮食的情况,因为每个人都只想能吃更多。明家人做衣服的次数,一年中也就是过年那一次,平时都是穿旧衣服,大的穿完又给小的穿。明家人的节约不需要家长进行教育,而是现实情况让明家人只能够算计着剩余的粮食过日子,必须追求节约。

4.穷人之间少人情交往

明家是村里面的小户人家,像这样的人家占据村里面的大多数,穷人之间很少会有人情交往,因为没有时间和精力,也没有钱。明家的人情交往就只是和四邻、朋友之间的来往,碰上红白喜事的时候去帮帮忙,有钱的时候"赶礼"就会给一些钱或者粮食,没有的时候就用手工做的东西代替,因为来往的大多数也都是穷人,所以大家也不介意这种做法。

四、家户习俗

(一)节庆习俗概况

1.复杂的春节习俗

1949年之前,明家过春节都是遵从村里面的节日习俗。春节从大年三十那天就开始算起,腊月二十几的时候就需要对家里面进行大扫除,这是家中女性的事情,刘贵芳和儿媳妇王蒙丽、陈发菊需要把家里面的边边角角都打扫一遍,以迎接新的一年,这在当地叫作"打扬尘"[①]。过年之前还需要提前置办年货,明家购买的年货不多,都是一些必需的物件,主要是春联、新衣服、食物、鞭炮等物品,明家会在年三十当天贴对联,对联是明永正从集市上购买回来,贴对联的人也是家长明永正。明家过春节都是一家人在一起过,以家庭为基本单元,不会到别人家去过,只有那些无家可归的人才会到别人家里面去过春节,没有外人会到明家过春节。

明家在过年的时候会进行祭祖,大年初二就会在山上祭祖,祭祖的时候主要是家里面的男性去,女性可以去也可以不去,明家每年祭祖的时候,明永正和两个儿子明少安、明少友必须要去,刘贵芳和儿媳妇们则不一定,有的时候她们会跟着到山上去,有的年份又不会去,明永正不会要求所有人都必须上山祭祖,只要家里面准备好祭祖需要的东西就行。祭祖需要准备酒、糖和一块猪肉,当地叫作"刀头肉",这些都装在碗里面带到山上,祭祖的时候

---

① 打扬尘:指打扫家里面边边角角的灰尘。

在每一座坟前要撒一点酒,是敬祖先的意思,然后需要烧纸钱和"符子",给去世的长辈磕头作揖,祈求祖辈的保佑。剩下的祭祖食物都要再带回明家,给家里面的小孩子吃,这是"消病消灾"的东西。

明家春节的时候会走亲戚,走亲戚的时间主要集中在正月间,一旦开始就会比较密集,走亲戚的人主要是明永正,他能代表明家,两个儿子成家之后也会出去走亲戚,但是儿媳妇大多时候不会去,负责留在家里面照看孩子,如果一家人都去,主人家也承受不起这个负担。但是只要请明家过去团年,明家就都得去,否则就是看不起人家,这会得罪人,走亲戚的具体时间要看对方定在什么时间,通知什么时候去就什么时候去。

明家的年夜饭就是明家的人参加,从来没有邀请过外人参加,年夜饭本来就是一家人一年团聚的时候,每个人都会回自己家和自己的家人一起吃年夜饭。明家过年的时候请客吃饭,会请亲戚和朋友、邻里,家长明永正会先定下自己家请客的日期,这个每年都不一样,要找一个自己家不用走亲戚的日子,然后通知家门亲戚和朋友们。在一个村子里面的人就由明永正或者儿子直接到别人家里面说一声,或者是在路上遇到说一声就可以,住在其他村的人家可以在"赶场"的时候去街上碰,或者托那个村里面的人带话,住在外面的长辈则需要明家的人亲自去长辈家里面说。明永正有一位姑婆,没有住在舒安村,每年团年的时候,明永正都会亲自到姑婆家里面去请她。

明家春节拜年,主要是对黄姓佃主和家族长辈。明永正每年都会到黄家拜年,带上礼物到黄家,感谢佃主一年的租佃。然后明家还要到长辈家里面去拜年,明永正的叔伯们还在世的时候,他每年过年都会到叔伯家拜年,同样也是带上新年礼物,表达祝福的意思。平辈的人家,明家就不用去拜年,只用在团年的时候相互走动就可以。

2.红白喜事各类习俗

1949 年之前,明家办过的红喜事一共有三次,分别是大儿子明少安娶妻、女儿明少琴出嫁和二儿子明少友娶妻,在办红喜事的过程中,明家都是按照当地的婚礼习俗进行。娶妻和嫁女首先都是媒人进行说媒,双方满意的情况下就交换庚帖,请"阴阳先生"推算生辰八字,当地谚语说"鼠羊一旦休,白马犯青牛。虎蛇如刀绞,龙兔泪长流。金鸡怕玉犬,猴猪不到头",在双方的生肖上面也有讲究,只不过这个并不绝对,主要还是看生辰八字,只要合适便将亲事定下来。明家的婚事都没有定亲这个环节,看完八字合适,双方家长都同意之后,就会进行"看期"①,然后就是请客办婚礼。

明家女儿明少琴出嫁也是按照当地习俗,在正式出嫁之前要进行哭嫁,哭嫁讲究哭双数天,不能够哭单数,这对新人不好。结婚当天,明家先请客吃饭,然后大儿子明少安将明少琴送到男方家,男方家请来轿子,明少琴就坐着轿子过去,到男方家办婚礼,明少安吃过饭之后便又赶回明家。结婚的第二天,明少琴需要早起拜公婆,也就是给自己的公公和婆婆端茶并且跪拜两位长辈,然后按照辈分给男方家人端茶,喝过茶就是一家人。拜公婆之后,新郎新娘需要一起回娘家,也就是回门,回门要给明永正和刘贵芳带一些礼物,在明家吃完饭,当天两人需要回男方家。

明家娶妻的过程也是如此,儿媳妇王蒙丽和陈发菊嫁到明家之后,都是第二天一大早先

---

① 看期:看日子的意思。

给明永正和刘贵芳端茶、跪拜，表示对长辈的尊敬和感谢，然后再给家中其他人奉茶，二儿媳妇陈发菊就需要给明少安和王蒙丽端茶，因为这是她的大哥和大嫂。

在白事上，明永正的父母亲都是在50多岁的时候得病去世，父母亲的白事，明家也是按照当地的习俗举办丧葬仪式。明永正的父母亲去世的第二天，明家就设灵堂，为老人将寿衣穿戴整齐，明家老人的寿衣和棺材都是老人自己知道得病之后，提前给自己准备好的。棺材就停放在明家堂屋，正对着大门口，棺尾放上香烛，门口放上火盆，火盆前面会放一床被子，来凭吊的人就跪在火盆前面的被子上，给老人烧钱纸表达哀思。道士作法事的时候，明家的子孙要跪在前面哭丧，还要给前来的客人叩头还礼。正式下葬的时间需要看日子，村里面的人会来帮忙抬棺，一大早就要出发，抬着棺材走向墓地，走的时候明永正作为长子走在最前面，后面跟着其他孩子，明少安这一辈的人就走在棺材的后面，带上需要用的东西。抬匠们需要抬着棺材绕着走，一边走一边喊号子，喊的是"太公号子"。来到提前看好的坟地后，由"阴阳先生"看准方位和下葬时间，然后正式下葬，这个时候哭丧的声音最大，送入棺材、封坟之后要把给老人的东西烧掉。下葬完成之后子女们就来到坟地前跪下磕头。仪式结束，子女们要从另外的路回家，不能原路返回，也不能回头看。

（二）家户为习俗单元

1949年之前，明家过节都是以家户为单元，明家没有人外出打工，也没有分家，所以过节的时候都是一家人在一起过，没有小家庭之分。明少琴出嫁之后就不会回到明家来过节，春节的时候会回娘家，但是不会在年三十和大年初一回来，只能初二或者之后回娘家，否则婆家会不满意。其他的节日里，明少琴在得到男方家长的同意之后也可以回明家看望父母，回明家的时候都会带上一些礼物，但是明少琴不能在明家过夜，都是当天到当天回，已经出嫁的人不能够在外面过夜。明家的团圆饭都是一家人在家里吃，从来没有到别人家里面去吃过。每到过年的时候，明家的人各司其职，内当家刘贵芳和两个儿媳妇负责家里面的各类家务事，包括打扫卫生、准备年夜饭、做新衣服等，明家的男性则负责到外面购买需要的东西、宰杀鸡鸭、修理家中需要修整的东西等。

（三）节庆仪式

1.清明参加清明会

明家在每年清明节的时候都会参加明氏家族的清明会，清明会的主要安排是全体明氏男性成员上山祭祖，然后在一起吃饭聚会，明永正是明家每年参与清明会的代表，清明节当天一大早，明氏家族的家长们便会一起上山祭拜明氏先辈们，中午大家在一起吃饭，算是家族一年的聚会，清明会的花费由明氏家族的每户人家出钱凑齐，有钱的人家多出一点，没钱的人家就可以少出一点，明家因为是写田户，每次清明会都可以少出一点。

2.中秋吃糍粑

明家每年中秋节的时候，刘贵芳都会做糍粑吃，这是明家一年中唯一一次可以吃糍粑的时候，刘贵芳从上午就开始做准备，中午的时候一家人就会围坐在桌子上吃糍粑，儿子明少安和明少友特别喜欢吃，所以他们每次都会吃很多，明永正和刘贵芳则只会吃一两个，晚上的时候，一家人吃过晚饭会到"坝子"里面等着看月亮，村里面的人都是如此，就近的几户人家有时候会走到一起聊天，然后等着看月亮。

五、家户信仰

（一）多类家神信仰

1949年之前,明家的人都没有宗教信仰,乡里的集市有人来宣传宗教信仰,但是明家没有人信奉。不过明家有着多种类型的家神信仰,包括当地人家都信奉的门神、土地公、财神、灶王菩萨、观音菩萨等家神,并且明家对于家神的祭祀活动也是严格按照当地习俗进行。

明家信奉门神,过年的时候会买两张关公的门神画贴在大门上面,用来抵挡"不干净"[①]的东西进到家里面。明家的土地公则是奉在堂屋的地上,年三十的时候会给土地公烧香烧纸,祈求土地公保佑明家来年风调雨顺,庄稼能够有个好收成,一家人能够吃饱饭。财神则是每到过年的时候,有人会挨家挨户"送财神",也就是拿着财神到明家,嘴里面念着祝福的词,祝福走到的人家来年行大运,发大财,送财神的人来到明家之后,明家会给一点钱,但是不多,只是一个心意。明家还供奉着灶王菩萨,在年三十的晚上,明家的女性会把灶台打扫干净,然后在灶门点上香烛,灶台上摆放清油灯并点燃,清油灯整个晚上都不能熄灭,这样送灶王菩萨上天,当地的习俗是点上香烛和清油灯可以起到"照病痛"[②]的效果,送灶王菩萨上天的时候,要给灶王菩萨烧纸钱,一边烧一边念"请灶王菩萨上天去给明家的人除罪过、解病痛,过去有得罪灶王菩萨的地方要请灶王菩萨原谅"。到了正月十五元宵节的晚上,又要打扫干净灶台,重新点上清油灯,把灶王菩萨请回明家。明家对于观音菩萨的信奉也很深,明家的堂屋中间供奉着观音菩萨,当地称为"家神板板"[③],上面摆放着香炉和磬,过年的时候有人来家里面拜年就会敲磬。明家在过年的时候会特意给观音菩萨烧纸钱和点香烛,请观音菩萨在家里面过年,在观音菩萨生日的时候也会给菩萨烧纸和烧香。

除了以上在固定的时间会进行拜神活动之外,明家遇到特殊事情的时候也会进行拜神。明家是特别依赖土地和天气的农耕人家,对于土地公和观音菩萨的祭拜,尤其在天气不好的年份会更加频繁,明家会祈祷菩萨保佑自家的土地收成,保佑一家人能够有粮食过日子。家神的祭祀主要是家长明永正主持祭祀仪式,内当家刘贵芳也会帮忙,在这个过程中家长也会跟家里面的小孩子说,让他们学会该怎样祭祀家神,家神的祭祀上面不能出错。

（二）备受重视的祖先信仰及祭祀

明家人对于自家祖先的了解更多的是定居到舒安村之后的几代祖先,来源于家中长辈的口口相传,明家的家庭成员也了解明家落户的基本过程,明永正会把从父亲那里知道的事情讲给孩子们听。祖先对于明家来说就意味着这个家庭的"头",没有"头"就没有后面的每一代人,明家的人都应该感谢自己的祖先,要不然也没有自己存在。明家会祭拜祖先,每到过年和清明的时候,明家都会有上山祭祖的活动。清明的时候,明氏家族有清明会,这一天就是明氏家族的所有后代都需要参与上山祭祖。明家去参加清明会的人就是家长明永正,每一家一般都是家长作为代表去,家里面的男孩子也可以去,女孩子就不能去。

明家堂屋的墙上挂着已故父母的照片,两张相片放在一起并列着,明家人进出都能看见

---

① 不干净:多是形容迷信中坏的一面,如鬼魂、恶灵等。
② 照病痛:指减少一家人的病痛。
③ 家神板板:当地农村家中供在堂屋主墙正中的家神木板。

两位老人的照片。明家有祖坟,祖坟在关山上面,关山是一片坟场,舒安村早期去世的人大多都埋在那个地方。明家的祖坟没有经过修缮,因为明家没有钱来进行修缮。明家有自己的家谱,女性不能上家谱,家庭成员不能不尊重家谱,不过明家家谱后来已经丢失。明家重视孝道,明永正和妻子刘贵芳也会教育孩子要孝顺,并且以身作则,做给孩子们看,明永正和刘贵芳对父母一直都是孝顺尊敬,父母还在世的时候,明家会赡养父母,对父母一直都很尊重,听从他们的意见。明家两个儿子同样也都尊敬明永正和刘贵芳,这也和他们对孩子的教育、自己的做法有关。

祭拜祖先的目的首先是感恩,感恩祖先对家族的付出,表示子孙并没有忘记祖先的付出。同时也是一种祈祷,祈求祖先保佑家族在世的人们,保佑家族的后代都能够平安顺利,能够使家族更加兴旺发达。明家人在祭拜祖先的时候,嘴里面都会说着祈求的话,让祖先领过钱之后,记得保佑大人和小孩子一切顺顺利利,无病无灾等等。在明家祭祀祖先的活动中,家长明永正处于支配地位,整个祭祀的过程,明永正都要负责,女性一般不参加祖先祭祀,小孩子可以跟着去,而且需要跪下磕头祭拜。

(三)庙宇信仰

1949年之前,舒安村有一个大庙,里面供奉着很多神,有十八罗汉、观音菩萨、如来佛祖等等,大庙距离明家不算远,步行十多分钟就可以到。明家每逢一些特殊的日子会去寺庙拜神,比如每年观音菩萨生日的时候和过年的时候,拜神的时候刘贵芳可以去,两个儿媳妇王蒙丽和陈发菊也会跟着一起去。不同的神有不同的作用,明家常拜的就是观音菩萨,祈求菩萨能够保佑一家人。刘贵芳每次要去庙子拜神之前,都会跟明永正说一声,明永正没有去过,都是刘贵芳和儿媳妇代表全家前去。祭拜的单位都是以明家整个家庭为主,祈求家里所有人平安顺利。

六、家户娱乐

(一)自由结交朋友

明家的家庭成员都可以有自己的朋友,明永正对孩子的要求就是不能够结交"不正经"的人,只要那个人为人正直,是个老实本分的人,那孩子们就可以和他交朋友,其他方面明永正都不太管。明家的三个孩子因为都读过几年书,所以和村里其他一起读私塾的孩子都认识,从小一起玩耍长大。男性和男性交朋友,女孩子也只能和女孩子一起玩。明少安在村里面的朋友还挺多,有些是读书时认识的,有些是一起割猪草和捡牛粪的时候认识的,孩子之间成为朋友很容易,即使之前因为一坨牛粪和明少友打架的孩子,后来也成为好朋友。明家的妇女不会和外面的男性有不必要的来往,有人来家里面借东西或者是谈事情,女性不需要避讳,但是在外面就不能和男性过多交往,这会引来闲话。

明家的人交朋友比较自由,大家都可以交朋友,也不需要特意得到家长的认可,只要不是不合规矩的交朋友,那明永正和刘贵芳都不会插手。明家的人如果想要在外面留宿,就必须要跟明永正说明,取得他的同意才可以,否则就必须回家。交朋友也没有特别的仪式,除了结交为兄弟这种情况需要家长知道并且认可,其他情况家长都不会操心。明家人的朋友都是些和自家条件相差不多的人,家里都是从事农业生产的人家,明家并不认识什么很了不起的人物。明永正的朋友主要就是舒安村里面经常见面和相互换工的,也都是种庄稼的老实人,相处起来也不必拘束。刘贵芳的朋友则更多的是村里面串门聊天时认识的人,同样都是操持家务的妇女,说话能够说到一起去。

(二)空闲时候能串门聊天

1949年之前,明家在空闲时候,最常见的娱乐方式就是串门聊天。串门聊天的多是女性,明家也一样,刘贵芳和儿媳妇王蒙丽、陈发菊都喜欢串门聊天。她们在不忙的时候,吃过午饭,收拾好家里面,就会到院子里面常去的几家人门口坐着一起聊天,开始的时候可能就几个人,后面就会越来越多,来院子里面溜达的人看到坐着一圈"摆龙门阵"①的人,就会过来听听在讲什么,人就越聚越多。"摆龙门阵"的内容都是一些家长里短,妇女们聚在一起说说别人家的事情,也说说自己家的事情和自己的烦恼。王蒙丽和陈发菊就曾经因为这个而大吵一架,一方在外面听到别人说自己坏话,另一方又打死不承认,最后发现其实就是别人在搬弄是非,挑拨离间,所以之后明家和挑拨离间的那家人关系并不好,逐渐不再往来。串门聊天不会留下吃饭,到了该回去做饭的时间,大家就会开始散去,明家的三个妇女出门聊天,下午五点左右就必须要回家,明永正一般在六点就会回家,然后家里面就该吃晚饭。明家两个媳妇可以同时出去串门,只要带上孩子就可以去,有时候下午家里没人,就是已经吃过饭然后出去串门了。

明家清闲的时候并不多,特别是家长明永正,他是一个特别辛苦的人,平时忙着做农活,闲下来的时候还会想办法干木匠活,就是为了能够多挣一些钱粮,让家里面的生活好过一点,所以他的娱乐非常少,加上他本身性格就不苟言笑,所以他出去串门的时候很少,只有少数时候会去朋友家一起喝酒聊天。明永正并不限制明家的儿媳妇们串门,只要她们不耽误该做的家务活,能够照看好孩子就可以,他也会让妻子刘贵芳和儿媳妇们出去不要乱说话,不要惹是生非,所以明家人在外面都不能随便乱说话。

---

① 摆龙门阵:聊天的意思。

第五章 家户治理制度

家长明永正是明家辈分最高的人,担负明家家计营生的责任,明永正为人勤快严肃,明家人都尊敬家长并听从家长安排;刘贵芳作为内当家将明家内部管理得井井有条;在家户保护方面,明家遭受过天气灾害和土匪抢劫的危机,1933 年大旱灾中,明家节衣缩食仍然不够一家人生活,只能依靠向佃主借粮来渡过难关;明家曾遭遇过土匪抢劫,财产上面的损失让本就困难的明家雪上加霜;在家规家法方面,明家没有成文的家规,明家人都遵守村内传统规矩,明永正和刘贵芳以身作则教育孩子们,且对于孩子们的行为奖罚分明;在公共事务方面,明家按照村里面的通知参加会议、筹资筹劳,明家两个儿子都曾经被抓壮丁,都是在半路上偷跑,一路步行靠着讨口要饭回到明家。

一、家长当家

(一)按辈分做家长

1949 年之前,明家的家长是明永正,因为他是明家最年长的人,也是家里面辈分最高的人。家长的确立主要是根据辈分来确定,一般情况下,一个家里面辈分最高的男性会成为家长,辈分是成为家长最主要的条件,除此之外,能力也是其中一个条件,家长需要承担整个家庭的重担,因此需要有一定的能力。明家生活的九个人中,明永正作为家中孩子们的父亲,辈分自然是最高的,明家也确实是他在进行管理,所以他自然就是家长。家长在当地可以叫作"当家人",明家的当家人和具体管事的都是明永正。明家内部儿子和儿媳妇们都称呼明永正为爸,刘贵芳和明永正都是以名字作为称呼。外人称呼明家就是以家长的名字来称呼,明家就叫作明永正家。明家的内当家是明永正的妻子刘贵芳,她负责管理家庭内部的家务。明家的人对明永正都很信任和尊重,对于明永正做出的决定,明家的家庭成员都会听从,他们都相信明永正是为了这个家好。

(二)家长的权力

1.权力来源于祖赋

明家家长明永正的权力是祖先赋予的。当地对于祖先的信仰根深蒂固,对于祖先定下来的东西不会轻易改变,世代都会按照同样的规矩传承下去,家长之所以需要是家中的长辈,是因为对长辈的尊重,而对于长辈的尊重来源于长辈拥有的经验,农业生产和农村生活变动不大,很多年轻人遇到的情况,长辈都可以凭借以往的经验作出解答。在明家,孩子们在生活生产中遇到不明白的时候,明永正和刘贵芳能够根据自己过往的经历,告诉他们该怎么做,这些经验都是通过时间检验的正确做法,所以长辈在晚辈那里的权威便这样树立起来。

在明家,明永正作为家长,更多的还会管理明家的家庭收入、开销和对外交往等方面,他不能够管理所有的事情,所以妻子刘贵芳作为内当家会协助明永正管理明家内部的大小事务,包括家务事的安排、小孩子的抚养以及家庭成员之间的调解。明永正作为家长能够管到家里面的每一个人,明家的人都要尊重明永正的决定。家长也并不是想干什么就干什么,明永正的权利主要是在明家整体上面,小家庭的一些私事,明永正就不会管,比如大儿子明少安和大儿媳妇王蒙丽之间的事情,明永正就不会管,除非是关系到大家庭他才会插手。明家的家庭成员有自己的想法也可以跟明永正说,如果合理明永正也会考虑。

2.家长拥有财产管理权

1949年之前,明家的收入主要来自于农业耕作的收入、木匠的副业收入和少量的家畜饲养收入。明家所有的财产都是由家长明永正保管,但是属于明家全家共有。明家的家庭财产管理权属于明永正,家庭财产的分配权也是完全属于明永正。明家的人外出挣钱,回家后都会把钱交给明永正,明家的儿媳妇王蒙丽和陈发菊有时候会到街上卖布和卖小菜,所得的收入都会全部给明永正,明家在这一点上没有发生过冲突,没有人会私藏所得的钱财,都知道是一家人共同的收入,本来明家的收入也不多,如果还有人私藏钱财,明家就更吃不饱饭。明家的所有贵重物品,包括租田土和房屋的佃约,还有家中的现金等都是由明永正进行保管,放在明永正居住的房间里面。明永正在孩子小的时候不会给他们零用钱,怕他们乱花,两个儿子都成家之后,会给两个儿子的小家庭一些零用钱,两个儿子的零用钱数量都一样,没有差别。给零用钱的时候是明永正给妻子刘贵芳,让刘贵芳给孩子,他自己不会亲自给。明家婚事的聘礼和嫁妆都是明永正来决定,儿媳妇来到明家,带来的嫁妆就归小家庭所有,因为都是一些床单、柜子之类,自己小家庭使用就可以,分家的时候也不分嫁妆。明家的土地租佃主要还是明永正一个人决定,他是家里面干农活的主要劳动力,他自己知道租佃多少合适,家里面其他的家庭成员就不用管。明家的粮食归全家人一起吃,每天吃什么是内当家刘贵芳进行安排,因为条件限制,明家的饮食都是以稀饭和杂粮为主,明家的粮食自己吃都不够,就更不会拿出去卖。明家的房屋租佃是和土地一起的,都写在土地租佃的佃约上面,单子的落款人统一都是明永正,必须是家长的签字才能得到承认。

3.内当家拥有制衣分配权

1949年之前,明家做新衣服的时候实在不多,每年也就是过年之前会给家中每个人做一套新衣服,其他时候都是穿旧衣服,大人们要干活,本就不会穿新衣服,小孩子的衣服也是传递着穿。做衣服的布是刘贵芳和儿媳妇们自己纺织,然后染色的时候需要请人做,衣服的颜色以青色为主,这样不容易弄脏,而且不显旧。明家做衣服的顺序是先给小孩子做,然后再给大人做,在做衣服上面,明永正只要知道这件事情就行,他不具体管,只需要给钱,具体的都是刘贵芳在操心。

4.家长进行劳动分配

明家人都要进行农业生产,具体的分工是明永正和两个儿子主要负责家里面的农业生产和木匠活,明家所有的重活都是男性负责。刘贵芳和两个儿媳妇负责轻一些的农活,比如土里面的庄稼栽种和照顾,女性不用下田做"田里活路",同时她们还要负责明家的所有家务活,在家里面洗衣做饭、喂猪喂牛、照顾小孩和纺棉织布等等。儿子明少安和明少友都听从明永正的安排,跟着他做农活和木匠,儿媳妇王蒙丽和陈发菊则听从刘贵芳的安排,将明家内部打理好。农忙的时候家里面的女性还会轮流去田里给男人送饭,打谷子的时候,女性也会到田边去挑谷子回家,在家里面晒谷子等作物。农闲的时候女性就稍清闲一点,平常家务完成之后就可以在院子里面串门聊天。家庭成员都要听从家长的安排,做好自己的事情,否则会受到家长的批评。

5.婚丧嫁娶管理权归家长

1949年之前,明家娶媳妇、嫁女儿都要听从家长明永正的安排。明永正觉得儿子明少安和明少友到了应该娶妻的年纪,就开始找媒人说媒,聘礼也是由明永正决定怎么给。女儿明少琴的婚事也是经过明永正的同意才定下来,嫁妆柜子是明永正亲手制作。明家结婚办酒的时候,对外请人需要明永正进行通知。明永正对于自家的儿媳妇挺满意,两妯娌虽然偶尔发生口角,但是都不敢闹到明永正那里去,而且两人干活都不偷懒,很麻利,生育孩子方面,生育的第一胎都是男孩,所以明永正对两个儿媳妇都很满意。家庭祭祀活动都是明永正作为代表进行,只有他能够代表明家祭祀祖先,明家参加每年的清明会,也都是明永正出面。明家白事活动同样是明永正做主,严格按照当地的风俗习惯进行操办。

6.家长负责家户对外交往

1949年之前,明永正作为家长代表整个明家进行对外交往活动。土地和房屋的租佃皆由明永正代表明家进行,明家在最困难的年份,需要借粮食的时候,也是明永正代表明家外出借粮。村里面需要开会或者是进行派款,都是通知家长,然后家长前往参加。明家人可以有自己的朋友,也可以对外进行个人的交往,但是只有明永正能够在大事上面代表明家。走亲戚和吃酒席这方面,明家实在走不开的情况下,去一到两个人也能够代表明家,但是在交租、开会等大事上,就只能由明永正来代表明家,其他的家庭成员没有这个资格。每年管事到明家收租的时候,明永正都要在家,还要跟管事说好话。明家的家庭成员外出需要跟明永正说,明家没有人主动外出打工,但大儿子明少安曾被国民党军队拉壮丁,这种被迫的外出,明永正也只能同意,因为家里面没有钱,只能出人。

7.家长权力的约束

家长的资格主要是辈分高,所以并不是家长能力不够,其他家庭成员就能够重新选家长,除非家长真的一点不管事,或者是犯了很大的错误,比如沉迷赌博输掉家产,或者吸食鸦片成瘾耗光家产等,家人才会考虑另外找个人当家。一般情况下,即使家长能力稍弱,家人也不会另选家长,因为家长是长辈。明家的家长明永正并没有以上的情况,明永正一直以来都是一个负责的人,虽然明家没有自己的土地和房屋,但这并不是明永正所导致,而且他自己一直都非常努力的干活,为的就是让家人能够吃上饭。不管是对妻子还是对孩子,明永正都承担起自己应有的责任,所以明家的人对明永正都很尊重,会听从他的话。

(三)负责的好家长

明永正作为明家的家长,必须要对明家进行管理,明家家庭成员的衣食住行都需要明永正负责。首先就是一个家庭的家计营生,要让家人吃得起饭,穿得起衣,让家人能够生活下去。家里面实在是没有粮食,也需要家长出面借。明永正对于明家的家庭职责还在于保持家庭的收支平衡,明家在正常年份下,一家人"紧巴巴"①地过日子,一年下来能够保持收支的平

---

① 紧巴巴:指生活节俭。

衡,在收成不好的年份,明家也通过借粮来度过困难的日子。明永正需要保持明家的家庭氛围和谐,不能让家里整天吵架,实际上明家的家庭氛围是挺和谐,明永正和妻子吵架的次数很少,两个儿媳妇之间虽然时不时吵架,但也不会很严重,在明永正面前更是不敢拌嘴,总体来讲,明家的内部矛盾比较少。

明永正能够算得上是一位好家长,他和妻子刘贵芳两人将明家里外打理得井井有条,抚养照顾和教育孩子也是尽职尽责。明永正的两个儿子明少安和明少友都在父母的教育和影响下,成长为勤快踏实的男人,成为能够支撑家庭的力量,女儿明少琴在刘贵芳的教育之下,也是贤妻良母。明永正对自己的父母也孝顺,父母去世之前,该轮到明家照顾的时候,明家都会用心照顾老人。明家只有明永正一个家长,妻子刘贵芳是内当家,两人都一心为了明家能够更好地发展而努力干活,都称得上是负责的好家长。

二、家长进行家户决策

1949年之前,明家的家户决策权利属于家长明永正,明家的事务总体上都是由他来进行决策。明家对外的事情都是明永正说了算,比如家中土地和房屋的租佃、粮食的借贷与还贷等对外交往事务。家里面的大事情也都只有明永正才能够做出决策,像明家每年的收入分配和花费,都是由明永正进行安排,别的人不能够做决定。同时,明家内部的一些小事情也可以由内当家刘贵芳来进行安排,比如明家的家务活动安排就是刘贵芳负责,两个儿媳妇每天的分工,谁来洗衣服,谁来负责做饭,都是刘贵芳说了就能算数。明家孩子的抚养问题都是明永正进行决策,包括将大儿子明少安、二儿子明少友和女儿明少琴送去村里面的私塾念几年书,还有三个孩子的婚事,嫁女儿和娶媳妇都是明永正来做决定,明家其他的家庭成员可以发表自己的看法,不过最后也要得到明永正的同意才可以实施。

三、家户保护

(一)家户提供庇护

明家的人如果与外面的人发生矛盾,首先要看具体的事情和矛盾的大小,如果只是孩子之间的小事情,那就是双方家里面的人见面说一声就可以,并不会有什么影响,也不一定必须要家长出面。如果矛盾闹得比较严重,那可能就需要家长进行沟通或者是道歉。明家也发生过这类事情,二儿子明少友小的时候在村里面和其他孩子一起捡牛粪,其中就和一户黄姓人家的儿子打过一架,起因是两人一起看到的牛粪,但是谁都不愿意给对方,然后小孩子就开始打架,本来事情并不严重,但是明少友回家跟明少安说了这件事情,明少安比明少友年长几岁,两兄弟的关系又好,所以明少安听说自己的弟弟在外面打架,就觉得弟弟受了欺负,于是自己去找黄家人的孩子"算账",其实没怎么动手打那个孩子,就是吓唬吓唬他,让他不准再欺负明少友。后来那个孩子也回去告知自己的家长,黄家人就不高兴,他的母亲带着孩子来明家,跟明永正说明少安和明少友欺负自己的孩子。明永正询问明少安和明少友是怎么一回事,然后批评自己的两个儿子,又给黄家孩子的母亲说几句好话,对方也没有再计较,因为并没有真的打架,也没有打得多厉害,她带着孩子过来明家,也是害怕自己的孩子之后还会被欺负,所以过来讨说法,看到明永正说教孩子,她也就没有再揪着不放。黄家人走了之后,明永正并没有再骂两个儿子,他当着那个孩子母亲的面批评明少安和明少友也是"做个样子"，这么一来对方便不会再进行追究，其实明永正并不觉得这是多大的错，甚至哥哥知道帮着弟弟，他也认可这个做法，他希望自己的孩子之间能够相互帮助，不要受人欺负，所以他并没有非常严厉地责骂孩子。日后这两个打架的孩子甚至还维持着不错的关系，两家人的关系也没有受到什么影响。

明家的家庭成员之间关系都挺好，在外面都是相互支持，不会让自家的人受到欺负，女儿明少琴出嫁到蒲店，男方家对她不错，明少琴从没有回娘家抱怨过什么，如果明少琴在男方家受欺负，明少安和明少友肯定也会帮自己的妹妹。

（二）艰难度过大干旱

明家作为依靠农业生产吃饭的人家，最关心的事情就是每年的收成，好在当地的地理条件和气候都还不错，大多数年份都没有什么灾害，明家也就可以靠着田地里面的粮食"一年滚一年"。当地遭受过的最严重的一次自然灾害就是 1933 年的大旱灾，四川地区都受到这次旱灾的影响，天气持续干旱，田里面的庄稼大量减产，明家自从旱灾开始就陷入担忧，知道这一年和下一年的日子肯定不好过，最后确实收成减少将近一半。明永正向黄家请求能够减少一点租子，黄姓佃主也在村里面，知道确实因为干旱导致粮食的大量减产，并不只是明家一家如此，所以他同意明永正减租的请求。但是，即使黄家减少需要上交的租子，明家收上来的那点粮食仍然不够一家人食用。1933 年的时候，明家生活的人有明永正的父亲和母亲、明永正的妻子和三个孩子，开始的时候明家还能够靠着节衣缩食来勉强度过，之后明家在很长一段时间内，家里面就是麦子、玉米这些粗粮，连用米煮稀饭的时候都不多。后面就觉得不能再这样，因为家里面的粮食还是不够吃，而且长期这样吃下去，干农活的人没有力气，于是明永正便去借粮。大旱灾那段时间，村里面的人家都受到影响，一般人家借不出多的粮食，所以明永正便去找黄家借粮食。黄姓佃主看在明永正是多年的老佃户，而且对黄家挺不错，经常过来帮忙干活的面子上，借给明家一些粮食，但同时也要收取利息。1933 年的这次大旱灾，明家就靠着一家人节衣缩食和向佃主借粮来度过。

除了这次灾害之外，当地也有过几次轻微的天气灾害和病虫灾害，一片土地上面长期种植一样东西，庄稼就容易生病，所以当地都会轮换着进行耕种，但是这些小灾害的影响远远没有 1933 年的灾害严重，明家同样是依靠节俭生活，以及必要时向亲戚邻居们借一点来渡过难关。发生自然灾害的时候，当地政府没有什么措施来保护农民，政府的减税对于明家来说也没有作用，所以只有靠明家自己想办法。

（三）"棒客"猖獗

1949 年之前，四川地区将土匪叫作"棒客"，当地"棒客"极其猖獗，村里面的人都怕"棒客"上门，"棒客"一般会到有钱人家进行抢劫，但有时候也会到穷人家抢劫。"棒客"大都配着枪，当地的人遇到"棒客"抢劫都不敢反抗，怕被打死，只有等"棒客"抢完跑走才敢喊人。明家虽然是村里面的小户人家，连自己的土地和房屋都没有，但还是遭到过"棒客"的抢劫。"棒客"来村里面的时候一般都是在晚上，明家也是在晚上被抢，明家当天晚上已经关门之后，"棒客"突然就撞开明家的大门，然后有人用枪指着他们，让他们不许喊，明家的人都被吓到，不敢出声，只能看着"棒客"在屋里翻箱倒柜地找东西。后来他们没有找到明家的钱，还问明永正钱放在哪里，明永正说都在柜子里面，自己家里面穷，本来就没钱。最后，"棒客"抢走了明家仅有的一点钱和鸡鸭、油、一些衣服，因为"棒客"出来抢劫不能够空手而归。"棒客"来明家抢劫的时候,明家的牛并没有轮到明家喂养,家里面还有一头猪,但是"棒客"没有要,因为他们带不走,"棒客"抢劫都是拿那些容易带走的东西。明家被抢之后,邻居过来明家看了下情况,帮着明家把被打烂的东西修好,明永正并没有报官,因为保甲长也管不了"棒客",而且他们自己也害怕,所以即使报官也没用。

1946年,乡里面来过一个乡长叫宗少林,他上任之后组织乡兵打"棒客",召集乡兵带着枪和"棒客"对打,在打仗过程中把当地一个著名的"大棒客头子"徐光明打死了,还打死其他一些"棒客",但是短暂的镇压之后,又出现很多的"棒客",因为当地穷人太多,没有出路就选择上山做"棒客",这些人一旦做"棒客"就不顾死活,什么都敢做,甚至连自己的乡亲父老都抢。因为管不了"棒客",又担心被报复,后来乡长宗少林就搬家离开,也不再做乡长,村民们只能靠自己防着"棒客",村里和政府都没有办法。

(四)看到军队就躲

1949年之前,舒安村的村民们有时能见到一群当兵的带着枪从村头走过,开始不知道是怎么回事,后来知道是国民党军队和中国共产党军队在打仗,当地没有真正发生过战斗,只是看着军队经过,只要一看到军队,村民就会回屋里躲起来,明家也一样,在田间地头干活的时候,看到有军队走过来,就会放下手里的活,跑回家里躲着,一是怕打仗,二是怕被拖走当兵,所以大家都不出来。

四、家规家法

(一)默认家规及主要内容

1.家规代代相传

明家没有正式的成文家规,所有的家规都是家长和家庭成员默认,这些家规的形成源于当地长期流传下来的做法和规矩,是所有生活在一处的人们都习以为常的规矩,长辈们都这么教晚辈,同时大家也都这么做,每一代生活在当地的人都会耳濡目染的学习,然后遵守这些规矩。明家的家规就是明家人一辈传一辈这么传下来的,明少安和明少友、明少琴从小就被明永正和刘贵芳这么教育,自然就知道这些规矩。这些默认的规矩需要明家的每个人都遵守,孩子小的时候如果犯错,明永正和刘贵芳就会纠正和教育孩子们或者是通过惩罚他们来让孩子们知道不能这么做,比如明少安在出去割猪草的时候,和其他的孩子上树掏鸟窝,这是偷懒和贪玩的行为,平时可以去玩,但是该干活的时候就要先干活,所以明少安不干活就去玩的行为在明家就是不被允许,回家之后便受到明永正的责骂。长期下来,孩子们自己就知道哪些事情不能做,家里面的规矩有哪些,然后自觉去遵守这些规矩,并且也按照这样的规矩去教给下一代,明家的家规便靠这么一代一代地传下来。

2.多样的做饭及吃饭规矩

1949年之前,明家做饭是由大儿媳妇王蒙丽和二儿媳妇陈发菊轮流进行,两人轮着做家务,今天是王蒙丽负责做饭、洗碗、喂猪,那陈发菊就负责洗衣服、打扫,第二天就换过来。负责做饭的人,当天要给全家人做饭,具体的内容是刘贵芳进行安排,明永正不管家里面具体的吃饭这类事情,都交给内当家刘贵芳进行管理。刘贵芳平时会让儿媳妇做稀饭吃,还可以用玉米和高粱、小麦来代替,因为担心家里面的粮食不够吃一年,但是在每年农忙期间,特别是栽秧打谷的时候,她会将家里面的伙食安排的稍微好一些,因为担心家里面干重体力农活的男性身体没力气。明家能够吃肉的时候很少，一般除去过年过节的时候，家里面都不会吃肉，蔬菜和杂粮都是自己家种植，像蔬菜这些干土里面的"活路"，则是由明家的妇女们干。明家很少到集市上买菜吃，除了家里面请客吃饭的时候，比如明家办红白喜事酒席和过年团年的时候，还有就是请黄家的管事来家里面吃饭，这种时候就会到街上买一些菜来吃，买菜可以是明永正出去购买，也可以是明家其他的家庭成员到街上购买，明永正给她们钱就可以。买菜的钱属于明家的共同花费，回来剩下的钱要交给明永正保管，明家没有记账的习惯，因为家里面人不多，大家都相互信任，所以就没有记账。

明家的人在吃食上面要求不多，只要能够顿顿吃饱就已经很满意，家中的小孩子有什么想吃的也可以跟明永正或者刘贵芳说，如果条件可以他们也会满足，有的时候孩子们想吃"炸粑"①，刘贵芳如果有空闲，也愿意给孩子们炸一点，并不会用很多油，就是在锅里面刷一下油，让面粉不粘锅就可以。明家有人生病或者是过生日的时候，会给那个人煮一碗面，生日面条是生日前一晚吃，叫作长寿面，孩子们生日当天，明永正会给孩子煮一个鸡蛋吃，这就会让孩子高兴。明家的女性生产之后，坐月子时可以吃鸡，但是在怀孕期间，饮食上面和其他人没有区别，这主要是受明家家庭条件的限制。

在明家，粮食非常宝贵，不能够用来浪费，明家也没有人会浪费食物，大家都"巴不得"能够多吃一点，所以不会有剩下饭菜不吃的时候。明家的菜都是放在桌子上面，每个人都可以吃，不分开吃饭。吃饭的时候是家长明永正先动筷子，然后其他人才可动筷子，如果家里面有客人，主要看客人的辈分，如果是和明永正平辈或者长辈，那就需要客人先动筷子，如果是晚辈，那还是要明永正先动筷子。小孩子不能够提前上桌子吃东西，这会被骂。明永正和刘贵芳吃饭都是自己盛饭，他们处于中年，并不需要儿媳妇们特意帮他们盛饭。

明家在农忙的时候，明永正和儿子们在地里面忙碌，没有时间回家吃饭，家中的女性会到田里面去给干活的男性送饭，一般是谁做饭谁就去送饭。明家人上桌吃饭的时候还是很热闹，因为大人之间会聊天，说说村里面的事情，大人说话的时候孩子们不能打断和吵闹。吃完饭后负责做饭的儿媳妇就会收拾碗筷然后洗碗，要等所有人都吃完才可以收拾，不能在别人吃饭的时候就收拾。

3.严格的座位规矩

明家堂屋里面只有一张桌子供全家人吃饭使用，是一张正方形的木头桌子，四边是四张长条的凳子，桌椅凳子都是明永正自己制作，桌子放在堂屋的正中间，有客人来了，只要能够坐得下，就都是在这张桌子上面吃饭。桌子分为上席、侧席和下席，一般情况下一张桌子能够坐上八个人，明家日常只有自家吃饭的时候，家长明永正和妻子刘贵芳就坐在最上方，面对着大门口的方向，这是上位，只能是家里面辈分最高的人坐，大儿子明少安和儿媳妇王蒙丽坐在桌子右边，二儿子明少友和儿媳妇陈发菊坐在桌子左边，孩子们都在下方坐着，明家的女性也一起在桌上吃饭。

明家有客人来的时候，如果只是小型的饭席，但是桌子坐不下，那么明家的小孩子和女性就不上桌吃饭，可以端着碗站在旁边吃，也可以在灶火间吃，这取决于客人的身份。客人如果是黄家的管事，那一定是管事坐在上席，桌子上面就是明永正和两个儿子陪着管事吃饭，

---

① 炸粑:指用油炸的面饼。

家里面的妇女和小孩子就不上桌,她们在灶火间里面吃就行。如果来的是明家的长辈,那也是长辈坐在上席,如果位置不够,妇女和孩子就只能站着吃,可以在桌边和长辈一起吃。如果来的客人就是明家的同辈亲戚邻居,就是明永正坐上席,客人不好意思坐在上席,同样明家的妇女和孩子在一旁一起吃饭。明家如果来的客人多,比如红白喜事的时候,往往会摆上好几桌,一般是两桌摆在堂屋里面,另外几桌都摆在外面的"坝子"上面。坐在堂屋里面的人大多是明家的亲戚,辈分越高的人会坐在原本的桌子上,一般的朋友们就会坐在外面的"坝子"里。明家招待客人的时候需要照顾周全,不能够冷落谁。

4.不同程度的请示要求

1949年之前,明家的人在生产生活的各个方面,不同程度地需要请示家长明永正。在生产活动中,对于土地的经营和管理,包括土地的租佃和具体耕作,都需要明永正进行决定,家庭成员在这些方面有什么想法,都需要得到明永正的同意才可以实行。明家关于农业生产的分工,以及什么时候进行耕地和犁地、播种、锄草、收割等活动,家里每年种植什么作物等问题都是明永正进行安排,明家人根据家长的安排各司其职,进行农业生产。生产工具是明永正自己制作,农具的借用不是必须请示家长,明家的家庭成员也能够外借农具给熟人。大儿子明少安和二儿子明少友从小就跟着明永正学习农业耕作技巧,长大之后便参与明家的农业生产,明家没有人可以偷懒不干活,所有的人都要把自己该做的事情做好。

在家庭生活方面,明永正不会像农业生产方面管得那么严格,家里面大多数的家务事都是作为内当家的妻子刘贵芳进行安排,遇到大事情,只要跟他说一声就可以。明家也没有购田置业的资本,家庭生活主要就是吃穿的问题,这些问题明永正都交给刘贵芳来打理,明家的两个儿媳妇在家庭生活方面就需要向刘贵芳请示,每天的家务活动也要听刘贵芳的安排,需要购买生活用品的时候,刘贵芳便会跟明永正说一声,明永正会自己去买或者让家里其他人去买。

在外界交往中,家庭成员外出活动需要请示家长明永正,刘贵芳带着两个儿媳到舒安大庙烧香拜神之前,需要跟明永正说,家里面谁到哪里去走亲戚也需要得到明永正的同意,明家人交朋友比较自由,不过拜兄弟就必须经过家长同意。平时明家女性到院子里面串门"摆龙门阵"不需要请示明永正,只要该做的都做完,就可以出去串门,晚上按时回来做好饭就没问题。

5.客人不可怠慢

1949年之前,明家并不经常请客,因为家里面的条件本来就不好,没有多余的钱财请客,大多只有家里面的红白喜事时才会请客。在生产活动中,明家请客是在换工的时候,别人到自己家吃饭,这并不是正式的请客,也不讲究很多的规矩,一天三顿把饭菜做好,收工之后干活的人来明家吃饭就是,男性们都坐在桌上吃饭喝酒聊天,这时候的伙食会比平时好,不能亏待来干活的人。生活中的请客就是明家几次红白喜事时请客,明家的家门亲戚和朋友邻居都会来明家吃饭,这时候主要是明家的男性负责招待好客人,不能怠慢客人。宴请特殊的对象就是明家请黄家管事吃饭,这更加会注意规矩,不能有得罪管事的地方。多人宴请的情况下,每桌的饭菜都一样,没有差别。有的家庭根据前来客人的地位不同,还会将菜品做出区别,这往往是当官或者是有钱人在场的情况,明家的酒席并没有这类人出席,都是明家自家的亲戚和朋友,没有地位尊卑的区别,所以菜品都一样。正式开饭之前,要由家长明永正进行

"请菜"①,以感谢大家的到来,并请大家开始动筷。

(二)家规家法,全家遵守

明家的家规家法都是从上一辈那里传下来,并一直靠着这种方式延续,明家人也没有进行过改动,都是按照该有的规矩来做事情。家长明永正在生活中就是一个遵守家规的人,他对子女的教育都是自己能够做到的,比如让孩子们勤劳节俭、诚信踏实、孝顺善良,明永正和刘贵芳都是以身作则,给孩子们做良好示范。明家的家庭成员可以监督其他的家庭成员,所有人都不能够违反家规家法,但是并没有处罚权利,只有家长明永正和刘贵芳才有权利对违反家规家法的家庭成员进行处罚。明家人大多是通过日常生活中的耳濡目染和有样学样,来习得家规家法。家长们怎样做,孩子们也就会怎样做,孩子们做错的时候,明永正和刘贵芳一旦发现,就会及时纠正。

五、对家庭成员有奖有罚

明永正和妻子刘贵芳对明家的孩子奖罚分明,如果家里人违反家规,明永正会对违反的人进行教育和惩罚;如果有谁做事情表现的很好,明永正也会在家人面前表扬他,以作为奖励。明少安、明少友和明少琴读书的时候,明永正为了孩子们认字方便,在家里给孩子们做了一块木板,给他们写字用,孩子们每次放学回家就会拿石头在木板上面写学到的字,明永正经常会看着孩子们在"坝子"里面写字,明少安的记性好,学东西学得快,每次回家都能够把学到的字写下来,还能够背诵在老师那里学的文字,所以明永正就经常表扬明少安学东西认真、聪明,让明少友和明少琴都向哥哥学习。对于明家孩子们调皮贪玩的行为,明永正也会进行批评甚至惩罚。比如明永正知道明少安在割猪草的时候上树掏鸟窝,回家之后便打了明少安。

明永正只会奖励或惩罚自己的孩子,对于明家之外的人则并不会如此,因为不是自己家的人,如果进行批评便会得罪对方的父母,会招来别人的不满,所以家长在管教家庭成员的时候并不会对外人进行惩罚。同样,明家的家庭成员也只能是明永正或刘贵芳进行教育,外面的人只能够找家长说理,但是不能够惩罚。明少安和明少友对于父亲的惩罚有些惧怕,因为明永正在惩罚孩子的时候很严肃,该动手的时候也不会手软,所以孩子们对明永正的惩罚都很服气,如果不服气就还会挨打。

六、家族一年一聚

明氏家族一年一聚,除了少数几次家族内有事情需要商量之外,一年之中只有清明节的时候,明氏家族会聚在一起祭拜祖先和吃午饭。家族清明祭祖的时候,明家是家长明永正去参加,这个活动只能是明家的男性参加,女性不能前去。明氏每家人都要出一个代表,一般是家长作为代表。祭祖之后会聚在一起吃饭,吃饭的开支大部分是明氏家族的成员自己凑齐,家族本身没有收入,聚会的开支都是各家摊钱,但并不是均摊,而是根据各家的家庭经济状况有差别的分摊,明家的家庭条件不好,所以每次清明会能够出的钱款都不多。

---

① 请菜:酒席开吃之前感谢大家的到来,请大家开始吃。

明氏家族在各家的生活中所起的作用并不大,每年也就只是清明会这一次相聚,平时都是各家忙各家的生活,明家如果遇到困难需要借钱借粮,首先是找黄姓佃主借粮,然后是找关系亲近的亲戚或者四邻,并不会求助于家族。家族这个组织在明家人的生活中所扮演的角色非常轻。

七、与保甲长接触不多

明家与保甲长之间的接触不多,因为明家没有自己的土地,所以没有上缴地税的义务,而且明家在村里面是典型的穷人家,保甲长也就不会到明家找事情。只有摊派的时候,保甲长会到明家派款子,明家的人也不敢拖欠钱粮,如果不交被抓走,家里面的劳动力就减少,而且赎人还需要花钱,所以明家都是想办法上交摊派的钱款。村里面的公共事务需要明家人出工,明永正和两个儿子都可以去完成,不用保甲长或者警备班来拉差。抓壮丁的时候,明家人选择不反抗,跟着大队走,然后在半路上想办法逃走。所以明家人和保甲长之间的接触也只在摊派的时候,其余时候见不到人。

八、村庄公共事务

(一)家长参与公共事务

1.家长参加村庄各类会议

1949 年之前,明家所在的舒安村开会的次数并不多,只要村里面需要开会,都是明永正去参加,这种村庄的会议都需要家长出面参加。明家因为明永正一直都在舒安村,并没有外出过,所以需要开会的时候都是他本人去。其他家长不在村的家庭,可以由家里其他成员去,一般都是长子代表家长去参加,女性很少会参加村里面的公共会议,要不然村里面的人会说女的“疯叉叉的”①,除非是女性当家的家庭,才会是由女性去参加,这种情况并不会遭到村里人的非议,因为女性当家的家庭多半是家中男性早逝或者有病,没有能力管理家庭,女性才会成为家长。村民在参加会议的时候可以提出自己的意见,但是明永正从来没有提出过自己的意见,明家在村里面本来就属于小户人家,穷人在村里面开会的时候并没有多少发言权,他们也不敢随便乱说话,害怕一不小心就得罪当官者或者是大户人家,像明家这样的写田户就怕得罪佃主然后被取租,那么一家人的生活就非常艰难,所以明永正开会的时候都是听着,不会发表自己的看法。开会回家,明永正也会跟家里的人讲讲开会的内容,这是明家饭桌上面的谈资,儿子们会和明永正讨论一下。

2.村里人自觉修路

1949 年之前,舒安村都是泥土路,除去村里面少数几次组织修路之外,大多数时候是村民们自己组织起来修路,哪个路段需要修整,就会有人出来组织村里人一起做好事,在路上垫一些石块,或者是把路平整一下,不需要村中领导来进行派遣,大家都会动起来修路,路修不好影响村里面所有人走路,所以大家都会出人,也基本上都是村民们自觉出力修建,只要有人喊一句,大家就都会来,这个主要是靠自觉,如果哪家人不出力或者是修整的时候偷懒,就会被村里面的人唾骂,大家靠着这种公心,会不定时的进行修整。明家每次修路的时候都

---

① 疯叉叉的:形容为人不稳重,喜欢到处招摇、乱说话。

会出人,开始的时候是明永正去,后来儿子们长大,有时候也就是儿子去,大家齐心协力尽快地修好路,才能让进出更加方便。

3.集体淘井

1949年之前,明家和周围的十几户人家一起使用一口井,这是很多年前村里的长辈们打的,之后就是周围的人家共同使用,所以井的维护也是这些人家共同负责。因为需要定期进行淘井,明家和其他使用这口井的人都会出力,明家的男性都去参加过淘井,不一定非得是家长去,只要是劳动力就可以,明家就是明永正安排人去,有时候会安排大儿子明少安,有时候会是二儿子明少友去,他安排谁去,谁就得去,不能够推脱。

4.不定期不定量的派款

1949年之前,当地把村费征收叫作派款,派款的时间不一定,所以村里面的人都很害怕和憎恨派款,每一个家庭都担心保甲长突然又会来派款。派款的时候都是保甲长带着派款单到家里通知家长,家长就要把钱交给保甲长,派款的数量每次都不一样,保甲长通知多少就要交多少,而且不同经济条件的家庭,被派款的数量各不相同,条件好的家庭会多一些,明家是村里面的小户人家,而且并没有自己的土地和房屋,所以每次派款,明家的数量都比较少,但是对于明家来说依然是一笔巨大的开支。派款的时候,每家人都要交钱,如果拒不交钱,保甲长就会带警备班的人来将家长抓走,逼迫那家人想办法交钱,交上之后才会放人。

(二)筹资筹劳

1949年之前,舒安村在进行一些集体活动的时候会在村里面进行筹资筹劳。比如村里面统一组织修路、修庙的时候,要求每一家人都要出一位主要劳动力,大家一起来进行村内的公共活动。有的时候因为县政府给的资金不够,村里面还会让各家各户都出一点钱,用来修路、修庙等,只要是村里面的公共事务,明家都是按照规定,该出力的出力,需要出钱的也出钱,从来没有逃过,都是一个村的人,也逃不到哪里去,大家每天都要见面,不出力或者逃款,人家说起来也不好听。明家在村内筹资筹劳的时候,出力的人可以是明永正,也可以是他的儿子,因为这都属于明家的主要劳动力,具体谁去主要看明永正的安排。

九、国家事务

(一)"拖壮丁"

1949年之前,国民党军队在打仗的时候经常会在村里面"拖壮丁",当地实行的政策是"三丁抽一,五丁抽二"[①],只要家里面有男性年轻劳动力的人家都会被"拖壮丁",明家也不例外。大儿子明少安就曾被"拖壮丁",被"拖壮丁"的时候他20几岁,因为必须要去,他也只能跟着去,后来一直走到湖北宜昌县,明少安趁着看管的人不注意便跑掉,然后一直从湖北宜昌步行回到四川舒安村,一路上通过讨口要饭活下来。后来二儿子明少友也被抓过壮丁,也是在半路上跑回明家,从此村里面只要有人来"拖壮丁",明家的人就会跑到山里面躲起来,几天都不下山,"拖壮丁"的人看到家里面没有年轻劳动力也就作罢。舒安村里面也有专门从事卖兵的人,也就是被"拖壮丁"的人如果不想去,就给卖兵的人一些米,他就会代替这个人去,然后卖兵的人又能够自己跑回来,因为经常去,所以能够知道怎么逃跑。明家被"拖壮

---

① 三丁抽一,五丁抽二:三个人就要抽出一个,五个人抽出两个人,一般用来指征兵入伍的比例。

丁",但是家里面出不起那么多的米请人代去,所以只能自己去,然后自己再想办法跑回来。

(二)"假模假式"的选举

　　1949年之前,舒安村的村长、保甲长等会进行选举,但是这个选举是"假模假式"的,因为那些参与竞选的人都和上面的人"有关系",都是当地的"贪污分子",因为有势力,被其他人"吼上去",所以在村里面举行选举的时候,村民们都知道那些人是什么人。因为都是有势力的人,村民们惹不起,只能够举手同意,要不然他们上任之后就会报复,没有钱的人不敢说话,因此明家在选举的时候都是只有举手同意的份,没有说话的份。选举之前明家不用商量,明永正自己去就行,听到要选谁当村长,选谁当保甲长,他只管举手同意便好。

调查小记

    2018年寒假是学院第二次安排进行家户调查,有了上一次的调查和后期整理的经验之后,心中对于这次的调查内容更加熟悉和了解,也不再只是满足于将问卷上面的问题一一问出,而是希望能够就受访者能够记起的经历进行深入挖掘。为了能够更加全面地了解四川农村地区传统时期的生活图景,本次家户制度调查特意选择了一男一女两位90左右高龄的受访者来完成访谈。

    第一位受访老人已是92岁高龄了,老人是在我四处打听合适的访谈对象过程中别人推荐的。在听说老人年龄以及生平经历之后,我和长辈一起前往老人家中请老人接受访问,一开始老人有一些抗拒,因为我们是突然造访的陌生人,但通过我们与老人说明来意,特别是向老人提了几位他认识的村里人之后,老人开始放下戒心,慢慢地向我讲述那个年代的故事。农村里面的相处之道就是这样,即使两人不认识,只要能够说得出一两个双方都认识的人来,便很容易获得亲近感和信任,人们就是这么淳朴。第一次访谈的时间持续不长,因为天气原因以及老人年龄实在太高,所以我们和老人约定第二天再来,第一个家户调查就这么在一天推进一点中完成。

    与第二位受访老人的接触则是一个美丽的意外,这位老人是我的姨婆,就在老家旁边居住,我之前进行了三年的口述史访谈都没有去找她是考虑到姨婆年事已高,而且又是女性,可能对于过去的事情参与很少,记忆也不多。抱着去找姨婆聊天的想法,没想到老人对于过去的事情记忆非常深刻清晰,甚至对家中在1949年前租种哪位地主的土地,数量多少、租金交多少等等大小事情都能迅速而清晰地回忆起来。于是我向姨婆提出了想要访问她的想法。老人家一开始担心自己没有读过书,话可能说不好,怕影响我写作业,不好意思接受访问,在我的劝说和坚持之下,老人最终同意试一试。访谈也是经过好几天才完成,在整个过程中老人非常健谈,问到以前的事情都能够说出很多细节。而且因为这是我做的第一个女性家户访谈,也让我对那个时代的女性有了更多的了解,而不像以往都通过男性来讲述女性的生活。

    最后,感谢中国农村研究院给予的家户调查机会,感谢尊敬的徐勇、邓大才两位教授以及黄振华老师的谆谆教导,感谢审核小组数次的谨慎指导。

第二篇

以工襄农：飘零耕户的艰辛与波折
——豫西东洼村贾氏家户调查

报告撰写：范静惠 *
受访对象：范聚财

---

* 范静惠(1994—   )，女，河南省三门峡市人，华中师范大学中国农村研究院 2017 级硕士研究生。

导　语

　　河南省三门峡市高庙乡东洼村是一个面积较小的自然村落,1949 年以前村庄共有五大家,其中四大家都是余氏一脉,贾五三一家则是后来的飘零户。贾五三祖辈主要是因明朝末年李自成大肆杀伐,为了逃生便从山西省洪洞县的老槐树下迁出,后又因各种天灾人祸几经转折至高庙乡东洼村。贾五三的父亲贾魁在此处买地、修建窑洞最终落户。贾五三从父辈贾魁那里继承了土地、房屋以及部分生产生活用品,一家人靠着这仅有的家产开始努力耕作、辛勤营生,勉强维持一家人的生存生活。遇到天灾人祸,贾五三则承担起家长的职责前去借贷,以使生活继续;在同外人交换时,为了节省金钱、防止受骗更是货比三家、过斗过秤,依据不同需求前去不同场所交换。

　　贾五三同妻子郭小黑共生育四男二女并将其抚养成人,郭小黑怀孕期间多由贾五三照顾。孩子生下之后,郭小黑安胎一月,贾五三则为各个孩子起名。孩子长大之后的婚姻是由贾五三夫妇安排,但是因为家中贫穷,不能按长幼顺序进行嫁娶。家内孩子的教育多源于贾五三夫妇的耐心教导,三子范聚财曾上学读书,后因家中变故放弃读书。一家人团结友爱、有福同享有难同当,生活得也较为美满。家庭内部长幼尊卑分明,家里成员服从家长贾五三的安排。为了保证自家生活的有条不紊,贾五三一家形成一套默认家规用于约束全家人的行为,在日常生产生活中也形成一套珍惜时间、注重空间、幸福生活的观念。每逢过年过节,贾五三一家严格按照当地习俗进行,只求吉利喜庆。家族和村庄的公共事务,贾五三一家积极参与其中。然而赋税沉重,抓壮丁更是随意,贾五三一家只能消极抵抗。

　　贾五三一家因是飘零户,起初备受村民的欺压;后来,贾家一家人在家长贾五三的带领下努力生活,最终与村民建立起良好的关系。虽说贾家一家人是以农耕为生,但家中部分人员也会做些劳务来补贴家用,一家人生活得有滋有味。

第一章　家户的由来与特性

　　贾五三的祖辈是在明朝末年从山西省洪洞县的老槐树下迁至河南省。贾五三的父亲贾魁因灾荒投亲至东洼村，再者又是飘零户，所以只能在村边修建房屋。贾五三长大成人后分家另立门户，和妻子郭小黑生育四男二女。贾五三继承到父辈贾魁一座大院、两间窑洞、两万多平方米的土地，在这样一般的经济条件下，一家劳力虽少却辛勤劳作，最终得以勉强度日。得益于亲家官职较大，根基浅的飘零户贾五三一家在村中勉强自保，在声望、社会地位方面属于村庄中等水平。

一、家户迁徙与定居

（一）因战乱从山西迁至河南

　　贾五三祖辈是从山西省洪洞县老槐树底下迁出。在明朝末年，因为李自成起义导致战乱，民不聊生，贾家祖辈出于生存求活的本能便开始迁移。从山西省逃荒出来的贾家祖先，认为河南三门峡更为安全便定居此地。选择在河南定居，一是由于河南省三门峡位于河南西部，是河南省和山西省的交界地带，二者距离相近；二是由于两地的风俗习惯、气候、地理条件等有众多相似，生产生活起来比较容易适应；三是由于河南省相较于山西省而言更为安全和平，并且地广人稀，相对而言是生存的好去处。

　　此段迁徙历史，范聚财也是通过父辈口口相传得知。家谱、族谱等证明在迁徙过程中不慎丢失，另一方面，由于祖辈在逃荒过程中的不幸丧命或走散、迁徙等各种原因，后辈人无法再将前辈人物回忆起来，其结果就是家谱、族谱等再次编写的工作无法正常进行，只能通过口述方式来纪念此段历史。

（二）逃荒投亲，定居东洼

　　贾五三的祖辈在清朝时期迁入河南省三门峡市，在此地繁衍了大约 12~13 代。在光绪三年(1877)，贾五三的爷爷贾氏带领一家人迁徙到三门峡市湖滨区磁钟乡，贾氏背着纺花车并随身携带一条"膝裤"①去自家女儿那投亲，一路要饭最终在半路上不幸饿死，无人知晓。过了两三年之后，乡里的人们去"磨头窑"②磨面，忽然看见窑子背后有一座小土堆，旁边有零散的人骨头，随后人们又看见破旧损坏的纺花车和膝裤，凭此才认出此人是贾五三的爷爷贾氏。

---

① 膝裤：裤脚绑着一条带子的裤子。
② 磨头窑：磨面的地方。

某年"年成"①,家里收获的粮食难以维持全家吃喝,仅存一点绿豆。贾魁的妻子想把绿豆藏起来,便对贾魁撒谎说道:"我没藏绿豆,是那贼从窗户进来把绿豆给偷了。"贾魁仍怀疑绿豆是妻子做的手脚,便气势汹汹地拿刀相逼,面对妻子依旧不愿承认的情况,贾魁失手将菜刀扔到妻子的小腿上,夫妻二人关系至此破裂。贾魁不愿再和妻子过日子,便将绿豆送至贾魁舅家所在的高庙乡东洼村。由于绿豆被送至东洼村,一家人在磁钟乡无法维持生计,无奈之下,贾魁带领全家牵着毛驴驮着家当去东洼村投亲,在舅家的帮助之下定居东洼村。换句话来说,贾五三的爷爷迁至磁钟乡是为了投靠女儿一家,而父亲贾魁迁至高庙东洼村是因为机缘巧合。

(三)落户和生育情况

在东洼村,落户的前提条件是房屋和土地的齐备。贾魁一家出于生存的需求,必须在东洼村置办土地和房屋,但因为自家是新户,在村里熟知的人只有舅家,因此在买卖土地时便寻求舅家帮忙,找了个中人当说客。在中人的联络之下,贾魁一家自定居之后一共置办6.87万平方米的土地,有同财主签订的文书作为证明。家里居住的三间窑洞是贾魁买地之后,一家人拿农具砌了个崖,掘土开凿土墙搭建而来。

贾魁夫妻二人落户之后,辛勤耕作开始了较为稳定的发展,继续生育繁衍,意图在东洼村扎根,经过辛苦劳作几十年之后,一共置办土地6.87万平方米,还有三座相邻的大院。贾魁一家在东洼村有三门三支,因为贾魁和妻子共生育三个男孩,老大为贾造官,老二是贾小五,幼儿便是贾五三。贾五三兄弟三个成家之后便进行分家,平分父亲贾魁的6.87万平方米的土地,每人一座大院、三间窑洞。老大贾造官分到东院,老二贾小五在中间院,而西院则被分给贾五三。兄弟三人成家立业,娶妻生子,带领一家人辛苦耕作以维持生计。

二、家户基本情况

(一)儿多女少的两代小家

1949年以前,贾五三一家曾有九口人,耕作的劳动力主要是贾五三夫妇,家中并无老人,只有父子两代。父辈是贾五三和妻子郭小黑,两人共生育四男二女,分别是长女贾小淙、长子贾润旺、二子贾清旺、二女贾小凌、三子范聚财、幼子贾小润。贾五三一家儿女均有,并且成功将孩子养大成人,因此无需过继或抱养其他孩子。由于家境较为贫寒,贾五三无钱雇用他人来自家做工,因此家中也无其他常住人员。

长女贾小淙在1927年左右去世;二女贾小凌因为属相和母亲属相相同,均为牛,这种属相俗称"顶相",会对家人不好,为了避免灾难,贾五三做主将当时两三岁的二女贾小凌作童养媳妇卖掉;三子范聚财则在1947年入赘至范庄村;长子贾润旺在1948年末娶妻范粉超。

---

① 年成:灾年。

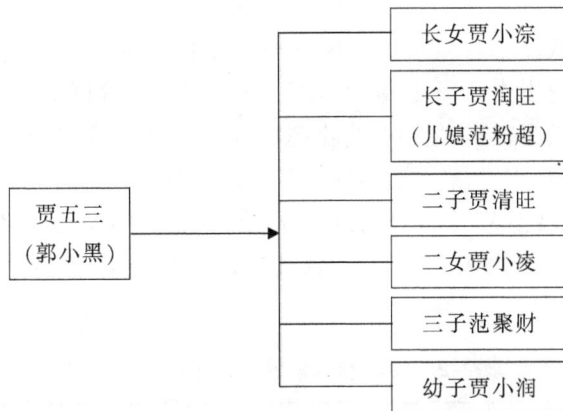

图 2-1　1949 年以前贾五三一家的家户结构图

从家庭结构来看,虽然贾家只有两代,曾有九口人,和村里的小户人家相比,人口总数虽然不多不少,但是家庭当中可以耕作劳动的人口却十分稀少,只有贾五三夫妻两个。同时,家中的儿童数量就占了总人口数的 50%,生存压力较大。但是从长远发展的角度来看,贾五三生育的六个孩子中有四男二女,贾家劳动力数量的增长具有可持续性,对于未来生产生活而言较为有利。

表 2-1　1949 年以前贾家基本情况数据表

家庭基本情况	数据
家庭人口数	9
劳动力数	4
男性劳动力数	2
家庭际代数	2
家内夫妻数	2
老人数量	0
儿童数量	4
其他非亲属人员数	0

(二)命运波折的农耕户

贾五三作为家里年龄最大、辈分最高的男性,承担起一家之长的责任。此外,贾五三虽然脾气暴躁但性格耿直,在村里名声较好。郭小黑作为贾五三的妻子,虽然没有温和的脾气,但十分讲理,更是识得大体。贾小淙作为贾家的长女,在 12 岁左右的时候,因婚嫁问题不顺,郁郁而终。贾润旺和贾清旺虽是"双生子"[1]都属狗,但二人的命运却不尽相同。长子贾润旺在家里放羊,长大成人之后因家里贫穷,贾五三夫妇为其娶个老太太,范粉超不仅比贾润旺整整大 12 岁,而且不能生育。贾清旺作为二子,父母教导地较为认真,曾参加当地的农民协会;也

---

① 双生子:双胞胎。

曾因机缘巧合为了避免被抓壮丁,逃逸去外地做了三年的长工。几年之后,贾清旺为躲避财主等人的打闹,便追随八路军自愿当兵。1925年二女贾小凌出生,由于后来长女贾小淙去世,贾家孩子之中只剩贾小凌一个女孩,然而贾小凌又因为属相和郭小黑相冲,便被贾五三当童养媳卖掉。范聚财虽为三子,但因为自小聪明机灵,贾五三夫妇为了让其出人头地,便将其送到学校念了两年的书,因此范聚财是家里唯一识字的人。1947年因为家里天天被财主骚扰,范聚财一气之下便跑到范庄村,入赘到范桃花一家。同年,郭小黑生病去世。到1949年的时候,贾清旺、贾小润还未婚嫁。贾五三一家九口人都不曾信仰任何宗教,只是祭拜祖宗和家神。

表2-2　1949年以前的家庭成员情况表

序号	姓名	家庭身份	性别	出生年月	教育情况	婚姻状况	职业状况	健康状况	参与社会组织情况
1	贾五三	家长	男	不详	0年	丧偶	农民	优	无
2	郭小黑	妻子	女	1901年	0年	已婚	农民	良	无
3	贾小淙	长女	女	不详	0年	定亲	农民	差	无
4	贾润旺	长子	男	1922年	0年	已婚	放羊娃	优	无
5	贾清旺	二子	男	1922年	0年	未婚	长工	优	农民协会
6	贾小凌	二女	女	1925年	0年	已婚	农民	优	无
7	范聚财	三子	男	1931年	2年	入赘	农民/卖煤	中	无
8	贾小润	幼子	男	不详	0年	未婚	农民	优	无
9	范粉超	儿媳	女	1910年	0年	已婚	农民	优	无

(三)人畜共居的三间土窑

贾五三一家居住在东洼村的边缘地带,这是由于贾家并非此地的老户,而是祖辈搬迁到此。贾五三一家的房屋是继承祖辈而来,所以房屋旁边居住的是自家兄弟。贾五三一共兄弟三人,贾造官居住在最东边的院落,中间是贾小五一家,而西边就是贾五三一家。房屋外围有一条大道,几乎连接村庄的所有人家,直至沟底。房屋前面有一大片空地,但无寨墙、寨河等设施。此位置最大的优势就在于出入方便,其二则是距离耕地较近;其劣势就在于地势较高,距离水源较远。

1948年以前,贾五三的院落里有两间坐北朝南的窑洞。窑洞之所以坐北朝南,一方面是由于南面阳光充足,方便采光;另一方面则是因为此方位可以躲避北风,使窑洞暖和。大门在西南角方位,排水沟则在东南角方向,而厕所则临近排水沟设置。由于贾五三一家共两间窑洞,所以并无正间、偏房的区分。由于"尚左尊东"的习俗,贾五三夫妻二人和三子范聚财、幼子贾小润居住在东边的窑洞,而长子贾润旺和二子贾清旺则居住在西边的窑洞。之所以让三子范聚财、幼子贾小润与贾五三夫妻俩居住在一起,是因为这二人年龄幼小,仍需要父母的照顾。在窑洞后方,贾五三夫妇专门腾出一片地方用于饲养牲畜。东窑的后面用来喂养马,西窑的后面用来喂养羊。之所以将马放在东窑,是因为马相较于羊而言不易饲养,需要成人来照顾;羊平常是交由长子贾润旺来放养,所以将羊安置在西窑更为方便。1948年底,长子贾润旺娶妻,贾五三在侧边又重新打了一间窑洞,让贾润旺夫妻二人居住于此,此外家内的一些杂物也摆放至此。贾家并没有开辟专门的牲口间,一是因为窑洞数量有限;二是因为牲口算是重要的耕作、运输帮手,需要贾五三夫妇的细心饲养。窑洞内部,迎门而进西边靠墙是一张炕,炕后面就是做饭的地方以及案板等;炕对面摆放着一张桌子和两把木椅;桌椅摆在炕对面,不仅有利于客人来了之后进行聊天交流,而且也因做饭地方和炕挨着,桌椅摆在对面方便摆放饭菜。

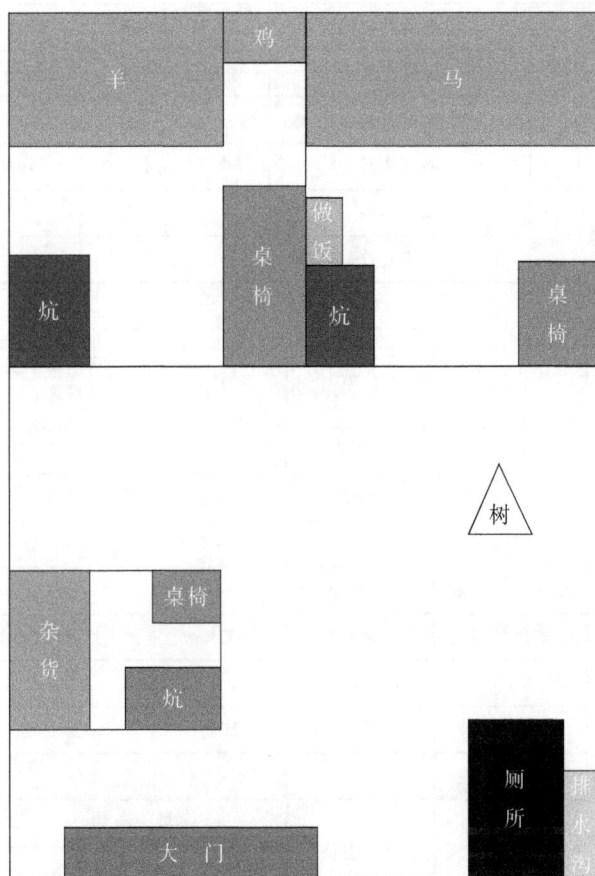

图 2-2　贾五三一家的房屋平面图

(四)家境贫寒难以度日

贾家一家人的日子过得较为贫寒,一是因为当地的赋税严苛且名目繁多;二是由于自家劳力较少且人口较多,生活压力较大。1947年以前,贾五三一家共有三个劳动力,贾五三夫妇以及长子贾润旺。1947年,郭小黑去世;1948年底,长子贾润旺结婚,其妻范粉超便成为家里的重要劳力之一。因此,1949年以前,贾五三家中自始至终只有三个劳动力。1948年以后,贾五三和长子贾润旺身体健壮,几乎所有的重活全依托父子二人来做;儿媳范粉超身为女性且力气较小,主要是在家做家务活,收麦收秋时节会下地帮忙。三是因为土地收成一般,产量受天气状况影响颇为严重。

　　贾五三一家主要是靠耕作为生,二子贾清旺曾去做长工,一年大约能挣三十元;三子范聚财曾靠卖煤来补贴家用。贾家以种地耕作为主,一是由于自家经济条件较差,并无多余闲钱来做生意;二是家里女性劳力较少,无充足劳力开展手工业;三是由于自家并无祖传的特殊手艺可以用来谋生;四是由于自家拥有土地无需租佃,并且拥有耕种土地、管理土地的相关技能。贾家每年能收三千四百多斤粮食,六百多斤棉花,因为坡地的土质一般,并且距离水源较远,所以每亩土地所收粮食较少。每年支出无具体数额,辛劳一年只能勉强度日。

表 2-3　1949 年以前贾家家计状况表

<table>
<tr><td rowspan="2">土地占有与经营情况</td><td>土地自有面积</td><td>2.53 万平方米</td><td>租入土地面积</td><td>0</td></tr>
<tr><td>土地耕作面积</td><td>2.53 万平方米</td><td>租出土地面积</td><td>0</td></tr>
<tr><td rowspan="2">生产资料情况</td><td>大型农具</td><td colspan="3">犁一个</td></tr>
<tr><td>牲畜情况</td><td colspan="3">马一匹</td></tr>
<tr><td rowspan="2">雇工情况</td><td>雇工类型</td><td>长工</td><td>短工</td><td>其他</td></tr>
<tr><td>雇工人数</td><td>无</td><td>无</td><td>无</td></tr>
<tr><td rowspan="6">农作物收入</td><td colspan="4">其他收入</td><td colspan="2">收入</td></tr>
<tr><td>农作物名称</td><td>耕作面积</td><td>产量</td><td>单价</td><td>收入金额(折算)</td><td>收入来源</td><td>收入金额</td></tr>
<tr><td>麦子</td><td>1.33 万平方米</td><td>2900 斤</td><td>0.1 元/斤</td><td>290 元</td><td>长工</td><td>30 元</td></tr>
<tr><td>五谷</td><td>0.2 万平方米</td><td>500 斤</td><td>0.05 元/斤</td><td>25 元</td><td>—</td><td>—</td></tr>
<tr><td>棉花</td><td>1 万平方米</td><td>600 斤</td><td>—</td><td>—</td><td>—</td><td>—</td></tr>
<tr><td></td><td>2.53 万平方米</td><td>4000 斤</td><td></td><td></td><td colspan="2">收入共计</td></tr>
<tr><td rowspan="4">支出</td><td>食物消费</td><td>衣服鞋帽</td><td>燃料</td><td>肥料</td><td colspan="2">租金</td></tr>
<tr><td>常外借</td><td colspan="3">自给自足</td><td colspan="2">无</td></tr>
<tr><td>赋税</td><td>雇工支出</td><td>医疗</td><td>其他</td><td colspan="2">支出共计</td></tr>
<tr><td>2600 斤</td><td>无</td><td>—</td><td>—</td><td colspan="2">—</td></tr>
<tr><td rowspan="2">结余情况</td><td rowspan="2" colspan="2">结余　0　元</td><td rowspan="2">资金借贷</td><td>借入金额</td><td colspan="2">—</td></tr>
<tr><td>借出金额</td><td colspan="2">无</td></tr>
</table>

(五)自家普通,亲戚厉害

　　在 1949 年以前,贾五三一家并无人担任过保长、甲长、会首之类的职务。在高庙乡担任官方职务,其前提条件是身为老户人家、能够读书识字,在此基础上还要能说会道,心地善良。贾五三一家是从外地搬迁而来,家中除三子范聚财之外并无他人识字,因此在当地辈分较低,社会地位低下。贾家虽是普通农户,但郭小黑的娘家却在村里较为出名。郭小黑的大哥在当地是保长,并且也是大夫,在村里地位较高;郭小黑的二哥是个文人,曾担任县政府秘书,受村里人尊敬爱戴。整体而言,贾家是种植庄稼的普通农户,但由于亲戚较为厉害,在村中也无他人敢肆意欺凌。

(六)中等飘零户[①]

东洼村的大户、中户以及小户之间有明显的界限。大户人家的土地至少有 6.67 万平方米;家中人口多为三十至四十人,一般都是三世同堂或四世同堂;在当地有一定的官职,社会地位较高;家里闲钱较多,并且家中至少雇用二至三个长工,短工数量更多。中户人家的土地约在 2 万~3.33 万平方米;人口总数在十五人左右,多是两世或三世同堂的家庭;家里有大型牲口或大型农具,收入来源有一定的保障;家人虽无官职,但多因辈分排行较高,在村中社会地位一般。小户人家土地亩数较少在 0.67 万平方米左右,甚至有些家中并无土地需要租佃;人口较少,大多是四至六口人,容易受外人欺压;家中并无牲口或大型农具,耕作之时多是搭伙耕作。由此标准来衡量,贾五三一家由于家中土地亩数一般,并且有大型农具和牲口,在村里属于中下等水平,影响一般,登记保甲册时被分为二等户。

当地判断老户和小户,主要是看土地的来源。如果土地是祖上辛勤开垦而来,则为老户;如果土地是从他人手中买卖而来,则为新户。直到 1949 年,贾五三一家迁到东洼村也就五六十年。贾五三的父亲贾魁当初是逃荒投亲来到东洼村,土地是经由舅家帮忙从财主家买卖而来,因此算是新户,不被村民认可,当地称之其为"飘零户"。

---

① 飘零户:新户人家。

第二章　家户经济制度

贾五三一家土地、房屋、生产资料、生活资料等较为齐备,重大财产不曾遭遇他人侵占,但小件物品难免被村民借用忘还。在经营过程中,贾五三一家人辛勤劳作,勉强维持一家人消费。每年各种收入所得均归全家所有,贾五三统筹考虑之后将其分配下去,由全家人共享。在消费之时,因自家经济条件有限,贾五三一家十分注重节俭。然而,生活之中难免有意外发生,贾五三为了自家人的生存,只能无奈去财主家中借钱借粮,来年收秋之后便急忙还贷。在进行交换时,贾五三一家更是小心慎重,依据自家实际情况,灵活选择交换场所。

一、家户产权

(一)家户土地产权

1.旱地来源多样

1949年以前,贾五三一家总共有2.53万平方米的土地,土地零散地分布在山坡之上,由于并无河流、水渠等临近,灌溉条件较差,这些土地均是旱地,其中2.27万平方米的土地是继承父辈贾魁而来的白土地,另外0.26万平方米土地是买卖而来的质量较好的黄土地。贾五三的父亲在各个儿子长大结婚之后,便做主进行分家。贾五三兄弟三人平分父亲贾魁的6.87万平方米土地。贾五三分得的2.27万平方米土地全部位于山坡之上,由于地形条件的限制,坡地无法接连成片,被地形分割成为不同大小的带状或条状,每块土地的亩数较小,约为0.13万~0.2万平方米,因此贾家共有近十块土地。另外买卖而来的0.26万平方米土地,是由于贾五三一家粮食不够吃,贾家便经过石岭上的舅家介绍,买了泉脑村的老道机一块黄土地。贾五三向各个亲戚借钱置地,买0.26万平方米土地大约需要四百元。直至土地改革运动,贾家的土地曾发生过变化,原本2.27万平方米土地,后又置办0.26万平方米;灾年之时,贾五三也曾将0.33万平方米土地典当,两年至三年之后才将其赎回。

2.土地共有共享

贾家的这2.53万平方米土地,在家人的心目中是属于全家所有,产出的粮食也归全家享用。家里土地不曾和他人共有共用,一方面是因为贾家的人口本来就多,并且其中多为男性,所需食用的粮食也较多;另一方面是因为自家和他人共有土地容易产生纠纷。贾家作为一个小门小户,并无多余土地可用作私人地,同时也未留有专门用来养老的土地。贾五三作为一家之长,对于土地的产权拥有最后的决定权。当遇到灾年,贾五三为了让妻儿能够有吃有喝不至饿死,在全家省吃俭用所起效果不够显著之际,便做主将自家的0.33万平方米土地典当给财主来换取粮食,两三年之后才将土地赎回。

1949年以前,贾家的土地无论男女均有份。家长贾五三比家内其他成员在土地产权上所拥有的权利更大,可以不用征得家人的同意便去买卖、典当、抵押土地。在土地的使用权利上,贾五三和家内其他成员并无不同,一家人都可以耕作、管理、享有。未成年的儿童无论男女均属于贾家的一分子,土地自然归其享有;二子贾清旺虽然曾在外地当长工,但仍旧是本家姓,因此土地仍归其所有;嫁进来的媳妇范粉超也算是自家人,因此可享有土地;长女贾小淙出嫁以后就像泼出去的水,算是外人,因此无法继续享有土地;同样,自小被卖出去的二女贾小凌也算是外人,无权享有土地;三子范聚财虽然身为男性,但因为入赘到范桃花一家便不再算是贾家的人,因此也无法继承享有土地,这一点从姓氏的改变便可以看出。贾五三一家家境贫寒,连正常生活都是勉强维持,更不用提及雇用管家、丫鬟等人。

贾家的这 2.53 万平方米土地,贾五三在处置时比家内其他成员更有权利,因为贾五三的地位、辈分排行较高。土地归属全家所有较好,如果将土地平均分配到每个成员,则不利于生产生活,其原因主要包括以下几点:第一,土地分配至个人,如果家中出现天灾人祸需要用土地作抵押,那么贾五三需同每个人商议,这样做所耗时间较长,容易耽误正事。此外,若贾五三稍处理不当,便会轻易引起家庭矛盾;第二,每个人的劳动能力不同,平分土地在某种程度上存在着浪费土地、无法物尽其用的可能;第三,如果土地分至个人,家内每个成员为了保障生活所必需的粮食生产,就必须一直耕种土地。土地因无法进行轮休从而肥力下降,最终影响粮食收成;第四,若土地归全家所有,那么土地可以作为纽带将全家人之间的情感联系起来,进而促进家庭的团结和睦;第五,土地数量是影响家庭社会地位的一个重要因素,将土地分配至个人,家庭的社会地位及其影响力在村庄会大幅减弱。

3.山崖为界免侵犯

贾五三一家的土地和邻居的土地之间有明确的界线,以山崖为界。因为东洼村的土地都是在坡地之上,同一坡度的带状或条状土地便归一家所有,而山崖下面的土地则归另一户所有。土地边界主要是依靠天然地势而形成,四邻不能越过土地边界进行农业生产,因为土地对于农户而言是一家生产生活收入的主要来源,正如当地老话所说"人吃地一辈,地吃人一口"。土地若被随意侵占,轻则影响自家粮食的收成多少,重则引起地邻之间的矛盾纠纷,造成关系的不融洽乃至破裂。

贾家的土地只有贾家一家人可以耕作,外人未经同意不得擅自使用贾家土地。同理,贾家的土地也只有贾家的儿子可以继承,但三子范聚财因为入赘到范桃花一家,因此不能继承家里的土地。只有在贾五三将土地典当给外人时,外人耕作贾家的土地才算是合情合理,地里的收成也归外人所有。贾家所有人都认为自家土地归全家所有,对自家所拥有的土地有一个清晰的认知,不仅知道自家土地的平方数、分布地方,更是晓得每块土地的名字及其每年所种的庄稼。因为东洼村面积较小,所以村民能够分清自家和别家的土地。贾家不曾侵占他人土地,自家土地也不曾被他人豪夺侵占,因为土地对贾家至关重要,直接决定贾家的生存状况。

贾家的土地经营权归全家人所有,至于每块土地种何种作物、如何耕种都是由贾五三来决定,偶尔会同妻子郭小黑商量,但无须告知或请示外人,因为耕作土地属于自家的私事。土地的产出归自家所有,收割之后的分配也是由贾五三做主,外人、村庄、政府同样不得干涉,因为外人对贾家的生产状况不甚了解,无法做出正确的决定。贾五三一家的土地,在经营、管理、收益、分配等众多方面,即使分家之后的父母、兄弟也不愿对此干涉,偶尔出于善意会向贾五三提个建议,或者作为中人帮忙联络财主买地。

4.其他成员服从家长支配

在土地买卖、典当等活动中,身为一家之长的贾五三拥有实际支配权,家内其他成员处于从属地位,不能擅自做主决定,但是可以同家长提建议。贾五三在外出之际,会授权给妻子郭小黑和长子贾润旺,让这二人帮忙经营土地。但遇到买卖、典当等重大事件,郭小黑和贾润旺则会选择等待贾五三回家后处理。

贾家虽然只有 2.53 万平方米的土地,但和村里只有 0.67 万平方米左右土地的小户相较而言,家中土地亩数较多。此外,贾家用来耕作的劳力较少,因此租佃财主土地,既无必要也无耕作的可能。贾家未曾与他人置换过土地,一方面是因为东洼村的土地都是坡地,没有置换的必要;另一方面是因为置换土地容易引起细小纠纷,从而影响两家关系。但是在特殊时期,贾家曾买卖、典当过土地。

贾五三作为当家人,全家的吃喝住行等多方面都要依靠贾五三来经营管理。土地作为全家饮食的主要来源,直接决定着全家的生存状况。贾五三一家人口较多,每年产出的粮食总是勉强维持一家人的生计,因此贾五三决定买财主家 0.27 万平方米土地以增加粮食产量。在买卖土地之时,贾五三和妻子郭小黑商量了许久,最后经舅家帮忙成功购置财主 0.27 万平方米土地。买卖土地时,贾五三主要是依据两家关系的友好程度,以及距离远近来选择卖主。某灾年的二三月份,全家人节衣缩食仍旧无法果腹,贾五三迫不得已向黄家山的将娃借了三百来斤粮食。来年麦收之后,贾家无多余口粮还债,贾五三思索良久之后,便做主将自家的 0.33 万平方米土地典当给将娃,两三年之后才将土地赎回。土地典当的顺序主要是取决于借粮的顺序,贾家借粮时一般优先选择关系要好的朋友,其次是村里的熟人,最后才是外村村民。家里其他成员都对贾五三的做法表示支持和理解,因为借钱的利息过高,典当土地在全家人看来是明智之举。贾家在土地的买卖、典当过程中,无需请示或通知四邻、村民、保甲长,因为这属于两家之间的私人交易,并且两家在土地交易过程中已经签订地契作为凭证。此外,由于土地的置换在村里已经司空见惯,所以外人对此不加干预。

5.外界认可无侵占

贾家的土地未曾出现过被外人侵占的情形,全家人也无法容忍自家土地被侵占。对于贾家而言,土地的重要性不言而喻,所生产的粮食、棉花等不仅是全家吃喝、穿衣的第一来源,而且也是自家财富状况和社会地位的一种象征,间接影响外人对自家的态度是尊敬或是欺凌。贾家虽是飘零户,辈分较低,在生活中需要处处忍让,但在土地方面却不会隐忍。

东洼村是一个面积较小的村庄,村庄里的人口和土地都很少。村民之间彼此熟悉,对自家和外人土地的亩数、分布位置都心知肚明。村风淳朴,无重大恩仇不会轻易侵占他人土地。东洼村的保甲长是由政府推荐、村民选举而产生,保甲长因为能力突出、品格高尚在村民心中具有较高声望。为了维持在村民心目中的权威,保甲长不经贾家的同意不会随意侵占贾家土地,同样,要想租用、置换、买卖贾家的土地,保甲长也必须同贾五三商量并取得授权。县乡政府虽为公家,在未取得贾五三的同意之前,不可凭借强权随意侵占、买卖、租用、典当、置换贾家的土地,否则容易引起官民纠纷。村民因土地产生纷争之后,大多会选择去告官,让政府出面主持公道、决断纠纷,从而保护自家利益。换句话说,贾家的土地未曾遭受外界侵占,同时受到四邻、村庄、所在县乡政府的认可和保护,因为贾家的每一块土地都有地契作为凭证。

(二)家户房屋产权

1.家人共居三间窑洞

1949 年以前,贾家宅基地的面积约是 533 平方米,当地称为"八分大"。1948 年以前即长子贾润旺结婚之前,贾家共有两间窑洞,大约 9 米长、3 米宽,为了方便采光,窑洞坐北朝南,窗户也是朝南。1948 年长子贾润旺结婚,贾五三觉得房屋居住拥挤,同时为了保护新婚夫妇的隐私,便做主在侧边又重新建了一间长 7 米、宽 3 米的窑洞,窑洞坐西朝东,因为当地风水讲究"紫气东来",同时东边朝阳、空气较好。贾家的房屋是依靠地崖而建,三间窑洞的总建筑面积约在 80 平方米。贾五三夫妻二人和三子范聚财、幼子贾小润一起居住在东窑,并且在窑洞后面留有一片地方饲养马匹;而二子贾清旺则因为年龄较大可以生活自理,便被贾五三分配到西窑居住,窑洞后面用木棍、树枝等木条围成个栅栏,用来圈养羊和鸡。长子贾润旺和妻子范粉超则居住在侧边的小窑洞。

因为三门峡位于黄土高原,所以东洼村的房屋多是土木结构的窑洞,只有少数财主家里有闲钱可以将房屋修建成瓦房。窑洞虽然和瓦房相比看着简陋,但是保暖效果较好、冬暖夏凉,并且所需建筑材料的获取途径多样、便捷;而瓦房相较于窑洞敞亮美观,但是建筑起来比较费时费力,并且受气温影响较大。

2.祖辈修建,子辈继承

贾五三的父亲贾魁自打算在东洼村定居落户之后,便经中人介绍购置了临近舅家的一片土地。买来土地之后,贾魁便开始选择一个侧面作为窑洞建筑的地方,将侧面修理平整,当地人称为"刮崖面"①。窑面刮好之后,贾魁便开始打窑。等窑洞晾干之后,便用黄土和麦草和成的泥将窑洞里面齐齐抹一遍,最后将窗户和门安装上去,到此窑洞便算修建完成。修建房屋主要是需要大量的劳力,而所需金钱较少。房屋修建之后,贾魁和妻子便开始生儿育女、安居乐业。三个儿子长大成人并娶妻之后,贾魁做主分家,将几十年辛苦劳动攒下的三座大院平分给三个儿子,贾五三一家所居住的房屋便是由此而来。为了延长房屋使用的时间,贾五三可做主对祖屋实施翻新、维修。

3.房屋内部共有

贾家的房屋和土地一样属于全家人,人人都有权享有和使用。1948 年以前,贾五三一家仅有两间窑洞,同时自家人口较多,因此不仅没有分配个人专属的小窑洞,而且也无法和外人共有,使其长期居住在家中。后来由于长子贾润旺结婚,贾五三出于当地风俗礼仪又开辟一间窑洞,让贾润旺夫妇居住其中。

1949 年以前,贾家的房屋归属家里内部成员所有,未成家的孩子无论男女都有权享用房屋。外出做长工的贾清旺也有份,虽然在外务工是由私人原因导致,但仍旧是家里的一口人;儿媳范粉超也拥有贾家的房屋,因为媳妇嫁进门便算是夫家的人;长女贾小淙定亲之后,便算是其夫家的人,因此不得再享用房屋;二女贾小凌自小被卖到外人家中,因此不再算是贾家的内部成员,同样不得享有房屋;三子范聚财入赘到范庄村之后,便不得继承使用房屋。贾家是普通农户,不曾像财主、大户人家一般雇用长工、丫鬟、管家之类的人员,因此家中无

---

① 刮崖面:将山崖的一个面修平整。

其他常住人员。

房屋作为一家的重大财产,归全家所有较好。贾五三作为家长比其他成员在房屋产权上更有权利,可以决定房屋的买卖、置换、典当等。贾家人口较多,然而房屋数量有限,因此无法将房屋所有权分配到个人。若强行将房屋按人均分,一是会造成家里其他成员无屋居住的尴尬情形;二是会因此导致家里的公共财产,好比桌椅之类的生活用具无处安置;三是一旦家中发生重大事情如红白喜事,家长需要同各个人商议,房屋使用起来极为不便;四是当其中一人长期在外居住,房屋闲空,在某种程度上而言也是对房屋的一种浪费;五是由于房屋分配至个人,空间上的疏远也会对家庭人际关系造成一定的负面影响。

4.建共墙,防干涉

贾五三一家的房屋与四邻的房屋有明确的界线,此界线是父辈贾魁在修盖院落时搭建共墙而产生。之所以以共墙为界,一方面可以最大程度地利用地理空间,另一方面可以减少搭建界线的人力、物力、财力。贾五三一家的邻居是自家的亲戚,虽然关系近亲,却也不能越过界线修建房屋,否则很容易导致双方心里不愉悦,从而关系疏远甚至破裂,正如老话所说"亲兄弟还要明算账"。

贾五三一家的房屋主要是归自家人使用,外人未经贾五三的同意不得擅自居住、处置贾家房屋。贾五三的两个哥哥也不能使用其房屋,因为分家的时候已经将院落、房屋做清晰分配。贾五三虽然有四个儿子两个女儿,但因女儿长大之后要嫁作他人妇,范聚财则被招赘到范桃花家中作上门女婿,因此贾五三的其他三个儿子可继承房屋,儿媳范粉超的继承权则附属于其丈夫贾润旺身上。

贾五三一家人都对家里的房屋拥有清晰的心理认同,承认房屋归全家共同所有,对于自家和别家的房屋能够分得清清楚楚,村民、保甲长等同样对贾家的房屋概况有明确的认知,不曾侵占贾家房屋。家里房屋是由贾五三来管理,修缮、重建等也是由贾五三来决定,他会同妻子郭小黑商量,不用去同他人商量,更无须向外人通知或请示。房屋处置就类似于自家锅碗瓢盆的使用处置,属于家户内部的私事,外人无权干涉。贾五三兄弟三人虽然已经分家,但在重建窑洞时,贾造官等人也过来帮忙出谋划策、提供人力物力。

5.家长起决定作用

房屋对于贾家而言是安身立命的场所,所以贾五三不曾买卖、典当、出租房屋,因为房屋一旦让外人居住,贾五三一家人便只能四处漂泊,但房屋曾被修缮、重建。在房屋处置使用上,身为家长的贾五三在其中起着决定性的作用,家内其他成员未经家长同意或授权,不得私自处置房屋,但可以向家长表达自己的意见。

贾家的窑洞由于居住时间过长,经历长久的风吹雨打,偶尔便会渗水。贾五三看到窑洞破旧,为了家人的安全和居住场所的美观,便会同妻子郭小黑商议,然后用泥将自家窑洞的墙壁重新粉刷一遍。如果贾五三因事外出,修缮房屋的事情将搁置一段时间,因为房屋的修缮属于一项技术活,家中其他成员不曾拥有此项能力。1948年底长子贾润旺结婚,由于人口增多、夫妻生活的隐私以及传统道德习俗的约束,贾五三做主在自家院落里重建一间窑洞,家内其他成员都动手帮忙搬运泥土、木头等。换句话来说,贾家在房屋产权的处置上,家长处于支配地位,其他成员处于从属地位,积极配合家长的安排。

6.外界对房屋的认可

贾家虽然没有政府下发的房契,但其父辈就居住在此地,因此村民、家族、村庄、政府都认可贾家的房屋。房屋产权拥有的正当途径主要是以下几种:一是房屋是自己开辟修建而来;二是房屋是继承祖辈而来;三是房屋经过正当合理的途径买卖而来;四是因各种外在理由获得他人遗赠,并有见证人或官府人员在场证明。而贾家的三间窑洞不是继承而来就是自己开辟修建而来,所以其名下的房屋都源于正当途径,因此房屋获得外界的认可。

村民之间都是熟人且和贾家关系友好,因此未经贾家同意,村民不会随意侵占、处置贾家房屋。家族都是根出一脉,族人之间关系更近一层,不会无缘无故强占处置贾家房屋。东洼村的保甲长虽是政府人员,具有强大势力,但在没有征得贾五三的同意时,不敢随意侵占、买卖、置换、典当贾家土地。同样地,贾家所在的县乡政府为了维护其威望和影响力,也十分认可贾家的房屋,不曾以各种理由强行霸占、肆意处置贾家房屋。

(三)生产资料产权

1.农具基本齐全,来源多样

在1949年以前,贾家的大型农具主要是犁、耙,牲口只有一匹马,交通工具主要是一个单轮手推车,铡刀是贾五三兄弟三家共用一个。此外,家中也有供郭小黑用来纺花制衣的纺花车和织布机。镰刀、锄头、锹、麻绳之类的小型农具也基本配置齐全,因为这些是农业生产过程中必不可少的农具,村庄中家家户户都有。

贾家一部分生产资料是继承父辈贾魁而来,比如犁、耙这类大型农具以及纺花车、织布机等,继承之后便归自家所有,可以自行处置;像镰刀这种小型铁质农具,一般都是贾五三去集市上买个镰刀头,然后再自制一个手柄配套使用。购买农具所耗费的金钱大多是自家卖棉花的钱。贾五三买完镰刀头回到家中之后,便从树上砍一节树枝,用刀将树枝的外皮刮掉,打磨修理平整之后,拿块烂布把头包住塞到镰刀头的孔里,最后将其固定牢靠即可使用。制作镰刀柄所需时间也就近半个小时,制作起来较为方便。贾家大部分生产资料是属于自家人所有,基本配置齐全,正如老话所说"工欲善其事,必先利其器",贾家的农业耕作很大部分都依托农具和牲口的使用。然而家中贫穷,无钱单独购买铡刀,贾五三兄弟三个便共用一个铡刀。剩余农具贾家不曾和他人共用,不仅因为使用的时候需要来回借取比较麻烦,而且在农忙时期,两家都需要使用农具,若按日期轮用,那么两家的粮食收成均会受到影响。换句话来说,共用其他农具的结果是得不偿失,因此贾家的生产资料几乎备至齐全。贾家以耕地为生,农具的使用极为频繁,因此破损或废掉也极为平常。若有时家中急需使用某个农具,而农具恰巧坏掉,贾五三会选择去四邻家中借用应急,待到农闲时会去集市购买新农具。

2.铡刀共用,其他私有

贾家的生产资料是归家户所有,全家人都可使用生产资料。农具、牲口等资料虽不如房屋、土地一般是重大财产,但对于农耕为生的贾五三一家而言,其占据着举足轻重的作用。正是由于生产资料的齐备和完好,贾家一家人的生产劳作才得以顺利进行,不因错过节气而影响到一年的粮食收成。除了铡刀之外,贾家的生产资料不曾和他人共有共享。在东洼村,一般都是特别贫寒的小户人家,因家里买不起牲口,才会和另一户人家合伙起来买牲口用于耕作。1948年底,虽然贾润旺已经结婚并组成一个新的小家庭,但因尚未分家,所以没有专属于小家庭所有的生产资料。

除铡刀之外,贾家的生产资料归家户所有,属于家户内部的成员均拥有所有权。贾家之所以没有单独配备铡刀,一是因为铡刀的价格高昂,贾家无钱购置;二是因为轮流使用铡刀,不会耽误庄稼的收成。贾五三同自家的两个兄弟共同购买了铡刀,三家只要"岔开"①时间使用铡刀即可,铡刀的使用并没有固定的顺序。贾家使用铡刀,大多是为了将干草铡碎,以便于喂马。其他生产资料和房屋、土地一样,未成年的贾小润等人、外出打工的贾清旺、嫁进来的媳妇范粉超均属于自家人,所以可以拥有并使用生产资料;而卖掉的二女贾小凌以及入赘的三子范聚财,虽然具有血缘关系,但已经不算是贾家的一分子,因此无权拥有、继承贾家的生产资料。贾家所有人都赞同将生产资料归为全家所有,一则有利于凝聚全家人之间的关系,使家庭团结和睦;二则在使用、置换时极为方便;三则因为全家所有,家长在进行分工时,家人能够积极配合,生产生活的秩序便会更加井井有条;四则避免因成员的外出、生病或去世等原因,而造成牲畜无人照料、饲养的情况。此外,家长贾五三比其他成员更有权利使用、处置家中的生产资料,借助贾五三的命令,家人协心同力,进行耕种劳作。

3.置、修、借时家长负首责

对于贾家而言,生产资料主要是指农具和牲口。贾家的农具多是铁质材料和木器结合而成。铁质的刀刃在长期使用之后容易被磨钝,不再锋利如初,从而影响耕作的效率。此外,铁质农具在经过风吹雨打之后经常生锈,无法正常使用。再次,木器制成的手柄较为容易折断。而牲口的喂养是一个漫长而又艰辛的过程,在这期间,马匹不仅会经常生病,而且几年之后因为年老体虚,无法正常拉犁、运输。为了保证生产的正常进行,贾五三时不时就需要去购买、维修、借用农具。

对于贾家而言,割麦是一年的忙碌时期,全家人都会急急忙忙去地里收割。在割麦期间,家里小孩经常因镰刀使用的不熟练造成农具受损,比如刀刃出现个缺口,无法继续用于农业耕作。这时,小孩便会去找父亲贾五三说明情形,贾五三便做主到集市购买。购买之前,贾五三通常会和妻子郭小黑简单提一句,但是不用告知或请示外人,外人也无心知晓这等小事,因为农户的心思几乎全用在自家生产生活之上。贾五三购买新的刀刃所花费用,大多是源于自家卖棉花所得金钱,此笔费用由全家共同承担。贾五三一家的农具受损,大多情况下是因为柄部断裂,为了赶节气,贾五三大多会去邻居家即自家亲戚那借用一把镰刀使用。因为两家关系友好并且是近亲,所以并非只能是贾五三本人前去,贾五三可以随意指使一个儿子去借,其效果和本人去借一样。由于家里金钱短缺,贾五三闲下来的时候便会自己动手维修,时常让长子贾润旺帮忙打个下手,一会儿去拿刀,一会儿去拿布条。换句话来说,贾家在生产资料的购买、借用、维修活动中,一家之长的贾五三因见识、能力和地位等原因是实际支配者;家内其他成员不得擅自决定,但是有好的主意或想法时可以向家长提建议;四邻、家族、保甲长既无权得知贾家相关决定,也无权干预。

4.外界认可无侵占

1949年以前的东洼村人口较少,村民之间知根知底,对于自家和他人家的生产资料也有一定的了解,不会随意侵占贾家的生产资料。如果四邻想借用贾家的农具或牲口,一般都会提前一至两天到贾家打招呼。若贾五三一家此时无需使用,便会将其借给邻居;若贾家也

---

① 岔开:错开。

需使用,则会委婉地告诉邻居暂时无法借用,村民听到理由后便会理解,改去其他人家借用。贾家同姓家族大多都居住在磁钟乡,离贾家较远,所以一般无重大事件,族人不会前来贾家借用。虽然家族影响力较大,但不经过贾家的同意也不得强行占用。贾家所在村庄和县政府也承认贾家的生产资料,并未因权利强大而肆意占有贾家农具和牲口。换句话来说,外界成员认可贾家生产资料的产权,若未征得贾五三的同意,便不会随意或强行侵占贾五三一家的生产资料。

(四)生活资料产权

1.生活资料较为齐全

在1949年以前,贾家有一片晒场,在自家房屋的上方,面积大约为80平方米,主要是用来晒庄稼和扬麦。家中有一盘碾,一个磙,桌椅板凳若干个。此外,家中还有一盘磨,但是这个磨是同分家的两个哥哥共同置办共同使用。用于日常做饭的柴米油盐酱醋茶等均有,大约一个月需出去置办一次。但是贾家并没有水井,因为东洼村位于坡地之上,单用人力根本无法成功打井。

2.生活资料的多种来源

贾家的生活资料较为繁多,其来源也是多样。从父辈那里继承得来的生活资料,主要是用于碾压麦子、大豆等的碾、磙;桌椅板凳也是从父辈那里继承;家中用于做饭调味的佐料,大多是从街上购买回来;而用来擀面的擀面杖、切菜的案板以及筛面的"箩"①,则是自家人进行手工制作。

擀面杖的制作方法较为简单。贾五三拿斧头从村里的枣树上砍下一节树枝,在挑选的时候尽量挑选那种竖直、粗细适度的树枝,砍下之后带回家中。然后,贾五三用镰刀或菜刀将树枝的外皮削掉,最后将其磨得平滑即可使用。家中的案板大多是将坏掉的桌子进行拆卸,把桌面单独拆出来,用水洗净便可当案板使用。贾五三一家居住在窑洞之中,一下雨窑洞便开始泛潮,家里的面便容易生虫,这时就需要用到箩来进行筛面。首先,郭小黑先找出一片棉布剪成一个正方形,每隔几根线头从中抽出一两根线条,横竖两边都是如此;其次,在棉布的四周放置四个厚度均匀的木板;最后,让棉布将四个木板裹住,穿针引线将其固定好即可。擀面杖、案板以及箩的制作都十分简易,贾家花费半个小时即可完成,而且使用起来也极为顺手。

3.内部私有,家长支配

贾家一家人同居同财,生活资料的产权也是归家户内部所有,并无分配至个人或小家庭的生活资料。家里的生活资料,和他人共用的只有磨,因为磨的置办比较费钱费力,贾家作为中下等的普通农户,根本无钱单独置办一盘磨。考虑到家中的经济条件以及同邻居的近亲关系,贾五三便和贾造官、贾小五两家商量,最终三家决定共用一盘磨。

家里的其他生活资料则完全属于贾家内部私有,凡是贾家的人便拥有其产权,可以享有、使用。生活资料归属全家来打理相较于分配至个人而言,其好处更加明显。从资料使用的便捷程度而言,在使用时,因全家共有生活资料,所以就无需提前向他人说明;从资料的利用程度而言,分配至个人的生活资料,因个人的能力、力气、方法等多种原因,有很大概率无法

---

① 箩:筛面的筛子。

将资料物尽其用,好比擀面杖的使用,贾家的四个男孩就不会使用;就资料所维系的情感而言,全家共有共用可以促进家人更多的沟通交流,从而使家庭团结和睦;就资料所代表的财富意义而言,若生产资料分至个人,则家庭所有的生产资料变少,从而家户的经济地位便有所下降。

在生活资料的购买、维修、借用、共用活动中,家长贾五三在中间扮演着支配者的角色,家内其他成员则扮演服从者的角色,两者分工明确、互相配合,以促进其活动的顺利进行。在家里的油盐酱醋快使用完之时,做饭的郭小黑便会留意到其细节,从而提前告诉贾五三,让其去集市上购买。贾五三因经常在外行走,懂得物品的价格高低、质量好坏以及使用年限的长短等,因此在买卖过程中比其他成员更占据优势。当家里的板凳因长时期使用坏掉时,同样是由贾五三负责嵌钉、捆绑、维修。生活之中,贾家难免需要向邻居借用一些小物件,好比麻绳。贾五三身为男性且辈分较高,在借用麻绳的时候,邻居便不会婉言拒绝。有时,贾五三耕作一天之后,回到家中甚是疲惫,便会差使自家的儿子前去借用。贾五三在对生活资料进行处置时,无需同外人商议,更不用去通知或请示别人。

4.外界认可却仍有侵占

贾家在 1949 年以前,家里的小型生活资料曾被外人侵占。1947 年妻子郭小黑生病去世之后,贾家只剩一群男人在家,邻居上门借用针线,贾五三痛快地借给了邻居,过了几日之后,贾五三也不见邻居归还,渐渐地便将此事忘却。贾家生活资料被侵占,一是针线虽然属于家中生活资料的一部分,但占据的分量较轻;二是因为丧偶家庭没有妇女在家,男性的忘性较大,很容易将此事抛之脑后;三是由于贾五三心胸较为宽广,不愿为此等小事和邻家关系搞僵;四是邻居也并非有意,只是单纯地忘记物归原主。

贾家的小型生活资料被侵占时,全家人采取宽容忍让的态度,而非采取强烈反抗的行为。贾家对于邻居为人有一定的了解,邻居在平时生活中也时常保持一颗善心,村民称誉其为"老好人"。但是当自家的大型生活资料,尤其是在生活中起着至关重要作用的物件,好比水桶被人侵占时,贾五三便会带头进行反抗,主动上门去他人家中索要,其他成员对家长此等行为都十分赞成与欣喜。因为贾家很少同外人说起自家事情,因此小型生活资料被侵占的事实,外人根本没有途径知晓,更不用提及保护。保甲长和政府更是"天高皇帝远",对于贾家生活中的此类琐事根本不知;即使偶尔知晓,也是采取冷漠的态度,任由此事的发生发展。

村民承认贾家的生活资料,他们未经贾家的同意,不曾随意侵占贾家的资料。村民若想同贾家借用扁担,就必须前去贾家,同贾五三商议此事。若第二天贾家也需要使用扁担来担水,贾五三便会直接告诉村民,自己第二天也需使用,村民对此也十分理解,不再强行借用。家族也认可贾家的生活资料,从未强行侵占、借用贾家的资料,不仅是因为贾家距离族人较远,而且也因为族人之间虽有辈分排行,但是彼此之间地位平等。村庄在过年的时候会举行"耍热闹"的活动,这时保甲长便会到村庄各户去借用锣鼓,进门之后,便直接找贾五三说明来意,贾家若不急用,便会答应其请求。县乡政府同样认可贾家的产权,不经同意不得随意买卖、借用贾家的资料。当贾家的生活资料被侵占时,除非贾家前往政府告官,否则政府便会对此置之不理。

二、家户经营

(一)生产资料

1.劳力较少曾请工"骗工"①

贾家 1947 年前共有四个劳动力,他们并非都参与到家庭生产之中。父辈则是贾五三和妻子郭小黑;子辈则是长子贾润旺和二子贾清旺。1947 年至 1949 年,贾家也是四个劳动力,父辈只有贾五三一个,因为郭小黑不幸去世;子辈主要是贾润旺、范粉超以及贾清旺。家里的成年女性虽然也具有劳动能力,但主要是在家里纺纱织布、做饭洗衣,只有在农忙季节才会下地耕作,正如当地老话"谷黄麦黄,绣女下房"。三子范聚财长大至 12 岁时,虽然也具备了劳动能力,却很少在家中耕地,更多的是外出卖煤。贾五三时常会带着幼子贾小润前去地里,但用意并非在于让其耕作,而是为了方便照看贾小润。家里的耕作生产,外人无缘无故不会参与到贾家的生产劳动中,大多是在两家换工时,外人来帮贾家耕作,为之后自家的耕作图个方便。

在 1947 年以前,二子贾清旺虽然已经长大,但为了躲避被抓去当壮丁,便选择外出给别人做三年的长工。前两年,贾清旺是去自家的一个远亲娘家即棉洼村的财主苏旺财家中,为其一家人干活做工,吃喝住行全在苏家,一年能挣三十元钱。苏家的人心地善良,当贾清旺因家中有事、急需用钱时,苏旺财便一下子将一年的工钱结清。而第三年,贾清旺则去温塘村的另一个财主家中当长工,结果干了一年便不再继续,最终也未拿到工钱,据说是因为财主认为贾清旺是八路军的探子,害怕连累到自家人,便以此名义将贾清旺赶走。

贾家因为二子贾清旺长期在外,家中的劳力勉强够用,但在农忙时节,家中的劳力便显得略有不足,这时贾五三便会去"骗工"。割麦时节,贾五三为保障自家的收成,便提前几天到石岭村的亲戚家同其商量,简略地将日子、割麦的地方说明一下。等到约定日期时,亲戚便带着镰刀到贾五三地里帮忙。贾五三之所以优先找亲戚帮忙,一是由于两家的近亲关系,此事容易说成;二是由于石岭村比东洼村的地势较高,他们那的麦子成熟的日期较晚,两家正好能错开日子互相帮忙。亲戚来帮忙割麦,贾家不用掏钱,只需留其在自家吃饭。贾家"骗工"时,不需通知或请示四邻、家族或保甲长,只要"骗工"的双方商量好即可。

1948 年底,长子贾润旺结婚后,家里只有两间窑洞。因居住不便,贾五三和长子贾润旺商议之后,便决定在侧边开挖一个新的窑洞。在固窑的时候,贾五三便去请匠人来帮忙。同割麦一样,贾五三也是提前好久去找乡里的匠人商议日期、报酬。贾家在请匠人的时候,首先会去请自家相熟的匠人,其次便是去请做活较为细致的匠人,因此所请匠人并不全是本村村民。匠人在贾家干活的时候,贾家每天不仅要支付十元的报酬,而且还要管匠人的三餐和住宿。贾家请工不用向外界请示,但一般会找四邻打听一下固窑的匠人情况,而家族、村庄和县乡政府则对农户的请工行为不予理会。

2.借红马去接亲

1949 年以前,贾家所饲养的牲口中只有一匹马属于自家所有,放养的羊则是村民的羊。一匹马基本上够日常生产生活所需,然而贾家在为长子办婚宴时,却曾借用乡人的马匹。

---

① 骗工:换工。

乡人家中的经济条件和贾家大致相似,一只牲口、2 万~3.33 万平方米土地,勉强维持一家生活。

在东洼村,结婚时新郎会去新娘家中接亲,不仅自己需要骑一匹红棕色的大马,身前身后的两个人也需要骑红马。虽然村里家中有马的人数不少,但是有红棕色马匹的人家却比较稀少。长子贾润旺结婚的时候,家里只有一匹红马,为了孩子婚事的顺利进行,贾五三作为父亲一直为此事操心,各处去找马、借马。借马的时候,贾五三先去找四邻询问,看是否知道谁家有红马,若村里人家都没有红马,便只能到外村四处打听。同乡人借马时,贾五三直接说明借马是为了自家孩子结婚,乡人便干脆地应承下来,因为大家都比较重视红白喜事,同时也为自家攒一份人情。借马不用给乡人支付报酬,只需在接亲的前一天晚上用干草将马喂饱,还马的时候无须携带饲料。贾家因接亲需借马一天一夜,一是因为接亲的时候较早出发,二是因为需要和马匹相互适应一下,免得第二天马不听人的命令乱跑。贾家在借用马匹的时候,无须同村民请示,也无需向村庄、县乡政府报备,因为邻里之间相互借用很是稀松平常。

3.三家共用铡刀

1949 年以前,东洼村农户的生活状况都较为艰苦,像铡刀、碾这些农具,很少有家户能够置办得起,这时几家便共同置办、共同使用。同样地,作为小门小户的贾家也无钱单独购买一个铡刀,贾家饲养牲口无法离开铡刀,便只能和自家的两兄弟商议三家共用一个铡刀,贾造官和贾小五两家出于生计的考虑,再加上三家的近亲关系,便答应贾五三的提议,购买铡刀的钱由三家平分。铡刀放在三家院子外面,哪家需要使用铡刀铡干草便直接使用,无须提前通知另外两家,更无须请示外人。若是贾五三一家将从山坡上割回来的杂草放到铡刀槽时,因没有注意到杂草中间夹杂着石头颗粒,铡草的时候将铡刀的刀刃给"崩个豁口"①,那么贾五三便需要去集市上重新购买一个刀刃,将损坏的刀刃给换下来。购买刀刃的钱则由贾五三一家承担,其余两家无须承担任何责任。三家共用铡刀的时候比较方便,一是由于三家是亲戚关系,并非像外人之间出于自私的心理不愿共享;二是由于共用的家户较少,闲忙期间可以"腾出"②充裕的时间来进行轮用;三是三家无需争先恐后使用铡刀,因为喂养牲口的先后顺序对自家的耕作生产所起影响作用较小。换句话说,贾五三一家是因为经济条件的限制,无奈之下才同自家的两个兄弟共用铡刀,共用期间较为方便舒心。

(二)生产过程

1.农耕做工,多种劳动

在 1949 年以前,贾家是普通农户,家里生产生活支出的主要来源便是农业耕作,其次便是三子范聚财卖煤以贴补家用,再者便是二子贾清旺在外当长工,最后则是长子贾润旺通过放养他人的羊来获取羊毛、羊粪。从事农业耕作是贾家生存之本;放羊则是生活所迫,其最终目的仍是为了保障农业耕作的生产,因为放羊换取的羊粪可以当作肥料来用;范聚财长大成人之后,几乎天天在外卖煤,通过买卖之间的差价以获取利润,由于利润较大并且买卖之间是现金现结,因此钱财积累速度较快;贾清旺在外当长工,其本意是为了躲避被征兵,而非为了挣钱,并且当长工的年限只有短短的三年,所以在家庭经济活动中所占比重较小。家里的

---

① 崩个豁口:裂出一个豁口。
② 腾出:留出。

男性主要承担耕种、卖煤、放羊、当长工此类重劳力的活动,而家里女性的主要劳动便是纺花织布、洗衣做饭、打扫卫生、打理家庭,在农忙时期下地收割。

2.男性按节气辛勤耕作

贾家共有土地2.53万平方米,其中麦子种植1.33万平方米,五谷种植0.2万平方米,棉花种植1万平方米。因为贾家的地全是旱地,为保障每平方米土地尽可能的高产,贾家十分重视二十四节气,依据天气状况进行耕作。家里每块土地所要种植的庄稼品种、耕作过程、耕作劳力等相关事宜,全是由家长贾五三做主,因为贾五三的种植经验丰富且在家里辈分最高。对于农业耕作的种植安排,贾五三一般会和长子贾润旺商量,但不用告知四邻、家族、保甲长等人。家里成员若无正当理由违背贾五三的安排,必会受到贾五三的呵斥与责骂。因为在所有村民包括贾五三的心里,一个人若对种庄稼犯懒,那么以后的日子肯定不会很轻松。

每年种地之前,贾五三都要给田地上粪,以增加土壤肥力。这时,贾润旺放羊的作用便凸显出来,家里将羊粪打扫聚拢到一起放进麻袋,用马驮到地里之后便开始施肥。当地老话常说"羊粪是土,上地如虎",意在说明庄稼地被施羊粪之后便肥力大增,第二年粮食收成较好;五月份左右,待将羊粪施到地里之后,贾五三便领着贾润旺去犁地。贾润旺在前面拉马,贾五三则手握犁柄来调节方向和犁地的深浅,因为当地大多数人是用牛犁地,所以曾用这样一句话来形容犁地时的情景,即"犁索盖头握,鞭在手中拿;牛在前头走,人在后面爬";播种前后,贾五三便领着贾润旺和贾清旺耙地,以此来使土地疏松。两个孩子在前面拉马,贾五三双脚踩耙,扭动身体来平整土地;白露之后,贾家便开始"下秧"①;等到小满节气时,贾五三便率领全家人去收麦,这也是一年之中贾家最忙的时刻。当地流传这样一句老话,"小满不过十",意思就是过了小满这个节气之后,十天之内必须要将麦子割完,因为十天之后麦子的根部就要开始腐坏;最后一项便是平整晒场,将收下的粮食放在太阳底下晒,以便麦粒从麦壳中脱落。同一块土地,种了两年至三年的麦子之后,便要换种五谷,种秋、收秋的步骤同"下秧"、收麦的步骤一致。贾五三在耕种期间,十分勤劳辛苦,为方便照看庄稼,晚上经常直接拉个被子在地里睡下。

3.长子放羊,妻子喂养鸡和马

贾家在1949年以前不仅喂养过七八只鸡,也饲养了一匹马,同时也帮村民放羊。养马是因为马相较于牛、骡、驴而言,不仅力气较大可以用于农业耕作,而且可以用来搞运输。贾家之所以不喂养猪,不仅是因为买猪的费用高昂,而且也是由于猪出栏所耗时间较长,最后除去买猪的成本和饲料的钱,卖猪剩下的利润极少,有时甚至还会亏本。

郭小黑负责照料家中的鸡,经常用玉稻喂鸡,贾家喂养鸡,主要是为了让其下蛋以供全家消费。当自家有贵客前来,郭小黑为招待客人,便会在饭菜里放个鸡蛋,有时则是将鸡蛋拿出去换盐。贾家的鸡要么是病死,要么便是被贾家的人不小心打死,为避免浪费,贾五三便让郭小黑将其杀掉做成饭菜供家人食用。家里有时会替他人放羊,这些羊便是交由长子贾润旺来饲养,贾润旺将羊赶到山坡或河水旁边让羊吃草,自己只需静静地看管不让羊走丢。

家里的马也是由妻子郭小黑负责,一是由于马的体型较大,小孩一般无法成功控制马匹,使其听从自己命令;二是由于饲养马的危险系数较高,因为马容易被惊到,在受到惊吓之

---

① 下秧:播种。

余便容易踢人或咬人,从而对人员造成一定的伤害;三是由于马的饲养过程较为复杂,需要用铡刀将草铡碎;四是由于马比较贵重,担心孩童没有饲养经验,最终使得马匹死掉。贾家饲养马匹主要是出于种地的需要,其次也是想用马搞运输。贾家的马不曾老死,贾家人会在马老死之前将其卖掉,以换一匹小马。卖马的时候,贾五三将马拉到集市上去找"交易人"[1],让其帮忙留意买家,老马的价格较低,也就是三十至五十元。但是贾家出现过马匹病死的情况,当马病死之后,贾五三便找村里的屠夫将马杀掉,村里的人分着吃肉,大家根据买肉的多少来分摊价格,一百斤的马肉最多也就二十元。贾家不曾出现过因吃死牲口的肉而生病的情形,因为贾家的马肉多数都被卖掉,出于负责和自家名誉的考虑,贾家只会卖好肉。无论是卖马还是卖马肉,贾家只需同自家人商议,不用告知或请示四邻。

4.二子当长工,三子去卖煤

贾家的二子贾清旺曾在外待了三年,主要是给财主家当长工。贾清旺外出的时候是孤身一人,只有临近年关岁末才会回家一趟。当地也将"腊八饭"[2]称为长工饭,因为吃完腊八饭之后,财主便开始结算长工一年的工资,同时询问并决定长工来年的去留。贾清旺前两年是在自家远亲苏家当长工,一年能挣三十元左右;而第三年在另一家干活时,贾清旺却因诬陷被坑骗一年的工资,最后空手而归。贾清旺外出做工是由贾五三来进行安排,因为二子外出时间较长,贾五三同妻子郭小黑商量许久,因为贾五三不愿自己儿子被征兵。贾五三安排贾清旺外出做工,无需告知或请示四邻、家族、保甲长等人。

三子范聚财在长大成人之后,为了贴补家里,冬天的时候便牵着马匹在外卖煤。只有在农闲时期,范聚财才外出卖煤,因此这也算是家户内部的一项收益。范聚财卖煤从头至尾全是自己一人负责,跟着村里的壮年人天天在外,每天早上鸡还没打鸣,范聚财便牵着马到北山煤窑去买煤,买一袋煤大约需花三元,称之为"煤本"[3],然后,范聚财要牵着马到陕州去卖煤,一袋煤大约能卖五元。范聚财买卖一趟煤,需要两天之久,路上饿了,范聚财便拿出随身携带的馒头来吃;睡的时候,范聚财便和村里其他人躲在一起将就着睡一晚。贾五三不仅知晓,而且支持范聚财在外卖煤,一方面是由于卖煤赚钱较快,另一方面是觉得男孩应该多在外面闯闯以增加见识。范聚财卖煤无须请示外人,因为这算是家户内部的正常谋生。

(三)生产结果

1.农业收成大致够用

高庙乡东洼村整年气温较低,所以当地的粮食一年只能收获一季。这2.53万平方米的土地主要种植的是小麦、五谷和棉花。小麦种植1.33万平方米,一年大约能收2900斤;五谷种植了0.2万平方米,一年大约能收500斤;而棉花则种植1万平方米,一年大约能收600斤。对于贾家而言,影响农作物收成的因素主要包括以下几方面:一是一年的雨水情况,因为贾家的地都是旱地,若某年雨水充足,粮食作物必定会有一个大丰收;二是土地的地势,贾家的土地全是坡地,种植起来比较麻烦。此外,贾家的坡地在雨水的冲刷之下容易水土流失,从而造成土地的肥力下降;三是土壤的肥力情况,贾家的地大多是白土地,土质较差,因此是否

---

① 交易员:经纪人。
② 腊八饭:腊八当天所吃的饭菜。
③ 煤本:卖煤的本钱。

施肥对于农作物的收成影响较大;四是土地的灌溉情况,贾家的土地距离河流、沟渠较远,因为没有水的灌溉,庄稼的长势不如别家;五是光照时长,贾家的土地大多处于背光地方,所以庄稼的收成较村里其他农户而言较少。在一年之中,贾五三一家在出苗季节便可以知晓一年粮食的收成如何。因为贾家土地数量较多,所以每年收下的粮食大致够全家吃喝。

1942年大旱,庄稼收成极差。村里的人大多都外出逃荒,纷纷去临近的卢氏县求生,因为卢氏处于深山大林之中,并且有众多小溪河流,所以卢氏并没有遭遇灾荒。贾五三一家没有粮食可吃,只能将摘下的柳树叶、椿树叶等用热水煮熟当饭吃。后来实在没有办法,贾五三便也带着妻儿去卢氏县逃荒,靠吃别人施舍的饭菜维生。两三个月之后,天降大雨,贾五三便又带着妻儿返回家中进行耕种,一年的粮食收成归全家共同所有,收成由家长贾五三进行统一管理和支配。当地曾有一句老话"天大地大,吃饭最大",因此全家对一年的粮食收成都极为关心,而贾五三作为一家之长最为关心,因为他要负责全家老小的吃穿住行。换句话来说,贾五三一家的粮食基本可以满足贾家所需,但遇到灾荒时,粮食便显得捉襟见肘。

2.家畜基本满足需要

在1949年以前,贾五三一家曾饲养一匹马,七八只鸡。贾家每年饲养禽畜的数量并不相等但大致一般,一方面是因为贾家不愿再去购置牲口,目前所饲养的禽畜基本可以满足家庭所需;另一方面是由于贾家的鸡有时会害病而死或老死。贾家的鸡是在集市上买的小鸡仔,自家将其喂养长大让其下蛋。鸡蛋要么是在过年或家人生病的时候被用作食物,要么就是家中缺盐时被拿去换盐。贾家所饲养的家畜基本上能满足家庭需要,取得的收益也是归家庭内部共享,交由内当家郭小黑来统一管理和支配。

3.副业收入不定

贾五三的三个孩子长大成人、具有一定的劳力之时,三个孩子出于家庭生计的考虑,便开始做工以增加家庭收入。长子贾润旺因为干活无力且无技术,便被贾五三指定去当放羊娃。村民将羊交由贾润旺来放养,并不需要支付金钱或粮食,而是让贾五三一家剪些羊毛用于缝制衣服,或收集一些羊粪当作肥料。放羊比较被动,若村里人让贾家放养羊的数量较多,那么贾家收集的羊毛和粪便也随之增加,反之亦然。二子贾清旺只在外地做过三年的长工,每年收入在三十元左右。三子范聚财则选择在外卖煤,卖一趟煤大约能挣二至三元。贾五三的三个孩子均是短期做工,所以并无固定的收益数额。三个孩子的做工收入统一交由父亲贾五三来掌管,用于全家的生活开支。后来,贾五三觉得三个孩子干活较好且不"葬钱"①,便让孩子们自己管理收入,但如果家里需要用钱,贾五三便会要求三个孩子将钱拿出来用于全家消费。

三、家户分配

(一)分配主体

1.家户分配为主

贾家在分配时,是以家户为分配主体。每年在清明的时候,宗族会给贾家分二百铜钱。村庄因不曾有集体收入,所以不曾对贾家进行过分配。贾家在进行分配时,全家成员均可参与分配当中,因为家境贫寒,所以贾家主要是进行吃饭、穿衣两方面的分配。虽然贾造官、

---

① 葬钱:花钱大手大脚。

贾小五与贾五三是亲兄弟，然而三家已经分家，因此二人不可参与到贾五三一家的分配活动之中。

2.分配时家长主导，成员参与

贾家在分配时，由家长贾五三一手主导。在对外交往时，贾五三进行安排并承担主要责任；而对内的吃饭、制衣则交由郭小黑做主。因自己的双亲已经去世，所以生活中的大事小事贾五三大多会选择同妻子郭小黑、长子贾润旺商量。贾家用于分配的物品，其来源大多是家户内部生产或在外做工的收入，外人并未参与到贾家的生产活动中，或者为贾家的生产做出贡献，所以贾五三在分配时无须告知或请示四邻、家族、保甲长等人。当牵扯到房屋、土地等重大财产分配时，贾五三一家就需要去县乡政府报备留底。1948年底，长子贾润旺结婚之后成立小家，但因为并没有分家，所以在大家庭分配之余并不存在小家庭的分配。

在分配期间，贾五三是实际支配者，其他成员可以参与其中为其出谋划策，但不能擅自决定。贾五三做出分配决定之后，全家人不得违抗或不作为，有何不满可以当面提出。如果变相歪曲贾五三的决定，势必会遭到贾五三的批评。同时，在村中"顶抗"[①]家长的做法，也会引得他人的非议。贾五三外出之时，家里的大小事便交给妻子郭小黑和长子贾润旺来做主管理，之所以授权给妻子郭小黑，是由于郭小黑在家中辈分较高，并且生活阅历较多、处事经验丰富；而委托长子贾润旺做事，是由于贾润旺身为男性，在对外交往时比较方便。

（二）自家内部享有分配

贾家在分配时，家户内部同一口锅里吃饭的人都可以享受到家庭的分配。家里的亲戚、朋友以及邻居则被划分到分配对象之外，因为贾家在进行生产活动之时，他们并未出力出钱，也不曾为贾家的生活出谋划策。虽然邻居曾帮贾家割麦，但贾家也曾帮邻居割麦，两者相抵消。亲戚虽然在贾家买地、买房时以中人的身份在中间游说，但贾家也曾做十碗席作为答谢。

贾家分配物的来源，主要是家户在进行农业生产和做工时所获取的收益。家户之外的收益也可作为收入的一部分用于分配，好比家族在清明时节举办大型祭祀活动，家族给每个家户都分二百铜钱，这二百铜钱便可以用作贾家买卖物品时的金钱。同样地，当亲戚家有何种物品不用的时候，为了避免浪费，亲戚便会将其赠送给贾家，比如小孩的衣服。因此这些衣服便可作为全家分配物中的一部分，哪个小孩能穿，郭小黑便将此衣改制一下让其穿戴。

在吃穿住行等方面，贾家内部成员均享有分配权。家中未成年的儿童虽然年龄幼小、劳动能力几乎为零，但仍可以享受家里的分配；在外务工的二子贾清旺回家之后仍可享受到家庭的分配；已经嫁进来的儿媳范粉超也是家庭内部成员，所以也可享受家里的分配待遇；但入赘到他人家中的三子范聚财、买卖出去的二女贾小凌以及结婚外嫁的长女贾小淙，都无法继续享有贾家的分配。虽然家里成员都可享受到分配，但在获取分配物方面并非完全平等，贾五三会依据实际情况做出一定的调节，以促进全家更好的生产生活。

（三）多种分配类型

1.庄稼收成的分配

贾家地里种植的庄稼主要是小麦、五谷和棉花。小麦是平时吃饭消费、缴纳赋税的主要农作物，因此种植面积较大，每年的收成也较多；五谷和棉花，一个高产而另外一个种植面积

---

① 顶抗：当面反对或反抗。

较大,所以总体下来两种农作物的收成大致相同。贾家并无租佃财主的土地,所以无需缴纳地租,但是作为自耕农的贾家有属于自家所有的土地,因此每年的农业收成中总要抽出相当一部分用于缴纳赋税。

东洼村赋税的标准是0.2万平方米土地需交一元钱,而八十七斤粮食可以抵一元钱,因此贾家每年需交一千二百斤粮食,然而贾家每年只能收两千九百斤麦子,所以纳税的税额较高。遇到灾荒年景,纳税额也不会减免,仍是保甲长派保丁前来收税。税款既有征收粮食的,也有征收金钱的,但田税是按土地数征收粮食。每年麦收之后,贾五三先将需交的田税单独放置一边,剩下的粮食才用来满足家庭所需。若贾家交不齐税款,保丁便会鞭打贾五三一家人,无论壮年男性还是妇孺病人。贾五三作为一家之长是缴纳赋税的第一责任人,每天都为缴纳赋税而精打细算,实在无粮缴纳赋税,贾五三便会带着全家人去地里躲避。贾家在交纳赋税时由贾五三做主进行安排,他偶尔会和妻子郭小黑商量,但不用告知或请示外界人员,因为本地的赋税有一个具体的标准,并且不曾因任何原因而有所减免。

2.做工收入的分配

贾五三的三个儿子都曾从事除农业耕作之外的其他行当,但不曾将其作为一种副业进行开展,只是平时偶尔做工以贴补家用。长子贾润旺做放羊娃,帮助村民放羊,回报是剪羊毛和收集一些羊粪。放羊收入无须交给他人,因为放羊是村民直接找到贾润旺,让其帮忙放养,所以贾润旺无需向中人缴纳费用。二子贾清旺在外做长工,每年大约能挣三十元钱,因为做长工是贾五三安排其去自家的一个远亲家中干活,所以无需将长工收入的一部分交给外人。三子范聚财在外卖煤,从头至尾除接触过煤窑的老板和买主之外,并不经过其他人员,所以卖煤收入也是归自家内部所有。

贾家三个孩子做工的收入全归自家所有,由家长贾五三进行统一管理和支配,自己并不能私留。过了几年之后,贾五三觉得三个孩子花钱还算仔细,并且已经长大懂事,便让三个孩子自己保留其收入,但是家中需要用钱之时,三个孩子便要将钱拿出来用于全家所需,不得私藏起来。虽然三个孩子为做工付出一定的劳力,但分配原则是统筹考虑、按需分配,所以贾五三在分配做工收益时,并非按劳动量进行平等分配。同样地,对于做工收益的分配,贾五三也无需提前请示或告知四邻、家族、保甲长等外界成员。

(四)其他成员服从家长分配

贾家在衣物、食物、缴纳赋税等各项分配活动中,家长贾五三是实际支配者。若当家人不在,贾五三会授权给妻子郭小黑以及长子贾润旺,让他们维持并负责全家生产生活的正常进行。虽然范聚财兄弟几人付出劳力做工挣得一部分金钱,但这并不能算作私人收入,而是作为大家庭的公共收入,因此贾家并无私房钱、零花钱等分配。

1.内当家决定衣服分配

贾家的衣服分配是由内当家郭小黑来安排做主,通常会和丈夫贾五三商量一下,不用告知或请示四邻、家族和保甲长,贾家无论老弱妇孺均可享受到衣物的分配。在分配时,郭小黑会优先照顾经常外出的人员,其次是家内未成年的小孩,最后才轮到自己。之所以要优先外出人员的衣物分配,一是由于外出人员是家里的"门面"①,直接影响到外人对自家的看法,正

---

① 门面:体面、面子等。

如老话所说"穷家富路";二是因为外出的成员比如三子范聚财,因为卖煤经常需要在外过夜,因家中贫穷只能露宿街头,寒冷的冬天只能靠厚实的衣物来保暖;三是由于在外做工,家人穿戴整齐相较于穿戴邋遢而言,更容易获得买家的青睐。其次轮到小孩享受衣物的分配,一方面是由于小孩的体质较弱、抵抗力较差,较大人而言容易生病;另一方面则是因为家里男孩比较淘气,衣物的磨损程度较大,因此郭小黑时常需要为其重制衣物。最后才轮到郭小黑本人享受衣物的分配,一是由于郭小黑作为女性,平时节俭仔细,所以衣物耐穿;二是由于郭小黑作为成人,身体素质较好能够抗寒;三是由于郭小黑作为女性,经常在家内待着做一些家务活,穿旧衣不仅节俭而且耐脏。换句话来说,贾家衣物分配的原则是统筹考虑、按需分配。

贾家一般是换季和过年时才添置衣物,衣服的添置也是由郭小黑来安排。郭小黑在家里为一家人缝制新衣,缝制衣服的棉花来自于地里种植的棉花;衣物的布料是由郭小黑自己用纺纱机、织布车纺织而成。每次郭小黑在给家人添置衣物时,并非要给家内每一个成员都添置,而是依据实际情况来安排。某一年,郭小黑只为长子贾润旺和二子贾清旺缝制衣物,没有分配到衣服的家庭成员,尤其是幼子贾小润因年龄幼小、不太懂事,便哭着喊着和郭小黑吵闹,让其为自己也缝制新衣,这时郭小黑便安慰贾小润,承诺下一次为其缝制新衣。家里成员的衣物破损也是由会做针线活的郭小黑修补,但是郭小黑看见衣物破损严重,也会简单教育两句。

2.食物分配由内当家做主

在食物分配活动中,郭小黑作为内当家可以安排并决定食物的分配,通常无需和家人商量。四邻、家族、保甲长等人也不在贾家吃饭,即使有客人前来也要尊重郭小黑的安排,因此在食物分配上,郭小黑无须征得外人的同意。家内所有成员均可享有家内食物的分配,毕竟民以食为天。贾家的食物分配有先后顺序,小孩、病人可以优先食用,食物分配的原则同衣物分配一样,也是统筹考虑、按需分配。食物无法满足全家所需,郭小黑便在做饭时少放一些原料,使得饭菜不再像之前那般粘稠,若食物在省吃俭用之余仍不够全家消费,贾五三作为一家之长便需要去他人家中借粮借钱。

3.缴纳赋税由家长负责

贾家有归属自家名下的土地,所以每年需缴纳一定的赋税。缴纳赋税一事交由家长贾五三来安排,不用和家人商议,因为赋税的缴纳不但无法减免,而且无法逃避。每年麦收之后,贾五三便先将需要缴纳的田税单独放置一旁,用麻袋装好、系紧,以防撒落造成粮食的浪费。之后贾五三一家人便在家中等候保丁前来收税。当没有足够粮食可用于缴纳赋税时,贾五三便会央求保丁再延迟一段时间,因为家中有一匹马并且信誉较好,保丁一般觉得有保证,便会答应贾家的请求。贾五三一家每年缴纳赋税的金额都"大差不差"[①],即使是灾荒年景,保甲长等人也不曾为贾家减免或垫付相关赋税。

(五)统筹考虑,赋税为先

1.考虑全家所需

贾家在分配时是以全家人的需要为前提,贾五三在分配时要照顾到家里所有人的需要。

---

① 大差不差:相似、相近。

贾家在分配活动中秉持的原则是"统筹考虑、按需分配",所以无法做到公平公正的分配。三子范聚财小时候体弱多病,郭小黑为了让他平安地长大成人,便经常让他吃一些较好的食物,甚至有时郭小黑将自家的零食藏起来,却唯独留出一部分只让三子范聚财食用,即当地所谓的"吃偏嘴"①。获得分配物较少的成员大多不会有意见,因为考虑到自家的生活状况,通常都会表示理解和支持。但家中的小孩,尤其是幼子贾小润因年龄幼小、不懂人情世故,时常会因此类事情与贾五三夫妇吵闹。

2.赋税为先,消费次之

贾家在分配自家产品的时候,其次序是"赋税为先,消费次之"。之所以赋税优先,是因为赋税由公家来征收,所有农户都必须无条件地服从命令,不得有任何的推辞和抵抗。贾五三一家的分配可以依据实际情况进行灵活调节,如果自家粮食不够吃,贾五三一家人要么节衣缩食,要么借钱借粮。贾五三在分配自家产品的时候,会优先分配食物、衣物等生活必需品,其次才是金钱分配。如果连正常吃喝都无法保证,贾家便不再进行衣物等其他分配,而是将原本缝制衣物的棉花拿到集市去卖,以换取金钱来置办粮食。

3.按需分配不均等

贾家分配时有一定的规则蕴含在其中,并非平均分配而是按需分配,因为贾家的生产生活资料有限且人口较多,若强行平均分配,其结果必定是每一个成员都无法吃饱穿暖,生活得更加艰辛,因此在分配时,病人、小孩、孕妇等会拥有一定的特权。在吃饭时,贾家会让小孩、病人、孕妇先吃,或者他们吃的食物较其他成员稍好,以补充营养使其成长或恢复。在穿衣时,贾家同样会给小孩、病人、孕妇的衣服里多塞些棉花,以增加保暖效果。这种特权只局限于一定时期之内,等小孩长大、病人恢复、孕妇坐完月子之后,这种特权便会取消。贾五三在分配时,并未因自己拥有权利、辈分较高等拥有特权,而是和家内其他成员一样吃大锅饭、穿戴粗衣麻布,有时甚至还要牺牲自己的利益以保全家内其他成员的分配。在年景不好的时候,贾家会减少一年生产生活收入的分配,主要维持食物的分配,停止衣服等分配。在粮食不够吃的时候,家庭成员中儿童优先,大人次之,因为小孩体质较为虚弱,长期获取不到应有的营养便容易生病去世。

(六)分配灵活,赋税优先

贾家在实际分配过程中,大约有一千二百斤粮食用于缴纳赋税,剩下的粮食全部用于自家食物消费,由此可见,赋税分配约占整个家庭分配的三分之一,赋税严苛致使贾家生活艰辛。地里所收的六百斤棉花,部分用于缝制衣物,部分用于集市买卖。家里三个孩子做工的收入也纳入全家分配之中,家里的收入基本能够保障贾家一年生活自给自足。

对于已有的分配结果,家庭所有成员均可以提出不同意见,只要言之有理,贾五三便会采纳。若相关建议并未得到贾五三的同意,那么家庭成员必须按照家长的安排进行分配,不得擅自更改、做主。每年的分配结果都不尽相同,因为贾家的农业收入受天气、地势等外在因素影响较大,此外其他收入也无法确定。当遇到灾荒或战乱时,贾五三便会依据实际情况灵活调整,维持全家人生产生活的正常进行,好比早上贾家原本打算做面汤,因为粮食不够吃,郭小黑便将其改成白水。总而言之,为了家中大多数人能够吃饱穿暖,贾五三会依据实际情

---

① 吃偏嘴:一个人除了食用正常饭菜之外还偷偷食用其他食物。

况进行分配调节。

四、家户消费

(一)家户消费概况

贾家在1949年以前,平均一年花销较少并无固定的数额,但上交赋税之后,家里所剩的粮食只能勉强维持一家人的生活所需。贾家在村里算是普通农户,一年收入和村民相比,只能排到中下等水平。有些年份因雨水不好,贾家的庄稼收成较少,粮食会出现三百至五百斤的缺口。贾五三一家人会首选节衣缩食,若节俭之余仍无法维持全家消费,贾五三只能去借钱借粮;当出现重大灾荒时,以1929年为例,贾五三无奈之下便带着一家人去卢氏县逃荒。贾家很不情愿去向外人借钱借粮,因为借贷的利息过高,借一斗麦子需还两斗半。贾家大多年份能勉强维持自家消费,但遇到天灾人祸时,贾家正常的生活秩序便会被打乱。

1."是口不是口,月月得一斗"

在1949年以前,贾家每年粮食消费大约在两千五百斤,占总体消费比重的60%。家里人口较多,但是常在家中居住消费的人员只有五六个。东洼村的农户平均每人消费的粮食都差不多,村中将其总结成一句俗语即"是口不是口,月月得一斗",所蕴含的意思就是家里粮食消费平均到每一个成员,一个月大约需要食用一斗的粮食。贾家一家人吃饭所用的粮食大部分都是来自自家土地生产,剩下的粮食消费则来源于外借。贾家粮食在某些特定年份无法满足全家消费,以下几个因素可以为此做出解释。第一,从土地本身而言,贾家的土地全是白土地,土质较差、肥力不足,从而影响庄稼收成;第二,从耕作劳力而言,贾家人口虽多,但用来进行农业耕作的人口较少;第三,从食物消费而言,贾家人口众多并且多为男性,食量较大致使食物消费总额较大;第四,从赋税缴纳而言,东洼村的赋税名目繁多,比如人头税、田税、饿钩、代钩等,并且赋税严苛、数额较大;第五,从时局氛围而言,在兵荒马乱的年代,村中常有小偷、强盗出没,贾家粮食收成难免要受到一些负面影响;第六,从意外事件而言,一旦家中遭遇天灾人祸,贾家一家连生存都无法保证,更难以保障正常的粮食生产。当一年农业耕作的收成无法维持全家所需,贾五三便让一家人节约粮食,实在无法维持生计,贾五三便只能将自家的东西甚至土地抵押给他人以换取粮食。1942年,家里无粮食可吃,贾五三便将自家院子里的缸典当给村民董畅,最终换取六斤玉稻面粉。当遇到大旱年景即当地所言的"年成",贾五三一家只能同其他村民一般外出逃荒求生。

2.食物消费需外购

贾家每年食物消费并无具体的数额,约占总体消费的15%。因为家中贫穷,贾五三一家消费的食物大多是自家田地生产的五谷、蔬菜以及鸡蛋,剩下的则来自于集市上的购买。因自家食物无法满足一家人所需,贾五三便需要外出置办,尤其是在过年期间。1942年发生重大灾荒,初期贾五三一家没有油可供食用,郭小黑在用油菜花籽榨油的时候,往里面添了一点"麻水"[①]充量,结果贾润旺吃完饭之后头晕,第二天去山里拾柴火的时候,差点从崖边摔下去。当肉、蛋、菜之类的食物无法维持全家消费,郭小黑作为内当家便会减少此类消费,只有在重大时刻才拿出来使用。过年的时候,家里亲戚来贾家走亲戚,郭小黑为其做十碗席招待,

---

① 麻水:麻油等。

这时贾五三夫妇会特意教导子女说:"这'活碗'①你们可不敢'叨吃'②啊,要吃就吃那粉条、萝卜片、豆腐啊。"在贾家,活碗就是为了摆个样子装门面,下次抬席的时候还需要将这活碗摆上,如果家里小孩不懂事,吃了活碗里的肉菜,贾五三一家便无法再次抬席。就食物消费而言,几乎每年田地生产的食物都无法维持生活所需,一方面是由于家里经济条件较差,而肉蛋类食物价格较高;另一方面是由于家里饲养的牲畜较少,随之所带来的肉蛋等收益也就较少。

3.衣物消费甚是节俭

贾家因家境贫穷,日子过得较为落魄,尤其体现在穿衣方面。在 1949 年以前,只有在过年或换季时期,内当家郭小黑才会为一家人拆洗改制,或是重新缝制一件新衣,全家的衣物消费占总体消费的比重较少,一直在 10%徘徊。家里的衣服几乎全是自家妇女纺纱织布缝制而来,不曾在集市上购买,衣物消费勉强能够维持家庭消费需要。如若不能,郭小黑便不断缝补或者外借。在长子贾润旺结婚的时候,家里并无用来当作礼服的蓝黑大褂,贾五三夫妇便去找邻居借用一天衣服,第二天将衣服洗干净之后再归还给邻居。对于衣服消费,贾家一家人甚是节俭。因为衣服的单薄,冬天家人的手脚便出现大片紫黑色的冻疮。二三月份刚打春时节,家里成员的衣服破掉,里面的棉絮都能看见。此外,由于衣服置换洗漱的频率较低,一家人身上曾长过虱子,经常感觉浑身发痒。换句话来说,贾家的衣物全是自制,不曾购买。穿戴期间,一家人十分节俭,郭小黑不断缝补以延长衣服的使用年限。贾家的衣服无法满足全家所需,一方面是由于购买布匹花销较大,而自家的家庭条件较差;另一方面是由于家里种植棉花的首要目的是卖棉花换钱,因为棉花的单价较高,次要目的才是用于衣服的缝制。

4.居住拥挤曾借宿

1948 年以前,贾家只有两间窑洞,而家里人口较多,所以贾家的房屋无法满足全家人的居住需要,只能一家老小拥挤着居住其中。长期借宿他人家中不仅不现实,而且欠他人情分难以偿还,贾五三常说"宁欠人债,不欠人情",因为总有一种"吃人家的嘴软,拿人家的手短"的感觉。贾家也未曾租住过别人的房屋,一方面是因为家中无多余闲钱让家人在外租住,另一方面是由于租住他人家中对双方都十分不便,所以对于贾家而言,只有情不得已之时,贾家才会外出借宿。1948 年底,长子贾润旺结婚之后,贾润旺和妻子范粉超便居住在西窑,二子贾清旺便搬至东窑,与贾五三夫妇一起居住,但一间窑洞无法居住多人,贾五三迫不得已去邻居家借宿了两三个月。

5.医疗消费较少

在 1949 年以前,贾家每年用于医疗支出的花费较少,约占总体比例的 5%。家里人对于医疗费用的消费,虽然觉得价格高昂,但生病无法避免,所以也会去村中找大夫来医治。对于生活中头疼脑热之类的小病,贾家一年的收入可以维持全家所需。当家里大人生病时,贾五三夫妇为了节约金钱便选择硬抗, 只有迫不得已时才会前去找大夫医治;当家里小孩生病时,贾五三夫妇便在村里四处打听,寻找一些土方子来医治,若土方子所起效果不明显,贾五三便会急忙去请大夫。整个乡里的大夫较少,若大夫离自家距离较近,贾五三便直接去请;若

---

① 活碗:十碗席当中的装满肉类食物的碗。
② 叨吃:偷偷地食用。

大夫离自家的距离较远,那么贾五三就要牵着马去请,在马鞍上铺一条红色褥子,大夫上马的时候,贾五三还要放个小板凳让其踩着上马。大夫前来诊脉,诊脉之后写个药方让贾五三去药铺抓药,这时贾五三需要为其封五毛钱的礼作为酬谢。当家里人病况严重时,贾五三便去请在乡里行医的舅家亲戚前来医治。后来贾五三病重,郭小黑便让贾润旺去请舅家亲戚前来照看,后来舅家嫌每天来回往返不方便,便让贾五三搬至自家居住好几个月,直到病情好转。贾五三一家的医疗消费较少,不仅是因为自家亲戚中有大夫方便治疗,而且是因为家人生病时的第一选择是去寻土方子医治。

6."过事情不得不浪费"

在1949年以前,贾家每年用于人情消费和红白喜事的消费大约占总体消费的10%。人情消费主要包括走亲戚、随礼两部分。家庭成员对于此类消费及红白喜事的消费态度是必须维持、不可减免,无论多穷都要维持人情消费,因为对于农户而言,一生中难免有不如意的时刻,这时就需要村民和亲戚的帮助。家里收入无法维持人情消费时,贾家就会提前去借。红事时,贾家一般上礼会依据关系远近程度,上礼的金额三至五元不等;白事时,贾家大多选择是用馒头作礼,上六个馒头,而办宴席的人家拿出两个馒头作为回礼。对于自家的红白喜事,贾家无论如何都要办的体面,因为举办红白喜事时的忌讳较多,为了图个喜庆和吉利,贾五三愿意多花点金钱,而红白喜事所需花费的金钱极多,所以当贾家没钱时,贾五三便会选择将家中物品抵押出以换取金钱。贾家对于人情和红白喜事消费的态度是"过日子不得不仔细,过事情不得不浪费"。换言之,就是在过红白喜事时,贾五三一家不曾考虑费用问题,出现浪费也是情有可原。

7.无钱读书便辍学

贾家只有三子范聚财曾到学校念书识字,其他成员都未曾上过学。贾家在教育方面的支出主要包括三部分,学费、购买笔墨纸砚的花销以及让老师在自家吃饭的花销,整个教育消费占总体消费的比重较少,在5%左右。教书的先生是村民在外面请的老师,所以学费是由上课的学生平摊,范聚财上学期间,一年需要缴纳一百五十斤麦子作为学费。在石岭上学期间,范聚财每天回家吃饭,因为石岭距离自家较近。之后范聚财在杨家山读书,因为杨家山距离自家较远,范聚财便在自家远亲家中吃饭。三年之后即1947年,郭小黑去世,家中生活如同雪上加霜,贾五三一人无法支撑起整个家庭,生活的重担让其感到力不从心,贾五三思虑之后便决定让三子范聚财辍学。三子范聚财考虑到家里的生活状况便同意辍学,辍学之后便回家种地、卖煤。

8.其他消费较随意

贾家在1949年以前除了日常的衣食住行等方面的消费之外,还曾有其他方面的消费支出,主要是用在祭祖拜神和参与村中的集体性娱乐活动这两方面。每年清明时节,贾五三便要去集市上购置香火、黄表,以及用于祭祀献礼的肉菜。祭拜家神时,贾五三一家也需要烧香、放炮、磕头。每年过年期间,村里为了迎接新一年的到来,会举办集体性娱乐活动,主要包含舞龙舞狮、踩高跷、打锣鼓等几项内容,当地称之为"耍热闹"。由于耍热闹需要购买材料、工具等,所以村里人需要平摊此项支出,但是次年就可以直接使用上年的材料,无须再次置办同类物品,所以该项支出的份额不定。贾家对于这两方面的消费,其态度较为随意,依实际情况而定。此外,由于每年举办这两类活动的次数较少,所以此项消费支出也较少。

对于贾家而言,每年的粮食、食物、衣物、住房、医疗、教育、人情以及其他消费等众多消费类型中,粮食消费的花销最大。粮食、衣物、住房、人情这四类消费是必须维持的,其他消费次之,而教育和医疗消费可以舍弃。吃穿住行是贾家生活的四个基本方面,任何人都无法逃离这个范围;而人情消费直接决定着贾家在面临天灾人祸时,能否平安度过和以后的生活状况,所以人情消费必须维持;因为"百善孝为先",用于祭祀的消费也是表达孝心的一种体现,所以用于感恩祖先和家神的祭祀消费也不可免去;医疗和教育消费并非人人都需,舍去之后对贾家产生的影响微乎其微。

(二)大多消费由家户承担

贾家在消费时,主要是由家户负担其支出。只有在进行清明上坟祭祖时,家族会承担部分消费,为每个家户发放二百铜钱,在家庭消费中所占比例极小;村庄也会承担小部分消费,即上年举办集体性娱乐活动所用的工具、材料等都会交由专人细心管理,下一年再次举办此类活动时,村庄便不再让村民平摊费用。因为贾家消费主要是贾家内部成员进行消费,而外人并未参与到贾家各类消费活动之中,因此外人不会介入其中为贾家承担消费支出。此外,外人因忙碌于自家的生产生活,也无力、无钱去管贾家的大小事务。况且,村民也担忧自己随意介入到别人的家务之中,会被村民看作爱管闲事,最终落得一个"长嘴妇"①或"嘴把不住门"②的污名。当家户自身无法负担某些消费时,比如举办葬礼,贾家便会通过出卖牲口或抵押土地等方式来换取钱财。郭小黑去世,贾五三无钱为其购买棺材,便让三子范聚财前去舅家借来一百元,最终通过出卖牲口的方式偿还了这笔债务。

(三)男外女内,家长主导

1.内当家安排衣食消费

贾家在粮食和衣物消费过程中,郭小黑身为内当家可以做出最终决定,但通常会和丈夫贾五三商量一下。贾五三的朋友要前来家中,贾五三需提前一天告知妻子郭小黑,让其有足够时间做准备。虽然郭小黑可以自行决定饭菜的品种,但若家长贾五三有一些特殊要求,郭小黑也会照做。在衣物消费过程中,从纺纱织布到缝制新衣以及之后的拆洗缝补,全是由郭小黑一人负责。贾家在衣、食消费活动中,郭小黑不用告知或请示四邻、宗族、保甲长等人,一是因为他们属于外人,被排除在家户之外;二是由于贾家在粮食、衣物等生产制作过程中,他们并未参与其中;三是由于外人对除自家之外的事情漠不关心,全心全意致力于自家的生产消费;四是请示家族、保甲长等人,无疑在一定程度上加重了他们的任务量,族长、保甲长等人亲自操办、事无巨细的后果必定是效率的低下。1947年郭小黑去世之后,贾家的衣食消费便由贾五三做主安排。

2.外当家主导剩余消费

贾五三作为一家之长权力较大,主要掌管自家对外活动过程中的消费,例如人情消费以及牵涉到重大财产的消费。在住房、人情、红白喜事、医疗、教育以及其他消费活动之中,贾五三一手安排并主导消费活动的正常进行,通常会和妻子郭小黑、长子贾润旺商量,但无须告知或请示外界成员。以三子范聚财上学为例,当家中无多余闲钱之时,贾五三出于对全家生

---

① 长嘴妇:爱好说三道四的妇女等人。

② 嘴把不住门:不能保守秘密。

活的考虑,便打算让范聚财辍学。贾五三对三子范聚财十分耐心地讲解了自家的情况,并将自己的打算也含蓄地传达出来,范聚财听完之后仔细思考了一下,便辍学回家耕种和卖煤以贴补家用。换句话说,贾五三作为外当家,主导家内除衣食消费之外的其他消费活动,并在其中起决定性作用。

(四)家庭成员参与建议

贾家在不同的消费活动之中,除家长之外的其他成员处于一种服从地位,主要是配合家长贾五三的决定,促使消费活动的正常进行。家庭成员虽然不能擅自决定、随性而为,但可以在适当时机向家长贾五三表达自己的想法。当想法被贾五三否定之后,家庭成员不得以各种方式歪曲家长的决定。当贾五三外出不在家中,家庭成员在消费活动过程中为人办事,也要遵守一定的规则。

在粮食消费中,经常外出的范聚财可优先享受到生产成果;在衣物、医疗消费过程中,小孩如贾小润较贾五三夫妇而言可优先消费,因为小孩体弱多病,需要厚实的衣物来增强抵抗力;在住房消费过程中,贾家所有人平等消费;在人情消费和红白喜事消费活动中,自家亲戚优先,四邻、朋友其次,最后是村民;在教育消费过程中,因为范聚财从小精明伶俐,贾五三便做主让其读书;在其他消费尤其是祭祀消费过程中,贾润旺兄弟四人可以享受到消费成果,而贾小淙则因性别被排斥在外不得参与其中。

五、家户借贷

(一)灾年借粮,白事借钱

1949年以前,贾家生活条件较差,一年的农业收成、家畜收益以及做工收入,只能勉强维持一家人正常吃喝。一旦家中遭遇天灾人祸,为了避难度日,贾五三只能去借粮借钱,当地将借贷称为"借账"。贾五三家中有红白喜事的时候,向他人借钱比较容易一些;若是因为一些鸡毛蒜皮的小事前去借钱,外人一般不愿借给,因为村中多数人家的经济条件都很一般,并无过多闲钱可用于外借。此外,借钱的风险较大,外人担心贾家的偿还能力有限。在日常生活中,贾五三一家借粮的次数比借钱次数多。

1942年天气大旱降雨极少,庄稼大多被旱死,几乎颗粒无收。贾五三一家未曾留有余粮,所以家中老小无法果腹,孩子更是饿得哇哇乱哭。贾五三开始的时候打算靠节衣缩食来度过灾年,郭小黑将各种树叶摘下洗净,用热水煮熟,之后放点盐醋凉拌一下,便当做一顿饭让家人食用。后来实在无法维持吃喝,贾五三便去借贷了一百斤麦子,来年麦收之后偿还财主二百斤麦子。

1947年清明时节,三子范聚财从学校回来,郭小黑欣喜于自家儿子回来,便打算给范聚财做豆腐吃。郭小黑在屋内忙着准备各种材料,让范聚财去屋外磨豆,结果他不小心将盛满豆的盆子撞倒,郭小黑出来一看十分心疼粮食,便吵闹着要打范聚财。后来郭小黑一直感到身体不适,贾五三到处找大夫前来看病医治,结果大夫纷纷摇头让准备后事。三月十三日早上,郭小黑便撒手而去,因为郭小黑去世得很急,家里并没有置办寿衣和棺材,奈何家中无钱,贾五三只能派孩子去亲戚家借来一百元钱,过了一年之久才偿还完毕。

(二)家户借贷,家长支配

无论借粮借钱,贾家都是以自家为单位,不曾和他人共同借贷,由于贾家是家庭统一借贷,所以借贷来的钱粮用于全家的日常消费活动。贾五三前去借贷时,通常会和妻子商量一下前去借贷的家户以及借贷钱粮的数目和归还日期,无须告知或请示四邻、家族、保甲长等外界成员,因为这算是借贷双方之间的私人交易,只有借贷双方因借贷事宜产生矛盾纠纷时,贾五三才会去找外界评理。贾五三因有事外出不在家中,便会提前授权给自家长子贾润旺让其做主。贾家在借贷时,是以大家庭为借贷单位,小家庭和个人不得私自借钱借粮。

在借贷过程中,家长贾五三是实际支配者,贾家曾出现家长委托家庭内部成员前去借贷的情形,一般是让孩子去邻居家借用农具或生活资料。借粮借钱时,贾五三都会亲自前去借贷,因为孩童说话没有分量,很难能成功借到钱粮。贾五三家中有客人前来,家中若无多余鸡蛋,这时贾五三便让自家的孩子去邻居家中借两个鸡蛋,邻居若家中有多余鸡蛋,通常都会外借,两三天之后,贾五三便让孩子把鸡蛋还给邻居。在借贷中,除贾五三之外的家庭成员处于一种受支配的地位,服从家长命令,因为孩童爱好四处跑动,并且跑步的速度较快,贾五三有时会差使孩子前去邻居家中借贷物品。家内其他成员虽然拥有提意见的权利,但是未经家长同意不得擅自做主,当贾五三不在家的时候,家里其他成员都要听从内当家郭小黑的话语,不能因为没有家长的约束力而肆意妄为。

(三)家长是借贷第一责任人

贾家在1949年以前虽有小家庭,但在借贷之中是以大家庭的名义前去借贷,贾五三作为一家之长,便要承担起借贷的责任。借贷而来的物品是供全家生产生活所用,所以家内其他成员也有责任还贷。同理,由于借贷来的物品并未让外人享有和使用,所以家庭之外,哪怕是家族都无责任替贾家还贷。

贾五三在外出之前,一般会授权给自家长子贾润旺以及妻子郭小黑。贾五三外出之后,若家中急需使用一些小物品,妻子郭小黑便做主让自家孩子前去借用;若是借粮借钱,贾五三则将权利交给贾润旺,让其去自家亲戚家中先借用部分粮钱支撑一段日子,等到自己外出归来之后,再安排还贷的相关事宜。

借贷之后,贾家所有成员都有责任还贷。至于借贷责任,贾五三夫妇要比贾小润等孩子多承担一部分;作为男性的贾五三因为身体健壮、劳作能力较强,所以比妻子郭小黑要多承担一些;长子贾润旺要比幼子贾小润多担当一部分责任,因贾润旺年龄较大且懂事听话,而且耕作能力较强。换句话来说,贾家对于借贷责任的分配,主要是依据劳作能力的高低。

(四)借贷过程依金额而变动

贾家在借贷金钱的时候,依据借贷金钱的额度来决定是否抵押。若是因为人情支出,家中无多余金钱用来封礼,贾五三便去邻居家中借用,因人情向四邻借钱也就一至二元,贾家很容易偿还,所以既不用抵押,也无须打借条。贾家若是因为红白喜事或天灾人祸去向财主借粮借钱,因为借贷数额较大且贾家经济条件有限,很难短时期偿还,所以这时就需要抵押土地或房屋,同时贾家还需打借条作为文字证明,当地称为借条为"欠条"。借条主要包括以下几部分内容,即借款人、借款理由、借款金额、借款日期、借贷利息等。借条主要由中人来写,借条需要署借贷人、放贷人以及中人的姓名,因为金钱对于村民而言是宝贵的财富,一般不敢轻易借给他人,担心借贷人无偿还能力,最终导致金钱亏损,所以借钱需要找中人来游说。在借贷的时候,贾五三一家多找自己舅家,有时也会去财主家中借贷。贾五三去财主家中借贷时,需要找一个既能和财主说上话,又和自家熟悉的文人作为中人,借贷完成之后,贾五三一家需要摆酒席宴请放贷人和中人作为酬谢,在摆酒席的时候,贾五三一家不得上席。如果借的是四邻或亲戚的小额钱粮,一般不要利息,贾家在向财主借贷钱粮的时候,需要偿还利息,借粮是借一斗还两斗半,借贷期限按村中惯例来走,借粮是来年麦收之后偿还,借钱则是一个月之内要还清,当地曾有老话将其称之为"借钱不过月,过月有'说事'①"。

贾五三一家曾因家中无粮食可吃,向曹家山的将娃借来三百斤粮食,同时将自家的0.33万平方米土地抵押给将娃一家。在借贷时,贾五三先去找石岭上的舅家,让其作为中人同将娃一家商议借贷一事,此外贾五三的舅家作为证明人签订文书。成功借贷之后,贾五三便去集市上买肉买菜,让妻子郭小黑在家里做十碗席以答谢将娃一家和舅家。在吃席的时候,贾五三一家不能上桌吃席,三子范聚财年龄幼小,一直眼巴巴地盯着饭菜,将娃看见之后,便将范聚财抱起放到椅子上让其吃席,贾五三夫妇不让孩子上桌,将娃便笑道:"小娃这没事,让娃跟着吃点。"来年麦收之后,贾五三一家便将麦子背到将娃家里偿还。

(五)及时还贷

1.家长一次性送还

贾家在还款的时候是将其借贷物资送还至对方家中,这是村中默认的惯例。贾家一直都是积极还贷,目的就是要给对方留个好印象,方便下次借贷钱粮,正如老话所说"好借好还,再借不难"。贾家在借贷粮食的时候,大多是麦收时节还清;若借贷金钱,贾五三则需在一个月之内还清。贾家在还贷的时候都是一次性偿还,不曾分批偿还,因为分批偿很容易闹出纠纷。贾家借钱之后可以偿还粮食,借的小麦也可以偿还玉米、棉花之类,只要按集市上交易的价格折算即可。在偿还时,贾五三作为一家之长前去还贷,东洼村在还贷人员的选择上一直秉持"谁借谁还"的原则,意在最大程度地避免矛盾纠纷。

2.抵押土地,以工代补

贾家一年的各种收益只能勉强维持全家人的吃喝,然而天有不测风云,贾家有时遇上灾荒或人祸,便只能去借贷钱粮,只有大量的粮食、金钱才能使贾家摆脱困境,因此借贷时的金额较大,贾家在短期之内无法偿还。这时贾五三身为家长便主动承担起责任,寻求之前的中人前去财主家协调、请求延期。借贷过程之中,延期大多只能延迟一个星期之久;若一个星期之后,贾家仍无力偿还,便只能将自家土地抵押给财主,两年至三年之后将债务偿还完毕,贾家才能将自家土地赎回。当然,贾家也可以用"以工代补"的方式去偿还,然而贾家未曾采用此方法,因为自家的劳力原本就较少,如果再出去一个做工,那么贾家的农业耕作、家畜饲养等都有可能受到影响。

六、家户交换

(一)大家庭为交换主体

在1949年以前,贾家在同四邻家户、流动商贩交换或进行集市交易时,贾家是以大家庭为单位来开展交换活动,贾五三身为外当家,便一手安排交换活动,再做出最终的决定。在进行交换之前,贾五三会和妻子郭小黑简单提两句,但是不用告知或请示四邻、家族、保甲长等人。当贾五三因有事外出不在家中时,贾润旺和郭小黑一同决定交换事宜。

---

① 说事:争议。

1948 年底,虽然贾润旺和范粉超已经结为夫妇组成一个小家庭,但是因为贾润旺兄弟四人尚未分家,所以贾润旺所在的小家庭不能单独开展经济类的交换活动。同样地,个人更无权利单独开展交换活动,小家庭和个人要进行交换活动,必须征得家长贾五三的同意。

(二)家长支配交换活动

贾家在进行交换活动的过程中,家长贾五三是实际支配者,安排、决定、进行等各个环节均是由贾五三来主导。贾五三为了一家人的生存生活,白天要么是在地里耕作,要么是外出干活,当贾五三不在家中或不便前来进行交换,妻子郭小黑或长子贾润旺因提前得到家中贾五三的授权,可以自行做出决定,如流动商贩来村里卖盐,郭小黑发现自家的盐正好快要用完、需要重新购置时,便自行做主去和流动商贩打交道。

在贾家,除了家长贾五三之外的其他家庭成员,主要是处于一种受支配的地位,听从贾五三的安排并积极配合,其所发挥的作用主要是跑腿之类的体力劳动,其他成员虽然拥有向家长贾五三提建议的权利,但不能随心所欲、按自我内心想法行事。贾家在开展经济交换活动时,家长贾五三可以委托家里其他成员前去交换,若是借用一些零碎的生活用品,贾五三便会让长子贾润旺前去借用;若是借钱借粮等大事,贾家则等贾五三回来之后再进行。贾五三委托贾润旺进行交换时,所需的交换费用由贾五三交给贾润旺,不曾记账,交换之后剩余的费用,贾润旺会主动上交给贾五三。没有经过贾五三的授权委托,家内成员不得擅自做主私下进行交换活动,否则轻则会招致家长的一顿批评呵斥,重则可能会有皮肉之痛。

(三)交换客体多样

1.集市交换

贾家大多是在集市进行经济交换。受当地风俗约束,郭小黑身为女性一般大门不出、二门不迈,所以贾家和集市打交道,无意外情况都是贾五三带着三子范聚财,牵着家中的马匹前去。贾家附近主要有三个集市,分别是磁钟集市、野鹿集市和石岭集市。磁钟集市是腊八会,距离贾家有五里路远,走路大约需要一个半小时;野鹿集市是二十二会,距离贾家有十里路远,走路大约需要两个多小时;而石岭集市是十三会,距离贾家只有一里的路程,走路也就不到半个小时,贾家去石岭集市一般都是买些糖瓜拜祭灶爷。贾家去集市的时候,一般早上九点左右就往集市赶,下午两点之前回到家中。贾家平时主要是在石岭集市以及磁钟集市购买物品,原因是这两个集市的路程较近,比较方便,此外磁钟集市比较大,家里生活所需的物品应有尽有,并且物美价廉。因为家里经济条件较差,所以只要不是急用的物品,贾家都会去磁钟集市购买。贾家在同集市打交道时,一般都是贾五三作为一家的代表前去,若家长因外出有事无法前去,贾五三一般会在走之前授权给长子贾润旺或三子范聚财,委托其前去购买。后来,因为范聚财经常在外卖煤,同各种各样的人打交道较多,能看出物品质量及其相对应的价格,不致使家里吃亏受损,贾五三才放心地让其独自一人去集市置办物品,不用再经过自己的同意和授权。

2.“粮食方”①

有时家里的面粉不够全家食用,贾五三一家便会去“粮食方”交换点面粉回来。范聚财辍学之后便经常在外跑动,同粮食方打交道也是自己一人单独前去置换,贾五三只需告诉范聚

---

① 粮食方:粮食行。

财置换多少粮食回来即可,至于过程如何,贾五三不再操心过问。早上七八点,范聚财便牵着马匹,将自家的二百斤玉稻装进麻袋,系好之后搭在马鞍之上,同时也随身携带路上用来喂马的扁豆,大约十点便赶到张茅街。粮食方的人测量完玉稻的重量之后便给范聚财装面,二百斤玉稻能够置换一百七十斤左右的面粉。粮食方的人在地上铺一个凉席,用簸箕装好面之后,便让范聚财撑开布袋方便往布袋中倒面粉。倒面粉的时候,粮食方的人经常将面粉撒落在凉席之上,因为其本意是将这些撒落的面粉用凉席折起来再次外卖,这样便在斤数上能占一些小便宜。范聚财看见面粉一直外撒,不愿受此哑巴亏,便把布袋往后一拉,结果是面粉全撒到地上。粮食方的人打算将撒落在地上的面,用簸箕再拾上来装进布袋。这时范聚财便愤愤不平地说道:“这面都脏了,我不要,你重新给我换新面装。”粮食方的人感觉到范聚财不是容易欺负的人,便重新拿出一袋新的面粉给范聚财装上。此后,范聚财再去粮食方置换粮食,粮食方的人再也不敢把面粉撒到凉席之上。

3.“货郎担”①

东洼村经常有流动商贩来各家各户门前叫喊买卖,当地将流动商贩称之为“货郎担”。货郎担大多是肩上挑着一根扁担卖货品的成年男性,这从称呼的字面意义上就可以知晓。村里的货郎担大多是卖一些盐、布匹或者哄逗小孩子的玩具之类的物品。贾五三一家同货郎担交换,大多是在非集期的时候,此外家中又急需使用某些物品。同样的东西,货郎担卖的价格会比商铺低廉一些,因为货郎担做的是小本买卖,通过低价多销来增加收益。货郎担的东西大多是自家制作,所以一般很容易讨价还价。贾家同货郎担打交道主要是买盐,贾五三在家闲着的时候,听见货郎担在门外吆喝叫卖,便拿一碗鸡蛋出去置换一碗盐,当地曾有老话“鸡蛋换盐,两不找钱”。但更多时候,因为贾五三在地里耕作,郭小黑便可以自行做主前去置换,晚上贾五三回来之后,郭小黑要将置换盐的事情告诉贾五三,不能有所隐瞒。

4.同集主打交道

贾五三平常打交道的三个集市都有集主。贾家由贾五三同集主打交道,得到贾五三授权的家内成员也可以同集主打交道,但是未经家长同意,私自拿自家东西前去集市出售,就必定会受到家长的批评和责备。贾家去集市主要是卖自家的棉花以换钱用。在集会上,集主通常一手拿着长木板,一手拿着“剃胡刀”②,在各个摆摊的面前特意拉长声音“哎”一声,以示让其掏钱。集主身后跟着一个小随从,专门负责收钱。如果摆摊的人将钱交给集主,集主便赶往下一个摊位前面;如果摆摊的人不给钱,集主就先拿长木板在摆摊人的脑袋上一直拍,直至将其头皮打到麻木,便用剃胡刀在其脑袋上割一个长条。每一个摆摊的人所交的金钱并不相同,有钱的人就多给点,钱少的可以少给点,金额在一元左右。贾五三在摆摊的时候看见集主过来,便早早把钱准备好,等到集主走到摊前时就把钱交给集主,因为家中贫寒,所以每次只给五毛至八毛不等。

5.“自由市场”交换

当地集市上专门有一片地方作为出卖劳力的市场,村里人将其称为“自由市场”。贾五三和范聚财都曾去自由市场,主要是做短工。贾五三可以作为家户代表,同自由市场的人打交

---

① 货郎担:流动小贩。
② 剃胡刀:剃须刀。

道;三子范聚财在得到家长的同意之后,也可前去自由市场做工。范聚财去自由市场给他人做活的时候,出门之前要告诉贾五三一声,免得贾五三担心。同时,范聚财也要告诉内当家郭小黑一声,不让其为自己准备午饭。到自由市场之后,范聚财便同二三十个小伙子聚在一起东张西望,迎面走来个人喊道:"我要三五个人过来给我'赶一下麦场'①,谁想干跟着我走。"这时,范聚财便和其他几个壮年小伙子一起去给他人赶麦场。中午的时候,那人管范聚财等人一顿午饭;下午干完活的时候,还给每个人发二十斤粮食算作工钱。范聚财干活所得的二十斤粮食归全家所有,不得私藏私用。

(四)交换时精打细算

1.多找熟人,货比三家

贾家在进行交换时通常会货比三家,主要由贾五三来完成这个过程。除了贾五三之外,三子范聚财也可以进行货比三家这个过程,但是要征得贾五三的授权。后来,范聚财在外闯荡过一两年,有了一定的社会经验,再去进行交换、货比三家时就无须征得贾五三的同意,能够以个人名义去交换。贾五三一家生活的很窘迫,所以对于价格比较敏感,有时宁愿多进几家店看看瞧瞧,只为能找到一个物美价廉的店家,买到心仪的货物。

同样地,贾家在交换时也愿意同熟人进行交换。村里的人家境相似,很少有人家能凑出足够的金钱开一家店铺,因此大多是在集市上摆个摊位,卖点棉花、柿子之类的农作物。贾家在集市上不会特意到熟人摊位前买东西,但是碰见了便会上前询问几句,觉得价格合适,便在熟人那里购买。贾家去熟人摊位前购买物品,虽然价格不会降低,但斤两上有保证,未曾缺斤短两。贾家也不会因为和熟人之间关系亲近,就处处占人家便宜让人家多给点,毕竟大家做的都是小本买卖,较为艰辛。

2.卖马找"交易员"

东洼村在买卖牲口的时候会有专门的"经纪人",俗称"交易员"。贾家在进行交易时会和交易员打交道,通常是贾五三前去卖老马、买小马。范聚财长大成人之后能够独当一面,也曾因卖骡同交易员打过交道,这时便无需家长贾五三的授权和同意,而是以个人名义进行经济活动。贾家饲养马匹多年,马已经年老干活无力,贾五三便将其拉到集市上,同交易员商议,意在找到合适的买主,交易员长期从事此行业,已经积攒很多人脉和信息,能以最短时间找到买主做成生意。若是贾五三自己去卖马,则很难以心仪的价格将马卖出去,一是因为自己所认识的人有限,而这些熟人当中需要买马的人就更微乎其微;二是由于不经交易员这一中人,贾家直接和熟人进行买卖时,价格无法抬高,从而影响自家的收益。交易员在找买主的时候也是先在同村寻找,若同村无人需要时才去外村寻找。交易员的首要责任是寻找买卖双方、商量价格;其次是帮其收账,因为很多买主在买牲口的时候并无足够多的现钱,需要一些日子去凑钱。如果买卖牲口的交易顺利完成,交易员可以在买卖双方处各得部分酬劳。贾五三让交易员帮忙卖出老马,最后成交价格是五十元,从中拿出两元作为交易员的酬谢。

3."吊秤"②防吃亏

贾家在买卖期间为了不吃亏上当,都要过斗过称,当地称之为"吊秤"。贾家一般是过卖

---

① 赶一下麦场:割麦。

② 吊秤:用秤来测量重量。

家的斗和秤，发现缺斤短两之后便据理力争，不愿让自家吃亏。贾家一般是谁去买卖东西便谁去过秤。之前家里孩子还小的时候都是贾五三前去购买、过秤；后来范聚财长大经常在外买卖东西，便自己一人去过斗过秤，无须经过贾五三的授权和同意，因为过斗过秤是买卖之间最稀松平常的事，已成当地的惯例。

贾五三一家曾买过羊，后来将羊喂养长大，贾五三便打算将其杀掉卖肉挣钱。范聚财在家中已经将羊肉吊过秤，拿去店家卖的时候，店里伙计称完之后报了一个数字，范聚财听完之后十分惊讶，竟然比自己在家称的少十八斤。范聚财思索一下后，便去店铺外面借来另一家的秤，卖肉店铺的掌柜一看就明白发生何事，为避免尴尬和纠纷，便对着手下的伙计说道："你从哪儿找的秤？"伙计一听就知道事情不对，便连忙回道："从楼上找的。"这时掌柜就生气地对伙计说道："楼上的秤坏了，给你说了多少遍，怎么这么没记性呢？"最后笑脸逢迎对范聚财赔礼道歉，并将金钱补齐。

4.杂货铺赊小钱

贾家在买卖时可以赊账。一般情况下杂货铺能赊账，买卖牲口时也可以先欠钱后补齐。粮食行和流动商贩却不兴赊账，都是"现钱过现货"①。正如老话所说"人过留名，雁过留声"，杂货铺也是分人选择赊账与否，对于那些家里经济条件不错、有一定偿还能力并且信誉较好的人，店铺才愿意赊账给他；而那些家里条件较差，而且无诚信的人，店铺则不会答应赊账。贾家因为信誉较好且家中有大型牲口，全家人也十分辛勤劳作，所以杂货铺愿意将钱赊给贾家。赊账的时候虽是口头赊账，但店家会记账。赊账期限大多是一周，贾五三要去店家还账。店家在收账的时候会把账本翻出来，同时将还账信息记录下来。在赊账时，贾家只有贾五三有资格赊账，家里其他成员未经家长同意不能单独赊账。杂货铺里只有掌柜有权利赊账，店里的伙计因为是帮店家打下手，所以无权做主。贾五三曾在集市的店铺买剪刀，因为出门过急，换完衣服便忘带金钱，到店铺之后才发现将钱落到家中，但是再跑一趟又很不划算，便对店里掌柜说道："哎呀，今天急着过来，换完裤子忘拿钱啦！你这能赊账不，我想买把剪刀回去用。"店家听完之后便答应赊账。三五天之后，贾五三再来给店家送钱销账。

---

① 现钱过现货：当场点清货物、将钱结清，类似于现在的"一手交钱，一手交货"。

第三章　家户社会制度

贾五三夫妇结婚之后便开始生儿育女,在生育方面,贾五三一家倾向于生男孩以传宗接代。郭小黑在生育孩子时由产婆进行接生,安胎一月之后才开始劳作。孩子出生之后,贾五三为其起名字,同时为庆祝其顺利降生举办满月酒席。二女贾小凌曾因属相和郭小黑相冲,贾五三做主将其卖掉作童养媳。待孩子长大成人之后,贾五三夫妇会为其说亲,因自家条件有限,各个孩子的婚姻形式均不同。随着孩子的长大,贾五三也逐渐老去,三子范聚财一片孝心将其接到家中赡养。在生产生活之中,贾五三一家人内部关系众多,大多和睦相处,但母女之间互相忌惮。在对外交往时,贾五三一家难免与邻居等有矛盾纠纷,但更多时候是和谐相处。

一、家户婚配

(一)家户婚配情况

1.多种婚配方式

贾五三一家同东洼村的普通农户一般,家里居住的是土木结构的窑洞,然而窑洞的私密性很差,子女结婚之后相处起来极为不便。此外,贾五三一家也同村里农户一般倾向于多生孩子,孩子长大以后,家中房屋便显得极为拥挤。为了生活各方面的便利,贾五三待自家孩子长大成人之后,便开始着手为其安排婚姻。

贾五三的二女贾小凌因和郭小黑的属相相同,贾五三做主将其卖掉给他人作童养媳;长女贾小淙在定亲之后因贾五三的斥责一直郁郁寡欢,还未结婚便撒手人寰,因年龄已满12岁,可算作成人,贾五三夫妇为其举办了冥婚。1947年3月,郭小黑因生病去世,贾五三成为鳏夫。之后二子贾清旺因参与农民协会组织,各个财主经常来贾家吵闹打架,贾清旺无奈之下便自愿当兵。同时,三子范聚财因忍受不了家中的纷乱与吵闹,一气之下经媒人范平章介绍,入赘到范家庄的范桃花家中。1948年底,贾五三因长子贾润旺年龄过大,无奈之下找媒人范平章为其说了一个年龄较大的姑娘范粉超,年龄比贾润旺整整大12岁。总体而言,贾家在1949年以前,除了正常婚配之外,还有以下几种形式,即童养媳、冥婚、丧偶、入赘,婚配方式较为多样。

2.异姓结婚,门当户对

东洼村允许同村结婚,甚至可以与外村民结婚,但同姓孩子不出"五服"①不能结婚,出五服之后才可以结为连理,因为同姓人家是户出一支,祭拜的是同一宗族。由于血缘关系的亲近,贾氏一族特此提出五辈之内不许同姓结婚的规定,出了五辈同姓关系自然淡薄疏远,便

---

① 五服:五辈。

101

不再算是近亲,因此可以结婚。然而贾五三一家并无家谱,为避免弄混两个孩子之间的姻亲关系,贾五三便做主去外村寻找异姓人家作为未来亲家。在婚配的过程中,贾家讲究门当户对,一是担心大户人家看不上自己小门小户,自家孩子容易受到侮辱;二是忧虑自家孩子到了大户家中抬不起头,遭受各种委屈。村里大户不一定就和大户通婚,当大户人家的孩子有身体残疾或智力缺陷,这时便会同小户人家通婚,以解决孩子的婚姻问题,反之亦然,小户人家也可同大户人家通婚。

家庭人口规模对于婚姻的影响微乎其微,无论是多子女家庭还是少子女家庭,或是三世同堂、四世同堂的家庭在结婚上并无不同。只不过村里人在给孩子说亲的时候,都希望将孩子嫁到人口较多的家庭或迎娶人口较多家庭的女子,免得因为人少在日常生活中有所不便,此外还容易遭受外人欺凌。

(二)婚前准备充足

1.父母之命媒妁之言

贾五三身为一家之长,家里孩童出生、婚配、死亡等各种情况都是交由贾五三做主安排。1949 年以前,贾五三一家在给儿子、女儿安排婚姻大事时,都是父母之命、媒妁之言。因为结婚牵涉的项目众多并有金钱往来,所以结婚的各个过程都由贾五三来安排。贾五三通常和妻子郭小黑商量之后,便去找自己的老朋友即媒人范平章,让其帮忙留意,给儿子说门亲事,但不用告知或请示四邻、家族、保甲长等人。在同媒人范平章商议的时候,贾五三会详细地将自家情况、儿子情况以及对女方的要求等一并告知媒人,媒人范平章找到合适对象后同贾五三说明,贾五三一家若是同意便可以准备亲事。

贾五三在为长子贾润旺娶妻时,无须经过贾润旺的同意,而是自己一手主导安排。贾润旺年龄过大,接近 30 岁还未婚配,同龄人不仅已经婚配,就连孩子都已经长大懂事。贾润旺内心也很着急,当听到贾五三为其说了一门亲事,便十分激动,终于不用一辈子打光棍。贾润旺并未对贾五三定下的亲事有不满,虽然贾五三所中意的范粉超的年龄比他自己大很多,但范粉超已经成年,基本的手工活以及洗衣做饭的本领均会,不会耽误正常的生产生活。

2.望"女大三",愿男能干

1949 年以前,贾家在为儿子说亲事的时候,对女方的要求主要是在年龄和身体两个方面。年龄要求主要是指贾五三希望女方能比自家孩子大三岁,当地曾流传老话"女大一,不出气;女大二,金满贯;女大三,抱金砖;女大四,眼中刺;女大五,赛老母"。此外,贾五三一家认为女方年龄稍大,不仅代表女方懂事乖巧,而且可以表明女方会做一些家务活,从而对自家生产生活起到协助的作用;身体要求主要希望女方有生育功能,可以传宗接代、延续香火;对于家庭条件,贾家并未对女方做任何要求,因为贾家本是小门小户,生活较为贫寒;至于女方的名声,贾家的要求十分简单,只希望女方为人紧守本分,未曾招致村民的闲话即可;就长相方面而言,贾家也未作任何要求,普通长相即可。换句话来说,贾家对女方的年龄和身体条件较为看重。

虽说女子外嫁便如泼出去的水,但女儿毕竟也是贾五三的骨肉,且在身边形影不离地养育十九年,所以贾五三对女儿所许配的男方也有一定的要求。贾五三夫妇对于男方的要求主要是在能力方面,希望男方勤劳能干,拥有一定的责任心;至于长相,贾五三认为相貌并不能说明任何东西,对女儿以后的婚姻并不起任何作用,所以并不看重;就年龄而言,贾五三认为只要年龄和自家女儿相差不大即可;对于道德名声,贾五三只求男方品格高尚、信誉较好即可,并不祈求男方在村里是有头有脸的人;对家庭条件,贾五三夫妇并不做任何要求,因为自家经济条件也就一般,勉强维持一家人吃喝;对于身体状况,贾五三希望男方身体壮实,这样便有力气做农活,维持一家人生计。总而言之,贾五三希望男方壮实能干、人品善良。

虽然贾家对自己孩子的另一半做出一定的要求,但因家中经历各种人祸,最终事与愿违。长女贾小淙因家中无人且年龄幼小、不分轻重,未和父母商量,便私自留下男方的聘礼许下终身,后来贾五三回到家中问清事情经过,然而已经于事无补,只能作罢。长子贾润旺结婚的前几个月,郭小黑去世,贾五三一家的生活因办白事变得窘迫。考虑到贾润旺的年龄,贾五三担心自家孩子以后是光棍,便只能放低标准,为其挑选一个年龄较大的姑娘。

从类型上看,大户人家相较于小户而言家底厚实、名声在外,更加看重择偶标准,尤其是对女方的要求更为严苛,不仅看重年龄、身体、相貌等自身条件,也十分注重道德、名声、家世等外在影响。此外,大户人家因在村中声望较高,外人不敢随意议论,所以当娶来的媳妇不满意时,便用一纸休书将其休掉;然而小户因家庭条件的限制,为了以防自家儿子成为光棍,只能一再放低要求,即使婚后发现女方不能生育,也只能继续维持婚姻,通过其他方式来传宗接代。

3.传宗接代,不许私定终身

在贾家看来,婚姻作为人生中的一件大事,其主要目的是生儿育女,以便传宗接代。整个东洼村的农户都秉持"百善孝为先"的信念,而传宗接代也是孝的一种体现,正如老话所说"不孝有三,无后为大"。贾家所有成员都是家中的一分子,无论做何事情都要以整个家庭的利益为重,不可为了追求自我幸福,而不管家人的意愿去私定终身,否则必定引起家长的不满,从而遭到斥责。贾家不允许自由恋爱,因为家中孩子私定终身,不仅会招来外人的辱骂,而且有时会遭到村中的严重刑罚。贾家为了防止孩子自由恋爱,女孩平时就大门不出、二门不迈,此外还要裹脚。

某天,贾家大人不在家中,只有一群小孩留在家内玩耍。媒婆道娃妈来到贾家,见贾小淙在家中,便避重就轻地说明了来意。贾小淙看见道娃妈带来的新衣一时高兴,未做考虑便将衣服留下,衣服一旦留下,便意味着贾家答应这门亲事。后来贾五三回到家中一顿生气,便狠狠地斥责了长女贾小淙一顿。

大户之间通婚,一是为了彰显自家的实力和名声,二是为了扩大本家族的实力;而小户人家通婚目的十分单纯,只是希望通过结婚来延续自家香火。多子女家庭和少子女家庭、三世同堂和四世同堂的家庭在看待婚姻目的上并无不同,主要还是为了传宗接代。同样,无论大户家庭还是小户家庭,或是其他类型的家庭都十分排斥自由恋爱,因为孩子私定终身违背本地礼教,一家人都会因此颜面尽失。

4.聘礼轻,情意重

在 1949 年以前,贾家已有两个儿子进行婚配,成为有妇之夫。贾家两个儿子结婚时,贾五三只为长子贾润旺下过聘礼,聘礼是五十元钱和一对箱子,当地曾有这么一句老话"养女不能算饭钱,五十两银,一天才花'一半钱'①"。长子贾润旺结婚的时候是明媒正娶,贾五三只

---

① 一半钱:半个铜钱。

有下聘礼才能向亲家表达诚意;三子范聚财是入赘到女方家中,所以贾五三无须下聘礼。两个孩子并未因聘礼不同而有任何不满,其原因是三子范聚财入赘是自己的想法,并非贾五三的强迫意愿。贾五三因家中男孩较多且经济条件有限,无法为每个儿子明媒正娶,听完三子范聚财的想法之后,便做主答应这门亲事。

贾润旺结婚时因是明媒正娶,所以完全按流程进行,当地称之为定亲。贾五三让媒人范平章帮忙说亲,当范粉超一家接受贾家委托媒人带来的新衣便算定亲。定亲之后两家并无走动,直到结婚前夕,贾五三带着自家亲戚和村民去给女方送礼,送礼主要是送一对箱子以及"果糕"①。贾家并未出现过毁婚的情况,一方面是由于贾家的经济条件有限,担心毁婚之后无法为儿子再次说亲,致使其成为光棍;另一方面是因为贾家守信誉,知道毁婚之后会对女方造成伤害,致使女方以后无法正大光明嫁人。

在聘礼方面,大户因家里富裕,为彰显自家的实力,会拿出一百至二百元和一对柜子作为聘礼;小户人家则因家里贫穷,大多出五十元和一对小箱子作为聘礼。在定亲程序和走动方面,大户人家同小户人家并无不同,都是按照村中惯例进行。就毁婚情况而言,大户人家相较于小户人家而言,更有可能毁婚;然而三世同堂和四世同堂的家庭在这三个方面并无不同,也无特别讲究。

(三)婚配过程复杂

1948年底,贾家的长子贾润旺因是明媒正娶,所以一切流程都要严格按照当地习俗进行,不得有任何偏差。因为贾五三是长辈也是家长,所以在各个环节中都起着支配性作用,一手安排贾润旺的婚礼直至成亲;家内其他成员则处于附属地位,主要是听从贾五三的指挥,意在使得贾润旺顺利娶妻。贾润旺结婚主要包括以下几个环节,说媒、"论命"②、"许口"③、"走媒"④、行礼、迎亲。

贾五三觉得自家长子年龄过大,担忧长子再不娶妻很有可能成为光棍,便主动去找范庄村的老朋友即媒人范平章,将自家情况和长子贾润旺的情况详细地同范平章说了一遍,同时也将自家对女方的要求一并告知,让其帮忙留意哪家女儿还未婚嫁,可以作为贾润旺的媳妇。贾五三在找范平章的时候,一直随身带着一件已做好的新衣用于定亲。范平章在村里打听之后,便找到范粉超一家,将来意告诉范粉超的父母,让其思索这门亲事。三天之后,范平章再次来到范粉超家中询问结果,当得到肯定的答案之后,便请求范粉超的父母将范粉超的具体情况告知。之后,范平章便到贾五三的家里回复此事,贾五三先依据村中老话例如"兔子不能见黄狗;猿猴见猪泪交流;猛虎见蛇如刀斩;白马不能见黄牛;金鸡不用犬相见;羊鼠见面一定休",来查看两个孩子的生辰八字,如果明显相冲,则让范平章再去寻找,如果并无明显忌讳,便前去找算命先生测两个孩子的姻缘。算命先生测完两个孩子的生辰八字之后,将结果告诉贾五三,贾五三发现两个孩子适合,便将这门亲事定下来,然后委托范平章将结果告诉范粉超一家。范粉超父母知道后,便答应将自家女儿嫁到贾家。两三天之后,贾五三从集

---

① 果糕:糖果、甜点等。

② 论命:找先生测两个人的生辰八字。

③ 许口:女方答应男方的提亲。

④ 走媒:去答谢媒人。

市上割两三斤肉,顺便再买两盒烟,送到范平章家中作为酬谢,同时又携带一些糖果前去,并将迎亲的日子告诉范平章,让其代为转达至范粉超一家。贾五三一家之所以送瓜果,是为了让亲家将孩子结婚的消息传达给亲戚邻居,让其于约定日子前来吃席。在迎亲的前一天,贾五三找村中的邻居抬着一对箱子,以及装满衣物和瓜果的石臼送至亲家家里,同时也将五十元的聘礼交给范粉超的父母。

结婚当天,贾五三让长子贾润旺穿着从邻居家借来的蓝色大褂,以画十字的方式在贾润旺胸前戴一朵大红花。贾润旺穿戴好之后,便走到迎亲队伍里,骑上红棕色的大马,前后各有一人也骑着大马去迎亲,贾润旺身后便是花轿以及迎亲的队伍。一行人敲锣打鼓,热闹喜庆地前往范粉超家中,早上十点左右,迎亲队伍便赶到范粉超家中,贾润旺进门和新娘范粉超在屋里祭拜范家的祖先,让亲家的亲戚好友吃好喝好。临走之前,范粉超的哥哥将一朵红花插在新郎贾润旺的礼帽之上,当地称为"别红插花"。范粉超的父母也在自家的面缸里挖出一瓢面粉送给新郎贾润旺,同时也将自家的绿豆塞到酒瓶里让贾润旺带回家中。范家之所以挖面,是因为挖面寓意较好,有"左挖金,右挖银"的说法,而将绿豆塞进酒瓶,是希望自家女儿在婆家能像绿豆一样扎根生子。然后,范粉超的哥哥将新娘范粉超抱到花轿之中,不让其双脚沾地,当地称为"抱轿"。迎亲的人在起轿时,便开始往花轿上面撒五谷,然后一行人又敲锣打鼓地将新媳妇范粉超抬至贾家。新媳妇范粉超准备下轿时,贾五三便安排一人在前面翻红色马褥,边翻边往后退,而贾清旺则在新人前面撒五谷,将新媳妇范粉超迎至新屋。待自家亲戚朋友吃好席之后,贾五三便让这对新人在院子里拜天地,院子前面放了一张桌子,桌子上面放着一个斗、一把尺和一杆秤,这三样的组合称之为"三门路正"①。在桌子的两边放置两把椅子,贾五三坐在左边的椅子上,新人正对桌子开始三拜天地。到晚上,贾五三端来一碗咸汤让儿媳范粉超喝,据说这是"恋家汤",寓意让儿媳从此将贾家作为自家,儿媳范粉超喝完恋家汤之后,便可回屋。贾家的亲戚朋友便开始"要房"②,连着三天,当地曾有俗语描绘这一情景,"三日房,没大小,叔叔伯伯都叫嫂",到此,贾润旺的新婚便算结束。

(四)多项婚配原则

1.""大麦先熟"然幼者先结

贾家的父辈即贾五三一辈是严格按照长者先结婚、幼者后结婚的原则进行婚配。依长幼顺序依次进行婚配是东洼村的惯例,当地将大麦和小麦成熟的先后顺序类比于长幼结婚顺序。因为大麦比小麦先熟,所以长者应该先结婚,然而大麦吃起来口感不好,所以抬席的时候大麦不能上桌,当地老话称之为"大麦先熟,不能上席"。此外,长幼结婚顺序一旦被打乱,外人便会对长者产生多种恶意揣测,主要是集中在身体和智力两方面,从而致使无人愿意将自

---

① 三门路正",寓意明媒正娶。据说以前,有一男子家大业大,门前挂着一个牌匾,三个和尚看见之后十分好奇,气不过他家有牌匾,便要拆了这男子的牌匾。男子对和尚说道:"我要一样东西,只要你能把这东西找来,我家的牌匾你随便砸。"三个和尚一听觉得并无难度,便答应下来道:"你要啥东西?"男子应道:"三门路正。"三个和尚听完便去村庄打听,找了半天也没找到,这时一个女孩拿着一把尺,一杆秤和一个斗出来,悄悄地对三个和尚说道:"嗯,这是你要的东西,但你需帮我干三件事情,我才能给你。"三个和尚问道:"你要我们干啥事?"这时女孩清了清嗓子说道:"我要天一样长的布,要泰山一样重的馍,还要海一样多的酒。"三个和尚发现自己被一男一女难住,又听说这俩人都没婚嫁,便为二人做媒。"三门路正"便是从这流传开来,东洼村的人在成亲时都会在桌子上放上这三样东西。

② 要房:闹洞房。

家女儿嫁给长者,所以婚嫁时长者优先;然而贾家子辈却未按照此原则进行婚配,因为1947年财主天天来贾家打闹,贾家无安生日子可过。迫于此种困境,三子范聚财因无法忍耐便一气之下离家出走,最终入赘到范家庄。一年之后,长子贾润旺才结婚娶妻。

多子女的家庭和少子女的家庭在结婚次序上并无不同,然而小户并不像大户那般注重结婚次序,小户之所以较为随意是因为自家经济条件限制,不愿因为长者的一些私人原因,而耽误其他孩子的婚嫁,最后导致所有孩子都错过最佳的结婚年龄,难以找到好人家。

2.结婚花费依情况而定

贾家孩子结婚属于红事,所花费的金钱较多,花费主要体现在下聘礼和办酒席两个环节。举办一场红事,贾家至少需要筹备一百五十元钱,此钱是由贾五三一家共同负担。1949年以前,贾家已有两个儿子进行婚配,分别是三子范聚财和长子贾润旺。两个孩子结婚时的花费相差甚大,家里所有人都未因花费不等而有任何意见或不满,因为贾家在每个时期的情况都不尽相同,所以举办婚礼时的花费并不相等。

三子范聚财结婚时因是入赘,所以贾五三既不用下聘礼,也无需办酒席宴请众宾客,村中惯例是酒席由招赘的女方家来举办。而长子贾润旺结婚因是明媒正娶,所以贾家既需下聘礼,也需办酒席,聘礼是五十元钱和一对箱子,办酒席大约需要花掉一百元。三子范聚财并未因自己结婚时花费较少而埋怨贾五三,因为入赘到范桃花家是范聚财本人的主意,贾五三只是考虑到家中的实际情况答应了此事。范聚财结婚前半年,郭小黑因病去世,举办丧葬不仅花光家中的财产,而且还外借一堆债务;贾清旺因参加农民协会组织,最后招致各个财主来家中打闹,贾清旺担心自己被财主打死,便跟着八路军当兵,家中因此又少一个劳力。顿时,贾家的生活变得落魄窘困,三子范聚财因此入赘他人家中,将姓氏更改成妻子家的。而后经过一年的生产生活,贾家又有了一定的积蓄,因此贾五三才给长子贾润旺娶亲。

大户人家和小户人家因家里经济实力的悬殊,所以在婚姻花费上相差较大。大户人家给女方的聘礼最低也是一百元外加一对柜子,而小户只能拿出五十元和一对箱子。在办酒席时,大户人家为图个喜庆,便会邀请村里人全都前来吃席,而小户人家只能宴请一些重要宾客,好比亲戚、朋友、四邻等,至于其他人则不请其前来吃席。多子女的家庭和少子女的家庭,以及三世同堂和四世同堂的家庭,在婚姻花费上基本一致。

(五)其他婚配,多种形式

1.定亲去世"结鬼亲"①

贾五三家中除了为活人安排婚事、举办婚礼之外,也曾为去世的死人安排婚姻,当地将为去世之人举办的婚姻称为"结鬼亲"。贾家之所以为长女结鬼亲,是因为贾小淙已年满12岁,属于成人,当地老话为"未满十二魂不全"。当地认为孩子年满12岁便长大成人,因为已具备一定的劳作技能,同时心智也已长大、懂得人情世故。若孩子成人之后,家里不为其举办婚礼,会让亡灵不安,家中发生霍乱。结鬼亲也需经过媒人的联络,贾五三委托妻子郭小黑前去寻找媒婆,无须告知或请示四邻、家族以及保甲长等外界成员。虽然是结鬼亲,男方也需举办宴席、向女方家里送聘礼,男女双方结鬼亲,家里无需签订契约。在仪式上,结鬼亲和正常婚配很相似,但因双方都已去世,所以和正常婚配仍有差异。

---

① 结鬼亲:冥婚。

一天,贾家的大人外出,家中只剩一群小孩。媒婆道娃妈前来贾家说亲,贾小淙因未经历过此事不知孰轻孰重,稀里糊涂之下误收男方二丑家用于定亲的新衣。贾五三晚上回来之后,看见家里的新衣服,便问贾小淙事情的缘由,贾小淙一五一十地将白天发生的事情告诉了贾五三,贾五三听完之后顿时火冒三丈,狠狠地将贾小淙训斥一顿。贾小淙因已年满12岁,有了一定的自尊心,身为女孩十分爱面子,忍受不了贾五三的责备便一直哭泣。后来,贾小淙更是因为此事一直闷闷不乐,心情十分低沉,没过多久,贾小淙便不幸去世。贾五三无奈之下,打算将自家女儿的尸骨送至男方二丑家中,结果男方家里不愿接受。由于尸骨不能长期存放,而且长期不下葬也是对死者的不敬,贾五三迫不得已便前去找媒婆,最终为贾小淙说了另一门亲事,男方的孩子也已经去世,双方家里商量好之后,便开始举办婚礼。成亲当天,男方家里抬着花轿和棺材前来,花轿里面本应空空如也,此时却放着男方的牌位,迎亲的人一路上敲锣打鼓,尽量营造出一种喜庆的气氛。来到贾家,贾五三夫妇将自家长女贾小淙的牌位拿出来,同男方牌位用红绳子绑在一起,然后放到一张桌子上,让迎亲的人在前面抬着,桌子走在最前面,花轿在中间,后面跟着两口棺材,到男方家里后,由男方父母择日将两口棺材下葬入土。至此,结鬼亲才算结束。

2.卖女作童养媳

贾家曾卖女作童养媳,之所以将女儿卖掉,主要是因为属相问题,而非因为家中贫穷。在东洼村,只要12岁以下的女孩被送到未来夫家养大成人,都被称为"童养媳"。贾五三将二女贾小凌卖作童养媳时,曾收下对方家里的一点粮食,至于具体金额已无法得知。贾五三和妻子郭小黑共同商议之后,做主将贾小凌卖掉作童养媳,贾小凌不同意也不行。贾家在卖女作童养媳时,无须征得四邻、家族和保甲长的同意。

贾小凌是牛年出生,而郭小黑同样是牛年出生,在属相上称为"顶牛"。郭小黑忌惮二女贾小凌的命格太硬,会对自己造成伤害,便和丈夫贾五三商议,将其卖掉给他人作童养媳。贾五三亲自去寻找的中人,中人找到另一家之后,便引其到贾家领孩子。那户人家来的时候专门拆掉一块布,做了一件裙子,因为"裙"同"群"字音一样,而当地将"圈住"一词说成"群住",意在让贾家将剩下小孩"圈住"。当另一家打算将贾小凌带走时,贾五三用自家的大被单将家里其余的小孩围起来圈住,据说此举可以避免灾难,同时也是为了不让其他小孩因舍不得贾小凌出走而哭闹。

村中其他人家养童养媳,大多是因为自家贫穷,无法给儿子明媒正娶,只能用此举来减少花费。在童养媳的做主上,不同类型的家庭都一致,均为家长做主。在契约的签订上,村里都是根据女孩年龄大小决定是否写文书,一般7岁以上的女孩作童养媳时要写文书,贾家因为贾小凌年龄幼小便没写文书。至于花费多少,不同类型的家庭依据自家实际情况和女方家里的要求来决定最终花费。

3.家贫当"上门女婿"

贾家三子范聚财入赘至范桃花一家,入赘的原因是自家贫穷。范桃花一家经济条件也很一般,家中虽三世同堂,但只有三口人,分别是范桃花的母亲,范桃花本人以及和前夫生下的女儿樊小萍。范桃花的母亲年事已高,家里三个人均为女性,在生产生活上极其不便,因此一家人决定招赘。就理想层面而言,女方家庭更愿意过继而非招赘,当地有句老话"招的女婿买的儿，'不贴'①自己亲侄"。然而现实无情，范桃花一家家境贫寒，各个亲戚都不愿将自家儿子过继到范桃花一家。碰巧贾五三一家同意入赘，因为家里的生活在经历丧亲之后变得十分落魄。入赘的男方在当地被称为"上门女婿"②，会被村里人讥讽为"没儿人，绝骨头"。贾家范聚财入赘需要同家长贾五三商议，但未与家族族长和自家的兄弟商量，也未请示保甲长。范聚财在入赘时写了契约，契约的主要内容是入赘男方范聚财的祖籍、姓名、入赘原因、入赘后要承担的责任及日期。契约要署范聚财、中人、范桃花父母的姓名，不可以不署名，因为凡是没有署名的契约便没有约束作用。契约只需要写一份，由中人来写，交由范桃花的母亲保管。入赘的婚礼交由女方范桃花一家举办，仪式和正常婚配略有不同。

1947 年，范聚财正好 16 岁，年轻气盛，家中因贾清旺参与农民协会组织，追随八路军前去打财主、抢财主家粮食。后来八路军东移，财主便来贾家打闹，将贾家弄的鸡飞狗跳不得安宁，范聚财一时气急便离家出走，在外流浪许久，为了生存便跟着别人的"头牯队"③前去帮忙装货、卸货、运输。到冬天的时候无处居住，便只能和牲口睡在一起。范庄村的老人范平章心善，看见大冷天小孩身着单薄，便将自己的大衣脱下给范聚财披上。第二天范聚财醒来才发现昨晚夜里竟然下了半尺来高的大雪，看见自己身上披着的大衣，十分感激老人，便开始跟着老人。后来范平章为其说了一门亲事，让其入赘至范桃花家中，范聚财点头同意。范聚财回到家中将此事告诉贾五三，贾五三听完之后思索了一会，便答应了这门亲事。结婚当天，范桃花早上洗漱干净之后穿上一身干净的衣服，头上也未带凤冠，范聚财的衣着则同正常婚配的新郎一样。因为范桃花算是寡妇，不能坐大红花轿，只能骑驴。夕阳快落山的时候，范桃花被村民领到村门口，让范聚财从村外迎回来，其他仪式和正常婚配一样。两人拜完天地之后，便正式结为夫妇。

（六）丧妻鳏夫未续弦

1947 年三月，郭小黑因三子范聚财做错事情生气，之后身体便开始各种不舒服。贾五三见状，便连忙去给妻子请大夫，四处求医，然而郭小黑并没有出现病情减轻的情况。各个大夫纷纷摇头说郭小黑已病入膏肓、无药可救，让贾五三为其准备后事。三月十三日早上，郭小黑便咽气去世。因为郭小黑生育了儿子并将其成功抚养长大，所以郭小黑去世之后可以进贾家的祖坟。

对于贾五三而言，当地风俗允许其再娶续弦。在村民眼里，因无后续弦属于合理正当的行为，村民十分支持，毕竟"不孝有三，无后为大"；若是因想找老伴照顾自己，村民只是表示简单的理解。可是因郭小黑去世过急，家里还未来得及准备后事，寿衣、棺材等都是借钱现买，家里因此一下子变得十分窘迫，经济条件受到更多的限制；再者，贾五三的长子和二子都已年近 30 岁仍未娶妻，三子范聚财也年满 16 岁该进行婚配。对于贾家而言，举办红白喜事最为费钱，贾五三因操心各个儿子的婚配问题已筋疲力尽，所以并无心思、精力再去考虑自己的续弦问题，因此就没有再娶，便成为鳏夫。

贾五三自妻子去世后，自己一个大人带着一群孩子，在日常生活中曾遭遇他人的变相欺

---

① 不贴：不胜。

② 上门女婿：男方在女方家中生活，同女方父母的儿子一般。

③ 头牯队：专门搞运输的马队。

负。同年,外村的小随来贾家,让贾五三随自己去开会,以便多一个人去财主家里"扒户"①。贾五三不愿随同,便对小随说道:"你婶刚死,我要是去了,这群孩子可咋办啊?十八年年成,我把裤腰带都勒断了,也不曾掐别人一粒豆。你如今让我去抢人,我咋能跟上你走呢!"由于贾五三十分坚持,于是小随将目标转到了贾清旺身上,用尽各种好话哄骗,最终把贾清旺引去开会。贾五三还因二子贾清旺不听自己的话生气好几天,见到贾清旺也不想搭理。

二、家户生育

(一)生育基本情况

贾家父辈共兄弟三人,分别是排行老大的贾造官、老二贾小五以及最小的贾五三。贾五三娶妻之后,和妻子郭小黑共生育四男二女,分别为长女贾小淙、长子贾润旺、二子贾清旺、二女贾小凌、三子范聚财以及幼子贾小润。贾家父辈所生育的人数在村中算是较低水平,而子辈的生育人数则属于正常水平,因为村中大多数人家都会有四至八个孩子。贾家子辈的这六个孩子中,并未有人夭折早逝,但二女贾小凌被买卖过。

对于生育情况,大户、中户、小户人家有少许差别。大户人家因为家里条件较好,能够抚养多个孩子长大,同时村中认为"多子多福",所以大户人家通常生育的孩子数量较多,为六至十个;中户人家在综合考虑家中经济条件和劳动力数量这两个因素之后,一般会选择生育四至六个;然而小户人家因家中贫寒,每年收获的粮食很难维持一家人的生活,所以大多生育二至四个孩子,以便传宗接代,延续家里香火。同理,大户人家因家底厚实,能够平安度过各种灾难,无须通过丢弃或买卖孩子来求生;而小户人家因经济条件较差,一旦遇到天灾人祸,便只能将孩子丢弃或买卖以换粮食。

(二)生育目的与态度

1.传宗接代增劳力

东洼村几乎所有村民都认为生育最主要的目的是传宗接代,以延续男方家里的香火,贾家在东洼村生活几十年,潜移默化中受到影响,一家人十分赞同结婚生子的首要目的便是传宗接代。同时,生儿育女不仅延续家中香火,而且等其长大成人、掌握耕作技能之后便可以充当一个劳力,通过做工挣钱来贴补家用。此外,当家里父辈人年老之后,孩子也可以为老人养老送终。

村庄中无论大户还是小户,是多子女家庭还是少子女家庭,在生育目的和态度上并无差别。各方都赞成生儿育女是为了传宗接代,同时也是一种增加劳力的方式。村庄中有些人家,因妻子不会生育或生育的全是女孩或是男孩夭折,导致家中无儿子来传宗接代,这时村民为避免自己无后,通常会先去家族中过继,若过继不成,便去亲戚家中抱养;若抱养未果,只能无可奈何招赘入婿。村民之所以想方设法来传宗接代,是因为"不孝有三,无后为大"的观念在起作用。若是最终无人愿意入赘,那么此家只能绝后。

2."宁要一个点瘸②儿,不要十个桃花女"

在子女生育的性别上,东洼村的村民倾向于生男孩,贾家亦是如此,曾言"宁要一个'点

---

① 扒户:现在所说的斗地主。

② 点瘸:腿部残疾。

瘸'儿,不要十个桃花女"。贾家倾向于生男孩,最主要的原因是只有男孩才能延续自家香火,同时只有男孩才能给家里的列祖列宗上坟扫墓;其次,男孩遵从的是宗族的姓氏,然而女孩长大之后嫁给他人便随夫家的姓氏;再次,男孩成家之后仍和父母一起居住,可以赡养老人并为其送终;最后,男孩除去传宗接代的作用之外,因力气较大,不仅可以进行农业耕作,而且也可以在外做工谋生。总体来说,男孩不仅可以传宗接代,而且生存能力较高,可以撑起整个家庭。

在生育性别的态度和看法上,大户人家和小户人家都倾向于生育男孩。对于生养男孩的目的,小户人家主要是为了延续香火,而大户人家在此基础上还有另外一层深意,即让男孩继承家产以免家庭势力减小。多子女家庭和少子女家庭,以及三世同堂、四世同堂的家庭在生育性别上的看法上基本一致,都是偏爱男孩。

3.望适龄结婚,然两子晚婚

在1949年以前,贾五三和妻子郭小黑共生育四男二女。长女贾小淙在12岁定亲出嫁;二女贾小凌从小被送去作童养媳,结婚极早;长子贾润旺在28岁时结婚娶妻;二子贾清旺在自己30岁时即1950年娶妻生子;三子范聚财于16岁入赘至范家庄,婚后一年生育;幼子贾小润尚处于未婚状态。

在结婚早晚的态度上,贾五三和妻子郭小黑希望自家孩子适龄结婚,也就是在16~18岁时婚嫁。贾五三之所以希望孩子适龄结婚,一是因为孩子长到一定年龄时便有婚嫁的需求,不希望孩子埋怨自己,因为当地曾有俗语"女大不中留,留下结冤仇;男大不可留,留下翻墙头";二是因为孩子适龄结婚之后,通过生育可以迅速补充自家的劳动力,通过辛勤劳作来增加自家的收益;三是因为若将孩子留到很大年龄才让其结婚,那么村民会对孩子产生各种恶意揣测,认为孩子有身体上的残疾或心智上的缺陷,其结果容易恶化为外人都不愿将自家女儿许配给贾家,贾家孩子只能打一辈子的光棍。

在结婚早晚这一问题上,大多家户都希望自家孩子能早婚早育或者至少适龄结婚,但是就现实情况而言,却并非如心之所向。大户人家因家里富裕、声望较高,在给孩子找婚配对象时比较容易,不会让自家孩子晚婚;而小户人家因家里贫穷,更多时候家中根本无钱让孩子娶妻生子,要么就是晚婚,要么就是买童养媳,或是娶寡妇人家做妻。多子女家庭因为孩子较多,所以个别孩子晚点结婚并无大碍;然而少子女家庭则较为着急,害怕一再延迟致使孩子被剩,最终孤零一人。

4."家中有一男,十女都不嫌"

对于生育的数量,在家里经济条件允许的情况下,贾家倾向于多生,用当地老话来形容就是"家中有一男,十女都不嫌"。贾家认为生育六至八个孩子,家里会生活得比较幸福美满,而男孩至少要有一个长大成人才行,以便传宗接代,而女孩的数量则比较随意,因为女孩最终是要嫁作他人妇,成为别人家的一员。贾家之所以倾向于多生,一是由于医学水平并不发达,小孩一旦有个头疼脑热便容易去世;二是因为贾家的人不懂得任何避孕措施;三是因为家里的孩子多了,以后家中耕作或做工的人数便也增多,家里的收入也会随之增加;四是因为家里人口的多少和家庭的社会地位直接关联,孩子少、人也少的家庭在村中地位较为低下,声望一般;五是家里的孩子越多,也就意味着家里人多气壮,不容易受外人欺负;六是当地风俗认为家里孩子越多,代表祖辈的福气越重、香火越旺。虽然贾家有四个男孩,但家里经济条件也就一般。

在东洼村,无论是何种类型的家庭都希望多生孩子,可是男孩多的家庭也有家庭贫困的情况,因为村庄在征兵时期,若无人愿意当兵,村民便需联合起来买兵,而买兵的钱则是依据男孩数量多少进行平摊。换言之,家里男孩数量越多,那么这家每年需要上交的赋税也就越多。由此可见,儿子数量的多少和家庭条件的好坏并无直接关联。

(三)产婆接生,安胎一月

在贾家,是否生育以及生育数量的多少是由夫妇双方决定,但上辈人会在其中起着一定的影响作用。贾五三和妻子郭小黑结婚之后,贾魁夫妇因急着抱孙子,曾在言语上督促过贾五三夫妇。郭小黑的第一胎是女孩,贾魁夫妇知晓后心有不满,但因儿媳刚刚生育结束,考虑到来日方长,便有所隐忍。因为贾小淙的出生,贾五三一家举办酒席庆生花费不少金钱,所以短时期之内没有再生育。过了两三年,当家里有了一定的积蓄,同时郭小黑的身体也恢复得不错,贾魁夫妇想有个孙子来传宗接代,便又开始督促贾五三夫妇生育。贾五三夫妇觉得老人言之有理,便决定继续生育。郭小黑在怀幼子贾小润期间仍要做家务,只不过做家务活的时间有所减少。平日生活之中,郭小黑早上六点左右睡醒起床,洗漱之后便开始烧火做饭,到晚上八点左右照顾一家人吃喝,然后将饭碗洗涮干净,最后铺床准备休息。然而在怀孕期间,郭小黑容易疲倦犯困,早上起的比平常稍晚一些,大约七八点才动身做饭,晚上早早地吃完饭便开始休息。孕期的家务活基本持续到临生产前,但是快生的时候,郭小黑由于腹部较大无法弯腰,所以都是做一些较为轻松的小活。原本应由郭小黑承担的家务活一部分转由长女贾小淙承担,另一部分则由丈夫贾五三负责。郭小黑在怀孕期间所食、所穿、所住和家里其他成员一样,并未有任何特殊优待,主要是因为是家里经济条件有限,无多余钱财购置营养品让郭小黑补充。同样地,贾家也未特意去找专人来照顾、伺候郭小黑。

郭小黑生育幼子贾小润时是在自家生产,由产婆来接生,当地称之为"接生婆"①。接生婆是专职的妇女,年纪一般较大,并有丰富的接生经验,可以保障郭小黑顺利生产、母子平安。郭小黑临盆前几天,贾五三便四处去找村里的接生婆,将妻子的情况简单地向接生婆说明一下,让其未来几天不要出远门,免得生育时找不到人。在郭小黑临盆当天,贾家一家人都极为谨慎小心,贾五三一听到郭小黑难受喊痛,便连忙去请接生婆来家里,临走之前还特意叮嘱长女贾小淙照顾母亲郭小黑。贾五三将接生婆接到家中后,一家人听从接生婆的号令,一会儿端热水,一会儿拿棉布褥子。贾五三则在门外焦急地等待,直到听见孩子的哭声才将一颗悬着的心放下。等接生婆打开房门将孩子递给贾五三时,生产才算真正的结束,之后便是贾五三给接生婆封礼、送出家门。生育所需的费用主要是请产婆,所需费用由整个家庭来承担。之后,贾五三还要特意给产婆做一双鞋子,并送两根腿带作为酬谢。

郭小黑分娩之后便开始坐月子,大约持续一个月之久,因为刚生完孩子元气大伤,身体较为虚弱。此外,忌触碰生冷类东西,以免落下病根从而影响长期的劳作,所以郭小黑在坐月子期间不用劳作。长女贾小淙身为女性并且已经成人,所以照顾郭小黑较为方便。在饮食方

---

① 接生婆:专门以接生为职业的一类人且大多是女性。

面,村里习俗认为刚生完孩子的孕妇满肚都是血,只能喝一些汤类来补充体力,三天之后才能食用面条、馒头等,所以贾五三便让长女贾小淙做些面汤给母亲郭小黑端去。在穿衣方面,贾五三怕妻子郭小黑被风吹着受凉,便让其待在家中,待在被窝里,并让长女贾小淙给郭小黑找个布条将脑袋包住。

在生育过程的不同环节中,三世同堂的家庭和四世同堂的家庭、少子女的家庭和多子女的家庭并无不同,然而大户人家和小户人家有一定的差别。就孕期劳作而言,大户人家的孕妇一旦查出身怀六甲,便歇着不再劳作;而小户人家的孕妇却不能休息,最多就是减少劳作的任务量、缩短劳作时间。就孕期照顾而言,大户人家会特意去找专人来照看孕妇,而小户人家的孕妇多是由婆婆或女儿照顾。就孕期饮食方面,大户人家的孕妇吃得较好,而且家人会做专门的汤饭以滋补身体,而小户人家的孕妇和家里其他人一样,吃大锅饭并不会单独开灶。就临盆接生而言,大户人家都曾请产婆前来接生,而小户人家大多选择自然生产,或自家人接生。就分娩期间的饮食而言,大户人家孕妇的汤饭里面放有红糖,意在让孕妇补血,而小户人家买不起红糖,只有汤饭。总而言之,大户人家的孕妇在孕期和分娩期都会受到家庭有力的保护。

(四)满月酒庆生

孩子降生当日是每家每户的可喜可庆之日,所以为了庆祝孩子的顺利降生,家家户户都会举办满月酒席,邀请自家的亲戚好友前来祝福新生儿,贾家亦是如此。对于不同性别的孩子,在举办满月酒的时候有所差别。男孩一般是在第二十九天举办满月酒,而女孩则是在出生后第三十天举办满月酒。村中惯例是无论第一个孩子是男是女都必须办满月酒席,接下来的孩子则较为随意。举办满月酒宴请宾客时,贾家主要是请自家亲戚、朋友、四邻等人,无须去请保甲长等人。贾家宴请宾客时由贾五三前去宴请,去的时候主要是带一些糖果,走的时候无需回礼;而至亲人员好比孩子的姑姑、姨姨等人,贾五三则不需去请。贾家办满月酒当天,四邻好友都会前来祝福新生儿,同时也来沾沾喜气,因为举办满月酒席类似于结婚,所以亲戚好友在吃席之前要上礼。贾家至亲的人都是直接上礼,大多是二至五元;而四邻朋友等则是上馒头,一般是上十个馒头,贾家回礼则回六个馒头,馒头的个数必须是双数,寓意好事成双。

自贾小润出生至满月的前一天,贾家遵从当地风俗,做了一些小事情来表明孩子的出生。在贾小润出生的当天,贾五三就在自家门前绑上一个红色的布条,类似于新人结婚时窗户上要贴红纸,以示自家有孩子出生。贾五三去各位亲戚家中报喜,去的时候大多带一些糖果。当天,贾五三也要将新生儿的"衣裸"[1]埋到土地之下,当地习俗认为若将孩子的衣裸埋到门后面,孩子长大之后便会"顶门立户";若是将孩子的衣裸埋到自家院子里,孩子长大之后便"顶天立地"。在贾小润出生后的前三天,只有每天傍晚时刻,亲戚朋友才能来看孩子。同样,只有在贾小润出生后的满十天即第十天和第二十天,四邻可以前来探望,其他日子则不能来孕妇郭小黑的家中。在举办满月酒的前一天傍晚,贾五三要给贾小润剪头发,俗称"理胎毛"[2],目的是让贾小润看起来精神一些。这时贾小润便哭闹起来,贾五三在哄孩子时嘴里念念有

---

① 衣裸:新生儿的胎盘。

② 理胎毛:给幼儿剪头发。

词:"天荒荒,地荒荒,我家有个夜哭郎;行走路人念三遍,一觉睡到大天明。"倘若孩子还继续哭嚎,贾五三便让郭小黑将自己的外裤脱下来,倒着铺在炕沿上,寓意"哭倒过了"。

举办满月酒的当天早上,贾五三就帮着妻子给贾小润穿戴衣物,等着诸位亲戚前来。贾家的至亲都会带着一些小礼物来,尤其是郭小黑的娘家人要送一身新衣服、百岁锁、铜钱之类的物品,俗称"头尾",当地所流行的老话是"姑姑鞋,姨姨袜,妗缝个竖裤衩"。此外,贾小润未出嫁的姑姑还要给小孩做一个红色的小袋子,在袋子里面装上铜钱,然后用一根红色的绳子绑在贾小润的脖子上,当地称之为"绑项绳"。贾家各位亲朋好友在看小孩的时候,除了送礼之外,还喜欢逗逗小孩,说一些祝福的话,屋子里一片喜庆温馨的氛围。看完孩子之后,各位好友、亲戚便去院子里吃酒席。

贾小润降生之后,贾五三为其举办满月酒,一是为了庆祝孩子渡过难关,安全降生;二是通过举办满月酒让各位亲朋好友前来祝福新生儿,使其健康、幸福长大;三是家里生养孩子需要大额的花费,通过举办满月酒来攒点金钱,以便之后喂养孩子长大成人。举办满月酒和举办结婚喜宴类似,贾家需要大摆筵席,还要放鞭炮庆祝。贾家举办生育仪式的花费由全家来负担,所收的份子钱也是归家户所有,因为外人不曾在贾家举办酒席时掏钱出力,所以此收入外人无权享用。

在生育仪式上,大户人家和小户人家有明显的不同,体现在以下几方面:第一,大户人家因为家里经济条件较好,每一个孩子出生时,都有财力为其举办满月酒席;小户人家因无足够金钱举办满月酒席,所以大多只为第一个孩子举办满月酒席。第二,大户人家除了给长子举办满月酒席外,通常还给孩子办百日宴,庆祝孩子安全度过百日;而小户人家一般经不起大操大办,便只给孩子办一个满月酒席。第三,大户人家送的头尾样式较多,不仅有衣服、百岁锁,还会有各种银手镯、银项圈等;而小户人家多是送一些价格便宜的铜式、铁式礼物。第四,大户人家的亲戚会多次给孩子送头尾,满月当天、百日当天、周岁当天都会送,而小户人家只送一次。然而在举办满月酒的目的上,不同类型的家庭目的一致,都是为了庆祝新生儿的顺利降生。

(五)父辈起名,按辈分含深意

贾家是小门小户,并不和保甲长或村庄里的乡绅关系亲近,所以贾家两代孩子的姓名均是由父辈来起。孩子姓名是生了之后再起,要按辈分排行来起。孩子姓名中会出现"泛字"[①]的情况,即同一辈分的孩子姓名中会有同一个字。此外,小孩的姓名不可以和家中排行较高的人相重,以免犯忌讳。家里的小孩没有小名,进过学堂的范聚财也未起任何学名,然而各个孩子的名字却有特殊意义。

贾家父辈即贾五三这一辈共有三个男孩,分别为老大贾造官、老二贾小五以及贾五三。老大之所以叫"造官",是因为贾魁期望其长大成人之后能够当官,而贾五三之所以名为"五三",是由于贾五三出生那年贾魁正好53岁。贾五三和妻子郭小黑共生育四男二女,两个女孩的名字分别是贾小淙和贾小凌;四个男孩的姓名则是贾润旺、贾清旺、范聚财、贾小润。范聚财原名为贾溓旺,因为入赘到范桃花一家,所以更换名字为聚财,姓氏也改为和其妻子范桃花一样的姓氏即范氏。贾家子辈的这六个孩子,名字中都有一个字是三点水旁,这是由于

---

① 泛字:同一辈分的小孩名字中会有共同的字。

贾五三自己会点五行八卦,算出自家孩子命里缺水。若从范聚财的原名即贾滇旺来看,贾家子辈除贾小润之外,其余三人的名字中泛"旺"字,同时也包含贾五三期待自己孩子以后的生活能蒸蒸日上、风风火火。而贾小润作为家中幼子,贾五三无能力再给孩子起一个类似于其他儿子的名字,便将自家长子、长女名字中的第一个字合起来为幼子做名,即贾小润。

在给孩子起名字的时候,大户人家通常会找先生或文人帮忙起名字,一方面是希望通过名字改变孩子的命格,另一方面可以增加点文化内涵彰显自家的底蕴。小户人家因家里贫穷,根本无钱去请先生或乡绅为自家孩子起名字,要么是自己随便起一个名字,要么就是让接生婆来起。通常来讲,小户人家给孩子起名,无非就以下几种:第一,根据孩子出生日期或出生那年父母的年龄来起,比如贾五三是因为自己出生那年,父亲年龄为53岁;第二,根据出生时地里的庄稼来起名,比如知苗,是因为出生时节正好可以知晓一年庄稼的收成;第三,根据孩子的自身特点来起,比如二丑,是因为孩子排行老二且长的较丑;第四,根据孩子出生的属相起名,比如狗蛋,是因为孩子的属相为狗。第四类名字虽然比较难听,但是最为常见,这是由于村民认为贱名好活。村庄中间不仅众多小户这样起名字,甚至连某些大户也是如此,为自家孩子起一些类似于"铁栓"之类的名字,只为了让自家孩子能够平安长大。

三、买卖孩子

(一)因"顶牛"被卖

贾家二女贾小凌出生那年正好是牛年,而郭小黑的属相也是牛,这种属相相冲的现象被称为"顶牛"。因为贾五三会算卦,算出二女的命格太硬会伤到妻子郭小黑,便做主将其卖给他人。买贾小凌的那家因家里过于贫穷,无钱给儿子娶妻,无奈之下便想买女作媳。

贾家的经济条件较为贫困,家里有土地2.53万平方米,家中人口众多,贾五三和妻子郭小黑共生育四男二女,被卖掉的是个女孩,在家里排行第四。买孩子一方的经济条件较贾家而言更为贫穷,土地也就0.67万平方米左右。两家之间互不认识,并无亲戚关系。在买孩子时,买家优先选择家里子女数量较多的家庭,同时也优先买本村的孩子,当本村无合适人家时才将目光转向外村。孩子买回家中之后,孩子便不再是之前家庭里的成员,而是成为新家中的一分子。至于孩子能否被一视同仁,取决于买孩子的家庭中当家人的态度。如果买的是男孩,那么该男孩和其他成员一样,拥有同等的继承权;如果买的是女孩,房屋、土地等家产则附属于其丈夫身上。

村庄中间也曾有他人买卖孩子,在买卖孩子问题上,大户人家和小户人家有明显的区别。虽然卖孩子的大多是小户,但买孩子的却是大户、小户人家均有。大户人家大多选择买女孩,目的是为了让其伺候一家人;小户人家无论男孩、女孩均买,买男孩是为传宗接代延续香火,买女孩则打算将其作为童养媳。同样,在买卖孩子问题上,多子女家庭和少子女家庭所表现出来的态度和行为也不尽相同。多子女家庭因为家中孩童数量较多,买卖出去一个并无重大影响,而少子女家庭将孩子看的较为重要,所以多子女家庭相较于少子女家庭更容易卖孩子。

(二)家长主导买卖

买卖孩子时,身为家长的贾五三安排主导此事,但需和妻子郭小黑商量,因为郭小黑是孩子的母亲。人人都说"孩子是妈身上掉下的一块肉",如果贾五三私自将孩子卖掉送走,必定会引得郭小黑生气和伤心,夫妻关系无法和睦,从而影响到整个家庭的生产生活。贾五三比较信命,在看见自家女儿的属相和妻子属相相同时,便萌发将自家二女贾小凌送出去的想法。几个月之后,贾五三和妻子郭小黑说出自己的想法,郭小黑一听顿时火冒三丈,埋怨贾五三太狠心。然而在这几个月期间,郭小黑和贾小凌身上都不舒服,两人一直卧床,经过一段时间的思索之后,郭小黑终于点头答应。贾五三前去寻找中人,让其帮忙留意为自家二女贾小凌找个归宿。

贾五三在本村寻找的中人同贾家是熟人关系,除此之外,不需要再去请证人,因为中人就具有见证的作用。买卖孩子的过程同买卖土地的过程类似,既需要中人在中间介绍,也需签写契约,当地称之为"要儿文书"①。契约上主要写的内容大致有卖孩子的家庭信息、卖孩子的原因、金钱、日期,以及对买卖孩子双方的一些要求等。契约只写一份,是由中人或文人来写,写完契约之后必须署名,不仅要署贾五三的名字,也要署中人和买方的姓名,最终契约交由买方来保存。但是因为贾小凌年龄较小,所以买孩子的那一方最终并未同贾家签订契约,只是给了点粮食,至于具体金钱的数额已无法得知。按照常理,买卖孩子顺利完成之后,贾五三要给在此过程中牵线撮合的中人送礼表达感谢之情。

之后,中人便领着买孩子那家来到贾五三家里。买孩子的那家人还特意去店铺里买来一块新布做成裙子样式,意在躲避灾难。孩童虽然年龄较小,但也是家中的一口人,私下买卖孩子容易犯忌讳。买孩子的那家打算抱着贾小凌走的时候,贾五三便拿自家的一个大被单卷成一个长条,在院子中将自家的其他小孩用被单围成一个圆圈,一是为了避灾,二是怕自家孩子因舍不得贾小凌被抱走而哭闹。等到买孩子的那家离开之后,贾五三便依据之前说好的价格将报酬给中人。此外,贾五三无需请示家族族长,因为卖的是女孩,同样也无须告知或请示四邻、保甲长等。至此,买卖孩子一事便告一段落。

(三)卖女儿,外界不管

贾五三在卖二女贾小凌的时候,四邻、家族、保甲长等人都未参与其中进行干涉。他们既不关心贾小凌被卖至何处、何人,也不在意贾小凌以后是否遭受歧视、欺凌,更不会为贾小凌提供任何的帮助,因为女孩在村民看来无关重要,她们终究是要嫁到他人家中,就像泼出去的水,村中曾有老话"宁要一个点癞儿,不要十个桃花女"。换言之,无论是在买卖孩子过程中,还是买卖孩子结束后,外界成员对此均漠不关心,任由其发生发展。若是对男孩进行买卖,家族会前来询问一下,毕竟是家族成员的一分子,买来的男孩也要入族谱。同时,村庄、县乡政府也会认可,因为在征收赋税时会将其作为新家成员的一分子来计算赋税数额。由此可见,在买卖孩子问题上,外界会依据孩子性别的不同,而采取不同的态度和行为。

四、家户赡养

(一)以户为主进行赡养

赡养老人是贾家内部事务,外人很少参与其中、指手画脚,否则会被贾家嫌弃。若哪家孩子苛待老人,好比打骂老人或不让其吃饱穿暖,外人便会参与其中,凭借自己在村里的辈分高,指责两句。随着四个儿子长大成人,贾五三也渐渐地迈入老年生活,正如当地老话所说

---

① 要儿文书:买卖孩子时签订的文书。

"年龄不饶人,季节不饶年"。年老之后,贾五三因为体力不支、脑力迟钝,无法继续从事农业耕作以谋得生计,因此急需家里儿子赡养,正如老话所说"养儿防老"。

贾家成员中需要承担赡养责任的主要是贾五三的三个儿子,女儿出嫁之后便是他人妇,不算贾家的成员,因此无须赡养老人。贾润旺作为家中的长子,具有赡养老人贾五三的责任,因为他是由贾五三生育抚养,同时也是贾五三为其娶妻;二子贾清旺和幼子贾小润也是由贾五三抚养长大成人,虽未成家,但是已具备一定的劳作能力,所以也有赡养老人的责任;三子范聚财入赘至他人家中,按村中惯例不算是贾家的一分子,因此不用承担赡养老人的责任,然而范聚财一片孝心,遵从父亲贾五三的意愿,将其接到自家即范家来赡养。

(二)三子赡养,同吃同财

贾五三有多个孩子,但主要是由三子范聚财承担赡养责任。贾家并无养老地、养老粮,所以赡养老人的形式只能是贾五三同儿子共同吃饭、共同居住。贾家的赡养方式是由老人贾五三决定,同三子范聚财商量一下之后,并未告知或请示四邻、家族和保甲长等人。在赡养过程中,除老人贾五三之外,其他各个儿子都处于一种受支配的地位,只能顺从老人贾五三的心愿。若违逆老人的意愿,各个儿子必定会招致外人的闲言碎语,因为"百善孝为先"。

1947 年,二子贾清旺因参与农民协会组织招惹到财主,财主等人天天来家里"闹腾"[①]。三子范聚财因无法忍受此等骚扰,一气之下外出入赘至范桃花家中。贾五三后来也因此事不敢在家中多做逗留,同时考虑到三子范聚财比较精明能干,便跑到范庄村和三子范聚财同吃同住。贾五三的其他三个孩子则因家里离范庄村较远,平时多是隔十天半月来范聚财家中探望贾五三一眼,来的时候也会捎带些从集市上买回的肉蛋类食物,以表达自己的一片孝心。

五、家户内部关系

(一)夫妻互相体谅

贾五三夫妇结婚是经父母之命、媒妁之言,结婚以前虽未相识相知,但一结成连理,两人便同心同德、互相恩爱。夫妻双方无论贫穷或富裕、健康或疾病,都不离不弃、相互扶持。贾五三一家主要是靠种植庄稼来维持生活,有时为了防止别人来偷窃自己地里的庄稼,贾五三便拉着一条被子睡到地里。长此以往,贾五三的腿部一直疼痛,郭小黑看见贾五三疼的难受,便放下手中的活为其揉腿,意在活血化瘀。一到阴雨天,贾五三的疼痛感就会增加,郭小黑甚是心疼,做衣服的时候特意给贾五三的衣服里多塞点棉花。当妻子郭小黑在生育幼子贾小润的时候,贾五三细心照顾妻子,平时本该郭小黑干的活,部分由贾五三来接手。郭小黑临盆之后,贾五三害怕妻子着凉生病,让长女贾小淙为郭小黑找个布条包在头上。

整体来看,夫妻之间关系较为融洽,但日常生活中,两人之间难免会有些磕磕绊绊,偶尔拌两句嘴。双方冷静下来之后,觉得为这些小事吵架并不值当,便又恢复日常的生活秩序。对于贾五三的话,郭小黑不必全部听从,因为贾五三并非圣人,做事时难免有思虑不周的地方。贾五三夫妇曾为三子范聚财上学的问题而红脸吵架,贾五三认为家中贫穷,上学是大户人家孩子的事情,再者三子范聚财上学之后家中又少一个劳力,便不赞成让其去念书识字;郭小黑觉得三子范聚财聪明伶俐,同时也希望孩子读成之后能出人头地,便想将范聚财送去读

---

① 闹腾:打闹。

116

书。在郭小黑的一再劝说之下,贾五三终于想通,将三子范聚财送去上学。

在村民看来,夫妻之间关系的和睦会促进一家生产生活的顺利进行,正如俗语所言"家里备好饭,坡地不用看",因此在东洼村,一般小户人家的夫妇关系较为和睦,遇事之后两人商量着去做。夫妇二人偶尔吵架打闹,冷静下来之后也会很快和好,一起致力于家里的生产生活;然而大户人家夫妻关系较为脆弱,丈夫对妻子的不满意很有可能转化为丈夫的休妻或再娶。就外人在夫妻冲突时所发挥的作用而言,大户人家和小户人家并无差别,因为村民都信奉"家丑不可外扬"的理念,外人无从知晓,更谈不上干预。同样地,在对于夫妻二人好坏的评判上,无论是大户人家还是小户人家,都认为好丈夫的基本要求是能够承担责任、关爱妻儿,而好妻子即指贤良淑德、支持丈夫、容忍丈夫的女子。

(二)父严子孝

贾家父子关系较为友好,虽然贾五三脾气暴躁,平时容易打骂孩子,但贾五三的四个儿子不曾对其怨恨,反而怀着一片赤诚之心。身为父亲,贾五三不仅要抚养四个儿子长大,更要教导他们做人做事的道理,正如古话所言"子不教,父之过"。贾家的四个儿子,尤其是三子范聚财经过几年在外拼搏、卖煤求生,更懂得父亲贾五三的不易。当贾五三年老之后,作为儿子的范聚财将他接到家中赡养,夜以继日地照顾,并不曾有半点抱怨。

范聚财小的时候不太懂事,冬天经常因自家的炕不够热对着贾五三抱怨,贾五三听多之后拉起范聚财就打。然而在贾五三快去世的前几年,因下肢不能活动就只能整天躺在床上,连起床都需要人扶着,三子范聚财悉心伺候了贾五三几年。范聚财白天去地里放羊,晚上赶回家里照顾贾五三,回到家之后不仅要把炕给烧热,还要给他做饭。有一天,范聚财去街上买了点羊肉,打算做羊肉汤泡馍给老父亲贾五三吃,贾五三尝过一口之后说道"这味道不对",便一巴掌将碗推到地上摔碎。范聚财二话不说就去收拾,又给贾五三重新做了点饭菜让他吃。贾五三去世之后,舅家人上门吊唁,东洼村有句老话"老死了,舅家凶",因为"舅是一层天,表兄表弟是清官",舅家人上门之后将长子贾润旺和二子贾清旺劈头盖脸地"凶"①了一顿,却唯独没有凶范聚财,并对其说道:"整个东洼的人都没有说你对你父亲不好,你出去吧。"

在村民看来,父亲拥有的权利较大,可以打骂子女,但子女不能说父亲的坏话,并且要孝敬父母,为其养老送终。同样地,父亲也要承担起自己的责任,不仅要将孩子抚养长大、为其娶亲,还要传授相关的劳作技能以及为人处世的道理。就权利义务关系而言,大户、小户人家均是如此。但就父子关系而言,大户人家的父子关系较为紧张,父亲容易打骂儿子,小户人家的父子关系较为亲近,父亲能够疼爱儿子,同时儿子也能体谅父亲。

(三)"儿是娘的心头肉"

1949年以前,贾五三和妻子郭小黑共生育四个儿子。人人都说"儿是娘的心头肉",但不同母亲在表达对儿子的疼爱方式时各不相同。在贾家,郭小黑作为母亲也十分疼爱自己的儿子,但是在表达母爱时却采取了较为严厉的方式。当儿子犯错时,郭小黑会厉言暴色,希望儿子能通过皮肉上的痛苦来记住教训,免得下次依旧受人欺负。幼子贾小润经常和邻居家的外

---

① 凶:批评或打骂。

甥引渠玩耍。一天，二人玩着玩着便"猫道"①起来，由于贾小润年龄较小，经常被引渠欺负得哇哇大哭。贾小润便哭着回家找母亲郭小黑告状，结果郭小黑恨铁不成钢，拉着贾小润边打边说："谁让你和人家'过气'②，你是不是想挨打？"贾小润原本以为自己去找母亲郭小黑，郭小黑便会站在自己这边为自己撑腰，然而事实却并非如此，贾小润反而又受到母亲的批评，顿时觉得十分委屈。渐渐地，贾小润开始怨恨母亲对自己的严苛。后来随着年龄的增长，贾小润才慢慢懂得母亲的苦心。

在村民眼中，母亲应照顾儿子的生活起居，儿子长大成人之后要懂得母亲的艰辛，多尽孝心并承担起赡养母亲的责任，在这一点上，东洼村不同类型的家庭都保持一致。此外，不同类型家庭的母子关系都较为和谐，一是儿子是母亲十月怀胎，历经千辛万苦才生下来的；二是由于整个村庄的人家在生育孩子时都希望是男孩，所以家人对待男孩的态度都极为包容；三是由于儿子长大之后，母子相处的时间减少，并未留有机会让二者产生嫌隙。

(四)母女互相忌惮

贾五三一家和村中其他家户一般，对生育性别的态度是"宁要一个点瘌儿，不要十个桃花女"。在对待子女上，母亲郭小黑明显偏爱儿子，因为女儿终究要嫁人。东洼村时常用这么一句话形容养女儿，即"养个女儿也是给别人养的"。

女儿贾小凌和母亲郭小黑属相相同，郭小黑忌惮于自家女儿的命格太硬，恐将其留在身边会对自己造成伤害，便在丈夫贾五三的劝说之下，同意将女儿卖给他人作童养媳。当贾小凌长大结婚之后，因常年在外不曾回家，便打算回家看看。范聚财的大舅和姨父均支持贾小凌回门，但母亲郭小黑一听女儿贾小凌要回家，便心生害怕不准其前来，后在多人苦口婆心的劝说之下，郭小黑终于同意女儿贾小凌回门。贾小凌在娘家待了一个多月，期间贾小凌和郭小黑两人都"害病"③卧床不起。见此情形，贾小凌便带病赶回婆家，贾小凌走之后没过几天，两人的病便都痊愈，郭小黑也因此更加坚持之前的决定，命令贾小凌在自己有生之年不得再回家。至此，贾小凌也晓得母亲郭小黑的执着，之后的日子无论多么想念家人，因忌惮于母亲郭小黑的命令，贾小凌从此之后不再踏进家门，直至母亲郭小黑去世。

东洼村大多家庭的母女关系相较于母子关系而言较为一般，尤其是小户人家，常常因为家中贫穷无法养活一家人，便将女儿卖给别人作童养媳，以换得部分钱粮。而大户人家因母凭子贵，更偏爱儿子，但因家中经济条件较好，所以不至于沦落到卖女求活命的地步。在村民看来，好母亲就是能做到对女儿、儿子一视同仁，不因孩子性别不同而差异对待，而好女儿就是能关爱母亲，体谅母亲的难处。

(五)长者护幼,兄弟齐心

贾五三和妻子郭小黑共生育四个男孩，分别是长子贾润旺、二子贾清旺、三子范聚财以及幼子贾小润。范聚财兄弟四人之间关系友好。在四人年幼时期，虽然平时年龄较大的孩子曾欺负过年龄较小的孩子，但这只是孩子之间的淘气玩耍。作为哥哥的贾润旺主动承担起自己的责任，不仅在生活方面多多照顾弟弟，而且在为人处世方面也多做教导。有一次兄弟四

---

① 猫道:动手动脚。

② 过气:小孩之间的争吵打闹。

③ 害病:生病。

人走夜路,老二贾清旺喜欢逗弟弟玩耍,经常躲起来,然后突然出来吓小弟。范聚财便对二哥贾清旺说道:"二哥,你知道'或饮食,或左走'这句话的意思不?"贾清旺摸着头笑笑走了。大哥贾润旺听见之后,便教育二弟说:"你这头脑真是跟三弟没法比,'或饮食,或左走,长者先,幼者后'就是说不管是吃饭还是往左边走路,都应该是年龄大的在前,年龄小的跟在后面。三弟这是让你好好在前面走路,不要来回乱跑吓人。"贾清旺听完之后,便乖乖的在前面走路。

贾五三的四个孩子之间关系友好,不仅体现在家户之内哥哥对弟弟的关爱教导,而且也表露在家户对外的交往之中。范聚财兄弟四人情同手足,一荣俱荣一损俱损。一天,贾小润和三哥范聚财一起去沟底抬水,正好遇见引渠,引渠又打算欺负贾小润,范聚财便和四弟贾小润两人一起,随手捡起"胡起"①就往引渠身上扔,把引渠打得再也不敢欺负贾小润。此事虽小但所含意义重大,以至于后来贾小润和妻子吵架时还会回想到此事。贾小润媳妇说道:"你一直凶我干啥,你这么厉害,你怎么不去打三哥呢?"此时贾小润便说道:"我不敢,三哥小时候就一直护着我。"

在兄弟之间的权利义务关系上,大户人家和小户人家并无不同。长兄如父,兄长要承担起自己的责任,既要在平时生活中照顾、关爱自家兄弟,也要教导兄弟做人做事的道理;而弟弟们则要听从兄长的吩咐不得顶撞,同时也要体谅哥哥的难处。在日常交往中,大户人家因规矩较多,因此兄弟之间的交往并不像小户人家随意频繁。同理,大户人家中的兄弟常常因分家、继承财产等问题闹得不可开交。换句话来说,小户人家中兄弟之间的关系较为深厚。

六、家户外部交往

(一)四邻先欺压后友好相处

贾五三一家之所以在东洼村居住,是因为贾五三的父亲贾魁为逃荒投亲至东洼村并定居落户。换言之,贾五三一家是村庄的新户,即当地所称的"飘零户"。贾五三一家刚到东洼村时经常受到四邻的欺负,一方面是由于村里的人生活空间较为封闭,办事交友多去找自己熟知的邻居,对于新户很难做到信任和爱护;另一方面是由于当地的辈分排行受到繁衍代数的影响,而新户刚到村庄繁衍较少,辈分排行较低。一天,贾五三出门办事,因为是新户,办事时有诸多不顺,生气之余进一家店铺休息,正好听到有个唱戏的人说道"在家千日好,出门一时难",便觉得这句话说到自己心坎里面。某年六月份左右,地里的庄稼已经长大成熟,贾五三家的狗跑到余家的地里啃吃玉稻,余家人知道之后便拿着矛和棍去打贾家的狗,狗腿的血一直流,贾五三脾气火爆,看见之后大声喊住余家:"把你们的东西给我放下。"余家的人被贾五三吓住,见此情形乖乖地把矛、棍放到地上。来年过年的时候,余家老头找了个中人带着礼、领着小孩去贾家拜年,贾五三看在中人的面子上才把东西还给余家。从此之后,余家的人不敢再欺负贾五三一家。

后来,贾五三一家在村中居住的时间久了,村民也渐渐地了解贾五三一家的品行,开始将其一家人纳到自家的生活圈子之中。四邻街坊的走动渐为频繁,遇到红白喜事更是尽心尽力为其帮忙,平时生活中互相借用一些生活用品、生产资料等更是稀松平常,邻里之间友好

---

① 胡起:土块。

相处。1948年底，贾家只有两间窑洞，长子贾润旺结婚后便同妻子范粉超居住在西窑，二子贾清旺为避嫌只能搬去东窑居住，东窑小小的一间无法容纳多人，贾五三无奈之下便搬去同自家关系较好的邻居家居住，邻居一听是因为儿子结婚没地方睡，便一口答应下来。贾五三在邻居家中居住了几个月，邻居既未索要报酬，也未督促贾五三离去，直至贾家的新窑建成之后，贾五三才离去。换句话来说，贾家同四邻的关系随着时间的流逝发生了一个转变，由之前的抵抗欺压转至后来的友好相待。

（二）"割不断的亲情"

亲戚之间由于血缘关系上的亲近，在日常生活中互相帮助，两家的关系也不曾因为距离遥远而变得疏远，无论何时何地相见总是比外人显得亲近。当贾家遇到天灾人祸时，贾五三总是在第一时间去找亲戚帮忙，亲戚对贾家的儿女就像对自家儿女一般疼爱。范聚财在十来岁的时候，郭小黑让他跟着村里的大人去练兵，早上在运动场上操时，练兵的"头头"[1]看见范聚财，便指着范聚财说道："我这是叫训练的，不是让耍笑话的！小孩不行，得换大人来。"范聚财听完之后便连连点头，被安排去看管士兵的衣服。范聚财的舅舅是黄地的保长，前来这里查看，舅舅看见范聚财时便连忙走过去，说道"你还能训练？"问完之后看见范聚财无所应答，便二话不说将其拉到县政府，让范聚财在县政府吃住一个月，最后为其买来一身新衣裳让其回家。

亲戚之间虽然相亲相爱，但有时候也会因意见不同而产生争端，四邻、家族、保甲长等作为外人不便插手其中，矛盾的化解终究是靠两家相互沟通解决。贾五三兄弟三个分家之后，三人都成家立业，彼此之间是亲戚关系。一天，贾五三和贾小五兄弟二人因在"打窑"[2]一事上各有各的看法，无人愿意妥协一步便争吵起来，两人越是争吵，越是生气，事态胶着、僵持不下，两人便各回各家去叫自己的儿子前来帮忙"干架"[3]。范聚财等人也不清楚谁惹到父亲，便急忙跟着贾五三出去，结果到地方之后才发现要打架的另一方是自己的二伯，范聚财兄弟四个急忙抱着贾五三的腿不让其前去打架，而贾小五的孩子看见范聚财等人的行动，便也连忙抱住贾小五的腿，最后贾五三和贾小五无奈之下便放弃打架的念头，各回各家，后来两家人又开始正常走动，就当此事没有发生。

贾家和各个亲戚之间的来往并不是很频繁，但是亲戚之间并不会因来往频率较低而使得关系有所改变，毕竟亲戚之间有一层血缘关系作支撑，正如老话所说"割不断的亲情，斩不断的血脉"。虽然贾家曾与亲戚闹过矛盾，但双方并非因私利而争吵，所以矛盾化解起来极为方便，两家的关系也不会因此受到影响。换句话来说，贾家同亲戚之间的关系是相亲相爱。

（三）"志同道合者则互惜"

贾五三一家的家庭条件虽然有限，但一家人在为人处世方面十分有原则。贾五三作为贾家的家长，更是交到一些好朋友。朋友同贾家的经济条件一般，在性格人品方面也同贾五三一般正直善良。贾五三十分看重朋友，被朋友误会时，为了不失去朋友的信任，积极作为，为证自身清白去庙里发誓，正所谓"志同道合者则互惜"。

贾五三曾和曹家山的二照是朋友。某年腊八前两天，二照和他人打架被东洼村的小邦看

---

① 头头：带头人或领导人。

② 打窑：开辟窑洞或重新建窑。

③ 干架：动手打架。

见，小邦知道二照和贾五三关系友好，便知会贾五三一声让他去照看。贾五三一听急忙前去，谁知前脚刚到二照身边，小邦和保丁便后脚赶到。二照因口袋里装了点钱，一见保丁前来，害怕在和保丁拉扯时将钱掉地上，便悄悄地将钱放到没有参与打架的小邦身上，后来二照走的时候忘记把钱要回来。一两天之后正好是腊月初八，因为腊月初八是磁钟集会，二照便打算趁着赶集的时候去一趟小邦家并将钱取回。然而当二照去找小邦要钱时，小邦却不承认自己口袋里塞有二照的钱，一直对着二照说："你没放我身上，当时还有贾五三在场呢，你是不是记错了啊？你一定是放到贾五三的兜里了。"后来僵持不下，二照便去找贾五三，并对其说道："小邦说我的钱不在他身上，看是不是我记错了，把钱放到你身上了？"贾五三一听此话便十分生气，一方面是由于自己被冤枉，另一方面是由于自己被朋友怀疑。这时贾五三一把拎住二照的衣服，将其领往寺沟庙"起誓"①。

贾五三一家每交一个朋友都真心相待，贾五三也时常教育自己的四个儿子多交朋友。贾润旺在放羊时也结交一些朋友，时常让朋友来自家玩耍，偶尔也会留他在家中吃饭住宿，父亲贾五三知道之后便会让妻子郭小黑为其做点较好的饭菜。贾润旺结婚的时候，他的一群朋友每人都凑了点钱出来，外人看见之后便戏称："不要小瞧那放羊娃，放羊娃也有三朋四友。"换句话说，贾五三一家在结交朋友时十分注重朋友的人品，只有当其与贾家人志同道合时，贾五三才会将其作为真正的朋友对待。

（四）村庄曾欺压也曾照应

村庄尤其是保甲长等因有官职在身，在同贾家相处交往时，总是处于一种支配的地位。贾五三一家因小门小户无法与其抗争，因此在处事时总是处于一种受支配的地位，甲长曾看贾家不顺眼，抓兵专抓贾五三一家人。某年，东洼村要和泉脑村分开，泉脑村不同意，贾五三在此事中爱出头，泉脑村的甲长看不惯此举，便将贾五三抓住让他当壮丁，正如老话所说"枪打出头鸟"。贾五三只是普通农户根本无力反抗，最后贾五三被放是由于三子范聚财去找甲长游说并给了他一笔钱财。贾五三经过此事便不敢再强出头。东洼村的甲长知道贾五三的脾性，也知道贾五三是为了村里好，便对贾家一家有所照应。

范聚财和海渠的关系较好，两人偶尔一同去放羊。有一天，范聚财和海渠放羊的地方正好是村里小顺的土地，小顺知道后，便不让范聚财和海渠二人在自家地里放羊，范聚财为了以后还能在此地放羊，所以没有速速离去。小顺见范聚财二人不走，便说道"你两个不要敬酒不吃吃罚酒！"范聚财一听此话火冒三丈，同小顺打闹起来，海渠拉架也不管用，没法将二人分开，便前去石岭找保长。保长来了以后对范聚财说道："放羊就放羊，没事打啥架的！"保长说完范聚财之后，又训斥小顺说道："这多大个事，大不了以后你去他家地里放羊呗！好了，两个都走吧，不准再打架了。"村里的明眼人一眼就能看出，此事是范聚财一家无理，只因保甲长对贾家的小孩有所偏袒。

在平时生活中，贾五三一家和保甲长等人并无太多交往和关联，保甲长同贾家交往，主要是体现在征税、抓壮丁两件事情上。贾五三一家因自家人的性格较为硬气暴躁，平日里也不愿意去巴结保甲长等人，对于保甲长的安排，贾五三一家只能被动接受。换句话说，贾五三一家在同保甲长交往时处于弱势地位，二者之间的关系完全取决于保甲长对贾家的态度。

---

① 起誓：发誓。

第四章 家户文化制度

　　贾五三一家在学校教育上，只有三子范聚财曾读书上学，但贾五三夫妇并没有放弃对其他孩子的教育，平时也会以家户为单位教导自家子女学习技能、培养优良品质；在家庭美德培养上，贾家家庭团结意识较强，一家人更是相互扶持、有福共享有难同当。家内每个成员都以全家人的利益为重，平时处事注重日行一善；在风俗习惯上，贾五三一家为方便生产生活，在时间、空间和生活方面等形成一套完整观念。在庆祝各个节日时，贾五三一家都会依据村中惯例，严格走完流程只求吉利；对于祖先和家神，贾五三一家十分尊敬崇拜，时常上香祭拜以求庇佑；在日常生活中，为了休闲娱乐，贾五三一家主要是通过结交朋友、串门聊天、逛庙会看公演、欣赏村中耍热闹活动来排解烦闷，从而获得愉悦的心情。

一、家户教育

(一)家户教育概况

　　贾家在 1949 年以前，一家人的教育水平较低，唯有三子范聚财曾上过学。范聚财上学的时候大约 12 岁，读了两年至三年的书之后，便没有继续读书，辍学的时候范聚财快满 16 岁，结束上学的主要原因是母亲郭小黑去世，家里无钱供他继续读书。贾五三因给妻子郭小黑举办丧礼四处借钱，家中无多余钱财继续供三子范聚财上学，贾五三便委婉地告诉范聚财家里的情况，暗含让其辍学的意思，范聚财听完之后十分理解，同意辍学，改去做工挣钱补贴家用。贾五三有四个儿子，之所以送三子范聚财去读书，是因为觉得范聚财在四个孩子中最聪明伶俐，此外，贾家的经济条件有限，无法供四个孩子都去上学。贾五三夫妇送三子范聚财去读书也有多重考虑，一是鉴于范聚财聪明伶俐，用当地的话说便是"这孩子以后就是做官的'材料'①"；二是因为贾五三夫妇想让孩子通过读书长点本事，从而带领一家人生活得更好；三是意在让孩子能通过读书长点心眼，在外不被别人欺负。贾家不曾让女孩接受教育，甚至整个东洼村都不曾让女孩上学读书，主要原因是村民对于女孩的偏见，觉得女孩就应该待在闺房学习纺纱织布、洗衣做饭等手工活。

(二)学校教育

　　1949 年以前，贾家三子范聚财曾去学校读书。范聚财的三舅郭伏首曾任北京市副市长，某年因过春节便从北京赶回来，范聚财的"外奶"②领着他去看看郭伏首，郭小黑看见自家哥哥有本事，便想让范聚财跟着学习本领，郭伏首也极为赞同郭小黑的想法，便让郭小黑送范

---

　　① 材料：天资或天分较好。

　　② 外奶：姥姥。

聚财先去上学，上成之后再领着范聚财去外面闯荡。范聚财的外奶却不想让孙子离自己那么远，一直不同意，而郭小黑执意让其去上学读书，便将范聚财送去上学，早上五六点，范聚财便往学校赶去。教书先生主要是教一些《三字经》《四书》《国语》《文选》等内容，无论是早上还是下午，在上课之前，范聚财要和其他孩子一起背书，等所有孩子都背完书之后，教书先生才开始讲课；而中午的时候，教书先生主要是让每个孩子练字。

范聚财先在石岭读了一年，之后又在杨家山念书一年多。范聚财之所以在外地上学，是因为东洼村是一个小村，村里并没有学校，前去石岭上学的孩子大多是余家的孩子，将范聚财算在内，一共有近三十个孩子读书。因为教书的先生是在外地请的，所以上学需要交纳学费，学费由这三十来家平摊，每家摊得一百五十斤的麦子。在石岭上学的时候，各个孩子还要管教书先生的三餐，平均下来每家两个月要管先生三天的饭。范聚财上学的学费由整个家庭来承担。按理来说，贾家的四个儿子均可以去学校读书，并且应该按照长幼顺序前去，但是由于家里贫穷只能供一个孩子上学，同时鉴于三子最为聪明伶俐，贾五三便做主让范聚财去读书。贾五三夫妇让三子范聚财上学，主要目的是为了整个家庭，打算让范聚财学成之后带领全家人生活得更好。而范聚财之所以同意前去读书，一方面是为了能实现父母的期望，带领全家人摆脱贫穷；另一方面是自己也想成为像三舅郭伏首那样的人物，在乡里都可以"叫得响当当"[1]。

（三）家户教育为主

贾家虽是小门小户，无钱供所有孩子读书，但在教育一事上并未有任何的松懈。贾五三夫妇既怕自家女儿嫁人之后，因做活不利索和不细致而受婆家嫌弃和刁难，同时也担心自家儿子因不会种地、做工、做人做事，而在生产生活之中遇到各种阻碍。换句话说，贾五三夫妇就是怕自家孩子被外人讥讽为"有娘生养，没娘指教"。家里孩子小时候的教育均是来自于父母，作为父亲的贾五三不仅要教孩子一些为人处世的道理，好比"人穷命如纸，勤勤饿不死"，还要传授各个儿子种地干活的技巧与方法，郭小黑身为母亲，主要是教自家女儿一些家务活，类似于纺纱织布、洗衣做饭等。

贾家的亲戚很少将教育心思放在贾润旺兄弟姐妹几人身上，只有在贾润旺几人做事太过差劲或所做事情超出情理范围，才会偶有几句劝导。邻居作为外人，更不乐意去教导贾家的孩子，一方面是没有那份闲心和工夫，另一方面是由于自己教育贾家的子女属于越界行为，同时也是对贾五三夫妇的冒犯。贾润旺的同龄人因和其年龄一般大、不懂做人做事的道理，平时只能作玩伴，所以对贾润旺等人的影响极小。换言之，与家庭相比，亲戚、四邻、同龄人对于贾家各个孩子的教育并未产生什么重大影响。

在贾家，小孩年满7岁便可以被贾五三夫妇视作成人，因为7岁左右的孩子不仅身体上有一定的发育，而且在心智上也较之前有了质的飞跃。女孩自7岁开始学习纺纱织布，并且在平时生活中能帮郭小黑做饭洗衣，这时就会被贾五三夫妇认为懂事；男孩自从开始跟着贾五三下地种庄稼，便会被大人看作长大懂事。

（四）重家教，育人品

贾家虽然只有范聚财一人经过学校的教育，但其他孩子并未因没有上过学而不会为人

---

① 叫的响当当：在一定区域内其名声、威望较高。

处世,究其根源是贾五三夫妇在日常生活中的细心教导。范聚财等人天天在家中居住,潜移默化中就会受到贾五三夫妇和其他成员的思维方式以及性格的影响。贾五三脾气暴躁、动不动就爱和他人打架,范聚财长期跟着父亲贾五三在外跑动,脾气和贾五三类似,比如范聚财和海渠曾一起在小顺家的地里放羊,小顺不允许时,范聚财二话不说便动手打了起来。

贾家一家人的相处模式极为简单,同居同财,平时生活氛围较为轻松,全家人所言所做都是以生产生活为中心,一家人分工明确、各司其职,相处得也较为融洽。贾五三主要是在地里进行农业生产,平时也爱在外面跑动结交朋友;郭小黑平时主要是在家里为全家人洗衣做饭、纺纱织布。同样,家里的男孩主要是在外做工或耕作、放羊;两个女孩则在家里跟着母亲郭小黑学手艺活。换句话说,贾五三夫妇的行为举止可以教导孩子们要勇于承担责任、以家庭利益为重,家里的生活氛围则使各个孩子乐于结交朋友,爱好外出走动。

贾家各个孩子做人做事的道理均是跟着贾五三夫妇学习,贾五三夫妇对各个孩子的所作所为都奖惩分明,不曾偏袒。孩子做得对,贾五三夫妇或是口头表扬,或是给予其一定的物质奖励;但当孩子做错事情时,贾五三夫妇不曾因是自己骨肉,而不辨是非、颠倒黑白。比如幼子贾小润小时候曾和其他孩子打架,郭小黑知道之后便狠狠地打了贾小润一顿,意在教导孩子不该以暴力方式来解决问题、处理事情。贾五三为人正直善良,无论自家生活多么贫穷窘迫,只要门外有人乞讨,哪怕自家人少吃一点也要给乞丐盛一碗,贾五三的各个孩子也学到贾五三这种优良品质,在外干活、做工或者与人打交道都不曾违背良心去做一些缺德的事情。此外,贾家各个孩子从小习得的风俗习惯也是源于贾五三夫妇的教诲。过年过节的时候,范聚财等兄弟四人都会认真地盯着父母的一举一动,同时也默默地记到心里,一来二去便也学得有模有样。范聚财兄弟四人有所好奇时,便大着胆子问父母缘由,贾五三夫妇若是知道,便会一五一十地告诉孩子,若不知道时,便只简单说一句"不要问那么多,跟着做就对了!"范聚财等人听到之后,便也不再问东问西,而是听话地跟着贾五三夫妇的样子去做。

贾家一家人主要是以进行农业耕作来维持一家人的日常消费,信奉"勤劳致富"的观点。贾五三时常以此话来教育子女勤劳,即"人穷命如纸,勤勤饿不死",若是家里有人好吃懒做,则必定会受到贾五三的呵斥。五六月份是贾家最忙的时节,全家人都要去地里耕作,当地流行的老话是"五黄六月,龙口夺食"。天还没亮,贾五三一家便起床,早饭有时都来不及吃,人人揣着个馒头扛着农具便往地里赶。因为农忙时节大多是夏天,一家人冒着炎炎烈日干活,身上的衣服都被汗水浸湿,若有人实在是太热,便拉起肩上的毛巾擦一下汗水继续劳作,正所谓"面朝黄土背朝天"。同样,贾家一家人也赞成"家和万事兴,家衰口不停"的观点。平时生活之中,贾五三脾气暴躁、爱生气,但妻子郭小黑十分讲理,时常拦着贾五三不让其冲动、打骂孩子。范聚财等兄弟四人也各司其职,努力做好分内的事,一家人生活得其乐融融。

范聚财兄弟四人在外遇到困难时,第一反应是寻求家人的帮助。贾小润小时候和他人玩耍时不经意之间起了冲突,二人打了起来,贾小润的身材较为矮小,在打架时处于劣势也因此受伤,贾小润无奈之下便哭着去找郭小黑,想让其为己撑腰,后来范聚财知晓弟弟被欺负,忍无可忍便同弟弟一致对外。由此可见,贾家的每一个人都无法离开家庭独自生活。同样,贾家这个大家庭也无法离开每一个成员,毕竟每一个人都曾为家里的生产生活做出贡献。

(五)男习耕作女学织

对于贾家而言,劳作技能是必需的生存技能,在生产生活中有着举足轻重的作用。贾润旺兄弟四人主要跟着父亲贾五三学习种地的相关知识及其技巧,好比"头伏萝卜二伏芥,三伏才种小白菜",此外还要学习驾驭牲口的方法,贾小淙则主要是跟着母亲郭小黑学习纺纱织布、做饭洗衣、打理家庭等技能。父辈所习得的农耕知识或家务技能,一部分是源于上辈人的指导,一部分是源于自己在生产生活中的经验积累。

从年满7岁开始,三子范聚财便跟着父亲贾五三去地里参加劳动生产,所学得的农业知识及技能,大多源自于贾五三的指导,剩余部分则是由年长的贾润旺和贾清旺来教导。贾五三在教范聚财学习种地技能时,大多是自己先示范一遍,然后让范聚财模仿着做一遍,若范聚财所做的动作正确无误,贾五三便让其继续,而自己去忙其他事务;若范聚财所做有错,贾五三便指出其中的错误再次示范,直至范聚财做正确为止。同样地,贾小淙也是7岁开始学习做家务,郭小黑亲自教导贾小淙,郭小黑不仅要教导贾小淙做饭炒菜,也要教导其纺纱制衣,这两类技能是身为女性的贾小淙必须学习且熟练掌握的,否则嫁入夫家之后会遭到婆婆一家的嫌弃和唾骂,就连本家也会因此被婆家看轻。此外,贾小淙是贾五三夫妇生育的第一个孩子,所以贾小淙也要帮助母亲郭小黑照顾弟弟妹妹,农忙时期,除贾小淙之外的其他成员都要去地里耕作,贾小淙则在家里做一家人的午饭。

在贾家,无论男孩、女孩都必须学习相关劳作技能,因为此类技能既是其生存之本,也是其独立生活的支柱。家里小孩若不认真学习,便会遭到贾五三夫妇的批评指责,同时也会被村民笑话为"懒王"[1],父母颜面也会跟着丧尽。

(六)教化功能

在东洼村,一个人的声望高低虽然一部分由家庭的经济实力来决定,但更多取决于此人在为人处世方面的智慧,即是否懂规矩、有品德。贾家虽是小门小户,但贾五三夫妇却十分重视对孩子的教化,通过以身作则来教导子女行善诚信。贾五三虽脾气暴躁但为人善良,在自家门外见到乞丐讨吃,便会为其盛一碗饭,不曾因自家粮食不够而置之不理,贾家孩子看见之后便会受到影响,也同贾五三夫妇一般行善。

东洼村为了形成淳朴的民风,曾对村庄里的家家户户进行日常规矩和品德等方面的教化,在教化时是分群体来进行。对于小孩子的教化,村庄主要是让村里一个辈分较高、博古通今且能说会道的老人来为他们讲故事,因为小孩的理解能力有限且注意力无法持久,所以只能通过讲故事这种有趣的方式来引导小孩,让他们守规矩、有德行。对于大人的教导,村庄主要是通过为有德行的人树立"荣誉碑"的方式来实施教化,以此来激励村民做好人、行好事。

二、家户意识

(一)重自家人

在贾家,自家人主要指的是同吃同财的一家人。长女贾小淙长大之后已嫁入他人家中,因此算是夫家的人而非贾家;长子贾润旺曾在外给别人做长工,一年只回家一趟,但也算是自家人;儿媳范粉超同贾润旺结婚便算作是夫家的人,因此算是自家人;二女贾小凌因从小

---

① 懒王:懒汉。

被卖去作童养媳,因此不算是自家人。此外,除了同吃同财的人之外,贾家心目中的自家人还包括一些血缘关系上亲近的人。贾造官和贾小五与贾五三具有血缘关系,同贾五三具有一个姓氏,因此也算作自家人;而姑妈姑父、舅妈舅父、姨妈姨父等则不能列入自家人。贾家对自家人和外人的区分主要是依靠血缘关系上的远近,地缘关系的远近对此并无影响。所以,即使是居住较远、平时联系较少的亲戚也算是自家人,但若无血缘上的牵绊,无论居住多近或联系多么频繁,也只能算作外人。对于贾家而言,有血缘关系并同吃同财的三子范聚财,在其入赘至范桃花一家之后,便不算做是自家人,因为入赘之后,范聚财便要更改姓名随妻子的姓氏。

在贾家人心目中,自家人无须分你我,有福同享有难同当。当遇到天灾人祸时,自家人互相扶持,共同想办法以渡过难关,亲戚虽和自家关系亲近,但毕竟也有自己的家庭,所以在一些事情上只能帮忙提点,却不会深度参与其中,贾家买卖土地时,便是找的舅家人前来作中人。同样,贾五三一家对于亲戚家的一些内部活动也不会过多干涉。而外人因和贾家并无血缘关系,所以无论贾家遇到何种矛盾冲突,外人大多不会进行干涉,而是采取一种作壁上观的态度。当然,一些四邻因和贾家关系友好,有时会出于道义、情分等原因,在谨守自家本分的同时适度参与贾家的事务,大多数情形之下,四邻也只是提个建议或想法,至于做主决定则留给贾五三一家。贾五三一家也是以同样的态度对待外人家的家事,不愿过多参与其中,以免被当作冒犯而惹得四邻等人不痛快。

因为在自家人和外人之间有着明显的区分,所以贾五三一家在同自家人和外人交往时的表现也会有所不同。当自家发生矛盾纠纷、僵持不下,贾五三先去找自家人帮忙协调;对于外人,贾五三一家则秉持"家丑不可外扬"的想法不愿告知,以免落得外人笑话。在称呼方面,贾五三一家多是将辈分和关系综合起来称呼自家人,将辈分和名字综合起来称呼外人。在礼节方面,由于自家人之间关系亲近,所以有些礼节可以免去;但对于外人,贾五三一家多是礼数周全、客客气气。在互助方面,贾五三一家优先去帮助自家人,在帮助自家人之余,若尚有余力才会去帮助外人。在求助方面,贾五三一家会优先去寻求自家人的帮忙,其次才是外人,因为自家人不会像外人一样推辞或婉言拒绝,以借钱为例,贾五三在妻子郭小黑去世之后,家中因无多余钱财为其置办寿衣、棺材等,贾五三便让三子范聚财前去找自家亲戚借来一百元钱。

(二)"一荣俱荣,一损俱损"

贾五三一家人因为在一起生产生活,所以在外人看来,家里任何一人的品德、教育、能力等均反映着贾家一家人的水平,可谓是"一荣俱荣,一损俱损"。贾五三夫妇在生活中互相扶持,家里的孩子也一同努力,遇到困难时相互帮助。当家里有一人受到欺辱,一家人都觉得受辱、颜面尽失。贾小润小时候和他人玩耍起争执,因个头矮小经常受欺负,范聚财知晓后,便和弟弟贾小润同仇敌忾,一起将另一个孩子"收拾"①得服服帖帖,让他不敢再欺负贾小润。

在贾家眼中,已经分家的兄弟也算是自家人,因此贾造官和贾小五也涵盖在其中。因为贾五三一家经济条件较差,所以在日常生活之中,贾造官和贾小五也时常扶持贾五三一家,遇事时多担待一些。贾五三一家因家境贫寒无钱购置铡刀,但对于贾家而言,铡刀又是用于

---

① 收拾:将人整治一顿,多是打骂等方式。

126

铡草喂马的必需品,这时贾五三前去找自己的两个哥哥协商,意在三家共用一个从而减轻压力,贾造官和贾小五便连忙答应。虽然分家的兄弟之间要互相扶持,但是贾五三一家始终牢记"亲兄弟,明算账"的老话,以此使三家更为和谐地相处。

贾五三一家作为一个整体,每日的所做所劳都是为了实现自家的共同目标,即生活的美满幸福,然而实现幸福生活目标的基本前提是家里的经济条件有所改善。贾五三一家人都须为实现自家的家庭目标而努力,无论男女都要各司其职,将自己的分内之事做到最好,从而促使家里生产生活的正常进行。当然,家庭的各项收入也是共同支配、共同享用,家里每年收下的粮食都是共同使用,只不过是交由家长贾五三做主统辖,以免秩序混乱产生矛盾纠纷。

对于贾家而言,幸福美满的生活暗含着一家人的平平安安,毕竟钱财等都是身外之物,生不带来死不带去,一家人的平安长寿才是最根本的,只有在一家人都健在的情形之下,讨论其他事务才显得有意义。贾五三一家深知平安是福,每次在祈福或者拜神的时候,都会请求祖先或家神来保佑一家人的平安健康。

(三)为全家牺牲个人

贾五三一家十分赞成"没有家就没有个人"的观点,因为一家人的吃喝住行都依靠于家庭的生产劳作。贾五三一家因为家中贫穷,无法让每个成员都享受到均等的分配,为了自家的大局着想,有时需要牺牲个别人的利益。

1947年郭小黑去世,贾五三为了给妻子下葬、举办丧宴四处借钱,三子范聚财此时还在学校念书,每年需上交一百五十斤麦子作为学费,贾五三因身负债务而又年老体衰,无法靠一己之力撑起整个家庭,思索再三之下便让三子范聚财辍学。范聚财看见自家的情形十分窘迫,同时也想帮父亲贾五三承担一些责任,便遵从贾五三的劝导不再上学,外出辛勤做工,以维持一家人的生活所需。

贾五三作为一家之长,无论做何种事情都会优先考虑整个家庭的利益,将自我利益摆在第二位。贾五三在分配自家的各项收入时,不曾因自己权利较大而享有特权,统筹考虑之余,更多是牺牲自我利益来保全全家。1942年,整个河南省发生严重灾荒,更有蝗虫过境,庄稼几乎颗粒无收。《南阳县粮食志——大事记》中记载道:"中华民国三十一年,夏秋大旱,井塘竭,禾苗枯。"贾五三为了带领整个家庭度过灾年,平时吃饭的时候总是先让自家的小孩食用,自己则是随意将就一下,有时甚至将三顿饭并做一顿饭来食用。

贾家的每一个成员都知道自家的条件,所以无论做何种事情都将家庭放在第一位。家里成员不曾因贪图个人的幸福或享受,而肆意妄为或对家里其他成员的生活状况视若无睹。1948年初,长子贾润旺已经年近三十岁却仍未婚配,但不曾埋怨过家里任何人,而是抱着理解的态度。单单1947年,贾家就发生了一堆意料之外的事情:郭小黑去世;贾清旺因被财主所逼,无奈之下只能去当兵;范聚财身为堂堂七尺男儿,最后入赘他人家中当上门女婿。整个家庭几近分崩离析,长子贾润旺未在其中起到作用,以挽救一家人的生活状况,因此只能将自己婚事往后拖延。1948年底,贾家经过一年的生产打拼,家里的经济条件终于有所好转,但仍旧贫寒。家长贾五三为长子贾润旺说亲,其女方年龄比贾润旺整整大12岁,贾润旺知晓之后并无任何的抱怨,反而遵从贾五三的安排娶妻。

(四)日行一善以积德

贾五三一家人辛劳一年也只能勉强维持自家的生产生活所需，但是却不曾以家境贫穷为借口，而忽略行善积德。贾五三虽脾气不好，但十分善良正直，平时生活中更是乐于向四邻伸出援助之手。日本人来到东洼村时，全村的生活都受到极大影响，大家都无盐可以食用，在村里，人们之间借面、借粮食等比较好借，但是借盐便容易被拒之门外，因为一斤盐可以换五十斤麦子，贾五三因家中有一匹马，便牵着马匹去汉城买来五十斤盐，村里的人都纷纷前来借盐，贾家却从未表现出一星半点的拒绝之意。对于村庄的公共事务，贾五三也十分上心，东洼村要和泉脑村分开实现自立，贾五三更是积极参与其中，出谋划策，不惜同泉脑村村民打官司。

贾五三一家认为"人在做，天在看"，所以十分赞同"善有善报、恶有恶报"的说法。贾五三一家在行善之时并不祈求回报，但家里确实曾因积德而免去一场灾祸。某灾年，一个老头因是孤家寡人，无法靠一己之力维持生计，无奈之下便只能乞讨求生，老人身穿破破烂烂的衣服，在东洼村来来回回踱步，正犹豫着该去哪家让其施舍点粮食吃，便听到身后有人叫喊。贾五三连忙将老人扶进自家院里，督促妻子郭小黑烧火做饭，饭菜做好之后，贾五三不让自家孩子先动碗筷，而是先给老人盛好一碗饭让其食用，连着几天，老人都是去贾五三家中吃饭。后来，老人在东洼村开了个烟馆，有一天，三个强盗走进老人的烟馆，一边吃烟一边商量去贾五三家中抢劫点金钱回来，三个强盗之所以去贾五三家中抢钱，是因为贾五三的长女贾小淙刚定亲，男方刚将聘礼送至贾五三一家。老人在边上听到三个强盗的话心中一惊，联想到往日贾五三一家对自己的救助，便不顾自己的安危抱着那三人的腿说道："你们要是想去抢他的钱，就先把我杀了！你们要是不杀我，我就一定去报官。"那三人一听，不想惹上官司更不敢杀人，便灰溜溜地走了，贾五三一家才免去一场灾祸。

贾五三一家时常祭拜祖宗或家神，希望列祖列宗能保佑一家人的平安健康，同时也认为德行是一点一滴积累而来的。贾五三在日常生活中总是教导子女要正直行善，不可为人作恶，对于无德之人，贾五三一家经常以"背良心"①一词来形容，更是因厌弃不同其打交道，村里的人也不待见这种无德之人。

三、家户观念

(一)"一寸光阴一寸金"

1.按节气辛劳耕作

贾家一家平常依据自然界中花草树木的发芽、开花、衰败等来判断季节，依据太阳的东升西落来判断时间，根据太阳投射在墙上的影子长短来判断时辰，晚上的时候根据香烧的多少也可以知晓时辰。当地曾有老话："正月迎春二月杏，三月桃花四蔷薇；五月石榴六月荷，七月凤仙八月桂；九月菊花十芙蓉，十一山茶腊月梅。"

贾家主要是通过进行农业生产来维持一家消费，所以深知季节变化对农事活动的影响。一年之中有农忙和农闲之分，一家人在不同时期会有不同的表现，旨在通过劳逸结合来促进生产。农忙季节大都在四五月份，贾家一家人为了收自家的粮食，大多早上四五点便起床，一

---

① 背良心：违背良心。

家人去沟底担桶水回家洗漱,洗漱完毕之后随手揣个馒头放到兜里,往地里赶。范聚财曾经因天黑看不清随手拿起郭小黑的一条裤子穿上,赶到地里才发现自己穿错裤子,羞愧不已。中午吃饭的时候,贾五三要么是让妻子郭小黑提前半个小时回去做饭,要么就是让贾小淙在家做饭,等到中午饭点时将一家人的饭菜送到地里。吃完饭后,一家人稍作休息便又投入到生产之中,直至下午七八点,一家人才赶回家中。郭小黑回家做饭,而贾五三则带着自家的几个儿子将麦子拉到晒场上堆积起来,一家人吃完晚饭,贾五三便安排家里的儿子睡到晒场上照看粮食。到十一月份,贾五三一家便进入到一年的农闲时期。农闲的时候,贾五三一家很少继续从事农业活动,偶尔会去地里锄草,但更多的时候是待在家内劳作。除去范聚财之外,一家人大多是早上八点左右起床,在家里收拾一下自家院落、修缮农具等,而范聚财早上六点左右就要牵着自家的马去北山煤窑买煤,之后又拉到陕州去卖,晚上六七点左右,一家人吃完晚饭,便各回各屋准备休息。

夏天的时候,因为天气炎热,一家人凌晨三四点便下地干活,早上十点左右收工回家,因正午气温最高不便干活,一家人吃完饭之后,便躺在床上睡个午觉,一觉醒来差不多下午三点,一家人便又拿起农具前往地里耕作,直至夕阳西下。冬天的时候,地里也无需贾家人前去照应,一家人便在家中忙些其他事情,三子范聚财则趁着天气寒冷,家家户户都需要烧煤取暖,牵着马匹出去卖煤。

对于贾家而言,农作物一年的收入直接影响着全家人的生活状况,为了让粮食增产,贾家人几乎将全部的精力用在土地上,一家人均认为只有"勤扒苦做""起早贪黑"才能使得一家人生活的较好,而"虚度光阴""好吃懒做"只能将家里仅有的家产败光,正如老话所言"命薄如纸,勤快人,饿不死"。在贾家,范聚财相对于其他成员而言,稍微有些懒惰,一旦不需要出门卖煤,范聚财便会选择在家里睡懒觉,有时贾润旺和贾清旺早上从地里割完草回来,发现范聚财还在睡懒觉,便开始呵斥其太懒惰。

在种植农作物的时候,贾五三因自家生活贫穷,会将多方面的因素综合起来考虑,以使其能够满足自家生产生活所需。贾家庄稼的收成,不仅会受外在环境因素的影响,也会受到家人的勤劳程度和农作物特性的影响。对于旱地而言,一年雨水的多少在很大程度上决定贾家一年粮食的收成。为了让农作物长势好一点,贾家会在雨季的时候抢水,当地对于抢季节曾有俗语"五黄六月争秒头",贾五三下午会带着自家的几个孩子多犁两遍地,以促使庄稼早些成熟。农忙时期,贾五三会去找自家四邻或亲戚来帮忙耕作,以争取在最短时间内完成割麦,防止因错过时间致使粮食减产,因为当地有"小满不过十"的说法。从家人勤劳程度而言,贾家一家人劳作的时间越长,农作物的长势也就越好,随之产量就会增加,冬天的时候,贾五三有时在家里闲得无聊,便会去地里锄草。从农作物自身特性而言,虽然棉花种植起来较费时间,而且程序较为复杂,但棉花的单价较高,所以贾家会大面积地种植棉花。

2. 平时忙碌,节日休息

贾五三一家人比较喜欢忙碌的生活,因为忙碌起来内心比较踏实,一家人的生活时间大部分都用在农业生产或做工挣钱。对于时间的流逝,贾家人会觉得心慌,恨不得每个白天的时间能再延长一倍,这样就可以多耕作一段时间,用古语来形容便是"一寸光阴一寸金,寸金难买寸光阴"。为了粮食收成能有所保证,贾五三作为一家之长,不仅会对农业耕作做出一个短期规划,也会有一个长期规划。以短期规划为例,一家人明天要去地里割麦子,贾五三就会提前一天嘱咐妻子郭小黑去蒸一锅馒头,以避免一家人早上饿肚子干活;以长期规划为例,家里的这块土地已种三年的麦子,贾五三在来年的时候,便会做主改成种植棉花,这是因为土壤肥力有限,通过"倒茬"①可以保证粮食作物的收成不会受到影响。家里其他成员对于贾五三的安排很少会产生异议,当尽心尽力地完成家长所分配的任务之后,一般会选择帮其他成员干活。当然,若家里成员完成家长所布置的任务之后觉得劳累不想干活,而去做其他的事情或者休息一下,贾五三也不会干涉或批评。

在平常日子里,贾五三一家都是早上七点起床,晚上七点睡觉,三餐的时间大约是早上八点,中午十二点和晚上六点。一家人在起床和吃饭的时间上并没有严格的规定,通常是依据自家事情的多少来进行灵活安排。晚上吃完晚饭之后,范聚财通常会去亲戚贾造官家串门,顺便让其家人教自己打算盘。家里的其他成员,要么是早早地洗漱睡觉,要么就是去四邻家中串门聊天。在重大节日时刻,比如过年、清明等,贾五三一家会选择享受节日的欢乐,而非下地耕作,当地也曾对重大节日期间的耕作任务做出一些规定,好比正月十六便不让农户下地耕作,当地老话为"老牛老马歇十六",清明时节不让牛去拉磨,否则牛的眼睛会瞎掉。平时,若贾五三一家同邻居约定在某时某地见面,贾五三一家会秉持"早起三光,晚起三慌"的观念,第二天更是早早起床收拾,以便能提前几分钟前去等候,如果有人常常错过时间,他的名声便会受到影响,更会被村民讥讽为"懒王"。

(二)注重自家空间

1.内部合理布局

1948 年以前,贾家共有两间窑洞,均坐北朝南,一方面是因为南面阳光充足,采光比较方便,另一方面则是因为背靠北方,可以躲避寒冷的北风,从而使得窑洞暖和。1948 年,贾家因长子贾润旺结婚又重建了一个窑洞,此窑洞及其窗户的方位则是坐西朝东,因为当地有"紫气东来"的说法,同时东边朝阳方便采光。贾家并没有设置单独的厅堂,做饭和招待客人的地方均在贾五三夫妇所居住的东窑。贾家有一座大院,院子里并未摆放桌椅等杂物,但种植了两棵树,一棵是石榴树,另一棵是葡萄树,大门在窑洞的西南方向。贾家在打院墙的时候,贾五三曾请过风水先生,并按其指导来布局,风水先生走的时候贾五三还给其三元钱作为酬谢,但若是在窑洞之内重新布局或修缮,则无须去请风水先生,用当地老话来形容便是"窑套窑,不要瞧"。

贾家两间窑洞的具体居住安排是贾五三夫妻二人和三子范聚财、幼子贾小润居住在东边的窑洞,这是由于村庄惯例"尚左尊东"。此外,三子范聚财、幼子贾小润两人的年龄幼小,仍需要贾五三夫妇二人的照顾。长子贾润旺和二子贾清旺居住在西边的窑洞。当家里来客人时,客人则同贾五三夫妇一起居住在东窑。夏天麦收时节,贾五三有时会到麦场睡觉以便照看麦子,有时也会让自家的长子和二子睡到麦场,三子范聚财因嫌屋里太热,则拉个凉席睡到自家院子里,而家里的女性则因性别不便出门,所以无论春夏秋冬均住在自家窑洞里。1948 年底,长子贾润旺结婚之后,因叔嫂之间需要避嫌,贾清旺便搬去东窑居住,东窑居住起来比较拥挤,一方面是因为各个孩子已经长大成人、身体发育较好,另一方面是因为东窑一共居住四口人。贾五三因自家居住起来过于拥挤,便去四邻家中借宿了两三个月,在借宿

---

① 倒茬:土地轮耕轮休。

的这段期间,贾五三无需向四邻交纳租金,因为这属于四邻之间的友好互助。

贾五三一家在1948年以前并无私人空间,一家人居住在自家院子里并无任何规定或约束。1948年底,长子贾润旺结婚,贾五三用水将泥土和杂草搅开之后,将西窑重新粉刷一遍。贾润旺结婚后便同妻子范粉超居住在西窑,由于当地的礼俗不许叔叔嫂嫂居住在一起,贾清旺便搬回东窑居住。贾五三后来发现自家居住起来过于拥挤,便决定在侧面打一间窑洞,作为贾润旺夫妇的独立空间。窑洞建成之后,贾润旺夫妇则搬去新窑居住。贾五三一家在房屋居住方面,唯一的不成文规定便是长辈要居住在东面,因为东面在当地为"上位"①,属于村中的惯例,家里成员在居住时都严格遵守此规定,无人违背。

贾家在进出居室时同村里其他家户一般,有众多默认的规矩。在1948年以前,三子范聚财已经结婚,但是由于范聚财是入赘,所以同妻子居住在范庄村。除此之外,贾五三一家并无其他儿子结婚,所以一家人在居住、进出房屋时较为随便,并无任何规矩约束。1948年以后,长子贾润旺结婚,并同妻子范粉超搬至新窑居住,由于贾润旺夫妇已经组成一个小家庭,所以在进出居室时有一定的规矩,儿媳范粉超既不能进公公贾五三的屋门,也不能进小叔子的屋门,同样,作为公公的贾五三不能进儿媳范粉超的屋门,小叔子亦是如此。如果双方有事需要找对方,便在门外大声喊叫,将其叫出屋门站在门口讨论,当地老话为"官不入民宅,父不入子屋"。

1948年以前,贾家因为家中贫穷只有两间窑洞,同时也因为牲口在自家所起作用较多,既能进行农业耕作,也能用来运输物品,所以贾家将其圈养在自家窑洞后面方便照顾。贾家人口较多,郭小黑纺纱织布是在自家屋里,做饭也是在窑洞里,所以房屋的居住较为拥挤,但贾家有独立的茅房,位于房子的东南方向。贾家的生产生活空间较为合理,一方面考虑了家里的实际经济状况,另一方面将牲口安置在自家窑洞后面而非前面有利于接待客人。若家里经济条件允许,贾五三一家希望自家的院落和房子越大越好,这样家人和牲畜便能分开居住,使得家里的空气较好,同时招待客人也较为方便。

2.外部清晰认知

贾家的房屋和四邻的房屋以共墙为界线,外人在进入贾家房屋时,都是直接进门打招呼,尤其是当四邻来贾家借用物品时。贾五三一家对自家房屋、院落有清晰的自我空间意识,不允许外人以各种名义来侵占自家房屋。邻居因距离贾家较近,所以时常会来贾家串门聊天,亲戚大多居住在外村,距离贾家较远,所以不会轻易造访贾家,除非过年过节或家里有急事。贾家所在的村庄既无共用的晒场,也无共用的水井,晒场大多都是自家房屋上面或前面的一片空地。换言之,晒场是家家户户私有,东洼村之所以无水井,是因土地下方并不能汲取出水流,村民均需去沟底的河流中担水,用于生产生活所需。

贾家位于村中的边缘地带,也就是当地所言的"村边上"②。东洼村西边是泉脑村,东边则是石岭、曹家山等村庄,村庄与村庄之间主要是以岔路口和河流作为界线。贾家所在的东洼村虽属于高庙乡,但距离磁钟乡更近,约有五里远的路程,一家人走路需要一个小时左右。贾家一家人去过最远的地方是山西,走路需要二至三天,村民知道之后都说贾家人"能干"或

---

① 上位:好的位置。

② 村边上:村庄的外缘地带。

131

"出过远门",对其十分尊重,甚至有时会前来询问打听。贾家一家人在1949年以前均出过村庄,过年走亲戚的时候,贾五三便会带着孩子前去拜年。

(三)多重打算求美好生活

在1949年以前,对于村庄农户而言,理想生活是"二十亩地一头牛,炕上坐个'剪发头'①",贾五三也是如此,期望自己拥有土地、牲口、妻子,也就是古语所言的"成家立业",贾五三结婚之后便同妻子郭小黑生儿育女,辛勤耕作以维持一家人的生活。贾家一家人同吃同财、不分你我,所以家里的每一个成员都要承担起自己的责任,意在改变自家的生活。贾五三作为一家之长,需要操心家里的大小事情,将一切成员、事务都管理得井井有条;妻子郭小黑的主要责任是生儿育女,同时做好家内的家务活;贾小润等孩子作为家中的一分子,也必须参与到生产劳作之中,为家庭贡献自己的一份力量。长女贾小淙主要是看管、教导自己的弟弟妹妹,并且要帮母亲郭小黑做一些家务活,长子贾润旺主要是放羊,二子贾清旺在外做工,三子范聚财长大成人之后,主要是在外卖煤以补贴家用。家里每一个成员都需要尽心尽力做好自己分内的事情,参与劳动大多是自觉自愿,都想家里能够过上好日子。家长贾五三对家里的大小事务做出统一安排,家人按其指令承担起相应的责任,这种做法更有效率,一方面避免有人偷懒耍滑,另一方面也不会因为大家都去做同一件事情,而导致其他事情无人可做,最终耽误家里的生产生活。贾五三作为家长,虽权利较大,但并非可以肆意妄为,家长的一举一动都需要对全家人负责,不可做出违背家庭成员利益的事情。此外,贾五三还需对自家祖宗负责,不能做违背祖宗的事情,在东洼村,家长放弃赡养老人或打骂老人都属于背弃祖宗,会受到村民的歧视和讥讽。最后,家长也需对子孙后代负责,不得将自家土地、房屋等败光,不给后辈以居住谋生的场所,使其无法自立自足地生活。

贾家为了更好地生活,一家人愿意辛勤劳动、节约、算计、互惠、注重人情、忍耐等。在劳动方面,贾家通过辛勤劳动增加粮食产量以维持一家生活。辛勤劳作在当地被称为"吃苦耐劳""起早贪黑",当地有关辛勤的俗语主要是"人穷命如纸,勤勤饿不死"。在农忙时期,贾家一家人在天还没亮时便去地里干活,中午为了能多干会儿活,有时直接让家人将饭菜送至地里。家庭成员对于勤劳的习得,主要是基于上辈人的辛苦劳作,还有部分是因自己懒惰受到家长的斥责教育,懒惰在当地被称为"偷懒耍滑""好吃懒做",贾家并无懒人,不过三子范聚财有时会因自己在外过于劳累,第二天若无需外出,便会选择在家多睡一会儿。

在消费方面,贾家人因家中贫穷,十分节约,不敢有丝毫浪费。节约在当地人口中一般是"细法"②,有关俗语主要是"一天省把米,十天是一碗"以及"一顿省一把,十年买匹马"。贾家人对于节约习惯的习得,主要是家里上辈人的教育,家里小孩若是剩饭,必定会受到贾五三夫妇的责备,若实在吃不完又放不到下顿,贾五三夫妇便会将其拿去喂牲口;对于浪费,村里的说法主要是"败家子"③,贾五三一家不曾有人浪费,同时对于这种不懂得节约的人十分鄙视。

在平时的生活中,贾五三一家为了更好地生活、更高效率地劳作会选择算计。算计在当

---

① 剪发头:妻子。

② 细法:做事情时精打细算或十分节省。

③ 败家子:浪费奢侈。

地主要被称为"精打细算""会过日子"。同时这种算计也包含了互惠。无论是进行农业生产，还是在生活中交换、举办红白喜事，贾家都会考虑自家的经济承受能力。进行农业耕作时，贾五三有时为避免错过重要节气，影响来年的庄稼收成，便会亲自前去寻找亲戚或四邻换工。等到自家的农活干完之后，贾五三再去帮邻居干活，一方面不耽误正事，另一方面也无需花钱。对于那种不曾精打细算的人，村民一般讽刺其为"信球"①，贾家也是同种态度。在生活之中，贾家一家人都十分节俭，然而在举办红白事情时，贾家却不会那么精打细算，而是往多处考虑，免得出现因宴席较少使得有人无饭可吃的尴尬场景。贾家在生活中的态度，用当地老话来形容就是"过日子不得不仔细，过事情不得不浪费"。

贾五三一家在生活中难免会遇到一些仅靠自家一己之力无法办成的事情，这时四邻、亲戚、村庄等外界成员的作用便会凸显出来，所以贾家十分注重人情。贾家的人情同村里其他人一般，主要是亲戚、朋友、四邻、家族以及村民。贾家在借贷时通常会找自家亲戚作为中人，让其帮忙游说财主，从而使得财主能给自家放贷；在举办红白喜事时，贾五三一家主要是去找自家亲戚帮忙照顾；平时生活中的交换，贾五三大多会直接找自家邻居。换言之，贾五三一家依据事情的严重程度来思考同何人交换。事情紧急，贾五三则同血缘关系亲近的亲戚打交道，若事情无关紧要，贾五三则找四邻打交道。在交换时，贾五三一家比较注重"好借好还，再借不难"，而非去找熟人，让其便宜实惠一些。

生活中，贾五三一家比较注重求稳，只有人生存下来，那么讨论其他事务才会显得有意义，求稳在当地的说法主要是"过踏实日子""平安是福"。村中凡是被抓去当兵或当壮丁的人大多客死他乡，所以当二子贾清旺被抓去当兵时，贾五三一家一方面给保甲长送礼，另一方面又将贾清旺送到外地做工。贾五三一家人的脾气比较暴躁，遇事容易冲动而不会忍耐。

在贾家的生产活动之中，劳作技能对粮食收成也有一定的影响，所以贾五三经常教导子女要好好学习相关技能。贾五三一家的收入来源主要是农耕，所以贾五三主要教导孩子学习种地的相关知识和技能，因为这项技能是家人生存下来的根本支柱。

四、家户习俗

(一)节庆习俗概况

1.春节习俗

对于贾家而言，一年之中最重要的节日便是春节。庆祝春节，一方面是因为春节寓意一年新的开始，包含着家人对未来一年新生活的期冀，另一方面是忙碌一年之后，需要借助春节来放松娱乐一下。春节是从正月初一开始算起，但是要提前几天开始准备，一般是从腊月二十三即所谓的小年开始。腊月二十三当天，贾家一家人需要祭祀灶神，同时也需要食用腊八粥，贾家的腊八粥里面一般放的是小麦、玉米、花生、黄豆等，用当地老话来说即是"杂七杂八腊八粥"。到晚上的时候，贾五三要将灶王爷的画像贴到墙上，同时在桌子上备好供品，贾五三领着自家的男孩给灶王爷磕头，并且要给图像中灶王爷的嘴巴上抹点"糖蜜"②，以期待灶王爷入神界能为自家美言几句，真正做到"上天言好事，下界保平安"，在磕头的时候，贾五

---

① 信球：愚蠢。
② 糖蜜：糖水。

三会教导自家儿子念一些祭词,比如"'今个'①腊月二十三,我送灶爷上青天,你到天上给神表,就说蒙正很苦焦"。

贾家一般在腊月二十四那一天打扫屋子,当地老话便是"腊月二十四,掸尘扫房子",家里的男性主要是打扫屋子,而女性则主要是洗涮各种衣物、床单被单。过了腊月二十四,贾家人便开始置办年货,年货大多是去集市上买一些猪肉、蔬菜,因为家中贫穷,大多是借钱去买,东洼村大多数家户的家庭条件同贾家一般,所以过年时也是各种外借,当地曾有老话来形容这种场景,"穷汉家今儿借明儿借,借了两斗'颗篓麦'②;姥爷跑到张茅街,割了二斤母猪血"。等到大年三十,贾五三一家早早地就将春联贴上,因为当地习俗讲究春联一旦贴上,外人便不能进贾家的门,贾五三一家借此来阻止债主到自家讨债,但是郭小黑去世后的三年,贾家为了守孝不再贴春联。郭小黑去世之前,每年除夕晚上,贾五三一家的年夜饭都是饺子,郭小黑做完之后一家人共同食用,外人不会无缘无故地参加贾家的年夜饭,即使是住在自家旁边的贾造官和贾小五两家也不能前来参加。

大年初一,贾五三便早早地喊自家孩子起床,不让其睡懒觉,以免未来一年都处于懒散的状态之中。过年当天,贾家不允许使用剪刀,以免剪错纹路将自家的财运剪断,同时,贾家也不允许泼水、扫地。此外,吃饭的时候不允许吃稀饭,而是要吃凉粉,因为吃稀饭寓意未来一年家里都很贫穷,而凉粉则寓意一家人在未来一年心清明净。新年当天,贾五三也要带着自家的四个儿子去给列祖列宗祭拜,在家门口烧些纸钱,屋内的桌子上也要摆放祭祀的供品,因贾五三在贾家的辈分最高且是男性,所以祭祀活动由贾五三来主持。祭祖的时候,郭小黑和贾小淙不能前去,因为祭祀的人必须与列祖列宗实属一脉,而且要能够传宗接代。贾家是用方桌来祭祖,祭祖的桌子就是平时使用的桌子,祭祖的时候单独抬出来用于摆放供品。贾五三一家祭拜完祖先之后不可以立刻收拾桌子,而是要等到初五之后再收拾,祭祀的桌子也是由贾五三前来收拾。

春节期间,贾五三要领自家人去走亲戚,走亲戚的时候按照亲戚的远近程度来安排,一般先去本家的至亲那里,后去关系较远的表亲那里。若亲戚来自家拜年,那么贾五三一家也必须要去亲戚家拜年,礼尚往来促进两家关系的友好发展。大年初一的时候,贾五三带领一家人去贾魁家给其拜年;大年初二的时候,贾五三夫妇则要去郭小黑的娘家拜年,乡绅、保甲长之类的外界成员,因为贾五三一家同其关系一般,所以无须前去拜年。对于亲戚,因两家平时距离较远,不常往来,此时便借助过年的机会去家中拜年,以联络一下两家的感情,贾五三一家前去各家拜年的时候,都需拿点枣糕馒头或糖果作为礼物。

正月期间,村庄为了庆祝新的一年到来,便会在村里组织一些集体娱乐活动,让村民借此机会能够放松娱乐一下。东洼村的娱乐活动主要是"耍热闹",从正月初八一直持续到正月十五。保甲长前来各个家中让其摊点钱财,以购买耍热闹时所需的工具,一般都是锣、鼓、高跷、花轿等。耍热闹的前一星期主要是各种排练,最后一天即正月十五才是真正的表演,这一天凡是家里没有紧要事情的人家都会前去观看,贾五三也会领着自家人前去欣赏,为了图个热闹喜庆,顺便放松娱乐一下。

---

① 今个:今天。

② 颗篓麦:麦子。

2.红事习俗

1948年底，长子贾润旺娶范庄村的范粉超为妻，当地虽有哭嫁的说法，但范粉超却无须哭嫁，因为哭嫁的新娘大多是无父无母。结婚当天，贾润旺要身穿礼服、礼帽以示庄重，而作为新娘的范粉超则要头戴凤冠、身穿大红色的衣裙，范粉超一切都穿戴整齐之后，便只需坐在自家炕上静静地等着自己的丈夫前来迎亲。新娘范粉超早上吃饭的时候不可以食用猪肉，因为当地说法是男性主外、女主内，女子要照顾家禽，若吃了猪肉则会对自家的猪不好。新郎贾润旺在一切准备妥当的时候便可以出门迎亲。

迎亲时，贾润旺骑着一匹高骡大马走在中间，胸前戴着一朵大红花，迎亲的一行人吹锣打鼓，十分热闹喜庆地前往范粉超家中。迎亲人敲的锣面上要画上两个大雁[①]，寓意夫妇二人的爱情至死不渝。到范粉超家门口时，新郎贾润旺将自家的礼物送给亲家，并同妻子范粉超在院子里行拜见大礼，以祭拜范粉超的列祖列宗。行礼结束之后，贾润旺将从自家带来的酒一饮而尽，然后将酒瓶交给范粉超的父母，范粉超的父母便去自家屋里给酒瓶塞满豆芽，期冀自家女儿进入贾家之后能像豆芽一般生子扎根。同时，范粉超的父母还要从自家面缸里挖点面粉送给贾润旺，因为当地有"左挖金，右挖银"的寓意包含在其中。之后便是送亲，范粉超的哥哥将新娘范粉超抱到花轿之中，不让范粉超双脚沾地，当地称为"抱轿"，之所以不让新娘双脚沾地，是担心范粉超将娘家的财富一并带走。在起轿时，迎亲的人便需要往花轿上面撒五谷，据说这是因为空气中有大量的污秽之物，恐对新娘不利，撒了五谷便让污秽之物粘到五谷之上，从而使新娘免受其扰。新娘范粉超坐在轿中，手拿一把镜子，且镜子下面绑着"架架葱"[②]，这把镜子在当地称为"照妖镜"，因为路上难免有不洁净之物，而镜面反射的光芒可以将其去除，镜子下面要绑"架架葱"是寓意新郎新娘两人永结同心。

迎亲的一行人敲锣打鼓地将新娘范粉超抬至贾家之后，新媳妇范粉超准备下轿时，贾五三便安排一人在前面翻红色马褥，贾清旺在新人前面撒五谷，以此种方式将新媳妇范粉超迎至新屋。新屋的被窝、床单下面均放着一些花生、核桃、大枣之类的瓜果，因为花生寓意"生孩"，大枣也有"早生贵子"的寓意，而核桃则寓意"团圆"。待自家亲戚朋友吃好酒席之后，贾五三便让这对新人在院子里拜天地。院子前面放置一张桌子，桌子上面放着一个斗、一把尺和一杆秤，在桌子的两边放两把椅子，贾五三坐在左边的椅子上，新人正对桌子开始三拜天地。到晚上，贾五三端来一碗咸汤让儿媳范粉超喝，据说这是"恋家汤"，寓意让儿媳从此将贾家作为自家。婚礼后第二天，新媳妇范粉超不用下厨做饭，只需向公公贾五三请安。当地风俗是"新媳妇新三天"，所以新媳妇范粉超在嫁到贾家的前三天无需做饭，另外新媳妇范粉超需在第三天归宁。

此外，当地对于结婚还有一些其他风俗，比如新娘在上下轿子的时候，有身孕的人要躲避三舍，这是由于当地将孕妇称之为"双身人"[③]，其身体虚弱，而"新娘头顶三尺火"，所以孕妇离新娘太近会有危险。另外在接送新娘时，姑姑姨姨不能前去，因为姑谐音是"孤"，姨谐音是"一"，两者都是指单独一人，当地老话为"姨不能送，姑不能迎"。

---

① 锣面之所以画的是大雁而非小燕，这其中有一个传说在内。一天，大雁和小燕吵架，小燕是垒巢生蛋便嘲笑大雁说道："我住的是青堂瓦房，你住的是个草窝"，而大雁则反讽道："你是才死才配，我是至死不配。"

② 架架葱：一个葱根却长出两棵葱苗。

③ 双身人：怀有孩子的孕妇。

3.白事习俗

1947年郭小黑去世的时候,各个孩子都要在其身边守护,长女贾小淙给郭小黑身底下铺布,当地讲究"铺三盖四""铺金盖银",也就是郭小黑身下铺一片三尺长的黄布,身上盖一片四尺长的白布,家中的其他成员穿白色的孝衣,此外贾润旺等兄弟四人在穿白鞋的时候不能提后跟。贾五三同各个孩子前去亲戚家里报丧时,不得进亲戚的家门,必须在外面吆喝。贾家的各个孩子在给郭小黑穿寿衣的时候不许哭泣,据说假如泪点落到郭小黑衣服上,郭小黑前去阎王殿报到的时候,小鬼会因嫌弃其衣服过脏而鞭打郭小黑。下葬之前,贾五三一家人不可以洗脸、洗衣服,因为怕脏水渗到地下,最终让郭小黑喝掉。下葬时,因背幡之人是长子贾润旺,所以贾润旺需下到墓穴之中,用胳膊上的衣襟将棺材从小头往前擦一下,但是不可以回第二下。同时,贾润旺也需将塞了大葱的"食品罐"①放进墓穴之中,因为大葱寓意聪慧,从而使得郭小黑保佑自家后辈人聪明。长子贾润旺从墓穴之中出来之后,兄弟四人以及其他自家孩子需要将手里拿的馒头扔进墓穴之中, 当地认为郭小黑去阎王殿报到时需要经过蚂蚁山,为了避免郭小黑被蚂蚁噬咬,郭小黑需要一手拿粮食、一手拿馒头,将粮食撒到地上,蚂蚁便去吃粮食而不会再咬郭小黑,而蚂蚁山的前面有一条狗,郭小黑将馒头扔给狗吃便可以平安地走到阎王殿。最后,打墓的人将郭小黑的墓穴用土封好,到此丧葬一事结束。之后便是贾五三一家对郭小黑的祭拜,时间节点一般是烧七、烧百天、烧周年、烧三周年等。郭小黑去世的前三年,贾五三一家过年的时候不得走亲戚、放鞭炮、贴春联等,以此来表达对郭小黑的追思。

(二)家户内部过年过节

贾五三一家在过年过节的时候都是以家庭为单元,不曾在外人家中过年,临近的贾造官和贾小五虽是贾五三的哥哥,但因兄弟三人已经分家且都已成婚,所以二人不曾在贾五三家中过年过节。过年过节的时候,嫁出去的女儿不回娘家过年,不论是关系多么亲近的亲戚和朋友,过年的时候也都不可以待在贾五三的家中,同样地,贾五三一家人也不许去外人家中过年。若村中有人是孤独一人,无父无母无子无女,他便只能去自家亲戚家中过年,若连亲戚都没有,就只能随意找个落脚地过年。过年过节时,贾五三一家人要聚在一起吃团圆饭,平时外出当长工的贾清旺在过年时也会赶回家中,一起吃团圆饭。1948年,虽然长子贾润旺已经结婚但并无分家,所以过年时贾润旺夫妇也要同其他家庭成员聚在一起吃饭。过年期间,贾五三夫妇会带着自家孩子去走亲戚,到了哪家便留在哪家吃饭,一般都是去近亲家中,甚少去要好的朋友家中走亲戚,走亲戚的时候大家都会互送礼物并互相祝福。

五、家户信仰

(一)信仰家神

1949年以前,贾家信奉多种家神,灶神、门神、财神、关公均信奉。灶神就是贴在案板上方的墙面上,门神的画像则被贴在两个门扇上,财神的两个人像则被摆在桌子两边,关公的画像则被贴在正对门口的墙面上。在贾家,贾五三及贾润旺兄弟四人可以祭拜家神,而郭小黑和贾小淙却不可以祭拜家神,日常生活中,贾五三一家不曾祭拜家神,所以既不烧香也未

---

① 食品罐:下葬时的罐子。

曾摆放供品,过年的时候,贾五三会带着四个儿子去祭拜家神。正月初一至十五,贾家一天祭拜家神三次,烧三次香。贾五三作为家中辈分最高的人,来主持祭拜活动,放鞭炮、烧纸、上香、摆贡品等一切程序均由贾五三来做,供品大多是从集市上买来的肉菜,有时也会摆些馒头作为供品。

贾五三一家信奉家神,主要是抱着一颗期冀的心态,觉得家神能聆听到自家的愿望从而帮助其实现。祭拜灶神主要是在腊月二十三,当地老话是"二十三日灶爷去,初一五更返回来",祭拜灶神是为祈求灶神能保佑一家老小平安健康,正如当地老话"上天言好事,下界保平安";贾家一家人信奉门神是希望门神能保佑家宅平安;祭拜财神则是希望自家财源滚滚,家里贫穷现状能有所改变;而祭拜关公则是因为关公可以招财辟邪。贾家祭拜家神是抱着"宁可信其有,不可信其无"的心态,同时认为家神能发挥作用,因为贾五三一家觉得家神神通广大,无所不知、无所不晓且能够做到公平公正。

贾家在祭拜家神的时候并无固定的时间,遇到重大特殊事情便会急着去解决事情而放弃祭拜家神。过年的时候,贾家会十分隆重地祭拜家神,贾五三作为家长来主持祭拜仪式,不仅要烧纸上香而且要放鞭炮、摆供品。祭拜家神只能是家中男性前去祭拜,所以贾五三在四个儿子年幼的时候,便开始教他们祭拜神明的规矩。祭拜家神期间,贾家不会让外人参与其中,因为这是自家对家神的信仰,与外人无关。

(二)祭拜列祖列宗

贾家的祖先与贾五三一家之间有着永恒不变的血缘关系,即同出一脉,所以贾五三一家为表达对列祖列宗的感恩和孝敬之情,同时也为祈求祖先的庇佑,便会时常祭拜列祖列宗。祖先对贾家而言意味着一家之本,当地将祭拜祖先称为"不能忘本",祖先给贾五三一家留下生活的居所,也留下生产的农具,方便贾五三一家在东洼村这片土地上扎根,贾家以祖先为荣,因为祖先靠一己之力打拼,积攒下来众多财富,并且生儿育女使得自家人丁兴旺。

贾五三一家时常会祭拜祖先,祖先在一家人心目中的地位神圣不可侵犯。贾家不能因各种事情而放弃祭拜祖先,因为不去祭拜祖先便是对祖先的不孝,此行为会受到外人的讥讽和轻视。贾五三一家因家里窑洞数量较少,所以并未腾出专门的一间窑洞当作堂屋,而是在自家窑洞的桌子上摆着祖先的牌位。各位祖先的牌位需按照辈分摆放,辈分排行最高的摆在桌子最后面;辈分排行较小的牌位则排在前方;而同一辈分中排行较大的牌位摆在中间,其余人的牌位摆放按排行大小从左至右摆放。贾五三一家在祭拜祖先的时候,也是按此顺序依次祭拜。

贾家有两块祖坟,占地面积共 0.33 万平方米,其位置是在村里。贾五三一家不曾对祖坟进行过维修,只有在清明上坟的时候会打扫一下。此外,因为贾五三的族人大多居住在磁钟乡,所以磁钟乡有一处大的祖坟,埋葬着贾家的祖先,虽然贾五三一家不曾修缮祖坟,但是磁钟乡的那块祖坟会时常维修,修祖坟的钱由各个家户进行平摊。贾五三一家没有家谱,家谱在祖先逃荒时便已经丢失。

贾五三一家十分重视孝道,毕竟"百善孝为先"。贾家将对列祖列宗的祭拜同对父母的孝敬结合在一起,贾家的想法是若对在世的双亲都无法做到孝敬,那么对于列祖列宗的孝敬就无从谈起。贾五三一家的孝道主要体现在赡养老人、祭拜祖先、听从老人的安排三方面,当家里成员打骂老人或者放弃赡养老人便会被视为不孝,家长就会对此做出批评斥责。

贾五三一家祭拜祖先,一方面是为表达对家里逝去成员的缅怀,另一方面是为祈求过世的列祖列宗可以保佑家里活着的成员平安健康、万事如意。贾家祭拜祖先大多是在清明节当天,贾五三领着自家的四个儿子前去磁钟乡的老坟处祭拜,贾家陪同自家同姓人抬着石臼前去坟地,里面装着香、纸以及用于祭祀时摆放的供品。到了坟地之后,家族的族长便将石臼里的东西掏出来挂在老坟上,供品也一一摆放整齐,之后贾五三便和自家人按辈分高低依次站好位置,在族长的号令之下跪地磕头,贾润旺兄弟四人因年龄幼小,便照着大人的模样来做。前去祖坟祭祖时,贾家的女性不可以去,就连贾五三的妻子郭小黑也不可以前去,因为祭祖之人必须和祖宗是同姓。

(三)庙宇信仰

1949 年以前,东洼村并无庙宇,但石岭有一个奶奶庙,寺沟村有一个关公庙。贾五三一家通常是去这两个寺庙祭拜,前去奶奶庙是为了求子,而去关公庙则是祈求关公保佑一家老小平安健康、财源滚滚。石岭的奶奶庙距离贾五三家七八里路,而寺沟村的关公庙距离贾家也是同等距离。贾家人经常去关公庙烧香祭拜,不过郭小黑也曾带着范聚财等人去过奶奶庙祭拜。

正月十五的时候,贾五三用各种枝条做成一个架子,并在架子上面放几朵用黄纸或白纸剪成的花朵,让贾润旺兄弟几人带着去奶奶庙。早上吃过早饭之后,郭小黑便带着自家的几个孩子前去奶奶庙拜神。到达奶奶庙之后,郭小黑让孩子把架子上的花朵取下来烧掉以祭拜,当地对于祭拜奶奶庙曾有以下俗语"七里胡同八里远,拐个弯是奶奶庙;奶奶庙,盖得高,夫妻二人把香烧,或男或女送一子;宁愿'穿鞋戴帽'①,不要'顺腿尿尿'②"。正月初一的时候,贾五三一般会带着全家人前去寺沟的关公庙祭拜关公,有时是自家人前去,有时也会同四邻一道前去,贾五三在去寺庙的前一天,便会到贾造官和贾小五家中提前告知,希望三家同行。因为各家都是从家里拿的香和表,且是走路前去,所以并不会产生任何花费,祭拜所需的物品三家可以共用,无须计较费用。范聚财等兄弟四人年满 12 岁后,便不再随同父母前去祭拜庙里的神像。

贾家其他成员去寺庙祭拜时,一般都要经过家长贾五三的许可。一家人无论男女老少均可前去祭拜,大多是和家长一起前去,但在祭拜奶奶庙的时候,则是郭小黑领着自家孩子前去祭拜。贾家在祭拜庙神的时候是以自家为单位,前去祭拜祈求也是希望庙神可以保佑自家人的平安健康、财源滚滚。

六、家户娱乐

(一)结交朋友

贾家人性格较为外向,爱好结交朋友,在同朋友谈笑风生、相处交往时可以获得愉悦感。贾家并非每一个成员都有自己的朋友,主要是贾五三同自己的四个儿子在外有交往。俗话说"道不同不相为谋",贾五三一家在结交朋友时,所选的对象都和自家有几分相似,贾五三一家正直善良,所以挑选朋友的第一标准便是人品的高尚。贾家在村内的朋友不多,村外的朋

---

① 穿鞋戴帽:男孩。

② 顺腿尿尿:女孩。

友多多少少有几个,好比范庄村的范平章,贾五三同范平章成为朋友,主要是因为两人之前都爱在外面跑动,一来二去便相熟相知,后来在相处中发现心性相同便结为朋友。家里的女性因常年在家甚少外出,所以并没有要好的朋友。贾五三的四个儿子在结交朋友时无须征得父亲贾五三的同意,贾五三在结交朋友时也无须告知或请示四邻、家族、保甲长等人。

贾五三一家人所结交的朋友,大多和贾家人一样是农民,家里的经济条件也同贾家一样处于中等水平,贾五三平时打交道的大多是农民,两者之间能有话可聊,渐渐地便成为朋友。贾五三一家同朋友来往较为密切,范平章有时候来贾家串门聊天,两人聊的兴起便忘记时间,贾五三便会让范平章留在自家吃饭、住宿。贾家秉持"上门即是客"的观点,当朋友来自家吃饭、住宿时永远优先安排招待。长子贾润旺结婚的时候贾家的经济条件有限,无法在短时期之内将聘礼凑齐,贾润旺的朋友得知之后,依据自己的经济条件纷纷主动借贾润旺一些金钱来应急。同样,若朋友家中遇到困难,贾五三一家也会尽力帮忙。

贾家在结交朋友时并未像他人一样要举办仪式、歃血为盟。朋友之间按年龄长幼和辈分高低来互相称呼,其中年龄较大、辈分较高的人便是兄长,而另一人则是弟弟。在称呼双方父母时,贾五三要像对待自己父母一般,亲切地称呼另一方父母为父母。贾家在结交朋友时有一些不成文的规定,主要是对交往对象做一个约束,不允许家人同品质恶劣、偷懒耍滑的人有所来往,若家里小孩和此类人来往,贾五三必定会对其进行严厉的教育,不准孩子同流合污。

(二)"聊天打诨"①

1949年以前,贾五三一家人平时在家中闲得无聊,便会去四邻家中串门聊天,当地称之为"聊天打诨"。在串门聊天时,贾五三一家人均可以去他人家中聊天,但郭小黑和长女贾小淙相较于家里的男性而言,串门聊天的频率较低。白天的时候,贾家人忙于自家的生产生活所以无空外出,大多是吃完晚饭才去,贾五三去四邻家中,大多是闲聊地里的庄稼、外面做工的情况等;贾润旺兄弟四人去朋友家中主要是为了玩耍,其中范聚财喜欢去贾造官家中,让其家人教自己打算盘;郭小黑和长女贾小淙去四邻家中,大多是聊一些家长里短、儿女的婚姻之类的话题。贾五三一家去串门聊天时很少留在邻居家中吃饭,大多是吃过晚饭才过去,因为四邻家中的经济条件都较为一般,粮食只能勉强维持自家人一年的吃喝。

当地在串门聊天时一些习俗,比如过年过节的时候去他人家中串门,男的不许光头,必须戴帽子;孕妇在刚生完孩子四十天之内,不可以去外人家中串门;戴孝的孝子也不可以去他人家中串门,有事情需要商量,必须在四邻院外大声喊叫将其喊出来,当地称之为"出门不带孝"。这些规矩都是村中约定俗成的惯例,若贾家有人不小心违反这些规定,便会被四邻嫌弃为"不懂事"。以家中有人去世为例,小孩不懂事跑到别人家中,那么贾五三便要给邻居买点鞭炮,让其在院子中放响以去除晦气,此外贾五三还要从集市买肉送给邻居,以赔礼道歉。

四邻、朋友、亲戚等有时无事也会来贾家串门,拉近一下两家的关系。四邻来贾家串门时,一般是女性找女性聊天、男性找男性聊天。贾五三一家对上门聊天的客人十分欢迎,贾五三不仅让其坐在上座,而且也会让家人为其端茶送水,若是赶到饭点,贾五三也会留四邻

---

① 聊天打诨:开玩笑般地聊天。

等在自家吃饭、住宿。贾五三一家人在串门的时候会留有成员在家中看家,一般都是郭小黑和贾小淙二人在家。大家在串门聊天的时候所谈论的内容大多是小家或村庄的事务,一群人通过聊天打诨来打发无聊的时间,同时也能联络一下两家的感情。

(三)逛庙会看"公演"①

东洼村作为一个小村没有庙会,但寺沟村有庙会,贾五三一家通常会去寺沟村逛庙会。在逛庙会的时候,一般都是贾五三带着自家的几个儿子,并提前和邻居商量好一同前去,不仅是为了热闹,也是因为一行人前去,彼此之间可以相互照应。寺沟庙会在正月初一举行,一年只举办一次,庙会一次能持续三天。因为庙会比较热闹,贾五三一家人都会前去,借此机会放松娱乐一下。

贾五三一家参加庙会时,大多会先去庙宇之中祭拜关公,祭拜完关公之后,一行人在道路两旁的小摊上买些生活所需的用品,郭小黑有时也会给自家的几个孩子买点零食,毕竟正赶上过年的好时候。

庙会的时候,寺沟村会从外地请来一些戏班子免费为大家表演戏剧,当地将这种戏剧表演称之为"公演",贾家的四个孩子比较爱看戏剧,在征得贾五三的同意之后便前去看戏。若来的较早,贾润旺便带着自己的几个弟弟去戏台对面的楼上看戏,垫块砖头侧躺着,便开始津津有味地欣赏起来;若贾润旺兄弟四人到的较晚,楼上没空位置的时候,贾润旺和贾清旺便让范聚财和贾小润坐到自己的肩膀上看戏,因为范聚财和贾小润的个子较低,被人挡住看不见戏台。寺沟庙会的公演主要是表演十大悲剧,当地将其总结为"一中原,二进宫,三对面,四进士,五雷阵,六月雪,七星庙,八件衣,九龙口,十副碑"。

(四)正月十五"耍热闹"

过年的时候,东洼村为了让村民放松,同时也为庆祝新的一年到来,便会在村中举办一些集体性娱乐活动,当地称之为"耍热闹"。贾五三一家通常也会前去,既为图个喜庆,也为放松娱乐。从正月初八开始,保甲长便来各家呼吁其参与到此活动之中,贾家的四个男孩子爱好热闹,通常会前去凑个人数敲锣打鼓,而村里其他人则去舞龙舞狮或者踩高跷,村里其他村民若不会表演,也会在正月十五当天前去捧场。贾润旺兄弟四人前去表演耍热闹,需要提前征得父亲贾五三的同意,因为贾五三不愿因贾润旺兄弟四人的缺席而耽误自家正事,若贾五三不同意前去,那么贾润旺兄弟四人便不能偷偷溜去,否则会遭到家长的批评。一般而言,正月期间是农闲时期且村庄气氛较为热闹喜庆,贾五三也会带着自家人在正月十五当天看村里的耍热闹表演。

---

① 公演:公家免费的戏剧表演。

第五章 家户治理制度

贾家由年龄最大、辈分最高的贾五三当家,掌管全家内外所有事务并拥有最终的决定权。贾五三带领一家人艰辛度日,无论是遭遇天灾人祸还是生活中的苦难挫折,家庭永远是贾家一家人的依靠和支柱。为了使得自家生产生活更加顺利方便,依据村庄惯例,贾五三一家在生产生活方面形成一套默认家规,约束力包含整个家庭,注重对孩子奖罚分明,只期望孩子能发扬优点并改正缺点。换句话来说,贾家内部条理分明,生产生活井井有序。在与外部交往时,贾家同农民协会有关联,主要是因为二子贾清旺曾是农民协会的一员,同保甲长等人来往也只是为缴纳赋税;同家族中人来往,主要是在清明时节的上坟祭祖活动中;同村庄交往,主要是参与村庄的公共事务,为其出人出力;同国家交往,主要体现在缴纳赋税、抵抗抓丁、选举保甲长等方面。

一、家长当家

(一)"掌柜"的选择

1949年以前,贾五三是贾家的家长。贾家并不是依据能力大小、学识高低来确认家长一职,而是依据辈分高低来确定,贾五三在贾家所有男性人口之中辈分最高,所以由贾五三担任家长一职。1948年底,长子贾润旺和妻子范粉超组成一个新的小家庭,但因为尚未分家,所以一家人还是居住在一起,但称呼上有一定的改变,贾五三被称为"老掌柜",而贾润旺因为是长子被称为"大掌柜"。

贾五三一家较为贫穷,根本无多余闲钱去雇用一个管家,家内的大小事情均由贾五三来操心管理。在贾家,男女所掌握的技术有所不同,郭小黑作为内当家主要掌管家内制衣、吃饭等事情;贾五三作为外当家主要是掌握一切和外人打交道的事项,比如典当土地、买卖物品以及借钱借粮等方面的事情。

贾家其他成员对家长贾五三十分信任,家内的大小事情均由其做主安排,一方面是由于贾五三在家中辈分最高,另一方面是因为贾五三的社会经验最丰富,能够较好地处理有关自家的事务。家内其他成员也会一直尊重家长的安排决定,全家人同心协力以争取把自家日子过得幸福美满。贾五三作为一家之长的事情,并不需要刻意告知外界,当村中开会时,贾五三的前去便已经暗含他成为贾家家长这层意思。

(二)家长掌大权

1.祖赋权利,管理全家

贾五三作为家长,其权利来源于祖先的赋予,因为与祖先同出一脉,贾魁去世时,便会让贾五三接任家长一职,带领全家人生存生活。贾五三的权利被所有家庭成员所承认,无论是平辈的妻子郭小黑还是子辈的贾润旺兄弟姐妹六人,都遵从贾五三的决议。由于家长的权力范围较大,所以贾五三可以参与自家方方面面的事务并做出最终决定。此外,贾五三作为一家之长,只能管理本家人员,换言之,贾五三能管到最远的人便是自己的子辈,外人的事情,贾五三无权过问。

贾五三虽手握大权,但在使用权力时也有相应的界线,不可肆意妄为。贾五三的权利是贾魁赋予,所以在对待父母时,贾五三必须要感恩真诚,不可打骂贾魁夫妇或不愿赡养贾魁夫妇。贾五三决议将二女贾小凌卖掉时,必须同妻子郭小黑商量,因为贾小凌是郭小黑怀胎十月才艰难生养下来的孩子,若贾五三不同妻子郭小黑商议,当妻子郭小黑知晓之后,她必定会在自家大吵大闹,甚至做一些意想不到的事情。同样地,当自家借钱借粮时,贾五三也会同家里的其他成员商量一下。贾五三并非做每件事情都同家人商量,只要不是关乎全家人生存的重大事件,贾五三均可代表全家人做出决定。家内其他成员对贾五三所做的事情有异议时,便可以直接向贾五三表达,只要言之有理,贾五三都会认真思索。贾五三做的每一项决定都是将全家人的利益放在最高位置,所以有时会为了大局考虑,而牺牲个别人的利益。

2.财产管理权

贾家在 1949 年以前,家里的收入主要是来自于自家的农业耕作,以及三个儿子的劳动所得,包括长子贾润旺放羊、二子贾清旺在外做长工和三子范聚财在外卖煤。家内的财产由全家共有、共享,贾五三拥有管理各项收入的权利,同时也可做出分配,用以全家生活所需。三个孩子会将在外做工或劳动所得的金钱交给贾五三保管,自己不得私藏任何金钱。几年之后,三个孩子长大成人,贾五三便不再强制要求他们把钱上交,而是让三个孩子自行保管,但是当家里急需用钱时,三个孩子便需要将钱拿出来。家里的贵重物品好比地契、现金等,全放在贾五三居住的东窑,贾五三用一个箱子专门存放此类物品并将其上锁,随身携带唯一的一把钥匙。家里的衣服、被子等非贵重物品,则随意放在自家屋里,交由内当家郭小黑掌管。后来,范聚财可以保管自己卖煤的收入,将其所得金钱放在自己睡觉的屋内,同样是用一个小箱子来存放,但无须上锁。有时,范聚财在外卖煤不在家中,贾五三急需用钱,便直接从儿子范聚财那里取出部分金钱使用,不过待范聚财回家后,贾五三需将此事告诉儿子范聚财,免得范聚财误会金钱被偷而着急。

1948 年长子贾润旺结婚,贾五三作为家长决定下聘礼的金额,儿媳范粉超进家门时所带的嫁妆归本人所有并支配,但是在支配时需同丈夫贾润旺商量。贾五三一家遇到灾年,粮食便不足全家食用,因此贾五三便做主购进财主家 0.27 万平方米的土地,以增加粮食产量。在买卖土地之时,贾五三和妻子郭小黑商量了许久,最后经由舅家作为中人成功购进这些土地,买卖土地时签订的文书最后落款是家长贾五三的名字,家内其他成员签订的文书不会被外界所承认。每年家里土地所产的粮食统一供全家人食用,因为做饭、吃饭这种事务属于家庭内部事务,所以交由郭小黑来做主,由她安排每天的吃喝。家里的粮食放在贾五三夫妇所居住的东窑里,紧挨案板摆放,家内若无粮食可吃,贾五三便前去置换,其他成员不得私自买卖粮食。1942 年,家里无粮食可吃,贾五三做主将自家院子里的缸给了村民董畅,换回六斤玉稻面粉。若家内成员私自买卖粮食,必定会受到当家人的斥责甚至打骂。

3.制衣分配权

1947 年以前,贾五三一家人所穿的衣服均是由内当家郭小黑缝制,缝制所需的棉花来源于自家地里生产。1947年至1948年底，这期间郭小黑已经去世，贾家一家人穿的衣服大多是前年的衣物，若实在不够用，贾五三便做主去集市购买。1948年贾润旺结婚后，家内的衣服便由其妻子范粉超来缝制。换言之，1949年以前贾家并没有分家，所以家里的棉花由全家人共享，因为小孩的体质较弱且比较淘气，所以郭小黑在缝制衣服时优先给小孩缝制，此外贾五三以及三子范聚财经常在外跑动，为了不丢自家门面，郭小黑也会优先为其缝制新衣。换句话来说，贾五三一家在制衣分配上，由郭小黑依据实际情况统筹考虑、按需分配，没有分到新衣的成员，当考虑到自家情况后也会理解。

4.劳动分配权

贾家人口较多，但劳动力较少。在进行生产生活时，贾五三作为家长前来分配劳务，同时做出具体的安排，家内成员都要听从家长的安排。贾五三为保证自家劳作时能做到省力高效，便依据男女技能的不同做出明确的分工。男性因为力气较大且爱好在外跑动，所以男性的主要任务是进行农业耕作和在外做工；女性因为力气较小、心思细腻且双手灵巧，所以郭小黑和贾小淙主要是在家里纺纱织布、洗衣做饭。但是在农忙时期，贾五三一家因忙着收麦，所以不再有男女之分，全家人都要去地里帮忙收割，当地老话为"谷黄麦黄，绣女下房"，甚至只要贾家的小孩年满7岁，便要参与到劳动生产之中，年满12岁，便被家人当作成人对待，正式成为家庭的劳力。年龄较小的孩子虽然也会跟随贾五三下地，但主要是去地里玩耍而非干活，有时会被贾五三指挥着去拿些农具。

5.婚丧嫁娶管理权

1948年长子贾润旺结婚，结婚时从头至尾的所有流程均是由贾五三来安排决定。贾五三觉得自家长子年龄过大，再不娶妻便很容易打光棍，但是考虑到自家的经济条件，无奈之下给儿子贾润旺说了一个年龄较大的妻子，贾润旺对此不曾有任何的不满或抱怨，全权交给父亲贾五三来办理。贾五三一家的经济条件较差，即使偶尔对儿媳范粉超有所不满也会睁一只眼闭一只眼，不曾和儿子贾润旺抱怨儿媳范粉超的不好，因为长子贾润旺娶妻极其不易。

1947年郭小黑因病去世，因离世得过急，家里还未抽出时间来置办寿衣、棺材，贾五三便做主让三子范聚财去自家亲戚那里借来一百元钱。举办白事宴席的时候，因贾五三是家中辈分最高的成员，所以由他去请村里专门做总管的人，让总管来管理自家宴席的一切事务。过年或清明节祭祀列祖列宗，贾家也是由贾五三作为全家代表前去举办祭祀仪式，同时还需负责教授家里的四个儿子学习祭祀时的礼仪和规矩。

6.对外交往权

在对外关系中，贾五三作为一家之长代表整个家庭前去交往。在借贷钱粮时，贾五三以全家的名义向四邻、财主进行借债，很少以私人名义去借贷，因为借贷时期较长，贾五三在此期间可能发生各种意外。在外交换时，贾五三可以用私人名义同外人交换，因为交换大多是"现钱过现货"。

在村庄开会、投票时，贾五三代表全家前去参与，每一句发言都是以整个家庭的名义来讲。同样，保甲长前来家里征收税款时也是找贾五三。换言之，贾五三是交税纳粮的主要责任人。好比村里修路需要摊派劳役，保甲长便会亲自前来贾家通知贾五三，若贾五三恰巧不在，保甲长便会让郭小黑代为转告。

1949 年以前,二子贾清旺曾被抓壮丁,贾五三一家想尽各种办法阻止贾清旺前去,最后贾五三便做主将二子贾清旺送至外地的亲戚家当长工,以躲避被抓去当壮丁。贾清旺在外面做了三年长工,回家过年时便会将自己所挣的收入带回家中,交由父亲贾五三来管理。三子范聚财在外卖煤的收入,之前是交给贾五三来管理,后来贾五三见自家儿子花钱较为仔细,便同意让其自己保管。

7.家长权力的约束

贾五三虽为贾家的家长,手中权力较大,可以掌管自家的经济、政治、文化、社会等多方面的内容,但是这并不意味着家长的权力没有界线、不可剥夺。当家长吸食鸦片并成瘾,导致自家财产败光或家庭衰败,他便失去做家长的权力,若家长沉迷赌博无法自拔,家长的权力也会岌岌可危。此外,当家长做出一些违背天理的事情如打骂老人、无缘无故抛妻弃子,也会受到村民的唾骂,家里的长辈会做主将其家长的权利剥夺。

贾五三虽脾气暴躁,但为人正直善良,在考虑事情的时候更是以全家人的利益为出发点,有时甚至牺牲自己的利益来保全全家。贾五三虽将自家二女贾小凌卖掉,但并非无缘无故,一方面是为保护妻女双方的安全,另一方面也是因自家贫穷,将女儿卖掉也可以使其活命、长大成人。在对待各个孩子的问题上,贾五三比较宠爱三子范聚财,更是让其一人前去上学,家里的其他成员知晓后并没有觉得贾五三处事不公,也未曾因此事而对家长有所不敬,从而致使家庭关系的不和谐,因为家里其他成员都理解贾五三的决定。换句话来说,家长所做事情必须以全家为中心,不可按自己一人心愿而为非歹。

(三)家长负全责

贾五三作为贾家的家长承担起一家的重责,管理家内家外的大小事务。1942 年,全村的庄稼都因缺水干旱而收成较差,贾五三迫不得已之下便做主将自家院子里的缸典当给邻居,以换得六斤玉稻面粉。贾五三除了要保证一家人吃喝无愁之外,还要努力保持家庭生产生活的继续和平衡。当自家遇到红白喜事,贾五三作为一家之长更是尽心尽力操办,从头至尾参与其中进行安排决定。1947 年因妻子郭小黑去世,贾五三四处借钱,家里的生活顿时陷入困窘的状态之中,贾五三带领四个儿子艰辛劳作,终于使得生活有了起色。此外,贾五三还要努力维持自家内部和睦,在此基础上更是努力同外界保持友好相处的状态。当家里小孩犯错,贾五三作为家长要带领小孩前去他人家中赔礼道歉。

贾家名义上虽有两个当家人,分别是外当家贾五三和内当家郭小黑,但是在实际生活中,内当家郭小黑最终还是要听从外当家贾五三的安排决定。好比贾五三的朋友来贾家做客,原本做饭是由内当家郭小黑来安排决定,但是当贾五三发话,内当家郭小黑便会做出一定程度的妥协,转而听从贾五三的安排。在贾家甚至整个东洼村看来,好家长所要承担的责任重大,不仅要照顾一家老小吃喝住行、关爱妻儿,而且在对外交往时要勇于担当,为全家人的幸福而精打细算。

二、家长决策

(一)家庭成员服从家长安排

1949 年以前,贾家大小事务均是由贾五三来安排做主。在同外部成员交往时,由贾五三作为一家代表前去协商周旋,当自家的农具坏掉却又急需使用时,贾五三便做主前去邻居家中借用，农具使用结束之后，贾五三需亲自将其送回邻居家中偿还。自家内部的一些事务则交由妻子郭小黑来掌管，尤其是制衣、吃饭等方面。贾五三因有事需外出时，家里的大小事务则交由妻子郭小黑和长子贾润旺协同处理，因为妻子郭小黑毕竟年龄较长、处理事情的经验较为丰富，长子贾润旺身为男性，在处理一些特殊事情时，会比身为女性的郭小黑方便，二人协商处理，这样结果会更加令人满意。

对于家长贾五三所做的决定，家内其他成员大多情况下必须服从，若有不同意见，家里成员应该在贾五三说完此事之后随即提出，贾五三会根据意见的合理程度决定是否采纳，若最终贾五三仍是坚持原来的安排，家内其他成员必须服从，不得变相拒绝此项安排，若是家长所做的安排明显违背礼法，家里其他成员则不用遵从家长的决定。

(二)公事公决，私事自决

贾家平时生活中的大多数决定直接交由贾五三做主安排，但遇到关乎一家人利益的重大事件，尤其是婚葬嫁娶、借钱借粮等，贾五三需同全家人商议，一家人坐在自家的炕子、椅子上仔细聆听，思索再三之后提出自己的意见，贾五三在综合考虑家里各个成员的意见之后做出最终的决定。若事情只与单独个人相关，个人就无需再征得贾五三的同意，自行安排即可，好比今天穿哪件衣服等比较隐私的事情。

三、家户保护

(一)家长出面解决矛盾

生活之中，贾家同四邻之间难免会有一些矛盾，这时贾五三作为一家代表前去协商处理，希望以和平方式解决矛盾，郭小黑作为家里的长辈也可前去调解。家里小孩若与别人家中的小孩发生矛盾，贾五三夫妇便领着自家孩子去他人家中协调处理，三子范聚财小时候和同龄人相比较为淘气精明，力气也大，时不时便欺负其他小孩，有时甚至猛地一下将另外一个小孩推倒在地，这时那个小孩便开始一路哭闹回去找自家爸妈。贾五三知晓后，为了两家关系如初，便领着范聚财前去他人家中赔礼道歉，让那家孩子的父母不要因为孩子之间的玩闹而心有芥蒂。因为贾五三夫妇在家中辈分较高，所以贾家的孩子遇到困难时的第一想法便是去寻找父母的庇佑。

当家人与他人发生矛盾，贾五三一家其他成员则会根据自家对错而采取不同的措施。若自家人所做之事合情合理，贾五三一家人便坚定地站在自家人一方，若此事确实是自家人不对，贾五三便会代表全家前去道歉。某年六月，地里的玉米都已成熟，贾家的狼狗跑到余家吃玉米，贾五三还未走到地里去赶自己的狗，便看见余家人用长矛戳自家的狗腿，狼狗的四肢一直在流血，贾五三觉得不仅自家的狼狗受伤，就连自家人也受到余家的欺负，为了维护自家的尊严便开始反抗，最终将余家的长矛留在自家，家内其他成员知晓之后，纷纷赞同贾五三的做法。从此之后，余家的人再也不敢随意欺凌贾家。

贾五三一家十分赞成"家丑不可外扬"的观点，因为村里的人平时闲得无聊就喜欢聊家长里短，如果贾家有什么事情做得不好，便会被村民拿出来当作例子用于讥讽嘲笑。贾五三夫妇有时生气打架也会选择在自家争吵，同时将自家的房门关着，以免争吵声落到外人的耳中，面子和声望对于贾家而言较为重要，因为人与人之间的交往依靠的是情分，而情分多少则和自家在外的声望高低有一定的关系。

（二）家人互相扶持

家庭不仅是贾家一家人吃喝住行的地方，更是一家人心灵寄托的港湾。当家内成员在外遇到困难或委屈，第一反应便是回家找贾五三或郭小黑诉说，希望其能为自己撑腰打气。幼子贾小润年幼时经常和寺庄村的引渠一起玩耍，玩耍之中两人便会打闹起来，贾小润因个头矮小且力气也小，所以在二人的打闹中总是处于劣势地位，经常被打得青一块紫一块。这时幼子贾小润便哭着去找郭小黑，郭小黑因自己是大人不愿同孩子动手，便只能恨铁不成钢地打骂幼子贾小润。三子范聚财作为哥哥知晓弟弟被欺负之后，便打算为贾小润出气，二人一致对外、齐心抵抗引渠，让其再无胆量欺负贾小润。换句话来说，贾家一家人对家庭十分眷恋，遇到大小事情都会回家寻找家人的安慰，一家人彼此照应、相互扶持，共同度过生活中的难关和挫折。

（三）灾年"求雨"，家人同舟共济

1942年，整个河南都遭遇严重灾荒，贾家的庄稼几乎颗粒无收，一家人连吃喝都无法保证，全家人面对灾荒同舟共济，服从家长贾五三的安排，只求能平安度过灾年。前期，贾五三带领自家妻儿将树上的叶子摘下煮熟，然后用盐凉拌便算作一顿饭，家里的大人在灾荒年景吃这些食物不会抱怨，但家里的小孩却无法忍受。无奈之下，贾五三前去财主家中借粮，奈何财主家的余粮有限，所借的粮食也只够一家人短期食用。最后，贾五三听村里人说卢氏那边因是深山大林，所以庄稼收成受天气影响较小不曾遭遇灾荒，便带领一家人前去卢氏逃荒要饭，逃荒时，贾五三只随身携带自家的地契，并没有带牲口。一家人艰辛地逃到卢氏之后，便和其他逃荒人员一样找个破旧的窑洞居住下来，每天就靠卢氏的人施舍稀饭为生，即"吃舍饭"①。吃饭时，贾五三夫妇总是先顾着自家孩子吃饱，其次才轮到他们二人。过了几个月天降大雨，贾五三一家才从卢氏返还至东洼村。

东洼村位于河南省境内，天气较为干旱，其他年份偶尔也会发生旱灾，但并不严重。天气大旱时，东洼村的村民共同商议求雨，家家户户拿着自家的锣鼓，一边走一边重复此句话语"咣咣，老龙王，瞅准猛雨下三场"，一行人就这样旗鼓喧天地赶往刘家沟的龙王庙进行祈雨，当地称之为"要雨"②。村里的人齐齐跪在龙王爷的像前，带头的人拿个玻璃瓶子并用红色的纸将其包住，然后将瓶盖打开，把香探入瓶底，若发现瓶里有水便说明要雨成功，带头的人捧着瓶子往回走，一行人纷纷起身再敲锣打鼓地回去。

（四）打更防偷盗，行善求积德

1949年以前，东洼村偶尔会有强盗出没，强盗主要是去盗取大户或中户人家的钱财和牲口，偶尔会进行绑票，但不会随意撕票，因为他们的主要目的是获得钱财，贾五三一家因家中贫穷，所以不曾有强盗前来盗取。村庄在保甲长的带动之下组成打更人员，打更人员每过一更，便会敲打手中的锣面一下，以提醒村民提防强盗。

贾五三一家的经济条件在村中虽是中等水平，但因为贾五三一家心地较为善良，所以乞丐时常来贾家进行乞讨，贾五三看见之后便会施舍一碗饭菜，让其垫垫肚子以活命。四邻也会常到贾家来借用一些生活用品，比如油盐，贾五三一家便会毫不犹豫地外借，因为贾五三

---

① 吃舍饭：吃他人施舍的饭菜。

② 要雨：向上天祈求下雨。

觉得家家户户都难免会有个三长两短,需要外人帮忙,贾五三一家对他人行善,并不是为了求得他人的回报,而是希望能够通过日行一善来增加自家的福分。

四、家规家法

(一)默认家规

1.约定俗成

贾家虽无成文的家规,但却有一套约定俗成的默认家规,贾家正是因为有了一套完整的家规以约束家人的行为,才使得自家的秩序井然有条。这些家规中一部分是从家里长辈那里获知,另一部分则是依据村里惯例自然而然形成。默认家规的约束力是对于整个家庭而言,任何人都不曾被排除在外,贾家一家人都要自觉遵守家里的规定,若家里成员不遵从规定,必定会受到家长的批评或惩罚。

2.做饭与吃饭规矩

在贾家,平时一家人的饭菜都是由内当家郭小黑来制作,长女贾小淙时常帮助郭小黑择菜、洗菜等,家里每顿食用饭菜的品种也是由内当家郭小黑来决定,家人若有特别想吃的饭菜也可以向郭小黑提出。一般情况下,家长贾五三所提出的要求能够得到满足,而其他成员所提意见则依据郭小黑的心情产生不同效果。贾五三一家的饭菜大多是源于自家地里种植生产,所以甚少去集市上购买,偶尔需要去集市买点肉菜,大多是郭小黑交代贾五三前去,买菜的钱来自于自家的生产劳作。

吃饭的时候只有贾五三可以上桌吃饭,妻子郭小黑大多是在炉灶旁边吃饭,而家里的四个孩子则蹲在自家屋里或院落里吃饭。吃饭的时候,贾五三一家不允许剩饭,因为家里的粮食来之不易,平时生活中,贾五三总是教导各个孩子吃多少盛多少。若无特殊情况,贾五三一家人吃的是大锅饭,并没有任何差别,但是当家中有孕妇、病人的时候,郭小黑会特意为其做一些饭菜以补充营养。吃饭的时候,郭小黑会给丈夫贾五三先盛一碗,再给各个孩子盛饭,最后才轮到自己,家里的孩子长大后,郭小黑只用给贾五三一人盛饭,其他孩子则自己去锅里盛饭。吃饭的时候,家里的长辈先动筷子,之后晚辈才能动筷子,此外,贾家一家人在吃饭的时候不允许挑肥减瘦,随意拨动饭菜。农忙的时候,贾五三一家人大多中午回家吃饭,偶尔需要长女贾小淙前去送饭,无论是平时还是有客前来或过年过节,吃完饭之后,郭小黑或长女贾小淙统一洗刷饭碗。

贾五三一家在吃饭的时候还有一些其他不成文的规定,家里人人都要遵守。好比家人吃饭的时候不许出声、不许说话;开饭之前,家内小孩不可以用筷子敲打饭碗,因为只有叫花子才会一直敲碗边。这些规矩,家中一旦有孩子违反,贾五三夫妇便会斥责孩子。

3.座位规矩

贾五三一家在座位方面也有一定的规矩。贾家并没有堂屋,也无太平椅,当家里来了客人,贾五三一家为了尊重客人,会让客人坐上座。在贾家,宴请餐桌的座位也有主次之分,上座一般是正对屋门的方向,并且上座一般坐的是贾五三的舅家人。当客人主要为贾家本家亲戚时,座位是按辈分来排,奶奶的娘家优先,其次是郭小黑娘家,最后是长女贾小淙的婆家。当客人主要是四邻街坊时,座位也是按其在村中的辈分来排,不过保甲长、乡绅等人一般会因声望较高而处于上座。当自家举办大型宴请活动时,如果本村财主、保甲长、乡贤绅士、本家亲戚以及关系要好的朋友和四邻都前来参加,则本家亲戚和保甲长、财主等人坐在主桌,主桌是由贾五三或长子贾润旺陪客。贾家举办宴席时,贾五三会找村里经常从事红白喜事的人作为总管,让其管理宴席中的一切事务,所以座位顺序也是由总管安排。

1949年以前,贾五三一家重新建造了一个窑洞,窑洞建成之后,贾五三一家需要做一桌十碗席来招待各个匠人,各个匠人坐在上座吃席,而贾五三一家不能上桌吃饭。此外,贾家经中人游说,成功借到粮食之后,贾五三需前去集市购买肉菜,让妻子郭小黑做十碗席招待放贷人和中人,贾家同样不能上桌吃席。

4.请示规矩

(1)生产活动中的请示

1949年以前,贾五三作为家中的主要劳力经常在地里进行农业生产。贾五三的耕作经验丰富且在家中辈分最高,所以土地的经营管理全部交由贾五三来做主。全年的农业生产与种植计划均由贾五三依据自家情况进行灵活安排,各个农业生产环节贾五三都有参与。家里的男性因为力气较大,所以地里的庄稼主要是交由男性耕种;女性因为力气较小,所以一般不参与到农业生产中,但是在农忙时节,郭小黑和长女贾小淙也会下田割麦。收割麦子时,三子范聚财主要负责拉着马匹将割下的麦子拉到一个地方堆放,最后拉到自家晒场。贾家种植麦子的土地数量较多,但由于自家劳力有限,时常需要换工,以免因错过节气而影响到庄稼的收成,这时贾五三便会去亲戚或四邻家中协商换工一事。

贾润旺兄弟三人做工也需征得贾五三的同意,长子贾润旺放羊时会同贾五三夫妇告知一声,放羊所得的回报也是归全家所有;二子贾清旺外出当长工,是贾五三为让其躲避当壮丁而想出来的解决办法,贾五三为了自家孩子的安全,便委托自家亲戚收留贾清旺两年,让其在家中做长工;三子范聚财在外卖煤也需告知贾五三一声,卖煤所得的收入也是交由贾五三进行统一管理。

(2)家庭生活中的请示

贾五三一家每餐所吃饭菜是由郭小黑安排,长女贾小淙听从郭小黑的吩咐负责帮忙,制衣缝补等大多是贾小淙在征得郭小黑的同意之后,按郭小黑的安排来缝制。生活用品大多是交由贾五三前去置办,三子范聚财在得到贾五三的许可之后也可前去购买,然而土地典当、买卖等大宗交易则完全交由贾五三来安排决定。三子范聚财上学是贾五三夫妇二人商量的结果,每年开学的时候,郭小黑领着范聚财去学校给老师叩拜,以表达教导之恩。

(3)外界交往中的请示

每逢集会或庙会,若家中无事,贾五三一家便会前去凑个热闹,贾家其他成员前去的时候需要征得贾五三的同意,并详细告知此去的理由、时间等。庙会一年只举办一次,同时有免费的戏曲表演,所以贾五三通常会带着自家妻儿前去欣赏庙会,同时到庙宇烧香以求自家平安。借钱借粮时因牵涉到本金和利息,所以贾家只有贾五三能以全家名义前去借贷,此外,借贷钱粮需要中人来当说客,否则很难成功借到钱粮,因贾五三的辈分较高且相识的外人较多,所以前去寻找中人一事也是交由贾五三来负责。还贷钱粮时,贾五三自觉将钱粮送至对方家中。

(4)请示的形式

贾五三一家的请示大多是口头上询问一句,家长的同意也是口头上的答应,虽然口头答应并无白纸黑字显得有凭有据,但因是自家内部生产生活并不牵涉到外人,所以口头约定的效应不曾有所减弱。当家里遇到婚丧嫁娶、借钱借粮及对土地进行各种支配活动时,贾五三则需要同全家人坐下来一起商议,因为这些事情与全家人都有关系。贾五三将自家事务做好安排之后,家内其他成员若有不同意见,可以直接当着贾五三的面表达自我想法,贾五三在思虑之后会对家人的疑惑或想法做出解答,若贾五三仍旧坚持之前的安排和决定,家内其他成员不可违抗或私自变通贾五三的命令或安排。

5.请客规矩

(1)生产活动中的请客类型

灾年年景,贾五三为了让妻儿能够有吃有喝不至饿死,在省吃俭用所起效果不够显著之际,便做主将自家的0.33万平方米土地典当给财主来换取粮食,两年至三年之后才将土地赎回。土地典当时,贾五三一家需要请中人以及财主吃席,贾五三则会安排自家妻子郭小黑做十碗席以示感谢。

1948年底贾润旺结婚之后,贾五三因嫌自家地方过小,一家人居住起来多为不便,便做主重新修建了一间窑洞。在建窑洞时,贾五三提前去匠人家中打招呼,说明自家开工日期,到了约定期限,匠人便会到贾家为其固窑,每天吃饭住宿均由贾五三来安排,窑洞建好之后,贾五三也需做十碗席招待匠人以表达感激之情。

(2)生活中的请客类型

贾家孩子出满月时,贾家需要举办满月酒席,以此来庆祝自家孩子的平安降生。因为贾家是小门小户,家中经济条件有限,所以宴请宾客时主要是请自家亲戚、朋友、四邻以及接生婆。1948年长子贾润旺结婚,贾五三为庆祝自家儿子娶妻举办过宴席,宴席主要是在自家院子里进行,因为红事比较喜庆,所以贾五三不仅请来自家亲戚、要好的朋友,而且也宴请了自家四邻以及村民,此外还需宴请媒婆坐席。在宴请时,贾五三需要一家一户前去口头通知,因为贾五三一家无人会写请帖。

(3)宴请规矩

贾五三一家在宴请活动中,同一次宴席宴请不同的群体,饭菜的数量和质量并无差别,但是有主桌和次桌之分。贾五三一家在举办红白喜事时,所做的酒席都是在自家院子里举办,如果地方不够,便会在院子外面也摆上几桌。在东洼村,家家户户在举办宴请活动时,家长都需找专门的厨师来做饭菜,贾五三一家也是如此,主要是让厨师做待客的专有菜即十大碗。所需的厨具、炊具主要是租用而来,也有部分是从四邻家中借用而来,租用厨具、炊具的金钱由贾五三一家共同承担。宴请活动时,贾家人需要饮酒陪客,通常还会说一些祝酒词。

(4)陪客规矩

贾家在举办酒席、宴请宾客时,贾五三都会找村中常做此事的人来做总管,让其负责宴席中的一切事务,所以总管需在宴请时负责安排客人,总管会专门在待客旁边摆放一张桌子用来招待主客,主客因辈分较高所以坐在首席。贾五三一家在举办宴请活动时,大多是让长子贾润旺陪客,有时也会请村里能说会道、辈分较高的人前来陪客,因为酒席中通常有来客爱好饮酒,所以贾五三去找陪客人员时,也会对能否饮酒有一定的要求。贾五三无须给客人夹菜倒酒、端茶倒水,但需要时不时给相熟的人打声招呼,让其吃好喝好。陪客人员需要在大家动筷之前招待一下众位宾客,此外还需要举起一杯酒先干为敬。因为客人中有男有女,所以一般情况下,都是男主人陪男客、女主人陪女客。贾五三一家通常只会找一两个人前来陪客,因为桌数太多且家境贫寒,所以无法为每一桌都安排一个陪客,也不会到席间给每桌敬酒。贾五三一家在举办酒席时十分重视陪客,只有酒席上大家都高高兴兴,不产生任何矛盾纠纷,才能算作"陪好了客"。

（5）开席与散席

贾五三一家在宴请宾客时,只有贾五三的老娘舅开始动筷子才能算作开席。当地的上菜顺序是先上凉菜、后上热菜,最后上两碗汤,当凉菜上齐之后,待客的人把馒头发到各位宾客手中,便可以开席。开席之前,总管和待客的人会替主人贾五三发言致辞,希望大家不要拘束、吃好喝好,然后一桌的人需共同饮酒,当主客吃好、放下筷子,便意味着散席,大家纷纷起身离场。

（6）贵客

当地在宴请宾客时有"贵客"的概念,贾五三一家的贵客主要指的是自家老娘舅。因为贾家贫穷,且和财主、保甲长、乡贤绅士等人接触较少,所以此类人员便不算作贾家的贵客。因为贵客的身份特殊、辈分较高,所以贾五三通常代表全家前去陪客或让长子贾润旺前去,招待贵客的饭菜和其他桌的饭菜一样,不过在上菜时会优先给贵客上菜,之后才轮到其他宾客。

6.制衣洗衣的规矩

贾五三一家人的衣服,主要是由妻子郭小黑和长女贾小淙来缝制,同样,家里的衣物也是由郭小黑和贾小淙来洗刷。贾家并没有水井,所以郭小黑是在沟底的河边洗衣服。为了能将衣物彻底洗干净,郭小黑会先用皂角齐齐将衣服抹一遍,双手来回多搓几遍,之后用棒槌使劲敲打,意在将灰尘掸掉,最后用清水洗涤干净。郭小黑洗衣服用的是自家的洗脸盆,洗完衣服之后的水则顺手倒在河边的杂草上,衣服洗完之后,郭小黑将衣服晾在自家院落中的两棵大树之间的绳子上,待衣服干透之后,郭小黑再统一将其收回家中。1948年贾润旺结婚以后,其衣服由妻子范粉超来缝制,范粉超若是在洗衣服时不小心将衣服洗破,虽然无人会上前批评,但是范粉超需要将衣服上的破洞用针线补好。

（二）全家受家规约束

贾五三一家的默认家规大多是依据村中惯例而来,剩余的则是从祖辈流传下来。贾五三一家的家规主要是侧重于生活方面,但由于贾家的生活并没有产生过重大转变,所以贾五三并不曾对默认家规做出任何改变。

默认家规对全家都有约束力,这其中也包括家长贾五三。为了以身作则教导子女,贾五三在平时的日常生活中相较于其他成员而言,更是严格按照家规为人处世;家内其他成员在日常生活中也会依照自家家规办事,以免犯错。如果家内其他成员违背默认家规,贾五三便会悉心教育,帮助其改变不良习惯。家内其他成员同样拥有处罚违反默认家规之人的权利,并且还要监督、帮助其改正。

贾家人对于默认家规的习得,大部分是源自于日常生活中的耳濡目染,其他则是源自于犯错时家人的提醒和教导。贾五三在平时生活中十分重视言行一致、以身作则,希望通过自己行为举止,让自家的孩子更为深刻地理解并遵守家规。家规不仅能使一家人在生活之中免于犯错,而且也会使生活变得井井有条,所以贾五三一家人都要严格遵循家规。当家内有成员违反家规,好比孩子在吃饭时拿筷子乱拨饭菜,贾五三夫妇二人看见之后,便会在孩子手上轻打一下,让其长记性,不再犯错。

(三)家庭禁忌

1.生产方面的禁忌

贾五三一家以农耕为生,家里的各种消费大多都依赖于粮食收成,所以一家人辛勤劳苦、起早贪黑去地里照顾庄稼,不曾有任何不满。因为种植庄稼不易,一家人在生产生活中最不能忍受的便是损坏庄稼、浪费粮食。当地有一些俗语用于教导农户进行农业生产,贾五三一家也严格按照这些规矩生产,具体如下:"小满不过十",贾五三一家在过了小满节气后就忙着割麦,有时为了赶日子,还去亲戚家换工,让亲戚们来帮助收割麦子,因为十天之后麦子的根部会腐烂,影响收成。"头伏萝卜二伏芥,三伏才种小白菜",贾五三一家会在不同的时间段种植不同的蔬菜,以便其快速出苗长熟。"春雨早,谷雨迟,清明种麦正当时",贾五三在清明时节便带着自家孩子去地里种植麦子。"清明前后,点瓜种豆",贾五三一家在清明时节插秧种豆。"今年麦盖三场被,来年枕着馒头睡",当贾五三发现某年冬天下了好多场雪,便不再担心来年的粮食收成。"收秋不收秋,全靠五月二十六;早上滴几点,下午山西买大碗",当贾五三发现五月份下雨较多,便得知今年会有大丰收。

2.生活方面的禁忌

(1)婚姻方面的禁忌

1948年底长子贾润旺结婚,因为结婚是一生的大事,为图个吉利喜庆,贾五三全程安排,并且十分谨慎,以免犯忌讳。贾五三在给长子贾润旺说亲时,特意关注两个孩子的生辰八字。结婚当天,贾五三让长子贾润旺穿着从邻居家借来的蓝色大褂,以画十字的方式在他胸前带一朵大红花,新媳妇范粉超则要头戴凤冠、身穿红裙。新媳妇范粉超在上轿时双脚不能沾地,必须由哥哥抱到轿子中,据说新媳妇双脚沾地会将娘家的财富一并带到婆家。新娘范粉超在离开娘家时,姨姨不能前来相送;而到婆家时,姑姑不能出门迎接,据说是姨和姑的谐音寓意孤单一个人,于是当地将此称之为"姑不能迎,姨不能送"。新娘范粉超到贾家第三天便要回娘家,俗称"三朝回门"。新婚夫妇二人在一百天之内不可以参加红白喜事。此外,当地在婚姻方面还有一些其他禁忌,好比寡妇人家不能进新娘的屋门;若是寡妇再婚,结婚时不可以穿大红色衣服,不能坐轿,只能改骑毛驴。

(2)生育方面的禁忌

郭小黑在怀有幼子贾小润时,不可离新媳妇过近,据说"新娘头顶三尺火"会伤到孕妇郭小黑。怀孕期间,郭小黑不可以同丈夫贾五三同房,郭小黑生下孩子贾小润的前三天,在吃饭上只能喝一些稀粥而不能吃面条、馒头等,当地村民认为刚生下孩子的孕妇肚子里都是血,不能吃黏稠物。此外,郭小黑在生产结束四十天以内不可以去别人家串门。

(3)逢年过节时的禁忌

大年三十当天,若四邻等人已经将春联贴上,不管有再紧急的事情,贾五三都不可进其家门。大年初一,贾五三便早早地喊自家孩子起床,不让其睡懒觉,以免未来一年都处于懒散的状态之中。过年当天,贾家不允许使用剪刀,防止剪错纹路将自家的财运剪断,同时贾家也不允许泼水、扫地,吃饭的时候不允许吃稀饭而是要吃凉粉,因为吃稀饭寓意未来一年家里都很贫穷,而凉粉则寓意一家人在未来一年心清明净,不容易上当受骗。初五之前,贾五三一家人不能洗衣物。

3.违背禁忌,家长惩罚

贾五三一家在生产生活方面有众多禁忌,一方面是为图个喜庆吉利,另一方面则是避免自家人在同他人交往时因犯禁忌而招惹他人不痛快,从而破坏两家关系。家内成员违背禁忌时,贾五三必定会对此做出相应的惩罚以及补救措施。以丧葬期间为例,若幼子贾小润因年幼无知不小心闯入他人家中,贾五三知晓后便会狠狠地斥责贾小润,让其好好地待在家中不要乱跑,同时连忙赶回自家拿串鞭炮,交给邻居让其放响以去除晦气。

五、奖励惩罚

(一)做事精明,母亲表扬

贾五三一家因为贫穷,所以当家庭内部成员表现突出时,贾五三夫妇只能口头表扬两句,郭小黑心情大好时会特意做一些饭菜让其食用。奖励成员大多局限于自家的孩子,因为大人年龄较长、心智成熟,无需通过表扬的方式来鼓励其继续努力。贾家能够实施奖励的人员主要是贾五三夫妇,当然年长的孩子也可以对年幼的孩子实施表扬。

三子范聚财小的时候心眼比较多,做事时经常能为自家带来好处。范聚财曾跟着贾五三买卖过马匹,所以卖马的经纪人便和范聚财相熟。一天,经纪人来到贾五三家中,请求贾五三让范聚财跟着自己干活,范聚财同意之后,便同经纪人去财主申子辰家中买骡,范聚财能看出骡的好坏,便对经纪人说道:"他的骡没劲,不值那么多钱",最后范聚财以一百元的价格将骡买下,但是由于没有现钱,便和财主商量拖延一段日子。半个多月之后,范聚财将骡拉到集市上卖,并同经纪人商量道:"你要是能帮我把这骡卖到二百元,我就给你五元钱。"最后,这头骡以二百元的价格成交,范聚财给了经纪人五元。范聚财拿到这二百元钱之后,便再次来到财主申子辰家中,一方面是为了归还第一次买骡的一百元钱,另一方面则是打算再买财主家一头小骡。财主申子辰见范聚财办事利索、十分满意,便同意以七十五元的价格将小骡卖给范聚财,范聚财又拿着最后剩下的二十元钱去集市上买回五百斤麦子,让小骡拉回家中。郭小黑知道此事后,一直夸自家儿子能干,平时生活中,当贾润旺斥责范聚财时,郭小黑便对贾润旺说道:"让他(范聚财)明天长大了管你,你还凶他呢?"

范聚财因做事精明,经常受到母亲郭小黑的表扬,贾五三有时也会劝诫其他儿子向范聚财学习。虽然范聚财所受到的表扬大多是口头表扬,但这种称赞不仅能激励范聚财继续精明做事,而且也会激励其他成员朝这个方向努力。贾家孩子表现突出,四邻知晓后也会称赞两句,贾五三夫妇也会因此感到自豪。

(二)粗心大意,父亲斥责

在贾家,贾五三夫妇拥有惩罚孩子的权利,年长的兄长在某些情形之下也可以惩罚年幼的弟弟。贾家内部在惩罚小孩时,亲戚、四邻、熟人等外部成员很少会介入其中,有时会提两句意见,但不会为此失了分寸,也不会代替贾五三夫妇处罚。当自家孩子犯错时,贾五三会承担起应有的责任,向别人赔礼道歉,若人家孩子伤到自家孩子,贾五三夫妇即使再生气,也不得对他人孩子进行惩罚,只能将其交由孩子的父母处置。贾五三夫妇平时依据孩子所犯错误的严重程度,决定采取何种惩罚形式,大多是呵斥两句,甚少动手打骂孩子。

一天，范聚财前去张茅街送盐，到了门口便将马系在门外的树上，这棵树上还系了其他人家的两头骡。别人家的骡不安分地用脑袋拱了一下范聚财的马，马受到惊吓之后，抬蹄将骡身上搭着的"鞍腿"①踢坏，范聚财无奈之下赔给对方三十斤盐。范聚财回到家后，父亲贾五三知晓此事便凶狠地斥责："你出门咋这么不小心，让马把别人的鞍腿给踢坏了，要是把人家的骡给踢死了可咋办啊？"范聚财只能低下头一声不吭地听着，不敢有丝毫反驳。

贾家小孩犯错之后，贾五三夫妇可以决定采取何种惩罚方式，然而外界成员却不得做主决定，因为这算是对贾五三夫妇的冒犯。贾五三虽脾气暴躁，但在惩罚孩子时不会下手很重，很多时候，贾五三夫妇斥责自家孩子也是为了让其长记性不再犯错，同时也教导其他孩子免得犯同样的错误。家里成员做错事情时并不惧怕被贾五三惩罚，而且接受惩罚时心服口服，不曾有半点怨恨。

六、家族公共事务

贾五三一家虽和同姓家族的人距离遥远，但由于同一姓氏、同一血脉，所以清明时节需要一起上坟祭祖。贾五三上坟时会带着自家的四个儿子前去。郭小黑不能前去，因为她是外姓人，贾小淙也不能去祭祖，因为她最终要外嫁。

清明前几天，贾五三便会去集市上买齐上坟时需要使用的物品比如香、纸等。清明当天，贾五三和自家的四个儿子在家里吃些素食，便急急忙忙地拿着物品前去磁钟乡。贾五三和自家孩子到达家族的祠堂之后，便和自家人一起抬着石臼前往坟地，到达坟地后，贾五三和其他人一样把石臼里面塞着的纸钱、香等祭品掏出，家族族长领人将纸钱等焚化，一行人将各个墓碑重新打扫翻修，贡品等也一一摆在各个坟头之前，族长让所有人按辈分站好，之后便开始行叩拜大礼。一行人祭祖完成后就重新回到祠堂，族长给每家每户发二百铜钱，拿到钱财之后便各回各家。

贾氏一族是磁钟乡的老户家族，因为繁衍的代际较多，随着血缘关系的淡薄，家族的保护能力也在弱化。除了清明祭祖之外，家族的人很少聚在一起开会讨论，更多是各个人家忙碌于自家的内部事务。当家族之中出现脑袋灵活、爱好读书的人，无论他家多么贫穷，家族都不会特殊照顾。同样地，若家族之中有的家庭条件极差，家族中的大多数人家都采取置之不理的态度，几个近亲的人可能会偶尔出手帮忙，但不曾存在长久扶持。换句话来说，贾氏家族除了对清明上坟祭祖比较关心，其他事务则无人问津。

七、家户纵向关系

（一）二子参加农民协会组织

贾五三的二子贾清旺曾以个人名义参与村庄的农民协会组织。1947年的一天，外村的小随来到贾五三家中，让其去刘家沟开会，贾五三知道此去开会是为了同八路军一起到财主家里扒户，便不愿随同，于是就当着小随的面说道："你婶刚死，我要是去了，这群孩子可咋办啊？十八年年成，我把裤腰带都勒断了，也不曾掐别人一粒豆。你如今让我去抢人，我咋能跟

---

① 鞍腿：套在骡马背上用于让人骑坐的东西。

上你走呢!"贾五三十分坚决,小随无奈之下便将目标转到贾清旺身上,用尽各种好话哄骗,最终把贾清旺引去开会,贾清旺因此就参与到农民协会组织中。农民协会组织的入会条件是家中贫穷,其主要责任是跟随八路军去各个财主家中扒户,然后再将扒得的粮食、衣物等物资分给贫穷小户,贾家也因贾清旺参与其中,能分得一些衣物、粮食。贾清旺并没有当上农民协会组织的头领,仅仅跟着他人行动了六天,第七天便不再参与其中。后来因为八路军东移,各个财主便拿着自家的木棍等来贾五三家中打闹,要将东西全部拿回。贾五三一家不堪其扰,最终贾清旺出去当兵,范聚财一气之下离家出走。

(二)家户与保甲

贾五三一家属于高庙乡东坡保东洼甲,当地保甲主要是按地域来划分,同甲之中并非全是同姓同族之人。贾家每年的摊派、拉差、地税等都是由上级制定,因家境贫穷,所以贾五三一家曾与保甲长商议延迟一下缴纳赋税的时间。家里的土地买卖之后,贾五三一家需要拿着地契前去保长那里,会计看完之后便在账本上记录清楚,家里来了外村的亲戚无需向保甲长打报告,保甲长对此事漠不关心,同样地,家里来了可疑的外人,保甲长也不会关心。

贾五三家中贫穷,每年收秋之后,保甲长便来家中征收地税,贾家土地亩数较多,每年需上交一千二百斤粮食,贾五三一家有时凑不齐那么多粮食,保甲长前来征税时,贾五三便请求保甲长延期一个星期,保甲长鉴于贾五三一家有牲口,不担心其缴纳不上赋税,通常会答应。贾家人在这七天四处借粮,或者将自家牲口卖掉以换粮食,等到七天之后保甲长再次前来,贾五三便将粮食系好让其带走,若保甲长发现贾家无粮缴纳赋税,便会命令保丁狠狠地鞭打贾五三一家人,贾五三为避免皮肉之苦,白天便带领一家人躲在地里,等到晚上才敢回家。

八、村庄公共事务

(一)村庄会议

1949年以前村里组织开展村务会议时,贾家是由贾五三前去开会,若贾五三因有事外出不在家中,贾润旺作为家中长子可以代替贾五三前去开会,贾润旺开完会之后,要将会议的详细内容再复述给贾五三,以便其做出正确的决定。贾五三在开会时,若有一些好的建议也可以提出,村庄会依据实际情况决定是否采纳,以村庄的道路塌陷一事为例,贾五三会依据道路的塌陷程度向村庄建议修路,村庄会通过讨论择定人员修路。

村里开展征税会议,保甲长需提前到各家各户通知家长,前去参加征税会议的都是自家有土地的农户,若自家没有土地便无须前去;租佃他人土地的人家也无须前去,因为征税是按农户登记在册的土地来计算,贾五三有自己的土地,所以需要去参加会议,贾五三对此事比较积极,因为征收赋税的多少直接影响自家一年的生活状况及劳累程度。

(二)修整道路

1949年以前,东洼村的道路都是土路,某些坡路因为雨水的长期冲刷发生塌陷,为了行人的安全和方便,保甲长会通知各家各户前去修路,每个家庭都需提供一个劳力。贾五三接到保甲长的命令之后,通常会安排长子贾润旺前去,不曾为了公平而让各个儿子轮流前去,贾五三之所以让长子贾润旺去修路,原因是贾润旺干活不如二子贾清旺利索,也不如三子范聚财能吃苦,贾五三私心想让二子、三子留在家里为自家干活。

在村中修路时,若家里有要紧事情,贾润旺可以选择不去,既无须通知或请示保甲长,也无须请工,因为保甲长每天会记工,只要下次补齐即可。修路时保甲长等人不让女性前去,一方面是因为女性力气较小、不适合干此类重活,另一方面则是因为女性裹小脚,根本走不了远路,当地曾有老话"女大一只虎,左右不离母",意思是指女性应该待在闺房之中,不宜出门。

(三)维修庙宇

东洼村虽无庙宇,但村民时常去寺沟村的关公庙烧香拜佛、祈求关公保佑。庙宇在经过长期的风吹雨打之后,有时会有一些漏洞或塌陷,村民知晓之后,便决定维修庙宇。村里的几个主事人商量好之后,会到各家各户让其捐助一些金钱,当地将此种行为称为"打布施"①,保甲长对此不管不顾,完全是村民的一种自发行为。前来打布施的两个人绕着村子挨家挨户地走过,其中一人背着花布袋,专门用来放钱;而另一人则手拿账本,负责记录各家各户所捐赠的金钱数额,每家每户都会依据自家的情况捐助一些金钱,每户所捐助的金额不等。两个前来打布施的人发现所获得的金钱足够请匠人后,就会打道回府,将钱交给匠人让其维修。

贾五三一家经常去寺沟村的关公庙烧香拜佛,同时也觉得维修庙宇是件好事,所以贾五三一旦听到门外打布施二人的吆喝,便会匆忙走出屋门,但因为自家经济条件有限,所以通常捐助一至二元,二人接到金钱之后会向贾五三道谢,之后又前往下家继续打布施。

(四)打更防偷盗

1949年以前,当村庄发生战乱或偷盗事件闹得人心惶惶时,保甲长便会召集各家各户来维护村庄治安,每个家庭需派出一个青壮小伙在晚上打更以防偷盗,每天晚上前去打更的人数约十人,各家各户协商之后轮流前去。贾五三一家是由贾润旺去打更,因为贾五三的年龄已大,彻夜未眠之后会身体不适。夜晚来临,其中一人负责打更,其余九人隐藏在暗处以防万一,每过一更,贾润旺便会敲响手中的锣,一更时敲一下、二更敲两下,以此类推,打更时还需喊"小心门户"。当发现危险时,贾润旺便连续用力地敲打手中的锣,躲在暗处的九人听到锣声,便会迅速赶到贾润旺身边,其他农户听见锣响,便急忙藏放自家的贵重物品,以免被盗去。

(五)过年耍热闹

每年过年时,东洼村都会开展一些集体性娱乐活动,当地称之为"耍热闹",项目主要包括舞龙舞狮、踩高跷、耍腰鼓、打锣鼓等。村庄之所以举办此活动,一方面是为庆祝新一年的到来,另一方面则是想让村民借此机会放松娱乐一下。耍热闹的活动从正月初八开始,一直持续到正月十五。由于耍热闹属于集体性活动,所以相关费用由大家均摊,保甲长负责收取。耍热闹的前一星期主要是排练节目,正月十五才是真正的表演。

贾五三一家若有人爱好此类活动,在征得贾五三的同意之后,便可以参与其中,因为过年时正值冬日,家里也无需耕作,贾五三见自家儿子翘首企盼,便答应让其前去。正月十五当天,贾五三会领着自家孩子陪同四邻前去观看,贾家经历一年的艰辛劳作,需要借此机会放松一下,此外贾五三也想亲眼目睹自家儿子的风采。

---

① 打布施:让他人将金钱、实物等捐赠出来。

155

九、国家事务

(一)缴纳赋税

1.赋税多样且严苛

东洼村在缴纳赋税时是以户为单位,按土地面积计税,每0.2万平方米土地需缴纳一元,而八十七斤粮食可抵一元钱。每年麦收之后,保甲长就会来贾家征税,贾家每年只交一次赋税,近一千二百斤粮食。贾家曾缴纳过田税、人头税、拉差费三种赋税,田税是按贾家的土地数来计税,共计近一千二百斤粮食;人头税是按贾家的男性数量来计算,无论老少每人需缴纳十元,共计五十元;拉差费是将贾家的土地数量和人口数量综合起来考虑,国民党在陕州扎营打仗时,贾家曾缴纳过拉差费。

2.保甲长前来家中征收

1949年以前,每年征收赋税都是保甲长直接来贾家征收,贾五三在家时,保甲长便会直接对贾五三说明征税一事,让其将准备好的税款拿出来;若贾五三不在家中,保甲长则对郭小黑嘱咐两句让其代为转达,过两日便会再次来到贾五三的家中征收。麦收之后,贾五三一家便先将自家缴纳赋税用的粮食单独放置在一边,用绳子系个死结,等待保甲长前来征收,若某年自家粮食不够缴纳赋税,保甲长来到家中之后,贾五三便央求其宽宥几日,保甲长见贾家诚信较好且家中有一匹马,通常都会答应。几日之后保甲长会再次前来征税,贾五三一家若仍未将赋税凑齐,保甲长就会鞭打贾五三一家人。

3.勉力纳税,偶有延期

贾家作为小门小户,家里每年的粮食交完赋税之后只能勉强维持一家人的生存,因家中土地全是旱地,所以每年雨水的多少直接决定着贾家一年粮食的收成。此外,由于贾家的土地多是土壤肥力较差的白土地,所以每年粮食收成极其有限,一旦遇到灾荒年景,贾五三一家便无力缴纳赋税。保甲长前来征收赋税时,贾家刚开始请求延期一星期,保甲长大多会同意,在这一星期之内,贾五三要么借钱借粮,要么变卖牲口以换取粮食用于缴纳赋税。若最终仍未凑齐赋税所需的粮食,贾五三一家人便开始胆战心惊,因为保甲长等人会不顾情面地鞭打贾五三一家人,贾五三在家中小心翼翼,一旦听到保甲长前来村里征税,便领着自家人躲到田地之中以免皮肉之苦。当贾家无法缴齐赋税时,保甲长不会帮忙垫交,村里其他人也不会无缘无故帮贾家代缴,贾五三一家只能躲到田地中躲避保甲长,并不是为了不交赋税,而是想再拖延一些时日,保甲长等人一旦发现贾五三一家躲避,逮住之后便会无情地鞭打。

(二)得罪保甲长被抓丁

贾五三的二子贾清旺曾被保甲长等人抓去当壮丁,当地被抓去的壮丁主要是被送到部队当兵。贾五三知晓后,担心自家儿子安全,不愿让其前去,便给甲长送礼,希望其能想办法放过贾清旺。东洼村抓壮丁比较随意,完全按照保甲长等人的意图来行事,抓壮丁的对象必须身体健康,无任何残疾,此外独子不会被抓去。贾五三一家曾为避免被抓去当兵想尽各种办法,贾清旺小时候在地里背芝麻,天太黑看不清路,一不小心脚踝上扎了一根荆棘。当听到村里人喊保甲长前来抓壮丁,贾五三便连忙将兑水之后的巴豆往贾清旺的脚踝上擦,擦完之后贾清旺的脚踝便开始红肿,走起路来一瘸一拐,保甲长等人来到贾五三家中,看到贾清旺走路颠簸,便不再抓其当壮丁。但是此计不能长久,二子贾清旺被抓去之后,贾五三便赶紧想办法将自家儿子送去外地当长工,保甲长见人不在家中就会放弃抓捕,改去找其他合适人选。

东洼村要和泉脑村分开时,贾五三在其中爱出头,泉脑村的保甲长因此对贾五三十分不满,想让其吃点苦头。夏天收麦的时候,二子贾清旺背了一捆麦子正赶回家时,路上看见一棵杏树,便将麦子放到路边去摘杏。泉脑村的小雷躲在杏树底下,看见贾清旺放松时便一把将其按倒在地,并用贾清旺绑麦子的麻绳将其五花大绑,贾五三一家人知晓后,担心贾清旺的安全不想让贾清旺前去,贾五三便做主给甲长送烟、送礼又送钱。甲长让贾清旺去骂保长:"村里的兵都死完了,就剩这一个人也要让当兵啊!"二子贾清旺听完甲长的话,便站在保长的房屋外面大骂。后来贾五三仍担心自家儿子被抓走,便急忙联系外地的远亲让其帮忙收留贾清旺。就这样,贾清旺便去棉洼村的亲戚苏家做了两年长工。

(三)躲避财主去当兵

贾五三的二子贾清旺曾在1949年以前追随八路军当兵,此时贾清旺已经25岁,前去当兵时需要征得父亲贾五三的同意,贾五三一家劳力不足时,村庄不会派劳力来支援贾家耕作。

贾清旺因追随八路军去各个财主家扒户,六天之后八路军东移,贾清旺等人便结束行动。在这六天里,贾清旺将从财主那里获得的物品分摊,各个财主因此怀恨在心,八路军走了之后,财主纷纷前来贾家找事,让其把从自家拿的东西全部归还。贾五三一家不堪财主的骚扰、打闹,范聚财一气之下离家出走。贾五三担心贾清旺被财主打死,便让其去外地躲躲风头,贾清旺无奈之下便跑到观音堂去当兵。

(四)上级挑选,村民选举

东洼村保甲长的选举经过两道程序,第一道程序是公家下达命令,在村中挑选出两三个比较能干的人;第二道程序便是号召全保的所有户主前去开会,开会的地方不定,保扎营到哪里,便在哪里开会。选举保甲长的会议一般需持续一天之久,贾五三从自家拿点馒头前去开会,开会时每个家庭均有一票,贾五三以全家的名义投出那珍贵的一票。若贾五三有时不能前来,便会提前委托自家长子贾润旺去开会,虽然郭小黑的辈分较高,但因是女性不能前来。贾五三在选举之前大多会与自家人商量一下,若家里成员与贾五三的意见不同,最后以贾五三的决定为准。贾五三推选的人不一定要家里有钱有势,但要有能力,不仅有心思处理村庄各类事情,而且能说会道,可以将村里的大事化小小事化了。

调查小记

"运气就是机会碰巧撞到了你的努力",这句话也许能很好地反映我的整个寒假。寒假调研期间因主客观等各种原因,我的调研进行得并不是很顺利。但幸好自己有一颗向上的心,在家人的帮助之下,我鼓起勇气继续奋战,最终成功完成任务。

寒假期间正值寒冷冬日,也将近年关,所以去他人家中难免有些不便。但为了能更好地完成假期任务,我回到家中仅仅休息了一天,便背着书包去老家找老人。在父亲的带领之下,我仅仅用了三天时间便找到了第一位老人,老人范聚财能说会道、思路也较为清晰,所以是一个很适合的调研对象。但老人范聚财毕竟已87岁高龄,身体较为虚弱,并且暂时居住在儿子家中,为了避免给他人造成麻烦,我每天中午刚吃完午饭就急忙赶去老人家中。因为老人说方言,所以我在写的时候很多字词虽然可以理解意思,却不知是何字以及如何书写。此外,由于我说的话比较现代,和老人当时所处的大背景有一定的区别,所以老人也无法听懂我想表达的含义,常常陷入一种尴尬且难以继续的场景之中。为了让调研顺利进行,我只能一遍一遍地向老人表达我的意思,直至老人能听懂为止。连续一星期的下午,平均每天三个小时的调研时长,我最终对老人范聚财家中的历史有了一个较为清晰的认知。

中国自古就崇尚"家国一体",如果要对我们国家有一个清晰且深刻的认知,就必须对中国的家庭有一个全面的了解,特别是要在家庭点点滴滴的小事之中去体会理解。虽然每一个家庭都具有其特殊性,但因其是一个时代的缩影,所以家户制度在很大程度上能够反映特定历史时代的特征。换句话来说,虽然家户制度调查所采取考察的对象微观,但对学术及现实有着重大的意义。我通过对家户制度的调研,也逐渐了解了1949年以前的一些风俗习惯和时代背景,在思考当代问题时会站在一个宏大的历史和学科背景上,这样就能更好地理解国家所做相关措施的意义。

在此,我非常感谢中国农村研究院给予我参与家户调查的机会;感谢尊敬的徐勇、邓大才两位教授以及黄振华老师认真细心的谆谆教导;同时,我也十分感谢老人范聚财。老人范聚财在87岁高龄之下,忍受着身体的不适,耐心地同我讲述自家的历史以及生活所居村庄的风俗习惯、治理情形等。老人范聚财在我不好理解时更是耐心重复,也不曾因调研时间较长而表现出烦躁之意。虽然此次调研只有短短的20个小时,但我已经深刻地感受到老人范聚财的坚持和努力,这着实令我感动。一位老人能在身体不适的情况之下,对着一个外人、小辈细心讲述自家当时所处的年代、生活的点滴小事,这是值得我们尊敬的。在此,祝愿天下的每一位老人能够身体安康、长命百岁,也真心希望他们的历史能为天下人知晓。

第三篇

盎盂相击：断弦再造的家户延续

——晋南韩家庄刘氏家户调查

报告撰写：于国萍[*]

受访对象：刘灵便、李俊忠

[*] 于国萍(1994—　)，女，山西省永济市人，华中师范大学中国农村研究院2016级硕士研究生。

导　语

　　韩家庄是山西省永济市蒲州镇下辖的村,位于蒲州镇的西北部,后因黄河发水,村民被冲散至丰乐庄、丰乐堡、韩家庄、孙家庄、西昭德村,韩家庄村则迁移至偏东当今的位置。韩家庄历史悠久,是史书中盛称的"舜都蒲坂"及永济境内独头等文化遗址的发掘地。刘姓为韩家庄村的大姓,占据该村人口的三分之一,子孙后代由第一代发展至第五代,支系众多,后代人口逾百人。

　　1947 年以前,刘家拥有土地 1 万平方米,分为坡上地、坡下地和黄河滩地三块,土地以祖上传承为主,全家共有。在当家人刘中伏的带领下,全家人丰衣足食而且年有余粮,但因男性劳力不足,刘家雇用一名长工,每年支付一定的报酬,与刘家人同吃同住。刘家共有两座院子七间房,与四周邻家边界清晰,互不侵犯,各个小家拥有自己的房间,房间的居住由当家人分配。在生产生活资料方面,刘家经济在韩家庄村中属于中上游,比较宽裕,生产生活资料可以自给自足,不需要外借,资料短缺时则会通过购买的方式获得。刘子杰外出经商,每年的经济收入在年末都会交给当家人刘中伏并由其支配, 当家人在逢年过节时为全家人分配零花钱, 而且承担日常生活中家里的大小花费, 但每个家庭成员手里的私房钱以及零花钱的支配,当家人不会干涉。

　　刘家的家庭内部关系较为复杂,刘德荣、刘子杰与刘中伏均先后娶过两位妻子,刘德荣的第一位妻子死于"月子病",而刘子杰的前任妻子刘环环、刘中伏的前任妻子王美玲因为家庭矛盾相继离家出走,后来刘子杰与刘中伏分别再娶杨雪艳与张香仙。刘环环是刘家产生各种矛盾的关键人物,她性格强势,过门之后将家里的两位老人赶出家门,让其居住在村中破旧的寺庙中;在家务活的分配上,刘环环经常欺辱王美玲,轻则辱骂、重则动手动脚,并时常干涉当家人的决定。1946 年,刘子杰与刘中伏分家成立两个小家,原有大家庭的财产按照均分的原则分给了兄弟二人,分家时,刘中伏请了自家的姑爹娘舅二人为见证人,并当面签署分家单。

　　刘中伏思想顽固,只允许家里的男孩上学,女孩不能上学,甚至女孩外出也受到限制,家里的女孩子从小就要跟着学做各种家务活, 待到出嫁的年龄, 刘中伏便会为其寻找合适的"对头"①。在刘家孩子的婚嫁方面,当家人刘中伏扮演着极其重要的角色,当事人双方不能做主,从配偶的择选、彩礼的支付以及婚宴的举办都由当家人一手操办,其他家庭成员无权干涉。刘家几个媳妇婚后生育几个孩子,当家人不再插手,刘子杰夫妇因为生不出孩子而选择抱养一儿一女,为其小家延续香火。刘家的所有生产生活均是以家户为单位,村庄很少插手,

---

　　① 对头:指门当户对的亲家。

160

即便是在"年景"①之年,恰逢水灾、旱灾和虫灾,也是由当家人想办法解决,村庄不会采取任何的救济措施。此外,刘家每年的收成需要按照自家土地的数量和质量缴纳税款,并在战乱时期承担一定的"差务",刘家当家人也会根据自家的实际情况派出男劳力"支差",以免刘家在村庄中落下"口柄"。总体而言,刘家在家户经济、社会、文化、治理方面形成了"产权共有、同财共灶、同居共食"的家户特性,并将这一特性贯穿于刘家生产生活的各个方面。

---

① 年景:指灾害之年,多指水灾、旱灾以及虫灾。

第一章　家户的由来与特性

　　刘家在韩家庄共有五代人,刘中伏为第五代当家人,全家共十三口人,其中包括一名长工,男女劳动力六人,刘德荣夫妇为家里的半劳力。刘家共有两座院子七间房,刘中伏与一家老小居住在主院,长工居住在侧院的马房里。刘家的经济水平在村庄中处于中上游水平,全家有1万平方米土地,在维持全家人生活所需的基础上每年还会有余粮,刘子杰在蒲州镇上做点心生意,也为刘家增加了一笔经济收入。刘家没有成员当过村长或干部,但在村庄中的声望较高,原因在于刘家人有德,经常充当调解员的角色,村民的信任度较高。

一、"年景"之年北上扎根

　　刘氏早期主要是在北方发展繁衍,之后刘姓开始向河南及江苏传播。汉朝是刘姓的鼎盛和发展时期,汉高祖刘邦建立西汉王朝后,分封同姓于各地,其后支派繁衍,于是彭城、尉氏、临淮、南阳、广平、丹阳等地皆有刘氏,汉王室大封同姓王侯,使刘姓贵族遍布于大江南北,他们各据一方,很快成为各地有权有势的大家族。总之刘姓以皇族为主脉,经历大汉四百多年的繁衍发展,人口急剧增加,成为当时的天下第一大姓。但刘姓人口仍主要分布于黄河流域,主要集中于河南、河北、山东、江苏北部、安徽北部以及山西太原地区。

　　韩家庄村为以姓氏命名的村落,许多同姓的族人长期聚居在一起就形成了一个村落,据高庙碑记载,元朝年间,韩姓是韩家庄最大的一户人家,影响力大,韩家庄也因此得名。刘氏形成于春秋时期,出自今河南偃师,刘氏早期主要是在北方发展繁衍,主要集中于河南、河北、山东、江苏北部、安徽北部以及山西太原地区。韩家庄刘氏祖先为河南人,后在"年景"之年逃荒至山西运城地区,刚开始是在韩家庄村中讨饭,因为年轻力壮被当地的财富家看上,留在韩家当了长工并在当地落户。到刘氏第五代传人刘中伏手里,刘家已经拥有自家的房屋与土地,并成为当地的一大姓氏。

二、三世同堂的富饶之家

(一)聚散离合的续弦家庭

　　刘家在韩家庄繁衍已至第五代,前两代为独传,第五代育有两子,分别为刘中伏、刘子杰二人,当家人为刘中伏。1947年以前,刘家共有十三口人,三代同堂,其中包括祖辈刘德荣,1890年生,是家里的老人,地位颇高但身体不好,丧失劳动能力,日常生活靠老伴刘氏与家里的几个儿媳伺候,偶尔会帮家里做一些简单的农活;刘氏为刘德荣的第二任妻子,第一任妻子在生下四女儿之后得了"月子病"不幸去世,后来刘德荣续弦再娶。平辈四人,分别为老大刘子杰,1906年生,常年在外经商,妻子刘环环,强势霸道,无儿无女,后抱养一儿一女,但时常干涉当家人决定,妯娌矛盾多而复杂,1940年离家出走,刘子杰续弦再娶张香仙。老二刘中伏为刘家第五代当家人,1907年生,妻子王美玲温和顺从,与刘中伏育有一女,1939年不堪家庭压力离家出走,刘中伏续弦再娶杨雪艳;子辈六人分别是刘灵便、刘钢娃、刘铁娃、刘铜娃、刘锁子、刘兰兰,刘灵便为当家人刘中伏与第一任妻子王美玲之女,1946年嫁给南苏村李家;刘刚娃、刘铁娃、刘铜娃三人为刘中伏与第二任妻子杨雪艳之子,三人相继在1939年、1940年、1941年出生;刘锁子为刘子杰与刘环环抱养之子,生父生母同为韩家庄村人,后经人介绍抱养给刘家,虽由刘环环抱养,但一直由王美玲抚养;刘兰兰为刘子杰与刘环环抱养之女,在1940年刘环环离家出走时带走。此外,刘子杰与刘中伏还有四个姐妹,包括大姐刘女、二姐刘二女、三姐刘三女、妹妹刘四女,母亲刘氏生下刘四女之后去世,刘四女被送往当地的养儿院,大姐、二姐、三姐在刘中伏当家之前均已出嫁,在此不计入家庭总人口数。

表 3-1　1947年刘家家户成员基本信息表[①]

序号	姓名	身份	性别	年龄	婚姻	职业	健康	备注
1	刘德荣	父亲	男	57岁	已婚	务农	一般	丧偶
2	刘氏	母亲	女	59岁	已婚	务农	良好	续弦
3	刘子杰	长兄	男	41岁	已婚	经商	良好	离异
4	刘环环	长嫂	女	40岁	已婚	务农	较差	离异
5	张香仙	长嫂	女	38岁	已婚	务农	良好	续弦
6	刘中伏	当家人	男	38岁	已婚	务农	良好	离异
7	王美玲	前妻	女	37岁	已婚	务农	良好	离异
8	杨雪艳	妻子	女	37岁	已婚	务农	良好	续弦
9	刘灵便	长女	女	15岁	未婚	务农	良好	—
10	刘锁子	长子	男	14岁	未婚	务农	良好	抱养
11	刘兰兰	次女	女	13岁	未婚	务农	良好	抱养
12	刘钢娃	次子	男	8岁	未婚	务农	良好	—
13	刘铁娃	三子	男	7岁	未婚	务农	良好	—
14	刘铜娃	四子	男	6岁	未婚	务农	良好	—
15	工娃	长工	男	19岁	未婚	务农	良好	—

　　刘家在韩家庄共繁衍五代人,刘中伏为刘家的第五代子嗣,全家共有十三口人,三代同堂,家里的劳动力主要包括刘德荣夫妇、刘中伏夫妇与刘子杰夫妇,刘德荣夫妇为家里的半劳力,只能做一些简单的活。刘灵便、刘锁子、刘兰兰、刘铁娃、刘铜娃、刘刚娃六人为家里的孩子,刘灵便与刘锁子的年龄较大,偶尔可以帮助家里做一些简单的家务活,其他三个小孩年龄尚小,需要家里女人的照顾。此外刘子杰常年在外做生意,家里的劳力不足,因而雇用了一名长工,刘家人称他为"工娃",工娃常年居住在刘家,与刘中伏一并下地劳作。

---

　　① 刘环环、张香仙离家出走之后,刘子杰、刘中伏分别续弦再娶王美玲、杨雪艳。

163

表 3-2　1947 年刘家家户情况表

家庭基本情况	数据
家庭人口数	13
劳动力数	4
男性劳动力数	2
家庭际代数	3
家内夫妻数	3
老人数量	2
儿童数量	6
其他非亲属人员数	1

(二)两座院七间房

刘家房屋整体的布局为坐北朝南式,两座院子并列分布,主院的面积大于侧院。刘家右边为村庄巷道,长度在 15 米左右,可一直通往刘家的田地,道路全部是土路,下雨天泥泞难行;左边是同为刘姓的邻家,两家关系一直和睦,从来没有闹过矛盾;房屋前面为村庄巷道,同为土路,但由于是房屋正前面的道路,坑坑洼洼时刘中伏也会拿着铁锹自行填补,巷道里各家各户也会自行维护门口的那一块土路;房屋后面则为刘家的麦场,每年收秋之后,刘中伏和长工会把收回来的谷子、小麦以及其他粮食放在麦场上进行晾晒。刘家没有后门,去晒场上晾晒粮食要走右边的道路通行。

刘家共有两座院子,主院中有三间厢房、一间上房和一间门房,侧院中则是一间敞房、一间马房以及一间饲养牲口的马棚,侧院中没有大门,两个院子中间开了一个小门,两个院子的人通过小门来往。刘家人主要居住在主院内,刘德荣及妻子刘氏居住在上房,当家人刘中伏夫妇以及刘子杰夫妇居住在两间厢房里,刘家雇用的长工则居住在侧院的马房里,方便日常喂养牲口,每天到吃饭的时间,刘家会让刘锁子把饭送到长工房间或者喊长工过来端。主院的门房以及侧院的敞房主要是放置家里的闲杂物品,每年收下棉花也会放在主院的门房里,家里的女人可以根据自己的需要取用。刘家在日常的居住分配中,厢房主要居住着家里的年轻媳妇,如果家里的儿子要娶媳妇,当家人以及家里的老人都会自动把厢房让出来,家里的老人一般住上房或者住在东南角的房屋里。刘家的西南角是一片空地,没有修建任何房间,刘家人觉得西南角住人会对整个家庭的运势不好。

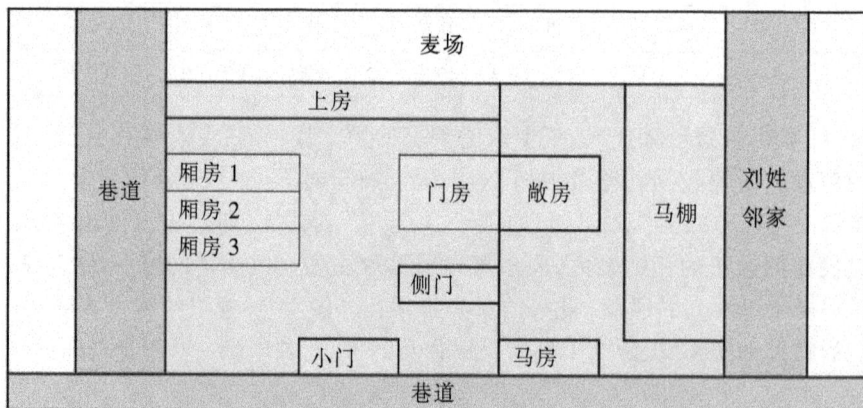

图 3-1　刘家的房屋布局图

(三)农商结合,年有余粮

刘家拥有1万平方米土地、两座院子、三头牲口,在日常的农业生产中,还雇用了一名长工。刘家经济条件在韩家庄中属于中上游水平,虽然不及当地财富家富裕,但全家人不愁吃穿,每年粮食都会有结余,即使是"年景"之年,粮食减产严重,全家人勒紧裤腰带也可以熬过,从未出现过断顿的情况。

除了种地外,刘家的经济来源便是刘子杰外出做生意所得,从事糕点的售卖。刘子杰刚开始是出去给别人打工,后来和朋友合开一家点心铺,每年"年头出去、年尾回来",中间家里有事的时候也会回来一趟看望老人,一般情况下会一直在外做生意。在每年的春节之际,刘子杰会赶在大年三十晚上返回家中,将自己这一年所有的经济所得交给当家人刘中伏支配,自己的妻子刘环环体弱,但性格强势,经常因为刘子杰将所有的金钱交给当家人而与家里闹矛盾,刘环环觉得"自己丈夫辛辛苦苦一年,回来之后还要把钱交给当家人掌管",心里甚是不服气,因此刘家金钱的支配是刘家时常爆发矛盾的一个主要导火索。刘子杰虽然懂得做点心的手艺,但不经常带点心回家,而是每年回到家里再亲自动手做一些点心,给自家人以及登门拜访的客人品尝。

表3-3 1947年前刘家家计状况统计表

<table>
<tr><td rowspan="2">土地占有与经营情况</td><td>土地自有面积</td><td>1万平方米</td><td>租入土地面积</td><td>0</td></tr>
<tr><td>土地耕作面积</td><td>1万平方米</td><td>租出土地面积</td><td>0</td></tr>
<tr><td rowspan="2">生产资料情况</td><td>大型农具</td><td colspan="3">1辆大车</td></tr>
<tr><td>牲畜情况</td><td colspan="3">2头牛,1匹马</td></tr>
<tr><td rowspan="6">收入</td><td colspan="5">农作物收入</td><td colspan="2">其他收入</td></tr>
<tr><td>农作物名称</td><td>耕作面积</td><td>产量</td><td>单价</td><td>收入金额
(折算)</td><td>收入来源</td><td>收入金额</td></tr>
<tr><td>小麦</td><td>1万平方米</td><td>200斤</td><td>4分</td><td>—</td><td>经商</td><td>—</td></tr>
<tr><td>玉米</td><td>0.87万平方米</td><td>120斤</td><td>4分</td><td>—</td><td>手工业</td><td>—</td></tr>
<tr><td>棉花</td><td>0.13万平方米</td><td>80斤</td><td>5分</td><td>—</td><td>牲畜</td><td>—</td></tr>
<tr><td colspan="7">收入共计
—</td></tr>
<tr><td rowspan="4">支出</td><td>食物消费</td><td>衣帽</td><td>燃料</td><td>肥料</td><td colspan="3">租金</td></tr>
<tr><td colspan="4">自给自足</td><td colspan="3">无</td></tr>
<tr><td>赋税</td><td>雇工支出</td><td>医疗</td><td>其他</td><td colspan="3">支出共计</td></tr>
<tr><td>200斤</td><td>五石麦</td><td>—</td><td>无</td><td colspan="3">—</td></tr>
<tr><td rowspan="2">结余情况</td><td rowspan="2">每年有所结余</td><td rowspan="2">资金借贷</td><td colspan="4">借入金额</td></tr>
<tr><td colspan="2">借出金额</td><td colspan="2">—</td></tr>
</table>

(四)以德服人的德望之家

在1947年以前,刘家没有人担任过乡长等职务,刘家家大业大,经济水平处于中上游,且刘中伏与村民关系处理得比较好,因而在村庄中有一定的声望。刘德荣年龄较大,基本上不从事农业生产活动,不过在村庄中但凡是各家各户闹矛盾都会请刘德荣从中间调节,大部分村民称呼刘德荣为德荣叔。村庄中有一户农户叫做李向阳,李向阳经常因为自家地畔问题与地邻闹矛盾，产生矛盾之后都会请刘德荣从中间进行调和，其他人若想插手都会遭到拒绝，"他只服德荣叔"。除了在村里调解矛盾外，当本村与外村之间产生矛盾纠纷时，村长也会请刘德荣出面调解。韩家庄与北苏村为紧邻的两个村庄，两个村庄的土地也紧挨在一起，在一次农业耕种中，两个村庄的农户因为地畔问题互不相让打了起来，后来参与的人越来越多，演变成了两个村村民之间的战争，"两个村的村民之间用砖头块互相砸"，很多小孩也参与其中，打得不可开交，后来韩家庄的村长制止不了，便出面请刘德荣调解。

同时，刘家在当地比较有德望还在于当家人的威信。对刘家内部而言，刘家上下对待长工都比较友好，家庭内部关系处理较好，并且村庄中的主雇之间发生矛盾时，刘德荣、刘中伏也都会出面帮忙调解，亲戚邻居也愿意请刘家当家人出面调解，"自家内部都处理不好，别人也不会信服"。在刘家后人的印象里，村中雇用长工的人家打骂长工是常见的事情，长工居住在主家，很多事情上都低人一等，稍有不顺心便会引起主家的打骂。如果被当家人打骂，长工也不会反抗，大多数都会选择忍受，也有人受不了主家人的各种暴力选择离家出走，但大部分人为了讨生活，都会把所有的苦咽到肚子里，忍无可忍时便会请中间人来调解。因为刘家当家人与长工的关系处理极好，其他村民与长工之间发生矛盾也经常会请刘中伏出面调解，刘中伏一般也不会拒绝。

（五）丰衣足食的中等之家

1947 年以前，刘家有五代人，刘中伏既是外当家也是内当家，对外与长工一起下地干活，对内保管家中贵重物品，支配一家老小的日常生活，操持家里的大小事情。后来大嫂刘环环嫁入刘家之后，性格强势霸道，成为刘中伏当家的"干涉人"，刘中伏尊重刘环环是长嫂，不愿意与其正面起冲突，对大嫂的行为也是"睁一只眼闭一只眼"。刘中伏的妻子王美玲话少，性格内向，在家经常受到刘环环的欺负，刘环环也成为刘家爆发矛盾的焦点。刘家经济水平比较宽裕，但没有请过管家，家里的男人活、女人活都是当家人刘中伏自己操持，每天晚上回家之后刘中伏会把第二天要做的事情分配好，男人活、女人活都会交代清楚。

刘家在韩家庄算不上大户，但也不是小户家庭，在人口数量上，刘家人口众多，三世同堂，当家人刘中伏为一家之主，权威比较高，除了刘环环之外，其他家庭成员对当家人都是服服帖帖。在土地数量方面，刘家的 1 万平方米土地数量适中，全家人在当家人的带领下能够吃饱穿暖，而且每年粮食都会有结余，每年结余的粮食还可以外借给其他农户。刘德荣当家时刘家人口最多，四代同堂，一直没分家，既是当地的财富家，也算是名副其实的大户人家。刘中伏和刘子杰分家后，刘中伏一家有自己的土地和房屋，虽不及大户人家富贵，但年末也会有多余的粮食，每年也能够维持一家老小的日常生活需要，达到自给自足的程度。小户家庭土地少，劳动力少，需要抚养的孩童较多，生活压力大，经常吃完上顿没有下顿，刘环环的娘家有十口人，但只有 0.13 万平方米土地，每年的粮食都不够吃，长子外出给当地财富家当长工，全家人就靠长子每年的工钱，家里的父亲外出卖碱，"碱卖出去就有吃的，卖不出去就饿着"，家里的几个孩子经常饿得在村里的地沟里捡垃圾吃。

第二章　家户经济制度

刘家作为独立的家户单元,拥有自己的土地、房屋,其独立的家户权益受到外界的认可与尊重。与此同时,当家人拥有对所有生产资料、生活资料的支配权,在当家人的领导下,全家人共同劳作,共同享受家庭收益。在家户消费方面,当家人刘中伏掌握着全家的经济大权,家庭成员购买东西前需向当家人申请,家里的大小花销都由当家人承担,包括子女的教育消费、日常生活中的食物消费、衣物消费以及红白喜事等人情消费。此外,当家人是家户借贷的主要负责人,借钱、还钱时都需要当家人出面,其他家庭成员在未征得当家人的允许时不能替代。

一、家户产权

刘家共有三块土地,分别分布在坡上、坡下以及黄河滩边,每年的粮食产量不稳定,但足以维持全家人的生活。刘中伏当家之后没有购买或者租赁过土地,家里的土地全部为祖上继承而来。在刘家内部,所有的土地均为全家成员共同拥有,全家人在当家人的带领下共同劳作。对外而言,刘家的土地有着清晰的边界,边界对全家人而言神圣不可侵犯,在自家的权益受到侵犯时,刘家人也会据理力争。

(一)家户土地产权

1.十余亩地丰衣足食

1947年以前,刘家共有1万平方米土地,分为三块:坡上地、坡下地以及黄河滩地,每块土地的面积大概都是0.33万平方米。坡上地是村庄中的旱地,刘家的旱地都集中在坡上,地势较高,没有水井,平日里不浇地,基本上是靠天吃饭;坡下地地势低,靠近水井,刘家可以和其他农户共同使用一口水井,相比之下,坡下地靠近水源,粮食产量要高于坡上地;黄河滩地为黄河边缘的土地,土地的大小面积每年都不一样,刘家的黄河滩地随着黄河水位的高低而变化,黄河水位"时高时低",黄河滩地的面积也"时大时小"。在这种情况下,各家各户所拥有的滩地面积都是未知数,"大的时候难以测量,小的时候可以被忽视"。刘家土地面积也是当家人估算出来的,通常村民也仅仅以一个标志区分各家各户的滩地面积。

2.传承为主,置换开荒为辅

刘家大多数土地以传承为主,在日常的生产生活中,刘家还进行过土地赠送、土地置换、土地开荒等行为。

刘家土地均由祖上传承而来,祖上传给刘德荣,刘德荣再传给刘中伏,辈辈继承也是刘家土地最主要的来源。除了土地继承以外,刘家还有土地赠送的情况,刘德荣当家时,家里大大小小总共有六块土地,土地较为零散,而且每块的土地面积并不大,耕作起来十分不方便,最小的土地面积为0.04万平方米,而且位于卫村边界,离南苏村较远,每年也产不了多少粮食,后来当家人觉得十分麻烦,就把0.04万平方米土地送给在卫村的亲戚耕种。除了耕作不便外,刘家赠送土地的另外一个原因是部分土地质量并不好,产量不高,把质量不好的土地赠送给别人耕种,也是减少自己的麻烦。刘家赠送自家土地时,不用开具凭证或者手续,都是当家人做主决定,也不存在地契的转移,即便是刘中伏将土地赠送给亲戚耕种,在刘家经济拮据时当家人也有权利收回,但赠送土地的大小事宜其他家庭成员都不能干涉。

土地置换是刘家另外一种土地来源方式。韩家庄各家各户的土地都分为三块,所有的坡上地都集中在一块,坡下地集中在一块,但土地位置不同,因而经常形成“你家的土地离我家近,我家的土地离你家近”的情况。土地置换则利于双方的耕种,置换可能性也比较高。刘中伏当家时,曾与李家巷的李创佳家进行过土地置换,因刘家与李家的土地面积相当、质量相近,当家人也比较谈得来,两家的土地置换便能顺利进行。刘家在土地置换时往往要考虑以下几点因素:一是土地面积,置换的两个家庭之间的土地面积必须相同,如果土地数量不一致,在双方当家人同意的前提下,可以以现洋的形式弥补给对方,如果想用自家的0.13万平方米土地置换别人家的0.2万平方米土地,那多余出来的土地则要根据此时市场上的土地价格进行折现,按规定补给对方。二是土地质量,不同位置的土地有着不同的土地质量,坡上地是旱地,坡下地是水浇地,坡下地的质量远高于坡上地,如果用自己的坡上地置换对方相同数量的坡下地,则同样需要支付一定数量的现洋弥补对方的损失。一般情况下,韩家庄的土地置换都是坡上地换坡上地,坡下地换坡下地,用坡上地置换坡下地时经常因为质量、价格难以达成协议而谈崩。刘德荣当家时,曾想用自家0.33万平方米的坡上地置换别人家相同数量的坡下地,愿意多支付三石粮食弥补对方,但对方一直要求支付四石粮食,双方争执不下,请来好几个中间人帮忙劝说也没谈成,最后便不了了之了。三是土地距离,刘家进行土地置换的目的是为了更方便耕种,置换后土地离自家的距离更近,若置换后土地离自家更远,那土地置换大多不能完成。

韩家庄村东头有大面积的沟壑,沟壑中间的土地大多为各家各户拥有,但沟边的土地因为不好耕种大多闲置。刘德荣闲暇时也会把沟边土地开垦出来,种植一点农菜,沟边土地的面积不大,基本就是一分或者二分地,荒地开垦出来之后就一直由刘德荣耕种。韩家庄财富家的土地多,动辄上百亩,除了通过土地传承、土地买卖等途径获得,还会通过“以地抵债”的方式获得。与刘中伏交情较好的一户农户叫立刚,立刚家是当地的财富家,每年都会把自家多余的粮食借给当地的穷苦人家,然后从中间收取一定的利息,当穷苦人家还不起的时候只能将自家的土地抵押给立刚,以抵消自家的债务,因此财富家的土地会越来越多,贫户家土地则会更加少。刘中伏经常劝说立刚要积德,因此后来即便是有村民欠债,立刚也不会催还,也不会主动要求对方以地抵债。

3.土地全家共有

刘家1万平方米土地为全家共用,每个家庭成员都有使用的权利,但所有成员的使用需要在当家人的支配下,一起劳作、共同使用,即便是只有一个劳动力来耕种,收获的粮食也是全家共有。除了当家人以外,家里的其他成员对自家的土地也有清醒的认知,在家庭内部,所有的土地不分你我,但对外,家庭成员可以清晰地分出自家土地和别人家的土地。

4.土地家长支配

无论是土地置换还是土地赠送,刘家都由当家人说了算,家庭成员虽然共同拥有家户土地,但土地的支配由当家人刘中伏做主。在土地置换中,置换双方都需要由当家人出面商议,如果有其他家庭成员商议土地置换的事情则不会被认可,还会被外界认为不合理。在未经过当家人的允许下进行的土地置换,当家人有权利将土地收回,否认一切置换决议,重新处置。刘家的土地种什么、什么时候种都是由刘中伏决定,即便刘德荣是家里的长辈也不能做主,家里的女人更不能插手。刘德荣在沟边开垦出两分土地,数量不大,这两分土地则由刘德荣自己耕种,当家人不会插手。

5.地畔边界清晰

刘家与地邻之间的土地边界为地畔子[①],地畔子是一条由隆起来的小土堆构成的边界线,修建地畔时,土地邻家的当家人都要在场,准确测量自家的土地面积,然后在两家交界处拉一条水平线,线的两端各打出一个深洞,洞里注入白灰,然后用砖头垒起来,这便是两家的地标,土地邻家的当家人会根据地标修建地畔,地标的确定也显得十分重要。对刘家而言,地标确定之后不会再发生改变,倘若日后地畔发生偏离,刘中伏也会与对方当家人在地畔两端寻找当初注入白灰的地标,然后依据地标重新修建地畔。倘若自家土地被侵占,当家人可以去政府找工作人员解决,调解的依据便是各家各户的地契,在地契上,各家各户土地的位置、面积大小以及四边邻家都写的清清楚楚,政府人员将依据地契主张双方重新修建地畔。

除了土地边界,在刘家所有家庭成员心中,地畔子神圣而不可侵犯,每个成员在内心中都对自家的土地有清晰的认知,即便是不外出干活的女人,自己家有多少土地、分布在哪里以及邻家是谁,也会有清晰的认知。倘若自家的土地被邻家有意侵占,家庭成员便会从心里对对方产生敌意,认为对方侵犯自家的权益,当家人则会找上门与对方的当家人商议,如果不能得到妥善解决,家里的女人也会找上门大骂。除了家里的成年人,刘里的小孩子从小也会被告知自家的土地位置以及土地面积,刘灵便与刘锁子年龄不大,但也能清晰地说出自家土地的位置,刘锁子刚刚懂事时就被当家人带到地里做一些简单的农活,同时会被告知自家的土地面积,一来二往,刘锁子对自家的土地也有了清晰的认知。

6.土地侵占与抗争

刘家的左右邻家都是本家族的人,刘家祖上分家之后,土地数量不断被划分,但土地位置仍然紧紧相邻,即便如此,在日常的农业耕种中,不念亲情而侵占对方土地的情况也时常发生,倘若双方当家人明事理,两家人便能和平解决,反之则会引发两家的矛盾。刘家在日常生产活动中,最常见的土地侵占形式便是"拱地畔子":一种是有意识的侵占,即四边邻居翻地的时候紧着地畔翻,不断把地畔底下的土翻上去,致使地畔不断的向邻家偏移,进而使自家的土地面积不断扩大,邻家的土地面积不断缩小。第二种是无意识的侵占,即地邻一家在农业耕作中无意踩毁地畔,当家人如果及时发现,也会及时更正。刘锁子以及家里的其他男孩子从小就被当家人带到地里,男孩子淘气贪玩,倘若不小心毁坏地畔子,则会招致当家人刘中伏的打骂,后来几个孩子玩耍时也会刻意地远离地畔子。

除了以"拱地畔"的形式侵占对方土地以外,刘家本家中也存在着其他恶意侵占的现象,第一种是财富家的恶意侵占。财富家有权有钱,土地大多是连片的存在,倘若几万甚至几十万平方米的土地都为财富家一家所有, 中间只有 0.13 万平方米土地归穷苦百姓家所有,这

---

① 地畔子:也称地陇,地邻之间的土地边界。

时财富家会想尽一切办法将对方的土地纳为己有。刘家本家有一户叫刘娃,刘娃家的土地与财富家立刚的近 7 万平方米土地相邻,而刘娃家仅有 0.2 万平方米土地,对刘娃而言,家里的这块土地为水浇地,粮食产量高于旱地的粮食产量,是"全家的命根子"。立刚找上门去提出想购买刘家全部的土地,被拒绝之后便以"拱地畔"的形式一点点侵占,刘娃发现立刚家在不断侵占自家土地时,上门要求重新测量地畔子,立刚拒绝。刘娃去乡里找来政府人员,并出具自家的地契要求重新测量土地,谁知乡里的政府人员与立刚很熟悉,来了之后"象征性"地看一眼便回去了。刘娃再次找政府人员时,也被以各种借口搪塞过去,后来不得不同意立刚的要求,将自家 0.2 万平方米的水浇地卖给了立刚。第二种是以欺骗的形式获取对方的土地。刘灵便嫁入的李家父亲早逝,李家母亲独自抚养几个孩子长大,在一次地契核实测量中,由于李家母亲不识字,李家爹爹①便告诉李家母亲,由他帮忙去登记。李家爹爹在登记时将李家沟边的 0.09 万平方米土地写到自己名下,并拿到相关的地契。后来旁人告知李家母亲后,李家母亲找上门去理论,想要回自己的土地,不料却被李家爹爹告知谁拥有地契,土地就是谁家的,李家母亲意识到被自家人欺骗,心中愤怒却无可奈何。

(二)家户房屋产权

1.两座土培院

刘家共有两座院子七间房,主院为刘家所有家庭成员居住,侧院为长工的居住地,两个院子之间以一个小门沟通连接;刘中伏夫妇、刘子杰夫妇与自家的小孩分别居住在厢房里,而刘德荣老夫妇居住在上房中;门房以及敞房为家里闲置的两个房间,平时放置一些闲杂物品;马棚中饲养了两头牛、一匹马,由居住在马房中的长工照料。

刘家的院子墙都是土坯墙,是用土以及小麦秆和成泥垒起来的,刘家修建房屋时没有使用过砖头,屋顶则是以实木为顶梁架起整个房屋, 如果顶梁柱不够长, 还会将两根顶梁柱"弥"②在一起。当地冬天较冷,土墙开始时一般较厚,但墙面不断被雨水冲刷,也会慢慢变薄,尤其是墙根部分不断被雨水浸泡,会引起墙面倒塌。在整个村庄中,墙面倒塌的情况甚是常见,如果家里劳动力不会修补墙面,就会用玉米杆或者塑料布遮挡起来,暂时先住着。刘家两座房屋的土墙也不断被雨水冲刷变薄,但刘中伏隔一段时间就会与长工一起和泥"补墙根","补墙根"也是刘家最常见的维修办法,一般是由自家劳动力完成。倘若人手不够,邻居朋友也会来帮忙,来帮忙的朋友邻居都是"帮人情",主家不会支付任何费用也不管饭,来帮忙的邻居拿着自己的铁锹过来,干完活之后各回各家。补墙根也不是大事情,今天帮你家,明天帮他家,不会花费很长时间。

2.祖传院子,垫墙补根

刘家的两座院子为祖上传给刘德荣,刘德荣传给刘子杰与刘中伏的,兄弟二人一直未分家,所以两座院子为两兄弟共同拥有,期间刘家并未购买过其他房屋,房屋状况以及数量一直未发生变化。在刘家后人的印象里,刘家祖上进行过房屋买卖以及房屋抵押,进行房屋买卖的原因是家里人口众多,自家的房屋居住不下,这时便会购买其他村民的院基自行修建房屋,有时也会直接从村民手中购买已经修建好的房屋;祖上买房子时对房屋的要求比较高,

---

① 爹爹:对父亲兄弟的称呼。
② 弥:有"接"的意思。

不会购买残缺不全的房屋。除此之外，从外地过来的逃荒者一直居住在村庄破旧的寺庙中，在长年累月地讨饭中或者是给当地财富家当长工而不断积累钱粮，有一定的金钱积累时，便会从当地购买院基盖房子，或者是简单地从村民手中购买两间房屋，逃荒者购买房屋时对房屋的要求不高，只要价格合理，逃荒者可以承受即可。

3."绳尺"必争的房屋边界

刘家右边为巷道，左边为邻家，左边邻家为刘家的本家人，两家相处和睦，无论是哪边修建房屋，刘中伏都能与对方当家人和平商议，从未闹过矛盾。刘家与左边邻家的墙为"共墙"，墙厚一尺三，为两家共同修建，墙的中心则是两家的房屋边界，一边占一半，修建共墙的费用则由两家共同承担。刘家后面则是修建成"背靠背"式的墙面，各自修建自家的，两堵墙背靠背，中线为两家的房屋边界。房屋边界在刘家所有成员心里格外的神圣，任何人不能侵占自家房屋，修建房屋时，两家的宅基地面积以"绳"为单位，多出一绳、少出一绳都不行。刘家未与左边邻家发生过房屋纠纷，但刘家的后邻家欢劳在修建房屋时便悄悄地向刘家晒场"攃"①了一绳，墙面修建好后，刘家当家人发觉晒场面积被侵占便找上门去，要求其把西边的墙面拆掉重建，欢劳拒绝后，刘中伏便去区政府找来工作人员，由工作人员出面重新测量，发现欢劳的确是占有刘家的一绳②土地，但由于墙面已经建好，欢劳只能给刘家赔偿现洋，两家也因此产生隔阂，好多年都不说话。

4.全家共居与小家分居

刘家的七间房屋由全家成员共同拥有，家庭成员包括刘灵便、刘锁子、刘铁娃等孩童都可以居住，刘中伏夫妇与刘子杰夫妇也都有属于自己小家的房间，即便是在家庭内部，每个小家的房间界限也十分清晰，家里的孩子对刘中伏的房间、刘子杰的房间、刘德荣的房间都有清晰的认知，每个房间都住着自己小家的家人，家庭成员进入对方的小房间时也需要经过对方的允许，征得对方的同意。家里的几个小孩子可以相互串门，家里的大人也不会阻拦，在刘环环与王美玲关系恶化之后，刘环环时常将自家的房门掩着，不允许刘灵便随意进出。对外而言，刘家所有房屋为刘家共同拥有，每个成员对自家的房屋都有明确的判断，各家各户的房屋神圣而不可侵犯，当其他外人居住在自家房屋里时，需要经过当家人的同意，如果当家人不同意，任何外人都不能入住。刘家的长工居住在侧院的马房里，马房的位置也是由当家人决定，长工在获得当家人同意之后才能入住。

5.家户房屋之家长支配

刘家房屋虽然由家庭成员共同拥有，但在所有房屋的居住分配上，则是由当家人刘中伏决定，家里的当家人以及家里的小孩一般住在厢房里，老人住在上房，等自家小孩长大需要娶媳妇的时候，当家人与妻子则需要搬出厢房，将厢房腾出来让给儿子娶媳妇，自己搬到门房或者上房居住。在为各个小家分配房间时，刘中伏也会与家人商议，听取大家的意见，但在意见发生分歧、争执不下时，其他家庭成员需要依从当家人的决定。刘环环作为长嫂先于王美玲嫁入刘家，刘德荣夫妇从西厢房搬出来为刘子杰夫妇腾出房间，西厢房作为刘子杰夫妇的婚房。王美玲嫁入刘家时，刘德荣将家里的东厢房腾出来，作为刘中伏夫妇的婚房，刘环环

---

① 攃：侵占的意思。

② 一绳：约 2 丈的绳子，即大约 6.67 米。

因此认为刘德荣偏心,将家里采光好的房间留给刘中伏,因而与刘德荣闹脾气。后来刘中伏夫妇为了不让父亲为难,主动提出与刘环环换房间,若是刘中伏夫妇不主动提出换房间,刘环环则无法改变当家人的决定。

(三)生产资料产权

1.生产资料之自制、购买

刘家有两头牛、一匹马,还有一辆大车,其他的犁、耧、耙、耱等农具都较为齐全,即便是在农忙之际,家里的生产资料也足以应付各种农活。刘家的生产资料来源主要有三条途径:一是自制,一般是寻找村中的木匠或者是铁匠制作,刘家需要自行携带原材料,请匠工为自家加工并支付一定金额的加工费用,一般日常生活中的小修小补,村中的木匠与铁匠也不会收钱,就算是邻里之间的互相帮忙。村中比较有名气的木匠有李云龙、邓继山还有刘家隔壁的刘氏一家,刘中伏需要犁、耧、耙、耱等农具时,都会找隔壁家的匠工制作,隔壁刘氏虽然不是名副其实的木匠,但其父亲是一名木匠,声名远扬,刘氏曾向父亲学习过一段时间的木匠手艺,但因农活太忙而中途放弃,即便如此,刘氏也会经常帮助刘中伏制作一些简单的农具,制作时不收取任何手工费用,王美玲与刘氏的媳妇交情较好,为了表达感谢,时常会将自家的零嘴小吃送给刘氏媳妇。

生产资料的第二条来源途径便是购买,刘家所有农具的购买均由当家人刘中伏负责,购买时刘中伏会选择蒲州集市。购买生产资料所需要的钱为刘家日常积累所得,刘家在韩家庄村中属于经济宽裕的家庭,因而可以购买大部分的农具,那些经济条件一般的家庭,大多数购买不起全套农具,很多农具都不全,在农忙之际则会通过借用的方式得到。

刘家农具来源的第三条途径便是继承,家里的农具一般由实木制作而成,或者是铁匠打制,在正常的耕种使用中也不会损坏,因而购买的数量也不多。刘家的一把铁锹即为祖上传给刘德荣,再由刘德荣传给刘中伏,虽然时间久远,但质量依旧很好。在韩家庄村中,大部分农户家里的农具都是继承而来,一辈一辈使用,一代一代传承,也为后辈子嗣减轻不少的经济压力。

2.家户共有但"里外"分明

刘家所有的农具以及牲口为全家共有,但日常劳作中均由当家人一人支配,在前一天晚上,刘中伏都会分配好第二天需要干的农活以及所需的农具,家里的女人很少有机会接触农具及牲口。对外而言,刘家所有的生产资料都为全家共用,每个家庭成员心中对"自家的"以及"外家的"都有清晰的认知。在日常的生活交谈中也会用"我家的农具""你家的牲口"这样的话语来区分自家与外家的东西。刘家所有成员都有使用农具的权利,但家里的长工除外,在前一天晚上,当家人会分配好农活,把第二天需要使用的农具准备好,告知长工后方可使用,在未征得当家人或者是其他家庭成员的同意下,长工不能擅自使用主家的东西,在刘家人看来,长工虽然常年居住在家中,但毕竟是外人。

3.生产资料之家长支配

刘家牲口以及农具样数齐全,全家人都有使用的权利,但当家人有绝对的支配权。倘若未经过当家人刘中伏的允许,家里的女人私自支配,便会遭到当家人的谴责。刘环环嫁入刘家之后,性格强势霸道,家里的事都想插手。有一次在刘中伏与长工外出干活时,刘环环私自将家里的大车借给娘家兄弟,之前并未与当家人刘中伏商议,刘中伏回家之后,准备将家里的牲口粪拉到地里上粪,却发现大车不见了,便质问刘环环,得知是刘环环将大车借给娘家兄弟,刘中伏大怒,动手打了刘环环一耳光,告诉刘环环可以借,但是借之前必须跟他商量,为此刘中伏两天未外出干活。刘环环心虚,也托人赶紧给娘家兄弟捎信,让其把大车送回来。之后刘环环再也不敢私自将自家的东西外借给他人。

4.侵占与"认命"

刘家从来没有侵占过其他家庭的生产资料,自家的生产资料也没有被侵占过。在日常生活中,生产资料的借用是常见的事情,正如当地俗语所言"有借有还,再借不难",倘若邻居将家里的农具借去之后忘记归还,刘中伏也会上门索要,索要时邻家也会给刘中伏解释,并没有恶意侵占的现象。刘灵便出嫁之后,婆家李家经常受到村庄恶霸的欺凌,一些恶霸仗着自己手里有枪,经常在村庄中乱抢乱占,以借用的名义拿走李家的东西,李家也不敢声张,也不敢去恶霸家里索要。被拿东西的人家只能默默吞下苦楚,然后攒钱重新制作或者是购买。村中也没有人敢惹恶霸,即便是村长也要让他三分,其他村民也是睁一只眼闭一只眼,被抢走的村民也只能自认倒霉。

(四)生活资料产权

1.生活资料概况

刘家房屋后面便是自家的晒场,晒场在当地称为麦场,每年收秋之后,当家人刘中伏会将从地里拉回来的庄稼倒在麦场上,晾开、晒干,然后再收起来,存到粮食囤里面。刘家的麦场大概有0.03万平方米,占地面积不大,但也足够刘家使用。在农忙之际,其他村民也会来刘家借用麦场,只要是刘家麦场有空闲的地方,当家人也会允许外人在自家晒场上进行晾晒,晾晒之后邻居也会自行将晒场打扫干净;如果晾晒完之后没有打扫干净,就引起主家的介意,下次再借用的时候,主家便会以各种借口推脱。麦场的借用也是邻里之间的互帮互助,不需要支付任何的费用,倘若是家里的女人过意不去,也会拿一些饼子或者麻花之类的小吃送给刘家的几个孩子。

刘家拥有自己的麦场,但没有独自使用的水井,刘家与巷道里其他农户共用一口吃水井,水井的位置在巷道的西头。吃水时刘中伏或长工会去水井里挑水,水井由水的周边户共同挖建与维护,费用由各家各户共同平摊,修水井可以先"起资"①再修建,也可以由某一农户先行垫付,之后其他农户再支付自己相应的部分。水井的修建或者维修费用平摊给各家各户之后,每家的当家人就要想办法支付,没有人推脱,否则会被村民认为是奸诈狡猾之人。刘家巷道口的深井为祖上传承而来,后人共同使用、共同维护。

刘家拥有自家的桌椅板凳,材料大多是木制,而且刘家的桌椅板凳分为两套:一套桌椅板凳是在"探客"②时使用的桌子,为正方桌,一米左右高,椅子为两条长椅、两把老爷椅;另外一套则是厨房里的女人日常使用的小桌子以及小板凳,在没有客人的情况下,刘家人都在厨房里的小桌子上吃饭。碰到家里有喜事时,桌椅板凳不够用,刘家也会向周边邻家借用,用完之后也会按时归还。除此之外,刘家还有一张长桌,长桌与方桌的高度相当,但方桌的桌面面积大于长桌,呈长方形,一般情况下为一米长、一米宽,而方桌一般情况下为一米长、半米宽。

---

① 起资:指筹款。
② 探客:有着"设席请客"之意。

2.生活资料之传承、购买与自制

刘家生活资料的来源途径有多种,祖上传承是其主要来源,当家人刘中伏房间内的一张床柜便是祖上传承而来,年代久远,但也算是家里的"大件"家具。刘中伏偶尔也会为自家添置一些新的生活资料,添置新的生活资料时,一是选择购买,二是选择自制。购买的情况很少,集市上售卖生活用品的也很少,大多数都是找村里的木匠制作,家里的桌椅板凳也是刘中伏找村里的木匠打造而来,在当地称为"一套活"。打造木活时,需要主家自己提供木活的原材料,然后由当家人出面请木匠来自己家制作,每天管饭而且需要支付一定的劳动报酬。给刘灵便说媒的媒人叫红军,红军也是村中的木匠,交友极广,经常为各家各户说媒,家里有到结婚年龄的小伙子或者是女孩,当家人也会主动找红军,请其为自家的孩子找个对象,说媒时红军不收取任何报酬与礼物,但自家儿女结婚时所用的"一套活"①,必须从红军这里制作,制作时的报酬略高于当地其他木匠,也算是红军说媒的报酬。当家人刘中伏也是心知肚明,但念在红军是媒人而且是为家里办喜事,也愿意掏出略高于其他木匠的价格,请红军为家里的新人制作"一套活"。

3.家户共有,物归原位

刘家的生活资料为全家成员共同拥有,每个成员都有权利使用,家里的所有东西不归某一人独自使用。刘中伏每天带着长工外出劳作,回来之后家里的女人会把农具收拾好,放在固定的位置上。吃完饭之后,家人也会把家里的桌椅板凳放回原处,家里任一成员想要使用都可以使用,使用之后再放回原处即可。刘家所有的生活资料,家庭成员都有使用的权利,但长工除外,长工虽然吃住在主家,刘家人也不把他当外人,但主院内的东西长工仍然不能随意使用,使用之前需要经过当家人的同意或者是家里其他人的同意,否则会被主人辱骂。

4.生活资料之支配借用

在刘家,麦场与水井等生活资料的相关事宜由当家人做主,包括麦场的借用以及水井的修建与维护,而诸如桌椅板凳等日常生活用品,王美玲与刘环环二人可以做主,不一定经过当家人的允许。当家人刘中伏带着长工外出劳作时,刘环环可以将家里的桌椅板凳外借给他人,当家人也不会责怪,但诸如麦场、水井等生活资料的使用与维护,则需要通过当家人,家里的女人不能做主。对家里的女人而言,即便是生活资料,大物件也要请示当家人,小物件才能自己做主,家里的女人权力都不大,但日常生活中的琐碎物品,女人之间会相互借用,当家人都不会过问,也不会去干涉或责备;但凡是涉及到农业耕种的生活资料,家里的女人必须向当家人请示,不能擅自支配。

5.生活资料之侵占

在日常生活交往中,刘家与各家各户互借生活资料是常见的事情,但从未发生过生活资料被恶意侵占的情况,邻家之间相互借东西也会按时归还。村中生活资料的侵占仅仅存在于村中恶霸的侵占,恶霸做事没有原则底线,凡是恶霸看上的东西都会据为己有,普通村民毫无招架之力。刘家所有家庭成员对自家所拥有的生活资料有着明确的认知,倘若村民未经过当家人允许而擅自使用自家麦场等生活资料,则会被认为不把当家人当回事,会受到主家人的驱赶。

---

① 一套活:指家用的木质桌椅板凳。

二、家户经营

(一)生产资料
1. 劳力不足,"一仆一主"

刘家的劳动力主要为刘中伏夫妇和刘子杰夫妇,但刘子杰志向不在于种地,因而常年外出做生意,在蒲州镇上做点心。因此家里的劳力主要是刘中伏、王美玲、刘环环,后来刘中伏与刘子杰分别续弦再娶杨雪艳、张香仙,两位新媳妇也成为家里的主要劳力。

刘家雇用一个长工,居住在侧院的马房里,最基本的生活用品由刘家提供,包括被褥和脸盆,长工日常的职责便是饲养牲口和干农活。在刘家,长工的职责也包括做一些杂活,总之家里其他男人要做的活长工也要做,但当家人以及家里其他成员对待长工都比较友好,没有虐待或者是看不起。在日常生活中,长工与当家人吃的饭都一模一样,没有差别对待。

刘子杰外出经商之后,刘中伏与刘德荣二人主要负责种地,刘德荣年纪大,只能做一些简单的农活,农忙之际刘中伏一人忙不过来,就雇用了一个长工。长工不是本地人,而是在"年景"之年从外地逃荒而来,居住在村庄的寺庙中,整天以讨饭为生,刘中伏觉得他身强力壮能干活,便收留他做了长工,吃住都在刘家,也算是解决了长工的吃住问题。除此之外,刘中伏还经常充当长工与主家之间的介绍人,各家各户雇用长工一般都需要介绍人,介绍人的主要职责是牵线搭桥,介绍双方认识,同时如果双方就每年长工的粮食报酬产生分歧时,介绍人也需要从中间调解。刘中伏出面介绍的一般都是与自己交情较好的朋友、亲戚,关系不好的也不愿意管。雇用一个长工,每年的粮食报酬大概为六石粮食或者是七石粮食,刘家雇用长工的粮食报酬为一年五石粮食,低于长工的整体行情,主要原因是刘家雇用长工带有救济性质,名义上是到刘家做长工,实则是收留,因而支付的粮食报酬低于其他家长工的数量,除此之外,日常生活中长工的所有开销均由刘家当家人来支付。在刘家后人的印象里,当家人雇用长工时主要考虑两类人:一是雇用当地人,一般是自家的亲戚以及当地的穷苦人家,穷苦人家土地少、人口多,每年的粮食都不够吃,就会把自家主要的劳动力派到主家为其劳作,换一些粮食;二是雇用外地人,大多数是逃荒而来或者距离较远的偏远山区,到当地的财富家打工,他们一年之中只有逢年过节时才回家看一看。

刘家雇用长工会考虑以下几点因素,一是亲戚关系,大部分家庭在选择长工时都不会选择亲戚,因为是割舍不断的血缘关系,虽然与长工一家人之间关系良好,但在日常劳作中难以支派,同时长工做错事情主家人也不好教育,一旦教育或者是说重话,对方家庭的长辈就会觉得不给面子,如果不教育做错事的长工,长工便会接二连三地犯错误,长此以往则不利于两家关系的和谐。二是地缘因素,刘家雇用长工都倾向于距离较远的,如果长工家庭距离较近,三天两头往家跑便心不稳,"如果长工犯了错误,受到批评之后就会回家,然后再来,等到下一次犯错误之后还是会回家",距离家庭较近不利于长工安心工作,而对刘家而言,长工经常性地往家跑,村民便会误认为刘家待长工不好,"经常把长工骂回去",不利于主家在外的名声。而如果选择距离较远的长工,每年来了之后吃住都在主家,与自家人很少联系,期间也会踏踏实实在刘家干活,而不是三心二意。三是报酬问题,雇用的长工如果来自偏远地区或者是山区,工人的报酬则会低于当地价格,但长工如果是当地或者是亲戚家,长工要求的报酬一般都较高。

刘家的长工日常都住在刘家的马房里，逢年过节则会回自己的家。一般是刚进入腊月时，刘家的长工就可以离开，离开之前会和当家人商议来年是否还需要再来，如果双方商议达成一致，长工则在来年的正月十五以后来主家继续干活，如果长工不愿意干或者是当家人不愿意再继续雇用，来年开工之际长工便不再返回。

2.两只"头骨"①一匹马

刘家共有两只"头骨"、一匹马，两只牲口是父亲刘德荣当家时购买而来，马是刘中伏当家时为了拉马车购买而来。刘家的牲口数量在当地属于较多的家庭，一般家庭只有一只"头骨"甚至是没有，没有牲口种地时只能去别人家借，借"头骨"的时候不用支付任何报酬，大部分都找巷道邻居或者是自己的知心朋友借，只要家里不用，当家人也不会拒绝借给别人。刘家的牲口数量较多，经常有人来家里借用，但只要自家不使用，刘中伏也会同意外借，几乎很少让上门借东西的人空手而归，村民借完之后也会按时归还，刘中伏与刘德荣在村中都比较会"为人"②，村民也愿意来刘家借东西。

3.家户农具之自给与借用

刘家农具基本齐全，在日常的耕作中，刘家在自家农具坏掉或者是不够用的情况下，也会外出借农具，一般是找自己家的亲戚朋友借，不需要支付任何酬劳，大多数是邻居之间的相互帮忙。邻居家农具不够用时，也会来刘家借，当家人也不会拒绝，只要是自家农具闲置或者暂时不使用，刘中伏都会同意把自己的农具借给其他人。借用农具时，基本上是要向对方当家人借用，如果当家人不在，其他家庭成员可以做主，那么也可以借到，但如果其他家庭成员不能当家作主，则会告诉对方"当家人不在，等当家人回来之后再说"，并告知当家人回来的时间。刘家借农具的时候都是刘中伏外出借，家里的女人没有出去过，倘若是邻居来自家借，即便是刘中伏不在家，家里的女人也可以做主，回来之后刘中伏也不会责怪。

(二)生产过程

1.农业耕作

刘家总共有1万平方米的土地，大部分土地用来种小麦和谷子，剩余的小块地会用来种棉花，棉花在每年的三月份种、八月份收获，一年只能种一茬，如果当年计划种两茬，那么当家人就要拿捏好时间，早点收棉花，之后可以根据土地的情况再种植一茬板豆，一般情况下，如果棉花在九月份之后收，后半年土地则会休耕不再种植。刘家大部分的土地都会用来种小麦和谷子，种植时间在八月二十前后，在来年的四月份就可以收获，五月份的时候就会紧接着种植第二茬，第二茬农作物也叫做"回秋"③，可以种豆，也可以种糜子，糜子的颗粒可以食用，糜子穗可以做笤帚。

在刘家，每年春节刚过，当家人刘中伏便会带着长工收磨④土地，收磨土地时最重要的工具便是"头骨"，此段时期也是刘家牲口的使用高峰期，正如当地俗语所言"春打六九头，赶紧

---

① 头骨：指牛等牲口。

② 为人：指待人和善。

③ 回秋：指种植第二茬农作物。

④ 收磨：有调整、修整意思。

买头小黄牛",意思就是打春之后,气温逐渐回升,各家各户要迅速收磨土地,准备种植庄稼。此阶段也是刘家最为繁忙的季节,家里的男性劳动力起早贪黑,刘中伏带着长工天不亮就要出发,出粪、上粪、收磨土地,家里的女人也要早起为男人做饭、收拾家务。五月前后,就开始种植小麦,当地俗语"清明前后,点瓜种豆",种子种上之后,坡上地与黄河滩地就不再管理,坡下地因为靠近水井,还要面临浇地的问题。刘家浇地时,刘中伏和长工顾及不过来,刘德荣与刘锁子也会去地里帮忙,但是二人只需要协助做一些轻活。刘家浇地时还需要与水井周边户协调好使用时间,一天一家使用或者一天两家,如果多家聚集在一起则会拥挤,最后都浇不上水。浇水是一项耗时较长的农活,少则一周,多则十天半个月,在这段期间,家里的男人忙于接水,中午也不会回家吃饭,王美玲以及刘环环将饭做好之后,会让刘灵便或者刘锁子将饭送到地里,干活的男人吃完饭之后,送饭的再把碗筷收回来由家里的女人洗刷。

刘家在农业生产中,最重要的便是"出粪",坡上地与黄河滩地无法浇水,每年都是看天吃饭,土地后劲不足,因此家里的牲口粪以及人粪便格外重要,正如当地俗语所言"种地还用问,全靠水和粪",在水资源短缺的情况下,只有家里的粪才能保证粮食的产量。刘家出粪的时间在每年四月左右,即"打春"之际,刘中伏以及长工会将家里攒下来的牲口粪与土混拌,再将家里的大车套在"头骨"身上拉到地里,出粪也算是刘家的一件大事,出粪时左右邻居也会来帮忙,家里的女人也会倒水热情招呼。刘家有两头牛、一匹马,每年都会有大量的牲口粪,再加上家里的人粪,粪源很充足。如果当年家里牲口的粪源不足,只能靠自家有限的人粪,当家人施粪也会选择性地进行。

刘中伏带领家里的长工种地时也会掌握一定的时节技巧。一是犁地、磨地的时间,正如当地俗语所言"七月犁地不带磨,不如在家闲坐",即七月是犁地、磨地的最佳时期,去地里干活没有带上农具,则相当于白去,还不如在家里闲坐。二是锄地的时间,刘家锄地的时节一般在六、七月份,"过了夏至节,锄头不能歇",意思就是夏至节之后正是地里的杂草疯长之际,如果不能及时将地里的杂草除掉,就会影响庄稼的生长。因此每年的六、七月份,当家人刘中伏会起早贪黑地带着家里的长工去地里锄草,如果刘锁子放假在家也会被带到地里,干一些力所能及的轻活。

2.饲养家畜

刘德荣是家里的老人,不下地干活,便在家养了一头猪,刚开始由刘德荣饲养,后来交给家里的长工管理。刘家是否饲养家畜也会根据当年的经济情况,如果当年经济条件宽裕,刘中伏会张罗着饲养牲口,但如果家里的经济条件有限,成员吃饭的问题尚不能解决,便很少会去饲养牲口。在刘家后人的印象里,家里经济条件不宽裕的时候,当家人只养一头猪,过年时将猪杀掉,但自家舍不得吃,大部分的肉都卖给当地的财富家。

牲口的饲养以及售卖均由当家人决定,其他家庭成员没有处置的权利,刘家的牲口最初是由父亲刘德荣进行饲养,但售卖的时候刘德荣并不插手,是否售卖以及如何售卖均由当家人刘中伏决定。刘家的牲口在长大之后,当家人以三石的粮食卖出去又买回一头牛。村庄中与刘中伏交情较好的一农户叫学民,学民在家饲养了一头猪,但其子好吃懒做,经常与父亲对着干,在村中也是游手好闲、乱闹事,在外闹事后别人也会经常找到家里,学民便不得不给别人赔礼道歉。有一天学民去地里干活,其子偷偷将家里的猪卖掉然后拿着钱跑了,学民得知后大发雷霆。当儿子将钱花完再次返家时,学民将其拒之门外并当场与其断绝父子关系,而且不准村中其他的村民朋友救助他,学民妻子心疼孩子,偷偷地将孩子领回家,让他跪在父亲面前道歉,之后其子再也不敢乱碰、乱卖家里的任何东西。

3.手艺传承

刘家没有祖传手艺,刘子杰在外做点心生意,但做点心的手艺不是自家手艺,而是刘子杰在别人的点心铺打工时学来的,学会之后刘子杰便与朋友合开了一家点心铺,除此之外,家里没有其他会手艺的匠工。刘家虽然不是匠工之家,但隔壁刘氏却一直是木匠之家,其家里的手艺为刘家祖父传承而来,爷爷传给父亲,父亲再传给子辈,一辈一辈地传承,直到刘氏孙辈因忙于农活无暇顾及,在未学成之际便半途而废,现在仅能完成日常生活中的琐碎木活。

刘氏孙辈的手艺为自家传承,但刘家祖父的手艺却是师从外人。刘家祖父外出向师傅学习时不用缴纳任何学费,但需要有拜师仪式,拜师时双方当家人都要在场,拜师之后徒弟便开始跟着师傅做活,做活之中师傅会把自己的手艺教给徒弟。学习一门手艺的时间往往较长,少则三五年,多则十来年,之后徒弟才能出师,独立接活。在徒弟学习这几年,接活时主家需要同时向师傅以及徒弟支付酬劳,比如师傅一天一元,徒弟一天五毛钱,当主家把所有酬劳支付给师傅之后,师傅不会将得到的酬劳转给徒弟,而是据为己有,抵消自己教学的费用。若徒弟出师之后,再与师傅搭班接活,此时师傅便需要将主家支付给徒弟的酬劳转给徒弟。刘家祖母的娘家亲戚邓继山是一名厨子,向师傅学习三年之后便开始独立接活,村民家里有喜事或者丧事时都会请邓继山做菜,除了报酬以外,主家还会赠送一斤肉菜和几个馒头。为了报答师傅的传授之恩,邓继山拿到谢礼时便会转赠给自己的师傅,白天主家送到自己家,晚上邓继山就送到师傅家,几十年如一日,一直到师傅老去。正如当地俗语所言"一日为师,终身为父",意思是师徒之间的恩情无法割舍,师傅将自己一生所学都传授给徒弟,徒弟则需要像对待父亲一样赡养自己的师傅。

(三)生产结果

1.波动的粮食收成

刘家共有 1 万平方米土地,旱地、水浇地以及黄河滩地分别占有 0.33 万平方米,因为黄河滩地每年的面积都在变化,而且随时都有可能被水淹掉,因而刘中伏每年会选择在黄河滩地种植棉花、大豆等,把小麦、谷子分别种在旱地与水浇地上。刘家三块土地的质量与耕作条件不同,每亩土地的粮食产量也不相同。水浇地是三块土地中耕作条件最好的,也是粮食产量最高的土地,亩产量约一百二十至一百五十斤。旱地不能浇水,每年都是看天吃饭,当年降雨量多,土地产量就高,若当年降雨量较少,土地产量就低,产量波动比较大,刘家的旱地粮食产量每年约八十至一百斤;黄河滩地种植的棉花产量则根据黄河的水势而定,水势稳定无涨水的情况时,每亩可以收获八十至一百斤的棉花,倘若黄河发水,则可能面临绝收的情况。

2.家畜的自留与外卖

刘家最初由刘德荣饲养一头猪,最多时一年饲养三只。养猪是为了卖钱,很少留作自己吃,如果遇上好年景,刘中伏也会杀猪煮肉,但大部分情况下都会把肉卖掉,然后给自家留着猪肠子。刘中伏是装灌肠的"好把式"[①],村庄中很多人都没有吃过灌肠,但刘家每年过年前,刘中伏都会准备灌肠。灌肠需要先把猪大肠洗净,然后用漏斗一点一点把配好的佐料装进

---

① 好把式:当地方言,指好技术、好手艺。

去,再用绳子扎紧,放进锅里煮一煮就可以。刘锁子从早上开始就会围在灶头,刘灵便则会坐在灶头前,"呼啦呼啦"地帮父亲拉风箱,并不时地添柴火。灌肠做好之后张香仙也只允许家里的几个孩子尝个鲜,之后就会装起来放在孩子找不到的地方,等到过年时再吃。

三、家户分配

(一)大家分配与小家支配

刘家分配的内容包括每年收成的棉花、零花钱以及日常的食物,分配是以刘家为单位在内部进行分配,村庄以及其他外人没有干涉的权利。除去各家各户的分配外,村庄及家族不会进行其他分配。刘家的分配对象主要是指刘德荣夫妇、刘中伏夫妇以及刘子杰夫妇,分配时往往按照三个小家的人数分配,家里的长工并不在分配对象内,偶尔当家人会让孩子给长工送一些好吃的。刘家内部分配往往以当家人为主导,在当家人的主持下进行分配,刘环环嫁入刘家之后,每年家庭内部分配都由刘环环主持,大部分情况下刘环环都会把好的、多的留给自己,把其他不好的分给刘中伏夫妇。刘德荣夫妇以及王美玲对此强烈不满却又无可奈何。后来刘子杰与刘中伏分别续弦再娶两位新媳妇,两位新媳妇对当家人比较服从,在日常的分配中也十分尊重当家人的分配地位,从来没有提出过异议,也没有因为家庭分配闹出过矛盾。刘家将家里的棉花以及食物分给各个小家之后,由各个小家的女人负责为自己的男人、小孩做衣服,小家内部的分配当家人则不参与。分配之后,各个小家的女人根据自己小家的实际情况安排,也不需要跟当家人商议,无论是决定为哪个小家成员做衣服,当家人都不再插手。

(二)内部分配,女儿除外

刘家家庭经济宽裕,每年过年当家人都会为各个小家分发棉花以及零花钱,刘家的分配基本上是按人头计算,小家人数多的分配也就多,小家人数少的分配也就少,倘若遇到"年景"之年,粮食减产严重,当家人便不会分配。刘家的棉花、食物以及零花钱,都是刘家自家的财产,在分配时,所有的家庭成员都可以享受分配,但是外嫁的女儿不包含在内。在刘家,家里的女儿被视为泼出去的水,是别人家的人,娘家的任何分配女儿都不能参与,如果女儿嫁的夫家比较贫穷,而娘家富有且娘家当家人比较有话语权,在当家人的允许下,娘家人也会出面补贴女儿,但在日常的分配中,女儿都没有权利参加。

(三)食物、棉花与现洋的分配

刘家的分配主要包括三个方面:一是农作物的分配,大部分指的是棉花的分配,而每年收获的粮食会放在敞房里,杨雪艳和张香仙做饭时需要就去拿,不用经过当家人的同意,因此刘家不对粮食进行分配,而每年棉花收获之后,刘中伏为了减少家庭矛盾,会将收回来的棉花分配给几个小家,分配依据是人口数量,人口多分的就多,人口少的分得少。由于刘德荣夫妇年龄较大,即便是分到棉花也无法自制成衣,因此在分配中,倘若由杨雪艳负责家里老人的衣服制作,则会为杨雪艳多分配一些棉花,如果是张香仙负责家里老人衣服的制作,当家人也会给张香仙多分配一些棉花。分配时当家人也会解释与叮嘱,告诉对方"今年是谁负责两位老人的衣服",说清楚就没有妯娌矛盾。

二是食物的分配。在刘家,食物的分配主要是指客人登门拜访家里的老人时带来的礼物,多指一些麻花饼干等,当家人会把收下的礼物分给家里的小孩子,为了减少小孩之间的矛盾,当家人采取均分的原则。刘家客人送来的礼物,刘中伏有时会交给家里的女人,等着下次还礼时使用,有时则会把几个小孩叫到自己房间逐一分配。在客人带来的礼物数量少无法分配时,当家人则会放到刘德荣夫妇的房间,留给两位老人自行处理,老人可以把食物分给几个孩子,也可以留着自己吃,当家人不做决定,也不参与。

三是零花钱的分配,每到逢年过节,刘中伏会为家庭成员分配一些零花钱,成员可以自行支配。刘家的零花钱大多来源于刘子杰在外做生意所得。刘子杰每年在外做生意,获得的经济收入都会带回来交给当家人处置,当家人会根据家里的实际情况自行支配,在有结余的情况下,过年时会分给各个小家一些零花钱。刘环环在未离家出走之前,经常干涉当家人对零花钱的分配,刘子杰每年回来上交经济收入时,也会受到刘环环的阻挠,经常从中截留一部分作为自己的私房钱,倘若刘子杰在外挣得八十元,刘环环则会说挣了六十元,自己扣留二十元之后再将剩余的钱交给当家人,但纸包不住火,当家人发现之后经常引发家庭矛盾。

(四)长嫂干涉的家长分配

刘环环嫁入刘家之后,经常干涉当家人的决定,无论是在棉花分配还是在日常零花钱的分配上,只想谋取自己的利益。刘家当家人每年为家里人分棉花时,刘环环便以其年长为由,要求由其分配,而在分配中经常会为自己房间多分配一些,对于姒娌的孩子,她就会认为每年都在做新衣服,今年无需再做,给其少分或者是不分,而连续三年都为自己及自己的孩子制作新衣服。在大年初二,刘家的媳妇要回娘家探亲时,刘环环也会把家里蒸好的礼馍分成两部分,一部分是好的,由自己带回娘家,另外一部分是有残缺或者是裂口的,由王美玲带回娘家。同样在每年的零花钱分配上,刘环环认为家里多余的钱财都是自己的丈夫刘子杰在外经商卖点心所得,自己家就应该多分点。刘子杰自己上交当年收入时,刘环环也会想方设法留一部分作为私房钱。

王美玲在与刘环环的相处中,经常处于弱势地位,被欺压已成为家常便饭。在最初的几年中,王美玲尊敬刘环环为长嫂,对她言听必从,后来刘环环得寸进尺,使得王美玲事事吃亏。在后来的家庭分配中,王美玲也据理力争,不依不饶,两个人经常扭打在一起。刘中伏每天都在处理家务事,地里活也一直被耽搁,刘子杰生意做到一半时也会被叫回来处理家庭事务。隔壁刘氏的媳妇,与王美玲关系较好,劝说王美玲赶紧离开这个家庭,认为王美玲年纪还小,天天受刘环环的欺辱,这样的日子没有尽头,最终在其劝说下王美玲选择离开。

(五)家户分配之当家人做主

刘环环嫁入刘家之后,刘中伏的当家人权利时常受到影响,但又尊敬刘环环为长嫂,不能与其直接翻脸。后来王美玲与刘环环的矛盾激化,二人相继离家出走,刘家妻离子散。刘中伏、刘子杰分别续弦再娶杨雪艳以及张香仙,当家人汲取之前的教训,刘家的分配事宜均由当家人刘中伏做主,刘中伏分配之前也不会征求家里人的意见,其他人也不能干涉,为了公平起见,刘中伏分配家里的棉花或者家里的其他食品时尽量均分,免得引起姒娌矛盾,但杨雪艳以及张香仙嫁入刘家之后,姒娌之间矛盾冲突较少,刘中伏在家庭分配中的地位逐渐弱化,家里很多事情由两个女人商量便可解决,刘中伏因此也不再插手。

(六)分配统筹

1.全家需要与收支平衡

刘家在分配时,无论是家里的粮食还是零花钱,都是在维持日常生活所需的基础上,对多余的东西进行分配。倘若家里当年没有多余的粮食或者零花钱,当家人则不会对家庭成员进行分配,更不会去借钱、借粮为家庭成员分配。如果家里结余的食物和金钱有限,当家人也会选择积攒下来。刘中伏分配的时候会优先分给刘德荣夫妇,刘德荣为家里的老人,没有劳动能力,因而家里的其他人也不会有意见。倘若分配没有办法达到一个平均的水平,刘中伏则会根据各小家的人口状况分配。杨雪艳嫁过来之后育有三子,加上长女刘灵便,刘中伏夫妇总共有四个孩子,与刘子杰夫妇的两个孩子相比,刘中伏这个小家的人口要多,需求量大,因此在分配时,刘中伏小家的东西要多于刘子杰小家,家里的其他成员也不会有意见。而在刘环环的娘家,经济条件一般的农户家庭,当家人为了保证全家人有饭吃,往往不会对粮食进行分配,一方面是家庭人口少,没有分配的必要,另外一方面则是因为每年家里的粮食都不够吃,很少有能够分配的余粮。

2.食物分配优先

刘家在分配时也有一定的次序,一般是食物优先分配,零花钱在逢年过节时才会分配。刘家除了逢年过节以外的其他日子里,也会有客人来探望刘德荣夫妇,来的时候多多少少都会带上些吃嘴的,他们走之后,留下的礼便可以分配给家里的孩子。刘灵便和刘锁子最期待的事情便是家里的客人走了之后,当家人把客人带来的礼物送给小孩子,如果带来的数量较少,则会放到刘德荣房间。家里的小孩时常在刘德荣夫妇房间里玩耍,两位老人也会把剩下的礼物分给几个小孩。刘家分配零花钱的次数不多,一年一次,日常生活中的所有开销都由当家人来承担,各个小家花销很少,基本上没有用钱的地方。因此,在每年的春节之际,刘子杰做生意回来之后,把一年的经济收入交给刘中伏,刘中伏会根据当年的收入情况为各个小家分配零花钱,零花钱的数量也不会多,一般在五元到十元,家里的小孩则是五毛或者一块。

3.均衡分配与老弱优先

刘家在进行分配时,往往遵循两个原则:一是均分原则,刘环环以及王美玲相继离家出走之后,刘家吸取教训,在迎娶两位新媳妇之后,刘中伏便采取均分的原则进行分配,每个人都有份,而且每个人的数量都相当;二是老人优先的原则,刘环环在刘家时把两位老人赶出家门,被周围邻居认为是作孽的行为,之后刘中伏将两位老人接回家赡养,每年在进行分配时都会优先考虑两位老人,也会根据老人的日常生活情况,有侧重性地进行分配,倘若今年老人的日常生活起居是由媳妇杨雪艳照料,刘中伏在进行分配的时候也会为杨雪艳多分配一点;如果杨雪艳干农活干的多,但照料老人较少,刘中伏在分配的时候则会为张香仙多分配一些。两位媳妇对当家人的分配都很满意,很少出现过争吵的行为。

(七)不调不改的分配结果

刘中伏兄弟二人续弦再娶之后,家庭成员对刘中伏的分配决定都比较服从,很少会提出反对意见,即便是在没有办法均分的情况下,一个小家多、一个小家少,刘中伏也会在日常的生活中想办法弥补,没有出现过偏心的行为。对家庭成员而言,刘中伏分配之后,不管好与坏、多与少,皆已成定局,即便是有人提出反对意见也无效,因此当家人在分配之后,很少对分配结果进行重新调整。倘若遭遇灾害,家里的粮食仅仅够全家成员日常生活,没有多余的粮食用于分配,一年到头,小家没有任何可以支配的,即便如此,家庭成员也不会有意见,每个成员对家中的实际情况都心知肚明,遇到这种情况也不会与刘中伏闹翻,而是选择接受。

四、家户消费

(一)家户消费及自足程度

1.自给程度高,总体花费小

在粮食消费方面,刘家以自给为主,每年的花费金额不大。刘子杰在外经商做生意,刘中伏带领全家在家种地,收获的粮食足以维持全家人一年的温饱,年末还会有结余;在食物消费方面,每年种庄稼的时候,当家人都会在自家的地畔子上种植一些常见的菜,夏天吃不完就会腌制起来冬天吃,刘中伏偶尔会去附近的集市上购买一些蔬菜以及其他食物,但次数很少,花销也不大;在衣物消费方面,刘中伏每年会在黄河滩地种植一些棉花,由家里的女人将棉花纺成线再织成布,为家里人做衣服;刘家居住的房屋则是由祖上传承下来,刘中伏只负责日常的维护修补,花费也很小。

2.粮食自给与借用

刘家总共 1 万平方米土地,在"年景"之年,土地减产严重,粮食不够吃,当家人也会去文学集市或者蒲州集市上购买,两个集市上都有固定售卖粮食的地方,村民称之为"粮食硕"①,家里有余粮的会拉到这里卖,家里粮食短缺的也会来这里买。买卖粮食的单位是斗,一斗粮食大约有十余斤,买卖粮食的称必须使用"粮食硕"内统一的称。刘家粮食短缺时,买上一斗粮食就能维持家里好多天的生活,如果粮食需求量大,可以买一石,一石粮食可以装满一袋子。

刘家粮食短缺时,除了去集市上购买,更常见的方式是借粮食,买粮食的情况并不普遍,究其原因,一是刘家没有多少钱,种地吃粮,即使刘子杰在外做小生意,刘家的金钱收入也很有限,家里的小孩除了逢年过节以外,在日常的生活中很难看到钱,家里的女孩直到出嫁也没有见过钱。二是家里缺粮食时,刘中伏借粮食的对象一般是自家的亲戚朋友,这样可以免去借粮食的利息,如果找当地财富家借粮食,则借方需要承担一定数量的利息粮,借一石还两石,借粗粮还细粮。对于大部分农民而言,利息粮的负担过重,在第二年收秋之后还不上粮的村民大有人在。

3.食物自给与购买

刘家的食物消费并不多,日常生活中吃的各种蔬菜都是由刘中伏种植而来,每年刘中伏都会在离家最近的一片土地上种植一些萝卜、白菜,夏天吃不完就腌制在菜缸里,冬天可以继续吃,一年四季的菜都是这几样,偶尔会买一些豆腐吃,但总的花销不会太大,一缸腌白菜可以吃上一个冬天。倘若家里"过事"②需要设席请客,当家人也会在集市上买几斤豆腐、几斤肉和其他蔬菜,不过数量也不会太多。此外,在每年的九月会上,家里的女人会带着小孩赶会,赶会途中会带着家里的小孩吃一碗豆腐脑,每碗一毛钱。家里的小孩子在平常很少有"吃嘴的"③,家里的女人偶尔会在巷道里担担子④的地方给小孩子买几颗糖、几根麻花。在巷道里

---

① 粮食硕:指粮食市场。
② 过事:指主家娶媳妇、嫁女儿、满月酒等。
③ 吃嘴的:指零食。
④ 担担子:小货郎一般都是挑着担子叫卖,因而村民称之为"担担子"。

为孩子买"吃嘴"的时候,都是各个小家的女人负责,刘环环在刘家时,经常偷偷地给刘锁子和刘兰兰买好吃的,让两个孩子躲起来吃,免得被刘灵便以及其他兄弟看见。有时当家人刘中伏在家,正好门口有担担子的人,当家人也会出面为孩子购买一些吃食,购买时会为每个孩子购买,不偏不倚。

4.衣物自制与外卖

刘家大人、小孩的衣服都靠每个房间的女人自制而来,很少有购买的情况,周边集市上也没有人售卖成品衣服,每年刘家剩下的棉花分给各个房间的女人之后,女人便开始纺线织布。做衣服很少有花销,刘家日常衣服的染料也是到地里拔一些叫做"韩棚"的野草,捣烂后把衣服浸泡起来染上色。逢年过节时,家里的女人则会特意买一些染料进行染色,每一件过年衣服都要穿上好几年,因而刘家在衣物消费上大多都是购买针线、染料、顶针等一些小玩意,花销也不会太大。针线的购买有时是家里的女人告知当家人,由当家人在附近集市购买,如果巷道里有担担子的小货郎,女人也会在小货郎处购买,金额都是几毛钱,女人可以用自己的私房钱自行负担。

在每年的耕作中,刘中伏都会留出一些地种棉花,棉花收成以后分给大嫂张香仙和妻子杨雪艳,由二人负责为家里所有人制作衣服。刘家的衣服制作也分为两种,一是日常穿的衣服,制作与裁剪要求比较低,张香仙和杨雪艳在纺线织布之后,根据每个家庭成员的身形大小裁剪成不同的形状,缝制成衣,之后当家人会从地里拔一些"韩棚"捣烂,再将张香仙和杨雪艳制作的布匹浸泡入内,将衣服染成灰色;二是逢年过节时穿的衣服,这种衣服要求比较高,刘家孩子比较多,家里的女人制作衣服时也会精心制作与裁剪,但刘家并不是每年都会为家庭成员制作新衣服,很多衣服都是老大穿完老二接着穿,而且过年穿的衣服平日里不能穿,过完年,家里的女人便会把衣服收起来,装进柜子等着来年再穿,或者是家里有重大事情时才会拿出来穿。刘家女人制作衣服最常见的颜色是黑灰色,过年的衣服,家里的女人会用少量的核桃皮压碎,抹在衣服上浸泡起来,这样染出来的衣服就带一些墨绿色,这便算是鲜艳的颜色。

刘家有自己种植的棉花,每年都可以自己做衣服。但在棉花不能种植的中条山下,当地的人们没有衣服穿,因此韩家庄村中经常有人挑着担子,担着破旧的衣服去中条山下卖。刘家的女人也会把自家不穿的衣服送过去,让同村的人捎到中条山下,卖多卖少家里的女人都不会计较,如果同村的人回来之前衣服卖不完,家里的女人也会同意将衣服捐给当地的人,不要钱。

5.房屋祖传与修建

刘家有自家的房子,两座院子七间房,没有租过房也没有卖过房,不存在住房消费。刘家的房屋都是由土坯垒起来的,在长时间的雨水冲刷下也会变薄甚至倒塌,为了防止家里的墙面倒塌,当家人也会拉土和泥修补,这个过程中不用支付任何的费用,如果刘家修补房屋,周边其他邻居得知之后便会自行前来帮忙,今天你帮他,明天他帮你,邻居之间的互相帮忙也不需要承担任何费用。但如果是全部推倒重盖,主家则会请比较专业的匠人,包括泥匠、土匠,请这些匠工时则需要支付相关的费用,匠工的报酬一般按天计算,一天两元或者三元,房子建造完之后主家会把所有的工资支付给工人。但对刘家而言,家里的房屋都是祖上传下来,后辈只需要在原有的基础上进行维修,不需要重盖,因而刘家的房屋消费很少。

6.医疗消费

父亲刘德荣、长女刘灵便身体都不好,在家人生病时,当家人刘中伏也会带着家人找先生看病。韩家庄村庄小,没有看病先生,刘家人生病往往需要到文学镇上找先生治疗,而日常生活中的小灾小病,都是听取家里老人的土方法,倘若是家庭成员感冒发烧,则会喝一些醋开水,然后用酒精涂抹全身,晚上多盖几床被子,如果全身能出汗,那便意味着感冒就要好;倘若是家庭成员长了脓包,无论是哪个地方长脓包,只要把脓包弄破,将里面的脓水挤出来,塞入鸡粪或鸟屎消毒,伤口便能愈合,倘若是脓包不破裂,那么患者则会有生命危险,刘姓本家族经常有成员死于脓包。刘灵便为家里的长女,母亲王美玲离家出走后,刘中伏续弦再娶的杨雪艳成为继母,继母对她要求比较严格,打骂是常有的事情,刘灵便压力大,便跑到刘家祖坟痛哭,回来之后便高烧不断,并在背后长了一个脓包,脓包越长越大而且没有破裂的迹象。刘中伏去镇上请先生,先生看了之后告诉当家人,倘若背后的脓包弄破便能活过来,如果背后的脓包不能破便活不过三天。到了第三天,刘灵便的身体状况没有丝毫好转,这天晚上家里的男人都没睡觉,守在刘灵便旁边担心其突然去世,家里的女人则是蹲在窗外哭,后半夜脓包突然破裂,刘灵便的命算是保住了。

刘家去镇上看先生时花销都不大,刘灵便在生病的两个月间,大大小小的医疗费用均由当家人承担。刘家在韩家庄中算是经济条件比较好的家庭,倘若家庭经济一时拮据没有能力支付医疗费用,当家人也会与镇上先生协商是否可以赊账,在不能赊账的情况下,当家人也有权利放弃为成员看病。

7.人情消费之"红事叫、白事到"

刘德荣、刘中伏与刘子杰对外交往范围比较广,朋友多,人情消费占据刘家总体消费的一定比重,正如当地俗语所言"红事叫、白事到",意思就是自己的亲戚朋友家里有红喜事时,就会宴请亲戚朋友,如果没有收到主家的邀请则会认为对方不够重视自己。如果收到主家的邀请,刘家就要出人去帮忙,帮忙的一般是自家的当家人,去的时候需要准备礼物,但礼物也不重,可以是与朋友合买一幅画,也可以是自己独自买一幅画送给主家。但若对方家里有亲人去世,举办白事,这时主家不会出面请亲戚朋友来帮忙,但是刘家人只要听说,也会自行前往。此外,如果有亲戚朋友家里有满月酒,刘中伏也会参加,参加时都会准备几个鸡蛋,可以是从周边农户家购买,也可以是当家人提前几天在集市上购买,数量是一般是八个或者十二个,有着"好事成双成对"的意思。

8.教育消费

刘家对女孩看管严格,不让上学,男孩在十岁左右会被当家人送到学校念书,在学校念书不用掏学费,开销主要有两点:一是自家孩子日常的书本为自家购买,二是要管教员的饭。各家各户凡是有孩子在学校念书,都要轮流管学校教员的饭,轮到刘家,张香仙和杨雪艳就会提前为老师准备好食物,蒸一些白面馒头,再弄几个小菜,学校教员可以来家里吃,也可以让学生拿着竹篮提过去。即便如此,也不是所有的家庭都可以管得起饭,给学校教员吃的饭必须是好一点的、像样的饭,自己家经常吃的黑面馒头不能给学校教员吃,因此各家各户的女人都会提前好几天准备,把平时舍不得吃的东西都拿出来。如果家里没有白面馒头,家里的女人就会提前好几天去周围的邻居家借面,借来之后烙饼或者蒸白面馒头,为学校教员做饭,对家里女人而言是一件重要的事情,因此,有很多家庭无法负担,在此种情况下,便会找各种各样的借口让自家的孩子退学。刘家的女人会尽量让学校教员吃好，"教员吃好对家里的印象好，在学校会对自己娃好"，因此即便是借钱借粮，当家人也会让教员吃好。

（二）长嫂干涉的家户消费

刘家的各种花费开销均由当家人承担，其他家庭成员的花销需要经过当家人的允许，但刘环环嫁入刘家之后，经常从丈夫刘子杰手里为自己截留一部分零花钱，因此在日常生活中，刘环环在购买东西的时候都是自己做主，不需要向当家人索要钱财。平时刘环环经常为自己的孩子买一些吃嘴，让他们躲在自己房间里吃，惹得家里其他孩子大哭大闹。王美玲也没有办法，当家人刘中伏也是睁一只眼闭一只眼，妯娌矛盾不断激化。后来刘子杰与刘中伏再娶杨雪艳和张香仙，二人关系比较和谐，当家人刘中伏重新掌握刘家的经济大权，家里的女人需要购买什么东西时都会向当家人申请，当家人同意之后便会在集市上为家里人购买，如果不同意也会解释劝说，但其他家庭成员手里的零花钱如何支配，当家人并不做过多的干涉，每个成员对自己手里的零花钱都有支配的权利。

（三）成员消费的请示与支付

刘家的粮食消费、人情消费以及教育消费等家庭消费，都是由当家人做主，这些都是家里开销的"大头"，其他家庭成员也负担不起，因而当家人在做决定时，其他人也不会做过多的干涉。但家庭成员如果有消费的需要可向当家人申请，一般情况下刘中伏也不会拒绝。刘中伏每年在逢年过节之际也会为家里人分配零花钱，零花钱即各个家庭成员的私有财产，可以自行支配，不受当家人的控制。王美玲在日常的生活中，倘若需要某样东西，必定会向当家人申请，但刘环环有足够的私房钱去购买自己所需要的东西，而且时常补贴娘家，因而不会向刘中伏申请，但刘中伏为了整个家庭的和睦，基本不去计较。

五、家户借贷

（一）借钱与借粮

1947 年以前，刘家的家庭经济比较宽裕，没有向别人借过钱，但周边的亲戚朋友经常向刘家借钱，借钱的金额也不大，一般都是十元或者二十元。借钱的原因有多种，比如，一是家里的粮食不够吃，但又借不到粮食，只能是借些钱去购买粮食；二是家里有红白喜事，红白喜事也算是家庭中最大的一项开销，男方家庭承担不起的时候便会去借钱来弥补家里的"窟窿"①。只要有人来刘家借钱，当家人一般都不会拒绝，家里有就给，但是没有的时候也会向对方详细解释。来刘家借钱的大部分是自己的亲戚朋友，一是双方之间知根知底，互相了解彼此的家庭，借钱时也比较好谈判；二是找自家的亲戚借钱比较容易一些，念及血缘关系，无论多少对方都会借出一些。但总体而言，借钱的情况比较少，借粮情况比较多。

刘家没有向别人借过粮，很多上门来刘家借粮食的：一是自己的邻居青黄不接时，邻居便会来刘家倒腾一些粮食，自家小麦收秋之后便如数奉还；二是前来借粮的包括自家亲戚，有本村的也有外村的。刘环环娘家比较穷苦，刘家收秋之后，刘环环也会自作主张将刘家的粮食装一部分送给自己娘家，刘中伏得知之后会对刘环环动手。刘中伏对帮助亲家没有意见，但对刘环环自作主张的行为甚为不满。后来刘中伏为了防止刘环环将自家的粮食随意处

---

① 窟窿：指负债部分。

置或者随意借给他人,每年收秋将粮食放到敞房之后,便将敞房上锁并随身带着钥匙,防止别人再随意拿取粮食。

(二)借贷主体之当家人出面

来刘家借钱的都是对方的当家人,倘若当家人派某个家庭成员来借钱,尤其是未成年的家庭成员,则会被认为没有诚意或者是不够重视而遭到拒绝。王美玲的娘家表妹叫做银花,银花的夫家甚是贫穷,为自己长子做满月时,因为买不起菜而特地跑到刘家来借钱,银花到刘家之后,跟刘中伏商议好要借多少钱、什么时候还,商议完成之后返回家里告知其丈夫,由其丈夫出面借钱。在刘家人看来,银花丈夫才是当家人,才有权利在外借钱,虽然过程由银花来跑腿,但最后的决定权仍然在银花丈夫手上,刘中伏将钱借给对方时也会思量,一般不会把钱借给对方一般的家庭成员。

刘中伏是刘家实际的金钱支配者,即便是刘环环经常从丈夫手中扣留一部分钱作为自己的私房钱,但大部分刘子杰还是要上交给刘中伏并由其支配,因此当有亲戚朋友上门借钱时,借与不借、借的金额都是刘中伏说了算,其他家庭成员不能干涉。在上门借钱的亲戚朋友中,委托借贷的不多,倘若是对方当家人有事情临时走不开,也会委托家里的长子或者是其他成员,委托人来家里借钱时刘中伏一定会问清楚,确保的确是对方当家人授意之后才会放心将钱借给对方。

六、家户交换之男女有别

韩家庄周围有两个集市点,一个是蒲州集市,一个是文学集市,韩家庄距离两个集市点均有十里地左右。刘家前往集市赶集的往往是当家人刘中伏,家里的女人很少能去集市上,当家人赶集之前,家里的女人可以向当家人提出自己所需要的东西,当家人同意之后,就会从集市上购买。刘家赶集时购买的大多是生活资料,也包括女人做衣服时用的颜料、针线等。刘中伏外出赶集大部分都靠步行,早上出发,下午在天黑之前赶回到家里,偶尔当家人赶集时会坐马车,顺路也会捎上巷道里的邻居,四边邻居如果要赶集,也会过来询问刘中伏是否去,去的话可以相约一起顺路同行,路上说说笑笑,也算是有个伴。

刘家除了在集市上购买东西,家里的女人还会从巷道里挑担子的小货郎处购买,购买的一般是家里的小玩意,比如女人常用的针线、颜料、顶针等,费用不高,家里的女人用自己日常的零花钱即可购买。偶尔小货郎也会挑一些"吃嘴"叫卖,家里的孩子要吃,王美玲也会为两个孩子购买一些,但刘环环经常会给刘锁子偷偷买,经常惹的刘灵便哭闹。刘家的女人在巷道里购买东西时经常会讨价还价,小货郎在卖东西时也会相应地把价钱提高一点,在买方还价时也会适当降低价格。

第三章　家户社会制度

刘家子女的婚姻均为当家人包办,当事人没有自由选择婚姻的权利,在整个婚姻中,配偶的选择、彩礼的支付、婚宴的举办都是当家人一手操办。刘家是一个复杂的续弦家庭,刘德荣的原配妻子因难产去世,之后续弦再娶现任妻子刘氏,而刘中伏的原配妻子王美玲、刘子杰的原配妻子刘环环因家庭矛盾相继离家出走,后来二人分别续弦再娶杨雪艳、张香仙,重新组建家庭。在家户生育方面,当家人刘中伏对孩子的数量不限制,刘子杰因身体欠佳,与刘环环未生出一儿半女,因而抱养刘锁子与刘兰兰二人。刘家的家庭内部关系较为复杂,刘环环生性强势不讲理,曾将家里的两位老人赶出家门,并时常欺侮王美玲,二人经常扭打在一起,弄得刘家鸡飞狗跳,后来王美玲因无法忍受妯娌矛盾而选择离家出走。

一、家户婚配

(一)"布袋买猫"的家户婚姻

在刘家,无论男孩女孩,结婚之前都不能与未来的对象见面,但如果是家里女孩要出嫁,家里女人会偷偷地协助孩子"相女婿"。相女婿时,女孩只能远远看着,不能凑近瞧,也不能说话,也就是只能大概看一下个子和模样。但"相女婿"如果被当家人知道,当家人也会生气,认为自家女儿出嫁之前就与丈夫见面是不检点的行为,回到家之后也会责备家里的女人。除此之外,刘家其他家庭成员还会协助当事人双方"偶遇",刘子杰续弦再娶张香仙,一开始也未与之见面,后来找借口为村里的一个朋友送棉花,在送棉花的途中张香仙站在路口,两个人这才算是见过面。刘灵便出嫁前也未与丈夫见面,在春节之际,丈夫也会登门拜访,每次丈夫来家里做客时,杨雪艳和张香仙就会告诉刘灵便"女婿来了,女婿来了",刘灵便就会出去串门,也是回避,一直到结婚时双方才能见面。刘家父母包办下的婚姻如同"布袋买猫",男孩女孩真正见面的时候是在结婚那一刻,男孩掀开女孩的红盖头,才算是见第一面,但只要拜堂成亲,无论对方长相、脾气如何,都已经是板上钉钉的事情,没有人可以改变。

刘家本家还存在替婚的情况,男女双方从未见过面,但男方身体有缺陷,结婚当天便找来一个同龄的男子顶替,在拜堂成亲时两个男孩"调包",迎亲的是一个人,晚上拜堂入洞房的是另外一个,当女孩入洞房发现男孩被调包也为时已晚。刘家本家有一女儿叫做秀芳,秀芳爹满脸麻子,长相甚是吓人,媒人给他说过好多对象,别人一看满脸的麻子便直接拒绝。当家人去找媒人给秀芳爹说媒时,媒人直接拒绝,后来自家表叔与秀芳娘家走的近,两家当家人经常在一起开玩笑,便从中间撮合秀芳娘与秀芳爹,撮合中对秀芳爹麻子脸的事情一概不提,秀芳爹结婚的时候便找同巷道的小虎代替迎亲,晚上拜堂入洞房时才换成秀芳爹,秀芳娘当场嗷嗷大哭,哭着就要离开。在场的好多人一起拦才把秀芳娘拦下来,因为拜过堂便已是对方的人了,最后秀芳娘也只能是认命。

(二)婚前准备与抉择

1.家户婚姻之父母包办

刘家所有子嗣后辈的婚姻都由父母包办,当事人没有选择的权利。刘中伏与刘子杰在结婚之前都没有见过妻子,第一次见面就是在拜堂时。在刘家,父母包办婚姻下的结婚对象由当家人来选择,标准、条件都由当家人来提,当事人一般不会提出不同意见。在为孩子选择婚姻时,当家人刘中伏也不会问当事人的意见,一个人就可以做主。当家人刘中伏只会和两种人商量子女的婚姻,一是和刘德荣商议,刘德荣是家里的长辈,儿女婚姻一事当家人需要和老人"打招呼",但家里的老人一般不会参与决策;二是当家人要和孩子的父母亲商量,父母亲的意见也是当家人选择一门婚事的重要参考。刘灵便在1946年出嫁,出嫁时刘子杰并不同意,认为对方家里贫穷,自己家的孩子过去会受委屈,但张香仙劝说刘子杰:"人家有当家人管",后来刘子杰不再插手,刘家的所有事情均由刘中伏一人决策。

2.婚配标准

刘家儿女的婚事均由当家人决定,刘中伏在为自家儿子挑选媳妇或者为自家的女儿选择夫家时,有以下几点标准:一是对方家庭必须与自己家"门当户对",财富家找财富家,穷苦人家找穷苦人家。如果说是财富家找穷苦人家的女儿,自家人则会多多少少看不起对方,穷苦人家也不愿意将自家的女儿嫁到财富家,觉得自家女儿在对方家里一定会受委屈。如果发生财富家娶小老婆的现象时就另当别论,娶小老婆时主要挑人,不会太在意对方家庭环境的好与坏。二是对方女孩必须干活利落,媳妇是否能干也是刘中伏比较关心的问题,媳妇能干,家里会越过越好,如果媳妇好吃懒做,则不会被婆家人待见,正如当地俗语所言"娶懒媳妇一世穷",意思就是如果娶的媳妇懒惰,则会给夫家带来不好的运气,"过日子就是过女人",家里的女人能行,则家庭兴旺和睦,如果家里的女人不行,则会导致夫家穷困。

关于对方品行的要求,女孩必须懂礼貌而且孝敬老人,在婚前,当事人双方不会见面,当家人见到女孩的次数也寥寥无几,在见面少的情况下,当家人选择的标准主要是第一印象,如果第一面看见女孩,女孩不声不响而且不向长辈问候打招呼,则会被认为"不懂礼性",会给男方家庭留下一个不好的印象;如果女孩第一次见到男方家人就亲切问候并且热情打招呼,此时就会给对方家人留下一个好印象。再者就是看父母的品行,父母包办婚姻下双方当事人不能见面,但是双方家庭都会托人私底下打听,有些上心的家长还会直接到村子里蹲守,到处打听对方父母的为人,如果乡里乡亲对其家人持称赞的态度,当家人就会断定对方父母是个好人;如果乡里乡亲认为女孩父母"不为人",那么当家人也会再三考虑。对双方父母而言,"龙生龙、凤生凤",父母的品行直接影响着孩子的品行,如果父母行为端正,其教导出来的孩子也必定品行端正。但即便是互相打听,打听到的村民也是"添好话不添坏话",正如当地俗语所言"宁拆十座庙,不拆一桩亲",意思就是倘若有亲家打听对方父母的品行,乡里乡亲都会夸赞对方,帮忙撮合双方,而不是从中间恶意破坏。在当地老人看来,"破亲"属于不道德的行为,倘若是因为自己的话语致使双方散伙则会造孽,给家里带来不好的影响。

刘灵便在出嫁前,刘中伏也托自家的亲戚帮忙打听对方家庭的情况,亲戚给的回复是"穷苦人家,但穷的有德",因而即便是刘子杰反对这门婚事,但当家人执意让女儿嫁过去,其中重要的一点便是因为对方家庭品行端正,即便是家庭经济拮据,刘中伏也相信对方一定能带女儿过上好日子。

3.聘礼或嫁妆

刘家的女儿出嫁前也会"换帖","换帖"即相当于定亲,男方家庭会宴请女方家的重要亲戚,但人数都不会多,一般在一到两桌,人数就是十个人左右。刘灵便出嫁时,其李姓夫家也进行过"换帖",李家设席宴请刘家亲戚,其中最重要的亲戚是刘家的舅舅和姑父。"换帖"之后,刘中伏便会与对方当家人一起商议着找一个媒人,让媒人从中间说话,媒人找好之后便会定好结婚日期,之后李家需要给刘家送上棉花和粮食,粮食相当于彩礼。换帖之后,刘中伏会请人写一个红帖子,帖子上面写着男方所给彩礼以及刘家给女儿陪嫁的嫁妆,包括现洋、粮食、被褥等。

刘家嫁女儿时,男方需要向刘家支付一定数量的彩礼,彩礼可以是现洋,也可以是粮食,有时也会根据男方家庭的当家人意愿而定,对方家庭愿意给钱就给钱,愿意给粮就给粮,刘中伏都不会有什么意见,但即便是支付给刘家的彩礼为现洋,也是要根据粮食的数量折算,而判断女方家庭彩礼的根据则是女孩的年龄,女孩年龄多大就给多少粮食,刘家几个女孩出嫁时的年龄都是十三四岁,也就需要支付十三石或者是十四石的粮食,最多不超过十八石粮食。除了粮食以外,男方家庭还要支付一定数量的棉花给刘家,棉花在当地则有"粘亲"的说法,男方给刘家送上棉花之后,刘家的几个女人会为女儿出嫁准备棉被、棉子以及布匹,待女儿出嫁之时作为嫁妆。刘家要求的棉花数量没有固定的标准,男方家庭经济条件好棉花种的多,就会多给些,如果男方家庭经济条件一般,土地少,没有种植棉花,那么也会象征性给一些,当家人刘中伏也不会有意见。同样,刘家在为自家男孩娶媳妇时也会支付一定数量的彩礼,刘家为刘锁子娶媳妇时给的是现洋,数额为"一份半"礼,一份礼是一百二十元,两份礼是二百四十元,"一份半礼"则是一百八十元,即相当于给女方的"礼银子",而且是"全包",意思就是除了这"一份半礼"以外,男方不再给女方提供其他钱财。

刘家嫁女儿也会有媒人来提亲,媒人是男方提前找好,跟男方当家人比较熟识,提亲的时候也会带上一个"封子"①,里面装一些钱,金额在十元钱左右。如果是给家里的儿子娶媳妇,当家人就要主动联系媒人上门提亲。儿女结婚时的大小事情都要与当家人商议,媒人提亲或者是去女方家里提亲事,都要事先与当家人沟通好。刘灵便未出嫁时,巷道里经常有人与她开玩笑:"这娃长得俊俏,以后可以卖到十八石",十八石粮食是最高的彩礼价格,没有人超过这个数量,如此便有很多家庭娶不起媳妇,只能采用换亲或者是其他方式。韩家庄村媳妇的彩礼一般都是粮食,倘若女方家坚持需要现金,男方家庭也会将粮食卖掉换取现洋,作为彩礼送给女方。媒人在为双方说媒时,也会刻意地隐瞒掉对方的一些缺点,正如当地俗语所言,"没有不说谎的媒人",很多媒人为了促成亲事,就两边互相隐瞒,把家庭条件不好说成好的,把身体残疾说成健康,这些都是常见的事情。

此外,男女双方第一次见面的时候也会互赠礼品,刘家也不例外,刘灵便与丈夫李俊忠见面时,亲自绣了一个布袋送给丈夫,而李俊忠则为刘灵便买了一个手帕,互相交换礼物,也算是定情礼物。刘灵便出嫁时,家里没有红颜色的布,刘子杰便坐车到陕西给她扯来一块红布,得以成功制作一件红色的上衣,出嫁的那一天,刘灵便穿上这身红色的衣服,但在日常生

---

① 封子:指红包。

活中很少见这种"鲜物"。

(三)探客与出嫁

刘灵便出嫁时,杨雪艳以及张香仙为其准备好嫁衣以及花冠,嫁衣以及花冠是租赁而来,穿戴一天需要支付一定的赁金。刘家所有的女孩出嫁必须哭嫁,哭嫁表示舍不得娘家人,与娘家人感情好,如果出嫁时女孩没有哭,那么在女儿刚出嫁后,当家人就会去房顶拆掉两片石瓦,否则会被认为不吉利。刘灵便出嫁时,就躲在自己的房间偷偷哭,刘中伏也是悄悄抹眼泪。刘家几个孩子结婚的排场不算大,邀请的对象主要就是自家的亲戚和几个相好的朋友,酒席摆上四个盘子,经济宽裕的情况下,刘中伏也会允许加上两个热菜,经济一般的年头就将就着过,摆个形式。刘家设席请客的酒桌上也很有讲究,正中间的那张桌子是新郎官就坐,也就是酒席中的主桌,一般位于院子的正中间或者是上房的正中间。对新郎官而言,这一辈子在岳母娘家只能坐一次上位,也就是结婚的这一天,之后女婿如果拜访刘家岳母娘,因其是晚辈的身份只能坐在下位。

刘家嫁女儿时,开席、散席都有特定的时间,一般都是刘中伏出面请村里的老先生来"看时间",老先生会根据刘家孩子的生辰八字以及刘家的整体状况来掐算时间点,有的是十一点,有的是十二点,情况不一。刘家举办婚宴的时间一般是两天,第一天是"回面女婿",女婿来刘家吃席,第二天是迎亲,吃完饭之后可以把新娘接上,迎亲的时候同样有时间点,早或者晚都不好,如果先生看好时间之后要求十二点出门,那么刘中伏会让新郎和新娘在十二点整离开。

刘灵便出嫁时也有讲究,出嫁当天进夫家的门,需要一步一拜或者是两步一拜,无论是夫家的亲戚朋友还是来帮忙的邻居,都要一一叩拜表示感谢。刘灵便出嫁第二天要早起,给公公婆婆请安,请安的时候要客气地询问"昨晚是否睡好",吃过早饭之后新媳妇要回门,回门时也一样,碰到夫家的亲戚朋友或者邻居,同样也要进行叩拜。刘家无论是娶新媳妇还是嫁女儿,新媳妇过门的一周之内不用干活,一是婆家人都比较"稀罕",家里增添新成员,不舍得新媳妇动手做饭;二是新媳妇的娘家人在女儿出嫁的前几天会"叫",出嫁的第二天,媳妇的娘家也会叫,把刚出嫁的女儿叫到自己家里来吃饭,出嫁的第三天,家里的长辈会叫,同样是宴请出嫁的女孩子和新女婿,第四天的时候,如果家里有姑姑则会被姑姑叫,被娘家人叫时,女儿及女婿回来需要带上礼物,吃完饭之后,娘家人会给新女婿发"封子",封子里装的一般都是现洋,金额都不一样。

(四)长幼有序的婚配次序

当家人刘中伏在为自己的子嗣娶媳妇的时候都会考虑先后顺序问题,遵循长者优先的基本原则,家里一般都是先给老大"过事"①,老大过完是老二,然后才是其他人。尤其是在兄弟比较多的时候,当家人会根据年龄依次为几个孩子说亲,但孩子越多当家人就会越早地为孩子相亲。在刘家,家里的女孩在十三四岁的时候就可以找到婆家,男孩在 15 岁或 16 岁的时候就可以娶到媳妇。当家人往往会提前几年为自家找"对头",刘灵便出嫁时 14 岁,但在11 岁时就已经有媒人为刘家说亲,但是当家人觉得自己的孩子小便直接拒绝,在 12 岁的时候还有人说亲,这时候当家人也就慢慢上心,开始为自家的孩子物色。

---

① 过事:指娶媳妇。

刘家本家大部分孩子的结婚顺序一般都是按照年龄大小,但也有特殊情况:一是长子读书,而其他孩子已回家种地,这时当家人会跳过长子先为其他孩子考虑。第二种情况便是长子有身体残缺或者是其他疾病,当家人一直为长子说亲但一直找不到合适的对头,其他孩子也已到结婚的年龄,这时当家人也会跳过长子,先为次子说亲。刘家本家有个兄弟叫刘晓民,他有一儿一女,男孩是长子,女儿年龄小,但男孩比较挑剔,当家人的话又不怎么听,几年之后女儿也达到结婚年龄,很多人便开始上门为女儿说亲,但刘晓民一直拒绝,认为"大的都没过事,小的怎么嫁",随着说亲的人数逐渐增多,刘中伏便去劝说刘晓民:"如果哥哥一直不娶媳妇,那么小的也一直不嫁?"后来刘晓民便同意让女儿先嫁,之后再为长子娶亲。

(五)其他婚配形式

1.纳来的"小老婆"

纳妾在当地称为娶小老婆,娶小老婆只发生在当地的财富家,穷苦人家经济条件有限,娶媳妇都是个问题,遑论娶小老婆。杨雪艳的娘家姐姐就是嫁给当地的财富家作为小老婆,大老婆没有生下孩子,娘家姐姐嫁过去之后生下三个儿子,但娘家姐姐与原配妻子关系极好,年龄相差十几岁但像两个姐妹。娘家姐姐刚嫁过去的时候,财富家的大老婆便主动把房间让出来,把男人"轰"到小老婆房间,在日常生活中,杨雪艳的娘家姐姐觉得自己年轻,家务活都是抢着干,两个姐妹也是相互照应,村民经常夸赞。刘家隔壁的李娃姐也是嫁给当地的财富家,只生育一个女儿,没有生出儿子,后来财富家又娶一个小老婆,小老婆嫁过来之后连生两个儿子,但两人相处并不融洽,小老婆处处找茬,一直与大老婆作对,小老婆甚至还教自己的儿子欺负大老婆,后来大老婆不堪压力在家门口上吊,大老婆上吊时女儿已经长大成人,眼睁睁看着自己母亲自杀之后,天天在家闹,闹得家里鸡飞狗跳,就想为自己母亲出口气。

2."囤着"的童养媳

童养媳在当地称为"囤着",刘家本家兄弟的媳妇就是"囤着",女孩没有爹妈,来到刘家也很听话。她来刘家时年龄不大,只有七八岁的样子,"囤着"媳妇的家庭不一定是大富大贵的家庭,即使经济条件一般但能多抚养一个女孩的家庭也可以。每位"囤着"的媳妇在夫家的待遇情况也有差别,在刘家,刘家长辈把"囤着"的媳妇当女儿养,家里人对女孩都很好,当家人也会用心教育,家里的女人也会教媳妇做家务活,即便"囤着"的媳妇是未成年,但在夫家要做"媳妇活",包括做饭、洗碗、扫院子以及纺线织布,要做所有成年媳妇都要做的活。既便如此,也要看脸色行事,如果有做错的地方同样会被未来的婆婆责骂。因而,只要家里能勉强生活下去,都不会把自家的女儿囤在别人家,"囤着"的媳妇也意味着寄人篱下,看不起某个女人就会说道"像是囤着的媳妇一样"。但刘家对待这个女孩也不错,虽然是隔壁家的媳妇,但也像是女儿一样养着,从小就和刘灵便一起玩耍。

刘家弟媳妇选择当童养媳,主要原因是家里孩子过多,无力抚养也送养不出去,只能在女孩七八岁的时候,将女孩"囤"在刘家,等女孩长大成人之后直接与对方家里的男孩成亲。刘家也会根据女孩的实际年龄支付彩礼,之后女孩直接吃住在刘家,在其长大成人之前,女孩所有的花费开销均由刘家承担,女孩长大之后直接与刘家儿子结婚。刘家"囤着"媳妇没有签任何契约,"囤着"的双方家庭也算是结亲,都是口头上的契约,长大之后就是自己的媳妇。

除此之外,刘家巷道里的红军妈也是"囤着"的媳妇,红军妈的娘家孩子多,父亲是残疾,母亲身体也不好,红军妈跟着父母一直是有上顿没下顿,红军妈8岁的时候恰逢"年景"之年,旱灾严重,各家各户的粮食都短缺,红军妈的娘家更是揭不开锅。家里的亲戚便劝说红军妈的娘家把家里的女孩送到别人家当童养媳。红军妈刚开始舍不得自己姑娘,认为自己养了七八年的孩子送到别人家叫别人妈,心里过意不去,但家里实在是没有粮食,不得已还是把自己的女儿送到红军爹家,红军爹家还送来八石粮食表示"结亲"。

3.再娶的"幺婆子"

刘家续弦的情况比较多,续弦而来的女人被称为"幺婆子",刘家有三位"幺婆子",包括刘德荣的第二任妻子刘氏、刘中伏的妻子杨雪艳、刘子杰的妻子张香仙。刘德荣是刘家的长辈,先后娶了两任妻子,第一任妻子生完刘中伏之后患上"月子病",不久之后便不治身亡。第二任妻子是在"年景"之年独自逃荒而来,被刘家收留,后来嫁给刘德荣做媳妇,因其是外来人而且是逃荒而来,在刘家的地位不是很高,家庭内部的纠纷都不会参与。刘中伏的第一任妻子王美玲勤劳能干,沉默寡言,但每天被刘子杰的第一任妻子刘环环指手画脚,因无法忍受家庭矛盾纠纷而选择离家出走,刘环环在王美玲离家出走之后,与刘家其他家庭成员纠纷不断,且矛盾越来越深,有一次被刘子杰打骂之后,同样选择离家出走,后来刘中伏、刘子杰兄弟二人分别续弦再娶。

4.改嫁

刘家女儿没有改嫁的情况,但刘中伏第一任妻子王美玲离家出走后,怕刘家人找上门去,在外面躲过一段时间才回娘家,之后才又改嫁。王美玲改嫁到长干村,刘环环改嫁到卫村。刘灵便与刘锁子记事之后,逢年过节也会去探望两位母亲。王美玲与刘环环二人改嫁时也需要中间人介绍,但为改嫁的女孩说媒,其娘家人需要给媒人发"红封子",还要赠送一双红袜子。对当地媒人而言,为改嫁的女人寻找婆家在某种程度上而言是一种"破亲",意即破坏女孩与原来夫家的婚事,因而必须收取一定的酬劳。王美玲改嫁时,对方婆家也会送来彩礼,但彩礼的数额不再是依据女孩的年龄,而是象征性给一些,举办酒席的时候也不会通知街坊邻居,而是双方几个主要的亲戚坐在一起吃一顿饭,如此就算是完婚。刘环环与夫家闹矛盾跑回娘家后,死活也不愿意再回去,刘家人也不愿意来找,紧接着家里的亲戚给刘环环重新找到另外一家。刘环环改嫁的时候,其父亲也是前后张罗,邀请自己的朋友过来帮忙,并且给女儿三石粮食作为嫁妆。

刘家夫妻闹矛盾时,刘家当家人还是会找当初的媒人当中间说和人,媒人不仅仅要在当事人结婚时忙前忙后,若是结婚之后两家闹矛盾,媒人仍然要从中间调和。王美玲从夫家逃跑之后,夫家也会派媒人前去说和,但无奈王美玲铁了心不想过,离开刘家之后也没先回娘家,而是躲到其他地方,刘家人去王家找过几次均找不到人,时间一久刘中伏便放弃寻找,选择另娶她人,王美玲这时才选择改嫁。

(六)婚配终止

1.离异

刘中伏夫妇、刘子杰夫妇婚姻终止的直接导火索,一是家庭矛盾,在常年的生活中,逐渐积累的家庭矛盾是导致夫妻关系破裂的导火索。在刘家,刘中伏与第一任妻子王美玲原本和和睦睦,并无过多争吵,但刘环环横行霸道,天天从中挑拨,后来夫妻矛盾没有办法调节,王美玲才选择离家出走,结束婚姻。二是刘中伏习惯性地殴打王美玲,经常把王美玲打得头破血流,王美玲难以忍受家暴,选择离家出走,刘中伏去娘家找人时也找不到,时间一长也自然而然地结束婚姻。

对刘中伏夫妇、刘子杰夫妇而言,导致婚姻终止的因素有以下几点,一是分家,倘若没有分家,离婚的情况便很少,需要与家里的老人商议,家里的老人不同意,晚辈也没有办法结束婚姻,因为"媳妇是老人给娶的,不能说分就分了",如果家里的老人支持离婚,那么晚辈则可以为妻子写休书。倘若家庭已经分家,家里的男人有独立的自主权,可以决定自己的人生,家里的老人也无权干涉,很难掌控分家之后的小家事情,倘若是家里的男人要休妻,老人也只能劝劝,但决定权还是在男人自己手里。二是家庭经济条件,对刘家而言,娶媳妇需要花掉一年的粮食收成,这种情况下娶回来的媳妇家里人都很稀罕,全家人都很当回事,不会让她随意离开。第三个因素便是子女的问题,刘家的男人可以随意殴打女人,女人毫无反抗之力,大多情况下王美玲与刘环环都会选择忍受,其重要原因便是已经养育孩子,即便是离家出走也放不下孩子,夫妻关系不融洽时,女人也会把所有的注意力转移到孩子身上,只盼孩子长大。刘环环、王美玲离开时,只要刘家同意,就能把孩子带走,但如果刘家不同意,女人就不能把孩子带走。后来刘环环离开时带上孩子,王美玲就没有带上孩子,愿意带上孩子需要跟刘家商量好,离开夫家的女人只能回娘家,如果恰逢春节之际还不能直接回娘家,需要躲在村庄的寺庙中,过完年之后才能回到娘家,回娘家之后再改嫁。

2.守寡

刘家本家没有守寡的情况,但刘灵便的婆婆一直是寡妇,刘灵便夫家的父亲早逝,留下母亲带着四个孩子,母亲当年才 30 岁,从李家父亲去世之后开始守寡,一直到几个孩子相继成家立业。刘灵便的夫家妹妹叫李雪,李雪丈夫被抓去当兵后一直没有音信,留下一个女儿,之后李雪中途打算改嫁时却舍不得女儿,把女儿带上又怕在对方家里受委屈,就一直没有改嫁,十几年之后女儿生病去世,李雪重获改嫁的机会,但已过改嫁的适宜年龄,因此只能一直留在夫家,夫家也没有其他兄弟姐妹,家里的公公婆婆也一直由李雪奉养,后来公公婆婆觉得李雪命苦,同意给李雪找一个上门女婿,继承家里的半边天。后来在"年景"之年,从河南逃荒过来一个小伙子,居住在村里的寺庙中,没房没地,中间人说和之后便与李雪结合,与之前的公公婆婆组合成为一个新的家庭。守寡的女人大多数是自己的丈夫被抓去当兵,或者是被日本人抓住当壮丁之后就再也没有回来,也没有任何音信,家里的妻子便从此守寡。此外,也有部分是由于丈夫生病早逝,留下妻子一人带着家里的孩子。

二、家户生育

(一)生育基本情况

刘家晚辈生育多少孩子长辈无法插手,一是没有节育措施,只要怀上就得生下来,家里的长辈也没有办法干涉,不论家庭经济条件如何,孩子的数量都无法控制。韩家庄村孩子最多的一家共生育十个,基本上就是一年一个,但经济条件不宽裕,实在是养活不起,最后便选择送人、卖掉甚至狠心掐死。二是受多子多福思想的影响,刘家老人认为家里孩子越多,家丁越兴旺,家门的运势就会越好。不过也有一句俗语是"人要稀子",意思就是孩子数量越少,家里人就越稀罕,如果数量多,反而是烦恼。刘家自家表弟叫小探,小探爹娘一共生育七个孩子,而家里的劳动力只有小探爹一个,几个孩子都吃不饱,小探娘再次怀孕时就连蹦带跳想让孩子流掉,但孩子一直掉不了,后来生下孩子之后小探娘就直接把孩子捂在被子里闷死。因为孩子生育太多,家庭困扰增多,人们就想各种办法"小月",一是用家里揉面用的"和面缸"压放在肚子上,让肚子里的孩子承受不住压力流掉;二是吃鸡蛋皮,鸡蛋皮捣碎吃下去也可以让孩子流掉。

(二)生育目的之养儿防老

刘家重男轻女的观念十分浓厚,刘灵便是家里的长女,但因为其是女孩,一直不太被当家人待见,刘锁子虽然是抱养别人家的孩子,但因其是男孩而备受宠爱,刘环环十分疼爱这个孩子,家里有花生、饼子或者其他零食,都会藏在自己房间里,然后偷偷给刘锁子。刘家老人如果听说家里的媳妇生孩子,第一反应便是问性别,如果生育男孩就会感到高兴,而若生育女孩反应则都较为平淡。

刘家当家人对家里的女孩要求都比较严格,不允许女孩随意出去玩耍,因而家里从未出现过未婚先孕的情况。对刘家而言,未婚先孕的女孩一定是没人要的女孩,尤其是家里的老人,没有办法接受怀孕的女孩进入自己的家门,而未婚先孕的女孩只能是嫁到周边贫困的山区,或者是嫁给村庄中不能娶到媳妇的老光棍,但凡是有经济能力的家庭都不会接纳一个怀孕的女孩。除了各家各户不能接纳,怀孕女孩的娘家人脸上也会蒙羞,认为未婚先育是极其丢人的事情,当家人在外面也会觉得没面子,感觉低人一等,村民农闲之际坐在一起也会对未婚先孕的女孩指指点点,顺带也会指责家长没有教育好。因此,为了防止家里的女孩给家庭带来污点,当家人刘中伏对家里的女孩一般都会严格看管。除此之外,刘家所有成员在结婚之前,即便是当事人已经换过帖也不能见面,直到结婚拜堂成亲那天,才能算是第一次见面。

(三)生育过程之请产婆

刘家的女人生育孩子时不会送到村医那里,而是会请村里的产婆为家里的女人接生。产婆一般是村中年龄比较大的老婆婆,每个村的产婆数量都有六七个。刘家的媳妇要生产时,当家人都会提前到产婆家里去请,请产婆不需要携带礼物,但当家人需要提前和产婆说好,产婆在孕妇的预产期要时刻准备着。为了以防万一,刘中伏为家里的孕妇请产婆时都会请两个,两个产婆同时为一名孕妇接生,确保产妇和新生儿的安全。在刘家,生孩子对全家而言都是一件大事情,每个孕妇生孩子都是到鬼门关走了一趟,由于村中没有专门的接生先生,在接生中一旦遇到孕妇难产,那极有可能是一尸两命。

刘家母亲生下刘中伏、刘子杰兄弟二人后患上月子病,后来不幸去世。家里的产妇去世之后,刚生下的小孩没有人喂养,只能先送到别人家,喝别人家的母乳,因为孩子太小,家里又刚刚死了女人,没有人可以照料,便把刚出生的孩子暂时送给他人抚养,后来刘德荣续弦现任妻子。无论是刘环环还是王美玲,家里的产妇顺利生子之后,大人、小孩平安对刘家而言是一件喜庆的事情,这时家里的其他人也会忙前忙后和面,烙成"面干干",请前来帮忙的接生婆和周围邻居吃,"面干干"也成为孕妇顺利生子之后的象征性食品,如果有人给家里送来"面干干",那便是在告知对方家有新生儿诞生。

(四)生育仪式之满月酒

刘家孕妇生育孩子之后全家上下都开心,当家人刘中伏也会张罗着设席请客,为孩子举办满月酒,请客的对象主要是媳妇的娘家人,也称为"探客"。"探客"的时间可以是孩子出生后的三天、七天，也可以是十天、一个月，刘中伏一般会请村中的先生为自家算上一卦，然后再商榷孩子的满月酒时间。满月酒当天，媳妇的娘家人都会来，也会带上为孩子准备的"几件活"，包括婴儿用的小碗小勺、小被褥以及衣服鞋子。

刘家几个孩子的满月酒都不一样，经济宽裕的年头举办满月酒时，摆的菜就多，而一般年头都是做个样子，请媳妇的娘家吃一顿，人数不超过十个人，"悄悄地就把事给办了"。满月酒也分两种，第一种情况是家里孩子太多，只为长子和长女举办满月酒，而其他幼子都不举办；第二种情况是家里的孩子太少，全家人对孩子又特别稀罕，就为每一个孩子都举办满月酒。刘家大多情况下经济条件比较宽裕，每个孩子出生后都举办过满月酒，即便是刘锁子和刘兰兰为抱养，抱养回来之后，刘中伏同样张罗着为两个孩子举办满月酒。

（五）"撞名"起名

为家里孩子起名字的一般是家里的长辈，刘锁子小时候身体不好，在生育其他孩子的时候，当家人希望后来的孩子身体都强壮些，便给他们分别起名字为刘铁娃、刘铜娃、刘钢娃，铁、铜、钢都比较坚硬，寓意着自家的孩子身体坚硬如钢。刘家每个孩子都有小名，但小名一般比较随便，比如狗蛋、毛蛋，在老人眼里，小名越土越好养活。家里长辈起名字一般都有寓意，村中有一户家庭连续生育四个女儿，为了生出儿子，就给女儿起名叫"改过"，意思就是改变现在的生育状况，明年生个儿子。

刘家除去自家长辈为孩子起名字，另外一种方法便是撞名，即撞到谁就由谁来起名。在刘家，家里孩子出生十天或者是满月时，家里的婆婆会抱着孩子站在门口，碰见的第一个人就认对方为干爹，请干爹给孩子起名。刘家选择为孩子撞名时，家里的女人也会挑人，尤其是为孩子找干爹时，喜欢找穷人家，然后把自己的孩子认在穷人家跟前。在刘家老人看来，财富家的孩子存活率极低，很多刚出生便夭折，而穷人家的孩子好养活，如果把孩子认在穷人家，自家的孩子身体也会健健康康，存活率也较高。

三、家户分家与继承

（一）分家

1.分家三缘由

1946年刘灵便出嫁之后，刘家便进行分家，刘家分家的原因主要有以下几点：一是家庭经济状况。在刘家人看来，经济越富有，家庭人口越多反而越不容易分家，而经济拮据、吃穿住都没有保障的穷苦人家更容易分家。刘家经济条件一直比较宽裕，直到1946年长女刘灵便出嫁之后，两个小家的经济逐渐独立，刘中伏和刘子杰才商议分家，刘家算是韩家庄村中分家比较晚的家庭。刘灵便嫁给南苏村的李俊忠，李家经济条件拮据，往往吃不饱饭，在"年景"之年，兄弟几人便自己顾自己小家，后来索性就直接分家。穷苦人家分家都早，究其原因主要是分家之后小家人口少、压力小，需要的粮食也少，正如"大难临头各自飞"，"年景"之年只能各自维持自己的小家。

刘家分家的第二个原因便是当家人的权威，刘中伏作为当家人权威较高，全家成员在刘中伏的领导下和和睦睦，每个成员都服于管教，每年刘中伏都能带领全家丰衣足食，吃饱喝足。刘灵便出嫁之后，刘中伏年龄渐长，很多事情力不从心，当家人刘中伏的权威降低，家里的其他兄弟也不服于管教，处处与当家人作对，家里的矛盾冲突不断，不得不分家以缓解矛盾。而在 1946 年之前,刘家全家三代同堂,当家人权威较高,对家庭成员管教较严,家里的男孩、女孩从小听话,都不曾反抗,兄弟刘子杰话少,而且志向不在于管理家里的大小事情,也不愿意插手,家里的女人也都规规矩矩,孝顺公婆,无论家庭的大小事情,但凡是有外人找上门来,家庭成员都会告诉他,"你得跟当家人商议"。

刘家分家的第三个原因则是由于家里的妯娌关系。刘家虽然之前一直未分家,但因为刘环环的原因,家里的矛盾冲突不断,王美玲不断受到刘环环的欺负打压,多次提出与其分家,但刘环环觉得分家之后自己小家没有劳力,家务活也没有人干,不愿意分家,后来王美玲实在受不了家庭矛盾,只能离家出走。此外,自从王美玲嫁入刘家之后,刘环环一直认为家婆偏心王美玲,而且认为自己和丈夫是家庭的主要劳动力,刘家所有的金钱收入都来源于自己丈夫在蒲州镇经商所得,自己在家就应该享受特殊待遇,因此好吃懒做,以致于与婆婆刘氏以及弟妹王美玲冲突不断。

此外家里孩子的关系也是导致分家的导火索,家里孩子多,矛盾冲突不断,如果当家人能把关系妥善处理好,双方都相安无事,如果孩子之间的矛盾处理不好,就极有可能引发两个小家之间的矛盾,最后撕破脸导致分家。

2.分家见证人

刘家分家有见证人,见证人一般都是刘家的姑爹娘舅,在分家之前,见证人也会与当家人商议,双方达成一致后由见证人主持分家。刘家请自家的姑爹娘舅来主持,一是姑爹娘舅就是自家的贵人,说话比较有分量,家里的晚辈也需要听从姑爹娘舅的话,如果家里的侄子和外甥不听话或者是做出违背道德的事情,姑爹娘舅有权力教育甚至是打骂。二是姑爹娘舅对自家的情况比较了解,在减少家庭矛盾的前提下,可以妥善处置家庭财产的分配,减少因为家庭财产分配不均而引起的父子矛盾、兄弟矛盾、妯娌矛盾及其他矛盾。

3.分家契约单

刘家分家的时候也有分家单,也称为分家契约,见证人主持时会当面把家里所有的财产归属交代清楚,房子、土地以及家里所有的生产生活用品都会分,分配结果都会清清楚楚地写在分家单上,然后由三方按手印,家里没有会写字的人,当家人刘中伏就去请会写毛笔字的人代写。刘家的分家单上也会尽量涵盖所有的家庭财产,一旦有一处财产边界不明,兄弟二人发生争议,则会引发家庭矛盾。分家见证人在主持分家时,都会与兄弟几人签分家单,一家分成几个门就签几份,一人一份,倘若日后对家庭财产有争议,分家单就是各家各户财产的依据凭证。

4.分家之家长做主

刘家分家时,家庭财产的分配由分家见证人做主,但实则是当家人的意见。当家人在寻找分家见证人之前,怎么分家、每个人分多少心里都有数,分家前也会寻找恰当的时机和家里的几个孩子商量,家里的土地哪一块给老大、哪一块给老二,兄弟几人大体上达成一致后再由当家人出面请见证人来主持分家。如果见证人觉得当家人的分配结果不公平,见证人也会给当家人提出意见,倘若是兄弟几人对分家结果不满意,见证人也会劝说。刘子杰和刘中伏分家较晚,在刘灵便出嫁之后才分家,刘家需要分割的财产包括土地、房屋以及家里的其他财产,这个时候刘家有两座院子,刘子杰和刘中伏一人一座,院基上的房屋按照数量均分,假如家里有十间房子,兄弟二人则一人五间,即便是自己的房屋在对方的院基上,自己同样具有处置权。

(二)继承

刘家具有继承权利的都是家里的男孩子,女孩子出嫁后是别人家的人,没有权利继承娘家的财产。家里男孩继承的内容包括土地、房屋以及其他财产。在刘家,继承权有一种特殊情况:家里抱养的孩子与过继而来的孩子,对刘家而言,抱养之后的儿子同样具有继承权,刘锁子即为刘子杰与刘环环夫妻抱养而来,虽然不是亲生,但全家都很喜欢,刘子杰与刘中伏分家之后,刘锁子便继承刘子杰所有的财产。此外还有家里过继而来的继子,继子一般为同姓家族里的孩子,倘若家里有兄弟二人,老大有三四个孩子,老二夫妇没有孩子,这时兄弟二人便会商议着将老大的一个孩子过继给老二,过继之后的孩子将为对方家庭的老人养老送终,同时可以继承所有的财产。刘家决定继承权时也会考虑以下几个因素,一是儿子的数量,为了减少家庭矛盾,几个儿子所继承的财产份额相同,也就是所谓的均分。其次会考虑各个小家的人口数量,比如长子一家有六口人,次子一家只有三口人,因此会适当地倾向于长子一家。

四、家户过继与抱养

(一)过继

1947 年以前,刘中伏育有三子一女,女儿为长女,刘子杰抱养回来刘锁子,刘中伏的三个儿子刘铜娃、刘铁娃、刘钢娃出生之后,刘子杰夫妇年龄较大,因而刘中伏将自己的幼子刘钢娃过继给刘子杰。刘家内部过继不需要中间人,只要双方父母以及家里的老人同意即可。过继时也没有任何手续,兄弟俩坐在一起商议之后,一个愿意给,一个愿意要,晚上就可以把孩子从生父生母的房间抱到养父养母的房间,抱来抱去都是自家人,相比送给他人,刘中伏夫妇也更愿意把孩子过继给自家的兄弟,其重要原因便是孩子可以继承对方家庭的财产。村中过继的情况并不罕见,过继一般发生在同一姓氏的自家人之间,可以在分家前过继,也可以在分家之后过继。刘家内部过继的孩子不限制年龄,刘中伏夫妇同意过继孩子时,刘钢娃的年龄还未满 1 周岁,孩子的年龄比较小,但刘中伏、刘子杰兄弟二人之间就已经达成过继协议,孩子出生之后没多久就直接抱到对方房间。

过继过程中,双方家庭的老人在过继中也占据主要地位,有的老人不支持过继,认为兄弟之间过继,日后一定会纠缠不清,矛盾也会多,倘若家里的老人不支持过继,当家人也不能执意过继,因此争取家里老人的同意非常重要。刘环环嫁入刘家之后一直未孕,自己的姐姐有三个女儿,就想着把姐姐家的一个女儿过继过来,但遭到刘家父亲刘德荣以及刘子杰的反对,一是因为刘环环的姐姐不是刘家人,生下的孩子也不是刘家的骨肉,家里的老人无法接受媳妇娘家的孩子过继过来,二是因为刘环环的个性较急躁,稍有不顺心极有可能与自家姐姐闹掰发生矛盾。因而,刘环环与刘子杰夫妇只能选择从别处抱养一女。

(二)抱养

刘锁子并非刘家亲生而是抱养而来,抱养经历坎坷,一共经历"六个妈",锁子生娘共生有四个儿子,数量不少,但锁子爹娘都喜欢小孩子,即便是家庭经济条件有限也舍不得将孩子送给他人,而刘子杰一直生不下孩子就到处打听希望可以抱养一个孩子,锁子亲爹跟刘子杰的关系甚好,就到处帮刘子杰打听介绍。有一次锁子亲爹作为中间人,为刘家和一户人家说好抱养的事情,锁子爹第二次和刘子杰一起去领孩子的时候,孩子的亲生父母反悔,不愿意把自己的孩子送养给其他人,锁子爹面上过意不去,回家和自己的家人商议将锁子送给刘家,两人仍然是朋友,刘子杰与刘环环因此成为锁子的养父养母。刘家将锁子抱养回家之后,因为没有母乳喂养,锁子便自小吃亲妈①王美玲的母乳长大,因而王美玲为锁子亲娘、养母刘环环之外的第三个妈,后来王美玲、刘环环相继离家出走,刘中伏、刘子杰续弦再娶杨雪艳、张香仙,二人也成为锁子名义上的第四个妈和第五个妈。锁子年少时身体比较弱,经常生病,被认为是"欠娃"②,为了更好地把刘锁子拉扯长大,刘家便采取老人的土方法:给锁子认一个干妈,干妈也成为锁子的"第六个妈"。

在刘家,抱养来的孩子都有中间介绍人,双方家庭达成抱养协议之后,中间介绍人便会带着刘家去"相孩子",相中之后当天就可以带着孩子回家,第二天要带着孩子"回门",刘家的女人则会为孩子的生父生母准备两身新衣服,带上一些鸡蛋,算是对孩子生父生母的感谢。抱养孩子不需要任何手续,也不需要向孩子的生父生母支付任何酬劳,先是由中间人在中间说和,双方家庭的意见达成一致之后,孩子的养父养母带一些礼物送给孩子的生母生父,之后就能直接把孩子抱回家。

刘家本家抱养孩子的情况比较常见,因为没有任何节育措施,家里孩子会越生越多,养活众多孩子成为很多家庭沉重的负担,很多家庭因为孩子多,经常面临"揭不开锅"的情况,这时当家人为了不让自己的孩子跟着受罪,便会想方设法把孩子送出去;而生不出孩子的家庭因为没有医生可以医治,便一直不能生出孩子,就想着去别人家抱养一个孩子。刘子杰与刘环环在抱养刘锁子之后还抱养回来一个女孩,女孩的年龄比较小,刘环环离开刘家时顺便带走了那个女孩,之后就再也没有回来过。后来刘子杰续弦再娶张香仙后,又抱养回一个女儿,刘家前后共抱养三个孩子。抱养孩子时也需要有中间人,中间人与双方家庭都比较熟识,便从中牵线搭桥,一方面可以减轻送养家庭的负担,让孩子不跟着自家人遭罪,另一方面又可以满足抱养家庭对孩子的渴望,让自家的家业有后辈子嗣可以继承。

刘家抱养孩子时,孩子的性别由当家人决定。刘锁子与刘兰兰均为抱养,但抱养刘锁子时没有经过中间人,锁子亲爹刚开始作为中间人为刘家介绍孩子,无奈对方家庭反悔,为了不让刘子杰面上过意不去,锁子亲爹就回家说服自己的妻子与家人,当天晚上就直接把孩子抱到刘家,刘锁子年龄大了还会经常去生父生母家里玩耍,双方家庭也一直保持着良好的关系。抱养刘兰兰与刘锁子的情况不一样,抱养刘兰兰时有中间人,中间人是刘环环的娘家姨婆,环环姨婆与兰兰娘是"一把子"③,兰兰娘接连生下好几个女儿,生下兰兰之后就四处打听是否有人愿意要这个孩子,如果最后没有人收养,兰兰娘就打算把这个孩子送到当地的养儿院,后来环环姨婆便把这个孩子留下来,托人捎信给刘环环,让其回娘家一趟,从娘家回去的时候就直接把孩子抱回了刘家。

---

① 亲妈:指父亲兄弟的妻子。

② 欠娃:指小时候多灾多难的孩子。为了让欠娃健康长大,当家人一般都会为孩子找一个干妈,有着"多一个人拉扯,可以减少孩子的灾难"的意思。

③ 一把子:指年龄相仿的朋友、伙伴。

五、家户赡养

(一)赡养主体之男性子嗣

刘家赡养老人的主体一般是老人的直系子嗣,如果儿子众多,则由几个儿子共同扶养或者是轮流扶养,如果老人没有孩子,去世之后,老人的后事则由自己的侄子或者是其他亲属料理,料理后事的亲属也有权利得到去世老人的财产。刘中伏的堂哥因为一直长着一个驼背,所以大家管他叫驼子,因为身体原因,驼子一直未婚,也没有孩子,分家时,家里的土地也全部分给身体健康的兄长,驼子后来一直为村里的学校看门,每年可以从学校领一点粮食。后来驼子去世,为其顶门头的便是侄子,侄子为驼子料理所有的后事,下葬时也以孝子的身份为驼子披麻戴孝,驼子攒下的现洋以及院子的两间房子最终便都留给了自己的侄子。

(二)轮流赡养与共同赡养

刘家老人的治病与送终均由家里的后辈子嗣完成,一般情况下,刘家都是"老人在,不分家",只要家里的老人健在,兄弟几人很少会分家,但凡家里不分家,当家人就要承担主要养老责任。在日常生活中,刘德荣生病时都由刘中伏牵着马车、拉着父亲去找镇上的先生看病,而所有的看病花销也是由刘中伏来承担。直到刘灵便出嫁之后,村中的大家庭都接连分家,受村庄风气的影响,刘中伏与刘子杰二兄弟也开始商议分家事宜,此时刘家老人则由兄弟二人共同赡养,一家半年或者一家一个月,轮流中老人在谁家去世就由谁家举办丧事,但办丧事的所有开销由几个儿子均摊。刘德荣夫妇念家,年龄越大越想回老屋,因为刘家老屋由幼子刘中伏继承,兄弟刘子杰便与兄弟刘中伏协商,同意年老的父母与刘中伏一起生活,日常生活由刘中伏照料,刘子杰需要每年支付一定数量的粮食,即一人出力,其他人出粮。

刘环环嫁入刘家后,曾将刘德荣与刘氏赶出家门,认为两位老人在家里是个累赘,两位老人与来当地逃荒者一并住在村里破旧的寺庙中,后来刘环环与王美玲二人相继离家出走,刘灵便与刘锁子无人照料,刘中伏便去寺庙中将两位老人接回来。刘家为刘中伏当家,刘子杰常年在外做生意,因而两位老人一直由刘中伏照顾,后来张香仙、杨雪艳先后嫁入刘家,两位老人日常的生活起居即由她二人共同照料。

(三)养老钱粮

刘环环在离开刘家之前,对待家里的老人并不友善,刘氏是刘德荣的"幺婆子",在家里地位不高,说话分量不重,刘环环很看不起这两位老人。在王美玲离家出走之后,伺候老人的事情落在刘环环一人身上,刘环环觉得为两位老人做饭洗衣是件非常麻烦的事情,便找各种借口将两位老人送到村里破旧的寺庙中居住,刘中伏隔三差五地为两位老人送点干粮,即便如此,刘环环也会因为当家人给两位老人送粮食而与之闹矛盾,后来刘环环也离家出走,刘子杰与刘中伏续弦再娶第二任妻子,刘家两位老人才被接回来,与后辈住在一起。刘环环在刘家吃饭时不准两位老人上桌,自己坐在主桌,王美玲与孩子坐在厨房吃,而两位老人都在自己的房间里吃,如果家里来客人,刘环环也会象征性地把两位老人请出来,但客人一走,刘环环便把两位老人赶回自己的房间。在对老人的称呼上,刘环环对两位老人从来没有尊称,在与别人的交谈中,称自家的老人为"老不死的",两位老人在家稍有不注意,则会引起刘环环的破口大骂。

六、家户内部交往

(一)父子关系

在刘家,刘锁子、刘钢娃、刘铜娃以及刘铁娃,几个孩子都十分惧怕当家人,十分听当家人的话。家里的几个孩子年龄小,倘若是不听话当家人也会打,孩子们做错事时一听当家人要打人,撒腿就跑,几个孩子长大之后也没有与父亲起过冲突,即便是有分歧的地方也是商量着解决。正如当地俗语所言"成才的树不在人敲打",意思就是家里的孩子如果能成功,那便是上天注定,而不是后天的管教。刘家本家也有不服管教的孩子,生下的孩子性格张狂,当家人管教不住,小的时候家长还能管住,长大以后孩子十分叛逆,经常与当家人对着干,由于当家人年龄大了,最后也只能是放手不管。

(二)婆媳关系

在刘家,新媳妇刚过门的前几天不需要下厨做饭,也不需要干家务,但七天之后就要逐渐接手家务,家里的婆婆就退居二线变成指挥。每天早上,媳妇要起床为家婆倒洗脸水、倒尿盆、扫院子,然后做饭,婆婆每天的职责便是监督媳妇或者是在门口闲坐。在农忙之际,刘家的男人忙不过来时,家里的女人也会去地里帮忙干活,此时家里做饭的任务便交由婆婆和年龄尚小的刘灵便,在外出干活的男人、女人回来之前,婆婆就需要把饭做好,吃完饭之后再由媳妇去洗刷。此外,如果刘家的新媳妇生育小孩,伺候媳妇坐月子也是婆婆的责任之一,如果婆婆在月子中间没有好好伺候媳妇,媳妇也会心生芥蒂,产生家庭矛盾。

刘家婆婆在新媳妇刚过门的前几年内,对媳妇的要求十分严格,一是不能睡懒觉,每天天不亮时家里的女人就要起床,如果媳妇起在婆婆后面,婆婆就会发脾气,因此媳妇要先于婆婆起床,为婆婆倒好洗脸水,婆婆起床之后再为婆婆收拾房子,把尿盆倒掉。如果媳妇每天起床较晚,则会被认为是懒媳妇,也会经常受到婆婆的训斥。第二点是干活利落,如果媳妇懵懵懂懂,总是丢三落四,则会被婆婆讽刺"以前是养鱼的",就是讽刺媳妇之前在娘家无所事事,什么都没学会,整天很闲,如果受到这样的讽刺则说明该媳妇没有良好的家教,娘家人也会被看不起。第三个是要能干全活,包括做饭、纺线织布、做衣服,如果做出来的衣服得体,这个媳妇就会被夸心灵手巧,如果不会做饭或者是不会做某样活,婆婆也会与外人说三道四,认为自己家里的媳妇什么都不会,全靠自己。

刘环环过门后,随着时间的流逝,新媳妇变成老媳妇,刘环环在刘家的脾性也逐渐暴露,刘家成为典型的媳妇强势的家庭。刘氏是父亲刘德荣续弦而来的,话不多但是个传统的女人,刘环环嫁入刘家之后,前几年很是尊重家婆,后来几年本性暴露,处处觉得刘氏不顺心,认为刘氏有手有脚却不自己干活,经常使唤别人,每天早早起床但不做饭,刘环环起来后一肚子气,做饭的时候把锅碗瓢盆摔的"咚咚"响,洗碗的时候也是把碗摔的乒乓响,吃完饭也不正眼看母亲刘氏,有时间就回房间睡觉,刘氏教育刘环环的时候刘环环也会顶嘴。有一次,婆婆与刘环环拌嘴之后向当家人告状,当家人说了刘环环两句,刘环环指着婆婆的鼻子破口大骂,第二天便把老两口赶出家门,让两位老人居住在村庄的寺庙中。与刘环环相比,王美玲算是一个传统的儿媳妇,平日里话少,即便是受委屈,也不会与婆婆顶嘴,当家人私底下也会劝媳妇大度一些,不要跟家里的老母亲面对面吵架。随着老人的年龄不断增加,劳动能力丧失,再加上刘环环的强势霸道,家里的这种局面逐渐得到改善,王美玲好媳妇的地位也愈发凸显。

（三）夫妻关系

在刘家的夫妻关系中,妻子处于弱势地位,丈夫在夫妻关系中占据主导地位,丈夫可以对妻子随意打骂,但妻子不能反抗。刘中伏当家时与第一任妻子王美玲关系较好,到后来夫妻之间不断受到刘环环的介入,关系逐渐恶化,好几次王美玲都要逃跑,但都被刘中伏抓了回来,抓回来之后就是一顿打骂。有一次夫妻吵架之后,王美玲撒腿往外跑,认为只要丈夫追不上,就能跑回娘家,就能避免这一顿打,结果半路上被丈夫追上,刘中伏抓住王美玲的头发就往回拽,拽回去之后王美玲头发掉了一大把,随之而来的就是一顿打。刘环环虽然很霸道,刘子杰话少并且经常在外面做生意,但刘环环十分过分的时候,刘子杰同样会动手。

在刘家,丈夫殴打妻子是很常见的事情,无论打轻打重,妻子都只能选择忍受,倘若男人对女人动手时有围观者,也只是看笑话,不会插手,经常有夫妻打架,"男人打,女人跑",从家里打到巷道里,周边邻居也会劝说"回去好好说"。当家人刘中伏虽然是明事理的人,但刘中伏打媳妇的时候从来不会手下留情,倘若是家里有不顺心的地方,就会打媳妇出气。有一次夫妻打架,刘中伏把媳妇王美玲绑在树上打,据说媳妇挣脱之后跑得快,刘中伏就追着打,一直打到王美玲的娘家,即便如此,刘中伏也没有收敛,岳父岳母都拿不住,后来还是被媳妇的娘家舅舅给拉住,事后岳父心疼女儿经常遭到毒打,坚决不让女儿回去,刘中伏之后三番五次地说好话、下保证,最后两边大人出面说好话,媳妇才跟着回到刘家。

刘家打骂妻子的情况有两种:一是妻子的家务活没做好,因为家里的琐碎事情而打起来;二是对待家里的老人不好,丈夫又比较尊重家里的老人,比如刘环环太过分的时候,丈夫刘子杰也会动手。但相比于其他家庭,刘家男人打女人的次数不算多,"很多人都娶不到媳妇,哪敢打媳妇",好不容易娶回家的媳妇,家里人也很喜欢,丈夫也当回事,只要不犯太大的错误,丈夫也不会对妻子动手。

（四）兄弟关系

刘家兄弟关系比较好,包括刘中伏和刘子杰、刘锁子和刘钢娃等其他兄弟,兄弟之间起冲突的事情很少,家里的兄弟也比较尊重自己的兄长,正如俗语所言"长兄如父",兄长在家的地位如同父亲一般,可以教育自己的兄弟,甚至在其犯错误之后可以打骂,而兄弟在被兄长批评教育时也不能反抗。在刘家,兄长有教育自己兄弟的权利,与此同时,还要承担着为自己兄弟娶妻生子的义务,刘中伏与刘子杰两个兄弟的年龄相差不大,当家人又比较有能力,就能把两个兄弟都"交代"①了。但兄弟之间如果年龄相差较大,当家人年纪大且能力有限,这时兄长就要为自己的兄弟忙前忙后张罗着娶媳妇。

（五）妯娌关系

刘家的妯娌关系冲突不断,刘环环与王美玲未离家之前二人相处并不融洽,经常闹矛盾,刘环环仗着自己是长嫂,所有的家务活都由王美玲完成。刘环环每天起床很晚,起床的时候王美玲就已经把饭做好、洗脸水倒好,吃完饭之后王美玲还要负责洗刷,倘若不顺心,刘环环则会对王美玲动手动脚,打骂是常有的事。除此之外,刘环环还经常挑拨刘中伏与王美玲的关系。王美玲沉默寡言、话少,刘环环经常恶人先告状,在描述事实中也是添油加醋,因而

---

① 交代:特指为儿子完婚,完成了父母的义务。

经常挑拨刘中伏动手打王美玲。后来王美玲忍受不了丈夫和嫂子的各种不公平对待,选择离家出走。王美玲离家出走之后,刘中伏去王家找过几次都没找到。此外,在伺候公婆的事情上,刘环环从来没有亲自动过手,从早上倒尿盆、倒洗脸水、做饭、扫院子开始,一天的都由王美玲一人完成。

刘环环虽然性子暴烈,但身体一直不太好,日常生活要别人照料,在抱养刘锁子之后,自己很喜欢这个儿子,但身体欠佳不能亲自抚养,刘锁子一直吃的是王美玲的母乳,在这段时期内,刘环环收敛很多,但没多久便又恢复老样子。有一次刘灵便为刘环环熬药,熬药中不小心打翻熬药锅,刘环环拿着家里的笤帚就打刘灵便,因为没有掌握好力度,刘灵便的脑袋被打出血。王美玲心疼自己的女儿,便找上门去理论,刘环环自知理亏,从家里拿出一块饼子给刘灵便,算是安抚。

(六)其他关系

刘家亲戚也会有矛盾,处理不好则会引起"断亲",刘家"断亲"的第一种情况是家庭之间的矛盾。刘中伏的堂哥名叫有全,有全家比较富裕,而自己妹妹嫁到本村之后日子过得拮据,有全不但不帮忙,还经常看不起自己的外甥,妹妹家里揭不开锅时,有全也没有丝毫帮忙的意思,有全两个女儿出嫁时也没有邀请自己的妹妹及妹夫一家人。女儿出嫁之后,有全儿子不幸去世,女儿的身体也不好,家里只剩下两个孤寡老人,在无人照料时,有全便想让自己的外甥照顾自己和老伴;外甥拒绝,认为当年自己家困难的时候,有全没有帮过自己家一针一线,反而还如同旁人一般看笑话。因此有全与老伴变成两个孤寡老人,日子过得比较可怜,周边邻居虽心疼,却认为是两个老人自己造孽,也没有人插手这件事。

刘环环离家出走时带走一个女儿,那个女孩儿也会回来看望刘子杰,刘锁子以及刘兰兰逢年过节也会去看望刘环环,但时间一长,双方家庭的来往变成单向的,刘锁子会去探望对方,但对方不来刘家,张香仙心生介蒂,日后逢年过节时也便斩断来往。此外,刘家断亲的另外一种情况是因为家里的亲戚已经出"五服","五服"之外的亲戚已经没有"亲气",双方也会越走越淡,最后便"断亲"。

七、家户外部交往

(一)对外权利义务关系

刘家与邻里之间的矛盾无非有几种情况。一是房子的高低问题,刘家老人认为房子越高,家里会越来越兴旺,因此在盖房子时都更倾向于把房子盖高,进而占据有利地位,即便是房子不能高于邻家,也会把自家的墙修建得高一些,当邻家房屋高于自家时,会被认为"对自家不利",进而闹出邻里矛盾。倘若在盖房子之前,当家人之间都相互商议好,房屋高度保持一致,那便不会出现矛盾,如果邻居之间没有沟通与交流,即便是没有爆发矛盾,心里也会不舒服。第二种情况是孩子的打闹问题,刘家与邻居的孩子经常在巷道里一起玩耍,打闹便是常见的事情,孩子之间下手没有轻重,打伤打疼都可能发生,当家人刘中伏比较明理,就会觉得孩子在一起玩耍打闹很正常,即便是自家的孩子受伤,也只是回家哄一哄就算完事。而刘环环比较强势,自家孩子在外面吃亏,就会带着孩子上门"算账",也就是胡吵胡闹,孩子之间的打闹很难分出对与错,在"算账"过程中,刘环环经常惹怒对方,两个孩子之间的打闹也会变成两个家庭的矛盾,最后不得不由当家人刘中伏出面调解。第三种情况是土地的边界问题,刘家格外看重自家房屋的边界,盖房或修建房屋之前会进行精确的测量,测量以"绳"为单位,多一绳、少一绳都不行。此外,日常中的琐碎事情,尤其是家里的女人,坐在一起时会说三道四,被对方知道之后,也会引起两家矛盾。

(二)对外日常交往关系

刘家当家人为人厚道,与四邻很少闹出矛盾,对外日常交往整体比较好,究其原因:一是大部分情况下都是"各家过各家的",除了周边邻居与几个亲戚朋友以外,刘家与其他家户之间的交集比较小,邻里之间矛盾爆发的导火索也就少;二是日常生活中,刘家的女人很少外出,都呆在家里做女人活,对外交往的一般都是家里的男人,男人之间打交道很少闹出矛盾。邻里产生矛盾之后,双方家庭就会陷入冷战状态,也会到处诉说对方的不是,但是时间一久矛盾也会淡化,如果有一方主动示好,双方家庭也有可能复合。近邻对门,抬头不见低头见,如果双方都不低头,两家就一直不说话。刘家的外部交往关系也会影响到孩子之间的交际,如果刘家与其他家户之间闹矛盾不说话,家里的女人也会告诫自己的孩子不准和对方家庭的孩子玩耍。

第四章　家户文化制度

　　刘家孩子的教育主要由当家人负责,尤其是孩子犯错误之后,当家人刘中伏必定严惩,家里的男孩到一定年龄则会被当家人送到学校接受教育, 女孩子从小就跟着家里的女人学做女人活。在日常生活中,刘家成员有着很强的自家人意识,家户利益往往要高于个人利益,当二者相矛盾时,个人利益要让步于家户利益。此外,刘家成员在闲暇之余也会结交自己的朋友,串门聊天、逛庙会是刘家人主要的娱乐方式。

一、家户教育

(一)上学堂之男女有别

　　刘家上过学的包括刘锁子、刘铁娃、刘铜娃、刘钢娃,上学的年龄基本上都是 10 岁、11岁,完小①毕业之后,家里的男孩子会识字写字,就可以回家“顶门户头”,撑起整个家庭。刘家几个孩子完小毕业后相继回家务农,当家人也开始张罗着为自家的男孩子找合适的“对头”。刘家的女孩子没有上过学,刘灵便曾向父亲提出过想要上学念书,但被当家人拒绝,因其是长女,底下的妹妹想要念书同样会被拒绝,拒绝的理由是“姐姐都没读过书,你们也不用读”。在刘家人看来,当家人刘中伏思想顽固,无论谁来家里劝都没有用,“不让女孩子上学就不让上”,谁也无法改变当家人的想法,只要当家人不松口,家里的女孩子都不能去上学。

(二)学校教育

　　刘家的男孩子完小毕业之后,大多都辍学回家,一方面是个人原因,家里的男孩子即便是去学校念书,听老师话、不挨打的实属少数,完小毕业之后,男孩子自己也不想读书;另一方面是家庭原因,即便是有男孩子读完完小之后想继续读高小,当家人也会阻拦,认为读书没有用,不如早点回家种地。比如刘锁子读完完小之后,一心想上高小,刘中伏认为读书没有用,便否定锁子继续读书的想法。刘灵便嫁入李家之后,李家的几个孩子都没有读过书,非常重要的一个原因就是家贫,一个母亲带上四个孩子,没有能力供孩子读书,李俊忠去学校读了一天书便被老师训斥,李家母亲第二天就不让孩子上学去了,理由是学校老师责备自家的孩子,对自家孩子不好,实则是因为家里没有钱可以供养。

(三)家教与人格

　　刘家孩子日常由家里的女人教导,但犯下错误,当家人刘中伏就会出面训斥,因此家里的孩子都害怕当家人。如果孩子不听话,女人也会威胁着说要给当家人告状,孩子便心生害怕而乖乖听话。刘环环在离家出走之前经常打骂刘灵便,家人虽对刘灵便要求比较严格,但

---

　　① 完小:指的是小学。

很少动手。有一次刘环环娘家来人，刘环环在客房接待客人，刘灵便在客房玩耍，回到主院之后，杨雪艳询问刘环环接待客人的一些情况，刘灵便如实回答。后来刘环环知道之后，便到处诉说刘灵便是个捏造是非的孩子，嘴里藏不住话，当家人听过之后便动手打刘灵便，认为自家的孩子喜欢传话是个坏毛病，之后但凡是被问及跟刘环环有关的问题，刘灵便都不会回答，以此来抵抗刘环环的不公平待遇。

刘中伏对家里的女孩管教十分严格，在日常生活中，女孩子不能疯疯喳喳，坐下来的时候不能翘二郎腿，家里的女孩如果不注意，则会被当家人拍脑袋；此外，家里的女孩如果坐在炕上，不能靠在墙上或者是被子上，必须把腰挺直，否则同样会招致当家人的训斥。

（四）男孩种地女孩纺线

刘家的男孩上学都比较晚，当家人允许男孩子上学，但年龄都在10岁以后。上学之前，当家人会带着家里的男孩子去地里拾柴火，女孩子则跟着家里的女人做家务活，女孩子在七八岁的时候，身高长到如纺线拨一般高，便开始学习纺线，然后"织棉子"①。刘灵便是刘家最早学习做活的女孩，6岁的时候就跟着母亲王美玲学习织布，因为身高并不足纺线拨高，王美玲便搬来一个小板凳，让刘灵便站在板凳上学习织布，一直到出嫁前，纺线织布都是刘灵便每天的任务。此外，刘家的女孩还要学习绣花，在一块布上绣出各式各样的花纹，"女孩越心灵手巧，绣的花越好"。女孩到出嫁的年龄却不会织布，做衣服也不会绣花，则说明娘家人管教不严，教育不好，因此"嫁的时候不好嫁"，当家人也抬不起头，即便是找到婆家，也会被婆家人看不起。为此，刘家在几个女孩子很小的时候就开始教授各种女人活，在出嫁之前，纺线、织布、做衣服、纳鞋底、绣花，各种各样的女人活都得会做。刘灵便嫁到李家之后，因为大小事情都会做，备受婆婆宠爱。

二、好人好报，吃亏是福

刘家长辈格外重视积德意识，认为做好事就会有好报。在日常生活中，刘家也会格外注重做一些好事。在"年景"之年，从山东、河南等地过来的逃荒者格外多，村民看见逃荒者上门讨饭时会迅速将门关上，不让逃荒者进屋，甚至叫家里的小孩子用石头砸外来的乞讨者。而刘家在面临乞讨者时从来不关门，能帮多少就帮多少，家里有时会给点馒头，没有的时候也会把吃剩下的饭给逃荒者，逃荒者拿到饭之后，便会双手合十，对刘家表示感谢，嘴里念叨"你们是好人，是好人"。刘家注重积德的第二个表现是不占其他人的便宜，当家人也会从小教育孩子"吃亏是福"。无论是与邻居、地邻还是其他农户，刘家人都是能让则让，宁愿让自己吃点亏，也不会去占别人的便宜。刘家成员普遍认为，在世上作恶多端会得到报应，即便是这一辈人没有遭到报应，也会把自己做的恶积攒到下一代，影响到子孙后代。

从刘德荣当家开始，刘家所有的家庭成员都有救济逃亡者的传统，刘德荣和妻子刘氏逢年过节也会去寺庙中，给居住在寺庙里面的逃荒者送去馒头，刘中伏当家后，但凡是有逃荒者上门讨饭，都不会将其拒之门外。刘家人觉得正是因为家人心地善良，经常做好事，因此保佑后人世世辈辈都能富裕安康。

---

① 织棉子：指织布。

三、家户观念

（一）家户时间之"阳眼"位置

在日常生活以及农业生产中，刘家唯一可以判断时间的根据是"阳眼"①，通过观察"阳眼"的位置来判断时间。如果"阳眼"在人头顶的正上方，面朝南方站直，太阳照下来跟自己的影子正好成一个直角形，这时候便是正响午；而如果"阳眼"照射到人身上之后，人的影子与自己的身高差不多高，这时家里的女人便会开始准备午饭。如果阴天没有"阳眼"，刘家的吃饭时间便靠自身的感觉，家里的女人感觉时间差不多的时候便会去做饭。

刘家在农业生产中，因为无法准确地判断月份，每年春节刚过，刘家便会开始收磨土地，把家里的牲口粪和人粪拉倒地里准备上粪。村中有经验的老人则会根据月亮的形状来判断日期，倘若家里没有人可以算出时间，便会跟着别人做，别人种地就跟着种地，别人上粪就跟着上粪。在农业生产中，刘家也会与其他当家人相互商量，空闲时间在门口相遇也会互相寒暄着"该种了或者该收了"。

在刘家，种地也分忙季和淡季，每年刚打春，当家人就要带着长工开始犁地、收磨土地，等到下雨之后撒上种子，之后农活减少，每年收秋之际是刘家最忙的几个月份，家里的女人要忙着收拾麦场，男人则要去地里收庄稼，如果天气不好，家里的女人也要一起去地里抢着收小麦，以防天气恶劣影响庄稼的产量，尤其是阴雨连绵的天气，地里的庄稼开始发霉、长芽，所以只要出现半天的好天气，全家男女老少都要去地里抢着收粮食，争取在天气变坏之前把庄稼收回家。每年的寒冬腊月是刘家最闲的几个月，刘中伏可以外出和邻居闲聊，杨雪艳和张香仙就在家里拆拆洗洗，准备迎接新年。

（二）家户空间之厢房轮住

刘家的房屋为坐北朝南式，上房、门房、两边厢房都有，但并不是家家户户的房屋都如此，大多数家户没有能力盖起房子，便只会盖两间厢房。在刘家，"娶媳妇要娶到厢房里"，因而厢房是刘家的"媳妇房"。家里的男孩子年龄尚小时，刘中伏夫妇便会住在厢房里，刘德荣夫妇住在门房里，等家里的男孩子长大之后，当家人就要让出厢房，刘中伏与妻子住在门房里，家里的老人会搬到上房里居住。在房屋居住中，家里的年轻人都不会住在家里的西南角房屋，正如当地俗语所言"好汉不顶西南角"，住在西南角对家里的年轻人不好，但刘家的西南角房屋也不会因此空置，家里的老人一般会住在这里。刘家的上房是一个大通间，如果家里人口多、住不下，当家人就会在上房隔出一个小房间以供住宿，上房的面积一般都很大，平日里主要用来接待客人，家里有红白喜事或者请客，当家人就会把酒席安排在上房里。而日常生产中，刘家会把收回来的棉花放置在敞房里，家里的女人则会坐在上房里摘棉花。

（三）一日三餐，丰衣足食

刘家一天吃三顿饭，早上一起床，刘中伏就带着长工去地里干活，杨雪艳和张香仙开始做饭、收拾院子。太阳升起来，大概是每天的八九点钟，刘中伏带着长工返回家中吃早饭，早饭一般就是玉米面馒头、红薯糊以及咸菜。每天正响午，家里的女人再开始准备午饭，午饭以面食为主。晚饭是在傍晚时分，只是简单喝个汤，以及将早上或者中午的剩饭吃完，晚饭一切

---

① 阳眼：指太阳的位置。

从简,杨雪艳也不会精心准备晚饭。在日常生活中,刘家很少吃炒菜,夏天主要就是地里生长的各种各样的野菜,当家人也会在自家的地畔子上种上萝卜,夏天吃不完,杨雪艳和张香仙就会把多余的萝卜风干,腌制起来浸泡在石缸里,冬天再拿出来吃。只有在逢年过节时,刘家才会准备豆腐、粉条等其他大菜,刘中伏偶尔还会在集市上购买两斤肉。

刘家经济条件在村中处于中上游水平,每年的粮食足够维持全家人一年的一日三餐,但在"年景"之年,粮食减产严重,刘家一天只能吃两顿饭,为了不忍饥挨饿,晚上就早早睡觉,因为睡着之后就不会感觉到饥饿。而家里的女人更是节俭,每天中午先让家里的男人吃,之后吃男人的剩饭,剩多就多吃,剩少就少吃。因为男人要干活,自然得吃饱饭,而女人整天基本上都在家,不会费很多体力。

四、家户习俗

(一)节庆习俗之春节

1.除夕夜的准备

刘家过年是从大年三十开始算,也就是除夕夜。一进腊月,刘家就开始准备过年。家里的女人在这个月份也是格外忙碌,刚进入腊月就开始拆洗家里的被褥,包括一些旧衣服,不能再穿的旧衣服也会及时清理,但不会扔掉,家里的女人会把旧衣服拆掉,把里面结实的布留下来,涂上一层面浆做纸样,然后用来做鞋底。过年的时候,刘家的小孩都会有新衣服穿,杨学艳和张香仙作为家中女人的主力,白天要在家里进行大扫除,晚上在煤油灯下面"刺啦刺啦"地纳鞋底,每做成一件衣服,全家人都会围在一起看着家里的小孩试穿,合身之后,家里的女人便会精心折叠起来放进柜子里,家里的小女孩也会时不时地把衣服拿出来看一看再放进去。过年时,刘家早早地便开始准备年货,家里的女人进入腊月就开始商议着需要购买的东西,之后由当家人刘中伏去附近的集市上购买,买回来之后,家里的女人也会收拾好并装进柜子里,一直到过年才会拿出来。同时,在外经商的刘子杰回来时,也会从集市上捎带购买一些"吃嘴"给家里的孩子,每年刘子杰回家时,都是家里的小孩最高兴的时候。

过年前夕,当家人刘中伏的主要任务就是准备饭食,包括豆腐和粉条,在刘家,豆腐和粉条是过年必备的物品,村庄中的粉坊在这个时期也最为忙碌,刘家有自己的大锅,会在自家制作粉条。刘中伏是制作豆腐的高手,制作豆腐的场合一般在侧院的马房里。腊月里,刘中伏首先将黄豆用水泡上,泡软后用磨磨成豆浆,然后把豆浆倒入一个大锅里,大火烧开后,开始"点豆腐"。"点豆腐"是一门技术活,若是豆腐点老了,则味道酸涩,异常难吃,若是豆腐点嫩了,则豆腐软塌塌、不成型,像豆腐脑一样,刘中伏"点豆腐"的技术很高,村里经常有人请刘中伏过去帮忙点豆腐。

2.团团圆圆年夜饭

刘家除夕夜的晚饭即为年夜饭,无论当年的收成如何,年夜饭是每年必须吃的。刘家每年的年夜饭都不一样,比较简单的时候就是准备几个凉菜,备上一壶散酒,如果当年菜品种类多,家里的女人也会炒上两三个热菜,围在一桌饱饱地吃喝一顿。除夕夜也是家里女人最为忙碌的一晚,杨雪艳及张香仙要忙着做一桌年夜饭,吃完年夜饭之后需要守岁,在当地也称为"熬百岁"。刘家的老人最为讲究,"熬百岁"需要整夜坐着不睡觉,等着新年的到来,家里的年轻人和小孩子撑不住也会偷偷地去睡觉,老人们也会睁一只眼闭一只眼,刘德荣与老伴刘氏是真正地要熬夜熬岁。家里的女人吃完饭之后，要为家里的每个人准备好第二天要穿的衣服，为每个孩子洗脚，然后由刘中伏与刘子杰准备"接神"，"接神"时要放鞭炮，"接神"之后家里的女人要"凸枕头"，把之前准备好的麦秆塞进布袋，缝制成枕头。大年初一一大早，刘家老少都要早早起床，然后敬神。

刘环环在离家出走之前，将家里的两位老人刘德荣及刘氏赶出家门，居住在村中的寺庙中，但当家人在大年夜也会将两位老人请回家，一起吃团圆饭。这也是刘家为数不多的团圆时刻，吃完饭的第二天，两位老人又主动回到寺庙中，如果家里有老人的亲戚来探望，刘环环便会让刘锁子去寺庙叫老人回来。

3."月近"的对联

在"月近"①这一天，刘中伏会将家里家外所有的垃圾清理一遍，之后就是写对联，刘家没有买过对联，写对联一般要找会写毛笔字的人代写。刘家对门的农户叫做徐宽，他的毛笔字写得很好，逢年过节时也会为各家各户写对联，不收报酬。当家人刘中伏去找徐宽写对联，会带上自己的红纸，有时也会多带一些，写完对联之后，把多余的红纸留给徐宽，由其支配。后来识字的人变多，写毛笔字的人也变多，如果家里有人会写毛笔字，也会提前为自家写好，在大年三十的上午便贴在门口，为自家选择红纸时，也会比其他人长一些，贴在门口相当气派。过年时，刘家的男人和女人职责也不一样，正如当地民谣"你忙我也忙，大家忙的不一样，你忙着扫院贴门神，我忙着榨菜捏馄饨"。

在刘家，如果本家有亲人去世，刘中伏贴对联时也会有讲究，一般情况下，如果家里有人去世，三年之内都不贴春联，即使贴春联，也会选择蓝底白字的春联。刘家有人去世时，第一年会贴蓝色对联，第二年贴黄色对联，三年之后才可以贴红色对联，主要原因是红色对联代表喜庆，一般家里有喜事或者是过年的时候才会贴，而家里有亲人去世不算是一件喜事，而是一种悲伤，并不值得庆祝。倘若有人在不知情的情况下贴上红色对联，也会被村民嘲笑不懂事，对逝者不尊重，甚至被家里的长者认为是不孝子。

4.放鞭炮接神仙

大年初一天不亮，刘中伏会最先起床，点响家里提前备好的鞭炮，家里的老人也会准备敬神。放鞭炮是刘锁子和家里几个弟弟每年最期待的事情，当家人刘中伏经常会提前在集市上买好鞭炮，但都会被刘锁子偷偷放掉，直到腊月二十八、二十九，当家人才会再给刘锁子两毛钱，让他到村中的供销点买一百头为一挂的鞭炮，鞭炮有红、黄、绿三种颜色，甚是好看。大年三十，家里清扫完毕、对联贴好，吃团圆饭之前就会放一次鞭炮，相当于"迎神"，在大年初一早上，天不亮会再放一次，相当于"敬神"，张香仙大年初一也会早早地叫刘锁子起来，若是他不愿意起床，张香仙就会告诉他"起来可以放鞭炮"，刘锁子就会"骨碌"一下爬起来。

(二)家户习俗单元

刘家过年时，在外经商的刘子杰都会在大年夜之前赶回家，这也是家里两位老人刘德荣及其妻子刘氏最开心的时刻，全家团圆。但出嫁的女儿不能在娘家过年，在刘家，出嫁的女儿就像泼出去的水一样挽不回来，如果出嫁的女儿在娘家过年，就会给娘家带来不吉。因此，即便刘灵便与丈夫闹矛盾离开夫家回到娘家，在除夕这一天也需要回避，选择居住在村中破旧

---

① 月近：指大年三十。

的寺庙中,将就过一天,大年初一家里"敬神"之后才可以返回家中。

刘家在正月初一必须要做的另外一件事情就是给长者拜年,刘家的孩子比较多,但家庭成员比较团结,都是一家人成群结队挨家挨户地拜年,每到一家先说"过年好",然后去祖先桌前磕头跪拜,再坐下来吃瓜子、糖块和麻花之类的年货。刘家长辈也会给晚辈发压岁钱,压岁钱一般都是一到两毛钱,金额不会太大,家里女孩子拿到压岁钱之后会交给父母,由父母保管,而男孩子会拿着压岁钱去买鞭炮。

正月初二开始走亲戚。刘家的亲戚比较多,正月初二这一天走亲戚一般要走姥姥家,也就是媳妇的娘家,去媳妇娘家吃的饭叫"姑爷饭",娘家在这一天也会专门设席款待姑爷。每年的正月初二,刘子杰会带着张香仙回娘家,而当家人刘中伏也会带着杨雪艳回娘家,杨雪艳的娘家比较近,步行可以到达,而张香仙娘家远,刘子杰就套上家里的"头骨"牵着马车出发,早上去晚上回来,有时家里的几个男孩子调皮捣蛋,不愿意坐马车,就会抄近路,斜着从地里穿过,如果孩子在姥姥家过得开心,还有可能留下住几天,尤其是对方家里也有同龄的孩子时,几个孩子凑成一堆成了玩伴,就不愿意回家。

刘中伏走亲戚也需要带礼物,就是家里的女人之前蒸好的礼馍,用家里的"盖笼"装好,上面用红布盖起来。装馍也有讲究,数量"识双不识单",礼馍的数量一般是八个、十二个、十六个,数量最少也得八个,但不能装单数。亲戚之间的走动也是相互的,"我去你家拜年带两个礼馍,你来我家时也留两个还礼",因为所有的礼馍都是拿"盖笼"装着,去走亲戚时,客人会直接把"盖笼"递给家里的女人,然后和对方的当家人闲聊,家里的女人提着"盖笼"去礼房留下两个礼馍,走的时候客人还会问"丢礼了吗",女人也会客气地应道"丢了丢了"。

大年初一,刘家当家人在天不亮时就会把家里所有的孩子喊起来,杨雪艳和张香仙也会早早地把饭做好,然后为每个孩子穿上新衣服,在天亮之前吃完饭、摆好"茶盘","茶盘"上摆放着自家准备的年货,一般都是柿子、花生、枣,家里的年轻人则会走街串巷为自家的亲戚拜早年。家里的年轻人外出拜年之际,杨雪艳以及张香仙都会把家里的上房收拾好,供亲戚来祭拜,孩子祭拜时,一部分会听从家长的话乖乖祭拜,一些男孩子则是"捣蛋",趁着主家人不在场迅速到门房溜一圈,出来之后告知主人自己已经叩拜过,还磕了三个头,可主家人进到门房一看,香都没点着,主家人也不会拆穿,因为过年主要以喜庆为主。刘家所有的孩子外出拜年时,无论男孩女孩,都要行跪拜礼,一般是磕三个头,叩拜的对象是家里所有的亲戚,在自家内部包括刘德荣夫妇、刘子杰夫妇、刘中伏夫妇,外出则需要向所有年长于自己的哥嫂磕头。

(三)其他节庆习俗

1.腊月二十三,灶王爷上天

对刘家而言,腊月二十三是灶王爷上天的日子,也称为过小年。过小年的这一天,杨雪艳和张香仙会开始打扫家里,每个房间逐个收拾清洗,家里的小孩子也要帮忙打扫卫生,正如当地俗语所言"二十三,吃糖瓜,灶王爷上天",尤其是要清扫厨房,祭拜灶王爷并在厨房贴上新的灶王爷画像。刘家在腊月二十三当天,会把家里所有的东西都搬到院子里,刘中伏也会往屋里搬来高凳并踩在上边用笤帚扫墙面,将房内打扫干净之后,杨雪艳把搬出来的所有东西都擦洗干净,然后再放回去,擦洗家具以及打扫房屋大概需要整整一天,刘灵便、刘锁子以及家里其他的小孩子也不能出去玩耍,要协助家里的女人擦洗。到傍晚时分,刘中伏会在厨房的灶头贴上新的灶王爷画像,点上三炷香进行叩拜,希望灶王爷保佑家里粮食年年丰收,灶头天天都有吃的。

腊月二十八是刘家蒸馍馍的日子,在这一天刘家会蒸麦面馒头,也是全家人一年到头少有的吃白面馒头的机会。蒸馍馍对家里的女人而言是一件大事,杨雪艳和张香仙以及老婆婆刘氏会从早上开始忙活,前一天晚上就要"打酵子",在第二天早上刚起床时,白面发酵,家里的女人就迅速和面,如果没有注意发酵的时间点,白面就会"发得过火",蒸出来的馒头就会变酸。刘家蒸馍馍的时候,巷道里其他女人也会来家里帮忙搭把手,把馒头揉好之后会整整齐齐摆在炕上,用床单盖住,等馒头再次发酵之后就可以端到厨房蒸。刘家人为了表示对前来搭手女人的感谢,馒头蒸好之后,也会拿两个馒头分给来帮忙的女人。刘家除了要蒸玉米面馒头供全家人在过年期间吃,还要蒸礼馍,礼馍是出门走亲戚时所携带的礼物,杨雪艳和张香仙在蒸礼馍时,会在馒头上纹出各种各样的花纹,工具就是家里的木梳子,蒸礼馍时家里的小女孩也需要在一旁学习,而在馒头上纹花纹不是所有的女人都会,一般都是家里的老人才会,刘家老母亲刘氏也算是蒸礼馍的高手,可以用梳子、擀面杖捏出各种各样的形状,刘灵便从小也就跟着刘氏学习蒸礼馍。

在每年的腊月二十八,这一天刘家会蒸出两种馍馍,一种是麦面馒头,一种是玉米面馒头,大年初一这一天,全家人都吃麦面做的白馒头,而大年初二以后,全家人就得吃玉米面和高粱面的黑馒头。刘家经济条件算是比较宽裕,但在"年景"之年,即便是大年初一也吃不上白馒头,一年到头都只吃黑馒头。馍馍蒸完之后,如果出现馒头破裂的情况,刘中伏也不允许家里的小孩说"馒头破了",而是必须说"馒头挣着了",如果说"破"则对家里不利,因此在蒸馒头之前,杨雪艳和张香仙也会对家里的孩子再三强调。

2.正月十五闹花灯

刘灵便和刘锁子最向往的日子便是每年的正月十五,因为在十四、十五、十六三天晚上可以提灯笼,灯笼是纸糊的,当家人刘中伏会提前用竹皮做两个圈,圈子有大有小,然后在两个圈子中间的平行方向和对称的方向,绑上四根竹皮,再找一块正方形的小木板,在对称的两个角钻上两个眼,再用竹皮或铁丝钩住木板上的眼,木板用来放灯火,竹子和铁皮则用来提灯笼,等一切都弄好之后用纸糊上,糊纸大部分都会用红色,这样便可以为家里的小孩子制作一个简单的灯笼。

正月十四这天,天还没有黑的时候,刘灵便和刘锁子以及家里的其他小孩子都会提着各式各样的灯笼在巷道里玩,各家各户的小孩子都会出来,小孩子们之间也会进行比较,到底谁的图案好看、谁的灯笼大。每个灯笼中间的灯火也是刘中伏自制而成,刘中伏会用刀切几块小白萝卜,将中间挖空留底,往其中倒点食油,再用棉花做个芯子,点燃就可以,当地人也称之为"夜油",正如当地俗语所言"夜游夜两三夜",意思就是用萝卜与食油做成的"夜油"只有在正月十四、正月十五和正月十六这三天内才能用,但由于萝卜在洞里面放不稳,小孩子提着灯笼跑跑跳跳,萝卜翻倒导致灯笼被烧的事情也时常发生。刘锁子年龄不大但活泼好动,提着灯笼满巷道跑,一不小心灯笼就会被点着,其他小朋友都会看刘锁子的笑话,刘锁子就会哭哭啼啼地回到刘家,刘灵便便把自己的灯笼让给弟弟。刘灵便心细,每年自己的灯笼都能过到正月十六,但即便是正月十六已经过完,刘灵便也舍不得把自己的灯笼毁掉。

刘家的几个孩子在正月十五晚上不只提灯笼,还要放"香花","香花"一般是春节前夕刘中伏在附近的集市上购买而来,十支为一把,刘中伏每次会购买五六把,回来给孩子玩。刘铁娃、刘铜娃、刘刚娃年龄比较小,胆量也比较小,只知道用手拿着,站在那里一动不动,看着手上的"香火"一点点烧,年龄大一点的刘锁子会"抢花子",拿着"香花"一圈圈的抢,划出一圈一圈的火线,也会吸引很多年龄较小的孩子。在正月十五这一天,除了各家各户各自庆祝,村中也会举办各种各样的庆祝活动,韩家庄村每年都会踩高跷、耍狮子、舞龙灯,还有唱大戏,唱大戏有时会请戏班子来唱,由村庄掏钱,有时也会由村民自编自演,而人口少、土地也少的小村,没有能力举办庆祝活动,则会在巷道栓很多秋千,供孩子们娱乐。

(四)家长的地位

进入腊月以后,刘中伏就会与家人商议购买年货以及家中需置办的东西,然后刘中伏就会去集市上购买。在除夕夜之际,家里的女人糊窗纸、贴窗花、包饺子,刘中伏及刘子杰上午把家里的院子打扫干净,下午还打扫巷道,巷道基本上也是"各家负责各家门口的",刘家往往是当家人刘中伏在门口打扫,几个当家人在门口相聚时还会闲聊。1949 年之前,各家各户的垃圾都堆放在村西头的地里,每年过年之际,各家各户的当家人也要聚在一起,用拉车把累积起来的垃圾拉走。

贴完对联之后,家里的男人要去祖坟上祭祖,祭祖的人一般是当家人,如果家里有其他男孩子,当家人祭祖的时候也会把孩子带上,等孩子慢慢长大之后就由家里的男孩子接手。刘家每年大年三十到坟地里祭祖时,刘中伏和刘子杰都会把刘锁子带上。刘家祖坟位于村西口的土塘上,出村之后走几步就到了,距离很近,后来刘锁子十三四岁的时候也可以独自上坟祭祖,刘中伏和刘子杰就不用去。在刘家,祭祖时必须是家里的男孩去,哪怕是家里的男婴也可以抱着去,但家里的女孩不能去坟上祭祖。如果家里没有男孩子,只有女孩子,由女孩子"顶门头",那么女孩去地里烧纸必须用左手点纸,按照当地习惯"男左女右",女孩用左手点纸,相当于男性的角色,而家里的男性子嗣点纸则没有过多的要求,左手、右手都可以。

五、家户信仰

(一)家神信仰及祭祀

刘家所有家庭成员都不信教但信神,过年时当家人会在集市上购买神画,包括财神爷、门神、灶王爷、土地爷、马王爷、天地爷,在除夕夜打扫完之后,便会把这些画像贴在固定的位置上,门神就贴在门口,灶王爷贴在厨房,土地爷贴在刚进门的屏风上,然后一一祭拜。刘家祭拜家神时,家里的女人会在祭拜桌上摆上"献食"①,"献食"的摆放也有讲究,一般是"神三鬼四",意思就是家里的神仙②要摆上三盘"献食",如果是其他家里的老人去世,自己前去祭拜,那么需要带上四样"献食",即所谓的"神三鬼四"。祭拜时,刘家的男人、女人都可以祭拜,刘家当家人在磕头时,家里的女人以及孩子也会跟在后面磕头,没有男孩、女孩的限制。刘家祭拜自己的祖先时,"献食"的摆放也有讲究,一共三排,一排三样,"献食"分别是枣、核桃、柿子,每样都摆放三排。祭拜灶王爷时要摆上"灶山","灶山"是用提前蒸好的枣馍摆起来的,摆成一个三角形,然后在"灶山"前面放个香炉,由刘中伏点香进行叩拜。刘家祭拜家神时,家里

---

① 献食:指祭祀用品。
② 家里的神仙一般是指自家去世的祖先长辈,而其他家庭的逝者对本家而言则是鬼魂。

的小孩可以不祭拜,但是不能睡觉,敬神时睡觉便意味着对神仙不尊敬,同样会给家里带来不吉。因此,刘家在大年初一的早上,大人起床之后,家里的女人便会喊着小孩子早早起床。

(二)祖先信仰及祭祀

刘家家庭成员生病之后,除了去寺庙中祭拜,家里的老人以及女人还会在自家的院子中祭拜祖先,请求自家祖先保佑。家里的几个小孩生病时,杨雪艳在院子中祭拜,嘴里会念念叨叨"爷爷①保佑,爷爷保佑",同样会烧香叩拜。刘家的门房为供奉家里祖先的地方,门房中间放置一张正方桌,也称为"祖先桌",桌上会摆着节日里子嗣供奉的"献食","祖先桌"的正上方则挂着家里的"神展"②,"神展"上面是家里逝世先人的画像以及相应的出生年月日,祖先画像的排列则会按照辈分排下来,辈分越高位置越偏上,夫妻两人并排,"男在左女在右",整个"神展"上的画像呈现一个三角形。"祖先桌"的正前方则会摆放一个香炉,刘家后辈子嗣祭拜的时候需要点上香,跪下叩拜。过年时,所有登门来访的刘家亲戚都需要先到"祖先桌"前问候先人,叩拜三个礼,之后才能与家里的其他成员互相问候。

(三)庙宇信仰及祭祀

韩家庄大小寺庙有五座,寺庙中供奉着各种各样的神仙,刘中伏的母亲刘氏会在特定的情况下去寺庙中烧香拜佛:第一种情况是逢旱灾或是水灾,人们为了祈求老天保佑风调雨顺,便会去寺庙中拜神,刘氏经常拜的便是龙王庙和全神庙;第二种情况是家庭成员有疾病时,家里的老人也会去寺庙祭拜祈求神仙保佑。有一次刘灵便与刘环环发生矛盾,便跑到自家祖坟上痛哭,之后便"粘上了不干净的东西",生病卧床不起,当家人刘中伏为其请来先生,先生的诊断是"尽快处理好后事",刘中伏心痛女儿并准备好柏木做成的棺材。继母杨雪艳平日对待长女较为严格但也心痛,便去寺庙里祈求神仙保佑,去寺庙中祭拜会带上香还有"献食"摆在菩萨桌上,然后跪下磕头,杨雪艳每天都会去一趟,不久之后刘灵便的病逐渐好转。在刘家人看来,但凡是家里有人生病,杨雪艳都会去寺庙里烧香拜佛,认为"爷爷"可以看病,只要天天烧香,让他知道后便会保佑家庭成员。

六、家户娱乐

(一)结交朋友

刘家的大人和小孩都有自己的朋友,当家人的朋友大多是自己的邻居或者是其他同龄人,在劳动淡季或者是下雨天也会坐在一起聊天。和刘中伏关系比较好的有锁劳爹、中秋爹还有明娃爹,锁劳爹、中秋爹与刘家都是同一个巷道,明娃爹在另外一个巷道,四人关系极好,当家人不在家而家里又有事情,张香仙都会让刘锁子去这几家寻找,必能将当家人找回。刘家女人的交往范围有限,朋友都是自己的邻居和对门,女人一般情况下要在家里干女人活,很少有机会外出,闲暇之际才会站在一起聊天。刘家的孩子交往不受限,但当家人不允许女孩出去乱跑,而且孩子的朋友大多是当家人自己所熟识的人。刘家孩子的交往对象受当家人影响比较大,如果当家人之间有矛盾,当家人也不会允许两家小孩之间往来,而如果大人之间关系良好,小孩子之间的玩耍也会得到大人的支持。

---

① 爷爷:指的是寺庙中的神仙。
② 神展:指印有祖先遗像的画册。

刘家对家里的男孩外出管教不严,刘钢娃、刘铁娃以及刘铜娃年龄小,经常想着玩,吃饭的时候杨雪艳或者是张香仙也会出去找这几个孩子,但只要不犯错误,当家人不会限制男孩外出玩耍。刘中伏对家里的女孩要求严格,刘灵便以及刘兰兰必须在家里帮助长辈干活,刘中伏每天都会带上长工去地里干活,如果回来之后发现刘灵便或者刘兰兰不在家,就会责骂杨雪艳或者张香仙,因而家里的女孩外出玩耍时都会赶在父亲下工之前回来,否则就会挨骂。

(二)打牌

刘家人也会打牌,刘德荣便是"牌迷"之一,家里的年轻男人都要去地里干活,女人都要在家里忙家务,没有时间打牌,而家里的老人不用去干活,每天都是在门口闲坐,几个老人坐在一起就会相约打牌。刘德荣打牌没有固定的场所,一般都是在门口,主要是以娱乐为主,上工、下工的闲人也可以围观。打牌上瘾之后也会玩钱,但是金额不大,老人基本上没有什么钱。刘德荣虽然喜爱耍牌,但也没有到打牌上瘾的地步,即便如此,男人在外打牌,女人管不了就只能出来寻找,刘德荣夫妇也经常因为打牌而闹矛盾。刘德荣是家里的"牌迷",家里经常备着好几副牌,有时去地里干活也会带上,走的时候知会家里的女人要去干活,实则半路开小差去打牌,一打就是一天,后来消息传到刘氏那里,刘氏就出去寻找,在牌桌上找到刘德荣要求其回家但被拒绝,两人便当场吵起来,刘氏一气之下掀翻牌桌,回到家就收拾东西要离开,后来刘德荣再打牌便有所收敛。

刘家本家赌钱最厉害的成员叫做方娃。刘方娃家是卫村的财富家,家庭经济比较宽裕,每年粮食也都有结余,还有牲口和长工,后来迷上赌博,刚开始只是小赌取乐,上瘾之后每天都去赌,还带上自家的院契以及地契,连续打上好几天,地里的活也不去干,最后把所有的家当都搭进去,妻子也离开家,方娃只能居住在村中破旧的寺庙里,同外来人员一起乞讨为生。方娃还有一个老爹,方娃爹的年纪比较大,看着家庭一天天衰败,也到牌桌上找过方娃,被方娃推倒之后卧病在床,之后在自家门口上吊离世,离开之际大骂其子为不孝子。

(三)串门聊天

刘家串门聊天的情况比较常见,男人女人都可以,女人坐在一起就是"东家长、西家短",男人坐在一起就是开开玩笑,如果家里的女人串门时间较长,临到饭点而当家人找不到人时也会生气,女人回到家里也会遭到责骂。刘中伏对家里的女人管教较严,所以家中女人一般无事时也不会往外跑,就是"转院子"①,不是干活就是纺线织布,也没有空闲时间,杨雪艳一般是与自己的邻居对门家打交道,如果去其他巷道里找人,会向刘中伏进行一个简单的汇报,去哪里、什么时间返回,说清楚之后当家人也不会阻拦。

(四)逛庙会

韩家庄也有庙会,最大的庙会便是龙王庙会,在当地颇有盛名,时间在每年的六月份,举办的初衷是希望龙王能保佑村庄一年风调雨顺。庙会期间会连续唱三天大戏,刘家的老人、小孩都会前去凑热闹。在龙王庙周围的空旷地区还有一些小商小贩,专门售卖各种小吃。庙会期间刘家当家人也允许家里的女人和孩子去逛庙会,杨雪艳和张香仙带着几个孩子去之前,刘中伏也会为两个女人发几块钱的零花钱,在庙会上为孩子们购买一些"吃嘴"或者为家

---

① 转院子:指的是家务活,包括洗刷、缝补等。

里置办一些东西。除了本村的村民,外村的村民也会来,离家距离较远的村民出来也会带上馒头,大人也会在庙会上为孩子购买一碗豆腐脑,大概是 3 分钱。

庙会中请戏班子的开销由村庄承担,有时也由当地财富家"起资",几家联合出资请戏班子,看戏的人群以老年人为主,他们去的时候会带上板凳坐成一片。刘家位于村西头,离龙王庙的距离最近,每逢庙会,来到家里的人也会比往常多,比如来借板凳,还有来家里串门聊天的人,在龙王庙会这几天,杨雪艳也会和张香仙准备一些"喳喳"①请客人吃。

---

① 喳喳:指油炸的细面条,一般会炸成整齐的正方形。

第五章　家户治理制度

当家人是刘家生产生活的核心,当家人的能力强弱直接决定着家庭生活水平的高低,因此刘家在选择当家人时,既要考虑年龄因素,也要考虑能力因素。刘中伏当选当家人之后享有财产管理权、劳动分配权、婚丧嫁娶管理权等权力,同时承担着让全家人吃饱穿暖、教育孩子等责任。在日常的管理中,刘家也形成了一套潜移默化的家规家法,全家成员都要在规矩内行事,否则会被当家人责骂。

一、家长当家

(一)家长选择的长幼顺序

刘德荣不当家之后,便由刘中伏来当家。刘中伏是家里的次子,长子刘子杰在蒲州做生意,常年不在家,家里的事情便交由次子刘中伏做主。刘中伏既是外当家也是内当家,大小事情都管,但大嫂刘环环性格强势,平时总是喜欢插手。刘家选择当家人时一般要考虑两点因素:一是年龄,刘家世世辈辈交家时,都会先考虑家里的长子,如果长子因为身体原因或者其他原因不能当选当家人时,当家人才会考虑次子或者其他孩子,即便是让次子接家,当家人也必须和长子商议好,否则会引起长子的不满甚至是家庭矛盾。刘子杰虽然为家里的长子,但其心思不在种地上,"一门心思地想着出去做生意",而次子刘中伏一直在家务农,兢兢业业,老当家人刘德荣交家的时候便选择刘中伏为新一任的当家人,长子刘子杰也没有什么意见。二是能力,在儿子众多时,当家人交家时也会考虑儿子的能力,如果次子的能力强于长子,当家人也会侧重于考虑次子。刘子杰虽然为刘家的长子,但在种地上,刘子杰不如刘中伏种的好,而且刘子杰志向不在于种地,因而刘家成为"次子当家"。

(二)家长当家的权利

当家人刘中伏在家里便是"老爷",有着偌大的权力:

一是财产管理权。刘家所有的钱财以及贵重物品均由当家人保管及处置,刘中伏保管贵重物品时会将其放进炕头的一个大柜子中,柜子会上锁,钥匙会随身携带,家里的小孩子不能在当家人的房间随便玩耍,也不能靠近。刘家的贵重物品包括地契、房契以及家里祖先留下来的其他物品。此外,刘家的土地、房屋以及所有的生活资料和生产资料都为全家共有,当家人负责管理和支配,大哥刘子杰在蒲州镇售卖点心,每年的收入也会在过年之际交给当家人。但刘子杰回来上交每年的收入时,刘环环都十分不乐意,认为刘家一年到头的所有财产收入都来源于丈夫在外做生意,每年回来还要交给刘中伏管理,心里很是不平衡,便会想方设法地从中阻挠或者是留截一部分作为私有财产,刘中伏也心知肚明,但念及其是嫂子,也是睁一只眼闭一只眼。

二是制衣分配权。刘家人口在当地并不算是最多的,1万平方米土地也能供养全家的日常生活,因此当家人每年都会留出0.33万平方米左右的空地种棉花,棉花收成后放到家里的敞房里,杨雪艳以及刘环环可以根据自己房内的需要去敞房里自行拿取,但刘环环经常以刘中伏的孩子多、用的棉花也多而自己用的少为借口在家里闹。刘环环离开以后,刘子杰续弦再娶张香仙,刘家便采用按人头分配的方式,每人二斤,人头多的小家也可以多分,人头少的小家里少分,家里再也没有出现过其他矛盾。当家人会把棉花分给各个小家的女人,由女人负责纺线织布,为家里的大人、小孩做衣服,刘德荣是家里的老人,老伴去世早,新衣服一直由刘中伏的第一任妻子王美玲准备,王美玲离开之后,老人也很少有新衣服穿。

三是劳动分配权。刘家的女人不外出干活,每次外出干活的都是刘中伏以及家里的长工,女人的任务便是"转院心",做一些女人活,包括扫院子、做饭、洗衣服、纺线织布等,但不能去外面抛头露面。同样,当家人也不允许家里的女孩在外面晃,而是要待在家里跟随母亲学做活。刘灵便7岁的时候,个子刚刚长到纺拔那么高,便开始跟随母亲王美玲学做衣服,做多做少王美玲也不强求,后来王美玲离家出走,刘中伏续弦再娶杨雪艳,杨雪艳对刘灵便要求严格,每天晚上必须纺出一定数量的线,否则不能睡觉。刘灵便每天晚上都会纺线到很晚,有时趴在拔上睡着了,醒来之后用水抹在眼睛上继续纺线,否则会被杨雪艳骂。刘家的男孩子轻松很多,最初家里的男孩子可以去学堂读书,放学回来之后便可以直接吃晚饭,但放假时刘中伏也会把家里的几个男孩子带到地里,做一些诸如拔草、锄地等力所能及的农活。在农忙时节,家里的劳动力不能按时回家吃饭,男孩子还要承担起送饭的责任,每次送饭的都是刘锁子。刘锁子是男孩子中年龄比较大的一个,家里的女人做好饭后便会用竹篮子装好,然后让刘锁子提着篮子去地里,等地里的男人们吃完之后,刘锁子再把空篮子拎回来。

四是婚丧嫁娶管理权。刘家所有子嗣后代的婚姻均为当家人包办,当事人没有任何选择的权利,家里的孩子到十三四岁之后,刘中伏便张罗着为自己的孩子找合适的对头。倘若当家人与孩子的亲生父母意见冲突时,当家人也会与其父母商议,但最终的决定权由当家人决定。刘灵便出嫁时,在外经商的刘子杰并不支持刘灵便的婚事,认为对方家庭贫寒,自家的女儿嫁过去会受委屈,但当家人刘中伏认为女儿嫁的人家虽然贫寒,但是勤劳踏实,以后必定会过上好日子,在双方意见冲突的情况下,刘子杰还是选择服从当家人。

五是对外交往权。刘中伏是刘家的当家人,在对外交往中,自己有权力决定刘家所有的大小事情,外界如果找上门来也会与当家人之间商议,而不用征求其他家庭成员的同意。刘子杰在蒲州经商做点心,有自己的交往圈,当家人不做过多的干涉。刘家女人不能代表刘家对外交往,一般情况下,家里的女人不能经常往外面跑,只能在院子里活动,很少有对外交往,偶尔会站在门口与邻居或对门聊天。

(三)家长当家的责任

当家人刘中伏为一家之主,承担照料一家老小的责任,在当家人的带领下,全家不愁吃穿,每年的粮食都有结余,也不会饿肚子,被认为是好的当家人。而如果在当家人的带领下,全家人吃完上顿没下顿,每年都负债、借款、欠粮,家里要什么没什么,则会被认为"这个当家人当不成趟",但全家人也没有权利反抗,只能自认倒霉。

刘家土地充足,每年粮食都有结余,全家人吃饱穿暖,也从未向其他家庭借过粮食,倘若刘家的粮食不够吃,也是由当家人出面想办法,或者借粮或者借钱,当家人有责任让全家人吃上饭,在"年景"之年不至于饿死。在刘环环离家出走之前,虽然刘中伏为家里的当家人,但刘环环却对家里其他人指指点点,事事都想插手,一度成为刘家实际当家人。她嘴直心快,经常惹怒周围邻居,全家人对她很不满意,王美玲在家被欺负,经常闹的刘家鸡飞狗跳,但当家人念及刘环环是其家嫂的份上对其一忍再忍,后来在外做生意的刘子杰专程回来与刘环环谈心,要求其收敛一下脾性。

(四)家长的更替

刘家当家人的更替基本上采取的是长子当家的方式,但到刘家第三代,虽然刘子杰为长子,但其志向在于外出经商而不是在家种地,因而当家人便由次子刘中伏担任。刘家家长的更替包括两种情况:第一种是当家人年龄大了,对家里的大小事情力不从心,而自己的儿子也成家立业,有能力照料一大家子人,这时老当家人便会主动提出让自己的儿子来管理家庭的大小事务,儿子逐渐成为实际意义上的当家人;第二种属于非正常情况下的当家人更替,当家人健在但能力不足,一家人跟着遭罪,如果家里有其他兄弟,当家人也会让贤,让有能力的兄弟来担任,如果家里没有其他兄弟,这时妻子或者是未成年的儿子都可能成为实际的当家人。在刘家,刘环环生性强势,喜欢掌控家人,当家人稍有不顺其心意的地方,便会引起刘环环的大吵大闹,刘中伏一度退让,使刘环环成为实际意义上的当家人,但她最后与丈夫刘子杰不欢而散。

二、家户保护

(一)矛盾调节

刘家家庭成员与其他村民发生矛盾冲突,其他村民会找上门跟当家人理论,而不会跟其他家庭成员争论。家里的小孩在外玩耍受了委屈,也会回家向当家人告状,对方孩子的家长也会找上门来,如果双方当家人都能心平气和地坐在一起商议解决,两家关系则不会恶化,但有一方蛮横无理,两个家庭则会产生矛盾甚至冷战绝交。刘中伏与明娃爹的关系甚好,而刘锁子也经常和明娃在一起玩耍,如果两个孩子发生了矛盾,双方家人也不会太在意,认为孩子之间打闹很正常,两个家庭的关系也丝毫不会受到影响。

在刘家,家庭成员在外犯下错误,当家人同样要承担责任。自家成员侵犯别人的利益时,别人都会找到刘中伏要求其进行赔偿。刘锁子年少淘气,有一次他捡起一堆石头,用石头乱砸取乐,结果将村民李沪家的窗户全部砸坏,搞的对方家里一片狼藉,事后李沪找到刘家要求其赔偿所有损失,刘中伏作为当家人一直赔礼道歉,张香仙也不得不去对方家里帮其收拾。无论锁子在外面捅下多大的篓子,刘中伏都必须为自己儿子的过失承担责任。

(二)情感支持

刘家长女刘灵便嫁到南苏村姓李的一家农户,对方家庭甚是拮据,兄弟姐妹四人全靠母亲一人拉扯长大,公公早逝,刘灵便嫁过去之后,家婆为了节省粮食,让家里所有的人一天只能吃两顿饭,在吃穿住方面都受到限制。之后刘灵便也会想方设法找借口回到娘家,刘中伏心疼女儿日子过得艰苦,女儿回婆家时也会带一些粮食回去,刘锁子长大之后,刘中伏经常让刘锁子去南苏村看望姐姐,名义上是探望实际上是去送粮。除了粮食,李家还不允许晚上点煤油灯,认为点煤油灯很浪费,刘灵便白天纺线纺不完,晚上只能摸黑进行,刘家为了不让女儿受委屈,便偷偷地灌上一些煤油让刘锁子送到南苏村。

(三)防备天灾

蒲州镇位于黄河三角洲地区,时常发生水灾以及旱灾,发生水灾时,刘家滩地的大片农田被淹,庄稼迅速腐烂,在水灾发生之际,村庄中没有任何救助措施,只能是自家保护自家,想办法自救。刘中伏为了减少水灾对粮食产量的影响,黄河滩地的大部分土地都种植上棉花或者黑豆,而小麦以及谷子等粮食种在地势较高的坡上。黄河发水时,倘若损失不大,刘中伏会带着家里的长工尽可能地摘棉花,能摘多少摘多少,如果水势过大,全家人也只能眼睁睁地看着棉花被全部淹掉。每年八月份到了收获之际,刘中伏最怕发水或者阴雨连天,连续下雨导致地里的庄稼没办法收回来,棉花烂在地里,粮食也不断发霉长芽。有一年八月到了该摘棉花的时节,恰逢阴雨天气,一直下雨,很多天都没有丝毫减小的势头,刘中伏担心黄河涨水,滩地的棉花被淹,就带着长工以及王美玲连夜到地里摘棉花,身体不好的刘德荣以及刘环环则负责在家做饭。为了赶速度,刘中伏到地里之后要求家人把棉花壳与棉花一并拽下来,拉回家再摘掉棉花壳。连续劳动几天之后,黄河果真发水,来不及收获的庄稼全部被淹掉,颗粒无收。

当地还经常发生旱灾,连续几个月都不下雨,地面干到裂缝,刘家地里的很多庄稼直接旱死,原本能收八十斤的庄稼可能只收三十斤,如果家里没有存粮则可能会出现断顿的情况,当家人也不得不到财富家去借粮食,等到来年粮食收成之后再去还。除了水灾、旱灾,刘家还经历过虫灾,每年发生虫灾时,密密麻麻的蝗虫四处乱飞,去地里干活的时候,虫子都能撞在脸上。因为没有农药,家里人只能是干瞪眼,正如当地俗语所言"不怕苗小,就怕虫咬",刚发芽的庄稼被虫子咬过会严重减产甚至是颗粒无收。后来刘中伏发现,虫子碰到竹子编制的席子之后就飞不动了,便让杨雪艳回家把铺在炕上的席子揭下来,四个人抬着四个角,在庄稼头穗上拉过,来不及飞走的蝗虫便会被尖锐的竹条搓死,以此来减少蝗虫的数量,降低蝗虫对庄稼的危害。

(四)防备盗匪

韩家庄村也有土匪,土匪手里有枪支,村中无人敢惹,普通农户被抢之后只能认命,遭到威胁后,农民为了保住性命也会主动将家当交给土匪。土匪也分"好坏","好"的土匪劫富不劫穷,抢东西的时候只抢当地的财富家以及其他有权有钱的大户,不会"光顾"普通条件的农户。韩家庄有一个土匪头子,抢劫的时候只去周边财富家抢,尤其是品德败坏的财富家,在日本人入侵后又带着自己的人手积极抗日,破坏了日本修建的近八里公路,杀掉十几个日本人,人们在承认其土匪的身份时,也不得不佩服其是抗日英雄。"坏"的土匪就只是谋求个人私利,到处抢夺往自己家里搬,村庄有一农户叫李俊忠,家境贫穷,父亲早逝,母亲一人带着四个孩子,后来李家二儿子生病,肚子上面长了脓包,母亲打算将家里唯一值钱的一头猪卖掉来为孩子看病,可土匪却将唯一值钱的猪抢去,因为没有钱看病,李家儿子最后只能病死,即便如此,土匪抢东西时也不会考虑这些。

除了土匪,村庄中还有恶霸,恶霸没有好坏之分,无论谁家娶新媳妇,第一天晚上必须睡在恶霸家,普通百姓没有招架之力只能认命,家里条件稍微富裕的当家人会在头几天给恶霸送礼请求放过。小偷在各地都存在,偷东西的地点很多,一是在地里,偷一些刚成熟的庄稼或者是未成熟的庄稼,被偷的农户因为没有证据也找不到人,所以在庄稼快成熟之际,刘家的男人每天晚上都会去地里跑几趟,早上早早地起床再去地里转一转,而财富家索性让长工住在地边的大棚里看护庄稼;二是在农户家里,各家各户的墙为土坯墙,比较矮,很好翻越,小偷进到家里后什么都会偷,值钱的家当、粮食、钱财,能拿的都会拿走,财富家人多而且院子分为主院和外院,小偷入侵的几率不大,而普通家户房屋构造简单,翻墙之后便能进入房屋,被偷的人家只能是叫天天不应、叫地地不灵。在很多种情况下,即便是家里有人看到也不敢阻止,担心小偷手上有刀,会危及家人性命。如果被小偷偷盗或者土匪抢劫,村中也不会有任何的救助措施,即便是有人看到,因为害怕小偷会报复,也是睁一只眼闭一只眼,不会告诉主家。

刘家当家人每晚睡觉都很浅,听到院子里有动静,便会迅速起床去查看,家里的女人每天晚上纺线也会到很晚,煤油灯一直亮,小偷也不会光顾。村中有一次共丢失四头猪,白天各家各户都在找猪,但都没找到,事后村民听说徐兵家天天有猪肉吃,丢失猪的村民便上门理论,因为没有找到证据,看到的村民也不愿意出面作证,所以丢失猪的家庭最后也只能吃个哑巴亏。

(五)防备战乱

日本人入侵运城地区时,经常到韩家庄作恶,抓走村里的年轻男女,要么糟蹋要么做苦力,韩家庄也一样,刘家人见到日本人能跑则跑、能躲就躲,正如当地俗语所言"女孩逼得挽圆头、小娃逼得胡子留",意思就是说日本人进村之后,年轻的女孩都会把头发盘起来装成一个老妇,而年轻的小伙子都不剃胡子,留着长长的胡子伪装成一个老头,以免被日本人抓走。韩家庄村的四周挖建了两米宽、两米深的战壕,随时准备打仗,而挖战壕的劳力一般是从村中抓,或是派差,或是抓壮丁,被选中的人自己带上馒头去干活,挨打挨骂是很常见的事情。

(六)扶弱功能

刘家每到逢年过节时都会去寺庙里给逃荒者一些粮食,救济逃荒者,积德行善,在村中的口碑甚好,刘氏也经常去庙中烧香拜佛,偶尔也会带上几个馒头发给穷苦人家。倘若是村庄中的普通农户,就会很排斥外来逃荒者,逃荒者上门讨饭时,被周边农户看到,农户也会咋咋呼呼迅速地关上自家门,一边喊着"要饭的来了,要饭的来了",刘中伏看见讨饭人的时候,从来没有关过门,家里的饭菜或多或少都给过。

韩家庄经常发生水灾或者旱灾,但不至于绝收,刘家的土地可以分为三块:坡上地、坡下地和黄河滩地,即便是遇到灾害也不至于每块地都会受到影响,每年多多少少都会收一些,尤其是相比河南、山东等地区,当地属于旱涝保收的地区。年景之年,外来逃荒的人多居住在村庄破旧的寺庙中,每天靠挨家挨户讨饭为生,如果能讨得饭,那便可以维持一天,如果一直讨不到饭则会被饿死。刘家经常把不吃的粮食和剩饭都给逃荒者,逃荒者会把这些食物晾晒起来,风干之后装进袋子里储存起来。由于讨饭的人过多,每个逃荒者都有自己的馍袋,装着自己的干粮,外出讨饭时也会带上。身强力壮的男性逃荒者则有可能在当地财富家打工换取粮食,不至于被饿死。

三、家规家法

(一)成文家规

刘家没有成文的家规家法,成文的家规家法只存在于家庭人口众多、财产较多的家庭,当家人为了管理整个大家庭,而以成文的形式将家规家法罗列出来,约束家庭成员。刘家人口不多,家庭关系简单,家规家法多以口头式的言传身教流传下来。

（二）默认家规

1.潜移默化的家规形成

刘家的家规是在长期生活中形成的，大多数以口训的方式存在，由家里的长辈传达给小辈，小辈必须按照默认的家规做事，如有触犯，必定会招致当家人的责骂。例如刘家的女孩不能出去玩耍，要跟着家里的女人在家里干活，学习做饭、纺线织布做衣服，女孩经常在巷道晃荡，会被认为"家教不严，疯疯喳喳"，有损当家人的名声，因此刘中伏对家里的几个女孩管教格外严格，如果从地里回家看不见几个女孩子，就会打骂家里的其他女人。家里娶媳妇后，婆婆可以出去串门聊天，但媳妇必须要在家里做家务，媳妇过门之后，需要逐渐接手家里的所有女人活，成为家里新的主力军，家里的婆婆逐渐退出来，教导媳妇做家务。

2.做饭吃饭之男女有别

刘家的女人不能上桌子吃饭，而家里的男人可以坐在院子里的正桌上吃饭。吃饭前，杨雪艳和张香仙提前盛好饭并端上桌子，刘家的厨房里会放一张小桌子，家里的女人只能在厨房吃。而且吃饭时，女人还要随时盯着男人的需要，随时添饭加水，吃完饭之后男人则起身干活，女人负责收拾洗刷。刘家对孩子吃饭没有过多的要求，如果家里没有外人，小孩子可以端着饭碗到处乱跑，可以在厨房吃，也可以在院子吃。在"年景"之年，家里的粮食不够吃，要优先家里的男人吃，女人则负责拾底，男人吃完剩下的女人才可以吃，剩的多女人就多吃点，剩的少只能将就着吃。除了吃饭的位置，刘家男人与女人日常吃饭也会有所差别，当家人与家里其他男人吃的是麦面馒头，馒头的颜色为白色；家里的女人及长工吃的则是玉米面馒头，馒头的颜色为黄褐色，只有在逢年过节的时候，家里的女人才能吃上一次麦面白馒头。在农忙之际，男人干活回来可以吃面条，而家里的女人仍然是吃玉米面馒头。

3."以左为上，以东为上"

刘家内部有着严格的座位划分，男人坐主桌，女人坐内桌，如果家里娶回新媳妇，婆婆则可以以长辈的身份坐在主桌上，由媳妇伺候。在每一桌上，座位也有上位与下位之分，刘家一般是以左为上，以东为上，左边与东边的位置要高于右边与西边。刘德荣是家里辈分最高的长辈，每次坐在桌子的正东边，后来刘德荣年纪大了之后，由家里的媳妇端到房间吃，不再上桌吃饭，当家人刘中伏则坐到正东面的位置。刘家判断上位与下位的另外一个依据是桌子上木纹的方向，木纹两端口的位置为上位，而其余位置为下位。此外，刘家人还会根据自家院子的坐向来判断上位与下位，如果院子大门朝南，则东面为上位，西边为下位，如果院子大门朝北，则西边为上位，东边为下位。在同一张桌子上，上位与下位最大的区别除了坐向以外，还有桌椅板凳上的差别，每张桌子上的两个上位坐的是椅子，而其他的下位则是长凳，每张桌子皆是如此，客人来刘家做客时，可以根据这个座椅的差别迅速判断出上位和下位。

刘家嫁女儿时，刘家亲戚作为"送女"者可以去男方家做客，但需要提前上男方家"报人"，"报人"时只报上位的人，一个桌子上安排两个上位的人。如果女方家报两个人，则说明去八个人，正好凑齐一桌，如果女方家报四个人，则说明会去十六个人，需要坐两桌，男方家会根据女方亲戚报的人数来安排席位。坐上位的一般是家里的贵客，多指刘家的姑爹娘舅或者是辈分高的年长者，有时候对方家里来了姑爹娘舅，理应坐在上位，但因其年轻，也会主动把上位让给年长者。

4.家规家法之请示规矩

刘家的请示主要存在两种情况,一是向当家人请示,当家人是家里的"掌柜的",掌管着家里的大小事情,家庭成员在决策或者从事一项活动时需要经过当家人的允许,可以是家里的女人请示,也可以是家里的其他男人去请示,家里的晚辈若是有需求也可以向当家人请示。在刘家,杨雪艳以及张香仙负责家里大人小孩的生活起居,需要买东西时都需要向当家人请示,当家人同意之后会在附近集市上购买。在刘环环离家出走之前,成为实际上意义的内当家,丈夫刘子杰打工回来赚的钱,一部分需要交给刘环环,由其支配,家里日常生活中的需要均由其决定购买,因而经常引起妯娌矛盾以及其他家庭矛盾,弟媳王美玲时常需要忍受大嫂的强横无理,邻居李娃媳妇经常劝说"你还这么年轻,受她的脾气受的日子太久",最后王美玲离家出走;二是家里的媳妇外出时,需要向自己的丈夫、家里的公公婆婆以及小叔子等其他家庭成员请示,倘若是自己的丈夫或者家公家婆不同意,媳妇则不能外出,家里人同意之后,媳妇要把去几天、什么时候回来等情况明确告知。杨雪艳嫁给刘中伏之后,刘中伏对其要求严格,有一次回娘家之前告知当家人的是三天,杨雪艳在第四天时才返回,返回之后刘中伏很生气,当天晚上便动手打了杨雪艳。此外,家里的女人活或者是琐碎的事情,当家人一般不会管,媳妇仍然需要向家里的婆婆公公请示。在刘家,家里的几个男人去地里干活后,杨雪艳每天做饭前都会象征性的问一下刘德荣,刘德荣说"吃什么都可以"时,杨雪艳便可以自行做主,做饭前的询问则相当于向家里的长辈请示。

除了日常生活中的各种请示,刘家在种植庄稼时,家庭成员也需要向当家人请示,一般情况下,当家人刘中伏也会与家庭成员商议种植什么、第二天干什么农活,而当家人决定种植什么之后也需要向刘德荣请示,刘德荣作为家里的长辈,种植经验丰富,可以根据当年的情况准确的判断粮食的产量,因而刘中伏在做决定时,也会参考刘德荣的意见。

5.请客探客

刘家设席请客的情况有两种:一是家里的红白喜事,倘若家里有女儿要出嫁或者儿子要娶媳妇,当家人都会请客,请客的对象一般是自家的亲戚,当家人的朋友则会有选择性前来,如当地俗语所言"红事叫、白事到",如果家里是红喜事,主人邀请自己,自己才可以过去,主家没有邀请,朋友也会心生介意;如果对方家里是白事,则不需要等到主家邀请,自己都会主动过去帮忙。二是家里的满月酒,刘家新增新生儿,当家人为表示喜庆都会宴请客人,但宴请的对象主要是媳妇的娘家人,巷道里的邻居很少宴请,满月酒的当天,当家人几个相好的朋友会过来帮忙。除此之外,刘家的土地买卖也会请客,请客由买家做东,请客的对象包括卖方、买方、中间人以及土地四邻,当家人也会根据当年的实际情况而定,如果经济条件有限,则可能只请卖方、买方以及中间人三人,请客的宴席也很简单,大多是几方当家人坐在一起闲聊,走个形式。

刘家请客的时候,如果对方亲戚家来了贵客,刘家也会找出相应身份的人来陪客,一般情况下,对方来了舅舅,则刘家也会让自家的舅舅去陪客,如果来了姑父,刘家的姑父也会去陪,进而显示对对方的尊重。吃饭时,姑爹娘舅这些贵客必须坐在上位,而且这些贵客所在的桌子位置必须位于上房的正中央。倘若对方来亲戚,主家却没有人出去陪客时,则会被认为不明事理,亲戚也会觉得自己不被尊重或重视,进而心生芥蒂。

6.制衣洗衣

刘家的女人负责日常衣物的制作以及洗涤,衣物的制作由杨雪艳以及张香仙分开制作,各自负责自己小家的衣物。衣物制作的原料为棉花,当家人会将每年收成之后的棉花存在家里的敞房内,两个媳妇根据自己的需要去敞房里取用。刘环环、王美玲离家出走之后,为了避免因为分配不均而引起家庭矛盾,刘家在每年的棉花收成之后由当家人进行分配,分配时根据每个小家人数的多少进行分配,大人分三斤、小孩两斤,拿到棉花之后由两个媳妇分开制作。刘德荣是家里的老人,其衣物由续弦而来的两个媳妇制作,但因其年纪已大,所以做衣服的情况也很少,大都是以前的衣服,过年前家里的几个媳妇帮忙洗一洗,干干净净地过年就行。

刘家洗衣时同样由自己小家的女人负责清洗,杨雪艳也会和张香仙商量,时常相约一起去"池坡"①洗衣服,夏天清洗的频率很高,冬天很少洗衣服,两个媳妇出去洗衣服的时候,会主动询问家里的老人是否有脏衣物,如果有则会顺带一起洗。王美玲与刘环环两人未离家出走前,刘德荣的衣物一般都由王美玲负责清洗,倘若王美玲有事不能清洗,刘环环总会以各种理由一拖再拖,比如不是胳膊疼就是头疼,后来刘德荣的衣食起居基本上都由王美玲负责,"老爷子就使唤不动刘环环"。总体而言,刘家老人在家里面的地位都比较高,洗衣服的时候必须是媳妇主动询问,家里的老人不会主动使唤,如果媳妇较长时间没有询问老人是否有脏衣服要洗,媳妇就会被认为不孝顺,对老人不好,因此媳妇在出嫁之后要适应夫家的生活,隔三差五便主动询问,显示自己的孝心,尽自己赡养老人的责任。

刘家的两个媳妇洗衣服时使用的是皂角,家家户户的地头都会有一颗皂角树,皂角成熟之后,家人便会把皂角摘下来,洗衣服的时候用木棒将皂角打碎,打出泡沫涂抹在衣服上,衣服上的脏物也更容易被清洗掉。皂角树和槐树长得很像,很多女人分不清,因此也会经常闹出笑话。杨雪艳刚刚嫁入刘家后,去洗衣服的时候找到一棵槐树,错认为皂角树,在槐树下面寻找好久都没有找到一颗皂角,心里生气,看到过往的熟人便诉说皂角树不结皂角,熟人开玩笑道"告槐树不结皂角",意思就是两棵树的辨识度低,人们经常分不清。

四、村庄公共事务

(一)村务会议

韩家庄村庄会议不多但偶尔也会召开,会议由村长主持。村长由村民选举而来,村长的选举有以下几种标准:一是有面,交际广而且人际关系处理得比较好,大家都认识。二是有钱,韩家庄多年以来的村长都是当地财富家的人,财富家比较有钱,很多事情可以直接处理,如果村长是一个心慈的财富家,不会随意欺负穷苦人家,在交税的时候还可以适当拖延,如果村长是一个谋取私利的村长,更在乎个人利益,在每年交税的时候会把自己家的份额分摊给其他人,让其他人多交,自己不交,甚至伙同其他人欺负村中穷苦人家。村长把自家需要缴纳的公粮分摊给多个农户,农户们也是心知肚明,但无处诉说,很多情况下都是睁一只眼闭一只眼,只要不侵犯自己的利益或者是受侵犯不大,也不会主动去挑事。当地财富家为了当村长,还会掏钱去买,然后从中获取利润。村长的第三个当选因素便是识字,韩家庄能识字的

---

① 池坡:指池塘。

人不多,大部分普通农户不识字,村民选举村长时也更倾向于识字的人,认为识字的人念过书,接受过教育更懂理。

(二)修路修庙

村中没有组织过修路修桥,刘家巷道的路都是各户负责各户,如果自家门口的土路崎岖不平,当家人或者家里其他的男人也会弄一些土将其垫平,自家垫自家的,之后门口的路可以"过百家"。但在日常中,刘家当家人会经常带着长工修整自家门口的土路,如果修整完被其他大车压过,刚刚修整后的土地就会变得坑坑洼洼,当家人回到家里也会骂骂咧咧,时间一久,当家人也就放任不管。每逢下雨,巷道里的土路更是难行,坑坑洼洼到处都是积水,家里的小孩也会趁此脱下鞋子,光着脚踩在水里玩耍,摔倒或者是被扎伤甚是常见。

韩家庄没有组织过修庙,修庙都是各个家户的族人自行组织修理,村中财富家为了做好事、积善行德,便会自发地"起资"①进行修理,"起资"属于自愿行为,当家人可以根据自己的意愿,选择性地参与"起资"。如果由某一个村民提出修庙,则会通过"化布施"的方式征集修建现洋,意即挨家挨户地拜访,请求主家出钱出力。在刘家后人的印象里,每次有人来家里"化布施",当家人刘中伏都会拿出几个馒头,送给对方作为支持。

(三)打井淘井

刘家使用的水井有两类:一类是吃水井,刘家使用的吃水井是财富家私人的财产,私人水井一般由财富家打,费用由财富家独自承担,地点往往在自家的麦场上;但刘家也可以去财富家挑水,刚开始使用时需要给对方当家人打招呼,财富家的当家人允许之后才能去打水,后来时间一长,刘中伏每次去财富家水井挑水都不会受到阻拦,财富家的私人水井也变成几户共用的公共水井。水井也有公用的,公用水井则是由刘家与水井周边户共同"起资"修建,地点位于巷道两端,使用时,刘家与水井的周边农户都可以使用。韩家庄村不大,共有四口水井,分别位于村庄的东、南、西、北四个角,根据水井所能辐射的农户,整个村庄被四口水井划分成四块,刘家位于村西头,除了在财富家打水外,还会在西片区内挑水吃。

另一类是在水浇地上打井,在地里打井一般按照水井周边户的土地多少与长远来核算,土地越多的农户,在打井中承担的打井费用越高,土地越少的农户,所承担的费用则会相对较低。对刘家而言,自家土地距离水井的远近刚开始并不是核算分摊费用的标准,而是在与土地四邻农户共同打井过程中,因为水井的位置选择对自家十分不利,刘家每次浇地都要比别人用更多的人力与时间,后来刘家就与水井周边的农户商议,认为自家的土地距离水井较远,却要承担与别人一样的费用,水井周边的农户便做出让步。后来其他农户也仿照刘家的做法,离水井越远的农户所分摊的修井费用越少。

刘家与周边农户参与修井淘井时都要请专业的"淘井人",费用同样由各家平摊,由于打井淘井是一件危险系数极高的工作,水井坍塌的事故时有发生,如果挖井人在工作中不幸去世,刘家与周边农户还要承担相应的埋葬费用。淘井时需要各家各户出一个劳动力,刘家一般都是当家人刘中伏出面,与周边农户配合,在井上面用辘轳一直抽水,水井中水位下降之后淘井人下去找到水眼,将水眼堵住,然后将水井底部的垃圾清理出来。

---

① 起资:指筹集资金。

223

五、国家事务

(一)纳税

刘家每年都会参与缴纳粮款的相关会议,会议由村长主持,每次会议刘家当家人都会在场,村长也会告知刘家每年缴纳粮食的标准,刘家回到家之后会根据自家的情况自行核算。刘家每年都需要纳税,纳税是根据土地的情况及数量来纳,土地数量越多,税款就多,土地数量少则缴纳的税款就少。此外,刘家的土地分为水浇地和旱地,水浇地和旱地的公粮缴纳数量也不同,一般情况下都是水浇地缴纳六石粮食,旱地缴纳五石粮食,刘中伏也会根据数量和质量两重标准来缴纳粮食。

刘家有 1 万平方米土地,有 0.33 万平方米左右都是旱地,没有办法浇水,粮食产量低,完全是看天吃饭,其余的土地为水浇地,可以从井里打水浇,粮食产量较高。向村庄纳税时,刘家当家人做参考的因素一是数量,1 万平方米土地全部都得纳税;二是质量,刘家旱地较多,每亩土地粮食产量低,每年纳税的时候,刘中伏也会核算自家应该缴纳的粮食数量,在粮食收获之后,会优先把公粮留出来,剩余的其他粮食再做打算。

(二)征兵

刘家长子刘子杰常年在外经商,家里由刘中伏来打理,家里的其他男孩子年龄还小,因此并未有人外出参军。村庄在征兵之前,村长会挨家挨户地动员各户,鼓励家里男人多的去当兵,倘若家里只有一个男劳力,则该家户可以根据自己的意愿选择性地参军,"家里就一个男孩子,想去也行,不去也行"。刘灵便嫁给李俊忠之后,因为李俊忠兄弟三人,因此必须有一人外出参军,恰逢李俊忠的年龄正好,因此李俊忠便参军,参军后一年,李俊忠负伤,胳膊变为残疾,便不得不回家,相比之下,李俊忠算是幸运者,很多外出参军的人往往都是有去无回。

(三)摊派劳役

日本人入侵之后,在当地修建炮楼、挖建战壕,因而频繁向村庄中"要人",这时村长便会给各家各户"派差","派差"的顺序是一家一户轮流。"派差"轮到刘家时,刘家必须派出一个男劳力去"支差","支差"的可以是当家人,也可以是家里的其他男人,去的时候需要自己带上几个馒头当作干粮,日本人不会管饭。当家人刘中伏为了不让自家男人遭罪,往往会雇用长工替自家"支差",酬劳是一天三个麦面馒头,当差几天就要支付几天的粮食。村长"派差"时,还会告知具体的时间、地点。刘家"支差"时,无论是当家人去还是家里的长工去,家里的女人都会提前准备好一天的干粮。

调查小记

进入中国农村研究院已两年有余，自己也摆脱了"小白"身份，以熟悉的流程选村—选户—入村，相比之前的陌生与忐忑，如今已是淡定从容，当然，这与学院老师的培养、师兄师姐以及同伴们的帮助是分不开的。犹记得第一次入村的无助茫然，第一次访谈的焦虑紧张，老师的耐心鼓励和师兄师姐的不吝指导让自己一步一步成长，在此，笔者向所有帮助过我的师友表示诚挚的感谢。

此次受访的对象是笔者的姥姥，相比之前的种种困难，这次的访谈不用担心访谈追问是否合宜，也不用担心访谈时间把握的是否得当，可以说是一次"无压力式"的访谈。姥姥名叫刘灵便，娘家是韩家庄人，刘家土地数量充足，经济宽裕，用姥姥自己的话说"家里无论多困难，都没断过顿"，优渥的家庭环境让姥姥性格大方，待人和善。后来姥姥通过父母包办式的婚姻嫁给了丈夫李俊忠，相比娘家的富裕，李家土地数量少，家底薄，一家人吃了上顿没有下顿，即便如此，姥姥也没有退缩和挑剔，而是跟随丈夫一起辛苦劳作、节衣缩食，日子也逐渐好转起来。在姥姥看来，日子无论有多苦，只要勤快不要懒，日子就有奔头，而此生最大的遗憾便是没有孕育自己的亲生孩子，只能抱养其他孩子为自家"顶门头"，幸运的是，养子养女孝顺有加，跟亲生孩子别无一二。在传统年代，刘家当家人思想封建，在有能力的条件下仍然反对家里的女孩念书识字，这也成为姥姥第二个遗憾，为了弥补自己的遗憾，姥姥格外重视自家子孙后代的教育。

回望自己的求学历程，当自己拿到录取通知书以为解脱的时候，动辄数十万字的报告让自己措手不及。对政科人而言，"没有所谓的寒暑假，只是学习地点变换了而已"。但不管调研路上多么坎坷不平，多么荆棘丛生，严寒酷暑中、田间地头上都有政科人忙碌的身影。在政科院，矫情与抱怨没有丝毫价值，所有的成果和收获都是自己一步一个脚印地积累来。如今，自己的调研足迹遍布山西、陕西、广东、辽宁、山东等诸多省份，调研成果累积逾百万字，自己也从一个"小白"变成了调研"老手"，由胆怯变得大方自信，所有的努力和坚持都让自己的三年时光多姿多彩。在政科院的三年，我经历无数个灯火通明加班赶点写报告的夜晚，但自己未曾后悔，我就这样真真切切地存在过，即使报告难写路途遥远，即使调研不易苦难丛生，但酸甜苦辣、雨露甘霖，样样尝过，我遇见了最好的自己。既为政科人，乐为政科人。

第四篇

合食通财:上门女婿之家的聚合及延续

——浙东葛家村葛氏家户调查

报告撰写:张 众*

受访对象:程瑞娣

* 张众(1994—),男,浙江省宁波市人,华中师范大学中国农村研究院2017级硕士研究生。

导　语

　　1949年前,葛家是一户上门女婿之家,葛氏祖居慈溪县庄桥镇葛家村。葛维宏是葛家的前一任当家人,同时也是第二任家长程小梅的丈人。其第一任妻子为洋墅①人,曾育有两女,均外嫁至上海。葛童氏是葛维宏的第二任妻子,同样生育两个女儿,即三女儿葛玲娣和小女儿葛姣娣。之后,家长葛维宏选择把年长的葛玲娣留在家中,同时招程小梅作上门女婿,并作为葛家的接班人,葛姣娣则下嫁至曹家村②的曹强庆家中。

　　第二任家长程小梅的老家位于台州温岭,后入赘葛家,并曾因抱养和入赘更改过两次姓氏。幼年时程小梅所在的程家家境贫寒,所以其生父将排行老二的程小梅送给一户王姓的人家抱养。王姓养父过世之后,程小梅仍跟从王姓,即称王小梅。程小梅1915年左右经人介绍来到葛家做工,经过一段时间,葛维宏见程小梅为人老实且踏实肯干,便招其入赘作女婿。成为上门女婿就意味着程小梅成为葛家的一份子,因此程小梅即由王小梅改称葛小梅。后来,因葛维宏逐渐年迈而能力不济,故程小梅逐渐担负起更多的家庭责任,并成为新一任家长。最后,经丈人葛维宏允许,程小梅又从葛姓改回程姓。此外,程小梅在台州有两个兄弟,兄长程大梅因患瘟病早殇,并将长侄程大根及次侄程小根托付给程小梅照料,弟弟程阿梅则是一位出家的僧人,没有子嗣。程小梅曾欲将程大根过继给程阿梅,但未成功。

　　1944年前,葛家共计三代,因葛维宏及葛童氏分别于1942年和1944年去世,便仅剩家长程小梅和妻子葛玲娣二人养家糊口。1949年时,葛家为两代十三口之家,家境较为普通。程小梅夫妇膝下有五囡③二子,外加居住于家中的两个侄子、一个外甥以及一位雇工,共有十三人之多。在农业生产方面,程小梅从葛维宏处继承约0.87万平方米左右的租田,但他40岁左右时就因严重的关节炎而无法下地干活,因此主要由内当家葛玲娣带着雇工郭尧法、长侄程大根以及三个较年长的女儿程雪娣、程复娣和程瑞娣从事农业耕种。除了种植水稻之外,葛家还以卖咸齑④和做年糕为副业,以弥补家户消费开支。

　　葛维宏去世之前,程小梅虽然在名义上当家,但是凡涉及家户的重要决定仍需经葛维宏首肯。即使两位老人相继去世之后,内当家葛玲娣在葛家仍享有很大的话语权。在生活方面,葛家一直秉承相互扶持、发家致富的观念,并在程小梅及葛玲娣的带领下艰难求生。在家族、村庄及国家公共事务层面,仅葛维宏参与过葛氏宗族的上坟节,葛维宏去世之后,葛家便逐

---

① 洋墅:位于葛家村西,同属庄桥乡。
② 曹家村:位于葛家村东,今庄桥街道马径村附近。
③ 囡:女儿。
④ 咸齑:即腌雪里蕻,雪菜。

渐脱离宗族活动,此外,葛家对待村庄及国家公共事务的态度并不积极,除了上交摊派、出资唱戏之外,程小梅既不会主动同官府打交道,也不愿过多地介入到公共事务之中,甚至还会逃避保甲抓壮丁的任务。

第一章　家户的由来与特性

葛家成员之中,葛维宏、葛童氏及葛玲娣等人皆祖居慈溪县庄桥镇葛家村,程小梅由台州温岭迁移而来,并成为入赘葛家的上门女婿。家长程小梅和内当家葛玲娣共生育五个女儿和两个儿子,同时又因长侄程大根、次侄程小根及外甥曹雪熊寄养于自家,故家中孩童共计十人。在葛家村,葛家是一户极其普通的小户之家,祖孙三代居住于三间临河的草屋之中。在收支方面,葛家主要依靠租佃 0.87 万平方米左右的土地的收成,并依靠出售咸齑放在及年糕获取少量副业收益,生活水平仅能勉强维持温饱。

一、家户迁徙与定居

(一)葛氏世代祖居

在葛家村,姓葛的人家在八十户左右,葛姓是村庄的主要姓氏。此外,葛家村内还有二十几户本地移民以及几户从台州温岭迁来的人家。程小梅入赘以前,葛家是葛家村一户依靠耕地为生的平凡人家,属于世世代代在此居住的葛氏家族成员。

1949 年前,凡是在庄桥当地落地生根并繁衍发展的姓氏都建有宗祠,同宗同族在每年的固定时刻共处,使得宗祠成为联系家族成员血缘的纽带。在当地,宗祠的规模一定程度上反映了家族的兴衰,如同镇的李家祠堂便布局完整、厅堂高敞,称得上是名门望族。就葛氏家族而言,葛氏聚族而居,宗祠也修得十分高大,并成为葛氏家族最为重要的象征符号之一。在平时,宗祠为供奉葛氏列祖列宗神主牌的地方,外人不得随意进出。祠堂的神龛上下共分为好几层,依据葛氏先祖辈分高低而依次摆放,同一辈分的神主牌放在同一层上,形成一个立体的族谱。与此同时,家族之内分为几房几支,葛氏族长与各房小族长各执一份族谱。但日本军队入侵以后,葛氏宗祠被占作军用仓库。由于历史久远,葛家后代程雪娣和程瑞娣只知葛氏祖先来自北方,并不知晓具体来自哪里,也无法通过家谱进行溯源和考证。

(二)程小梅入赘改姓

葛维宏是葛家的老当家人,共娶过两房妻子。葛维宏的第一任妻子是当地的洋墅人,早年因病去世,留下的两个女儿均嫁至上海。第二任妻子葛童氏为庄桥童家村人,相继生育葛玲娣和葛姣娣两个女儿。1915 年,葛维宏 51 岁左右,自知日后无法诞下子嗣延续香火,便谋划着招一个上门女婿。1949 年前,本地宁波人不肯轻易入赘,因为上门女婿"做有份,吃无份,莫经济权利"①,唯有外来的黄岩人②为了混一口饭吃而甘愿成为上门女婿。经王姓养父家

---

① 做有份,吃无份,莫经济权利:干活有份,吃饭没份,没有经济权利。
② 黄岩人:并不一定特指台州黄岩人,当地把所有从台州来宁波做工的人都称作黄岩人,并对这个群体有一定的排斥。

的亲戚介绍,程小梅来到葛家做工。起初,程小梅并未成为真正意义上的上门女婿,因为丈人葛维宏还对其进行过一段时间的考察。在随后的几年中,程小梅跟着未来的丈人老头①下地干活,耕田耙地,逐渐成为葛家的主要劳动力之一。葛维宏见程小梅是个干活踏实认真且为人忠厚老实的年轻人,便暗自下定决心招程小梅为婿,并把自己的想法告知程小梅。程小梅在当地孑身一人,无依无靠,便同意了葛维宏的主意。与此同时,作为入赘葛家的象征,程小梅将自己的姓氏由养父家的王姓改为未来岳父所属的葛姓。

(三)程姓融入葛家血缘世系

1928 年左右,程小梅已经在葛家待了十三年,葛玲娣也已到谈婚论嫁的年纪,故经由葛维宏和葛童氏做主,程小梅正式娶葛玲娣为妻。出于对女婿的信任,程小梅由葛姓改回程姓,并开始由程小梅担任葛家的当家人。至 1942 年,葛家三代同堂,共生养雪娣、复娣、瑞娣、素琴四个女儿。1942 年至 1944 年,随着两位老人葛维宏和葛童氏的相继离世,葛家只剩下程小梅夫妇和家中的孩子两代人,并且夫妇二人在 1949 年前又生下许多子女。

在葛家,无论是丈人葛维宏还是家长程小梅,都极其希望为家庭诞下子嗣,所以葛维宏每次给家里的外孙囡②起名时,多以娣字结尾,并寄希望于这个女孩的降生能为家庭迎来下一个出生的男孩。但葛维宏终其一生,未能生下儿子,只生过四个女儿。家长程小梅则在1943 年和 1945 年才生下程文泉和程文年两个儿子,生下的子女大多也都是女儿。

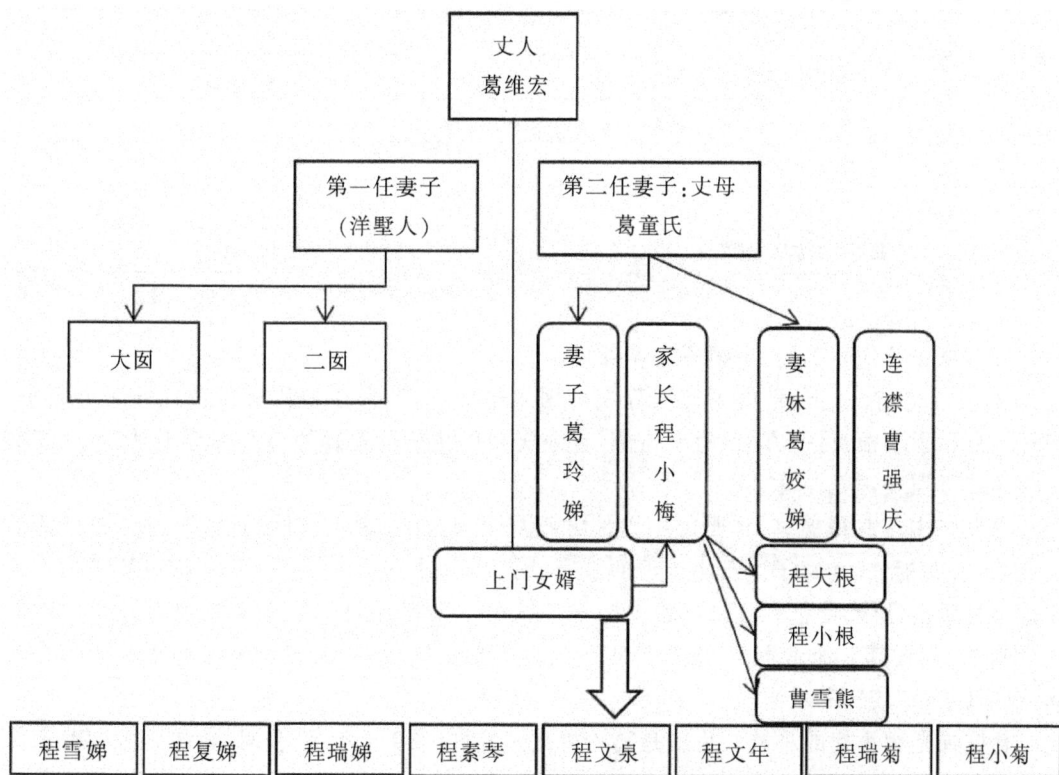

图 4-1　1949 年以前葛家世系图

---

① 丈人老头:宁波话,对丈人的俗称。

② 外孙囡:外孙女。

二、家户基本情况

(一)阴盛阳衰,女子支家

1942年前,葛家三世同堂,主要以农耕为生,兼以卖咸菜和做年糕为副业。在人口结构上,葛家以未成年的孩童为主,程小梅担任家长,并将年迈的丈人葛维宏和丈母葛童氏赡养于家中。在劳动力方面,家长程小梅和妻子葛玲娣是葛家最主要的两个劳动力。同时,由于家中男丁稀少,因此妻子葛玲娣、长侄程大根以及年长的三个女儿程雪娣、程复娣、程瑞娣均需要下地务农。此外,葛家还常年雇用一个长工郭尧法帮衬家里的农活。

1942年至1944年,随着两位老人相继离世,葛家的代际仅为两代。在之后几年内,程小梅夫妇又生育了两个儿子及一个女儿,分别为长子程文泉、次子程文年以及五女儿程瑞菊。程文泉和程文年的出生为葛家这个男丁稀少的家庭增添许多希望,此后,程小梅夫妇在两个儿子身上倾注大量的精力,生怕葛家断掉香火。

表4-1 葛家基本情况数据表

家庭基本情况	数据
家庭人口数	13
劳动力数	6
男性劳动力数	3
家庭际代数	2
家内夫妻数	1
老人数量	0
儿童数量	10
其他非亲属人员数	0

(二)替兄长代养二侄,小姨子寄养外甥

1949年之前,一方面,由于兄长程大梅因病过逝,因此程小梅代替兄长抚养两个侄子,即程大根和程小根;另一方面,由于连襟①曹强庆和小姨子葛姣娣外出上海打工,因此外甥曹雪熊亦被曹强庆寄养在葛家。

程大梅中年时得瘟病,乡野郎中以偏方石灰灭菌医病,因石灰使用过量,程大梅被活活呛死。兄长病逝之后,嫂子迫于生计返回娘家,无力继续抚养两个侄子。程小梅见侄子程大根和程小根孤苦无依,便把二人带到家中抚养,视如己出。因程大根年纪较长,故程小梅先教其放牛割草,再教其下地做生活②。次侄程小根因为年纪比较小,所以无需承担很重的体力劳动,仅需做一些较轻的农活。

葛姣娣是程小梅的小姨③,也就是葛玲娣的亲妹妹。1931年18岁时,葛姣娣嫁到曹家村

---

① 连襟:姐夫妹夫互称连襟。

② 做生活:干活之意。

③ 小姨:小姨子。

板地堂①的曹强庆家。由于连襟曹强庆早年去上海打工,并将葛姣娣介绍给上海的大户人家当保姆,因此曹强庆夫妇没有精力抚养外甥曹雪熊。于是,葛姣娣同程小梅商量能否把曹雪熊寄养在葛家,并愿意支付一笔钱来负担雪熊的生活开支。作为近亲,程小梅欣然同意小姨的请求,葛维宏、葛童氏及葛玲娣也未提出反对意见。每隔半年左右的时间或逢年过节,曹强庆和葛姣娣就会来葛家看一看自己的儿子,顺便拜望一下葛维宏夫妇及程小梅夫妇。

(三)家庭成员概况

1.身体总体良好

总体而言,葛家人的身体状况较为良好。具体而言,丈人葛维宏身子骨比较硬朗,一直活到 78 岁才去世。而岳母葛童氏是一位裹脚的老太太,平日里足不出户,也不需要干任何农活,至多做一些简单的家务劳动。家长程小梅早年曾是葛家的主要劳动力,不论是挑担割草还是耕田耙田,均样样在行。人到中年,程小梅积劳成疾,导致腿脚生出严重的关节炎,只能每日挑着咸齑上街叫卖。腿脚疼痛严重的情况下,程小梅甚至需要妻子葛玲娣或雇工郭尧法帮其在街市上摆好摊。除了 1933 年和 1944 年夭折的两个小娘②,葛家孩子的身体均尚可,没有生过大的毛病。

2.接受短期教育

1949 年以前,葛家只有葛维宏、程雪娣和程瑞娣三人曾上过学堂,其他家庭成员均是目不识丁的农民。葛维宏生于 1864 年左右,曾在幼年时上过几年村里的私塾,因此葛家子孙的名字大都由他所起。不论是妻子葛玲娣、小姨子葛姣娣的姓名,还是女儿程雪娣、程复娣及程瑞娣的名字,都寓意着老人毕生的希望,即葛家能够添个男丁延续香火。

程小梅是个没有文化的庄稼人,打小就被生父送给一户王姓人家"做儿子",王家虽然衣食无忧,但也没有供程小梅念过书。程小梅 15 岁入赘,并从丈人葛维宏那里学到腌咸齑和制年糕两门最拿手的手艺。在程小梅看来,读书对维持家庭的生计并没有很大的裨益,同时,由于葛家以女孩为主,程小梅认为女儿更没必要念很多书。

包括长侄程大根、次侄程小根、外甥曹雪熊在内的孩子均没有念过书,仅大女儿程雪娣和三女儿程瑞娣分别念过一年和三年半书,而且是在三女儿程瑞娣的苦苦央求之下,家长程小梅和妻子葛玲娣才允许她念了三年半的书。不过,迫于家庭生活的压力,程瑞娣只能上半年为家里放牛,下半年才被允许前往学堂读书,这种情况断断续续地维持三年左右。瑞娣的学习成绩一直较为优异,在三年级升四年级的升学考试中,程瑞娣达到试读四年级的标准。后来,一方面,因长女程雪娣和次女程复娣即将出嫁,另一方面,程小梅又坚持认为读书莫用丈③,所以家长程小梅便让三女儿程瑞娣辍学回家帮忙。

3.婚育情况复杂

葛维宏共娶过两房妻子,第一任妻子早年生过两个女儿,均嫁到上海。除过年过节之外,葛维宏的这两位女儿很少与葛家发生联系。第二任妻子葛童氏是庄桥镇童家村人,外人都称其为"阿琳姐"或"阿琳嫂",葛玲娣和葛姣娣即是葛维宏与葛童氏所生的两个女儿。之后,三

---

① 板地堂:地名,今庄桥马径村附近。

② 小娘:小女孩。

③ 莫用丈:没有用。

女儿葛玲娣被葛维宏留在家中,并安排程小梅改做葛家的上门女婿。同时,葛维宏又将小女儿葛姣娣嫁至曹家村的曹强庆家。

程小梅和葛玲娣成婚后至 1949 年,一共生育两子五囡,分别是大女儿程雪娣、二女儿程复娣、三女儿程瑞娣、四女儿程素琴、长子程文泉、次子程文年以及五女儿程瑞菊。此外,1951 年时,程小梅夫妇还生下小女儿程小菊。

大女儿程雪娣和二女儿程复娣分别于 1946 年和 1947 年出嫁。程雪娣 17 岁时,已经成为一位贤惠的农村女子,家长程小梅将其许配给庄桥镇马径村的杨永尼家。杨家曾是一户有 2 万平方米土地的殷实之家,但 1944 年日本军队因军事需要修建军用机场时,割光杨家的青稻,并征用杨家所拥有的土地,导致杨家的家境一落千丈。同时,女婿杨永尼的父亲杨材根也因此受到刺激,而变得胡言乱语,神志不清。结婚之后,程雪娣在杨家小心侍奉公婆,并为杨家生下许多子女,受到杨家人以及邻居乡里的夸赞。二女儿程复娣则嫁给住在宁波市区的邓喜发家,邓家为黄岩人,与程小梅可称得上同乡。1949 年之前,邓家是一家航船户,主要靠在江河之间撑船载货为生,并以此逐渐发家,家庭经济条件算得上中流堂堂[①]。

表 4-2　1949 年葛家成员情况表

成员序号	姓名	家庭身份	性别	年龄	婚姻情况	宗教信仰	健康状况	参与社会组织情况
1	程小梅	家长	男	49 岁	已婚	佛教	跛脚	听命杠[②]
2	葛玲娣	内当家	女	39 岁	已婚	佛教	健康	无
3	程雪娣	大女儿	女	20 岁	外嫁	佛教	健康	无
4	程复娣	二女儿	女	18 岁	外嫁	佛教	健康	无
5	程瑞娣	三女儿	女	14 岁	未婚	佛教	健康	无
6	程素琴	四女儿	女	10 岁	未婚	佛教	健康	无
7	程文泉	长子	男	6 岁	未婚	佛教	健康	无
8	程文年	次子	男	4 岁	未婚	佛教	良好	无
9	程瑞菊	五女儿	女	刚出世	未婚	无	健康	无
10	程大根	大侄子	男	17 岁	未婚	佛教	健康	无
11	曹雪熊	外甥	男	13 岁	未婚	佛教	健康	无
12	程小根	小侄子	男	10 岁	未婚	佛教	健康	无
13	郭尧法	雇工[③]	男	19 岁	未婚	佛教	健康	无

---

① 中流堂堂:中游。

② 听命杠:抬死人出殡的民间组织名称。

③ 雇工:先为雇工,后招为程小梅的女婿。

第一代 程小梅——家长
葛玲娣——内当家

第二代

雇工及未来女婿

长侄　次侄　长女　次女　三女　四女　长子　次子　五女　外甥

程大根　程小根　程雪娣　程复娣　程瑞娣　程素琴　程文泉　程文年　程瑞菊　曹雪熊　郭尧法

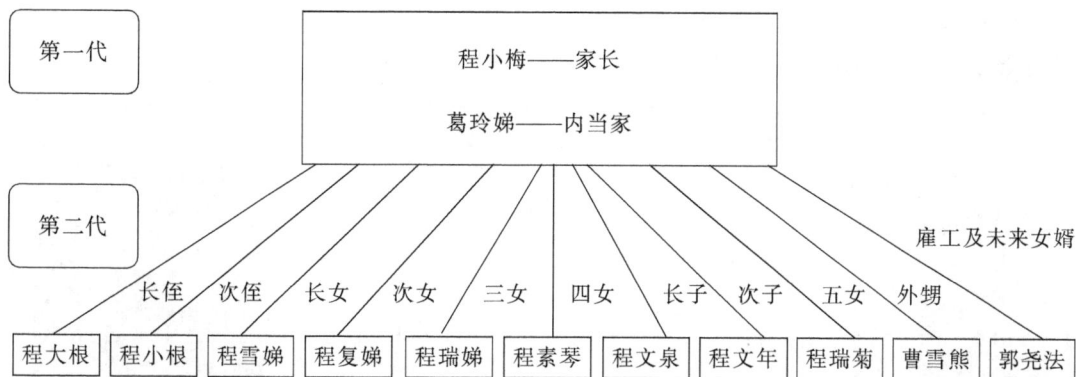

图 4-2　1949 年葛家成员结构图

（四）三间沿河草屋

1949 年前,葛家的十余口人挤住在三间草屋之中。在地理位置上,葛家的房屋位于葛家村的南面,大门的南面即是一条宽阔平直的石板路,交通较为便利,既可供行人行走,也可让车马通行。再往南,是庄桥河的一条支流,船来船往,川流不息。沿着河岸往东不远,有一处河埠头,葛家人和街坊邻居皆可在此取水洗衣,来往的商贩也可在此卸货。

葛家与两户人家相邻,房屋的西面是姚阿狗家,东边则是老杜[1]家。姚阿狗家的经济条件在村中处于中上游,常年雇用几个长工,住的是两楼三底[2]的楼房,老杜家的家境同葛家类似,盖有三间茅草屋。在房屋边界上,葛家村的家户之间多以泥瓦墙为界,葛家与邻家亦是如此。葛家的北面是一片空地,常作为晒谷之地。夏季的傍晚,由于晒谷场四面连通着小巷,所以弄堂里串风[3],能够使人感到风凉[4]舒爽。趁着傍晚时的微风,葛家同附近的四邻都会在这片晒谷场上围桌吃饭,各家吃各家的,颇为热闹。饭后,内当家葛玲娣和程雪娣、程复娣等人负责洗碗收桌,程小梅则可以趁闲同邻家的男性攀谈一会儿。

在房屋布局上,葛家的三间草房位于整个房屋空间的北面,正中央的一间是轩子间,也称西子间,是葛家平时会客、吃饭的地方,此外,还具有存放杂物、贮藏稻谷的功能。轩子间的东西两侧是葛家的厢房。一开始,葛家的东屋由岳父葛维宏和岳母葛童氏共同居住,程小梅和妻子葛玲娣以及家里的孩子住在西屋。1942 年至 1944 年这段时间里,葛童氏独自一人住在东屋。老人葛童氏去世以后,程小梅夫妇搬至东屋,葛家的所有孩童仍住在西侧的房屋里。葛家的房屋位于整个家户院落的中央,院落之中放着几口水缸,同时葛家也种些葱蒜花草,面积约在 30 平方米左右。厨房是内当家葛玲娣和葛家的女儿们烧火做饭的地方,位于整个院落的西面。葛家所使用的灶台被称为"两眼灶",一口专门用于烧米饭,另一口则可以用于做菜,各有不同的功用。院子的西南侧摆着包括犁耙、锄头等在内的各式农具,东南侧则是葛

---

① 老杜:姓杜,记不清名字,村里人皆称其为老杜。

② 两楼三底:楼高二层,底面以三间为基础,共六间。

③ 串风:即通风、使风通过的意思。

④ 风凉:凉爽。

家饲养家畜的区域,包括牛地间①、猪地间②以及鸡间③。总体而言,葛家的房屋布局十分紧凑,没有多少空余的空间。

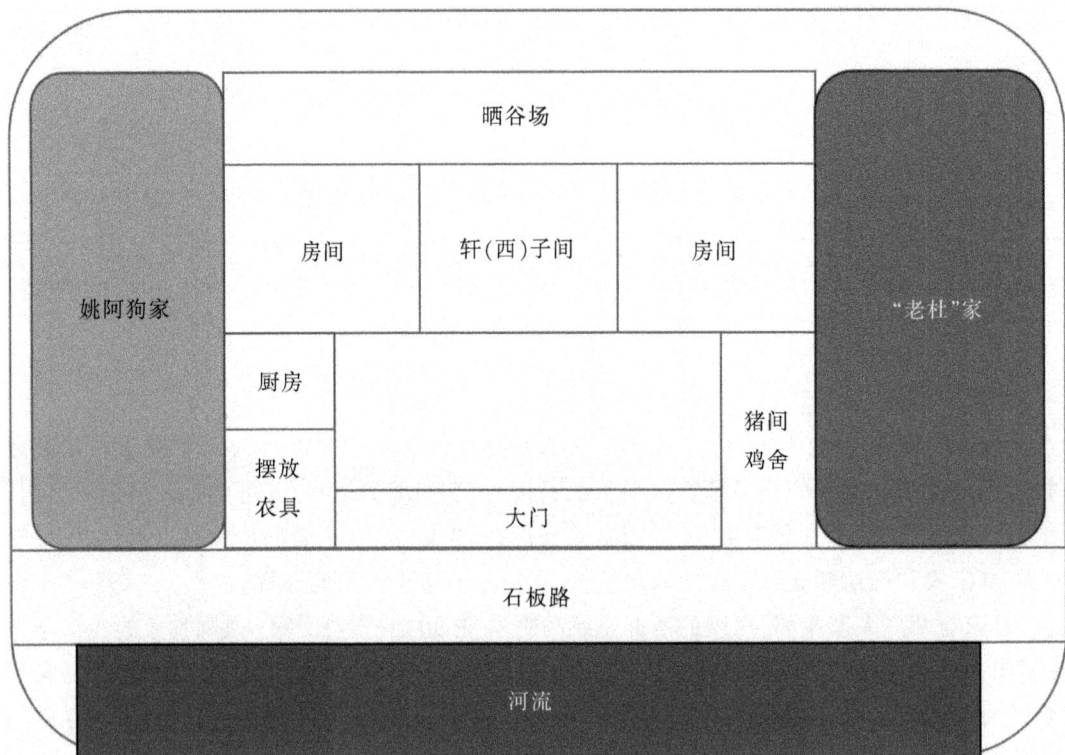

图4-3　葛家房屋空间结构图

(五)艰难维持生计

1949年前,葛家仅租种0.87万平方米左右的水田,并以出售咸齑和年糕为副业,家户一年所得的农副业收入仅能艰难维持全家的生计。

葛家的水田采取轮耕的形式。清明至十月底,葛家种植早晚两季水稻,并以此作为家庭口粮的主要来源。其余时段里,水田作旱地,以种雪里蕻④为主,同时搭配种植菜蕻⑤、萝卜、毛豆、红薯等各季时蔬。家长程小梅从丈人葛维宏处习得了腌雪里蕻的手艺,并且葛家所制咸齑在庄桥镇上远近闻名,赢得不俗的口碑,因此外人皆戏称程小梅为"咸齑阿梅"。在平时,程小梅每日清晨五六点时挑着咸齑担到庄桥大街上叫卖,中午十一点左右收摊,并顺便带回当天葛家所要吃的下饭⑥。同时,但凡外人有购买咸齑的需求,既可直接登门到葛家购买,也可

---

① 牛地间:关牛的小屋。

② 猪地间:关猪的小屋。

③ 鸡间:关鸡的地方。

④ 雪里蕻:即雪菜。

⑤ 菜蕻:一种菜。

⑥ 下饭:宁波话,食材,也指烹饪好的菜肴。

到街市上选购当天新出的咸齑。制作年糕是葛家的另一项副业,这项副业通常在每年的下半年进行。在分工方面,妻子葛玲娣负责将年糕粉蒸熟,操年糕这样的体力活则交给家长程小梅、侄子程大根及雇工郭尧法来完成。最后,制作完成的年糕一部分可供自家食用,剩下的一部分则可由程小梅拿去街上叫卖,以为葛家增添些许收益。

由于缺乏男性劳动力,家中的妇女需要撑起葛家的半边天。同时,为了完成家庭的农耕任务,葛家还采取雇工的形式弥补自家劳动力的不足。通常来说,葛家常年雇用一位长年[①]郭尧法,农忙时再另雇一名忙月[②]。就劳动分工而言,家长程小梅主要负责出售咸齑、年糕及购置葛家生活所需品,偶尔也会去看管一下地头。内当家葛玲娣则承担着葛家农耕劳动及家务劳动的双重任务,既要带着雇工郭尧法、侄子程大根和女儿程雪娣、程复娣、程瑞娣等人下地干活,同时又要负责带领几个女儿烧火做饭、打扫房间、料理家务。最后,因丈人老头葛维宏、丈母娘葛童氏年事已高,故家长程小梅及内当家葛玲娣并不安排两位老人直接参与家庭劳动生产,但二人仍可干预葛家的决策,并向程小梅或葛玲娣提出自己的意见。

表 4-3　1949 年葛家家计状况表格

土地占有与经营情况	土地自有面积	0		租入土地面积	0.87 万平方米
	土地耕作面积	0.87 万平方米		租出土地面积	0
生产资料情况	大型农具	水车 1 部、犁 1 副、耙 1 副、锄头 4 至 5 把			
	牲畜情况	耕牛 1 头、1 头老母猪及 1 至 2 头肉猪、鸭 3 只、鹅 4 只、鸡 8 只			
雇工情况	雇工类型	长工		短工	其他
	雇工人数	1		1	0

		农作物收入				其他收入	
收入	农作物名称	耕作面积	亩产	总产量	收入金额(折算)	收入来源	收入金额
	水稻	0.87 万平方米	300 斤	3900 斤	312 元	卖咸齑	几十元
	雪里蕻	0.4 万平方米	—	—	—	卖肉猪	20 元
	蚕豆	0.03 万平方米	—	—	—	卖年糕	10 元
	各季时蔬	0.03 万平方米	600 斤	300 斤	—	收入共计	
	萝卜	0.03 万平方米	—	—	—	约 400 元	
	向日葵	0.03 万平方米	—	—	—		
支出	食物消费	衣服鞋帽	燃料	肥料	租金		
	300 元	5 元	0	0	四担稻谷,约 30 元		
	赋税	雇工支出	医疗	教育	支出共计		
	0	50 元	0	2 块钱	388 块		
结余情况	结余 12 元		资金借贷	借入金额	15 元左右		
				借出金额	0		

① 长年:长工。

② 忙月:农忙时的短工。

(六)普通农耕人家

1949年以前,葛家无人在县乡政府之中任职,故在乡里或当地并不享有很高的声望或地位。葛家是一户普通的农业人家,土地不多,倒是家长程小梅做的咸齑在镇上很出名,经常在街市上走动的人家都认识这个跛脚的中年人。虽然与官府并无特殊联系,但葛家成员大都认识镇长钟一棠①,他在庄桥河边开设了一间中药店,时常为人治病诊断。

(七)上门女婿当家

1.女婿接替岳父担任家长

1942年前,葛家共有三代人。早年,丈人葛维宏为葛家家长,岳母葛童氏为葛家的内当家。程小梅同葛玲娣成婚以后,便接替岳父葛维宏当家,成为葛家的主要决策者和责任人,但如果涉及葛家的大事、要事,家长程小梅也不会自作主张,仍会同岳父葛维宏、岳母葛童氏及妻子葛玲娣一起商量。1944年,葛维宏、葛童氏相继离世之后,家长程小梅便成为家中的权威,并由内当家葛玲娣协助其当家。因家长程小梅的脚疾愈发严重,无法继续干重活,因此内当家葛玲娣需亲自带着家中的劳动力下地干活并负责操持家务。在家庭决策上,家长程小梅和内当家葛玲娣的发言权基本相等,但仍以程小梅的意见为主。

2.小户之家

1949年前,庄桥镇上有许多靠经商致富的大户人家,家中门楼高大、院墙高耸、家财万贯。并且大户之家的人口更是达到十余口甚至几十口之众,既有管家帮衬,又雇用人服务,葛家完全难以望其项背。

总体而言,葛家的生活水平在葛家村内处于中等偏下的水平。从家庭人口上看,葛家的十余口人以孩童为主,又以女孩为多,因此,葛家认为自家只能算得上小户人家,孩子众多只是徒有其表罢了。与此同时,在经济和财富方面,葛家租有0.87万平方米左右的土地,仅能勉强养家糊口,维持全家人的生活。在保甲制或登记保甲册时,葛家并不知晓自家属于哪种家庭类型,当地也没有头等户、二等户、三等户的说法。

3.复合家户

1949年前,葛家既非严格意义上的老户,也非完全迁移而来的新户,而是一户新老融合的复合家户。就籍贯而言,丈人葛维宏、岳母葛童氏、内当家葛玲娣等人都是土生土长的宁波本地人,而当家人程小梅、长侄程大根、次侄程小根则是台州温岭移民。在当地,葛家被视为外地女婿上门的本地人家。

---

① 钟一棠:中共党员,当时出任伪镇长。钟一棠出身中医世家,1980年以后曾任宁波中医院院长。

第二章 家户经济制度

由于上门入赘,丈人葛维宏死后,家长程小梅继承到葛家所拥有的 0.87 万平方米的租佃土地及祖传的三间草屋,但并没有从程家生父和王姓养父处分得任何的财产。在经济方面,葛家耕牛、农具基本齐备,主要依靠农业收入保障家庭生活,并依靠咸齑和年糕等副业巩固家庭生计。家长程小梅是对外交换的主要代表,也是家户借贷、交租的主要责任人。内当家葛玲娣主导整个农业生产,并掌握着吃饭、制衣等家户分配,在葛玲娣的有序安排下,长侄程大根、大女儿程雪娣、二女儿程复娣、三女儿程瑞娣及雇工郭尧法等人,按部就班地参与到葛家日常的家庭劳作之中。

一、家户产权

(一)家户土地产权

1.十余亩薄田继承而来

1949 年前,家长程小梅从丈人葛维宏处继承 0.87 万平方米的租佃土地。同时,由于葛家的土地为租佃而来,因此,葛家并不拥有所属租佃土地的所有权,而仅享有相应的经营权、收益权、租佃权和继承权等权利。

在土地的经营和管理方面,葛家的土地并没有水田和旱地的区分。平时,葛家通常会种植水稻,水稻收割之后,水田即作旱地,种植雪里蕻、番薯、蚕豆、油菜等其他农作物。在土地的分布上,葛家的土地集中位于南河①和汪度板②这两处地方,大大小小可分为数块,有的近 0.2 万平方米,有的仅 0.07 万平方米。葛家所租佃的土地土质较为一般,但灌溉条件尚可,由于还需要种植其他作物,因此在产量方面,葛家水田的稻谷亩产量仅为三百斤左右。除了日常耕作以获得农业收成以外,葛家的土地还用作葬坟,丈人葛维宏和岳母葛童氏去世后,即长眠于葛家的土地里。在土地的继承方面,因葛维宏去世后并无子嗣,故女婿程小梅从丈人葛维宏手中获得了土地的继承权和经营权。

2.土地非家户所有

葛家的土地是从田主盛德生家租佃而来,因此葛家的土地并非葛家所有,但家长程小梅可以代表葛家行使土地的经营权、管理权以及收益权。

葛家认为,家中的土地属于田主盛德生,但作为佃户的葛家拥有土地的继承权。就家中的土地继承权而言,入赘的女婿和儿子均能享有土地的继承权,女性则被排除在家户土地继

---

① 南河:位于葛家村的东南。

② 汪度板:位于葛家村的东北,与南河相距百米左右。

承之外。也就是说，家长程小梅从丈人葛维宏处继承的土地只可由长子程文泉和次子程文年所继承，未来的女婿郭尧法也享有一部分土地的产权，侄子程大根、程小根以及外甥曹雪熊和女儿程雪娣、程复娣、程瑞娣等人均不能享有土地的继承权。此外，葛家的土地没有和别人共有的情况，家庭内部亦无属于个人所有的土地产权。岳父葛维宏和岳母葛童氏生前被供养在家中，因此家长程小梅也没有分配养老地的必要。

3.设田绳定疆界

（1）田绳为土地边界

1949 年前，葛家的土地同地邻的土地以田绳[①]为界，在长女程雪娣和三女儿程瑞娣的印象中，葛家的土地边界从未变更过。

第一，田绳起着类似堤坝的截水作用。宁波当地的气候水土适宜种植水稻，稻田内的水位以保持在二十厘米至二十五厘米深度为宜，而蓄水则是水稻耕作之中必不可少的一个环节，田绳存在的最直接目的即是起到蓄水的作用。一旦田绳因黄鳝打洞漏水，或是耕牛不慎踩塌田埂，葛家人便必须立即弥补洞口，防止稻田内水位的持续降低，并以牛车盘[②]从河道抽水灌溉，以保持水稻的长势。同时，如果梅雨时节雨水不断，导致稻田内的水位不断上涨，内当家葛玲娣就必需带着雇工郭尧法、侄子程大根和三个女儿等人开口[③]排涝。

第二，田绳的第二个作用为分界，即各家各户以田绳为土地边界，独立开展农业生产经营。即使村里的各家各户在平时存在互相帮忙的行为，但仍旧以耕种自家的土地为主，谁也不会不经土地主人的同意，越过边界到他人的土地上进行农业生产活动。

（2）土地由本家人耕作及使用

葛家的土地为租佃而来，土地的主人是葛家村里的大户盛德生，因此葛家需要通过交租来维持土地的使用权和收益权。只要葛家人按时交租，葛家就可以完全享有土地的经营权，并自由进行农业生产活动。

在土地耕作方面，唯有家户成员才拥有耕作及使用的权利，其他人譬如雇工郭尧法只有通过家长程小梅的授权方可耕种葛家的土地。对于葛家所属的土地，葛家成员均具有清晰的心理认同，对于哪块是属于自家的土地，哪块是属于邻家的土地，人人都能做到心中有数。

葛家的土地具体种什么、如何种、何时种，皆由当家人程小梅和安排具体农业耕作任务的葛玲娣共同商量决定，葛家每年都会耕种的作物包括两季水稻、春雪里蕻[④]、豆类、萝卜等。晚稻收割之后，家中土地闲置，程小梅和葛玲娣二人即开始商量决定当季种哪些农作物。通常情况下，由于葛家以出售咸齑为副业，作为腌咸齑原料的雪里蕻是葛家每年必须栽种的作物。

4.内外当家决定土地生产安排

1949 年以前，除了家长程小梅继承丈人葛维宏的租佃土地以外，葛家并没有发生过土地买卖、土地租佃及土地典当等涉及土地产权变更的活动。1942 年以前，丈人葛维宏和丈母

---

① 田绳：田埂。

② 车盘：水车。

③ 开口：挖开田埂。

④ 春雪里蕻：每年 11 月份播种，约需生长 2 至 3 个月。

娘葛童氏二人均在家中养老,但已不再干涉葛家土地的生产经营,两位老人相继去世之后,葛家的决策权便完全由程小梅夫妇掌握,土地亦由作为家长的程小梅所继承。此后,葛家农业的生产安排及副业的开展,均由家长程小梅和内当家葛玲娣通过商量来决定,两人的决定权基本相当,从未因之而起过任何矛盾或争执。1949年前,葛家后代众多,长子程文泉和次子程文年尚且年幼,还未到担负农业劳动的年纪,主要是寄住在葛家的长侄程大根及年长的三个女儿程雪娣、程复娣、程瑞娣跟着内当家葛玲娣下地干活,外甥曹雪熊和四女儿程素琴则干些力所能及的轻活。同时,由于家中男丁不足,程小梅还请来年轻的郭尧法做长工。

5.土地产权受保护

（1）其他村民对葛家土地产权的认可

1949年前,葛家人对自家拥有哪些土地有清晰的认知,既不会侵占外人的土地,也不会容许外人侵占自家的土地。如果村民想要买卖、租用或置换葛家的土地,必须要同葛家的当家人程小梅商量。

（2）葛氏家族对葛家土地产权的保护

葛维宏是葛氏家族的一份子,而程小梅是葛维宏所招的上门女婿。因此,葛氏家族的所有成员均会承认程小梅对葛维宏所拥有土地的继承权,同时,没有人会因程小梅是上门女婿而轻视或歧视他。事实上,葛家完全拥有对自家土地的处置权,并能获得葛氏家族的认可及保护。

（3）村庄和官府对土地产权的认可及保护

1949年前,一旦发生土地买卖和土地租佃行为,双方均会签订地契,佃户葛家和田主盛家便签订了租佃土地的契约。地契是1949年前证明土地产权归属的最有效力的凭证,不论是保甲长还是地方官府,均会承认葛家土地的使用权和经营权。凡是村内的家户发生土地产权变更的行为,都需要到保长姚东富处登记造册,以确定征收赋税的责任。作为村庄的管理者和乡镇官府的代言人,保长姚东富知晓葛家拥有多少土地,同时也会保护葛家土地的经营收益权。总体而言,村庄及县乡官府均承认葛家对自家土地的耕作、使用及收益的权利。

（二）家户房屋产权

1.三间茅草屋

1949年前,葛家共有三间祖传的茅草屋。轩子间位于房屋的正中,在三间房间之中面积最大,天气阴冷或下雨时,葛家人可以在轩子间内休息、吃饭,也可以在这里招待客人及存放自家的稻谷。轩子间的两侧是葛家人所住的两间居室,以东屋为尊,每间居室可以放置一至两张篾床①以及一些箱柜。

厨房紧挨着轩子间,面积不大,仅10平方米左右。灶头、烟囱及一旁堆放的柴草占用了厨房的绝大部分空间,灶敬菩萨②的神像贴在葛家的灶头上,并设有一个放置茶水及供品的小平台。同时,厨房内还摆放着众多储物的缸甏③,包括年糕缸、咸齑缸、火缸④、米缸及咸肉甏、老酒甏,等等。其中,年糕缸和咸齑缸各有四口,年糕采用水浸的方式保存,咸齑则用一方

---

① 篾床:宁波话,即床。

② 灶敬菩萨:灶神。

③ 甏:瓮一类的器皿,即瓦制的坛子。

④ 火缸:放置草木灰的缸,用于施肥。

青石压着,这样既可随时拿来售卖,也便于取来食用。

房屋前面有一个院子,既是走路的通道,也可在此洗衣晾晒。葛家的农具堆在院落的西南侧,东侧则是几间饲养家畜的小平房。轩子间前的空地上,葛家人还会种植黄瓜、葱、蒜和一些花草。屋后是葛家的晒谷场,平时用于晒谷,也可架起几个木架晾晒衣物。夏日的傍晚,如果轩子间过于闷热,葛家和附近的四邻都会在晒谷场附近聚坐而食。

2.家长请泥水修缮祖屋

葛家是一户上门女婿之家,程小梅所拥有的三间草屋继承自岳父葛维宏的祖辈。因房屋的使用年限较长,故每隔两至三年左右的时间,家长程小梅就会请村里的泥水①对房屋进行一些简单的修缮,包括更换屋面的草层,修补屋顶的漏洞等。诸如此类的房屋修缮费用很低,葛家只需支付两至三元的工钿②给泥水师傅即可。不过,如果需要整体更换房屋的木结构部分,房屋的修缮费用自然会相应地高些。

3.房屋归家户合有

葛家认为,房屋属于全体家户成员合有。在房屋的使用上,全家人都有居住权及使用权,具体安排因家庭地位高低及家庭贡献不同而有所差异。在房屋的继承方面,唯有长子程文泉和次子程文年拥有房屋的继承权,长侄程大根、次侄程小根、外甥曹雪熊以及程雪娣、程复娣、程瑞娣等几个女儿均不能享有家户房屋的份额。

起初,东屋归属葛家辈分最高的葛维宏夫妇居住,西屋则一分为二,用木板将卧房隔成两个小间,半间由程小梅夫妇居住,半间由葛家的孩子们居住。两位老人去世后,程小梅夫妇便搬进东屋,家里的孩子仍大多住在西屋。随着时间的推移,葛家的孩子愈生愈多,长侄程大根、次侄程小根和外甥曹雪熊便需同雇工郭尧法一起住在轩子间里。

在家户房屋分配方面,葛家认为,不应当将房屋的所有权分配至每一位成员。房屋属于全家共有,方便家长程小梅统一支配房屋,保障房屋空间在最大程度上得到利用。因长子程文泉和次子程文年尚未成年,故葛家认为完全没有必要对房屋产权进行划分。通常意义上,在家庭内部划分房屋产权即意味着分家。

4.同邻舍以院墙为边界

葛家同隔壁邻舍③之间房屋以院墙为边界,主要包括瓦墙和泥墙两种。其中,葛家房屋西侧是一段瓦墙,建造瓦墙的材料为葛家村大户翻修房屋所丢弃的碎瓦片,东侧则是一段泥墙,修建泥墙的材料俯拾即是,主要包括泥土、一些植物④和一定比例的水。修筑这两类院墙的成本极低,葛家亦完全负担得起,家长程小梅所请的泥水师傅手艺高超,一旦墙体修葺完备,除非人为破坏推倒,往后的一段时间内皆无需重新修筑。

即使是普通的泥瓦墙,也足以确定葛家同四邻的地权边界,同时在一定程度上阻止外人入室盗窃。除此之外,院墙还可为生活提供一些具体的便利,譬如葛家的农具既可以靠着院墙摆放,饲养家畜的小平房亦可在旧墙的基础上新建。

---

① 泥水:泥瓦匠。

② 工钿:工钱。

③ 隔壁邻舍:也称邻舍隔壁,邻居之意。

④ 植物:主要为老芦苇。

葛家的房屋平日里仅供葛家人自己使用,外人如果要寄住在葛家,必须征得当家人程小梅或内当家葛玲娣的同意。所有的家庭成员对于葛家所属的房屋产权均拥有清晰的心理认同,不能容忍自家所拥有的房屋为外人所侵占。在房屋的修缮方面,由家长程小梅牵头,并同妻子葛玲娣和丈人葛维宏商量一下,再由其出面花一些钱请泥水师傅上门为葛家修缮房屋。房屋修罢,家长程小梅还会安排妻子葛玲娣烧菜备酒,留出力的泥水师傅和帮忙的邻居在葛家吃一顿便饭。

5.家长程小梅支配房屋

葛家的房屋为葛氏祖上所传下来的祖屋,既是葛家全体成员的日常生活所在,同时也是个人精神的寄托,是所有家庭成员安身立命的"家"。即使家长程小梅并非葛氏的直系子孙,葛维宏仍把其当作自己的亲生儿子一般来看待。因此,于情于理,家长程小梅都不会典当或出卖葛家的祖屋。

在房屋的分配及使用方面,葛家呈现出长幼有序的特点。1942 年以前,程小梅安排岳父葛维宏和丈母娘葛童氏住在葛家较为宽敞的东屋,家长程小梅则带着妻子葛玲娣和家里的孩子住在西屋。葛维宏去世后,东屋仍由葛童氏一人单独居住,大女儿程雪娣、二女儿程复娣或三女儿程瑞娣有时也会到葛童氏屋内同自己的外祖母一起居住。葛童氏过世之后,葛家的东屋空置,程小梅夫妇便搬到东边的屋子里,孩子们仍住在较为拥挤的西屋。随着众多孩子的降生,西屋的房间也挤不下如此多的孩子,在家长程小梅的许可下,侄子程大根、程小根以及外甥曹雪熊便随雇工郭尧法一起在轩子间居住。

6.晒谷场为军队侵占

正常情况下,每年五月是葛家收获油菜籽的季节,葛家人将菜籽晒干之后,便榨成可食用的菜籽油。有一年,趁着天气晴好,又赶在种植水稻的间隙,内当家葛玲娣便带着三个女儿程雪娣、程复娣及程瑞娣在屋后的晒谷场翻晒油菜籽。油菜籽已逐渐变黑,不消三两日,油菜籽即可贮藏起来。这时,两名国民党军官突然带着一队士兵出现在葛家村内,这些官兵二话不说,就将葛家门前晾晒的油菜籽翻掉①,声称这片晒谷场即将用作军队训练的操场。内当家葛玲娣不是一个怯懦的女性,上前同为首的两名军官说理:"这片晒谷场是我家的,为何给我们弄掉?"两位军官既不辩驳,也不发怒,只是立刻招呼手下两个身强体壮的卫兵将葛玲娣拉开。

第二天早晨,葛家屋后便响起士兵操练的声音。当地有老话说:"老百姓遇到兵,有怨气也不消说",但葛玲娣仍为此难过好几天,家长程小梅和女儿们不时劝慰葛玲娣来年再种即可。没过多久,葛玲娣便又投入到日复一日的农耕和家务劳动之中。

(三)生产资料产权

1.稻作基础农具齐全

1949 年前,葛家的农具基本齐全,家户所拥有的大型农具主要包括一部汲水的牛车盘,犁、耙亦各有一副,小型农具更是类型多样,包括锄头、枊子头②、沙尖③、稻桶④、遮拦⑤、

---

① 翻掉:弄掉,破坏掉。
② 枊子头:宁波话,即镰刀。
③ 沙尖:一种长约一尺,呈弯月形的铁质刀具。类似镰刀,凹面有细细的锯齿。
④ 稻桶:木质容器,上大下小,有底无盖,呈倒梯形。
⑤ 遮拦:固定在稻桶边防止谷粒飞溅,由簟片编织而成。

稻床①等。葛家所拥有的一部分农具是由家长程小梅从丈人葛维宏处继承而来,另外一部分农具则由家长程小梅根据葛家的农业生产需求请铁匠师傅、木匠师傅或篾竹师傅登门制作。

为延长农具的使用寿命,在平时使用农具时,葛玲娣会叮嘱下地干活的雇工郭尧法、侄子程大根及三个女儿要时刻小心谨慎。尤其是在使用水车时,内当家葛玲娣会教授程大根和程雪娣、程复娣、程瑞娣等人安装水车的具体步骤,提醒他们要注意将水车的各个部件牢牢固定。这样,牛拉起来不费力,水车也不至于因为安装得不平整而轧坏。农具用完之后,葛玲娣会安排郭尧法、程大根和女儿们将所用农具平稳地放置在自家的院落内,绝不可放得东倒西歪。一方面,葛玲娣怕农具万一翻顶倒②遭致损坏,另一方面,葛玲娣怕犁这样的农具放得不好伤着人。对于家庭农业生产至关重要的车盘和黄牛,葛家绝不肯外借,只有锄头、枷子头、竹篓这类的小型农具,经由家长程小梅或内当家葛玲娣的首肯,葛家人才会对外出借。

2.农具通过继承或购买而来

1949年前,葛家的农具多种多样,主要包含铁器、木器、竹器这三种类型的农具,甚至还有一部分石器及陶器。葛家成员之中,由于无人会做木匠活或习得过编篾的手艺,因此葛家所有的农具一部分继承自葛维宏,一部分则需由程小梅或葛玲娣出面请特定的匠人进行制作。

葛家拥有的车盘犁耙等一整套大型农具以及所饲养的耕牛,皆是家长程小梅通过继承而来。在日常生产劳动之中,葛家较为齐全的基础农具省去了葛家向外人借用农具的麻烦,只要有耕作需要,便可随取随用。在葛家人的印象之中,犁、耙这样的大型农具极少发生损坏,至多偶尔需要请匠人上门简单地维修一下。而锄头、枷子头这样使用频率颇高的小型农具,每隔几年就需要更换一次,因为这些农具在使用中会发生一定程度的损耗,用过多年之后不免变钝,继而影响农耕的效率。此时,家长程小梅或内当家葛玲娣就会前往镇上的铁匠铺购买相应的农具。除去这些铁质农具的损耗,如果是木质农具及竹制农具发生严重的损坏,程小梅或葛玲娣则会请村里的木匠或篾匠来制作相应的农具。木匠或篾匠制作农具的时间并不固定,有时只需半天,多时则需三两日,葛家或以稻谷、大米作为工钱,或以自家所卖的年糕作为报酬。

3.生产资料为家户所有

葛家认为,家长程小梅作为家户的代表享有生产资料的占有权,内当家葛玲娣可以具体决定农具如何安排使用,但不论是家中的农具还是牲畜,均属于全体家庭成员共同所有。对于生产资料的继承权而言,葛家的长子程文泉和次子程文年均享有生产资料的继承权,长侄程大根、次侄程小根和外甥曹雪熊均被排斥于生产资料的继承之外。此外,不论是相继出嫁的大女儿程雪娣和二女儿程复娣,还是未出嫁的女儿程瑞娣等人,葛家的女性均无法享有生产资料的继承权。在葛家,因女儿不论长幼,迟早会嫁作外人,故除了一定数量的嫁妆,女性不能继承家中的任何财产。

在葛家,入赘的女婿也拥有相应的继承权。程小梅从小即被亲生父母送给当地的一户王姓人家。王姓养父去世后不久,程小梅便经亲戚介绍在葛家做工,最终通过入赘成为葛家的上门女婿,从而拥有继承丈人葛维宏家产的权利。即使程小梅同自己的两位兄弟程大梅和程

---

① 稻床:与稻桶搭配使用,扣在稻桶内侧。上端是一条比较粗的硬木,下面是一条条竹片,呈45度固定在木框上。

② 翻顶倒:翻倒。

阿梅从未经过分家的步骤,但在入赘之后,程小梅既不属于程家成员,也不再属于王家,形成了同原生家庭和抱养家庭间的区隔。作为兄长程大梅的子嗣,侄子程大根、程小根在温岭老家均有一部分的田产和房屋可以继承,因此家长程小梅无需给两位侄子留下财产,只承担抚养及教育之责。而弟弟程阿梅因出家住在庙宇之中,故亦不会对葛家的生产资料产权提出相应要求。同家长程小梅入赘的情况类似,葛家雇工的郭尧法起初只拥有葛家生产资料的使用权。后来,因为家长程小梅无法下地干活,同时两个儿子程文泉和程文年年纪尚小,因此葛家出现男性劳力不足的局面。出于减少家户开支的考虑,程小梅便许诺日后将自己的第三个女儿程瑞娣嫁给雇工郭尧法。因此,作为雇工兼未来女婿的郭尧法也享有一部分生产资料的继承权。

在葛家人眼中,以家长程小梅的名义占有家户生产资料,并由内当家葛玲娣根据劳动生产进行具体统筹是较为合理的安排。因为生产资料属于全家人共同所有,有利于整合家庭的生产资源,以提高农耕劳动效率,进而维持全家的团结及和谐。如果将生产资料划分到每一位家庭成员,葛家便不再成为一个独立的生产单元,家庭成员之间也会因考虑自身利益而变得越来越疏离和淡漠。

4.夫妇共同决定生产资料安排

自家长程小梅丧失干重活的能力以后,葛家的农活和家务便由身为内当家的葛玲娣"一肩挑",葛玲娣也就成为葛家生产资料购买、维修和借用活动中的主要支配者。同时,因程小梅在葛家仍扮演着家长的角色,故其对于购买、维修和借用农具仍然拥有无可辩驳的决定权。因此,在葛家,由家长程小梅和农事活动的具体安排者葛玲娣二人共同决定家户生产资料的安排。

(四)生活资料产权

1.公共生活资料

(1)优先使用晒场

葛家屋后有一片公共空地,可用作各家各户的晒场。葛家通常将靠近自家房屋一侧的空地用于晒谷、晒油菜籽以及晾晒衣物,葛家人也就自然而然地将这片空地视为自家的晒谷场。也就是说,葛家拥有这片空地的优先使用权。如果平日里隔壁邻舍需要在靠近葛家的这片空地上晒谷,对方需要提前同家长程小梅或内当家葛玲娣说一声。只要葛家没有晒谷或晒油菜籽的需求,一般情况下,邻家即可将稻谷堆晒在葛家的门前。

(2)共用河埠头①

庄桥镇是一个因河运而兴的市镇,河流主航道可通轮船,设有两处船埠头②,支流可通小船,每隔几十米就会有一处规模较小的河埠头。离葛家往东不远,便有一处公共的河埠头。平日里,河埠头既可供往来的运米船、咸货船装船卸货,也是附近妇女洗衣、洗菜及取水的地方。葛家的妇女经常在河埠头洗衣、洗菜,做饭用水主要取自自家的水缸。通常而言,每日清晨,内当家葛玲娣就会唤大女儿程雪娣带着程复娣和程瑞娣在河埠头占据有利位置,抓紧时间清洗全家人的衣服。

---

① 河埠头:河边洗衣、汲水的地方,多有台阶可以下至水面。

② 船埠头:类似河埠头,规模大于河埠头,逊于轮船码头。

2.家户生活资料

（1）缸甏储物

葛家的缸缸甏甏很多，主要作为储物的器皿。缸的容量比甏大，而根据缸的不同功用，可分为水缸、年糕缸、咸齑缸、米缸和火缸，并分别用于贮藏天水①、年糕、咸齑、大米和草木灰。甏则主要用来存放老酒和一些腌制的食物。

以水缸为例，葛家的四口水缸摆放在屋檐之下。为了方便收集雨水，内当家葛玲娣在屋檐底下做了一个引水的水流②。落雨时，天水即可沿着水流落入水缸之中。葛家的孩子们承担着接天水③的任务，一般由三女儿程瑞娣带着曹雪熊、程小根、程素琴等人来完成。每当夏季雷雨将至，几个孩子就需要揭开篾竹所编的水缸盖盛接天水，直到缸缸水满，几个孩子才算完成了接天水任务。为了保证缸水的清洁，葛家一年之中总要刮一至两次水缸浆，也就是将沉淀在水缸底部的底质④刮掉，并用清水彻底清洗缸底。这一工作费时费力，所以通常不会由葛家的孩子们来完成，而由家长程小梅或内当家葛玲娣承担。在清洗的时机方面，一般情况下，葛家人不会在雨季之前清洗所有的水缸。因为一旦雨量不够，而勉强只接一缸左右的天水，这样其余的三口水缸便成为空缸，万一旱上十几天，葛家就会面临无天水可吃的境地。虽然庄桥河的河水亦可烧开饮用，但葛家村多数村民以吃天水为主，葛家亦是如此。因此，葛家掌握刮水缸浆的时机至关重要。

与水缸的摆放位置不同，葛家的年糕缸放置在葛家的轩子间和厨房间，年糕缸中储水，并贮存着一条条的年糕。葛家对于浸年糕所用之水十分讲究，即必须尽量使用冬天的天水，而不使用春天的天水。因为使用冬天的天水浸泡年糕，年糕不易发酸变质，贮藏的时间也能相应延长。不过，由于葛家的年糕往往要吃到清明时节以后，一旦存放的时间长了，缸内难免出现一些杂质。这种情况下，内当家葛玲娣就要经常更换年糕缸内的水，以保证水质清洁，避免年糕发酸变质，影响年糕的口感。在日常贮存时，葛玲娣还会用篾罩子盖住年糕缸，防止昆虫或杂物等不洁之物落入缸中。

（2）生活用品齐备

同其他村民类似，葛家日常所用的生活用品包括桌椅板凳、锅碗瓢盆、箱柜被褥，等等。除此之外，葛家还拥有两个存放稻谷的谷柜，一套制作年糕的石磨和石臼。葛家大多数生活用品继承自葛氏祖辈，只要没有发生较大损坏，葛家便可一直使用。譬如专门用于制作年糕的石磨和石臼，葛家就使用了很长一段时间。家户少数生活用品亦可由家长程小梅或内当家葛玲娣上街购买，诸如油盐酱醋之类的生活必需品，葛家每隔一段时间就需要置办一次。

3.程小梅夫妇安排生活资料

葛家认为，全体成员共同生活，所以生活资料理所应当属于家庭成员共同占有，也就是说，每个人都有权使用家户的生产资料，谁也不会独占。不过，在生活资料的安排和使用方

---

① 天水：雨水。

② 水流：一种放置在屋檐下的引水装置。

③ 接天水：接雨水。

④ 底质：底部的泥垢。

面,葛家也有一定的规矩,即由程小梅夫妇做主,家庭内部的所有孩子必须听从两位大人的安排。

在葛家,家长程小梅和内当家葛玲娣是家庭生活的中心,两人互相尊重,共同作出关于生活资料如何分配使用及何时需要添置生活物品的决定。1949年前,葛家的农业收成和副业收入大体能维持家庭的各项开支,正常情况下,生活用品亦能满足全家所需,但也会临时遇到短缺的时候。譬如,葛玲娣的娘舅童宝昌携家带口来葛家拜访,葛家一时之间没有如此多的桌椅板凳和碗筷,此时,家长程小梅或内当家葛玲娣通常会亲自向邻居家借用。有时,程小梅或葛玲娣也会派侄子程大根或雇工郭尧法前往邻家借东西。互帮互助是村民间的生活规矩,邻家的主人同葛家见了面,葛家人打一声招呼,邻家自然愿意将桌椅板凳借予葛家。有时,隔壁邻舍没有多余的可借,葛家人就需多跑上几户人家才能借到。用完之后,内当家葛玲娣需要将借来的板凳、桌椅、碗筷收拾清爽①,而后再亲自登门归还,并表示感谢。如果邻家日后有借用生活用品的需求,葛家人也不会吝啬施予帮助。

二、家户经营

(一)生产资料

1.女性劳动力居多

(1)大小两代齐干活

1949年前,葛家的主要劳动力为六人,包括家长程小梅、内当家葛玲娣、长侄程大根、长女程雪娣、次女程复娣及三女程瑞娣。就家长程小梅而言,其身体情况尚可,只是由于中年患上严重的风湿病而导致不能下地干重活。于是,程小梅一门心思经营副业,在街市上售卖自家所腌制的咸菜和制作的年糕。特别是当程小梅腿脚病痛严重之时,内当家葛玲娣或家里的其他人甚至还需亲自帮助程小梅把担子挑到街上。内当家葛玲娣经历了一个逐步介入葛家农业生产的过程。一开始,葛玲娣以做家务为主,仅在农忙时下地,因此无需过分操心家里的农事。家长程小梅无法下地干重活之后,妻子葛玲娣便肩负起安排农业劳动的重任,而长侄程大根及女儿程雪娣、程复娣、程瑞娣都是葛玲娣的重要帮手。因此,葛玲娣是葛家的顶梁柱之一,上要照顾父母,下要照看小孩,既要负责农耕,又要料理家务。

由于几个孩童年龄尚小,因此葛玲娣仅安排次侄程小根、外甥曹雪熊和四女儿程素琴偶尔干些放牛割草的农活,极少参与葛家田间的劳作。1949年前,长子程文泉和次子程文年尚未到干农活的年纪,为了方便照看,程文泉和程文年有时跟着葛玲娣到田间地头看着家里的大人如何插秧割稻,有时则跟着自己的堂兄程小根、表兄曹雪熊和姐姐程素琴去放牛。雇工郭尧法是葛玲娣在农业上的助手,葛玲娣忙于家务或其他事情时,程大根和郭尧法二人便需要根据葛玲娣的指示独立完成当日的农耕劳动。

(2)女儿出嫁导致家户劳力减少

葛家的三个女儿之中,大女儿程雪娣和二女儿程复娣最为能干,既能帮着内当家葛玲娣洗衣做饭、料理家务,也是种稻插秧、耕田耘地的好手。三女儿程瑞娣刚学会种田的技艺,故效率较两个年长的女儿稍低。"男大当婚,女大当嫁",长女程雪娣和次女程复娣在1949

①清爽:意为干净。

247

年前都已到谈婚论嫁的年纪,外人听闻葛家的两个女儿手脚麻利,上门说亲事的人很多,家长程小梅和内当家葛玲娣顺其自然,分别于1946年和1947年安排了两个女儿的婚事。程雪娣和程复娣的出嫁导致葛家损失两个重要的劳动力,为了平衡家庭内部的劳动分配,葛家平时的一些家务劳动便落到三女儿程瑞娣的头上,同时内当家葛玲娣也把更多的心思花在农事活动方面。

(3)招雇工入赘巩固家户劳动力

长侄程大根逐渐长大,完全掌握了耕田的技艺,家长程小梅也将腌咸菜和做年糕的手艺完全传授给他,同时,程小梅打算在几年后将程大根过继给弟弟阿梅接代①。若是如此,必然意味着葛家又要丧失一个重要的劳动力,程小梅便和妻子葛玲娣商量着招雇工郭尧法作自家的女婿,这样,也就可以减少一笔雇工的开支。妻子葛玲娣同意之后,家长程小梅便把自己的想法告知这个在葛家做工的年轻人。郭尧法思忖几天之后,考虑到自己一方面外出打工无依无靠,另一方面葛家人待自己不错,于是郭尧法同意了程小梅的主意。从此,郭尧法作为葛家的未来女婿,也就笃定②在葛家干活。

2.租佃十余亩土地

1949年前,葛家向附近的大户盛家租佃来0.87万平方米土地。因葛家的男性劳力不足,又以出售咸菜及年糕为副业,故这近1万平方米的土地完全足够葛家人来耕种。租佃的地契为丈人葛维宏生前同田主盛德生所签订,只要家长程小梅每年按时交纳地租,租佃而来的土地便可长期为葛家所耕种及使用。一年之中,葛家共需向盛家交纳两次地租,一次要挑两担稻谷到盛家。在交租的人选上,既可由家长程小梅亲自挑谷到盛家,也可由侄子程大根或雇工郭尧法将稻谷挑至盛家。不过,如果程小梅未提前同盛德生沟通,约定好上谷的时间,即使葛家将稻谷挑到盛家,田主盛德生也会挑三拣四,拒收这部分稻谷。如此,葛家人第二日又要去交一次地租。

3.视耕牛如若珍宝

1949年前,葛家养有一头小黄牛,并主要通过这头耕牛完成耕田犁地的任务。葛维宏去世后,这头牛传给家长程小梅,因此耕牛在葛家养了很长一段时间。葛家人说它小并不是因为这头牛尚未长大,而是说葛家这头牛的体型不似邻家的耕牛那般高大。不过在耕地方面,葛家的这头小黄牛丝毫不逊色于其他体型更大的耕牛。正常情况下,葛家会将这头小黄牛养在自家的牛棚之中,平时以喂草料为主,农忙时,葛家则会搭配投喂菜饼③、花饼④等饲料以增加耕牛的营养。在使用时,葛家对这头耕牛视若珍宝,即使是相熟的人家,也绝不肯外借。

在葛家,放牛以及照看耕牛的任务在葛家孩子之间进行轮替。起初,这项任务由长侄程大根和三女儿程瑞娣合作完成。后来,程大根和程瑞娣开始跟着葛玲娣下地干活,放牛割草的工作便移交给次侄程小根、外甥曹雪熊和四女儿程素琴。

---

① 接代:意为传宗接代。

② 笃定:一定,肯定。

③ 菜饼:各种作物炒在一起的饲料。

④ 花饼:棉花籽榨油剩下的渣。

4.农具齐备可自给

葛家人自己不会木工或编篾,家中的大小农具多是继承葛氏祖辈而来,少数日后添置的农具则由家长程小梅或内当家葛玲娣出面请木匠、铁匠或篾匠制作,现有的农具基本能够满足家庭生产的需求。有时,邻家、亲戚或朋友会向葛家借用农具,对于不同的情况,葛家人采取不同的做法。对于葛家来说,在农事活动之中,车盘同耕牛一样重要,因此家长程小梅或内当家葛玲娣不情愿将自家的牛车盘借予外人。车盘以外的农具经由家长程小梅或内当家葛玲娣允许,均可以向熟人出借,但借用农具的期限多为一至两天,因为时间一长就会贻误葛家的农耕计划。外人归还农具的时候,内当家葛玲娣只会检查自家的农具是否完好,而不会收取任何报酬。如果农具发生轻微损坏,葛玲娣不会和借方计较,但如果损坏程度较大,葛玲娣就会让借方修缮好再归还。

(二)生产过程

1.农耕的各项环节

葛家拥有 0.87 万平方米可用作农耕的土地,内当家葛玲娣会以四时节气及实际的天气状况确定葛家农业耕作的相应安排。葛家的农业生产每年周而复始,清明至十月底,葛家主要种植早晚两季水稻。晚稻收割之后,栽植两至三个月的雪里蕻和一些旱生作物。此后,再于早春种植油菜,五月油菜籽成熟之前,葛家又开始进行水稻的育种。

种稻是葛家最重要的农业生产活动,由内当家葛玲娣带着程大根、程雪娣、程复娣、程瑞娣及雇工郭尧法来完成。"淘秧子"①又称"孵秧子",这是种植水稻的第一步,通常这个过程会需要两至三天的时间。首先,葛玲娣会用水为稻种催芽,再以清水将稻种淘洗干净,并用手筛选掉上浮的劣质稻种,之后,葛家才会将合格的稻种播撒到秧田里。淘洗秧子的同时,葛玲娣会安排长侄程大根同雇工郭尧法备好一块面积不大的育秧田。这样,一旦稻种出芽,葛家赶在清明之前就可以下秧子②。撒完发芽的稻种之后,葛家还会为秧子盖上一层焦泥③,以增强土壤的肥力。

作为移秧前的准备工作,耕地及耙地是整个水稻种植过程的第二步。耕地及耙地时,葛家人需要将犁和耙搭套在耕牛肩上,再牵着耕牛在地里来回作业。耕地和耙地是一项技术活,通常由精于耕地和耙地的内当家葛玲娣或雇工郭尧法来完成。两者所起的作用略有不同,犁地是为了翻土,而耙地则是将翻起的大土块尽量耙碎。不过两者的目的都是为了使土地疏松,同时起到涵养水分的作用。

葛家在春夏之交插秧,也就是将长势正旺的秧苗从秧田移植到稻田里,为秧苗提供更大的生长空间,包括家长程小梅在内的全体葛家成员会一齐出工。所有人各司其职,分工明确,年长的大人主要负责在田中插秧,年幼的孩子则负责站在田埂边上抛秧④。由于育秧田内的稻秧长得较为稠密,因此在一般情况下,需要两个大人将秧苗从秧田里拔出来,扎成一捆一捆,并将扎成捆的秧苗交给负责抛秧的侄子程小根、外甥曹雪熊和女儿程素琴。几个孩子十

---

① 淘秧子:为稻种催芽。

② 下秧子:将发芽的稻种撒到地里。

③ 焦泥:河塘泥。

④ 抛秧:把成捆的秧苗抛入水田之中。

分乐于帮助家里的大人,光着脚丫子在田绳上飞快地奔来奔去,将成捆的秧苗抛到插秧人的身边。内当家葛玲娣等其他劳动力则头戴草帽,卷起裤脚,左手拿着一把秧苗,右手以熟练的动作迅速将秧苗插入水中。插秧人一面插秧,一面往后退,并尽量使秧苗之间的距离大致相等。正常情况下,葛家整个移秧和插秧的过程大约会持续三至四天。

插秧之后,老根新发,秧苗逐渐长大。内当家葛玲娣就会带着家里的劳动力耘田,即第一次为水稻进行锄草的工作。耘田与插秧的姿势类似,耘田者需屈身弯腰,两手在泥水之中摸索,并将秧苗四周的杂草连根拔出,同时扶正那些插得不够垂直、种得不够调均①的秧苗。通常,葛家人耘田时还会在腰间缚一个竹篓,当摸到田中的螺蛳、黄鳝或泥鳅之时便顺手放入竹篓之中,既可用于烧菜,也可用作家禽的饲料。耘田在整个水稻种植期间需要进行三至四次,施肥亦是如此,1949年之前,葛家多采用粪便、草木灰这些天然的农家肥。在葛家村口,有一口半埋在地里的粪缸,自家的肥料不够时,葛家人还可到粪缸里取用。

割稻及脱粒是水稻生产过程中最重要的一个环节。等到水稻完全成熟,稻穗粒粒饱满,葛家便开始着手对水稻进行收割。在收割之前,葛玲娣会就家内的分工做出安排,男女长幼的分工各有不同。一般情况下,由内当家葛玲娣带着三个女儿程雪娣、程复娣、程瑞娣在田中割稻,长侄程大根负责搬运新割的稻谷,家长程小梅和雇工郭尧法则利用稻桶为稻谷脱粒。次侄程小根、外甥曹雪熊和四女儿程素琴这几个孩子也不会闲着,一方面负责端茶水和送点心,另一方面,将脱粒的稻草搬运回家。一连持续数天,葛家才能将收割稻谷和为稻谷脱粒的任务完成。如果遇上晴好天气,内当家葛玲娣还会将新收割的稻谷倒在自家门前的晒谷场上晾晒,并让程小根、曹雪熊、程素琴这几个不会做事的孩子帮忙看着,防止麻雀或邻家的鸡来啄食。

2.饲养禽畜供家食

1949年以前,葛家常年所饲养的家畜包括一头小黄牛和两至三头乌猪②。家猪之中,有一头专门用来产小猪的老猪娘③,每隔四个月左右的时间,老猪娘就能生一窝小猪,故葛家一年可以卖两次小猪仔。正常情况下,葛家还会留一至两头小猪养着,留着过年时宰杀或出售。除了牛猪这样的家畜,葛家每年还会养一些家禽,包括七八只鸡,两三只鸭子及四只清明鹅。鸡可分为雄鸡和草鸡④。一般情况下,葛家只有在过年时才会宰杀雄鸡,有贵客、要客来访时,内当家葛玲娣也会杀鸡招待客人。草鸡则完全用来下蛋,很少宰杀。鸭子的作用与鸡相同,既可以生蛋,也可以杀来吃。此外,在葛家人眼中,不论是鹅蛋还是鹅肉,都是逢年过节宴请宾客时的一道美味,但葛家通常选择在清明节前后吃鹅。据说,清明时节的鹅吃过刚抽芽的青草,是鹅肉最为肥美的时候。

一般来说,葛家饲养家畜的任务会落到长女程雪娣、次女程复娣和三女儿程瑞娣头上。但其实,哪一位家庭成员有空,内当家葛玲娣就会叫谁去投喂饲料,只是家中的三个女儿喂的较多。葛家养猪的形式较为简单,即只需将猪关在猪圈里,平日里也不需要花费过多的精

---

① 调均:匀称。

② 乌猪:猪。

③ 老猪娘:老母猪。

④ 草鸡:母鸡。

力进行关注。同时,猪的饲料也不讲究,仅需拿一些谷糠、菜叶或者馊气①的冷米饭投喂便可。家禽采取圈养和散养两种形式,在放养时,葛玲娣会派几个孩子专门看管,以防家禽丢失。就自家的鸡而言,一方面,葛家人可以喂些谷糠和烂掉的菜叶瓣②,另一方面,也可以由家里的孩子带到河边的草地啄食一些虫子和野草。另外,侄子程小根、外甥曹雪熊和四女儿程素琴这三个负责看管家禽的孩子,还可以将鸭子和家鹅赶到葛家的稻田里,鸭和鹅会低着头仔细搜寻地里的田螺、青蛙和黄鳝,同时也能吃掉一部分虫子。这样做既能省去投喂饲料的麻烦,也能起到一定的防治虫害的效果。

当然,如果葛家人耘田时拾来的螺蛳、田螺、泥鳅或黄鳝很多,家里吃不完,葛家人就会拿这些东西来喂家禽,投喂前需要对饲料作一番处理。就泥鳅和黄鳝而言,大女儿程雪娣会和另外两个女儿程复娣和程瑞娣一起,一手捏着泥鳅、黄鳝的头,一手用剪刀将泥鳅、黄鳝剪成一段段的小块,扔在自家专门用于投喂饲料的盆里。就螺蛳和田螺而言,则需要三个女儿专门剪掉螺蛳和田螺的屁股③,使肚肠④外露。如此处理的目的是为了方便家禽吞食,便于消化。将饲料处理完毕以后,三个女儿就可以将这部分饲料抛撒到自家的院子里,鸭子嘎嘎地叫着,家鹅则会吭吭地扑到三人跟前争相夺食。有时年幼的程小根、曹雪熊或程素琴想喂,程雪娣等人也会把投喂饲料的任务交给他们。

3.家长指导腌咸齑

对于宁波人而言,咸齑既可放汤,亦可做菜,用途很广。因此,在日常生活中,当地每一户人家对咸齑的需求量都很大,并流传着"三日不吃咸齑汤,两腿有点酸汪汪"的说法。因葛家所腌的咸齑酸爽可口,远近闻名,人们均夸赞葛家腌咸齑的手艺独到,并给家长程小梅取了个外号,戏称其为"咸齑阿梅"。附近村子的人家经常会到程小梅处购买自家所食用的咸齑,因此葛家咸齑的销路很好,并以此为家户的主要副业。

程小梅从丈人葛维宏处习得腌咸齑的手艺,并对工艺进行了改良。一方面,在原料上,葛家的咸齑以春季成熟的雪里蕻为主要原料,这季的雪里蕻经过冬天的霜冻,会变得格外细嫩。另一方面,在时机上,为了不耽误种稻,葛家会于晚稻收割后种植一季雪里蕻,并于第二年的三月份开始制作。

收获雪里蕻之后,首先,妻子葛玲娣会带着程雪娣、程复娣和程瑞娣三个女儿去河埠头将雪里蕻清洗干净,只有这样做才能保证雪里蕻的原汁原味。因为如果腌制后再洗,就会影响腌菜的颜色及口感。制作咸齑的第二步是将清洗后的雪里蕻进行晾晒。正常情况下,家长程小梅会带着程雪娣、程复娣、程瑞娣三个女儿先在自家门前的晒谷场上铺一层篾垫⑤,再将雪里蕻一排排地铺在篾垫上。一方面,因刚收获的新菜较为细嫩,故其枝叶容易折断,而经过几日的晾晒,晒瘪之后的雪里蕻就变得不易折断。另一方面,经过晾晒处理之后的雪里蕻会变软发黄,更加易于腌制入味。制作咸齑的第三个步骤为踩雪里蕻。据说,这是葛维宏教给程

---

① 馊气:变质。
② 菜叶瓣:烂菜叶。
③ 屁股:尖端部分。
④ 肚肠:螺的肠子。
⑤ 篾垫:竹制的垫子,类似竹席。

小梅的秘诀之一。一般情况下,在家长程小梅的指导下,葛家的孩子会跳进咸菹缸中,用脚踏的方式将雪里蕻的秆子踩断,这样做的目的是为了将雪里蕻本身所具有的辛辣味踩出来。家长程小梅在一旁监督指导整个踩雪里蕻的过程,孩子们踩好一层后,程小梅会撒上一层盐。然后,程小梅会再放一层雪里蕻,并叫家里的孩子将雪里蕻一层层地踩下去,直到将整个缸里的雪里蕻踩得十分紧实。最后,程小梅会再拿几块洗净的青石压着踩实的咸菹。经过踩咸菹这一步,腌熟的咸菹味道会更加香浓,并附带一定的酸味。同时,咸菹的颜色会变得黄中带亮,叶瓣也会显得通透无比。在葛家,通过这样的方式腌制的雪里蕻才称得上最地道的咸菹。

4.全家上阵包年糕①

晚稻收割后,葛家还会从事另一项副业——包年糕。制作年糕的步骤较为复杂,具体包括拣米②、浸米、磨粉、抽燥③、擞碎、蒸粉、擻粉④、摘条、印糕等九个主要步骤。

(1)拣米

晚稻收割并晒燥⑤之后,葛家有了制作年糕的新鲜原料,就会着手准备制作葛家当年所食用及出售的年糕。在葛家,拣米是制作年糕的第一步,也就是挑选优质的晚稻米。挑选轧出谷眼的大米是拣米的关键,只有这样,才能防止米粒的黑点进入年糕之中,因此拣米极其需要挑选者的细心和耐心。家庭成员之中,通常会由家长程小梅、妻子葛玲娣、长女程雪娣和次女程复娣四人来挑选大米。

(2)浸米

制作年糕的第二个步骤是浸米。浸米之前,内当家葛玲娣会挑选一个风和日丽的日子,并带着三个女儿程雪娣、程复娣和程瑞娣去河埠头淘米,这样做的目的是为了讨个吉利。洗净大米之后,葛玲娣会将大米倒入一口缸中,再用自家所储藏的天水浸泡七至十天。在浸大米期间,为了防止大米发酵变酸,葛玲娣需要更换一次浸米的天水。在这一过程之中,浸米时间的长短会影响水磨年糕的品质,如果浸米时间过长,就会导致做出的年糕发酸,而如果时间太短,便会影响年糕软糯的口感。所以浸米时间的长短通常会由熟练掌握制作技艺的内当家葛玲娣亲自掌控。

(3)磨粉

制作年糕的第三步是磨粉,即将大米磨成米粉。磨粉是制作年糕过程中一道极其费力的工序,因此会由家长程小梅、侄子程大根和雇工郭尧法三人合力来完成。在磨粉过程中各有分工,程小梅负责把磨头,程大根和郭尧法则负责牵磨。程小梅是磨粉的总指挥,一面把着磨头,一面拨米添水,而程大根和郭尧法则跟随着程小梅的指令和节奏按一定方向匀速推磨。磨粉这一步骤中,米粉的细度及润滑程度全然取决于三人能否齐心协力。

(4)抽燥

与磨粉同步进行的还有抽燥这道工序。通常情况下,家长程小梅会在石磨的下方放置一

---

① 包年糕:即做年糕,因为1949年前有一种传统吃法是年糕饺,因此又可称包年糕。

② 拣米:选米。

③ 抽燥:即干燥。

④ 擻粉:打年糕。

⑤ 晒燥:晒干。

只竹篮,内置一些早稻的秸秆,再铺上一层白细布,米粉装满后裹弄①,最后覆盖一层草木灰。稻草和草木灰的主要作用是透气和吸水,也就是抽燥。一般而言,抽燥的时间掌握在一天,也就是二十四小时为宜。同浸米类似,放置时间如果过长,会导致米粉发酵,最终致使制作出来的年糕发酸,影响整体的口感。

（5）攲碎

抽燥后的米粉是整块整块的样式,而攲碎就是将整块的米粉弄成粉状待蒸。一般情况下,内当家葛玲娣会独自完成这一过程,边攲边蒸。

（6）蒸粉

蒸粉就是将米粉放入蒸笼蒸熟。这是一道较难控制的工序,通常会由葛玲娣独自完成。期间,米粉的燥湿、蒸笼的干净程度以及炉灶的火焰均十分讲究。在蒸粉时,葛玲娣不会允许自家的孩子靠近,一是怕孩子胡言乱语,二是怕难以掌握蒸粉的火候。如果蒸笼中的蒸汽上不来或上得慢,米粉不能一口气蒸熟,就会影响年糕的看相和口感。

（7）搡粉

搡粉又叫"打年糕",也就是将蒸熟的米粉放入石臼,将其不断搡匀、搡实、搡糯的过程。搡粉的时间视米粉的具体数量而定,十斤的米粉大约需要搡四十至五十记②,也就是半个小时左右。打年糕时,家长程小梅、侄子程大根、内当家葛玲娣和雇工郭尧法四个人每两人为一组,轮流搭档进行搡粉作业。在分工上,年轻的程大根和郭尧法负责挥动木槌搡年糕,而程小梅和葛玲娣负责奔③年糕团,也就是用手使年糕团翻面。为了减轻工作强度以及活跃劳动气氛,打年糕时,家长程小梅还会带着全家哼几句歌或者开一下玩笑。

（8）摘条和印糕

搡粉结束后,后两道工序需要全家男女共同作业,男人负责摘条,女人负责印糕。摘条就是将搡好的年糕搓成一头较为细小的长条状,并打上红印。一般摘条会由家长程小梅带着长侄程大根、次侄程小根、外甥曹雪熊以及雇工郭尧法来完成。内当家葛玲娣则带着程雪娣、程复娣、程瑞娣、程素琴这四个女儿将条状的年糕放入年糕板内。年糕团填满印年糕的模子以后,可将年糕团印成一条地角四方④、棱角清晰的年糕。经过这两道工序,葛家整个包年糕的过程即大功完成。

（三）生产结果

1.农业收成为源流

1949年前,葛家一年之中可以收获两季水稻、一季春雪里蕻和一季油菜籽,并不时种些豆类、番薯等农作物作为农业收入的补充。风调雨顺的年份,葛家一亩稻田两季可以产三百五十斤左右的稻谷,年成较差的时候,家中一亩土地就只能产三百斤不到的谷子。不同年份之下,葛家种地收入的波动很大,旱涝、虫害以及气候都是影响家户农业收成的重要因素。一

---

① 裹弄:裹住。

② 记:下。

③ 奔:意为翻。

④ 地角四方:棱角方方正正。

年之中,水稻刚结穗的时候,家长程小梅及葛玲娣通过观察稻穗的高低和稻谷颗粒的饱满程度,就可以预估出当季水稻收成的好坏,并根据年成调整葛家当年的农业种植计划。一旦碰上青黄不接的年份,家长程小梅和内当家葛玲娣会通过降低家户开支或借债来维持全家的生活。

出售自家所饲养的家猪是葛家的一项重要收入。葛家所养的那头老猪娘具有很强的生育能力,每过四个月左右,母猪就能生出一窝小猪仔,多则十几只,少则七八只。小猪出生之后,葛家并不会立即将猪仔拿去卖掉,而是会选择再养一段时间,待幼猪长大一些后再卖,这样能够使葛家获得更高的收益。除了卖掉自家养过一段时间的猪仔,葛家还有一种选择是出售自家养了一年的成年猪。每逢年关,当地家家户户都要吃猪肉,此时,家长程小梅可以将自家辛苦养大的猪卖给庄桥镇上开肉店的老板阿昌①。阿昌来葛家看过之后,就会让店铺的伙计将猪牵走。正常的情况下,一头两百斤左右的猪能卖十几块钱左右,再加上两次卖猪仔所获的收入,葛家一年依靠卖猪可以获得二十元左右的收入。

2.副业收入补收益

葛家经营两项副业,一是出售咸齑,二为售卖年糕,这两项都是家户收入的重要补充。

正常的情况下,葛家每年会腌四大缸咸齑,大抵只能卖上三两个月。一是因为葛家只种一季春雪里蕻,十一月底至十二月初播种,三月份收获,并赶在下秧子之前腌制完毕。二是因为葛家咸齑的销路很好,程小梅每日清晨挑到街上去的咸齑未到中午就可以销售过半。三是因为一旦天气变热,咸齑就不易保存。有时候,咸齑的销路很好,家长程小梅便会在下半年冬天到邻居家收购一些雪里蕻,腌好之后再上街去卖,赚些辛苦铜钿②。

冬季过年之前,庄桥当地几乎家家户户都会制作年糕。有些人家嫌制作年糕辛苦,便愿意到街上来买一些,家长程小梅看准这个商机,就在街边摆起年糕摊,出售一些由自家制作的年糕。葛家人在印糕上动了一番脑筋,内当家葛玲娣既会将年糕压成金钱、如意等形状,以象征大吉大利,也会在年糕上印上龙凤呈祥、山水人物等图案,寓意吉祥如意。过往的顾客见到葛家所摆的年糕摊后,如果心仪,就会向程小梅询问年糕的价钱。

三、家户分配

(一)家户为分配主体及单元

1949 年前,葛家主要以家户为分配主体及基本单元,村庄抑或宗族不会介入到葛家的分配之中。葛维宏及葛童氏过世之后,家户成员之中,有主意③的只有家长程小梅和内当家葛玲娣,因此,葛家在进行分配时,吃什么、用什么、买什么均由家长程小梅或内当家葛玲娣安排,较大的支出由夫妇二人共同商量决定,较小的开支只要程小梅或葛玲娣中的一人做主即可。在分配过程之中,葛家的孩子们不享有任何的发言权,孩子们既不会向程小梅或葛玲娣提任何意见,也不能在家户分配方面擅自决定。

---

① 阿昌:外号。

② 辛苦铜钿:辛苦钱。

③ 有主意:能拿主意。

(二)本家户成员为分配对象

1949年,葛家的分配对象为本家户的家庭成员,也就是一口锅吃饭的家人。具体而言,既包括葛维宏夫妇、程小梅夫妇和长女程雪娣、长子程文泉等子女,也包括居住在葛家的长侄程大根、次侄程小根、外甥曹雪熊以及雇工兼未来女婿的郭尧法。因亲戚朋友及隔壁邻舍不与葛家人同吃共住,属于本家户之外的外人,故葛家不将他们视为家户的分配对象。

在分配过程中,每一位家户成员享有分配权的比重依据其在家中的地位和贡献而定。家庭成员之中,因两位老人葛维宏和葛童氏辈分最高,地位最为尊崇,故在食物、衣物及房屋分配时享有优先权。家长程小梅和内当家葛玲娣地位稍次,也排在较为优先的地位。至于葛家的孩子,由于家长程小梅把长子程文泉和次子程文年视为自己未来的接班人,因此,两个儿子在家户分配中的地位会略优于葛家的其他孩子。不过在大体上,程文泉和程文年在分配时所享受的分配成果与侄子程大根等人并无太大的区别。郭尧法的地位较为特殊,一开始,葛家与郭尧法只是普通的雇佣关系,郭尧法为葛家提供劳动,作为交换,葛家为其提供食宿并向其支付工钿[1]。后来,家长程小梅意欲把郭尧法招为葛家未来的女婿,得到其本人的同意之后,葛家人便把郭尧法视为自家人,同时其也享有葛家的分配成果。

(三)农副收入分配

1.农业收成纳地租

一年之中,葛家的主要农业收入包括两季水稻的收成和出卖家猪所取得的收益,同时,葛家还会种植雪里蕻、油菜、番薯、南瓜、豆类等各类当季时蔬。就主要农作物水稻而言,葛家0.87万平方米的水田,一年的稻米总产量在4000斤左右。由于田地为租佃而来,因此葛家还需要向田主盛家缴纳四担稻谷,也就是四百余斤稻谷作为当年的地租。

葛家的地租分两次缴纳,早晚两季水稻各交一次。正常情况下,田主盛德生不会派人到葛家催租或收租,而是葛家主动将所要缴纳的田租挑到盛德生家中。田主盛德生为人刻薄,他既要与佃户们约定时间,确定何时交纳田租,同时还会对佃户所交纳的稻谷提出很高的要求,即要求稻谷足量、粉燥[2],不能过湿。有一回,家长程小梅未同田主盛德生提前商定时间,便挑着两担谷到盛家交租,此时,盛德生恰巧刚洗完澡,正在换衣裳,见程小梅来交谷,盛德生没有多说什么,招呼管家为程小梅称重,并检验稻谷的干燥程度。盛家的管家跟盛德生一样,也是个吹毛求疵之人,过秤后,管家向东家盛德生反馈稻谷太湿且不够份量。知晓田主盛德生不满意之后,程小梅无可奈何,只得向盛家打好招呼,第二天又再去交了一次地租。

遇到灾荒的年份,即使葛家的土地收成不足,田主盛德生也不会主动向葛家提出减免地租。只有在内当家葛玲娣亲自登门求情的情况下,碍于葛家老当家人葛维宏同自己父亲的交情,盛德生才愿意向葛家减免一部分地租。不过,总体而言,葛家仍需要上交大部分地租。家长程小梅是葛家交纳地租的第一责任人,但如果因年成较差而凑不足地租,葛家一般会由妻子葛玲娣出面,想办法在亲戚朋友之间借一部分粮食垫上。并且葛玲娣还会向对方承诺,有了收成之后立即归还所欠钱粮。

---

① 工钿:工钱。

② 粉燥:完全干燥。

2.因摆摊位还人情

葛家的情况比较特殊,由于程小梅丧失干重活的能力,因此在家庭分工上,由内当家葛玲娣安排葛家的农事活动,由家长程小梅亲自经营葛家的两项副业,出售咸蔮及年糕。葛家每年副业的收入并不固定,一年大约可获得几十元的收益。同时,家长程小梅也无需将一部分副业收入分给介绍生意的中间人,因为作为摆摊的小商贩,程小梅可以同前来购物的顾客直接产生联系。

平时,家长程小梅经常把自家的摊位摆在一家老酒店[①]前。由于店主姚阿头同程小梅是关系要好的朋友,因此姚阿头不会向程小梅索要任何报酬。不过,出于对他人关照的感谢,家长程小梅经常将葛家所制作的咸蔮或年糕赠予店家和伙计。逢年过节之时,出于联络感情的必要,家长程小梅还会送姚阿头两只母鸡和一篮鸡蛋作为礼物,以感谢其平日里的照顾。除了这部分人情支出外,葛家出售咸蔮及年糕副业收入作为全家的生活开支,完全由家长程小梅进行统一支配及管理。

(四)内外当家共同主导衣食分配

葛家的分配活动由家长程小梅和内当家葛玲娣主导。在食物分配方面,全家人聚在一起吃饭,共同享有食物的分配权。但主要由家长程小梅负责购买当天的下饭[②],由内当家葛玲娣带着几个女儿负责制作菜肴。在葛玲娣的安排之下,三个女儿程雪娣、程复娣、程瑞娣各自按分工,分别完成淘米洗菜、烧火做饭的事情,并由葛玲娣决定制作哪些菜肴,要煮多少米饭。农忙时,葛玲娣安排的菜肴种类较多,具体包括虾潺[③]、蟹糊、泥螺或虾籽等海鲜,同时也会吃一些咸肉或咸鱼,农闲时,葛家以吃时令蔬菜为主。

葛家在衣物分配方面完全由内当家葛玲娣做主。农闲且家务劳动较少时,葛玲娣就会给两位老人葛维宏、葛童氏及家长程小梅缝制一些衣物鞋帽,唯有在腊月过年之前,葛玲娣才会给孩子们添置一身新衣裳。平时,孩子们均没有新衣服穿,都是穿着一些较为破旧的衣裳。孩子所穿的衣物都是内当家葛玲娣的舅舅童宝昌或童宝财家孩子所穿剩的。童宝昌在上海开店做些小生意,给葛家送来很多衣裳,但这些衣服既有破洞,又生有许多虫子,导致孩子们穿着时常感到不适,甚至患上一些皮肤病。同时,因葛家的孩子们都住在一起,所以导致皮肤病等疾病在几个孩子之间互相传染。对此,内当家葛玲娣只有通过多洗几次衣裳来减少皮肤病发生的可能,而孩子们只能通过勤洗澡、多换衣来缓解皮肤的瘙痒。

(五)根据需求收支进行分配统筹

葛家在进行分配时,家长程小梅和内当家葛玲娣既会综合考虑到全体家庭成员的各项需要,又会兼顾葛家全年的收支均衡。在食物和衣物分配方面,葛家会以老人葛维宏和葛童氏为优先。在吃饭时,葛家的规矩是必须等两位老人入座动筷后,其他家庭成员才能开始吃饭。在缝纫衣物时,妻子葛玲娣也会为葛维宏和葛童氏多花一些心思。家长程小梅和内当家葛玲娣掌握着家内的分配权,虽然两人对长子程文泉和次子程文年有所偏爱,但是也会在开展分配的过程中尽量照顾到包括长侄程大根、次侄程小根和外甥曹雪熊在内的所有孩子。

---

① 老酒店:卖老酒的店铺。

② 下饭:食物材料,也指代菜肴。

③ 虾潺:龙头鱼。

在分配自家农产品的时候，葛家会遵循先缴纳地租赋税、后进行自家分配的原则。虽然地租较重，田主盛德生又为人苛刻，但在葛家人看来，缴纳地租天经地义，一旦立定契约，盛家将土地的使用权和经营权交给葛家之后，按时缴纳地租便是葛家人必须履行的责任。即使葛家面临青黄不接的局面或者到了生活难以为继的艰难时刻，葛家仍会选择先向田主缴纳地租，而后再由内当家葛玲娣出面向邻居、朋友或亲戚借钱粮。此外，在家庭内部进行分配时，葛家遵循食物分配为先、衣物次之的分配原则。如果连维持生存的基本口粮都难以满足，葛家自然会减少包括衣物分配在内的其他各项开支。

（六）内、外当家灵活调整分配结果

在实际分配的过程之中，葛家将一成左右的粮食用于缴纳地租，七成半的收成主要用于进行家庭食物分配，八分之一的粮食用于支付长年、忙月等人的雇工工资，还有相当一部分用于衣物等其他分配。最后，葛家还会留出一部分钱粮进行储蓄，以应对不时之需。

总体而言，葛家每年的农副业收入基本上能维持家庭的各项开支，偶有难以为继的情况。即使当年葛家的粮食收成或副业收入不佳，家长程小梅和内当家葛玲娣也极少因此发生争吵，而是选择设法通过借贷钱粮等途径使得家庭渡过难关。对于已有的分配结果，葛家的孩子们均愿意服从家长程小梅和内当家葛玲娣所作出的安排，而岳父葛维宏和岳母葛童氏年事已高，并不过多干涉家户的分配过程，亦很少提出不同的意见。

四、家户消费

（一）消费根据农副收入而波动

1.俭省略有结余

1949年前，在葛家村内部，葛家的生活质量只能属于中等偏下的水平，但家户所得农副业收入基本上能够维持家庭一年的消费开支。如果遇上年成不好的时候，一方面，家长程小梅及内当家葛玲娣会带领全家人节衣缩食以减少相应开支，另一方面，经家长程小梅同意，可以由内当家葛玲娣代为出面向同葛家关系亲近的隔壁邻舍、亲朋好友借钱粮以应对消费的缺口。因此即使是青黄不接的年份，葛家也不会选择外出逃荒。

2.年成不好种杂粮

葛家所租佃的0.87万平方米水田，一年仅能够产出三千九百斤左右的稻谷。一方面，葛家的人口结构以儿童为主；另一方面，收割晚稻之后，葛家可将水田用作旱地以种植薯类、小麦、大豆等作物，因此葛家土地的粮食产出基本能够满足家庭成员的消费需求。有些年份水稻歉收，葛家就会通过补种豆类、南瓜、番薯等作物作为大米的替代品。

3.外购一部分食材

由于每年所产的肉类、禽蛋、蔬菜无法满足家庭成员的生活需求，因此葛家的一部分食材需要到市场或摊贩处购买。其中，鱼类、海鲜等下饭完全依赖外界提供，并会采取腌制、风干、酒糟这几种方式予以保存。因葛家既养家猪又饲家禽，故葛家的肉类基本能够实现自给。但葛家人只有在逢年过节时才会宰杀家禽或家猪，所以如果葛家当年的年成收入较高，同时家长程小梅或内当家葛玲娣又临时碰见肉铺的肉价较为便宜，便会购买一些以改善家庭成员的伙食。栽植水稻时，葛家只会留出很少一部分空地用于种植各季蔬菜，因此有时内当家葛玲娣向程小梅提出当日需要购买一些时蔬回来，家长程小梅便上街购买一些回来以作食

材。

4.过年置办新衣

平素葛家以缝补旧衣为主,唯有在腊月过年之前根据年成制作新衣,因此葛家在衣物消费方面的支出较少。譬如,葛玲娣的娘舅童宝昌家会将旧衣裳赠予葛家,将旧衣服清洗一番之后,葛玲娣便根据衣服的大小、质量分配给葛家的孩子们。在葛家村内部,大多数人家对衣服的穿着并不十分讲究,以旧衣、破衣为主,只有在宴会请宾客、过年走亲戚等场合才会穿着礼服或更好的衣裳。因此葛家不会在置办衣裳方面与大户人家进行攀比,同时内当家葛玲娣也不会顾及自家的孩子平时穿着体面与否。不过按照传统,一般在腊月过年之前,葛玲娣会为包括长侄程大根、次侄程小根、外甥曹雪熊在内的每一位家庭成员缝制一身新衣裳。但如果农业年成不佳或者副业收益过低,葛家便会购置一些布匹缝补旧衣,或者干脆将旧衣翻个面充作新衣。通常情况下,内当家葛玲娣会提前告知家长程小梅葛家今年需要多少布匹,之后程小梅会从庄桥的布店里买些用料和棉花作为制衣的用料,最后,内当家葛玲娣趁着腊月农闲之时带着程雪娣、程复娣、程瑞娣这三个女儿为家庭成员量体裁衣,并着手制作衣服。

5.调剂住房应对空间不足

在住房消费方面,由家长程小梅负责请泥水师傅为葛家修缮房屋,并支付相应的消费开支。因葛家人口众多,故葛家所拥有的三间草屋明显空间不足,难以满足葛家成员的居住需求。即便如此,葛家也不会借住或租住他人的房屋。在葛家,主要由家长程小梅通过调剂住房的方式以应对现有房屋空间不足的问题。

在住房安排方面,葛维宏和葛童氏两位老人在世时,二人住在位置较好且地位较高的东屋,家长程小梅、内当家葛玲娣同程雪娣等几个女儿居住于西屋,雇工郭尧法和长侄程大根、次侄程小根及外甥曹雪熊住轩子间。两位老人相继去世之后,伴随着新生儿程文泉、程文年的出世,葛家的房屋空间仍显得较为拥挤,居住条件并没有因两位老人的过世获得很大的改善。在房屋的具体分配上,家长程小梅、内当家葛玲娣夫妇将东屋作为自己的房间,孩子们仍住西屋。长女程雪娣、次女程复娣出嫁之后,房屋空间才相对变得宽敞起来。

6.医疗消费支出较低

不论是老人葛维宏、葛童氏,还是包括家长程小梅在内的其他家庭成员,均很少出现因病就医的情况。1949 年前,葛家人至多生些伤风气[①]、发寒热[②]之类的小毛病,对此,家长程小梅或内当家葛玲娣不会不管不顾,但也不会立即送患者就医检查,而是通常采取减少劳动时间以让身体尽快自愈的办法。只有生病情况较为严重时,妻子葛玲娣才会去请镇上的大夫看病。所以葛家的整体医疗消费支出相对较低。

庄桥镇的镇长钟一棠是一名中医,开了一班[③]药店,岳母葛童氏和内当家葛玲娣均与他熟识。如果患者连日发高烧不见好转,葛家通常会由葛玲娣出面请其帮忙进行诊断,并抓几服中药进行调理。天气炎热时,长侄程大根、长女程雪娣、次女程复娣、三女程瑞娣等人在地

---

① 伤风气:感冒。

② 发寒热:发烧。

③ 班:家。

里干活,不免因日晒时间过长而发痧气①。碰到这样的情况,内当家葛玲娣一般会采用刮痧这样的土办法予以治疗,并让患者休息一到两日,如果内当家葛玲娣身体不适,则由家长程小梅代为管理田地及安排农事活动。

7.礼物即人情

平时,因葛家农事活动繁忙,故葛家不会同亲朋好友频繁走动,只有在冬季农闲及过年之时,葛家同亲友之间的联系才开始因过年这个特殊的时期变多。在礼物馈赠及人情支出方面,葛家不会向亲戚朋友馈赠十分贵重的人情②,而是多以自家所制作的年糕、鱼干、鸡鸭、猪肉等家常生活所需之物作为走亲访友的礼物。这些家常礼物既能体现热情和客气,又能获得亲友的青睐。逢年过节之时,一旦有亲戚朋友来葛家拜访,家长程小梅就会安排女儿或侄子为客人端茶倒水,同时内当家葛玲娣则会在厨房中忙活一番,烧煮一些家常饭菜招待来客。

8.两个女儿教育开支少

1949年以前,葛家的教育支出在家庭整体消费开支之中仅占极小一部分。一方面因为葛家的几个孩子当中,只有长女程雪娣和三女儿程瑞娣曾念过书;另一方面,两个女儿读书的地点均位于附近几个村庄的祠堂之内。因此,即使对于经济条件较差的葛家而言,两个女儿的教育开支也并不高。

经家长程小梅许可,长女程雪娣读过一年书,仅识得几个字,三女儿程瑞娣则分别在盛家祠堂和童家祠堂两个地方读过书。在时间安排上,三女儿程瑞娣上半年农忙时为家里放牛或帮助葛玲娣料理家务,下半年农活较少时则可以到学堂里念书,但回家后仍必须完成必要的农活和家务劳动。由于家长程小梅认为读书于家庭生产无益,三女儿程瑞娣上到四年级时,家长程小梅便安排其不再读书,安心在家跟着内当家葛玲娣完成相应的家庭劳动。

(二)入赘后渐以家户负担开支

清明及冬至之时,葛氏宗族会在宗祠内祭拜祖先,族长主持举办酒席并分食猪肉,所有葛氏宗族的男性成员均可以参与其中。丈人葛维宏在世时,作为家族成员之一,葛家每年还能分到一些利市肉③,但葛维宏去世后,其他家庭成员再也没有参与过家族的分配。

一方面,入赘葛家的女婿程小梅同葛氏宗族没有任何血缘关系,在程小梅从葛姓改回程姓之后,便不再是葛氏家族成员的一分子;另一方面,内当家葛玲娣虽然属于葛氏家族的直系后代,但作为女性的葛玲娣亦无法代表葛氏家族血脉。因此,葛家所有的家庭消费均由家户自行承担,宗族及村庄不会负担葛家的任何消费支出。

(三)内、外当家协调生活消费

家长程小梅和内当家葛玲娣支配并保管着葛家的所有财产,因此家户的消费过程完全由程小梅和葛玲娣二人来主导。在开展消费活动期间,葛家人可以自行做主,无需征询四邻、家族或保甲长的意见。有时候,程小梅或葛玲娣为了图方便,葛家的部分家庭成员也可以参与到消费活动之中。譬如,二人会安排年长的两个女儿程雪娣、程复娣或侄子程大根出门打

---

① 发痧气:中暑。

② 人情:意为礼物。

③ 利市肉:猪头肉。

个酱油或买几副大饼油炸桧①。

在食物消费方面,由于家长程小梅平时在街上摆摊出售咸齑或年糕,因此通常由家长程小梅购买葛家当天所需的新鲜食材。有时候葛家临时来了客人,考虑到家长程小梅上街并不方便,内当家葛玲娣就会亲自上街购买下饭。在衣物消费方面,由于内当家葛玲娣更有经验,在家庭缝纫衣物时往往也能扮演更为重要的角色,因此家长程小梅只需按照妻子葛玲娣的主意买来制衣所需的布料和棉花即可。总之,葛家由作为内外当家的葛玲娣及程小梅共同协调葛家的每一笔消费开支。在生活消费方面,两人均不会大手大脚,并会以量入为出的原则避免葛家陷入难以维持生计的境地。

五、家户借贷

(一)年成不好借钱粮

1949 年以前,葛家的家庭经济条件在葛家村属于中等偏下的水平,从事水稻种植和开展两项副业勉强能够维持全家人吃饱穿暖。一旦遇上天灾或是年成不好,家中面临无米下锅的境地,便要由内当家葛玲娣出面以葛家的名义进行借贷。在借贷形式上,借钱或借粮这两种情况都有,以借贷稻米为主。

葛家只会以家庭为单位进行借贷,并不存在共同借贷或以个人名义借贷的情况。借贷之前,家长程小梅会同内当家葛玲娣商量葛家所要借债的对象以及所借钱粮的数目。但是,除非是程小梅所熟识的朋友,作为家长的程小梅一般不会亲自出面借贷,而是由妻子葛玲娣出面代表葛家进行借贷,因为葛家的借债对象通常为葛玲娣一支的亲戚,主要包括娘舅童宝昌、童宝财以及堂弟葛绍齐。此外,内当家葛玲娣还可以向嬷嬷②的娘家人借钱,因为葛维宏的丈人仍在世,并与葛家保持着日常来往。

(二)内、外当家共同支配借贷活动

在借钱粮的过程中,家长程小梅和内当家葛玲娣均是家户借贷活动的实际支配者。具体而言,程小梅是决定者,葛玲娣是出面者。葛维宏在世时,程小梅还有必要请示一下丈人老头。

首先,程小梅是葛家的家长,掌握着全家的财产及大事的决策权,借债这样的大事必须由身为家长的程小梅亲自做主。其次,葛玲娣为葛家的内当家,家里的要事,程小梅均会同她商量后再行作出决策,并且妻子葛玲娣还需代表葛家亲自出面进行借债。再者,在上门女婿的程小梅眼中,向丈人请示这一过程很有必要,毕竟葛维宏在家中辈分最高,是葛家的权威。最后,葛家的孩子们没有代表葛家进行借债的权利,因此他们都无法介入葛家的借债过程。

(三)内当家出面介入借债过程

一方面,亲戚之间互有帮助的义务,在借钱一事上比较好开口,另一方面,由于双方存在亲缘关系,无需担心亲戚会为难自己,因此葛家主要向自家的亲戚借钱粮。虽然由妻子葛玲娣代表葛家进行初步的出面,但是家长程小梅及另一方的家长在借债过程之中也均会在场。

---

① 大饼油炸桧:大饼嵌油条。
② 嬷嬷:葛维宏的第一任妻子,葛玲娣没有见过,便称其为嬷嬷。

同时,即使对方是血缘亲近并时常走动的亲戚,葛家也会由家长程小梅打欠条,并以此作为葛家向对方借债的凭证。借债时,因两家相熟,故葛家无需任何形式的抵押,双方也不会产生利息。在借条上,葛家会写明借款的数量、借款人的姓名以及借款的期限。一般情况下,借条由家长程小梅签署,并由对方的家长进行保管,多以一年为期。到了第二年,一旦水稻丰收或是有了充足的副业收益,家长程小梅或是挑着稻谷,或是带着钱款前往借债的亲戚家,如数将稻谷或钱款奉还。如果一时还不上那么多钱,可以由内当家葛玲娣向亲戚求情分批进行归还。

六、家户交换

(一)以家庭为单位进行交换

葛家的经济交换活动以家户为单位,主要由家长程小梅或内当家葛玲娣负责安排和具体决定。由于家长程小梅在街市上摆摊出售咸齑和年糕,与周围的店铺和小商贩相熟,对市场上的行情亦比较了解,因此一般情况下,中午收摊时,程小梅便会带回当天葛家人所要吃的下饭。同时,葛家村虽然距沿河的庄桥街市不过几百米的距离,但由于家长程小梅腿脚不方便,内当家葛玲娣有时候不忍心程小梅外出买菜,便唤其在村口挑担的鲜货贩子①处购买一些,或者干脆自己亲自上街购买。长女程雪娣、程复娣和长侄程大根经家长程小梅或内当家葛玲娣授意,也可代表葛家独立开展小规模的经济交换活动。

(二)多由内、外当家做主

家长程小梅是家庭经济交换的实际支配者之一,如果家长程小梅不在,内当家葛玲娣也能够代替家长程小梅做主。葛维宏和葛童氏在世时,如果想要买些糕饼或购置某件生活用品,两位老人无需亲自上街,可以告知女儿或女婿,程小梅或葛玲娣谁有空,谁就可以上街去买回来。葛家的孩子均没有属于自己的零花钱,同时也不能影响家户的经济交换决定,但年长的程雪娣、程复娣、程大根经由内外当家之中一人的同意,可参与到葛家的经济交换之中。

(三)交换客体多元

1.内当家县城购物

1949年时,葛家所在的庄桥镇属慈溪县统辖,县治位于慈城②。慈城有一条商业街,名为"直街"。在宁波当地,所谓街均是做生意和买卖的地方,其余的都叫路、弄或巷。县城直街的规模比庄桥镇的街市要大上许多,门面整洁的食品店、绸布店、百货店、医药店等店面开设在直街两旁,并呈左右对称的布局。每隔几个月,内当家葛玲娣就会去一趟县城,并在直街采购葛家的一部分生活用品。有时候为图个新鲜热闹,孩子们也可以跟随葛玲娣同去。

由于慈城离庄桥约有几十里的路程,因此葛玲娣通常会选择走路过去,早上五点多出门,八点左右即可赶到。走到直街之后,葛玲娣往往因路程长而饥肠辘辘,其便会在直街的早点摊买副大饼油条搭配着一碗馄饨作为早点。点心摊同时也出售骨头粥,香气扑鼻,但内当家葛玲娣过日子比较节约,舍不得出钱买。吃罢早点,内当家葛玲娣即会开始挨家挨铺地搜

---

① 鲜货贩子:卖海鲜的小贩。
② 慈城:现宁波市江北区慈城镇。

寻价钱公道又质量上乘的商品。有时,内当家葛玲娣会给葛维宏和葛童氏两位老人买一些苔条糕、蛋糕、方糕这样的糕点,有时也会买些小孩平时吃的闲食①,譬如印糕、花生糖等。购买完毕,葛玲娣不会留在直街吃饭,而是立即急匆匆地赶回家,因为葛家仍有很多事情等着她做。

内当家葛玲娣到家之后,一般来说,时间往往已经接近中午十二点半。与葛家日常的午餐时间相比推迟了一个多小时。不过长女程雪娣或次女程复娣已将家中的饭菜烧好,碗筷亦放置妥当,一家人都在翘首以待,等到葛玲娣把刚买来的物品放下,全家人即可一同吃饭。席间,葛玲娣会向家人说一些市场的行情和自己看到的稀奇玩意,家长程小梅只是静静地听着,而家里的孩子则纷纷表示下次要一齐跟去。

2.为置新衣买洋布

1949年前,即使是县城慈城也没有出售成衣的地方,所以当地的大户人家往往会雇用一个裁缝住在家里,这样全家老少一年四季的衣服全能做齐。类似葛家这样经济条件较为普通的人家,自然会由家里的女性承担缝纫衣服的任务。正常情况下,葛家由内当家葛玲娣带着长女程雪娣及次女程复娣为全家人缝制衣裳。如果程小梅带着长侄程大根回一趟老家,出于衣锦还乡的目的,葛玲娣、程雪娣、程复娣三人更是会没日没夜地合作为家长程小梅和长侄程大根赶制一身衣裳。

平时葛家做衣服只会选择买一些土布,只需由家长程小梅买些回来即可。土布也就是一种手工织的布,因为做工比较粗糙,所以价钱较为便宜,一般余姚人和三北②人肩背担挑一捆捆地沿街叫卖。有一回,庄桥镇的洋布店内出现了一种新布。葛玲娣听邻家的妇女说,新的洋布细软、舒适、好看,价钱又便宜,但有些缩水,尺寸上一定要留有一些余地。葛玲娣听了心动,也顾不上和程小梅商量,便带着自家的存款到那家门店去购买洋布。到布店时,布店的门口已打出"足尺放三"的广告,也就是买一尺送三寸的意思,许多妇女已挤满整个店堂。见到这幅热闹的景象,葛玲娣也加入这群妇女当中。为了图划算,葛玲娣一共向店员提出要买二十尺左右的新布料,店铺的店员让葛玲娣看准尺寸,然后"咔嚓"一剪刀剪下来,交给葛玲娣。购买完布料之后,葛玲娣颇为满意,把布料藏在自己的衣箱里,一旦要做新衣时,便拿出一些用。

3.固定摊位营副业

经营副业之时,家长程小梅将自家的摊位摆在一家朋友开办的店铺门前。摆摊时,家长程小梅有时也会让次侄程小根或外甥曹雪熊跟着,既可让自家的孩子们临临世面③,也可开始锻炼侄子和外甥的能力。通常情况下,但凡是风和日丽的日子,程小梅的生意都会很好,一上午的时间,程小梅所带去的咸齑或年糕就会卖个精打光。如果连日阴雨或下过雷阵雨导致购物的顾客减少,葛家副业的销量便要打个折扣。

程小梅经营副业时既有策略,也讲公道。一旦有面生的顾客上前询问价钱,家长程小梅会一面答应着,一面报出自家咸齑的价格,同时唤侄子程小根或外甥曹雪熊取秤,示意顾客

---

① 闲食:零食。

② 三北:由慈溪、余姚、镇海三县的北部组成,俗称"三北"。

③ 临临世面:见见世面。

随意挑选。双方一旦达成交易意向,程小梅便拿着秤称取足量的咸齑或年糕,绝不会缺斤短两。称过之后,顾客一手交钱,程小梅一手交货,并跟顾客说道:"好吃再来买,价钱下次便宜!"如果是老熟人或回头客来程小梅处购买咸齑,程小梅会用刀去头,用手掐去咸齑不好的部分。不仅如此,程小梅还会再为其添加少量的咸齑作为添头①。程小梅笃信,"但凡做生意,总要给客人一点添头",这既是一种买卖策略,也是一种必要的礼貌。

4.换肥人上门收粪

1949 年前,当地有一些航船户从慈城、庄桥这些地方收粪,然后再运到余姚、三北等地农村,这一过程在当地称作"换肥"。一般情况下,每隔一段时间,航船上的换肥户就会走街串巷,向葛家村的村民高喊"收肥了!"。葛家日常生活所产生的粪便以及一部分牛粪和猪粪可以用作自家农田积肥,还有相当一部分粪便靠一些驶来的换肥船②掏收。因此如果自家还有很多肥料,家长程小梅或内当家葛玲娣听到换肥人的声音,就会随便喊一个孩子去叫换肥人上门来收粪。

葛家只知粪缸内壁的积垢最值铜钿③,并不知有何用途。换肥者在掏清全部粪便后,往往会蹲在缸内,用钢凿将其一块块凿下。换肥人往往会把葛家的粪缸搞得一塌糊涂,但也会多付些钱作为清洁费,最后,内当家葛玲娣和几个女儿会将粪缸打扫清洁完毕。此外,当地还有一种换灰船,专门回收灶间火缸里的草木灰作肥料。

---

① 添头:即多添些。

② 换肥船:收肥船。

③ 铜钿:此处为钱的意思。

第三章　家户社会制度

　　葛家是一户上门女婿入赘所形成的复合家户。程小梅既是入赘葛家的上门女婿,又继葛维宏成为整个家庭的家长,因此家户成员之中既包含葛氏家庭成员,同时也包括程姓后裔,家内关系十分复杂。在婚配方面,1949年前,葛维宏、葛童氏夫妇及程小梅、葛玲娣夫妇是家中仅有的两对夫妇。就人口结构而言,葛家三世同堂,家户人口以孩童为主,并均跟随家长程小梅姓程。除了养育自己的儿女之外,家长程小梅还代去世的兄长程大梅抚养着长侄程大根及次侄程小根,替外出当保姆的小姨子葛姣娣抚养着外甥曹雪熊。此外,因长女程雪娣和次女程复娣先后出嫁,故为了弥补家户劳动力的损失,家长程小梅谋划着将雇工郭尧法招作三女儿程瑞娣的丈夫,也即是葛家未来的女婿。

一、家户婚配

(一)丈人安排女婿入赘,家中女性适龄出嫁

　　1944年前,葛维宏曾为葛家家长,且是家中辈分最高之人,并先后娶过两任妻子。其中,葛维宏的第一任妻子早年过世,这位妻子所生的两个女儿均嫁到上海,只在过年时同葛家来往联系。葛童氏是葛维宏的第二任妻子,她的娘家位于庄桥镇的童家村,与葛家相隔不远,她也同样没有为葛维宏生下子嗣,而只生育两个女儿,即葛玲娣和葛姣娣。

　　程小梅15岁时,经养父家的亲戚介绍,来到葛家作"上门女婿"[1]。葛玲娣到了成婚的年纪之后,由葛维宏及葛童氏二人做主,程小梅同葛玲娣才正式成婚。通过入赘,程小梅成为岳父葛维宏的接班人。程小梅夫妇婚后不久,小姨子葛姣娣也于1931年左右出嫁。

　　葛家的孩子中间,大女程雪娣和二女儿程复娣分别于1946年及1947年出嫁,而其他的孩子尚未到成婚的年纪。大女儿程雪娣嫁给马径村的杨永尼家。杨家曾是一户拥有2万多平方米土地的殷实之家,1944年日本军队在马径村附近圈地修建机场,割光杨家的青稻,并征用杨家的土地,杨家的经济条件因此而一落千丈。1946年程雪娣出嫁时,葛、杨两家的经济境况相当,称得上门当户对。婚后,长女程雪娣在杨家勤俭持家、孝顺公婆,并生下多个子女,是出了名的好新妇[2]。二女儿程复娣的丈夫名为邓喜发,邓家是一户台州黄岩迁至宁波定居的人家,主要依靠撑船为生,经济条件较葛家稍好。由于程复娣到了谈婚论嫁的年纪,同时又有媒婆到葛家说媒鼓动,因此家长程小梅便同意了这桩亲事。

---

① 上门女婿:此时未正式入赘,仍在葛家做工。
② 新妇:媳妇,也指代儿媳妇。

(二)婚前准备与婚配过程

1.女儿出嫁经由家长

1949年前,葛家包括侄子、外甥在内的男孩均未到谈婚论嫁的年纪。首先,程小梅的长子程文泉、次子程文年尚未到读书的年纪,更谈不上结婚娶妻。其次,长侄程大根虽已接近成年,但家长程小梅打算安排其先回老家发展,谋一份工作,再行决定婚配之事。再者,次侄程小根只比长子程文泉年长2岁,程小梅当然也无需考虑他的婚事。最后,外甥曹雪熊的年纪与四女儿程素琴相仿,同样无法结婚,至为关键的一点是,曹雪熊只是小姨子葛姣娣寄养在葛家的孩子,所以无需由家长程小梅亲自操心她的终身大事。

葛家孩子中间,只有年纪较长的长女程雪娣、次女程复娣到了谈婚论嫁的年纪。1949年前,在妻子葛玲娣的教导之下,大女儿程雪娣和二女儿程复娣逐渐出落成为两位勤劳能干且听话懂事的农家女子,两人不但精通洗衣、做饭及针线活这类普通女子会干的家务活,而且还能帮助内当家葛玲娣插秧割稻,并成为葛家最为重要的两个劳动力。同时,程雪娣、程复娣姐妹俩相貌生得端正,举止落落大方,见到熟人又会问好,所以外人均认为葛家这两个女儿有教养,内当家葛玲娣教导有方。两个女儿十三四岁的时候,葛家就开始陆续有媒婆上门说亲事,此时,家长程小梅认为两个女儿的年纪还小,葛家又缺相应的劳动力,便婉言谢绝了人家的请求。

1949年前,葛家村里有一些未出嫁的"老姑娘",年龄均超过20岁,街坊邻居在私底下时常偷偷议论"某人家的囡嫁不出去",这可急煞①了那些姑娘的父母。家长程小梅和内当家葛玲娣不想成为村里的笑柄,等到两个女儿16岁左右时,程小梅就不得不考虑为女儿找下家。

杨永尼家有个亲戚,是程小梅咸菜摊的老买主②,经常来葛家同程小梅谈天吃饭,两人不知不觉便成为朋友。有一次,杨家托此人来向程小梅打听,是否愿意将大女儿程雪娣嫁给杨家。程小梅十分相信这位朋友,打听清楚杨家的情况后,双方就初步达成定亲的意向。长女程雪娣知晓父亲程小梅给自己找了户人家,但不好意思直接询问程小梅,因为正式结婚入门之前,女性不能与自己的丈夫相见,也不能随意打听。内当家葛玲娣偷偷告诉女儿程雪娣,杨家曾发生过重大变故,现在的经济条件跟葛家的条件差不多。除此之外,程雪娣就没有获得过有关丈夫家的其他信息。经由两家家长认可之后,第二年,双方父母挑了个吉利的日子,女儿程雪娣同女婿杨永尼成婚,并举办了婚宴。

2.以老实能干为选婿标准

家长程小梅对自家的女婿并不会提太高的要求,但也不可太差劲,好吃懒惰的败家子肯定配不上葛家的两个女儿。在长相上,葛家只要求女婿五官端正即可,并不需要长得十分英俊或相貌堂堂;在年龄上,应比长女程雪娣、次女程复娣大上一两岁为宜;在德行上,必须人品要好,在家孝顺父母,又没有爱赌博、吸鸦片等不良嗜好;最重要的一点是经济条件不能比葛家差,即使没有现成的土地,也必须有一份正经的职业。

杨永尼是程小梅的第一个女婿,杨家经过征地拆迁的那次变故,有些家道中落的意味。

---

① 急煞:形容很着急。
② 老买主:老顾客。

经人打听,家长程小梅了解到杨永尼是个老实的孝子,即使父亲杨财根发神经,时常胡言乱语,仍每日小心伺候着,并扛起全家的重担,家中的农业生产亦有些许起色。答应这门亲事之前,程小梅还亲自考察过杨永尼,自进门那刻起,杨永尼就表现得举止得体、谈吐优雅,不东张西望,且应答自如。程小梅见后,偷偷跟妻子葛玲娣说,这个年轻人看来会是一个好女婿,可以将女儿托付给他。

邓喜发是葛家的第二位女婿,人生得高大,干活很有力气,主要依靠在江河里撑奢糠船[①]为生。在当地,干这个行当很需要吃苦耐劳的精神,同时收入不菲,不少人家都靠撑船发家致富。邓家为台州黄岩人,可以说也是家长程小梅的同乡,两地方言接近,这更是增进了翁婿二人的亲近感。经同乡介绍,程小梅很快同意了这桩婚事。

3.婚姻在于传宗接代

葛家认为,男女婚姻最重要的一个目的就是生儿育女、传宗接代,以延续祖宗的香火。在家庭的生存及后代的延续面前,个人的爱情与幸福微不足道,实实在在过日子并能够替家里生下一儿半女才是长辈们最关心的事情。

4.嫁妆厚薄量力而行

葛家为女儿陪嫁妆时讲究量力而行,不会一味追求面子。为了保持公平,程小梅和葛玲娣给两个女儿程雪娣、程复娣所准备的嫁妆是一样的,包括几床被子、几个竹热水瓶,外加一袋番薯干和二十斤年糕。程雪娣和程复娣也不会闲着,出嫁之前为公婆和丈夫各制作一双鞋子。对于葛家而言,陪嫁这些东西尚在葛家经济能力承受范围之内,而金银首饰这样昂贵的陪嫁品,葛家是承受不起的。

(三)程小梅入赘葛家

程小梅是入赘葛家的上门女婿。年幼时,身为老二的程小梅被亲生父母送给一户王姓的大户人家作养子。后来王姓养父一病不起,医病花去了王家大量钱财,家庭条件大不如前,王家便养不起他了。14岁左右的程小梅已经到了外出谋生的年纪,在王家亲戚的介绍下,陆陆续续开始在宁波的几户人家当放牛娃。

15岁那年,程小梅养父的一位族兄带着程小梅来到葛家。那位伯父将程小梅带到后,同时告知他:"你要留在这里给人家当女婿了。"说完,伯父便匆匆离开了。程小梅初到葛家时,葛家的家长仍是丈人葛维宏,葛维宏一共生过四个女儿,已至中年,十分渴望招一个上门女婿入赘。葛维宏一边上下打量着这个陌生的年轻人,一边招呼程小梅进门。此后,程小梅易名葛小梅,正式住在葛家,并成为家中的一分子。

二、家户生育

(一)家内男丁稀少

1.丈人葛维宏无子嗣

丈人葛维宏相继娶过两房妻子,一共生育四个女儿。其中,大老婆生育两个女儿,第二个老婆葛童氏也生下两个女儿,即葛玲娣和葛姣娣。前两个女儿早年都已嫁到上海。到50岁左右,葛维宏认为自己不可能再生儿子,就招温岭来的程小梅作葛家的上门女婿,小女儿葛姣

[①] 奢糠船:木质船,为方形,浅舱平底,吃水仅在0.5米以下。

娣则嫁到附近的曹家村,后来随丈夫曹强庆去上海当保姆。

2.程小梅中年方得二子

1949 年前,家长程小梅一共生育过九个孩子,包括七个女儿和两个儿子,期间,有两个女儿因病夭折。为了实现丈人葛维宏生男丁的愿望,程小梅和葛玲娣一直努力生育,同时十分迫切希望能早日生个儿子。但实际情况事与愿违,葛玲娣生的头五胎均是女儿,直到 1942 年葛维宏去世,也没有为家里添一个男丁,这令程小梅和葛玲娣十分苦恼,到处求神拜佛、寻医问药。直到 1943 年和 1945 年,两个儿子程文泉和程文年出生,才使得葛家的生育情况出现转机。

(二)生育男孩接家班

在葛家人眼中,生育最重要的目的为传宗接代、延续香火。同时,葛家人觉得"生得越多越好",尤其渴望生男孩,因为男孩可以作为接班人,自家的血脉也可以代代相传。虽然生女孩的家庭负担较小,出嫁前可以做洗衣、做饭、晒谷这类事情,但还是没有男孩来得重要。

(三)算命求佛望生子,产婆登门保平安

作为葛家的上门女婿,程小梅同葛玲娣结婚之后,仍跟随着岳父、岳母一同生活。因葛维宏终其一生都没有生过一个儿子,所以特别要求女儿及女婿必须生一胎儿子,否则就是对不起自己。程小梅和葛玲娣听在心里,当然也一心求个儿子,所以夫妇二人每隔几年就会生一胎。不过,接连五个女儿的降生令程小梅大失所望,葛维宏直到去世,也没有见到外孙降生。

过了一段时间,程小梅和葛玲娣到慈城县城购置生活用品,并请算命先生为葛家算一卦,看看能否生男孩。算命先生宣称,葛家的儿子不久就可以生下来,程小梅当时半信半疑,向算命者付了一笔酬金,便同妻子一道离开。正如算命先生所言,没过多久,妻子葛玲娣果然就怀有身孕。后来,程小梅又请村里的接生婆来看这胎是否是个儿子。凭着多年来的经验,接生婆认为孕妇葛玲娣的肚型尖凸,此次必定会为葛家添一个男丁。程小梅听后十分高兴,为了图个吉利,还去市场买来一斤利市肉①赠予接生婆。

怀孕的头几个月,葛玲娣仍像往常一样下地干活,没有获得任何饮食方面的特殊照顾,到了第九个月的时候,程小梅便开始不让妻子葛玲娣继续干重活,而主要由自己照管田地,同时葛家一日三餐的制作,均由三个女儿即程雪娣、程复娣和程瑞娣来完成。

妻子葛玲娣怀孕期间,程小梅还专门向村里的那位接生婆和几位邻家的妇女打听过孕妇怀孕期间需要特别注意哪些事情。一般来说,此类事情通常是妇女之间才会谈及的经验,男性只需知道一些常规的事情,并在分娩时请来接生婆或熟悉生育的女性即可。外人知晓程小梅一心想要求个儿子,自然也不会取笑他或看不起他,告知程小梅多去镇上的薛将军庙拜一拜。程小梅听从邻居的建议,每逢初一、十五,必然会带上全家去薛将军庙拜神,祈佑为自家添一男丁。

一日下午,葛玲娣正在家门口晒谷。像往常一样,肚皮只是隐约有些作痛,葛玲娣起初并没有在意。弯腰晒谷一久,挺着大肚子的葛玲娣便感到有些劳累,于是选择在家门口的石凳上坐一会,并打算休息过后再把自家的谷翻晒一遍,刚坐下没多久,葛玲娣就发现自己的羊

---

① 利市肉:猪头肉。

水破了,便赶紧大声喊在自家院里的女儿,程雪娣、程复娣、程瑞娣三个女儿见过葛玲娣即将临盆生产的模样,长女程雪娣当即提议由自己去找接生婆,程复娣在家负责烧些热水、备好毛巾,完成一切准备工作,程瑞娣则去地里叫程小梅。

接生婆赶到葛家时,葛玲娣已经疼了一阵子。在这之前,程小梅让长女程雪娣和次女程复娣将妻子葛玲娣转移到自家的屋子里躺好,热水、剪刀、毛巾也都已由程复娣准备妥帖,只待产婆上门来接生。产婆是一位经验丰富的女性,由于担心多余的干扰影响孕妇分娩,便让程小梅等人去屋门外候着,只留程雪娣和程复娣在屋里头帮忙。这次葛玲娣的分娩过程较为顺利,没过多久,产婆便来向程小梅报喜:"是个七斤重的儿子,母子平安!"这可把程小梅高兴坏了,当即请接生婆吃了一大碗糖面加鸡蛋,产婆临走时,葛家还特意赠送其一包糕点和糖,外加一个两块钱左右的红包。丈母娘葛童氏此时还健在,竟激动得留下眼泪。当天,听闻葛玲娣生下一个儿子,在药材行当伙计的堂弟葛绍齐像往常一样,送上十贴补药到葛家,同时向葛童氏、程小梅及葛玲娣道喜,家长程小梅十分喜悦,留妻弟葛绍齐在家吃了一顿晚饭,还喝了点酒,一家人其乐融融。

(四)头生儿子[①]贺满月

1943 年是葛家年成大获丰收的一年,不仅稻谷的亩产达到三百四十斤左右,而且咸齑、年糕这两项家庭副业的收入也较为可观。长子程文年出生后未满一个月,程小梅便谋划着为自己的第一个儿子办一场满月酒,目的在于庆祝葛家新添男丁,也算了却了自己的一个心愿。

满月酒一共摆了两桌,酒水及菜肴均由葛家自行准备。生子一个月之后,葛玲娣已然完全能够和女儿们一起干活。满月当天,葛玲娣宰杀两只自家所养的雄鸡,整只煮好以后剁成块,做成白斩鸡,蘸着酱油吃,鸡胗则专门挑出来爆炒,用来下酒。办酒之前,程小梅还从海鲜铺里买来两对大黄鱼、两条鲳鱼、一斤乌贼蛋[②]和一斤血蛤[③],还到肉店买来两只蹄髈。除了这些新鲜下饭,葛家还拿出自家所酿制的米酒,腌制的臭冬瓜、腌茄子及风干的鱼干。

葛家宴请的宾客包括亲戚四邻和要好的朋友,当然还有那位替程文泉接生的产婆。吃席之前,由程小梅、葛玲娣二人亲自登门,告知被邀请的亲朋好友葛家儿子降生的消息以及吃满月酒席的时间,其他人不能代替夫妇俩的角色。宾客来吃酒席时,会带一些小礼物,并送一个红包作为"人情",只有那位产婆可以例外。酒席之间,葛玲娣抱着襁褓中的儿子一一给宾客们看过,各位亲朋好友则纷纷起身向家长程小梅及妻子葛玲娣道贺,并说些祝福之语。吃罢宴席,葛家并不需要向宾客回礼,因此亲朋好友所送的"人情"能够抵消一部分满月酒席的开支。

(五)丈人同妻舅起名

葛家的孩子均是出生之后再起姓名。因家长程小梅没有文化,所以一部分孩子的姓名由念过私塾的葛维宏来起。葛维宏去世之后,另外一部分孩子的姓名则由程小梅请葛玲娣在童家村的舅舅童宝财起。

---

① 头生儿子:头一个降生的儿子。

② 乌贼蛋:乌贼的卵。

③ 血蛤:一种贝壳类海鲜,热水泡过,即可生食。

葛维宏上过几年私塾,为女儿和外孙女起名时很有特色,即以"娣"字结尾,不论是葛玲娣、葛姣娣,还是程雪娣、程复娣、程瑞娣,均是蕴含着其希望葛家下一胎能够生下男孩之意。葛维宏去世之后,葛家之内再无读过书的长辈,便处于一种无人起名字的境地。幸好,妻子葛玲娣的舅舅是个读过书的商人,很有见识,"素琴"之后孩子的名字便由他来起。其中,"文泉"和"文年"的意思均是希望葛家的这两个儿子日后能够出人头地,光宗耀祖;"瑞菊"的名字较为随意,"瑞"字取自三女儿程瑞娣名字的一字,另一个"菊"字并没有什么特殊的含义,当地很多女孩子的名字均会以菊字结尾。

三、家户继承

(一)儿子及女婿方有继承权

葛维宏共有包括内当家葛玲娣在内的四个女儿,均不能享有财产的继承权,同时,作为女性的葛童氏也无法享有家庭的财产。因此葛维宏去世后,家里的财产由一同居住的女婿程小梅所继承。

在继承方面,葛家未出嫁的女儿程瑞娣等人无法继承家产,出嫁的长女程雪娣、次女程复娣属于有血缘的外人,不再属于葛家的家庭成员,更是不在家产继承之列。葛家家庭成员之中,只有尚未成年的长子程文泉和次子程文年享有完全的继承权。另外,由于程小梅打算把郭尧法招作女婿,因此郭尧法也享有一部分财产继承权。对于长侄程大根和次侄程小根,程小梅只需负担照看和抚养之责,无需为二人留下家产。

(二)上门女婿继承家产

程小梅从葛维宏处继承的家产包括0.87万平方米薄田、三间草屋、一头耕牛、一套生产工具和葛家所有的生活用品。可以说,只要是葛维宏代表葛家所占有的财产,均由作为上门女婿的程小梅继承。除了家产以外,葛维宏还把腌咸齑及做年糕的手艺传授给小梅。葛维宏并没有地方头领或会首身份,在葛氏宗族之内倒能算是辈分地位较高的长辈,但程小梅后来脱离葛姓,即使葛维宏当上宗族里的长老,葛氏宗族也不会答应让外姓继承长老的身份。

程小梅的继承权由葛维宏所确立,因葛维宏没有子嗣,故由上门女婿程小梅继承葛家的财产。对此,葛童氏和葛玲娣均不会表示反对。因为一方面,在当地,女性不能享有财产继承权,另一方面,葛家除了程小梅之外,再无其他合适人选继承家财。

四、家户过继与代养

(一)长侄过继弟弟未成

在台州温岭,程小梅有两个兄弟,兄长名为程大梅,弟弟名为程阿梅。哥哥程大梅中年时病重,嫂子认为自己无力将长侄程大根和次侄程小根抚养长大,便想要把两个侄子托付给弟弟程阿梅。偏偏程阿梅又出家,整日吃斋念佛、修身养性,抛却七情六欲,并让嫂子去找在宁波定居的程小梅。程小梅见两个侄子可怜,便答应嫂子将二人接到家中抚养,并让二人跟着妻子葛玲娣学习一些农活。

一开始,由于接连生育好几个女儿,程小梅和葛玲娣夫妻俩有些灰心丧气,思忖①过于脆

---

① 思忖:考虑。

把两个侄子过继到自己名下，算作自己的儿子。但程小梅考虑到弟弟程阿梅未娶妻生子，年老后面临无人照顾的境地，就打算等长侄程大根成年后，先将程大根过继给弟弟程阿梅，次侄程小根则可以先留在身边，日后再作打算。

1943年和1945年，长子程文泉和次子程文年的降世，令程小梅放弃将侄子过继过来的想法，一心计划着将长侄程大根过继给弟弟程阿梅。某一年，程小梅和妻子葛玲娣商量，过几日想去温岭看一次弟弟程阿梅日子过得如何，顺便把侄子程大根带去，让他见见自己的亲叔叔，也好跟弟弟阿梅说一下过继之事。隔了几日，葛玲娣为程小梅和侄子程大根备齐干粮、水和几身换洗的衣裳，之后，叔侄二人便启程上路。宁波离温岭路途遥远，路上多崇山峻岭，山高路险，只可走一段水路，大多数道路仍需依靠步行。程小梅因跛脚走路很慢，叔侄二人足足走了三天三夜才回到温岭老家。

初到老家时，程家原先的茅草屋显得十分破败，由于几年未有人居住，院子里荒草丛生，邻家也不认识程小梅和程大根，对这两个陌生人表现得十分警惕。程小梅上前同邻家人说出姓名之后，程小梅和邻居才变得熟络起来。在闲谈中，邻家的一个阿婆告知程小梅，弟弟程阿梅仍在距自家不远的那座庙宇里修行。收拾罢行李，叔侄二人简单休息一阵，吃了些干粮补充体力，程小梅就将侄子程大根带到庙里去见弟弟，弟弟程阿梅见程小梅和侄子程大根来访，很是高兴，赶忙唤跟在自己身边的徒弟给二人端茶水。趁着亲人相见的新鲜劲，程小梅将自己的想法一五一十地告诉弟弟阿梅，说道："大根现在已经可以独自谋生，不必你操心，过继给你后，你老后也有人照顾。"程阿梅听后，立刻变了脸色，认为程小梅的行为简直是打搅佛门的清净，便断然拒绝程小梅的提议。由于难以说服弟弟，第二天，跟弟弟和几位邻居道别后，程小梅就带着侄子程大根启程回家。

（二）代替小姨子抚养外甥

葛玲娣有个亲生妹妹，名叫葛姣娣，后来嫁给曹家村的曹强庆。曹强庆夫妇很走运，头胎便生下一个儿子，起名曹雪熊。有了儿子之后，连襟曹强庆觉得曹家有后，便没必要再生孩子。

程小梅的连襟曹强庆很有赚钱的头脑，早年就开始跟着亲戚去上海的工厂里做工，虽然较为辛苦，但是每年能赚下一笔不菲的收入，葛姣娣则在曹家负责带孩子以及做家务。后来，连襟曹强庆通过中间人介绍，准备安排小姨子葛姣娣去上海一户有钱人家作保姆。雇主只提出一个要求，即随叫随到，不肯接受佣人拖家带口。

小姨子葛姣娣犯难，一边希望外出养家，一边又放心不下儿子曹雪熊。无奈之下，葛姣娣只好携曹雪熊来到葛家，同葛玲娣和程小梅商量是否能把曹雪熊寄养在葛家，期望征得葛维宏和葛童氏的同意。一方面，曹雪熊是个老实懂事的孩子，另一方面，又是自家的亲戚有困难，程小梅和葛玲娣就没有多做考虑，欣然同意小姨子葛姣娣的请求。身为外祖父母，葛维宏和葛童氏也非常宝贝自己的外孙，乐意曹雪熊和自己一道居住。临走前，小姨子葛姣娣嘱咐曹雪熊在葛家要懂事听话，并给了内当家葛玲娣一笔钱作为抚养外甥雪熊的费用。通常情况下，只有在每年过年过节或临时回家之时，连襟曹强庆才会带着妻子葛姣娣来葛家看望葛维宏夫妇及程小梅夫妇，并顺道看一下自己的孩子曹雪熊。

五、家户赡养

(一)家户为赡养单位

在葛家村内,赡养老人是葛家的内部事务,家户之外的人通常不会干涉。并且人人都觉得赡养老人天经地义,只有那些不肖的败子①才会做出一些忤逆长辈的举动。在葛家,程小梅夫妇尽力侍奉老人,因此无论是宗族、村庄还是外人,都没有必要干涉葛家如何赡养老人。

葛家全体家庭成员之中,无论是程小梅夫妇还是家里的孩子,都需要尽到赡养老人的责任,具体包括吃饭制衣上的照顾以及平时的生活起居。外嫁的小姨子葛姣娣虽然无需在物质上负担赡养老人的开支,但在逢年过节时购些礼物,拜望一下葛维宏和葛童氏是必要的"礼貌和孝敬"。同时,侄子程大根和程小根与葛维宏和葛童氏虽无直接的血缘关系,但在平时,也会唤两位老人为"阿公"②和"阿婆"③,老人一旦有个什么事情,两个侄子也十分乐意帮忙。同程大根和程小根一样,寄养在葛家的外甥曹雪熊无需具体承担赡养老人的责任,但必须对两位老人保持恭敬的态度。

(二)同吃共住赡养老人

葛家采取同吃共住的赡养方式。两位老人并没有养老钱粮或养老地,主要由程小梅和葛玲娣负担起赡养老人的责任。无论是生活起居还是吃住安排,程小梅和葛玲娣都尽心尽力、考虑周到,不敢有丝毫怠慢。譬如,每逢初一、十五,葛维宏和葛童氏二人便会带上糕饼和水果前往镇上的薛将军庙上香礼佛。庙宇距葛家不过一里路程,考虑到两人年事已高,程小梅和葛玲娣时常会唤长女程雪娣或次女程复娣陪同前往。

(三)治病与送终

1.妻子陪老人问诊

如果两位老人生病,葛玲娣就会亲自陪着二老去镇长钟一棠的药店看病,钟一棠与葛家人熟识,唤葛维宏作"小宁④阿哥",唤葛童氏作"阿琳姐"。有时候,镇上的病号多,钟一棠一人忙不过来,便会让葛玲娣和老人先行等待片刻,并让药房伙计倒三杯茶水。搭脉时,钟一棠先看老人的脸色,再询问葛维宏或葛童氏哪里难受以及哪个部位不适。通常,两位老人多是伤风气、发寒热这样的小毛病,葛玲娣照着钟一棠的方子抓药付钱即可。回家以后,程小梅会向妻子葛玲娣询问老人的病情,并嘱咐二老注意休息,在饮食上要吃得清淡一些。

2.夫妻共为老人送终出殡

葛维宏和葛童氏去世后,由家长程小梅和内当家葛玲娣进行商量,具体安排适宜出殡的吉日,并由葛家负担丧葬的相应花费。出殡当日,天蒙蒙亮,送丧队伍就需启程出发。由家长程小梅打头,其他家庭成员以及近亲按长幼次序列队。送葬队伍纷纷手持孝杖棒,穿白衣、戴白帽,身着一整套披麻戴孝的行头,以示丧失亲人的哀恸。葛家为两位老人安排的坟头就在葛家所租佃的土地里,程小梅指挥程大根、郭尧法和前来帮忙的四邻将棺材抬到事先挖好的

---

① 败子:败家子。

② 阿公:外公。

③ 阿婆:外婆。

④ 小宁:葛维宏的小名。

土坑内,然后填土立碑,供上祭品,所有成员祭拜过后,整个出殡仪式才算结束。

从老人亡日算起,葛玲娣每隔七天就需要做一次祭奠羹饭。程小梅会在自家大门前点燃三炷香,并说些祝福老人之语,这样做的目的是招呼过世的丈人和丈母"回家吃饭"。而后,葛玲娣负责摆放碗筷,献祭供品,端上方肉,谢三次老酒,并唤自家的孩子祭拜过世的老人。祭拜完毕,程小梅和葛玲娣会烧些纸钱,也就是给老人送财宝。此后,葛玲娣在每年清明、七月半和过年之前都需要做羹饭以祭祀去世的父母。

六、家户内部交往

(一)翁婿关系融洽

1.女婿视为亲生子

翁婿关系是葛家最重要的一对关系,由于自己没有生育儿子,丈人葛维宏便将程小梅视作自己的儿子。平日里,葛维宏待女婿十分和善,不会随意役使或打骂程小梅。去世后,葛维宏也将自己的全部家产留给女婿程小梅。程小梅15岁时入赘葛家,可以说,葛维宏是一步步看着程小梅长大,葛维宏不但教授程小梅种地的技艺,也教会他腌咸齑、做年糕的手艺。在葛维宏的指导之下,程小梅逐渐成为一个能够肩负家庭责任的家长。

2.感激孝敬岳父

程小梅心里一直感激岳父的栽培之恩,待葛维宏十分孝敬。葛维宏年老之后,程小梅便将其供养在家中,负担包括吃穿用度在内的一切开销。家里年成好时,程小梅会让妻子葛玲娣做些下酒菜,并同岳父葛维宏一道喝自家酿的米酒,青黄不接的时候,程小梅也会向葛维宏征询应该如何是好。总体而言,葛家翁婿之间相处融洽,从未发生过冲突。

(二)父亲稀罕儿子

作为父亲,程小梅需要为长子程文泉、次子程文年承担许多责任,包括抚养儿子长大,替儿子讨老婆,给儿子留下家产及教会儿子谋生之道。1949年前,程小梅十分稀奇①程文泉、程文年这两个儿子,因此,程小梅既不会随意役使儿子,也舍不得随意打骂儿子。儿子三四岁的时候,程小梅就开始教儿子们要守规矩、懂礼貌,如果两个儿子淘气贪玩,程小梅也会批评他们,但不会使用十分严厉的语气,多是以劝诫为主。

(三)女儿顺从母亲

葛玲娣是一个贤惠、把脚②的女性,负担着葛家包括家务、做饭、种田、晒谷、堆肥在内的诸多事情。作为母亲,葛玲娣会手把手地教自己的女儿程雪娣、程复娣、程瑞娣如何洗衣做饭、缝补衣服、耕田种地及喂养家畜。如果女儿们有不会的针线活,则可以向葛玲娣请教。

葛玲娣布置的任务,女儿们均会认真完成,有时候做得不尽如人意,也会受到葛玲娣的责骂。程雪娣、程复娣等几个女儿对母亲表现得十分顺从,从来不敢直接顶撞或反驳母亲的意见。母亲说得不对的时候,大女儿程雪娣可以委婉地提些意见,葛玲娣是一个通情达理之人,如果发现自己说错或者做错,也会收回自己的话或改变自己的决定。葛家的母女关系十分融洽,基本没有出现过大的矛盾或冲突,母女几人互相帮衬着完成家里的农活和家务活。

---

① 稀奇:十分宝贝、稀罕。

② 把脚:形容干活利落,态度认真。

在农村,精明能干、体谅女儿的母亲就是好母亲,在家能帮上忙,并顺从长辈的女儿是好女儿。在葛家,几个女儿并不会惧怕自己的母亲葛玲娣,因为在女儿们的印象中,母亲平易近人,好接近、好相处,是一位合格的母亲。

(四)夫妇互知心思

1949年以前,葛家有两对夫妻关系,即葛维宏夫妇及程小梅夫妇,在一个家庭中,能和妻子一个口袋用钱,能同妻子说知心话的丈夫是好丈夫,而一位好妻子则必须通情达理,且服从丈夫的安排和决定。

程小梅和葛玲娣共同撑起全家人的生活。在家庭分工方面,妻子葛玲娣负责打理田地及家务,家长程小梅则在经营副业的同时负责与外界打交道。在许多事情上,程小梅和葛玲娣二人会互相配合、共同商量。譬如在葛家农忙的时候,葛玲娣需要起早贪黑地进行劳作,身为丈夫的程小梅体谅到葛玲娣的难处,便会同妻子一道干些力所能及的农活。坐月子期间,程小梅更是会体贴入微,负担起照看田地和经营副业的责任,并让做饭的三个女儿在饮食上稍作调整,以让妻子葛玲娣的身体尽快恢复。

葛维宏夫妇在家中养老,两公老婆①共同安度晚年生活。1949年前,葛维宏已经不太管账②葛家内部的事情,只有当程小梅遇到难处之时,才会寻求葛维宏的意见。因此,葛维宏和葛童氏夫妇的晚年生活过得比较惬意,两位老人仅需照看好自己的身体,不需要负担很多有关家庭的责任。在平时,葛维宏十分体贴葛童氏,夹饭菜时,碰上有葛童氏喜爱吃的下饭,必然会先给葛童氏夹一块尝尝鲜。另外,如果要去看大夫或是烧香拜佛,年迈的葛维宏和葛童氏会互相搀扶着结伴前去,一路上说说笑笑,即使葛童氏没有为葛维宏生下儿子,葛维宏也从未说过妻子的坏话,一旦谈及生育,葛维宏便会选择避开这个话题。

(五)叔侄似父子

1.代替兄长提供抚养之责

作为侄子程大根和程小根的叔叔,程小梅需要承担起抚养侄儿的责任,并教会他们做人的道理。程小梅对侄儿的责任不是与生俱来的,只是为了代替哥哥程大梅扮演"父亲"的角色,并让程大根和程小根有一个暂时的栖身之所。所以程小梅没有必要让两位侄子继承自己的家产,也不需要替侄子娶老婆,只需教会二人谋生的本领。

2.严格管教侄儿

程小梅对于自己的两个侄儿要求比较严格,尤其是对于年长的侄儿程大根,要是侄儿不听话,程小梅会像父亲一般责骂他。因为程小梅知道,两个侄子迟早要离开自己独自谋生,如果小时候对两个侄儿不严加管教,就对不起自己去世的兄长。为此,程小梅不仅安排妻子葛玲娣教侄儿种田的技能和生活的本领,还教侄子们人情世故以及同外人打交道的规矩。

(六)姨甥关系疏远

1.姨丈对外甥要求不严

程小梅不太会管寄养在家的外甥曹雪熊。一是因为曹雪熊是连襟曹强庆和小姨子葛玲娣寄养在家的孩子,只需要负担衣食住行,没有必要像管教侄子一般严苛;二是因为在血缘

---

① 两公老婆:两夫妻。

② 管账:意为干涉。

273

关系上,曹雪熊和内当家葛玲娣之间更为亲近,由妻子葛玲娣来管教比较合适。

2.姨甥之间保持一定距离

虽说葛玲娣和外甥曹雪熊之间较为亲近,但外甥曹雪熊更喜欢同自己的表兄妹们玩耍,年龄和代际之隔使葛玲娣和外甥在交往上保持一定距离, 因此姨甥之间并不是那种无话不说的关系。平时,葛玲娣会安排外甥曹雪熊和次侄程小根、女儿程素琴一起去放牛,并让外甥曹雪熊和自己的孩子一同吃住,葛玲娣虽然在生活上会关照自己的外甥,但繁重的农活使得两人之间没有很多的交流。

七、家户外部交往

(一)隔壁邻舍互帮助

葛家同隔壁邻舍之间的关系十分要好,从来没有发生过大的冲突。在生产生活上,邻舍之间讲究互帮互助。邻家若是需要借犁耙锄头等农具,程小梅和葛玲娣都愿意借给邻居用上一两日。同样,如果葛家因客人来访而缺少桌椅板凳,邻居也愿意将相应的东西借予葛家。

(二)亲戚朋友相来往

在葛家人眼中,同亲朋好友维持良好的关系是至关重要的。逢年过节时,亲戚朋友必然会带上礼物登门拜访,作为必要的礼节,程小梅和葛玲娣必然会忙活好一阵子,并且拿出好酒好菜招待来客。亲戚朋友有红白喜事时,会邀请葛家人参与宴席或者请葛家人帮忙,程小梅和葛玲娣一般也会乐意前往。在葛家,这是同亲朋好友交往的规矩,互相帮助、有来有往才能维持长久的关系。

(三)主佃见面仅寒暄

葛家同佃主盛家的关系较为一般。葛家认为佃主盛德生是一个苛刻的主人,但两家的住处相距不远,平时抬头不见低头见,当然也需要以礼相待。程小梅或葛玲娣在路上碰见盛德生时,必然会向盛德生问好,并询问盛家人的近况,互相寒暄一番。

第四章　家户文化制度

因葛家经济条件一般,所以家庭的文化教育氛围并不浓厚。除了老丈人葛维宏上过几年私塾,长女程雪娣及三女儿程瑞娣分别念过一年和三年半书之外,其他家庭成员均未上过学或还未到上学的年纪。因为对葛家而言,识字少并不会影响家庭财富的积累。在葛家,内当家葛玲娣负责教授后辈种田的技艺,家长程小梅则会传授腌咸菜和搡年糕的手艺。在自家生活及与外界交往的过程中,葛家全体成员形成较为强烈的自家人意识和家户一体意识,所有人会以家户为重,并在生产生活之中相互扶持、同舟共济。葛家注重传统节日,过节时多以家庭为单元,并主要由家长程小梅负责主持相应的仪式。此外,葛家信奉菩萨,是镇上薛将军庙的信徒,葛维宏和葛童氏每逢初一、十五必然要前去祭拜菩萨。1949 年前,葛家的娱乐方式十分多样,主要包括打牌、讲大道[①]、唱新闻等。

一、家户教育

(一)丈人两图读过书

葛家没有人接受过系统的文化教育。丈人葛维宏小时候上过一段时间的私塾,毛笔字写得很好,但葛家人并不知晓其具体读过几年的书。家长程小梅和内当家葛玲娣均没有接受过文化教育,仅识得几个字,还是由丈人葛维宏所教。

葛家后代之中,唯有大女儿程雪娣和三女儿程瑞娣读过书。其中,大女儿雪娣仅上过一年学堂,后来,因家里缺劳动力,程雪娣便回家帮忙干活,中断了学业。三女儿程瑞娣很喜爱读书,成绩很好,其半年上学堂读书,半年在家干农活,断断续续读到三年级半。与大女儿程雪娣的情况类似,逐渐长大之后,程小梅和葛玲娣便要求程瑞娣回家学种地,程瑞娣无法抗拒父母的意志,只能选择辍学。

长女程雪娣和三女儿程瑞娣所上的学校均是祠堂内所开设的学堂。其中,大女儿程雪娣仅在邻村的盛家学堂念了一年书,三女儿程瑞娣头一年也是在盛家学堂上学,后来转到童家学堂念书。1949 年之前,出于兴办教育、造福乡里的目的,这几所祠堂学校均是由在外做生意的乡贤资助开办,课本、教室及操场亦均由校方提供,附近村子里的适龄孩童都可以报名上学。

起初,程小梅打算只让三女儿程瑞娣试读一年书,认识几个字即可,农忙时还是需要帮家里干农活。上学以后,程瑞娣就喜欢上学堂的氛围,因为在学堂既可以和同学一起做游戏,又有喜欢的画图、唱歌、手工等课程,还有一个原因,就是程瑞娣可以短暂地脱离自家繁重的

---

① 讲大道:聊天。

劳动。葛玲娣疼爱女儿，又知晓程瑞娣的心事，便跟程小梅提议可以采用上半年读书，下半年干活的形式，让女儿再继续读上两年书。念到三年级半以后，无论葛玲娣如何相劝，程小梅都不愿意继续供女儿读书。因为在程小梅看来，女儿读书并没有任何作用，倒不如在家帮妻子葛玲娣忙家务。

（二）长辈管教小辈

葛家小辈[①]的教育主要来自家庭之中的长辈，葛维宏、葛童氏、程小梅以及葛玲娣作为家里的长辈，均可以管教任何一个孩子。不过，葛维宏夫妇和程小梅夫妇所提供的教育各有侧重。其中，葛维宏和葛童氏主要教孩子们一些做人的道理，譬如不能偷人家的东西，做人要诚实守信，待人要有礼貌等。此外，老人们还会告诉后辈们一些生活的禁忌，例如不可将筷子插到碗中，祭拜祖先时要恭敬，切不可胡言乱语等。程小梅和葛玲娣则主要教授劳动生产方面的知识，包括如何种田、如何做家务等，如果后辈做得不对或者方法欠妥，程小梅夫妇便会立刻纠正，并手把手地再教一遍。

（三）潜移默化塑人格

在孩子的成长过程之中，不论是父母长辈的思维方式、行为举止，还是家庭的相处模式、生活氛围，均会对孩子人格的形成产生影响，其中又以家长程小梅和内当家葛玲娣对孩子们的影响最为显著。首先，程小梅和葛玲娣为人和善、勤劳能干，在家孝顺老人，对外同乡邻友好相处。在父母潜移默化的影响之下，孩子们对待长辈都表现得十分规矩，在劳动生产中亦不会偷懒，都会尽力完成家长所布置的任务。其次，葛家信奉"勤劳致富"的观念，程小梅时常教导自己的孩子："只要劳动，总能混口饭吃，懒汉一辈子都会饿肚皮。"同时，"家和万事兴"的观念也对葛家人影响深远，全家人一起劳作、共同吃苦，坚信日积月累的劳动付出必能苦尽甘来。最后，当葛家遇到困难或面临危机时，自家的亲戚、邻居和朋友提供了很大的帮助，孩子们从小就知道互帮互助是最基本的做人道理。

（四）幼者干轻活，长者学农耕

在葛家，孩子到了六七岁左右就需要参加诸如打草放牛、喂养家畜之类的劳动。如果是女孩，除了承担上述的劳动之外，还需要和葛玲娣一同操持家务，包括学习如何洗衣、做饭及晒谷。由于葛家缺乏男性劳力，因此不论男女，年纪在十三四岁上下的孩子都会在葛玲娣或雇工郭尧法的指导下开始学习具体的种田技能，熟悉包括耕地、插秧等各项农业生产环节。有时葛玲娣忙于家务，空闲的程小梅也会教授劳动技能。

1949年前，长侄程大根、长女程雪娣、次女程复娣已经能够胜任葛家的任何农活，而三女儿程瑞娣对于如何种田还表现得十分生疏，次侄程小根、外甥曹雪熊、四女儿程素琴则还处在割草放牛的简单劳动阶段，长子程文泉、次子程文年等孩子尚未到劳动的年纪。

（五）手艺代代相传

葛维宏曾向程小梅传授两门手艺，一项手艺是如何腌制地道的宁波咸齑，另一项手艺是如何制作水磨年糕。在传承手艺的过程中，葛家并没有"传内不传外，传男不传女"的说法，凡是葛家的孩子，程小梅均会一一传授。一是因为这两门手艺家家户户都能掌握，只是葛家的

---

① 小辈：即晚辈。

手艺更精巧,制作出来的咸鲞、年糕在面相^①、口感等方面更好;二是因为学习这两门手艺既能够继承葛氏祖先的传统,也能为孩子们提供一条谋生之道。

(六)学校定期举行纪念周

1949年前,葛家孩子所受官方层面的教化主要由学校提供。三女儿程瑞娣在学堂读书之时,每周一清晨上课之前,学校便会进行纪念孙中山的活动,这项活动被称为"纪念周"。学校纪念孙中山的仪式通常会在紧靠祠堂的礼堂之内举行,期间仪式专门由司仪来主持,校长及老师各自训话。活动的舞台是这样布置的:正中央是孙中山总理的遗像,下方则是总理遗嘱的全文,两侧的对联上书"革命尚未成功,同志仍需努力"等字样,左侧是一面青天白日满地红的中华民国国旗,右侧则是一面中国国民党的党旗。

仪式开始之后,包括三女儿程瑞娣在内的所有学生以及全体教师、校方董事等在场参会之人,都需起立唱中华民国国歌,并向孙中山总理的遗像默哀。之后,由司仪宣读总理遗嘱,司仪念一句,学生们念一句。最后,由校长、老师以及外面请来的人士训话,所讲内容最多的是"礼义廉耻"和"报效国家"。如果在仪式之中有孩子表现得不恭敬或行为不端,相应的老师便会以罚站墙角、打手底心等方式进行惩罚。

二、家户意识

(一)自家人同吃共住

葛家认为拥有亲缘关系,并且同吃共住的家庭成员即是自家人,同时,自家人的范围有时还可延展至家庭三代以内的近亲。在葛家人眼中,没有任何血缘关系的人都属于外人,如果因家庭矛盾分家或是走动较少的亲戚也只能算作外家人。

葛家将同吃共住的近亲和上门女婿都算作自家的家庭成员。首先,葛家人认为,寄养在家中的外甥曹雪熊以及长侄程大根、次侄程小根均属于自家人。其次,自从程小梅当上门女婿以后,葛维宏也把他视为自己的儿子和接班人,自然算到自家人的行列。最后,雇工郭尧法的情况比较特殊,一开始,作为葛家的雇工,郭尧法只能算作关系比较好的外人,并不能算作自家人,当家长程小梅允诺日后将三女儿程瑞娣许配给郭尧法以后,在名义上,郭尧法也可算作自家人。

(二)家为一体

1.家人间互相照顾

葛家是一户上门女婿之家,家长程小梅和内当家葛玲娣在生产生活上相互扶持,共同治家。可以说,程小梅夫妇是整个家庭的主心骨,上要赡养丈人葛维宏和岳母葛童氏,下要照看自己的儿女加上两个侄子及一个外甥。作为大根、小根的亲叔叔,程小梅自愿承担起抚养两个侄儿的责任,并教会他们种田的本领。作为曹雪熊的嬢嬢^②,葛玲娣同意妹妹葛姣娣的请求,将外甥曹雪熊安排在家,同自己的儿女一起吃住。

2.共同追求温饱和谐

"发家致富""光耀门楣"是葛家全体成员的共同愿望,如果家庭发达,葛家的每一位成员

---

① 面相:外表。

② 嬢嬢:母亲的姐姐。

自然会跟着一起沾光。不过,葛家在日常生活之中将维持全家的基本温饱及家庭的和谐看作基本目标,每个人都需要为家庭的兴旺发达而努力,不会奢望一下子就能实现"发家致富""光耀门楣"的梦想。在祈福或拜神的时候,葛童氏和葛玲娣会嘱咐家里的孩子跟着自己一起禅念①一番,以保佑全家平安健康,来年风调雨顺、五谷丰登。

(三)家户至上

1.家庭高于个人

葛家认可"没有家就没有个人"的观点。个人相比,家庭必然会显得更为重要,因此家庭高于个人。如果一个人只考虑自己而不是从整个家庭的利益出发处理事情,这种人便是"私利小人",不但会受到家长程小梅的斥责,更是会为外人所耻笑。

2.为家庭弃个人

在葛家,家庭的利益远重于个人的利益,因为全家人是一个统一体,一荣俱荣,一损俱损。当家人程小梅和内当家葛玲娣在共同协商葛家的具体事情之时,会从整个家庭的利益出发,尽量照顾到每一位家庭成员,并考虑到每位成员的感受。当家庭利益同个人利益发生冲突时,每个家庭成员均愿意为了家庭的利益而放弃个人的利益。

(四)行善积德

程小梅的岳父葛维宏、岳母葛童氏均有行善积德、造福子孙的意识。村里有乞丐上葛家讨饭时,两位老人或是送些糕饼给乞丐,或是让葛玲娣去锅里取些冷饭、剩菜给讨饭②吃。除此之外,两位老人还会经常到庙宇里祈求下一辈人平安健康。

三、家户观念

(一)家户时间观

1.根据阴历安排生产生活

葛家主要根据阴历进行祭祀、拜神以及过节等活动。每个月的初一、十五是老人葛维宏和葛童氏固定去庙宇拜佛的日子,阴历的清明节、七月半和十二月二十九的晚上则是葛家祭祀祖先的固定节日。每逢祖先的忌日及生日,葛童氏还会招呼葛玲娣同自己一起做羹饭给祖先食用。同时,葛玲娣还会依据传统的节气和具体的季节变化预估和安排家里的农事活动。

2.农忙与农闲的划分

一年之中,葛家的农事活动有农闲和农忙之分。每年的清明至十月底是葛家种植两季水稻的日子,属于农忙时节。除去这段时间以外,都可以归为农闲时节,葛家人主要依赖农闲的四个多月时间来从事副业以及准备来年的农业生产。

在农忙时,葛玲娣凌晨四点左右就需要起床,预备烧水、煮饭。早饭一般为泡饭③和腌咸齑,在太阳初升前,全家就要吃完早饭。这样天一亮,葛玲娣就可以带着劳力出工。午饭是三餐之中最为重要的一餐。有时葛玲娣会在早上尽早备好中午的饭菜,有时葛玲娣则会在中午之前亲自回家和几个女儿迅速煮好,甚至还会带到地里吃。傍晚太阳落山,葛家完成一天的

---

① 禅念:向神明或祖先说些保佑家庭的祝词。

② 讨饭:乞丐。

③ 泡饭:稀饭。

农业任务,全家人才会回家一齐吃饭。

(二)家户空间观

1.房屋空间各有功用

葛家拥有三间草屋,坐落于葛家村的南部。房屋坐北朝南,采光及通风条件都较为良好。房屋的北面是晒谷场,南面是一条石板路和一条河流,东西两侧各是两户邻家。

房屋正中的那间是轩子间,在三间房屋之中面积最大,既是平时吃饭及会客的场所,也可以存放一部分稻谷和杂物。东屋供长辈葛维宏夫妇起居,西屋则是程小梅夫妇和自家儿女的住所,郭尧法、长侄程大根、次侄程小根和外甥曹雪熊多数时间住在轩子间里。葛家的屋前是一个院子,既可以在这里晒衣、干活,也可以摆放一些东西。

葛家的公共空间包括轩子间、厨房和院子,没有任何特定的约束或规矩。在白天,两间卧房甚至也是家户的公共空间,任何家庭成员都可以自由进出。因为葛家重要的财产都存放在箱柜里上了锁,钥匙的藏匿之处只有程小梅夫妇知晓,所以没有必要担心小偷盗窃。到了夜里,程小梅夫妇和葛维宏夫妇的居室就成为私人空间,家里的孩子无事不可打搅外祖父母和父母休息。

2.外人不可随意进出

葛家房屋与邻家的房屋以墙为界,家户之间的房屋边界拥有非常明显的标志。其他人想要进门的时候,只要葛家的大门敞开着,即意味着葛家有人,因此来客不需要打招呼,直接进门即可。如果葛家的门是掩着或是锁着,来客便需要敲门,未经葛家人的许可,不可以进入葛家的院子。在村庄的公共空间方面,葛家屋后的晒谷场虽属公共空间,但葛家人可以优先使用。同时,河埠头的使用也遵循先占原则,讲究先来后到,先到河埠头淘洗的妇女可以优先使用。

葛家村附近的村子包括童家村、舒家村、盛家村等村子,多以河流为界。庄桥镇就在葛家村附近,相距葛家不过百余米,而县城慈城位于庄桥镇的西面,相距葛家几十里地。葛家人去的最远的地方是上海和台州温岭,去上海需要到三北坐轮船,需要花上一整天;去温岭多靠步行,需要走上三天三夜。

(三)俭省有余过日子

1949年以前,对于葛家而言,一年的农副业收入能够使得全家人吃饱穿暖,并能在所有消费之余留有一定的积蓄便是理想的生活。在生产生活之中,每一位成员均对家庭负有一定的责任,所有人各司其职,各安其分。其中,家长程小梅负责经营副业并代表葛家同外界进行交往,内当家葛玲娣则统筹农业及家务两项主要的劳动,孩子们也需要依据年龄长幼学习相应的农活,为家庭作出自己相应的贡献。在消费方面,通常由家长程小梅同妻子葛玲娣一同协商葛家的各项大小开支,但两人在消费中讲究算计俭省,并不会将金钱耗费在无用的事情上。在对外交往层面,葛家人抱着互相帮助、互助合作的态度,对于邻居朋友上门向葛家借东西,或者向葛家寻求帮助,葛家人都会尽量答应。同时,葛家与周围的四邻、地邻间和谐相处,从未闹过任何的矛盾,总是以和和气气的态度同外人进行交往。

四、家户习俗

(一)过年节俗众多

在葛家,过年的时间从农历腊月二十三日祭灶开始,一直到正月十五元宵佳节方算结束。

腊月二十四是葛家进行大扫除的日子,通常情况下,葛玲娣会带着几个女儿将全家里里外外都清扫一遍,打扫完毕之后,程小梅才会在自家门口贴上一对全新的春联。除夕之前,葛家还会挑一天谢年,用来祈求全家在新的一年里平平安安、风调雨顺,谢年的过程同为去世的祖先做羹饭类似,只是要求更为严格,其中,桌子必须采用八仙方桌,鱼肉供品必须保持完整。期间,会由辈分最长的葛维宏或家长程小梅主持谢年的仪式,由葛童氏、葛玲娣和长女程雪娣、次女程复娣来准备相应的供品。此外,供桌一般需要摆放于葛家正中的轩子间内,在祭拜时,所有人都需要朝着正确的方向,即必须跪着向天拜。大年二十九的晚上,葛家还需要做祭祖羹饭,这么做既是为了表达对去世亲人的哀思,也是为了祈求祖先的庇护和保佑。

除夕是过年中最重要的日子,全家人都会聚在一起吃团圆饭,除夕夜的晚餐是葛家一年中最为丰盛的一顿晚餐。除夕的年夜饭由妻子葛玲娣掌勺,家长程小梅、长女程雪娣及次女程复娣打下手。一般而言,晚餐的菜肴种类十分丰富,以海鲜和荤菜为主,包括新鲜宰杀的鸡鸭以及提前购置的黄鱼、带鱼、螃蟹等各色海鲜。

到了大年初一的时候,家长程小梅就会带着家人开始挨家挨户走亲访友,互道新年之好,侄子程大根、程小根也可一道同去,但外甥曹雪熊一般会回到自己家中。由于家长程小梅是入赘葛家的上门女婿,因此过年主要拜访的对象是葛玲娣的亲戚,具体拜访的对象包括舅舅童宝昌、童宝财家,妻子的堂弟葛绍齐家,连襟曹强庆家,甚至还包括岳父葛维宏的老丈人家①。通常,葛家拜年时会遵循长幼顺序,首先是岳父葛维宏的丈人及两位娘舅,再轮到妻弟和连襟。在葛家,葛玲娣会提前同亲戚家敲定上门拜访的日子,拜年的次序可因不同的情况而略作调整。

拜年时,葛家一定会带上相应的礼物,因为在葛家人看来,空手前去亲朋家中拜访是没有礼貌的行为。两方家长或男性长辈会面时,通常会两手作揖,互道新年祝福,同时葛玲娣和孩子们也需向亲戚家的长辈们问好。如果当天没有日程上的安排,葛家人可以留在主人家吃饭,也可以回自家吃饭,全凭程小梅和葛玲娣二人的决定;如果还需要在当天拜访另一家亲戚,程小梅一般会婉言拒绝主人家留步吃饭的邀请。此外,元宵节时,葛玲娣会带着孩子们以黑芝麻加上猪油作馅裹猪油汤圆,里面再放些糖和晒干的桂花。

(二)女儿回娘家过端午

逢年过节的时候,全家人都要一起吃团圆饭,一般不能去别人家里做客,也不会邀请外人来自家过节。因此,葛家通常以家户为节日习俗单元,但只有端午节为例外。

端午当天,按照宁波当地的传统,外嫁的长女程雪娣和次女程复娣会选择回娘家过端午,女婿杨永尼和邓喜发还会在端午当天挑着端午担②来看望自己的岳父程小梅。端午担的一头为一只头上涂红的白鹅,另一头则装满了粽子、老酒、黄鱼等宁波地方特产。女儿和女婿来访时,程小梅夫妇会留他们在葛家吃饭。一般情况下,家长程小梅会和两位女婿在轩子间聊天,程雪娣和程复娣则会像出嫁之前一样到厨房与葛玲娣一同准备当天的饭菜。

---

① 老丈人家:葛维宏第一任妻子的父亲。

② 端午担:即端午节所挑的担。

五、家户信仰

(一)笃信菩萨

1.信奉薛将军

1949年,葛家人信仰佛教,是镇上薛将军庙的信徒。相传唐朝时,薛仁贵带兵途径庄桥,为当地的百姓做了许多好事,为了纪念薛将军的功德,当地的大户牵头和附近的村民修建了这座庙宇。庙中既有龙王菩萨、观音菩萨,也有薛将军、关羽、包公等人的塑像,因此附近几个村子的民众既可向龙王菩萨求雨,也可向观音菩萨求子,还可以求薛将军、关公保全家平安。平时庙宇的香火很旺,周围许多村民都是这座庙宇的信众。

2.葛玲娣陪同父母上香礼佛

每逢初一、十五,葛维宏必定会带着葛童氏到薛将军庙里去上香礼佛,出于担心父母安全的考虑,葛玲娣通常会陪同前往。程小梅只在特定的日子,譬如观音菩萨的生日时会一同前去,全家一同拜佛的次数较少,因此葛家拜佛时以葛维宏、葛童氏和葛玲娣三人为主,有时葛玲娣忙于农事,长女程雪娣或次女程复娣也可以代替葛玲娣同去。

(二)供奉各路家神

1949年前,葛家供奉的家神包括财神、门神和灶神。不同的神有不同的作用,因此摆放在葛家房屋的不同位置,财神菩萨专门摆在轩子间供奉,门神和灶神则分别贴于大门和灶头之上。

灶神主要管灶头,也就是管葛家的吃饭饮食。一年中,葛家祭祀灶神的日子为农历的腊月二十三日,整个祭拜过程由家长程小梅主导,妻子葛玲娣负责配合程小梅准备供品、香烛、祭灶果以及祭灶马。在祭拜灶神的顺序上,由地位较高的葛维宏和葛童氏先拜灶神,之后为程小梅和葛玲娣,最后葛家的孩子们再依照长幼次序依次叩拜。

门神用于驱邪避鬼,保佑全家平安。过年时,程小梅会将门神贴在自家的大门上,东边贴的是秦琼像,西边贴的是尉迟恭像。贴好门神以后,程小梅会请三炷香,并念一下门神的名字,如此,门神便请进家门了。需要注意的是,门神的位置绝不能颠倒,一旦贴反,一年之中都不会顺利。

正月初五是财神菩萨的生日,同当地的其他人家一样,葛家也在这个日子里请财神。凌晨,程小梅会让侄儿程大根去大门口放几百响的八字炮[①],一旦炮仗点好,程大根便会迅速跑到一边,全家人则聚在一旁观看。放完鞭炮,由葛维宏或程小梅为财神菩萨上供品,主要包括水果、糕饼等,葛童氏和葛玲娣负责点香烛、烧纸钱。最后,所有家庭成员都要拜一拜,祈求财神除晦气、进财宝。

(三)祭祖求保佑

1.子孙后代必祭祖

葛家的后代对上几代祖先从哪里来,怎么来等内容都比较清楚,若是未从父母或长辈那得知,便没有办法进行考证。每年的清明节、七月半和腊月二十九,家长程小梅都会组织全体成员祭拜祖先,也就是为祖先做羹饭,所祭祀的对象既包括程小梅自己的上代,也包括妻子

---

① 八字炮:鞭炮的一种,在婚庆、过年时最为常用。

葛玲娣的祖辈。在葛家人眼中,祖先的地位至高无上,祭祀祖先是每一个后代应尽的责任和义务。若是有外人咒骂自己的祖宗,便是对自己最大的侮辱。在当地,连自己的祖先都不祭拜的人,不但会被家里的长辈斥为不肖子孙,也会被同村人视作没有品德的人。

葛家没有摆放过世老人的牌位或遗像,葛维宏去世后,葛家便逐渐脱离于葛氏宗族祭祀之外。此外,葛家也没有祖坟,丈人葛维宏和丈母葛童氏去世后,程小梅夫妇将二老埋在自家的土地里。这是当地的通行做法,不但成本低廉,也便于日常维护。每年的清明节,趁着上坟,程小梅和葛玲娣还会对去世的葛维宏和葛童氏的坟堆进行打理,包括清理杂草、重新上土及在墓碑上描字。

2.一年多次纪念

葛家一年会组织三次祭祖仪式,主要包括清明节、七月半和腊月二十九,此外还包括亡者的生日和忌日,但规模较小,葛家将之统称为"做羹饭"。祭拜祖先主要有三项意义:一是为了履行作为后代的义务和责任;二是表达全家人对祖先的怀念和纪念;三是祈求祖先保佑全家平安,生活顺顺利利。

祭祀活动由家长程小梅主持,包括女性在内的全家人都能参与祭拜祖先的仪式。祭祖时,每个人都需要双手合十,叩拜三次,并说些祈求祖先保佑之语。每个人所说祝词各有不同,一般而言,会保佑老年人长命百岁、身体健康,保佑中年人平平安安、早生贵子,保佑小孩子聪明懂事、快快长大。祭拜完毕之后,葛家还会焚烧纸钱以送给阴间的祖先使用。

六、家户娱乐

(一)农闲过节挖花牌

葛家的赌博形式主要有两种,一种叫"挖花牌",另一种为麻将。挖花是一种与麻将类似的游戏,一共需要四个人参与,分别是上家、下家、对家和本家。打牌时,出牌者以打出的牌为题材,即兴随编随唱,并多以历史上的人物为唱词。

家长程小梅有空时,就会到村内的朋友家挖花,而葛玲娣忙于农活和家务,并不会参与赌博。程小梅挖花以娱乐为主,赌资不过几分钱的样子,因此丈人葛维宏和内当家葛玲娣并不会阻挠其赌博,同时,程小梅也从未因输钱而与他人产生过纠纷。一般情况下,程小梅会在下午去朋友家挖花,所以赌博期间的饭食在自家解决,并不会专门到对方家吃饭。农闲和逢年过节的时候,村里赌博的人家逐渐增多,程小梅外出赌博的次数也会相应增加。

(二)盲先生唱新闻

村里经常有个瞎子先生来唱新闻,其内容包括民间故事、历史典故和发生在身边的新鲜事,葛家的大人、小孩有空就会搬着板凳去村口的那棵大樟树下听新闻。

盲先生往往独自一人,手拿一面小铜锣,又是说又是唱,一连能唱上好几天。葛维宏、程小梅和葛家的女儿们往往听得入迷,唯独侄子程大根、程小根和外甥曹雪熊不太喜欢,在几个男孩子看来,先生说话太慢,婆婆妈妈,特别是到了要紧关头,盲先生又会吊人胃口,说到一半,便是"且听下回分解"。

第五章　家户治理制度

在葛家,家长程小梅掌握着家内大小事情的决定权。由于程小梅又是从葛维宏手中继承葛家的财产管理权和当家做主权,因此,假若遇到自己难以决断之事,程小梅必然会请示经验丰富的葛维宏。因葛玲娣既管家务,又管田地,故内当家葛玲娣与家长程小梅共掌财产管理权及劳动分配权。此外,在对外交往层面,葛玲娣也能为程小梅提供较多的帮助,因此葛玲娣在葛家亦拥有同程小梅相当的发言权。在生产生活中,葛家的其他成员各司其职,各负其责,听从内外当家相应的安排。葛维宏去世以后,因程小梅不再跟从葛姓,所以葛家逐渐脱离家族公共事务,最终致使家族对葛家的影响微乎其微。在村庄和国家事务方面,葛家并不会主动与村庄或政府进行联系,而是被动地卷入到公共事务之中。

一、家长当家

(一)上门女婿继任一家之主

1949年以前,葛维宏为葛家前任家长,入赘之后,程小梅继葛维宏成为葛家的新一任家长。程小梅成为继任当家人有以下两个原因:一是由于丈人的认可,葛维宏年事已高,选择将自己当家的权利传给入赘的女婿程小梅;二是因为当地惯例,即女性无法当家。纵使程小梅是葛家的上门女婿,并非葛维宏所亲生,但葛家村里也普遍由男性当家,鲜有女性当家的情况,故女儿葛玲娣无法成为葛家的当家人。

家长程小梅即为葛家最有权威之人,所以家中大事、要事均可由其来做主。在外人眼中,内当家葛玲娣虽然分管家里的农业和家务,并能够分担家长程小梅一部分的家庭责任,但身为女性的葛玲娣无法成为实际意义上的家长。无论在家庭内部还是外部,每个人均会以辈分称呼家长程小梅,长辈或平辈还可称呼程小梅的外号或小名,晚辈则必须使用敬称,以示礼貌。程小梅为人老实忠厚,并不是一个独断专权的当家者,既会考虑到长辈葛维宏、葛童氏和妻子葛玲娣的意见,也会照顾到家中儿女、侄子、外甥等众多小辈的意愿,所以葛家的全体成员十分信任家长程小梅,并对其当家的情况感到满意。

(二)家长掌握多元权利

1.祖赋家长权

葛家认为,家长的权利由祖宗所赋予,并在一代代男性成员间相传。家长身份及权利的授予只需要上一代当家者的指认,并不需要经过其他家庭成员的同意。一般来说,家长的权利依照祖传父、父传子的规则进行传递,入赘的程小梅成为家长是家长权利变更的一种特殊情况。在认同上,无论是先前的当家人葛维宏还是后来的家长程小梅,其当家权均能获得所有家庭成员的认可。在管理范围上,家长程小梅的权利涉及整个家庭方方面面的事务。在管理的成员上,在家居住的后辈都是程小梅管理的对象。

葛家从没有采取过家庭会议的形式,遇到大事时,程小梅会同时与丈人葛维宏和妻子葛玲娣商量,意见达成一致后再做决定。家长并不是想干什么就干什么,程小梅的决定关乎全家的命运,因此程小梅不但需要考虑长辈和妻子的意见,也会尽量照顾到家里的孩子。此外,但凡妻子葛玲娣所提出的合理意见,程小梅均会表示同意。

2.内外当家共掌财产权

葛家一年所得的收入主要可以分为两个部分,其中一大部分来自家户的农业收成,另一部分来自家庭的副业收入,并且农副业收入均呈现出一定的波动性。但总体而言,葛家每年的农副收入大体上能够维持全家成员的生活开销。同时,葛家的所有财产并非属于家长程小梅私人占有,而是以当家人的名义代表全家共有。

在财产管理上,内外当家共同掌握着财产的管理权,并能够根据家庭的具体需要进行全权支配。其中,只有丈人葛维宏和岳母葛童氏拥有一部分私房钱,葛家的大部分钱款均是用作家庭各项开支,譬如程小梅出售咸菜和年糕所挣得的副业收入会完全用于家庭生活消费,不会由其个人单独享受。葛家值钱的家当均放在程小梅夫妇房间的柜子里,出于防盗的目的,柜子会上锁,钥匙的藏匿之处只有家长程小梅或内当家葛玲娣二人知晓。另外,葛家的粮食统一供全家人一起食用,新鲜的下饭通常由家长程小梅从集市上带回来,再由葛玲娣带着女儿们进行加工制作。

3.内当家掌握制衣分配权

内当家葛玲娣掌握着全家的制衣分配权。过年时,全家人都能有一身新衣裳穿。在平时,葛家人十分节俭,多穿着旧衣裳下地干活或做家务,废旧的衣服还可以用来做揩布或拖粪①。若是家庭成员的衣裳在劳动过程中破洞,只需交给葛玲娣或程雪娣、程复娣等女性缝补即可。没到穿不下去的地步,葛玲娣绝不肯浪费布料制作新衣裳。因此通常情况下,葛玲娣每过两三年才会做一身春秋时所穿的单衣。

4.家长组织副业生产

葛家的劳动分为三个部分,即农业劳动、副业劳动及家务劳动,内当家葛玲娣和当家人程小梅各自负责不同的劳动领域。具体而言,在农业劳动和家务劳动的安排上,葛家人主要听从内当家葛玲娣的意见,在副业劳动的安排上,家庭成员则主要听从家长程小梅的意见。

在农业劳动上,葛玲娣负责带着女儿程雪娣、程复娣、程瑞娣和侄子程大根、雇工郭尧法从事农业耕作活动,农忙时,除了老人葛维宏和葛童氏之外,程小梅和家里的其他孩子都需要帮忙。葛家的家务劳动包括洗衣做饭、送饭淘米和喂养家畜等,主要由内当家葛玲娣带着三个女儿程雪娣、程复娣、程瑞娣来完成,葛童氏有时也能帮些忙。在副业劳动过程中,葛家的劳动力会一齐参与,统一听从家长小梅的指挥。

5.婚丧嫁娶由家长做主

大女儿程雪娣和二女儿程复娣出嫁时,老人葛维宏和葛童氏已经去世。所以,两个女儿的婚事由家长程小梅和妻子葛玲娣做主,并主要由程小梅负责考察女婿的家境、能力和品行。另外,程小梅在祭祀活动和丧殡仪式上拥有决定权及主导权,葛玲娣和其他家庭成员会

---

① 拖粪:拖把。

依照程小梅的意见行事。

6.葛玲娣配合程小梅进行对外交往

在对外关系方面,家长程小梅完全可以代表整个家庭。此外,葛玲娣也拥有一定的对外交往权,配合程小梅进行正常的对外交往。譬如,在借债一事上,程小梅就需要通过葛玲娣作中间人向妻子的娘舅、堂弟或妹妹家借钱。同时,如果葛家要向佃主盛德生请求减免一部分地租,也需要葛玲娣出面交涉。一般意义上,程小梅是户的唯一代表,亦是交税纳粮的责任人,由家长代表全家同保甲长打交道。不过,若是程小梅外出,葛玲娣亦可代替程小梅的角色。

(三)家长担全责

家长的身份意味着程小梅对于家庭有着不可推卸的责任,既要负责保障全家吃饱穿暖,同时又要维持家庭成员间的和谐。首先,吃饱穿暖是生存的基本需求,身为家长的程小梅必然会和妻子葛玲娣一同操心家里的农业生产,并想办法增添家庭的副业收益。其次,程小梅还需要考虑维持家庭成员间的关系平衡,使所有人均能各安其分,进而为家庭贡献自己的力量。一方面,程小梅需要赡养自己的岳父和岳母,唯有如此,才能为家中的后代做出正确的表率;另一方面,程小梅需要关注家庭下一代的成长,教会他们农田生产的技能以及为人处世的道理。

一位称职的家长必然能够满足家庭成员吃饭穿衣的基本需求,让孩子有一个安定的生长环境,并让老人的晚年生活得到保障。如果一个家长难以维持家庭生计,或者在其治理下家庭内部产生分裂,外人便会认为其没有能力,按此推测,他必然也算不上是一位好家长。要是家长沉迷赌博、吸食鸦片抑或是醉心于女色,那便只能算一个烂屙①家长,在这种情况之下,如果家中的老人尚在人世,必然会严厉斥责此类不称职的家长,甚至连家里的后代都会瞧不起他。而葛家的当家者程小梅在生产上勤勤恳恳、任劳任怨,又在生活上尽力照顾到每一位家庭成员的需要,并使葛家一直运行于一个较为安定的生活轨道上,因此,程小梅算得上一个称职的家长,并且赢得了全家人的尊重。

二、家户决策

(一)家长不在妻做主

通常情况下,葛家由家长程小梅说了算,同时,因内当家葛玲娣负责管理家务和农活,并协助程小梅当家,因此葛玲娣也可以独自做出决策。葛维宏和葛童氏作为家庭的长辈,自然也拥有家事的知情权和干涉权,不过,老人一般不会干涉程小梅夫妇的决定,而是选择在家安心养老。如果当家人程小梅出远门,不需要交代任何事情,仅需要知会妻子葛玲娣一声。因为葛玲娣负责葛家的日常事务,完全有能力把葛家管理得井井有条。

(二)内外协商顾周全

葛家的大事以程小梅夫妇商量为主,家庭其他成员必须听从程小梅或葛玲娣的安排。内外当家需要提前商量的事情包括以下几个方面:一是涉及到家庭的成员的婚丧嫁娶,譬如葛维宏和葛童氏的丧事以及大女儿葛雪娣、二女儿程复娣的婚事;二是重大的节日安排,譬如

---

① 烂屙:形容像屎一般差劲。

285

春节前需要提前购置哪些年货,清明祭祀时需要准备哪些供品;三是与外界打交道,包括出面向亲戚借债或向佃主盛德生家交租;四是家庭的生产经营,包括农业时机的选择和劳动分工的安排。

在家户决策过程中,家长程小梅和内当家葛玲娣保持着互相合作、互相配合的关系,两人的出发点均是为了整个葛家更好,以保障全家人衣食无忧。因此内当家葛玲娣觉得家长程小梅在某件事情上做得不对或安排不合理的时候,可以向程小梅提出自己的看法,只要程小梅认为葛玲娣的考虑更为周全,便会听取葛玲娣的意见,最终改变自己的决定。

三、家户保护

(一)大人为小孩讨公道

葛家的大人同生活上的邻居及生产上的地邻一直友好相处,从未发生过大的冲突或纠纷,只是有时自家孩子同其他孩子间会发生一些争吵。当孩子与别人家的孩子发生矛盾之时,只要葛家人有理,所有家庭成员均会站在自家孩子一方为他撑腰,并向外人讨回公道。

如果是葛家的孩子犯了过错,家长程小梅则会亲自出面赔礼道歉,老人葛维宏、葛童氏或内当家葛玲娣也可以代替家长程小梅去赔个不是。登门道歉时,葛家的大人通常会亲自带着自家的小孩子去向对方的家长及孩子认错,因为这样才能显示出葛家人在这件事情上的诚意。并且程小梅还会当着对方家长或大人的面教训自家的孩子一番,同时跟对方的家长声明不会再出现类似的情况。

葛家十分认同"家丑不可外扬"的观点,发生在自家的丑事、坏事在家庭内部成员间知晓即可,向外传出去一定会影响到整个家庭的名誉。如果自家的面子或声望受损,所有人都会在村庄内抬不起头来。

(二)女儿学堂受委屈,妻子出面表支持

如果葛家的孩子在外面受委屈,为外人所欺负,一定会回家向家里的大人诉说,并希望获得父母的安慰。有一回正值饭点,三女儿程瑞娣如往常一般按时从学堂回家吃饭,却显得垂头丧气。葛玲娣发觉后询问缘由,程瑞娣就向母亲葛玲娣哭诉白天在学堂受了委屈。事情的原委是这样的:程瑞娣和同班的一个男同学比较要好①,但一些淘气的同学起哄,你一句我一句,编了几句顺口溜,一下课就在班里说唱程瑞娣和那位同学好上了,弄得程瑞娣十分狼狈。葛玲娣听后,安慰她莫要伤心,第二日,葛玲娣便将情况告知班里的老师。老师当着瑞娣的面,打了为首起哄的几个男同学的手底心②。此后,便再也没有调皮捣蛋的男同学拿瑞娣开玩笑了。

(三)提高警惕御盗匪

1949 年前,葛家村几乎没有出现过土匪绑票或强盗抢劫的情况,但经常会有小偷翻进墙院偷东西,逢年过节或稻谷入仓之时,村里的人家最易发生失窃。一般而言,小偷既偷粮食,也盗钱财,一旦到了这种盗贼猖獗的时刻,入夜之前,家长程小梅会亲自拴上自家的大门,并关好自家的家禽和家畜。同时,程小梅和葛玲娣还会提醒住在轩子间里的雇工郭尧法

---

① 要好:关系比较好。
② 手底心:手心。

和侄子程大根提高警惕,谨防盗贼来自家偷谷。一旦有响动,可能是盗贼进门,郭尧法或程大根半夜里也可以来敲程小梅夫妇的房门。

有一回,村里一户葛姓的大户人家抓到一个窃贼。抓到之后,那户人家没有选择去报官,而是在村内和同村人一起打骂这个小偷。在村民们眼中,报官起不到任何的作用,盗贼都是些贫穷人家,也赔不了多少钱财。村民们十分憎恨这种小偷小摸之人,便将此人绑在村口的一棵大樟树下鞭打,为首的是那位葛姓的家长,还有一些平日里遭贼的人家在一旁咒骂。村里的几个男人一面打,一面诉说自己种地生活的不易。在葛家人看来,只要不出人命,怎么打都不为过。

四、家规家法

(一)皆非成文家规

1.家中规矩代代传

葛家没有成文的家规或家训,只有代代相传的非成文家规作为日常生活的约束和指导。这些不成文的规矩多是从葛氏祖辈口口相传而来,葛家的长辈从小就会教授自家的孩子哪些应该做,哪些不许做,以及在生产生活中需要注意哪些规矩。家规所管辖的范围包括所有的家庭成员,没有任何一个人可以例外,不论是家长还是小孩都得遵循家规家训,任何违背家规的人都要接受家长程小梅的惩罚。

2.做饭吃饭有规矩

吃饭是葛家日常生活中最重要的活动之一,因此餐桌上的规矩很多,做饭时的规矩则要相应少一些。平时,葛家的男性并不会参与做饭,而主要由内当家葛玲娣为全家人做饭,程雪娣、程复娣、程瑞娣三个女儿负责打下手,包括淘米、洗菜和烧火。内当家葛玲娣忙于农活时,长女程雪娣也可以代替葛玲娣的角色。葛家日常所食的菜品以腌下饭或糟下饭为主,蔬菜肉类等菜品部分能够自给,海鲜等菜品则必须要向外界购买。葛家每日具体吃什么主要由内当家葛玲娣和家长程小梅商量决定。在做饭上,葛家讲究荤素搭配,几菜一汤。通常情况下,家长程小梅中午卖完咸菹之后,就会到市场上购些新鲜且便宜的食材回家。由于买菜的钱一般是当天程小梅的副业收入,因此程小梅每次也不会购买很多食材。

轩子间是葛家平时吃饭的地方,盛夏时为了乘凉,则会移桌至屋后的晒谷场上。长辈葛维宏和葛童氏从小就会教导葛家的孩子吃饭时绝不能剩下一粒粮食,家长程小梅和内当家葛玲娣也会对孩子们提出相同的要求。吃饭时,由葛玲娣依照辈分盛饭,第一碗饭必须盛给父亲葛维宏,第二碗则给母亲葛童氏,接着是家长程小梅及葛玲娣自己,家里的孩子按长幼顺序只能排到最后。盛饭完毕,由家中辈分最高的人葛维宏先行动筷,长辈动筷以后,后辈们才可以开始夹菜。夹菜时,葛家的孩子们不可起身,不能挑肥拣瘦,不许大声说话,手肘亦不可脱离桌子,否则就会遭到家长程小梅的斥责。长辈问话时,孩子们必须先将口中的饭菜吞咽完毕后再答话,防止说话时口中之物喷至桌上。饭后,孩子们要帮助母亲葛玲娣收拾碗筷,女儿程雪娣、程复娣或程瑞娣轮流帮助内当家葛玲娣刷锅洗碗,直至全部收拾完毕。

3.座位分尊卑

吃饭的时候,不论男女长幼,均可上桌吃饭。葛家吃饭的桌子是一张八仙桌,长辈居于上座,晚辈坐在下座。由于家庭成员较多,通常情况下,孩子们需要挤着坐,或者干脆让年幼的孩子自己取些下饭,坐在自家的门槛上吃饭。

有亲朋好友来访时,葛家仍然会依据辈分大小安排座位,并由葛维宏和程小梅作陪。内当家葛玲娣通常会因为做菜忙得不可开交,所以不会上桌吃饭,待客人吃完后,再吃些剩汤剩菜,并收拾碗筷。客人较多导致没有多余位置的时候,家里的孩子要下桌将位置让予来客。

4.请示规矩各不同

(1)生产活动请示

当家人程小梅因患腿疾,很少参与家庭的农业生产,家中由内当家葛玲娣负责经营管理土地,具体安排包括全年的种植计划,耕地、耙地、播种、插秧、收割的时机与种稻期间的劳动分配。在农业生产过程中,家庭成员遇到问题时一般只需要请示内当家葛玲娣,很少需要询问家长程小梅。只有葛玲娣忙于家务或外出,家长程小梅承担起照看农田的责任时,葛家的其他成员才会专门请示程小梅。此外,在生产工具的购买和借用、牲畜的喂养和使用、副业的选择与经营方面,家长程小梅和内当家葛玲娣均会提前商量决定如何是好,其他家庭成员只需服从程小梅、葛玲娣二人的安排即可。

(2)生活中的请示

在日常生活中,家长程小梅和内当家葛玲娣各自负责不同的生活领域。在修缮房屋、孩子上学、婚丧嫁娶等方面,家长程小梅处于完全支配的地位。同时,内当家葛玲娣则掌握着饮食、制衣及购买日常生活物资等方面的主导权。

(3)外出请示

家庭成员在每次外出前都需要提前请示家长程小梅或内当家葛玲娣,两人之中的一人应允或批准之后,方可外出。特别是家里的孩子到薛将军庙里看戏文或是到离家很远的地方玩耍时,更是需要告知程小梅夫妇一声,尤其需要说明大约何时回家、与谁同去。葛家这项规矩有两个目的:一是为了防止孩子走丢;二是为了防止孩子因贪玩而忘记回家的时间。

5.请客有讲究

葛家的请客规矩相对比较简单。一般情况下,如果葛家要请客,家长程小梅或内当家葛玲娣会提前一至两天告知宾客。请客的当天,由内当家葛玲娣掌勺,三个女儿程雪娣、程复娣、程瑞娣在厨房帮忙,提前准备好宴会时的菜肴。在宴请之前,葛家还要备齐桌子、凳子及碗筷,通常情况下,会由内当家葛玲娣或家长程小梅找邻居或者亲戚朋友家借用。宾客登门时,由家长程小梅亲自在门口引宾客入自家的轩子间入座,并安排女儿程雪娣、侄子程大根或外甥曹雪熊中的任何一人端茶倒水,拿出自家的花生、瓜子等各式零食招待来客。若是客人中有孩子一同跟来,家长程小梅还会夸赞一番,并让自家的孩子带其到院子或屋后的空地上玩耍。酒宴备好时,家长程小梅会引宾客入座,并陪酒招待。

6.女性负责制衣及洗衣

葛家的衣服由内当家葛玲娣根据每个家庭成员的身材裁剪尺寸,统一制作。每年过年时,葛玲娣都会提前给每个家庭成员制作一身新衣裳,在平时,所有人的衣服皆是些粗布短衣,一部分是个人旧有的,另外一部分是葛玲娣的娘舅童宝昌家穿剩下的。

就清洗衣物而言,内当家葛玲娣一般会带着三个女儿程雪娣、程复娣、程瑞娣到离家不远的河埠头洗衣,老人葛童氏偶尔也会参与其中。大女儿程雪娣比较懂事,又在三个女儿中最为年长,如果内当家葛玲娣忙于家务,一时走不开,她会自觉带着二妹程复娣、三妹程瑞娣把当天需要清洗的衣服清洗完毕。通常情况下,每天早晨,女儿们就需要把自家的衣服清洗完毕,然后立即投入到自家的农业生产之中。夏季属于农忙时节,葛家人洗澡比较勤,内当家葛玲娣也可以选择在傍晚洗澡后再带着女儿们清洗衣物,这样第二天早上,葛玲娣和女儿们就可以直接下地干活。清洗衣物时,葛玲娣和女儿们只需用上一些"咸肥皂",同时在河埠头的青石板上揉搓衣物,并搭配着棒槌敲打即可。洗完衣物后,葛玲娣和女儿们会统一将衣物晒到自家的院子里或屋后的空地上,如果有人在洗衣服的时候把衣服弄破,只要在晾干以后用针线缝补一下即可,不会受到家长程小梅或内当家葛玲娣的责骂。

(二)家长执行家规

葛家遵循老祖宗传给后代的一些非成文的陈规旧约,家长程小梅没有制定或修订过任何一条家规和家法。同时,葛家十分重视这些不成文的规矩,在日常生活中,葛家的所有家庭成员会完全依照家规家法办事,在同外人打交道的过程中,葛家人也时刻注意自己的言行。

家长程小梅和长辈葛维宏等人会以言传身教的方式教导家里的孩子从小学习家规家法,并告诉孩子们什么能做、什么不能做。等到子女、侄子和外甥到了稍微懂事的年纪,家长还会告诉孩子们如何为人处世,如何同别人打交道。在规矩的执行上,家长程小梅和家里的其他长辈会以身作则,言行一致,时刻遵循家规家法。若是孩子们不听话或者违反家规,家长程小梅就会以严厉的口吻对孩子们进行批评。

(三)过年多禁忌

大年初一过春节,是一年到头最重要的日子,所以,葛家过年时的禁忌很多。具体包括以下几点:第一,正月初一不能在家中扫地,如果迫不得已要扫地,必须由外向内扫,以防家财外流;第二,不打骂孩子,不讲晦气闲话①,否则会影响全家新一年的运道②;第三,不杀牲、不动刀,以期葛家整年太平;第四,不倒马桶,也不洗任何衣裳。

五、奖励惩罚

(一)卖力懂事获奖赏

1949年以前,如果家里的孩子在生产过程中表现良好,家长程小梅或内当家葛玲娣会给予一定的奖励,主要包括口头表扬和物质奖励两种奖励形式。在农忙的时候,如果某个孩子干活卖力认真,会同时得到家长程小梅和内当家葛玲娣两人的口头表扬,并会增加其休息和娱乐的时间。其他没有受到表扬的孩子,则会为了得到大人的认可和娱乐时间而努力干活。为了激励孩子在生产生活上好好表现,葛玲娣还向孩子承诺,谁干活积极就带谁去县城,并可以挑选一样自己喜爱的零食。这种奖励方式对孩子们的激励作用很大,孩子们纷纷更加努力地干活,同时在日常生活中也更为听话懂事。

(二)犯错顶嘴便受罚
1.长辈惩戒晚辈

在葛家,拥有惩罚孩子权利的包括家长程小梅和内当家葛玲娣,除了家长以外,身为家中长辈的葛维宏和葛童氏也拥有教训晚辈的权力。

---

① 闲话:即话的意思。
② 运道:运气。

当孩子犯错顶嘴或不听话时，家长程小梅有权力以打骂的形式管教他们，丈人葛维宏、岳母葛童氏和妻子葛玲娣一般不会介入，因为他们相信家长程小梅会掌握好惩罚的分寸和尺度。如果某些孩子硬嘴牢牢[1]，内当家葛玲娣和丈人葛维宏看不下去，也会和家长程小梅一齐训斥不听话的孩子。如果平时孩子表现很好，只是一时做错事，在家长程小梅训斥得过狠时，岳母葛童氏就会出来咬奶头[2]，劝女婿不要将小事情说得太过严重。一般情况下，家庭内部惩罚小孩的时候，包括亲戚、邻居、熟人在内的外部家庭人员均不会介入，因为这是葛家的家事，外人没有任何理由介入其中。

2.依据情况定惩罚

葛家的惩罚对象只涉及家庭的内部成员，一般情况下，家长程小梅不能对家庭之外的人进行惩罚。程小梅生性老实，脾气比较温和，但作为一家之主，对除了外甥曹雪熊之外的孩子都十分严厉。一旦有孩子犯错误，程小梅必然会对其进行批评教育，甚至还包含轻微程度的打骂，孩子们均害怕受到惩罚，在平日都表现得比较懂事听话。在惩罚方式的选择上，程小梅会依据孩子所犯错误的严重程度及其认错态度而决定采取何种形式的惩罚，但葛家没有出现过打伤孩子的情况。

六、家族公共事务

(一)家族渐式微

葛家与家族保持着一种较为疏离的状态，家族对葛家的影响逐渐式微。1949年前，仅葛维宏参与过家族的公共活动，葛维宏去世后，葛家便没有人参与宗族的公共活动，最后导致葛家人只知葛氏有族长、长老和祠堂，每年会举办活动、分发肉食，却不知族长究竟是谁。形成这样的状态有以下几个原因：首先，葛家是一户上门女婿之家，家长程小梅不是葛氏家族的成员；其次，葛玲娣作为女性，无法参与宗族的公共事务；再者，葛家的孩子均跟从程小梅姓程，脱离了葛氏家族的血缘世系；最后，葛氏宗族对游离在宗法体系边缘的葛家影响有限，葛家不再依赖宗族支持。

(二)清明上坟节

清明节在当地又称"上坟节"。清明时，葛家祠堂的大门会敞开，在族长太公[3]的主持之下，葛氏家族的子孙后代会聚集在祠堂里拜祖聚餐，并派发一定的猪肉和上坟饼。然后，各家再去各支先祖的坟墓祭拜上坟，交关[4]热闹隆重。因这一活动唯有丈人葛维宏参与过，其他家庭成员只是知道有这些仪式，并不知具体如何。

七、家户纵向关系

(一)家长入听命杠

1949年前，家长程小梅曾以个人的名义参加过一个名为"听命杠"的民间会社组织，该

---

① 硬嘴牢牢：形容长辈训斥后孩子仍顶嘴。
② 咬奶头：形容为孩子辩护，多含贬义。
③ 族长太公：对族长的地方性称呼。
④ 交关：十分。

组织的成员主要负责替有钱人家抬杠出殡,以赚取一定的额外收入。该组织以葛家村一个有威望的能人为首,会首被称为"杠头",包括程小梅在内的其他会社成员则为普通的"杠员",听从会首的安排。"听命杠"的组织形式较为松散,组织没有固定的仪式或安排,所属成员各操各业,无人以抬杠出殡为主要营生手段,所以平时杠员之间亦较少产生联系。但如果遇到丧事生意,杠头会召集成员聚会,并根据具体情况作出安排,由哪几位成员来负责哪部分具体的事情。具体而言,听命杠这一民间殡葬组织的业务范围,主要包括布置灵堂、祭奠典礼、抬棺出殡等。

(二)葛家与保甲

姚东富是葛家村所属保甲的保长,周围的村民同其见面时,为表示尊敬,会称其为"东富先生",但一些富户老板及开店经商的头面人物都爱在背后称他作"姚小人"。小人也就是小人物的意思,以表示对其的嘲讽和不屑。

起初,同大多数人家一样,姚东富家主要以种田为生,同时也做一些帮忙打点的事情,例如替大户人家办酒宴、搭棚架、安排红白喜事等等,庄桥镇当地几个村子如果发生老太公开吊①、娶媳妇嫁囡这类事情,这户人家便必须事先与姚东富联系上,由他作为红白喜事的全权代表。因为如果不招姚东富来安排家里的红白喜事,往往会因安排不当而弄得家里手忙脚乱。姚东富能够将事情安排得井井有条靠的是人头熟,也就是跟各种人关系好,说得上话,因此无论这户人家办多少桌酒宴,要多少人手,借多少贳器②,采购多少鸡鸭鱼肉,姚东富均能"调兵遣将",将此事安排得妥妥帖帖。

后来上级政府来葛家所在保甲挑人当保长,大家便一致推举姚东富担任保长一职,原因是说他人头熟,肯奔脚头③,办事利索。在当地,一方面,穷人家没资格当保长,也没有心思去应付官家;另一方面,富人不愿做保长,认为做保长是一件吃力不讨好的事情。担任保长之后,姚东富的主要工作是帮助官府拉壮丁,维持社会治安及催村民缴钱粮等。到了每年摊派交粮任务的时候,大多数葛家村的村民都会主动上交钱粮,基本上无需保长姚东富亲自上门催促,偶有交不上钱粮的穷人,姚东富也会采取缓交、免交等手段帮忙应付过去。抓壮丁是上级官府的强制任务,所以保长姚东富就不能采取拆烂屙④的办法,于是保长姚东富只能带着乡公所的警察烂眼⑤挨家挨户找人抽壮丁。

就葛家而言,程小梅同保长姚东富算不上有交情,只是相互认识的关系,同时,葛家从来没有拖欠过保甲所摊派的税款,即使是采取向亲朋好友借钱粮的方式,葛家也会按时将税收交上。此外,葛家也没有因发生家庭纠纷而需要保长姚东富介入的情况。唯一需要家长程小梅担心的事情就是抓壮丁,葛家多采取逃跑、躲藏等手段"躲壮丁",实在躲不过去的情况下,葛家人就只好配合保长姚东富的工作,干几天劳力。

---

① 开吊:丧家出殡前选定日期接受亲友吊唁。
② 贳器:婚丧喜庆用的器物。
③ 肯奔脚头:愿意上下奔走。
④ 拆烂屙:马虎,不负责任。
⑤ 警察烂眼:对警察之蔑称。

(三)不同官府打交道

葛家基本上不会因公事而同县乡官府打交道,只是认识庄桥镇的好人镇长①钟一棠。由于钟一棠在镇上开药店,名望很高,因此镇里就推举钟一棠当镇长。当葛家的老人需要问诊医病时,葛玲娣会带着葛维宏和葛童氏去请钟一棠搭脉开药,除此以外,葛家不会反映什么问题或过问镇里的事情。

八、村庄公共事务

(一)村务会议

葛家村里一年会组织一次村庄会议,由保长姚东富通知甲长,甲长通知到各家各户,每户人家的家长必须尽量参加。如果家长不在家或临时有事,代理家长或家里的长辈可以代替家长参与这个会议,也可以不参加。葛家自然主要由家长程小梅参加村务会议,内当家葛玲娣有时也可代为参加。作为女性,内当家葛玲娣代为参会时,不会遭到村里人的非议,因为村里人都知道葛玲娣也是葛家管事之人。如果葛家不派人参加村务会议,就意味着自动放弃参会发言的资格,但仍需服从村务会议作出的安排。

在会议过程中,参加会议的村民可以代表家户提出意见和要求,如果是合理的要求,保长姚东富也会采纳。葛家人生性老实,摊派的钱粮基本上可以忽略不计,因此家长程小梅和内当家葛玲娣一般不会主动提意见。开会时,保长在台上通知当年需要征收的钱粮和摊派的任务,如果村民们都没有提出反对意见,保甲长便会在不久后开始在村中收取赋税。

(二)筹资搭台唱戏

逢年过节的时候,葛家村时常会约请戏班子在村里的祠堂边上搭台唱戏,当地人称这种戏班子为"串客班",一般都会连着演上好几天。在费用支出方面,由村里的大户人家出大头①,平常人家也需要给戏班子一些钱物作为酬谢。资金的筹集并不是强制性的,穷人家不出钱,只是去看看也可以。葛家人很喜欢看戏文,每次家长程小梅也会象征性地向村里交些钱,然后携一家老幼去看戏文。

九、国家事务

(一)秋收交粮

秋收以后,村里就会开展征税工作,税收的征收形式以粮食为主,一年只会征收一次。征税时,保长和副保长分别通知手下的甲长,甲长再挨家挨户通知各家的家长。保长姚东富有一本小册子,上面记载着各家各户的土地数量和土地的具体情况,通常情况下,他不会随身携带这本册子,因为村里人家的经济状况姚保长均记得明明白白,极少出现有纰漏的情况。纳税时,保长、副保长拿着册子坐在村口,还有几个手下负责为稻谷称重,检查稻谷的质量。

村里税收征收不够的情况下,村里的大户会承担很大一部分,然后再摊派给村里的佃户一部分。葛家的土地以租佃为主,因此税额很低,基本可以忽略不计。每年征税时,保甲长会直接找到家长程小梅通知交税事宜,也可以通知内当家葛玲娣,因为葛玲娣也掌握家庭的财产权。其他家庭成员不具有代表家户的权利,也不掌握家里的经济大权,不能承担交税的任

---

① 大头:即主要部分。

务,程小梅或葛玲娣不在家的情况下,家里的孩子可以转告父母。纳税时,由家长程小梅交到保长姚东富手里,核查完毕后,姚东富就会在小册子上打钩,意味着葛家这一年的纳税任务完成。

(二)躲壮丁

在当地,无论是征兵或者是摊派劳役,都称作"拉壮丁"或"抽壮丁"。通常而言,保长姚东富带着警察来抓壮丁前,村里的人家就会听到风声,或藏匿,或逃跑。葛家的男性劳动力包括程小梅、郭尧法和程大根,由于程小梅有残疾,所以符合壮丁标准的只有郭尧法和程大根。

葛家躲壮丁的手段主要是逃避劳役。一旦听到要抓壮丁的风声,葛家人基本上会第一时间关上自家大门,再让葛玲娣将侄子程大根和雇工郭尧法藏在自家的猪地间①之中。两人先躺在角落,再铺上几层稻草,最后再盖上一层猪屎,通过这种手段,葛家人躲过好几次抓壮丁的任务。日本侵略时期,有一次,日本军队拉着保长姚东富突击检查,葛家人来不及躲藏,包括程小梅在内的三人均被日军征去修公路,虽然修路并没有工钱,但会管饭,能够达到吃饱的标准。

---

① 猪地间:关猪的小间。

调查小记

多数情况之下,冬季的南方阴冷异常,偶有艳阳高照的日子,甚至在房间之内,冷冰冰的空气也使人感到瑟瑟发抖。在寻访了寒假的第一位家户老人,也就是我的大外婆——徐富庆之后,我便苦于没有合适的家户对象而不断催促我的奶奶和父亲替我询问亲戚之中是否仍有八十岁以上的明白老人在世。不过,在修改暑假家户四稿的同时深感天气寒冷,我一直未出门寻找合适的家户老人。恰逢新年将至,亲戚朋友之间互相联络走动,我便像一只慵懒异常的猫狗一般,寄希望于这种天上掉下来的机会为我带来一位家户老人。

在我的印象之中,除夕那天,我家照例亦没有什么年味,也不会吃些什么特定的东西,至多只是同我的奶奶以及父母聚在一起吃饭罢了,平淡而又惯常。大年初一开始,父亲才会照例带全家至我的外婆家及大奶奶家拜年,我深感除夕也只不过是一年之中再寻常不过的一日,既没有过多的快乐,也不为琐事所烦扰。

除夕上午,平素忙碌异常的父亲突然询问我,是否随他一同去"大块头"奶奶家拜个早年,一听闻奶奶已经八十有余,我自然愿意前去。平时,奶奶一个人住葛家村的老屋之内,因为"大块头"爷爷过世的缘故,所以过年时同自己的女儿一道暂住几日,与我住同一个小区。登门拜访自然少不了礼物及问候,父亲赠予礼物,向奶奶以及她的女儿(我称其为嬷嬷,并担任我辅助的翻译)表达了新年的问候,简单说明了我的来意之后,便留我一人在其家中访谈。嬷嬷家已是一副预备过年的样子,祖孙四代人皆在家中,其中有一位"女婿"已经在下厨准备烧饭。奶奶有一个曾外孙女,见到我之后欣喜异常,不断邀请我和她一起玩耍。我便在这种充满家庭气氛的环境中开始了我的家户访谈,嬷嬷以及一位姐姐则在一旁替我翻译我所听不大懂的字眼。

在初步了解之下,我了解到"大块头"奶奶——程瑞娣所在的葛家,是一户关系极其复杂的上门女婿之家,不但奶奶的父亲程小梅成为葛家的上门女婿,甚至奶奶的丈夫郭尧法亦在后来入赘。在访谈之中,我感受到了民国时期小农的漂泊无定,台州温岭移民口中那句"有稻割稻,没稻当强盗"透着生活的艰辛,而奶奶的阿姨葛姣娣也因去上海谋生做保姆佣人而不得不将儿子曹雪熊寄养在葛家,除此之外,奶奶的两位堂兄弟也因父亲过世在葛家一同居住。在对家户进行大致的了解之后,在父母的催促之下,我便不再打扰奶奶共享天伦之乐,并约定初七或初八再登门进行访谈。在家吃午饭时,我向父亲诉说奶奶家以前上门入赘之事。父亲却表现得十分平淡,并告诉我现在这个女婿也是入赘的,并嘱咐我不要向外人胡说。我心中默默感叹:莫非这上门入赘也是这家户的特色?

过年这几天,除了初一在外婆家之外,我照例在父亲这一边亲戚之间吃饭。初七这天,同嬷嬷通了电话之后,便一连数天登门拜访,进一步深入了解奶奶所在葛家的各项经济、社会、文化及治理制度。特别是在经济方面，葛家以农为主业，并将出售咸菹及年糕作为自家的副业。由于葛家以女性为主，在出嫁女儿之余，葛家便不断通过招赘这种方式巩固自家的劳动力，并且在某种程度上，内当家葛玲娣同家长程小梅拥有相当的话语权。

事后，由于忘记合照，又一次打电话打扰嬷嬷，获知奶奶已回葛家村所在的自己家中。我所在的小区走去村里不过十分钟罢了，趁着中午阳光正好，我便安排嬷嬷给我和奶奶合影留念，也亲自为奶奶照了一张像以充作调研时的记忆，并再次与奶奶和嬷嬷道别。村里的这条路既熟悉又陌生，自从初三从村里搬至小区之后，我便从未再走过这条路了。记得小学那段时间，如果阳光正好，郭尧法爷爷常常坐在门口的藤椅之上，我向其问好，也会时不时在菜场门口的摊位前碰见买小菜的奶奶。如今，奶奶却孑身一人居住了。

我们在慢慢长大，而老人们却在渐渐老去。在调研访谈之中，最欣喜老人们诉说年幼时的童趣，好像能看到自己幼时在外婆家居住的样子。在时空措置之中，我也会对老人的记忆感同身受，仿佛触摸到旧时人物农耕劳作时的模样。最后，感谢中农院为我提供了一个锻炼自己的平台，也感谢每一位在我的调研之路上为我提供帮助的人们。

第五篇

雇请短工：劣势环境下普通农户的生存之道
——鄂东大屋岗村李氏家户调查

报告撰写:李 巧[*]
受访对象:刘慧慧

---

* 李巧(1992—),女,湖北省孝感市人,华中师范大学中国农村研究院 2017 级硕士研究生。

导　语

　　1949 年前,大屋岗村位于江汉平原,周边湖泊多而陆地少,因当地经常发生洪涝灾害不利于庄稼生长,并且存在血吸虫病的潜在威胁,因此愿意居住于此的人并不多,只有二三十户人家,约两百人。在大屋岗村存在着李家这样一个特色家户,全家共有八口人,属于中户规模的家庭,全家人过着同居共财的紧密生活。其祖辈因"江西过籍"①而移民到湖北武汉东西湖区大屋岗村,并以此为"老根据地"②,生根发芽,世代相传。

　　李家内部具有浓厚的亲缘关系,全家人团结一致,虽偶尔有生活上的小矛盾,但总体上各成员相处融洽,关系紧密。在家庭外部,李家与宗族保持着紧密的联系,但凡家里遇上大事,当家人李仁和都会请自家的族人来帮忙。每逢祭祀祖先的节日,李家也会积极配合族长的安排并参与其中,李家与亲戚也保持着礼尚往来的人情关系。另外,李家与邻居关系也较好,在农忙之际会互帮互助,借用工具。除此之外,在家户对外交往方面,全家人与外人之间大部分是点头之交的关系,来往较少,整个家庭与村庄的保甲长、政府和国家关系更是疏远。

　　从整个家庭的生产特性来看,李家虽然存在劳动力不足的现状,但是当家人会雇请短工来弥补这一缺陷,故家户仍旧可以维持生存。从家户的产权来源看,大到房屋、土地、耕牛、木梨、水车等,小到石磨、锄头、镰刀等都是从父辈那里继承而来,加之全家人勤劳能干,积极投犁农业生产,所以这个看似较弱的家庭也还可以发展。全家人老老实实地过日子并且积极谋求生存之道——男性带病进行耕作,女性不仅要做家务活,还要同男性一样下田播种和收割;农忙时务农,农闲时做副业;日常生活消费基本自给自足,家庭成员勤俭节约,尽量减少开支,以维持家庭收支平衡;家长当家一碗水端平,顾全大局,教导家户成员团结和睦,一致对外等。

　　1949 年前,李家全家人一直过着平淡稳定的生活,但随着当家人的年龄逐渐增大及家户内部的小家庭发展日益成熟,家户治理的难度也随之增大,当家人在维持家户生存与发展的事情上显得心有余而力不足。新中国成立后,土地改革运动的浪潮随之席卷而来,为了维持李家后代的存续,促进小家庭更好的发展,当家人在 1952 年不得不选择分家,至此李家这个大家庭最终解体。

---

　　① 江西过籍:当地方言,是指李家祖辈本是江西人,后来因移民政策影响,李氏祖先将户籍迁入湖北武汉并定居下来。

　　② 老根据地:是指李家祖辈搬迁到大屋岗村后,定居于此并生根发芽、传宗接代。

第一章　家户的由来与特性

李家的祖籍在江西省,因明朝统治者推行移民垦荒政策,李家的祖上从江西迁居到湖北武汉并扎根于此。定居于大屋岗村后,李家祖上便积极谋求生存,靠自己的双手开垦荒地,选择高地建房而居,并把创造的丰厚家业传给子孙后代。1949 年前,李家在大屋岗村是中户人家,家中有一定数量的土地,经济条件还算不错,但是比较缺乏劳动力,因此农忙时需要雇请短工。

一、家户迁徙与定居

在明朝时期,李家祖辈从江西省迁居到大屋岗村,祖辈定居于大屋岗村后,主动开垦荒地,选择以种田为生,世代务农。随着血脉的延续,李氏宗族人口越来越多,绵延数代,但受恶劣环境的影响,每次当地发生洪涝荒灾就会有人逃到外地生存,李氏宗族也是如此,因此发展到李仁和这一辈,居住于大屋岗村的李氏后代并不多。李家在当地虽是老家户,但是宗族力量并不强大。在 20 世纪 50 年代受当地土地改革运动的影响,李家被划分为上中农成分,整个家户不得不走向解体。

(一)祖辈从江西迁入大屋岗

因元末战乱仍频,明朝统治者为了恢复生产,而制定了以移民垦荒为中心的振兴农业的措施,决定将农民从人多田少的地方移到地广人稀的中原地方,于是李家的祖上迁移到大屋岗村。李家祖上刚搬入大屋岗村时,祖辈与村民互不相识,为了生存大家共同开垦荒地,互帮互助,长此以往就建立了深厚的情谊。当家人李仁和经常会与后辈说祖上是如何落户到当地以及祖上的由来,目的是为了让子孙了解自己的祖先,并珍惜和感恩生活的来之不易。

(二)繁衍子孙后辈数十代

从明朝算起,李家迁居到大屋岗村至今已有三四百年的历史,所以大屋岗村算是李家的"老根据地"。李家祖辈刚迁入大屋岗时,当地荒无人烟,湖泊成群,陆地较少,村庄的管理还未发展成熟,加上生存环境较差,村里常常有人迁入迁出,所以外人迁入本村不需要告知保甲长,村庄负责人也不会在意这些事情。祖辈得知当地经常发生洪涝灾害,于是就选择地势较高的地方建造房屋,并于此定居。自从定居以后,李氏祖上繁衍了数十代人,后代枝繁叶茂,因没有完整的族谱,而且宗族后代越来越分散,所以李氏宗族具体有哪些世祖和分支,就不得而知了。但可以肯定的是,李家祖上血脉源远流长,算得上是老户人家,李姓在大屋岗村也是大姓。

二、家户基本情况

1949年前,李家位于湖北省武汉市汉阳[①]县大屋岗村,距离市内有三十千米左右,与黄陂、孝感、仙桃接壤。李家在村里属于中户家庭,共有三代八口人,所有成员居住在祖传的老房屋共同生活,家中由李仁和与黄氏当家,治理和负责家庭的大小事,其他成员听从家长的安排。李家在大屋岗村是普通人家,家里没有人当官或做生意,都是老实本分的农民,世代以种田为主,打渔为辅,因此李家在村里的地位和名声一般。在土地改革运动的影响下,李家迫于生存,不得不在1952年分家,从此这个中户三代同堂的家庭解散。

(一)家户成员概况

1.家庭三代八口人同居

1949年以前,李家总共有八口人,三代同堂,全家人在一个灶上吃饭。家中李仁和与妻子黄氏有两子一女,两个儿子成家后,大家庭内部有了两个小家庭,老大家是长子李行丑、长媳黄冬英和长孙李顺华,老二家是次子李行林和次媳刘慧慧,另外李仁和还有一个十三岁左右的女儿李双春,李双春在二十岁左右嫁到汉阳。1949年时李仁和只有一个长孙,家庭成员主要是子女辈,老人也不多,但是1949年刘慧慧和黄冬英都怀有身孕,在1950年的时候,李家又增添两个男丁。分家前,李家一家人紧密生活在一起,子女对老人都很孝敬,听从家长的话,全家人关系比较和谐,很少会闹矛盾。

表5-1 1949年前李家基本情况数据表

家庭基本情况	数据
家庭人口数	8
劳动力数	6
男性劳动力数	3
家庭际代数	3
家内夫妻数	3
老人数量	2
儿童数量	2
其他非亲属人员数	0

2.男性劳力身体较差

李家在当地土地改革运动的时候被划分为上中农,家里的经济条件在村里算是一般水平,但李家年轻的男性只有李行丑和李行林两人,家中劳动力不足。由于大屋岗村周围都是河湖,村内以及附近村庄的大部分村民都感染上"大肚子病"[②],李家李仁和与两个儿子也被该病缠身,当地医疗水平落后,没有条件求医治病,迫于生存,李行丑和李行林仍然带病做

[①] 汉阳:湖北省武汉市三镇之一,包括汉口、汉阳和武昌。

[②] 大肚子病:即血吸虫病,血吸虫病是由裂体吸虫属血吸虫引起的一种慢性寄生虫病,主要流行于亚、非、拉美的73个国家,患病人数约2亿。血吸虫病主要分两种类型,一种是肠血吸虫病,主要为曼氏血吸虫和日本血吸虫引起;另一种是尿路血吸虫病,由埃及血吸虫引起。我国主要流行的是日本血吸虫病。主要是因生产、生活不可避免接触疫水者经常易得此病。血吸虫病是一种慢性疾病,晚期患者会出现肝脾肿大,肚子会肿胀,因此俗称"大肚子病"。

事。当家人李仁和与妻子黄氏年纪大了,很多粗重的活老人做不了,加上李双春和李顺华年纪尚小,无法承担农活,所以整个家庭的重担就落在李仁和的两个儿媳妇身上,为了生活,无论是家务活还是挑担子的重活,妯娌两人都要做。

李家每年种一担地①,即 0.27 万平方米的土地,还有四担田,也就是 1.07 万平方米的田地,家庭的劳作量比较大,而家里人力不足,加上李仁和与两个儿子都身患疾病,这对李家的生产方式产生极大的影响。为了完成田地生产,也是为了维持整个家庭成员的温饱,李家不得不在农忙的时候请外人来帮忙,每年农忙的时候李仁和都会花钱请短工做农活。

表 5-2　1949 年前李家的家庭成员情况表[②]

序号	家庭关系	姓名	性别	出生年份	当时年龄	婚姻状况	健康状况	备注
1	外当家	李仁和	男	1892	57	已婚	差	1959 年去世
2	内当家	黄氏	女	1896	53	已婚	中	1962 年去世
3	长子	李行丑	男	1921	28	已婚	差	化名
4	长媳	黄冬英	女	1921	28	已婚	优	
5	次子	李行林	男	1928	21	已婚	差	
6	次媳	刘慧慧	女	1929	20	已婚	中	受访者
7	小女儿	李双春	女	1936	13	未婚	优	
8	长孙	李顺华	男	1947	2	已婚	优	

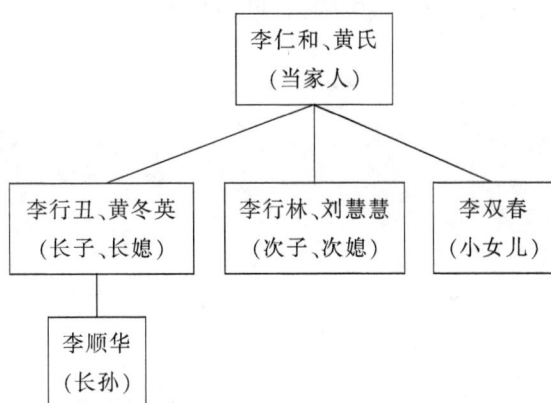

```
              李仁和、黄氏
               (当家人)
    ┌──────────────┼──────────────┐
李行丑、黄冬英      李行林、刘慧慧      李双春
 (长子、长媳)      (次子、次媳)      (小女儿)
    │
 李顺华
 (长孙)
```

图 5-1　1949 年前李家的家户结构图

---

① 担:在农村百余年来一直是用"担"和"斗"来表示田地面积,一担田就是四亩田,一担等于十斗,一斗就是四分。
② 注:受访者因年迈而忘记其大哥的名字,故李行丑是化名,婆婆黄氏名字不详。

(二)家户房屋选址与布局

1.为了防洪防涝而居于岗地

1949年以前,由于大屋岗村地势低平且夏季降雨量大,与大屋岗村西边接壤的孝感和黄陂有一条捷径河①的水经常发生倒灌,淹没附近的房屋和庄稼,因此人们为了防洪防涝,会选择地势稍高的岗地位置建造房屋,李家的祖屋选址亦是如此。李家祖辈在了解大屋岗村的气候与地势情况后,选择在村中地势较高的地方建造房屋,并将房屋传给后代子孙。而李家得益于祖辈传承下来的房屋,因祖屋地基较高而有利于防洪防涝,村庄发生洪涝时李家的房子较少被淹,全家人能够安定的生活,因此没有发生迁移住址的情况。

另外,李家的房屋位于村庄的中间,房屋是从父辈那里一代一代传承下来,因此房屋总体结构仍旧是院房结构。在1949年前,李家的房屋基本没有改动,一般在家庭人口增多或者房子损坏的情况下李仁和才会负责修建祖屋之事。李仁和尚未成家的时候,家里只有他和大哥兄弟两人,但大哥在中年时因病去世,所以李仁和的父亲将家产全部传承给他,因此李家的房屋和土地规模在村里还算不错。

2.传统的一院三房布局

1949年前,大屋岗村每家每户的房屋空间结构比较相似,除了大户人家,中户和小户人家的房屋面积都不是很大,结构和设置简单,修建房屋的面积根据家里人口多少来定。

李家的房屋布局是传统的一院三房,即一个院子、一间堂屋和两间正房。房屋坐北朝南,房子大门正对村里的大路,没有修建门楼,只有一个直接进出的简式大门,大门口外面西边有一个猪圈,东边不远处有一个牛栏,一进门经过"过门路"②就是一个"天厅"③,"过门路"东西两边有两间闲房可以放粮食、农具和木柴等。院子中间有一口"天井"④,角落处有一个"阴沟"⑤,院子东西两边是两间厢房,两间厢房中的东边一间给老大家使用,李仁和与妻子黄氏及小女儿李双春挤着住在西边的厢房。与邻居房屋以房檐滴水为界,李家的左邻右舍都姓李,邻居心地善良,在农忙的时候李家与邻居经常互帮互助,彼此借用生产工具,李家碰上红白喜事的时候,邻居也会到李家来帮忙做饭等,邻里关系融洽。

---

① 捷径河:以前叫作接驾河。
② 过门路:指大门到院子之间的一块平地面。
③ 天厅:指院子。
④ 天井:排水的装置,多呈柱状,一端连接房檐,另一端接入院子地面,起到排水的作用。
⑤ 阴沟:指排水沟。

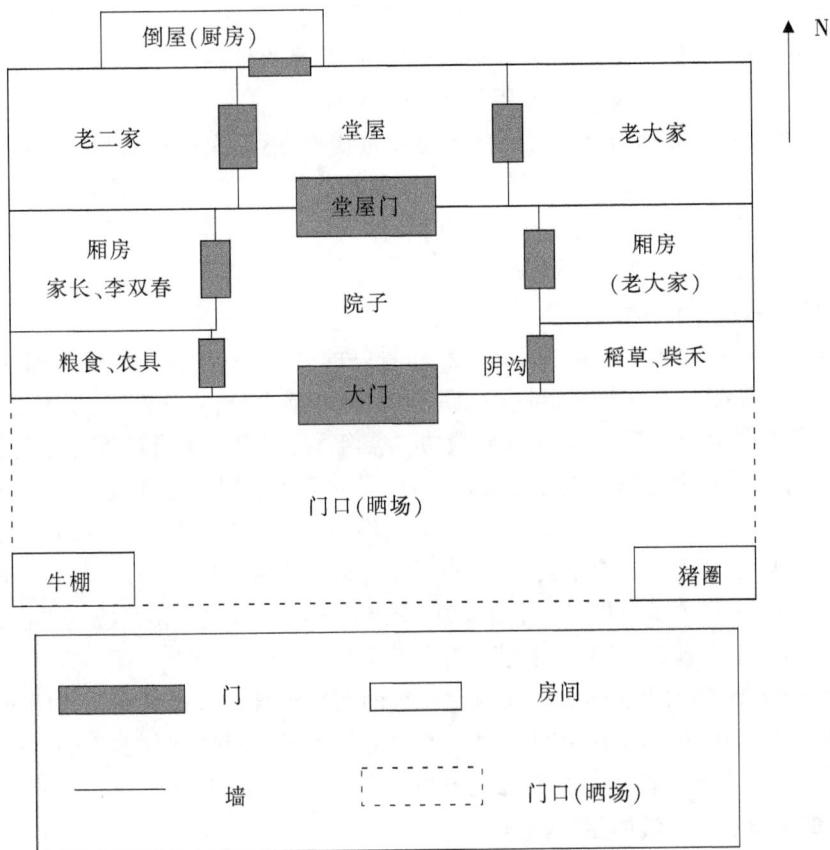

图 5-2　1949 年前李家房屋空间布局

(三)家户生产概况

1.特殊的地理环境决定生产方式

由于大屋岗村地势是四周略高、中间低,以东湖、西湖面积最大,湖泊星罗棋布,水道沟渠纵横,吞吐府河,环河下泻山洪和长江,汉水顶托倒灌之水。在每年洪水泛滥之时,除吴家山、柏泉山、睡虎山等少数丘陵、岗地,以及原汉宜公路[①]以南与汉江干堤、原府河堤之间的狭长地区外,其余是一片汪洋泽国,地势低洼处,雨季渍水,不宜种植,在如此般的地理环境中,李氏先祖及附近其他村的人选择在岗地生活,生产以农耕为主,渔业为辅。

对于李家这个中户家庭来说,与大屋岗村绝大多数家庭一样,李家是以种田为主且世代如此。大屋岗村是以平原为主的地形,地势比较平坦,这使村民的开荒工作变得相对简单,自从村里有人迁居于此,人们便根据生产需要而大肆开荒,所以村里大多数家户与李家相似,土地是由祖辈一代一代地传承下来,村里绝大部分家庭以种田为生,只有少数家户是租种田地。

2.农忙种田与农闲打渔

李家向来是耕种一担麦地、四担水田,分家前家中的土地数量几乎没变,既没有买入土

[①] 汉宜公路:包含汉丹铁路。

地也没有卖出土地,全家人踏踏实实过日子,家庭经济比较稳定,基本能维持生计。虽然李家种植的田地不是很多,但是由于李家劳动力比较少,而且男性劳动力都患有"大肚子病",所以每年农忙时当家人都会雇请短工来帮忙插秧和收割。

农闲时,李家六个劳动力会在村庄的河里捕鱼捞虾,然后卖掉换钱,刘慧慧会编渔网和做一些手工活挣钱,当家人李仁和会经常到河里捞螺蛳挣钱,挣来的钱留着买油和盐等生活用品。因为大屋岗村附近都是湖泊和河流,而且村里人大多也会捕鱼捞虾,人们对鱼虾的需求不大,所以李家捕捞的鱼虾卖不出好价钱。

3.家户收成取决于年景好差

1949 年前,李家以种田为生,靠天吃饭,年景好的时候,一年收获的谷子和麦子能够保障全家人的生活需要。1949 年前,当地大部分农民都生活简朴,省吃俭用,李家也是如此,所以一年下来家中也没什么开支,除了过年置办一点年货,家里人平常都不出远门,也没时间出去,每天都在为了整个家庭的生计奔波。年景不好时,大屋岗村经常发生洪灾,殃及庄稼,导致农民收入大大减少,情况最糟糕时,全家人的温饱问题都难以解决。所以李家每年的收入完全取决于天气,年景好的年份里,收成就会好,家里收入会略有结余,年景差的时候,农业收成入不敷出,全家人难以糊口。总的来看,李家每年的收入差不多是收支平衡,家里生活基本能自给自足,很少挨饿,但基本上也没有积蓄。

1931 年和 1935 年的水灾是大屋岗村最严重的两次灾难,包括大屋岗村附近的村庄都难以避免遭受灾害,村里的庄稼、房屋被摧毁,在地势稍低的村庄居住的人们就会逃荒或搬迁,所以到 1949 年前大屋岗大约只有二三十户人家,人口并不多。

4.农忙集中与农闲分散的生产特点

在李家,农忙的时候整个大家庭一起集中参加农业生产,插秧和收割之事由家里六个男女劳动力共同来做。在集中生产的过程中,家长对各种农活与家务活有一定的男女分工,如耕作、锄草的力气活主要由李行丑和李行林来做,做饭、洗碗、放牛、喂猪等家务事是黄氏吩咐两个媳妇来做,但是正值农忙的那几天,这种分工就没有那么明确,在家里无论男女都要插秧和割谷,有时候男性也会主动做家务活。

然而在农闲的时候,各个小家庭成员除了轮流负责放牛、做饭、喂猪等之外,其他事情是各个小家庭自主完成。农忙过后,当家人李仁和会鼓励儿子和儿媳去做副业,让小家庭在周边河湖里捕鱼捞虾挣取零花钱。小家庭做副业时不需要集中在一起,一般是自家做自家的,而且所得归各小家庭所有,无须上交给当家人,是否外出做副业以及做多少由各小家庭自主决定。另外,各个小家庭各自负责清洗自己屋里成员的衣服,家里两个老人以及李双春的衣服主要是黄氏负责清洗,有时候李双春也会主动洗衣服,李行林家的衣服则由刘慧慧清洗,李行丑家的衣服由黄冬英清洗,家长不会干涉各小家的洗衣过程。

总之,李家生产方面有一定的特性,农忙的时候,整个家庭成员劳动会比较集中,而农闲的时候,整个大家庭的生产则会相对分散。但在其他事情上,如家户产权、经营、分配、消费等方面,全家人又是联系紧密的整体,并且由家长支配。在对外关系方面,李家与外人、村庄、国家关系的处理问题上,由当家人李仁和独自一人当家做主,其他成员没有决策的权利,而家户与外部发生矛盾纠纷时,全家人又是采取内部团结、一致对外的态度。

表 5-3　1949 年以前本户家计状况表

土地占有与经营情况	土地自有面积	1.34 万平方米	租入土地面积	0
	土地耕作面积	1.34 万平方米	租出土地面积	0
生产资料情况	大型农具		水车 1 辆、木犁 1 把	
	牲畜情况		耕牛 1 头	
雇工情况	雇工类型	长工	短工	其他
	雇工人数	0	12	0

收入	农作物收入				其他收入	
	农作物名称	耕作面积	产量	用途	收入来源	收入金额
	冬麦	0.27 万平方米	200 斤	食用	捕鱼捞虾	几十元
	早稻	1.07 万平方米	1600 斤	食用和交税		
	晚稻	1.07 万平方米	1400 斤	食用和交税		

支出	食物消费	衣服鞋帽	燃料	肥料	租金	
	36 元	30 元	0	0	0	
	赋税	雇工支出	医疗与教育	人情消费	其他	
	约 10 担粮食	24 元	0	50 元	20 元	

| 结余情况 | 结余 50 元 | 资金借贷 | 借入金额 | 0 |
| | | | 借出金额 | 0 |

（四）老人当家的治家模式

1949 年以前,李家有三代人,家里是老人当家。老人李仁和是外当家,家里的大事以及钱财归李仁和管,如房屋修建、种植庄稼、与外人打交道、赶集购物等都是李仁和来完成。黄氏是内当家,负责管理家务事,如柴米油盐、洗衣做饭、教媳妇做家务等。如果李仁和不在家,就会委托他的妻子或者长子来代表当家人执行权利,当家人李仁和会与代理当家人交代清楚后再出门。1949 年前李家人口不多,而且并非大户人家,请管家对于李家来说是一种额外的开销负担,所以李仁和并没请管家。

李仁和会在心里记着家里的收入和支出,并经常告知家庭成员本家的收支情况,尤其是李家的钱用在哪里、用了多少,当家人都会及时说出来。家里两位老人当家,其他家庭成员心里比较满意,平时会听从老人的决定,服从安排,处于被支配地位。一直到 1952 年李家分家,李仁和才卸掉大当家人的担子,分家后老大家是李行丑当家,老二家是李行林当家,李仁和、黄氏与李双春三人住在一起,这个小家庭还是李仁和当家,直到 1949 年后李双春出嫁,李仁和与妻子年迈体弱,两位老人才轮流住在儿子家养老。平时这些小家庭是自己过自己的生活,不在一个灶上吃饭,但李家有大事发生或者家里人受外人欺负时,他们又会团结在一起,互相帮助,渡过难关。

（五）家户地位与出身一般

1.普通中户家庭

在大屋岗村,土地的多少是贫富的标志,也是大小家户划分的主要依据。1949 年以前,大屋岗村有大户、中户、小户的说法,李姓在村中占有的人口较多。由于地理环境特殊,若家户在大屋岗村有十担田地以上,人口有十口以上且有声望就算得上是大户家庭;家庭土地数量在五担田地到十担之间,人口在五至八口之间,能够维持基本生活的是中户人家;土地只有两三担或者没有土地,家庭人口少于五口,且生活困难,全家人经常吃不饱,家户地位较低的算作小户人家。这种划分没有标准依据,只是一个参考。因为大屋岗村存在很多人多地少的家庭,他们仅是小户贫困人家,生活十分困难,社会地位低下;也有地多人少的家庭是大中户人家,他们不种田,而是把田地租给没地或少地的家户,并以此收取租金,而有的大户家庭是以做生意为主,因而拥有较多的财富,声望地位高。

总的来说,大户家庭很少靠种田为生,他们一般是做生意的大富商,判断大户还是小户家庭的依据,首先是财富的多少和声望的高低,其次是以土地规模和人口数量来衡量。在土地规模方面,李家五担土地是从祖辈那里继承而来,没有佃田、佃地,农忙的时候李家会雇请十个人来帮忙做农活,日子过得不算富裕,但也不至于忍饥挨饿,全家人都是靠土地来维持生活。在人口规模方面,李家人口数在村里算是一般水平,虽然李家只有李行丑和李行林兄弟两人,但是李姓是村里的大姓,且李家的家产还不错,所以是中户人家。在大屋岗村,中小户家庭没有大户家庭地位高,一般来说保甲长是由大户人家的成员担任,而且村庄会议的参与者也是大户人家,中小户家庭因文化水平很低,在村庄管理方面发挥的作用很小。

2.世代无人为官

1949年以前,李家全家人和上辈人都没有担任过乡长、保甲长、会首等职务,家里人都忠厚老实,从祖辈开始就以种田为生,没有人做官,只是普通的小农家户。李家的全家人平常与邻里之间相处融洽,乐于助人,不惹事,但也不管村里其他闲事,安分地过着自家的日子。因为家庭成员文化程度都很低,没有读过书,家中的田地和钱财在当地也不算多,所以李家在当地声望不高,社会地位也一般,与官府没有什么来往。

李家的祖辈是从江西迁至大屋岗村,从此生根发芽,世代相传。大屋岗村是李家的"老根据地",距今有三四百年的历史,已繁衍数十代人,是东西湖最早也是最大的移民家族之一。李家的祖先搬来此处时,大屋岗村人烟荒芜,祖辈凭借他们的勤劳和智慧,开垦荒地,捕鱼捞虾,积极求生并将种田的经验传给后代。在大屋岗村,移民开荒时搬来的家户算老户人家,进入20世纪以后搬来的居民算是新户人家,因此李家在当地是老户人家。

第二章　家户经济制度

　　分家前,李家共有1.34万平方米的土地,其中水田1.07万平方米,麦地0.27万平方米,零散地分布在村内。在家户经营过程中,李家面临人地矛盾的困境,即家庭劳动力不足,但耕种的土地较多,甚至会出现畜力不够用的情况,因此农忙的时候会借助外界的力量,李仁和会雇请短工和借用生产工具以完成生产。在生产过程中,家户内部成员存在一定的分工,全家人会听从李仁和的分工安排,使整个大家庭正常运作。除了务农之外,李家还喂养家畜、做副业以维持生计。在家户分配与消费过程中,李家秋收后的全部农业收成由李仁和来主导支配,全体成员共同参与分配、共同消费。李家虽为普通中户,但平时整个家庭的开支基本能够维持收支平衡,收入较好的时候,当家人会改善全家人的生活;收成较差的时候,全家人节衣缩食,减少开支,因此李家没有发生过借贷的情况。

一、家户产权

　　虽然李家拥有一定的土地数量,但是家庭劳力却不足以完成农业生产量,为了维持生存,李家会在农忙的时候雇请短工,农闲的时候则以捕鱼捞虾为副业。李家除了土地是从祖辈那里传承而来,房屋、大型生产和生活资料也是父辈传下来的,土地、房屋、生产资料和生活资料由李家全体成员共同占有和使用。当家人李仁和是这些产权实际的支配者,其他家庭成员听从当家人的安排,各种产权具有清晰的界限,并受到外界的认可与保护,互不侵犯。

(一)家户土地产权

　　分家前,李家有土地1.34万平方米,这些土地是从李仁和的父辈那里继承而来。李家的土地是由全家人共同拥有,家中六个成年劳动力,共同劳作和生产。李家的土地产权由家户所有,外人无法享有土地产权。在大屋岗村,地邻之间以田埂和木桩为边界区分各家的土地,另外,人们心里清楚自家和其他家户的土地分布位置,因此村内很少有土地纷争事件,李家的土地未曾出现过被人侵占的情况。另外,李家土地的实际支配者是当家人李仁和,如果土地需要买卖、置换、租用的时候,由李仁和全权负责处理和决定,其他成员处于从属地位,听从当家人的安排。

1.土地基本概况

(1)土地数量基本满足养家需求

　　1949年前,李家有水田1.07万平方米,麦地0.27万平方米,共计1.34万平方米土地,这些田地有三块离李家很近,其他土地则零散分布在村内。李家的土地数量在村里算得上一般水平,虽然家里劳动力并不充足,家庭耕作压力较大,但是为了养家糊口,当家人李仁和没有将土地租出去,李仁和这么做也是因为1949年前当地土地亩产量较低,粮食收成不仅差而且变动较大，因此人们通常会选择尽可能多种点田地以防备天灾。村里人如果需要租种田地会找大户人家，因为大户人家的田地数量更多，可以满足佃农的租种需要，因此村里也没有人愿意租种李家的土地，同样李家因劳力不足，李仁和也没有找大户人家租入田地。

（2）土质与灌溉条件

因大屋岗村地势平坦，村里不具备修建水库的优越地势，于是村民用村里的河流来灌溉农作物，灌溉时需要利用水车将河里的水运送到水田中，李家灌溉庄稼的事情由家里的男性劳动力负责，李仁和会叫上两个儿子一起去田地里给庄稼"润水"①。另外，由于经常发生涝灾，所以李家田地的土壤并不肥沃，不肯长庄稼，所以田地的亩产量较低，年景好的时候，家户交足国家的税收后，剩余的粮食也仅够维持基本生活。

（3）继承父辈

李家的土地没有从别处买入，也没有卖给其他人，祖辈定居大屋岗村后，为了生存，靠自己的双手创造生活，积极开垦田地。几百年前李家祖辈搬入大屋岗时，大屋岗村是这样的景况：到处荒无人烟，湖泊成片，村民们想要田地就自己去开荒，不需要买田买地，田地开荒后便归自家所有，可以自主生产和经营。村里大部分家户与李家一样，土地是从父辈那里继承而来，较少人租种田地。在李家，从祖辈那里继承而来的土地，随着子孙后代增多，土地一代一代平分下去，每个小家庭所得的土地就会越来越少，小家庭会因田地不能养活家里的人口，自己便会继续开荒土地。开荒时祖辈会选择优越的地势，比如会选择土质稍微好一点的土壤，利于庄稼生长，也会选择有利于灌溉的地方，靠近河流，灌溉的时候再利用水车将河流的水传输到水田内。

分家之前，李家的土地面积没有发生变化，李仁和既没有买卖土地也没有将土地租给他人。李家的田地是由祖辈开荒而来，然后一代一代传下来，分家的时候家长通常会将土地平均分配给儿子。在李家，李仁和这一辈有兄弟两人，原本李仁和的父亲应将土地平分给他们兄弟俩，但是在李仁和十几岁的时候，他的大哥因病去世，因李仁和的大哥去世时并未成家，所以李家的田地在老人去世后由李仁和一人继承。

2.土地所有权与继承权

（1）分家前家户成员共同占有土地

李家的土地属于全家人共有，而不是将土地分配到每个人，因为家里的田地是全家人一起劳动，共同生产，同食共财，如果把田地分配到个人，这些要求将无法实现，也并不是一个大家庭应有的特征。土地属于全家人，这有利于全家人的和谐和团结，将土地分给个人，虽然生产积极性会有所提高，但会失去所有家庭成员共同劳动这一环节，彼此紧密度会削弱。另外，各小家庭没有属于自己的私房地，唯一的田地就是在当家人名下1.34万平方米的田地。另外，在对外关系上，李家土地归属于自家的家庭成员，外人没有经营权、使用权和继承权，未经家长李仁和的同意，外人无法种植李家的土地，也不能随意侵占李家的田地。

（2）分家时土地以小家为代表继承

至于家庭的土地产权，则以小家庭为单位继承，嫁出去的女儿没有继承土地产权的资格，未出嫁的女儿可以参与生产，但实际上没有继承的资格。未成年的儿童占有一份土地产

---

① 润水：意思是给庄稼浇灌。

权,嫁进来的媳妇的土地产权在丈夫的名下,分家的时候可以以家庭为单位继承土地,入赘的女婿也占有一份土地,分家的时候同样有继承资格。在土地产权问题上,当家人比其他家庭成员更有说话的权利,田地种什么庄稼、什么时候收割以及分家的时候如何分配土地都是由当家人做主。分家前,李家的土地只有家庭内部成员可以耕作使用,外人没有经过当家人的同意,就没有耕作使用的权利。分家时当家人会把土地平均分配给大家庭内部的每个小家庭,此时每个小家庭所得土地为内部成员所有,其他人没有经营和使用的权利,原来的当家人也无法支配其土地产权,小家庭可以自主地使用土地。

3.家户土地边界清晰

(1)地邻之间以田埂、木桩区分田地

大屋岗村的土地以田埂为边界,村内的田地以一小块一小块的形式呈现。为了避免村民之间产生土地纷争以及便于生产种植,祖辈在开荒土地的时候,就会选择在与别人家的土地隔有一定距离的地方开荒,开荒的形状多为方形,并将田地平分为几小份,最后在田地四周挖出地沟,并用土垒成埂。建田埂的目的一是为了划分边界,区分自家与他家的田地;二是为了在灌溉的时候利于蓄水,滋润庄稼。而通过挖地沟将田地分成几小块,一是为了方便种植不同的庄稼,二是为了预防洪涝时庄稼积水而死,三是为了将水从沟里排出去。如果两个家户的水田间隔很近,不方便建田埂,但为区分土地,避免土地越界纠纷,人们会在相邻的水田中间打木桩来标明各自的水田范围。

(2)村民熟知土地分布

除去以田埂作为边界区分家户土地产权,人们心中也很清楚自家拥有的土地范围,不仅知道自己家的土地位置,也清楚别人家的土地,所以四邻和村民一般不会跨过别人家的土地进行农业生产。1949 年前,大屋岗村的村民"自顾自"①地生活,在土地生产方面,除了农忙的时候会互相帮助,平时街坊邻居之间是独立自主地耕作,因此各个家户之间较少会因土地边界而引起争吵。另外,村民们心里认为抢占别人家的土地或者偷挪木桩是不道德的事情,明白事理的人不会那样做,所以村里很少发生家户田地被人无理抢占的事情,人们习惯在属于自己的土地上安分地种植经营。

4.家户自主管理土地

(1)自主安排种植与收割

李家土地的经营权归所有家庭成员所有,关于田地种植什么、什么时候种由全家人共同商量而定。李仁和每年过完年会把家里人召集起来,一起商量今年打算种什么、种多少庄稼,然后当家人会根据家里人的意见和需求来决定如何种植。土地如何使用是李家的家庭内部事务,不需要同外人商量,外人也无法干预。李家每年收获的庄稼也是归家户所有,村里一般是七月左右收割成熟的庄稼,但是具体收割的日子是提前还是延后由自家当家人决定。

(2)家户自己负责生产过程

关于田地的治理也是家户家长自己决定,外人无权干涉,村里也没有人管这种闲事。每到播种的季节,李家犁田耙地之事由当家人李仁和负责,老人会出面借用耕牛,雇请短工帮忙,另外,松土、施肥、锄草、灌溉的活也是李家自己完成。在庄稼生长的过程中,如果碰上频

---

① 自顾自:意为自家过自家的生活,较少关心与自己家无关的事情。

繁的阴雨天气,田地里会积水,更严重时会发生洪涝,冲垮田埂,李仁和会让自己的儿子去田地里修田埂,或提前清理地沟、田埂。在种植过程中和收割之后,对土地的治理和维护的事情都是李家自己来完成,外人不会插手其中,各家会管理各自的土地,外人也无法干涉土地的生产和经营过程。另外,分家后,各小家庭不得侵占其他家庭的土地产权,李家分家后,李仁和、李行丑等人不会干涉李行林家的生产,但是村里其他家户存在老当家人干预小家庭种植生产事务的情况。

(3)土地产出供自家消费

在秋收后,土地产出的粮食为李家全家人一起食用、消费,但是由当家人李仁和实际支配,即每天全家人吃什么、吃多少都由当家人李仁和来安排。李家吃饭、做饭则是由内当家黄氏吩咐两个媳妇去做,一般情况下是黄氏嘱咐媳妇煮多少米、炒什么菜,然后刘慧慧和黄冬英照着吩咐去做。外人不能介入李家粮食的分配和消费过程。村里各家粮食除了纳税的部分,剩余的粮食属于各家自己所有、保管和消费。

5.土地处置由外当家人做主

(1)其他成员不得私自做主

1949年前,大屋岗村中无论富裕大户还是贫弱小户,一般情况下家户土地都是以家户为单位,为家庭内部成员所有,但是在涉及土地的买卖、租赁、置换和典当等活动时,拥有实际决定权的是家长,当家人在土地所有权中处于支配地位。虽然李家没有发生过对土地这些方面的处理活动,但是如果需要,则由当家人作主支配土地。在李家,处理田地之事由李仁和作主,如果李仁和不在家则由内当家黄氏先与外人交谈,但黄氏不能私自做决定,土地最终的处置等李仁和回家后由他定夺。李仁和很少外出, 一般是在赶集或者走亲戚的时候才出门,外出的时间也比较短,一般当天就会回来,所以在家户大事方面很少会轮到黄氏做主。在1949年前,大屋岗村存在家户产权由女性处置的情况,若家里丈夫长期在外地做事或者去世,则家长的权力就自然转移到妻子身上。另外一种情况,若妻子能力明显强于丈夫,则家中也会存在女性当家的情况。但在李家,分家前不存在由女性处理大事的情况,一方面是因为外当家李仁和能力较强,能够当好家;另一方面是因为李仁和很少外出,无须委托黄氏当家,而且李家在1949年前并未遭遇较大的变故,所以当家人一直是李仁和。

(2)儿媳不得直接参与土地商议之事

分家前李家没有发生土地买卖、租佃、置换和典当等情况,但是如果发生这样的情况,则由当家人李仁和决定和作主,诸如此类大事,老人会与家族的长辈打声招呼,然后和家庭成员商量。李仁和一般是找妻子黄氏和两个儿子商讨,他们可以适当地提意见,李仁和听取他们的看法后再做决策。但是实际上,家中有大事发生的时候,当李仁和询问他们的意见时,老大和老二一般都不提意见,都听从老人的安排,让老人自己决定。家里有大事需要全家人共同商量决策的时候,当家人不会征求两个媳妇的意见,在当地女性不准参与家庭内部事务的商讨,尤其是儿媳妇,儿媳妇若有意见可以转达给其丈夫,丈夫在参与商议的时候则可以作为小家庭的代表提出意见。

6.各方面认可土地产权

(1)家长维护自家产权

虽然李家的土地没有出现过被外人侵占的情况,但是若有此事发生, 全家人都无法容忍,作为当家人,李仁和会代表全家人与当事人据理力争。而其他无关的村民不会卷入别人家的土地纠纷中,但是事情如果闹得比较严重,热心的村民会从中劝解双方,化解矛盾。若土地冲突严重,村里的保甲长会从中劝解,并处理土地侵占事件。但是因为大屋岗村的保甲长不是村民自愿选举产生,而且保甲长也不是自愿承担该责任,所以保甲长在村里调解纷争的作用并不是十分明显,村内如果发生类似情况,一般是村民找保甲长讨个说法。

(2)村民认可土地产权

大屋岗村里的村民对村内各家的田地情况都很清楚,一般不会越界到别人的田地里种植庄稼,村民承认和认可他人的土地产权。1949年前,农民都是以家户为单位进行生产,即全家所有劳动力一起劳动,以家户为分配单位,实现自给自足,与外人互不干涉,因此其他村民在心里十分认可李家对自家土地的所有权、使用权和经营权。如果外人需要买卖、置换、租用李家的土地时,其当家人会与当家人李仁和商量、面谈。在大屋岗村,大部分人都是守规矩而且忠厚善良的农民,彼此都是老邻居街坊,关系熟络,另外各家各户都有属于自家的田地,因此很少会发生土地纷争。对村民来说,侵占或抢占他家的土地不仅不道德而且不光彩,会在村里丢失自家颜面,所以很少会有人做这种事。

(3)家族维护家户土地权益

不仅村民认可李家的土地,李氏本家族人也是如此,而且不仅仅是认可,必要的时候还会维护李家的利益。即使是本家亲戚,但是需要买卖、租用和置换李家土地的时候,仍然需要同李仁和商量,这是"亲兄弟,明算账"。如果李家的土地遭遇外人抢占、事态严重的时候,不仅李仁和会讨道理,本家族的人也会与李家统一战线、"穿一条裤子"①,他们会出面维护李家。另外,若李家需要买卖土地,会优先考虑帮助自家人②的需求,然后再考虑卖给外人,在买卖价格上,对内对外也会有一定的差异。

因为李家本来人口就不多,男性身体条件也较差,为了在村里有一定的地位且不受外人欺负,李家和自己家族的亲戚来往比较多,关系十分紧密、团结。李家有喜事的时候,李仁和与黄氏会叫本家人来帮忙,本家人家里有事,李家也会积极主动去搭一把手,而且逢年过节或是家里来贵客的时候,李仁和都会请本家族的长辈来家里一起吃饭,有大事也会找本家族的人一起商量,让家族的长辈帮忙拿主意。

(4)村庄承认各家土地产权

在大屋岗村里,保甲长也十分了解村内每家每户土地的数量和分布位置,他们不会干预村民的土地使用权,村民可自主种植、收割。若村内发生土地纠纷时,保甲长会做出公正的判断,化解村民之间的矛盾。不过,即使是保甲长需要购买、置换和租用村民的土地,仍须与该家户的当家人商量。

(二)家户房屋产权

李家的房屋是祖传的老房子,房屋在经过父辈一代一代往下传承与修建后,到李仁和这一辈,共有大小土砖房屋九余间,占地300平方米左右。李家的房屋归全家人所有,全家人可

---

① 穿一条裤子:意思是关系十分亲密,遇事会站在一起互相帮助,维护对方的利益。

② 自家人:在本文中,"自家人"和"本家人"有一定的区别,"自家人"是指李家家户内部的成员,"本家人"是指李家本家族血缘亲近的亲戚,如亲叔伯、堂兄弟等。

以共同居住,房屋坐北朝南,阳光充足,并且以房檐滴水为明确的边界。李家李仁和是房屋产权的实际支配者,外界与李家的房屋发生买卖、租用、置换以及侵占时,李仁和是房屋产权的代表者,其他成员听从当家人的安排。

1.房屋基本概况

(1)从父辈继承而来的祖屋

1949年前,李家的房屋是湖北农村传统老户型,由于湖北武汉夏季雨量很大,加上地势平坦,东西湖大屋岗西边接壤孝感和黄陂处有一条捷径河的水经常发生倒灌,会淹没附近的房屋和庄稼,因此村民们为了防洪防涝,会选择地势稍高的岗地建造房子,李家祖上就是选择在地势略高的坡上修建房屋。李家一家八口居住的是祖传老祖屋,房屋的基本设置是一个院落、两处厢房和三间正房,除了正偏房,还有圈养牲畜的茅草房。

(2)各屋功能划分明确

李家房屋的基本构造是厢房在前、正房在后,堂屋在正对着大门的中间,也是两间正房的中间。房屋坐北朝南,墙是由土砖砌成,屋顶盖的是青瓦,房子在村里还算不错。1949年前,村里大多数人家居住的是土砖房屋,很少有人家居住茅草房,茅草房多为普通人家的牲口和厕所。李家不同的房间归属于不同的家庭成员,分家前,厨房、堂屋和院子为全家人共用,分家后两个小家庭也可以共用堂屋和院子,但是两个小家庭不再共用厨房,自家都有各自的厨房做饭,紧挨堂屋的左右两间正房分属老大家和老二家,分家后也是如此。

(3)厢房在前,正房置后

李家的房屋布局是普通的一院三房,具体布局是坐北朝南,房子大门正对大路,房屋没有门楼,只有一个直接进出的简式大门。大门口外面西边有一个猪圈,东边不远处有一个牛栏,一进门经过"过门路"就是一个"天厅","过门路"东西两边有两间闲房可以放粮食、农具和木柴等,院子中间有一口天井,角落处有一条阴沟。院子东西两边是两间厢房,两间厢房的东边一间归李行丑家使用,西边一间是李仁和与妻子黄氏以及李双春挤着住。再往里走正对面是三间正房,处于正北面正中间的是一间堂屋,东边正房是李行丑家住,李行林家住在西边,厨房在堂屋后面,厕所在房屋外面。

(4)各房居住安排

在李行丑和李行林尚未成家的时候,李仁和与黄氏住在东边的正房里,李行丑和李行林兄弟两人睡在西边的正房。李行丑结婚后,李仁和把原本他住的正房退让给李行丑和黄冬英住,自己和妻子则住在西边的正房。李行林未成婚之前是睡在厢房,成婚后老人把西边的正房分配给李行林和刘慧慧居住。因为李家仅有三间正屋、一个堂屋与两处房间,按照当地的规矩,儿子成家后,父母要为儿子准备新房以迎娶新媳妇,李仁和只有两个儿子,所以正好两个儿子一人一间正房,李仁和与妻子以及李双春则在儿子成婚后住在偏房。这样做的目的是为了避免两个儿子因住房待遇不一样而产生矛盾。

2.房屋所有权与继承权

(1)全家人共同居住

在李家,房屋属于全家人所有,所有李家成员都有居住的资格。1949年以前,李家三代人居住的房屋是由祖辈传下来的祖屋,为李家所有,外人没有经过李仁和的同意不能居住在李家。分家前,李家并无外人寄住,逢年过节或有红白喜事的时候,偶尔会有亲戚在李家住两三天,由黄氏安排亲戚歇息的地方,平时住在家里的只有李家内部成员。

李家的每个成员都有属于自己的房间,东边的正房是老大家居住,西边的正房归老二家专属,东边的厢房和闲屋放置杂物,西边的厢房是当家人李仁和与妻子以及李双春居住。在李家,家长不会占用各个小家庭的房间,但是当家人仍然拥有对此房间的支配权,如果家里出现其他变故,当家人则可以重新调配房间的使用权,因为李家房屋产权的实际支配者是李仁和,房屋的使用、分配、买卖等均由李仁和当家作主。

(2)继承权为部分人享有

对于李家的房屋,全家人都有居住的资格,但是并不是所有成员都拥有房屋的继承权,分家的时候并非所有成员都可以享有房屋的继承资格。在当地,家产继承讲究传男不传女,因此嫁出去的女儿没有房屋继承权,入赘的女婿和娶进门的媳妇可以有房屋继承权,未成年儿童的继承权跟随其所在的小家庭,常住在家里的外人没有房屋继承权。李家分家时,房屋以小家庭为单位继承,李仁和把房屋分成三份,把两个儿子先前居住的房屋原封不动地分配给各个小家,然后保留自己与黄氏居住的厢房以便养老。

3.四邻房屋边界明确

(1)邻里之间以房檐滴水为界

李家的房屋与邻居家共墙的房屋以房檐滴水来划分界限,因此四邻建造房屋的时候会适当地保持一点距离,此举是为避免下雨天自家房檐的雨水流入别人家,给别人造成不便。房屋之间保持距离的另一原因是,以防火灾危及自身,避免邻居家发生火灾的时候,火苗蹿到自己家来。另外,这样做也是为了当房屋损坏的时候,方便李家与邻居家修建各自的房屋,减少邻里矛盾。无论是自家人还是隔壁的邻居,在建造房屋的时候都会很重视房屋边界的设置,因为邻里之间房屋的距离对日后大家生活会产生很大的影响,而且房屋一旦建成便很难改动,所以当地建造房屋时,若涉及到邻居家的邻墙或共墙距离的问题,邻里之间可能会商量边界问题。

(2)邻里心里认同彼此房屋

李家房屋不仅有以房檐滴水为边界的看得见、摸得着的分界线,还有邻里之间心里认可的边界。不仅李家人对自己家房屋面积、布局、边界都十分清晰,邻居心里也清楚李家的房屋基本情况,同时李家对邻居家的房屋也有大致的了解,因此李家与邻居家平时会顾好自家的房子,不动用别人家的房子。李家所拥有的房屋归本家庭的成员所拥有、使用,在1949年之前并没有发生外人未经同意就使用的情况。如果发生侵犯他人房子边界或者强行入侵屋内的事情,无论是李家还是其他家都无法忍受,自家房屋产权是以家庭为单位所有的产权,当家人会保护自家房屋产权,不容外人侵犯。

(3)自主治理和修建房屋

李家在房屋治理和修建方面,房屋经营权归家户所有,家庭以外的人无法干预。平时李家的房子需要修建的时候,当家人李仁和会找家里的老大和老二商量,老人上了年纪,主要是让两个儿子来完成修建房屋的工作。修建房子这件事是李家的家务事,外人不能干涉,一般也不会干预。分家后的兄弟家、村庄、宗族也一样不能干涉,不过李家需要买卖、修理、拆除房屋的时候,李仁和会请李氏宗族人和本家人到李家来商量,让这些在李氏有威望的人帮忙作参考,请本家人来帮忙干活,宗族人和本家人都十分愿意提供帮助。

4.家长对房屋拥有实际支配权

涉及李家的房屋分配、经营和使用等方面的问题都是家里的男性作主,大多数情况下都是由李仁和来做主和操办这些事情,如果李仁和不在家,就由李行丑和李行林来商量,但需要征求内当家人黄氏的意见。在李家,李仁和是家户房屋的实际支配者,在发生的各种与房屋相关的活动中,李仁和拥有最终决定权。

(1)家长吩咐儿子修缮房屋

李家的房屋是从父辈那里传承下来的,当家人不能轻易卖掉父辈置办的家业,这是败家而且不孝敬祖辈的行为,宗族的族长会干涉和阻止这样的行为。1949年前,李家没有发生过租用、典当房屋这些事情,李家房屋的实际支配人是当家人李仁和,即当家人对房屋的买卖、租用和修缮等方面有做主的权利,并需要安排相关事宜。在1949年,李家房屋受雨水的侵袭,李行丑家和李行林家居住的房屋墙面有明显的裂痕,于是当家人李仁和让他们兄弟两人商量修缮房屋,兄弟两人没有拒绝老人的要求,而是听从老人的安排,商量着把各自的房屋修补好。

(2)由家长分配各小家庭的房屋

李家分属各个小家庭的房间,其最终支配权仍旧属于当家人。李家各个房间在使用方面讲究一定的规矩,当地奉行"东边为大"的习俗,故李家的两间正房有大小之分,父辈在建造房屋的时候,会倾向于把东边的正房修建得宽敞一点,西边的正房则稍微窄一点,以突显房屋主人的长幼差序。老人在分配房屋的时候会把大房分给老大住,老二则住在小一点的房间,因此李仁和在两个儿子结婚的时候,把东边的正房分给老大家居住,老二家则住在西边。

(3)家长对各小家的房屋仍旧有处置权

李家各个小家庭的成员可以在自己的房屋内随意置放自己的物品或是装饰房间,当房间主人不在的时候,家里其他人不能随意进出其房间,因此在李家,家庭成员有自己的房间使用权和隐私权。但是面临分家或家里有大事时,如房屋不够用的情况,当家人对属于小家庭的房间仍旧拥有分配权和支配权,即当家人可以重新安排和调配该房间归谁使用,有权最终决定将房屋分给哪个小家庭。在李家,李仁和在儿子结婚成家后就已经分配好分属各个小家庭的房屋,若是没有意外,这差不多已经是定局。在分家的时候,老大家和老二家所分得的房子还是以前居住的正房和距离各自正房较近的偏房。

5.自家人与外界对房屋产权的态度

(1)自家人对房屋产权的保护

李家的家庭成员一致认为房屋属于全家人所有,外人没有居住和支配的权利。自家房屋归自家人居住和管理,家庭成员会在心里认可和维护自家的房屋,各成员心里很清楚自家房屋的面积和位置,如果与外人发生房屋产权纷争,李家人会维护自家的利益。虽然每个家庭成员会维护自家的房屋产权,但是李家房屋的支配权还是属于当家人,只有李仁和才能处置房屋。

在李家,李仁和并不赞同将房屋所有权分配给个人,一是因为家里的房子不多,分配给个人不够分,分给各个小家庭即可,不需要以个人为单位;二是家里未出嫁的女儿或者已经出嫁的女儿实际上也没有房屋所有权;三是相对于个人,房屋属于全家人所有的好处是大家庭住在一起会更热闹、团结。房屋属于个人也有好处,就是比较清净自在,不会被诸多规矩束缚,矛盾和冲突也会少一点,但是全家人的亲密度会降低。

(2)外界对房屋产权的认可

1949 年前在大屋岗村,村民尤其是邻居的心里都很清楚李家房屋的所在地以及归属权,买卖、租用、置换房屋是李家自家的事情,外人不能干涉,也无权干涉。如果外人想要购买、租用或置换李家的房屋,需要与李家当家人商量,并且经过李仁和同意才行。另外,李家本家人对房屋也有保护的倾向,当李家房屋被外人侵占的时候,自家宗族的人会站出来帮忙说话,维护李家该有的利益。在其他方面,村庄和政府也会认可村里每家每户的房屋归属权,官府不仅不会干涉他人的房屋产权,而且在村民之间发生房屋产权纠纷的时候,保甲长会出面调解,尽量化解矛盾,让村民安分地在村庄里生活。

(三)生产资料产权

分家之前,李家生产资料基本齐全,能够满足生产的需要,大型农具和小型的必要生产资料基本具备。这些生产资料大部分来源于祖辈的传承,还有一部分是自制,很少购买。在李家,家长在生产资料的使用、购买、分配和修理等活动中处于主导地位,由李仁和负责处理和安排,其他家庭成员则在生产资料的使用过程中处于服从地位。在家外,外界积极承认和认可李家的生产资料归李家所有,家里并没有发生过生产资料被侵占的事情。农忙之际,李家生产资料不够用的时候,当家人李仁和会出面与邻居借用耕牛、镰刀等生产资料。

1.生产资料概况

(1)农具种类齐全但数量有限

1949 年前,李家的生产农具种类基本齐全,大型农具水车、木犁、耙等工具都有,小型生产工具如锄头、镰刀、小镐、铁锨等也具备。家里除了有基本齐全的农具之外,还有三头牲畜,即一头耕牛、两只猪。在数量上,李家的农具在农忙时也会出现不够用的情况,因此当家人会在播种和收割的时候,向关系好的邻居、熟人借用耕牛和镰刀。另外,1949 年以前,大屋岗村村民几乎都是靠步行,很少有人家里有马车,陆路较少,村民出远门一般是划船行水路,因此村里几乎每个家庭都有自制的木船,以便人们捕鱼捞虾和出远门的时候使用。

1949 年前,当地大户家庭与小户家庭拥有的农具数量有较大的差异,大户家里农具种类比较齐全且数量充足,而且会有铁轮大车[①],而中户家庭一般没有大型生产工具,即使有也是多家合买,共同拥有,如在村里存在多家共用耕牛或水车的情况,至于贫穷的小户拥有的农具数量就更少,一般是仅有小型的基本生产工具。

(2)大牲畜的喂养与使用

1949 年前,李家仅有一头耕牛,没有马、骡子和驴作为畜力,李家这头老水牛已喂养很多年,算是李家的"老功臣",它是从李家父辈那里传下来的。李家的耕牛使用年数很长,为了保证家里随时都有耕牛来犁田耙地,家里一直都要养牛,不能间断。李家祖辈开始时先买来一头母耕牛养着,靠母牛犁田耕地,母牛生的小牛就会拿去卖掉换钱,母牛老了不能再耕作,就把老母牛卖掉,会提前一年把老母牛生的小母牛养着,如此循环,以保证家里有不间断的畜力使用。

李家的耕牛由李仁和的两个儿媳妇即刘慧慧和黄冬英轮流放养,一人放一天,除了在农

---

① 大车:大型农具,为运输拉脚用所必需。

忙和冬季,其他时间她们都要将牛牵到村庄附近的荒草地去放养,因为黄冬英在家做的力气活比较多,所以主要由刘慧慧放牛。

分家前,李家自养的耕牛是为家户所有,农忙之际,犁田耙地的时候会使用耕牛,外人没有经过李家当家人的同意不能使用李家的耕牛。农忙的时候,街坊邻居会到李家与李仁和借用耕牛,经过家长的同意,邻居才能借走耕牛。在李家,没有发生过外人侵占耕牛的事情。分家后,由于李家仅有一头耕牛,当家人李仁和没有将耕牛进行分配,由各个小家庭共同使用耕牛,但需要轮流喂养耕牛。

（3）继承父辈而来

1949年前,李家的这些生产资料大部分都是从祖辈那里继承而来,比如耕牛、木犁、耙、锄头、镰刀等生产工具。生产资料如果损坏,就需要当家人再购买或制造,比如木犁使用寿命不长,因此若是损坏就需要自制。1949年前,大部分农户家庭买不起铁犁,很少有人用铁制犁耕地,因此大部分家庭需要自制木犁,制造木犁首先要自己去砍树,准备好需要的木质材料,然后雇请木匠帮忙制成木犁。若是镰刀损坏,当家人则会到集市上去买半成品,然后回家把自己制作手柄接上去,镰刀的使用寿命较长,一般不会锈钝。若是其他生产工具用坏,李仁和也会请木匠再重新制造或者去集市购买,这些事情都是当家人李仁和来安排和负责,置办生产资料所需费用是家里存的备用钱,靠卖粮而得,是全家人的劳动所得。

2.家户成员共同使用

李家的生产资料归全家人共用,为家户所有,外人未经允许不能随意使用、侵占李家的生产资料。家里的生产农具全家人都可以使用,但是分家的时候,未出嫁的女儿和已出嫁的女儿没有资格参与分配,入赘的女婿和嫁进门的媳妇以小家庭为单位可以继承这些生产农具。李家具有一定数量的生产资料,平时没有与别人家共用生产农具,但是农忙的时候会出现部分农具不够用的情况,这时李仁和会出面到邻居家借用。分家前,李家不存在只属于家里某个个人或某个小家庭的生产资料,家庭成员共同使用生产资料。李家的农具放置在大门后面,平时需要下田地的时候,家里人可以随意拿着使用,不需要经过当家人的同意,用完后归于原位就行。李仁和认为家里的农具由大家共同使用,不需要分给每个个人,这样做的原因:一是家里的生产资料数量不够分给个人,二是全家人都在共同的土地上劳作,因此没有必要分给个人。1949年前,李家是全家六个劳动力一起从事劳动生产,集体劳动,土地共有,不需要将生产资料分到个人。

3.家长全面支配生产资料

关于生产资料的买卖、置换、修理以及借用等均是由当家人李仁和负责安排和主导,老人是生产资料的实际支配者,家里其他成员会听从当家人的决定,一般不会有异议。另外,分家的时候李仁和有重新分配和调配生产工具的权利,家里其他人也会听从老人的安排。不过,李仁和不在家的时候,有邻居向李家借用生产工具,其妻子黄氏和两个儿子可以做主将农具借出去,等李仁和回家的时候再告诉他就行。

（1）维修生产资料

在李家,当家人李仁和是生产资料的实际支配者,即家里的生产工具要维修的时候由老人负责外出处理。家里的锄头、木犁、镰刀等农具损坏,由当家人李仁和负责找人修理或自己动手,不需要与家里其他成员商量,一般家里的农具损坏或者欠缺,其他成员会告诉老人,老人知道后就会负责处理此事。李仁和先考虑自行解决,比如会让两个儿子修理,如果老大和老二没办法修好,李仁和就需要花钱购买。

(2)购买生产资料

李家需要购置新的生产工具时,由当家人李仁和负责和决定,不需要与家里其他成员商量。购买生产资料的事情是家内的事务,不需要经手外人,因此不需要告知四邻、家族、保甲长。李家需要买镰刀或其他农具的时候,由李仁和外出到附近的集市去买,所需费用是家里自有的财产。李仁和不在的时候,就由李仁和的妻子黄氏安排购买生产资料的事情。

(3)借用生产资料

农忙的时候,家里的镰刀和耕牛会出现不够用的情况,李仁和会自己外出与邻居借用,或者当家人与四邻打声招呼,然后再让家里其他人去邻居家里拿,这些都是小事情,不需要当家人与家庭成员商量。不过借用生产资料的事情由当家人李仁和出面解决,当家人代表整个家庭与外人借用东西,当家人不在的时候,内当家黄氏可以代表当家人出去借用。若当家人没空,李仁和会与邻居打声招呼,交代要借用的生产工具,然后李仁和让家里其他人去邻居家里拿。李仁和借用农具,一般是找与自家关系好的邻居,借用农具不需要花钱,邻里比较熟悉,邻居需要借用的时候也会到李家来借,邻里之间都是热心互助,关系较好。李家是否借用生产工具、与谁借用是家庭内部的事情,不需要外人参与和干预,因此不用请示或告知其他人。

(4)分配生产资料

李家在分家时,家产的分配也包括生产资料,李仁和作为分家的主导者,由他决定每个小家庭可以继承的生产资料的内容与数量。李仁和根据自家拥有的生产资料情况,将小型生产资料平均分给每个小家,而大型生产资料如耕牛、犁、耙等因为数量有限,于是李仁和决定各个小家庭共用大型生产工具。在分配的过程中,其他成员都听从李仁和的安排,觉得生产资料本来就该家长来管,所以并没有提出异议。

4.男性参与产权继承

李家生产资料由当家人实际支配,当家人李仁和负责和安排生产资料的购买、借用和维修等,但是生产资料归家户所有,全家人都可以自主使用生产资料。家长在处置生产资料时一般只有男性参与商量,李家买卖耕牛和其他大型农具的时候,一家之主李仁和会与两个儿子商量此事,两个儿子代表各自小家庭的意见,家里的儿媳妇不能发表意见,否则会被认为是不尊重长辈,儿媳妇有意见可以与自己的丈夫说,然后由丈夫转达给当家人。

此外,在生产资料的继承权上也是以小家为单位继承。在李家,除了未出嫁的李双春没有生产资料的继承权,其他人都可以使用和继承生产资料,分家时以小家庭为单位继承生产资料,大型且数量有限的生产资料由全家人共用。

5.外人无权干涉

在大屋岗村,村民、家族、村庄和政府对李家所拥有的生产资料产权十分认可,大家在心里也都清楚哪些是自家的生产资料,哪些是别人家的生产工具。另外,村里的人大多老实本分,不仅会认同别人家的生产资料所有权,而且不会侵占别人家的生产资料,故很少因生产资料而引起纷争。1949年前,外人买卖、借用李家生产资料的时候会与李家当家人商量,未经当家人的允许不能够强行买卖、借用李家的东西。李家自家人对家户的生产资料也有很强的认知意识,生产资料为家户所有,外人无权干涉,若有侵犯家户生产资料的事情发生,全家人会一致对外,维护自家的利益。

(四)生活资料产权

李家的基本生活资料,大到晒场、石碓、石磨、碾子,小到碱皂等生活用品,配置能够满足基本生活需求。这些生活资料中,大型的生活资料是从父辈那里继承而来,而其他的生活用品,能够自制则自制,无法自制的用品则购买。在家内,李家的生活资料以家户为单位,全家人共有,而生活资料的购买、维修和借用则是由当家人决定,家长拥有实际的支配权利,其他人听从当家人的安排。在家外,李家的生活资料得到外界的承认与认可,李家没有发生外人侵占家庭生活资料的事情。

1.生活资料概况

(1)大小生活资料基本具备

1949 年前,李家大门口有晒场,家门口的空地就是一个空旷平坦的晒场,占地 100 多平方米。秋收之后,家里的农作物都需要晾晒,当家人会让家里人把家门口清扫干净,然后就在门口铺晒谷物。李家没有水井,饮用水都在村里附近的水塘里,村里其他村民也是如此,几乎没有人家里有水井。李家房屋后面有一个全村共用的"打谷场"①,十分方便,李家"打谷"②的时候需要用到石碓、碾子等,这些生活资料李家都有,它们是从李家祖辈那里继承而来。除了大型的生活资料之外,李家还有一些小家具和生活用品,家具虽然陈旧,但是桌椅板凳都有。1947 年时,李家还有小方桌,这种桌子在平常人家里还是十分罕见的。另外,当家人李仁和偶尔会去村里的小商店买一点盐和其他生活用品。

(2)生活用品多为自制

1949 年前,李家的生活资料如碱皂、桌椅板凳都是自制,碱皂是用稻草烧成灰,然后将灰烬用布包住,放在水里浸泡成碱水,可以用来清洗衣物。而桌椅板凳等家具是家里的男性负责砍树,然后把树桩锯成木块,再请木匠制成家具使用。家里的盐、糖等生活用品因无法自制,只能购买,而碾子、磨、石碓这种使用寿命较长的生活资料是从祖辈那里继承而来,已使用几十年。这些大大小小的生活资料全家人可以共同使用,大部分生活资料是自制。

(3)大型生活资料继承而来

李家大型的生活资料大部分是从父辈那里继承而来,基本齐全,大到晒场、石碓、碾子、磨,小到盐、糖等东西,家中生活资料的置办由当家人来安排。李仁和偶尔会去村里的小商店或者集市买些日用生活品,有时候村里会来一些贩卖豆腐、麻花、瓜类等的流动小商贩,李仁和偶尔也会根据家庭需要购买一点。

2.共有与私有并存

1949 年前,李家生活资料的所有权呈现"大型物品归家户共有,私人物品属小家私有"的特点。在实际生活中,李家的生活资料绝大部分是共用,属于全家人所有,如晒场、石碓、石磨、碾子,柴米油盐以及碱皂也是全家人一起使用。有些则是属于小家庭私有,比如媳妇嫁进门带过来的嫁妆,包括被子、衣物、毛巾、桌椅、木柜等物品,在一般情况下,这些物品都放置

---

① 打谷场:也可称作"稻场",意为平坦的空地,多用来翻晒粮食、碾轧谷物。
② 打谷:意思是碾压谷粒。

在小家庭的房屋中,归属小家庭所有。不过在一些特殊场合,如家里有红白喜事、接待客人较多的情况下,当家人会做主将房屋中的桌椅搬出来使用,使用之后会归还给小家庭。另外,各小家庭成员可以拥有自己的私人物品,可以利用自己的零花钱购买自己想要的生活用品,这些是家庭成员可以自主做的事情,当家人不会干涉。

3.产权以小家庭为单位继承

李家的生活资料虽然是家庭共有,但并非所有人都有资格参与生活资料的分配,只是部分人拥有生活资料的继承权。李家嫁出去的女儿没有继承生活资料的资格,未成年的儿童如果是男性,那么将来成家后以家庭为单位享有继承父辈生活资料的权利。嫁进门的媳妇和入赘的女婿以所在小家庭为单位,有资格继承家里的生活资料,已经分家的兄弟再没有生活资料的所有权。

李家自家人认为生活资料应该是属于全家人所有,不应该分配给个人。在大家庭里,全家人共同生活,同产共食,生活资料就应该共同使用,这样更有利于全家人团结协作,避免人心涣散。没有分家就不需要分配生活资料,李仁和认为将生活资料分配给个人不利于治理家庭,一是这样做不现实,李家并没有那么多现成的大型生活资料;二是李家没有那么多资金去购置充足的生活资料,而且全家人在一个锅里吃饭,没必要把生活资料分给每个个体,当家人管理家里的生活用品更能体现家庭的完整性。

4.家长对生活资料全面负责

在李家,李仁和与妻子黄氏是家庭生活资料的实际支配者,购买、修缮、借用生活资料都是由当家人来主导完成,当家人李仁和管理钱财,对生活资料产权有最终的决定权。

(1)当家人负责购买生活资料

李家的生活资料由当家人李仁和负责购买和置办,李仁和与妻子黄氏是生活资料的实际支配者,买菜和买盐等生活用品的置办由当家人负责完成。购买生活资料的钱是当家人出,这笔钱实际是全家人共同劳动所得,是李仁和贩卖粮食变换而来,因此由老人保管和使用。

(2)当家人负责组织修缮生活资料

1949年前,李家一些石质的生活资料如石磨、石碓是从李仁和的父辈那里继承而来,比较耐用,如果损坏,当家人会让两个儿子维修一下,如果修不好,再由当家人请人来修或者重新购买。

(3)当家人出面借用生活资料

李家需要置办红白喜事的时候,如李家老大李行丑的孩子出生后,办喜酒时家里客人很多,装菜的盘子不够用,当家人就会到邻居家借用碗盘。借用生活资料也有一定的规矩和讲究,李仁和借用东西一般是找熟人,而且去熟人家里也要讲究礼数,进门之前要喊门,而且要趁熟人在家的时候借。如果熟人家里平常多是男性在家,则是李仁和出面去借;如果是女性,则由李仁和的妻子去借。借用东西的时候,也要注意言辞用语要礼貌,态度要诚恳,归还东西的时候可以由当家人委托家里其他成员去,但是要说感谢的话。借用生活资料是李家自己家的内部事务,不需要与外人商量,由当家人作主安排,也无须同家庭其他成员商量。

5.外界对家户生活资料的认可与保护

(1)村民之间鲜有矛盾发生

1949年前在大屋岗村,村民对属于自家的生活资料和别人家的生活用品,在心里上都十分清晰,因此不会随意侵占别人家的生活资料。大屋岗村的村民都十分善良朴实,都是老老实实的种田农民,不会做出侵占他人东西的事情。如果需要借用、买卖和置换别人家的生活资料就会先与当家人商量,经过同意才可以。不仅是村民如此,即使是村庄的保甲长、政府也不会随意侵占别人家的生活资料,虽然1949年前在当地法律还不完善,但是随意侵占别人家的生活资料是人们无法忍受的行为。李家的生活资料属于家户所有,外人无法干涉,也无使用权。

（2）家族维护,互帮互助

李氏家族没有侵占过自己家的生活资料,本家人不会在未经李家当家人同意的情况下就使用生活资料,本家人如果需要借用李家的生活资料,必须与当家人李仁和打交道,出面商量,经李仁和同意后方可拿走借用的生活资料,一般情况下,李家很愿意把家里的生活资料借给本家人用。李家有需要的时候,也会到本家人家里去借用生活用品,在这层血缘关系下,彼此互帮互助,因此从未发生过无理侵占本家生活资料的事情。

（3）保甲长既不“管闲”也不干涉

不仅村民和家族认可保护李家的生活资料,村庄的保甲长也不会随意侵占别人家的生活资料。自家的生活资料属于家户所有,外人无法干涉,也无使用权。村庄的保甲长不会在未经允许的情况下就侵占李家的生活资料,如果要购买或借用,都会与李家的当家人李仁和面谈商量,如果李家当家人不同意,则不能强行买卖、借用。如果村里发生抢偷生活资料的矛盾纠纷,保甲长不会主动出面解决,一般是两家人自己“扯皮”①和协商,如果矛盾越闹越大,在村民主动找保甲长的情况下,保甲长才会站出来评理,化解冲突。

（4）政府原则上承认,但“天高皇帝远”

当地官府承认李家的生活资料的产权,但县乡政府离大屋岗村比较远,因此官府的人不会经常到村里去,在农村种田的农民唯一与官府打交道的机会就是每年完粮纳税、国家征兵的时候,而这些工作又是官府转交给乡村治理人即保甲长来做。大屋岗村没有出现过官府随意侵占村民生活资料的情况,但在日本入侵期间,大屋岗附近的村庄发生过被掠夺生活资料的现象。

二、家户经营

1949年以前,李家能够参与耕作的劳动力有李仁和与黄氏、老大家夫妻俩和老二家夫妻俩,共计六个劳动力。李家的土地是祖辈开荒而来,没有发生土地买入和卖出,整个家庭耕种的田地约有1.34万平方米,农忙的时候当家人李仁和会雇请十余个短工插秧和割谷。农忙时牲畜和农具如耕牛和镰刀会出现不够用的情况,此时当家人会出面向邻居借用。在农业生产的过程中,当家人会对生产琐事进行比较明确的分工,家里成员听从李仁和的安排,做好老人吩咐的事情。

（一）生产资料

李家有1.34万平方米的土地,六个劳动力,因家中男性劳动力的身体条件较差,所以农忙之际当家人李仁和还需雇请短工。因家中做农活的人突然增多,所以会出现劳动力多而工

---

① 扯皮:指与他人闹矛盾、争吵。

具少的情况,当家人李仁和会出面借用生产资料,使得农业生产的播种和收割环节顺利进行。

1.因劳力不足而雇请短工

1949 年前,李家共有李仁和与妻子黄氏、李行丑和黄冬英、李行林和刘慧慧六个劳动力,家里的大小事情都是这六个主要的劳动力来做,不仅男性从事农业生产,而且女性也必须参与耕作和收割。李家劳动力不充足,养不起闲人,所以不管是男性还是女性,只要成年就都得参与劳动。在李家,只有大人生重病或者受重伤的时候可以先养身体,不用做力气活,女性生产完,坐月子期间不用做重活,除这些情况外,其他任何时候,这六个大人都必须参与劳动,因此即使李仁和与两个儿子患有"大肚子病",他们仍旧要参与家庭生产。而外人不会无缘无故参加李家的劳动生产,这是因为外人也有自家的家务活和农活要做,其次自家劳动生产所得只属于自家所有,外人不参与所有权的分配,因此村民不会无缘无故参加别人家的生产劳动。

由于李家劳动力不足,所以全家成年男女虽都参与劳动,但是男性身体有疾病,女性体力不足,为了维持生产,李仁和会在每年农忙的时候雇请短工。农忙雇请短工是大屋岗村常有的现象,大部分村民家里都是八口人左右,劳动力在六个左右。李家的生产量庞大但是劳动力较少,所以雇请短工是被迫之举,雇请短工对李家而言是一件大事,该事主要由李仁和负责,具体包括挑选雇工、招待雇工、安排吃住、发放报酬、安排农活等方面。

(1)外地人进村找雇主

1949 年前,李家农业生产主要以家庭劳动力为主,但是在春播、秋收农忙时,家里的劳动力就会不够用,于是当家人李仁和会雇请短工。短工是一个专门的职业,这些短工家里一般人多地少,他们靠体力挣钱,主要来自大屋岗村附近的地方,如黄陂、孝感、仙桃等。短工每逢农忙之际就会主动进村,去缺少劳动力的人家充当劳力,帮助有需要的家庭完成农业生产。

(2)雇工春播、秋收报酬不同

农忙季节,村里会有很多外地人来大屋岗村找事做,他们会到需要帮工的家庭中做播种或收割的工作。李家每年农忙的时候就会雇请短工来帮忙,一个工时的工钱大概是七毛到一块钱之间,春播的时候是七毛,秋收的时候是一块钱。李家请雇工不讲究是否为熟人关系,一般有意愿打工的人会积极主动找上门与当家人谈,当家人要看工人的人品和做事能力,然后商谈好价钱,最后决定是否雇请。雇请工人一般是五天左右,收割的季节,报酬大概是一元一个工时,由当家人负责支付,这笔钱也属于家庭的共同财产。李家请短工的事情由当家人李仁和来安排,请短工的原因,其一是家里劳动力不够用,其二是当家人会担心收割过程中遭遇下雨天气,所以希望尽快将农作物收割好。

(3)上工宴和下工酒

李家雇请的工人,上工第一天要吃上工席,当家人李仁和会让妻子黄氏多做几个菜,而且会买点酒、做点面食来招待短工,雇主李仁和与短工一起吃饭,这样做是为了让短工可以诚心尽力地帮雇主做事。待到下工时,雇主还要请短工吃下工酒,也是准备几个菜,然后雇主和短工喝酒吃饭,这是为了感谢短工的帮助和辛苦,短工上工前和下工后基本没有礼节讲究,只是请短工吃一顿饭、喝点酒即可。

(4)雇主对雇工管吃管住

李家每年雇请的短工都是住在家里,李家房屋数量并不多,只够全家人居住,当家人会安排短工睡在家里的闲屋。从确认雇请短工后，雇工们便住进李家，由当家人安排他们吃住，李仁和负责安排雇工每天下田要做的事，黄氏会嘱咐当天做饭的媳妇煮多少米、炒什么菜，雇工和李家家庭成员的伙食一样，李家一天会给他们供三顿饭。家庭成员会在做农活和吃饭的时候与雇工聊聊家常，其他时间没有交集。农忙的时候，家里上下忙得团团转，除了小孩，大人白天都在做农活，身体十分疲乏，所以一到晚上就早早地上床休息，因此李家与雇工之间并没有建立深厚的感情。

（5）雇工的工作时间和内容

农忙的时候，雇工们早上五点就会出工做农活，日落下工，吃完午饭后，短工可以和雇主一样休息一个小时左右，秋收天热，因此雇工会在下午三点左右开工。由于短工是从外村过来，没有地方居住，所以雇主还要给短工提供住宿。李家每年农忙的时候，当家人李仁和会将家里老大家正房前的闲屋腾出来给短工们住。如果是下雨天就休息，当家人仍旧会供短工吃饭，但是雇主不会给他们开这一天的工钱，如果是只做半天，则开半天的工钱。

李家雇请短工的主要工作内容包括：在秋收农忙的时候，短工听当家人的安排负责收割稻谷和挑担子。在短工做事期间，雇主除了要给短工提供吃住，当家人还要给短工镰刀、草帽，做工期间雇工和雇主的饮食条件一样。

（6）家长安排雇工事宜

李家雇请短工的事情是自家的家务事，雇请短工的事情由当家人李仁和来安排，不需要经过四邻、家族、保甲长等人的同意，外人也不会干涉家庭生产的事务。在雇请短工的过程中，李仁和对此事比较有经验，雇人的时候没有优先顺序，每到农忙的时候村里就会来很多外地人，他们会主动找上门来与雇主面谈，当家人李仁和觉得工钱合适并且雇工为人踏实稳重、勤快能干，有农业生产经验即可，雇主在选择之前一般都会打听一下雇工的基本情况再做决定。家里的其他成员对这个领域的事情并不了解，因此李仁和不会也不需要同家里的其他成员商量雇请短工的事情，只由他一人决定即可。

2.家户土地自给无须租佃

1949 年前，李家有 1.07 万平方米的水田，0.27 万平方米的麦田，这些田地是李仁和从父辈那里继承而来，李氏祖辈早在几百年前搬入大屋岗村后，就自己开荒种地，然后将田地传给下一代。李家拥有的 1.34 万平方米土地属于祖传的自有土地，按照 1949 年前当地的粮食产量，尚且能够养活全家八口人，所以没有额外租佃土地。在李仁和当家期间，全家人指望着种田的收成生活，捕鱼捞虾的活并不好赚钱，所以种田是主要的谋生之道，加上收成好坏是个说不准的事，所以家长不愿把田地撂荒或租给别人。但李家劳动力的质量不高，1.34 万平方米的田地生产量使家户陷入"土地偏多，人手不够"的困境。为了使整个大家庭得以生存和发展，李家每到农忙播种和收割的时候，李仁和就会雇请短工来帮忙做农活。直到分家前，李家一直持续着农忙雇请短工的习惯，如果不雇请短工，难以想象李家会存续多久。

3.农忙需要与四邻借牛

1949 年之前，李家只有一头父辈传下来的耕牛，在农忙的时候，由于雇请十个左右短工来帮忙，所以家里的耕牛不够用，因此当家人李仁和会和街坊邻居借用耕牛，借用耕牛由当家人李仁和出面，他会先与邻居约好用牛的时间，具体询问邻居最近是否需要使用耕牛，如果邻居家自己也要用，李仁和就会再找其他不需要用牛的人家借。李家借牛会先找关系好的、经常发生借用关系的家户。在当地农村,借牛是邻居之间经常会发生的事情,不仅是李家需要与邻居借用耕牛,邻居也会与李家借牛用,借牛之前,人们会与邻居商量好用牛的时间,然后两家先后错开用牛的时间。借牛的时长大概是四五天左右,不能借用太长时间,这样会给牛主造成麻烦,牛主也要使用耕牛进行犁田耙地。借牛期间,借者要负责喂养耕牛,并且要喂好一点的草料,还牛的时候不需要给别人草料,也不需要给钱,但是最好要保证耕牛完好无损,并且要道谢,方便下次再借,邻居借用李家的牛也是如此。

4.邻里互相借用农具

李家的生产农具基本齐全,家中一些木制的农具如木犁等都是自家请木匠制成,一些铁质农具需要购买,村里没有铁匠,村民需要去集市上购买镰刀、锄头、洋镐等铁质半成品,然后回家后自己把手柄安装上去,如此便可以使用。虽然李家的农具基本都齐全,但是无法满足农忙时候家里的生产需要,一是家里的田地亩数较多,二是家里农忙的时候有雇请短工,人手足够,但是生产工具不够用,如耕牛、镰刀是经常需要借用的农具。

以借镰刀为例。李家在农忙的时候,由于雇请短工,所以家中的镰刀会出现不够用的情况,需要与邻居借用镰刀。借镰刀是当家人与关系熟一点的邻居借,借东西是经常都会发生的事情,因此不需要带礼品去,借用镰刀时,需要找暂时用不到镰刀的人家借,如果别人家里正好也要用镰刀,就找另一家借用。借用镰刀的时候,当家人会交代清楚使用期限,会在说好的期限里归还镰刀,如果借出者在归还期限之前来要镰刀,即使还没使用完镰刀也要归还给借出者,毕竟是别人家的东西。还镰刀的时候,当家人可以不去,可以让家里的其他人代替当家人去还东西,不需要给钱,如给钱,这对邻居来说就是见外。如果镰刀用坏,需要跟邻居解释一下原因,并表示自己的歉意,邻居不会追究责任和要求赔偿,也不会因此就不再借东西,当地村民都很淳朴善良,在当地借用农具十分普便。

(二)生产过程

李家在从事农业的生产过程中,全家人除了李双春和李顺华,其余人全部参与生产,共同劳作。在耕作过程中,当家人会对家庭劳动成员进行分工,各成员会听家长的安排,做好自己负责的农活。李家常年种植的农作物有水稻和冬麦,有时候家里会根据需要种植棉花和黄豆。农忙过后,李仁和会鼓励全家人从事副业挣钱,而且李家会常年喂养家畜以贴补家用。

1.常年种植水稻与冬麦

1949年以前,李家有1.34万平方米的田地,包括1.07万平方米水田和0.27万平方米麦田,一年种两季水稻和一季麦子。家中的生产任务艰巨,劳动力不足且男性劳动力有疾病在身,因此家里无论男女,只要成年都要参与劳作,尤其是农忙的时候,六个劳动力都要下田插秧、割谷。李家每年种植两季水稻,四月中旬播种早稻,五月初插秧,七月下旬收割,紧接着马上晚稻插秧,一般必须在立秋前结束,从十月下旬开始到十一月之间收割晚稻。种植的麦子是越冬麦,一般在农历十月份左右种植,第二年四五月份收割。在农忙的时候,当家人李仁和对插秧和割谷之事进行详细地分工,家里的成年劳动力无论男女都要参与。

2.不同农业生产环节分工明确

尽管农忙的时候,全家六个大人都要做农活,但是在其他不同的生产环节上,各家庭成员还是有明确的分工,在生产过程中,李家男女承担的职责还是有一定的差异,主要是男耕女织,犁田耙地的力气活由男性来做或者请短工做,而织布、做渔网、缝补衣物等细活是由女性来做;家户外部的事情主要由男性承担,家务事如洗衣、做饭、制衣、制鞋是由女性来做。

（1）兄弟合力锄草

在生产过程中，庄稼地里的杂草一般由老大和老二兄弟俩负责清理，锄草在当地叫作"镐草"。一般在种植庄稼两个月左右的时候,田地里的草也会生长起来,本来土质就不好,产量也不高,因此不能让杂草抑制农作物的生长。家里人看青时,一旦发现田地里有杂草就会随手除掉,如果有大面积的杂草丛生,当家人李仁和会让儿子们去锄草,兄弟俩分工明确,如果有两块地就一人一块,一起动手。

（2）家长负责看青

在大屋岗村,村民看青是自家负责管理自家的庄稼生长情况。看青就是在庄稼生长的过程中,人们经常到地里、田里转一转,看看庄稼有没有害虫、杂草,是否缺水或存活,以便及时挽救。在当地,人们几乎是靠土地为生,庄稼的收成几乎就是农民的唯一生活保障,因此农民十分重视"看青"这一生产环节。李家也是如此,李仁和没事的时候会经常到自家的地里看一看,看看庄稼长得好不好。村里的农民心肠好,在看自家庄稼生长情况的时候,如果发现别人家的地里有杂草或缺水,也会热心提醒人家。

（3）男性出力负责灌溉

李家的灌溉工具——水车是从李仁和的父辈那里继承而来，它是在久旱无雨的时候给庄稼汲水用的生产工具。李家灌溉庄稼主要是家里三个男性来做,家里的水车是用来灌溉高地或水源较远的田地,其工作原理是:水车形状类似车轮,将水车扎在河水里,当河水冲来时,水车可以借着水势的惯性缓缓转动,一个个水斗装满河水,被逐级提升上去,到达最高点时,水斗又自然倾斜,于是水会注入渡槽里,流到灌溉的农田里。当地其他村民的灌溉工具也是水车,用水车灌溉庄稼方便且省力。

（4）媳妇负责收集粪便

大屋岗村的田地土质比较贫瘠,庄稼长势不好,因此村民会利用家中牲口的粪便来给田地施肥,以改善土质。李家施肥是在开春天气变暖之后,在种植庄稼之前,当家人李仁和会给田地松土,并让松土过后的土地放上几天,这样庄稼会长得更好。然后,李仁和会让两个媳妇把家里的粪便收集起来,挑到地里。收集粪便的工作由家里的媳妇来做,其他人清早起来也会提着粪筐和粪耙到村里转一圈,哪里有牲畜的粪便就捡进粪筐里,回去后倒进自家茅厕的粪坑里囤着,等要种菜的时候,再把厕所的粪便运到菜地里去。除此之外,李家的猪圈和牛栏里的粪便也由两个媳妇收集到篮子里,然后挑运到自家的地里给土壤施肥。村里几乎没什么粪便,有钱人家为了提高粮食产量都会去购买一点粪便来改善土质。

3.牲畜由儿媳轮流喂养

分家之前,李家每年都会饲养耕牛和猪。李家的一头老耕牛是从父辈处继承而来,家里一般情况下还喂养两头猪,收成差点的时候只养一头猪。牲畜主要是由家里的妇女来喂养,养牛是由刘慧慧和黄冬英轮流放养,后来由于黄冬英做力气活比较多,所以放牛这种稍微轻松点的活就让给刘慧慧来做。喂养小猪则由刘慧慧和黄冬英妯娌两人轮流负责,一人一天,平时二人也轮流做饭洗碗,当天做饭洗碗的人还需要负责喂养一天的猪。

（1）轮流放牛

李家的耕牛主要由李仁和的两个儿媳妇负责喂养,刘慧慧和黄冬英会轮流放牛,这个任务比较简单,只需要牵着牛吃荒草,让牛吃饱就可以。

1949年前,刘慧慧一般会牵着牛绕着村里的路走,让牛一边走一边吃草,刘慧慧需要看着自家的牛,避免自家的牛吃了庄稼。刘慧慧习惯早上出去放牛,一般半天的时间就可让牛吃饱,所以午饭时间刘慧慧就会回家。在当地,人们放牛一般是在开春和秋季,冬天不需要放牛,冬天会把牛圈养在牛栏里,白天给牛喂草料,傍晚的时候牵着牛到水塘里喝点水就可以。如果家里的牛老了或生病,当家人李仁和则会安排把牛卖掉换钱,然后将母牛生的小牛养着,当作以后家庭生产耕作的畜力。

（2）轮流喂猪

李家的猪由刘慧慧和黄冬英轮流来喂养,儿媳妇平时做饭的潲水会囤积起来,等人吃完饭后,儿媳妇洗完碗后就把潲水和猪糠①搅在一起制成猪食喂给猪吃。她们一天要喂三四遍,有时候会到田地里或村庄附近打猪草给猪吃,这也是由黄冬英和刘慧慧来做,有时候其他人去田地里也会顺便带回一些猪草。李家养猪的主要目的不是自己吃,而是等猪长大,在年底的时候把猪卖掉换钱,贴补家用。大屋岗村会有专业户来收购猪仔,有意愿卖猪的人家就会把猪卖掉,李家等到收猪的专业户来家里后,由当家人李仁和负责安排卖猪。一般来说,李家的两头猪会先卖掉一头,另一头会留着过年的时候杀掉,猪肉也会大部分卖掉,然后留一点肉给家里人吃。1949年以前,李家全家人生活十分节俭,平时吃菜几乎没有肉类,即使加肉也是加薄片肉,看不见成块的肉。

4.农闲靠捕鱼捞虾挣钱

李家世代靠种田为生,以地为生,靠天吃饭。但是由于当地地势和气候,仅仅依赖土地为生风险很大,尤其是在村庄遭遇洪涝的时候,村民家的粮食收成不好,生存都会有危机。为了适应生存的环境,大屋岗村的村民除去种田之外,还会在农闲的时候捕鱼捞虾,以此赚取些许生活费用。李家也是如此,全家人农忙结束之后,也没有闲下来休息,当家人李仁和会鼓励家里人去附近河里捕鱼捞虾挣零花钱,各小家庭通过捕鱼捞虾挣来的零花钱不用上交给当家人,因为鱼虾不好卖,挣不了多少钱,而且当家人这样做,也是为了提高家中成员做副业的积极性,同时也是增加各个小家庭的零花钱开支。农闲时捕鱼捞虾也有分工,织捕渔网的活由女性来做,捕鱼就是由男性出去下河,然后由各小家庭的男性拿到集市去换钱。刘慧慧十分擅长织渔网,有时候会把渔网卖给有需要的人,因此也会凭借自己的手艺活挣一点零花钱。

（三）生产结果

1949年以前,李家从事农业生产的收成变动很大。年景好的时候,全家人温饱不成问题,但是年景较差的时候,家里的粮食收成就会减半甚至全家人吃饱都成问题。为减少家庭开支,同样也是为预防天灾,李家会根据粮食收成灵活喂养家畜和做副业。李家种植田地收获的粮食是供应给全家人食用,卖掉饲养家畜而挣来的钱由当家人管理,供整个家庭消费,但农闲时家中各人做副业挣来的钱归各小家庭自由支配。

1.粮食收成变动大

（1）气候变化对农业收成影响极大

1949年以前,李家常年种植的粮食作物有两季水稻和一季冬麦,粮食收成的一般情况

---

① 糠:将谷物的外壳碾磨而成的粉末,有的地方是将花生的茎叶晒干,然后粉碎成粉末状当作猪吃的饲料。

是,1.07万平方米的水田可以收两三千斤稻谷,0.27万平方米的麦田可以收获两百多斤小麦。农民种田纯属是靠天地吃饭,降雨量对农作物的影响很大,一年中如果雨水量很大,就可以知道秋季收成会不好,冬季也可以根据雨雪量来预估来年麦子的收成。农民种田非常容易遭受天气的影响,所以不同年份的收成变动也很明显,1938年的时候风调雨顺,没有发生涝灾,所以大屋岗村家家户户的收成都很好;1954年的时候当地发生了严重的涝灾,所以这一年的收成就很差。

(2)粮食收成关系家庭生活状况

李家的粮食收成属于全家所有,由当家人来管理和支配,但是粮食是所有成员都可以一起食用,每天煮多少米、做什么菜由黄氏安排,刘慧慧和黄冬英则听从黄氏的安排来做饭。粮食收成好坏对全家人的生活会有很大的影响,所以李家全家人都很关心粮食的收成,因为这关乎全家人的温饱,但是家里不懂事的孩子,比如李双春和未满1岁的李顺华不会操心农作物的收成问题,他们还不知道收成好坏对于一个家庭意味着什么。但是最关心农作物收成的还是当家人李仁和,因为作为当家人,他要负责全家人的吃穿等基本生活问题,因此李仁和没事的时候就会经常去田地里看一看庄稼的生长情况,并吩咐自己的儿子去锄草、灌溉、排水等。

李家粮食收成比较好的时候,全家人的日子也会过得稍微宽裕一点,并且全家人的温饱都有所保障。在年成较好的年份里,李仁和会卖一些粮食以换取贴补家用的钱,这笔钱由当家人来保管,李仁和会将这笔钱用于置办家庭成员的新衣。年景不好的时候,李家的收成不能满足家庭的日常生活基本需要,家里的日子就会过得很拮据,平时全家人就喝粥,为节省饭菜的开支,菜也会做得特别咸,家庭成员经常吃不饱。李家收成最差的时候,他们一家人还要靠出去逃荒、讨饭来维持生计。

2.以饲养家畜来贴补家用

1949年前的大屋岗村,基本上每家每户都会养猪,养猪的主要目的是为贴补家用,李家也是如此。李家常年会喂养两头猪,到年底家长会把养大的猪卖掉换钱。

李家每年是否喂养猪以及养猪的数量是当家人根据自家的经济条件决定,李家收成差点的时候,由于家里成员的温饱问题都无法解决,就会只养一头猪甚至不养;家里如果收成好,日子宽裕一点,当家人李仁和就会在过完年后买两头猪仔养。喂猪的任务主要是家里的妇女负责,刘慧慧和黄冬英平时做完饭会顺便把猪喂好,没事的时候她们妯娌俩也要去打猪草喂猪。猪吃的是糠,农民将家里的麦子和稻谷的壳粉粹,然后掺水制成猪食,这算是比较好的猪食,一般主要是用花生的秸秆粉碎制成的猪糠来喂养。李仁和的儿媳妇平时还会打猪草喂猪,因为光靠糠来喂猪,家庭的开支会比较大,打猪草辅助喂猪,能使猪吃得饱一些,长得肥点。除去喂猪之外,李家还会饲养十几只鸡,由内当家人黄氏把鸡放养在自家房子附近,平时它们会自己觅食,收成好的时候会喂一点稻谷。李家会经常饲养几只母鸡和公鸡,母鸡下蛋,在有需要的时候可以换钱或是置换其他东西,如果家里来贵客或家里有坐月子的妇女,李仁和的妻子黄氏还会杀鸡炖汤。

除此之外,李家常年饲养一头老母牛,农忙的时候,老母牛充当犁田耙地的畜力。农闲的时候由黄冬英和刘慧慧来放养,老母牛产下牛犊后,当家人就将小牛犊卖掉换钱,如果老母牛上年纪无法耕作,李仁和就将老母牛卖掉,留一头牛犊继续喂养。买卖猪牛都是由当家人李仁和来安排和决定,卖牲口挣的钱由当家人保管,但这笔收益是属于全家人所有,家里有需要用钱的时候,当家人会动用这笔钱。

3.以副业收入为个人零花钱

李家没有人从事手工业或学艺,家里人世世代代都是老实的种田佬,家里也说不上有正式的副业,就是农闲的时候李家人会靠做渔网和捕鱼捞虾来挣得一点收入。农闲的时候,六个大人做副业所得的收入并不是家里主要的收入来源,因为当地很多村民自己也会捕鱼捞虾,所以捕鱼捞虾的收益并不多。因此当家人李仁和让家庭成员各自做副业,各成员所得收入不用上交给当家人,可以当作零花钱由自己保管和自主使用。一是觉得捕鱼捞虾挣不了多少钱,不需要上交给当家人;二是为了鼓励家里人做副业的积极性,让家庭成员自己支配自己的劳动所得;三是从长远的角度考虑,让各小家庭自己赚取零花钱,有利于促进小家的发展,也可以减轻大家庭的负担。不过李家也仅有捕鱼捞虾这种副业收入属于个人,不用上交给当家人,其他所有收入都是由家长统一管理和支配,属于全家人共有。

三、家户分配

李家一家人生活简朴,整个家庭最主要的收入就是粮食收成,其次是喂养家畜和做副业的收入。在家户分配中,李仁和处于主导地位,拥有最高的决策权,分配之事由当家人负责,且由李仁和说了算,其他成员听从老人的安排。在李家,所有成员可享受的分配有食物、衣物、零花钱等,全家人可参与这些分配活动,分配的数量由家户收成决定。

(一)家长主导分配

李家在进行分配的时候,由当家人李仁和与黄氏共同决定。在分配的过程中,黄氏和李仁和负责的内容有所区别:黄氏主要负责粮食、食物、衣物以及零花钱的分配,平时全家人的吃穿几乎都是黄氏在操持。如果涉及到买卖,则需要李仁和当家做主并代表家庭进行交换。李家日常的分配由当家人李仁和与黄氏共同决定,不需要与家里其他人商量,若家中有较大的事情,李仁和会与家里两个儿子商量,儿子们可以提一点意见,但是儿媳妇们不会也不敢发言。

李家分配以家户为单位进行,由家户内部的当家人自己决定和做主,不需要告知四邻、家族、保甲长,他们也不能介入其中。除非有特殊情况,如家户分家需要请见证人,可以请外人来见证,或者家户内部分配时产生较大的矛盾,自家无法解决冲突,可以请家族的人来评理。即使家族的人介入进来,也没有权利干涉家户内部的分配,而其他人不会管这种家务事。

(二)仅本家户成员参与分配

李家在日常生活的分配过程中,是以家户为分配单位,其他家户也是自家分配自家的收成和财产,外人不能参与,也不能干涉李家的分配,因此宗族、保甲长不能参与分配。李家能参与分配的仅是家户内部的家庭成员,但也并不是所有家庭成员都有资格参与分配,嫁出去的女儿不参与分配,以及分家的兄弟和单独吃住的父母不参与分配。另外,非李家的成员也不能参与分配,原因是外人不参与李家的生产劳动,不在整个家庭同食共财的范围之内。

分配的时候,只有李家家户内部成员能参与分配,同食共财的人才能参与分配,仅限同一口锅里吃饭的人,李家之外的人,如亲戚、朋友、邻居不能参与分配。在所有家户成员中并不是所有人都能享受分配权,已经出嫁的女儿没有享受分配的权利,因为嫁出去的女儿已是婆家的人,会参与婆家的分配,其他家庭成员可以参与分配。家户内部成员的分配主要是指农业收成的分配、零花钱的分配、衣物的分配等,这些分配物来源于全家人共同劳动所得,属于全家人共同所有。

(三)收成分配以纳税完粮为主

1949年以前,李家的农业收成主要有稻谷和麦子。李家的土地是从祖辈那里继承而来,祖辈是通过开荒而获得的田地,家里没有租赁田地,因此不需要缴纳地租。但是李家需要每年缴纳公粮,就是纳税,秋收过后,临到缴税的时候,村里的保甲长会上门通知每家每户交公粮,由每家每户的当家人交付给村里,李家交公粮的事情由当家人李仁和负责。李家的农业收成首先要交足公粮,然后剩下的才是留给自家食用,每年交完赋税后,李家就可以自由支配粮食收成。李家每年都会按时缴纳公粮,如果当年年景不好,农民家里收成较差,甲长会宽限几天完粮交税的时间,但是最终所有村民还是要交粮。李家向村里缴纳赋税是由当家人李仁和安排,老人不需要同家里人商量,这是每年都要完成的任务,不需要告知四邻、家族和官府。如果当家人李仁和不在家,则由内当家黄氏来做主,可以让长子李行丑代表当家人去交公粮。

(四)衣物分配由婆婆主导

李家收成好的时候,当家人每年会给全家人置办两季衣服,收成差点的时候,当家人就给家里的小孩置办过年的一套新衣裳,大人就不再置办。李家人的新衣服都是自己动手做,主要是黄氏与两个儿媳来做。黄氏的娘家每年都会种棉花,因此黄氏会从娘家买一点棉花,然后将棉花运回李家,黄氏与两个媳妇一起将棉花轧好,然后纺成线,再织成布。黄氏把丈夫李仁和与自己的制衣布料留足之后,将剩下的布料裁好再分给每个小家庭,会平均分配同样多的布料。缝制成衣服的活就由两个媳妇来完成,两个儿媳各自负责缝制各自小家庭成员的衣裳,衣服破掉也由各自小家庭内的妇女来缝补。

分家之前,李家老人的衣服,即李仁和与黄氏的衣服是由黄氏自己来做,分家后两个老人年纪变大,丧失劳动能力后,老人的衣服开始由两个儿媳妇轮流做,轮到哪个家庭赡养老人,老人应该需要添置衣裳,就由哪家的儿媳妇来做。1949年之前,大屋岗村很少有家庭去集市上买衣服,村民穿的都是粗布衣裳,都是靠自己种棉花、织成布做成。李家制衣和衣物的分配由内当家人黄氏来安排和做主,家里的女性都参与制衣的过程,一年做一次衣服,妇女们会把冬季和夏季的衣服一起做完。

(五)婆婆平分零花钱给儿媳

李家的钱财由当家人李仁和与妻子黄氏一起管理,家里的收成和收益所得都是由当家人统一支配,主要包括卖掉饲养家畜换来的钱,收成好的时候卖粮食换来的钱,还有李仁和做副业挣的钱。家里收成好些的时候,黄氏会给两个儿媳妇一点零花钱用,但不是每个月都给,一般是在过年的时候,黄氏对待两个儿媳妇都是一样看待,没有偏袒谁。妯娌两人可以用婆婆黄氏给的零花钱去买一点自己想要的东西,或者把钱花在丈夫和孩子身上,小家可以自己支配零花钱,当家人不会干涉。刘慧慧每逢过年的时候喜欢打打牌,因此黄氏有时候会多给一点零花钱,让她打牌用,大嫂黄冬英也不会觉得心里不舒服。

黄氏只给两个儿媳妇零花钱,没有给儿子零花钱,而且零花钱实际上也是以小家庭的名义给的,因此不需要再另外给儿子零花钱。零花钱是当家人给多少,每个小家庭就收多少,儿媳们不敢问老人多要,因为李家的条件大家心里都清楚,所以李仁和的两个儿媳妇不会不懂事的主动讨要零花钱。

(六)讲究先后次序与收支平衡

李家分配物品的时候,当家人李仁和是统一筹划,全面安排。老人会考虑全家人的需要,并权衡家庭成员的需求层次,讲究分配次序。李家是两个老人当家,他们处事十分公正,分配时讲究公平公正原则,不偏袒哪一个小家庭或个人。除此之外,分配时当家人以食物分配为先,再考虑衣物的分配,即先考虑全家人的温饱需要。当家人在分配粮食的时候,会先交足公粮,剩下的才用做自家消费,家里的粮食是全家人一起食用。在遭遇荒灾的时候,李家出现缺粮的窘境,当粮食的收成不足以满足家庭成员的需求时,当家人会把粮食节省着吃,给小孩和老人多吃点。分配衣物时,若粮食收成好,家里粮食充足,当家人就可以考虑给家里人添置新衣;如果家里收成一般,棉花不多时,则在添置衣服时先考虑孩子再考虑大人。最后是零花钱的分配,如果家里收成好且家中牲畜能卖个好价钱,当家人手里有些闲钱时候,内当家人黄氏就会分一点零花钱给两个儿媳妇使用。

在这些分配活动中,食物的分配是最为主要和基本的一项,其他分配如衣物和零花钱则处于其次的地位,当家人要权衡考虑全家人能否生存之后,才会考虑之后的这些分配。简而言之,当家人需要考虑家里收支平衡,如果家里入不敷出,就不会添置新衣和分配零花钱,家长所做出的分配决策需要以整个家户的发展为基础。

(七)其他成员服从家长的分配

在李家,家长在家户分配活动中,如在衣物、食物、零花钱、缴纳赋税的分配过程中处于支配地位,即当家人李仁和与妻子黄氏在分配活动中有决定权,其他成员只是参与分配,并服从当家人的安排,一般不会反对也不会提什么意见。李家两个老人当家,他们做事一向公平公正,在分配衣物、零花钱的事情上,老人都是一碗水端平,平均分配,不偏向谁,这样做的目的也是为了避免小家庭之间产生矛盾。

李家分配由当家人做主,谁都没有特权。在特殊时期,当家人会给予特殊的照顾,如刘慧慧和黄冬英坐月子期间,当家人会杀鸡和煮鸡蛋给儿媳妇吃,这些食物只有媳妇们能吃,其他人不能,月子之后,一家人的伙食待遇便都一样。当家人在分配的时候有自己的特权,可以偏袒自己或他人,但是一般的家庭里,当家人是不会做出这种不太成熟的事情,偏袒和特权会使当家人在其他家庭成员心中失去威信,让家庭内部产生矛盾,不利于家庭的治理和发展。在李家,当家人和其他成员在吃穿方面是一样的待遇,当家人经常教导后辈要团结一致,即使是穷日子也是大家一起熬,不搞差别待遇,当家人一直秉持公平公正的管家和治家原则,因此家庭成员对家长的分配结果心悦诚服,很少有异议,大家都愿意听从老人的安排。

四、家户消费

1949年前,李家的基本消费呈现自给自足的特点,无法自制的生活用品则由当家人负责外出购买,除了基本消费,李家几乎没有医疗和教育方面的支出。在各类消费中开销最多的是人情支出,所有的开支都从当家人手中出账,小家庭不用花钱,而且家庭成员都是听从家长的安排,没有出现违背家长意愿的情况。

(一)消费主要呈现自给性

1949 年前,李家整个大家庭的基本消费依靠自给自足。在基本生活消费方面,诸如食物消费、衣物消费,家户基本是自给自足,以种田获得粮食,以喂养家禽和牲口获得肉类,以种植菜园获得蔬菜,以低价购入棉花自制衣物等。而且李仁和从父辈那里继承房屋、土地、生产资料等,使全家人有基本的生活保障,已减少家户的一大笔开支。如果是家户无法自己获得的生活用品,如盐、糖,当家人会外出购买。因此家户的消费支出主要是在人情消费与祭祀消费方面,尤其是在人情消费方面,当地有句话说"礼来了,揭锅当",李家或亲戚家有红白喜事,送人情、随份子钱是必需的开支,家里人情消费压力很大。另外,1949 年前,李家因当地经济条件限制,家户在教育消费与医疗消费方面比较欠缺。总之,李家的日常生活消费基本靠家户自给,虽消费内容多样,但家户支出形式单一,全家人生活简朴。

(二)消费内容多样化

1.粮食消费与收成密切相关

（1）家户靠收成生存

1949 年前,李家在食物消费方面以大米为主,全家人主要吃大米,偶尔食用一点面食。李家的粮食来源于全家人种植庄稼的收成,家里常年耕种 1.07 万平方米水田和 0.27 万平方米麦田,以收获稻米和面粉,家里种植的粮食不出意外的情况下基本够全家人的口粮消费,因此李仁和没有外购粮食。李家总共有八口人,平日里八个人平均每顿要消耗两三升米,全家人一天吃三顿,对粮食的需求量很大,粮食消费是家户最基本的消费。

（2）农业收成对家户生活的影响

在李家,农业收成好坏与家户生活消费有紧密的联系。李家庄稼收成好的时候,李仁和会留足全家人的口粮,然后将剩余的粮食卖掉换钱,这笔钱可以用在其他方面的消费支出,如置办衣物、买菜等,有时家长会给晚辈零花钱,全家人的生活都会过得宽裕一些,家长也会经常愿意出门去集市买生活用品。但是家里收成较差的时候,全家人为了生存而不得不节衣缩食,情况更糟的时候,全家人可能要陷入衣食无着的窘境。

1949 年前,李家农业收成状况给家庭生活带来最明显的变化,就是家长能否给成员置办新衣。年景好的时候,黄氏会组织儿媳给全家人添置新衣;年景差的时候,大人就会没有新衣穿。在饮食方面,收成好的时候全家人可以一天吃三顿米饭;收成差的时候,一家人经常一天只喝两顿粥,而且经常吃不饱。因此李家的农业收成对整个家庭的生活水平具有很大的影响,粮食收成也影响家户的消费水平,所以全家人都很关心农业生产与收成。

（3）灾荒时期精打细算过日子

在特殊时期,家户在粮食消费方面有所差异。1949 年以前,李家有逃荒的经历,当村里遭遇洪涝灾害而产生灾荒,为了生存,子女辈不得不到附近去讨粮食吃。但是当家人李仁和并没有向外借钱或借粮,主要是当家人觉得自家生活已经没有保障,借来的钱将来指不定还得上还不上,其次就是李家认识的同村人都遭遇饥荒,都处于水深火热之中,无处借粮。为了能够生存下去,家长会想尽办法节省粮食开支,只有这样李家的陈粮才能维持全家人将近一年的生计。内当家黄氏让儿媳妇做饭时煮稀饭吃,且多掺水;炒菜的时候多放点盐,这是为了让家里人少吃点菜,而且吃咸一点,再多喝点水,就会有饱腹感,此时全家人经常一天只吃两顿饭。当家人除了在做饭上想法子,还会让家里人挖野菜吃,甚至出去讨饭,在灾荒最严重的年份里,大屋岗村会有富人来接济受灾的农民,但是好心人的帮助只能解决李家十天半个月的口粮,过后还是得靠自己想办法渡过灾难时期。

2.日常食物消费多为自给

李家除了自产粮食,家里也常年喂养猪和鸡,还有自家的菜园,因此肉类、蛋类、蔬菜也不需要购买,基本可以自给。平时全家人的生活状态是"全家人平时吃的都是普茶普饭,不需要经常外出购买,家里也没有那笔富余的钱"。李仁和很少去集市买菜,能减少开支则节省,若是没有蔬菜食用,家里人就去挖野菜吃,过年或者家里有喜事的时候,家长才会买点菜。因为家里的收成时好时坏,家里境况好点的时候,家长会改善全家人的生活,偶尔可以买点豆制品,但条件差的时候,全家人则需要节衣缩食。而日常用品的开支中,仅有买盐是经常性的,很少买糖,只有家里有喜事或有坐月子的妇女,家长才会买点糖。

3.低价购入棉花制成衣物

在李家仅次于粮食消费和食物消费的是衣物消费,家庭的衣物消费形式仍旧是以自制为主。1949年以前,很少有人去集市买现成的衣服,大部分家庭都是自己种植棉花,然后把棉花织成布,最后做成粗布衣服穿。李家全家人的衣服制作是由刘慧慧、黄冬英和黄氏来负责,主要是由内当家人黄氏安排。李家很少种植棉花,主要是因为家里的田地不适宜种棉花,因此李家制衣时需要从外买入棉花。为了减少开支,黄氏每年会在自己娘家购买棉花,然后运回李家,由黄氏和两个儿媳妇将棉花清理好并纺成线,然后织成布。黄氏在留足自己、李仁和以及李双春的制衣布料后,把剩下的布料平均分配给两个小家庭,刘慧慧和黄冬英负责把自己和丈夫以及孩子的衣服做好,至于做成什么样的款式,这是两个儿媳妇的自由,婆婆黄氏不会干涉。

4.祖传房屋满足居住需要

李家的房屋是从父辈那里继承而来,家里房屋的面积刚好够住八口人,因此分家前李仁和没有花钱另外建造或购买房屋。1949年以前,在当地,家长通常会在子女年幼的时候就开始留意家里的房屋是否满足儿子成家的需要,一般会给每个儿子置办一间正房以备结婚时使用,因此如果房屋不够用,当家人会想办法扩建房子,增建一间屋子给儿子。至于女儿就不需要考虑增建房屋,因为女儿长大结婚后会到婆家生活,不需要房子。李家在李行丑和李行林小的时候,当家人李仁和就安排好儿子长大后如何分配房屋,老大李行丑未成婚之前,李仁和与妻子住在老大家的房间,后来老大结婚,两个老人就住在西边的正房,把正房让给儿子和媳妇居住,等老二成家时,老人则住在厢房,西边的正房给李行林和刘慧慧居住。

1949年前在大屋岗村盛行一种风俗,除非是迫不得已,否则是不会租别人家的房子住或者将自己的房屋出租或借住给他人,人们觉得这样做不吉利,外人住进自家的房屋,会把自家房屋的财运和福气带走,家里发不了财。因此即使在李行丑和李行林小的时候,家里房屋有空闲,当家人也不愿意租住或借住给他人。

5.礼来了必须揭锅当

（1）不愿背负人情债

1949年前,大屋岗村是一个民俗和礼节文化氛围浓厚的地方,人情往来成为人们日常生活的一个重要部分。在村里,人情消费是很多家庭的一笔重要开支,而不管这笔开支对于一个家庭来说能否承受,即使是压力,也是"礼来了,揭锅当"。当地人十分讲究面子,对于他们来说,面子比票子还重要,村里人的人情债很重,也不敢背负这笔债。在李家人看来,人情消费是拉近亲朋好友感情距离的重要方式,亲戚和朋友家里有红白喜事时必须送人情,而且礼金送多少也讲究规矩,不送礼金或礼金送少了可能会得罪人。

李家的人情消费主要有过年走亲戚买礼品,亲戚家里有红白喜事随礼金,自己家里有红白喜事时办酒席的开销,以及儿子定亲和娶媳妇时送"过水礼"①等方面。在当家人李仁和看来,人情消费必须要面对,即使家里的收入不能满足人情消费的需要,也要想办法"揭锅当"来维持。

(2)随礼办酒花销大

平时李家没有重要的事情,很少与亲戚、朋友们走动,但是一旦自家或亲戚家有红白喜事的时候,家户与亲戚之间必须走动,而这种"走动"需要很大的开销。比如过年的时候李家与村里左邻右舍、关系好的人家走动拜年,不需要花费钱买礼品,但给亲戚拜年的时候就必须买礼品,否则会被认为不尊重,送礼品也不能随意,适宜最好,礼太轻会显得不重视亲戚,自己也会没面子,礼品太贵重则会让亲戚有心理负担。分家前,李家的人情消费除了过年走亲戚之外,若自家或亲戚家有婚丧嫁娶、生育做寿、建造房屋等喜事的时候,李家还必须与亲戚有人情来往,自家有喜事的时候,家长还会花钱办酒席接客。人情消费在李家总体消费支出中占很大的比例,其中最主要的方面是婚丧嫁娶。李仁和两个儿子结婚时,结婚花费均由父母承担,结婚的开支主要在于送"过水礼"、置办酒席、做新人衣物等,这对李家而言是一笔巨大的开销,开销由家长负责。

(3)礼尚往来的人情关系

1949年前在大屋岗村,无论是贫困还是富有的家庭都有人情消费,人情是人们感情来往的一种重要体现。李家在举办红白喜事的时候,亲戚会到家里随礼金以表示恭贺或悼念,同样亲戚家里有红白喜事,李仁和会送礼金到亲戚家,如果是特别近的亲戚,当家人就会送五元礼金,关系一般的亲戚就会送一元或两元。如果李家自家有红白喜事的时候,亲戚和朋友以同样的礼金数额送给李家当家人,李仁和会把亲戚送来的礼金数额记下来,以后亲戚家有喜事的时候,就会以同样的礼金数额还回去。随礼也有讲究,越重要的亲戚随礼的金额就会多一些,一般的亲戚就会少一些,否则会让别人有心理负担,礼金少不足以表达亲戚之间的情意关系,但是不管哪种情况,随礼金额绝不能少给,这样会使亲戚心里不舒服。

6.重要节日需要祭祀祖先

李家主要的消费支出除去人情消费,其次是每年祭祖需要的花费。在大年三十的时候,当家人李仁和需要买香烛纸蜡来祭祀祖先,全家人吃年夜饭之前,李仁和会烧香烧纸祭拜祖先,祈求祖上可以保佑家里顺利、发财。清明节的时候李仁和会带着子孙给祖先上坟,家长负责花钱买纸买香,在"七月半"②的时候李家会去坟头祭祖,李氏家族有大型祭祖活动的时候,李家也需要出一份钱为祭祀祖先表示家户的心意,另外,黄氏也会在大年初一去庙里烧香拜佛。一年下来,这些祭祀用品累计的开销也不少,但对李家来说祭祀祖先又十分必要。

---

① 过水礼:男女成婚之前,男方必须要拿礼品到未来岳父岳母家里拜访,类似于下聘礼。
② 七月半:即中元节,俗称鬼节,是传统的祭祖节日。

7.欠缺医疗与教育消费

（1）因医疗落后而无法看病

1949年前，大屋岗村是个小村落，村里人口较少且大部分都是普通人家，过着清贫的生活，当地医疗水平落后，人们生病就挖点野草药熬着喝，缓解一下病情。李仁和、李行丑和李行林都患有大肚子病，1949年前这种疾病类似于绝症，村里人说"得了大肚子病就只有坐着等死了"，即使是有钱人家患上大肚子病，也没有治疗的法子，直到1949年以后，人们才知道这是一种血吸虫病。李家三个男性"大肚子病"恶化时，肚子就会绞痛，当地没有看病的地方，也没有懂医术的人，黄冬英和刘慧慧就会挖一些链子树的树根熬成药给他们喝，以缓解疼痛。平时李家有人感冒或受伤，也用土方法来缓解，如果不幸患上大病也只能听天由命。李仁和年老时身体很差，加上大肚子病的折磨，两个儿子赡养老人时，由刘慧慧和黄冬英轮流照顾老人的生活起居，没有地方去看病或治病。因此李家无论是老人还是其他人生病，都是靠一些土方法和草药来缓解，别无他法，不过晚辈必须照顾生病的老人。

（2）分家前家里无人读书

1949年前，大屋岗村经济发展水平落后，村里没有正规的学校，只有几间私塾。在村里，只有大户人家的孩子才有条件在私塾里接受文化教育，而平民百姓家的孩子因家庭条件限制，只能在家接受长辈传授的浅显知识。李家因经济能力有限，家户收入无法负担子女的教育支出，而且李家在生产上缺乏劳动力，所以1949年前李仁和并没有让自己的子女读书，因此李家的消费支出中并不包含教育这一方面。

（三）消费讲究先后次序

1.粮食紧缺时先照顾老幼

分家前，李家每年的粮食收成属于家户所有，因此全家人可以共同食用粮食，收成好的时候，全家人可以按照自己的饭量吃饭，当家人不限制家庭成员吃多少，全家人可以吃得饱足一些，吃饭的时候也不用顾虑其他人是否吃得饱。但是家里收成较差的时候，全家人就要省吃俭用地过日子，经常喝粥、吃野菜，此时食物消费有一定的先后次序，家里人会把饭菜留给老人和小孩吃饱，大人一般会少吃一点。在灾荒时期，家中口粮十分紧缺的时候，大家会把食物让给小孩和老人先吃，等老人和小孩吃饱，刘慧慧和黄冬英她们再吃。家庭的粮食完全不够吃的时候，李行丑家和李行林家四个大人会出去讨饭，把老人和孩子留在家里，讨到食物后就带回家，大家一起分着吃。

2.置办新衣先满足幼童

在李家，衣物消费不是经常性的需求，因为添置新衣裳需要一定的成本和时间，家长不可能每年都会给家里人做新衣服穿，只有收成好的时候，家长才考虑为家庭成员增添新衣。衣物消费中，当家人先考虑给小孩制新衣，条件允许的时候再给大人添置新衣裳。1949年前，每个人的一套衣服会反反复复穿几年，穿破后会缝补好接着穿，有时候棉花不够，当家人就只在过年的时候给孩子置一套新衣裳，大人就将就着穿旧衣服。

3.住房先顾儿子且长子优先

在住房消费中，当地讲究家产传男不传女的规矩，因为家长在分配房屋的时候会先考虑自己的儿子，如果有多余的空房，再考虑给女儿一间房。李家仅有两间正房，因此李仁和把房间全部分给已经结婚的两个儿子，没有给李双春分配房间，李双春只能与家长挤住在一起。

在当地,人们把房屋分给儿子的过程中讲究"长子为大""尚左为尊"的规矩。李仁和有两个儿子,老大李行丑家住在东边宽敞一些的正房,老二李行林住在西边稍微小一点的正房,两个老人住在正房前面的厢房。关于住房的安排由外当家李仁和作主安排。李行林觉得李行丑辈分比他大,老大家住大一些的房间是应该的,而且村里都是这样的规矩,因此老二家心里也没有怨言。李家人口不多,房屋也够住,因此不存在借住和租房子的情况。

4.丧事重于喜事

在人情消费中,办酒席和送礼金都是由家长李仁和安排和做主,家里其他成员都听从当家人的决定。李仁和与黄氏治家多年,积累了一定的经验,李行丑和李行林对这些事情还不是很懂,因此也不会有异议。在人情消费过程中,送礼的金额由两个当家人商量决定,老人会按照当地的传统习俗送礼。1949年前,李家在红白喜事的实际消费过程中,白喜事消费最为重要,其次是红喜事,分家前李家并没有操办白喜事,但是按照当地的风俗,白喜事一定要操办。在大屋岗村,无论怎么贫寒的家庭也会置办葬礼,葬礼可以举办得简单一些,但是必须要置办,这是对逝者的尊重。另外,家户置办葬礼必须讲究当地的规矩和习俗,否则就是不孝子孙,而且会遭人议论。而红喜事则可以根据农户的家庭条件来操办,家庭经济条件允许则可以置办得热闹些,条件较差可以简单操办甚至不办。

5.男性优先接受教育

1949年以前,李家并没有家庭成员去私塾读书,造成家户教育消费欠缺的原因有:一是家庭条件不允许;二是家里劳动力不足;三是李家当家人李仁和并不重视子女的教育,觉得让子女老老实实种田即可。不过在大屋岗村,条件好点的中、大户家庭会让自己的孩子去村里的私塾读书,但不会让家里每个孩子都去读书,这样做会使家里劳动力减少,而且家中也供不起学费。家庭条件较好的家户一般会让有读书天分或者身体素质较差的儿子读书,而且是提倡先让男孩接受教育,女孩不需要接受教育。

(四)家户自主承担消费开支

李家的各种消费中无论是自给还是需要花钱置办,都是由李家本家户自主承担。家户消费是家户内部的事情,外人无法干涉,因此宗族、村庄不会负担李家的各种消费和开支,但是在李氏宗族举办祭祖活动的时候,家族的长辈会介入家户消费的过程中,长辈会通知李家出一份钱。除此之外,家里的食物消费、衣物消费、住房消费、人情消费以及红白喜事消费等日常生活消费都是由家户自己来承担。在经历洪涝灾害的困难时期,附近村里会有好心的大户人家的村民来村里接济灾民,李家可以从他们手里领一二十斤粮食,但这并不能使全家人度过漫长的灾荒期,之后的家户消费负担仍旧是自家承担。

(五)各类消费家长拿主意

分家前,李家在日常生活中的各项收入与开支都是由当家人负责管理,家庭的钱财在家长的手里,平日里各种消费支出也是老人拿主意,其他人不会过问这些事情,一般情况下老人说什么晚辈照着去做即可。

在粮食与食物消费方面,全家人每顿吃什么、吃多少由内当家黄氏来安排,黄氏会告诉当天负责做饭的媳妇需要做的事,然后儿媳妇会遵照黄氏的吩咐来做。李家的家务事常年都是黄氏当家做主,女性做事会精打细算,内当家黄氏在家里也比较能干,平时钱都花在刀刃上,家里人都很满意,因此外当家李仁和也不会干涉家务事,都按照黄氏的意思来。关于家里粮食怎么吃、吃多少是家户内部事务,由当家人决定,外人无法干预,因此不需要告知街坊邻居、家族和保甲长,如果黄氏不在家,就由李仁和负责安排家里的食物消费。不过李家每年计划种植什么庄稼,以及种植多少粮食才能满足全家人的食物消费等大事则由外当家李仁和决定。家里需要购置油盐等生活用品时,是当家人李仁和去集市购买,而置办柴火的事情则由李行丑和李行林去村庄附近砍树。

在衣物消费方面,内当家黄氏除了负责安排做饭之事,还要负责安排衣物消费,纺线、织布、做衣服是女性做的事情,男性对这些不懂也不擅长做,因此由内当家黄氏来主导,两个儿媳妇也参与进去,黄氏会吩咐刘慧慧和黄冬英各自负责的事情,然后妯娌两人一起合力完成。

在人情消费的过程中,置办酒席、随礼、请客吃饭等事情都是由当家人李仁和来安排,两个老人不会与家里其他人商量,老人自己有经验而且心里也有数,家里其他人也不会提意见,都听从老人的安排。家户消费是以家户为单元的事情,外人无法干涉,自家人也无法干预他家的消费,因此在李家,无论大小何种消费都是自家的事情,都是由李仁和或黄氏作主。

五、家户借贷

李家在 1949 年之前,当家人李仁和没有向别人借过钱,家里也没有把钱外借给别人。李家收成不好的时候,全家人就省吃俭用,过简朴的日子,家里收成好的时候,李家的日子就宽裕一点。当家人管理钱财,平时家庭消费会尽量保持收支平衡,尽量不去借钱。大屋岗村的大部分家庭经济条件都差不多,如果遇到收成不好的时候,村里的其他家户也会遭遇同样的困境,村民之间借钱就会比较困难,因此李家生活困难的时候也并没向外人借钱。另外,在当家人看来借钱会有心理负担,所以李仁和也不允许家里其他人以个人的名义在外面借钱。

虽然李家没有借贷的情况,但是大屋岗村其他家庭却有借贷的情况。有的家庭经济实在困难,无法满足基本生活需求,当家人会向家庭条件稍好一点的亲戚家借钱,借钱时由当家人出面去借,以整个家庭的名义去借,并且以整个家庭作为负债主体,借来的钱财由当家人保管,也用于全家人身上,还债的时候也是当家人从家庭财产里面拿钱去还。

1949 年以前,大屋岗村的村民借钱时都是找亲戚或关系好的家庭借,因此不需要给利息,借钱的时候会交代清楚还钱日期,也会根据借主的要求写下字据。借钱的人会在规定的日期内还清,如果不能如期还钱,借钱者所在家庭的当家人会出面解释并请求宽限,借主如果不急需这笔钱,会同意宽限还钱的日期。大屋岗村发生过贩卖孩子还债的事情,村里有户赵姓人家,因为丈夫十分爱赌博,因此欠下很多债,后来债主找他要债,但是无力归还,便把自己的女儿卖给债主抵债。在当地,如果一个家庭父亲借债而无法偿还的时候,债主会找其儿子或妻子偿还,若一个家庭的家长去世,债务自然过渡到新的当家人身上。如果分家,老人之前欠下的债务则由儿子来偿还,而兄弟的债务由其自己所在的家庭偿还,其他兄弟没有义务去承担这个责任。

六、家户交换

1949 年以前,李家在与外界进行交换时,是以整个大家庭为单位进行对外交换,外当家人李仁和作为李家的代表是交换主体。交换时以集市为交换场所,具体的交换过程由当家人李仁和来完成,李家的其他家庭成员不能代表李仁和去完成家户交换活动,经当家人的同意和委托,其他成员才可以参与到交换活动中。除了有正规的集市作为交换场所,大屋岗村偶尔还有流动商贩来村里兜转,李家有需要的时候,当家人也会与流动商贩发生交换关系。

(一)以大家庭为交换单位

李家进行交换时是以家庭为单位进行交换,由当家人李仁和安排、作主。李家进行日常生活用品交换的时候,如当家人李仁和去集市购买生活用品或者用粮食交换其他所需物品时,不需要与家庭其他成员商量。家户交换也是家户的内部事务,所以李仁和无须告知邻居、家族和保甲长。总而言之,整个家庭交换是以家户为单位,由家长支配,外人无法参与和干预。

李家内部有两个小家庭,分别是老大家和老二家,家里的钱财和粮食归当家人李仁和与黄氏管理,其他人不能支配家里的钱财。因为没有独立的经济能力,所以小家庭一般情况下不能用大家庭的财产来展开经济交换活动。不过,小家庭可以用自己的零花钱自主购买自家所需的物品,也仅仅只有这个方面,当家人不会去干涉。1949年前,大屋岗村有时会有流动商贩来卖瓜果等东西,李家若是有人想吃,可以请示当家人李仁和,经过当家人同意后,其他人可以去粮囤里拿谷物去交换;如果当家人李仁和不在家,则由内当家黄氏做主。

李家很少有个人单独展开经济交换活动的情况,大人们每天都在忙,从早到晚闲不住,家里的钱财又由当家人李仁和与黄氏掌管,其他人手里几乎没有钱。而且李家全家人只盼望粮食能有个好收成,过上吃饱穿暖的安稳日子就行,基本上不需要随意消费其他东西。

(二)家长主导交换

李家平时购置日常生活用品由当家人李仁和做主,有时候家里的油盐用完,黄氏会让李仁和去村庄的小商铺或集市购买,所需的钱财是全家人劳动所得,属于共同财产。有时候当家人李仁和不在家,黄氏会吩咐老大李行丑去跑一趟集市,把购买东西的钱和需要买的东西交代清楚,然后让李行丑去买,李行丑会有意记着花费多少钱、买来多少东西,回家的时候会与当家人交代清楚钱的去处,并把剩下的钱还给当家人。平时家庭成员若未经当家人的委托和同意,则无法擅自进行经济交换活动,因为家里的钱财在当家人的手里,其余成员手头没有钱。在李家,当家人李仁和是经济交换的主体,其他家庭成员一般不会参与经济交换,有时候李家需要购买的物品较多的时候或者需要去集市打米的时候,家里老大和老二可以跟着家长一起去集市。

(三)在集市和商铺进行交换

1.基本生活用品在小商铺买

李家需要买盐、蜡烛等基本生活用品的时候,就去村里的小商铺购买,不需要出远门,因为大屋岗村比较小,没有设置集市。大屋岗村附近只有三店[①]有集市,三店附近村子的人都去那里赶集,集市离大屋岗村有十几里路。李家需要购买生活用品时,李仁和会先划船到对岸,然后步行到三店集市购置所需用品。

2.赶集要趁早趁"热"

过年的时候集市上没有冷热季之分,平时集市上有冷季和热季之分,集市只有热季开

---

① 三店:地名,1949年前大屋岗村附近的集镇。

放,人们赶集会趁早、趁热季去购物。在当地,村民会按照日子单双号去赶集,冷季的时候没人去赶集。李家需要赶集的时候,当家人李仁和会一大早赶路去集市,从家里到集市上,一去一回大概要花大半天的时间。过年的时候,李仁和还会去汉口置办年货,汉口的大集市离大屋岗更远,有几十里路,李仁和一般是一大早就去赶集,到傍晚才回来。集市上商品的价格都差不多,李仁和会考虑需要购置的物品,如果是生活用品就在村里附近的小商店购买,这样比较方便,平时李仁和也没闲工夫去村外的集市。如果李家有喜事或者重要的客人,当家人李仁和会去三店集市买菜,过年的时候,老人才去汉口那边的大集市。大集市商品比较齐全,也比较热闹,不过李家一年才去一次。李仁和赶集的时候,家里其他人没事可以跟着一起去集市看一看、逛一逛,不过平时家里的大人很忙,所以李仁和一般会带着李双春去集市,过年置办年货的时候,刘慧慧和黄冬英也会跟随李仁和去集市上看热闹。

3.外人进村收购粮食

1949 年前,大屋岗村没有粮行,但是秋收后,会有外村人专门进村收购粮食,李家粮食收成好的时候,当家人李仁和会卖一点粮食,卖粮食时由他与收购粮食的人打交道,卖粮食时需要把粮食运到收购人那里去,李仁和与黄氏年纪大了挑不动,而老大李行丑和老二李行林又有疾病在身,身体素质较差,因此就由刘慧慧和黄冬英把粮食挑过去卖,粮食买卖的价格则由当家人李仁和与收购粮食的人进行商议,人们买卖粮食不是用秤为计量单位,而是以升和担为单位计算。

4.用谷物与流动商贩交换

大屋岗村偶尔会有流动商贩过来,李家收成不错的年景,家里有需要的时候会与流动商贩打交道。当村里来个卖瓜的小商贩,正好来到李家家门口,家里如果有人想吃,就会找两位家长说一声,经过老人的同意后,可以拿家里的粮食去换瓜。用粮食交换自己需要的东西,是按照升为单位进行,差不多每个家里都有"升子"①。平时李家做饭或者有需要粮食置换的时候,会用升子装麦子或稻谷,然后与商贩商量一升米交换多少其他东西。在李家,没有经过当家人的同意,家里其他成员不能擅自拿家里的粮食与商贩进行交换。

(四)家长的交换经验

1.货比三家不吃亏

当家人李仁和在集市买东西的时候,会多看几家商家,对比一下商品的质量和价钱,再决定是否购买,以免自己吃亏上当。李仁和也是从熟人当中选择交换对象,这样做的原因是熟人信得过,不会短斤缺两。因此李仁和去集市交换或买东西的时候,会首先考虑去熟人那里,这些事情都是由当家人来完成,其他人没有经过当家人的委托,不能擅自进行经济交换活动。

2.利用经纪进行交易

在大屋岗村,当地有专门从事经纪职业的人,经纪是买家和卖家的中间介绍人,两家发生经济交换活动的时候,由经纪两边跑,传达双方的交易信息。一般是卖家想要卖东西的时候会联系经纪,让经纪帮忙找个买家,然后双方商谈价钱。比如李家李仁和卖牛的时候,有时

---

① 升子:一种计量单位的器具,一斗等于 10 升,一升米约为 5 斤。

找不到买家接手,李仁和就会找村里的"牛经纪"①,让牛经纪帮忙找个合适的的买家,交易成功后,买卖双方会给经纪一点粮食或钱作为回报。李家老母牛生产的小牛,就是李仁和出面卖给有需要的人家,一般是村庄的集市上会有中间介绍人,李仁和需要卖牛的时候会到集市上找牛经纪沟通,通过牛经纪介绍买家,然后买家和卖家见面商议价格,处理交易,交易完成后,买方和卖方需要给牛经纪一点报酬,他们自己称为"酒钱",老百姓称为"中钱"②。

3.买卖双方重视信誉

1949 年以前,在大屋岗村做生意的商贩很讲究信用,这些商贩长期在集市上做生意,因此不会缺斤少两以影响生意。李仁和经常到熟人那里买东西,彼此信得过,因此不会过秤、过斗,李仁和相信他们的为人。有时候李仁和去村里的商铺买东西时忘记带钱,商铺的老板会把东西赊给他,允许下次再补钱,因为彼此是熟人关系,所以赊账时只要口头上说一下即可,不需要写收据。李家除去当家人李仁和与黄氏,其他人不可以在未经当家人允许的前提下到商铺或流动商贩那里赊账。

---

① 牛经纪:与"经纪"性质相近,在牛集市上的买卖双方的中间介绍人,为促成他人的交易活动而周旋在牛主和牛客之间,交易完成之后向买卖双方收取一定佣金的商人。

② 中钱:给牛经纪的劳务费用。

第三章　家户社会制度

1949年以前,李家顺利进行着家户的婚配、生育、分家与继承、家户赡养等过程,为使得整个大家庭可以更好地存续和发展,当家人在治理家庭的时候,会主导、支配这些家庭活动,尤其是婚配、生育和分家方面。为延续香火,李仁和包办子女婚姻;为传宗接代,老人会干涉小家庭的生育过程;为使整个家庭更好地发展,李仁和会决定分家等,这些做法都是为了使家户得以存续和繁荣。除此之外,李家内部也存在复杂的亲缘关系,如父子、夫妻、婆媳、妯娌、兄弟等,在这些关系中李仁和处于主导地位,其他成员都听从当家人的安排。另外,李仁和也会与邻里、亲戚和地邻来往,其他成员并不能代替家长与外人打交道,在打交道的过程中,李家与外人是平等的关系,很少会发生争执。

一、家户婚配

李家在未分家之前,家中只有李双春和李顺华两个孩子未婚,大多数成员都已成亲,李仁和的子女都是在适婚的年龄成家,因此家里没有人打光棍。1949年之前,李仁和的子女是通过"摇窝亲①"确定婚配对象的;婚姻原则讲究长幼有序,父母做主,媒人介绍,不允许婚姻自由,男女双方结婚的目的是为了传宗接代;在婚配过程中,李行丑和李行林的婚姻是当家人作主和安排,讲究父母包办,兄弟花费平均。另外,在大屋岗村,存在一些婚纳妾、童养媳和过继等现象。

(一)家户婚姻基本情况

在李家,子女出生之后,家里的长辈会在媒婆的介绍下给子女定"摇窝亲",家庭成员到了适婚年龄,父母就会安排子女的婚姻大事。家庭中的成员结婚年龄讲究长幼有序,但也允许特殊情况下晚辈可以先结婚。在1949年前,大屋岗村也存在一定的婚姻规矩,即婚姻大事讲究门当户对,父母之命,媒妁之言。而且在当地,同姓人家不允许通婚,男女不能自由恋爱,禁止未婚先孕。

1.子女辈正常嫁娶

1949年时李家共有三对夫妻,分别是李仁和与黄氏、李行丑与黄冬英以及李行林与刘慧慧,其中身为子女辈的李行林和李行丑都是在正常的年龄结婚。家户的婚配范围都是在大屋岗村附近,黄氏和黄冬英的娘家都在柏泉,柏泉距离大屋岗约上十里路,老二的媳妇刘慧慧来自丁家咀村,距离大屋岗有八里路。1949年以前,李双春和李顺华因年纪尚小而未婚,李家没有单身汉,家中的子女到一定年龄都会先后成婚。李行丑和李行林都是到老年因病去

---

① 摇窝亲:即男女在婴儿时期定下的娃娃亲,将来会按照亲事约定成婚。

世,所以刘慧慧和黄冬英都没有守寡。1949年以前,由于男女没有自由婚配的权利,女子嫁鸡随鸡,嫁狗随狗,嫁到哑巴也只能认栽,老实过日子,因此李家两兄弟也无离婚情况。当地允许同村的人结婚,但同姓人绝不允许通婚。

2.父母之命与媒妁之言

1949年前,大屋岗村的婚姻大多是父母包办,靠媒妁之言撮合而成。其中一种是两家不同姓氏的人家经过媒人介绍,在互相了解双方家庭情况后,彼此觉得门当户对,两家儿女年纪相仿,媒人便主动上门撮合成对。另一种是经父母约定,一般男女双方的家庭是亲戚关系或者关系比较好,双方父母会约定子女的婚姻,而且在当地姑表和姨表亲戚也允许结婚,双方家庭追求亲上加亲,便约定结为亲家。李仁和与黄氏是经媒人介绍定下的亲事,定亲时双方对彼此的家庭条件、身体状况、长相和年龄并不完全了解,而刘慧慧和李行林是在媒人的介绍下,双方家长向媒人打听一些情况后定的"摇窝亲"。刘慧慧18岁嫁到李家,家里条件还算不错,而且人口不是很多,一般不缺粮食。不幸的是,刘慧慧嫁过来后才知道丈夫李行林患有血吸虫病,而且家庭劳动力不足,生产方面有一定压力,不过刘氏最终也选择随遇而安,踏实过日子。

3.讲究门当户对

在当地,婚配一般讲究门当户对,要求女方能够生育,没有其他标准,有些男方家庭比较愿意找个年纪大一点的姑娘,这样嫁过来后就不用担心女方不会做事。而大户人家除去讲究门当户对之外,男方还要看女方的生育能力、长相、品德等条件。1949年以前,不管是大户人家还是小户人家,男女结婚的目的都是传宗接代、传递香火。尤其是男性有成家立业的责任,结婚生子的行为是对长辈行孝,没有拒绝的权利,结婚是为了家庭而不是自己。

李家是中户人家,由于李家两兄弟是定的娃娃亲,定亲后就一定不能再反悔,因此对男女双方的年龄、长相和脾性没什么要求,但是在定娃娃亲的过程中,双方父母也是选择门当户对的家庭作为亲家,因此定亲双方的家庭经济条件差不多。定亲后,男方每年逢年过节会去女方家里拜访,在这个过程中双方父母也会考察男女双方的基本情况,因此一般不会担心男女双方的条件。

4.禁止自由恋爱

在大屋岗村,男女双方绝不允许自由恋爱。如果有男女自由谈恋爱,本家人发现后会按照家规惩罚,自家门的各长辈会把他(她)带进祠堂训话,让他(她)跪在祖宗面前认错、忏悔并表态说明自己不再继续交往,如果当事人不知忏悔或认错,家族的长辈会对当事人采取惩罚措施,如鞭打、用铁烙等。大户家庭的家规和族规更加严格,大户人家是在当地有头有脸的人物,为了避免家丑,婚配十分讲究门当户对,因此也不允许子女自由恋爱。在李家,无论是李仁和这一辈还是他的儿女,家庭成员的婚姻都是父母长辈作主安排,子辈都听话,服从长辈安排的婚配,没有反对和悔婚的情况发生。

5.老二因染疾病而提早结婚

李行丑和李行林两兄弟结婚年龄有早有晚,老大李行丑是25岁结婚,老二李行林是19岁结婚,李行林结婚较早有一定原因。因李行丑和李行林经常到附近河里下水打鱼,而不幸传染上"大肚子病",1949年以前,农村没有发达的医术和治病的药材,患上大肚子病基本上无药可医。当家人李仁和与黄氏担心患病的李行林无后,又因老大老二都有病在身,劳动能力较差,老大的媳妇黄冬英既要做农活又要照顾自己的孩子,农忙时全家人忙不过来,家里急缺劳动力,于是当家人让老二在 19 岁的时候就迎娶刘氏进门,刘氏嫁进李家,对李家来说既增添一个健全的劳动力,而且可以为李家早点传宗接代。

(二)婚前准备

1949 年以前的大屋岗村,男女双方正式结婚之前,双方家庭会做好准备。在婚配过程中,父母和媒人起着不可或缺的作用,一般男女双方都是在媒人的介绍下,使双方家庭熟悉之后,经父母同意确定亲家关系,并定下这门亲事,然后在黄道吉日那天,男方会拿着"过水礼"去女方家里求亲。在当地,男女双方成亲,没有具体条件,门当户对就行,女方必须有生育能力,因为男女婚配最主要的目的是绵延后代。

1.双方父母约定"摇窝亲"

1949 年前,李家儿子娶媳妇的大事是由当家人李仁和与内当家黄氏作主。老人未等到儿子适龄时候再给他找婚配对象,而是在老大和老二还是婴儿的时候就经媒人介绍定下"摇窝亲",替他们选好未来的媳妇,一旦定完亲,子女的终身大事便确定下来,他们没有权利反对,等到年龄适合男方就会娶回已经定亲的姑娘。在李家,李行丑和李行林兄弟两人都是经媒人介绍定的"摇窝亲",兄弟两人的婚姻都是父母做主。婚配是李家家内的事情,当家人没有告知或请示四邻、家族和保甲长,在李家,无论家里有几代长辈,婚姻也是由本人父亲和母亲作主,其他长辈也只是提意见,决定权在本人父母手中。

2.媒婆撮合亲事

1949 年前,大屋岗附近的村庄中,村民的婚姻大部分也都是经媒人介绍、父母做主来完成婚配。在婚配过程中,媒人特别受欢迎,因为能说会道,当地人把媒人叫"媒婆",意思是媒婆经常吹牛,为了把一桩婚姻撮合成功,经常夸大事实,隐瞒男女双方的缺陷,而哄夸双方的家庭条件,直到双方家庭答应定下亲事。媒婆除了介绍"摇窝亲",还会给村里有需要的人家介绍婚姻对象,村里有寡妇要改嫁或者有单身汉想找老婆,都会找媒婆帮忙找姻缘,媒婆为了撮合婚姻,经常会哄骗双方,直到把姑娘哄到上花轿为止。

3.定亲之后亲家要走动

在男女两家有婚约之后,还要找算命先生挑选黄道吉日,一旦这门亲事约定好之后,男方会找媒人操办一个简单的定亲仪式。不管是父母约定还是媒妁之言,定亲都要置办一个仪式,这个仪式有两个步骤:第一步是成实,男方要买点布料和红糖,用红纸包上,跟媒人一起到女方家送礼,表示这门亲事已经确定下来;第二步是过茶,由媒人选一个吉日,男方和媒人一起用篓子提着聘礼到女方家去,女方则要请自家门的亲戚一起吃饭,表示对外公布这门亲事已经确定下来。

在当地,男女双方定亲的年龄没有限制,可以是没出生的胎儿,也可以是睡在摇篮里的婴儿,或者是已到适婚年龄的少年,定亲的对象一般是附近村庄的人。经媒人介绍定亲以后,男女双方便不能反悔,两家就结为亲家,定亲后彼此会有来往和走动,双方家庭有红白大喜事时,两家都要相互送人情,特别是男方向女方送礼的过程不能少,逢年过节男方还要到女方家拜年,女方不能到男方家去,女方直到适当的年龄才能嫁到男方家。

4.男方求亲需带"过水礼"

在大屋岗村,男女双方正式结婚前,男方需要带聘礼去女方家求亲,李行林和李行丑求亲时,当家人李仁和给两家亲家的聘礼相同,下聘礼用当地话叫作"过水礼"。李行林和刘慧慧定亲时,李仁和带着八斤鱼、八斤肉,还有一些糖和酒去刘家。而在当地,大户人家求亲时,场面就比较阔气,家长一般会用车托运聘礼去女方家里,聘礼有八包酥糖、四包金果①,还有瓜子、鱼肉、酒等。而女方在婚前需要准备嫁妆,姑娘的娘家会准备新衣裳、棉被、衣柜、新脸盆、梳妆柜等物品,在结婚当天随新娘子一起带入婆家。

具体置办哪些"过水礼"和嫁妆是根据家户经济条件来决定,由于家户自身经济条件不同,大户人家和小户人家在聘礼的置办上也会有明显的不同。村里大户人家的子女结婚时的聘礼和嫁妆就会丰富多样,贫寒人家置办得相对简单一些,一般是新棉被和几斗粮食。

(三)婚配过程

在具体的婚配过程中,李家李仁和的两个儿子结婚时,婚宴的开支是由父母承担,当家人李仁和对两个儿子公平公正,不偏不倚,两人婚宴的花费是一样的。在婚配过程中,是由当家人李仁和作主决定,其他人都听从家长的安排,没有出现反对的情况。在李家,家庭成员结婚有一定的长幼顺序,但是在特殊情况下,可以让年幼者先结婚。

1.家长亲自下请帖报喜

在大屋岗村,人们婚配的具体过程中,当家人一般会请自家门有文化或有经验的人来帮忙写请帖、安排酒席座位和计算酒水。李仁和的两个儿子结婚时,当家人李仁和没有请自家门的人帮忙做这些,老人对这些事比较熟悉,自己能做,因此两个儿子的结婚计划方案和请帖都是李仁和自己完成,结婚请帖是李仁和来写并署上他的名字,结婚当天,客人太多时李家会请自家门的人帮忙。因为李家只有两兄弟,男性不多,所以当家人不在的情况下,一般是内当家黄氏和长子李行丑来安排这些事。家里其他人一般都会服从当家人的安排,晚辈不会提意见,即使有错误也是当家人的长辈或同辈人提出来。

2.原则上长幼有序

李行丑这一辈有兄弟两人,李行丑比李行林大7岁,理所当然就是老大先结婚,老二后结婚,子女等到一定年龄,父母就会考虑婚姻大事。李家因李仁和的两个儿子身患疾病,所以在子女婚姻安排上,老二结婚比较早,老大结婚的年纪却要稍微晚一些。

1949年前,家庭成员结婚是按照长幼顺序先后结婚,原则上长辈先结,晚辈后结,长子在先,次子后之,一般情况下,结婚的长幼次序意识较为明显。但在实际中会经常出现一些例外,大屋岗村的人们结婚年纪讲究缘分,姻缘早到者就会先结婚,缘分来迟者就会晚点结婚,不管是老大还是老幺,谁的缘分先到,媒人就先给谁说亲。如果老大已到适婚年龄却一直都讨不到媳妇,老二等到适婚年龄时就会先结婚,这只是特殊情况,一般原则上还是长子先结婚。

3.依据家庭条件置办酒席

在大屋岗村,男女双方结婚的酒席规模根据男方家的经济条件来办,有钱的人家就会置办得热闹一些,贫寒的家庭就会置办得简单一些。结婚前几天男方当家人会下请帖通知亲戚朋友,并计划好要置办几桌酒席,结婚当天自家门的人和邻居都会过来帮忙。李行丑和李行林两兄弟结婚是自己家负责,没有雇请帮工,李家也没这个经济能力。李仁和对李行丑和李

---

① 金果:糖制的面食甜品。

行林都是一样看待,结婚时老大和老二的聘礼和酒席等方面的花费也是一样,这样做的原因是避免两兄弟产生矛盾。

刘慧慧和李行林结婚时,置办的酒席是每桌共六个菜,具体是五菜一汤。李行林接新媳妇刘慧慧回来时,没有用车马和花轿,刘慧慧是自己步行到李家,而在当地,大户人家迎亲时会用马车,条件稍微好些的人家会请轿夫来抬轿子。在婚宴酒席置办的时长方面,有钱人家会办三天左右,普通人家一般就热闹一天。在大屋岗村,嫁女儿也有一定的风俗习惯,当地讲究来单去双,寓意忠心耿耿与成双成对。入新房时,客人进门需要为新人燃放鞭炮,以示红火热闹。

(四)其他婚配形式

1.大户人家找"小老婆"

(1)男性主要因贪图美色而纳妾

李家李仁和的子女不多,又是普通人家,李仁和一直和妻子黄氏打理家庭,没有纳妾,他的两个儿子也没有纳妾。纳妾在当地叫找"小老婆",有一些家庭的男性纳妾,主要原因是男性花心且贪图美色,有些是嫌弃自己的原配妻子年纪大或长得不好看,也有一些家庭纳妾的原因是自己的原配妻子没有生育能力,为了传宗接代,传递血脉,在家里条件允许的情况下,会找一个生育能力强的女性当小老婆。

(2)部分大户为了传宗接代

大户人家纳妾还有另一种情况,即男性与自己的原配妻子无法生孩子、不能延续家族的香火时,为了家庭着想,会考虑替他纳妾,找一个能生育的女性,这时原配妻子一般没有反对的权利。无论哪种情况纳妾,只要不触犯族法,不与村里人起冲突,就不需要请示家族长和保长,这是家庭内部的事情,外人无法干涉。

(3)男性找"小老婆"的标准

当地一般是大户人家,比如大富商才会纳妾,他们倾向于找长相好、未婚的姑娘,无论家境好坏。有钱人家想纳妾,一般不会找富人家的闺女,因为富人家的闺女也不会委屈自己的女儿。若大户人家因传宗接代的缘故纳妾,找"小老婆"的时候一般倾向于找生育能力好、家境清白、长相较好的未婚女子,通常会找小户人家的姑娘。

(4)纳妾形式:一般简单进门,无婚宴典礼

如果大户人家的男性是出于贪图美色想纳妾,由男性自己提出来,然后找当家人和自己的父亲商议,经长辈同意后就可以纳妾,这时候家里人会劝说原配妻子同意。若是因为妻子没有生育能力,无须与妻子商量,当家人会主动要求儿子纳妾,绵延子嗣。

1949年以前,大屋岗村便有一户大户人家纳妾,当家人没有写契约,因为女方是出生于小户家庭,家里孩子较多又养不起她,正好有个大户人家男方原配无法生育,就把她纳为妾,以便传宗接代,男方并没有给女方家里粮食和钱,连婚礼都没有置办,就是以燃放鞭炮的方式把她娶进门。村里很少有纳妾的时候举办典礼的情形,因为他们认为这并不是很光彩的事情,怕被人说闲话,所以只能一切从简,只有特别富裕的大户人家才会置办典礼。

2.贫弱家户送"小媳妇"

(1)女方家庭送童养媳的两种情况

李家没有养童养媳,李仁和两个儿子的婚姻是定的"摇窝亲",他们长到一定年龄就会结

婚,然后老实本分过日子,所以家里没有童养媳。1949 年以前,在大屋岗及周边村里,很多家庭养童养媳,童养媳在当地叫"小媳妇"。童养媳出身贫寒,小户人家孩子太多尤其是女孩多,养育困难时就会考虑送给有需要的家庭当童养媳。大屋岗村也有这样的情况,女方与男方定了"摇窝亲",但由于女方家里过于贫穷,养不起孩子,就会在女孩还未成年的时候送到男方家中当童养媳。

(2)男方家庭招童养媳的原因

村里的童养媳一般是 10 岁左右,年纪最小的是四五岁,娶童养媳不需要告知保长、族长,这事由当事人的双方家长说了算,一般是条件不好的家庭才会以养童养媳的方式讨老婆,女方娘家也是因为贫穷才会把女儿送去当小媳妇。在当地,有的家庭因为过于贫穷,养不起女儿就会送去有需要的人家当童养媳,男方找童养媳的原因也有两种:一是有的家庭没有生育能力,就需要买个童养媳以后好生孩子;二是娶童养媳不仅花费成本小而且可以充当劳动力。而对于童养媳的娘家来说是减轻家庭负担,某些条件差的家庭娶童养媳并没有给女方父母送粮食,条件好些的男方家庭会适当给女方娘家一点粮食和两件衣服。总之,不管是送童养媳还是招童养媳,一般都是发生在小户贫穷人家。

(3)童养媳的悲苦命运

1949 年以前,条件差的家庭也会找童养媳,童养媳来到男方家里实际是充当劳动力,童养媳命苦,年纪虽小,但是插秧、割谷、割草、放牛、洗衣做饭等事情都要做,地位也很低。男方家庭条件稍好些还勉强可以解决温饱问题,经济条件较差的家庭,小媳妇连睡觉的地方都没有,也吃不饱,男方家庭把童养媳养到 18 岁左右就结婚圆房。

1949 年前,大屋岗村有户人家买来一个小媳妇,后来发现买回来的媳妇没有生育能力,就把这个童养媳赶出家门,但是此时娘家也回不去,就只有到处流浪。虽然也有心善的家庭会善待童养媳,保障童养媳的基本温饱,但大部分童养媳因为家境不好,没有地位可言,会经常受到虐待。当地有个故事就是关于命苦的小媳妇:有个穷人家的女儿被卖到一户有钱人家当小媳妇,男方经常虐待她,有一天看不惯她,就在一碗油盐饭里下毒药,当小媳妇纺完线跟他说自己饿了,男方便把下毒的饭端给她吃,小媳妇断气后,男方把尸体放在家里的坛子里面藏着,后来命苦的小媳妇化成一只鸟雀,经常"咕咕苦"的鸣叫,意思是倾诉自己过得苦。这则寓言故事形象地表达了 1949 年以前童养媳的命运之苦。

3.因年轻丧夫而改嫁

李家没有女性改嫁,家里几个媳妇嫁过来之后都是规规矩矩的在婆家生活。在大屋岗村,女性改嫁一般是因为丈夫去世得早,而自己还年轻,一个人承担不了抚养孩子的重担就会选择改嫁。女性通过媒婆介绍,经双方同意就会再嫁,一般来说,改嫁的男方条件也是丧偶或者离异等,女方可能带着自己的孩子嫁过去,同时男方可能也有自己的子女,一起重新组合新家庭,女性改嫁一般不会比第一次嫁得好。村里年轻的妇女在丈夫去世后,很少人愿意吃苦守寡,一般会选择离开婆家,或是回娘家,或是改嫁,婆家人觉得这也是人之常情,一般不会阻止媳妇的选择。但是选择改嫁的妇女不能拥有原来家庭的财产继承权,留在夫家的孩子可以继承财产,而且改嫁后,女方与原来的家庭不会再有联系。

关于改嫁,1949 年前村里有一户陈姓人家,妻子吴氏因丈夫去世而改嫁。吴氏丈夫去世的时候,家里还有三个孩子,一个 10 岁的大儿子,老二是 8 岁的女儿,另一个是 6 岁的儿子,吴氏无法接受丈夫去世的事实,并且觉得自己无法养活女儿和儿子,无奈之下,就将自己的女儿送去地主家当长工。因吴氏的弟媳尚未生育孩子,于是吴氏把自己的大儿子送给弟媳当养子,然后把小儿子带在身边并改嫁。吴氏带着小儿子嫁给一个姓潘的男性,后来给潘家生下一个儿子,潘家对吴氏带来的儿子心有芥蒂,觉得不是自家的血肉,于是经常打骂他,有一天因他做错事,吴氏的丈夫直接把他打死。而吴氏的大儿子命运也很悲惨,吴氏的弟媳尖酸刻薄,不待见吴氏的大儿子,经常使唤他放牛、烧火、做饭。有一天下着大雨,吴氏的大儿子放完牛回来,婶婶让他烧火做饭,可是灶房里的火就是不着,婶婶看到后十分气愤,就用劈好的柴火棒子打他,并让他滚出家里,他一边哭着一边往家门外跑,正好跑到家门口的时候,天在打雷,吴氏的大儿子正好被雷劈死。后来算命先生说吴氏的大儿子上辈子做错事,有罪过,因此这辈子菩萨不会放过他,所以才会被雷劈死。当吴氏知道自己两个儿子相继悲惨地死去,她觉得自己对不起两个孩子,但是也并不敢回到原来的婆家去看自己的孩子,害怕回去后陈家的亲戚会责骂她。

在土地改革运动时期,当地都在批斗地主,地主的地位下降,吴氏才想着把女儿从地主家里讨回来,至此吴氏的女儿已经在地主家做了七八年的长工,平日里,大小家务事都要帮地主做,看孩子、纺线、做饭等,还经常挨饿受骂,做错事还会被地主痛打一顿。吴氏将女儿从地主家接回来后,并没有将女儿带在身边,而是将她放在自己前夫的弟弟家,之后就没再管她,她这样做也是因为害怕再嫁的婆家不接受自己的孩子。而后来因吴氏弟媳家也有了自己的孩子,家庭条件也差,供养不起吴氏的女儿,于是没过多久就给吴氏的女儿找到一个婆家,将其嫁了出去。吴氏的女儿出嫁后,共生育五个孩子,大儿子快要结婚的时候因发生意外导致死亡,二儿子因失恋想不开而自杀,吴氏的女儿接受不了自己的悲惨命运,每天以泪洗面,后来眼睛失明。

1949年以前,生活在贫困家庭的大多数人命运悲惨,在一个家庭里,如果丈夫去世得早,相当于一个家庭失去最核心的支柱,这个家庭很可能会走向灭亡,而且会改变家庭成员的命运,极少的妇女会选择做寡妇,在那样艰苦的生存条件下,仅仅依靠妇女的劳动能力很难支撑整个家庭的生存。

4.招女婿上门

1949年前,李家的家庭成员都是长到适龄年纪而正常结婚,李双春是在20岁左右出嫁,因此李家没有入赘的情况。当地把"入赘"称作"上门女婿",一个家庭如果只有女儿没有儿子,而且女方家庭条件还不错,家里也没有抱养或过继男孩,女方家的当家人就会招上门女婿来传宗接代。选择入赘的男性是因其家里条件较差,而且男丁或兄弟较多,经男方家的当家人同意后可以入赘,不需要请示保长、族长,但男方会与自己的兄弟商量好将来财产继承和赡养老人的事情。男方入赘到女方家庭后,婚后生育的孩子要跟随母亲的姓氏。

1949年前,在大屋岗村有一户人家有五个女儿,没有男丁,于是就招来一个上门女婿,婚后生育一个男孩,三年后男方的母亲就去女方家里要把儿子接回去,女方不愿意让男方回去,男方也不愿意回去,男方的母亲怕别人说闲话,说"一年的女婿两年半,三年不走是碍汉",意思是男方一直做上门女婿,靠女性生活是一种能力差的表现。后来男方父母成功把自己的儿子接回去,女方便认为男方家里欺骗他们,事后男方家庭和女方家里闹起矛盾,村里人对此事也议论纷纷,在背后说闲话。

(五)婚配终止

李家不存在男性休妻和妇女守寡的情况。大屋岗村大部分人都是老实本分的农民,人们结婚生子后就会安稳地过自己家的日子,所以很少会发生休妻这种情况。休妻一般发生在大户人家,原因主要是妻子品行不端或没有生育能力。休妻首先是由丈夫提出来,但必须经过家长的同意,休妻才能生效,村中也有妇女丧夫守寡的事情发生。

1.丈夫提出休妻

(1)家里女性勤劳能干,没有出现休妻情况

李家李仁和的妻子黄氏勤俭持家,老实本分,而且大儿媳、二儿媳都勤劳能干,贤惠持家,家里大小事都会做且能做,而李行丑和李行林都患有"大肚子病",家里需要勤劳能干的人,没必要休妻。另外,凭借李家老大老二的身体状况很难再找对象,所以李家没有出现休妻的情况。

(2)休妻的几种原因

大屋岗村大部分人结婚生子后就会安稳地过日子,所以很少有休妻这种情况。一般只有大户人家才会休妻,休妻的原因一般有以下几种:一是儿媳不孝敬公婆。在当地这被认为是违背道德,在传统婚姻关系中,父母发挥的作用往往大于夫妻本人,父母有权决定婚姻的成立,也有权决定婚姻的结束,因此女性出嫁之后,女性丈夫的父母的重要性更胜过自己的父母,孝顺公婆是十分重要的事情。二是无子。若妻子不能生育,无法完成传宗接代的任务,会使夫家断绝香火,这是违背宗法之下婚姻的目的——延续家族。如果妻子无法生儿子,则会使这段婚姻失去意义,因此妻子到了一定年龄仍未能生子可能会被丈夫休掉。三是妻子作风不端,纵欲放荡,做出违背贞操的事情。四是妻子患有恶疾。妻子无法协助丈夫处理家庭中的事务,不能与丈夫一同进宗庙参与祭祀活动,不能实现婚姻的家族职能。五是妻子个人品行较差。如好吃懒做、不贤惠,不会相夫教子,无法担任妻子的角色。另外,有时尽管妇女没有出现过错,但只要公婆不喜欢儿媳,也可成为休妻的理由。

(3)丈夫主动提出,须经家长同意

休妻一般是由丈夫提出来,一般情况下丈夫不会主动提出休妻,毕竟婚姻是父母作主决定且包办的,如果父母没有提出休妻,儿子先提出就是违背父母的意思、不孝顺父母的表现。父母和当家人为了整个家庭考虑,一般会先劝和,实在劝不了就会支持休妻。休妻一般由丈夫写休书,休书内容不能随便写,书写的内容会交代清楚休妻原因并签署名字。如果丈夫不会写字,就找"自家门"的人来写,如果"自家门"的人不愿意或者没能力写,再考虑请村里面读过书、有文化的人代写,并给予一定的报酬。但是很少有人愿意代写休书,觉得这是别人的家务事,而且并不是什么好事,所以不愿意掺和进去当恶人。被休掉的妻子不能得到财产,只能带走自己的嫁妆,如果有孩子,留在婆家的孩子将来在分家时可以有继承权,带走的孩子则没有继承财产的资格。

2.妇女丧夫守寡

(1)守寡妇女生活在婆家

李家没有人丧夫,家里三个男性都是正常的生老病死。但村里有妇女在生育孩子后,因丈夫患病去世,年纪轻轻就守寡。附近村里有户卢姓人家,妻子李氏在嫁去卢家七八年后,丈夫因患有恶疾去世,于是李氏独自一人承担起整个家庭的责任,那时李氏还有两个六七岁的

儿子和一个 2 岁的女儿,便没有选择改嫁,而是继续留在李家,一个人艰辛地抚养三个孩子,自己当家,等大儿子长到 20 岁后,李氏年纪大了就由长子当家,附近的人都称她能干。

在大屋岗村,守寡的妇女还是在婆家住,如果守寡的妇女以后想改嫁或者回娘家,婆家不想要孩子会让她带走。一般丧夫的妇女是比较倾向于住在婆家,这样做的原因一是已经嫁出去的闺女,再回娘家怕被说闲话;二是有的农村妇女勤劳能干,不怕吃苦,没有丈夫也会坚强地生活;三是对于有孩子的妇女来说,孩子就是天,离不开孩子,一般不会选择改嫁。

（2）留在婆家的寡妇可以继承财产

留在婆家生活的守寡妇女在分家时可以代表自己的丈夫继承一份财产,而且寡妇去世后可以埋到夫家的祖坟里。寡妇改嫁一般要经过她本人的意愿和娘家作主,还需要与婆家人商量,获取同意后才可以改嫁,但是女子改嫁后与原来的夫家便再无关系,没有继承夫家财产的资格,死后也不能埋入祖坟。在当地,守寡的妇女要时刻注重自己的言行举止,不能与男性过多接触,否则别人会说闲话。

二、家户生育

李家的家庭成员并不算多,但是李家的媳妇都能生育,因此家里从未发生过抱养、过继孩子的事情,也没有出现过男性休妻的情况。在李家,生育的目的是为了传宗接代和养儿防老,并不鼓励多生多育,家户生育不仅仅意味着延续宗族香火,还预示着需要承担一种养育子女的家庭负担,因此李仁和的父辈主张生育孩子的数量适宜即可。但是在李仁和当家期间,因为家里存在男性身患疾病且劳动力不足的困境,所以李仁和便由此转变生育观念。在生育仪式方面,整个生育过程中的花费由家户承担,家长负责收支。

（一）生育基本情况

1.生存重于生育

在李家,当家人李仁和父辈的家庭成员是两男一女,李仁和这一辈是两个儿子,即李仁和与他的大哥,后来李仁和的大哥因病去世,财产由李仁和一人继承,在子辈李行丑这一辈也是两男一女。1949 年以前,大屋岗村灾荒较多,人们的生存率较低,把孩子养大成人十分艰难,所以李家并不主张多生多育。

1949 年以前,李家人口在村里不算多,生育少一点,全家人的生活就会过得稍微轻松一点,不至于连饭都吃不饱,在大屋岗村,家庭生育子女多的有六个左右,少一点的有两三个。1949 年前,当地没有可以避孕的药物,小户家庭如果孩子生多了,尤其是经济条件差的家庭负担就会增大,为了生存,当家人会选择把孩子送给别人或者卖掉。

2.生育情况依家庭经济而定

不同的家庭生育情况会有所不同,一般是按照自己家的经济条件来计划生养几个孩子,因为 1949 年以前农村经济水平低下,孩子多,大多数家庭也养不活。李家在李仁和这一辈,依据自家的经济条件,并不倾向于多生孩子,当家人认为生育能够完成传宗接代的任务和符合家庭生产的职能即可,因此李仁和与妻子黄氏仅有两儿一女,两位老人原本生下老大和老二两个儿子后就打算不再生育,但黄氏在 40 岁的时候意外怀孕,黄氏很想要个女儿,于是就打算生下这胎,后来如愿以偿,因为李双春的年纪与两个哥哥有一定差距,又是家里的老幺,所以两个老人十分宠溺李双春,几乎不让她做农活。

在大屋岗村,大户人家与小户人家在生育的目的和态度上也有所区别。大户人家会倾向于多生,以此来巩固家族在村中的地位和影响力。家庭成员少尤其是男丁少的家户也会选择多生,来增多子孙血脉,传递香火。另外,大家族尤其是四世同堂的家庭会多生。而小户家庭为了养家糊口不敢多生,害怕难以养活孩子,一般家庭生育两个左右的孩子之后,就不会再生养孩子,若意外怀孕,就会把孩子送人或者闷死。

3.劣势环境影响生育观念

李家第一代与第二代夫妻在生育观念上有一定的转变,第一代夫妻即李仁和与妻子并不希望多生,因为家庭条件有限,担心养不活子女,所以只生育两子一女。但在李仁和两个儿子成婚后,因为家里劳动力不足,为了维持家庭生产和传宗接代,他鼓励儿子儿媳多生几个孩子。

在1931年至1949年期间,大屋岗村经常发生涝灾,而且村里很多人患有血吸虫病,人们的生存环境比较恶劣。当家人李仁和曾想过搬迁到其他地方生活,但是难以丢弃父辈传承下来的家业,也没有可以选择的较好的生活环境,于是全家人只能努力去适应恶劣的环境。劣势的生活环境影响李家的生育,由于缺乏劳动力,而且家里三个男性劳动力都患有疾病,李仁和与黄氏担心家族的血脉难以延续,也害怕后代再染上血吸虫疾病,所以两个老人鼓励晚辈多生养孩子。后来,随着大屋岗修堤建坝工程完成,大屋岗村生活环境和条件有所改善,村里各家户生育孩子的数量也在逐渐增加。分家前,在李家这个大家庭里,老大家共生育三子一女,老二家生育两子两女,1952年李家这个大家庭解散,于是两个小家庭各自分开生活。随着社会经济的发展,李仁和的孙辈逐渐搬离大屋岗村,但一直生活在湖北武汉。

(二)生育目的与态度

在大屋岗村,人们的生育目的都是为了传宗接代,以便让自己的这一支血脉能够延续下去,家族能够兴旺发达。因此绝大部分家庭都有重男轻女的思想,在生育性别上,倾向于生男孩。在当地兴早婚早育,无论大小户人家都反对未婚先孕,村民一致认为这是伤风败俗的表现。在李家,当家人李仁和并不主张生育越多越好,而是结合自家的经济条件,生育数量适宜最好,但是在李仁和的儿子这一辈的生育问题上,李家的生育观念稍有改变。

1.传宗接代与增添劳力

在大屋岗村,无论是大户人家还是小户家庭都奉行传宗接代。生儿育女是大事,意味着延续一个家庭的血脉,生育也意味着再生产劳动力,上一代慢慢老去,家里需要新生命来充当劳动力,家庭才不至于灭亡。生育是一个女性必须要做的事情,不能拒绝。在大屋岗村,一般情况下,一个家庭如果没有孩子,会从亲兄弟家过继来一个孩子抚养,有些家庭会去外人家里经商议抱养或者买孩子。一个家庭若是没有儿子,夫妻会继续生育直到生下男孩为止,有些人家则会再找一个小老婆来增添人丁,传宗接代。李仁和有两个儿子,既能满足李家血脉和香火的传递,又符合李家的经济条件,唯一不足的是李仁和的两个儿子身体较差,在家庭生产过程中存在劳动力不足的缺陷,因此李仁和让自己的儿子儿媳多生,期望能为整个家庭的生产提供新的劳动力。

2.倾向多生男孩

李家李仁和的两个儿子患有"大肚子病",1949年以前的医疗条件并不能医治这一怪病,老人也并不知道自己和两个儿子能够活多久,加上家里成年男性并不多,所以为了传宗接代,李仁和与妻子鼓励儿子儿媳多生育,且要多生男孩。

在子女生育性别上,村里的人们倾向于生男孩,并且有重男轻女的思想,上一代希望自己的后代男性越多越好。生男孩的原因:一是为了传宗接代,让自己宗族的血脉能够生生不息,一直流传下去,若是生育女儿,以后嫁出去就是给别人家传宗接代,后代人不是自己的姓氏;二是男孩长大后,家里就会多一个男性劳动力,可以做力气活,给家庭带来更大的利益;三是养儿防老,儿子养育成人后,可以为父母养老送终,所以提倡生男孩。涉及生育重男轻女的观念,村里有户李姓人家共生下四个女孩,再生第五胎的时候发现还是个女孩,担心养不活便把刚出生的婴儿闷死,后来这户人家还是想生男孩,就采取比较迷信的方法,把鸡蛋放在茶壶上面,再生下一胎的时候如愿生下一个儿子。

3.大小户有所差异

1949 年前,大屋岗村大部分家庭经济条件较差,有的家庭温饱问题都难以解决,所以很多家庭想多生,以传宗接代和光宗耀祖,但实际条件不允许,因为家里孩子多会给家庭带来沉重的负担。因此除非是有钱的大户人家,一般家庭不提倡多生,而是有孩子就行,有男孩最好,这样既可以传宗接代,又不至于给家庭带来负担,影响家庭的生存与发展。在村里,大部分家庭希望生育的男孩越多越好,一般希望生三个左右,一是担心在养育的过程中出现意外,多生一个男孩,传宗接代的可能性就会大一些;二是为了提高自家在村中的地位,家里男丁多就不易受外人欺负;三是家里男性劳动力增多,有利于家庭生产。在村里,一般儿子多的家庭,其家境会好一些,大户人家特别讲究面子和地位,所以他们更倾向于多生多育,尤其喜好多生儿子,以继续保持自家在村里的地位和声誉。

李家的当家人李仁和与妻子并不提倡多生,所以两位老人仅养育两儿一女,但是在子女这一辈,因为家庭成员的身体状况以及匮乏生产劳动力,为了家族血脉和生存的延续,才让后代多生几个孩子。

4.提倡早婚早育

在当地,一般家庭的父母都希望儿子早点成家,想早点抱孙子以完成传宗接代的任务,父母能安心,所以提倡早婚早育,一般子女到 18 岁左右就会安排婚姻大事。在李家,李行丑结婚稍微晚一点,李行林是 19 岁结婚,刘慧慧于 18 岁嫁入李家,黄冬英和刘慧慧都是结婚后一两年就怀孕,而村中有些人家的子女十五六岁的时候就会结婚生育。

1949 年以前,子女婚姻大事都是由家长做主,晚辈必须服从,不允许自由恋爱,所以非婚生育的情况很少出现。如果发生这样的事,女方和娘家人会一起蒙羞,别人会背后议论女方不检点,说闲话,女方家族的长辈甚至会惩罚她,而男方家的父母也会把女方地位看得低贱,有的人家甚至不认可生下来的孩子,不允许两人成婚。在李家,李仁和与妻子黄氏、李行丑与黄冬英以及李行林和刘慧慧都是按照传统的规矩先结婚后生子,整个家庭没有出现未婚先孕的情况。

(三)生育过程

1.依家户条件计划生育

在李家,生不生孩子、生多少主要是由夫妻决定,但是若不能生育或者没有生男孩,当家人黄氏就会干涉生孩子的事情,催着生孩子或者想其他办法传宗接代。关于计划生多少孩子主要是根据自己家的经济条件决定,有钱的家庭可以承担起养育孩子的负担,就可以多生,一般的家庭生育五个左右,有两三个男孩就行。但是因为没有避孕措施,妇女如果意外怀孕,家里养不活就会把生出来的孩子送人或卖掉,也有的家庭会把孩子闷死。生孩子是男女双方的事情,女方自己也愿意生孩子。

2.怀孕初期不误做事

在李家,刘慧慧和黄冬英即使怀孕也要干活。这是因为家里劳动力不足,黄冬英和刘慧慧作为家里主要的劳动力,她们要是不做事,家庭就无法维系生产,家里也养不起闲人。1949年刘慧慧和黄冬英同时怀孕,但她们依旧担负着平日的农活和家务活,两人轮流做饭、洗碗,田地活也是分工干。孕妇在饮食上也没特别的照顾,都是普茶普饭,家里也没有营养品补身体,不过和穷困家庭相比,她们至少能够吃饱穿暖。怀孕初期在做事方面不会受到特殊照顾,但在"临盆"①时家里人就不会让两个媳妇做粗活和重活,只让她们留在家里做些家务事。

3.在家生产未请产婆

李家刘慧慧和黄冬英生孩子时都是在家里自己生产,没有请产婆,黄氏有一些接生的经验,所以觉得没必要花冤枉钱请产婆。1949年以前,大屋岗村的妇女生育时没有医疗保障,大部分家庭的妇女生产时都没有进医院,即使是大户人家也只是请产婆帮忙。所以,一般家庭的孕妇能够顺利生产就很幸运,遇上难产,大人和小孩就会有生命危险。刘慧慧和黄冬英的生育过程比较顺利,没有遇到困难。

4.坐月子享受特别待遇

在李家,刘慧慧和黄冬英产后坐月子是坐足一个月,孕妇产后需要卧床休养身体,没有重要的事情不会下床。刘慧慧坐月子期间,她的娘家母亲来看望并照顾她几天,黄氏也会适当的照顾媳妇和刚出生的孙子。但是产妇坐月子期间也不是一点事都不做,刘慧慧坐月子期间会下床清洗孩子的尿布。

李家生育时一般不需要多少花费,当家人在孕妇生产后会买点糖,然后将家里喂养的鸡杀掉炖汤以及煮鸡蛋来改善产妇的饮食,李家的家庭条件在当地还算不错,产后可以吃一碗饭、一碗糖茶。1949年以前,在大屋岗村,各家因家庭条件和情况不同,产妇坐月子的时间和饮食状况也会所有差异。大户人家的产妇坐月子期间会雇请帮佣照顾,产妇可以吃些有营养的食物,而贫穷小户的产妇坐月子的天数则要看自己家的情况,如果家里缺劳动力而且没有婆婆照顾,产妇一般卧床几天就要下床,像正常人一样下地干活。

(四)生育仪式

1.孩子出生办"九桌"

（1）宴请客人娘家为主客

李仁和两个孙子出生时,李仁和置办"九桌"②来庆祝孩子新生之喜。宴请亲戚一定要请媳妇娘家的亲戚如舅爷、家家③,他们是最重要的亲戚,然后邀请姑姨妈等亲戚或朋友来吃酒。来家里道喜的客人一般都会随礼给钱,等到别人家生孩子办喜酒时,李家也会随礼给份子钱以表示祝贺。比如刘慧慧的大儿子出生时,她的娘家送来了摇窝、被子和几件婴儿的衣

---

① 临盆:指孕妇临近生产,胎儿已经降临到盆腔。
② 九桌:"九桌"并不是指置办九桌酒席,而是当地人们庆祝孩子出生九天后举办的酒席,俗称"九桌"。
③ 家家:指外婆。

服,还带来几只鸡。

(2)根据家庭条件置办宴席

李仁和的几个孙辈出生时只置办"九桌",满月时不再举办庆贺仪式,再给孩子庆生时是孩子过10岁生日的时候。在大屋岗村,人们比较重视孩子刚出生的"九桌"喜酒,至于是否置办满月酒就要看自己的意愿。如何置办酒席会根据自家的经济情况决定,在大屋岗村,大户与小户置办酒席有所差异,有钱、有条件的人家就会置办得热闹一些,满月酒也会办,没有条件的家庭简单置办即可。

当地大部分家庭无论生男生女都会办喜酒,男女庆生的仪式一样看待,只有少数家庭只是生育男孩时办酒,而生育女孩就不办。给刚出生的孩子办喜酒是为了表达整个家庭有新生命到来的喜悦之感,也为了庆祝传宗接代,愿新生儿健康成长。置办酒席的所有经费由当家人负担,客人给的份子钱也是由当家人保管,如果以后亲戚或朋友家有喜事,也是当家人去随礼给份子钱。

2.孩子父亲起名

1949年以前,人们给孩子起名字有一定的规矩,要避讳家里长辈的名字,一般名字中显现辈分,晚辈的名字不能与长辈同辈分,否则是对长辈的不尊重。李家孩子出生后,其父亲与长辈一起商量给孩子起名字,长辈会提建议,但最终由父亲确定。

在李家,刚出生的婴儿是由其父亲起名,也没有请有文化的人帮忙,家庭成员觉得这是自己家的事,由孩子父母做主更好。起名字是在孩子出生以后再决定,因为只有孩子出生之后才知道性别。在李家男孩的名字中必须含有家族的辈分,女孩的名字不需要讲究辈分规矩。从李仁和的父亲开始是"钱"字辈,再往后依次是"仁""行""义""传"等,分别对应李仁和两个儿子的名字,即中间是"行"字,而老人的女儿李双春的名字却没有显现辈分。李家从第三代子孙开始,父亲给孩子起名字的时候可以不用将含有辈分的字加进去,如李仁和的长孙李顺华是"义"字辈,但名字中不含"义",但子孙的辈分却要一直传承下去。

1949年以前,大屋岗村的大多数家庭会给孩子起小名,因为小名叫起来顺口而且亲近。小名就比较随意和俗气,一般男孩会叫狗儿、憨坨、浪等,女孩就叫毛儿,名字起得越是低贱些,越是寓意着孩子好养活,比如李仁和的大儿子小名就叫丑儿。李家没有文化人,因此父辈起名字并无深刻的寓意,就是按照男孩、女孩常有的几个字来取,基本符合性别就可以,比如女孩的名字一般含有英、慧、春、桂、兰等,男孩一般含有宗、华、成、林、德等。

对于大户家庭而言,由于他们的知识文化水平很高并且家规严格,因此会很重视孩子起名字之事,大户家庭会请有文化的先生专门给孩子起名。另外,大户人家都有祠堂和排位,因此在子孙的学名选定过程中,相较于小户也有很大的讲究。

三、家户分家与继承

(一)分家

1949年以前,李家是一个三代同堂的大家庭,随着这个大家庭的家长年纪越来越大,家庭新成员逐渐增多,小家愈发成熟,大家庭的治理难度就越来越大,且确保全家人温饱问题的难度也随之增大。最终,在1952年这个大家庭走向解体。李家分家是由当家人安排做主,其他人可以提意见,李仁和秉持公平公正的原则将家产留足养老所需之后,把剩余的大部分家业平均分配给两个儿子。

1.小家日益发展成熟

李家是在 1952 年的时候分家,分家是由当家人李仁和提出来的,分家有以下原因:一是李仁和与妻子发现自己的儿子儿媳做事"你攀着我做,我攀着你做",积极性不高;二是俗话说"人大分家,树大分枝桠",两个小家都有自己的孩子,家里三代人增多后,全家人在生活上的矛盾也越来越多;三是李仁和与妻子黄氏上了年纪,很多事情心有余而力不足,分家更有利于小家庭的发展;四是分家之后老大和老二家自己过自己的生活,不仅可以缓和关系,团结家庭,而且他们劳动生产的积极性也会提起来。

另外李仁和在当家期间,老人已把自己的当家经验传授给两个儿子。比如李仁和将种田生产、人情送礼、完粮纳税等方面的经验已经教给两个儿子,黄氏也教两个儿媳学会做衣服,两个老人比较放心让两个小家庭分开过日子。对李家分家前与分家后的感受,刘慧慧认为"在大家庭全家人一起生活,吃大锅饭,虽然热闹,但彼此矛盾多,自己也没有经济大权,很多事情自己做不了主,不自在。分家后自己过得舒服自在,很多事情可以自己当家,做事更有奔头、有劲,钱攥在自己手里比较踏实安心"。

2.家长主动提出分家

1952 年,有一天全家人吃饭的时候,李仁和当着大家的面提出要分家,并问老大家和老二家有没有意见,经老大和老二表态同意后,李仁和把自己的想法说出来,然后征求两个儿子的意见,李家就这样分家了。这个由八口人组成的大家庭由此便分成两个小家庭,老大家有李行丑、黄冬英、李顺华;老二家有李行林、刘慧慧;李仁和与妻子、13 岁的李双春住在一起。李家分家之事是由当家人李仁和提出来的,然后和全家人商量,经大家同意后才正式分家,提出分家的一般是男性当家人,女性不能提出分家,也不能直接发表意见,女性若有意见可以和自己的丈夫商量,然后让丈夫和当家人商量,有的家庭分家甚至不让女性参与进来。李家分家后的每个小家庭内,丈夫是主当家人,妻子是内当家人。

对于分家的态度,李家家庭成员均表示赞同,大家觉得分家后做事的积极性会更高。大屋岗村村民们也认为,一个大家庭发展到一定程度后分家更好,因为家庭人口增多后,这种同居共财、吃大锅饭的生活不利于整个大家庭的发展,难免会出现家庭成员生产积极性不高的现象,长期下去家庭难以运转。

3.家长做主平均分配

李家分家时是按照平均分配的原则,秉持公平分配、不偏不倚的态度,目的是避免以后几个小家庭起矛盾。李家只有两个小家庭有分得家产的资格,李双春还未成年,不参与分家,可以和李仁和与妻子黄氏一起算一份,将来出嫁不能带走财产和田地。而当老人以后去世,老人的财产会重新分给自己的儿孙。

李家分家的大致方案是留足老人养老的部分,剩余部分按股平均分配,只有李仁和的儿子有资格继承家产。李仁和对两个儿子都是一视同仁,一碗水端平,不按长幼次序分,而是按照每个小家庭分一股,如果有异议,李行丑兄弟两人可以提出来再协商。因为李家李仁和就两个儿子,所以分家的事不难处理,事后也并没有闹出矛盾,都是一家人,谁多一点谁少一点也没分得那么清楚。分家前李仁和也会考虑自己和妻子及未成年的女儿以后的生活,所以提前留下一些田地和财产用以将来养老及为女儿置办嫁妆。

4.主要男性参与商讨

1952 年李家分家时，家长李仁和首先考虑的是家庭财产和大家庭内部的小家庭数量，依此将房屋、田地、生活资料等物品分配给每个小家庭。分家时李仁和征求李行丑和李行林兄弟俩的意见，家里的女性并没有参与讨论分家之事。

在大屋岗村，家户商讨分家之事时，家里的女性一般不能发言，尤其是家里的女儿和儿媳妇，她们在一旁听着就行，不能插话，有的家庭甚至不让女性参与分家的大事。1952 年，李家分家大事是李仁和在饭桌上提出来的，老人说出自己分家的想法和方案，家里其他人都听着，然后李仁和问两个儿子有无异议，但并没有征求刘慧慧、黄冬英等女性成员的意思，她们也不敢提意见。李家分家时李双春还不懂分家有何意义，更谈不上参与其中，当然李双春也没资格继承李家的家业。

5.自主分家未请见证人

分家是李家整个家庭内部的事情，与外人没有关系，外人也不会主动干预。1949 年前，在当地分家可以请见证人，但不需要请示族长、保长等人。因为李家财产和田地并不多，并且当家人李仁和与两个儿子提出分家的想法后，并未遭到家庭成员的反对，所以李家分家时没有请见证人到现场见证，也没有写分家单。大屋岗村的大户人家，尤其是家里兄弟多、财产多的家庭，分家时会请见证人，也会明确写好分家单，大户家庭人口较多，家长为避免兄弟之间起矛盾，所以分家时会麻烦一些。

6.具体分配内容

在房屋分配上，李家只有祖辈传下来的一处老房子，也就是分家前全家人居住的祖屋。李家房屋面积比较大，有三间正房、两间厢房和一个"倒屋"[①]。分家时依然按照老大家和老二家原来居住的房屋分配，没有较大的变动，正房东边一间归老大家，当地讲究"左手为大"的规矩，因此李仁和将东边的正房分配给长子李行丑家，前院正对着老大家正房的厢房也分给老大家当作厨房。李行林家则继承之前一直居住的西边的正房和后面的一间"倒屋"，"倒屋"作为老二家的厨房，而当家人李仁和与妻子黄氏以及李双春在一起吃住，老两口和女儿住在原来的厢房，做饭在院子里，家里的堂屋还是各个小家庭一起共用。

关于田地的分配，李家共有 0.27 万平方米土地，1.07 万平方米的水田，老大和老二所得田地亩数都一样，李仁和与妻子留下一点田地，以便日后养女儿和养老，剩下的平均分给两个儿子。家长分配田地是按照每个小家庭人口数来分配，老大和老二家各有三口人，李仁和与妻子加上李双春也是三口人，因此李仁和把田地分为三股，每家各得一股。李仁和未出嫁的女儿在分家时，吃住也算一份子，但是将来出嫁时，就不能带走房屋和田地。李仁和分家时首先考虑的是两个儿子所在小家庭将来的生存与发展，因此把好田、好地先平分给李行丑和李行林，房屋面积虽不大，却把最好的两间正房留给兄弟俩一人一间，自己和妻子、女儿挤在一间厢房住。不仅是李家，当地很多人家分家都是按照兄弟数平均分配，先考虑儿子再考虑老人自己，这是做父母的一片苦心。

在生活物品的分配上，未分家以前，归属于各小家的东西仍旧属于各房屋的主人，如刘慧慧房屋里的桌椅、脸盆、箱柜、棉被、衣鞋、煤油灯等东西仍旧是属于老二家所有。老人把大

---

① 倒屋：空闲的房子。

家庭做饭、吃饭用的锅碗瓢盆平分给每个小家,而锅只有一个,李仁和自己留着用,让两个儿子自己去置办。

家里牲口的分配上,由于家里仅一头耕牛,所以仍旧是全家人共用,不分配,喂养则是分家后各小家庭轮流负责。至于李家喂养的猪,分家时并没有杀猪,因此老人许诺年底杀猪时,将猪肉平分为三份,老人、老大家和老二家各得一份。在生产资料分配方面,小型农具如锄头、扁担、镰刀按照数量一个小家庭一份,大型农具如犁、耙等仅有一份,因此是大家共用,另外,李家还有一只木船,李仁和打算留给自己使用,老大和老二有需要可以借用。在钱财的分配方面,李仁和自己留下一些,方便与黄氏、李双春共用,然后将剩余的钱财平均分为两份,分别给老大家和老二家。关于粮食分配,1952年恰逢大屋岗村年景较差的时候,李家农业收成不好,但是老人还是将该年的粮食,包括稻谷和麦子留足自己食用之后,将剩下的粮食平分给李行丑和李行林家。

李行丑和李行林对老人的分家安排比较满意,对老人的一片苦心非常理解,因此并无争议,于是李家就这样正式分散,各小家庭仍旧住在一个院子里,平时生活也有很多交集,但是全家人不再在一个锅里吃饭,不再在同一块土地中生产,钱财不再交给老人管理,李仁和也不再插手管理小家庭的生活,但是各小家庭有大事发生时,仍旧会找老人和兄弟商量,家里有人与外人发生矛盾时,全家人依然团结一致,维护家里人。

(二)继承

1.以小家庭为单位

1949年以前,在大屋岗村,绝大部分家户分家时,儿子是老人首先考虑的继承对象,并且家产不是以个人为主体继承,而是以小家庭为单位,即继承而来的家产所有权归属于小家庭,而非个人,只不过该所有权由小家庭中的新家长支配、做主。

在李家,李行丑和李行林都是名正言顺的继承人,李仁和的小女儿李双春由于未出嫁,所以只能算作家里吃饭的一份子,分家时会考虑李双春吃住的那一份,但是没有资格单独继承财产、房屋和田地。分家时老人会给自己留一点家产,供自己和黄氏以及李双春吃住生活,剩下的会全部平均分给两个儿子,将来女儿出嫁时老人不会分家产给她。老人过世后,自己生前的家产会根据老人的遗愿分给其后代,如孙辈,但是继承人也只能是男性及其所在家庭。

2.若老人无子则看血缘关系

在大屋岗村,无论大小家户分家,都是只有家庭内部成员才有资格继承家产,外部成员一般既无继承资格,也不会干涉别人家的分家事务。但是在特殊情况下,家庭外部成员可以分得家产,比如一个家庭中,若当家的老人没有孩子,在老人无劳动能力或者去世前,根据老人自己的意愿,一般会将家产传给愿意赡养自己的亲人,首先会给自己的女儿,若没有女儿,才会考虑给自己的亲侄,不管是哪种情况,财产继承人都有赡养老人和给老人送终的义务,继承财产与赡养老人是同等的。总之,1949年以前,在大屋岗村,很多家户分家时是看血缘关系远近,继承次序是家庭内部成员优先,儿子是第一继承人,在家庭情况特殊时会考虑女儿、亲侄及其他亲人。具体而言,老人在有儿子的情况下,女儿、亲侄都无继承资格;一个家庭没有儿子而只有女儿的情况下,一般会招上门女婿,此时上门女婿拥有继承权;既无儿子也无女儿时,则会轮到亲侄继承。

李家分家时，当家人李仁和有两个儿子和一个未出嫁的女儿，家里有两个小家庭存在，因此李行丑家和李行林家是仅有的继承单位，李双春没有继承家产的资格，也不存在将财产给外人的情况。

3.其他继承情况

在一个家庭内部，各成员继承也会讲究继承资格和次序，儿子有权分家产，女儿、儿媳妇没有资格，儿媳妇会跟随丈夫算一份子，女儿将来会嫁出去，因此没有资格。具体分析每个家庭的情况，入赘到别人家的儿子在以前的家庭没有继承资格，但他作为上门女婿，拥有现在家庭的继承资格；被抱养走的儿子和被逐出家门的儿子一般没有继承资格，但也要看老人的意愿，老人若愿意，分家的时候也会给他们留一份；未成家的儿子会有继承的资格，在家庭条件允许的情况下，分家时会考虑分给他将来娶媳妇的房屋，条件不允许就要靠他自己去创造；过继、抱养的儿子，妾生的儿子都有继承权，但是具体能继承多少还是有所不同。

在当地还有句俗话说"抱的儿子分一半，随娘走的儿子干看"，意思是抱养来的儿子可以按一半股的资格继承财产，改嫁带来的儿子没有继承权利。另外，在多子家庭里，分家时长幼兄弟的继承权相等，当家人一视同仁、平均分配，这样做的目的是为了避免亲兄弟之间产生矛盾。不过也有一些家庭分家时会考虑长子为先，比如李家李仁和将自己家最大的一间正房分给大儿子，但是总体上，分家时老人是不偏不倚的态度。

4.家长最终决定继承资格

家户中的继承权按照传统惯例是家里的儿子具有继承的资格，但最终的继承资格需要获得家长的同意，如果儿子不孝顺，不给老人养老送终，或者被逐出家门，老人有权利取消其继承资格。因此是否具有最终继承资格由当家人决定，其他家庭成员不能当家作主，若当家人过世，则由内当家人做主。但在大屋岗村经常存在这样的情况：分家时，即使自己的儿子不孝或不听话，父母也会把自己的家产分给他们，毕竟老人与儿子有血缘关系，而且担心村里人说闲话。村里一户赵姓人家，老人有两个儿子，老大比较老实孝顺，老二则好吃懒做并且不听老人的话，但是赵家分家时，当家人仍旧拿出部分家产分给老二，只不过在田地和房屋的分配过程中，当家人将好田、好地分给老大家，而且多给老大家一间偏房，这样做的目的是老人指望将来靠老大养老送终。

家产的继承是家庭内部的事情，与外人无关，因此一般家户分家不需要族长和保甲长的介入，有的家庭兄弟多，则会请族人做见证人，但具体分配由当家人决定，家庭外部成员无法干涉。

5.主要继承内容

李家分家时，李仁和的两个儿子主要是继承田地和房屋，老人还分给老大和老二家一点钱财，除此之外李行丑家和李行林家还各得一些镰刀、锄头等生产工具以及一些筷子、碗等生活用品。而家里有一些公共财产，如堂屋、耕牛、碾子、石磨、石碓、犁、耙、晒场等，因为数量不够分，所以就当作是公用物品，分家后两个小家庭都可以使用。以李家的耕牛为例，各个小家都可以用耕牛犁田耙地，但是要轮流放牛、养牛。刚分家时家庭成员之间关系比较紧密，有些物品各成员可以共同使用，李仁和对老大家和老二家也会有所照顾，但是两个小家庭独立生活，不再同食共财。

四、家户过继与抱养

在 1949 年之前,李仁和有两儿一女,并且李仁和的两个儿媳都有生育能力,全家人生活能够自给自足,因此家庭中未曾出现过继或者是抱养孩子的情况。村中一些家户或因人丁不足,或因生活困难,而发生过继、抱养和买卖孩子的事情。

(一)过继

1.家中无后找兄弟家过继

在大屋岗村流传着一句俗话,即"不孝有三,无后为大",每一个家庭都希望自己这一支在家谱中延续。所谓过继是指在男子成家后,无子的时候会选择同宗辈分的子嗣为后,以传宗接代,继承家业。过继时选择兄弟的儿子作为继子的居多,血缘远一些的也有,在 1949 年前,两个家户发生过继关系一般要立下文书。

1949 年前,李家李仁和有两个儿子,因此不需要过继,但是大屋岗村过继的现象十分常见。一般过继的原因是在一个大家庭中,若其中一个兄弟因没有结婚或者无生育能力,或者没有生出儿子,其他兄弟会把孩子过继给自己的亲兄弟抚养,养父母需要对过继而来的孩子负责,同时过继来的孩子以后就跟着养父母生活,需要对其赡养并送终,这与普通家庭的父母与孩子的关系一样。

对于出继的家庭来说,一般是自己有两个儿子以上的情况下才会同意过继儿子,过继首先是在亲兄弟之间进行,也会在堂兄弟、本家之间考虑,具体如何过继需要看家庭内部的成员结构和成员关系。过继的目的首先是为了延续香火,其次是安慰无后老人的心理,以后生活有所保障,有人养老送终。过继孩子对于没有下一代的家庭来说,是一件很有意义的事情,这样做有利于家庭内部和谐发展,减少矛盾,也是一个家庭的延续。

2.内部过继后仍为自家人

(1)叔伯认嫡亲血侄做后,为给自己养老送终

在大屋岗村,一个大家庭内部对于过继的事情是比较赞同的,过继的孩子并不是给外人,而且这样做也是解决自己亲兄弟的困难。对于儿子多的家庭而言,过继并无多少损失,孩子多容易养不活,将孩子过继给有需要的亲人,也是一种减轻负担的方式。过继一般首先考虑自己的亲兄弟,如果亲兄弟没有或者只有一个儿子,则考虑过继堂兄弟或者同族近亲的,很少出现自己有亲侄子却过继别人家儿子的情况。1949 年前,在大屋岗村有这样一户人家,因夫妻两人没有生育能力,于是过继来一个亲侄子,这便是认嫡亲血侄做后,给自己养老送终。1949 年以前允许一夫多妻,当地有些家庭,继子可以娶两房夫人,即自己亲生父亲这边一房夫人,其伯父或者叔这边也可以娶一房夫人,所生后代分别沿袭两家的血脉。过继后继子无须与亲生父母断绝关系,也不一定将自己的养父即叔或伯称作父亲,这种过继是名义上的过继,实则仍为自家人。

(2)家长主导家庭内部过继与出继

1949 年之前的大屋岗村,虽然家庭发生过继关系最主要是看血缘关系亲疏,但是也要看过继与出继家庭的关系如何,如果两个亲兄弟关系不好,也有不答应出继孩子的事情发生。出继一般是亲生父母自己决定是否出继,是否出继与过继需要经过当家人同意,过继与出继由孩子亲生父母和养父母提出商量,商量好了再请示当家人,有时候还需要找家族的长

辈来说辞,但不需要请示保甲长和村里的其他人。在村里,如果两个家庭发生过继,一般不会立下契约,双方私下商量好就行,也不需要给钱财,但在大户人家的继子与养父母之间会立下文书,拟制血亲关系,使继子获得嫡子的法律地位,拥有继承家产的权利。

(二)抱养

1.无后家庭选择抱养

李家李仁和有三个孩子,且有两个儿子传宗接代,因此没有抱养孩子,而且在1949年以前,当地的人们生活条件艰苦,多养一个孩子对于一个家庭来说负担不小,因此很少家庭在有儿女的情况下还抱养孩子。1949年以前,村里有很多抱养孩子的家庭,一般是不能生育或者没有儿子的家庭才会选择抱养,抱养孩子的目的便是延续后代,并且能赡养老人,抱养的范围首先考虑的是自己的亲兄弟,即抱养自己的侄子。

2.亲生父母要看家庭条件

1949年以前,一般是家庭条件好的人家才会抱养孩子,只有这样,被抱养的人家才愿意把孩子送过去,抱养的孩子到养父母家里就是一个新成员,养父母对其会一视同仁,以后会正常生活。而孩子的亲生父母家,一般是家中有多个孩子,家庭条件不好,负担不起抚养多个孩子,如果家里有两个以上的男孩才会考虑把儿子送给有需要的人家,被抱养的孩子就不再是原来家庭的一份子,随着孩子长大,与原来家庭的感情和联系就会越来越少。

总之,抱养孩子是两个家庭的事情,一般是双方家庭认识而且关系比较好,双方都愿意,这样抱养的可能性比较大。在大屋岗村,若有人家需要抱养孩子,无论是村里还是村外的孩子,抱养者都会考虑,而送孩子的家庭主要是看抱养者的家庭条件和父母为人,抱养者家里条件好,送孩子的家庭才舍得和放心把孩子送给人家,不过有些贫困多子的家庭,为了减轻家里负担,一般也不会考虑对方家境。

3.抱养的其他过程与讲究

(1)介绍人牵引双方家庭

1949年以前,家户抱养孩子一般没有具体程序,因为抱养与被抱养的双方家庭之间一般关系会比较好,彼此认识了解,所以不需要契约。如果是两户不认识的家庭产生抱养关系,一般会通过中间介绍人牵引双方认识,再商议抱养孩子的事情,请中间介绍人的事由当家人负责,事后需要给予介绍人一定的报酬。经介绍人牵引使双方发生抱养孩子关系的家庭一般在村外,事后抱养孩子的家庭与孩子亲生父母不会再来往。抱养关系一旦确定,孩子的亲生父母一般情况下不能反悔要回孩子。

(2)养父母将孩子视如己出

是否抱养孩子主要是由当家人做主,但是也需要经过养父母的同意,同样,将孩子送人也需要同当家人商量。抱养的孩子到了新家庭,为了尽快让其适应新生活,养父母会给孩子改名换姓,与原来的家庭减少联系。养父母会对孩子视如己出,将其养大成人,孩子长大成人也会赡养养父母并且送终,分家时也有权利继承家产。

在称呼上,养子与继子对养父母有一定的差异,养子会称呼自己的养父母为父母亲,养子对养父母有养老送终的义务,但是对亲生父母无须做到这些,孩子将来长大知道自己的身世之后,会在亲生父母生病、去世的时候看望老人。孩子无亲生父母家庭的继承资格,若亲生父母愿意,也可以在分家时给孩子一点家产。

（3）大户人家抱养孩子讲究规矩

虽然 1949 年以前，当地家户对于抱养孩子的行为在范围上不限于血缘关系和姓氏，既可在同族中抱养，也可抱养外姓小孩。但大户人家抱养外姓小孩时，讲究很多严格的宗族规矩，如抱养的孩子年龄不得超过三岁，而且养父母身故后，养子归宗不得带走其财产。更有宗族规定，抱养外姓小孩做养子，不得入宗谱。在中华民国时期才陆续有家庭允许养子入家谱，是否能入宗谱还得经过当家人和宗族人的同意。大户人家的亲父母与养父母之间会立下文书，拟制血亲关系，使养子获得收养关系的法律地位，并且拥有继承家产的权利。但是，在1949 年以前，大屋岗村大多数家庭尤其是中小户家庭并无契约意识，人们抱养孩子一般是口头说好，所以在村里抱养孩子后，大人反悔的事会偶尔发生。

涉及抱养孩子，李家虽然没有此事，但是大屋岗村出现过这样的抱养情况。在当地有一户李姓人家因为家里没有儿子，当家人就从同村一家贫困户领养来一个儿子，当时孩子只有一两岁，两家人口头说好了抱养孩子的事情。不料，到孩子十几岁的时候，孩子亲生父母反悔，担心孩子在抱养者的家里吃苦受虐，于是去孩子养父母家里强势地将孩子要回去了，抱养者无奈抱养时没有写契约，也没请证人，所以只好将孩子还给其亲生父母。

（三）买卖孩子

1949 年之前，李家没有发生过买卖孩子的交易，但是在大屋岗村有买卖孩子的现象。人们之间买卖孩子并不是犯法的事情，只要双方商量好就行，当地的保甲长、政府也不会管这种事。当地家户在这几种情况下选择买卖孩子：

1.因孩子太多养不活而卖掉

1949 年之前，因当地还没有避孕措施，所以婚后夫妻会经常意外怀孕，家里的孩子就会变多，尤其是在贫困的小户家庭，根本无法容纳太多孩子，所以孩子一生下来就会选择送人或者卖掉。一般会卖给有需要的人家，比如没有生育的家庭，而家户买孩子的目的也是为了延续香火，继承家业。贫困家户将孩子卖给有需要的人家，如果买方家里条件还行，就会给卖方几斗粮食作为交换，不需要写下契约，双方口头商量好即可。

2.因家庭困难把女孩卖作童养媳或长工

村里经常会有家长将家里七八岁的女儿卖给地主家当长工，或者卖给有需要的人家当童养媳，此时买家会了解孩子父母是否勤劳肯干等，以此来判断自己买来这个孩子充当劳动力是否划算。很少有家庭愿意把女儿卖掉当长工或童养媳，但是迫于生存，贫困家户不得不这样做。在买卖孩子的交换过程中，买方会拿出一点粮食给卖方。

3.女性因守寡而被迫卖掉孩子

1949 年以前，在大屋岗村有个陈姓妇女在丈夫去世后，自己独自一人养不活四个孩子，于是想把家里的女孩卖掉以减轻负担。但是陈氏的婆婆不忍心儿媳这样做，正好陈氏的妯娌家仅有一个孩子，于是陈氏的婆婆找自己的小儿子商量，最终陈氏答应过继一个女儿给妯娌，这才没将女儿卖掉。但是，在 1949 年以前，村里某些寡妇在没有改嫁的情况下，因家庭负担太大，孩子又年幼，于是将卖掉孩子。

4.因赌博欠债而卖孩子抵债

在村里，有的家庭父母爱赌博，把家财输光，没钱还债就以孩子抵债。村里有户李姓人家，家里孩子的父亲爱赌博，经常拿家里的钱偷偷去赌博，最后把家里的钱财都输光，欠下很多债,因无法还债,于是他把自家的孩子卖给债主抵债,村里人对此事经常议论纷纷,说该男人没有人性。

总体而言,在当地人们买卖孩子时,双方都会考虑彼此的条件。卖孩子的家庭会看买家的家庭情况和为人处事的能力,之后再考虑要不要卖,买孩子的家庭会看卖家是否会干活,来判断值不值得买这个孩子。另外,买卖孩子由当家人作主,没有经过当家人的同意,绝不允许买卖孩子。村中买卖孩子时有的是以钱物交换,有的家庭因贫苦养不活孩子,于是就没要钱财和粮食。在当地,人们买卖孩子很少写契约,因为孩子本人年龄较小,所以不需要经过孩子本人的同意。在大屋岗村有这样的事情,双方家户在买卖孩子后,因孩子亲父母舍不得孩子,于是反悔,最后还是将孩子要回去了。

五、家户赡养

1949年以前,李家不存在家户赡养的事务,赡养老人是发生在李家分家几年后,李仁和与妻子黄氏年老无法自养的情况下。分家时李行丑家和李行林家商量好轮流赡养老人,在李仁和与妻子年迈时,靠儿子养老,在两个儿子家按月轮流吃住。老人生病时,病情严重,李仁和的儿子、媳妇和女儿都会来照顾,另外,老人去世后由李行丑兄弟俩负责送终,操办葬礼等。

(一)赡养单位

1.老人先自养后靠儿子赡养

1949年以前,在大屋岗村,家庭养老是当地最普遍的养老模式,所谓家庭养老模式是以家庭为单位,由年轻一代的家庭成员赡养年老的长辈,而家庭养老又分为老人自养、儿子养老和土地养老等。老人自养是在老人还有劳动能力的时候,无论多大年纪,基本上都是靠自己生存,不给儿孙添负担。老人自养主要依靠土地,以种地为生,这也是靠土地养老。而依靠儿子养老是指当老人丧失劳动能力或者生活不能自理时,儿子需要承担照顾老人生活的义务。

在李家,李仁和在分家时留给自己和妻子一点土地、房屋、粮食以及钱财,其目的是为了供自己和妻子将来生活和养老使用。李仁和与黄氏并非一上年纪就要求两个儿子来赡养自己,老人在自己身体还行的时候自食其力,靠自己的能力种田以维持基本生活,并在1949年后供李双春读书。李仁和67岁的时候,体力下降,加上"大肚子病"复发,当地的老人没有社会保障和救济,因此不得不靠儿子赡养,这就是所谓的"养儿防老"。

2.以小家庭为载体

具体如何赡养老人,是以家户内部小家庭为赡养单位。李仁和有两个儿子,因此由李行丑家和李行林家承担赡养老人的责任,以传统家庭养老的方式养老,实际是指老人轮流到每个儿子家吃住。李仁和与妻子上了年纪无法靠自己生存时,李行丑与李行林兄弟俩商量好决定轮流来照顾老人。老人住在李行林家时,若是老人生病,刘慧慧负责熬药,并为两个老人做饭、洗衣,李行林则负责为老人挖树根作药,并承担家里的农活。轮到李行丑家赡养老人时,洗衣、做饭、熬药的事则由黄冬英来做,李行丑就负责做粗重的农活。

(二)赡养过程

1.家族介入其中

在李家,赡养老人虽然是家户内部的事务,但是如果子女对老人不孝顺或者不承担赡养的责任,家户之外的人如自家门的族长会批评、压制甚至惩罚他们,街坊邻居也会在背后说闲话。李行丑家和李行林家对李仁和与黄氏都很孝顺,没有出现逃避赡养老人的事情,两个老人对儿子和儿媳们也没有怨言,晚辈对老人比较孝顺,因此李氏家族的长辈没有介入李家赡养老人的过程,但是一旦出现儿女不孝顺长辈的事情,本家族的长辈肯定会管,事态严重时长辈还会教训晚辈。

2.晚辈必须承担赡养义务

在1949年以前,大屋岗村无论大小家户,老人都由年轻的下一代家庭成员以小家庭为单位来赡养。如果以小家庭为单位的长辈不在,则由该小家庭的其他成员或其下一代承担赡养责任,即先由儿子承担赡养老人的义务,若儿子不在则由儿媳或孙辈承担。总之,晚辈不能推托赡养的义务。家户老人有儿子的情况下,出嫁的女儿不需要承担赡养老人的责任,女儿在逢年过节的时候来看望老人,或者在老人生病的时候照顾老人以表孝心即可。老人的继子与养子都有赡养老人的义务,不能推托,否则同样会遭到本家族长辈的责罚以及村里人的议论。若老人只有一个孩子,则由一个人承担赡养老人的重担;老人若是有多个孩子,则由多个儿子共同承担养老的责任。

在李家,李仁和与妻子年老时是两个儿子家轮流赡养他们,李双春出嫁后,每逢端午、中秋、过年以及老人生辰的时候,她都会回娘家看望老人。李仁和病重的时候,李双春在娘家住了一个多月,一直为卧病在床的父亲擦身喂饭,村里邻居都夸她孝顺。在李仁和去世的葬礼上,李双春也尽到一个女儿应尽的孝道,为李仁和守灵、哭丧,并在清明节为老人上坟、烧纸等。

(三)赡养主体

1.儿子轮流赡养

李家李仁和与妻子黄氏的养老方式是在有劳动能力的时候以土地养老,自食其力;老人丧失劳动能力后,再由两个儿子所在的小家庭轮流赡养,具体是两个老人在老大家和老二家轮流吃住,两家各住一个月。平时饮食起居都由儿子、媳妇照顾,由媳妇做饭,饭熟了送给老人吃,还会专门腾出一个地方给老人睡觉,衣服和床垫都是由媳妇清洗。老人愿意做家务事就做,不做儿子儿媳也不会强求,平时吃完饭,老人就在家休息或者出门闲聊。逢年过节的时候老大家和老二家全都一起过节吃饭,生活比较和谐。

2.儿媳照顾生病老人

在李家,李仁和与妻子黄氏生病的时候,主要是儿媳负责照顾生病的老人。在李仁和病情严重的时候,刘慧慧和黄冬英都会来照顾老人。1949年以前,医学不发达,尤其农村医疗水平落后,有的农村甚至连医生都没有,大屋岗村的医疗条件就是如此。因此李仁和病情复发时,李家既无处求医,也没那个经济条件,李行丑和李行林就用土方法,挖一些树根回来,然后由刘慧慧和黄冬英熬成汤药给老人缓解疼痛。老人生病期间,李行丑、黄冬英、李行林、刘慧慧都来贴身照顾,病重的时候李双春也会回娘家看望老人。

(四)养老钱粮

1.以地养老获得粮食

1952年李家分家的时候,李仁和考虑到为了确保将来自己、妻子和小女儿李双春的生活有所保障,于是自己留下一些养老地,然后才把剩余的田地平分给两个儿子家。1952年分家的时候李家收成并不好,家长能分给儿子的财产并不多,考虑到两个小家庭的负担,老人不想给后代增添负担。于是选择靠自己的能力种地为生,在没有劳动能力的时候再依靠儿子养老,因此老人靠种田来获取养老粮。在大屋岗村,大部分老人在分家时都会留一些养老地,以种地养老,等将来不能动或生病时才靠儿子养老送终。

在李家,李仁和与妻子还能够做农活的时候,李行丑家和李行林家并没有按固定的时间给老人交养老的粮食,李仁和与妻子都是靠自己的劳动生活。分家后,李仁和与妻子就只用维持三个人的生计,生活压力不大,李仁和每年只种三个人的口粮,农忙的时候李行丑和李行林会给老人帮忙。虽然已分家,有时候李仁和的孙子、孙女也会来李仁和家里吃饭,黄氏有空的时候仍旧会帮两个儿媳带孙子。当老人做不动农活后,李仁和与妻子就轮流在儿子家吃住,粮食由各小家负担,老人与子女伙食一样,子女做什么老人就吃什么。

2.做副业挣取养老钱

分家后,李仁和在农闲时会做一点副业,年轻的时候老人作为当家人经常靠捕鱼捞虾来赚钱,因此老人年老时,除了靠种地获得粮食来源,还靠打鱼挣得一点养老钱,以备生活不时之需。在儿子愿意尽孝的情况下,也会主动给老人一点钱用,老人不会强求儿子和儿媳,他们愿意给就给,不给老人也不会主动去要。李仁和与黄氏在自己能够劳动的时候,平时生活都是靠自己做副业挣取零花钱。老人靠儿子轮流养老时,李行丑和李行林也很少给老人零花钱,一般老人需要什么就会跟自己的儿子说一声,李行丑或李行林会尽量满足老人。

(五)送终

1949年以前,父母年老时,儿子不仅要负责赡养老人,在老人逝世后,儿女还要为老人送终行孝。在李家,李仁和去世后,丧葬花费由兄弟两人均摊,李双春回娘家为老人守灵、哭丧送完老人最后一程。

1.葬礼花费由兄弟平摊

李家李仁和去世后,老人丧葬的花费理所当然由李行丑和李行林来承担,分家时他们作为继承人,当然就有义务给老人养老送终。李家分家几年后,李仁和因病逝世,而大屋岗村恰逢年景不好,李行丑家和李行林家的经济状况较差,自家门的族人看到这样的情况,就主动上门帮忙,想办法找来几块木板,请木匠制成棺材,没有钱请道士,李行丑就找本家的族人来帮忙。

李仁和去世时,葬礼主要由长子李行丑操办,置办葬礼的花费是由兄弟两人均摊,李行丑负责出去请人帮忙,向亲戚报丧,出殡的时候是李行丑打幡和抱灵牌,李行林会听李行丑的安排做事,也会帮忙招呼来家里吊唁的亲戚。虽然葬礼置办得简单,但是子女行孝的礼节不能少,李行丑、李行林、黄冬英、刘慧慧、李双春五个人在老人的灵柩前守夜七天,李双春还为老人哭丧。

2.家庭各成员在丧葬中的角色

李家李仁和逝世后,长子李行丑在葬礼中承担主要的角色,类似操持葬礼、带头磕头行孝、抱灵牌等事情都是由李行丑来做,如果李行丑不在就由李家的长孙李顺华做这些事,长子家没儿孙就过渡到老二家。而李双春作为嫁出去的女儿,需要回娘家随份子钱,作为孝女要披麻戴孝,亡者入棺后要为李仁和守夜,家里来客人的时候要随客人一起叩头,殡葬的时候要哭丧。黄冬英和刘慧慧作为李家的儿媳,也需要给老人披麻戴孝,在亡者入殓后妯娌两人要守灵。另外，家里的宴席饭菜主要是由黄冬英和刘慧慧来做，她们还要负责招待客人。

（六）家户赡养受认可与保护

李氏家族对赡养和孝敬老人之事十分在意，如果家族内出现不孝敬老人的事情，族人一定会出面来管。如果有子孙不愿意承担赡养老人的责任，不仅会被宗族的人看不起，还会受到他人议论，而且宗族管事的人会出面教训他，如果他一直不肯悔改，后果严重时，他会在家谱上被除名，不能认祖归宗，将来去世后也不能埋到祖坟里。大屋岗村的村民也把赡养老人之事看得很重要，村里如果有人不承担赡养老人的责任，街坊邻居会在背后说闲话，但是不会插手管这个事情。

六、家户内部交往

1949年以前在大屋岗村，受交通条件与经济水平影响，各家户尤其是中小家户，人际交往的圈子很小，而且主要是家户内部交往，一般人们关注的只是家户内部的生产与关系。李家作为中户家庭，家户交往也主要体现在内部成员的交往关系上，主要包括父子关系、婆媳关系、夫妻关系、妯娌关系、兄弟关系。

（一）父子关系

1949年以前，李家存在三对父子关系，即李仁和与李行丑、李仁和与李行林以及李行丑与李顺华之间的关系。因李顺华年仅2岁不懂事，所以他与李行丑之间的父子关系可以忽略不计。李行丑和李行林兄弟两人为人老实，在家里也十分尊重李仁和，听老人的话，而李仁和作为当家人也拥有一定的权威，所以李行丑和李行林很少与李仁和发生冲突。

1."子孝"多于"父慈"

在李家，李仁和作为当家人，拥有最高的支配权和决策权，其他家庭成员处于从属地位，需要听从李仁和的安排，李行丑和李行林也不例外。分家前，李仁和在李行丑和李行林的心目中是一个严肃而话不多的父亲，但是父亲在家里具有权威，家庭成员不能顶撞、背后议论李仁和，不然将会被视为"以下犯上"的不孝行为。李仁和在家里说的话无论对错，孩子都需要无条件服从，不然李仁和将会对其进行批评甚至打骂。在李行丑和李行林的印象中，父亲一直是具有权威的人，父亲会经常吩咐他们做事，也会经常教导他们该做什么，他们不太敢接近父亲，更不敢冲撞父亲。

分家后，虽然李仁和不再是当家人，但是李行丑和李行林仍然十分尊重李仁和，平时家里有事拿不准主意的时候，就会询求父亲的意见，李行林和李行丑仍然会听，在李仁和生病期间，李行丑和李行林也一直尽孝。无论什么时候父亲的地位总是排在儿子前面，儿子任何时候都要对父亲尊重、顺从，因为不这样做就会被认为是不肖子孙，村里人就会在背后说闲话。

2.父子责任同等

在李家，李仁和作为父亲对儿子需要承担一定的责任，如将儿子抚养成人、教导其做人做事的道理以及负责给儿子婚配等责任。因此在抚养和教育儿子的过程中，李仁和对儿子十分严格，家里的农活要求儿子都要会做，还要教他们为人处世的道理，以及红白喜事的礼节等。李仁和作为父亲，教育儿子既是一种责任也是一种权利，他可以差遣李行丑和李行林跑腿做事。俗话称"子不教，父之过"，李行丑和李行林如果犯错，李仁和也有权教育、打骂孩子，打骂的目的不是为了惩罚而是为了教育孩子，能让儿子知错悔改就行。李仁和对儿子也寄予厚望,一般不会将自己的儿子逐出家门,而且等儿子长大尤其成家后,父亲就会很少打骂儿子,以免伤害儿子的自尊。儿子必须要听李仁和的话,否则是忤逆,如果父亲说得不对,儿子可以提出来,但是提出来的方式要委婉、尊重老人。

1949年以前,在大屋岗村无论大小家户,儿子对父亲皆有尽孝、尊重、顺从、赡养和送终的义务,儿子不能忤逆父亲,尤其在婚姻大事上必须要听从父母的安排。在当地教导有方、儿子成才、勤劳能干的父亲是好父亲,孝顺长辈、尊敬长辈、早日成家立业、听父母话的儿子是人们眼中的好儿子。

在权利义务关系上,人口越多的家庭对于父子关系的讲究也会越多,大户人家也会更讲究家规,重视这种不对等的父子关系。简而言之,父与子的关系在权利与义务上并非完全对等,而在养的义务上是对等的,比如李仁和抚养李行丑和李行林长大成人,并对儿子成家立业之事负责,那么李行丑和李行林就有义务赡养老人。但是父亲与儿子的身份和地位并不对等,在李家,李仁和作为当家人处于主动和权威的地位,家里大小事皆由他说了算,其他人不能顶撞李仁和,而李行丑和李行林作为儿子处于被动和服从的地位,李仁和的权利大于李行丑和李行林的权利,两者之间是不对等的关系。

3.日常交往比较融洽

李仁和这个父亲在李行丑和李行林心中是一个能够吃苦耐劳、做事公平公正、会管家的好父亲。李仁和当家期间并没有对儿子和媳妇过于苛刻,这样做的目的是老人认为家和万事兴,想要全家人团结一致,减少争吵和矛盾。平时家里的消费开支用去多少、用在哪里,当家人会在吃饭的时候当着全家人的面说一声,关于家里钱财的收支让大家能够心知肚明,李行丑和李行林因此十分信任这个会当家的父亲。

另外,家里有大事时,不管是好是坏,李仁和都会和两个儿子商量,也允许他们提意见。因此李行丑和李行林与父亲相处还比较好,但是老人在他们心中还是有一定威信,老人让他们做什么事他们就听话去做。平时李行丑和李行林对老人也比较尊敬,老人偶尔会与儿子谈谈家常,顺带教导儿子要好好做事才能承担起一个家庭的责任。虽然李仁和与自己两个儿子相处比较融洽,但是两个儿子对父亲还是有畏惧心理,不敢与自己的父亲顶撞,李仁和说什么,老大和老二就听从。分家后,李行林自己家有事,不知道怎么处理时,都会找自己的父亲商量。

4.父子间冲突内部调解

李家一家人忠厚善良,李仁和老实、话少,两个儿子也是本分老实,平时相处没有大的矛盾。李仁和总是主张和气生财,一家人不必计较那么多,所以即使有时李仁和对两个儿媳妇不满,也不会刁难儿媳妇或儿子,心想都是一家人,互相包容一下就好。即使家里犯嘴角,也是一气之下吵几句,过后也都不记仇,李仁和经常说:"牙齿和舌头哪有不相撞的,磨合磨合就好了"。

1949年以前,李仁和有时候会与儿子发生小吵,但不至于产生大冲突。李仁和与儿子发生口角的时候,儿子再生气也不会顶撞自己的父亲,大多时候李行丑和李行林都是默默地听着父亲的批评。在李行丑和李行林成家后,因为两个小家庭互相推托农活,不想做事,李仁和与李行丑、李行林闹过矛盾,老人当初是觉得都是一家人不用分得那么清楚,家里的家务活和农活是谁空闲谁做,自己看着做,但是产生小家庭以后,家里的大小事渐渐变得没人心甘情愿地去做,儿子们做事的积极性不高,有偷懒的心理。但是即使家里父子之间产生矛盾,也是一家人关上门在内部解决,不需要找外人调解,也不想让家丑外扬。

(二)婆媳关系

1949年以前,李家内部存在的婆媳关系是指婆婆黄氏与黄冬英和刘慧慧之间的关系。黄氏作为李家的内当家人,是家务事的实际支配者,在家里刘慧慧和黄冬英都要听黄氏的话,婆婆黄氏有吩咐媳妇做事的权利,媳妇要尊重婆婆,不能顶撞。黄氏年老时,黄冬英和刘慧慧作为儿媳对婆婆黄氏有尽孝、赡养的义务。

1.婆婆教导与分配家务事

李仁和的妻子黄氏是一个话不多且心善的人,又因为自己的两个儿子有"大肚子病",觉得自己家有点亏欠两个媳妇,而且两个媳妇肯做事、能生孩子,又勤劳持家,所以对两个媳妇还比较好。黄氏也会和两个媳妇一起做家务事,婆婆该尽的义务都尽了。平时黄氏比较疼爱刘慧慧和黄冬英,在刘慧慧和黄冬英坐月子期间,黄氏杀鸡煨汤、做饭而且送饭给她们吃,还会烧水给自己的媳妇使用,老大、老二家的孩子黄氏也都会帮着带,不偏心哪一个。黄氏是家里的内当家人,家里收成好一点的时候,会给两个媳妇零花钱用,刘慧慧过年的时候喜欢打牌,黄氏会另外多给她一点零花钱。

在生活中,黄氏作为婆婆对媳妇比较照顾,照顾坐月子的媳妇,帮忙带孙子,家里有剩余的时候给媳妇零花钱用等。在李家,黄氏作为内当家人,对家户中的家务事有支配权,因此黄氏会经常吩咐黄冬英和刘慧慧做家务事,也会教她们缝制衣服、做饭等。另外,黄氏的娘家经常种棉花,为了保证全家一年换两季衣裳,黄氏从娘家那里把棉花拿回家,自己弹棉花,然后纺线、织布。有时候黄氏还教两个媳妇纺线、织布,织完布后就把布料分给黄冬英和刘慧慧,让她们自己裁成衣服穿。刘慧慧刚嫁进李家还不会做衣服,黄氏就帮她把衣服裁好,打样出来再给她,黄氏的好刘慧慧都记在心里。

2.儿媳照顾孝敬婆婆

1949年以前,在大屋岗村婆媳关系一般不是对等的,婆婆是长辈,处于支配地位,媳妇处于从属地位。婆婆能够打骂媳妇,如果媳妇犯上或者不贤惠,婆婆有权利去管。但在村里很少有婆婆会打媳妇,老人认为不是自己养的闺女,不能随便打骂。在李家,黄冬英与刘慧慧的心里还是对婆婆比较敬畏、尊重,不敢冲撞婆婆,婆婆黄氏说什么,刘慧慧和黄冬英会听着,让她们做什么事,她们也都会做。

黄冬英和刘慧慧对黄氏也有应尽的义务,在平时相处时要尊重孝敬黄氏,不能顶撞,黄氏的话要听从,老人将来生病,刘慧慧和黄冬英要照顾她,去世后也要给黄氏送终、披麻戴孝。在当地,如果婆婆和媳妇的亲娘同时去世,媳妇还要以自己的婆家为重,媳妇嫁过来就是夫家的人,媳妇要先给婆婆守夜行孝,才能再回娘家。

3.婆媳关系和谐少有矛盾

因为李家内当家人黄氏对媳妇好,两个媳妇对黄氏也比较尊重、听话,因此婆媳之间相处还比较融洽。黄氏对媳妇不满时也不会直接与媳妇争吵,而是找儿子说说,或者闷在心里,黄氏总是为了整个家庭和自己有病的儿子考虑,所以能忍则忍,不多说什么。虽然黄氏与黄冬英和刘慧慧相处基本没有大矛盾,但是她们对黄氏还是有一定的距离感,她们心里有事会与自己娘家的人说,不会找黄氏倾诉。如果在李家,刘慧慧对自己的婆婆黄氏有不满之处,她一般会跟自己的丈夫李行林说,李行林会劝说妻子,缓解婆媳关系。

刘慧慧对自己的婆婆黄氏印象特别好,黄氏为人好,但是有件事刘慧慧觉得十分亏欠黄氏。在李行林与刘慧慧刚结婚的一两年里,刘慧慧因为某事与李行林吵架,在气头上骂了一句李行林的母亲,正好被黄氏听见,黄氏很生气,觉得自己的媳妇不尊重自己,就告诉当家人李仁和,李仁和知道后十分恼怒,还打算下手打刘慧慧。后来这件事被李氏家族的人知晓,家族的长辈到李家要教训刘慧慧,但在邻居和刘慧慧娘家人的劝说下,这件事才得以化解,从那以后,刘慧慧再也不敢冲撞黄氏。

1949年以前,全家人都为了生活而不停地忙碌,黄冬英和刘慧慧农忙的时候做农活,农闲的时候就做副业挣钱或者带孩子,一天下来她们与婆婆说话的时间并不多,因此婆媳之间矛盾和冲突并不多,总体上比较和谐。

(三)夫妻关系

1.关系平等且亲密

李家有李仁和与黄氏、李行丑与黄冬英、李行林与刘慧慧三对夫妻,其中李仁和与黄氏是长辈而且是当家人,处于支配地位,所以李行丑与黄冬英、李行林与刘慧慧四个人都要尊重孝敬两个老人,在家中他们要听两个老人的话。

在李行丑家和李行林家,平时他们都是自己管自己这个小家庭,没有发生大的矛盾就互不干涉。丈夫与妻子之间平常会因为琐碎的事情发生口角,但是他们是"床头打,床尾和",在生活中夫妻之间接触最多,关系也最为亲密。刘慧慧与李行林之间无论大小事都会商量,刘慧慧有什么委屈或烦心事会告诉自己的丈夫李行林,李行林也会宽慰她。在李家,夫妻之间关系是比较平等的,有事彼此商量,共同治理家庭,生活上相互照顾。

2.男主外,女主内

1949年,以前,李家主要呈现"男主外,女主内"的治家模式,李仁和是外当家人,黄氏是内当家人。另外,在家里三对夫妻关系中,丈夫主要做家外的活,妻子则为丈夫做饭、洗衣等。分家前,李家各小家庭负责清洗自己家的衣服,由妻子洗丈夫和小孩的衣服。夫妻之间小吵小闹,李仁和与黄氏不会干预,如果矛盾闹大则会劝和,老人不会偏向自己的儿子。小家内部关系是男性当大家,女性当小家。在李行林与刘慧慧这个小家庭里,是丈夫李行林主外,刘慧慧是内当家人,虽然他们夫妻平时也会吵架、闹矛盾,但是关乎小家庭利益的时候,小家庭的夫妻就会团结一致对外。

(四)兄弟关系

1.彼此团结齐心

李家李仁和这一辈是兄弟两人,李仁和排行老二,老人与自己的大哥相处较好,两兄弟是家里的主要劳动力,重粗活都是兄弟俩互相帮助一起做。在李行林和李行丑这一代,李仁和经常教育两个儿子要团结一些,这样才不会受外人欺负,李仁和不管是在两兄弟娶媳妇还是给子孙办酒以及分家时,都是一视同仁,不偏袒谁,为的也就是两兄弟之间没有隔阂,好好相处。1949年以前,李行丑与李行林兄弟俩关系比较好,没事的时候会一起开玩笑闲聊、喝酒,诉说心事。平时,他们兄弟之间会商量着做农活,一起劳作,兄弟俩都是明事理的人,因此几乎没有发生什么矛盾。如果家里受到外人欺负或者与外人发生矛盾时,他们两兄弟就团结一条心"对付"外人。

2.长兄地位居上

在生活上，李行丑看在李行林也有疾病在身，且年纪较小，所以家里很多事都会照顾、谦让着李行林家，李行丑认为这也不是吃亏，都是自家人，不必分得那么清楚。但在身份和地位上，李行丑作为长子，其地位比李行林高一些，在当地人们常说"长兄如父"，长子在家户中身份与次子确有不同。分家前，在家户对外交往方面，李仁和外出不在家时，有时候会委托李行丑代表当家人。分家时，因李行丑是长子，因此李仁和将家里较大的正房分给李行丑。分家后，李仁和去世，在安排丧葬之事上，由长子李行丑主要操持，李行林则听从长兄的话，在殡葬礼俗上，李行丑作为长兄的角色也十分突出，李行丑负责打幡、抱灵牌，走在李行林的前面。

虽然在家户内部，李行丑与李行林兄弟两人的地位有所差异，但是平时他们两人因为是平辈而且家里兄弟也不多，因此关系很亲密，李行丑并没有凭借长兄地位来欺负李行林，反而经常照顾李行林，李仁和吩咐的农活，李行丑会比李行林做得多一点，而李行林也会听长兄的话，尊重李行丑。

3.小家之间亲兄弟也要明算账

在大家庭内部，李行丑与李行林兄弟两人关系很融洽，家里有什么事，老人吩咐后兄弟两人会商量着一起做。但是在兄弟两人成家后，大家庭之下的小家庭特性越来越明显，兄弟俩虽没什么矛盾，但是做事团结紧密度却没有之前那么高，有很多事就慢慢变成自己做自己的，各不打扰。比如，成家之前兄弟两人捕鱼捞虾挣的钱会交给李仁和管理，兄弟俩成家之后就变成各小家做副业的劳动所得，归自家所有。修建房屋时，也是自己负责自己居住的房屋。另外，涉及钱财的事情，兄弟两人也是"亲兄弟，明算账"。

以修补房屋为例，分家前有一年李家的房屋被洪水冲坏，当家人李仁和让两兄弟自己商量修房，无论是搭伙修还是自己修自己的，由他们自己决定，虽然两兄弟平时关系好，但是为了避免矛盾或者闹得大家心里都不舒服，后来两人商量好自己修自己的那间房。

（五）妯娌关系

1.互帮互助做家务

李家有两个儿媳妇，家里的妯娌关系就是黄冬英与刘慧慧之间的关系。平时刘慧慧与黄冬英相处得比较好，当家人李仁和与黄氏吩咐家务事后，两个人就商量着分配做。黄冬英是一个很老实的人，她力气比较大，因此平时家务活里的重活归黄冬英做，她也不会埋怨什么或者觉得自己吃亏，而刘慧慧个子比较小，力气也就小一些，因此手头上的活她做得多一些。家里平时做饭、放牛都是妯娌两人轮流来做，妯娌之间做家务活不会分清楚谁做得多、谁做的少，黄冬英做完自己的事后会帮助刘慧慧，刘慧慧也是如此对待大嫂黄冬英，彼此互相帮助。

关于她们妯娌两人在做家务事方面的团结关系，有一个事例足以说明。分家前，在刘慧慧和大嫂怀孕期间，黄氏看见两个媳妇不主动做家务事就生气回娘家了，走之前黄氏把烫"豆丝"①要用的一斗米②放在厨房。黄氏的目的是为了考验两个媳妇会不会烫豆丝，也是为了提醒她们要做事。黄氏走了之后，刘慧慧与黄冬英两个人自觉分工做事，刘慧慧洗米，黄冬英

---

① 豆丝：一种面食。
② 一斗米：一斗约十升。

把洗好的米磨成浆，磨浆是个技术活，不能把浆磨清，也不能磨干。她们的丈夫看着这么多米，恐怕是做到天黑都做不完，于是他们主动帮忙。李行林负责烧火，刘慧慧就把黄冬英磨出来的浆舀出来，然后放在热锅里烫成圆形饼状，李行丑则负责把烫好的豆丝摊在簸箕里冷却，待黄冬英磨完米浆，就主动将豆丝切成丝。虽然辛苦，但四个人齐心协力还是将这件大事完成。黄氏两三天后回来，看到两个媳妇已将豆丝做好，心里也很满意。

2.彼此鲜有争吵

1949年之前，李家只有黄冬英和刘慧慧妯娌两人，刘慧慧很尊重自己的大嫂，即使与黄冬英之间有些闹心的事情，她也不会说出来，顶多会和自己的丈夫说，李行林则会从中间劝解，尽量让她们不闹矛盾。在刘慧慧的印象中，她与大嫂关系还比较要好，彼此就闹过两三回矛盾。平时没事的时候，妯娌两人在一起逗逗彼此的孩子，相处融洽。平时两人比较忙，都忙活自己的事情，农忙做事，闲着的时候要捕鱼捞虾、做针线活和带孩子等，彼此也没有闲工夫拉家常和吵嘴。

七、家户外部交往

在1949年之前，李家以家户为单位进行对外交往，对外关系的特征是：邻里交往频繁，彼此经常借用东西；地邻关系融洽，互相帮助看青；亲缘关系密切，与亲戚经常走动；与村庄的关系比较疏远，但是会积极配合保甲长安排的村庄事务。李家在对外交往的过程中，与街坊邻居和亲戚来往最多，偶尔也会发生矛盾，但是都是小事，矛盾消除后关系又恢复正常，彼此相处和谐。李氏家族世代无人为官，全家人老实本分，因此在与村庄、政府和国家的交往过程中，关系生疏且显得被动。

（一）邻里日常交往频繁

1.彼此照应

1949年以前，大屋岗村的人都比较善良忠厚，尤其是街坊邻居之间会经常来往，彼此照应，互相帮助。李家与邻居街坊关系融洽，李仁和白天做完农活，晚上回家吃完饭后，有闲工夫就与邻居一起乘凉聊天。在农忙的时候，李家耕牛出现不够用的情况时，李仁和会找邻居借牛，收割的时候会借镰刀用。家里有红白喜事办酒席的时候，如果碗筷不够用，李家也会向邻居街坊借。李家的邻居街坊也是村里的老住户，邻里之间非常熟悉、感情深厚，因此李家找邻居借用东西很方便，很少被拒绝。同样，邻居有需要来李家借东西，李家也会尽可能地援助。在当地，邻里之间交往需要讲究一定的礼貌和规矩，比如进门之前要喊门，经过长辈应允后方可进入，在村里晚辈看见长辈要先打招呼，并且要按照辈分称呼等。

2.鲜有矛盾

平时，李家与村里的人来往并不多，一年四季除了过年休息几天，剩下的日子都是忙碌于生活，与田地打交道，白天干农活，晚上回自家休息，除了过年串门拜年，几乎没有时间用来人际交往。李家对外交往的圈子很小，与邻居和亲戚来往比较多。

在1949年前，大屋岗村的邻居之间身份平等，有的邻居是自家门的人，如果是长辈还得在称呼上尊重邻居，但是不会出现一方惧怕另一方的现象。李家与邻居相处十分融洽，基本没有矛盾发生，偶尔自己家的小孩与邻居家的小孩玩闹、打架，两家会发生一点口角之争，不过事后彼此也不记恨于心。如果邻居之间矛盾闹大，每个家户的当家人会出面维护自己的家人,自己化解不了矛盾,事情闹大,村里的保甲长就会来调解劝和。

李家在与邻居交往过程中,全家人都可以与街坊邻居打交道,刘慧慧经常到邻居家里打牌,李行丑有时会与邻居闲聊,李双春也经常与邻居家的同龄小孩玩耍,但是在借用物品、处理家户矛盾等事情上,李家不是每个人都可以对外交往,此时仅有家长可以出面。

(二)地邻交往相对较少

1.交往集中在农忙之际

地邻之间的田地紧挨着,以分界线区分土地,在生产与劳作过程中,地邻之间会发生一定的联系。在大屋岗村,一般地邻之间比较熟悉,关系称不上密切,但在农忙季节,在田地干农活的时候彼此会来往较多,平时几乎不来往。在生产上,各家户自己种自己的庄稼,互不干扰。在生活中,地邻之间距离较远,交集较少,矛盾也不会多。地邻之间的地位是平等的,一般情况下不会越线到对方田地里生产,关系上谁也不怕谁。在农忙的时候,李仁和也会到地邻处借用耕牛,有时候还会借用镰刀等工具。

2.矛盾因田地和生产而起

在庄稼生长的过程中,有时双方会产生矛盾,如1949年以前村里发生地邻之间因水田分界线而闹矛盾的事情,其中一家偷偷把作为分界标的木桩进行小幅度移动,后来被另一方发现,因此两家发生争执。地邻之间除了会发生田地分界线的矛盾纠纷,还会因庄稼地里长草、发虫而争吵,理由是埋怨对方田地的害虫传染到自家田地里。除此之外,地邻之间的关系一般来说还比较融洽。

3.关系融洽少有纷争

1949年以前,李家与自己的地邻关系比较好。在灌溉和看青的过程中,尤其是灌溉庄稼的时候,为了方便,两家会互相帮助给庄稼灌水,有时候地邻发现李家的田地里有杂草,会随手帮忙拔掉,或者提醒李仁和要锄草,李仁和对地邻也是如此,有时候李仁和看到地邻田地里的庄稼长得比较好,还会向地邻请教种植的经验。与邻里交往相比,李家与地邻来往较少,且交往的主体主要是李家的男性,尤其是当家人李仁和,家里的女性和儿童与地邻交往较少。

(三)亲戚来往走动较多

1.本家人不见外

李家在对外交往关系中,除了地缘上的邻里交往、地邻交往之外,还有以血缘相连的亲戚交往。李家与亲戚之间有亲缘关系,因此来往比较亲密。家户与亲戚之间的关系需要经常走动来维持,尤其是家户有红白喜事时,亲戚之间会帮忙、随礼金。1947年李行林结婚时,李家的本家人都来帮忙,他们会帮着招呼客人、陪酒、做饭、送客等,李家把本家人看作自家人,帮忙不需要给钱,给钱反而显得见外。李家本家有事,李家也会积极帮助。

2.娘家亲戚为大

除了本家的亲戚,李家最重要的亲戚就是黄氏的娘家,其次是黄冬英和刘慧慧的娘家,包括舅舅、舅爷、姨妈等。娘家的亲戚是贵客,逢年过节的时候必须来往走动,另外李家有红白喜事的时候,也必须邀请娘家亲戚来参与。黄冬英生产后,李仁和为自己的孙子办喜酒,首先邀请的是黄冬英的娘家亲戚。吃酒席时需要安排坐席,李仁和首先会安排黄氏的娘家亲戚,再安排黄冬英的亲戚,他们一般会坐在一席,而且会有陪客招呼他们。过年的时候,大年初一或初二,李仁和、李行丑和李行林会分别去自己妻子的娘家拜年,拜年的时候必须带礼品。李仁和去世后,李行丑主要负责操持葬礼,在给本家人报丧完毕后,李行丑就立即通知黄氏娘家的亲戚,黄氏娘家得知消息后也立即赶来随礼并帮忙。

3.走动讲究礼节和规矩

家户与亲戚之间的这些来往按照传统惯例十分必要,且家户与亲戚之间的来往不能随意,要讲究规矩和礼节,如过年给亲戚拜年拿礼品时有讲究,给老人拜年一般要拿糖,红白喜事随礼的金额也有规矩。若家户与亲戚之间在交往过程中不讲究这些规矩,就可能会得罪亲戚,产生矛盾。李家的邻居与其亲戚来往过程中,有一年邻居家里给孙子办喜酒庆生,因邻居家的亲戚送礼金送少了,邻居家的当家人与亲戚争吵起来,事后其亲戚又重新补齐礼金。

4.对外走动以男性为代表

李家与亲戚之间很少会有矛盾与纠纷,一般会因为一些小事发生口角,不过那只能算是磕磕碰碰的小事,人之常情。李家与亲戚之间的关系是和谐多于矛盾,这些有血缘关系的家户之间在生活上经常互相关照。家户与亲戚之间产生矛盾,没有血缘关系的外人不会管这等闲事,一般会请家族中年长且有声望的长辈来评理。

与地邻、邻里之间的交往对比,李家与亲戚之间的这种交往关系要更为密切,彼此相关性更高。李家与亲戚走动来往时,交往主体主要是男性,在当地,女性地位比较低,很少能出面代表家户进行对外交往。逢年过节的时候,李家主要是男性到亲戚家走动,亲戚家有红白喜事时也主要是男性去亲戚家随礼。最典型的是,大年初一和初二的时候,李家出门拜年的是李仁和、李行丑和李行林,而黄氏、黄冬英和刘慧慧必须留在家里招呼来拜年的客人,不到正月十五不能出远门。

(四)积极配合村庄的安排

1.与村外人谨慎交往

李家除了在地域、血缘关系上有对外交往的活动外,偶尔在村庄公共事务方面也有一定的外部交往。因大屋岗村经常发生洪涝灾害,于是村庄形成一种传统惯例——轮流看河。每年四至七月正值雨量较大的季节,大屋岗村附近的河水涨得很快,如果不加以看守预防,村民和庄稼就会遭殃。因此大屋岗村与附近几个村庄的保甲长商量,由各村派人轮流看河,观察水位,以便通知村民预防灾害。另外,村里需要修桥修路,保甲长也会通知各家户派遣劳动力。

1949年之前,大屋岗村与附近村庄之间因看河之事就闹过一次大矛盾。大屋岗村与附近的几个村庄轮流看河,慢慢固定地形成"潘白李赵卢何,轮流看河"。有一次潘姓村与李姓村的人因为看河偷鱼的事争吵、打架,具体原因是本该轮到潘姓村的人看河,看河期间,潘某在河里安置渔网,不料晚上李姓村的李某将他下的渔网偷偷拿走。1949年前,潘姓与李姓在村里的人口都很多,事后两个村闹得聚众斗殴,潘某将李某砍死,李某的家人为了报仇将潘某也砍死,村里法律尚不完善,因此保甲长也不敢插手干涉这些事情。李家人没有参与这次集体冲突事件,在与村庄之外的人交往中,李仁和与村外的人不熟,摸不清别人的脾性,因此劝诫家庭成员要小心谨慎,不要得罪别人,更不能惹事、闹事。

2.家户积极出力

在大屋岗村,一般家户对村庄里的公共事务会积极配合,听从保甲长的安排自觉派人做工。李家也是如此，每逢家户需要出人到村里做事的时候，李仁和会让李行丑和李行林兄弟俩轮流去。除了看河、修桥修路之外，秋收后村里的保甲长会到李家来收税，完粮纳税之事主要是李仁和与保甲长打交道，其他人不能参与。

李家在与村庄的交往过程中，交往主体仍旧是男性，而且当家人李仁和的支配作用十分明显，其他家庭成员处于从属地位，听从家长的安排。与地缘、血缘关系相比，李家与村庄的关系相对来说比较疏远，关联度也很低。

第四章　家户文化制度

　　1949年以前，李家与大屋岗村大多数家户一样，在家户文化方面比较欠缺。在教育方面，分家前由于李家的家庭条件有限，整个家庭是以解决生存问题为主，并没有额外的钱供家庭成员读书上学，因此在1949年前李家并没有人接受教育。虽然李家欠缺学校教育，但是家里的长辈会教导做人做事的道理，并传授种田与生活的劳动技能。在家户意识上，李家人团结亲密，自家人意识很强，并且奉行家户至上。在家户规矩方面，中小户人家没有成文的家规，但是在各成员心里有默认的规矩和行为界限。在家户积德意识方面，李家的长辈会时常提醒家庭成员做人的道理，倡导家庭成员心向善，行善事，积善积德。至于宗教信仰，李家没有人信仰宗教，但是家里信奉家神，重视祭祀祖先。

一、家户教育

　　1949年以前，李家经济条件有限且家庭缺乏劳动力，因此李仁和的三个子女都未读过书。1949年以后，李仁和让适龄读书的女儿李双春去学校读过几年书。虽然家户欠缺学校教育，但是李家十分重视家庭教育，长辈会对子女分别传授不同的劳动技能并进行人格教育。

（一）学校教育

1.学校教育欠缺

　　1949年以前，大屋岗村教育水平落后，村里没有正规的学校，只有两三个私塾，私塾是大户有钱家庭的子女读书的地方。村里大部分家庭的子女都没有接受过学校的教育，李家亦不例外。1949年以前，李家李仁和出生于贫穷的小农家庭，没有经济条件接受教育，下一代李行丑、李行林和李双春也没读过书。1949年以后，社会风气鼓励人们接受教育，加上李家经济条件有所好转，李仁和才把李双春送去学校读书，她读到四年级便又回家帮忙做农活。因李行丑和李行林已经过了读书的年龄且已成家，家里又急需劳动力种田干活，故1949年以后他们兄弟俩没去学校接受教育。

2.家长不重视学校教育

　　1949年前，大屋岗村大部分人不重视子女教育，人们依附于土地，靠种田为生，他们重视的是教自己的后代如何种田，注重向后代传递生活技能，李家也是如此。在大屋岗村，对贫苦的农民而言，接受教育、学知识是有钱人家才有的权利，农民只有种田才能生存。村里大部分家户生活十分艰苦，一年四季都忙于生计，普通家庭供不起子女上学，也不允许这样做，因为这样做一个家庭就会少一个劳动力进行农业生产，而多一个吃闲饭的人，普通家庭无法供养闲人。

　　李家劳动力并不多，农忙的时候还需要雇请短工帮忙，而李行丑和李行林是家里主要的男性劳动力,所以李仁和没打算让两个儿子去私塾读书。除了现实条件的限制,当家人李仁和对子女接受教育的态度也影响家户的教育情况。李氏家族世代都是普普通通的庄稼户,祖辈无人读书,更无人做官,因此到李仁和这一代对子女的文化教育自然也不重视。1949年以前,李仁和没有让子女去学校读书,其子女听长辈的话,也从未主动提出要读书的请求。在李家,李仁和最关注的是庄稼的收成和全家人的生活保障,对家户文化并不在意,也没空去在意。

3.大小户的教育水平有差异

1949年以前,大屋岗村的人们生活水平低下,村内又常常发生涝灾,每次发生灾害之后,很多家庭会因缺粮食而忍饥挨饿,温饱难以保障。因此在村里大部分中小户家庭都把种田看作家户首要之事,人们十分关注粮食的收成情况,他们认为接受教育是衣食无忧的大户人家的事情,与普通老百姓无关。而村内大户人家生活比较富足,在村里有一定的声望和地位,其家族也历代重视子女的教育,只要条件允许,大户人家就会让子女接受教育。

1949年之前,大屋岗村的大户与中小户在教育方面存在一定的差异,大户人家会在子女五六岁的时候送去私塾或附近村庄的学校读书,条件好的家庭会让孩子读到六年级,这在当地已经算是很高的文化水平。大户人家也有重男轻女的思想,会让男性先读书、多读书,女性读一两年书就足够了。而在普通和贫苦家庭,很少有子女去学校读过书,尤其是认为女孩子只要认识"上"和"下"等字就已足够,对男孩的要求是会写自己的名字就行。家庭条件好一点的普通家户,家长一般会让最小的儿子或者身体差一点的儿子去读书。

1949年前,大屋岗村的人们一般不让女孩读书,家里有条件也是让男孩优先读书,孩子是否读书、供哪个孩子去读由家户的家长决定。村里很少有人能交得起学费,一般家庭就给几斗米和一些柴火给教书先生当学费,教书先生的家庭条件和普通农民差不多。在村里,有的家庭即使负担得起学费,也不会让子女读太多书,因为这样做意味着家里又少几个劳动力,生产会受影响,家庭负担也会增加。

(二)家庭教育

1.注重塑造子女的人格

李家上至李仁和的父亲那一辈,下至其儿子那一代,除了1949年以后李双春读过几年书,其他人都没踏进过学堂的门。不仅是李家,村里大多数人家在1949年前都没有接受学校教育,条件不允许子女读书。子女不读书并不意味着不接受、汲取家庭教育,按照传统惯例,父母有教导孩子的责任与权利,这就是所谓的"子不教,父之过",父母十分重视子女的教养,主要包括塑造子女人格。

1949年前,李家几代人虽然没有读过书,但长辈却十分重视对子女的家庭教育,李仁和与妻子很重视对子女的管教,以免他们在外做错事或因说话没礼貌而被他人说闲话。李家李仁和与黄氏为人老实忠厚,这样的性格也遗传和影响到自己的三个子女,三个孩子也是这样老实本分,在家外从不惹是生非,也不敢插手别人的事情。李仁和勤劳节俭、保守、隐忍的性格也影响到其他家庭成员,两个儿子尤其是李行丑性格憨厚而且话少,在家任劳任怨。另外,家里长辈勤俭节约的生活作风对子女也形成潜移默化的影响,全家人生活一直很节省,无论年成好坏都不会浪费粮食。

在李家,长辈对子女的教育没有明确的规定由谁负责,总体上长辈可以教育晚辈,但实际上主要是父母教育子女,父亲负责管教儿子,母亲负责管教女儿。在李家,李仁和对李行丑和李行林十分严格,他对儿子寄予很大的期望,在李仁和看来,男孩要能吃苦耐劳、挣钱养家,因此不能惯养。在生活中,李仁和会经常劝导两个儿子要好好做事,这样才能养活一家人,老人会有意让李行丑和李行林做农活,这样做是为了锻炼他们吃苦耐劳的品质。黄氏作为母亲,很少插手管教儿子,她主要管教李双春,在李双春七八岁的时候,黄氏便开始教她做饭、洗衣和针线活。李仁和也会经常教育自己的子女在家要和和气气,少吵架,彼此谦让,在外面不要惹是生非,说话做事注意分寸,不要得罪人,不该管的事情不要管,免得惹祸上身。

除了塑造子女为人处事的性格,李家也十分重视教育子女的言行举止。在饭桌上,李仁和经常说"坐要有坐相,吃要有吃相",在家里要懂得尊重长辈,长辈没有动筷吃,晚辈不能先吃,行为举止要讲规矩,尊敬长辈,不能没大没小。黄氏教导李双春,出门在外要注意自己的形象,走路说话要有女孩子的样子,言辞行为要得体,珍爱自己的名节。李双春出嫁前,黄氏还教她在婆家如何做人,如不能顶撞公公婆婆,要听老人的话,对丈夫要温柔贤惠等。

2.传授劳动技能

1949年以前,传统家庭除了塑造子女的人格,也十分重视传授子女相应的劳动技能。一般家庭内,父母在教导子女生活技能方面有一定的侧重,父亲会教儿子种田、建房等生活技能方面的经验与知识,告诉儿子成家立业的重要性;母亲会教女儿做一些家务,做饭洗衣以及女红,如纺线、绣花、缝衣补鞋等针线活,等女儿快要出嫁时会教女儿到婆家好好做人的道理,教导女儿要孝顺公婆、体恤丈夫、生育孩子等事情。在当地,孩子到了十三四岁就被认为长大成人,便要正式开始干农活,贫困人家的孩子可能更早。

在李行丑和李行林13岁左右的时候,李仁和就正式教他们怎么耕田、播种、锄草、灌溉和收割。在当地,有的孩子在七八岁的时候就开始学怎么种田,长辈的种田经验和知识也是从父辈那里一代一代传下来的,孩子小时候经常要帮着做农活,有些农活小孩看得多了之后慢慢就自己学会做了,不需要大人特意花时间来教。普通家户在生产过程中,尤其是农忙的时候,无论男女都要下地干活,所以种田的基本技能女孩子也需要掌握,正如刘慧慧所说"种田不分男女都必须要学,这是生存技能"。

黄氏会教女儿做家务活,1949年前,在当地洗衣做饭是女孩子必备的技能,否则将来嫁到婆家会被婆家的人看不起。女孩子在12岁左右的时候要学纺线、绣花、做鞋子衣服等针线活。1949年前的农村十分重视对子女的家庭教育,尤其是对女孩子的要求和规矩特别多。刘慧慧出嫁之前,母亲教导她将来到婆家该怎么做人,当地有句俗话:"今天叫亲娘,明天叫假娘,今天照镜子,明天照水缸",意为出嫁前的姑娘在自己家喊自己的亲娘,嫁到婆家就要称婆婆为娘,出嫁之前可以照镜子,出嫁后就不能照镜子,只能以水缸为镜。刘慧慧嫁到李家后,大小家务事她都做,也十分听长辈的话,没有让自己的娘家担心。

二、家户意识

1949年以前,在大屋岗村,各家之间存在很强的家户意识,人们各自过自己的日子,不干涉别人家的家务事,自家的事也不容许外人介入。李家也是如此,在家户中有着很明确的自家人与外人的意识区分。分家前,李家全家人过着团结紧密的生活,当家人李仁和把整个家庭的团结当作最重要的事情。

(一)自家人意识

在李家,所谓"自家人"是指住在一起有血缘关系的家人,而即使有血缘关系、但不住在一起的亲戚不能算作自家人。李家分家前,三代八口是自家人,他们同居共财,在一个锅里吃饭,生活息息相关。分家后,大家庭分成两个小家庭,虽然不在一起吃住、生产,但是心里还是把这些家庭成员当成自家人,若小家庭遇到困难,其他家人还是会积极帮忙,整个大家庭的团结意识犹存。

自家人的意识主要是按照血缘关系的亲疏远近来划分,长年在外打工不回家的人,只要有血缘关系仍是自家人;没有近亲血亲关系的、寄宿在家里的人也不能算作自家人;过继、抱养的孩子从确认过继或抱养的那天起就算是自家人;招上门的女婿也是自家人。但是家里雇用的长工、管家就不算是一家人,不居住在一起的亲戚也不算作自家人。总之是否是自家人,一般要看是否有近亲血缘关系,其次需要得到家庭成员的心理认可,自家人并不是以是否居住在一起、有无血缘关系为绝对标准。

李家认为外人也没有具体的客观标准,通常是人们在心里依据关系远近所做的主观判断。在李家,家庭成员把街坊邻居看作外人,而亲戚尤其是关系一般的也是外人,超过三代的就算是关系一般的亲戚,而亲戚之间的亲密程度也会随着血缘的亲疏远近而有所不同,比如堂兄弟之间没有亲兄弟之间关系亲密。在1949年以前,外人不会介入自家的家事,同理,自家也不会介入别人家的事情,如邻居家内部发生矛盾,李家当家人不会插手别人家的家务事,如果事情闹得严重,也只是友善地去劝和,但不会为别人家的事情做主。李家内部发生矛盾的时候,亲戚、邻居以及保甲长也只是看看、听听,不会多管,李家也不想让外人干涉进来,家务事是一个家庭内部的事务,自家人不希望外人干涉进来,自家的家丑也不愿意外扬。

(二)家户一体意识

1949年以前,李家全家人关系比较团结、和谐,分家前李行丑与李行林两兄弟在做农活的时候会互相帮助,一般当家人让他们做什么他们就会去做。农忙的时候全家人一起耕种、收割,大家在一起做事的时候,看见什么需要有人去做,就会主动去做,若是不做会被当家人批评。在家务事的分配上,内当家黄氏对两个媳妇的分工比较清晰,做饭是黄冬英和刘慧慧一人负责做一天,做饭的人还要负责洗碗,洗衣服是各个小家庭自己负责,放牛也是刘慧慧与黄冬英轮流做。但是因为黄冬英力气大,刘慧慧体力小,所以她们协商的结果是刘慧慧多放牛,干不动的力气活就由黄冬英来做。黄冬英有时太忙没时间带孩子,李行林家会帮忙看着她的孩子。

虽然自家人之间偶尔有矛盾,但是全家人为了整个大家庭的生存与发展,也是为了自己的生活,就会团结在一起,互相帮衬着做事,不计较那么清楚。尤其是在自家人受到外人欺负的时候,李家人会联合起来去帮忙讨回公道。1949年以前,李家全家人能吃饱穿暖、发家发财是大家的共同目标,为了整个家庭能够发展下去,也为了自己能够生活得好一点,全家人都会为生计而勤劳做事。分家后,李仁和经常跟两个儿子说"要团结些,互相帮忙,以后哪个家里条件好一点就帮帮另一家,都是一家人互相要爱护"。

(三)家户至上意识

在李家,家户要比个人重要,大家庭利益大于小家庭甚至个人利益。家里各成员要听从当家人李仁和的安排,因为当家人的所作所为是为整个家庭考虑和做打算的,当家人的意识代表的是整个家庭的意识。分家前,农忙时全家人一起做事,农闲时李仁和会鼓励家人捕捞鱼虾,靠此副业赚钱。李仁和主张各小家捕鱼捞虾挣的钱归小家庭所有,老人这样做也是在为整个大家庭考虑,因为他发现家庭成员有偷懒的倾向,想靠着老人吃饭,自己并不想做事。李仁和没有强行把各小家挣的钱收上来,一方面是为了提高小家庭成员挣钱的积极性,另一方面也是为了减轻整个家庭的负担。分家的时候李仁和也是主张平均分配,目的是为了整个家庭内部少起矛盾,能够团结和谐,这样整个大家庭才不会散。在李家,整个家庭的利益重于个人,分家的时候恰逢年成不好,刚开始李行林家不愿分,但是当家人为了整个家庭能够长足的发展,提高家庭成员做事的积极性,小家庭的利益没有大家庭重要,李仁和还是坚持分家。

1949年之前,在家户教育方面,一个家庭即使负担得起学费,但是如果家里缺乏劳动力,子女也会被家长叫回来帮忙做农活,家庭成员即使不甘心,但是为了整个家庭也会放弃自己喜欢做的事。分家前黄氏给两个媳妇零花钱,也是在整个家庭收支平衡的前提下再考虑给媳妇多少零花钱,刘慧慧和黄冬英知道日子艰苦,自己想买什么也不会跟老人要钱,也体谅老人当家养家不容易。

(四)家户积德意识

李仁和与妻子黄氏十分信奉神灵,并相信"善有善报,恶有恶报""人在做,天在看",因此两个老人教导后代多做善事,不能做昧良心的事,否则会遭到报应。李仁和认为多做善事可以积德,家里会发财走好运,这样做也是为子孙后代积德造福。1949年以前,在大屋岗村,如果有家户人丁兴旺,儿孙添得多,会被说成是上代人造福造得好,获得了菩萨和上天的眷顾。

李家全家人与人为善,邻里关系很好,邻居需要借东西的时候,李仁和会热情帮助,村里需要每家每户出劳动力防洪或者修路的时候,李仁和也会积极配合保甲长的调动。1949年前在大屋岗附近的仙桃市,有一个男青年被国民党军队抓去当壮丁,因受不了苦,于是选择逃跑,害怕被国民党军队抓回去,所以他逃到大屋岗村附近躲着,李仁和十分同情远逃而来的壮丁,经常送食物给他们吃。李家一家人心地都很善良,诸如此类帮助别人的事情也很多,他们这样做主要是发自善心,平时长辈也教导晚辈不要做伤天害理的事,否则后代会遭到报应。而且每逢过年的时候李仁和与黄氏也十分信神灵和菩萨,在大年初一,黄氏会风雨无阻地去庙里烧香拜佛,祈求全家人能够平平安安。

三、家户习俗

1949年以前,大屋岗村有着十分浓厚的传统节日习俗,人们过节的时候是以家户为单位进行,不同的传统节日有着不同的特色习俗。李家每年重视的节日主要包括春节、元宵节、小年、清明节等。村里不同的家户之间庆祝节日的方式会有所不同,大户人家在过节的时候会置办得热闹些,而普通家户和小户家庭的过节形式就会简单些。李家的习俗除了有主要的传统节日,还包括红白喜事的习俗。

(一)隆重过春节

1.家长置办年货

1949年以前,在大屋岗村,人们过春节是从初一开始算起,直到正月十五结束,春节之前需要打年货、制新衣、大扫除等，最重要的是一家人要聚在一起吃团圆饭，过春节是以家庭为单位，全家人一起过。过年前，在当地还有打糍粑、自制腊肠、腊鱼等习俗，为了准备过年，李家会在腊月二十四左右的时候把家里养的猪宰杀。另外，在腊月二十五的时候，李仁和会去集镇置办年货，主要购买家里吃年夜饭要用的菜、糖、炮竹、对联、门联、香烛等东西。

2.儿媳妇"打扬尘"

李家大年三十前还需要做大扫除，意味着除旧迎新。在大屋岗村，各家各户做大扫除的时间不统一，一般在腊月二十四至二十九，大扫除在当地叫"打扬尘"，意为驱赶恶鬼，清除家户中邪祟的东西，并将家庭所有不好的事情一同清理干净，以迎接新的一年。在大屋岗村，无论大小家户都会在过大年之前"打扬尘"，在村里有句这样的顺口溜："扬尘早，春来早。福星多，灾星少"。分家前，李家每年的大扫除皆由黄冬英和刘慧慧来做，她们姑娌两人会在腊月二十四的时候把家里打扫得干干净净。在李家，过年前除了祭拜灶神、做大扫除，李仁和还会在小年之后准备打年货，家里会以杀年猪、卤肉和煨汤的仪式来迎接除夕的到来。

3.全家人团聚吃年夜饭

大年三十，李家全家人会一起吃年夜饭，年夜饭是一年中最丰盛的一顿，也是最重要的一顿饭，以全家人为单位，所有家庭成员都要团聚在一起，外出的人也必须回家过年，如有特殊情况，全家人都要等着没回来的人一同团圆吃年夜饭，嫁出去的女儿则留在婆家过年，不能回到娘家过年。在大屋岗村，人们吃年饭是在晚上，这是当地的一个传统习俗。李家年夜饭是家里的女性负责做，主要是李仁和的儿媳妇做。

李家吃年夜饭前，按照习俗需要祭祖，祭祖主要是男性参与。分家前，吃年饭前李仁和会来主持祭祖之事，他会在家门口烧点纸钱给祖先用，烧纸钱的时候还会与祖先说几句好听的话，让他们保佑家里顺利、发财，烧纸时当家人和儿子们要叩头、作揖，祭拜的时候全家人都不能说话，等黄表纸完全燃尽，李仁和再回到堂屋，在"神柜"①前摆放一张方桌。一家人就座吃饭之前，当家人必须先"叫"祖先回家过年一起吃年饭，家里有几个过世的先辈就摆几副碗筷，在每个碗里添一点米饭和肉，再配几杯酒，这些都是当家人来做，准备好之后再由当家人喊先人回来过年吃饭。

祭完祖之后一家人才能吃年夜饭，吃年夜饭的时候，平时不能上桌吃饭的媳妇也可以就座，与长辈一起吃饭，即使是孙辈也可以与当家人一起坐在桌上吃饭，总之，只要是自家人都能上桌吃饭，就座的时候是长辈先坐，其余晚辈才可以按长幼次序坐。吃年夜饭的时候全家人可以大吃大喝，年夜饭的饭菜是一年中最丰盛的，因此全家人会比平时吃得饱足一些，饭后由李仁和的妻子和儿媳妇收拾桌子洗碗。吃年夜饭都是自家人参与，不会邀请外人来，嫁出去的女儿也不能参与进来。吃完年夜饭后，李仁和会在家里的门上贴上财神，大门外会贴对联，以迎接春节的到来。在大年三十，一家人会一边守夜，一边围着火堆烤火取暖，聊聊家常，彼此之间分享一年的收成和有趣的事情，当家人李仁和告诉儿子春节要去哪家亲戚拜年，也会商量明年种什么庄稼，如果手头有钱，老人会给孙辈一点压岁钱。等到晚上十二点，当家人会在堂屋烧香，再去大门口燃放鞭炮，祭拜神灵，放完鞭炮后，当家人告知能去休息，家里人才能去睡觉。第二天一清早就是大年初一，黄氏会上庙里烧香祈福，而李仁和与两个

---

① 神柜：堂屋正中间摆放的木柜，用来祭祀祖先、神灵的。

儿子则负责串门拜年。

4.家中的男性出门拜年

(1)拜年不兴下午拜

1949年以前,人们是在大年初一开始走亲戚拜年,全家人要起早床,因为人们喜欢拜早年,下午不兴拜年。在大屋岗村,拜年时讲究越重要的亲戚越要提早拜才显得重视,晚去可能会得罪亲戚。走亲戚拜年是礼尚往来的事情,亲戚互相走动,你到我家来,我到你家去。老人年纪大不方便出门走动,儿子可以代表老人去拜年,拜年是男性出去串门走动,女性不能出门拜年,必须留在家里,如果有人来家里拜年,妇女需要准备茶饭招待客人。

李家分家后,李行林家里若是来了贵客,吃饭的时候需要请本家人过来吃饭,像自己的爷爷奶奶、父母、伯叔、哥嫂、弟媳等可以叫着一起吃饭,不叫出嫁的女儿,其他小家庭来客人同样也会叫这些自家人吃饭,李家分家后,年夜饭也是在各小家轮流吃。

(2)拜年规矩:先自家再本家后亲戚,晚辈先给长辈拜

在大屋岗村,人们走亲戚拜年也要讲究次序,先给本家族的长辈拜年,孙辈先要给爷爷奶奶拜年,拜的时候要给长辈磕头、作揖行礼,长辈同意起来才能起来。再按照长辈次序依次去伯伯叔叔家拜年,儿子也要给父母拜年问候。自家拜完之后,再去本家拜年,就是到村里自家门的亲戚家拜年,去的时候不需要买礼品,可以带着家里的小孩子去,但妇女不能去。拜年的时候人们通常会说"新年好""恭喜发财"之类的祝贺词,然后在亲戚家里坐一会儿,喝杯茶,但不会停留很久,因为还有很多家要去走动。自家门的拜完之后再跟街坊邻居,包括对门的、同一个巷子的邻居拜年,这些过程都要走快一点,因为之后还要去妻子娘家拜年。

在李家,李仁和与黄氏刚结婚的几年里,由李仁和去黄氏的娘家拜年,后来李仁和的儿子长大成家后,李仁和年纪大了就由李仁和的两个儿子去给母亲娘家的舅舅、舅爷、"家家"拜年,舅舅、舅爷、家家为大,必须大年初一去拜,拜年的时候还需要拿着礼品。1949年前,当地出嫁的女儿不能在正月的上旬回娘家,要过了正月十五才能回娘家。给妻子的娘家拜完年之后,初二、初三再去儿媳妇的娘家,这是"先拜老家家,再拜小家家"的老规矩。初四、初五就去姑妈、姨妈、表亲家拜年,初五、初六过后就很少有人再去走亲戚拜年,而是去自己朋友家里拜年。

(二)腊月二十三祭灶王爷

李家每年腊月二十三会以家户为单位过小年庆祝,过小年前李仁和会祭祀灶王爷。1949年以前,在大屋岗村,无论大小家户都十分信奉家神,李家也不例外,因此在腊月二十三,李仁和会祭拜灶神。在大屋岗村有个传统习俗,即每年的腊月二十三,灶王爷都要上天向玉皇大帝禀报这家人的善恶,让玉皇大帝赏罚。于是平民百姓需要把灶王爷送上天,也就是俗称的"祭灶"。李家每年祭灶是在腊月二十三晚上进行,为了让灶王爷在玉皇大帝面前多说好话,当灶王爷骑着"灶马子"上天后,家里人就不能乱说话,东西也不能乱摆放,否则会得罪灶神。在大年三十晚上,全家人会坐夜,就是等候灶王爷再回到家中来,庇佑家户发大财。在祭拜灶王爷的过程中,当地有"女不祭灶"的习俗,据说是灶王爷面相白净,女性拜灶王容易眉来眼去而使夫妻关系不合。因此在请灶王爷回家和送灶王爷走的时候,都是由当家人李仁和主持操办,李行丑和李行林会帮助父亲,家中的女性会稍微回避一下,忙自己的事情,长辈会管好小孩,不让小孩乱说话。

当地的人们常说"二十三,糖瓜粘,灶君王爷要上天",即人们送走灶王爷的时候,还需要准备灶糖,买糖的目的是为了让灶王爷嘴甜一点,在玉皇大帝面前多说一点家户的好话,如此流传下来,于是家家户户就有了过小年吃灶糖的习俗。李家过小年最重要的一件事便是拜灶王爷,当家人李仁和祭拜的时候需要准备供品上桌,然后焚香拜神,最后就要往灶王爷嘴巴上涂糖水,让灶王爷为家庭多言好事。

(三)正月十五过元宵

在大屋岗村,元宵节是同大年三十一样重要的节日,过完元宵节意味着春节就要结束,人们又要开始忙于生计。元宵节是在正月十五,过元宵节有很多习俗,首先所谓元宵即"汤圆",元宵节当天自家人会聚在一起吃元宵,意味着全家团团圆圆,日子红红火火。在正月十四和十五这两天,村里的妇女和儿童可以出门去逛庙会、看灯会等。此外,村庄也会举办庆祝元宵节的活动,如舞龙、划船喝彩、灯会等,到晚上的时候,村里舞龙的队伍去家家户户喝彩,然后去村庄的大庙拜菩萨。分家前,李家每逢到元宵节,全家人晚上会聚在一起吃元宵,吃完元宵,家庭成员就可以自由活动。黄冬英和刘慧慧会打着灯笼出门,跟着舞龙的队伍看热闹,李仁和一般会留在家里,等舞龙的队伍到家中时,就会燃放鞭炮,烧香拜神。

(四)清明祭祀祖先

在大屋岗村,人们把清明节祭祀祖先叫作"上坟",上坟包括坟前祭拜、送纸钱、摆祭品、添坟等流程。分家前,李家每年都会在清明节的时候祭祀祖先,李仁和会带着家里的子孙到祖坟堂,按照辈分为祖先上坟、烧香、烧纸并摆放祭品,并带着子孙给先祖磕头行礼,李仁和一边给祖辈磕头行礼,一边与祖辈"说话",让祖先在地下过得好,并嘱咐祖先要庇佑后代安康、发财。当地在清明节祭祀祖先时有"挂纸"的习俗。挂纸之前先要把祖先坟土上的野草清除干净,然后用石头将墓纸压在坟上,以表示这个坟有后嗣,否则很容易被人误以为是无主的孤坟而受到破坏。挂纸还会讲究墓纸的颜色,一般会选黄色或白色的古仔纸,表明子孙已祭拜过。

在李家,清明节祭祀祖先,给祖先上坟和挂纸的事情由男性来做,分家前,李家祭祖主要是由李仁和操办,每年清明节李仁和会带着李行丑和李行林去坟地里给祖先们烧纸、摆祭品,如果李仁和不方便去,就由长子李行丑负责操办,李行丑和兄弟李行林一起祭拜祖先。祭祀祖先的时候家中的女性不用跟着去,也不能乱说话。在祭祀的过程中,所有的事情最终由李仁和来决定,外人不用参与,但是如果李氏宗族有大型祭祀活动的时候,李氏本家的人都会一同参与,未出嫁或已经出嫁的女性不用参加,此时李家会以李仁和为代表去参与家族的祭祀,如果李仁和身体不适或者有事,他会让长子李行丑代替他去。

(五)红白喜事习俗

1.丧葬习俗

(1)老人逝世后布置灵堂

1949年前,当地老人逝世后讲究一定的规矩,老人"走"[①]之前身边都会有子女陪伴,如果父母死时子女不在身边,不仅亲友会训斥后辈不孝,子女自己也会感到内疚,没有尽孝。在老人断气后,要请帮忙装殓的人为之梳洗、穿寿衣,穿戴齐整后,将逝者移到堂屋灵床上,有

---

① 走:意为去世。

的人家在病人弥留之际就移入中堂,然后在堂屋立即烧纸,也称作"落气纸",以庇佑后代的香火兴旺,家业兴盛。对逝者灵床的摆放也有规矩,如果亡者为男性,灵床停放在堂屋左边;若死者为女性,则把灵床放在堂屋的右边,因为当地讲究左边为大的规矩。

(2)逝者"进材"后孝子孝女守夜

在当地,亡者入殓前,孝子孝女要将亡者的灵床移放在堂屋,等亲戚到齐后再将死者放入棺材,此谓"进材"。入殓时,由孝子将亡者背到堂屋正中间的椅子上坐着,让死者一手拿一木棍,一手拿一个饭团,目的是为了让亡者顺利地去阴间。准备好打狗用的东西后,再准备一些黄表纸,先把纸放在亡者身上挨一下,再把纸放于盆里烧掉,以给亡者去阴间的"路费"。死者"进材"后,家属就都要穿孝服、白鞋,戴白巾,此谓戴孝,戴孝也要讲究血缘关系的亲疏程度,亡者的子女子孙是重孝,其他亲戚按照与死者关系的亲疏远近戴孝,而死者的长子在丧葬礼仪上起着最重要的作用。装殓完后,将棺材盖合上,并在棺材底下点上一盏煤油灯,意为"长明灯",还要在桌上摆放香炉、祭品,香炉里需要烧香。孝子孝女要在灵柩前守夜三天,守夜期间,死者的女儿还会哭灵。在死者入殓三日后,孝子再正式封棺,封棺前会让亡者子女最后再看一眼,封棺时会一边钉钉子,一边让死者不要害怕,一路走好。

在当地,一般老人过世后,孝子孝女还会请道士在家里做法事,时间长短根据家庭条件而定,大户人家会请道士做斋,经济条件一般的中户家庭就烧包袱,做一堂法事,贫困小户就只写灵牌,不做法事。在老人逝世后,长子在葬礼中承担主要的角色,比如操持葬礼、带头磕头行孝、抱灵牌等事情都是由长子来做,如果长子不在就要长孙来做这些事,没有长子或长孙就轮到次子身上。出嫁的女儿要回娘家,参加葬礼的时候要随份子钱,作为孝女要戴孝,亡者入棺后要守夜,道士做法事的时候要跟着叩头,且要哭丧。

(3)发丧出殡

殡葬前一天晚上,亲人要准备好出殡时需用的香、烛、纸、鞭炮等东西。第二天一清早,在道士做完斋之后,由八个人抬着棺材去往之前选定的墓穴。发丧后,与亡者关系亲近的人要穿戴好孝服,由长子或长子的孩子抱灵牌,提"引路幡"①开道,子女后辈都跟随其后,亲戚会沿途放鞭炮、撒纸钱,直到墓地,这些事情都是由操持葬礼的人提前安排好。下葬时,先在灵柩前放祭品、烧纸钱,棺木放在墓穴后,由孝子撒第一把土,然后其他人填土。三天过后亲人会给亡者上坟添土,这称为"复土"或"复山"。

(4)葬后祭祀

安葬完亡者后,所有的亲属回到置办丧事的家里一起吃酒席饭,吃完饭后将亡者生前穿的衣物烧掉,亡者的家属还会给死者烧一些祭品,让死者在阴间过上好日子。从人死的那天算起到第七天算"头七",然后每个七天算一个祭祀的日子,共有七个"七"。一般情况下,家中请来的道士开出每个"七"的时间,俗称"报七单",再由死者的家人在每个"七"的日子通知亲戚来参加祭祀,称为"报七",每个"七"日,亡者的家属要给死者烧纸钱。为了不让亡者在"五七"那天去阴间的路上受苦,在人间的孝子要用自己的胡须和头发来垫脚,因此孝子在老人死后两三天会理发,至此以后在一个月内都不能理发刮胡须,孝子要把发须留在"五七"日再剃,然后把发须和纸钱一起烧给死者。在"五七"那天,已出嫁的孝女要送来用彩色纸扎成的

---

① 引路幡:丧葬礼俗用的物品,意为给死者引路。

房屋,称"灵屋",然后将亡者灵牌移入灵屋之中,到满三年"除灵"时烧毁。满三年为"除灵"日,死者的亲属会准备一些香烛、黄纸等祭品到亡者的坟前祭拜,然后将灵牌、灵屋同钱纸一起烧掉,这就是"除灵",这个时候亲属仍然要穿孝服。有的人家还请道士做法事。除灵后,孝子孝女服孝期满,此后可以穿色彩鲜艳的服饰,春节时门联也可以贴红色的,至此,所有丧葬的习俗结束,之后每年的中元节、清明节和大年初一的时候亲属会祭拜亡者。

李家李仁和去世时,老大家和老二家经济条件有限,所以葬礼置办简单,但丧葬的礼数却样样没少。在老人的葬礼上,李双春作为女儿为父亲哭丧,以表女儿的孝心。老人的子女在七个"七"里面按照每个"七"要做的事情祭奠老人,在馨香的时候向老人"祝馨香"①,三年的时候"除灵",过了三年后,平时清明节、七月半、过年的时候李行丑和李行林也会给老人烧香烧纸。

(5)埋葬顺序按辈排

在李家祖坟里,埋葬死者的位置和顺序有规矩,按照长辈顺序埋葬,不能随意选位置,而且不是所有人都能进祖坟,能不能进祖坟,在当地有很多的规矩。一般情况下女性是随从夫家埋葬,去世后会埋在丈夫的坟土附近。而未出嫁的女子祖宗不会收,因此如果未出嫁而死,一般不入祖坟地,只能埋在"姑女坟"②里。

此外,当地的风俗习惯还认为夭折的人埋进祖坟会对这个家族以后的运势不吉利。一个家庭如果有孩子夭折,长辈会挖个坑将孩子埋掉,小孩夭折可以有坟头,但不能进入祖坟。而成家后有孩子的人,因为疾病或者意外而死亡,可以直接埋进祖坟,但是埋葬的时候也要讲究位置排列,需要把父母的位置留好。李家李仁和去世后是埋葬在李氏宗族的祖坟内,老人的坟头排在其父亲下面,李仁和旁边还有一块空地是留给黄氏的。

2.喜事习俗

1949年以前,大屋岗村的婚嫁习俗比较有特色,主要包括定亲、选日子、下聘礼、安床、接亲、回门等。分家前,李家三对夫妻都是通过长辈定"摇窝亲"来确定婚配对象,在婚配过程中儿女的婚姻大事都由父母作主安排,在村里也有家户是通过媒婆介绍、说亲,然后双方家庭定下亲事。定完亲后,会按照男女双方的生辰八字选择最吉利的日子接亲和办酒席。

按照当地的习俗,一旦亲事确定后,亲家之间需要经常走动,主要是男方去女方家,男方一般会在端午节的时候拿着糖、肉、酒去女方家里拜访,过年的时候男方也要去女方家里拜年,但是女方在没过门之前,不能到婆家去串门。

在娶亲的两周前,男方会选择一个好日子到女方家里送聘礼,聘礼用当地话是"过水礼"。李行林与刘慧慧结婚前,李仁和带着李行林一起把聘礼送到刘慧慧的娘家,聘礼也有一定的讲究,通常会有鱼、肉、糖、酒等,数量都是双数,不能是单数。在男方迎亲前一天,男方的自家人会给新人安床,安床讲究时辰,而且要安在合适的位置,还要在床上放一些花生、红枣等寓意吉祥的物品。布置完新床后,其他人不能触碰它,直到新人完婚进房后,家里其他人才能进新人的房间。

在婚礼当天,男方要到女方家里接亲,接亲的时候亲兄弟或堂兄弟会陪同男方一起,接

---

① 祝馨香:在亡者去世的第一个农历新年里举行家族祭祀。
② 姑女坟:未结婚女子特有的坟地。

亲要趁早,越早越吉利。男方去接亲的时候不需要再带礼品去,但是要带一些糖果,看到路人就要发糖,快要到女方家里时,要提前燃放鞭炮,提醒女方家里准备好迎亲。在当地,出嫁后的女性不能再照镜子,要以水缸为镜。当地有一句俗话说"今天喊亲娘,明天喊假娘,今天照铜镜,明天照水缸",意思是出嫁后的女子生活方式的变化。男方接走女方时要给自己的岳父岳母磕头行礼,女方会以坐轿或走路的方式嫁到婆家去,接亲的具体形式要依据家户的经济条件。女方到婆家后,男女双方要在堂屋里拜天地、拜父母,礼成之后,男方家庭会设宴席款待随礼的客人。

1949 年前在当地,出嫁后的新媳妇是在一个月后回门,回门是婚礼中的最后一个步骤。新媳妇嫁到婆家,从第二天开始就要做家务事,对公公婆婆要讲究"礼性"[①]。按照当地习俗,新媳妇要在婆家住满一个月后才能回娘家,女方回门的时候新女婿也要陪同着一起,新女婿第一次上门需要带礼品,如果岳父岳母家里比较宽裕,会给新女婿红包,以表示对女婿的疼爱,走时还会让闺女和女婿带点鸡和鸡蛋回婆家。如果没有特殊情况,这一天女婿不能在女方娘家过夜。

四、家户信仰

1949 年以前,李家没有任何宗教信仰,但是李家十分信奉家神,在堂屋供奉着观音菩萨、财神,墙上贴有天地神画,门上贴着门神,厨房供着灶王爷等。除了信仰家神,李家还十分重视祭祀、供奉祖先,过年过节的时候会祭拜先祖。在大屋岗村,有土地庙、观音庙和大庙,黄氏会在每年大年初一的时候去庙里烧香,为李家祈福。

(一)家神信仰与祭祀

1.信仰天地神以积德

李家虽然不信任何宗教,但是很信天地爷、家神和鬼神的存在,不仅是李家,村里的人都信家神,信家神的目的是为了趋福避祸,人们认为自己遭遇的好事与坏事都是神明决定的,所以在家神面前要虔诚,不能乱说话。分家前,当家人李仁和经常劝子孙不能浪费粮食,否则会遭天谴,家里的大人经常告诫子女要孝顺长辈,不孝敬长辈、打骂父母会遭雷劈。每当下雨雷电天气的时候,大人让孩子进到屋内,不能站在大门口,更不能坐在笤帚上,否则是对老天爷的不敬。当地还流传着一句俗话,"红色的闪电照人心,白色的闪电显光明",意思是打雷闪电是老天爷为了惩罚恶人,被雷劈死的人是上辈子坏事做多了有罪过,所以这辈子老天爷不会放过。在李家,家户积德意识很强,李仁和认为"人在做,天在看",他相信天神的存在,因此他经常教导全家人多做好事。

对土地神的信仰方面,土地神俗称"土地公",人们祭祀土地神是为了祭祀大地,有求福气、保收成之意。1949 年前,在大屋岗村有一个土地庙,庙里有土地公、土地婆的塑像,过年的时候村里的人会到土地庙,用供品和香烛来供奉土地神。大年初一的时候,李仁和会拿些香烛去土地庙里祭拜土地公和土地婆。

1949 年以前,村里没有专门的天地神庙宇,但是当地每家每户都十分敬畏天地神,会在家里供奉神灵。在李家,过年的时候当家人李仁和会买天地神画贴在屋檐下,有时候没买神

---

① 礼性:尊重长辈的基本礼貌和规矩。

画就用黄表纸代替,在纸上写上"天地神"三个字,以表虔诚的心意。吃年夜饭前,李仁和会在天地神画下边放置供桌,摆上香炉和供品来供奉天地神,为自己家积德祈福。李家有喜事的时候,如男女成婚的时候,家长也会拜天地神明。

2.贴门神以保家宅安定

除了信天地神,李家还信门神,门神分为三类,即文门神、武门神和祈福门神。文门神主要是天上的神仙,比如仙童、送子娘娘,武门神主要有秦琼、尉迟恭等,而祈福门神,是给家户祈求安康和福气的神仙,主要为福、禄、寿三星。1949年前,在新春的时候李仁和会在门上贴一些用红纸印的手持大刀的武官,一般有秦琼、尉迟恭,目的是为了让这些武将保护家宅平安,驱逐邪恶之物,李家人认为如果给门神烧纸钱,门神就不会让鬼进来,否则会家宅不宁。

3.供奉灶王爷以祈求粮食

李家还会供奉灶神,在当地灶神俗称"灶王爷",灶神掌管食物,信奉灶神可以保佑一家人有食物吃。灶神在腊月二十四上天,向天神报人间的功与过,然后判定人间的福与祸,因此在灶神上天之前人们会祭祀它。在李家,当家人把灶神供在家中的灶头,腊月二十三的时候,李家会准备黄纸和香烛以祭送灶神,烧香的时候当家人要严肃、恭敬,不能做出亵渎灶神的事情,为了让灶神嘴巴甜一点,在天神面前多说一点好听的话,以保佑自己家有粮食吃,李家祭灶神的时候还会准备一点糖作为供品,等除夕的时候再迎接灶神回家,仍需要毕恭毕敬。

在1949年前,当地有的家庭还信奉送子娘娘,如果夫妻婚后几年没有怀孕,媳妇就会去庙里烧香拜送子娘娘,祈求能够怀上孩子,待怀有孩子后就要在家里供奉送子娘娘以表谢意与敬意。另外,大屋岗村有个龙王庙,过年的时候村民会在庙里祈求风调雨顺,庄稼有好收成,李仁和当家期间,每逢过年的时候会与村里人一同去龙王庙里祈求种田能有好收成。

(二)祖先信仰及祭祀

1949年前,李姓在大屋村是大姓,随着血脉的延续,李氏宗族前前后后有数十代人,子孙后代枝繁叶茂,每隔几年李氏宗族的子孙会聚集在一起举办祭祀先祖的活动。在李家人看来,是祖先的勤劳与智慧给予他们现在安定的生活,祖先创造的家业一代一代传承下去,使后代生活有所保障,所以李家十分重视祭拜祖先。分家前,过年时全家人会聚在一起吃年夜饭,在这之前,李仁和会在家里供奉祖先,大年初一的时候也会给祖先烧黄表纸。清明节的时候,李仁和会带着家里的子孙到祖坟那里给祖先上坟、烧纸、供斋饭,祈求祖先保佑后代人安康、发财。

1949年以前,李氏家族有祠堂,祠堂是由宗族长辈组织李氏后代子孙筹钱出力修建而成的。在李家,每个成员必须尊重祠堂里的祖先,如果有人做出让祖先蒙羞的事情,就会被族人领到祠堂接受惩罚,比如不孝顺长辈、不养老人、不听长辈的话私自谈恋爱、女性不守妇道等事情。李家在村里也有祖坟,祖坟是埋葬有众多祖辈的坟墓群,至少从祖父辈开始。在大屋岗村,老人逝世后,下葬的时候一般都会安葬在祖坟中。1949年以前,当地在选祖坟地的时候讲究看风水,风水好,祖先在地下生活的就会富裕,也可以走后门,给上面的子孙带来一些财运和福气。李家祖坟的地址便是先祖选的。

(三)庙宇信仰及祭祀

1949年前,大屋岗村有土地庙、观音娘娘庙,还有与附近几个村公有的大庙。观音庙是人们常去的庙,基本上村里的人都信仰观音,李家遇上不顺利的事情,黄氏就会到庙里祈求观音娘娘解除苦难,保佑家户平安顺利。每到大年初一和正月十五,村里有很多人去观音庙和大庙里烧香、拜菩萨,祭祀观音不分男女老少,都可以去烧香祭拜。在李家,大年初一和正月十五的时候,黄氏会去观音庙烧香,为家人祈福。关于土地庙,村里人认为土地爷掌管着一方土地,保护着乡里的安宁,于是人们也会经常祭拜土地爷,李家也不例外,过年时当家人也会去土地庙拜拜。村内有人去世后,当家人需要去土地爷庙报备,也就是烧死者的生辰八字之类。除此之外,大年初一和元宵节的时候,有舞龙和划花船的队伍到每家每户去喝彩,转完一圈后会到村里的大庙去祭拜观音菩萨。李家所有成员都可以去土地庙、观音庙以及大庙里拜神灵,但是李仁和与黄氏去得最多,小孩一般只会看热闹。

五、家户娱乐

1949 年前,李家家庭成员以种田为生,一年四季忙于生计,很少有时间参与娱乐活动。不过家户在农业生产、邻里相处的过程中会结交一些朋友,过年的时候刘慧慧会打牌消遣时间,偶尔休闲的时候,家庭成员会到街坊邻居家串门聊天。总体上,李家的娱乐生活并不丰富,但还是有一定的休闲活动。

(一)家户无暇结交朋友

1949 年前,当家人李仁和除了不允许家里人与作恶多端的坏人交往之外,家庭成员与谁结交朋友,他不会干预。不过受家庭经济条件限制,李家一家人都忙于劳作,加上村里的人不多,交通也不方便,因此李家能够打交道的人比较少。

在李家,李行丑和李行林没什么朋友,他们就是与经常借农具、耕牛的邻居比较熟,但也只是点头之交,关系并不像家人那般亲密,就是彼此没事的时候会闲聊几句。刘慧慧与黄冬英作为儿媳要忙着做事,外出的机会也不多,与村里的人来往并不多,并没结交什么朋友。总之,李家的大人在结交朋友方面几乎是空白,但是李双春由于年纪较小,空闲时间比较多,所以她会经常与年纪相仿的女孩子一起挖野菜、聊天等,时间一长,彼此之间便更加熟悉,她还会到邻居家串门找自己的朋友玩。

1949 年之前,人们结交的朋友彼此感情并不深厚,大部分人之间的关系是点头之交,彼此没有那么熟络、亲密。在人际交往方面,男女之间不允许交朋友,陌生男女之间说话都很少。另外,结交朋友也是讲究门当户对,大户人家一般不会与小户家庭结交关系。

(二)允许打小牌反对赌博

1949 年前,李家一家人都不爱打牌,平时家庭成员都很忙,农忙时要耕作、收割,农闲时就做一点副业赚点零花钱,全家人既没时间也没那个闲钱去打牌。不过,过年的时候全家人会闲下来几天,刘慧慧偶尔到邻居家打牌消遣,李仁和与黄氏也不反对,黄氏有时候还会多分一点零花钱给她去打牌。打完牌刘慧慧就会回自己家吃饭,由于不常打牌,所以也没什么牌友,她一般就在自己家或邻居家打牌。在村里,有人很喜欢打牌,甚至有人经常赌博、下赌注。当家人李仁和虽然不反对家里人打打小牌,但是绝不允许家里人出去赌博,也不相信靠赌博可以走发财运,他要求一家人要老老实实过日子,勤劳致富。在当地人看来赌博是"毒药",一旦沾染上就会妻离子散,家庭会支离破碎,大部分人不会去碰赌。

(三)闲时去邻里串门

1949 年前,李家全家人一年下来除了过年能休息几天,平时都很忙,因此没有闲工夫特意去别人家串门,但是有需要借东西时,李仁和会串门去借东西,村民家里有红白喜事时,全家人可以去串门看看热闹。去别人家串门的时候要讲规矩,进门前要敲门,看见长辈要礼貌称呼,如果别人家里有客人或正在吃饭、休息的时候最好不要去串门。

在李家,过年的时候家里的男性会到街坊邻居家串门拜年,串门的时候不需要带礼品,但是一般不留在别人家吃饭,走亲戚串门的时候可以留在亲戚家吃饭。1949 年前在大屋岗村,当地人十分讲究礼性,村里会有人到李家来串门,在李家看来"来者就是客",李仁和会负责招呼客人,并以茶水相待,并邀请客人留在家里吃饭,但是客人一般不会随意答应留下来吃饭。

第五章　家户治理制度

1949 年以前,李家是长辈当家、晚辈服从的家庭治理模式,其中李仁和是外当家人,黄氏是内当家人,他们当家人的身份是按照传统惯例自然形成,家长权力内容也十分广泛。李家的治理内容主要包括:家长的权力与责任、家户决策、家户保护以及家户规矩等方面,另外李家还与家族、村庄及国家有一定的联系。李家的整体治理与一般传统家庭一样,没有突出的特色,一家人过着平淡安定的生活,对与家户无关的事情并不关心,与村民的紧密度也不高。在与外部互动时,李家表现得十分被动,即村庄、国家有什么要求,李家会同其他家户一样做出相应的反应,既没有抵抗,也没有积极主动地参与村庄、国家的治理。

一、家长当家

1952 年之前,李家李仁和是一家之主,家庭的治理模式是男性当家,女性地位较低;长辈做主,晚辈服从,而当家人的妻子是扮演贤内助的角色,辅助男性当家人共同治理家户。在李家,李仁和与妻子是当家人,这种地位是按照辈分自然而成,两位老人作为家户治理的主体拥有最高、最广泛的权力,但也意味着要承担维护家户生存与发展的责任。

(一)家长按辈分自然选择

1949 年前在当地,辈分是一家之主产生的主要因素,其次当家人必须是身体健康的男性,如果父辈去世,则是长子或者其妻子接手当家人。总之,家长的选择是自然产生,而不是按照个人能力、品德或者家庭成员的意愿选择产生。当家人要在一个家里有自己的权威,说话有威信,而且是家里的顶梁柱,大小事情不仅能当家做主,还要有能力处理问题,要养活一大家人。在大屋岗村,人们十分看重家长的重要性,无论小家还是大家,无论家庭成员多少,家长不好,家难兴旺。

分家前,李家李仁和是外当家人,其妻子黄氏是内当家人,两个老人家长的身份是按照辈分自动生成的。当家期间,李仁和办事公道,为整个家庭尽心尽力,农忙的时候做农活,农闲的时候就做点副业,挣钱贴补家用。因为儿媳妇和家务事不方便管,他一人也管不了这么多,就由妻子黄氏来负责家务事。家庭成员很少把当家人称"家长"或"当家人",这样称呼显得关系有些生疏,家人心里都默认当家人的身份,但是对当家人的称呼还是按照辈分关系来,李家是老人当家,子女晚辈直接称呼他们"老头"①和"老娘"②。大事情是李仁和当家,如果他不在家里,就由内当家黄氏当家,有些很重要的事情,黄氏也不能一个人做主,就等着李仁

---

① 老头:指父亲。
② 老娘:指母亲。

和回来再处理、决定。1949年前,在大屋岗村,绝大部分家户都是男性当家,有几个家户是女性当家,原因是其丈夫去世得早,家里儿女还小,不具备当家的能力,因此由女性当家,等长子懂事后会接手当家人。

李家其他人对李仁和与黄氏十分信任,两个老人做当家人很有经验,当家的时候,做事考虑到每个小家庭的情况,对儿媳公平公道,为全家操劳持家,又是长辈,所以全家人很尊重两位老人,比较听老人的话。在1949年前,家长当家是家庭成员心里默认的事情,不需要以象征物来显示当家人的身份,即使是家里有人对当家人不满意,也不能直接说出来,更不可能因为个人的不满而随意选择当家人。

(二)家长的权力高度集中

1949年前,农村家庭的内部关系主要表现为男尊女卑的父权制,体现在一个家庭内部就是家长的权力以男性为中心,而这种权力是由一代一代继承而来。家庭的主要权力集中于家长一人手中,权力不划分,其他人必须服从家长一人。当家人在家庭中奉行一种非正式的控制原则,没有正式的规章来管理整个家庭,仅靠习惯、习俗以及个人的感觉、能力等来处理事情。家长的权力范围很大,整个家庭方方面面的事务都归当家人管理,管理的对象是全部家庭成员,如果涉及小家庭内部的私房钱、孙辈的婚嫁之事可以不直接管理,但家长的意见仍旧会起到不可或缺的作用。1949年前,在李家这个大家庭内,李仁和做事有"独裁"的风格,很多事情由他作主,不需要与家里人商量,但是关乎家户大事,如土地买卖、房屋建设、婚嫁丧葬等,李仁和会与家庭成员商量,有时候会征求其他成员的意见。

(三)家长治理的事务全面

1.财产的保管与分配

(1)钱财放于家长房内,钥匙由家长保管

1949年前在农村,农民只要将大农忙一过,田禾生产一下地,就要靠各种副业来维持冬春两季的生活,李家也不例外,农闲的时候会靠捕鱼捞虾挣钱。李家的收入主要来自种田卖粮、养猪卖肉以及靠捕鱼捞虾,李家的财产是归全家所有,因为这是全家人共同劳动所得,但是钱财由当家人李仁和与黄氏妻子来管理。家里有大事需要用钱的时候,李仁和会与黄氏商量,平时零花钱的分配由黄氏做主,赶集购物、人情支出等日常消费由李仁和支配钱财。家里的贵重物品如地契、现金放在李仁和与黄氏的房间,锁在柜子里,钥匙由李仁和拿着,除了李仁和与黄氏之外,其他人不能随意进当家人的房间,更不能私自动用房里的钱财。

(2)家长分配钱财,家长作主买卖

李家收成好的时候,家里会有点闲钱,当家人黄氏会分一点零花钱给儿媳用。分配零花钱的时候,李仁和与妻子黄氏商量好之后,由黄氏分发给两个儿媳,有时候刘慧慧打牌,黄氏就会多分一点零花钱给她。如果家里需要买卖耕牛、房屋、土地的时候,李仁和会与妻子和两个儿子商量,但不会与儿媳妇商量这些。李家在发生买卖关系时需要家长签字,家里其他人签的单子不能发生作用,大事只认当家人的签字。另外,李家日常生活各种开销也是家长负责安排,去商铺或集市由李仁和负责拿钱去买,这些不需要与其他成员商量。

2.粮食的保管与消费安排

1949年前,李家的粮食供全家人一起吃,每天吃什么由内当家黄氏安排,每天做饭的事情是黄冬英和刘慧慧轮流负责承担,黄氏会告诉两个儿媳每天全家人的伙食安排,然后她们会按照老人的吩咐做饭。家里的粮食放在当家人房内的囤子里，不需要家长特意来看管，家庭成员都听家长的话，不会做出偷拿粮食的事情。有时候村里有流动的商贩来了，如果家庭成员想要跟商贩买点东西，可以和当家人打声招呼，经过同意后，可以拿家里的粮食去与商贩交换。

3.制衣分配与安排

李家各小家庭的衣服是由三个女性各自负责自家，家里男性不会做这些针线活，衣服都是由妻子来做，小孩的衣服由母亲做，有时候奶奶愿意也可以为孙辈做。1949年前李家若是收成好，一年可以换两季衣服，制新衣是由内当家黄氏安排。黄氏娘家每年都会种植棉花，因此她会到娘家买好制衣需要的棉花，然后将棉花运回李家，再由婆媳三人剔除棉籽、轧棉花、纺棉成线、织线为布，再用蓝靛或平染，缝合成型，大约有几十道工序，最后由黄氏把做好的布料按照每个小家庭的人口数平均分配。

黄氏会分给每个小家庭一点布，至于儿媳想做成什么衣服、什么花样，黄氏不会管这些。1949年时刘慧慧仅18岁，还不会纺纱、织布和制衣，都是婆婆黄氏一点一滴地教她，刚开始刘慧慧不会做衣服，于是黄氏帮她把衣服样打出来，然后自己再加工成衣服。1949年前在农村，多数人穿的都是粗布衣服，不易磨破，一件衣服缝缝补补可以穿几年。1949年前在李家，大人每季换洗的衣服就两三套，有时候雨季连换洗的衣服都没有，但是家长认为即使苦了大人，也不能委屈孩子。孩子穿的衣服就会用好看一点的布料来做，李家收成再差，大人可以不置办新衣，但过年时一定要给孩子做一套新衣裳。

4.劳动分配权

1949年前，李家人口数量不多，不算是大家庭，家里有两个孩子，六个劳动力，六个人要耕种1.07万平方米的田地，0.27万平方米的土地，而且每年种两季水稻，家庭负担比较大。又因李家三个男性劳动力都有"大肚子病"，为了家户生存，无论男女，农忙的时候都必须参与劳动。在李家，李仁和对不同的农活有一定的分工与安排，李行丑和李行林作为年轻的男性劳动力，家里的粗活和重活自然由他们来做，如犁田耙地、背挑重物。稍微轻松一点的活，如放牛、锄草、挑水、洗衣、烧火做饭、带孩子等事情主要是女性来做。在李家，家长对劳动分工并不是十分明确，有时候男性会帮着做饭，农忙的时候女性也会与男性一起做粗重的农活，在农忙的时候全家六个劳动力都要去插秧、收割、"打谷"等。

在刘慧慧与黄冬英之间也存在劳动分工，除了家长的吩咐与安排，更多时候是她们妯娌两人自己协商如何完成家务。在做家务活方面，黄氏会吩咐两个媳妇需要做的事情，然后由她们一起商量着完成。因为黄冬英力气较大，所以肩挑的重活由她做，刘慧慧力气小一些，所以她主要放牛。

家户农活具体怎么做，家长会提前安排，家庭成员不能拒绝做农活，否则会遭到家长的批评或打骂。李家的农活和家务活主要是两个当家人来安排，李仁和主要负责安排李行丑和李行林做农活，黄氏主要负责吩咐黄冬英和刘慧慧做家务活，一般老人吩咐事情之后，他们四个晚辈会听老人的话，一起商量着把事情做完。

5.婚丧嫁娶管理权

1949年前，李家晚辈的婚配均是由父母做主，李行丑和李行林的婚姻都是李仁和与黄氏作主定的"摇窝亲"，婚礼酒席也是当家人操持办理，家里晚辈嫁娶必须听从父母的安排，没有自由恋爱和选择结婚对象的权利。在当地,一个家庭如果有三代人,爷爷当家,子孙的婚嫁之事还是得由父母做主,但是也须征得当家人的应允。家里成员离婚也需要征得当家人的同意,家里人不能因为个人喜好原因而提出离婚,离婚需要征得男女双方家庭的家长同意,如果男方当家人同意,就由男方父母或者当家人与女方家长进行交涉。家长不仅负责子女嫁娶之事,丧葬、祭祀活动也是由当家人作代表操办,李家重要的祭祀由当家人李仁和安排和主持,当家人过世之前,如果交代后辈自己未遂的遗愿,后辈会遵照老人的遗嘱完成其心愿,这是对老人尽孝。当家人过世意味着其家户治理权力的消失,这些权力就会自然传递到新的当家人身上。

6.对外交往权

1949 年前,以家庭为载体的对外关系中,当家人是整个家庭的代表,代表整个家庭的意志进行对外活动,如缴纳赋税、村庄会议、参与村庄公共事务、参与宗族的大型祭祀活动等事情都是以当家人为代表对外交往。家长的地位具有不可代表性,其他成员未经允许不可代表家长参与对外活动,外界也不认可除家长之外的其他成员。分家前,李家平时需要与街坊邻居借东西、与村庄保甲长打交道、去集市买东西时与商人交涉、红白喜事送礼金礼品等事情都是当家人李仁和去处理。

(四)家长的责任

1.家长必须以家户至上

按照传统,作为当家人不仅要管理好家里的钱财、婚丧嫁娶、对外交往、劳动生产分配等事情,更重要的是要负责养活一家老小,家长作为家里的顶梁柱,要对一家人的温饱问题负责。在生产方面,家里每年种植什么庄稼、什么时候播种、播种多少、什么时候收割等生产问题是每个当家人首要关心的,当遭遇旱灾和洪涝时,最操心和难过的是当家人,因为他需要对全家人的衣食住行负责。当大屋岗村遭遇洪灾,李家缺粮食时,当家人李仁和会想办法借粮借款。给家庭成员添新衣也是当家人李仁和来操心,而妻子黄氏则负责置办,除了负责全家人的温饱问题,作为当家人的李仁和还要让家里成员和谐相处,处理家庭关系,在持家方面要考虑整个家户的发展,要把钱花在刀刃上,既要顾好家户消费,又要保持收支平衡。

2.当好家长的要求

无论大家,还是小家,都需要一个好家长,当家人的作用相当于"领头羊",引导着家庭的发展,具有不可或缺的作用。在共同劳动、同居共财的大家庭里,如果当家人没能力管理好整个家庭,家户则会难以兴旺,因此当好家长十分重要。一个好的当家人不仅要处事公道,还要有能力带动整个家庭的劳动生产,使全家人和睦相处,家庭成员日子过得越来越好。当好家长的要求,首先是要有责任心,其次需要较强的能力和品德,再次家长在做决策的时候,大事能够与家庭成员商量,最后家长能够把整个家庭管理得井井有条,使整个家户不仅生活宽裕而且具有长幼有序、阖家欢乐、和谐共处、团结一心的家风氛围,整个家庭强大而繁盛,经久不衰。在 1949 年前,家户的治理难度因家户大小不同而异,大家庭人口较多,家庭内部矛盾自然就会较多,协调家庭矛盾的难度就会更大,另外,大家户在教育、生产、文化等方面的涉及范围广泛,治理难度就会更大,对家长当好家的要求也会更严格。

如果当家人身体较差或者头脑意识不清,没有精力管理整个家庭时,当家人一般会退出家长的角色,重新"任命"当家人,或者会找家里能力较强的人,如长子或妻子代表他管理家庭,但他仍然是名义上的当家人。在李家并非什么事都是李仁和一人独自作主,家户中的大事李仁和会找家庭成员商量,征求大家的意见,李仁和与妻子黄氏两人一起共同管理整个家庭。在家庭成员心中,李仁和与黄氏是称职的当家人,当家期间家庭成员都听从老人的话,两位老人做事公平公正,在生活分配上不偏倚任何一个小家庭,分家时对两个小家庭也是一视同仁,家里有矛盾时老人也积极劝和,让全家人团结起来。

(五)家长的更替

1949年前在传统家庭中,当家人一般是按照家里成员的辈分产生,长者为尊,长辈优先继承从上辈传承而来的当家人权利,一个家庭内部的主要权利都集中于家长一身。家里其他成员不能代表家长当家做主,但是如果当家人出远门的时候或者长期在外务工不在家,按照辈分长幼顺序,由其妻子或长子代理家长管理家户。若当家人去世或者身体状况较差无法照料家庭,会转移自己的当家权力,一般由其妻子当家,若妻子能力不足,就转移到长子身上;如果自己无法亲身管理家庭,儿子们成人成家而且有能力处理家务事,会让儿子们分家,继而成为小家庭的当家人。在一个大家庭里,如果要更替当家人,首先是从原来当家人的同辈中挑选,长者优先,如果长者能力不足,没办法管理好整个家庭就会转移到下一个同辈人身上,直到确定出最优当家人。新的当家人并不只能是男性,女性如果身体健康、能力较强,仍然可以管理家庭。1949年前,在大屋岗有女性因丈夫去世,而承担起整个家庭的责任,女性当家在当地人看来要比男性差一些,尤其是在对外交往中,没有当家男人的保护,家庭很容易受到外人的欺负,而且在劳动生产上,女性没有男性做得好,家里的经济就不容易起来,不过村里有心善的人会经常帮助那些守寡的女性。

若当家人更换,前当家人的权力都会移交到新当家人的身上,家里的钱财、房契、地契、钥匙等贵重物品都归新当家人管。但是家里其他成员和村里街坊邻居对新当家人的称呼不会改变,按照血缘关系,原本称呼什么仍旧如此称呼,家庭成员只是在心里默许新当家人的身份,在将来的对外交往、打交道的过程中会承认新当家人的身份与作用。在李家分家后,李仁和作为家长的权力范围又发生变更,分家后产生两个小家庭,李行丑、李行林分别为两个小家庭的外当家人,管理各自家庭的家务事。李仁和不再管理大家庭的事务,老大和老二可以自主决定自家的家务事,不用请示老人,若是重大事情则会找老人商量,询问老人的意见。

二、家户决策

1949年前,李家家里家外的大小事都由当家人李仁和说了算,家里其他成员处于被支配的地位,必须听从家长的安排。李家的治家模式是老人当家,子女听从,家长一人决策,晚辈不能冲撞长辈,女性的地位比男性低下,女性一般不能参与家户事务决策。但是在家户遇有大事的时候,李仁和会与家里的成员商量,考虑家庭成员的意见。在李家,家长虽然掌握最高的决策权,但涉及小家庭的事务家长一般不会干涉。

(一)家里家外当家人说了算

李家李仁和与黄氏作为当家人,大小事情由两位长辈说了算,李仁和作为外当家人,家里家外的大事由他做主,家内的家务活、柴米油盐由黄氏管理。如果两个老人不在家就由长子代理当家人,所以兄长在家里有一定的说话权利,平时家外有重要的事情,李仁和年纪大了,就让家里的老大代替他出去处理。在李家,全家人都会听从李仁和与黄氏的安排,两位老人做事公道,不会让其中一方吃亏,而且李仁和年纪大了,撑起整个家庭不容易,所以家里的其他人都很孝顺李仁和与黄氏。如果李仁和与黄氏做出错误决策,儿子和媳妇不会直接说出来,尤其是媳妇不能发表意见,媳妇只能与自己的丈夫说,儿子可以私下与老人说,老人觉得有道理就会听儿子的意见,并改正。一个家里如果有大事,如修建房屋、分家、种植庄稼、买卖田地等事会与家庭成员一起商量,如果老人独自一人决定,没有与两个儿子、儿媳打招呼,虽然表面上不会说什么,但是他们心里会不舒服,觉得没把他们当回事。因此李家有大事的时候,李仁和会先询问老大家和老二家的意见,如果他们没什么想法,李仁和就按照自己的安排来决策。

(二)主要决策大家庭的事务

李家钱财的管理、婚丧嫁娶、衣食吃住等都由当家人安排或做主,但是当家人不是事事亲力亲为,小家庭内部的事情当家人不会干预,小家庭内零花钱的使用、孙辈结婚生子问题主要由小家庭内的父母做主,不用当家人做主也行。李仁和的孙辈出生时,因李家还没分家,故此喜酒由老人负责操持,但是给孩子起名字、照看孩子、教育孩子的事情是小家庭内部的事情,则由孩子父母做主,当家人不会管太多。李仁和与黄氏决策的事务,其他家庭成员都会听从老人的决定,按照老人说的去做,不会拒绝或抵抗。

三、家户保护

1949 年之前,李家并未经历大风大浪,但由于大屋岗村恶劣的气候与地理环境,使得李家在生活中遭遇过洪涝灾害,全家人一起经历过逃荒。在遭遇困难的时候,全家人彼此团结起来,共渡难关。除此之外,为了家户的存续,李家也积极防备天灾、盗匪和战乱。

(一)家户有矛盾家长出面协调

李家一家人老实本分,与家外的人很少打交道,家里人也不惹是生非,因此几乎没有与别人家发生冲突与矛盾。如果家里与外人发生矛盾,一般是当家人出面调解,在外人看来,当家人说话更有权威和效果,当家人代表整个家庭。如果是小孩子与别人家发生矛盾,一般是孩子的父母出面化解,如果孩子的父母解决不了,再由当家的长辈来调解。家里并非每次出事都由当家人出面,出小事由自己去解决,如果自己解决不了可以求助家长帮忙,家长会带着长子一起出面,女性很少出面,就留在家里。在一个大家庭里,家长会保护家庭成员,不仅是当家人,家里的每个成员对家庭的保护意识都很强,对关乎自家的事情十分关心,若家里有不好的事情不会在外面到处说,否则会有损家庭的声望和面子。

自家人与外人闹矛盾的时候,无论对错,家里其他人会团结一心站在自家人一方,为自家人考虑并想办法解决问题。如果家里孩子在外犯错,尤其是冒犯长辈,必须由当家人出面道歉,以表示歉意和诚意,道歉的时候还要带着孩子,孩子也要当面认错,家长一般会说是自己的孩子年幼不懂事,要对方多包涵,不要与孩子一般见识。家人自己犯错,首先当家人会惩罚自己的家人,并由家人出面道歉,如果对方仍不满意,对方也有权利惩罚犯错的人。在李家,如果孩子犯错,孩子的父母一般不会宠惯着孩子,会自己先教育孩子,然后向家里的家长请示,看家长如何处理,如果处罚过重,孩子的父母会向家长请求从轻处理。1949 年前在大屋岗村,有的人家孩子调皮,如果孩子犯了大错,为了不让孩子受到惩罚,孩子的父母和当家人会出面求情,给点钱想让事情从轻处理,村里的负责人也不会为难当家人。

（二）心里委屈找自家人倾诉

在李家，要是家庭成员在外面受委屈，回家后会与自家人倾诉，一般是在小家庭内部诉说。刘慧慧心里受委屈，不会与当家人李仁和与黄氏倾诉，她会与丈夫诉苦，李行林了解事情后会劝慰她，如果确实受欺负，丈夫会替她出面讨回公道，妻子是丈夫自己屋内的人，妻子受欺负，也会使丈夫颜面失存。丈夫心里委屈，同样会与妻子诉说，夫妻之间彼此依靠，团结一心。当家人李仁和遇事一般不会与儿子、媳妇倾诉，而是会找黄氏诉说几句。小孩子在外面受了委屈会与自己的父母倾诉。总之，李家每个家庭成员都在家里可以找到自己的情感归宿。

1949年前，出嫁的女儿在婆家受到委屈，娘家会替女儿讨回公道，所以一般女儿回娘家后，母亲会问问孩子在婆家过得好不好，不过出嫁的女儿也已有自己的家庭，为了避免父母操心，也是为了不让婆家与娘家发生矛盾，一般是报喜不报忧。

家庭会给人归宿感，家庭成员在外面呆的时间长了会思念家里的亲人，因为在外面不可能感受到家庭的温暖与关爱，同样家里人也会思念在外的亲人。刘慧慧刚嫁到李家时，特别挂念自己的父母，刚来李家她什么都不懂，十分不适应，也不知该如何与李家人打交道，结婚要一个月之后才能回娘家，她几乎每日都在想家，思念过去有父母疼爱和保护的日子。但刘慧慧在婆家住的时间长了，了解到婆家人比较好相处，尤其是有了自己的孩子后，她慢慢地将自己的心思转移到婆家，对娘家的思念也慢慢淡化。

（三）团结一心共渡灾荒

1949年前，大屋岗村会经常发生洪涝灾害，所以李家的粮食收成时好时坏。在洪涝最严重的时候，洪水来袭不仅会危害庄稼，而且村里很多人家的房屋都倒塌，李家也是如此，为了避难，村里人会选择逃荒，一般人们会逃到地势高一点的山坡上住着，直到洪水消退。每逢遭受洪灾，李家全家人的温饱都会成为难题，为了让家人能够生存下去，尤其是家里的小孩，大人会出去讨饭，饿得受不了的时候就挖野菜吃。

灾难无情人有情，灾难不仅使李家自家人变得更加团结，村里的人也是互相帮助，想办法渡过灾难。遇到荒灾的时候，村里有心善的富人会发粮救济当地的受难村民，每户人家可以领几斗米。为了挨过苦日子，家里的粮食都是节省着吃，经常煮粥喝，菜里也是多放盐。李家全家人有逃荒的经历，洪涝灾害严重的时候，李家没有粮食收入，当家里的陈粮不够吃的时候，李仁和与妻子及孩子会留在家里，李行丑、李行林、黄冬英和刘慧慧四个年轻的大人出去讨饭，他们一般会到远一点的村庄或到妇人家里讨粮食，不会外出到很远的地方，讨到粮食就拿回家，全家人一起分着吃。

（四）缺少防备盗匪的意识

1949年前，大屋岗村没有土匪，但是附近村里有强盗和小偷，当地把强盗和小偷称为"强偷"，他们不会偷自己村里人的东西，而是到附近村里去偷抢有钱的人家。在闹灾荒的时候，强盗偷抢的频率会高一点，一般会偷盗米油、鸡鸭等东西。1949年前，强盗和小偷偷东西的时候若被家户主人逮到，会被殴打一顿，然后报给村中保甲长或者官府来处理。

李家没有经历过被偷抢的事情，因家户经济条件一般，很少会有"强偷"偷盗李家，因此李家也并无防盗的意识，不过在村中的大户人家，为防止被盗会设置相应的设施，一般会设置高院墙和加固的门楼。

(五)自挖地道以躲避战乱

在国家战乱期间,虽然大屋岗村附近没有发生大规模的战役,但是有日本军队到村里乱杀人、抢东西。听闻有日本军队在祸害附近的村子,大屋岗村的村民为了躲避战乱,很多中小家户都在自家挖地道,以防备日本军队来时方便逃跑,李家也是如此。在李家,地道由全家人一起合力挖成,只有自家人知道地道的进出口,不会告诉其他人,对外人保密。1949年前,李家没有被日本军队祸害,但是附近村里的很多妇女被日本人奸杀,日本人见人就杀,见东西就抢。

而对于村庄中的大户人家来说,他们的防备意识会比中小户人家强,在战乱时期,大户人家除了挖地道,还会配备枪支以防危险,还会修建院墙和门楼来保护家人,有的富裕家户还会雇请外人来保护家庭的安全。在战乱期间,即使大屋岗村存在被官兵祸害的危险,但是村庄大部分人家并没有因此而逃走,而是固守在自己的"根据地",等待战乱结束。

四、家户规矩

1949年前,中小户家庭一般没有家规家法,家规家法通常存在于有钱的大户家庭。由于李家是普通的中户家庭,历代长辈文化水平较低,所以在李家并不存在成文的家规家法,但是有家庭成员默认的传统规矩与家长引导的家规,如在日常生活中,家里有做饭和吃饭的规矩、宴请客人的规矩、安排座位的规矩、居室进出的规矩以及家庭禁忌等。

(一)成文规矩欠缺

1949年前,大屋岗村一般只有大户人家才有家规家法,普通人家和贫寒人家则没有成文的家规家法。李家没有成文的家规家训,家里的规矩是自家人心里默认的,是按照祖辈的规矩和习俗一代一代传下来的。如妇女要守的规矩、吃饭规矩、座位规矩、过年的规矩、祭祀规矩等,几乎是当地每家每户都有的规矩,这也是人们心里默认的习俗和规矩,必须遵守。李家没有明文规定的家规,但是李仁和经常说"和气生财",劝诫家里人一定要以和为贵,团结和睦相处,少争吵;告诫家里人在家要听长辈的话,不能顶撞,在外不要惹是生非、偷抢东西,不能做伤天害理的事;家里女性要守妇道,贤惠持家,尊重丈夫;只有勤劳才能致富,不能好吃懒做,这些无形中成了李家每个家庭成员必须要遵守的家规。

(二)默认家规内容丰富

俗话说"没有规矩不成方圆",在一个家庭内亦是如此,家户的治理秩序需要规矩来维持。李家虽然没有成文的家规,但是按照村庄的传统惯例和历代长辈传承下来的家庭规矩,在生活中李家还是有一定的默认家规,这些规矩是自家人心里默认的,主要包括以下几个方面:

1.做饭的规矩

1949年前,平时李家由刘慧慧和黄冬英两个人轮流做饭、洗碗,这事由黄氏安排,一人做一天饭,做饭的人还要负责洗碗。全家人每天吃什么由黄氏决定,家里平时很少买菜,一般家里会种一点蔬菜或者挖野菜,逢年过节的时候李仁和会去集市买一点菜,至于买何菜一般是当家人决定,皆是用家里的钱财买,购置其他东西也由黄氏和李仁和决定,其他人不会有意见。

负责做饭的人要洗碗,由黄冬英和刘慧慧轮流洗碗,一人洗一天,无论天冷还是天热都是如此。不过家里有客人或者过年的时候,因为做饭和洗碗一个人忙不过来,黄氏和两个媳妇会一起做饭、洗碗,有时候还会请邻居帮忙。李家农忙的时候会雇请短工来帮忙,家里要负责管饭,雇工与家里人吃食一样,就在家里吃。李家有红白喜事需要置办酒席的时候,不用请厨师帮忙,因为家里女性都会做饭,所以没必要花冤枉钱去请厨师,家里人手不够时会找本家的亲戚和街坊邻居来帮忙,他们也很乐意帮忙。

2.吃饭的规矩

(1)平时女性不能上桌吃饭

李家有家庭成员是否上桌吃饭的规矩,平时吃饭的时候,自家人没有聚在桌上吃饭的习惯,大家吃饭比较随性,没有那么多讲究,李仁和、李行丑和李行林一般会在桌上吃,而黄氏和两个媳妇经常会搬小板凳在家门口或者在院子、厨房里吃。过年的时候就比较隆重,全家人都会坐在桌上一起吃。在1949年前,当地家户都会讲究一定的吃饭规矩,女性不能上桌吃饭,尤其公公不能单独与媳妇在桌上吃饭。家里来客人时女性更不能上桌吃饭,即使是内当家人黄氏也不能上桌,除了当家人李仁和之外,其他人要等着客人吃完才能去吃。

(2)不能浪费粮食,吃饭讲究吃相

除此之外,李仁和平时要求家庭成员吃饭时不能浪费,剩饭剩菜会被长辈说,长辈们会经常告诉孩子吃饭的时候不能用嘴吮吸筷子,不能浪费粮食,而是吃多少添多少。女孩子吃饭时要注意吃相,细嚼慢咽,且要端着碗吃,不能用筷子在菜盘里乱翻,吃饭的时候不能用筷子敲打饭碗,人们认为敲打饭碗就好像乞丐一样,敲打饭碗会被认为是不吉利。在日子艰苦的社会环境下,粮食是全家人辛辛苦苦劳作而来,而且村庄内经常遭受荒灾,所以全家人都很珍惜粮食的来之不易,家庭成员很少出现浪费粮食的现象。

(3)长辈先动筷,家长负责招待来客

分家前,李家所有人都在一个锅里吃饭,平时大家的伙食都一样,都是粗茶淡饭,若家里有媳妇坐月子,坐月子的人会吃得好一点。通常饭熟之后,由做饭的人叫家庭成员来吃饭,会先叫长辈再叫子女。吃饭前,刘慧慧和黄冬英会把饭菜端到桌子上,添饭是自己吃多少添多少,有时候女性会帮自己的丈夫和孩子盛饭。在李家也有先后吃饭动筷的规矩,只有李仁和与黄氏开始吃饭,其他人才可以动筷吃,如果家里来客人,必须让客人先动筷,当家人作为陪客必须把客人招待好,要给客人倒酒、敬酒,刘慧慧和黄冬英要给客人添饭。李家农忙的时候,家里做饭的人负责把饭送到田地里,农忙时吃的仍旧是粗茶淡饭,只不过比平常吃得多一些。

3.座位的规矩

(1)讲究尚左尊东和长者为大

在李家,平时全家人吃饭的时候不讲究座位的规矩,家里女性不会上桌吃饭。过年的时候,全家人都会聚在八仙桌上吃年夜饭,座位讲究"尚左尊东",面朝着大门为尊,就座的时候长辈先入座,长辈未落座,晚辈也不能坐,按照坐北朝南的房子,北为上座,左边为上,在八仙桌上,太师椅只能由家中辈分最高的长辈坐。李家全家人吃年夜饭的时候,同辈入座讲究男左女右,李仁和坐在太师椅左边,黄氏坐在右边。在当地,如果家里爷爷奶奶在世,那么其他人不能坐太师椅,如果爷爷去世,奶奶就坐在左边,而右边则是孙辈坐,孙辈陪着奶奶吃。如果李家来客人,则要看是哪种辈分的客人,如果是与当家人辈分相当的客人,则太师椅要让

给客人坐,如果是晚辈,太师椅还是由当家人来坐,客人坐次等座位。总之,李家的座位安排首要讲究的是长辈为大的规矩。

(2)优先安排娘家亲戚入座

李家宴请客人时讲究座位规矩,座位有主次之分,以正对堂屋大门为上座,以左为大,坐在堂屋门正对面,且入座后左边为贵客,右边为次主客,主人与陪客坐在桌子的末座,即背对门的任意位置。落座之前主客会说一些礼让和客套话,不会直接入座。如果客人是本家亲戚,会按照辈分排座位而不是年龄。客人中有奶奶的娘家、母亲的娘家、姐妹的婆家、自己儿女亲家的亲戚时,排座位是按照辈分来排,先把奶奶的娘家安排在上座,其次安排母亲的娘家,接下来的安排顺序是姐妹的婆家和自己儿女的亲家。

如果李家的客人主要是街坊邻居,还是按照街坊邻居的辈分来排座次;当邀请村里有身份和声望的人,如大户财主、保甲长、乡贤绅士客人时,则按照客人的身份和地位来排座次。李家置办红白喜事酒席时,如果家里来了村里有身份的人、关系好的朋友或邻居、本家亲戚、姥姥家亲戚、舅舅家亲戚,由当家人李仁和安排座位,会把这些不同的亲朋好友安排在不同的桌上,姥姥家的亲戚是主桌主客,其次是舅舅家亲戚,再者是村里有身份的人和关系好的朋友在次桌,最后是本家的人,本家亲戚一般会被安排在桌上当陪客。

4.请客的规矩

(1)生产中的请客

农忙的时候由于李家的劳动力不够,当家人李仁和会雇请短工到家里来帮忙播种与收割。在上工之前,家里会招待短工吃一顿饭酒,目的是为了让他们可以尽力做事,谈好做工的价钱。李家借用别人的农具或耕牛的时候,不需要请客吃饭,因为一般是与街坊邻居借用东西,大家彼此非常熟,而且有时候邻居街坊也会到李家借用东西,所以彼此之间不需要那么客气,与邻居打声招呼后,就可拿走借用的东西,待还东西时道谢就行。李家有大事的时候,如建房开工及房子上梁封顶,这是家里的喜事,会请客吃饭,一是为了喜庆吉利,二是为了表示对所有工人的谢意。请客吃饭是当家人李仁和负责,吃饭之前他会与客人提前一天说好,因此就不需要再去家里请客人,如果客人不知道,则需要在吃饭当天提前到客人家里去请,不需要当家人亲自去,当家人可以让儿子或其他人去请。

(2)生活中的请客

李家有重要的喜事,如定亲、结婚、生孩子、孩子满月、老人祝寿等,由当家人李仁和决定是否办酒席,一旦决定后就需要请客,白喜事也是。红白喜事必须邀请亲戚,包括本家亲戚、娘家亲戚、关系好的邻居和朋友也可以请。家里婚嫁的喜事,如定亲、结婚、生孩子等会下请帖通知亲朋好友。如果家里有孩子跟着师傅学手艺做学徒,当家人也要请师傅吃饭,而且逢年过节还要跟师傅拜年送礼,表示谢意,师傅如长辈,平时学徒要尊重长辈。自家人与外人发生矛盾,需要请中间的调解人吃饭,一般是犯错的一方请调解人吃饭,理亏的一方不用请客。

(3)宴请特殊对象

家里有红白喜事、买卖土地或修建房屋需要宴请时,因为李家人与村里的大户财主、保甲长、乡贤绅士并不熟,也很少打交道,所以一般不会邀请他们参加,当家人李仁和会亲自上门邀请本家族的族长参加,也会邀请奶奶的娘家、母亲的娘家、姐妹的婆家、自己儿女的亲家亲戚等人。

（4）酒席置办的规矩

1949年前，李家在宴请时，不管是主客还是次客的桌子，每桌的饭菜数量与质量都一样。因李家经济条件并不是很好，所以置办酒席的时候，每桌主菜就五个左右，四菜一汤。以当地规矩来说，上菜的时候按照先上凉菜、后上热菜的顺序，家里做饭时请来街坊邻居或者本家亲戚帮忙，没有请厨师。在置办较大的酒席时，家里的厨具通常不够用，就会到街坊邻居或本家亲戚那里借用，邻居会热心的帮忙，不需要给租金。如果家里的场地不够就会在门口和院子里摆放桌子，一般不会借用邻居家的场地。在宴请期间，每个桌子尤其是主客桌会安排一个陪客，负责陪着桌子上的客人喝酒，把客人招待周全，喝酒的时候陪客要给这一桌的长辈倒酒、敬酒，喝酒之前会说一些祝酒词，说完之后要与长辈一同喝下，喝完之后要等长辈坐下，陪客才能坐下。

（5）陪客的规矩

置办宴请酒席时，当家人李仁和负责安排客人的桌子和座位，每个桌子还会安排一个陪客招待客人，一般会请本家人、朋友来当陪客，当陪客的人要积极热情，会劝会说，能说会道，最主要的是要能喝酒，酒量好才能把客人招待好。吃饭期间陪客要给主客掺茶倒酒、夹菜，如果客人有男有女，会让男性坐一桌，并找个男性陪客，女性陪女客一桌。在吃席酒期间，主人会到每桌去敬酒，陪客也要把桌上的客人陪好，以示待客之道，让客人吃好喝好。

（6）开席与散席

宴请酒席时，陪客会邀请尊客开筷，尊客礼让之后再开筷，桌子上最尊贵的主客先动筷就算是开席，桌上的其他人才能开筷吃。一般来说端上第一盘菜客人不会立马就吃，要等一会儿多上两道菜，才会开始动筷。陪客会邀请主客喝酒，并负责给桌上的每个客人倒好酒水，再起立向桌上的客人敬酒。在桌上辈分最大的客人没有动筷，其他人也不会动筷，尊客放下筷子停着没吃，其他人也不能一直吃，要放下筷子陪着尊客。尊客吃好之后就会放下筷子，并让其他人慢慢吃，其他人就可以随意一点吃饭。尊客没有起身离开座位，其他人也不能提前离座，要陪着尊客，尊客起身离开才能散席。

（7）娘家亲戚为贵客

在当地，对贵客的称呼就称作"稀客"或称作贵客，李家办红白喜事的时候，以妻子娘家的客人为大。依次按照家里女性的娘家，如奶奶的娘家、母亲的娘家、自己的娘家排贵客的次序。陪客也要讲究规矩，贵客是李家当家人或本家亲戚来陪，也要看陪客的辈分，同辈人陪同辈人，客人较多的时候，晚辈也可以陪长辈，为了避免客人心里不舒服，招待贵客的饭菜与其他桌上的饭菜一样。

5.房屋居住与进出居室的规矩

（1）分配房屋讲究长幼次序

李家的房屋是坐北朝南，在当地建房讲究风水和朝向，一般是朝南而且是大门朝南。在当地农村，如果家里人口少，比如只有两个儿子，房屋的基本设置都是进门左右各一间偏房，中间是一个院子，院子后面是正房，正中间是堂屋，堂屋两旁是两间正房，东边的正房会比西边的正房宽敞一些，宽敞一点的房子留给长子结婚用，西边一间则是次子的婚房，李家的房屋就是如此安排。如果家里儿子多，则家里有几个儿子就要修建几间正房给儿子结婚用。在李家，老人在儿子小的时候居住在正房，等儿子结婚成家后，老人就退居到厢房，将正房让给儿子和儿媳住。如果将来孙辈长大成人要成家,孙辈的房间则由其父母负责修建,依然是同样的道理,有几个儿子就备几间正房。

关于房子的功能与作用,堂屋是最重要的一间房屋,是全家人吃年夜饭、烧香祭祖拜神用的地方,也是招待客人的屋子,堂屋也是规矩最多的地方,如女子不能在堂屋洗脚,女子不能上堂屋的桌子吃饭,堂屋内会摆放供桌以供奉家神,所以在堂屋做事不能随意。

李家分家前,李行丑家住在东边的正房,李行林家则居住在西边的正房,李仁和与黄氏及其李双春挤住在前面的厢房,夏天的时候为了避暑,全家人会到厢房屋顶的天台睡觉、乘凉,冬天天冷的时候全家人会围坐在后面的"倒屋"烤火。李家人口不多,房子刚刚够住,如果不够住,会考虑再增建一间房屋,而不会去租别人家的房子住,在当地人们不喜欢别人住在自己家,这样意味着不吉利,自家的好运和财气会被别人带走。

(2)进出私属房屋的规矩

李家有一个院子,呈长方形,靠近大门的一角有一个"阴沟",专门用来排泄废水和雨水。房檐四周有天井,以防雨天时房檐的水滴在门口,进出门打湿衣服。堂屋、院子是公用的空间,即使是后来分家,这两间房屋也是公用,两个小家庭自己睡觉的地方是私人空间,一般其他人不能随意进来。公共空间是全家人一起使用,其他个人不能将自己的私人物品放在公共空间,也不能霸道地使用该位置。

在一个大家庭内,进出房间有规矩,家庭成员不能随意出入李仁和与黄氏的房间,因为他们作为当家人管理家里的钱财和贵重物品,所以家里人进出当家人的房间需要打招呼。在李家,黄氏可以进儿媳妇的房间,但是李仁和不能随意进出儿媳妇的房间,小叔子也不能进出大嫂的房间,同样大哥不能随意进出弟媳的房间,否则会被别人笑话,这也是避免家里发生关系不伦的事情。李家有大事需要商量的时候,一般会在堂屋讨论,有时候当家人李仁和会在吃饭的时候提起要商量的事情。

李仁和对全家人的作息没有规定,全家人忙活一整天,身体疲倦,同时为节约使用煤油灯,所以吃完饭全家人就进自己的房间准备睡觉,如果不想睡可以去院子里乘凉,或者冬天在火堆旁烤火。李家儿子结婚时是由父母安排房子,一般会在孩子还小的时候就提前修建房屋,以备将来使用,所以李家不存在房屋不够用的情况,附近村里的人也都如此,基本上不会发生轮流居住房子或租用房屋的事情。

6.制衣与洗衣的规矩

(1)女性负责制衣

制衣这种针线活,男性心粗、手粗干不了,所以由女性负责。李家制新衣是由内当家黄氏安排,黄氏负责采购棉花然后运回李家,再由婆媳三人剔除棉籽、轧棉花,纺棉成线、织线为布,再到染布、缝合成型,最后由黄氏把布料分给每个小家庭。由女性制衣是父辈一代一代传下来的规矩,黄氏在制衣的过程中起着主要的作用,她不仅负责买棉花,还安排制衣的过程中每个儿媳该做的事,并分配布料等。

添置新衣时以家里的孩子优先,家里收成再差也不能委屈孩子,过年的时候会先考虑给孩子置办新衣服。在李家,各个小家庭的衣服是由三个女性负责自家的,家里男性不会做这些针线活,丈夫的衣服都是由妻子来做,小孩的衣服由母亲做,有时候黄氏也会给孙辈做衣服。1949年前,由于人们生活水平低下,所以在大屋岗村,很多普通家庭有轮流穿衣的传统,李家也不例外。在李行丑和李行林小的时候,长子李行丑的衣服穿不进去,就给李行林穿,直到李行林孙辈依然是如此,皆是老大穿过的衣服让老二接手穿。

（2）小家庭负责清洗各自的衣服

李家的衣服由女性负责洗,为了避免产生衣服没洗干净和洗不好的矛盾,李家内当家黄氏就决定让两个小家庭自家洗自家的衣服,但是男性不洗衣,都是由每个小家庭内的妻子来洗,负责洗丈夫和孩子的衣服。在 1949 年前很少有人家买得起洗衣服用的碱皂,大部分人家都是自制草木灰来洗衣、洗头,草木灰呈碱性,有去污渍的作用,自制家用碱的事情是两个媳妇轮流做。分家前,李家院里没有水井,全村的人都在附近的河里挑水用,李家的生活用水是刘慧慧和黄冬英两个人轮流挑,每人要将院里的两口水缸装满水,用完之后则轮到另一个人去挑水。女性将搓好的衣服拿到附近的河里去洗,洗的时候用棒槌敲打衣服,这样会使衣服清透得更干净,洗好后晾在院子里,收衣服是谁有空谁就去收,收的时候会顺便将其他人的衣服也收进去,放进各自的房里。

李仁和与黄氏还能自理的时候,李仁和与李双春的衣服是黄氏来洗。老人年纪大、手脚不方便时,两个老人的衣服就由家里的两个媳妇轮流清洗,老人住在哪个儿子家,哪个儿媳妇就负责洗老人的衣服。此外,李家洗漱的顺序也有规矩,洗脸水由媳妇打给李仁和与黄氏,长辈先洗完才能轮到晚辈洗,洗脸的毛巾和脸盆为公用,洗脸毛巾和脸盆放置在院子里供大家一起使用。

（三）家户规矩的影响力

李家没有成文的家规家法,但是全家人长期居住在一起,潜移默化的会形成默认的家规家法,家里的大部分规矩由当家人李仁和教导,如和气生财,全家人团结、和睦相处等。当家人李仁和对自己要求的规矩也会以身作则,只有这样才会以理服人。如果家庭成员违反这些规矩,当家人李仁和与黄氏会适当提醒。平时长辈会有意向孩子提醒和引导家里的规矩,做错事的时候会及时教育孩子什么是对的、什么是不该做的,孩子也会在这样的家庭环境中耳濡目染家里的规矩。因此在李家,家规家法对晚辈人格的形成具有较强的塑造力,也有利于当家人治理家户、管理家庭,形成和谐有序的家风。

在李家,小孩一般由父母教导做人做事的道理,有时家里的长辈如爷爷也会语重心长地劝导孩子该做与不该做的事情,不过叔伯与姑婶对家里的侄子与侄女管得较少,怕同辈会介意自己对他们的孩子管教过多而产生矛盾。家里人会默默遵守家里的规矩,当家人李仁和制定的规矩是为了整个家庭更好的发展,积极有益,所以家里人也明白老人的一片苦心,不会违背老人的意愿。

（四）家庭禁忌

1.女性在生活中的禁忌

1949 年前,李家在种田生产上基本上没有忌讳,村里人都是老老实实种田,靠天吃饭。但是在生活方面,如婚丧嫁娶有很多讲究与习俗,在婚姻方面,当地新媳妇婚后在婆家不能照镜子,不能在堂屋洗脚、睡觉,不能单独与公公在桌上吃饭等。在李家,对女性会有一些约束,尤其是李仁和的儿媳们在生活中要注意自己的仪态,就座时不能盘着腿,不能大声说话,在穿着方面要注意得体,不能穿着暴露。新媳妇嫁进婆家后,一个月不能空床,必须在婆家住一个月后才能回娘家。家里女性怀孕期间不能烧香祭祀,这是对神的不敬;不能跨纤绳,否则产期会延后;不能坐石磙,否则胎儿可能会有不测;不能吃鸟类、鳝鱼,心要向善,这样是为孩子祈福。

2.家户逢年过节的禁忌

在李家,逢年过节的时候,如端午节,媳妇会回娘家过,清明节会回娘家祭祀自己的先人,其他节气如中秋节、重阳节、三月三、七月半就在婆家过,中秋和重阳节的时候,家里人与平时一样,不会过节,三月三的时候会用地菜花煮鸡蛋吃,七月半的时候会烧纸。李家在腊月二十三过小年,一般家里会吃一顿好的。腊月二十三这一天也有禁忌,全家人不能动剪子,这一天是老鼠嫁姑娘,动剪子是对老鼠的不敬,意味着不吉利。过大年是从初一到十五,全家人聚在一起吃年夜饭、守除夕、拜年走亲戚等,元宵节吃元宵、放鞭炮等,过完元宵节就要开始准备劳动生产。过年期间人们拜年要趁早,不拜初五、初六,初五、初六去别人家里拜年没有吃的和喝的。从初一到十五妇女都需要在婆家待着,服侍来家里拜年的亲戚,不能出门拜年,过完年才能回娘家,大年初一到初三,家里没烧门神前不能扫地和倒垃圾。这些禁忌和习俗全家人要默默遵守,大人都会懂得这些禁忌,不会违背,就是家里的小孩不懂事会无意冒犯,这时孩子的父母会教导孩子,当家人也会提醒孩子的父母管好孩子,不能乱说话,也会对家里的祖先或神灵请示不要介意,孩子是无心之过。

五、家族公共事务

1949年前,李家平时没有公共活动,都有自家的事情要忙活,就是每隔几年会有一次大型的宗族祭祀活动。祭祀活动是李家的族长和长辈们负责操办,家族里每家每户的当家人都会参与其中,这种类型的活动不允许女性参与,家里若是没有男性就不参加,家里只有未成年男性时可以作为家庭代表参与。清明节的时候是自家单独祭祖先人,本家人不会干预,也不需要让本家人都聚集在一起。涉及家庭内部的生活问题,家族不会插手管,如果家族里有比较会读书的人,若家庭条件较差,家族的人不会愿意集体出资供这个孩子读书,因为每家都有自己生活的难处,但是家族会劝孩子父母,想办法让孩子读书。

六、村庄公共事务

1949年前,大屋岗村生活环境比较差,村民之间的联系并不多,大多数家户都是过着自己的生活,忙于生计,对与家户无关的事情并不关心,李家也是如此。李家全家人对村庄事务的参与性并不高,对保甲长要求的事情会被动配合,但不会主动投入。另外,村庄的管理并不成熟,公共事务主要有:村务会议、村费征收、治理灾害、筹资筹劳等。

(一)大户参与村务会议

1949年前,大屋岗村规模并不大,又因当地生活水平低下,所以村庄管理者组织的公共事务并不多,但是偶尔还是会组织村务会议,村务会议一般是村内有名望和地位的大户人家或做官的人去参与,由男性参与会议,当地不允许女性参与村庄公共事务。李家在大屋岗村是普通的中户人家,世代为小农,因此没有机会参与村庄的村务会议。

(二)每家每户必须交村费

村里的甲长每年会向村民征收村庄管理费,村费征收是村里的甲长到每家每户找家长收取,如果当家人不在,甲长就会找内当家收取村费。家里如果情况特殊,交不起村费,可以拖延,但是不能不交,当家人要想办法借钱或者用粮食来抵村费。在李家,李仁和不在家的时候,家里的钱财归黄氏来保管,村里保甲长来收费时,黄氏不需要等李仁和回家处理,可以自己作主先把钱交上,等李仁和回来的时候再打声招呼即可。保甲长收费的时候经常会碰到不愿意交村费的人,因此在 1949 年前当保甲长是个不讨人喜欢的活。

(三)每户派遣男性轮流看河

1949 年前,大屋岗村经常会发生涝灾,发生灾害之后各家顾自家逃生。但是在洪水进村之前,附近的村庄会联合起来,轮流负责观察河流的水位,河水将要倒灌时会提醒附近村里的人赶快逃生。村庄需要预防灾害的时候,保甲长会要求每家每户按单位出劳力,由于村里人较少,不需要通过开会通知,直接由保甲长通知到每家每户的当家人,再由当家人派家里年轻力壮的家庭成员去。在李家,当保甲长上门通知李仁和需要出劳力去看河时,李仁和会让李行丑或李行林去,他们会听从老人的话,轮流去村里做事,派遣劳动力的时候一般会选择男性,很少会让黄冬英或刘慧慧去。

(四)大小户齐心修桥修路

1949 年前,大屋岗村大部分家庭条件不好,因此村里需要修路修桥的时候,保甲长不会向村民收取费用。但是村里有心善的大户人家会积极出钱修路,尤其是修建庙宇的时候,有钱的大户人家会十分积极出"香火钱",他们认为这样做会为家族积德祈福。而中小户人家,如果没钱可以出点粮食或者出力。需要修路修桥的时候,普通家户会派出一个劳动力。修路修桥需要用的材料由村民自己制作,不需要花太多钱,比如用树木当做桥,修路时需要水泥,就用石头和土泥来代替。村里的庙宇也是村民们一起修建,有时候需要买一点东西,就一家凑一点钱或村里家庭条件较好的捐一点钱。村内没有公用的水井,村民都在附近的河里吃水、用水,不需要打井,饮用水是家户自己负责。

总之,村庄保甲长组织修路、修桥和修庙的时候是每家出一个劳力,保甲长会直接找当家人,然后当家人负责安排家里的人去村里做事。其他需要村民集体劳动的公共事务是看河,看河是附近几个村庄轮流承担,再由村内的保甲长负责安排村民去,这是各家各户都要轮流做的事情,关乎整个村庄的利益,家家户户都要参与,不能逃避,但是没有报酬。家户看青只需自己看自己家的,这样做的目的是减少村民之间的矛盾,自己到田地里查看庄稼生长状况,人们也会比较安心,毕竟庄稼是普通家庭唯一的收入期盼。

七、国家事务

1949 年前,李家与国家的关系是"天高皇帝远",家户与国家公共事务联系很少,家里也没有人去当兵参军。李家每年会按时完粮纳税,在国家特殊时期,全家人并没有被国民党抓去当壮丁。在选举上,李家并未参与村庄管理者的选举与投票。

(一)家户固定交土地税

1949 年前,当地纳税是以家户为单位,因为李家的田地都是祖辈开荒而来,然后一代一代传下来,没有租赁大户人家的土地,所以一般情况下李家每年只是固定地交土地税,在特定的时候还要上交军队征兵征粮的税。村中农户纳税是按照土地面积计税,家里有多少地就交多少粮食,1949 年前农户税务沉重,交完粮食后,家里所剩粮食也不算多。

在李家,完粮纳税是由当家人李仁和负责。交税的时间大概是在每年的秋收之后,村里的保甲长会上门通知当家人要上交多少粮食,然后由当家人把粮食交到甲长那里。如果老人不在家就会委托长子来负责完成这项任务,家里每年都会按时纳税。

(二)家中无人参军

1949 年前,大屋岗村有过征兵,但是李家没有人参军,因为李仁和的儿子们都有疾病在身,但是村里其他人家有这样的情况,村里有几个男性积极主动去当兵,他们觉得这是一件光荣的事情,被派去当兵的男性,村里会对其妻子儿女有一定的照顾。

1949 年前,村里出现过逃兵役的情况,大户人家为了不让儿子当兵受苦或者牺牲,当家人就花钱买兵,买兵是找家里劳动力多而且家里条件较差的家庭。村里也有条件较差的家庭不愿意儿子去当兵,于是有军队来村里征兵时,家长会让自己的子孙去外地躲着。1949 年前,村里也有国民党军队来征收军粮,军粮是军队强制征收,每家每户必须上交,村庄负责人会跟着他们一起监督征收工作。村庄里大多数家户对国家征兵征税,心里都很抵触,但又没办法反抗,所以只能消极应对,被动服从,李家也是如此。

(三)国民党强制抓壮丁

1949 年前,李家李行丑和李行林因身体较差而没有被国民党抓去当壮丁,村里人较少,所以大屋岗村很多村民都未被抓。但是附近村里有很多男性被抓去参军或当义务劳动者,国民党抓壮丁一般会选择身体好的男性,即年轻、体格壮硕的男性,而且一般会找贫苦的家庭,有钱人家会贿赂保甲长或来征兵的人以逃兵役,这些人被抓去义务做苦力、修炮楼或者打仗等。附近村里很多人家让儿子逃到外村躲兵役,有些人就逃到大屋岗村避难。关于逃兵役,大屋岗村有这样一则事例,大屋岗村附近有一个仙桃市的男子,被抓去当壮丁,因受不了军队的折磨,经常做苦力,还被打骂,因此选择逃跑,但是又怕再次被抓回去,所以逃跑到其他村庄躲避。

(四)以抽签代替民主选举

1949 年前,李家没有参与选举村庄管理者的活动,村里也没有举办选举投票的活动,人们没有选举的意识,也并不知道村庄管理者的重要性。村里大部分人认为担任保甲长并没有什么好处,而且每年收村费会得罪很多人,所以村里的人把这当做一份苦差事,又因为村里的人少,就更没有人愿意去做这份工作。1949 年前,大屋岗村的保甲长不是选举而来,而是在读过几年书的年轻男性中抽签选,村里没有人去投票。对李家而言,1949 年前李家全家人并无参与选举的意识,选谁当村长或保甲长与家户无关,也不会轮到李家人头上,所以无人关心保甲长是怎么来的,只要知道村里的管理者和负责人是谁就行。

调查小记

　　湖北省武汉市东西湖区径河大屋岗村李氏家户调查是我读书以来从事的第一项调查，也是我进入华中师范大学中国农村研究院以后进行的第一项调研任务。因欠缺调研经验，也不擅长写作访谈调查报告，加上难以寻找合适的受访者，这次调查任务对我而言是十分困难的，但是我并没有放弃。为了寻找头脑清晰、擅长表达、身体健康且80岁及以上的老人，我调动所有的亲朋好友帮我介绍，最终在母亲的帮助下我找到了刘慧慧这个受访者。在我再三请求下，老人愿意配合我完成访谈提纲，提纲的大部分问题老人都能够回答上来，我也因此而感到欣喜。因为此次访谈恰逢酷暑，老人只愿意在她乘凉的时候接受访谈，所以每天我只能在下午三点去楼下找老人，其他时间便留在家里整理录音材料。因为我与受访者并不是熟人关系，所以老人对我的访问有些戒备心，尤其是谈及到家户社会制度这一章内容，老人不愿意我问及婆媳关系和妯娌关系。为了使老人放下戒备，以便挖掘到富有家户特色的材料，我没有急切的进行访谈，而是偶尔和老人聊聊天、谈谈心，等老人心情舒畅的时候我再进行访问。在与受访者相处几天后，我与老人慢慢熟络起来，老人有时还会和我开玩笑，我的整个调研也快接近尾声。

　　访谈结束后，我并没有停下来休息，而是尽快熟悉家户调查报告的写作技巧，然后开始写调查报告。在写作的过程中，我发现很多章节的细节还需补充，而且有些老人提供的信息是没有逻辑的，为了保证家户调查的完整性和凸显家户的特色，我不得不再次找受访者追问。从学习访谈提纲到调查报告定稿大约有一年的时间，虽然花了大量的时间和精力从事这项调查，过程十分艰辛，但是我受益匪浅。

第六篇

以农辅工：多匠少地家户的融合与治理
——陇中黑石湾村李氏家户调查

报告撰写：周世东[*]
受访对象：李文兵

---

[*] 周世东（1991— ），男，甘肃省定西人，华中师范大学中国农村研究院 2016 级硕士研究生。

导　语

　　甘肃省定西市临洮县窑店镇黑石湾村是自然迁移形成的村子，总面积大概有 550 万平方米，其中耕地面积约有 367 万平方米，林地面积约有 113 万平方米。1949 年以前，黑石湾村总共有八十多户人，分布在九处居住，主要由本地户董姓和杨姓构成。李家属于迁移户，经过不断的繁衍生息，李姓也成为当地的大姓。

　　李家总共三代九口人，"掌柜"李成贵、"掌柜奶奶"①魏氏；长子李文俊、长媳杨氏；二子李文义、三子李文兵、四子李文茂、小女李双旋；长孙李瑞英。全家九口人，七个劳动力，在一个四合院中居住，同锅吃饭。李家的"掌柜"是李成贵，拥有家庭事务的最终决定权。李家"掌柜"的传承主要有两种形式：一是因为分家习俗自动成为"掌柜"，二是老"掌柜"因为年龄原因将位置指定给某一个儿子。

　　1949 年以前，李家的经济条件在村里属于中等偏上。在经济方面，李家不仅从事农业，还从事手工业。李家拥有近 7 万平方米的土地，亲自耕种 3.33 万平方米，同时兄弟辈的四人都是手艺人，农业辅助手工业。李成贵在经营、分配、消费、借贷、交换中合理安排，每年都有结余。在社会制度方面，"掌柜"李成贵安排家户婚配、协调家庭内部关系。在家户文化制度中，李家人虽读书少，但比较重视手艺，同时李家对自家人有清晰的心理界定，保护意识极强，家庭成员十分团结。在家户治理中，李家有一套默认的家规家法，十分严格，依此标准对家户成员进行奖励惩罚，维持家庭内部秩序。除了家户内部交往，李家也会积极参与家族事务、村庄事务、国家事务，扩大自家的影响力。

---

① 掌柜奶奶：当地对于掌柜妻子的叫法。

第一章 家户由来与特性

李家的祖籍在甘肃河州压沟村,在家户繁衍过程中,途径子家坪庄、平线岭庄,之后在老曲庄落户。李家在迁移过程中不断遭遇变故,回族造反、家庭矛盾、官府抓兵等,同时这些变故也是李家迁移的原因。1949年以前,李家总共是三代九口人,"掌柜"李成贵当家,对内管理严格,家庭成员齐心,每年的收入都有结余,对外交往十分广泛,且名誉极好,赢得了当地人的信任。

一、家户迁徙与定居

(一)家户祖居与迁移

李家的祖籍在甘肃省河州市压沟村,1932年,李家从压沟村迁移到甘肃省临洮县窑店镇簸箕湾村子家坪庄[①]。1938年,李家落户之后第一次分家,老大李成贵带着长房迁移到大女儿婆家居住的花麻湾村平线岭庄。1940年,李成贵和大女儿闹了矛盾,之后带着全家迁移到黑石湾村老曲庄定居。

(二)家户世袭与繁衍

1949年以前,李家迁到临洮县之后总共繁衍四代。祖辈总共有三人,长房和二房迁移到簸箕湾子家坪庄,三房迁移到临洮县会川镇。到了第二代,长房总共有十二人,男丁主要有老大李成贵、老二李成龙、老三李成银、老四李成武、老五李银匠、老六李成学。第三代,老大李成贵的后代总共有六人,四男二女,分别是大女儿李丫头、长子李文俊、二子李文义、三子李文兵、四子李文茂、小女李双旋。第四代只有老大李文俊的儿子李瑞英。

---

① 簸箕湾村子家坪庄:簸箕湾村是1949年新中国成立以后,国家划分的行政单位,子家坪庄是自然村下的一种单位叫法,也是当地人称呼的小名,当地的自然村下面由片区组成,即庄、寨子、湾等,一个自然村下面由几个湾、寨子、坪等共同组成。出现这种名称时,可按照这种方式理解,如李成贵居住的地方是黑石湾村老曲庄,黑石湾是国家的行政村,老曲庄是1949年以前自然村下面的一个片区。

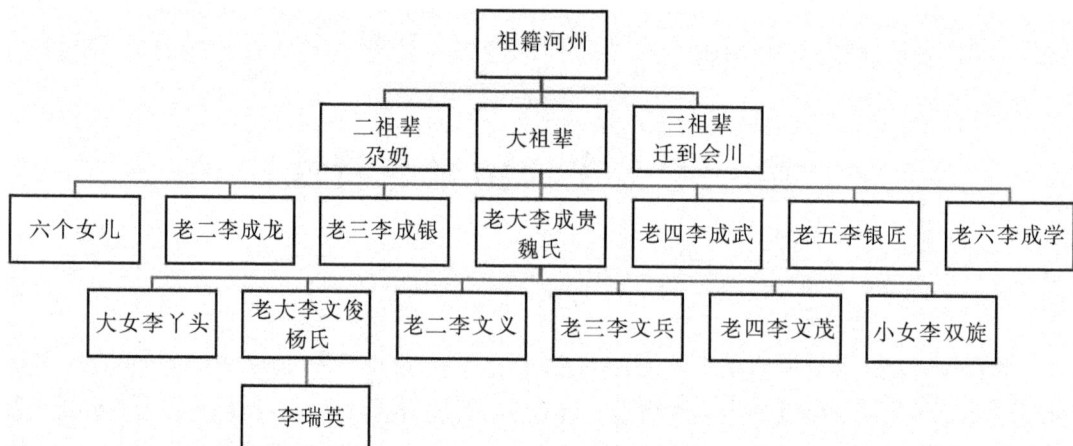

```
                          ┌──────────┐
                          │ 祖籍河州 │
                          └──────────┘
              ┌──────────────┼──────────────┐
        ┌──────────┐   ┌──────────┐   ┌──────────┐
        │  二祖辈  │   │  大祖辈  │   │  三祖辈  │
        │   尕奶   │   │          │   │ 迁到会川 │
        └──────────┘   └──────────┘   └──────────┘
```

图 6-1 李家家户世袭结构图

（三）家户定居落户

1932 年,李家的祖辈在簸箕湾村子家坪庄落户之后,前后经过六年的努力,总共开垦近 7 万平方米的土地,三方四合院。1938 年,李家落户之后进行第一次分家,老四李成武、老五李银匠、老六李成学分别继承"老家"①的三方四合院,正式在子家坪庄落户。按照当地的习俗,长子李成贵、二子李成龙、三子李成银不能继承"老家"的房屋,只能搬离"老家",在别的地方修建一个"新家",老二李成龙和老三李成银在同一个庄的不远处另修建"新家",正式落户。而李成贵乘着这个契机带着自己的后代迁移到大女儿婆家居住的花麻湾村平线岭庄修建"新家"。1940 年,李成贵又搬离平线岭庄,在家族亲房的帮助下,最终在黑石湾村老曲庄要来一块当地党家人②的土地,正式在老曲庄落户。李成贵落户老曲庄之后,前后经过九年的时间,在老曲又开垦 0.33 万平方米土地,并置办一方四合院。

二、家户重大变故

（一）回族造反,逃难至簸箕湾村

1932 年,临夏的回族造反杀人,李家居住的压沟村受到牵连。李家三房的祖辈被回族人追赶,最先逃跑。李家的街坊孟家总共八口人,被杀掉五人,街坊康家总共六人,被杀掉三人,邻居韩家被杀掉一人。在这种情形下,李家、孟家、康家、韩家四家人经过协商,共同逃难,最终一起逃到临洮县。李家长房、二房的祖辈逃到簸箕湾村,三房的长辈跑到会川镇,康家逃到花麻湾村平线岭庄落户,孟家迁到花麻湾村一地落户,并将落户的地方起名叫"孟家庄"③。韩家在龙门镇的一个地方落户,起名叫"韩家湾"。孟家和韩家落户的地方没有人开垦,他们最先占领落户的地方,所以便直接以他们的姓氏进行命名。

---

① 老家:长辈和儿子共同居住过的四合院,儿子结婚之后要分家,儿子新建的房屋被称为"新家","老家"和"新家"是一种相对的叫法。

② 党家人:当地的绝户,即没有后代的家庭。

③ 孟家庄:原来没有名字,孟家人迁到当地之后为了生活方便,以自家的姓氏起了一个庄名。

(二)李成贵插刀绝交

1938年,李家的老大李丫头嫁到平线岭庄,与一起逃难的康家人结了姻亲,李成贵乘着这个机会也迁到平线岭庄落户。1940年,李成贵和李丫头去南山的菜籽口集市买东西,两人因为小事闹矛盾。李成贵是长辈,却遭到自己女儿的顶撞,回家之后自己心里气不过,希望自己的女儿道歉,于是去找大女儿李丫头,没想到李丫头口气十分强硬,李成贵再次受到打击。回家之后的李成贵十分气恼,没有经过思考便向自己的身上捅了一刀,以此来表示与大女儿李丫头绝交。李家人也正是因为这一件事情,选择再一次迁移。虽然李家亲房的长辈从中进行调节,李成贵没有接受,最后在亲房长辈的协助下,李成贵要来老曲庄党家人的一块地方,在老曲庄落户。落户之后,大概经过两三年,李成贵和李丫头的矛盾变淡,李丫头和女婿上门道歉,亲房①长辈也进行干预,两家又重新恢复关系。

(三)李文俊躲抓兵逃回老家

1941年,国民党政府抓兵,也给李家派下名额。李家有四个兄弟,符合条件的只有老大李文俊。李家的"掌柜"李成贵不希望自家的儿子被抓兵,于是在后山的偏僻处挖出一个窑洞,到了晚上的时候,四个兄弟一块挤在窑洞里,就这样住了半个月。后来,抓兵越演越烈,李家没有办法,李成贵便让大儿子李文俊逃回河州老家的压沟村,李文俊在压沟村躲抓兵期间,拜一个当地的铁匠为师,学习了两年的铁匠手艺。1943年,李文俊手艺学成之后重新回到老曲庄,因祸得福,李文俊也成为李家的第一个手艺人。

三、家户基本情况

(一)三代九口人

1949年以前,李成贵在老曲庄落户之后,总共有三代九口人。"掌柜"李成贵,妻子魏氏,四子一女,即长子李文俊、二子李文义、三子李文兵、四子李文茂、小女李双旋,还有长媳杨氏、长孙李瑞英。男性劳动力五人,即李成贵和四个儿子,女性劳动力两人,包括魏氏和杨氏,未成年儿童有两人,即李双旋和李瑞英。

表6-1　1949年以前李家家户基本情况表

家庭基本情况	数据
家庭人口数	9
劳动力数	7
男性劳动力数	5
家庭际代数	3
家内夫妻数	2
老人数量	0
儿童数量	2
其他非亲属人员数	0

---

① 亲房:同一祖辈下面的所有李姓人。

表 6-2 1949 年以前李家家户成员情况表

成员序号	姓名	家庭身份	性别	年龄	婚姻状况	健康状况
1	李成贵	掌柜	男	51	已婚	优
2	魏氏	妻子	女	50	已婚	优
3	李文俊	长子	男	26	已婚	优
4	杨氏	长媳	女	25	已婚	优
5	李文义	二子	男	22	未婚	优
6	李文兵	三子	男	20	未婚	优
7	李文茂	四子	男	19	未婚	优
8	李双旋	小女	女	13	未婚	优
9	李瑞英	长孙	男	4	未婚	优

(二)四匠辅助,家有结余

1949 年以前,李家总共有近 7 万平方米土地,在簸箕湾村子家坪庄有 2 万平方米左右,交给"老家"的三个兄弟耕种,在平线岭庄有 1.33 万平方米土地,交给大女儿李丫头耕种,在老曲庄有 3.33 万平方米,由自家耕种。没有亲自耕种的 3.33 万平方米土地的产权属于李家人,只是交给兄弟和女儿耕种,没有租金。除农业收入之外,李家还有牲口收入,每年能新添六头大牲口、二十多只羊。李家的四个儿子都是匠人,大儿子李文俊铁匠、二儿子李文义皮匠、三儿子李文兵铁匠、四儿子李文茂木匠兼石匠。李家是手工业和农业共同发展,每一年的收入基本都有结余。

表 6-3 1949 年李家家计状况表

土地占有与经营情况		土地自有面积	6.67 万平方米	租入土地面积	0
		土地耕作面积	3.33 万平方米	租出土地面积	0
生产资料情况		大型农具	犁、风匣、抹子		
		牲畜情况	4 头牛、1 头骡子、2 头驴		
雇工情况		雇工类型	长工	短工	其他
		雇工人数	0	0	0
收入	农作物收入				
	农作物名称	耕作面积	亩产量	总产量	单价	收入金额（折算）
	小麦	1.33 万平方米	150 斤	3000 斤	150 斤一块二	24 块
	玉麦(玉米)	0.67 万平方米	120 斤	1200 斤	225 斤一块	5.3 块
	红麻	0.2 万平方米	60 斤	180 斤	150 斤一块	1.2 块
	豆子	0.2 万平方米	60 斤	180 斤	180 斤一块	1 块
	土豆	0.2 万平方米	600 斤	1800 斤	1500 斤一块	1.2 块
	荞麦	0.2 万平方米	100 斤	300 斤	300 斤一块	1 块
	谷子	0.13 万平方米	80 斤	160 斤	300 斤一块	0.5 块
	糜子	0.13 万平方米	90 斤	180 斤	300 斤一块	0.6 块
	雁麦	0.07 万平方米	60 斤	60 斤	400 斤一块	0.15 块

歇地	0.2万平方米			
单计收入			34.95块	

牲口收入				
牲口类型	每年新增数量	值多少小麦	收入折算	
牛	4	2000斤	16块	
驴	2	600斤	4.8块	
羊	20	4000	22.2块	
单计收入			43块	

副业收入				
手工业类型	每一年干的天数	日工资	收入折算	
铁匠收入	300天	60斤小麦	144块	
皮匠收入	90天	50斤小麦	36块	
木匠收入	90天	60斤小麦	43.2块	
石匠收入	15天	50斤小麦	6块	
单计收入			229.2块	

支出	食物消费	衣服鞋帽	医疗消费	人情消费	红白喜事
	40块	24块	10块	30块	80块(分摊到四年)
	纳粮上草	教育消费	工具消费	燃料消费	其他消费
	12块	12块	30块	30块	20块

结余情况	结余70块	资金借贷	借入金额	0
			借出金额	0

(三)"掌柜"当家

在李家,当家人是"掌柜"李成贵,对家中的一切事务拥有最后的决定权。对于这种权利,是成为"掌柜"之后天然所赋予的,能得到亲房、村庄和其他村民的认可。在农业生产经营中,由"掌柜"李成贵一手安排,家庭成员都要服从李成贵的决定。在手工业经营中,老大李文俊和老三李文兵是铁匠,老二李文义是皮匠,老四李文茂是木匠兼石匠,四个儿子都是手艺人,他们外出从事手艺所挣的钱都要向李成贵报账。李成贵绝不容许四个儿子私藏钱财,如果有儿子违反这一条会受到严厉的批评,正如李文兵所说:"那个时候是我们的先人①当家,十分固执,十分封建,我们挣回来的钱都要交给我们的先人,我们不敢藏钱。"四个儿子给"掌柜"报账之后,李成贵会给他们留下一部分钱用于手工业日常运转,其他钱便当做家庭收入,由李成贵统一支配。除此之外,对于其他的家庭内部事项,几乎是李成贵一手包办,例如儿子的婚姻,还有在村内代表李家参加对外交往等。

(四)邻里关系和睦

李家宅子所占的土地原来属于当地的本地户党家人,后来送给李家,鉴于这一层关系,李家和邻居相处多年,从来没有闹过矛盾。李家在邻居住宅的旁边自行修建宅子,修建时双方有明确的约定,以中间为界线,双方都不能越过。李家和邻居常年保持换工关系,邻居家里

---

① 先人:狭义的先人是父辈,广义的先人包括父辈以上的所有祖辈,儿子称为后人,在这里,先人指父亲李成贵。

有事时,李家也会主动提供帮助,两家人一块耕种,一块背田①,一块碾场②等,邻里关系十分和睦。

(五)名誉好,声望大

1932年,李家来到当地落户,刚到时此地仅有两户人家,到1949年时,繁衍到四十多户。本地户李家、邓家、董家是大家族,三个家族共占一百五十多户,在村子里几乎各占三分之一,在当地的影响力很大。李家的"成"字辈老四李成武即李成贵的四弟当过保长,对李家和当地产生了重要的影响。除此之外,李家的"成"字辈还出过银匠,是当地唯一的一个银匠手艺人。李成贵的四个儿子,每一个儿子都学了手艺,这在当地是独一份。为了区分职业,并且叫着顺口,当地人给李成贵的四个儿子分别各起了一个绰号:"大铁匠""二皮匠""三铁匠""四木匠",所从事的职业成了绰号,后来人们叫顺口,提起名字别人可能不知道,但是提起绰号几乎没有人不知道。李文俊手艺学成之后回家,在窑店的集市开了一个铁匠铺子,手艺活干得精细,几乎整个镇的人都知道他,如果需要打铁质工具,熟人会直接去找他。打铁质工具的人多时,李文俊忙不过来,便找李文兵给他当下手,同时李文兵也可以学手艺。在1946年,李文兵就能独当一面,在南山的集市也开了一个铁匠铺子。后来,李家的老二李文义、老四李文茂的手艺活越来越娴熟,在当地也开始有名气,尤其是老四李文茂,和当地知名的木匠邓茂生一起搭伙干活,两家人后来成为姻亲,对当地的建房事业产生重要影响。

(六)少门第之见,多注重交往

在当地的保、甲册子中,所有的农户被划分为三类:头等户、二等户、三等户。李家在簸箕湾子家坪庄落户之后,被划为三等户。划分的根据就是土地数,头等户的土地大概在33.33万平方米,二等户的土地大概在16.67万平方米至33.33万平方米之间,三等户的土地在16.67万平方米以下。当地有本地户和外来户的说法,本地户就是迁来的时间早,开垦的土地多,一般是头等户;外来户迁来的时间短,开垦的土地少,一般是二等户或者是三等户,本地户也可以叫老户,外来户可以叫新户。

李家刚迁来时开垦的土地少,和其他的村民相比,经济水平偏低。簸箕湾村学手艺的气氛比较浓烈,因为李家是外来户,土地不多,需要靠其他的收入才能维持日常生活,于是从第二代开始,李家人就开始学手艺。李成贵也正是受到这种风气的影响,再加上机缘巧合,自己的四个儿子都学习了手艺。当地对门当户对比较重视,结交时也会看门户,但是要维持日常的耕作,人们必须要和手艺人打交道,尤其是铁匠,也正是因为这种缘故,村民和李家人打交道时少了些许门当户对的偏见。李家人要靠手艺吃饭,需要更多的人脉来拓展关系。基于这两方面的原因,李家在对外交往中放弃门第之见,只要是能结交的人,李家人都会结交,正是这种结交观念,给李家人带来不少的经济收入。

---

① 背田:当地的农作物收割之后需要摞在地里放一个月,晒干质量变轻之后背回去,当地人将这个过程称为背田,同时也是生产力落后的一种表现,需要靠人力来背,当地人一般通过换工的方式来背田。

② 碾场:将农作物背回晒场,在晒场上用石碾子脱粒的过程叫碾场。

第二章　家户经济制度

李家总共有近 7 万平方米的土地,自家耕种 3.33 万平方米,有一方完整的四合院,还有农业生产资料、手工业生产资料以及生活资料,产权全部归家户。李家不仅从事农业经营,还从事手工业经营,农业与手工业每年的收入都有结余。在家户分配与消费中,"掌柜"起主导作用,家庭成员起辅助作用,消费的费用来自家户农业与手工业收入。李家存在借贷情况,还贷时要遵循当地的习俗,亲自到出借人家中归还,加上约定的利息。在家户交换中,李家的交换客体众多,通常要货比三家,同时也会与熟人交易,从而选择对自家最有利的方案。

一、家户产权

(一)家户土地产权

1.两类土地,三地分布

1949 年以前,李家总共有近 7 万平方米土地,一部分土地来自继承,还有一部分源自李成贵开垦。李家的土地分为"州地"和"县地"两类,区分标准是纳粮上税的地方不同,"州地"的税要交到州府,"县地"的税需要交到县府。当地属于行政划分的交界处,行政归属多次变动,但不管怎么变,每年都要纳粮,不是交到通渭县城就是交到临洮县城,或者是两地各交一部分。从 1940 年以后,当地的农户开始向较近的临洮县城纳粮,"州地"和"县地"不再细分,尤其是平线岭庄和老曲庄,中间直线距离不到一千米,仅仅相隔一条沟,属于两个镇。

李家的土地分布在三个地方,在簸箕湾子家坪庄有 2 万平方米,1938 年分家时分给李成贵,由李成贵的三个兄弟耕种。在平线岭大概有 1.33 万平方米,前期由李成贵耕种,后期由李丫头耕种。李家搬到老曲庄之后,李成贵便又开垦 3.33 万平方米土地。李家的土地全部为旱地,土质为黄土,7 万平方米土地分散在三个地方,三个地方的土地又相对分散,总共有六十七块。

2.一百亩土地家户所有

李家的土地属于家户所有,不属于"掌柜"李成贵或者是某一个家庭成员,"掌柜"负责支配和管理。在同家生活时,每一个家庭成员有依靠土地获得生存的权利。在分家时,只有小家庭的男丁作为代表获取一份土地产权。李家的妇女没有继承土地的权利,他们的权利附属于家庭男丁,即魏氏的土地继承权附属在李成贵的身上,李成贵只能代表小家庭获取一份土地产权。如果将来要分家,杨氏的土地继承权就附属在老大李文俊的身上,李家共有四个儿子,因此李文俊只能代表小家庭获取四分之一的土地。

对于李家的女儿,她们没有继承土地的权利,在出嫁以前可以依靠土地生存,除非招

411

上门女婿,这时她们才有继承权,上门女婿没有继承权。女儿出嫁,对于婆家的土地,她们的权利依附于丈夫。只要是李家的儿子,不管成年还是未成年,他们从生下起就天然的具有土地产权。李家人认为,土地不应该分配到个人,四个儿子都是匠人,分配到个人不利于农业耕作。

3.土地界线明确

(1)约定的界线

李成贵在老曲庄落户时,要了一块当地党姓村民的土地,并且两家人还成为邻居。由于是白送的土地,党姓村民和李成贵有明确的约定,土地产权归李成贵,两家人的宅子以中心为界线。

(2)以"埂堎"①为界线

当地都是山地,土地海拔不一样,对于两块相邻的土地,海拔较高的为上块,海拔较低的为下块。两块土地耕种时间一久,地面会越来越平整,上块和下块之间会有一个落差。耕种的时间越久,这个落差越明显,两家人就会形成默契,谁都不会侵犯这个边界,经过耕种人的踩踏,边界硬化,这就是当地人俗称的"埂堎"。

4."掌柜"对土地拥有支配权

在李家,"掌柜"李成贵是土地的实际支配者,其他家庭成员有提意见的权利。1938年,李成贵继承祖辈在子家坪庄开垦的2万平方米土地之后,带着自己的儿子到平线岭庄居住,对于继承的土地,李成贵没有与家庭成员商量就交给自己的三个兄弟耕种,但是土地产权归李成贵。1940年,李成贵和大女儿李丫头闹矛盾,搬到老曲庄居住,但是在平线岭庄还有李家的1.33万平方米土地,平线岭庄和老曲庄中间相隔一条沟,1941年至1943年,李家人一直跨过沟去耕种,后来两家人又和好,李成贵于是将平线岭庄的土地送给大女儿李丫头耕种。1949年,李家分家,李成贵将子家坪庄的土地分给老大李文俊。从上面的两个例子可以看出,李家的"掌柜"李成贵对自家的土地拥有绝对的支配权,甚至有权将自家的土地送给别人。对于自己耕种的土地,李成贵有权决定种什么、种多少,这是小事,李成贵自己就可以决定,种完之后,还可以决定何时收割,如何收割等。"掌柜"管理和支配自家土地是家庭事务,外人无权干预。除此之外,"掌柜"还有土地买卖、置换的权利,外人想要和李家进行土地置换或者是土地买卖,必须要经过李成贵的同意。

5.土地认可与保护

对于土地的所有权,当地村民之间有清晰的心理认同,不会干预李家对土地的支配和管理。哪一块土地是谁的,村民之间很清楚,不会随意侵占别人的土地。如果想要置换或者是买卖,要与"掌柜"李成贵商量。在亲房内,如果李家的土地遭到别人的侵占,亲房也会提供帮助。在村庄层面,李成贵的四弟李成武当过保长,李成贵的一部分土地由李成武耕种,没有任何租金,鉴于李成贵和李成武的兄弟关系,村庄的人也不敢侵占李家的土地。在官府层面,只要纳了粮,土地的所有权也能得到官府的保护,同时,李成武也能和官府的人打交道,从侧面保护了李家对于土地的权利。

---

① 埂堎:区分两家人土地产权的界线。

(二)家户房屋产权

1.一方四合院,两个铁匠铺子

李家的老宅在子家坪庄,有三方四合院,李成贵是长子,按照当地的习俗,分家之后要从老宅搬出来,由年龄小的儿子继承老宅。1949年以前,李成贵在老曲庄修建一方四合院,总共有房22间,包括主房3间,四个角房各2间、总共8间,左右廊房各3间、共6间,大门房1间,牲口房4间。

李家住宅的总体结构是四合院,主房在东面,灶房在北面,西北方是大门,四个角为角房。在大门外的北边有一个大门房,西房有四个牲口圈,还有猪圈和厕所。在住宅的西南方有一个小门,外面是一个300多平方米的晒场。

李成贵和魏氏住在主房,长子李文俊和杨氏住在主房左手边的角房,二子李文义住在主房右手边的角房,三子李文兵住在西北方的角房,四子李文茂住在西南边的角房,小女李双旋住在灶房的隔间。李瑞英可以和李成贵住在一起,也可以和父母住在一起,要是他们都不方便照顾,还可以和其他任何家庭成员住在一起,对于一个三四岁的儿童,可以住在任何一个房间。

李家除了四合院之外,在窑店和南山的集市各有一个铁匠铺子,铺面不是很大,主要用于打铁和经营,以及平常的住宿和生活所需,每一个铺子大约有两间房。

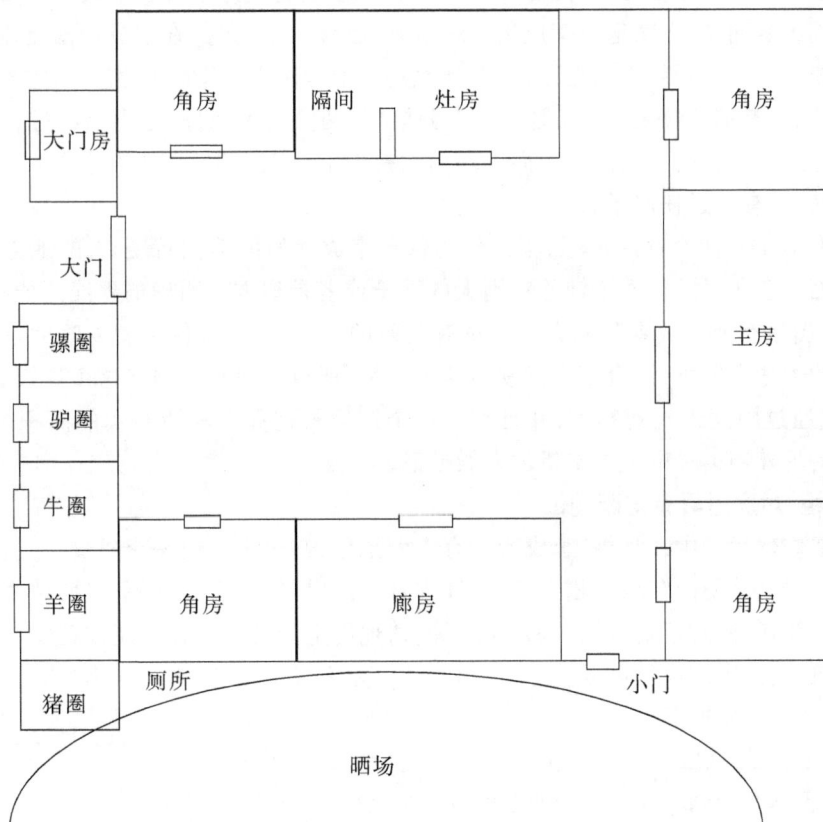

图6-2 李家家户住房结构图

413

2.房屋为家户所有

李家的四合院以及两个铁匠铺子都是自家修建，费用来自家户收入，房屋产权为家户所有。在没有分家以前，所有的家庭成员都可以使用，如果要分家，小儿子可以直接继承老宅，其他的几个儿子可以分到修建"新家"的钱。李家的男丁有房屋的继承权，这种继承权不是直接将房屋分给每一个儿子，而是给一部分相当于房屋继承的钱。李家的妇女没有房屋继承权，她们的继承权通过男丁来体现，每一个男丁代表一个小家庭继承一份房屋。李家的女儿没有继承权，如果招了上门女婿，她们则相当于男丁的地位。李家在集市有两个铁匠铺子，老大李文俊和老三李文兵有优先使用的权利，但是他们不能直接继承，因为铺子的产权归家户，在分家时还要看具体的情况。

3."庄窠"与铺子界线明确

李家住宅下面的土地是当地的党姓村民赠送，这其中李家的"尕奶"①发挥了很重要的作用，1940年时，她是李家辈分最高、年龄最大的人，"奶"是按照孙子的辈份称呼，"成"字辈、"文"字辈的人都可以称呼"尕奶"，这种称呼并不是搞乱辈分的体现，而是一个尊称，"尕奶"的地位相当于李家的族长、半个"乡老"②，李成武是保长，见到她也得尊称为"尕娘"，因此李家人对她十分尊敬，谁家闹家庭矛盾或者是需要请见证人时，一般都会请她出面。她在场时，谁也不敢闹事，谁要是不听话或者是无理取闹，她有抽打的权利，谁也不敢还手，辈份高，面对的都是亲子侄或者是侄孙子，她有教育的权利。也正是因为她代表李成贵出面，当地的党家人不得不给她面子，无偿送给李成贵一块地方，还有几亩土地。在李成贵修建住宅时，双方就明确界线，以中心为界，不得侵占，这在当地是一个特例。在当地，两家人的宅子相邻时，都认为有界线，一般是以中心为界，但是又十分模糊，两家人关系好，也可以越过，两家人关系不好，闹一点小矛盾，很可能因为一面土墙而大打出手。李家和邻居明确这个界线，双方多年来和睦相处，没有闹过任何矛盾。

李家在集市有两个铁匠铺子，都是借用保长李成武的关系，购置别人的地方，买好地方之后在上面修建房子，这两个铺子和别人的铺子或者是地方有明确的界线。能在集市开铺子，都是在当地有势力或者是和官府人员有关系的人，一旦发生侵占就要闹大矛盾，或者是动用官府的力量来解决，谁也不愿意发生这类事情，所以一般都会遵守这个界线。李家买地时，李成武通过中间人找到卖家，并且写了一个把凭③，把凭上写清买卖的面积、地点、见证人、金额等，另外还请集市上有威望的人做见证。

4."掌柜"对房屋具有支配地位

在房屋修建活动中，"掌柜"李成贵具有支配地位，甚至可以说是李成贵一手包办。房屋修建时，李成贵去"阴阳"或者"相土"家里算吉日，吉日算好之后，"掌柜"出面请木匠，或者是自己的儿子修建，同时还要告知四邻、亲房等，请他们上门帮忙。在房屋住宿安排中，李成贵拥有决定权，其他家庭成员可以提意见，例如某位家庭成员结婚，房屋住不下时，在"掌柜"李

---

① 尕奶："尕"是最小的意思，就是同一辈中年龄最小的人，即李家二房祖辈的妻子。

② 乡老：字面意思是在村里年龄较大的人，因为年龄大，经历的事情多，自然的产生了一种权威，要给发生矛盾的家庭断理。

③ 把凭：字据。

成贵的主持下可以进行适当的调换。

李家在修建铁匠铺子时,老大李文俊和老三李文兵必须要征求李成贵的意见,只有得到李成贵的同意,才能动工,李成贵不同意,李文俊和李文兵根本拿不到修建铺子的钱。在集市修建铁匠铺子,这是家庭大事,甚至要征求其他家庭成员的意见。修建铺子不仅要买地方,还要买修建的木材及其他的材料,花费大,需要征求家庭成员的意见,但最后的决定权还是在李成贵手中。

5.房屋认可与保护

对一个家庭来说,修建房屋是一个大工程,独个的家庭很难完成,需要亲房、四邻、其他村民的帮助,"掌柜"也会出面请他们来帮忙,这就相当于在告诉四邻、亲房、村子的人,修建房屋的人有房屋产权。在亲房内,李家是大家户,并且有长辈在世,比较团结,对当地影响大,基于李家的势力,别人也不敢侵占。在村庄层面,李成武是保长,是李成贵的亲弟弟,也从侧面保护了李家的房屋产权。

(三)农业生产资料产权

1.农业生产工具齐全

李家的农业生产工具主要通过继承、购买、自制获得。大型的农业生产工具主要有犁、抹子、风匣[①]、独轮车、石碾子等,铁质工具主要有铁锹、犁头、铁叉、镰刀、铲子等,木质工具主要有"三拐一端"的犁架子、木橛、木叉、榔头、耙子,其他手工制作的工具主要有背篼、筐等。在1943年以前,李家的农业生产工具主要是购买,或者请木匠做,自制的工具比较少;1943年以后,李文俊成为正式手艺人,铁质工具开始自制,有部分木质工具也开始自制,购买比较少,李文茂的手艺活上手之后,李家的农业生产工具几乎都能自制,极少外出购买。总之,李家在农业生产中,只要是能自制的工具就不会购买,只有不能自制时,才会选择购买或者是请人做。

2.牲口满足耕作所需

李家总共有七头牲口:四头牛、两头驴、一头骡子。耕牛的工具有两套,四头牛可以轮流干活;毛驴干活的工具有两套,毛驴体力比较差,干活时需要"搭套"[②];还有一套工具配合骡子干活,骡子是除了马之外最好的牲口,完全可以独立耕作。李家有近7万平方米土地,自家耕作的只有3.33万平方米,七头牲口完全能满足耕作的需要,还有多余的牲口能借给别人使用。同时,李家每年能增添五六头牲口,可以自养,多余的牲口还可以卖给当地的农户或者是去集市卖掉。

3 农业生产资料家户所有

李家的农业生产资料为家户所有,不属于"掌柜"或者是某一个家庭成员,全家人都有份。生产资料是家庭成员为了增加收入的必需品,在农业生产中,失去农业生产资料,相当于斩断农业收入来源。李家人同在家生活时,只要是在一个锅里吃饭的人,都有一份农业生产资料,因此李家的男丁和嫁进来的媳妇都可以拥有一份农业生产资料。李家所生的女儿在没有嫁出去以前,拥有一份农业生产资料,嫁出去以后便失去这种资格,同时在婆家又会得到

---

① 风匣:手动扇风去壳的一种农业工具。

② 搭套:这里指两头驴搭在一起干活。

这种权利。李家人认为,农业生产资料应该集中使用,不该分配到个人,只有全家齐心协力,才能增加农业收入。

4.家庭成员在农业生产资料所有权中的地位

(1)"掌柜"李成贵在农业生产资料中起支配地位

1943年以前,李家没有从事手工业,对于大多数的农业生产工具,需要购买或者是请匠人制作,自制的农具很少,李成贵在其中发挥支配性的地位。对于铁质农具,李成贵需要到集市购买或者是找铁匠定制,大型的木制农业生产工具,像犁、风匣等,需要请专门的木匠来做。这一时期的李家相对比较困难,李成贵作为"掌柜",经常代表李家向别的农户或者是邻居借用农业生产资料。

(2)其他家庭成员在农业生产资料中起辅助地位

1943年以后,李成贵的大儿子李文俊手艺学成之后回家,在窑店的集市开设一个铁匠铺子。李文俊有一定的财物权,并且也成为集市中的一员,之后,李家的老三李文兵也开始跟着老大学习铁匠手艺,两人经常往来于集市,这一时期李家的所有铁质农具开始自制。后来,李家的老四李文茂木匠活干得越来越好,也能独当一面,木质工具基本都能自制,如有损坏,直接让李文茂维修。这一时期李成贵在农业生产资料中的地位开始弱化,几个儿子的地位开始显现出来。

5.外界对农业生产资料的认可与保护

外界认可李家的农业生产资料,不会随意侵占。在村庄层面,李家是大家户,基于李家在当地的势力,以及李成武保长的身份,别的村民也不敢侵占。如果别的村民或者是邻居想要借用李家的农业生产工具或者是牲口,需要和李成贵商量,李成贵同意之后才能拿走。李文俊和李文兵是铁匠,李文茂是木匠,如果别的村民想要定制、买卖农业生产工具,可以直接找他们,只要价钱合适,做好之后给付报酬,工具可以直接拿走。

(四)手工业生产资料产权

1.手工业生产资料齐全

(1)铁匠专用工具

李文俊和李文兵是铁匠,1943年至1946年在窑店开铁匠铺子,1946年,李文兵开始独当一面,在南山的集市自开一个铁匠铺子,他们两人总共有三套干活工具,窑店和南山的集市各一套,从事日常经营,在家里有一套备用的工具,也从事一些零散的铁匠活,回家时可以给当地的村民制作一些工具。

铁匠干活的工具主要有各种型号不一的锤子,如大锤、二锤,常用的锤便是这两个,其他型号的少用;还有各种钳子,总共有七八种;大工具主要有风箱,是烧铁时拉风吹火的工具,李家的风箱由桐木制作,花费较多;震子就是打铁时需要垫在下面的一个大铁块,在震子下面还要安上一整块木头,起到减震的作用,也是从事铁匠最主要的工具之一。除此之外还有一个烧铁的炉子,炉子需要手工制作,全部是土质材料,当地有一种红土,加水和好之后黏性强,做好晒干之后很结实,炭烧着之后能融铁水,炉子烧不破,炉子的大小、形状都不一样,需要看手艺人的习惯和爱好,他们想做成什么样就是什么样,但是有一个基本的要求,就是能和风箱连在一起。另外还有其他的一些小工具,例如水桶,装满水可以淬火,各种盛铁器的匣子、箱子、以及摆成品的桌面等。

（2）皮匠专用工具

李家的老二李文义是皮匠，皮匠和裁缝干活的工具很相似。主要有各种型号的剪刀、直尺和软尺、针线，以及各种刀具，例如圆刀、直刀、弯刀、刮刀等，还有铁链挂钩、缸、以及处理"生皮"的碰硝、盐等。

（3）木匠专用工具

李文茂是木匠兼石匠，从事石匠不需要特殊的工具，木匠工具完全能满足。当地的木匠一般都是身兼石匠，在从事木匠活时还要进行凿刻。建房子时，要在柱子下面垫石头，例如修建大门时要凿刻门墩，还要雕屋脊等，一个好木匠必须要学习雕刻，例如雕刻窗户、房檐等等。

1949 年以前，木匠干活的工具很简单，主要是推刨、锯子、斧头、凿子、三角尺、直尺、软尺、锛子、钻子、墨盒。推刨的作用就是抛光，推平；凿子的作用就是凿孔；锛子用来初步抛光、抛平；墨盒用来打线，在墨盒里面放一根线，沾上墨汁，用来打直线。其他工具的作用通过名字就能看出用法和作用。

2.手艺人优先使用手工业生产资料

李家的手工业生产资料归家户所有，全家人都有份，但是手艺人有优先使用的权利。置办手工业生产资料时，费用从全家的收入中支出，四个儿子外出挣回来的钱要向"掌柜"李成贵报账，由李成贵统筹安排。对于各自使用的手工业生产资料，四个儿子有权利选择自己顺手的工具，如有需要时，他们可以购买、维修和自制，李成贵很少插手。对于手工业生产资料，家庭成员也可以使用，例如剪刀、针线、锤、钳子、斧头、锯子，这些也是生活资料，使用时需要告诉专用的成员，如有不合适或者是接口松动，让他们有所防备，或者是及时维修，这是生活常识，免得误伤自己或是别人。

3.手工业生产资料侵占与保护

李家的老大李文俊和老三李文兵在集市开铁匠铺子，需要时常留心自己干活的工具，一不留神被别人顺手牵羊拿走，就只能自认倒霉。集市是一个鱼龙混杂的地方，什么人都有，在集市乱窜的"混混"，经常干一些小偷小摸的事情，李文俊和李文兵干活的工具也被偷过，还有一些在集市混的"街皮"①，就是专门帮人要账，找别人麻烦，靠向别人讹钱过日子，遇到这类人也只能花钱免灾。工具被偷或者是顺手拿走，以后就算是见到，也没有办法要回来，什么证据都没有，面对这种现状，只能是自己多留心，减少损失。

李家的老二是皮匠，他的工具很少被人侵占，除非遇到一些特殊情况，例如到别人家里去缝皮袄或者是做皮褥之类，工具落在别人家里，能主动还回来最好，要是对方不承认，谁也没办法，因为小事闹矛盾，对谁都不利，这类事情说出去非常丢脸，会被别人认为连自己干活的工具都看不住。

李家的老四李文茂是木匠，经常带着工具去其他的村子干活，大工具一般不会丢，但落下小工具是常有的事。遗忘在别人家里，都是李文茂自己去取，对方能承认，这样最好。要是不承认，李文茂也不会强求，只能怪自己不留心。

李家的手工业收入是农业收入的三倍，需要靠手工业来维持家庭运转，面对小工具经常被人侵占的现状，只能多留心。同时李家人也会和别人搞好关系，通过这种熟人交易，减少侵

---

① 街皮：在集市混的流氓。

417

占,保护手工业生产资料也是全家人的责任和义务。

(五)生活资料产权

1.生活资料齐全

1949年以前,李家的生活资料主要是通过继承、买卖、自制等方式获得,像锅碗瓢盆、柜子、椅子等,一部分是分家时通过继承的方式获得,还有一部分是购买或者自制。李家有一个晒场,在住宅的南边,大概有三百多平方米,李家还有一个水窖,修建时请专门修建水窖的窖匠、村民来帮忙,大概花费一千五百斤小麦。村里还有一眼泉水,全村人出资共同修建,李家可以吃窖水,也可以吃泉水。李家有一盘石磨、一个石碾,因为置办比较早,李成贵请当地的石匠来打的,大概花费八百斤小麦。除了以上生活用品,李家缺少什么,都是李成贵代表全家置办,生活资料能满足生活所需。

2.生活资料为家户所有

李家的生活资料归家户所有,并不属于某一个家庭成员,"掌柜"代表全家进行管理。在分家以前,对于家庭的生活资料,任何一个家庭成员都有份,分家以后,搬离"老家"的男丁可以得到一份生活资料。某些生活资料不容易分割,例如石磨、水窖等,分家后及时置办一个比较困难,在分家后的一段时间内,"老家"和"新家"的家庭成员可以共同使用一段时间。对于李家的女儿,在出嫁以前,可以享有娘家的生活资料,出嫁以后,可以享有婆家的生活资料。李家人认为,生活资料应该集中使用,这样更加有利于家庭团结。

2. 家庭成员在生活资料中的地位

在生活资料的借用、购买、维修活动中,"掌柜"李成贵具有支配地位,一般都是李成贵亲自出面。生活所需的锅碗瓢盆摔坏,或者是油盐酱醋用完,由李成贵去集市采购,李文俊和李文兵在集市开铁匠铺子,两人经常在集市干活,李成贵也会交代给他们需要置办的东西。李成贵去集市不仅仅是置办生活用品,要是在集市维修或者是置办铁质工具的人较多时,李成贵还可以帮两个儿子照看铺子,顺便可以给儿子当下手,尤其是在开春耕作以前,村民会集中置办工具,他可以解儿子的燃眉之急。生活资料需要维修或者制作时,由李成贵和李文茂完成,李文茂作为木匠,几乎所有的木质生活资料他都能做。需要借用别人的生活资料时,李成贵可以出面,也可以指派任何一个儿子出面。

4.外界对生活资料的认可与保护

生活资料与人们的日常生活息息相关,这些资料就在生活场所的周围,在眼能见、手能够得着的地方,尽管如此,李家的生活资料还是有被侵占的情况,晒洗衣服的时候,将衣服晾在门外,被过路的人拿走,遇到这类事情,只能隐忍,说出去会成为别人的笑柄,也会成为别人闲聊时的笑谈,生活资料只能是自家人在生活中多留心照看。大一些的生活资料别人没有办法侵占,小的被别人侵占,要是别人不承认或者是不给,也不值得大动干戈,更不可能请亲房的人帮忙要回来。

二、家户农业经营

(一)生产资料

1.劳力构成

1949年以前,李家总共有九口人,七个劳动力,其中男性劳动力有五人,即李成贵与四个儿子李文俊、李文义、李文兵、李文茂,女性劳动力有两人,即魏氏和杨氏,李双旋算是半劳力。李文俊和李文兵两人有铁匠铺子,基本不参加农业生产,只有在农忙时才会回家帮几天。李文义是皮匠,在家从事手艺活,同时也参与农业耕作,李文茂是木匠,一般在农闲时从事木工,正常参加农业耕作。李家虽有近7万平方米土地,但自家耕种的仅有3.33万平方米,由五个劳动力耕作,同时李文俊、李文兵、李双旋也能提供一些帮助,劳力完全够用。

2.劳力调剂

李家的劳动力够用,不仅从事农业生产,还从事手工业生产,但李家依然存在帮工和换工行为。

(1)帮工

李家的房屋主要是在1943年至1949年之间修建,房屋建造需要大量的人力,单个家庭很难完成,需要请邻居、村民、亲房的人上门帮忙。这类工程相当于村庄的公共活动,村里人给李家帮忙,当别人需要修建房子的时候,李家也要给他们帮忙。杀猪时亦是如此,村民之间也会相互帮工,六七家人轮流干,比如李家确定杀猪的日期,到了晚上的时候,"掌柜"李成贵出面挨户请人,第二天早上被请的村民就会来李家吃早餐,这是当地的习俗,类似的活动还有杀羊、修水窖等。除了这些帮工,在农业生产活动中,关系好的村民要是完成耕作或者是收割,也会主动来到李家无偿帮忙,虽说是无偿,体现的是人情关系,但是李家碍于人情,对方需要时,也会去帮工。

(2)换工

李家的劳力足够使用,但还是与邻居形成长期的换工关系,同时也与居住较近的村民换工,尤其是种小麦的时候,几户人家一块换工干活,要是赶上春雪或者是春雨就需要抢种,几户人搭在一起,从早上一直忙到晚上,也就是当地人所说的"牲口歇,人不歇",意思就是牲口可以轮流休息,但是人不休息。李家的牲口多,但是长期从事农业耕作的男性劳动力只有三人,即李成贵、李文义、李文茂,两个人负责一头牲口,剩下一人无法单独耕作,因此就需要与四邻进行换工,三四户人家几天就可以种完小麦。在收割的时候,谁家的小麦成熟,就给谁家干活,小麦不会同时成熟,这样换工可以缓解收割不及时带来的损失,也不至于猝不及防。收割完成之后,需要将小麦背回晒场,当地人叫"背田"。每户人家种2万平方米的小麦,若是单靠自家来背,可能需要半个月,要是邻里之间互相换工,一家出三四个劳动力,则每家每户的小麦三四天就能背完。"背田"时,换工与不换工的劳动量差不多,但是更多的人还是愿意换工,十几人一块干活,有说有笑,可以减轻人的心理压力。一个人单独坚持十五天,十五人轮流坚持十五天的劳动量一样,但是给人带来的疲劳度不一样,这就是当地人愿意换工的原因。

3.土地超过耕作所需

李家有近7万平方米土地,自家耕种3.33万平方米。在子家坪庄有2万平方米土地,李成贵交给三个兄弟耕种,每一个兄弟耕种0.67万平方米,土地只是交给他们管理,没有地租,但所有权属于李成贵。李家1949年分家,子家坪庄的土地由大儿子李文俊继承。在平线岭庄有1.33万平方米土地,交给自己的大女儿耕种,后来直接送给大女儿。李家每年种植近0.27万平方米的红麻,红麻是油料作物,可满足自家食油所需,因为红麻吸收养料多,对土地的破坏性大,第二年一般不种农作物,于是当地形成"红麻地当歇地"的习惯,李家每一年也会有近0.27万平方米的土地"歇"下来,实际耕种的土地就是3万多平方米,李家亲自耕种的土地还没有达到自家所有土地的一半。

（二）生产过程

1.农业耕作基本情况

1949年以前，李家经常从事农业生产的劳动力有五人，男性劳动力三人，分别是"掌柜"李成贵、老二李文义和老四李文茂，女性劳动力则是魏氏与杨氏两个人。在农业耕作中，"掌柜"李成贵有权决定种什么、什么时候种、种多少亩。李家每年种1.33万平方米小麦，这是种植最多的农作物，其中一部分用来纳粮，留下一部分自己吃，要是有多余，拉到县城的"斗行"①卖掉。除此之外，种植0.67万平方米玉麦，这是除去小麦种植次多的农作物，也是李家最主要的口粮。其他的农作物都是杂粮，例如豆子、土豆、荞麦、糜子、谷子，每样种植0.2万平方米左右，李家每年还要种同样数量的油料作物，以及约0.13万平方米的草料喂牲口。

2.农业耕作过程

每年过了正月十五以后，李家开始为农业耕作做准备。开春以后，下了春雪或者是春雨，需要乘着湿气种小麦，小麦是种植最早的农作物。在农历三月初三左右，种植油料作物红麻，以上这两样是早秋作物，意思是刚入秋就要准备收割。到农历四月份左右，要种植荞麦、糜子、谷子、豆子等，这些农作物成熟比较晚，是晚秋作物。再后面可以种植一些牲口的草料，例如燕麦。到了清明节前后，李家的妇女可以在空闲的地里种一些蔬菜，如辣椒、豆角、菜瓜、西红柿等，在这个时候，还可以种植一些大豆、小豆等。各种农作物全部种植完成之后，需要锄草，这是轻活，李家的男丁和妇女都可以下地。进入秋季以后，按照节气和农作物的成熟程度逐步收割，主要由李成贵、李文义、李文茂来完成。完成收割以后，李家人首先要平整晒场，为"背田"做准备，之后将地里的庄稼背回来，等到将所有的土地都犁完，李家人便开始"碾场"，牲口套着石碾将作物脱粒，最后将粮食背回家，这些都是李家的男丁完成，一年的耕作才算正式结束。

3.家畜饲养

李家喂养七头大牲口②，包括四头牛、两头驴、一头骡子，除此之外都是小牲口，包括四十多只羊、一头猪、十几只鸡。喂养大牲口的草料需要李成贵和其他几个儿子来铡，添草的活任何一个家庭成员都可以做。在农忙的时候，李家的羊喂养在家中，农闲的时候，由李成贵赶到山上去放，对于其他的家畜，都是妇女来喂养。李家每年都会增添四头牛犊、两头驴驹、二十多只羊羔，等长到一定程度之后，由李成贵负责卖给当地的村民或者是牵到集市、县城的"牙行"卖掉。牲口除了农业耕作之外还可以搞运输，每年给国家缴纳的粮食需要牲口驮到县城，对于多余的粮食，也要用牲口驮到"斗行"，当李家需要购买打铁所需的煤炭或者是自家消费的煤炭时，也要靠牲口去驮回来。对于自家饲养的牲口，如果摔死，一般都是自家食用，牲口生前没有病，自家人吃着也放心，另一方面，摔死的牲口在死前没有放血，血都浸在肉里，即

---

① 斗行：县城的粮食行，做粮食生意的人在"斗行"里面开铺子，开铺子的人也叫"掌柜"，由于形成了规模，相互之间有竞争，"斗行"的交易比较公道，"斗行"的"掌柜"也比较诚信。当地测量粮食最基本的单位是升，一升十五斤，其次是斗，一斗一百五十斤，一斗等于十升，"斗行"的交易量比较大，一般不用升子，而是用"斗行"特制的斗或者是升子，这也是"斗行"名字的由来。

② 大牲口：能种地和犁地的牲口当地人叫大牲口，其他牲口都是小牲口。

使卖掉,也卖不了多少钱,自家食用最实在。牲口要是得病治不好,在病死以前就得卖掉,要是没来得及卖掉就病死,大牲口不能吃,剥皮之后便扔掉,小牲口病死可以吃,但是不能喝汤。如果有人愿意要病死的牲口,东家也乐意卖,这类牲口卖掉,互不担责任,一旦卖出,即使有人食用后生病,也不担责任,因为谁也不会承认。

4.家庭成员外出

李家老大李文俊和老三李文兵是铁匠,在集市有铁匠铺子,老四李文茂是木匠,这三人需要长期在外干活。李文俊和李文兵需要在两个集市之间来回跑,哪个集市"逢集",他们就在哪个集市干活,李文茂的木匠活可以独立完成,一般不需要帮忙。在开春前的一段时间,当地人会集中置办耕作所需的铁质农具,这一段时间李文俊和李文兵比较繁忙,家里要是有多余的劳动力,可以去帮忙照看铁匠铺子,也可以售卖他们提前打好的农具。李成贵去集市的次数最多,李文义和李文茂也是手艺人,有自己从事的手艺,去集市的次数比较少。除了李成贵之外,老大李文俊已经结婚,妻子杨氏有时也会去集市给李文俊、李文兵做饭,但是杨氏外出时,需要请示"掌柜"李成贵与婆婆魏氏,同意之后才能外出。

(三)生产结果

1.农业生产结果

1949 年以前,李家每年种 1.33 万平方米小麦,产量约 150 斤,一年能产 3000 斤;种植 0.67 万平方米玉麦,产量约 120 斤,一年能产 1200 斤。其他农作物都是杂粮,每年种植较少,红麻、豆子、土豆、荞麦每年耕种 0.2 万平方米左右,红麻和豆子的产量约 60 斤,一年均能产 180 斤左右,土豆产量约 600 斤,荞麦产量约 100 斤,一年分别能产 1800 斤、300 斤。种植较少的是糜子和谷子,每年种 0.13 万平方米左右,产量约 90 斤。燕麦是牲口的草料,每年只耕种 0.13 万平方米左右,要是不能满足牲口所需,还可以在红麻地多种一些。以上是李家每年的农作物收成,折合市价约 35 块银元。

李家的每一个家庭成员都会关心农作物收成,粮食主要是自家消费,外卖的较少,基本上每年的收成都能满足家庭成员消费所需。最关心农业收成的人是李成贵,他是李家的"掌柜",由于四个儿子是手艺人,主要由他负责农业耕作,要是粮食不够吃,需要他出面借或者是向就近的村民买,要是在当地买不着,还得去县城的"斗行"买。

2.牲口饲养收益

李家喂养七头大牲口,每年能新增四头牛犊、两头驴,还饲养四十多只羊,每年都能增二十多只小羊羔。除此之外,李家每年都养一头猪、十几只鸡。每一年饲养家畜数量差不多。李家耕作的土地较少,完全有能力饲养这么多家畜,饲养家畜带来的收入与农业收入差不多,多数年景甚至超过农业收入。四头小牛犊,每年养十个月,除掉饲养的费用,一头小牛可以获取五百斤小麦的收入,四头相当于两千斤小麦。成年驴每年可以生两头小驴,除了饲养消费,一年可以获得六百斤小麦的收入。二十多只小羊羔,每年养四至六个月,卖掉之后可以获得四千斤小麦的收入。李家的猪自己消费,每年都会宰一只羊,对于自家的土鸡,村民有需要时可以卖掉几只,不会刻意到集市去卖,也可以自己消费,每一年基本保持在十几只左右,鸡蛋完全能满足自家需要。

三、家户手工业经营

(一)手工业生产资料

1.学手艺

李家的老大李文俊为躲抓兵,逃到压沟老家,在压沟拜当地的铁匠为师父,学习了两年手艺,李文俊回家之后,老三李文兵便也跟着他学习铁匠活。与李家一起逃难的康家人是皮匠,在平线岭落户之后,李家与康家结成姻亲,李成贵将自己的大女儿嫁给康玉林。结亲之后,李家的老二李文义跟着康玉林学习了皮匠手艺。李家的老四李文茂是木匠,李文茂刚开始给当地的木匠李成当小工,跟了两三年之后自己也能独立干活,且当地的几个木匠都是搭伙干,就这样才慢慢习得木匠手艺。

2.劳力构成与调节

李家四个手艺人,李文俊和李文兵两人搭伙干,往来于两个集市中,当人手不够时,李成贵和杨氏也会去集市帮忙。老二李文义是皮匠,要将"生皮"制成"熟皮"时需要有人帮忙,家畜或者是野生动物身上剥下来的皮子是"生皮",不能直接使用,需要将"生皮"加工成"熟皮",加工之后的皮子才会结实耐用。加工时需要用到"芒硝",因为有腐蚀性,一般需要成年的男丁帮忙。老四李文茂与当地的几个木匠一起干,一般不需要帮忙。除此之外,李家打铁需要大量的木碳,他们有时也会雇用当地的"车户"去市场拉木碳。

(二)手工业生产结果

老大李文俊和老三李文兵常年在集市打铁,一年从事三百多天,一天的收入大概是六十斤小麦,折合下来一年能挣一百四十多块银元。老二李文义从事皮匠,一年正常工作三个月,一天的收入按照五十斤小麦计算,一年的收入大概是三十六块银元。老四李文茂从事木匠兼石匠,一年下来能挣五十块银元。李家四个兄弟全年的收入大概是二百三十块银元,相当于农业收入的三倍。

四、家户分配

(一)以家户为分配主体

李家在分配活动中,没有家族和村庄分配,而是以家户为单位进行分配。没有分家以前,一个大家庭生活的所有成员都可以参与分配。分家以后,在"老家"和"新家"的范围内展开分配。李家在分配时,"掌柜"李成贵起主导作用,有权决定买什么、用什么。"掌柜"李成贵外出不在时,由老二李文义代理"掌柜",当地的习俗是老大代理"掌柜",但老大在集市从事铁匠工作,老二李文义长时期在家,老大的责任便转移到老二的身上。李家的农业分配由"掌柜"李成贵一手包办,除了农业分配之外的其他分配,家庭成员有辅助分配的职责。四个儿子是手艺人,对于自己擅长的领域,他们有较多发言权,李成贵一般不会干预。魏氏是李家的"掌柜奶奶",管理李家的妇人,李成贵从来不干预与妇人和灶房有关的事情,甚至不与儿媳妇说话,除此之外,与灶房有关的分配由魏氏和杨氏做主。分配是家户内部事务,外人无权干预。

(二)分配对象:家户成员

李家在分配时,以家户成员为分配对象,亲戚、朋友、邻居无权分配。分配物的来源主要是家户农业收入与手工业收入。在分家以前,所有的家庭成员在一块生活,即一个锅里吃饭的人都有分配的权利。分家以后,"老家"和"新家"的家庭成员单独生活,如果"老家"的长辈还在世,"新家"在分配时还要兼顾"老家",如果"老家"的长辈超过60岁,此时需要留出长辈养老的粮食,还需要预计长辈可能的花费,例如生病、养老送终的花费等。对于李家的女儿,在出嫁以前能得到分配,出嫁以后便失去分配的权利。

(三)分配类型

1.农业收入分配

李家在农业收入分配中,首先需要考虑纳粮,0.07万平方米土地约二十斤,每年需要缴纳一千斤左右。纳粮的比重不是太高,就算是歉收的年景,基本上也能负担。缴纳粮食时,需要用牲口驮到县城的粮站。户主是纳粮的主要负责人,户主一般与"掌柜"为一人。纳粮时,官府从上到下一层一层通知,最后由保长或者是甲长通知到每一户,户主在固定的时间段内将粮食交到粮站。有人抗粮时,由保长上报到官府,官府的人强制执行。李家纳粮时,主要由李成贵来安排,一般是由老二李文义、老四李文茂来完成纳粮,"掌柜"李成贵不在,由李文义负责缴纳。纳粮属于家庭事务,不需要告知四邻、亲房的人。

2.手工业收入分配

李家的家庭成员从事四五门手艺,每年的收入大约是二百三十块银元。李家的几个儿子外出从事手工业挣回来的钱,首先要向"掌柜"李成贵报账。李成贵给几个儿子留下运转的钱,其他的钱由李成贵统一管理。对于留下的钱,几个儿子有权支配,他们可以购买、自制、维修手工业生产工具,如有剩余,还可以自己消费、自由支配。

(四)家户成员在分配中的地位

1.私房钱分配

在李家,李成贵是"掌柜",由他统筹分配家庭财务,但是所有的财物并不是只在他一人手中,李家的四个儿子都是手艺人,他们从事手艺活时,需要有一部分运转的资金,其中有一部分他们可以私有,例如他们可以独立的进行人情交往,参加一些朋友的红白喜事等。对于私房钱的分配,李成贵起主导作用,他有权决定给几个儿子留多少钱,四个儿子中,老大李文俊已经结婚,李成贵留给他的私房钱,李文俊可以在小家庭范围内分配,李成贵不会干预。

2.衣物分配

在衣物分配中,"掌柜"李成贵有主导权,他有权决定每年做几套衣物,并且有权决定给谁做衣物,李成贵做最终决定,具体的操作由老二李文义和家中妇人来完成。李文义是皮匠,做衣物的专业工具齐全,并且他还给别人做皮袄、皮褂等,完全可以充当裁缝,魏氏和杨氏缝补家庭成员的衣物,这是她们的责任,李文义做衣物时,魏氏和杨氏要当下手,配合李文义做好家庭成员的衣物。

3.食物分配

食物分配是李家最主要的分配,由"掌柜"李成贵来安排,他有最终的决定权,做好决定之后,家庭成员服从即可。具体的操作由家庭妇人来完成,即魏氏和杨氏,她们可以根据"掌柜"的要求做饭,也可以自行决定做什么饭。在肉食分配中,"掌柜"有权决定要不要宰杀家畜、如杀猪、羊、鸡等,决定之后再由家庭妇人做好。食物分配没有优先次序,但是对某些家庭成员有时也会特殊照顾,例如妇人怀孕,有营养的东西可以优先吃。还可以杀一只羊或者是杀几只土鸡,家里有人生病,可以吃一些好的,小孩正在长身体的时候,自家的鸡蛋可以紧着让孩子吃。

4.零花钱分配

李家既有大家庭分配的零花钱,也有小家庭分配的零花钱。在大家庭范围内,"掌柜"李成贵是实际的支配者,逢年过节、庙会、社戏这类活动时,李成贵便会给家庭成员分配一些零花钱。家庭成员外出可以买一些小物品,图个喜庆。李文俊是长子,并且已经成亲,还有自己的儿子,李文俊可以在小家庭范围内分配零花钱。除此之外,魏氏到了过节的时候,也会给小女儿、孙子一些零花钱、压岁钱等。

(五)分配结果

李家的分配物来源是自家农业和手工业收入,全都自给自足。在分配的过程中,食物分配比重最高,主要是自家消费,基本不会外卖。其次是衣物分配,李家的每一个家庭成员每年要置办两套衣物,所占的比重较高,其次是纳粮上税,每年都会支出,变动不是太大,零花钱和私房钱的支配比重较低,会随着家庭收入而变化,家庭收入好,多分一些,家庭收入不好,则少分一些。

五、家户消费

(一)消费类型与自给程度

1.总体消费

1949 年以前,李家每年的消费大概是两百三十块银元,农业收入和牲口收入加起来大约八十块银元,不够全家支出,主要通过手工业来维持家庭运转,以农业辅助手工业,除去每年的消费之外,年年都有结余。

2.食物消费

李家的粮食基本上都是自给自足,很少外购。李家每年能产三千斤小麦,除了纳粮和留下的种子,都是自己消费。除了小麦之外,李家每年种 0.67 万平方米玉麦,这是除小麦之外最好的口粮,李家人平时吃的都是玉麦,只有逢年过节或者是干农活的时候才会吃小麦。李家生活中所需要的油也是自产,每年种 0.2 万平方米红麻,大概能产一百八十斤,然后交给当地的油坊,油坊从中间收取三十多斤的利润,这些油料作物所产的食油完全能满足所需。除此之外,其他都是杂粮,当李家人的口粮紧张或者想换一下口味时,也会吃杂粮,例如豆面、荞面等,李家的经济较好,这些相对较少食用,对于困难家庭,豆面和荞面是主食。

在肉、蛋、蔬菜消费中,李家完全能自足。肉食消费中,李家每年都养猪、逢年过节的时候还会杀鸡宰羊,肉食能满足李家人的需要。在蛋类消费中,李家饲养十几只鸡,就算其中有一半的鸡生蛋,一个月生十个,每天也能炒一盘小菜。在蔬菜消费中,李家几乎从来不外购,到了清明前后,李家的妇人在自家地里种一些蔬菜,例如菠菜、白菜等,再点一些菜瓜、黄瓜等,除去自家消费,还有多余,李文俊和李文兵在集市打铁,回家时也会拿一些自家种的蔬菜来做饭。对于多余的蔬菜,李家有自己的处理方式,比如秋季以后,白菜可以做"麻菜",在里面放一些盐、麻椒,便可以长期吃,或者是晒干之后放在自家的土窖中,吃的时候用开水烫一下就行;李家还会将多余的菠菜放在外面冻着,也可以随时拿来食用;多余的菜瓜可以切片晒干,冬季的时候再食用。

3.衣物消费

李家的衣物主要是外购,还有少部分自制。外购时,李成贵或者是李文义将布匹买回来,然后由李文义负责具体的制作。李家的四个儿子都是匠人,他们长期在外面干活,需要穿得体面一些,每一年基本会置办两套衣服,如有需要时,还可以多置办。李家喂养四十多只羊,每一年都会产不少羊毛,羊毛不仅可以做衣物,还可以做"羊毛毡",羊毛用来做衣物时,需要自家人将羊毛捻成线,然后将线交给当地的"荷匠"[①],"荷匠"可以将线织成"荷布",这个"荷布"也叫"荷子",就是因为布很窄,做衣服时还要用线缝起来,便有了"荷子"的形象叫法。李家的羊毛每年可以做三四件衣服,主要是家里的妇人和李成贵穿,"荷子"做的衣物不好看,要是不染色,白色的布穿出去很难看,所以妇人可以在家里穿,而且很实用,保暖效果极好,冬天的时候李成贵可以穿着"荷子"做的衣服去放羊。

4.住房消费

李家有一套四合院,总共有 22 间房,完全能满足家人的需要,还有余房。对于多余的房间,李家没有外租,常年闲置。有家庭成员结婚、房屋大小不能满足时,可以要求"掌柜"进行调换,从小房间换到一个大房间,其他的家庭成员不能有意见。

5.医疗消费

李家的医疗消费比较多,每年能达到十块银元,相当于一千五百斤小麦,有的年份甚至更多,主要是李成贵、魏氏、杨氏消费。李成贵和魏氏夫妇身体不好,没到 60 岁便过世,魏氏在医疗方面的消费最多,她有过被买卖的经历,亲生父母将她卖给别人,从小受到养父母的虐待,身体状况要比平常人差一些,时常会因为受风寒而引发其他的疾病。杨氏是妇女,也时常会感染风寒,至于其他家庭成员很少有医疗消费。

6.建房消费

1938 年,李成贵从老家分离出来之后在平线岭庄居住两年,并且盖起七八间房子,后来和大女儿闹矛盾,李成贵再次迁移。1940 年,李家在老曲庄落户,前后用了九年的时间,在当地修建成一套完整的四合院,在此期间,李家还在集市买地,又盖起两个铁匠铺子。从1938 年至 1949 年,李家为了修建房屋,支出大量的财物,这也是李家最大的消费。

7.教育消费

李家的教育消费比较少,祖辈没有人读书,"成"字辈老四李成武、老五李银匠读过两年私塾,老六李成学读过三年私塾。在"文"字辈,老三李文兵读了三年小学,其他几个兄弟没有读书。李文兵在豪地湾小学读书,老师是葛圣坛庄的刘官子,每年要给刘官子交四百斤小麦,还要买课本、笔墨纸砚等。刘官子为人比较刻薄,每天早上,学生还要给他带馍,当地的村民给刘官子起了一个绰号为"刘瓜子",也就是刘傻子的意思,因为他收的粮食太多,学生家庭负担太重,再加上刻薄,村里的孩子一般读一到两年就不再继续念书。李文兵读过三年,也是因为天天要给刘官子带馍,还要装在篮子里带过去,李成贵受不了这个气,于是不让李文兵继续读书。

8.生产资料消费

李家不仅从事农业生产,还从事手工业生产。在农业生产中,李家有一套完整的农业生

---

① 荷匠:依靠羊毛织布的人,当地的村民不种棉花,生活中所需的被子、炕上铺的铺盖,以及一些衣物主要用羊毛制作,这也是一种自给自足的表现,尽管棉花的价格要比羊毛便宜,但是大部分村民还是选择用羊毛。

产工具。在手工业生产中,老大李文俊和老三李文兵有三套从事铁匠工作的生产工具,老二李文义有从事裁缝和皮匠的生产工具,老四李文茂有一整套从事木匠活的生产工具。李家的农业、手工业生产工具需要定期维修,或者是自制与购买,这部分支出在李家的总体消费中也占相当大的一部分。

9.红白喜事消费

李家在1940年至1949年这段时间总共发生三件红白喜事。在修建住宅时,当地有庆贺主房的习俗,李家的主房修建好之后举行了一个小典礼,办了一个"碗菜",大概花费一千五百斤小麦。李家老大李文俊结婚时,女方要去一头骡子的"酒礼",差不多三千斤小麦,自家还为婚配准备一头猪、一头羊,除此之外,举办一个流水席,大概花费两千斤小麦,总共消费五千多斤小麦。老大李文俊结婚一年之后,生下李瑞英,即李成贵的大孙子,李家格外重视,在李瑞英满月时,李家为其举办一个满月仪式,在当地叫"吃初月",大概消费两千多斤小麦。李家长房与二房的祖辈在1949年以前过世,即李成贵的亲生父母、二伯二娘,亲生父母过世时,由李成贵兄弟六人共同承担,一个老人大概需要六千多斤小麦,六个兄弟分摊,李成贵承担一千多斤小麦。李家二房的长辈过世时,由二房的几个儿子承担主要责任,但李成贵兄弟六人是亲侄子,每人大概要承担一百多斤小麦的费用。

10.人情消费

(1)贺房子

李家迁到子家坪庄落户时有两房,从1938年开始,两房的人开始逐步分家,到1949年时,最初的两户人变成四十多户,亲房内每年基本有四次"贺房子"活动。李文茂是木匠,时常给别人修建房子,按照当地的习俗,修建房子的工匠在"贺房子"时要坐在上位,与娘家人和"喂家人"[①]的地位相同。基于以上两个原因,再加上偶有村民修建主房,平均下来,李家每一年要参加六七次"贺房子"活动。一次"贺房子"需要三十斤小麦随份子,每年下来需两百多斤,要是李文茂修建的主房多,在这方面的消费也会更多。

(2)说媳妇

给儿子娶妻,当地叫"说媳妇"。父亲生儿子,需要给儿子"说媳妇",要是有多个儿子,儿子娶妻之后就要分家,父亲最后和小儿子一起生活,这是当地的习俗,对于这个习俗,作为迁移户的李家不太认同,但为了尽快融入当地,李家还是按照当地的习惯办事。李家人认为,长辈生下儿子,一定要给儿子娶妻,这是长辈的责任,而长辈要和小儿子生活在一起,是因为小儿子还没有媳妇,其他分家的几个儿子不愿意承担这种责任,所以长辈才和小儿子一起生活。李家的孩子一旦分家,除了承担养老与送终的责任,对于其他事务几乎不再承担责任,这是李家和当地老户在生活中的一点细微区别。

当地的"说媳妇"和分家紧密联系在一起,儿子娶妻意味着要分家,分家的儿子一定是"说了媳妇"的,李家繁衍壮大的速度很快,仅仅在亲房的范围内,李家便参加四十多次"说媳妇"活动,一次"说媳妇"活动大概需要五十斤小麦。除此之外,李家还要参加村民的"说媳妇"活动,四个儿子都是手艺人,他们有自己的人脉,还需要参加朋友的喜事,在人情消费中,参加"说媳妇"活动时的支出最多。

---

① 喂家人:外嫁的姑姑组成的家庭。

（3）看女子

父母去看出嫁的女儿，在当地叫"看女子"。李家祖辈总共有六个女儿，逃难时已有五个嫁人，只带过来一个最小的女儿，后来嫁到花麻湾庄，子家坪庄与花麻湾庄相隔不是太远，中间只有两条沟，李家的祖辈经常去女儿家里。子家坪庄与压沟村两地相隔三百多公里，1949年以前交通十分不便，来回一次需要一周时间，李家人来到子家坪庄之后很少与压沟的亲戚联系，到李成贵这一辈，两边几乎断了来往。到"成"字辈与"文"字辈时，李家通过结亲和嫁女的方式，亲戚才开始多起来。李成贵有两个女儿，大女儿李丫头在1938年出嫁，小女儿李双旋1949年时才13岁，还没有嫁人。李成贵居住的老曲庄和李丫头居住的平线岭庄中间只隔一条沟，半个小时就能走过去，往来十分便捷。当李丫头生孩子或者是生病时，李成贵和魏氏也会过去照顾，刚开始的几年，两家人相互走动时会带一些礼品，因为居住近，相互之间的往来很多，后来走动时便不再带礼品。李家的老二李文义跟着李丫头的丈夫即康玉林学手艺，来往于两个家庭之间，关系十分要好，赶上谁家吃饭的点，就在谁家吃饭，也不需要带礼品，因此，李家人在"看女子"这一块的人情支出较少。

（4）抬先人

在当地，老人过世到下葬的整个过程叫"抬先人"，狭义的"先人"仅仅指父亲，广义的"先人"包括父辈以上的人，其中也包括妇女，即父亲和母亲、爷爷与奶奶等。下葬时需要儿子从"老家"抬出去，儿子少的家庭，可以让子侄来抬，要是人手还不够，可以请村民帮着抬，因为需要抬着下葬，所以叫"抬先人"。当地的老人过世之后，要办一个比较隆重的葬礼，费用比较高，李家支出五千多斤小麦的费用，其中置办一套寿衣需要四百多斤小麦，置办一个寿材需要一千多斤小麦，还要请当地的"相士"看墓地的风水、请"阴阳"念经超度，前后需要六七天时间，所有的费用相当高。谁家的老人过世，儿子要挨家挨户上门请人帮忙，请人帮忙时不能进门，要在门外跪下磕头，然后由"总理"安排下葬事务，"抬先人"相当于村庄的公共事务，大家帮忙下葬，每一家出的份子比较多，大概需要五十斤小麦。当地通过这种方式，可以减轻葬礼的费用，也算是在村庄层面的一种公共服务。

（5）看连手

在当地，人们相互之间结交的朋友叫"连手"[①]，意思就是关系好，朋友的手就是自己的手，可以拿朋友当自家人用，"连手"之间相互往来叫"看连手"，李家的四个儿子都是匠人，他们都有自己的人脉圈子，可以单独与"连手"往来，这是作为手艺人必不可少的交往技巧，他们需要通过这种方式扩大交往范围，通过熟人交易、熟人之间的介绍来承揽更多的活，为自家获取更多的利润。李成贵这一房与娘家人断了联系，"喂家"人只有一个，亲戚很少，除却亲房，主要是通过结交"连手"的方式和别人打交道。"连手"多，并且要长期维持关系，两家人需要时常走动，这方面的人情消费必然多，但是李家通过这种方式给自家带来的收入远比人情交往要多，同时也为自家带来更多的收入。

（6）吃初月

在当地，生下第一个孩子，不管是男是女都要举办一个满月仪式，这个仪式叫"吃初月"。第一个孩子是男孩，以后一般不再举办"吃初月"的仪式，男孩意味着新增一辈人，并且有了

---

① 连手：关系比较好的朋友。

后代。第一个孩子是女孩,"吃初月"仅仅意味着家里多了一辈人,没有后代,以后若是生下男孩,还要再举办一次"吃初月"仪式,第二次举办是在告诉别人,家里有后代了。李家参与的"吃初月"仪式比较多,在短短几年内,亲房就举办四十多次,李家同时还要参加村民、"连手"孩子的"吃初月"仪式。"吃初月"的仪式比较简单,置办一个"碗菜"就可以,要是排场一些,可以置办一个流水席,几乎没有人举办"八大碗"的酒席,就算是当地的头等户也不会这么排场。因为"吃初月"仪式比较简单,当地人随份子也不会太多,大概是三十斤小麦的费用,李家参加的范围广,一年下来也得几百斤小麦。

(7)贺寿

当地的老人年到60岁时,会举办一个典礼,叫"贺寿"或者是"保命",也就是给老人祝寿。由于当地人经济条件不好,为了生活,人们需要常年参加劳动,能活到60岁已算是高寿,通过举办这个"贺寿"典礼,粘一些喜气,希望活得长久一些,这也是"保命"叫法的由来。通过"贺寿"可以对外传达一些信息,一是老人已经60岁,不再下地干活,专门在家带孙子或者是放羊、饲养牲口等。二是一种对外的宣示,"贺寿"典礼结束,以后不再当家,将"掌柜"的位置交给某一个儿子,或者是儿子已经掌握实权,将"掌柜"的这个头衔正式交给儿子。"贺寿"的范围一般在村内,通过仪式告诉村里人以后办事找"新掌柜",外村人一般不会参加。因为"贺寿"的范围窄,有的家庭甚至只在亲房内举办,因此李家在"贺寿"方面的支出较少,主要参加亲房与村内的"贺寿"活动。

11.家畜消费

李家饲养的家畜很多,每年不仅要消耗人力来饲养,还需要大量的草料和饲料。李家耕种3.33万平方米土地,地里的秸秆要在晒场上储备起来,当做牲口的草料,有的年份这些秸秆还不够牲口消费,在新秸秆还没有下来以前,需要雇用当地的"车户"去外地拉草。李家养猪主要吃土豆、杂粮饲料等,李家人吃完饭,可以将涮锅用的水倒进猪槽里,里面有油水,还有部分面气,猪比较喜欢吃,还容易上膘。李家的鸡主要吃没有脱粒的粮食、杂粮等。当李家的大牲口生小牲口或者是农忙时,还要特殊照顾大牲口,给牲口吃一些好的草料,当地叫"福草",就是在各种作物的秸秆里面倒上水,加上一些杂粮饲料拌在一起。有时还需要给牲口饮一些"面水",就是在水里加一些杂粮面,例如豆面、荞面等,让牲口直接喝,尤其是大牲口生下小牲口时,在冷水中要加入热水,再加上一些杂粮面,小牲口需要吃奶,这样做可以让大牲口产更多的奶,小牲口长得也快。李家的杂粮小部分是家庭成员消费,大部分都是牲口消费。

12.其他消费

李家除了以上消费,在生产生活中还有一些其他的消费,例如锅碗瓢盆摔坏,做饭的油盐酱醋用完,或是桌椅板凳需要维修等等。除此之外还会遇到一些意想不到的消费,有的人家庭困难,过不下去时,要饭要到家门口,或者是遇到寺庙修建、和尚化缘等,为了图一个心安理得,或多或少都会给一些,当村庄或者是家族遇到事情需要支出时,李家也会全力支持。

(二)消费比重

李家的所有消费中,房屋消费最高,在短短的几年时间内,修建了一方完整的四合院、两个铁匠铺子。其次是食物消费,李家九口人,每人每年的口粮在四百斤左右,还有蔬菜、肉、蛋等方面的消耗,每年大概需要四十块银元。再次是人情消费、各种生产资料消费、燃料消费,这些消费的比重也较高,主要是由李家的家户特性所决定,四个儿子都是手艺人,常年打铁,需要购置干活用的生产资料,还需要耗费大量的石炭,每一项大概需要三十块银元。第四大消费集中在衣物和红白喜事方面,李家人经常与外界打交道,穿着需要体面,并且本家还发生三次红白喜事。李家在纳粮、医疗、教育方面的消费比较低。纳粮消费的比重虽然低,却是必不可少。李家每年在医疗方面大概需要十块银元,一旦有人生病,必须请医生看病。教育消费不是必须的消费,李家人不重视教育,因此这方面消费少。除此之外,李家还有牲口消费和其他一些消费,饲养牲口主要是为了耕地,还可以为自家带来不少的收入,李家的牲口收入超过农业收入。除了以上的消费,李家还有一些可预知的和不能预知的消费,例如乞讨的人来到家门口,李家也会救济一下,也算是为家户积德。

(三)家户成员在消费中的地位

1."掌柜"在消费中起支配地位

李成贵是李家的"掌柜",拥有李家的财物管理权,李家所有的财物都要直接或间接的经过李成贵的手才能消费出去,"掌柜"在消费中起支配地位。李家四个儿子外出挣回来的钱需要向李成贵报账,向李成贵上缴一部分,自己留下一部分,上缴的钱经过李成贵的手消费出去,李成贵也可以将钱交给家庭中的任何一员消费出去。对于没有上缴的钱,即四个儿子留下来从事手工业运转的钱,四个儿子能自行支配这些钱,也是因为得到李成贵的默认或者认可,如果李成贵觉得几个儿子私下留的钱太多,可以让他们多缴一些,如果留得少,可以多给他们一些,李成贵有这个权利。

2.其他成员在消费中起辅助地位

李家的钱财并不是攥在李成贵一人手中,四个儿子手中也有一部分钱,他们在一定程度上可以独立消费,因此在李家的消费中,家庭成员起到辅助消费的作用。辅助作用主要体现在以下几个方面:一是李成贵除了自己代表家庭进行消费,还可以指使任何一个家庭成员在某方面进行消费,例如指派老二李文义去县城买布匹,或者是指派李文俊和李文兵从集市带些东西回来;二是四个儿子独立消费,收入的钱归家户,儿子从事手艺活,他们需要置办自己干活的工具,对于这些工具他们有优先使用的权利,但是产权属于家户,挣回来的钱也属于家户,属于家户消费的一部分;三是"掌柜"做某些安排或者是某件事只做一部分,剩下的部分可以由其他家庭成员来完成,例如李成贵在县城买完布匹,回来之后交给李文义做,或者是在食物方面做好安排,一年消费多少粮食、消费何种粮食、要不要杀猪宰羊等,而具体的操作就由家庭妇人来完成。

六、家户借贷与还贷

(一)家户借贷

1.借贷情况

1949 年以前,李家既找别人借过钱,也找别人借过粮食。借钱最主要的原因就是家里遇到红白喜事或者是有家庭成员生病,急需现钱买药。借粮最主要的原因就是自家口粮不够消费,或者是"断顿"①,便去找别人借两三升粮食,度过眼前的困难。遇到红白喜事的时候,借钱相对容易一些,尤其是遇到白事,村民也会尽力帮忙。

---

① 断顿:当地的土话,就是吃了上顿没下顿。

李家进行借贷时,通常以家户为单位,此时"掌柜"李成贵有权做决定,不需要告知保甲长、宗族、四邻,这是家务事,外人无权干预。除了大家庭借贷,李家还存在小家庭和个人借贷,老大李文俊已经婚配,组建自己的小家庭,李文俊可以代表小家庭进行一些借贷,但是不能太多。李家的个人借贷主要体现在四个儿子身上,他们有自己的零花钱,也能支配小额财物,遇到困难向外借贷,自己也能还得起,家庭成员也能认可。李成贵管家严格,小家户借贷和个人借贷不能太频繁。

2.借贷主体

李家在借贷活动中,"掌柜"李成贵是实际的支配者。当李成贵外出不在时,老二李文义可以代表李家进行一些借贷,但这种借贷必须合理,例如为了家户的发展、某个家庭成员生病等,这时能得到认可。如果借贷不合理或者被挥霍,借贷者要受到很重的惩罚。李成贵在家时,也可以指派某个家庭成员外出借贷,一般指派李文义或李文茂。只要是合理的小额借贷,李成贵或者是四个儿子都能决定,遇到大额借贷时,家庭成员会趁着吃饭的时间讨论一下,李家人讨论借贷的事情时,通常在男丁范围内进行,魏氏是长辈,可以坐在旁边听,但是很少提意见,杨氏是儿媳妇,不能上桌吃饭,被排斥在外。

3.借贷责任

在李家,不管是谁出面借贷,李成贵始终是借贷的第一责任人。在大家庭借贷中,一般是李成贵出面,当李成贵不能出面,可以指派某个儿子出面,到了还贷日期,出借人都可以要求李成贵还债。在小家庭和个人借贷中,借钱人承担的责任大一些,也有还贷的责任,当无法按时还款时,也可以直接找李成贵。基于以上两个原因,"掌柜"在借贷活动中始终要承担责任。李家人一块生活,财物权在李成贵手中,李成贵必须要代表家户承担还贷责任。

4.借贷过程

李家在借贷中的数额比较小,通常不需要抵押,或者是写一个"把凭"之类,但是也有例外的时候,要是出借人觉得不放心,此时需要写一个"把凭"。要写明出借人是谁、借贷人是谁、借款金额、出借日期以及利息等,最后借贷人要在"把凭"上按手印,要是有保人,保人也需要按手印。当地借钱和借粮一般有利息,借钱的利息需要出借人和借贷人商量,双方觉得合适就可以借贷;借粮的时候,当地有约定俗成的利息,一般是"斗三升"①,时间通常是一年。

(二)家户还贷

1.还贷方式

李家向别人借钱或是借粮,到了还贷日期必须送到出借人家里,这是当地默认的规则,李家也遵从当地的习俗。借别人的钱,约定什么时候还,就是什么时候还,提前还清也可以;借别人的粮食,一般是秋后还,等到自家碾完场,当年的新粮下来以后给对方还回去。不管是还钱还是还粮,必须要带上提前说好的利息,即使是提前还钱,说好的利息也不能少。要是因特殊原因没有及时还款,出借人可以来家里要,家中有钱时可以直接让出借人带回去,但是需要好好招待出借人,要是暂时没有钱粮,可以缓几天或者是缓到下一年,通常要增加利息。

---

① 斗三升:借一斗的粮食,还的时候要还一斗三升,即百分之三十的利息。

2.还贷责任

"掌柜"借债,全家都有责任还清债务,丈夫借债,妻子和儿子有义务承担责任。"掌柜"过世后,全家没有分家继续同家生活时,新"掌柜"要承担起老"掌柜"遗留下来的责任,带领家庭成员继续还清债务,此时所有的家庭成员都要承担责任。若是家中已经分家,则老"掌柜"留下的债务就由分家后的几个小家庭平均承担。总体的情况便是父债子还、夫债妻还,只要债务合理,就要向下一代延续。

七、家户交换

(一)交换单位

1.大家庭交换

李家在经济交换活动中,主要由"掌柜"李成贵来安排,李成贵不在时,由长子李文俊安排。长子的地位是天然赋予,在一定程度上能代表李家进行交换,也能得到别人的认可。但是由于李文俊长期在集市打铁,长子的代表权便转移到老二李文义的手中,李文义得到李成贵的授权后,可以代表李家进行对外交换,李文俊在家时,李文义便失去这种权利。李成贵对于小额交换完全能做主,遇到大额交换时,需要征求家里男丁的意见,妇女没有提意见的权利。长子或者是兄弟代理当家时,对于一些特殊事项需要征求长辈和家庭成员的意见,在能力范围内的事项可以做主。经济交换是家庭内部事务,不需要告知四邻、家族、保甲长,外人无权干预家庭内部交换内务。

2.小家庭交换

1949年以前,李家兄弟四个,只有老大李文俊婚配,并有一个孩子,在李文俊的小家庭范围内,也存在一定的经济交换。李文俊是长子,又是手艺人,手中有一定的财物,李文俊外出干活回来时,可以给长辈或者是自己的儿子买一些吃食,即使其他的几个兄弟没有,他们也不会有意见,例如买几块点心、糖果等,家庭成员都能理解。当杨氏外出给李文俊和李文兵做饭时,要是没有可穿的衣服,李文俊也可以给杨氏买一套衣服。

3.个人交换

李家的四个儿子都是手艺人,他们能单独从事经济交换,例如购买、自制、维修自己所从事的手工业生产工具,他们完全能做主。除了四个儿子之外,李家的妇人也可以进行个人经济交换,每一个家庭成员都有零花钱,在零花钱范围内,他们可以和货郎或者其他的流动商贩做一些小额交换,如购买一些头绳、梳子、镜子、糖块之类的小物品。

(二)交换主体

李家在实际的交换活动中,"掌柜"是实际的支配者。"掌柜"不在,老二李文义顶替"掌柜"的位置。李家的"掌柜"除了亲自参与交换活动,还可以指派任何一个儿子进行经济交换,交换的费用从家户收入中支出,回来之后要向"掌柜"报账。除了大家庭交换,李家还存在小家庭与个人交换。在小家庭交换中,由小家庭的男丁起支配地位,在个人交换中,李家的四个儿子独立性较强,从事手艺交换,可以进行一些个人交换,这些交换并不影响家庭交换,不影响"掌柜"在总体交换中的支配地位。

(三)交换客体

1.集市

离李家较近的集市有好几个,窑店、南山、新寨、塔湾、连儿湾,因为李家居住在行政区划的交界处,到每个集市的距离差不多,大概是十公里。窑店的集市为一四七,塔湾的集市为三六九、连儿湾和南山的集市为二五八,新寨的集市为逢五逢十。李家与集市打交道最频繁,老大李文俊和老三李文兵在窑店和南山的集市开了铁匠铺子,他们本身就是集市的人,同时"掌柜"李成贵、老二李文义、老四李文茂、长媳杨氏也会去集市帮忙。当李家需要什么东西时,李成贵可以亲自去买,也可以指派家中某个儿子去买,甚至是指派长媳杨氏去买,还可以交代给李文俊和李文兵从集市带回来。因为李文俊与李文兵在集市工作,他们在集市有熟人,家庭成员或者是他们在集市购买东西时,一般去熟人的铺子,通过这种渠道购买的东西可以便宜一些。

2.斗行

在当地的临洮县城有一个粮食行——"斗行",就是粮食市场。李家亲自耕作的土地不多,自产的粮食基本上能够保持收支平衡,但是,李家有时也会与"斗行"打交道。李家从事的手工业种类多,收取的报酬可以是钱,也可以是粮食,收取的粮食数量决定李家与"斗行"打交道的次数。当地通行的货币主要是银元、法币、制票①,银元最保值,李家主要收银元,法币比银元差一些,李家人也会收取一部分,中华民国政府印发的制票贬值很快,李家基本不会收。老二李文义与老四李文茂主要在家从事手工业,他们的报酬主要用小麦计算,干活时一天能获取五十至六十斤小麦,东家可以付给他们钱,也可以给小麦,为了图方便,大部分农户都给钱,主要是银元与法币,给小麦时还要送到李家,这样很麻烦。李家每年也会收一部分小麦,收取小麦左右都不会吃亏,小麦降价时就自己消费,要是价钱上涨还可以卖掉,小麦是生活必需品,价格浮动不大,最保值。李家计算好每年的支出,多余的粮食驮到县城的"斗行"卖掉,主要由李成贵、李文义、李文茂来完成。有的年份李家收不到粮食,自家的粮食不够用时,李家首先选择从村民手中购买,这样可以省去来回的时间,若在本村实在买不到,就需要到县城的"斗行"买粮食,主要是李成贵安排家庭人员跟着他去"斗行"买回来。

3.车户②

"车户"就是依靠搞运输谋生的人,通常有四匹马或者是两匹马拉的大木头车,在当地也叫"赶车的"。李家在生活中经常与"车户"打交道,李文俊与李文兵在集市打铁,两个铁匠铺子一年需要耗费三十块银元的石炭,要是靠自家的牲口去驮,一次也就是两百斤,能用三、四天。为了满足打铁的需要,李文俊与李文兵时常会雇用"车户"去当地的市场拉石碳,一个月需要雇用一至两次,主要是李文俊和李文兵出面协商。当李家有多余的粮食时,有时也会雇用车户,将自家粮食拉到县城的"斗行"卖掉。李家养的家畜多,自家储备的草料多数年份都不够用,在新的秸秆还没有下来以前,趁着草料还比较便宜时,李成贵也会雇用当地的"车

---

① 制票:民国政府印发的纸币。

② 车户:依靠木头车搞运输的人,"车户"的车与村民自制的车相比有两个明显的特征:一是"车户"的车比较宽大,因为长期搞运输,要载更多的物品;二是"车户"的手上经常拿着一个长竹竿的皮鞭子,大概有四五米长,当四匹拉车时,需要抽打前面的两匹马,四匹马均匀出力。

户"去临夏、川里等地方给牲口拉草料,主要是李成贵负责与"车户"协商,也是李成贵跟着"车户"去拉草。

4.脚户①

李家也会与"脚户"打交道,"脚户"也可以叫流动商贩,两者有一些细微的区别,"脚户"卖的东西要比流动商贩高档很多,交易额通常要比流动商贩大,流动商贩仅仅卖一些小物件,成本与交易额比较少。"脚户"卖的东西一般较轻,需要特别防晒防雨,并且方便搭在牲口背上,一般就是售卖干货、布匹、各种牲口皮子等。在李家,与"脚户"打交道的人主要是"掌柜"李成贵与老二李文义,李成贵可以从"脚户"这里买些布匹、干货之类,李文义可以从"脚户"这里买一些布匹、牲口皮子之类的物品,然后卖给其他人,从中间赚取手工费。李文义与"脚户"打交道时,通常会讨价还价,价格压得越低,自己获取的利润便越多。

5.布行

在县城有一个买卖布匹的市场——"布行",市场中有好多人从事布匹买卖,他们都有自己的铺子,铺子的负责人也叫"掌柜",或者是"布行掌柜"。李家的每一个家庭成员基本上每年都会置办两套衣服,有的家庭成员甚至置办得更多,李家的老二李文义是皮匠,给村民做一些皮袄、皮褂之类的衣物,从事手工业生产时也会储备一些常用的布匹。在李家,主要是"掌柜"李成贵与老二李文义负责与"布行"打交道,李成贵去"布行"时,主要是买些布匹给家人做衣服,买回来之后会交给李文义做。李文义经常与"布行"打交道,不仅要购买自家做衣服所需的布匹,还要多囤一些,可以为村民做皮袄、皮褂的面料。李文义到了"布行"之后,也会有选择性的挑选"布行"里面的铺子,首先选择比较熟悉的"布行掌柜",他们也会适当便宜一些,这也算是一种熟人交易。如果购买的布匹比较多,李文义也会多找几家铺子,给各个铺子的"掌柜"适当的压力,让他们为了争取客户而放低价钱,这样也能节省不少支出。

6.荷匠

"荷匠"是用羊毛织布的人,专门依靠手工织布谋生。李家每年养四十多只羊,自产的羊毛很多,需要制作衣物时,家庭成员将羊毛捻成线,然后交给当地的"荷匠"织成布,这个布叫"荷子"或者是"荷布"。捻线这个活主要是李家的妇人来完成,即魏氏、杨氏、李双旋,李成贵与老二李文义有时也会提供帮助,例如李成贵外出放羊,没事干时,可以在当地的山上一边放羊,一边捻线,李文义对裁缝活比较擅长,有时也自制一些羊毛线给别人缝衣物或者是缝皮褂、皮袄等,也会帮助家庭成员捻线。当地只有一个"荷匠",李家与"荷匠"的关系好,结算时可以单算,也可以最后一块结账,这些主要是李成贵与李文义负责。

7.羊客②

李家每年都会与"羊客"打交道,因为李家养的羊多,也会引起羊客的注意,主动来李家

---

① 脚户:流动商贩,"脚户"做生意时,一般牵着四五头骡子,在骡子背上驮上货物。有时也会搞运输,专门替别人驮东西。"脚户"走到什么地方,就将货物卖到什么地方,卖完了又从源头开始进货,或者来往于不同的地方,买卖一些互缺的货物,从中间赚取利润。"脚户"的利润主要靠着自己的勤奋走出来,这也是"脚户"叫法的缘由。

② 羊客:从事买羊卖羊生意的人,有狭义和广义之分,他们主要靠获取利润来生活,一般不会从事其他的生产。广义的"羊客"范围较大,例如买回去自己消费或者自养,开饭馆的人买回去从事经营,还有从事二道贩子人等。"羊客"的行为比较主动,到处"串庄"收羊,就是到各个村子去买羊,因为要到处串,所以叫"串庄",他们主动与每一户的"掌柜"协商,挨家挨户去问。

买羊。卖羊时，主要是李成贵与"羊客"打交道，其他家庭成员没有这个权利，李家的农业耕作与牲口买卖几乎是李成贵包办。李成贵不在时，长子李文俊或者是二子李文义代理"掌柜"，但是他们没有权利卖掉牲口，除非得到李成贵的授权。

8.中人

李家的牲口一部分会卖给有需要的村民，村民之间知根知底，知晓牲口是否健康，村民买回去也比较放心，还有一部分卖给"羊客"，但是大多数牲口都会拉到早市去卖。李家卖牲口时，前一天晚上就得做准备，给牲口吃一些好的，肚子看起来大一些，也能卖一个好价钱，到了早上四五点时，李成贵就得牵着牲口向集市赶。

在牲口市场上有一些人专门与卖方和买方打交道，这类人就是"中人"或者是"中间人"，还可以叫"经纪"。他们可以和卖方合作，也可以与买方合作，或者是撮合卖方与买方。当"中人"与卖方合作时，可以协商卖方要出卖的价钱，如果"中人"觉得价钱合适，可以代替卖方卖掉牲口，多出来的钱归"中人"，要是没有按照协商好的价钱卖掉牲口，"中人"要给卖方说定的补偿，或者是补回差价。当"中人"与买方合作时，原理与卖方合作一样，买方看上哪个牲口，想要以什么价格买入，"中人"可以代替买方商议，多出来的钱归"中人"，要是买不到，"中人"给买方适当的补偿。当"中人"撮合买卖双方时，"中人"与卖方、买方分别用手摸一下对方的手便知道了要价与给价，这个在当地叫"黑摸"或者是"黑揣"，不需要用嘴说明价钱，而是用手摸，卖方与买方相互不知道对方的价钱，就是做不成买卖，相互之间也不伤感情，当双方的要价与给价差不多时，"中人"撮合一下，买卖基本能成，此时"中人"从卖方或者是买方处收取一定的费用，或者是双方各出一半。

9.牙行②

当李家的牲口在本村或者集市的牲口市场卖不掉时，李成贵便将牲口拉到县城的牲口市场——"牙行"。"牙行"与"斗行""布行"的性质一模一样。"牙行"里面有不同的"掌柜"，也可以叫"牙行掌柜"。李成贵将牲口牵到"牙行"门口，选择一个信誉较好的"牙行掌柜"，将牲口交给他，"牙行掌柜"将牲口圈住或者拴在某一个地方，让买牲口的人自己挑，"牙行掌柜"也可以从中间撮合，并收取一定的费用。"牙行"在买卖牲口时存在更多的竞争，价格要比集市公道很多，条件便利时，更多的人也会选择来"牙行"买卖牲口，李家也是如此。

10.毡匠

"毡匠"是从事羊毛加工的手艺人，主要做"羊毛毡"，同时也做"毡鞋"，就是用羊毛做的鞋，以及其他的一些羊毛加工，李家人或者将"羊毛毡"铺在炕上，或者是睡觉时盖在身上。每隔两三年，李家人便与"毡匠"打交道，攒够了做"羊毛毡"或者是做"荷叶被子"②的羊毛时，李成贵便将"毡匠"请到自己家中做"羊毛毡"或者是其他与羊毛有关的生活用品。请"毡匠"来干活时，要管吃管住，每天还需要支出五十至六十斤小麦的工钱。用羊毛做生活必需品，这是李家比较重大的事情，主要是李成贵负责。

---

① 牙行：买卖牲口时，主要看牲口的牙齿，以此来判断牲口的年龄，还要看牲口的膘，以此来判断牲口的体力，这也是"牙行"名字的来源。

② 荷叶被子：用羊毛做的被子。

11.油坊

离李家较近的几个村子内,只有邓家一家经营油坊。油坊经营的工具十分简单,一盘石磨,一个大锅,包油料作物用的"席棘"帘子,还有"压油"①的杠杆,或者是挤压油用的铁盘等。李家每年都种三亩油料作物即红麻,大概能产一百八十斤。每年秋收以后,李家将自家的红麻洗干净,然后拉到当地的油坊压油,油坊大概收取"斗三升"的费用,即一百五十斤中收取四十五斤的费用,李家压油的费用大概是五十斤,剩下一百三十斤红麻压出来的油都归自己,基本每年都够用,当自家的油不够用时,李家也会去油坊灌油,或者是从集市买回来。

12.消费者

李家的收入主要来自手工业,四个儿子会与各种各样的消费者打交道。老大李文俊与老三李文兵在集市开铁匠铺子,当村民需要什么样的铁质工具时,他们便会打造什么样的工具,同时他们也会按照正常的标准打造一些工具来卖,例如铁锹、铲子等。李家老二李文义是皮匠,经常按照村民的要求给别人缝制皮褂,即山羊褂子、皮袄等,有时还会做一些皮帽、皮鞋、皮带等。李家老四李文茂是木匠,当村民需要请他盖房时,他便到这一家去干活。

13.货郎儿

当地有一些做小买卖的流动商贩,叫"货郎儿",他们通常挑着两个小箱子,这个小箱子在当地叫"担担儿",即货郎挑着两个小箱子。因为箱子的容量有限,里面装的都是小物品,价格十分便宜。李家的每一个家庭成员都有自己的零花钱,在零花钱的范围内,可以购买自己喜欢的物品。如果要买贵重一点的物品,需要得到李成贵的同意,同时,李成贵也可以代表李家购买一些与家庭生产、日常生活相关的用品,例如剪刀、毛巾等。

14.买卖皮子的

有一类人专门从事家畜、野生动物皮子买卖,当地人叫"买皮子的"或者是"卖皮子的",他们专门依靠买卖皮子谋生,一般是回族人。李家的老二李文义是皮匠,谁家宰杀家畜,只要他听说了,隔一两天他就会将皮子买回来,买不到皮子时,他也会去集市的早市买皮子。早市一般是买卖牲口,但是也有一部分人在集市买卖牲口皮子,想要在集市买到牲口皮子,李文义就得早起去集市。如果走在路上碰到卖皮子的人,要是价钱合适,李文义也会买下来,此时就不必再赶到集市。

(四)交换过程

1.货比三家

李家在进行交换时通常会货比三家,"掌柜"李成贵、老大李文俊、老二李文义、老三李文兵都可以完成这个过程。李文俊和李文兵从事铁匠活,一年需要消耗大量的铁质原材料、石炭等,通过货比三家,他们可以得到最实惠的原材料,也可以减少不必要的支出。老二李文义是皮匠,有时还干着裁缝的活,当他到"布行"买布时,通常要将所有的铺子都过一遍,细细筛选布料、色泽等,全家人一年两套衣服,再加上制作皮袄所需的布料,是一笔很大的消费,"布行"的"掌柜"也会争取客户,最终谁家的布最实惠,李文义通常拿谁家的布。李成贵是李家的"掌柜",对外进行交换时,通常要货比三家,不会盲目交换。

---

① 压油:因为是利用杠杆原理压下来,所以当地叫"压油"。

435

李家的四个儿子都从事手工业,当他们进行手工经营时,别人也会进行对比,看一下是李家人打的铁质工具好还是别家好,当别人需要做皮质衣物时,也会拿别的皮匠和李文义进行对比;尤其作为木匠,手上的活干得不好;请他上门干活的人就少。基于这种情况,李家人干活时尽可能细致,争取更多的客户。

2.熟人交易

李家在交易中,也会和熟人进行交易,李文俊与李文兵在集市开铺子,而集市上做买卖的人,他们俩几乎全都认识,基于这种便利,他们有熟人交易的条件,不管是李文俊与李文兵,还是其他的家庭成员,在集市交易的时候,只要提李文俊与李文兵的名字,集市开铺子的人一般都买账。

李家经常进行熟人交易,同时,别的村民也会与李家进行熟人交易。当熟人或者是关系好的人来找李文俊与李文兵打工具、找李文义做皮质衣物、找李文茂干木匠活时,李家人也不好意思多收费用,通常会少一些。尤其是李文茂外出干活时,一天的工钱大概是六十斤小麦,干完十几天,东家大概需要支出一千斤小麦的报酬,李文茂通常不会全收,要是有零头,通常会抹掉,例如所有的报酬是一千零五十斤小麦,五十斤小麦可以免掉,若是完工时间是十天半,多干的半天可以不收报酬。李家通过熟人交易的方式,会少赚取一些利润,尤其是面对本村的村民。李家人干手艺活虽然报酬少了些,但赚取了更多的人情关系,客户反而增多,对李家来说其实并不吃亏,反而能获取更多的利润。

3.过斗过秤

李家在进行交易时通常会过斗过秤,去县城购置物品时,一般用卖家的秤,也会发生缺斤短两的情况,遇到这种事情,李家也不会去理论,只能认为是被骗了,算是花钱买经验,在以后的生活中要多注意。在集市购置物品时,几乎没有商家欺骗李家人,两个儿子在集市干活,相互之间也会给面子。李家的老二李文义和老四李文茂在家从事皮匠与木匠活,当地的村民用小麦结算报酬时,他们也会拿自家的秤或者是升子测量一下,防止对方弄虚作假。

4.赊账还账

当地的集市有赊账的情况,因此有了"集息"①,能给别人赊账的人,一般在集市有固定的铺子,并且也敢于给别人赊账,他们不怕对方不还,这类人主要是当地的"街皮"、流氓。当地每隔三天一次集市,李家对外交换时,也有赊账的情况,因为李家在集市开铺子,本家或者是邻里也会去李家的铁匠铺子赊账,李家也不好意思拒绝,赊账之后直接到家里还就可以,其他不熟悉的人一般不给赊账。

---

① 集息:就是三天算一次约定的利息,利滚利无上限,也就是变相的高利贷。

第三章　家户社会制度

李家的家户成员全都正常婚配,在婚配过程中重视对方的总体条件,重视门当户对。"掌柜"在婚配中起主导作用,其他成员要辅助"掌柜"做好婚配事宜。在生育方面,李家认为生育最主要的目的就是传宗接代、养老送终,为此李家有保护孕妇生育的措施。在买卖孩子与认干亲方面,魏氏有过被买卖的经历,曾受到养父母的虐待,因此身体不好。李家有两人是铁匠,铁匠炉子炉火盛,村民认为通过认干亲,可以为自家带来好处,每年都有不少人和李家结干亲。在家户赡养中,小辈是主体、养老粮是形式,这是当地主要的赡养方式。在家户内部关系中,李家重视家庭和睦、夫妻和谐、兄弟同心,家庭内部稳定团结。

一、家户婚配

(一)家户婚配情况

1.家户成员正常婚配

李家的祖辈有三人,全都正常婚配;李成贵一辈六男六女,六男正常婚配,六女正常出嫁;李成贵有四个儿子、两个女儿,大女儿李丫头1938年出嫁;长子李文俊的婚配对象是杨氏,二人育有一子李瑞英,即李成贵的长孙;其他三个儿子与小女年龄小,未婚配。在当地,血缘关系出五服,允许同姓婚姻与村内婚姻,由于交通限制,婚配的范围主要在县内,乡镇范围的婚配最常见,也会出现少量的同姓与同村婚姻。

2.婚配重视门当户对

在当地的保甲册子中,将所有的农户分为三类,头等户、二等户、三等户。婚配事务中也有门当户对的说法,头等户一般是当地的老户,他们占的土地多,一般是大家户,在地方上比较有名望,在婚配中通常是大户家庭找大户家庭。二等户和三等户一般是外地的迁移户,占的土地不多,一般是小家户,与头等户或者是大户有一定差距,很难与头等户结亲,二等户和三等户结亲时没有那么多讲究,但是也会适当追求门当户对。

李家来到当地之后被划为三等户,结亲时也会追求门当户对,主要有两个方面的表现:一是老乡之间结亲,1932年回族造反,波及到李家,以及李家的邻里康家、孟家、韩家。李家人十分注重与康家、韩家、孟家的关系,四家的后辈相互之间联姻,李成贵的女儿嫁给平线岭庄的康家,李成龙的大女儿嫁给康家的长房,还有一个女儿嫁给韩家,孟家的后辈娶了康家的后辈,并且四个家庭都是三等户,也是门当户对的一种表现;二是注重匠人家户访匠人家户,李成贵的大女儿嫁给康家的银匠,后来小女儿嫁给当地的木匠,李家的老二后来娶了当地裁缝的一个妹妹,在亲房之中,李家的李银匠娶了当地"毡匠"的妹妹。李家的这种结亲有现实的便利条件,也是门当户对的表现。当地的铁匠、木匠、石匠经常一块干活,有时还搭伙

437

干,拉近相互之间的距离,为结亲提供便捷。另外,学手艺需要拜师傅,从事同一类手艺的匠人也就几个人,抬头不见低头见,与其他的村民相比,关系自然要好一些,同时结亲之后还可以相互学习手艺,有孩子之后还可以将手艺传给孩子。除此之外,学习手艺的人外出干活的机会多,两家人都是手艺人,接触的机会多,相互之间干活也算是一种熟人交易,熟人之间结亲要比陌生人之间结亲容易得多。

(二)婚前准备

1."掌柜"做主

李家人认为,婚配是家庭事务,不是个人事务,家庭成员是否正常婚配关系到家户生儿育女、传宗接代,李家不允许个人恋爱,一切婚配事务由"掌柜"李成贵负责。1949年以前,李家有儿子到婚配年龄时,由"掌柜"提出来,李成贵有最终的决定权,就算是儿子对婚事不满意,也要遵循"掌柜"的决定。长子李文俊从压沟村回来之后仅仅半年,李成贵便给儿子说下一门亲事,根本没有征求李文俊的意见。

2.婚配注重总体条件

李家在婚配中,选择男方时一般偏向于老乡或者是有一门手艺的家庭,这样的家庭与李家关系好,并且有手艺可以养家。除了这些,李家对男方的长相没有要求,普通面相就行,年龄一般比女儿大一些,身体一定要健康,男丁需要挣钱养家,这是从事农活与手艺活的基础。李家选择女方时也没有特殊要求,身体健康,一般的家务事会做,懂得一些待人接物的礼仪,这些条件一般的女子都能满足。李成贵在给儿子娶媳妇时甚至已到古板的地步,通过媒人或者是熟人访到年龄合适的女子,由李成贵、魏氏、媒人、女方父母协商,不容许儿子插嘴,只要双方的总体条件差不多就可以结亲。李成贵给儿子娶媳妇时只是听女方的父母、媒人描述一下女方的相貌,甚至都没有亲自去看一下,两家人就这样结亲了。

3."酒礼"与"陪房"

在当地,聘礼叫"酒礼",定亲的时候给一小部分"酒礼",在男方家办酒席举行婚礼的时候,男方需要一次性给清,因为是在举办酒席的途中给付,便有了"酒礼"的叫法。嫁妆在当地叫"陪房",顾名思义就是一直陪在女儿房间的物品。李成贵是李家实际的支配者,但是没有支配"陪房"的权利,即使是遇到灾荒或者是分家,也不能分配"陪房",除非媳妇自己拿出来。不同的儿子结婚,"酒礼"不一样,要看女方家庭的要求,女方家庭主要依据的是上一年的农业收成,以及男方家庭的总体经济情况,还要看男方与女方家庭之间的关系,有时还要考虑媒人的因素,儿子不能有意见。不同的家庭,女儿出嫁时的"陪房"也不同,除了女儿出嫁的必需品,例如两套被子、两条毛巾、两个盆子、衣服等,其他的"陪房"要看女方家庭的经济条件,家境好多给一些,家境不好少给一些,具体东西也不一样,例如大女儿一个镯子,二女儿一个金锁,对于这类"陪房",就算是不一样,女儿也不能有意见。不同类型的家庭,支出的"酒礼"与"陪房"有一些共同的特征,大户家庭支出多,中等家户一般,小家户的"酒礼"与"陪房"少一些,再多也给不起。

(三)婚配过程

1."掌柜"在婚配中起支配地位

在婚配中,李家的结婚方案主要由"掌柜"李成贵制定。从刚开始的托媒人到最终完婚,每一个重要的环节李成贵都要亲自参与。儿子到适婚年龄,由"掌柜"负责请媒人。在定亲时,

"掌柜"代表男方与女方家庭协商,李成贵拥有家户财物管理权,置办酒席,付清"酒礼"时,李成贵统一从家户收入中支出,需要请人帮忙时,也是李成贵代表家庭出面。

2.家庭成员在婚配中的地位

在婚配过程中,除"掌柜"居于支配地位以外,其他的家庭成员有辅助"掌柜"完成婚配的义务。魏氏是李成贵的妻子,也是李家的"掌柜奶奶",在婚配事务中,魏氏发挥的作用比较大,魏氏作为孩子的亲生母亲,李成贵在做决定以前要征求魏氏的意见。李家的妇人都是魏氏管,嫁进来的媳妇要听从魏氏的安排,魏氏对女方的第一印象能影响到李成贵做最终的决定,甚至改变李成贵的决定。李家的四个儿子要听从李成贵的安排,在婚配过程中做好自己该干的事情,积极配合李成贵完成婚配计划,李双旋年龄小,在婚配事务中的影响较小,但是也要承担一些责任。

(四)婚配原则

1.婚配长幼有序

李家祖辈总共有三个男丁,按照年龄大小婚配。在李成贵这一辈总共六男六女,李成贵是长子,在没有娶魏氏以前,其他兄弟不能婚配,妹子不能出嫁。李成贵的六个妹子全部按照年龄大小出嫁,正常婚配。李成贵婚配之后,老二李成龙、老三李成银、老四李成武按照年龄大小相继婚配。老五是银匠,经常在外面鬼混,被李家祖辈赶出家门,后来又回来,鉴于这种情况,李家打破婚配顺序,老六李成学第五个婚配,老五回到家之后是最后一个婚配。李成贵有四个儿子、两个女儿,大女儿李丫头是老大,最先出嫁,李文俊是长子,第一个婚配,其他子女 1949 年前都未婚配。

在当地,婚配次序很重要,一般按照年龄从大到小婚配。长子或者是长女没有婚配以前,其他子女不能婚配,突出长子或长女的地位,除非长子或长女身体有残疾或者有疾病。长女出嫁后,其他的妹子按照年龄大小婚配,只要年龄符合,不需要考虑家里男丁的数量与年龄,一般不能打乱次序,除非是多女的家庭中某一个女儿身体不正常,此时可以打乱婚配顺序。例如有三个女儿的家庭,大女儿正常出嫁,二女儿身体健康,长相丑一些,三女儿长相清秀。如果有人托媒人来问三女儿,女方家的"掌柜"不会同意,这是不尊重女方家庭,带头破坏当地的婚配规则,这种规则有利于保护女子正常出嫁。因为二女儿身体健康,长相丑对婚配不会产生过大的影响,如果媒人强词夺理,不遵守婚配次序,女方家的"掌柜"有权利将媒人带的礼品扔出大门,基于此发生矛盾时,几乎所有的村民都会站在女方家庭一边。因为当地有按照年龄出嫁的乡俗,懂礼数的村民或者是媒人一般不会这么冒失,只有遇到特殊情况时,才会打乱出嫁的次序。

在当地,长子婚配之后,其他的兄弟可以适当变通一下,媒人看上谁,就可以给谁说亲,但年龄是前提,一般都会遵从长先幼后的顺序,遇到身体不健康的儿子时,也可以跳过,以免对其他兄弟的婚配产生影响。

不管是多子女家庭还是少子女家庭,婚配时的次序是当地约定俗成的,一般不会打破。但多子女家庭与少子女家庭对婚配的标准不一样,多子女家庭为保证每一个子女都正常婚配,会适当放低标准,而少子女家庭一般不会放低标准。同理,大户、中户、小户在婚配中的次序一样,但是大户的经济条件相对好一些,拥有更多的选择权,即使某一个儿子的年龄大,他也能娶到媳妇,婚配的标准高,而中户和小户没有大户的经济条件,选择少,婚配的标准会低一些,经济条件对婚配至关重要。

2.花费等级鲜明

婚礼的花费体现在"酒礼"与置办酒席的花费上,"酒礼"没有标准,但是女方家庭一般都会要一些,影响"酒礼"的因素很多,当地最多的"酒礼"一般不会超过一头"骡子"的价钱,即两千五到三千斤小麦的价格。"酒礼"要的少一些,需要五百至八百斤小麦,差不多一头驴的价钱。办酒席有三等,最好的是"八大碗",八个碗一块上,所有的亲戚朋友一块招待,大概需要三千到六千斤小麦;其次是流水席,不管来几桌人,凑满就开席,所有的亲戚朋友一天招待完,所需的费用大概是两千五到四千斤小麦的价钱,差不多一个中等农户一年的收入;最差的是"碗菜",在碗里盛上萝卜炖粉条,上面加两块肉,一两个丸子,再加点香菜装饰一下,要是没有吃饱,还可以吃第二碗,只是第二碗没有丸子和肉,在当地也叫"简菜",只要吃饱就行,一般需要支出八百到一千五百斤小麦的费用。

李家老大李文俊婚配时举办的是流水席,因为李家没有"娘家"和"喂家"人,花费稍微少一些,大概花费两千多斤小麦。李家支出的"酒礼"多,三千斤小麦,相当于一头骡子的价格,两项支出共花费五千多斤小麦。当地的头等户置办酒席一般是"八大碗",二等户一般是流水席,只有极少的二等户为了排场也会举办"八大碗",三等户一般是流水席或者是"碗菜",这是当地一般的情况,有的二等户或者是三等户因为后期的努力,经济条件变好,举办酒席时通常都会提高一个档次。

二、家户生育

(一)生育基本情况

李家在祖辈有三个男丁,在李成贵一辈总共有六男六女,在其子女辈总共有四男二女。李成贵一辈总共十二人,在居住的村子里算是人口较多的人家。李成贵有六个孩子,算是一般人家,孩子数量在村里算中等水平。李家在生育中既没有夭折、丢弃、溺婴,也没有未婚生育孩子的情况。对于生孩子问题,大户人家更加愿意多生,他们有足够的经济条件支撑,小户人家相对少一些,但是不会太少,就算是没有经济条件,也会尽可能多生。

(二)生育目的与态度

1.传宗接代

李家认为,生育孩子最主要的目的就是传宗接代,生儿育女对家庭来说意味着"根"还存在,就像一颗大树,只要根在,就算是枝干不多,还能繁衍生息,没有孩子就意味着断了根,家户不能繁衍,成为"绝户"①。同时,生育在家庭生产中也发挥着重要的作用,1949 年以前,一般家户主要依靠农业谋生,土地的多少关系到农业收成,生育孩子多,便能开垦更多的荒地,也有足够的劳力支撑农业耕作,增加农业收入。

在生育孩子的问题上,李家倾向于生男孩,生男孩可以增加劳动力,同时也能增加自家的势力,兄弟之间相互帮忙,能更好地维护自家利益,保护自家产权不受别人侵犯。李家也不排斥生育女孩,因为也算是半个劳动力,出嫁时也能得到一些"酒礼",还能增加亲戚关系,拓

---

① 绝户:没有后代,一种贬义的说法。

展交往范围。

2.多子多福

在生孩子的数量问题上,李家倾向于多生,男孩到十六七岁,"掌柜"就要为孩子准备亲事,托媒人"占"①媳妇,有了适龄的女子,双方愿意结亲,李家便会立马定亲,趁早迎娶,尽可能早婚早育。李家从祖辈起,每一代中至少有三个男丁,父辈与兄弟辈更多。孩子多,在村子里生活时能带来更高的地位,能当上老太爷的人也会受到更多尊重。

(三)生育保护与仪式

1.生育照顾

李家的妇人孕后六七个月,便会采取一些保护措施。怀孕的妇女可以干一些轻活,重体力活不允许干,原来妇人承担的活主要由婆婆、其他儿媳及未出嫁的女儿承担。李家的妇人主要是"掌柜奶奶"魏氏来管,怀孕的妇女能得到魏氏的特殊照顾。在休息方面,孕妇到六七个月时可以随时休息。在吃食方面,怀孕的妇女可以优先吃,例如鸡蛋,肉食等,要是条件允许,在生产以前,还可以宰几只自家的土鸡,甚至是一头羊补身体。

2.请"老娘婆"

孕妇快要临盆时,需要请当地的"老娘婆"②来接生,请"老娘婆"时,由家里的"掌柜"或者是孕妇的丈夫出面。"老娘婆"要是请早了,产期就在近几天内,此时"老娘婆"可以留下来照顾孕妇,按照一个全劳力支付报酬。孩子生下来之后的两三天,"老娘婆"还要观察妇人产后的身体状况,要是妇人身体恢复快,没有危险,"老娘婆"在两三天内便会离开。离开时,要付给"老娘婆"正常的报酬,还要给"老娘婆"一些其他的东西表示心意,例如猪头、鸡蛋、头巾、自家做的鞋等,家庭条件不一样,东西也不一样。李家在杨氏生产时,李成贵为表示心意,给"老娘婆"一些白面馍馍、一条头巾、一条毛巾,还有自家土鸡产的十几个鸡蛋。

3.坐月子

孕妇产后的一个月要在炕上休息,这是当地的习俗,被称为"坐月子"。在"坐月子"期间,产后的妇女不需要干任何活,婆婆与其他的妇人要尽到照顾的责任。李家妇女在产后还可以得到特殊的照顾,由"掌柜"李成贵或者是丈夫去县城的市场买几只乌鸡、鸽子。乌鸡与鸽子一块炖,效用就相当于药膳,能帮助产后的妇女恢复身体,要是妇女产后身体状况差,还可以多休息一段时间,宰杀几只自家的土鸡,特殊照顾产后的妇女,直到恢复身体为止。

4.吃初月

孩子生下来一个月,如果是第一胎,不管是男是女都要举办一个满月仪式,在当地叫"吃初月"。第一胎如果是女儿,以后生儿子还要举办"吃初月"仪式,第一胎如果是男孩,以后一般不再举办仪式。"吃初月"最主要的目的就是贺喜,家里多了一辈人,这是家庭的喜事,同时借助这种仪式,给孩子冲喜,希望孩子健康成长。举办"吃初月"仪式,一定要请娘家人参加,一般由"掌柜"或者是丈夫出面,还要带礼物,对于其他的亲戚,可以带礼物也可以不带礼物,

---

① 占:与"说"是一个意思,当地的一种土话,就是找媳妇,但是用土话表示出来,多了一层神学色彩,在一个普通家庭中,找媳妇就是天大的事。

② 老娘婆:产婆或者是接生婆。

口头通知就行。在举办仪式的前几天，"掌柜"出面请一个"总理"①"汇庄子"②，让村民、本家来帮忙。举办这种仪式，将所有的亲戚、朋友、村民、本家、邻居都聚集起来吃酒席，也是一种对外的宣示，告诉别人家里多了一辈人，要是生男孩，也是在告诉别人，家里有后，完成了祖辈遗留下来的任务。

（四）孩子起名

1.起小名

在当地，起小名的方式很多，主要有"迎喜神""撞姓"、按照祖辈的辈分和年龄起名字，根据许愿起名等。"迎喜神"就是外出撞动物，碰见牛，小名可以叫"牛牛""牛娃"等，撞见狗，可以叫"狗娃""狗儿"等，即起小名时一定要体现这个动物的特性；"撞姓"就是外出碰人，碰到什么人，就可以请这个人起一个名字，什么名字都行，一般都会起一个类似于家庭兴旺、生活发达一类的名字，例如"家旺""家保""家兴"等，有时还可以加上碰到人的姓氏，例如碰到的人姓牛，小名可以叫"牛家旺""牛家保"，就是牛家人保护的意思；按照辈分起名，例如生下的孩子是第三辈人，可以叫"三辈"，如果是第四辈人，可以叫四辈。按照年龄起名，孩子生下时，爷爷 51 岁，孩子的小名可以叫"五十一"，爷爷的年龄 61 岁，孩子的小名可以叫"六十一"。还有一种方式就是许愿起名，这种方式特殊一些，在生孩子以前给神佛许愿，可以叫"佛保""佛宝"等，有的家庭婚配后好几年没有孩子，父母有时到娘娘庙或者是其他的庙宇许愿，希望神佛赐予一个孩子，以后真的有了孩子，父母要来还愿，庙里一般会有专门抽签、起名字的地方，庙里的人起什么名字就是什么名字。

李家的孩子起小名时，主要由长辈起，男性长辈给男孩子起名、女性长辈给女孩子起名，有严格的限制。李成贵给长子李文俊起小名时，外出看见云彩，便起小名叫"云娃"，这个与"迎喜神"性质一样。李家的"掌柜奶奶"魏氏给女孩起名，长女连一个正式一点的小名都没有，因为是老大，又是女儿，所以叫"大丫头"，生下小女儿之后，也是魏氏起名，因为在头上有两个旋，所以叫"双旋"。

2.起大名

在李家，男丁才会起一个比较正式的大名，女儿没有大名。起名时要严格按照辈分，李家在河州压沟有家谱，李家的家谱中开了十代人的辈份，即祖辈一次起好名字的第二个字。后代起名时，从前到后，一代人用一个字，这叫"开辈"，"成""文""瑞""义"，这些在家谱中早已定好。李家人来到子家坪庄时没有带来家谱，但起名字还是严格遵循老家谱规定的辈份，名字的第三个字由家族辈份最高或者是年龄最大的人起。李家的长辈比较古板，女儿一般没有大名。

3.名字象征

李家起大名时，要遵循家谱的辈份，即"成""文""瑞""义"，这些字都有一个共同的特征，就是希望后辈读书进取，讲求礼法，做人要遵守信义等等。李家人起小名时十分随意，一般是"迎喜神"或者是按照子女身上的某些特征，突出喜气或者是长幼有序，例如"大丫头""尕女"

---

① 总理：在村内比较权威，能领导大家举办红白喜事的人。

② 汇庄子：在举办红白喜事的前两三天，东家要请一个"总理"安排村民帮忙干活，一般在东家家里进行，当地的村民叫"汇庄子"。

"双旋"等,"大丫头"一听就是老大,"尕女"就是最小的女儿,特征十分明显。

三、家户分家与继承

(一)分家

1.分家缘由:生活习惯

李家有过两次分家经历,分别是在 1938 年与 1949 年。李家在 1932 年到子家坪庄落户之后,同家生活六年,1938 年时有四十多口人,分住在三方四合院,由于人口太多,李家选择分家。老大李成贵、老二李成龙、老三李成银从"老家"分离出来,组成自己的"新家"。1940 年,李成贵在老曲庄落户,李成贵的大儿子李文俊在 1943 年结婚,婚后全家一块生活。1949 年底,老二李文义定亲,当地有结婚后分家的习俗,老二定亲以后,李成贵主动分家,将子家坪庄的 2 万多平方米土地分给老大李文俊,老大又回到子家坪庄生活。

分家是家庭内部事务,除亲姑姑能干预,其他外部成员不能干涉。对于多个儿子组成的家庭,只要有儿子婚配,在下一个儿子婚配以前要搬离"老家",长辈最后与小儿子一起生活。当地分家的原因是生活习惯,村民也都认可这个习俗,按照习俗办事,不管何种类型的家庭,多子女还是少子女家庭,分家的缘由基本都一样,但是也有一些例外,例如老大婚配,老大与老二的年龄有一定的差距,"掌柜"希望一块生活,老二婚配之后再分家。生活中闹矛盾,这时也可以分家;也有个别不遵循习俗,一块生活的大家户,只要"掌柜"有能力管家,也可以一块生活,但是家户成员增到一定程度,多数家庭都会被迫分家,李家就是这种情况。

2.分家资格:同辈男丁

李家在分家时,按照同一辈的男丁数量分家,李家的祖辈有六个儿子,分家时家产分为六份,不考虑小家庭有多少子女,这并不意味着小家庭的子女没有继承权,小家庭子女的继承权转移到同辈男丁的身上。李家的家产只有家庭内部成员才能分到,外部成员没有这种权利,不管是成年还是未成年,不管在家还是长期在外,同一辈的男丁都有分得家产的资格。

在分家资格方面,当地属于约定俗成,没有任何争议,不管是大户、中户、小户,还是多子女家庭、少子女家庭,资格都一样。分家资格有时也会变通,例如没有生儿子,只有女儿时,女儿就有资格。既没有儿子也没有女儿,或者是女儿全部出嫁,有的人家会选择过继亲侄子,此时的亲侄子有资格。

3.分家见证人:家族长辈

分家是家庭内部事务,请见证人首选家族长辈,其次是姑姑组成的"喂家人",当地的习俗是只有"喂家人"有权干预家庭内部事务。李家是迁移户或者叫"外地户",祖辈只带过来一个女儿,李成贵一辈的人分家时,没有做见证的资格。长房分家时,请来二房的兄弟、弟媳作为见证人,弟媳即李成贵二叔的妻子,是李成贵的二娘,李家后辈都称呼为"尕奶"。

李成贵要将老大李文俊分出去时,长辈之中只剩下李成贵的二娘,李成贵请她作为见证,因为她十分厉害,在李氏家族中十分有权威。同时李成贵也请妹子来作见证,即请"喂家人",此时李成贵的妹子是李文俊的姑姑,有资格作为见证人。

见证人主要是家庭"掌柜"来安排,其他家庭成员没有资格,除非遇到不合理的分家时,其他的家庭成员才能请"乡老"或者是家族长辈来主持公道。见证人的作用就是作为见证,保证公平公正,防止以后闹矛盾。分家以后闹矛盾,见证人要出来说明情况,起到见证人的义务,见证人过世,子女不用承担见证的职责。

在请见证人的问题上,与家庭类型和家庭大小没有关系,谁能干预家庭内部事务,当地有明确的惯例,只有姑姑组成的"喂家人",还有"掌柜"请的家族长辈,有的家庭也会请"乡老",请的这些人作用都一样,只有经过这个程序,他们才能干预别人的家庭事务。

4.分家认可与保护

分家时李家要请家族的长辈作为见证,一方面是为了保证公平分家,还有一方面就是希望得到家族的认可。家族的长辈一般是年龄最大或者是辈份最高的人,在家族中比较有权威,长辈认可,基于长辈的权威,其他家族内的人也会认可分家。在村庄层面,分家以后要到甲长或者是保长家里去报户,正式登记之后也能得到他们的认可,纳粮上税时按照新的一户人计算。李成贵的四弟李成武是保长,也会从侧面起到保护作用,促使村民认可分家仪式。在官府层面,除了纳粮上税,不会与村民进行正面接触,只要不抗粮、不抗税,分家也能得到政府的承认。

(二)继承

1.继承资格:家内男丁

在李家,只有家庭内部成员才有分得家产的资格,外部成员没有分家产的资格。拥有继承资格的成员范围内,所有的成员都可以直接或间接分得一份财产,分家一般在同辈中进行,小家庭的男丁作为代表分得一份财产,再次分家时,便会在小家庭范围内分,权利会落实到所有小家庭的男丁身上。基于此,不管儿子是否成年,是否是过继或者是抱养、买卖,还是小婆生的儿子,都有分得家产的权利。没有儿子、只有女儿时,女儿招来上门女婿,此时的女儿有继承资格。既没有儿子也没有女儿,过继的孩子尽到养老送终的责任,便有继承的资格。有儿子时,所有的女儿都没有继承资格。

在所有有继承权的男丁范围内,继承权没有优先次序,都能平等地拥有继承资格,即长幼兄弟之间的继承权平等;大婆与小婆所生的儿子继承权平等;过继、亲生、收养、买卖、私生儿子的继承权平等。只要有儿子,"掌柜"不可以指定其他的继承人;没有儿子时,自动转换为没有儿子的继承规则。

2.继承条件:当地默认

只要是儿子,不管是亲生、过继、买卖、小婆所生,一定有继承权,即使是不孝顺,不给老人养老送终,同样能分得家产。李家在李成贵这一辈的老五李银匠被祖辈赶出门,后来又回到家中,同样有继承资格。当地的继承条件是天然赋予的,只要有儿子,所有的儿子都有继承家产的权利,没有儿子时,过继了亲子侄,这时有一些附加条件,侄子要尽到养老送终的责任,此时才能继承财产。没有儿子但招来上门女婿,女儿有继承权,上门女婿就没有继承权,要是上门女婿认真干活,女儿生下男孩,此时的男孩有继承权,孩子可以顶替上门女婿继承财产。

3.继承内容

在继承中,除土地、家畜、房屋、财产之外,还可以继承庙里"头人"的位置。簸箕湾村有一个小庙,是李家人与当地的邓家人、杨家人共同修建,也是这三家人共同管理,庙里的头人位置可以继承。在当地的董家嘴有一个大庙"显神爷庙",庙里有一个"大头人"、四个"小头人""八大院主"[①]"头人"与"院主"的头衔也可以继承。继承"头人""院主"时,只能是长子,如果长子能力太弱,没有能力管理时,也可以更换,但是要经过一定的程序。在继承中,还涉及到"家神"问题,"家神"只能跟着长子走,老辈过世,长子将"家神"请到家中,"家神"在长子家中代代相传。

4.继承调节与认同

当地的继承权是默认的,生了儿子,有一套儿子的继承规则;没有儿子,只有女儿时,女儿招上门女婿,有一套关于女儿的继承规则;既没有儿子也没有女儿,有过继、买卖、抱养时,也有一套相应的规则。这些规则为当地的村民所承认,不会随意改变。虽然有默认的继承规则,出现特殊情况时也会适当变通,对于这种变通,只要合理,就能得到别人的承认。例如生下儿子,身体不健全或者是智障,此时他的份额可以由其他的儿子继承,但是要尽到照顾的责任。当地的规则是庙里的"头人"只能是长子继承,如果长子能力不行,不能服众时,也可以由其他儿子继承,其他儿子还是不行的话,这时也可以变换人家。

四、买卖孩子与认干亲

(一)买卖孩子

1.买卖孩子的原因

李成贵的妻子魏氏有被亲生父母买卖的经历,魏氏大概在11岁左右被自己的亲生父母卖到河州压沟村附近的一个铁匠人家,魏氏被卖掉时已经能记事,她记得亲生父母居住在临洮县二十铺镇,魏氏的父母卖掉她最主要的原因是家里兄弟姐妹众多,没有能力养活,最终选择卖掉她。铁匠家有一个儿子,家里的劳动力不足,还从事打铁活动,买回去可以当小工。当地买卖孩子最主要的原因就是没有孩子,一般都是买回去养老,而铁匠家里有一个孩子,买魏氏并不是养老,就是买一个劳力干活,由于不是亲生,铁匠对魏氏比较严苛,从小吃过不少苦,有时还虐待,导致魏氏的身体从小就不好,人过中年之后经常生病。

2.买卖孩子的过程

魏氏被卖掉时,有一个中间人,这个中间人起到至关重要的作用,既认识魏氏的亲生父母,又认识压沟村附近的铁匠,他从中间牵线,促使魏氏被卖掉。河州压沟村离临洮县二十铺镇大概有三百多公里,没有中间人,两户人基本不会有交集。铁匠买魏氏时没有契约,买卖孩子只需双方口头协商,铁匠给魏氏的亲生父母一笔钱财,最后便可以抱走魏氏。

3."掌柜"在买卖孩子中的地位

买卖孩子时,"掌柜"在其中有决定权。"掌柜"与孩子的亲生父母一致,征求长辈与孩子母亲的意见之后,"掌柜"有权作出最终的决定。"掌柜"与孩子的亲生父母不一致时,"掌柜"、孩子的亲生父母都同意,才有权利卖掉孩子。魏氏被卖掉时,魏氏的父母征求过长辈的意见,没有征求其他家庭成员的意见,也没有征求魏氏的意见。

4.外界对买卖孩子的认可与保护

家中没有孩子便选择买进一个孩子,此时买回来的孩子就是为养老送终,就能享有亲生

---

① 八大院主:修建庙宇时捐钱最多的八个人。

孩子的地位,铁匠有自己的亲生儿子,买魏氏就是当劳力使用,她并没有得到铁匠家族甚至家户的认可,与铁匠的亲生儿子相比,她的地位要低很多,受到铁匠家不公正的待遇。魏氏迁到临洮县之后,没有再认回自己的亲生父母,由于子家坪庄与河州压沟村相距较远,魏氏甚至与铁匠家庭断了联系。当地对于这种买卖孩子的行为,用一句话概括就是"一口唾沫落地,不能反悔",实则是带有歧视性的意思,因为孩子并不是物品,买卖孩子是不光彩的事情。而官府的态度是放任不管,村民也不会管别人的事,他们没有权利插手别人的家庭事务,但是人们在背后的议论不少,尤其是买卖的孩子受到不公正的待遇,或者是受到虐待时,当地人认为这是在"造孽"。

(二)认干亲

1.认干亲概况

当地认干亲主要是认"干大"①与"干妈"②,是认的一方主动,李家每年都会收四五个"干女儿""干儿子"。李家的老大李文俊与老三李文兵是铁匠,他们需要自制一个烧铁用的炉子,这个铁匠专用的炉子还有一个称号"太上老君的炼丹炉",太上老君是所有神仙里面辈分最高的一位,打铁的匠人称为"老君爷",也算是铁匠的祖师爷,认李家为干亲,就能得到太上老君的保佑,所以每年来找李家认干亲的村民很多。认干亲是一种名义上的收养,实际上没有收养,名义上收养的家庭有某种潜在的优势,通常认为这种家庭能镇住邪气或者使他们的家庭兴旺发达,认这种家庭为干亲,能给孩子带来好运,保护孩子健康成长。认干亲之后,两家人的关系相当于亲戚,逢年过节时相互走动,但是不住在一起,只是名义上具有父母关系。

2.认干亲的原因:犯线

在当地有"犯线"的说法,有的农户生育的孩子经常生病,治好之后没几天又生病,或者是经常哭,即使是亲生父母抱在怀里哄,孩子还是哭个不停,通过正常的手段请医生看病,孩子还是不见好转, 这时当地的大多数农户便会采用迷信的方式。孩子的亲生父亲便会询问"阴阳"或者是"相士",他们给出的答案通常是孩子"犯线",就是孩子的身上缺"线",导致邪气入侵,带走了孩子身上的阳气,导致孩子经常生病或者是体弱,孩子才会哭。这时需要在孩子的身上戴一根"线",镇住或者是逼走孩子身上的邪气,等孩子到一定的年龄,阳气较重、邪气不能入侵时,便能将"线"摘下来。

当地客才村有一农户,"掌柜"是杨庭忠,媳妇生下二儿子,孩子一直哭个不停,请来当地的"郎中"看病,孩子还是不见好转,杨庭忠没有办法,找来当地的杨姓"阴阳"询问,杨姓"阴阳"给他的回答就是孩子"犯线",给孩子戴一根"线"就不哭了。杨庭忠回家之后立马给孩子找来一个"干大"戴"线","线"戴好之后孩子还是哭,杨庭忠又找"阴阳"问,杨姓"阴阳"的回答还是孩子"犯线",这次杨庭忠找来一个有"家神"的家庭,又给孩子认"干大",但孩子还是哭。于是,杨庭忠又更换一家,这一家还是有"家神"的人家,结果戴好之后孩子仍在哭。杨庭忠只好又去问杨姓"阴阳",杨姓"阴阳"的回答还是一样,孩子"犯线",并告知他一个方法,让杨庭忠找一个打铁的人家,在铁匠炉子前戴"线",最后杨庭忠便找到李文俊,抱着孩子在铁匠炉子前面戴"线",戴好之后孩子立马不哭了。经过这事,当地的村民都认为,铁匠的炉子是

---

① 干大:相当于义父。

② 干妈:相当于义母。

"太上老君的炼丹炉",也是辈分最高的神仙,炉子前的阳气重,能镇住妖魔,因此来李家戴线的人逐渐增多。

3.认干亲的仪式

认干亲通常是想认的一方主动,因为他们的孩子经常生病或者是有各种问题,通过认干亲的仪式,来借助对方家庭的气运,保护自己孩子健康成长,是认的一方有求于对方。想认对方为干亲时,首先由"孩子"的父母或者是孩子家庭的"掌柜"出面与对方家庭商量,双方协商好之后,孩子的父母或者是孩子家庭的"掌柜"就带着孩子上门认干亲,第一次通常要带礼物,这是尊重对方的表现,以后可以不带,第一次正式的仪式不能少。

要认李家为干亲时,可以与"掌柜"李成贵商量,也可以与老大李文俊商量,李成贵是"掌柜",有权决定这类事务,但是他并不专门从事于打铁,李文俊才是打铁的人,并且炉子也是由他制作。当村民来到李家认干亲时,通常是"掌柜"李成贵准备一根很粗的毛线,在毛线上串上外圆内方的铜钱,带着孩子在铁匠打铁的炉子前面跪下,将线戴在孩子的脖子上。之后要在主房给家神和祖先上香,之所以先在炉子面前跪下戴线,而不是先在主房跪下戴线,是因为太上老君是辈分最高的神仙,就算是家神,排位也在太上老君的后面,经过这种正式的仪式,双方便成为干亲关系。按照双方的辈分称呼对方,在前面加一个"干"字,以后遇到李家人要叫"干爷""干奶""干娘""干大""干哥"等。在李家的铁匠铺子认干亲时,没有这么多的仪式,只要跪在炉子面前戴好线就可以,以后按照辈份称呼。第一次戴线的日子很重要,因为第二年的这一天或者是提前几天还要来李家戴线,一年换一次,孩子年龄长到十三四岁就可以不戴了。认这种干亲,当干亲家庭的长辈或者是家庭成员过世时,作为"干儿子"或者是"干孙子"要戴孝,虽是名义上的收养,但是生活中的礼仪、仪式一般不能少。

五、家户赡养

(一)以家户为赡养单位

李家在赡养老人时以家户为单位,除了"喂家"人其他人无权干预。当有人不孝顺老人,或者不给老人养老送终时,"喂家"的姑姑有权利教育亲侄子。李家在李成贵这一辈没有姑姑,出现不孝顺或者与赡养有关的矛盾时,主要请家族的人来调节,只有请别人时,别人才能干预,外人不能主动插手家庭事务。

在李家,只要是在一个锅里吃饭或者是一个大家庭生活的人,都要尽到赡养自家老人的责任。即同家生活的叔伯、大娘、未出嫁的女儿、嫁进来的媳妇都有责任。嫁出去的女儿不需要承担赡养责任,当老人生病或者去世前,外嫁的女儿要回来照顾,或者是满足老人临终前的愿望。

(二)以家户小辈为赡养主体

李家的每一代几乎都是多个儿子,在没有分家以前,家户内的所有成员都有赡养老人的义务。分家以后,老人与小儿子一起生活,赡养老人时,每一个儿子都要承担责任。除儿子之外,不管是分家还是没有分家,嫁进门的媳妇、未出嫁的女儿都有照顾老人的义务。有孙子之后,如果孙子能承担家务或者是有能力赡养老人时,也要承担责任。当地对于赡养这个问题,一般围绕着两代人,第三辈人对老人的赡养不是太突出,主要通过小家庭的男丁体现出来,因此,李家的所有直系后代、嫁进来的媳妇、没有出嫁的女儿,都是赡养的主体,即以小辈为赡养主体。只有一个孩子时，如果是男丁，由男丁组成的小家庭所有成员养老。如果只有女儿，招来上门女婿，便由女儿、上门女婿及所生育的后代养老；若是只有女儿并且已嫁人，比如李家的本家，还可以过继亲侄子，由侄子负责养老。不管有没有孩子，养老的主体也没有脱离小辈的范畴。

（三）以养老粮为赡养形式

当地的养老方式经过几代人的发展与实践，默认以"养老粮"为赡养形式。没有分家时，所有的儿子都要承担养老的责任。老人过60岁，在粮食消费中，每年要给每一位老人预留出四百斤小麦作为养老粮。李家在分家时，不会考虑养老的问题，老人与小儿子一起生活。而老人年到60岁，分家的儿子就要平摊养老粮。

在赡养中，主要是"老家"的"掌柜"起协商和支配的地位。没有分家时，"老家"的掌柜起支配地位，"掌柜"有权安排粮食支出。分家以后老人与小儿子一起生活时，老人会将"老家掌柜"的位置传给小儿子，关于养老粮的安排，由小儿子与其他分家的儿子协商安排，即"老家"的掌柜起主导作用。养老粮一年一次结算，公平分摊，如果在分摊中有不公平，分家的儿子可以向"老家掌柜"提意见。在家户的赡养形式上，不管是何种家庭，不管有没有分家，都是相同的养老方式，与人口多少、多子女还是少子女没有必然关系。

（四）老人治病送终

在李家尚未分家时，老人生病时治病的钱从家户总体收入中支出。家户收入来自每一个家庭成员的劳动，因此，家庭成员是治病、送终、照顾的实际承担者。分家以后，老人与小儿子一起生活，生小病时小儿子承担主要责任，若是生大病，所有的儿子都要承担责任。老人在临终前不能正常活动时，不管是分家还是没有分家，所有的家庭成员都要尽到照顾责任，此时外嫁的女儿需要回来照顾，在老人临终前尽到孝心。老人过世之后，丧葬费用由所有的儿子平摊。

（五）赡养认可与保护

当地的养老单位、养老主体、养老形式是默认的，久而久之形成一种文化，这种文化为李家所在的家庭、家族、村庄所认可。如果李家有儿子不愿承担养老责任或者是不给老人养老送终，会被家族、当地人看不起，这是不孝的表现。在赡养中出现问题，"喂家"人会出面干预，若不能解决问题，家人、"喂家"人也会请家族长辈或者是"乡老"出面调节，有时也会请甲长或者是保长出面解决。

六、家户内部交往

（一）父子关系

1.父亲抚养儿子，并给儿子娶媳妇

李成贵作为一位父亲，共生育四个儿子，他有责任将儿子抚养长大，孩子长到一定的年龄，必须要教给儿子谋生的技能，或者是让儿子外出拜一个师傅，专门学习手艺，将来依靠手艺谋生。儿子长到十六七岁时，李成贵要给儿子娶媳妇，在第二个儿子婚配以前，要将已经婚配的儿子分出家门，此时要给分家的儿子一些家业，算是儿子独立以后的依靠。

2.儿子要听从父亲安排，尊重父亲权威

在日常生活中，李家的父子关系比较融洽，李成贵和几个儿子从来不开玩笑，不在一起

喝酒,也不经常聊天。几个儿子在这种氛围中成长,李文兵认为李成贵十分古板、封建、固执,家里的一切事情都是父亲李成贵在管。李家的四个儿子不怕李成贵,但他们认为和父亲不是太亲近,因为李成贵平时都是不苟言笑,有些不好接近,有事情也只是在兄弟之间说,很少说与李成贵听。

在李家,李成贵能随便使唤四个儿子,也可以打骂儿子,但是不能打得太厉害,主要是抽几下或者是踢两脚。李成贵有惩罚儿子的权利,但是不能将儿子逐出家门,也不能卖掉儿子。对于李成贵作出的决定,几个儿子一般都会服从,即使是李成贵说得不对或者是做得不对,几个儿子也不能当面顶撞他。在权利义务的关系上,不必考虑家庭的人口规模和家际代数,一个好父亲的标准就是抚养儿子长大,给儿子攒下一些家产,并且尽到找媳妇的责任,一个好儿子的标准就是以家庭为主,听从父亲或者是当家人的安排。

(二)婆媳关系

1.权利义务明确

魏氏是李家的"掌柜奶奶",有专门管理家庭妇人的权利,但是也要承担责任。对于嫁进李家的媳妇,魏氏有责任指导儿媳妇做好家务,儿媳妇怀孕或者是产后"坐月子"期间,婆婆有照顾儿媳妇的责任。嫁进李家的媳妇,在平时要承担一定的责任,例如做饭、洗衣、喂牲口等,对于这些家务事,魏氏和杨氏有比较明确的分工,两人相互配合,做好家庭事务。

2.婆媳关系融洽

李家的婆媳关系相对比较融洽,没有闹过大矛盾。在平时的生活中,魏氏和杨氏也会经常开玩笑,一起干活,经常讨论一些家务事。婆婆有管理儿媳妇的权利,因此魏氏能指使杨氏干活,婆婆也有惩罚儿媳妇的权利,儿媳妇犯错误时,也会严厉批评几句,很少打骂,更不会将儿媳妇赶出家门。对于魏氏吩咐的事情,杨氏一般都会服从,婆婆说得不对,杨氏能提意见,因为杨氏不怕魏氏,有什么事情也会说与魏氏听,在杨氏看来,魏氏还是比较好接近。

(三)兄弟关系

李家的兄弟辈有四人,老大李文俊与其他三个兄弟年龄差稍微大一些,平时很少闹矛盾,李文俊有一段时间逃到压沟老家,在外学习两年手艺,和其他兄弟稍微生分一些,这也是矛盾少的另一个原因。老二李文义、老三李文兵、老四李文茂年龄差比较小,小时候经常因为鸡毛蒜皮的小事闹矛盾。李文俊在兄弟四人中地位最高,不仅因为李文俊是长子,"长兄顶父"是一方面的原因,更重要的是李文俊有手艺,很早就能为家庭带来经济收入。

作为长子的李文俊,在平时的生活中能指使弟弟干活,有时可以打骂和批评弟弟,但是没有将弟弟赶出家门或者是卖掉弟弟的权利。只要李文俊在家,弟弟都要听从"长兄"的吩咐。李文俊的三个兄弟也会经常和他聊天,也会一起开玩笑、喝酒,在其他兄弟看来,李文俊比较好相处,也不怕李文俊,兄弟之间的关系比较好。

在日常关系中,兄弟比较多,平时可能经常闹矛盾,尤其是年龄较小时,会为一些小事闹矛盾,当年龄增到一定程度,这种矛盾可能会减少,这是一个成长的过程。李家就属于这种情况,小时候不懂事,等到能承担家庭责任时,矛盾开始减少,兄弟齐心为家庭发达共同努力。

(四)夫妻关系

李家有两对夫妻,李成贵和魏氏、李文俊与杨氏。李成贵和魏氏的年龄大,经过多年磨合,两人很少闹矛盾;李文俊与杨氏年龄较小,婚配没有几年,通过媒人介绍结婚,两人还在磨合之中,有时也会闹矛盾。在日常生活中,妻子生病、或者是怀孕生孩子,丈夫要尽到照顾责任,而妻子要负责做好家务、做好饭食,还有给丈夫洗衣服等。

李家平时注重家庭和睦,夫妻和谐,丈夫和妻子之间能开玩笑,也能经常聊天,虽然丈夫有休掉妻子的权利,但是李家多少年来没有出现过这种事情,妻子也不是十分害怕丈夫,心里有事也会说与丈夫听。李家人认为,一个好丈夫就应该挣钱养家,妻子生病、怀孕及出现特殊情况时照顾好妻子,这样的丈夫是一个好丈夫;作为一个好妻子,则应该做好家务、茶饭,为丈夫减轻压力。

第四章　家户文化制度

李家父辈有两人读私塾,在兄弟辈有一人读小学,最多读过三年,教育费用主要由家户承担。在家户意识方面,李家对自家人有比较清晰的界定,家户的整体利益高于个人利益,李家在平时也会行善,为自家积德。在家户习俗方面,主要有节日习俗和农事习俗,通过描写习俗可以反映出李家内部关系。在家户信仰中,李家有祖先信仰,家神信仰、庙宇信仰。除此之外,李家还有自己的娱乐方式,主要是结交朋友、玩牌、串门聊天、逛庙会等。

一、家户教育

(一)家户教育概况

1949 年以前,李家的祖辈没有人上过学,到了父辈,老四李成武上过三年学,老五李银匠上两年学。在兄弟辈,老三李文兵上过三年学,其他兄弟则没有上学。李家的父辈中李成武与李银匠读书少的原因是自己不想读,兄弟辈的老三李文兵只读三年是因为李成贵的个人原因,李成贵不希望他再读书。

在李家,"掌柜"不希望孩子读书时,孩子就得回家种地干活,或者是听从"掌柜"的意愿学一门手艺。李家的孩子一般是祖辈带,如果当家人是爷爷,爷爷有权安排孙子上不上学、上几年学。李家送孩子上学最主要的原因就是孩子年龄小,还不能独立承担农活,读几年书,长一些本事,出来之后再承担农活或者是学手艺,相比其他的孩子有一些优势,外出的时候也能少吃亏。李家的女孩不能上学,在整个家族内,也没有女子上学的先例。

(二)私塾教育

在李家的祖辈当"掌柜"时期,老四李成武、老五李银匠被送去读私塾,只有经过当家人同意,他们才能去。去私塾读书时,每年大概需要五百斤小麦,主要是给私塾先生教学费,除此之外,每年还要支出课本费,笔墨纸砚所需的费用,这些费用由家户承担,从家庭总体收入中支出。李家孩子主要在私塾先生家上课,从来没有将先生请到自家的情况,学习的内容主要是千字文,教孩子认字。李家没有给私塾先生拜过年,但是平时还是要去私塾先生家里,给私塾先生带一些礼物,盘一下交情,让私塾先生好好照顾自家孩子。

(三)学校教育

李家只有兄弟辈的李文兵去豪地湾小学读过三年书, 李成贵比较固执, 孩子能不能读书、读几年书,主要由他决定。上学时,由李成贵带着李文兵去报名,一个学校四个老师,李文兵主要跟着刘官子学习。读书的学费来自两方面,一是学粮,纳粮分为两种类型,学粮与公粮,每一家都要交,公粮主要用来官府支出,学粮主要用于修建学校、给老师开工资等。除学粮之外,上学的孩子还要给老师交学费,每年大概四百斤小麦,还有笔墨纸砚与课本费,费用从家户总体收入中支出。李文兵上学时,每天早上还要给刘官子带馍,带了两年,李成贵受不了这个气,于是决定让李文兵回家跟着老大李文俊学习手艺。李成贵送孩子去读书的主要目的就是让李文兵长些见识,外出少吃亏,同时也希望李文兵学习一些本事,为家庭带来更多收入。

(四)教育的家户单位

李家小孩子的教育主要来自家户,男性长辈与女性长辈对小孩子的教育有明确的分工,李家的男性长辈一般是"掌柜",女性长辈一般是"掌柜奶奶",即李成贵是"掌柜",魏氏是"掌柜奶奶"。李家的所有男丁都归李成贵管,所有妇女都归魏氏管理。由于李文俊经常外出,杨氏有时也会外出帮忙,李瑞英与李成贵、魏氏一块生活,作为爷爷,李成贵教给李瑞英的主要是一些节日习俗,通过讲故事的方式教给孙子一些勤俭节约、尊重长辈的礼节。李家的四个儿子虽然是匠人,但是他们从十三四岁就要开始学习耕作的技巧,他们除了从事自己的手工业,还能帮助李成贵种地。李家的女儿主要是魏氏来教,女儿要学会干家务活,尤其是要学会做茶饭,出嫁以后,女儿在婆家要承担做饭干家务的任务,学不会这些,会被婆家人嫌弃。除做饭、干家务,女儿还要学做缝补的针线活,这是女儿必须要学的东西,也是生产生活中必不可少的技能。在一个村里生活,亲戚、邻里、族人、同龄孩子的行为也会对孩子产生影响。李家认为,孩子长大的标志就是能替家庭承担责任,能为家庭带来收入,能开始独立干活或者是独自办事,没有更加具体的界线和标准。

(五)家教与人格形成

在李家,父母的言行、思维方式、性格、家户内部的相处模式以及平时的生活氛围都会对孩子产生影响。李家的几个孩子小时候比较内向,"掌柜"李成贵当家古板,按照老规矩办事,几个孩子从来不敢顶撞他。儿子长大之后有了自己的手艺,性格稍微有所转变,但是在生活中还是腼腆,与他人交往十分和善。关于做人做事的道理,李家的孩子都是从父母这里习得,例如长辈说话不容许小孩子插嘴,来了客人之后不能大声说话,见了长辈要问候,通过这种潜移默化的影响,随着孩子年龄的增加,自然就会知晓这些事务。

(六)家教与劳动技能

在李家,孩子到十三四岁就要跟着父母下地干活,开始承担农业耕作的任务,此时孩子便要学习农业耕作技巧,在李成贵的带领下,孩子可以亲自实践。在没有学习手艺以前,李成贵必须要教会孩子这些,这是谋生的技巧。李家的女孩主要是"掌柜奶奶"魏氏来教,女孩也要学基本的农业耕作技巧,例如撒种子、锄草,还要学会干家务、做饭、缝补等,这些是女子必须要学会的技巧,学不会这些,会被婆家人看不起,认为娘家人没有教好,甚至连娘家都会遭到鄙视。

二、家户意识

(一)自家人意识

李家觉得长辈在世,从辈分最高的人算起,除嫁出去的女儿,长辈下属的直系亲属都是自家人。长辈在世时没有分家,全家人一块生活,过世之后也没有分家,这时家人的范围与长辈在世时一样,如果长辈在世时儿子已经分家,长辈过世之后,分家出去的儿子就不能算自家人,这时家人的范围就会缩减,每一个儿子可以独立代表一个家庭,只有在这个小家庭的成员才算是自家人。

根据李家对家人做出的界定范围,长辈在世时,不管是分家还是不分家,叔伯组成的小家庭,亲生父母组成的小家庭,未出嫁的女儿,这些都是家人。长辈过世前已经分家,长辈过世之后,不能算作一家人;若是长辈过世之后分家,此时也不能算一家人,对于叔伯,存在长辈是否在世、是否分家的区别。除了家人,其他人都是外人,例如嫁出去的姑姑组成的家庭、舅舅组成的家庭、亲戚、上门女婿这些都是外人。

(二)家户一体意识

李家没有分家的时候,几个兄弟在生产和生活中相互扶持,在"成"字辈,李成贵是长子,需要照顾未成年的弟妹,还要承担长子的责任。在"文"字辈,李家的四个兄弟都是手艺人,在农业生产、手工业生产中也会互相帮助,更不会私藏钱财。当家庭成员有人被欺负时,全家会一致对外,有时还会请家族的人提供帮助。李家在分家后,如果有儿子还没有婚配,分家产时要留下婚配的财物,若没有留下财产,其他未婚配的儿子结婚时,已婚配的儿子要承担一部分责任。

李家的每一个人都有家庭富裕的意愿,希望过上安稳的生活,家庭成员都会为发家致富努力,但是李家对光耀门楣、入官府当官没有抱太大的希望,因为家庭条件不容许。李家人也有共同的目标,例如每年结余多少、每年养多少头牲口、收入多少、如何改善家庭生活等。

(三)家户至上意识

李家觉得家庭要远比个人重要,考虑问题时首先要注重家庭,例如李文俊与李文兵在集市打铁,李成贵在家进行农业耕作,但是到收割的时节,李文俊与李文兵便会关门,回家干几天农活,干完之后再回去打铁。李家的四个儿子在外干活时,如果家里发生特殊事情或者是李成贵想要他们回家时,几个儿子就得听从李成贵的安排,李成贵在家中的地位很高,一旦对家庭事务作出决定,儿子就得服从。比如李成贵不希望李文兵读书时,他就得回家,李成贵安排儿子的婚事,就算是儿子不喜欢,也得按照李成贵的意愿办事,要考虑到家庭的整体利益。

(四)家户积德意识

李家人对积德行善、造福子孙十分重视,当地王海山的爷爷、王家的老七爷、董发俊的父亲、白成代的母亲家都比较困难,遭受旱灾之后没有吃食,于是这几家人去沟底找来一头病死的驴,准备吃死驴肉,李成贵知道这件事情之后,尽管刚落户的自家也不富裕,但还是给他们做了一点汤,就是用杂面做的面糊糊,救济他们。董发俊的父亲经常来李家吃一两口,李家也没有嫌弃,由于经常吃不饱,董发俊的父亲就去李家的灶房看看有没有剩余的"锅底"①,有时就拿起勺子使劲从锅里刮一下,再拿起勺子用嘴舔一下。由于大家都困难,最后白成代的母亲饿死,白家连一个像样的棺材都拿不出,白成代更是没有力气埋葬自己的母亲。在李家人的帮助下,给他母亲穿上衣服,放在一个水窖里,用土将水窖填满,就这样下葬。李家不是爱管闲事的人,但是遇到困难户生活艰苦,能提供帮助时,李家都会尽力帮,遇到不平的事

---

① 锅底:吃饭时在锅底剩下的汤。

情,李家有时也会说上两句。李家人相信善有善报、恶有恶报。每当有跳神、社戏时,都会去董家嘴大庙烧香,李家的老三李文兵给庙里烧了十年香,李家人都认为,做人不能太坏,坏人会遭报应,所以会通过烧香的方式为家人祈福。

三、家户习俗

(一)节日习俗

1.二月二吃大豆

农历二月初二是大豆节,李家人称为"二月二",在这一天,当地人要吃大豆,便有了大豆节的说法。到了农历二月初二或者是提前一两天,李家要准备一些大豆,可以炒熟,也可以烫熟,主要由李家的妇人来做。在"二月二"这一天,有猪头的家庭也会吃猪头肉,"二月二"还有一个称呼就是"龙抬头",但是当地人没有龙抬头这个意识,李家人也不愿意说"龙抬头"这个词,仅仅称呼为"二月二",这一天就是吃大豆、吃猪头肉。

2.清明节烧香祭祖

李家最早的祖坟在河州压沟村,后来的祖坟在子家坪庄,李成贵一辈的六个兄弟没有分家以前,李家的祖辈都在世,也就意味着李家人在没有分家以前没有人过世。在清明节时,李家人为怀念祖先,在祖辈的带领下,找一个比较宽敞的路边,朝着河州方面烧香祭拜。祭拜时,首先在路边宽敞的地方画一个圆圈,里面画一个十字,将纸钱放进里面烧,寓意是两地相隔比较远,希望在河州压沟的祖辈能收到。李家的祖辈过世之后埋在子家坪庄,此时,迁移到子家坪庄的李家人有了新的祖坟,李家人就到新祖坟去祭拜。后来李成贵搬到平线岭庄,接着又搬到老曲庄,距子家坪庄较远,李成贵有时会去祖坟祭拜,有时就在路边祭拜。

3.端午节插柳绑花线

到端午节这一天,李成贵一般会早起,在自家的柳树上折一些柳枝,拿回来插在自家的每一个门框上,希望保佑自家兴旺发达、枝繁叶茂、消灾避难等。李家的妇人在这一天要准备一些花线,将花线绑在自家孩子的手腕上或者是腿上,绑花线的时候,还要告诫孩子不要做危险的事情,见到危险动物要躲开,例如蛇、大牲口等,或者是讲一个恐怖故事吓唬一下孩子,让孩子远离危险,通过这种比较正式的仪式,起到保护孩子的作用。

4.腊八吃"糊涂饭"

农历腊月初八要喝粥,当地人称为"糊涂饭",其实就是用小米熬的粥。当地人吃面食,很少有家庭存有小米,后来熬粥的习俗也改变,变成吃黏糊饭,就是比较粘稠的饭,吃"糊涂饭"也就是吃黏糊饭。在腊月初八这一天,李成贵也会主动要求吃糊涂饭,魏氏或者是杨氏便会做一些面糊糊,再调上一些浆水或者是其他形式的比较黏稠的饭,做什么饭不重要,突出黏稠,重在寓意,不在形式。吃饭的时候,李成贵也会刻意强调一下腊月初八这个日子,告诉家庭成员要吃"糊涂饭",其实是在暗示家庭成员之间不要太精明,要糊涂一些,这样的家庭才能够幸福美满。

5.春节

春节是全年最隆重的节日,为了过春节,李家人在腊月二十左右就要为此做准备,李成贵及家庭成员要从集市买回自家过节所需的物品。在腊月二十四,家里的妇人要打扫房屋送

"灶爷"①,李家的"灶爷"在二十四这一天送走,是"穷灶爷"。也就是在这几天中,李家人要集中杀猪宰羊,准备春节消费的食物。

李家的祖辈过世之后,李成贵将"家神"接回自己家中,到大年三十晚上,李成贵首先要给家神上香,之后要祭拜祖先,这是一个必须的过程,然后全家人才能吃饭,突出"家神"和祖辈的地位。1949年以前,李文俊还没有单独分家,李家属于同家生活,全家人一块吃饭,大年三十晚上吃饭就被称为"团圆饭"或者是"和气饭",吃完之后,李成贵或者是某一个儿子要代表李家去庙里祭拜烧香。

大年初一到初三,李成贵每天早、中、晚必须要给"家神"上香,并祭拜祖先。大年初一,首先在家族范围内拜年,大年初二,要给"喂家"和娘家人拜年,因为"喂家"和娘家人的地位比较高,这个不能错乱,从大年初三起,可以随意玩耍,给关系好一些的人去拜年。

到正月十五,就是元宵节,李家人在白天要扎好一个火把,晚上六七点钟,家里的妇人从晒场背回来一堆草放在门前,李成贵抓取一把草首先在主房门前点着,在各个房门前走一遍,最后拿到门前的草堆上点着,家庭成员可以来回跨越燃烧着的草堆,当地称为"跳火"。此时需要一个家庭成员将白天扎好的火把点着送到附近最高的山上,因为李文茂的年龄小,一般都是李文茂去送,这个过程被称为"送火","送火"的主要寓意是希望一切都能烧干净,过完十五接着过红红火火过日子。等到门前的草堆烧完,李家人会翻动草灰,看草灰像什么作物,例如豆子、小麦等,来年便多种一些。之后便是去庙里烧香,为家庭成员祈福,希望神佛保佑来年有一个好收成。

(二)农事习俗

1.六月六拔艾蒿

农历六月初六这一天,李成贵一般会早起到外面的山上去放羊,顺便可以拔一些艾蒿回来,因为是节气的原因,这一天拔回来的艾蒿味道最重,效果也最好。艾蒿有很多的作用,家庭成员生病头痛时,可以点一些起到止痛的作用;到了夏天,蚊子和苍蝇较多,也可以点一些驱赶蚊蝇;要是家庭成员感冒受到感染,还可以起到杀菌预防的作用。

2.九月九自家的庄稼自家收

农历节气中的九九②和农历九月初九是当地农忙和农闲的两个节点,从九九起到农历九月初九是农忙时间,从农历九月初九到九九是农闲时节。在农忙时节,人们放羊或者是放牲口时,不能踏进别人的土地,过了农历九月初九直到九九以前,村民的牲口可以随意放,不需要考虑是谁的土地,在这种情况下,没有侵占土地产权这种说法,即使别人的牲口进自家的土地,也不算是侵占土地产权,这是村里默认的规矩。李家养的牲口比较多,过了九月初九,李成贵便将自家的牲口赶到山上,此时人可以回家,牲口随意在别人土地上乱窜,下午的时候再赶回来。

---

① 送灶爷:分为二十三和二十四的灶爷,这是因为一个传说,有一个秀才家里很穷,到了腊月二十三的时候,家里穷的什么都没有,甚至连一根香都没有,于是给灶爷许了一个愿,希望将送走的灶爷的日子向后推一天,这就样有了二十四送灶爷的习俗,二十三的灶爷被称为"富灶爷",二十四的灶爷被称为"穷灶爷"。

② 九九:冬至之后的第九个九天。

3.冬至冻冰看收成

在冬至的前一天晚上,李成贵会拿一个比较结实的碗,在碗中装满水,放在院子里冻成冰。冬至当天的中午,拿到太阳底下看一下,看冰块中间的东西像什么农作物,例如大豆,小麦等,与哪种作物相似,来年的时候便会多种一些。冬至冻冰和正月十五看草灰是一个性质,通过这种方式为来年做一个计划。冬至冻冰有一定的科学性,这种方式在当地流传几百年,冬至是一个节气,空气的水分、天气的温度等多种因素决定冰块中间的形状,虽说有一些迷信,但是有一些参考价值。

四、家户信仰

(一)家神信仰及祭祀

1.家神即来源

李家总共供奉五位家神,包括"太上老君""开山洪鹿""青马独师""罗子天王""犀牛带海"。当李家还在河州老家生活的时候,前三位"家神"已经存在,"罗子天王"与"犀牛带海"是李成贵外出买草时买回来的,有一次李成贵与当地的"车户"外出买草,忘记带绳子,便跟卖草的人说"我没有带绳,将你家的绳(神)卖给我",卖草的人以为是"神",便将自家的"家神"神柱放在"车户"的车里。李成贵与车户回到家卸草的时候,在里面发现神柱,就这样,李成贵又买回两位"神"。

2.家神作用

"家神"的主要作用就是保护家人安全,太上老君是辈分最高的神,李家后来又习得打铁的手艺,太上老君既是"家神"又是祖师爷。祭拜"太上老君",不仅能保佑家人平安,还能保佑李文俊、李文兵外出干活顺利。"开山洪鹿"与"青马独师"能保佑李家顺利,家畜兴旺。李成贵外出买草,买回来两位"神",李家开始不顺利,后来李成贵请来当地的"相士"来看,"相士"告诉李成贵:"我看见'犀牛带海'拉着你家的石碾在房檐上跑,并且十分霸道,不仅不会保佑你家,还会给你家带来灾难",听完"相士"的话,李成贵也是半信半疑,但是家庭依旧不顺利。最后,李成贵请来当地的杨"师公"给"家神"度化,化掉了"神"身上的戾气,开始保佑李家人。李家经过这件事情,十分相信"家神",李文兵也在庙里烧香十年。李家每天在早、中、晚吃饭以前都要给"家神"上香,有时遇到急事也会忘记,平时祭拜比较简单,逢年过节的时候比较隆重。在祭拜时,主要是长辈主持仪式,李家的"家神"都是在长子家中,李家的祖辈是长子,李成贵是"成"字辈的老大,祭拜时主要由他们来主导。李家的妇女和女子不能祭拜,只有男丁才有祭拜的资格。

(二)祖先信仰及祭祀

1.祭拜祖先的态度与看法

李家在河州生活时有族谱,根据族谱记载,李家是河州本地人,后来祖辈为逃避动乱便带着自己的直系子孙迁移到子家坪庄,族谱丢失,并且与河州老家的李家人断了联系,但是在起名时还是严格按照族谱。祖先对李家来说意味着自家的"根"源,自家的起点在河州,李家的祖坟也在河州。在清明节、周年纪念日、或者是逢年过节,李家人也会朝着河州的方向烧纸、烧香。烧纸时,要在地上画一个圈,中间画一个十字,希望过世的祖先能够在地下收到自家烧的纸钱,通过画圈、画十字的方式希望让祖先知道子孙还没有忘记他们,他们烧的纸钱也能顺利到达祖先的手中。在李家的正房中有两个香炉,除了给家神上香,还要祭拜祖先,尤其是逢年过节,这既是规矩,又是怀念的一种方式,不祭拜祖先就是不孝。

2.祭拜祖先的目的

祭拜是怀念祖先的一种方式。李家人认为,祖先虽然已经过世,但是还活在地下的另一个世界。祭拜时除了烧纸上香,还要献祭,这是让祖先知道李家人现在的生活现状,也让祖先在地下感受一下活人的生活,通过献祭自家吃的一些食物,希望祖先也能吃到。给祖先烧纸钱是希望祖先在地下能收到,生活过得好一些,同时也希望祖先能保佑活着的人生活稳定。在祭拜活动中,主要是长辈起主导地位,因为祭拜的香炉在主房,住在主房的人只能是长辈。妇女和女孩不能在主房烧香祭拜,"家神"在主房,李成贵认为妇女祭拜会冲撞"家神"。长辈祭拜时,小辈人可以跟在后面,年龄小的孩子或者是孙子跟在后面模仿就行,不要求能懂得其中的意义。

(三)庙宇信仰及祭祀

1.小庙信仰:二郎爷庙

在簸箕湾村,有一座二郎爷庙,主要是外来户李家、邓家,以及本地户杨家共同出资修建。杨家迁来得比较早,相对于李家和邓家,杨家是本地户,三家人的祖籍都在河州,河州人有一个共同的信仰就是"二郎爷",为此三家人共同出资修建了一个二郎爷庙宇。在小庙中祭拜时,只要是男丁都可以去,此时李家还没有分家,主要是李家的祖辈去。后来,李成贵带着家人来到老曲庄落户,很少去小庙烧香。祭拜时一般以家户为单位,希望保佑全家人平安,也可以是个人,例如去小庙求姻缘、事业、问前程,这时仅仅代表一个人。

李家在祭拜时可以独自去,也可以与村民结伴而行,有时还可以带着孩子一块去。与别人结伴而行时,祭拜的供品可以共用,这个贡品必须是单数,因为单数代表神佛。平时去小庙烧香祭拜时可以不带祭品,逢年过节时必须要带,主要是自家做的油饼、大馍馍、点心等,没有这些东西,也可以带几个自家产的水果或者是外面买的水果。烧完香,给神佛掐一点,其他的可以拿回家,防止浪费食物。

2.大庙信仰:显神爷庙

当地的董家嘴有一个"显神爷"庙,覆盖周围的好几个村子,供奉香火的有九百多户人家,里面供奉十三位神,左右是"八位关神",中间是"五位龙神","显神爷"在最中间,地位最高。庙里有"香愿地",即"庙产",还有一个专门管理庙宇的"庙倌",负责庙里的"香愿地",显神爷庙是九百多户人家共同出资修建。庙里有一个大头人,是当地的董家人,"头人"的位置由家中长子代代相传,还有八位"院主",即修建庙宇时捐钱最多的八个人,在下次修建庙宇以前,"院主"身份可以继承,"院主"协助"大头人"管理庙宇。

李家的祖辈一年来两三次大庙,即遇到跳神、社戏时会过来凑热闹,庙外有摆小摊的人,可以在小摊上买一包香,进庙给"显神爷"上香,保佑全家身体健康。李成贵迁到老曲庄之后,离大庙很近,走20分钟便能到,因此经常去大庙进香。

五、家户娱乐

(一)结交连手

在李家,女性不允许结交朋友,男性能交朋友,结交朋友在当地叫结交"连手"。李家的每一个男性都有自己的"连手",结交"连手"时没有任何限制,只要能结交,与任何人都可以成为"连手"。李家在村里村外都有自己的"连手",因为四个儿子是手艺人,结交"连手"十分广泛,"连手"如果想在李家留宿一、两天,若此人是李成贵带来的人,自己就能做决定,若是儿子带来的人,只要给李成贵说一声就可以。对于依靠手工业的家庭,广泛结交"连手",对自家有利。

结交"连手"时没有特定的仪式,在称呼方面可以叫对方的名字,也可以在名字后面加一个哥,这样显得更加亲切,在称呼对方的父母时,按照族人的方式称呼,对方的父母年龄大比自己的父母,可以叫大伯、大娘,对方父母的年龄小比自己的父母,可以称呼叔叔、婶子等。双方成为"连手"之后,对方家里有红白喜事时,必须要参加,一般都是不请自来,送多少礼,这与双方之间的亲密程度有关,关系好送的多,关系淡一些,送的礼稍微少一些。

李家结交"连手"时不考虑家庭条件,结交最多的人是手艺人,经常一块干活,相互之间熟悉,知道对方的脾气,像铁匠、木匠、毡匠这类人,与自家从事的职业一样,有共同的爱好与话题。结交"连手"时没有规定与准则,但到"连手"家中时,一定要遵守对方家的习俗。

(二)玩牛九摇单双

打牌在当地叫"玩牛九"或者是"摇单双",只要有钱谁都可以玩,有的家庭放得开,只要赌注小,不给家庭带来大影响,可以公开玩。有的家庭中"掌柜"管得严,儿子可以在晚上偷着玩。打牌时要分年龄和辈分,一般是同辈人,年龄差不多的人一块玩,辈份不同的人在一块玩会被人说闲话。

李家人一般在农闲的时候打牌,白天和晚上都可以,经常玩的人通常会约好在谁家玩,到时间点就在这家集合,玩到半夜回家睡觉。"玩牛九"也可以叫玩"长叶子",因为牌是长条状,这是一种形象的叫法,"玩牛九"赌注小,主要以娱乐为主。"摇单双"赌注比价大,一般的村民玩不起,主要是各家的"掌柜",或者是经常赌博的人才会玩,"摇单双"就是为赌钱。

李家的四个儿子都是手艺人,外出干活时也经常打牌,主要是"玩牛九",他们手中有一定的钱财,除干活之外,还要与别人搞好关系,打牌娱乐一下也可以,只要不输掉太多钱,李成贵也不会管。李文兵从十几岁就学会"玩牛九",他们几乎不玩"摇单双",李成贵在这方面比较放心,既然是娱乐性质的玩牌,只要不耽误干活,四个儿子都可以玩。

(三)串门聊天

1949 年以前,李家人经常串门聊天。外出串门聊天的一般是男人,李家的妇女较少出去。李文俊与李文兵经常住在集市,方便照看铺子,李文义、李文茂外出聊天多一些,李成贵有时也外出聊天。男丁不管是白天还是晚上都可以外出串门聊天,妇女要是外出串门聊天,只能是白天,外出时还要打扮得讲究一些,要穿干净一些的衣服,还要将头发盘起来。

村民、邻居也会来李家串门聊天,对于串门聊天的人,李家也比较欢迎,当有人来时,李家也会端茶倒水,这是最基本的礼节,要是碰到饭点,还得留人吃饭。串门聊天时,李家人不会全都出去,会留下一两个人看门,聊天的内容主要是家长里短,听过的或者是见过的一些奇闻异事,就当"逗个乐子"。

(四)逛庙会

"显神爷"庙是当地的大庙,基本上每年都会举办庙会。庙会一般与跳大神同时进行,庙里的"大头人"一般要请十几个"师公"①来跳神,这一天是给庙里的"显神爷"表忠心,替九百多户人祈福,对妇女的限制比较小,只要是想去庙会的人,不论男女老少都可以去。李家一般与邻居、村民一块搭伙逛庙会,李家离大庙只有二十几分钟的路程,走在路上可以聊天解闷。这一天,李成贵一般要买一包香,在庙里上香祈福。

---

① 师公:相当于喇嘛和道士的角色,在庙里跳大神。

第五章　家户治理制度

　　李家的"掌柜"李成贵外出不在时,由长子、二子或者是"掌柜奶奶"魏氏代理"掌柜"。在家户决策中,"掌柜"李成贵拥有最后的决定权,四个儿子对手艺相关的事务有一定的权利,但不会影响"掌柜"的总体权利。在家户保护中,所有家庭成员都能得到家户情感支持,遇到困难时,全家会共度灾难。李家拥有一套完整的家规家法,对家庭成员进行奖励惩罚,维持家户内部稳定。除了家户内部治理,李家也有广泛的外部交往,包括家族事务、村庄内外交流、国家事务等。

一、掌柜当家

（一）掌柜的选择

　　当家人在当地叫"掌柜",李家的规矩比较大,并且比较保守,在没有分家以前,李家的"掌柜"一般都是长子,因此李家的长辈与"掌柜"一般是同一人。李家在分家以后,一般要将婚配的儿子分出去,长辈与小儿子一起生活,长辈过 60 岁之后,将位置传给小儿子,分出去的几个儿子自然成为"掌柜",李家的"掌柜"主要是根据当地的习俗来确定。别人在称呼当家人时也叫"掌柜",有重要的事情一般找"掌柜"商量,只有"掌柜"才有最终的决定权。

　　在当地,女性能当"掌柜",但是极少,李家二房就是女性当"掌柜",李家的祖辈分家以后,二房的男性长辈过世较早,二房的"忝奶"凭借出色的领导能力,成为二房的"掌柜"。李家对"掌柜"李成贵比较满意,家庭成员也比较尊重李成贵,几乎没有家庭成员敢和李成贵顶嘴,成为"掌柜"之后,也没有特殊的标志,如果是分家成为"掌柜",从"老家"搬离出来就是一种宣示,要是从老辈手中接替"掌柜",一般是长辈在 60 岁的当年正式交接,要是提前传给小辈,当小辈人能对家庭事务和对外事务做主的时候,村民自然也就明白了。

（二）掌柜的权力

1.掌柜权力来源与范围

　　李家人认为"掌柜"的权力是天然赋予,并且全家人都认可。"掌柜"的权力涉及到家庭的方方面面,管理着家庭的所有成员,能管到最远的人是出嫁的女儿,以及自己的亲侄子。李家的"掌柜"并不是想干什么就能干什么,遇到大事时还要与家庭成员商量,例如土地买卖、房屋建设、嫁女娶儿媳等,"掌柜"拥有最后的决定权。在某些事务中,家庭成员如果有自己的想法,可以提出来,例如与铁匠、木匠、裁缝相关的事宜,这是几个儿子比较擅长的事情,李成贵一般不会干预,只要想法合理,几个儿子可以自行决定。有时为了全家人的利益考虑,李成贵也可以改变儿子做出的决定。

2.财产管理权

李家的收入主要来自农业耕作、家畜饲养、家庭手工业,所有收入以家户的名义共同所有,"掌柜"进行管理和分配。家庭成员外出挣回来的钱必须要向"掌柜"报账,报账之后"掌柜"也会给几个儿子留下运转的资金及部分私房钱。在零花钱管理中,李成贵既有分到小家庭的零花钱,也有分配到个人的零花钱,都会按照实际情况分配,并不是每一个人都一样多。李文俊已经成家,给零花钱时稍微多一些,其他的儿子、未出嫁的小女李双旋,零花钱稍微少一些。儿子婚配中支出的"酒礼",由李成贵代表李家与女方家庭的"掌柜"协商,女方嫁进来时所带的"陪房",李成贵没有支配的权利,归小家庭私有,小家庭有孩子之后,这个"陪房"可以继承。粮食由李成贵统一管理,妇女负责具体支配。

3.制衣分配权

李家的衣物主要由"掌柜"李成贵统一支配,每一个家庭成员每年基本置办两套衣物,李成贵分配好以后,去集市买回布匹,之后就由李文义与家庭妇人负责安排制作。李家购买的布匹除了做衣服之外,每年还会自制三四件"荷褂",捻线的活主要是家里妇人来完成,李成贵与李文义有时也会帮忙,最后由李文义缝制。

4.劳动分配权

李家的农业耕作主要由李成贵来安排,并且有明确的劳动分工,重体力活由男性劳动力来承担,轻活由女性劳动力来承担,对于"掌柜"作出的决定,家庭成员必须要服从。在农忙时,男性主要负责背粪、扶犁、收割、背田、碾场、耕地,女性主要负责撒种子、锄草、收割、脱粒等。李家的条件比较好,长辈60岁时便不再下地,只干家务活。李家的孩子到十三四岁时就得承担一定的农活或者是家务活,例如帮助家人收割、带小工具等。

5.婚丧嫁娶管理权

李家的婚丧嫁娶主要是李成贵来负责,李成贵做最终的决定,儿子必须要服从。如果"掌柜"是爷爷,"掌柜"同意孩子的婚事,但孩子亲生父母不同意,"掌柜"有最终的决定权,孩子的父母同意孩子的婚事,"掌柜"不同意,这样就不能结婚。在婚配中,有关的祭祀活动主要是"掌柜"来安排。"掌柜"过世之前,对没有做完的事情立遗嘱,若是要求合理,"新掌柜"要按照"老掌柜"的遗嘱办事,不按照遗嘱办事是不孝的表现。

6.对外交往权

在对外关系中,"掌柜"可以代表整个家庭,能以家庭的名义向外人借债,当家里没有粮食时,"掌柜"外出借粮。村庄有公共会议时,需要"掌柜"出面,别人也只认可"掌柜"。同时,李家的"掌柜"又是户主,是纳粮上税的负责人。家庭成员要外出干手工活时,需要告诉"掌柜",挣回来的钱首先要向"掌柜"报账,在自己的能力范围内,可以自由支配一部分。儿子外出干活,妻子想要外出帮助时,需要征求"掌柜"的同意,同意之后才能外出。

7.掌柜权力代理

李家的经济条件较好,长辈在60岁或者是60岁以前便会将具体的事务交给儿子,此时长辈有"掌柜"头衔,具体的事务则由儿子承担。李家到了李文俊这一辈,李文俊与李文兵经常外出,长子经常不在家中,李成贵到五十几岁时,李家的具体事务主要是李文义来负责,老大李文俊在1949年分家,从"老家"搬离出去之后,老二开始正式代理"掌柜"职务。

(三)掌柜的责任

李成贵作为全家的"掌柜",必须要负责家庭收支平衡,当家中没有粮食吃,"掌柜"代表家庭外出借粮,家庭成员没有衣服穿,"掌柜"负责买回布匹或者是安排家庭成员买回来。"掌柜"除了维持家庭收支平衡,还需要保证家庭和睦,当家庭成员发生矛盾时,需要"掌柜"调节。当自家的小孩与别家的小孩打架或者是拿了别家的东西,需要"掌柜"出面代表家庭道歉。李家人认为,一个好"掌柜"应该将家管理得井井有条,每年的收入都有结余,家庭内部矛盾少,这样的"掌柜"才是一个好"掌柜"。

二、掌柜不当家

(一)掌柜不当家:长子当家

李家在没有分家以前,每一代都是长子当家,李家人对长子格外重视,当李成贵长期外出,李文俊在家时,由长子李文俊代理"掌柜"职务。长子当家时,除了某些特殊事项,长子作出的安排,家庭成员必须要听从。对于一些家庭大事,例如修建房屋、买卖土地、婚配问题、大项支出,长子没有权利安排,只能等到"掌柜"回来做主。

(二)掌柜不当家:次子当家

李家的长子李文俊经常在集市打铁,很少回家,当李成贵外出时,一般由老二李文义代理"掌柜"职务,老二是皮匠,经常在家中,也为老二代理"掌柜"提供了便利。当老二李文义代理"掌柜"时,拥有长子李文俊的所有权利,当地人对于老二当家不是太认可,尤其是在李家这么一个大家族中,没有分家以前都是长子当"掌柜",鉴于李家的情况比较特殊,时间一久,当地人也开始默认老二李文义的地位。

(三)掌柜不当家:掌柜奶奶当家

李家的儿子辈全是手艺人,当李成贵与四个儿子全都外出时,家中有时只剩下三个妇人,这种情形每年都会出现几次,此时由魏氏当家,即李家的"掌柜奶奶"当家。魏氏当家时,权利要比长子小,可以处理一些与灶房、小额支出有关的事项,例如可以卖掉自家养的几只土鸡、多余的鸡蛋,还可以买一些油盐酱醋等,其他一些重大事情,需要等到李成贵回家做主。

三、家户决策

李家除了与手艺相关的事情,其他的大小事务由"掌柜"李成贵做主。四个儿子都有自己的手艺,与手艺有关的事情,几个儿子在一定程度上可以单独处理。李成贵如果要出门,长子李文俊在,由李文俊做主;长子不在,老二李文义顶替长子的位置。当所有的儿子都外出时,由"掌柜奶奶"魏氏做主。"掌柜"作出的最终决定,所有的家庭成员都要服从,尽管"掌柜"有做决定的权利,但是一些大事需要与家庭成员商量,例如土地买卖、房屋建设、儿子的婚配问题等。

四、家户保护

(一)社会庇护

在李家,当家庭成员与别人发生矛盾时,全家人要站在自家的立场上,由"掌柜"出面协商。当家庭成员遇到危难或者困难时,其他成员一定要出面帮忙,这是每一个家庭成员要尽的义务,男人必须要保护女人,成年人必须要保护小孩与老人,父母必须要保护自己的孩子。家庭成员犯了错误,例如与别的小孩打架,由"掌柜"或者是孩子的父母带着孩子去道歉,道歉之后,可以由"掌柜"或者是孩子的亲生父母批评教育。李家的家庭成员被人欺负时,全家人会一致对外,如不能讨回公道,还可以寻求家族的人或者是找李成武帮忙。如果家庭成员无理取闹或者是出丑,一般会选择息事宁人,家丑不可外扬,传出去有损自家人的脸面。

(二)情感支持

家庭成员在外面受委屈或者是被人欺负,可以说与李成贵听,也可以在兄弟之间诉说,要是与某个族人关系好,还可以在亲房之间诉说。说出来以后,一般会感觉轻松很多,也能得到家庭成员或者是其他人的安慰。家庭成员在外面待得时间长了也会想家,李文俊与李文兵每隔几天就会回趟家,在农忙时也会回家,呆一晚上或者是避开逢集的时间在家中待一两天。李家女儿嫁出去之后,若是在婆家受委屈或是遭受不公正的待遇,一般不能私自回家,也不能随便接回来,嫁出去的女儿就是别人家里的人,但是李家人可以去婆家调解,可以去给出嫁的女儿撑腰。嫁进李家的媳妇,有正当的理由可以回娘家,例如遇到紧急事或者是长辈生病、临终前尽孝等。

(三)防备天灾

遇到旱灾农作物减产时,全家人要同舟共济,首先满足食物所需,留下口粮应对灾害。没有可支配的粮食时,由"掌柜"出面向有余粮的家庭借,借不到粮食时,可以借钱或者是卖掉牲口买粮食。同时,全家人也会节衣缩食,尽可能多吃粗粮、土豆等。

(四)防备盗匪与战乱

李家的老家在河州压沟村,回族土匪造反,被迫迁移到子家坪庄。因为有过这种被迫迁移的经历,在子家坪落户之后,李家在修建住宅时,专门修建了墙体加厚的宅子,在大门道修建高房,高房上面可以住人,还可以在上面放石头及其他的防御工具,李家的三个老宅都是这样,并且都开设一个小门,小门直通后面的山沟。李家人认为,遇到突发情况时,首先应该保护"掌柜",其次应该保护老人与孩子,"掌柜"掌握着家庭财产,家庭成员没有钱,土匪也不会害命。

(五)其他保护

李家的经济条件在全村属于中等偏上,遇到灾荒年景,要馍馍①的人也会经常来到李家,同村的人也会来到李家寻求救济,面对这种情况,要是锅里有吃的,李家也会给一些,有困难的人可以暂时度过眼前的一顿。李家有四个儿子从事手工业,旱灾对李家的影响相对要小,当村民向李家借粮食时,李家也会借给他们。在当地的黑石湾村还有一个民团,大概二十几个人,他们配备比较原始的武器,像长矛、大刀等,在胜家河湾发生战斗时,当地的民团就提供过较大的帮助,这次战斗持续六七天,他们不仅要保护村民,还要参加战斗。

五、家规家法

(一)默认家规及主要内容

1.家规的形成

李家人在河州压沟村生活时,便有自家默认的家规。李家迁到子家坪庄之后,为了尽快

---

① 要馍馍:即要饭。

融入当地,适应当地的生活,也学习一些子家坪庄默认的文化,并融入到自家的家规之中。李家迁移比较晚,带来一些老家的文化,同时还要适应当地的文化,因此李家人对当地的一些规矩、文化并不是完全认可,只是带有一些融合的性质。对于李家默认的家规,以及为了融入当地而学习的一些规矩,全家人必须遵守。

2.做饭规矩

李家的饭主要由妇人来做,即魏氏、杨氏、小女李双旋,早上的时候,主要是魏氏与杨氏来做,家里的男性劳动力需要外出干活,她们需要做热馍或者是"烧喝的"①。做饭时,既可以由一个人来做,也可以三人一块做,杨氏或者是李双旋单独做饭时,需要征求"掌柜奶奶"魏氏的意见,她有权决定做什么饭,当李成贵想吃什么饭时,提出要求,李家的妇人就要按照"掌柜"的意见做饭。吃完饭,主要是杨氏与小女李双旋刷锅。

3.吃饭规矩

李家有时在桌子上吃,有时在炕上吃。在桌子上吃饭的时候,李成贵坐在上位,长子李文俊经常不在家,在家的儿子可以随便坐,魏氏是长辈,吃饭时能上桌,但是来客人时不能上桌,杨氏和小女李双旋不能上桌。在炕上吃饭时,需要放一个炕桌,李成贵坐在炕上,其他的几个儿子一般是搭坐在炕沿上,很少上炕,李家的妇女从来没有在炕上吃过饭。

家庭成员一块吃饭时,李成贵不动筷子,其他家庭成员不能先动,除非遇到特殊情况,某个家庭成员生病,或者是李家的妇女怀孕时,这两种情况可以不考虑吃饭规矩。平时吃饭时,全家人的吃食都一样,遇到农忙干重体力活时,需要给男性劳动力特殊照顾,早上可以烧一点鸡蛋汤。嫁进来的媳妇怀孕时,也可以给予特殊照顾,可以让孕妇吃一点鸡蛋、肉食。吃饭时,必须要将所有的饭菜都吃完,尤其是小孩子,吃不完的时候可以由大人吃掉。吃菜时,必须从外向里,不能随便乱挖,小孩子拣拣挑挑时,李成贵一般会用筷子打手或者是在头上轻敲一下,告诉孩子其中道理。

吃饭时一般由妇人端到主房,不可以在主房停留过久,放下饭之后立马出来,"掌柜"李成贵吃完第一碗之后,一般是由魏氏盛饭,有时杨氏也会等在门外,看见李成贵吃完之后赶紧端过空碗去盛饭,其他男丁可以自己去盛,也可以由杨氏、魏氏、李双旋去盛。家里来客人时,男丁先吃,所有的妇人要待在灶房做饭,还要有人等在门外给吃完的人盛饭,男丁吃完之后,家里的妇人才能在灶房吃。

在农忙时,男丁负责农业耕作,家中的妇女主要是承担家务、做饭等。妇女要做好凉面,炒完菜送到干农活的地里,男丁吃完之后,妇女回到家之后才能吃。要是有换工的人或者是请的工人在地里干活,妇女绝对不可以先吃,只能等干活的人吃完之后才能吃,此时换工的人、被请的人,相当于客人的地位。

4.座位规矩

李氏家族大,同一辈中年龄最大的与最小的要差几十岁,为了防止辈份混乱,排位时先按辈分,后按年龄。李家的正房之中有供桌,左右两边是太师椅,由于长辈住在主房之中,这个位置只能是长辈座。若是客人与长辈同辈,可以坐在这个太师椅上,若是小辈就不可坐。在小型的宴请活动中,一般让客人坐在炕上吃饭,长辈可以陪着一块吃,小辈不可上炕,只

---

① 烧喝的:鸡蛋汤。

能坐在炕沿或者是地下。当客人是本家亲戚时则比较随意，可以坐在椅子上，也可以坐在炕上，同辈的亲戚来访，还要相互推让上位。当客人是头等户、财主、乡贤绅士、保长时，需要将他们让在上位。在大型的宴请活动中，例如举办红白喜事时，每一桌都有上位，"喂家"人的地位最高，需要安置在主房，其次是娘家人，需要安置在大门槛或者靠近主房的位置，当来人是乡贤士绅、教师、头人之类，也需要安置在主房。在"贺主房"等活动中，干活的匠人与"喂家"人地位一样，他们要坐在上位，此时不区分辈份。

5.请示规矩

在农业生产活动中，主要是李成贵负责，当他不需要干活或者是生病没有办法干活时，家庭成员需要征求李成贵的意见。在生活中，自家每餐吃什么饭要向"掌柜奶奶"请示，要做多少件衣服、购买什么生活物品、大宗交易支出需要向"掌柜"请示。在外界交往中，家庭成员需要外出、请客、走亲戚、借粮借钱时，需要向"掌柜"请示。请示时以口头为主，"掌柜"口头同意就行，当"掌柜"不同意时，家庭成员要按照"掌柜"的意愿办事。

6.请客规矩

在生活中，李家的房屋上梁封顶之后，要举办一个"贺房子"典礼，参与建房的所有匠人都要请，由李成贵出面，还要带一些礼品。在定亲时，李成贵需要请亲房的人参与定亲仪式，女方的"掌柜"也需要请相同的人，李家人和女方家庭见面协商婚配事宜。发生红白喜事时，当地有"汇庄子"的习俗，李成贵首先要请一个"总理"，需要带一盒烟，两个大馍馍就可以，礼物不需要太贵重，仅仅表示心意。

李家在宴请活动中，宴请的主体虽然不同，但是饭菜的数量与质量一样。为准备宴请活动，李成贵首先要请一个做菜的大师傅，前去请人的时候需要带一些稍微好点的礼物。当地的酒席一般是安排十桌，每一个桌子上有一个"执客"，即"总理"安排的"陪客"。在宴请中有主桌与主客的说法，主桌一般安排在主房之中，左右各一桌，这是当地的风俗，专门为"喂家"人、乡绅、保长、教书先生这一类人准备。"喂家人"离得比较远，没有及时到达时，这两个桌子需要空出来。李家人宴请时每轮安排十桌，所有的亲朋好友、亲戚、村内的村民一般需要四至六轮才能安排完。李成贵或者是"总理"安排"执客"有两个最基本的要求：一是能喝酒，一直要陪到最后，酒量不好的人不能当；二是能说会道，会照顾人，让来吃酒席的人有一个好心情，高高兴兴，突出喜事的氛围。

李家办酒席到了开席的时间，首先上几个凉菜、瓜子、糖果之类，这算开席的标志，席间李成贵要说话，还要敬酒，快到散席的时候，要上一个汤，不管是什么汤，算是送客人的意思。一个酒席好不好，不在于质量，而在于数量，陪好客人最主要的标志就是桌子上的菜没有吃完，拿上去的酒没有喝完，让客人吃饱喝足之后高高兴兴离开。

7.制衣与洗衣规矩

李家老二李文义成为皮匠以前，衣物主要是魏氏与家中的其他妇女来做，李文义成为皮匠以后，衣物主要是他来做，其他的家庭妇女辅助。

李家的衣物主要是妇人来洗，李成贵、李文义、李文俊、李文茂的衣物由魏氏来洗，李文俊及李瑞英的衣物由杨氏洗，妇人的衣物自己负责。洗衣物时，可以去泉水边上，也可以在家里洗，为了将衣物洗干净，李家的老四李文茂自制一个搓衣板、一个棒槌，还箍了一个大木桶。长辈的衣物与小辈的衣物要分开洗，李成贵与魏氏是长辈，他们的衣物可以一块洗。洗小辈的衣物时,男性与女性的衣物要分开。晾衣服时,男性与女性的衣服要分开晾晒,女性的衣物要晒得低一些,防止男性从下面走过去,这在当地是特别忌讳的事情。

(二)家规家法制定者与执行者

李家的家规有一部分由祖上传下来,还有一部分是子家坪庄当地的文化,两地的文化经过融合,形成李家特有的家规。同时,李家的"掌柜"也会根据实际的情况制定一些家规,对某些家规进行适当变通。例如家庭成员犯错,本来应该打一顿,但李家很少打孩子,就只是批评几句。

李家的男丁由"掌柜"管理,妇女主要是"掌柜奶奶"管理,李成贵为了在家中保持权威,在生活中更是以身作则,带头遵守家规,要是谁不遵守,李成贵也会适当点拨一些,尤其是孩子。李家的孩子犯错误,主要是李成贵来批评教育,家中的妇女犯错误或者是不遵守家规,主要是魏氏来批评教育,李成贵从来不干预。

(三)日常生活禁忌

1.农业生产禁忌

在农业生产中,当地有"七不杀猪,八不杀马,九不杀羊"的说法,意思就是逢七的日子不杀猪,逢八的日子不杀马,逢九的日子不杀羊。"九月九,自家地里的庄稼自家收",过了九月初九以后,人们就可以随便放牲口,不用考虑他人的感受。

2.日常生活禁忌

"五月端阳羊公忌,娘家叫了不能去",意思就是端午节这一天,嫁进来的媳妇,娘家人叫了不能回去,回去不吉祥,会使自家的牲口容易生病,容易遇到不顺的事情。当地有"忌门"的习俗,家里有不顺的事情,当地人会请一个"相士"或者是"阴阳"来收拾一下,在门上挂一个簸箕或者是筛子,当地人看见之后一般不会闯进去。

3.从事手艺活禁忌

李家有两人是铁匠,他们尊太上老君为祖师爷,在打铁时有一些禁忌。打铁的工具中铁砧子最重要,铁匠的专业术语是铁砧子最大,其次是炉子,他们认为这些工具是太上老君的神器,不应该亵渎,干活时更不能跨过。李家的老四李文茂是木匠,木匠有一个共同的祖师爷鲁班,木匠在干活以前要给鲁班爷上香,同时,木匠干活的工具一般不许跨过去,这样不吉祥,以后干活时容易出小事故或者是割手等。

六、奖励惩罚

(一)对家庭成员的奖励

李家的四个儿子都从事手艺活,他们外出干活,回来的第一件事情就是向"掌柜"李成贵报账,李成贵不仅要留给他们运转的资金,要是干活好,挣得钱多,还得给他们零花钱,这时的运转资金与零花钱区分不是那么明确,几个儿子得到这笔钱,他们有权利私自处理。

(二)对家庭成员的惩罚

李家"掌柜"李成贵、"掌柜奶奶"魏氏、长子李文俊有惩罚别人的权利,李成贵与魏氏惩罚的机会比较多,李文俊出面的机会少。李成贵主要惩罚家中的男丁,魏氏惩罚家中的女性,李文俊是长子,有时可以教育弟弟妹妹。李家惩罚的方式主要是打骂与批评,例如孩子偷了别人的东西或者是与别家的小孩打架,"掌柜"或者是亲生母亲带着孩子道歉,之后就是打几巴掌或者是批评几句,李瑞英是李成贵的孙子,主要是李成贵来惩罚,因之十分淘气,李成贵经常打他屁股。家中的妇女若是犯错,主要是魏氏来惩罚,一般是批评几句。

七、家族公共事务

(一)事务类型:祭拜

李家的公共事务主要是家族祭拜,包括祖坟祭拜与家神祭拜。李家的"家神"只能在长子家中,祖辈来到子家坪庄之后,"家神"一直在祖辈家中,分家之后一年多,祖辈过世,李成贵将家神请到家中。在平时,主要由长子单独负责,在清明、大年三十、春节等重大节日时,集中祭拜。祖坟祭拜中,平时分散,遇到重大节日与周年纪念日集中祭拜。集中祭拜时,所有的亲房都要在"老家"集合,或者是祖坟离谁家近,大家便在谁家集合,集中祭拜之后可以回"老家",也可以回自己家。

(二)参与主体

在祭拜活动中,不管是祖坟祭拜还是"家神"祭拜,只能是男丁参加,妇女不能参加,除非家中只剩下妇人。在"家神"祭拜中,主要是长子发挥主导作用,李家的长辈过世,"家神"去长子家中,每一代都在长子家中。在长子家祭拜"家神"时,一户人出一个男丁,然后在长子的带领下集中祭拜。祭拜祖坟时,在"老家"或者是某个族人家中集合,祭拜时,谁的年龄最大就由谁主持祭拜。祭拜之后,李家还要修整祖坟,将祖坟的草烧掉或者是铲掉,还要修一下祖坟边缘,防止祖坟变小,为祖坟培土。

八、村庄纵向关系

(一)家户与庙宇

在临洮县二十铺有一个天竺山"显神爷"总庙的二级分庙,董家嘴的显神爷庙是二十铺"显神爷"庙的分庙,属于三级分庙,董家嘴大庙下管好几个村子,簸箕湾村又有自己的二郎爷小庙。各个庙宇有各层次的"头人"来管理,"头人"的位置都是代代相传,小庙的"头人"兼有为大庙收钱的责任。

(二)家户与保甲

李家来到子家坪庄之后,属于窑店镇簸箕湾子村,"甲"是按照村庄来划分,并不是严格的十户为一甲,大部分一个庄不够十户人,因此还要合并。李成贵在老曲庄落户之后,属于窑店镇客才庄四甲,客才庄四十多户人,分为四个甲。分保甲,最主要的职能是按照保甲纳粮上税,税的种类很多,包括土地税、屠宰税、各种税票等,还有摊派、拉丁。李成贵的四弟李成武是保长,由官府任命,李成贵也当过轮流的甲长。

九、村庄公共事务

(一)事务类型

1.村务会议

当地召开村务会议主要是与纳粮上草、征兵征税、酬劳筹资、修庙修泉相关的事务。召开村务会议时,一般是李成贵作为代表参加,"掌柜"不在时,由长子作为代表参加。如果是女性当"掌柜",女性可以作为代表参与,也可以发言,但是女性在公众场合发言始终不符合当地的传统,人们在背后还是会议论。以上几项事务,主要是男丁来承担,女性可以作为代表开会,但是她们在其中并不起主导作用,尤其是修泉、修庙时,只能是男丁出面,除非家中没有男丁或者是只有儿童,此时女人才能出面,并且她们只能跟在后面,不能靠前。

2.修泉

村里每隔几年都会对泉水的井圈与上面的覆盖物进行一次修缮,由全村的人共同出钱。这种活动主要由"乡老"领头,其他人没有能力,也没有这种号召力,只有"乡老"出面时,村民才会听从安排,减少矛盾。修泉工程不大,一个村四十多户人,集中三、四天就能完成,但是矛盾最多,"乡老"要根据实际的需求做出安排,有的人出力、有的人出工、有的人出钱,还有一部分人要出材料,"乡老"有威望,能镇住村民,即使有一些不公平,大家还得听。

修泉时,"乡老"领头,召集大家开会,一般需要"掌柜"出面,因为要出钱出劳力,只有"掌柜"有资格做决定。开会做决定之后,要按照"乡老"的决定办事,有时还会制定一些规矩,例如牲口和人都在一个泉上吃水,牲口吃水时不能用嘴直接喝,妇女洗衣服时要离得稍微远一些,防止污染水源。做好安排之后,要请"相士"或者是"阴阳"算一个吉日开工,在正式开工以前要烧香放炮,才能拆掉以前的旧东西,因为有这么一个正式的仪式,第一天妇女不能参加,除非家中没有男丁。修好之后村民都要保护,遵守制定的规则,有序取水。

3.修庙

临洮县二十铺"显神爷"庙要修缮时,由庙里的几个"头人"开会协商,首先在全县范围内进行募捐,主要是各分庙的头人负责。募捐完成之后,缺多少钱,向下辖的村民收取,庙宇修缮完毕,各分庙的头人还要去随礼,这个钱主要来自分庙下管的村民。修缮董家嘴的"显神爷"庙时,与二十铺分庙的修建规则一样,由董家嘴庙的"大头人"主持,首先募捐,然后收钱,负责收钱的主要是各村二郎爷庙的"头人",盖好之后也要随礼。

各村的小庙也要修缮,这是村庄的公共工程,一般在村内解决,要是缺的钱多,可以向外村募捐一些。簸箕湾修建村庙时,由李家、邓家以及当地的杨家二十多户人共同出钱。修建完毕之后,要在庙宇的牌匾后写明"掌持"①是谁,其他匠人是谁,还要写上小工的名字,各家出钱的"掌柜"。在庙里有一个账本,所有的收支要写清楚,放在香炉的边上,以便"头人"核对。

(二)酬劳筹资

在村里组织修泉修庙时,酬劳以户为单位,每一户都要出一个劳力,"乡老"一般会安排到每一户人。村里要组织公共活动,进行筹资时,一户一份,每一户的"掌柜"可以独立的作为代表参与村庄公共事务。收钱时要找"掌柜",当地的习俗是"掌柜"拥有财物管理权,一般情况下只有"掌柜"有权支出家庭财物。

十、国家事务

(一)纳税

1.纳税基本情况

李家是以户为单位进行纳粮上草,缴纳时以土地数量作为标准,0.07万平方米土地大概是十五至二十斤小麦。上草没有固定标准,军队每年需要多少就要上交多少,也没有固定的时间,军马没有饲料时就要上交。除了纳粮上草还需要缴纳一些钱财税,直接交钱,由保长或

---

① 掌持:修建庙宇的主持者。

者是甲长来收取,主要有人头税、土地税、屠宰税等。李家有两人开铺子,还需要买税票,即开铁匠铺子的税钱。

2.纳税主体

每年到了纳粮上草的时间,有时保长或者甲长通知村民集中开会,有时由保长或者是甲长直接通知到每一户的"掌柜"。当李成贵不在时,通知给老二李文义就可以。李家的粮食主要由李成贵、李文义、李文茂负责交到县城的粮站,军马饲料要交到县城校场的军营,交完之后负责人给一个条子,回来之后交给保长或者是甲长。交钱财税时,由保长或者是甲长直接来收,交上去他们直接登记。李文俊与李文兵在集市打铁,他们需要买税票,有时由负责收税的人直接征收,有时需要自己去购买。

(二)抓壮丁与抓兵

抓壮丁分为两种情况,一种是抓过去干活,干完之后放回来,还有一种是永久性的,性质转为抓兵,等到干不动的时候才会放回来。李家有四个儿子,官府派兵时要求必须出一个兵员。官府的政策是有四个儿子,必须要出一个,有必要时还要出两个,五个儿子必须要出两个。官府给李家派兵之后,只有李文俊符合条件,李家人害怕老大李文俊被抓走,于是在后山上挖出一个窑洞,晚上的时候,四个儿子就住在窑洞里,这样住下一段时间,后来抓兵的政策越来越紧,李文俊没有办法只好选择逃跑,跑回河州压沟老家,投靠老家的亲房,以此躲过抓兵。

(三)摊派劳役

遇到官府修建办公场所、河道、公共工程时,官府会摊派劳役。临洮县官府要修建办公大楼,李家出了劳役。摊派劳役时,官府向各个乡镇派名额,然后分配到各个保甲,李家在子家坪庄居住时,一个庄就几户人,头等户已经出过劳役,剩下的名额由李家与邓家各出一个。出劳役时,保长通知给甲长,甲长通知到各个"掌柜",先从头等户出,头等户不够,再从二等户、三等户出。通知之后,可以是"掌柜"去干活,也可以由"掌柜"安排任何一个儿子去干活,干活时由官府管吃管住,工程完工之后便可回家。

(四)保长任命,甲长轮流当

当地村里的保长由上级官府来任命,李成武是保长,他为当保长找了一些路子,通过自己的人脉,最终才得到保长这个职位。甲长轮流当,一月一换,李家的祖辈来到子家坪庄之后,由于一个庄上户数少,一年能轮着一至两次。李成贵在老曲庄落户之后,客才庄总共有四十多户人,多数时候由客才庄的李家人当甲长,李成贵很少当甲长,一年也就能轮着一次。

调查小记

　　2018 年 1 月 24 日，我在舅舅的陪同下去访问李文兵老人。舅舅是庙里的"大头人"，对当地的情况比较熟悉，李文兵老人也是舅舅给我介绍的。调查提纲里面有一部分是关于信仰的内容，舅舅首先带着我去了一趟"显神爷"庙，庙里有一个"庙倌"，专门看管庙里的东西，定期在庙里烧香、打扫。"庙倌"独自一人生活，且年龄已经过了六十，因为生活没有保障，当地人选他当了"庙倌"，庙里给一些补助。

　　通过"庙倌"和舅舅的介绍，我初步了解到庙里总共有十三位"神"，前面是五位龙神，"显神爷"在最中间，两边是"八位雨神"。同时"庙倌"给我讲解了庙宇大殿的总体结构、修建历史。我对庙宇有了新的认识，当我身在大殿之中时，周围显得十分寂静。我仔细地看了一下庙宇大殿，基本上都是木质结构，雕刻十分精细、美观，为木匠的手艺所折服。

　　在庙里烧了香之后，我跟着舅舅找到了李文兵老人，老人时年 85 岁，性格豁达，十分健谈。老人刚开始就给我讲了他们家里有"四大将"：大铁匠李文俊、二皮匠李文义、三铁匠李文兵、四木匠李文茂。老人给我说了好多东西，经过三天的访谈，我顺利完成了自己的调研任务。老人是铁匠，访谈结束之后，特意给我找了以前干活的工具，如大锤、二锤、炉子、铁砧子、钳子等，我很感激老人特意给我找这些东西，这些工具已经在家里放了快七十年，找起来很困难，最后还在厕所里找到了风匣。

　　在老人的帮助之下，我完成了七万多字的调查报告，很感谢老人的帮助，以上大部分内容是在调研途中写作，现在进行了再次整理。读以前的调研日记，又使我想起和老人的访谈经过，更使我珍视这次调研经历。

　　最后，祝老人身体健康，再次感谢老人对我调研中的支持和帮助。

第七篇

内聚外引:农副并举的发展之道
——四川新房村陈氏家户调查

报告撰写:柏 静*

受访对象:陈仪学

———————————
* 柏静(1994—),女,四川省自贡市人,华中师范大学中国农村研究院 2016 级硕士研究生。

导　语

　　陈家祖辈因清政府推行"移民垦荒、插占为业"政策,由湖南省永州府祁阳县曾木塘"落担"①四川省自贡市富全乡新房村,至 1949 年,陈家已在新房村繁衍五代,陈家最近五代字辈为"永正仪蒙致"。陈家在 1949 年之前,家中共有八人一起生活,三世同堂。家庭成员中第一代为陈正贵的父亲,第二代为陈正贵和妻子陈淑华,第三代为大儿子陈仪明、女儿陈仪学、二儿子陈仪安、小儿子陈德才,除此之外,陈家还有一个雇工黄二长期居住。

　　在家庭治理方面,陈正贵是陈家的家长,对陈家的事务拥有支配权,主要负责家中收入和支出,安排陈家粮食消费、教育消费、医疗消费、红白喜事及人情消费等,同时决定陈家对外交往等大事;妻子陈淑华是内当家,负责陈家内部事务的管理。在家庭经济方面,陈家在新房村的经济状况处于中上水平,家中自有土地 0.61 万平方米,为陈正贵购入,另又租佃土地0.23 万平方米,租金为二石②五谷子,陈家农业耕作的收入,在缴租纳税之后仍然能够有所结余。同时,陈正贵和父亲作为村里的"土匠"③,副业收入也非常可观,除此之外,陈家还能有少量家畜饲养的收入和手工业收入。陈家所居住的房屋为陈正贵购地时一同购入,面积约一百平方米的土坯房,共有五个房间,一家人在此生活。

　　在家户婚配方面,陈家在 1949 年之前只有陈正贵和陈淑华一对夫妻,陈家三个儿子均在娶妻之前因病去世,唯一的女儿陈仪学在 1949 年出嫁。在家户交往方面,陈家家庭内部关系融洽,父子之间、夫妻之间、兄妹之间相处和谐;陈家对外交往秉承不讲闲话的原则,与亲戚朋友之间的关系都是互帮互助。在文化教育方面,陈家的三个儿子都受过学校教育,其中小儿子陈德才一直读到了中学毕业。陈家没有成文的家规,家庭教育是依靠家长口头教导和潜移默化地影响。在公共事务方面,陈家对于所在村庄的各类公共事务均积极参加,村庄各类会议由陈正贵出面,村内筹资筹劳也按要求出钱出力,陈正贵被抓壮丁之后曾几次通过出钱请人代替来解决危机。

---

　　① 落担:指湖广移民千里跋涉之后,选择落户于四川某地,从此定居落业。
　　② 石:当地计量单位,二石约为三百斤。
　　③ 土匠:指能够修建土坯房屋的手艺人。

第一章　家户的由来与特性

陈氏祖辈在清初响应官府号召，由湖南省永州府祁阳县曾木塘迁入四川省自贡市富全乡新房村，至 1949 年已在村内繁衍五代。1949 年之前，陈家三世同堂，家庭成员最稳定时期共 8 人，家庭成员分工明确，主要劳动力为陈正贵和父亲，两人负责农业生产和"土匠"副业，妻子陈淑华负责家庭内部事务。陈家房屋位于村口，紧挨水塘和水井，取水便利，房屋面积适当，足够一家人生活。陈家自有土地 0.61 万平方米，租佃土地 0.23 万平方米，家中农具、牲畜和家畜齐全，自给自足。陈家经济状况在新房村处于中上水平，邻里关系和睦。陈正贵作为家长统管陈家事务，妻子陈淑华作为内当家，管理陈家内部事务。

一、家户迁徙与定居

(一)清初由湖南入四川

明末清初，持续数十年的战乱造成四川地区人口锐减，"人烟断绝千里，内冢白骨无一存""数千里城郭无烟，荆棘之所丛，狐狸豺豹之所游"。同时瘟疫流行，至清顺治十八年(1661)，四川人口锐减至五十万左右。这降低了中央政府的赋税收入，对清政府的统治造成不利后果。因此，清政府采取一系列增加人口、恢复生产的措施，由清政府倡导并组织的大规模移民四川的活动正式开启。移民中由于湖南、湖北、陕西、广东人口占多数，所以称之为"湖广填四川"。"湖广填四川"由清初开始，到道光朝为止，前后百余年，规模巨大。"湖广填四川"定居在自贡市的移民中，湖广籍占比为百分之七十。陈家的祖上就是在这一时期由湖南省永州府祁阳县曾木塘迁入自贡。

(二)一路迁移"落担"自贡

清政府在倡导并组织移民四川的活动中，为鼓励耕种，任由入川移民占有土地，康熙二十九年(1690)清政府颁令："凡他省民愿在川垦荒居住者……准所垦荒地给为永业，发给照票。"陈氏"落担始祖"①当初由湖南省永州府祁阳县曾木塘出发，一路跋涉，最后到达川南自贡市富全乡新房村六组②"落担"。由于迁移时间较晚，陈氏一族到达时已没有土地可占，所以陈家早期靠租种为生，家庭发展情况一般。

(三)已在当地繁衍五代

1949 年之前，陈家自"落担始祖"定居新房村，已在此繁衍五代人口，由于家中族谱丢

---

① 落担始祖：指家族中第一个经过迁移定居四川某地的人。

② 新房村六组：1949 年之前该地为一个自然村，后经过农业化时期与其他自然村合并为一个大村，名为新房村，该自然村成为新房村六组，就是如今的一个村民小组。

失,尚不清楚祖上情况,只知"永正仪蒙致"为陈家自陈正贵父亲一代上下五代的字辈。陈正贵的父亲属于"落担"新房村后的第三代,仅生育一儿一女,陈正贵作为第四代,共生育三儿一女,分别是大儿子陈仪明、女儿陈仪学、二儿子陈仪安、小儿子陈德才。陈家逐渐发展起来源于陈正贵父亲这一代,通过辛苦劳作和节俭过活,陈正贵父亲当家时,陈家已经稍有积蓄。到陈正贵接替家长之后,陈家更是不断发展,通过买房买地,租佃土地和作为土匠的副业收入,陈家成为村里面的中户人家。

(四)遭受打击致衰落

陈家遭受过的损失主要有三类:一是1933年当地的一次严重旱灾,导致家中田地减产,陈家依靠之前的存粮和一家人节衣缩食渡过难关;二是陈家曾遭遇土匪抢劫,土匪在陈正贵生日当晚,进入陈家抢走家中一系列生活资料,这对陈家来说是一次较大损失;三是陈正贵的三个儿子,分别在13岁、16岁和18岁的时候生病,并且医治无效早逝,最后陈家已经没有儿子能够传宗接代,所以已经出嫁的女儿陈仪学和丈夫一起回到陈家生活,赡养家中老人,这是陈家遭受的最严重的打击,此后陈家的情况便开始走向衰落。

二、家户基本情况

(一)家中三世同堂

1949年之前,陈家的家户人口数量最稳定的时候是8人,一共是三代人生活在一起。第一代是陈正贵的父亲,母亲在1933年已经去世。第二代是陈正贵和他的妻子,即陈家的童养媳陈淑华,陈淑华原本姓氏为雷,到陈家做童养媳之后改姓为陈。第三代是陈正贵和陈淑华的四个孩子,分别是大儿子陈仪明、女儿陈仪学、二儿子陈仪安和小儿子陈德才,陈德才原名陈仪才,因为读书的时候老师取学名为陈德才,后来家人都叫他陈德才。陈家还有1人为雇工黄二,给陈家做"看牛娃"[①],吃住都在陈家。陈家的人口数量不太稳定,因为家中的儿子多是早逝,所以人口数量经常在变化。陈家没有过继、收养的情况。

表7-1 1949年以前陈家家户情况表

家庭基本情况	数据
家庭人口数	8
劳动力数	7
男性劳动力数	5
家庭际代数	3
家内夫妻数	1
老人数量	1
儿童数量	1
其他非亲属人员数	1

---

① 看牛娃:指雇在家里面负责看管照顾牛的人。

（二）家庭分工明确

1949 年之前,在陈家的 8 个家庭成员中,劳动力数量共有 7 人,陈正贵和父亲两人是陈家最主要的劳动力,两人负责家里所有田间地头的农业生产重活,同时还通过做土匠挣到较多的粮食;妻子陈淑华是陈家的内当家,负责陈家的家务、照顾家中孩子、饲养家中牲畜和一些简单的农活;陈仪明和陈仪安作为家中的儿子,常跟着陈正贵到田地里帮着父亲干一些轻活;陈仪学作为女儿,主要是在家里面跟着陈淑华学做家务、纺棉织布和一些简单农活;"看牛娃"黄二则负责照顾陈家的耕牛,也会帮着做一点农活;小儿子陈德才因为一直在念书,得到陈正贵的允许不用干活,所以不算做劳动力。

陈正贵和父亲及妻子陈淑华的身体状况都很健康,很少生病,三人都没有读过书,也没有宗教信仰。陈家大儿子陈仪明读过五年书,但在 13 岁的时候因病早逝,并未娶妻;二儿子陈仪安读过四年书,在 16 岁的时候同样因病早逝,并未娶妻;小儿子陈德才是家里面读书最多的人,一直读到初中毕业,但又在毕业后 18 岁那年感染肺病,医治无效去世。陈家的四个孩子最后只剩下唯一的女儿陈仪学,陈仪学没有读过书,19 岁出嫁,后因为家中老人无人赡养而和丈夫回到陈家生活。

表 7-2　1949 年以前陈家家庭成员情况表

成员序号	姓名	家庭身份	性别	年龄	婚姻状况	健康状况	受教育情况
1	陈永×	父亲	男	60	丧偶	优	无
2	陈正贵	家长	男	41	已婚	优	无
3	陈淑华	妻子	女	39	已婚	优	无
4	陈仪明	大儿子	男	13	未婚	早逝	五年
5	陈仪学	女儿	女	19	未婚	优	无
6	陈仪安	二儿子	男	16	未婚	早逝	四年
7	陈德才	小儿子	男	18	未婚	早逝	八年
8	黄二	雇工	男	—	未婚	优	无

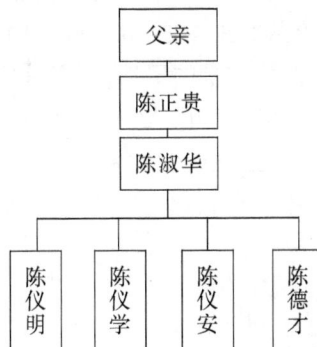

图 7-1　1949 年以前陈家家户结构图

（三）自购房屋位置优越

陈家的房屋是陈正贵从财主詹华芳处买田土时一起购买的，陈家之前做佃户的时候就是住在财主的这个房屋里，后来买地的时候就连带着房屋一起买进，房屋是财主拆开售卖，隔壁一家人的房屋和陈家的房屋相连，有一道墙为共用。房屋的位置很好，在新房村村口处，斜旁边就是水塘，水塘旁边是一口井，陈家洗衣、挑水、灌溉都很方便。房屋面积约 100 平方米，材料是土坯房，原本一共有 5 间房，分别是 1 间堂屋、两间卧房、1 间灶火房和 1 间柴房带厕所。堂屋是陈家人吃饭和会客的房间，两间卧房分别是陈正贵和妻子住一间，陈正贵的父亲和孩子们住一间，灶火房主要用于做饭，柴房则分为堆柴的地方和厕所。陈家购买之后，在房屋的左边搭建一个牛圈，用于喂养牛和家畜，房屋背后是排水沟。房屋的正前面是一块"土坝子[①]"，后来陈家在房屋的背后新开一块"坝子"，两处都可以用作晒场。

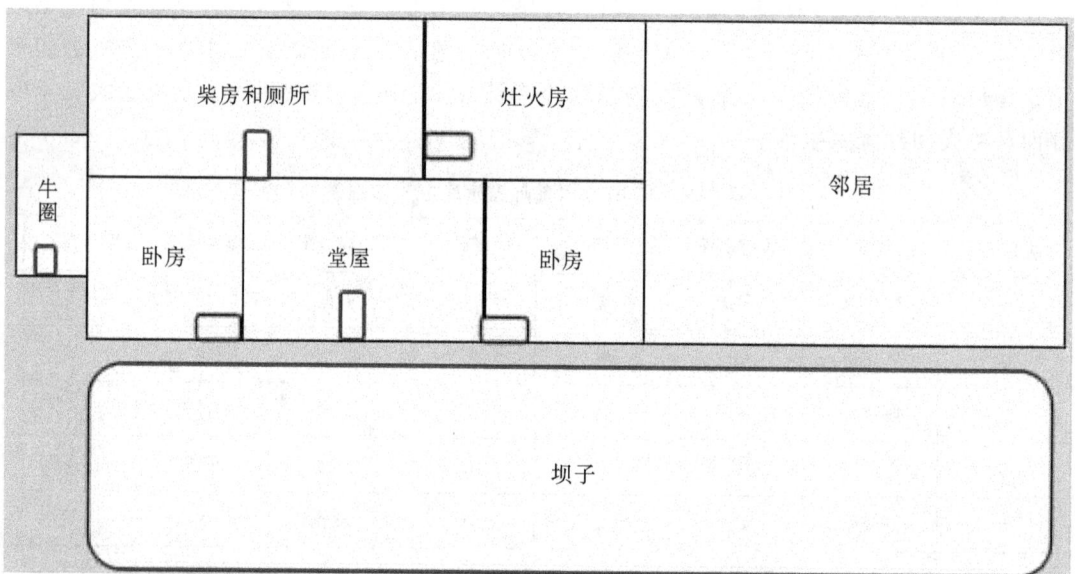

图 7-2　1949 年以前陈家家户空间结构图

（四）家庭经济较为富足

1949 年之前，陈家原本只是"写田户[②]"，没有自己的土地，后来靠着陈正贵和父亲的勤劳节俭，以及做土匠挣来的钱粮，陈家向原来租田的财主詹华芳先后几次购买土地，并连同租田时居住的房屋一起购买。陈家共购买土地 40 挑[③]，大约为 0.61 万平方米的田地，陈家同时还租种土地 15 挑，大约为 0.23 万平方米的田地，所以陈家的耕种总面积约为 0.84 万平方米的田地，主要的耕种者就是陈正贵和父亲两人。陈家有一头牛，每年会养两只猪，杀一只卖一只，还会养十几只鸡鸭，几乎都是自家吃或者送人。陈家的农具十分齐全，家里面有九把水车[④]，四大农具[⑤]齐全。陈家的收入主要有农业生产收入、土匠副业收入、家畜出卖收入、手工

[①] 坝子：指房屋门前的一块空地，一般当做晒场。

[②] 写田户：指没有自己土地，依靠租佃土地为生的人。

[③] 挑：当地的土地计量常用单位，一挑是一百斤谷子，相当于 0.23 亩土地。

[④] 水车：当地一种用于抽水灌溉的农具。

[⑤] 四大农具：当地四种用于农业生产的重要农具，包括犁、耙、擂、簸。

业收入等,支出主要包括家庭衣食支出、缴租纳税支出、教育支出、医疗支出等。陈家的家庭经济状况还不错,能够做到有所结余。

表 7-3　1949 年以前陈家家计状况表

土地占有与经营情况		土地自有面积	0.61 万平方米	租人土地面积	0.23 万平方米
		土地耕作面积	0.84 万平方米	租出土地面积	0
生产资料情况		大型农具	水车 9 辆、石磨 1 个、四大农具		
		牲畜情况	牛 1 头、猪 2 头、鸡鸭十几只		
收入		农作物收入				其他收入	
	农作物名称	耕作面积	产量	单价	收入金额(折算)	收入来源	收入金额
	水稻	0.67 万平方米	5000 斤	0.3	——	土匠	——
	小麦	0.2 万平方米	500 斤	0.1	——	手工业	——
	包谷	0.2 万平方米	750 斤	不详	——	牲畜	——
	蔬菜	0.2 万平方米	250 斤	不详	——	收入共计	
	高粱	0.13 万平方米	300 斤	不详	——		
支出	食物消费	衣服鞋帽	燃料	肥料	租金		
	自给自足				二石五谷子		
	赋税	雇工支出	医疗	其他	支出共计		
	二石四谷子	一石谷子	不详	——	——		
结余情况	每年有所结余		资金借贷	借人金额	0		
				借出金额	0		

(五)家内无人在村任职

1949 年之前,陈家没有人担任过村里或者是乡里的职务,能够担任职务的都是村里有权势的人家,陈家在当地没有特别的声望,一直都是踏实务农,慢慢地将陈家发展得越来越好。陈家和村里人关系都处得很好,陈正贵一直给家人强调的是不能出去说谁家的是非,所以陈家很少得罪人,再加上别人家有红白喜事时,陈家都会去帮忙,农具也愿意免费外借,因此陈家一家人在村里面的评价都很好。

(六)家庭处于村内中上水平

1949 年之前,陈家一共有三代人,陈正贵是家长,妻子陈淑华是内当家。在陈家买房买土地之前,家中的家长是陈正贵的父亲,内当家是陈正贵的母亲,后来陈正贵娶妻生子并且买房之后,陈家的门牌上面的名字登记为陈正贵,陈家的家长至此正式发生变更。

1949 年之前,陈家所在的村分为三个"湾子"[①],湾子是陈家交往最密切的地方。陈家所

---

① 湾子:1949 年之前的新房村是现在的新房村六组,其内部又分为三个小组,每一个小组当地叫作"湾子",是比现在村民小组还要小的单元。

在的湾子有两个大户，都是贾姓，这是新房村最大的姓氏，两个大户人家都是靠出租田地收租为生，一个家中有 50 挑田，一个有 70 挑田，这是因为家中丈夫去世早，只剩下妇女和小孩子，因为没有劳动力，所以守寡的妇女选择靠收租为生。陈家在湾子里算是中户人家，因为有自家的土地，还有租佃的土地，同时副业收入较多，家中人口较少，所以每年都能够做到有所存余。湾子里还是小户居多，有的小户人家没有土地，有的人家土地较少但人口较多。

陈家的家庭人口数在村里属于中下水平，陈正贵的父亲只有一儿一女，陈正贵和妻子陈淑华有四个孩子，但其中三个皆因病早逝，所以家中人口并不多。陈家的自有土地在村里比较多，除了大户人家之外，陈家的土地算是村里最多的家庭。财产方面，陈家除了农业生产收入之外，还有较多的副业收入，收入水平在村里属于中上级别。

总体来看，陈家在村里处于中上水平，家庭收入多，家庭消费多样，能够保障孩子的教育。

第二章 家户经济制度

陈家在家户产权方面,通过购买拥有土地 0.61 万平方米,同时租种土地 0.23 万平方米,土地耕种主要由陈正贵和父亲负责。房屋面积约 100 平方米,与邻居共有一面墙,房间数量五间,后自行搭建牛棚和开辟晒场。各类生产资料和生活资料完整齐备,家户产权皆归陈家家庭成员共同所有,家长陈正贵在家户产权上处于支配地位,家庭成员可以提意见。家庭经营方面,陈家经济收入较多,主要为农业生产收入和"土匠"副业收入,外加少量家畜饲养收入和手工业收入,经济富足。在家户分配与消费方面,陈家的收入分配以家庭为单位,家庭消费中粮食消费占比为百分之七十,教育消费和医疗消费也较多,家户分配由陈正贵支配。家户借贷方面,陈家常帮助村里的贫困家庭向亲戚进行借贷。家户交换主要在市场进行,陈家男女都能上街"赶场"[①]。

一、家户产权

(一)家户土地产权

1.自有与租佃皆有

陈家在 1949 年之前土地亩数共有 55 挑,按照 1949 年之前的产量来讲,一挑谷子相当于一百斤谷子,陈家每年谷子的产量就在五千斤到六千斤之间。这 55 挑田里,有 40 挑是陈家自己所有的土地,另外 15 挑是陈家租种的财主的土地。土地都在新房村里面,零零散散的有十好几块,最近的土地就在陈家房屋前面不远,站在门前就可以看到土地里面庄稼生长情况,其它远一点的土地则要走上一段路才能到。陈家的土地质量不算很高,特别是水田的质量不好,比较干,陈家每次都需要通过水车来"抽塘水"[②],以此来给自己家耕种的水田灌水。整个新房村有好几块水塘,村民们灌溉用水都来自水塘,陈家的房屋临近一块水塘,家里的田地灌溉都是从这个水塘里面抽水。因为自贡地区属于丘陵地形,地势较平原更高,因此抽水需要强劳力合作,当地有"百转敲锣"的说法,就是说水车每到一百转之后就要敲锣,是计数也是鼓励。

陈家的土地面积从陈仪学出生到 1949 年以前不断在增长,最开始是陈正贵的父亲从财主手里购进一些土地,陈家一直在耕种,后来陈正贵又购买部分土地,使得陈家自家拥有土地 40 挑,因为劳动力够用,后来陈家又向财主租种 15 挑土地。陈家的土地在 1949 年之前没有被村庄回收过,村里面也没有进行过土地的统一重新分配。

---

① 赶场:意为赶集。
② 抽塘水:指用水车引水塘的水用于灌溉。

2.土地来源于购买和租入

(1)买入土地。陈家在陈正贵父亲之前的一辈人并没有自家的土地,都是靠租地为生,所以并没有土地继承。后来因为陈家经济情况好转,加上陈正贵和父亲两人通过做土匠赚钱,积累之后开始购买土地,在 1949 年之前陈家总共购入土地 40 挑,在村里面已经属于中户人家。购买的土地质量参差不齐,根据质量被分为"上田""中田""下田"等不同等级,陈家的水田总体偏干,需要费大力气①从水塘里抽水灌溉。土地位置也是远近不同,有的围绕在陈家房屋附近,有的需要穿过竹林和别人家的田地才能到达。

(2)租入土地。除了自己购买的土地之外,陈正贵还向财主租种 15 挑田,租种土地的财主姓詹,就是新房村的人,但不是和陈家同一个湾子,租种的土地都在新房村,离家的距离有远有近,土地的质量属于中等偏低。买入和租入就是陈家耕种的所有土地来源,除此之外,没有其它来源方式。

3.土地家户所有

陈家的土地属于全家人所有,并不只是属于某一个人,虽然是陈正贵和父亲购买,但是家里的人都有权利享受土地的产出,因为都是一家人。家中只有一小块地是陈正贵父亲的养老地,养老地的支配权在父亲手里面,但在 1949 年之前,陈家的经济条件一直都比较好,陈正贵父亲自己也能够劳动,因此这块养老地还是陈家人一起在耕种,并没有特别做出区分,陈家会在这块土地上种蔬菜。

对于土地所有权,陈家人认为,只要是属于这个家庭的人就应该拥有,不管现在有没有劳动能力,生活在一个屋子里面的都拥有所有权。当然,平时对于土地的使用都是陈正贵和父亲两人说了算,由两人来安排家中土地的耕种时间和耕种物。对于陈家的土地产权,陈家人认为,嫁出去的女儿和已经分家的兄弟没有份,因为嫁出去的女儿就属于丈夫那一边,应该和丈夫一起拥有夫家的土地,而既然是已经分家的兄弟,那在分家的时候就已经将财产划分清楚,不应该再来分土地。其他的成员如还未出嫁的女儿、未成年的儿童、嫁进来的媳妇、入赘的女婿,这些都应该有份,他们都在家里生活,所以就应该有权利拥有土地。至于家中请的长工等非家庭成员,只是在家里居住,不应该分有土地,因为长工的劳动,陈家已经支付给他们干活的工钱。陈家在家庭条件变好之后请过"看牛娃",就住在陈家的牛圈里,每年给他开工钱,一年一石谷子,而他并不拥有陈家土地的所有权。

家长在土地产权上的特别之处在于对土地的具体使用方面拥有决定权,不管是土地的耕种,还是土地产出的处理分配,甚至是土地的出租或者买卖,家长在这些事情上都拥有更大的权利。除此之外,土地属于全家人所有,这也有利于家人的团结,只有每个人都有份,才会每个人都上心,都关心土地的耕种,家里才不会养闲人②,所有人为了能吃饭,都会干好自己的事情,这也有利于家庭的团结和睦。

4.土地划分清晰

陈家的土地分为干土地和水田,水田之间的分割非常清晰,就是以田埂作为界线,干土地的划分范围则情况不一,有的是以土地中间人为的小路为界线,有的依靠种植的不同作物

---

① 大力气:形容不容易。

② 闲人:只在家里面偷懒,什么都不做的人。

来区分。农村人都非常看重土地,陈家人不会去动别人家的土地,种植的时候不能越界种植,即使是田埂两边种一点小菜也是两边分明。陈家房屋背后不远处有大块水田,不同的水田之间就以田埂为界线,田埂的两边,人们都会利用起来种上一些菜,通常是胡豆,大家都会尽量不让胡豆枝叶歪到路中间去占用别人过路的空间。如果有人在田埂上面种的菜"发"①到路中间去,那家人又不去管,别的人就会抱怨,甚至有可能会踩坏那些在路中间的菜。由此来看,村里的人都不会允许别人越过自家土地进行农业生产。

陈家的土地自然只有陈家的人才能够耕耘使用,外人不经同意不能随便动别人家的田土,这往往会导致双方的矛盾。若是村里的熟人到别人家的土地里"扯"一点菜,只要跟主人家说过,还是可以的。一般情况下这种现象并不多,因为每家人都会种点日常需要的"小菜"②。陈家的土地比较多,有时候会有关系好的人家到陈家的田间地头"扯"一点菜,只要事先给陈家的人说,那就不会介意。陈家土地的继承权必须属于陈家的家庭成员,外人不可能继承陈家的土地,购买土地本来就不容易,大家都视土地为最重要的东西,一点都不愿意土地被分出去。

陈家人对于自家的土地都有清晰的心理认同,都认为自家的土地是自家的财产,属于全家人所有,孩子们只要开始干活,都能清晰地认出哪些土地是属于自己家的,稍微偏大的孩子都能知道村里熟人家的土地在哪里,家里的大人更是熟悉村里绝大部分的土地归属。因为对于土地归属区分得特别清楚,所以没人能忍受自家的土地被人侵占。

陈家自有土地的经营权归家户所有,具体来说决定权在家长陈正贵手里,土地分别种些什么和怎么种的问题,都由家长来决定,陈正贵也会和父亲商量,但一般情况下都是按照过去的标准做法来做,每年到了什么时候该种什么,什么时候该收割,这都是长久传承下来的一套耕作方法。陈正贵作为家长的权利体现在可以安排家中不同的人分别干不同的"活路"③,土地有收成之后可以安排家中的吃穿用度。对于自家土地的经营权和收益权,陈家之外的人不能干涉,只要陈家能够按时缴纳租金和税款,就没人会干涉土地的权力。

5.家长支配土地所有权

家长在土地的买卖、租佃、置换、典当等活动中都是实际的支配者。陈家关于土地的活动都是陈正贵和父亲做主,陈正贵正式成为家长之后,家中土地主要是他做主,其父亲不太插手陈正贵的决定。如果陈正贵不在家,家里其他家庭成员也不能随便处置土地,孩子们因为年龄尚小并不懂得,家中的女性也不能够代表家庭插手土地的相关事宜。陈家并没有私房地存在,陈正贵父子俩购入的土地属于全家人共同所有。

陈家的土地经历过买入和租佃。土地买入分阶段进行,因为陈正贵父子俩都是土匠,平时外出做工能够赚一些钱,长久下来家里面便有了一些积蓄。陈家第一次购入土地时,家长还是陈正贵的父亲,从一个长期租种土地的财主手里大约购入十来挑田,土地购入由陈正贵的父亲决定,期间也和家人商量过。后来两父子通过一点点购入土地,最终使得家中拥有 40 挑田土。土地的购买不需要和亲戚四邻、家族、保甲长商量,只要家长同家人商量就可以,最

---

① 发:指作物生长。
② 小菜:指日常食用的蔬菜。
③ 活路:指需要劳动的事情。

后还是家长具有决定权。只是土地购买完成之后需要向保甲长登记,作为之后税收和派款的依据。一般来讲,只要是双方自愿进行的土地买卖,保甲长都会同意。

与买入不同,土地的卖出常常需要和家族说明,家族不愿意本族的土地卖给外族的人,因为这样一来族内的土地就会被消解,一般人家也不愿意将自己的土地出卖,如果实在有需要出卖土地,都会首先考虑自己家族的人,将土地在家族内部流转。除家族之外,土地买卖还会优先考虑在熟人四邻之间进行。土地买卖必须要有家长的签字或者手印,买卖的"单据"①才能有效,才能受到双方的承认,家长不在的情况下不能够完成土地买卖。

土地租佃和土地买卖一样,也是需要家长代表整个家庭进行决策,陈家除了自有土地之外,还租种财主15挑土地,这是陈正贵安排的,因为陈正贵和父亲是主要的劳动力,陈家的几个孩子也能做一些简单的农活来帮忙,因此陈正贵决定再租种一些土地。土地的租种同样不需要告知外人,租种的对象以同一个家族中有土地的人家为优先选择,家族里没有,就会向其他多地的家户租种。

6.家庭成员可提意见

在土地的买卖、租佃、置换和典当等事宜中,家庭成员并不发挥支配作用,但是可以提出自己的意见。陈家在土地购买和租佃的过程中,陈正贵虽然是家长,但是父亲是陈家辈分最高的人,陈正贵也很尊敬父亲,关于土地的事情,都会和父亲商量,询问父亲的意见,同时也会询问妻子陈淑华的意见,但是父亲和妻子对陈正贵的做法基本都赞同,并没有反对土地的买入和租入。陈淑华属于典型的贤妻良母,听从丈夫的决定,加上是"小媳妇"的原因,陈淑华很小便生活在陈家,陈正贵的母亲对陈淑华又很严格,所以陈淑华对丈夫可以说是言听计从,两人也很少吵架。陈家其他的家庭成员年龄偏小,并不会对这些事情发表看法,所以基本上陈正贵和父亲两人就能决定家中土地的所有活动。

7.家户土地未受侵占

陈家的土地并没有受过外人的侵占,村里一般没有人会去侵占别人的土地,由于土地之间的划分都清清楚楚,无端去侵占不属于自己的土地,这会被村内的人说闲话,只要在村里生活,就没有人会不怕别人的闲话,所以不敢去犯这个错误。而且每家人对于自家的土地都非常重视,绝对不会允许谁来侵占自己的土地,一旦发生这种事情,被侵占的人家会去讨说法,家长会出面解决。很少会有人去找保甲长来解决土地被侵占的问题,因为保甲长并不关心谁的土地。大多数人如果土地被侵占都会选择自家解决,或者是通过家族出面的方式解决。

8.家户土地产权得到认可

陈家的土地产权都是通过购买得到的,因此能得到其他村民的承认,村内的人几乎都清楚哪块田地属于哪家人,村民们不会随意侵占陈家的土地,也没有发生过找陈家租用、买卖和置换土地的事情。如果有这样的需求,那就必须要和陈正贵商量,只有得到家长陈正贵的同意才能实现,否则不能够强行损坏陈家自有土地的土地产权。

家族会保护自己成员的土地产权,遇到土地需要买卖、租佃或者典当等时候,家族都会尽量保证土地首先在族内进行流转,以免家族土地地流失。遇到家族成员土地被侵占的情

---

① 单据:指签订的凭证。

况,如果该家户求助于家族,家族也会出面提供保护,寻求解决办法。新房村最大的姓氏是贾姓,村内比较有名的两户财主都姓贾,贾氏家族有一个规定,有土地的人家如果要出租土地,要租给村里贾氏家族的成员,因为贾氏家族内部贫富差距还是很明显,也有家中非常贫穷的人家,因此家族要求条件好的人家要"带一带"①条件差的,不能让人活不下去。这也是陈家并没有向贾姓财主租地的原因。

村庄和官府对家户土地的保护相对较弱,村庄会对村内每家人的土地情况进行登记,不过这只是为了收税和派款,但从另一个角度也算对家户土地的承认。陈家自有的土地受到村内承认并登记,每年也需要按时按量缴纳税收,他们的 40 挑田,每年需要向政府缴纳二石四的谷子。当地县政府对农户土地产权的保护主要体现在有人报官之后,如果有人因为土地被侵占而告到县乡官府,官府才会受理,但是很少会有人告官,大家都觉得打官司是很麻烦的事情,宁愿自己私下解决。

(二)家户房屋产权

1.土坯房屋供全家居住

1949 年之前,陈家居住的房屋面积大概有 100 多平方米,房屋属于村内常见的土坯平房,是独立的房屋。比较正式的房子一共有五间,一间是堂屋,是家中大门所在的房间,平时用作一家人吃饭和接待客人。家里供奉的用来祭拜家神的"家神板板"②也摆放在堂屋正对门墙的正中间。另外陈家的房屋有两间卧房,一间是陈正贵和妻子陈淑华的房间,另外一间则是陈正贵的父亲以及孩子们共同居住的房间。除此之外,陈家还有一间灶火房和一间柴房,灶火房主要是家里生火做饭的地方,柴房则分两部分,既是堆放柴火的地方,也是一家人上厕所的地方,中间用一小半土墙隔开。除了这五个房间之外,陈家还在房屋旁边搭建了一个牛圈,用来饲养牲畜。房屋的正前面是"坝子",平时一家人可以在"坝子"里干点家务活,农忙的时候则作为晒场晾晒谷子、玉米等农作物。陈家的这所房屋从购买到 1949 年前经历过修建,也就是陈正贵在房屋左边修建了一个牛圈,除此之外没有再改动过。

2.家户房屋来自购买

陈家所居住的房屋是从财主处购买,在陈正贵和父亲第一次购买土地的时候,连同房屋一起购买。陈家之前没有土地和房屋,陈正贵的父亲一直是租种财主詹华芳的土地,一家人也就住在詹华芳的房屋里。后来陈正贵父子俩人通过农活和土匠,不断积累粮食。做土匠也是给粮食作为工钱,如果到别人家修房屋,作为土匠可以拿到一千斤的米作为工钱。这么一来,陈家父子便有了多余的粮食,陈正贵便和父亲商量,将米换为银元,向财主詹华芳购买自己一直租种的土地,以及一家人正在居住的房屋。这便是陈家房屋的来源。

3.房屋家户所有

陈家人认为,房屋属于全家人共同所有,并不是单独属于某一个人,也并不只是属于家长,应该是全家人都有份。虽然房屋是家长购买,但是作为家长有责任承担购买房屋的事务,而且家中每个人都为家庭做出贡献,所以理应享有房屋的所有权。房间的使用也只是分配的

---

① 带一带:指富人帮助穷人,类似于救济功能。
② 家神板板:当地农村家中供在堂屋主墙正中的家神木板。

不同,并不代表哪个房间就属于哪个使用的人。陈家的房屋全家人都有份,陈正贵的父亲和妻子一定有份,男孩子们也有份,女孩子就只有陈仪学一人,在她未出嫁之前,家里面的房屋也应该有她的份,出嫁之后才算做婆家的人,分得婆家的房屋。另外,对于房屋的所有权,陈家人认为,嫁进来的媳妇或者是入赘的女婿都应该有份,因为到陈家一起生活,就是一家人。而居住在家里面的工人则并不享有房屋的所有权,陈家的"看牛娃"黄二只是住在陈家,但并不算是一家人,所以没有房屋产权。

陈家人认为,房屋产权属于全家人所有是好事情,代表这是一家人共同的财产,不应该将权利具体分配到个人,这样久了容易导致家人不团结,想着分开过日子。而分家对于一个中等家庭来讲是财产的损失,意味着财产被分小,所以不到时候不愿意分家。

4.与邻居共用一面墙

陈家的房屋范围划分比较特别,因为财主詹华芳当初是把自己的房屋拆开来卖的,所以陈家买的只是那所房屋的一部分,房屋的右边就是其他人家,两家人就是邻居关系,但其实房屋有部分相连。房屋其他部分划分则是以房檐滴水为界线,这是村里面最常见的划定界线的办法,四邻不能越过陈家房屋的界线来修建房屋。

陈家的房屋归陈家人使用,除了左边搭建的牛圈让"看牛娃"居住之外,其他都是家庭成员使用,外人不能不经过同意便进入陈家房屋。和陈家房屋相连的那家人姓贾,是村里的大姓,虽然两家人房屋相连,但是都不会不经同意使用对方的房屋。房屋的继承权属于陈家的男孩子们,女孩子本来是不应该拥有继承房屋的权利,但是由于陈家的特殊情况,陈仪学的兄弟们都早逝,所以最后陈家的房屋是由陈仪学和其丈夫继承。外人不享有房屋的继承权。

陈家对自己的房屋具有清晰的心理认同,不会容忍自家的房屋被别人侵占。房屋的管理家人都会负责,主要还是家长陈正贵做决定,陈家的房屋管理,外人不能干涉,一般情况下宗族、村庄都不会干涉,除了房屋的买卖等重大问题,宗族可能会进行一定干涉。

5.家长支配房屋产权

陈家房屋的买卖、建造等活动,陈正贵都处于支配地位。首先是房屋的买入,买房之前,一直以来依靠租地维生的陈家都是住在财主詹华芳的房屋里,陈正贵和父亲在购买所租种的土地时便将房屋一同买下,这便成为陈家的房屋。买房的过程并不复杂,因为一家人一直都住着,所以家里有钱之后,就直接买了下来,家人也都同意陈正贵的做法。房屋买下来之后进行过一些小改造,而且还在房屋左边搭建一个牛圈,用来喂养牲畜。陈家的牛圈是一间当四间用的,里面被划分为牛圈和猪圈,分别用来养牛和养猪,同时还会用来关一些鸡鸭在里面,而且"看牛娃"黄二还会睡在里面。对于房屋地买入和建造等活动,陈正贵作为家长有决定作用,因为妻子对丈夫言听计从,孩子们不太懂事,所以只要父亲没有其他意见,陈正贵都会按照自己的想法去做。

整体来讲,村里房屋的买卖、典当、出租、建造等活动,都是家长占据支配地位,因为房屋是一个家庭的首要大事,必须要家长才能做决定。家长不在场的情况下,一般不能完成房屋的相关事宜,家中的女性不会参与这类事情。同土地一样,房屋的买卖、典当、出租等同样是家族优先,或者是熟人优先,家族不愿意内部财产外流,所以会引导先考虑本家族的人。

6.家庭成员可提意见

陈家的家庭成员在房屋的买卖、建造等事情上,并不能发挥支配性作用,但是可以提出自己的意见,特别是陈正贵的父亲,虽然陈家的家长是陈正贵,但是出于孝顺的本分,陈正贵也会听取父亲的意见。就如修建牛圈,一开始就是父亲提出来的,因为家中最开始租种土地的时候并没有养牛,后来买地买房之后,父亲便和陈正贵商量应该给家里买头牛,也免得再去租用别人家的牛。准备买牛之后,父亲便觉得应该在房屋左边空地上搭建一个牛圈,这样既解决没有地方养牛的问题,也可以为家里饲养牲畜准备地方。陈正贵听从父亲的建议,便开始和父亲两人自行搭建牛圈,因为两人本身就是土匠,所以这是比较简单的事情。

7.房屋未受侵占

陈家的房屋并没有发生过被侵占的情况,虽然陈家和隔壁贾家的房屋连在一起,但是两家人都没有故意侵占别人房屋的做法,而且两家人关系很好,陈正贵相信"远亲不如近邻",所以尽量和邻居贾家处好关系。房屋的界线就是两家人共有的那堵墙,门前"坝子"的界线也没有特别明显的标志,但两家人也没有斤斤计较,平时还会一起坐在"坝子"里聊天和干家务活,晚上吃饭的时候,两家人经常都是端着碗到"坝子"站着吃饭,一边吃饭一边聊天。四川地区的房屋基本都是独立存在的平房,房屋与房屋之间都有一定距离,因此不会存在修建房屋时侵占别人房屋的情况。几乎每家人的房屋附近都会有竹子,那也是属于那一家人的财产,别的人不能够砍伐。

没人能够容忍自家的房屋被侵占,大家都把房屋视作最具有安全感的地方,大多数人都是"安土重迁"的心态,因此面对房屋被侵占,都会想办法解决。家长如果不能解决房屋被侵占的事情会觉得特别丢人,首先会找到侵占房屋的人家的家长进行沟通,如果"说不好"①就会吵架,若是吵架还不能解决问题,家长会找人抱不平,可能是找家族,也可能是村里面有权威的人,以期待能解决事情。

8.外界认可陈家房屋

陈家的房屋是陈家自己赚钱买来的,这在村民当中都是获得承认的,也承认陈家拥有房屋的一系列权利,如果要买卖、典当、出租、修建陈家的房屋,必须要获得陈家人,特别是要获得陈正贵的同意。没有获得同意,外人无权对陈家的房屋做出任何事情。

家族会认可和保护陈家的房屋,从购买之时,房屋就被视为陈氏家族的财产,家族有责任保护自己家族人的房屋不被侵犯,如果房屋被侵犯,家族有义务出面帮助解决。当然,家族如果想要对陈家的房屋做出什么举动,也必须要获得陈家人同意,没有获得同意的情况下,家族不能强行动陈家的房屋。

村庄和县府对于陈家的房屋权利也认同,陈家的房屋购买之后,便在村庄做了登记,理论上讲,村庄和县府对于农户的房屋产权有保护的义务,实际上他们并不怎么管理这些事情,他们提供的保护强度非常低。村庄和县政府想要改动村民的房屋,也需要得到家长和一家人的同意,否则不能动。

---

① 说不好:指双方沟通失败。

(三)生产资料产权

1.生产资料齐备

陈家的农具非常齐全,各类大型农具都有,包括当地的四大农具是犁头①、耙子②、擂子③、风簸④,另外陈家还有九把水车,其中包括三辆"爬车"和六辆"坐车",这在村里很少见,小户人家买不起这么多水车。其他常见的小型农具比如铧⑤、钎⑥、镰刀、弯刀等等。陈家全部都配置齐全。家中的牲畜则是有牛有猪,陈家养着一头牛,并且每年都会养两头猪,过年的时候杀一头、卖一头。陈家还饲养少量的鸡鸭,因为陈家门前有大片的土地,担心鸡鸭过多会去别人的田里乱吃东西,造成邻里关系恶化,所以陈家不敢养太多的鸡鸭。

2.请木匠制作生产资料

陈家的农具都是请木匠来制作,木匠来陈家做农具,陈家首先会"包吃",一天三顿木匠都可以在陈家吃,而且还会吃得比较好,因为不能亏待干活的人。除了包吃,陈家会给木匠开工价,做不同的农具,价格便不一样,工价都是用米支付,很少会直接给钱。陈家的牛也是自家饲养,陈家在租种土地的时候并没有自己的牛,需要的时候租牛。陈正贵买回土地之后,父亲便建议他买一头牛,以方便耕种,于是陈正贵亲自到集市上买了一头牛回家。

陈家所有的农具完全属于自己,没有和其他任何人共用的情况,也不需要向别人借。相反,村里一些没有农具的人家会向陈家借用,特别是借水车,因为村里人都需要用水车灌溉,但并不是每家都能有水车,因此有关系好的人家便会来陈家借。

3.生产资料全家所有

陈家所有的生产资料皆属于全家人共同所有,并不属于个人,只是生产资料都归家中干农活的男性使用,但也应是全家人都有份。比如牛的喂养是陈正贵的妻子陈淑华和孩子们负责,使用方面则是陈正贵和父亲用来犁地,牛的所有权属于全家人所有。生产资料同样是嫁进来的媳妇和入赘的女婿都有份,嫁出去的女儿则不参与分配。陈家在早年间,家中的生产资料属于全家人,后来家里的儿子都相继去世,只留下陈仪学一个已经出嫁的女儿,于是陈仪学和丈夫便回到娘家,抚养双亲,生产资料的继承权也归两人所有。

陈家人认为,生产资料就应该属于全家人所有,本来就是全家人在使用和保管,不应该属于单个人,因为这样不利于家庭团结和睦,每个人都想要更多的东西。

4.家长支配生产资料

陈家的生产资料在购买、借用、维修等事项中,家长仍旧占据支配地位,只是在生产资料上面的支配地位不像在土地和房屋上那么严格,很多时候并不一定需要家长在场,比如生产资料的外借,家长不在的情况下,家庭成员也可以外借。农具的维修也是如此,家里的农具如果有所损坏,只要会修的人都可以修,并不一定必须是家长。在陈家,家长对于生产资料的支配权更多体现在购置上,请木匠是由陈正贵去请。

---

① 犁头:四川农村一种犁田的农具,用于耕种之前进行翻土。

② 耙子:四川农村一种耙田的农具,用于耕种之前进行碎土平土。

③ 擂子:俗称碾子,当地发音为"擂子",用于碾磨谷子。

④ 风簸:四川农村中一种木头制作的农具,主要用于分离粮食作物中的杂质。

⑤ 铧:一种金属制农具,在翻土的时候,把土朝一侧翻转,使下层土翻到地上。

⑥ 钎:一种金属制农具,能够帮助施工打穿硬物。

5.家庭成员也可做主

在陈家生产资料的购买、借用、维修等事项中,家庭成员虽然不占据支配地位,但有时候也能做主。比如生产资料的借用,村里时常会有人向陈家借用一些农具,因为通常前来借用的都是陈家的熟人,所以借用农具并不需要提前给家长陈正贵打招呼,只要在家中有人的时候来借用,就可以借走,只要用完之后及时归还给陈家就可以,陈正贵也不会因此追究没有经过他的同意便外借农具,因为都是村里的熟人,所以相对比较宽松。

6.生产资料不可侵占

陈家的生产资料没有出现过被外人侵占的情况,他们只会将农具借给和自己家关系好的人家,农具经常使用会有磨损,如果被过度使用导致磨损,陈家"就要自己贴"[①],这样就很不划算,所以陈家在外借的时候会有选择。熟人借去农具之后,都会在用完之后立即还给陈家,没有人会侵占陈家的农具。农村人都相信"有借有还,再借不难"的道理。陈家外借生产资料也从来没有收取过费用,所以前来借用的人家也很感谢陈家人。

侵占生产资料的现象在新房村并不普遍,一个是因为同村的人都是相熟的人,"拉不下脸"[②]来做这些"龌龊"的事情。二是因为每个人对自己家的农具都非常熟悉,甚至不需要特意在上面刻名字或者做标记,也能够认出自己家的农具,而且还存在一些家庭会在自家的生产资料上刻上姓氏或者标记,这样一来,侵占农具就很容易被发现,一旦被发现,就会受到村里其他人的舆论谴责,说这家人"三只手",这会使得一家人在村里抬不起头。

7.外界的认可与保护

村民都承认陈家对生产资料的产权,因为都知道是陈家自己花钱请木匠到家里来做的,因此不会随意侵占陈家的生产资料,如果需要买卖或者借用陈家的农具,一定要得到陈家人的同意才可以,任何人都不能强行买卖、租用或者换置陈家的生产资料,否则会被认为"不讲理"[③],陈家也会"讨公道"。

家族也承认陈家的生产资料所有权,不能够随意侵占陈家的生产资料,家族对生产资料的保护欲望没有对房屋和土地那么重,对于家族成员想要买卖或者置换生产资料的行为并不多管。家族如果想要买卖、借用或者置换陈家的生产资料,也必须要经过陈家的同意,因为这都是陈家的家庭财产,家族不能强行使用。如果遇到家族成员的生产资料被侵占,需要家族出面的时候,家族也会出面帮助解决事情。

村庄和县官府都承认陈家生产资料的所有权,因此都不会强行侵占陈家的生产资料,不能不经过陈正贵的同意就随意处置陈家的生产资料。生产资料的侵占很少会闹到村庄或者是县官府这一级,一般都是农民们自行私下处理。

(四)生活资料产权

1.家庭生活资料齐备

1949年之前,陈家房屋前后有两个自己的"坝子"作为晒场,水井则是在水塘边上,有一

---

① 就要自己贴:需要自己出钱修理或购置。

② 拉不下脸:指不好意思。

③ 不讲理:形容为人霸道,不讲道理。

口水井供全湾子的人共同使用,水井挖的时间很长远,陈仪学出生之前就已经存在。陈家自己置办磨子①,也是在家里买房买地之后置办的。家里有桌椅板凳,还有几张床和衣柜等家具,油盐酱醋等生活用品也都置办齐全。

2.生活资料自制加购买

陈家的晒场属于自制,最开始陈正贵买房时,房门前的"坝子"只是一个"土坝",后来请的私人来打②,之后又在房屋的背后开了一块"土坝",请人打成晒场。陈家的桌椅板凳和睡床、衣柜等家具都是请木匠来家里制作。家里使用的油是用自家种的菜籽榨的,榨油需要请油匠③到陈家来做,陈家平均一年可以吃两扎④油。陈家用的盐和醋都是陈正贵"赶场"的时候到市场上面购买,往往一次会买很多盐,因为这是每天都要用的生活资料。陈家使用的酱皆是自家制作,分为甜酱和生酱,甜酱是用麦子加胡豆蒸出来的,生酱的制作则要复杂一些,陈家做酱这种事情都是由内当家陈淑华来做。

3.生活资料家户所有

陈家的生活资料属于全家人共同所有,只要在家里生活的人都有份,并不单独属于某一个人。陈家人认为,嫁到家里的人和入赘的女婿也应该属于一家人,因此也应该有份。生活资料属于全家人所有,按比分配到个人更好,生活资料没有办法具体分配到个人,每个人都需要在生活中使用,如果要分到个人,很容易导致家人之间产生矛盾,从而影响一个家庭的和谐。

4.家长占有支配权

在陈家,家长对于生活资料的支配权并不是特别强大,妻子陈淑华作为内当家反而更加注意家中的生活资料,比如油盐酱醋都是陈淑华日常在使用,只不过当需要购买生活资料的时候,陈淑华需要向陈正贵说,然后由陈正贵"逢场"⑤的时候到集市购买,或者是家里面需要做东西,也是陈正贵外出去请木匠或者油匠到家里来做。陈正贵作为家长,在生活资料上的权利主要是购买和请人到家做,其他方面并没有特别,陈家也不需要到别的人家去借用生活资料。

5.内当家主管生活资料

陈家的家庭成员在生活资料上虽然不能发挥支配性作用,但也能够行使管理的权利,如果有人要来借用家里面的磨子,只用给在家的家庭成员打招呼就行,不需要特意去跟陈正贵说,陈正贵作为家长,也是家中最重要的男性劳动力,很多时间都在田间地头忙碌,因此家中生活资料的外借并不一定都需要经过他的同意。家庭成员在生活资料上的管理权最大的是妻子陈淑华,她操持家务,对于生活资料心中有数,有需要增添的时候会告诉陈正贵。

6.生活资料未被侵占

陈家的生活资料没有受到过侵占,因为生活资料都是放在家里面的东西,像油盐酱醋这一类生活资料一般也不会有人来借用。"坝子"作为晒场是陈家自己请人打的,到了农忙的时

---

① 磨子:指石磨。
② 私人来打:指请人到家里面平整一块土地。
③ 油匠:专门负责榨油的人。
④ 扎:当地的计量单位。
⑤ 逢场:指当地赶集的日子。

候陈家自己使用,有的人家没有晒场或者是晒场不够用,需要借用陈家的,那也需要经过陈家同意。陈家的邻居贾家有时候会借用陈家的晒场,但都要事先给陈家人说。水井则属于公共物品,整个湾子都是在一个水井里打水,不存在侵占的问题。

7.外界的认可与保护

陈家的生活资料所有权归属于陈家人,村里的村民、陈氏家族、村庄和县官府均承认陈家的生活资料所有权,没有人可以随意侵占陈家的生活资料,如果需要买卖或者借用陈家的生活资料,那就要得到陈家人的同意,不能够不经同意就强行使用陈家的生活资料。

村里的人家都有自家的生活资料,柴米油盐都是生活必需品,不会去侵占别人家的,晒场、石磨这类生活资料,没有的人家也只是借用,不会也不能够侵占陈家的。借用的时候也要经陈家人同意,否则不能擅自使用。

家族在生活资料上并不怎么插手,这都是属于陈家的家庭事务,既然没有受到别人的侵占,家族也就不会出来管理陈家的生活资料,更不会不经同意就买卖、出租、置换陈家的生活资料。

村庄和官府也承认陈家对于生活资料的所有权,不能够随意侵占陈家的生活资料,即使保甲长想要占点便宜,也只是到陈家来吃饭,但不会拿走陈家的东西,也没有权力随意出卖、出租和置换陈家的生活资料。

二、家户经营

(一)生产资料

1.家户劳动力"凑合"

陈家一直受生病的影响,孩子们得病早逝的情况很多,1949年之前家里的劳动力不算多,主要劳动力就是陈正贵和父亲两个人。另外家里面的男孩子年龄都不大,大儿子陈仪明在13岁的时候就因病夭折,陈仪安同样因病夭折,小儿子最终也在18岁时因病去世。劳动力问题一直困扰着陈家,家中的女性包括妻子陈淑华和女儿陈仪学,所谓"女不下田"①,两人在农活上都只是负责"捆柴"②、割草和一些简单的"田边活路"③,陈仪学很少出去玩耍,村里对于未出嫁的女孩子的规矩较为严格,因此女性更多是负责家中的事务。陈家的人不能不参与家中的劳动生产,不管是去田间地头,还是在家里干活,都需要劳动,不能够"坐着等吃"④。

1949年之前,陈家的劳动力只能说是"凑合",两个大人"做主力",儿子们"打下手",陈正贵和父亲都是很能够"藏奔"⑤的人,干活特别能吃苦,而且还能做土匠,土匠的收入在村里还是很高的,因此陈家在劳动力并不多的情况下也能发展得好。

1949年之前,陈家在需要的时候会请工,有的时候是请木匠做农具,有时候请油匠榨油,有时候请人来帮着做农活,帮忙"打谷子"⑥之类。请工只要双方同意就可以,不需要经过其他

---

① 女不下田:指女性不做田里的农活。

② 捆柴:将干柴捆在一起,方便堆放。

③ 田边活路:指田埂边上的简单农活,如种豌豆、胡豆等。

④ 坐着等吃:指游手好闲不干活。

⑤ 藏奔:形容一个人很能吃苦,能做重活累活。

⑥ 打谷子:收割谷子。

人的同意。陈家都是陈正贵去请工,报酬则根据请工的具体事务和时长来定,基本都是给米,不会给钱。

在雇工方面,1949年之前陈家雇了一个"看牛娃",专门负责看管陈家购买的牛,"看牛娃"就住在陈家搭建的牛圈里,同时"看牛娃"也会给陈家做一些简单的农活,每年陈家会给"看牛娃"一石谷子作为报酬。报酬就从陈家的农业生产当中支出。雇工不需要给谁请示,只要双方愿意就可以,陈家是在买牛之后,家里面需要一个人照顾和看管牛,于是陈正贵便出面到市场上雇工。

1949年之前,陈家在农忙时候还会和村里的人换工。换工是因为"栽秧打谷"的农忙时节,只靠一家人往往不能按时完成,因此便相互帮忙。陈家只有男性参与换工,换工不需要向任何人请示,这是村里一直都有的传统,陈家都是和村里关系好的人家换工,比如每年都会和邻居贾家换工。换工不需要支付报酬,就是今天陈家到贾家做一天,贾家便包这一天的三顿饭,第二天便是贾家的人到陈家做一天,陈家包一天的饭。换工的人数也一样,陈家过去两个人,贾家也会过来两个人。除了贾家,陈家还会和亲戚们、村里的朋友们进行换工,规矩都一样。

2.土地自给程度高

1949年之前,陈家自有耕地数量为40挑,这些土地已经足够一家人耕种,因为家里主要的劳动力就陈正贵与父亲两人,但是因为两人勤快能干,也想要把家庭发展得更好,于是在自有土地之外,还向财主租种15挑田。土地租佃过程中需要有人介绍并做担保,一般称之为"中人",中人是在村里有一定权威的人,或者是有较多土地钱财,或者是受过较高的教育,中人受到租佃双方的信任,在其见证下双方签订佃约,上面会写清楚租佃的具体情况,包括对象、数量、位置和租金,需要双方都签字或者按手印才能正式生效。陈家租地签订的租约中写明的收租方式是定额租金,即不管陈家当年产量为多少,每年都需要向财主缴纳固定数量的谷子。后来事实证明,当村里遇到病虫灾害或者是干旱灾害而减产的时期,财主还是会适当减少租金,平时正常的年份中,陈家每年都向财主缴纳固定的谷子。土地的租佃需要由家长出面,陈家就是陈正贵签佃约。陈家属于在本村租佃,即财主本来就是新房村的人,因为家中丈夫去世,留下土地无人耕种,自己的劳动能力又不强,所以只有将家中的土地出租换取生活费用,这种人在当地都称为"地主婆"。陈家不需要到财主家无偿帮助干活,因为地主婆家中就她自己,并没有需要佃户帮着做的事情。每到过年的时候陈家都会向财主送礼和拜年,都是陈正贵亲自上门拜年,这是一种尊重和习俗,佃户需要和财主处好关系,这样财主才不会"涨租"或者是"取租",家里面有困难的时候才能得到财主的"减租"。陈家和财主之间的关系一直都比较好,因为陈家在正常的年份都能按时交租,只要能做到这一点,就不会有关系不好的问题。当然,作为佃户也可以自由退佃。

3.牲口与农具皆自给

1949年之前,陈家还是纯粹的佃户、没有买地、买房的时候,家里没有养牛,需要用牛的时候就向有牛的人家租用,租牛的价格是两升[①]米一天,另外牛的主人还会一起过来用牛,人工价格另算,男性人工价格为两升米一天,女性人工价格为一升米一天。在自己买牛之前,陈

---

① 升:计量单位,一升米为5斤。

家就一直是通过租牛来从事农业生产。陈家有了自己的土地和房屋之后,陈正贵在父亲的建议下到集市买回一头牛,并请来"看牛娃"负责看管,此后就不再需要租牛使用,能够满足自家的需求。

陈家的农具相当齐全,全部都是陈正贵请木匠到家中来制作。家中"水车"就有九把,这在村里已经算是数量很多的人家,另外"四大农具"也都有,各种小型的生产农具如锄头、镰刀等都有,陈家不需要向别家借用生产工具,而是时常会有人到陈家来借用农具,陈家也都会看在熟人的面子上免费借用给他们使用。

(二)生产过程

1.农业耕作男性负责

1949年之前,陈家一直在从事农业耕作,同时也会饲养家畜、从事副业生产和简单的手工业。农业耕作在陈家占比最大,农民就是靠土地吃饭,其次就是陈正贵父子俩作为土匠的副业,只要有人修房屋或是其他需要土匠的地方,请到陈正贵父子,他们就会去做。家畜饲养和纺棉织布的手工业在陈家占比不高,主要是妻子陈淑华和女儿陈仪学在负责。家中的分工也比较明确,陈正贵父子负责农业生产和土匠副业,儿子们帮着陈正贵做一些简单的农活,女性则主要在家里进行手工业和家务处理。

陈家种植的农作物主要有水稻、小麦、玉米、高粱、豌豆、胡豆、各类蔬菜等。耕作的过程是按照四川地区农村长期以来的耕作传统进行,到了固定的时间就开始做固定的农活。三四月份首先要对土地进行"三犁三耙",要反复犁地耙田,这样才能保证土壤的活力,便于后续栽种;犁地和耙地之后就要开始"插秧子",还有种高粱,这也是在三四月份进行的;接着在四五月要开始锄草和灌溉;八月份开始进入农村中一年最忙碌的日子,要开始平整晒场,八月可以收割水稻、玉米和高粱,九月份开始种小麦和胡豆、油菜等蔬菜。等到第二年的三四月份就可以收麦。陈家每年种植的类型和数量变化不大,都是根据陈正贵的安排来进行,陈正贵也是依据往年的情况和过去的经验安排农业生产。

2.饲养家畜女性为主

陈家在1949年之前喂养的家畜有猪和一些鸡鸭,家畜的喂养主要是妻子陈淑华和孩子们在负责,陈正贵并不怎么操心这些。喂猪需要每天割猪草,孩子们背着背篼,带着镰刀到自己家的土里去割猪草,然后回家喂猪,陈家一年一般会养两头猪,一头用来卖钱,一头用来吃掉。陈家喂养的鸡鸭数量并不多,因为鸡鸭都是放养的状态,很容易跑到别人家的田地里找东西吃,这会破坏别人的庄稼,如果被家人看到就会赶走,还会"心头不安逸",所以陈家喂养的鸡鸭很少,也不怎么拿出去卖,都是送人或者自家吃。

3.手工业和副业皆有

陈家的手工业就是非常简单基础的纺棉织布,这一项手艺是由陈正贵的母亲教给陈淑华,然后陈淑华再教给女儿陈仪学。妻子陈淑华会教女儿陈仪学"齐麻"[①]、纺纱和织布,陈家有一辆纺棉的车子,两母女经常在家里织布和纺"线子"[②],织好的布可以拿来做鞋子和其他的家居铺盖,陈家的"家居铺盖"和做衣服的布都是自己纺的,同时棉布也可以卖掉换钱。陈

① 齐麻:指将杂乱的麻齐整齐。

② 线子:指毛线。

家的副业就是做土匠,陈正贵和父亲两人都是村里有名的土匠,专门给别人家修房屋、"挑土墙"①,可以赚粮食。家里的男女分工有别,这种分工方式来源于农村一直的传统,女性在家纺织,男性在外做工,并不需要特意的安排,也不需要请示四邻或者是家族、村庄,这是自己家里面的事情,不需要别人插嘴。

4."土匠"手艺的传承

陈家的手艺就是做土匠,最开始是陈正贵的父亲跟村里的土匠师傅学习,父亲跟着土匠师傅去给别人做工,也不收钱,就是为了跟着学习,师傅看着陈正贵父亲老实肯做,也愿意教给他。每年过年,陈正贵和父亲都会到师傅家里去拜年,以表达感激之情。陈正贵的土匠手艺则是跟着自己的父亲学习,父亲到哪里去做土匠,陈正贵就跟着去"打下手"②,慢慢就学会了。要学习手艺,除了家庭内部的传承,就是出去拜师学艺,陈家通过拜师学会土匠手艺,这在很大程度上帮助陈家越来越好地发展,本来陈正贵准备将手艺传承给自己的儿子们,但是由于陈家的儿子们最终都没有逃过因病早逝的噩运,最后他的土匠手艺也没有得到传承。

(三)生产结果

1.农业生产收成丰厚

根据陈家的农作物一年的产量进行换算,可以得知其中水稻种植面积约为 0.67 万平方米,平均产量为五百斤,一年总产量在五千斤到六千斤之间;高粱种植面积为 0.13 万平方米,平均产量一百五十斤,一年总产量约为三百斤;小麦种植面积约为 0.2 万平方米,平均产量也有一百五十斤,一年总产量为五百斤左右;其余豌豆、胡豆等各类小作物,以及玉米的种植面积总共约为 0.2 万平方米,玉米平均产量为二百五十斤,一年总产量约为七百五十斤,各类蔬菜一年总产量大约为二百五十斤。四川地区由于地理条件如此,每年的收成大致稳定,除了少数几年天气特别干旱,尤其是 1933 年大旱灾的时候,其他年份都能够正常收成。收成属于全家共同所有,由陈正贵统一管理和支配,陈家因为种的田地多,家中人口少,每年都会有多余的粮食可以卖,陈正贵会把小麦和谷子挑到双石铺③去卖,小麦一毛一斤,谷子三毛一斤,粮食出卖的收入也是全家的农业收入。

陈家的家庭成员中,大人们都关心收成,因为收成得好坏决定这个家庭接下来一年的生活状况,况且陈家还有交租交税和派款的压力,如果收成不好,家里的经营难以维持。家中的孩子们也关心收成,但没有大人想得那么长远,孩子们知道收成好,家里的"伙食"才能开得好。在 1949 年之前,家里面务农的收成能够满足一家人生活的需要,在村里是少数能吃"干饭"的人家,因为陈家种的地并不少,而且多数是自家的土地,并不需要交租,而且陈家的人也并不多,所以种地的收成能够满足家庭的需要。少数几年因为天干和病害减产的日子,陈家通过"开源节流"的办法也能平缓度过。首先家里面节约用粮,平常的时候,陈家人都能吃到干饭,到了荒年,陈家就吃稀饭或者玉米粥等,而且租税也能相应减少。同时,陈正贵和父亲还能通过做土匠赚粮食,所以即使在灾荒年份,陈家也能安全度过。

---

① 挑土墙:指修房屋的时候挑泥巴。
② 打下手:指帮小忙。
③ 双石铺:地名。

2.家畜饲养自食为主

陈家喂养的鸡鸭一般不会用来卖钱，都是自家人吃或者是走亲戚的时候用来送人，因此这方面没有收益。陈家养的两头猪则会给陈家带来收益，每次陈正贵都会把其中一头猪拿去卖掉换钱，另外的一头留给家人吃。卖猪是请人到自己家里面来"吊"，村里面有专门从事"吊猪"①的人，陈正贵把他们带到家中，"吊"好重量之后就可以付钱，然后他们就把猪带走。饲养牲畜赚的钱由陈正贵保管，这笔钱还要用来购买新的猪仔，剩下的则是一家人的收入。

3.副业收入丰厚

陈家纺棉织布的手工业收入比较少，这笔钱陈淑华和陈仪学可以用来买好看的包包，虽然家里面也会做棉布包，但是陈家的女性还是会外出购买包，这是她们劳动换来的钱，陈正贵也不会阻止他们。陈家副业收入比较多。陈正贵和父亲去做土匠修房屋，修好之后一般会有一千斤米的收入，这对于村里面的人来讲算是大收入，这些收入都是全家人的整体收入，并不是说谁赚回来就属于谁，统一都由陈正贵保管。

三、家户分配

（一）家庭为分配单位

陈家的家户分配是以家户为分配主体，宗族在自贡地区存在感并非特别强烈，每个家族也就是会在"清明会"的时候才能聚一聚，平时大家都忙于各自的生产生活，宗族活动不多。也不会每年分配收入，族田耕种的收入都用于"清明会"，学田耕种的收入用于资助家族中成绩优异的孩子念书，其他就没有可以拿来进行分配的钱财了。

陈家的家庭成员在分配中以整个家庭为基本分配单位，家中只有陈正贵和其父亲、妻子及孩子们，本来就是一家人，并没有太多讲究，都是统一由陈正贵作为家长保管家庭财产，陈正贵将家中的钱都放在自己卧房的柜子里，孩子们不能随便动家长的柜子。陈家的收入分配包括农业和副业收入，只有陈家人才有资格，外人没有资格参与分配，也不需要告知四邻、家族和村庄，这是属于陈家自己的私事。

（二）分配类型
1.农业收入三类分配

陈家的农业收成包括耕种的所有作物的收成，每年的农业收成可以被分为四大部分，第一部分是上交给村庄的部分，陈家自有的田地需要交税，按照陈家的土地数量，每年需要交纳二石四的谷子，另外村庄还会进行派款，这是陈家一笔很大的支出，因为每年派款的次数和数量都不稳定，所以没办法计算总数。第二部分是给财主的地租，因为陈家还租种财主的土地，所以每年都需要交二石五谷子作为租金。税收和租金必须是经过晾晒和"风"②过的谷子。第三部分是陈家用做自家食用的粮食，包括谷子、高粱、蔬菜、玉米等作物，其中还包括为第二年预留的部分种子；最后是多余的收成，陈家会将其卖掉换钱，由陈正贵挑到"双石铺"贩卖。

---

① 吊猪：当地卖猪的做法，用一根木棒将猪的四脚绑在上面把猪倒着抬走。
② 风：指用"风簸"去掉谷子里面的杂质。

陈家的地租属于定额租，每年都是二石五的谷子，这个租金不算很高，就是村里的正常水平，陈家也能够负担得起。遇到灾荒年景，财主也能够适当减租，因为都是同一个村的，而且陈家"写地"①的主人家②比较好，只是家中没有劳动力才会靠收租吃饭。每年交租都是在秋收之后，财主会请人来陈家取走谷子，来的人会检查谷子的质量，不能掺杂其他的东西，而且要晒干，"上称"之后便会抬走。陈家没有交不起地租的时候，每年秋收之后，陈家首先就会把交租的谷子留出来。

陈家纳税的数量根据自有的土地面积确定，同样是交谷子，这个是陈正贵自己挑到永安街上纳税，政府会在那里设置一个专门称重纳税的地方，大家都排队纳税。纳税是必须的，如果拒不纳税，保甲长就会派人来催，催了之后还不缴纳，就会将家长带走关起来，直到纳税为止。陈家因为土地多而人少，每年都能够按时按量纳税。

2.手工业收入可自由安排

陈家手工业收入非常少，主要是家中妇女织麻纺布，拿到集市上去卖所得收入，陈家因为经济条件还行，而这笔收入数量又不多，所以这部分收入陈正贵管得不严，主要是陈淑华使用这部分收入，陈淑华和陈仪学通常用来给自己买一点喜欢的玩意，比如好看的包和衣裳裤子。如果卖布的钱比较多，陈淑华有剩余，还是会给丈夫保管，作为家庭的整体收入。陈家人都是直系的一家人，所以不会存在私藏收入的情况，收入属于整个家庭，也不需要和陈家之外的任何人商量。

3.家庭副业补贴家用

陈家的副业收入很多，陈正贵与父亲俩做土匠，只要到一家去盖房屋就能有一千斤米的收入，每年的收入要根据具体的情况而定，这部分收入不需要交给外人，都是直接到家里来请他们去做，一般不需要通过中间人的介绍。这笔收入都算作是陈家的家庭收入，都是一家人没必要藏起来，每年家里有多余的米都会拿去卖掉，卖回来的钱还是由陈正贵保管着，家里有需要开支的时候也由他拿出来。

(三)分配家长主导，成员参与

陈正贵作为陈家的家长，在分配中处于绝对的支配者地位，对外来说，他是陈家交租纳税的代表和责任人，对内来说，陈家的收入都是由他进行管理。陈家没有私房地和私房钱，因为陈家由上到下都是直系的一家人，私房钱和私房地就没有存在的必要。陈家家庭条件较好，衣物的购买相对自由，不一定非要等到过年的时候才能购买。陈淑华不会乱花钱，她有时候会给家里的人做衣服，但是也会和丈夫商量，陈正贵同意之后才会请裁缝到家里来量尺寸，而且家里做衣服的布料都是母女俩自己纺织，然后拿到染坊染出颜色，最后请裁缝到家里来。陈淑华自己也会做一些衣服，只不过比较耗时间，她经营家务已经比较繁忙，所以多数时候还是请人做。做衣服有顺序，需要先给家里面的长辈，也就是自己的公公做，然后才是晚辈们。不过陈正贵和父亲两个人觉得自己基本上都是在田里干活，整一身泥，没必要穿新衣服，所以他们一般不愿意做新衣服，而是让陈淑华给孩子们做就行。陈家也不缺粮食，在村里大多数人家都还在吃稀饭的时候，陈家几乎顿顿都能够吃到干饭，所以在食物的分配上没有

---

① 写地：指租地。
② 主人家：指地主。

顺序,陈淑华在家做好饭,大家一起吃就可以。陈家的家庭成员在家户分配中不能发挥支配作用,但是可以提意见。就比如陈淑华给丈夫说想给家里的孩子做衣服,陈正贵还是会同意的。

(四)分配讲顺序

陈家的家户分配会以全家人的需要为前提,首先就是食物的分配,按照"地租赋税、自家消费"的顺序进行食物分配,陈正贵会保证留下的粮食足够一家人吃一年,再把多余的拿去卖掉。陈家没有不交租和抗税的经历,都是按时按量完成地租赋税的上交。陈正贵在家庭收入的分配上面并没有特权,都是和大家吃一样的、用一样的,他也不抽烟,是一个非常踏实勤劳的人。年景不好的时候,陈家会将每天吃干饭改为吃稀饭渡过难关,好在这种时候并不多。

四、家户消费

(一)自给自足的家户消费

陈家的收入能够维持家庭的各类消费,正常年份中,每年都能够做到尚有结余。一是因为陈家有自己的土地,同时还有租种的土地,土地的总体数量在村里还算比较多,而且陈正贵和父亲非常能干,不仅能够耕作大面积的土地,还能通过副业赚钱。二是因为陈家本身人口数量很少,家户消费不大,所以即使是在病虫和天气灾害的情况下,陈家也能自己维持下去,不需要通过借贷等手段。

陈家的消费都是自己负担,宗族和村庄都不会负担。宗族一般只会对家族成员中特别贫困的家户进行照顾,或者是对家族中念书优秀的孩子进行奖励,家族并不会负担家户其他情况下的消费。陈家的粮食消费、食物消费、衣物消费、住房消费、人情消费、教育消费、医疗消费等所有类型的家户消费都是由陈家自行负担。因为陈家的条件在村里处于中等偏上,所以并不需要其他人的帮助。

(二)家户消费类型多样

1.粮食消费主要由内当家安排

陈家每年的粮食消费在家庭消费中所占的比重最大,可以达到百分之七十。粮食消费都来自于自家生产的谷子,没有向外购买。陈家的食物消费同样是一项主要的消费,陈家自己养猪和鸡鸭,杀猪和鸡鸭就可以吃肉,所以不需要在外面买肉吃。但是陈家也并不是经常都能吃肉,一般还是家里有人过生日,或者是有客人到来,或者是过年过节的日子里才会吃肉,平时都是吃素菜为主。陈家平时都是自己种菜,比如青菜、萝卜、茄子、南瓜等。所以陈家在食物上面的消费也是自给自足,不需要外出购买。

陈家的家户消费支配权在家长陈正贵手中,家里的钱财都是由陈正贵统一保管,所以家里需要用钱的地方都需要通过陈正贵的同意。家庭成员在家庭消费中虽然没有决定权,但一些时候也能表达自己的意愿,特别是陈淑华作为内当家,对家里的生活消费比陈正贵更加清楚,她能够给陈正贵提出来家中需要购买的东西。在粮食消费中,陈淑华每天负责给家里面做饭,吃的基本都是自家种植的粮食和蔬菜,陈正贵在这方面并不挑剔,做什么就吃什么,家里的孩子们如果想吃什么东西,也可以跟陈淑华说,条件允许的情况下,陈淑华也会尽量满足。陈家每天家里的生活用品有需要,比如盐不够,陈淑华就会跟陈正贵说,然后等到"赶场"的时候去购买。

2.衣物消费家长知情即可

陈家的衣物消费需要花一些钱,但是也不多,首先做"家居被套"、衣服、鞋子等衣物的布,陈淑华和陈仪学都是自己在家里纺织,然后再拿到染坊去染色,拿回家陈淑华就可以做成被套、衣服和鞋子等。有时候陈淑华忙不过来也会请裁缝做衣服。所以陈家在衣物上面的消费也就是染布和做衣服的钱,外加有时候母女俩买包的钱。陈家不需要向别人家借衣服穿,自家的衣服足够家人穿。

在陈家的衣物消费方面,陈正贵管得不多,主要是交给妻子陈淑华管理。陈家做衣服需要用钱的时候,陈淑华会和陈正贵说,有时候陈淑华和女儿陈仪学到市场卖布之后的收入直接拿去买包,回家只要跟陈正贵说一声就可以,陈正贵一般不会管她们卖布赚的钱。

3.住房消费支出少

陈家的房屋是当初买地的时候一起向财主购买,房间一共有五间,孩子们和爷爷睡在一间房,现有的房间能够满足一家人的需要,加上后来又搭建牛圈,饲养牲畜的地方也有,陈家买房以后就不再需要借用或者租住别人的房屋。而且陈家的男孩子们相继得病早逝,并没有来得及娶妻,陈正贵也就一直没有扩建房屋。所以陈家在住房上的消费主要是对房屋的小修小补,因为陈正贵和父亲本身会做土匠,所以修理房屋都是自家完成,购买材料的开支由陈正贵做主。

4.医疗消费家长支配

医疗费用在某段时间是陈家的大笔支出,不知道是出于什么原因,陈正贵的三个儿子总会得上不治之症,经过各种方法治过后,还是会早逝,这对于陈家来说是最大的打击。大儿子陈仪明在13岁那年突然得病,找了乡里的医生也没有好转,最终在13岁时去世。二儿子陈仪安也是在16岁的时候得病去世,陈家最后的一个儿子陈德才在18岁中学毕业之后,患上肺病,陈家甚至把他带到自贡市住院医治,可惜最后还是去世。医疗消费的支出都是陈家共同支出,陈正贵能够做决定,每个儿子得病之后,陈正贵都会全力医治,陈家其他家庭成员也没有意见,他们都希望家人能够康复,虽然最后还是都没有救回来,但陈家自然也花费不少。

5.红白喜事及人情消费家长决定

陈家的红白喜事和人情消费还算比较多,自家红白喜事方面,陈家主要是女儿陈仪学出嫁,以及母亲和三个儿子分别去世的消费。女儿陈仪学19岁出嫁的时候,陈家举办酒席,村里关系好的人家都到陈家吃喜酒。陈家的白喜事花费算是比较多的,家中母亲和三个儿子因病去世之后,陈家都会有一笔开支。红白喜事的花费都是家长陈正贵决定,陈正贵在这方面均是按照规矩进行,应该怎么办就怎么办,没有铺张浪费也不会过分节俭。陈正贵作为家长还是希望自己女儿能够风光出嫁,希望母亲和孩子们的最后一程也能走得安详,陈家的家庭成员对于陈正贵的安排是认同的,没有反对过。在人情消费方面,陈家因为和村里亲朋好友的关系都比较好,特别是湾子里哪家人结婚生子,陈家都会带上礼物前去祝贺和帮忙。过年过节走亲戚也会"赶人亲"①,一年算下来,陈家在这方面的消费还是不算少。人情消费主要是由陈正贵出面,他能够代表整个家庭。

---

① 赶人亲:指送礼物。

6.教育消费家长安排

陈家的教育支出主要是在家中的儿子身上,陈仪学没有读过书,大儿子陈仪明和二儿子陈仪安都读过几年书,村里叫作"读初小"和"读高小"①,读书最多的是小儿子陈德才,一直读到中学毕业。陈德才一年的学费需要三石谷子,陈家能够支付这笔开支,因此一直供他读书。陈家在教育方面的消费都是家长陈正贵进行安排,他认为儿子还是应该读书,所以在陈家经济条件逐渐变好之后,便让三个儿子都去读书,这笔消费对于陈家来说并不算小,但是陈正贵还是坚持让儿子接受教育,后来大儿子陈仪明和二儿子陈仪安不愿意读书之后,陈正贵便专心供小儿子陈德才读书,陈家其他的家庭成员对于陈德才能读书也挺高兴,便同意家里一直供他读书。

7.被迫型消费全家承担

除了以上正常的家户消费之外,陈家还有一项大的消费,便是保甲长会经常来陈家吃饭,这种吃饭并不是陈家人邀请的,而是硬性的,保甲长经常会轮流在村里条件较好的人家吃饭,直接告诉家长哪天要过来吃饭,让家里面准备好酒菜。遇到这种时候,陈家就只能给保甲长杀猪、杀鸡鸭,买酒来招待他们,而且陈家的家长陈正贵还要对他们表示欢迎,要不然就要得罪他们,但实际上没有人敢得罪保甲长。面对保甲长的欺压和"占便宜",陈家只能忍气吞声,所以这也是陈家的一笔大开支。

五、家户借贷

(一)帮着需要的人家借粮

1949 年之前,在陈家全家的努力经营下,陈家的经济条件一直都比较好,没有找别人借过钱或者是粮食,但是陈家有一个姓王的亲戚,是陈正贵的妹夫,陈家小孩子都叫他"王姑爷",他有较多的田土,专门从事"借粮收利"的营生,别人在他那里借谷子,如果借一石,那就要还一石五的谷子,还有的人借高粱需要还谷子。即使是这样,仍然有一些人需要在他那里借粮食,而且一般人借不到,需要陈正贵去向妹夫借,即使是同一个村的人也需要陈正贵去代他借才能借出来粮食,还的时候则需要借粮的人自己去还。借的过程也不需要写借据,也不需要请证人,因为陈正贵和妹夫是亲戚,关系很好,所以他信任陈正贵。村里借粮食的人也会想办法按时还粮食,因为大家都知道"有借有还,再借不难"的道理,又都是一个村的,所以在秋收之后都会把欠的粮食还上,如果实在还不起那么多粮食,有的人家只有再去向财主借,先把到期的还上,后面再借的再还。

(二)家户借贷基本规矩

虽然陈家没有过借钱借粮的需要,但是借贷在新房村还是很常见的现象,对于家户借贷,村里的规矩都相似,陈正贵帮村里的人向妹夫借粮的过程,也是遵守这些基本规矩。就借贷的单位来讲,基本都是以家户为单位的,大部分人家借钱借粮都是为了维持家庭的日常生活。陈正贵介绍的借钱人家也都是以家长为代表,家长直接代表整个家庭。因为 1949 年之前,农村的贫富差距还是很大,而且穷人占大多数,所以借贷在村民眼里并不是丢人的事情,只要遵守信用,有借有还,大家就不会议论纷纷。

关于借贷的主体,家户借贷一般都需要由家长出面,家长才能够代表整个家庭,有的家庭也可以由其他的家庭成员进行借贷活动,但需要经过家长的同意。陈正贵在做中间人的时候,都是带着需要借钱家庭的家长到妹夫家进行借贷。借贷之后家长便是第一责任人,每个家庭成员都有还贷责任,大家都需要做出努力来赚钱还贷,但是对外来讲,大家都认为家长就是责任人,他能够代表自己的家庭。家庭之外就没有责任还贷,家族也没有帮助家族成员还贷的责任。还贷的责任很难具体分摊到家庭内部个人身上,只能一家人一起努力干活,粮食收获之后,便让家长拿去还贷。

就借贷的过程来讲,一般情况下需要抵押物和借条,借钱要找一个"担保人",这个"担保人"由借贷的家长来找,一般会找和自家关系好的,只有关系好的才愿意担当"担保人"。借贷的借条上面需要有家长的签名和"担保人"的签名。借钱借粮都有利息,而且利息往往都比较高,有的是借一石还一石五,有的甚至需要还一石六,所以很多穷人家年年都需要靠着借粮借钱过日子,利滚利下来,自家根本没办法有存余。而陈正贵作为中间人的借贷则不需要写借条,陈正贵自己便相当于一个"担保人","王姑爷"这一边因为陈正贵介绍的关系而借粮借钱,借贷的一边也要按时还贷,否则便是对不住陈正贵。

还贷也需要家长出面,新房村还贷日期多是在秋收之后,这个时候刚收获粮食就赶紧还贷,借贷人就按借条上规定好具体的还款日期还贷。对于家长去世后遗留下来的债务,家中的后人和妻子需要承担偿还责任,所谓"父债子偿""夫债妻偿",这在村里是借贷的规矩之一。陈正贵在别人还贷的时候不一定到场,家长直接带着粮食到"王姑爷"家还贷就好。

六、"赶场"中的家户交换

(一)交换主体是家户

陈家的经济交换都属于家庭交换,交换的具体过程是由家长陈正贵来安排,他也会和父亲及妻子商量,但是不需要告知四邻、家族和村庄,村里人经常会在"赶场天"到集市上买卖东西,只要根据自家的需要进行安排就可以。陈家不存在家内的小家交换和个人交换,都是到集市上和别家进行经济交换。

新房村"赶场"的日期是逢农历三六九的日子,永安的"赶场天"是农历逢二五八的日子,仲全的"赶场天"是逢农历一四七的日子。"赶场"并不是只有陈正贵才能去,陈正贵的父亲也会在"赶场"的时候去街上逛逛,因为那是最热闹的时候,几乎每家人都会有人到市场上去,经常走几步就要停下来打招呼或者是闲聊几句。即使是家中的女性,陈淑华和陈仪学有时候也会去"赶场",只不过她们不是每次都去,而且不会逗留太久,她们去"赶场"多是为了卖布,母女俩在家里纺线织布,完成之后拿到集市上去卖,拿到钱之后就可以去买鞋买包,因为外面卖的鞋子和包比自己家里做得更好看。另外陈家有时候还会去市场上卖一些自家种的小菜,比如油菜和胡豆叶,陈仪学在家里就会割胡豆叶,然后把胡豆叶捆成"一捆",拿到集市上去卖钱。

(二)交换客体按需分类

家长是和集市、粮食行、流动商贩、市场管理及"人市"打交道的代表。陈家和集市打交道主要就是"赶场"的时候进行买卖,家里有需要购买的东西,或者是能够拿出去卖的东西,就会在"赶场"的时候到集市上去交换。家里的人在征得陈正贵同意的情况下,都可以到市场上去,但是不能逗留太久。陈家和粮食行打交道的就是陈正贵自己,每年秋收之后,陈正贵将粮食分配完毕,多余的粮食就会拿到粮食行售卖,卖的时候是陈正贵自己挑过去,一般是卖小麦和谷子,小麦的价格是一毛一斤,谷子的价格是三毛一斤,家里面只有陈正贵会和粮食行打交道,其他的人都没有过这种经历。

陈家到市场上卖东西时属于流动商贩,陈家没有固定的摊位,都是提着篮子或者是背着背箩一边走一边卖,因为并不是每次"赶场"都会卖东西,所以没有必要找固定的摊位。陈家和"人市"打交道请"看牛娃"的时候,陈正贵在"人市"寻找愿意到自己家做工的人,价格谈拢之后就可以。总的来讲,家长在家户交换当中能够代表自己的家庭和市场打交道,重要的买卖还是需要家长出面才能决定,而一般的小买卖,几乎每个家庭成员都可以完成。

(三)熟人交换为主

陈家在买东西的时候很少会货比三家,因为陈正贵都会直接找熟人购买,陈家需要买菜买肉的时候非常少,大多都是购买一些生活用品,陈正贵会直接到熟人的店里购买,不需要货比三家,也不用担心价格和质量问题,因为如果有问题,买家可以直接拿到卖家的家里或者是店里换,只要是卖方的问题,都必须要给人家换。做生意的人讲究"和气生财",不愿意有不愉快的事情发生,所以在熟人处买东西会放心很多。陈淑华和陈仪学在街上买包的时候则会进行挑选,选出最喜欢的再购买。因为陈家几乎不在市场上买菜,所以不会遇到缺斤少两的问题。买卖过程中只要是熟人就可以赊账,今天买、明天拿钱都可以,商贩都认识是哪家的人,不会担心不给钱。

第三章　家户社会制度

陈家在家户婚配方面,妻子陈淑华为陈家的童养媳,原姓为雷,后改姓为陈;三个儿子由于早逝,均未婚;女儿陈仪学6岁定亲,于19岁出嫁,后由于需要回家赡养老人,丈夫被迫入赘;陈家婚礼习俗均与当地习俗相同,陈正贵作为家长决定婚姻事务。家户生育方面,陈家生育情况处于村内中下水平,陈正贵的父亲仅两个孩子,陈正贵四个孩子;陈家孩子起名根据字辈,小儿子陈德才为老师赐名。家户继承方面,陈家情况较为特殊,因三个儿子都早逝,陈家的家产继承全部归女儿陈仪学。在家户赡养方面,陈正贵作为唯一的儿子承担赡养老人的责任。在家户交往方面,陈家内部都是直系血缘,关系融洽;陈家对外关系也非常和谐,从未与人发生冲突。

一、家户婚姻

(一)家户婚姻情况多样

陈家的家庭成员在1949年以前的婚姻情况是陈正贵的父亲丧偶,陈正贵和陈淑华结婚,而且陈淑华属于童养媳,陈淑华本来姓氏是雷,因为家里贫困,所以送到陈家来做童养媳,陈淑华来的时候,陈正贵的母亲还在世,母亲在陈淑华小的时候便开始教导她做家务,陈淑华会纺棉织布,做鞋子、做衣服等,这些都是陈正贵的母亲教授。大儿子陈仪明已经因病早逝,女儿陈仪学在1949年出嫁,二儿子陈仪安和小儿子陈德才因为年龄尚小,还没有娶妻。陈家适婚年龄的人,都是正常结婚,没有光棍、守寡和离婚的情况。新房村在1949年之前不允许同村结婚,更不允许同姓结婚,通婚的范围比较大,整个富全乡及周边的乡,都可以通婚,陈仪学便是嫁到了联络乡。

婚姻中非常讲究门当户对,这就是传统,大户人家不会娶小户人家的女儿为妻,小户人家的女儿即使进了大户人家的门,也只能是小妾,而且在家里的地位很低,"说不起话",除非是妻子没办法生儿子,小妾嫁进去生下儿子,母凭子贵,可能在家里才能有话语权。小户人家一般都是和小户人家或者是中户人家通婚,陈淑华原本的家庭就是贫穷的小户人家,通过到陈家做童养媳嫁进陈家,不过这也因为陈淑华到陈家的时候,陈家还没有自己的土地,还在靠租佃土地为生。

家庭人口规模对婚姻的影响并不是必然,主要还是看家庭经济状况,经济好的人家,不管里有多少人,都能够风光大办,经济条件差的人家就没有这个能力,好多穷人家,结婚都没有钱请客,安安静静地就结完婚了。

(二)婚前准备

1.父母之命,媒妁之言

陈正贵唯一的女儿陈仪学是在1949年出嫁,这一年她刚满19岁,但其实陈仪学的婚事是在她6岁的时候就已经定下来了,是由陈正贵的母亲,也就是陈仪学的奶奶和媒人一起定下来的。陈仪学的媒人是村里专门做媒的人,和陈家有点"串联"①,但是也算不上是亲戚,因为媒人跟陈仪学的奶奶说男方家的各方面条件都很合适,所以陈仪学的奶奶就直接把婚事定下来,陈正贵听说之后也没有反对,因为村里像这样定下"娃娃亲"②的情况并不少见,再加上陈家本来就有些重男轻女的思想,所以并没有经过很认真的商量,陈仪学的婚事便这么定下来。1949年之前的婚姻都是"父母之命,媒妁之言",只要家长和父母同意一桩婚事,不管本人是否愿意,婚事都会被定下来,这是没有办法反抗的事情。

2.八字相合,门当户对

1949年之前,对结婚对象最大的要求就是"八字相合,门当户对",陈仪学的婚姻就是这样。媒婆上门给陈家说媒之后,陈家就把陈仪学的年庚八字③写在一张单子④上面,把单子折起来装进"红庚"⑤里,然后就进行"开庚"⑥。算出两个人的年庚八字相合之后就进行"换帖"⑦,这个时候男方送来衣裳、一些米和一些肉,也是作为一种定亲。"帖子"就各自放在家里面,等年龄到了,就拿"帖子"去请"阴阳老师"⑧进行"看期"⑨,也就是定一个吉祥的日子过门。"看期"之后需要"送期"⑩,相当于是聘礼,男方送过来的衣服、糖等,都作为"礼租"⑪。陈家收下之后就开始准备床铺、柜子等嫁妆,整个婚事就是彻底定下来了。结婚之前不能到男方家里去看,所以陈仪学结婚的时候才第一次见到丈夫,而且双方家长也不能见面,这会被认为婚后要吵架。

村里面对于结婚对象的要求普遍相同,首先是门当户对,然后八字相合,然后还要看对方的名声德行,这也很重要,对于那些名声德行不好的人来讲,就很难找到结婚对象。男性主要是有赌博、吸鸦片、偷窃等坏名声的不容易找到老婆;女性则主要是妇道方面的要求,名声不好的女性更加难以找到丈夫。除此之外,身体条件也特别重要,在劳动力特别重要的情况下,没有人愿意娶或者嫁给一个身体不好的人,都愿意找个身体健康、勤快能干的人结婚。这也导致媒人特别重要,如果媒人"嘴巴会说",那就可能会把一个名声不好的人说得很好,毕竟双方见不到面,也没有办法到对方村里去询问,所以大家都愿意找亲戚朋友作为媒人,或者是专门从事媒人工作的人来做媒,这样被骗的可能性更低。

3.婚姻目的为传宗接代

1949年之前,陈家人结婚的目的即为生儿育女、传宗接代,没有人可以自由地追求自己的幸福和爱情。到了适婚年龄就必须要结婚,一是因为陈家农业生产离不开劳动力,只有结

---

① 串联:形容两家人有点关系,但是关系比较远,不亲密。

② 娃娃亲:指在孩子很小的时候就定下亲事,到了适婚年龄便结婚。

③ 年庚八字:指生辰八字。

④ 单子:一张纸单的意思。

⑤ 红庚:一种红色的小纸包,形状类似于今天的红包,用来装生辰八字。

⑥ 开庚:指打开红庚,由算命的看双方八字是否相合。

⑦ 换帖:相当于定亲的凭证,一式两份,双方各自保管。

⑧ 阴阳老师:指算命先生,能够看风水、算日子等。

⑨ 看期:选定结婚的日子和女方出嫁的吉时。

⑩ 送期:"看期"之后男方下聘礼。

⑪ 礼租:意为聘礼。

婚才能让家中的劳动力增加,这和村里其他家庭的情况一样,家中劳动力和人口越多,代表这个家庭的发展越好,所以到适婚年龄,父母就希望子女赶紧结婚。二是因为生儿育女的需要,陈家人和所有家庭一样,特别看重家庭的传承,都希望自己的后代能够源远流长,而且越是家庭条件好的大户人家越希望能够繁衍后代。小户人家也有着同样的愿望,但是因为经济条件的原因,可能不像大户人家那样,有那么多机会能够生儿育女。在结婚目的这点上面,不管什么类型的家庭都区别不大。

4.不允许自由恋爱

1949 年之前,自由恋爱在新房村根本不存在,所有人都是通过媒人介绍,父母和家长同意之后再结婚,因为不允许同村结婚,而家中的孩子出门的机会非常少,所以也没有机会发展自由恋爱。陈仪学 6 岁就定亲,之后嫁到男方家中,她在成长当中也没有机会认识别人,外出的时候必须和母亲陈淑华一起,不能一个人单独外出。

5.聘礼和嫁妆较丰富

陈家在"看期"之后便收到男方家的聘礼,有衣服、米、糖、肉等,聘礼不是特别多,之前"开庚"之后就已经送过东西,这个就相当于是定亲,只不过没有那么正式,但是有这个环节之后,女方如果反悔,就需要退还这些定金。定亲之后两家不能走动,在正式结婚之前都不能够走动。收到聘礼之后,陈家开始为陈仪学准备嫁妆,陈仪学的嫁妆就是村里女孩出嫁普遍会准备的一些东西,包括床铺被套①、柜子、衣服。陈家只有陈仪学办过婚事,因此没有可以比较的。聘礼和嫁妆的讲究程度和家庭条件相关,大户人家和中户人家对聘礼或嫁妆的要求更为讲究,小户人家则没有那么多讲究。

(三)婚配过程

陈家在陈仪学出嫁的时候主要是陈正贵和妻子陈淑华在操办,婚姻并没有写婚书,当地直接把"庚"当作婚书。正式出嫁之前要"哭嫁"②,陈仪学没有姐妹,所以"哭嫁"是她自己做的。出嫁当天首先是在陈家办了七八桌酒席,酒席上面的菜,就是四川地区传统的"九大碗"③。陈家的家门亲戚,还有整个湾子里面的人都来吃酒④,来吃酒的人都要送东西,代表祝贺的心意。一般情况下,大家都是送六尺布,在当地,六尺布刚好可以做一件新衣服。村里也有条件差的人家前来参加,他们送不起布,就会送一些自己手工编的东西,贾贵生是村里的穷人,他来参加陈家婚礼的时候就是送上自己编的"编笼"⑤。收到东西的时候,陈仪学也要哭,哭着"谢人"⑥。陈家也会给每家来吃酒的人送一条毛巾,表示感谢。

按照"阴阳先生"之前算好的吉时,时间一到陈仪学就要上轿子,男方家里不会过来人,就直接"请轿子"⑦,陈仪学出嫁的时候是"抬四轿"⑧,是一种高的、花的轿子,男方请四个人来

---

① 床铺被套:常见的嫁妆,意为今天的床上四件套。

② 哭嫁:指新娘在出嫁之前的几天,娘家的姐妹要在闺房哭,表示不舍。

③ 九大碗:酒席常见的九种菜,包括蒸肉、清蒸排骨、牛肉、鱼、鸡、鸭、猪肘子、夹沙肉、烧白。

④ 吃酒:指到请客的人家去吃饭席。

⑤ 编笼:四川地区的一种农具,用竹子编成,可以提着装东西。

⑥ 谢人:意为向别人表示感谢。

⑦ 请轿子:指请人抬轿子到新娘家接新娘。

⑧ 抬四轿:指一种需要四个人抬的轿子。

抬。陈家这边的父母不能跟着过去,只能有一个兄弟跟着过去,陈仪学出嫁是弟弟陈仪安把她送过去,过去之后,陈仪安在男方家吃过饭就要返回陈家。陈仪学的嫁妆也要在当天和她一起抬过去,因为当地"棒客"①非常多,他们看到嫁妆就会来抢。陈家不敢把嫁妆拿出来,全部都是放在柜子里面悄悄拿过去。嫁过去之后的第二天,陈仪学和丈夫再一起"回门"。

陈家的婚礼陈正贵占据支配地位,家里请客的范围由他来定,也是他到亲戚家和朋友家去请人。陈家其他的家庭成员则会帮忙,陈正贵的父亲也会帮着到湾子里去请人,全都是靠腿跑,一家一家地通知,每家都要通知到。陈淑华则在家里准备结婚需要的东西,也会教导女儿到了婆家应该怎么和男方的家人相处。不过男方的父母去世很早,只有兄弟姐妹在,而且都已经分家,所以陈仪学嫁过去之后,就是和丈夫两个人一起生活,家里并没有其他人,第二年两人生下第一个孩子。

(四)婚配原则
1.后代仅一桩婚事
陈家的情况比较特殊,只有陈仪学出嫁这一场婚事,她的三个兄弟都在没来得及娶妻的时候就已经得病去世。就整个村里的情况来讲,结婚确实要讲究次序,一般都是长者先结婚,幼者后结婚,之所以有这个现象,其实并不是因为规矩如此,而是因为农村里的孩子一旦到适婚年龄,就会有媒婆来说媒,家长也会觉得到了年纪就应该结婚成家,老大不小的不结婚会被说闲话,就因为如此,便形成结婚的长幼次序。如果有特殊情况,哥哥没有结婚,弟弟有合适的对象,也可以先结婚。

2.结婚花费男女不同
婚礼的花费主要就是聘礼或者嫁妆的花费、"办酒"的花费、请人抬轿的花费、"谢媒"②的花费等。陈家嫁女儿的花费就是如此,女方主要是嫁妆和家中"办酒"的花费。男方则是聘礼、请人和"谢媒"的花费。因为陈家就这一次婚礼,所以在花费上没有对比。大户人家在结婚上的花费肯定要远远超过小户人家,有些非常贫穷的小户人家,结婚的时候基本上没有彩礼和嫁妆,"空手"③便嫁过去。

(五)其他婚配形式
1.抱姑儿
1949年之前,童养媳在当地的叫法是"抱姑儿"④,陈正贵的妻子陈淑华就是"抱姑儿"。陈淑华的本家姓雷,并不是新房村的人,因为家里贫穷,没有能力抚养过多的孩子,便经过媒人"牵线"⑤,把女儿当作童养媳养在陈家,陈淑华的姓氏也由雷姓改为陈姓,这个过程并没有请示保甲长或者是家族,因为女性本就不能够上族谱,所以将女儿送到陈家去做童养媳不需要征得别人同意,只要家长同意就可以,也没有写正式的文书,双方确定之后,雷家就将女儿送到陈家来了。陈家并没有给陈淑华的娘家彩礼,因为陈淑华到陈家之后还要靠陈家养大,所以就不需要支付彩礼钱。陈淑华刚到陈家的时候,陈家的家长还是陈正贵的父亲,陈家也

---

① 棒客:即土匪强盗。
② 谢媒:指男方在亲事成功之后,婚礼当天向媒人送礼表示感谢。
③ 空手:这里表示穷人家出嫁没有聘礼和嫁妆。
④ 抱姑儿:就是童养媳的意思。
⑤ 牵线:指媒人做媒。

没有田地和房屋,就靠着租田耕种维持生活。陈淑华到陈家之后,主要是和陈正贵的母亲接触,陈正贵的母亲是一个性格很强的女性,她还在世的时候,陈家的大小事情实际上都是她说了算。母亲对陈淑华一般,在陈淑华小时候就会让她在家里做家务,会教她做饭洗衣、纺棉织布、做鞋子衣裳等女性应该做的家务活,母亲一直把陈淑华教导为贤妻良母,这也是后来陈淑华一直都对丈夫言听计从的原因,从小就是接受这样的教导。陈淑华因为从小到陈家生活,无亲无故的情况下,胆子很小,也不敢忤逆婆婆的意思,做事情都是按照婆婆的要求去做,有时候被婆婆责骂也不会和她发生争吵。陈淑华到陈家做童养媳之后就和原来的家庭没有联系,一直生活在陈家,陈淑华到了可以"谈房"①的年纪,两人就正式成亲,这就是"大结"②。

"抱姑儿"在村里并不是稀少的现象,那些家庭非常贫穷的小户人家,生育的子女又比较多,在养不起那么多子女的情况下,就会在女儿很小的时候送到另一户人家去养,等女儿长大之后就嫁到寄养的人家。那些愿意养童养媳的人家多是中户人家,他们能够承担多养一个人的负担。一般来讲,大户人家不会养童养媳,因为他们不担心家里的儿子长大娶不到老婆,而且大户人家的家庭成员本身就会比较多,没有必要再去养一个童养媳。"抱姑儿"都是在几岁的时候就会被送到男方家去生活,从小被男方家长养大,婆婆会负责教导童养媳,等到十三四岁的时候就可以正式圆房。童养媳到男方家之后,必须要勤快,家务活都要慢慢开始做,婆婆可以指使童养媳干活,遇到"坏心"③的婆婆,还会对童养媳打骂。

2.倒插门

入赘在当地被叫作"倒插门"④,陈家在这方面的情况比较特殊,属于被迫"倒插门"。陈仪学嫁到男方家之后,一直和丈夫在联络乡生活八年,因为丈夫的父母早已去世,丈夫和兄弟们都已经分家,所以除了刚过去的时候,丈夫的姐姐在家里帮忙,后来的生活只有夫妻两人,生活非常和谐。但是在这八年的时间内,陈仪学的二弟陈仪安在16岁的时候突然得病去世,三弟陈德才在18岁中学毕业之后,又因为肺病医治无效去世。陈仪学的大哥陈仪明早在陈仪学出嫁之前就已经因病去世。这么一来,陈家的所有儿子都不在人世,家中只剩下陈正贵的父亲和陈正贵夫妻两人,面对无人养老的局面,陈仪学便和丈夫回到娘家生活。两人把在联络乡的财产都送给男方的家门亲戚,然后就回到新房村娘家,为家里的老人养老,之后就一直生活在新房村。因此村里的人都说陈仪学的丈夫是被迫倒插门,不过因为他在联络乡也没有老人需要赡养,所以并没有介意过来陈家生活。

二、家户生育

(一)生育数量偏少

陈正贵的父亲共生育一男一女两个孩子,所以父亲一直都是和陈正贵在一起生活的。陈正贵和陈淑华生育四个孩子,包括三男一女,分别是大儿子陈仪明、女儿陈仪学、二儿子陈仪

---

① 谈房:指到了适婚年龄。

② 大结:指童养媳到了适婚年龄,正式和丈夫成亲。

③ 坏心:形容一个人的心肠不好。

④ 倒插门:指入赘。

安和小儿子陈德才。陈家没有孩子夭折、丢弃和溺婴的情况，但是有早逝的情况。陈正贵的三个儿子分别在13岁、16岁、18岁的时候得病去世，这对于陈家和陈正贵夫妻来说是非常大的打击。陈家没有出现过非婚生育的情况，陈仪学的第一个孩子是在出嫁之后的第二年出生。

(二)生育目的为继承与赡养

陈家的人认为，生育最重要的目的就是传宗接代，生儿育女对家庭来说首先意味着血脉的流传，不能传宗接代是一件愧对祖先的事情。而且对于1949年以前的农村来说，劳动力对于家庭的重要性不言而喻，所有的家计营生都需要足够的劳动力来完成，如果没有孩子，特别是没有儿子，首先是家庭生产难以维持，然后家族血脉无人继承，这对于陈家来说正是最令人感到伤心的地方。出于以上的原因，在子女的生育上，村里的人都倾向于生男孩。陈正贵在其16岁和妻子陈淑华正式成亲，女儿陈仪学结婚的时候19岁，都算得上是早婚早育。陈家对于生育的态度也是一定要生儿子，村里面大多数家庭都是这样的观点，女性要生到自己不能再生才会作罢。越是大户人家越希望多生儿子来继承家户财产。

(三)孕妇自我照顾

陈家生孩子就是自然而然的事情，并没有受到谁的规定，陈正贵和妻子生的孩子在村里不算很多，四个孩子算是正常水平。陈淑华怀孕期间也需要干活，因为家里面人少，女性就是陈淑华和婆婆两个人。陈淑华的婆婆性格比较泼辣①，并不是传统的居家型②的女性，陈家早年间，家中婆婆是能够说话算话③的，家里的大事小事她都能管理，陈正贵的父亲有时候也要听她的。所以陈淑华怀孕之后，如果她不做家务，就全部都要婆婆来做，陈淑华不敢偷懒。孕妇吃的东西也和大家一样，陈家吃得一直都不错，所以不用特意改善伙食照顾孕妇。孩子出生的时候由婆婆去请产婆来家里接生。孩子出生之后，陈淑华坐月子时才能够吃鸡，除此之外，坐月子期间基本上还是自己照顾自己。陈淑华在生孩子的过程中都很顺利，没有遇到过危险的情况。

(四)生育之后"摆酒"

陈家孩子出生之后会"摆酒"请客，不管是男孩还是女孩都会请客，来的都是家门亲戚和湾子里面的人，陈家都是陈正贵和父亲去请人，请的人都会来。来的人会带上礼物，礼物一般都是米，也有的贫穷人家送不起米就送点其他的物件，这个都没人会介意，同一个村的人，家庭条件大家都清楚。请客的目的是希望孩子能够健康，请客的费用就是陈家自己负担。陈淑华因为是童养媳，她自从来到陈家之后，就和自己原本的家庭没有联系，所以生孩子也并没有通知娘家人。女儿陈仪学结婚之后生孩子，陈家的人会过去看，陈正贵还会带上鸡蛋、大米、小孩的衣服、油和酒到联络乡去看陈仪学和孩子，小孩子的衣服由陈淑华亲手做。

(五)孩子起名依字辈

陈家的孩子会按照字辈来起名字，"永正仪蒙致"是陈家家谱里的五个字辈顺序，陈正贵一共有四个孩子，原本四个孩子都是按照字辈来起名字，分别是陈仪明、陈仪学、陈仪安和陈仪才，起名的意义是希望孩子们做人堂堂正正、一生平平安安，也希望孩子们能够学有所成。

---

① 泼辣：形容为人性格爽利干脆，不扭捏，性格外向。

② 居家型：形容大门不出、二门不迈，就在家里面做家务的女性。

③ 说话算话：形容说话有分量，有人听从。

后来因为陈仪才读书比较多,学校的老师给他起了一个学名,叫陈德才,寓意是他能够德才兼备,陈家的人也觉得这个寓意比较好,就这么叫下来了。1949年之前,村里的人起名字都是按照字辈来,有的家庭重男轻女思想比较严重,没有给女孩按照字辈起名字,于是有些女孩的名字是自己起,有的是教书先生起。孩子们的小名则会比较随意,四川地区都喜欢给孩子起一个"难听"的小名,因为都说这样好养活,往往很多孩子的小名都叫"秋娃儿"[①],或者干脆就用家里面的排行来代替,比如"三儿""四儿"外人叫的时候加上姓氏就可以。

三、家户继承唯一选择

继承家产的资格一般都属于家中的儿子,因为女儿总归要嫁出去,嫁出去之后和娘家的家产就不再有关系,继承财产也是和丈夫一起继承婆家的财产。所有儿子都有资格继承家产,除非是特别不孝顺,对老人不管不问,老人特意叮嘱不给家产的情况下,儿子才会没有资格继承家产。

陈家的家产继承情况和别人家有所区别,陈正贵的父亲只有这一个儿子,所以陈正贵继承陈家所有的家产,父子两人在原有的基础上不断努力,买房买地,陈正贵成为家长之后,陈家原本在陈正贵和父亲的努力之下,有很多家产可以供孩子们继承,但是到最后家里只剩下一个女儿和一个被迫倒插门的女婿,所以陈家的家产就全部由陈仪学和丈夫继承。继承的内容包括陈家居住的房屋和房屋里的所有家具、陈家自有的40挑田土、陈家的所有生产资料和生活资料等。继承资格的确立就是来源于女儿陈仪学和丈夫对陈家老人的照顾,陈家两代老人的养老都是陈仪学和丈夫负责照顾,所以由他们夫妻俩来继承家产也是合情合理。

四、因"风水"放弃过继

陈家接连遭受丧子之痛,最后小儿子去世的时候,陈正贵已经49岁,陈淑华也已经47岁,两人都没有能力再生育小孩,村里不少亲戚朋友都劝陈正贵过继一个儿子到陈家。1949年之前,过继在新房村是正常现象,多是由于家里面没有儿子,所以需要从家门亲戚里过继一个儿子到家里,过继的首选对象就是自己的兄弟,因为本就是一个血脉,也算是家族血脉的传承,兄弟的家庭如果没有多的孩子可以过继,就会考虑堂兄弟,总之先考虑自己家族的人。

陈正贵没有亲兄弟,只有一个妹妹,他只能选择从陈姓家族兄弟的孩子里过继,但是陈正贵接受几次打击之后,他和父亲都觉得是家里的"风水"问题,导致陈家养不活儿子,请过"阴阳先生"到家里面看"阴阳"[②],该装镜子的地方装镜子,该供家神的地方也供家神,想尽各种办法,最后还是一个不剩,陈正贵也死心了,过继的孩子一般都是有血缘关系的家庭里的孩子,陈正贵觉得过继别人家的孩子到陈家,如果还是养不活,对不起孩子,也对不起孩子的父母,还会影响到以后的关系,所以就放弃从族人家过继孩子的想法。同样,陈家也没有抱养孩子,陈家的儿子接连去世,在本就非常迷信的农村也没有人再愿意把自己的孩子送到陈家去养。

---

① 秋娃儿:一般用作孩子小名,形容对小孩儿的态度随意。

② 阴阳:当地对风水的俗称。

过继的目的主要是传宗接代和家庭再生产，也是为了能够有人为自己养老送终，辛苦一辈子，老了之后膝下无儿也是一件悲哀的事情。但是陈正贵觉得女儿和女婿对自己还是很孝顺，最后干脆就把女婿当作亲儿子，一家人生活在一起，所以过继的事情就此作罢。

　　过继中占据支配地位的是家长，家长不在的情况下不能过继。过继的过程不需要给钱，因为过继不是买卖，如果给钱，事情就改变了性质，只要孩子出继之后，家里好好对待孩子，孩子的父母就非常满意。过继不需要请"中人"，是否写契约因人而异，有的亲兄弟之间的过继，不需要写契约，有的则需要写清楚过继的情况，双方家长需要签字，以免之后出现问题。

五、家户赡养

（一）家庭自行负责养老

　　在陈家，赡养老人是家户内部的事务，家户之外的人不会干涉。陈家在1949年之前，家中只有父亲这一位老人，母亲已经去世多年，父亲也只有陈正贵一个儿子，所以赡养老人的责任就在陈正贵一家，不过陈正贵的父亲身体硬朗，很少生病，即使在六十多岁的时候还能够下地干活，所以陈家在1949年之前，家户赡养的压力很小。陈家的孩子们对爷爷都很尊敬，这是属于家规，对长辈不尊敬会挨骂。

　　养老都是家户自己的事务，国家和官府不会给老人养老，这也是为什么说生儿子非常重要。正常情况下，外人不会干涉一个家庭的养老问题，除非家中的孩子们拒绝赡养老人，人们便会议论孩子不孝，家族也会出面教育晚辈。

（二）赡养主体看情况

　　老人只有一个儿子，那么赡养老人的责任就在这一个儿子及其后代身上，陈家的赡养就是这种情况，陈正贵作为唯一的儿子，一直负责照顾父亲。如果有多个儿子的家庭，那么每个儿子都有责任赡养父母，具体的方式由儿子们自行商量。如果老人没有儿子，或者像陈正贵一样，儿子们都早逝，那么赡养的责任就会到女儿身上。如果老人无儿无女，亲戚、邻居或者家族也许会接济一下，比如侄子会承担照顾叔伯的责任，保甲长不会照顾孤寡老人。

（三）赡养形式为一起生活

　　陈家的赡养方式就是和老人一起生活，陈正贵的父亲有自己的养老地，但是平时都是一起在耕种，陈家的收入和消费都算作整个家庭的，陈正贵不需要给父亲养老钱，就是一家人一起生活，自己和妻子陈淑华一起照顾父亲的一日三餐，而且父亲身体健康，1949年之前根本不需要特殊照顾。

　　村里最常见的赡养方式是几个儿子轮流照顾老人，老人按照"轮子"①到每个儿子家中生活一段固定的时间，在哪个儿子家里，那家人就要负责照顾老人的饮食起居，期间如果碰上老人重病需要用钱，几个兄弟就会一起商量和出钱。

（四）治病与送终

　　1949年之前，陈家对于老人的治病与送终主要体现在陈正贵母亲生病及去世上。母亲生病期间，老人家喜欢到外面去"信迷信"②，每次去都需要给点东西，而且母亲性格特别倔强，

---

① 轮子：指安排好的顺序。
② 信迷信：指找算命的或者巫婆来用迷信的办法解决问题。

陈正贵在劝说无效之后，就任由母亲去。陈正贵也会为母亲请"郎中"来家中看病，但是农村的医疗条件实在是太差，此后母亲一病不起，妻子陈淑华和女儿陈仪学就负责照顾老人，每天做好饭菜端到老人床前，陈淑华也会在闲下来的时候听婆婆念叨，宽慰婆婆。母亲去世之后，陈家按照村里的习俗举行葬礼，按照母亲的意愿埋葬。母亲治病和丧葬的费用都是陈正贵家支出的，因为他是独子，妹妹出嫁之后就没有出钱的义务，况且陈家的状况已经好转，经济算是比较宽裕。

六、家户内部交往

（一）父子关系

1.抚养责任

在陈家，陈正贵作为父亲，对儿子主要是抚养责任，要负责将儿子养大成人，在日常生活中教儿子生活和劳动的技能，陈正贵的三个儿子在有劳动能力之后，都会帮着家里干活，在念书之余经常会到家中的田间地头看父亲和爷爷干活，也帮着做点事情。陈正贵在不是非常忙的时候会给儿子讲怎么干活，教会儿子农村中最基本的生存技能。陈正贵一般不会打孩子，除非是孩子犯下严重的错误，例如念书不认真之类，陈正贵没有念过书，在家里有条件供孩子读书之后，就希望孩子们能够好好念书，所以这方面对儿子会特别严厉。陈家三个儿子对父亲的话都是服从的，父亲在儿子眼中具有绝对的权威。父亲本应负责给儿子娶媳妇，但是陈家因为儿子们没有到结婚年纪就去世，所以没有做到。陈正贵绝对算得上是一个好父亲，他支撑整个家庭的运转，辛苦努力地劳作来改善家庭条件，供儿子们读书，也不会乱发脾气、打骂孩子，还会教导孩子们该学会的东西，孩子生病之后也是尽全力医治。

2.父子之间未冲突

陈家父子之间的关系比较严肃，并不是说关系不好，而是父亲在儿子们眼中的形象很高大，儿子们会觉得父亲了不起，这和陈正贵本身的能力有关系，也和陈淑华对孩子们从小的教育有关系，因为她自己就是一个对丈夫言听计从的人。儿子们很少会和父亲开玩笑，而且家里也不允许小孩子喝酒。儿子们还是比较惧怕父亲的，会自觉地帮着家里干活。因为孩子们并不大，所以父子之间的冲突并不多，甚至没有过正式的冲突，除了陈仪明因为不认真读书被父亲打过，其他时候，陈正贵基本没有打过孩子们。

（二）婆媳关系严肃

1949 年之前，陈家存在的婆媳关系就是陈正贵的母亲和陈淑华之间的婆媳关系，陈淑华是童养媳，从小就在陈家长大，婆婆本身就是一个严肃的人，对陈淑华也很严格，从小开始教导陈淑华做家务，但是严格的同时也教会了陈淑华很多东西，陈淑华长大后会做的所有女性劳动，包括洗衣做饭、做女工等，几乎都是婆婆教给她的。婆媳之间相处并没有发生过冲突，陈淑华因为是童养媳的缘故，在陈家长大的过程中总是小心翼翼，不敢犯错误，怕被送回娘家去，所以即使婆婆对陈淑华颇为严格，陈淑华也是逆来顺受，并且婆婆并不是只针对她严格，而是对家里的人都很严格，包括自己的女儿。所以长久下来，陈淑华已经习惯这样的婆媳相处方式，只要自己听话勤快，婆婆也不会难为她。

陈淑华是一个特别遵守传统妇道的人,对于自己婆婆的严格,陈淑华从来不会在陈正贵面前抱怨。婆婆生病去世前,在婆婆生病卧床期间,陈淑华一直都承担着照顾婆婆的责任,洗衣做饭、端茶倒水都是陈淑华负责,还会时不时地去找婆婆聊天,其实就是听老人念叨。所以在陈淑华的勤劳和奉献之下,陈家的婆媳关系一直很好。

(三)夫妻关系和睦

1949年之前,陈家的夫妻关系就是陈正贵和陈淑华两人,陈淑华因为是童养媳的缘故,又一直受到婆婆地教导,再加上陈正贵确实踏实肯干,她对丈夫的态度非常温顺,陈淑华几乎没有和丈夫"理论"①过,对于丈夫的计划和想法,她都能够理解和支持。陈家刚开始买地买房的时候,丈夫和陈淑华提出来这个想法,她就同意了。平时陈正贵在外面忙着干活,陈淑华就负责将家里打理得井井有条,不会让丈夫操心家里的事情。陈淑华不仅要负责家里的一日三餐,还要洗衣服、带孩子、纺棉织布、照顾老人、饲养牲畜,还会做一些简单的田边农活,她也很忙碌。同样,陈正贵对于妻子也很包容,两人从小一起长大,感情很深厚,陈淑华可以带着陈仪学到集市上去卖布,赚来的钱可以去买包、买鞋,这些陈正贵都不会管着她,村里并不是每家人的妇女都可以像她这样外出。这可能也和陈正贵的母亲有关系,因为母亲就是一个性格特别外向的人,她在世的时候就会带着孩子出去逛逛,找别人聊天,所以陈正贵就能够接受妻子的外出。夫妻两人还共同度过巨大的难关,自己的三个儿子接连去世,对两人的打击可想而知,两个人一度都很痛苦,但是始终在一起,村里也都知道两人的关系融洽。

(四)兄弟姊妹关系亲密

陈正贵的四个孩子之间的感情很好,所有孩子都还在的时候,家里非常团结,陈仪学作为唯一的女孩子,主要跟着母亲陈淑华学习做家务,有时候也跟着哥哥、弟弟到外面去割草喂猪,或者是割胡豆叶卖钱,有时候还会和兄弟们一起挑粪,就是把牛粪挑到田里去,以肥沃土壤。更多的时候是三兄弟在一起,到田里去找陈正贵,小的坐在田边玩耍,大的就帮着大人干点活,哥哥总会带着弟弟们。三弟陈德才因为读书"得行"②,一直读到中学,大哥陈仪明和二弟陈仪安都是读了几年书之后便没有再读。陈仪安和陈德才小的时候都是跟着哥哥走,直到后来哥哥去世。

陈仪明去世之后,陈仪学和两个弟弟之间的关系也很好,陈仪学19岁出嫁的时候,是刚15岁的二弟跟着轿子送到男方家里去的,不过第二年,弟弟生病去世,陈仪学为此伤心很久。

(五)主雇关系正常

陈家除了自家的家庭成员之外,还有一个长期的雇工黄二,黄二在陈家的主要任务是做"看牛娃"。黄二是新房村当地人,因为家里没有土地,只能够从小在别人家放牛、看牛为生。陈家开始养牛并且搭建牛棚之后,陈正贵便到"人市"里找到黄二,让他负责看管牛,平时主要负责牛的吃喝拉撒,还有固定的放牛等活动,除此之外,黄二也会在陈家做一些农活和打扫卫生等家务活动。黄二吃住都在陈家,但并不和陈家人在一个桌子吃饭,而是单独一个人吃饭,居住在陈家的牛棚里,陈家除了包黄二吃住之外,还会付给黄二每年一石谷子的工钱。

---

① 理论:就是吵架的意思。
② 得行:形容厉害、优秀的意思。

黄二和陈家人的关系属于正常,黄二能够做好自己应该做的事情,陈正贵就会对他满意,陈正贵每天都会去看看自家的牛,有时候也会自己照顾牛,黄二将牛照顾得挺好,陈正贵没有骂过黄二。陈家的儿子们和黄二的接触稍多一些,女儿陈仪学和黄二没多少接触。

七、家户外部交往

(一)"有来有往"的对外交往

1949年之前,邻里之间、地邻之间、亲戚之间、朋友之间、主佃之间的关系都是很重要的关系,一个家庭不可能完全独立地生存在村里面,一定会有以上全部或者部分关系,经营好这些关系,农村有着长期流传下来的习俗和规矩,总的来讲就是彼此帮助、有来有往。

就邻里之间、地邻之间、亲戚之间及朋友之间的关系来说,陈家所在的村里,如果有人家在筹办红白喜事,不管是作为亲戚、朋友还是邻居,陈家都会派人过去帮忙,家里的女性陈淑华可以去帮着做家务,帮着洗菜、做菜、洗碗、收拾东西之类,男性陈正贵和父亲可以过去帮着做体力活,比如抬桌椅板凳;哪家人有白事的时候,陈家也会过去帮忙,出殡也是村里的亲朋好友一起抬,办席的人家需要借东西,陈家也是力所能及的借,反过来也一样,陈家的红白喜事同样是村里的族人、朋友和邻居们过来帮忙一起操办,单靠一家人的力量很难完成,所以需邻里之间相互帮助。

主佃之间的关系特殊一点,佃户对财主的责任更多,财主家里面有红白喜事的时候,佃户要到财主家帮忙,过年过节需要去拜年,但是财主不需要到佃户家帮忙,但是主佃关系处得好,财主就不会涨租或者是取租佃户。陈家和财主詹华芳之间的关系也是遵照以上原则,陈正贵会维持和詹华芳的良好关系。维持以上的这些责任和义务关系并不需要依靠特殊的规定,就只是你来我往的传统,如果别人家有事情的时候不去帮忙,那么轮到自己家里有事情的时候,别人也不会来帮忙,农村很多事情并不是只靠一家人就可以完成。

(二)对外日常交往融洽

陈家和邻里之间、地邻之间、亲戚之间、朋友之间、主佃之间的关系都很融洽,这主要与陈家低调踏实的为人处事方式有关,陈正贵和陈淑华从来不会在外面说谁的坏话,村里关系不好的人家,大多都是因为在外面"乱说话",传到对方耳朵里,然后才会发生争吵。陈正贵就是一心想管理好自己的家庭,从来不说别人家的闲话和是非,因此没有得罪过哪家。另外,每次村里的亲朋好友家中有事情,陈家的人都会过去帮忙。家里面的农具,像水车、磨子,熟人需要借用的时候,陈家都会免费借出去。而且村里需要向陈正贵妹夫借钱借粮的人家都会找到陈正贵,只有陈正贵去找妹夫才能够借到,这些人都会很感激陈正贵。所以陈家和邻里之间、地邻之间、亲戚之间、朋友之间的关系都非常融洽。

陈家的主佃关系也很融洽,陈家一直租种詹华芳的土地,因为这是一个守寡的"地主婆",所以家里不需要陈正贵过去帮忙,陈正贵每年过年的时候提点东西去看看,拜个年就好。而且陈家一直都是准时准量交租,加上这个"地主婆"人并不坏,所以双方的关系一直都比较融洽。

第四章　家户文化制度

陈家在家户教育方面,家长陈正贵非常看重教育,三个儿子均接受学校教育,小儿子陈德才读书最多,女儿陈仪学未接受学校教育;陈家的家庭教育"男女有别",母亲教育女儿,父亲教育儿子。在家户意识方面,陈家人将住在一个屋子的人看作自家人,并认为一家人应该团结和睦,以家庭利益为主。在家户习俗方面,陈家人遵守村里长辈们留下来的传统,不论过年过节,还是操办红白喜事都按照规矩操作;家户信仰方面,陈家无人有宗教信仰,都信仰家神与祖先,并按规矩进行祭祀和祭拜,以此表达感激与祈求保佑;而在家户娱乐方面,陈家人生活繁忙,娱乐多在湾子里面串门聊天,女儿陈仪学会跟着母亲,但是不能私自外出,儿子们因为读书,行动则较为自由。

一、家户教育

(一)家长注重教育

1949 年之前,陈家读过书的就是陈正贵的三个儿子。大儿子陈仪明和二儿子陈仪安都是读完"高小"就没有再读,陈仪明读了五年书,陈仪安读完四年,因为两人不喜欢读书,陈正贵开始的时候不同意,还因此打过大儿子,后来看两人没有天分和兴趣,也就放弃逼迫他们继续读书的想法。小儿子陈德才和哥哥们不同,他对读书的兴趣很大,也比较有天赋,他原本叫陈仪才,后来他的老师给他改名为陈德才,让他以后德才兼备。陈德才一直读到中学毕业,这在村里很难得。陈仪学没有读过书,她一直觉得家里的大人重男轻女,小时候看着哥哥、弟弟们能够去读书,陈仪学非常羡慕,但是村里读书的女孩子确实不多,她就没有向陈正贵提出想要读书的想法。陈正贵之所以想要儿子们多读书,也是觉得自己没有文化,很多时候吃亏[①]都是因为没有文化,所以在家里的条件变好之后,他就很希望自己的儿子能够有文化,并不指望着儿子们一定要靠着读书光宗耀祖,只是希望不会像他一样"吃亏",即使家里面会因此少一些劳力,他也愿意自己多干一些。

(二)儿子都接受学校教育

陈家的孩子都是去学校读书,而不是私塾,私塾的收费更高,陈家虽然条件还可以,但是要供三个孩子读私塾还是很困难。陈家的孩子们读"初小"和"高小"都是在村里的学校,每天放学就回家里。陈德才"高小"读完之后,在"街上"[②]读中学,每天还是会回家吃住。最开始读书的时候都是陈正贵送孩子们去报名,陈家的三个儿子,陈正贵都让他们去学校读书,学费

---

① 吃亏:并不是指真的在某件事情上面吃亏,而是形容因为没文化而对一些事情有心无力。

② 街上:当地对富全乡街道的称呼,新房村离富全乡街道非常近,因此可以回家吃住。

是陈家自己支出,陈德才读中学一年的学费是三石谷子。陈正贵要求孩子们去读书是让他们不会因为没文化而吃亏,并不是一定要光宗耀祖,在读书的过程中,陈德才表现出来的天赋还是让陈正贵特别开心,为了支持他读书,陈正贵允许陈德才在家里不用干活。陈德才喜欢去读书就是因为对读书感兴趣。

(三)家庭教育来自长辈

陈家孩子小时候主要的教育都来源于家庭,儿子们经常跑到田间地头去看父亲和爷爷干农活,一边看也能一边学习。女儿陈仪学则经常在家里跟着母亲和奶奶学,看她们怎么做家务,陈淑华也会把自己在婆婆那里学到的东西教给陈仪学。不同辈分的人教育孩子的方法不同,爷爷奶奶对孙辈的教育会比较宽松,父母亲则会严格一些,陈家就是如此,陈正贵的母亲对自己的孩子和媳妇都很严格,但是她对孙子、孙女却比较慈祥,特别是对孙子们,不但不会打骂,还会给他们讲故事。陈正贵在孩子们心中的形象则更为严肃,孩子们对自己的父亲都是敬畏的态度。

(四)家教与人格形成

孩子们从小就在家长身边长大,会从家长的一言一行中形成自己的思维方式和性格,陈家家长的相处模式有利于孩子们的成长,因为陈正贵和陈淑华两人的相处非常和谐融洽,两人几乎没有吵过架,有事情都会商量着决定,这能够使孩子们养成稳重的性格。因为家庭气氛的宽松,陈正贵对孩子们很少打骂,所以孩子们的思维方式也会比较活跃。陈正贵和陈淑华都会教给孩子一些做人的道理,多是希望孩子们能够勤劳、善良、孝顺,陈正贵喜欢跟孩子们说,"莫在背后道长短",就是告诉孩子们不要在背后搬弄是非,说人的坏话,这是"造口业"①,人家听到会和自己"不安逸"②。虽然陈正贵对孩子们算是比较宽松,但是当孩子们真的犯错误的时候,他还是该骂的会骂,不会放任孩子的错误不管,这样孩子以后出去会被认为是没有家教。关于村里的风俗习惯,孩子们都是通过家中的父母和爷爷奶奶了解的,这也是农村繁多的风俗习惯能够长久传承的原因,就是这样靠着一代传一代的家庭教育。

(五)家教与劳动技能

陈家会教给自己的孩子劳动技能,男孩子和女孩子学的东西很多都不一样。陈正贵对女儿陈仪学的要求就是"不出跑"③,跟着妻子陈淑华一起学习女性该学的家务、女工和简单的农活等。陈仪学在和母亲相处中学会做饭,学会踩织布机和"齐麻纺布",学会田边农活如"点胡豆"、割胡豆叶、割猪草等。在陈淑华的教导下,陈仪学出嫁的时候已经能够完成为人妻应该做的家务。

陈家的男孩子则不一样,他们一边需要上学读书,一边跟着父亲学习农业生产的技能,主要是大儿子陈仪明和二儿子陈仪安,因为小儿子陈德才的重心都放在读书上,不需要做家里的农活。陈家两个儿子跟着父亲学习的过程中并不怎么参加重体力农活,因为他们的年纪都只有十多岁,并没有那个能力,他们主要是看着父亲陈正贵和爷爷做。后来孩子们都在十多岁就早逝,陈正贵还有很多东西都还没来得及教给儿子。

---

① 造口业:指因为乱说话而带来的恶果。

② 不安逸:形容对别人的某个做法不满意。

③ 不出跑:指不到处乱跑,听从父母的安排。

(六)无奈失传的手艺

陈家的手艺就是做土匠,陈正贵和父亲两个都是土匠,父亲是跟着村里的土匠师傅免费干活学会的,陈正贵则是父亲教给他的。这门土匠手艺本就是属于"传男不传女"的手艺,陈正贵是打算等孩子们年龄差不多就可以传给儿子,以后儿子也可以靠这个手艺挣钱补贴家用。可惜还没来得及教给儿子,儿子们就接连去世。

二、家户意识

(一)一个房屋就是一家人

陈家的人认为,生活在一个房屋里的人就是一家人,没有生活在一起的人就不能够算作是自家人。陈家的自家人就是陈正贵的父母亲、陈正贵和妻子陈淑华、陈正贵的四个孩子,这些人就是自家人。因为陈正贵的父亲只有一儿一女,所以除了出嫁的妹妹之外,陈正贵并没有其他的同姓兄弟,陈家的孩子们也没有亲叔叔伯伯,陈家和妹夫王家关系挺好,但是因为平时并不生活在一起,所以不能算作是一家人。陈家还请了一个"看牛娃",他虽然在陈家吃住,但是他并不是陈家的自家人,因为他们并没有血缘关系,只是雇用关系。

在陈家人看来,外人是指和自己家没有关系的人,只要是有血缘关系,都不能够算作是外人。就像陈正贵的妹妹,虽然已经嫁到王家生活,不能算作是自家人,但也不是外人,因为他们有血缘关系。

陈家的家事没有外人介入,陈家的人也不会介入别人的家事,就像陈正贵经常告诉孩子们的,不要去管别人家的闲事、说别人家的是非。也是这个道理,没有人会喜欢搬弄是非的人。

(二)家户一体意识强烈

陈家人的家户一体意识非常强烈,一家人都很亲密团结,相互之间的关系都非常和谐,因为这本来就是直系的一家人,陈家所有的人都希望自己家能够越来越好,虽然分工有所不同,但是各司其职。陈正贵和父亲作为家里的男性主要劳动力,负责田土里的农业生产和副业的收入;陈淑华作为内当家负责将整个家庭内部管理好;孩子们读书的读书,不读书的也帮着干活,都是为了自己家能够不断发展。虽然说不上一定要光耀门楣,但是也希望生活能够越过越好。

(三)家庭利益高于个人

对于陈家的大人们来说,肯定是家庭比个人更加重要,无论是陈正贵的父亲还是陈正贵夫妇两人,都是为了家庭,为了孩子们,一直在辛苦地付出。陈正贵的父亲在能够劳动的时候一直都在坚持劳动,包括属于自己的养老田也拿出来供陈家种蔬菜,这都是为了陈家能够更好地发展,将家庭的发展和一家人的生活看得比自己重要。陈家的孩子们在小时候并不懂得太多的道理,但他们帮着父母干活,这也是觉得家庭重要的一种表现。陈家因为家庭条件不错,所以不需要孩子为了家庭而放弃读书。

(四)家户积德意识

陈正贵母亲还在世的时候,老人就很看重积德,经常挂在嘴边的就是"菩萨保佑",母亲在陈家说话所占的分量很重,不让陈家的人做出得罪神佛的事情,每年在拜神求佛上都是一丝不苟,还会带着陈淑华到庙里去拜佛,祈求佛祖和观音保佑陈家的子子孙孙。老人为人热情大方,经常在湾子里走动,到各家去聊天,面对村里的不平事,老人也敢站出来说话,母亲觉得只要有道理就不怕得罪人,观音菩萨都在天上看着,不能乱做事和乱说话。母亲去世之后,陈家到庙里拜神求佛的事情就落到陈淑华身上,她会带着陈仪学一起去,同样是为陈家祈福。陈家的三个儿子得病去世,期间陈家人觉得可能是家里某个地方的风水不对,得罪神仙,于是便请先生来看,反正只要是为了家人着想,他们能做的都会做。

三、家户观念

(一)家户时间观念

1.生产时间靠节气

自然界中的节气最能影响农业生产,陈家所在的地区有着很多关于各种节气和农业生产关系的谚语,比如"清明喂个饱,瘦苗能转好""春分早,谷雨迟,清明种棉正当时""秋分不起葱,霜降一场空""寒露两旁看早麦""立秋栽葱,白露种蒜""小麦浇芽,油菜浇花"等,这些谚语都是人们经过长期的耕种经验总结出来的,一辈传一辈,陈家人的农业耕作时间安排也要根据这些流传的谚语来进行。陈家种植的农作物类型很多,主要有水稻、小麦、玉米、蔬菜、高粱、胡豆、豌豆等,耕作的过程主要是在三四月份进行"三犁三耙",就是为了疏松土壤,方便后续进行耕作活动;紧接着就要开始"插秧子"、种高粱;四五月份要进行锄草和灌溉;八月份则是农民进入一年中最忙碌的日子,先开始平整晒场,八月收割水稻、玉米和高粱;九月份种小麦和胡豆、油菜等,到第二年的三四月份就可以收麦。陈家人在农忙的时候一家人都会忙起来,陈正贵和父亲的大部分时间都在田地里劳作。夏天,陈家人早上五六点就会起床,因为得趁太阳不大的时候开始干活,中午太阳太大的时候只能在家里,下午三四点钟再出去接着干活,一直要到晚上天黑才会回家,有时候孩子们还得去给他们送饭。农闲的时候陈正贵则会和父亲一起做土匠赚钱,所以两人一年到头都很忙。

2.生活按部就班

陈家人的生活并不清闲,陈正贵和父亲一年到头没几天是清闲的,时间主要花在农业活动和土匠活上面,陈淑华平时既要操持家务,又要带孩子,也是难得清闲,主要都在做饭洗衣、纺棉织布和照看孩子上。陈家人每天的生活变化不大,均是按部就班地做事情,对时间没有特别大的感觉。一家人在农闲的时候,早饭的时间是在六七点,午饭在一点左右,晚饭则是下午六七点吃。吃完晚饭一家人可以到湾子里面转一转,和熟人们聊天,大概八九点就回屋睡觉。一般的节日对陈家的生活时间安排影响不大,只有在过年这种大型节日的时候,陈家人的生活起居才会发生改变,睡觉的时间会晚一些,白天又需要到各处走亲戚。

(二)家户空间观

1.内部空间按功能区分

1949年之前,陈家人居住的房屋是从财主处购买,面积为一百平方米左右,最初共有五间房,分别是堂屋,卧房两间,灶火房和柴房。堂屋是陈家人吃饭、接待客人的地方,两间卧房的其中一间为陈正贵和陈淑华居住,另一间为陈正贵父亲与孩子们居住,卧房分别在堂屋的两边。后来陈家在房屋左边另修建一间牛棚,用于喂养牛、猪、鸡、鸭。陈家的灶火房主要是陈淑华平时做饭、洗碗的地方,柴房既堆放家中的柴火,又用作厕所。对于陈家的房屋,外人只能到堂屋聊天,不能随便进入其他房间,家里请客的时候,来陈家帮忙的人可以到灶火房和厕所,但是一般也不会随意进入陈家卧房,特别是陈正贵的房间,因为家里的贵重物品都是放在家长的卧房,所以外人都不会进入陈家的卧房,以免发生误会。陈家自家人之间则没有很严格的界限,孩子们有时候也会到陈正贵和陈淑华房间睡觉,平时可以进入家长房间。陈正贵的父亲则一般不会进入陈正贵和陈淑华的房间,因为公公不能随便进入儿子和儿媳的房间。

2.外部空间公私分明

陈家房屋的右边和另一户贾姓人家连在一起,两家人共用一面墙和一块"坝子",因此两家人将"坝子"以共用墙为准划分为两片分别使用,平时各自在各自的"坝子"上干活,粮食收获时节就作为晒场,不会侵占别人家的面积,空闲时候和晚上吃饭的时候两家人也会到"坝子"上聊天。陈家所使用的水井是湾子里面共用的,距离陈家并不远,平时需要用水的人家都到水井里打水,淘井也是平时使用水井的家庭共同完成。

(三)家户生活观

1.吃干饭的理想生活

1949 年之前,陈家人理想的生活就是一家人在一起,每天能够吃得上干饭的生活。村里能够达到这一点的人家很少,大多数家庭都是吃稀饭和杂粮过日子,而陈家人在正常年份尚且能够吃得上干饭。陈家人也认为每个家庭成员都有自己的责任,其中陈正贵和陈淑华两人的责任最大,陈正贵作为家长,必须要管理好陈家,通过农业劳动和土匠收入,让陈家人都能够过得更好,妻子陈淑华则是要负责管理好陈家的内部家务和孩子的抚养。陈家的孩子们会参加农业劳动,但任务量并不大,小的时候主要在念书,没念书之后便帮着陈正贵干活,同时也学习生存技能。陈家家庭成员都自觉参与劳动,这和从小到大的教育有关系,不劳动就没有饭吃是陈家人从小便懂得的道理。

陈正贵作为陈家的家长,在陈家有"说话算话"的地位,陈家人都要听陈正贵的话,但他并不是想干什么就干什么,作为一个负责的家长,陈正贵的所有行为和决定都要对陈家的家庭成员负责,同时陈正贵的父亲也对他有着监督的作用,陈正贵不能够做出对陈家有损害的事情,要对陈家的祖宗和子孙后代负责。在陈家,像抽鸦片这种行为就是陈正贵绝对不能做的,他是陈家最主要的劳动力,所以他不能够染上抽鸦片或者是赌博的恶习。

2.勤劳节约的生活方式

陈家人为了更好的生活,在行动上最大的体现就是勤劳和节约。陈家的家庭成员勤劳肯干,陈正贵的父亲在身体允许的情况下,一直在和陈正贵一起干农活和土匠,并没有因为儿子成为家长他就在家养老。陈正贵本人也是一年到头很少放松,农忙的时候忙着种庄稼和收割,农闲的时候又忙着外出做土匠增加收入。陈淑华也是一个非常勤快的人,作为童养媳,从小在陈家受到婆婆严格地教育,并从小养成勤劳的习惯,平时将陈家家务打理得井井有条,也会做一些轻松点的农活,陈家的四个孩子都是陈淑华从小带大,女儿陈仪学的教育也是陈淑华负责。陈家的孩子们从小看着家中长辈的辛勤劳作,耳濡目染也养成勤快的生活方式,没有偷懒耍滑、好吃懒做的人,小儿子不干农活是因为一直在读书,他读书也很努力上进。陈家整体的家庭氛围就是每个人都要干活,只有做事情才有饭吃,小孩子偷懒如果被发现,陈正贵和陈淑华会惩罚他们。

陈家人除了勤劳肯干之外,还很节约,生活中绝不会有铺张浪费的行为,吃饭的时候,每个人都要把自己碗里的饭吃完,不能剩下不吃。在家庭的其他消费方面,陈家人也都是把钱花在必要的地方,不会随意乱花钱。陈家对孩子们这方面的教育主要体现在日常生活的实际行动中,比如严格规定孩子们不能浪费粮食和水,要精打细算地过日子,否则就是败家子。

在人情方面,村里的人情往来主要在日常碰面或者是家里有红白喜事的时候,其他的时候并没有时间专门的人情交往。陈家人的人情交往原则就是不背后说人,同时有能帮忙的地方尽量帮忙,有来借东西的人家也基本都会借,所以陈家的人情交往很和谐,极少与其他人吵架。

四、家户习俗

(一)节庆习俗概况

1.繁多的春节习俗

春节从正月初一开始算起,陈家在春节前需要大扫除,需要置办年货,年货包括春联、火炮、新衣服、新鞋子等。陈家会在年三十当天进行大扫除,贴对联也是在三十那天,陈家的春联是家长陈正贵到街上去购买,贴春联的人也是陈正贵。每家每户过年的时候都会贴春联,表达对来年的美好愿望,春联有的是到集市上购买,也有的是请人来写,还有的是自己家写。陈家过年的时候还要放火炮,大年三十的晚上要放一次,初一天亮的时候又要放一次,都是陈正贵在放。过春节都是以家庭为基本单元,不是一家人不会在一起过春节,没有人会到陈家一起过春节。

过年的时候必须要祭祖,祭祖的活动是在每年的初二,"初一不出门,初二祭家坟",陈家祭祖是一家一户的,就是陈正贵带着家人上山祭祖,也就是需要到祖坟前祭祖,而不只是在家门口烧纸钱,祭祖是家中所有成员都要去,带上"刀头"①、糖和酒,摆在坟前,每个坟前都要撒一杯酒,陈家人要跪在坟前作揖,祈求祖宗们的保佑,祭祀完之后要把肉、糖和剩下的酒带回去,孩子们在路上就可以把糖吃掉,这是吉利的糖。

陈家在春节里要走亲戚,每次正月里陈家就会开始走亲戚,到一家走亲戚,陈家只用去一到两个人就可以,什么时候去哪一家走亲戚主要还是看对方的时间,每个家庭在过年的时候都会定一个日子团年,定下来之后会通知家门亲戚在那一天来家里吃饭,轮到哪一家,陈家就去哪一家,自己不用定走亲戚的顺序。有的时候一天需要走好几家,这个时候陈家的人就会分开行动,一个人去一家,这样才能保证不得罪人,别人家里团年,不去会得罪人。

陈家的年夜饭就只有陈家的自家人参加,陈家不会邀请外人来家里吃年夜饭,年夜饭是团年的时候,每个人都会在自己家和家人一起过,没有人会跑到别人的家里去吃年夜饭,这是非常荒唐的事情。陈家正月里面团年请客,会请自己的家门亲戚和湾子里关系好的人家,请的时候就是陈家的人到对方家里去通知,或者"赶场"的时候看到说一声也可以。

陈家拜年的时候需要给保甲长、财主和长辈们拜年。顺序是先去保甲长家里拜年,然后到长辈家里拜年,陈家的长辈就是陈正贵的叔伯们,然后要到财主家拜年。拜年的时候不能

---

① 刀头:用于祭祀的一块猪肉。

空手去,必须要带上礼物,过年空手去别人家是非常没有礼貌的举动。以上这些人都是陈家每年必须要去拜年的对象。

2.白喜事规矩多

陈家也算经历多次白喜事,在这方面,陈家的做法都是按照村里面的习俗进行。陈正贵的母亲去世之后,陈家需要用放鞭炮的方式来宣告母亲的去世,第二天在家里设上灵堂,请道士来念法超度,请"阴阳先生"来看下葬的位置和日子、时辰,村里对于长辈的埋葬非常重视,子孙们相信长辈埋葬的是否好、位置是否正确,这是一件直接关系到后代命运的事情。大家在夸一家人有出息的时候,经常会说的话就是"这家人祖坟埋得好"。陈家办丧事的时候,所有的亲戚朋友和湾子里的人都会过来,陈家会用酒席招待前来的客人,吊唁的人来的时候会带上一点礼,一般都是带鸡鸭或者是米。设灵堂后就是按照看好的时辰和日子下葬,也就是出殡。下葬的时辰多是在上午,所以陈家的人需要很早就出发,正式封棺①的时候,会让陈家的人再看一眼老人,这时候是哭得最厉害的时候,因为是最后一眼。"抬匠"②们在盖棺之后"起棺"③,然后放鞭炮,所有人出发。去往坟墓所在地的路上,"抬匠"们口中会喊着"太公号子"④,到达事先选好的地方就听从"阴阳先生"的指挥,将老人下葬。

陈家的三个儿子都属于夭折,大儿子陈仪明和二儿子陈仪安去世的时候都还不满16岁,陈家会给孩子请法师开路,用五个排位开五个方位的路,然后用锤子在地上敲,就是给孩子指路,否则孩子走不出去。另外,村里面凡是摔死、淹死等非正常死亡的情况,不能把死者抬进屋,就直接在院子里面装棺。

(二)节日都以家户为单元

1949年之前,陈家过节以整个家庭为单元,均是在自己家过,不会到别人家里去,也没有人到陈家过节,家里的孩子们还没有人出嫁或者娶妻,陈淑华又是童养媳,不会回娘家,所以一直都是一家七口人在家过节。过节的时候陈家会吃得更好,有肉和鸡蛋,陈正贵负责到街上购买需要准备的东西,比如过年需要的春联、火炮等,陈淑华就负责在家准备好食物,然后打扫卫生,孩子们一到过节就会很高兴,跟着陈正贵和陈淑华到处跑。

(三)节庆仪式

1.清明节仪式

陈家在清明节最主要的活动就是参加"清明会",陈正贵每次都会带着儿子去参加,清明会的花费主要是靠着家族里所有有儿子的人"打平伙"⑤,一家人十几块或者二十几块,根据家庭情况来凑钱,另外还有族田的收入,但是这部分收入很少,大多数的花费还是靠家族成员"打平伙"。清明当天一大早,陈正贵就会带着儿子和家族的其他成员会合,然后一起上山祭祖。祭祖完成之后,家族的家长们还会一起吃饭,儿子可以跟着去,也可以回家。这也是家族一年中为数不多的相聚机会。

---

① 封棺:指下葬之前用钉子将棺材封死。
② 抬匠:指出殡的时候负责抬棺材的人。
③ 起棺:指合力将棺材第一次抬起来。
④ 太公号子:是当地常见的一种号子,多在众人共同做一件事情的时候使用,以保持同样的节奏。
⑤ 打平伙:指大家一起凑钱。

2.端午两件事

陈家在端午节有两件非常重要的事情,一个是要在家门口挂上陈艾①和菖蒲②,陈家的孩子都会念"五月端阳正初五,家家门前挂菖蒲",孩子们还会在身上佩戴"陈艾"。另外一件重要的事情就是陈淑华会在家里面"炸粑"③,"炸粑"是用麦子和"灰面"④和在一起,捏出形状之后,一个个放在油锅里面炸。陈家的孩子们每次都在陈淑华"炸粑"的时候围着灶转,以期早点吃上。

五、家户信仰

(一)严格的家神信仰及祭祀

陈家的人都没有宗教信仰,但是存在传统的家神信仰,陈家供奉的家神有财神、门神、菩萨、天地菩萨、灶王菩萨、坛神、土地菩萨等。

陈家在堂屋供奉"家神板板"⑤,上面供奉着坛神和菩萨,摆放着香炉和磬,过年的时候来家里拜年的人会敲磬,也只有过年的时候才能敲,平时不能。平时陈家也会在"家神板板"前面拜菩萨,祈求菩萨的保佑。陈家也信奉天地菩萨,每到过年的时候就要在堂屋门口,朝着"坝子"的方向烧纸钱,不用写"单子"⑥,纸钱由陈正贵来烧,村里其他人家也是如此,都要家长来烧。

过年的时候有人会来陈家"送财神",也就是拿一张财神到陈家,嘴里会说一串当地"送财神"时常念的词,包括"一送千年宝,二送万年来……"送财神的人念完之后,陈正贵会给他拿几块钱,一般都是三五十块⑦,这个钱拿得越多越好,陈家在这方面也不会吝啬,陈正贵一般都会给八块或者是十块钱。门神则是陈家贴在大门上用来辟邪的,陈家自己买门神来贴,一般都贴尉迟恭或者是关公,这样就可以把"不干净的东西"⑧挡在门外。

陈家还供奉着灶王菩萨,这对陈家来说是最重要的家神之一。陈家在年三十的晚上会把灶打扫干净,在灶门点上香烛,灶台上摆放清油灯点燃,清油灯整个晚上都不能熄灭,用这样的方式送灶王菩萨上天,点上香烛和清油灯可以"照病痛"⑨,送灶王菩萨上天的时候还要给灶王菩萨烧纸钱,还要烧"灶数"⑩,一边烧一边念,请灶王菩萨上天去给陈家解病痛、解罪,过去有得罪灶王菩萨的地方,请菩萨原谅。正月十五元宵节的时候又要打扫灶,点上清油灯,请灶王菩萨回来。陈家供奉的土地菩萨也是一样,供奉在"家神板板"下面,年三十的时候,陈正贵会给土地菩萨烧香,祈求来年农业生产顺利。

---

① 陈艾:端午挂的艾叶。

② 菖蒲:端午节四川地区会挂在门前的一种药草。

③ 炸粑:用油炸饼的意思。

④ 灰面:面粉的意思。

⑤ 家神板板:当地农村家中供在堂屋主墙正中的家神木板。

⑥ 单子:这里指祭祀祖先的时候常写的一张纸单,祭拜天地菩萨则不写。

⑦ 三五十块:形容不超过十块的零钱。

⑧ 不干净的东西:多是形容迷信中坏的一面,如鬼魂、恶灵等。

⑨ 照病痛:指减少一家人的病痛。

⑩ 灶数:指一张写上家庭信息的纸单,在烧纸钱给灶王菩萨的时候一起烧掉。

(二)根深蒂固的祖先信仰及祭祀

祖先信仰是陈家一个很重要的内容，陈家会在正月和清明节的时候给家里去世的成员上坟，村里也都是这样的做法，大家对祖先保佑的信任程度非常高，陈家也是出于对祖先的尊敬和希望得到祖先的保佑，每到应该祭祀祖先的时候，陈正贵都会搞祭祀活动。正月里，通常是正月初二，因为初一不能出门，所以初二能够出门后，首先就要上山祭祖。陈正贵在之前就会买好香烛、钱纸、火炮、"坟飘子"①，到了初二就带着一家人到山上祭拜。清明的时候除了陈正贵会带着儿子参加"清明会"，祭拜家族共同的祖先，陈家自己也会到山上祭拜自家去世的人，"三月正清明，坟上挂白纸"，说的就是到清明节的时候家家户户都要上坟，所以每个坟上面都飘着"坟飘子"，家里的人都可以去。祭拜祖先的时候，陈正贵和父亲会给去世的人说些话，让他们保佑自己的后代，儿孙们有得吃他们才能够有得吃。陈家人对于祖先的信仰来源于村里的传统习俗，从小家中的大人就经常这么教，也会有流传，哪家人因为祖坟埋得不好，家里越来越衰败，或者说哪家人的坟头草长得特别茂盛，于是家里面的后代都有出息。

(三)"庙子"烧香

1949年之前，陈家所在的新房村六组没有庙子，陈家人去庙子里烧香②需要到蒲店乡的大庙子，蒲店乡的庙子是周围乡镇最大的庙子，香火非常旺。陈家去庙子里面烧香的人都是女性，开始的时候是陈正贵的母亲去庙子烧香，陈淑华后面会跟着婆婆一起去，陈正贵的母亲去世之后，就是陈淑华带着陈仪学去庙子烧香。陈正贵没有去过，男性一般都不会去，都是家里的女性内当家去庙。陈家陈淑华一般会在菩萨过生的时候去庙子烧香，每年菩萨会过三次生日，陈淑华并不是每次都会去，而是有时间的时候带着陈仪学去。陈淑华烧香就是祈求菩萨保佑一家人平平安安，特别是大儿子陈仪明去世之后，陈淑华去的次数就比以前更多一些。

六、家户娱乐

(一)结交朋友较自由

陈正贵结交朋友比较广泛，村子里很多都是他的老熟人③，这首先是因为陈正贵自己做人很老实，从不在背后说人的不对④，基本没有在村里得罪过别人。陈家一开始也是没有土地的租田户，条件并不是一直都很好，家中租田的时候，陈家和村里很多租田户的关系相处得都很好，后来陈家情况好转，别人来家里借东西，陈家的人都会借，别人家需要帮助，陈家也都去，所以关系一直保持得很好。陈家的孩子在结交朋友方面管得并不是很严，只要孩子们不去和街上的"混混儿"⑤一起"伙着"⑥，家长就不会干涉。陈正贵的三个儿子因为在街上读书，所以会认识一些同学，他们还请同学们来家里吃饭，陈正贵也非常欢迎，儿子们也是在熟人家到处跑，对村里的人都很熟悉。女儿陈仪学虽然主要在家里呆着，不能到处跑，但是陈淑

---

① 坟飘子：当地上坟时需要挂在坟上面的白色纸条。

② 烧香：指到庙里拜菩萨。

③ 老熟人：指多年的朋友。

④ 说人的不对：指说人的不好的地方，批评别人。

⑤ 混混儿：指品行、做事都不好的人。

⑥ 伙着：指一群人混在一起，不务正业。

华也会带着她到别人家里聊天,陈仪学就可以和其他孩子们玩耍。陈家对于孩子结交朋友并不怎么看管,也不需要特意给陈正贵报告。

(二)农闲时串门聊天

1949 年之前,陈家的生活大多数时候都很繁忙,陈正贵和父亲上半年要忙着家里田间地头的农业生产,下半年农闲的时候要到处去做土匠,给别人修房屋。陈淑华平时要在家做家务、带孩子和饲养牲畜,她还要在家管理"小春"①,所以也非常繁忙。家里的人都不打牌,也没有时间打牌,有时候会到邻居朋友家串门聊天,或者是别人来陈家串门聊天。正月、二月和四月、五月是陈家相对比较清闲的时候,陈淑华带着陈仪学在家里"齐麻纺线",邻居和朋友们就会到陈家一起"挽麻团"②,一边挽一边聊天。陈正贵串门也是到自己的熟人家里聊天,但这种时候不多,毕竟他太忙。陈淑华串门不会在别人家里吃饭,因为要算着时间回家给家人做饭。

---

① 小春:指麦子、菜籽等作物。
② 挽麻团:指将齐好的麻挽成一个一个的团子。

第五章　家户治理制度

陈家在家长当家方面,陈正贵作为家长尽职尽责,承担陈家的家计营生,带领陈家不断发展,公正管理陈家事务;陈淑华作为内当家管理陈家内部事务,陈正贵拥有家庭事务的决定权,权利得到全家人的认可;在家户保护方面,1933年发生大旱灾,陈家用家中的存粮,全家节衣缩食渡过难关;除此之外,陈家曾经在一天晚上遭到土匪抢劫,带来生活资料财产上的损失,但是凭借一家人的团结最终坚持下来;陈家没有成文的家规,但是陈家人都遵守村内的传统规矩,不犯禁忌,陈正贵在这方面尤其会奖罚分明;而在公共事务方面,陈家按照村里的通知参加会议、筹资筹劳、及时纳税,期间陈正贵几次被拉壮丁,但都是找人代替,既没有耽误公事,还能保证自家劳动力的满足。

一、家长当家

(一)唯一儿子做家长

陈家的家长是陈正贵,内当家是妻子陈淑华。陈正贵是父亲唯一的儿子,妹妹出嫁之后,陈正贵就一直和父母生活在一起,为父母养老。陈正贵到16岁结婚生子之后,就开始承担陈家的事务,有能力之后就成为陈家的家长。1949年之前,村里每家人的门墙上都会贴有门牌,上面就会写着这一家人的家长,主要是为了保甲长来派款的时候方便,村里的人不需要看这个门牌就知道这个家庭的家长是谁。陈正贵正式成为家长就是在陈家买房之后,在保甲长处登记的时候写陈正贵的名字。陈家的家庭成员对陈正贵都非常信任和满意。

(二)家长的权力

1.权力来源两方面

陈家人认为,家长的权力既是祖先赋予,也是家庭成员给予,村里的传统就是男性当家,陈正贵又是家里唯一的儿子,所以家长必须是他,家里的家庭成员又都服从陈正贵的家长权利,会听从他的意见和安排。陈正贵管理整个陈家的事务,只不过有所侧重,他自己主要是管理陈家的经济和对外交往,陈家内部的事情则是妻子陈淑华作为内当家来管理,陈家的家庭成员并不多,家庭关系也很简单,就是直系的一条血脉,所以在家庭管理方面还是比较容易,这也让陈正贵有更多的时间和精力投入到农业生产当中去。在对家庭的管理过程中,陈正贵有决定权,如果家庭成员有自己的想法,想法合理,陈正贵也会考虑。

2.家长掌握财产管理权

1949年之前,陈家的财产管理权在陈正贵手中。陈家最主要的的财产收入来自于农业生产的收入和陈正贵父子俩做土匠的收入,另外还有一些小收入,包括饲养家畜的收入、卖布的收入等。陈家的家庭财产归全家人共有,都由陈正贵统一保管。家里的重要物品如地契、佃约、现金等都是陈正贵保管,陈家人都知道他把家中重要的东西放在他卧房的柜子里,但是没有人会去拿。陈正贵虽然节俭,但是并不吝啬,家里需要用钱的地方,他都会拿钱出来用,比如儿子们读书的费用,他从来没有不舍得,陈淑华和陈仪学给家里做新衣服的费用他也没有说不愿意给。陈仪学出嫁的嫁妆也是陈正贵出钱准备,在陈正贵的操持下,陈家每天吃的都是干饭,孩子们想要吃好吃的,也能够尽量满足。在土地和房屋的买卖过程中,还有土地租佃的过程中,需要签字的单据都是由陈正贵签字,别人只认可家长的签字。

3.制衣分配权归内当家

陈家衣服、鞋子的购买和分配主要是陈淑华在负责,但是妻子会跟陈正贵说明情况,陈正贵同意她才会给家人做新衣服。陈家自己就能够在家织布,所以并不需要自己买布,将布拿到染坊去染颜色就可以。陈淑华自己也会做衣服、鞋子,有时候她会自己给家人做,但是样式比较单一。有时候陈淑华会请人到家里来做衣服,算上过年的时候做新衣服,陈家一年大概会做两三次衣服。过年的时候,做衣服的顺序先是家里的长辈,也就是陈正贵的父亲,然后是陈正贵和孩子们,最后才是陈淑华。平时做衣服,陈正贵和父亲一般不要,因为他们干活,不穿新衣服,都是给家里的孩子们做。

4.劳动分配权在家长

陈家劳动分工的支配权在陈正贵手里,家中主要劳动力就是他和父亲两个,他们负责田里的重活和土匠的工作,家里的女性陈淑华和陈仪学就负责管理家中事务和一些简单的农活,比如田埂边上点豆子①、挑牛粪、割胡豆叶等比较简单的活。陈正贵的儿子们还在读书的时候,放学回家帮着父亲做点"活路",也学习一下生产技能,不再读书后就跟着父亲在田边做帮手。只有小儿子陈德才不用干活,并得到陈正贵的允许,这是他作为家长的权力,若是未得到他的同意,则都要干活。

5.婚丧嫁娶管理权归家长

1949年之前,陈家的婚事就是女儿陈仪学出嫁,陈仪学的婚事是在她6岁就定下的,是陈正贵的母亲和媒婆约定好的,陈正贵尊重母亲的意思,也同意这门亲事。陈仪学年满19岁就正式出嫁,婚礼的操办都是陈正贵说了算。陈家的丧事支配权也在陈正贵手里,他也是按照村里的风俗习惯进行操办,没有特殊的地方。

6.家长代表家户对外交往

1949年之前,陈家的对外交往是家长陈正贵作为代表,陈正贵能够代表整个陈家,村里的会议、陈家的缴租纳税、买房买地等所有大事情都需要陈正贵出面才能完成。村里的会议和投票需要家长出面,给政府纳税是陈正贵自己挑去交纳,购买房产地产都是陈正贵出面和签字。陈家其他家庭成员正常出门不需要特意给陈正贵说,如果走得比较远就需要陈正贵同意才行,但是他们一般都是在村里活动。平时哪家人家里有红白喜事,陈正贵前去就能代表陈家,但是过年过节走亲戚的时候不一样,陈家经常需要分头行动,陈正贵自己也经常一天之内走两三家亲戚。过年去保甲长、财主和长辈家里拜年也需要陈正贵亲自去。

7.家长权利的约束

陈正贵作为陈家的家长非常尽职尽责,不仅陈家的人信任陈正贵,村里的人也夸他能

---

① 点豆子:就是指种豌豆。

干,把陈家整得越来越好,所以大家都认同他作为家长的权力。对陈正贵的一个约束就是他的父亲,虽然他是家长,但是对于父亲的嘱咐和建议,陈正贵会认真考虑,平时对父亲也很尊敬,所以父亲对陈正贵有着一定的约束作用。如果有的家长不负责任,比如吸食鸦片、沉迷赌博等,导致家里不断衰败,家庭成员可以另选他人做家长,也可以不听从他的安排。

(三)家长的责任重大

作为家长,最大的责任就是要负责家里的家计营生,陈正贵作为家长其实非常辛苦,他几乎全年都很忙碌,上半年忙于农业生产,下半年农闲的时候又要忙着做土匠挣钱,到了年前年后也非常忙,要负责家里的事情,还要四处走亲戚拜年,哪家有事情需要请客,他也要去帮忙。整年陈正贵都是从头忙到尾,村里有些家长不干农活的时候,就去街上的茶馆喝茶打牌,陈正贵却很少去。除此之外,陈正贵还要负责教育孩子们,教授孩子们农活的技巧,纠正孩子们的错误行为。

像陈正贵这样的家长就是一个好家长,他虽然为人较为严肃,不苟言笑,但是并不苛刻,他对父母孝顺,与妻子和谐相处,不会"打架过孽"①,而且对孩子们的教育非常重视,宁愿自己辛苦,也愿意供孩子们读书。陈淑华作为内当家也将家里打理得井井有条,是陈正贵的好帮手。

二、家长不当家:长子当家

陈家的家长是陈正贵而非其父亲,并不是由于父亲的能力不足,而是因为陈正贵父亲一共只有一儿一女两个孩子,在妹妹出嫁之后,陈家就相当于已经分家,陈正贵作为唯一的儿子,父亲自然是和陈正贵在一起生活,因为父亲身体健康,还能劳动,同时肯定也希望陈家能够越来越好,所以一直和陈正贵一起从事农业生产和土匠工作,之后也在陈家进行养老,因此对于陈家来说,陈正贵自然应该是家长。由于父亲是家里辈分最高的人,也是经验最丰富的人,所以陈正贵在管理家庭事务的时候,大事还是会和父亲商量着进行,比如陈家从财主处买房屋和买田地的事情,就是陈正贵和父亲商量的结果,陈家买牛也是父亲提议的。两人商量的事情主要是在生产管理上,其他家里的家务事情,父亲一般不愿意再插手,陈正贵也会自己做决定。

三、家户决策

陈家的事情总体来说都是陈正贵说了算,特别是家庭外部的事情,关于买房买田、土地租佃、探亲访友、缴租纳税等都是陈正贵来决定。陈家内部的事情可以分为大事小事,大事还是陈正贵说了算,比如家庭成员的分工、家里的各种花费等,小事情妻子陈淑华可以做主,比如每天家里的饭菜,除非陈正贵特别提出要求吃什么,其他时候陈淑华都会自行安排,再比如家里有人来借农具,陈正贵不在家的情况下,陈淑华也可以做主。陈正贵在家里说的话,家庭成员都会听。

陈正贵的儿子上学读书的事情由他决定,他认为孩子应该去读书,所以不管陈仪明和陈仪安是否愿意,都送他们去读书,还因为这件事情打过陈仪明。后面,两个儿子读完"高小"之

---

① 打架过孽:形容因为关系不好而经常吵架打架。

后,陈正贵看他们确实没有兴趣,并且已经读完基础知识,应该不会再在这上面"吃亏",而且小儿子陈德才还在继续读书,家里也需要劳动力,所以后来也就同意两个大儿子不再继续读书的要求。当然,如果他不同意,孩子们也不敢跑回家。

四、家户保护

(一)自家孩子自家教

陈家在村里没有和别人发生过争吵,陈正贵为人正直善良,就是专心做好自己家里面的事情,并不管别人家里的是非。反而是有人曾经到陈家道过歉,原因是二儿子陈仪安在读"初小"的时候,小孩子之间一起玩耍,因为一些小事情打架,陈仪安本身就比较瘦弱,所以并没有打赢,但是也并不严重,回家之后他很倔强的没有告诉父母,后来是那家人的父母领着孩子上门道歉,陈正贵和陈淑华才知道孩子在外面被打。对方父母也是听孩子回家说跟别人打架的事情才知道,一问情况知道孩子打了别人,于是孩子的父母领着孩子,带上一些米和糖到陈家道歉。陈淑华当时在家,听孩子们说完事情的经过之后,她教育孩子不能随便打架,但是没有收下那家人的礼物,陈淑华觉得小孩子有小矛盾很正常,加上陈仪安也没有真的受伤,也为了照顾孩子的面子,她就小事化了,没有收道歉人家的东西。陈正贵下午回来知道了这件事,也觉得陈淑华做得对,他也没有责骂陈仪学。

"家丑不可外扬"在陈家是一个正确的道理,陈正贵认为不管怎么样,家里的私事都不用拿到外面到处说,成为人家口里的是非。所以他既不会把自己家的事情到处去宣扬,也不会去搬弄别人家的是非,陈淑华也是一样。

(二)全家共渡大旱灾

1949 年之前,新房村遭遇过的大灾害只有一次,当地叫作"丙子年干丁丑"①,具体是在 1933 年。那一年当地大部分地区都面临着干旱导致的粮食作物减产,好多人家因此吃不起饭,只能靠借粮吃饭。

陈家在那一年也遭遇到粮食减产的危机,不过因为家里有足够的余粮,所以他们并不需要借粮。陈家度过这次旱灾主要是依靠节衣缩食,也就是"吃差点",陈家之前都能吃上干饭,遭遇旱灾之后,他们就在米饭当中加上一些杂粮,红苕也相应减少,主要靠吃玉米、高粱、麦子和胡豆等,家中也开始吃稀饭。与此同时,因为大面积的旱灾,陈家租种的土地也受到减租的照顾,村里的财主都是如此,收成不好的年份,会适当减租,也算是一种对穷人的救济。而且官府也减税,对村民的派款也减少,经过减租减税和一家人节衣缩食,陈家顺利度过这次旱灾。

(三)遭遇"棒客"抢劫

1949 年之前,四川地区土匪强盗非常猖獗,当地把土匪叫作"棒客","棒客"们都有枪,枪口还会带上"红飘子"②,所以一般人家遇到"棒客"就只有被抢,没有办法抵抗,他们真的会开枪打人。陈家曾经遭到过"棒客"的抢劫,有一年三月间,正是陈正贵过生日当天,家里人到街上买回面、肉和油,结果当天晚上"棒客"就来陈家,因为他们带着枪,所以陈家不敢喊,只

---

① 丙子年干丁丑:当地对这次旱灾的说法。
② 红飘子:指红色的布条。

能眼睁睁看着让他们拿东西。当天晚上"棒客"就抢走陈家刚买的面、肉和油,还拿走家里喂养的鸡鸭,以及陈家做的新衣服。"棒客"没有要陈家的猪和牛,因为他们"赶不走"①,陈家的农具也没有要,即使拿去也没有用。

村里的人都害怕遇到"棒客",所以把自家的前门和后门都关得特别严,但若是真的被盯上,还是没有办法。遇到"棒客"找保甲长也没有用,他们自己都害怕,主要是因为对方手里有枪。这些"棒客"有的是本地人,也有的是外地人。1946 年的时候,富全乡来了一个新的乡长叫宗少林,他组织乡兵打"棒客",打仗"打得子弹飞"②,村里的人都躲在家里不敢出来。陈家也一样,一家人躲在房屋里不怎么出门,躲避一段时间之后,直到打仗结束,才又开始正常的生产生活。在打仗过程中,还把当地一个著名的"大棒客头子"徐光明打死,以及其他几个"棒客",但是短暂地镇压之后,又出现很多的"棒客",就连乡长宗少林日后都搬家,他宁愿不做乡长都要搬家,因为管不了"棒客",而且还有的人要报复他,所以村民们只能靠自己躲,官府也无能为力。

五、家规家法

(一)默认家规及主要内容

1.家规靠传承

陈家并没有成文的家规,都是家庭成员心中默认的。陈家家规的形成来源于家里的长辈和村里的规矩,长辈们通过言传身教,说给家中的孩子听,也做给家里的孩子看,孩子们便在潜移默化之中习得这些规矩。陈正贵跟着父母学习家规,陈家的孩子们也跟着父母学习。每个家庭成员都要遵守这些默认的家规。

2.做饭与吃饭规矩

1949 年之前,陈家都是陈淑华做饭,她自己就可以完成烧锅和做饭,有的时候也让陈仪学帮着烧锅。陈淑华就可以决定家里每天的吃食,陈正贵很少会专门提出来吃什么,孩子们若是提出来,陈淑华会考虑,家中主要还是以干饭配青菜为主,吃肉的时候不算很多,家里农忙的时候会吃肉,因为需要大量体力,家中有客人的时候也会吃肉。陈家平时不需要买菜,因为自家都种着很多小菜。请客的时候会买一点,一般都是陈正贵去买回来,陈淑华做,买菜不需要记账,直接就买。陈家吃饭都是在桌子上吃,女性、孩子也一样在桌子上吃饭,如果遇到座位不够的情况,才会站着吃,此时都是女性和孩子站着。吃饭的时候不能浪费粮食,因为粮食本来就很珍贵,而且浪费粮食会得罪土地菩萨,所以陈家人都不会浪费,吃不完的留着下一顿吃。吃饭的时候长辈先动筷子,陈家就是陈正贵的父亲先动筷子,然后其他人才能够动筷子。每个家庭成员吃的都一样,都在一张桌子上吃饭,每个人都能夹到菜。吃饭的时候一般是陈淑华给老人盛饭,有时候孩子们也会给爷爷和父亲盛饭。农忙的时候陈淑华会去田里给陈正贵和公公送饭,一人一大碗饭菜,或者是孩子们送去也可以。家里洗碗的也是陈淑华,她统一洗全家人的饭碗。

---

① 赶不走:指没有办法将猪和牛牵走。

② 打得子弹飞:形容战斗很激烈。

3.座位规矩严格

陈家吃饭用的桌子是请木匠到家里来做的正方形的木头桌子,凳子是长的木头凳子,陈家一家人在吃饭的时候,陈正贵的父亲坐正上方,也就是面朝着大门的一方,陈正贵和妻子坐在左右两边,陈家的孩子们就坐下方,坐不下的时候就和父母亲坐一边,自家吃饭的时候,座位次序没有那么严格的讲究,只要晚辈不坐正上方就没关系。家里如果有客人,依据客人的辈分便有不同的坐法,客人如果是陈正贵的长辈,就和其父亲坐在上方,如果是陈正贵的同辈,就和陈正贵夫妻俩坐在两边。客人如果有几位,陈淑华和孩子们只能站着吃,如果客人数量再多一些,陈家就会多摆几张桌子,不能让客人站着。

陈家有时候会遭到保甲长的"欺压",村里的保甲长经常到村里有钱人家吃饭,并不是人家请他们,是他们自己要求,保甲长就会到陈家来说,哪天要到家里吃饭,那天陈家就要准备好酒好菜招待保甲长,陈正贵和家人们都要表示欢迎,不敢得罪保甲长。保甲长到陈家来的时候坐在上席,因为他们的地位高,所以他们会和陈正贵的父亲一起坐上席。

4.请示家长的规矩

陈家对于土地的经营管理皆由陈正贵说了算,家里面每年的种植计划,包括什么时候耕地、犁地、播种、锄草、看护、收割、打场等各项农业生产环节都是陈正贵进行安排,他也从小跟着父亲学习,所以会听从父亲的意见,两人作为陈家的主要劳动力,对于农业生产都是很有经验的人,到什么时候该做什么都很清楚。陈家牲畜的购买和卖出、农具的制作、是否需要雇工等都是陈正贵做决定,牲畜的喂养和农具的借用其他家庭成员也可以负责。

陈家家庭生活中需要特别请示陈正贵的都是大事情,一般的小事情都不用请示,像家里面今天吃什么、什么时候做衣服、购买生活必需品等都不用请示,只要跟他说一声就可以,需要买生活必需品的时候,陈正贵去买即可。但是家中的大事需要请示他,如家中小孩上学问题、购田置业等问题都要由陈正贵来决定。

陈家人的外出交往主要看范围,一般在湾子里串门聊天不需要请示陈正贵,外出走亲戚、上街"赶场"、庙子烧香这些就需要陈正贵同意才能去。陈淑华每次想要到蒲店乡的庙子去烧香,都会提前告知陈正贵,陈正贵同意她才会去。请示的形式就是简单的口头请示,甚至就是简单的说一句,不需要特别为此召开家庭会议,陈家从来没有开过家庭会议,有大事情的时候,陈正贵和父亲、妻子商量一下就可以,都是一家人,相处都比较随意。

5.请客规矩

陈家摆酒席请客的次数还是比较多,生产活动中的请客,主要是请木匠来家中做农具和家具,之后会请木匠留在家中吃饭,或者是农忙时节换工之后,请人在家中吃饭。生活中的请客则是陈家的红白喜事请客和过年的时候请客。还有些特殊的宴请,比如村里的保甲长到家里吃饭等。每次请客陈家都会准备好酒菜招待客人,每桌上的菜都一样,没有差别,都有当地最著名的"九大碗",在正式开始之前,主人家陈正贵会"请菜"①,遇到地位高的客人或者是辈分高的客人,陈正贵还需要"奉菜"②。面对大的宴席,村里的熟人们都会到陈家来帮忙,有桌子借桌子,有碗筷借碗筷,妇女们会来陈家帮着陈淑华做饭,因为她自己一个人肯定忙不过

---

① 请菜:指在最开始的时候说一句请大家随便吃,不要客气等话,然后大家就可以开吃了。
② 奉菜,指为长辈夹菜。

来,饭席结束之后,"湾子"里的人们会留下帮着陈家打扫屋子和洗碗,远的人会先走,不然天黑就不好走了。

6.制衣洗衣的规矩

1949 年之前,陈家的衣服都是陈淑华负责洗和制作,因为家里就她一个妇女,女儿陈仪学长大之后也会帮着陈淑华做家务,但主要还是陈淑华在操劳。陈家洗衣服是在家门口的水塘里面,陈淑华每次都会把衣服提到塘边去洗,那里有一块为了妇女们洗衣服专门放置的大石板,有时候好几家人在那里一起洗衣服,她们就一边聊天、一边洗。洗衣服时用皂角,一般先洗一遍,再清一遍就可以,之后提回家里的"坝子"上晾晒。陈家洗衣服没有特殊的规矩,陈仪学有时候会跟着母亲在塘边洗,陈淑华洗第一遍,陈仪学就在一边清,然后拿回家晾晒。

(二)家规家法严格遵守

陈家的这些规矩都是家中一代一代传承下来,已经不知道是从什么时候开始,家里的长辈一直以来就是这么教育孩子。陈淑华的规矩都是从小在陈家跟婆婆学的,陈正贵也一样,跟着父母耳濡目染,学会一套村里的规矩,然后也用同样的规矩要求自己的儿女们。陈家没有对家规进行过修订,因为没有成文的家规,都是默认的规矩。

家长陈正贵在日常生活中对于孩子们破坏家规家法的行为还是比较严厉,他不希望自己的孩子没有教养,而且孩子们都读过书,他希望他们能够比自己做得更好,所以家中如果有人违反家规,陈正贵和妻子会批评孩子,告诉孩子这么做不对,如果还会再犯,陈正贵就会惩罚孩子。就像陈正贵会反复教导孩子们。不能出去乱说别人的坏话,他自己就做得很好,从不背地里说人,给孩子们做了很好的示范。

(三)家庭禁忌不可犯

陈家的家庭禁忌就是不能违反家里的规矩。在农业生产方面,陈家就是按照长久以来的农业生产经验进行生产,不会违背老一辈留下来的智慧。"夏至三更庚伏,头伏秧苗二伏谷,三伏谷子收进屋",就是说明水稻的种植和收割时节;"年怕中秋月怕半,庄稼就怕误时间"说明种庄稼一定要把握好每个步骤的时间,不能耽搁;还有"三亩棉花三亩稻"等一系列说法。陈家的人重视农业耕作,这是一家人生活的主要来源,所有的家庭成员都必须根据流传下来的规矩进行农业活动,不能有违反传统的做法,这主要是陈家长辈陈正贵和父亲来实施和监督。

农村在生活上的禁忌比较繁多,陈家的人都要遵守这些规矩。陈家重视孝道,陈正贵希望孩子们对家中的长辈要尊敬和孝顺,孩子们和陈正贵父亲相处的时候不能没大没小,否则就会受到严厉的批评。其他的生活规矩上,当地有一个关于每月主要事情的顺口溜,"正月里来耍龙灯,二月里来放风筝,三月清明把坟挂,四月新秧遍地插,五月端阳正初五,六月手把扇子拿,七月亡魂回家乡,八月中秋看月亮,九月遍地满菊花……腊月才把年猪杀。"另外,村里还有很多默认的禁忌,比如结婚之前两家人不能见面,否则婚后会吵架;婚后回门不能在娘家住,必须要在当天天黑之前回家;大年初一不能出门,也不能扫地、倒垃圾;过年期间嘴里不能出现不吉利的话,说了之后要赶紧"呸呸呸",把不吉利的话吐出去;吃饭的时候筷子不能交叉成一个"×"型,这是不吉利的,也不能敲打碗边,这像是要饭的;家里的孩子不能坐上灶台,这是对灶王菩萨不敬。以上规矩都是陈家的人需要遵守的,都是一些来自于长辈们口口相传的内容,孩子们如果犯了家庭的禁忌就会受到家长的批评。

六、奖罚分明的家规

陈家对于家规家法奖罚分明,表现好的孩子,陈正贵会当众表扬他。如果有人犯错,也会批评教育,在批评的过程中,如果孩子不服顶嘴,陈正贵会更加生气。大儿子陈仪明有一次挨打就是因为他自己不想去读书,陈正贵给他讲认真读书的道理,他还顶嘴赌气说不去,陈正贵觉得孩子太"犟"①了,他不希望陈仪明这么不听人劝,所以说不通之后就动手打了他几下。一般情况下,孩子犯错,如果在受批评的过程中,自觉接受批评并且认错,陈正贵就会选择不再追究。陈家的孩子没有犯过原则性的错误,比如偷东西、不孝顺长辈之类,所以陈正贵都能接受,即使孩子们有的时候会有些小打小闹,他也觉得没关系。有惩罚就有奖励,陈正贵可以说最喜欢小儿子陈德才,主要就是因为他读书有天分又肯用工,陈正贵抱了很大的希望在他身上,允许他在家里不干活,他想要吃什么东西,陈淑华能做的都会做给他吃。

陈家的孩子犯错由陈家自己教育,别人家不会插手,陈家也不会去管别人家的孩子,就像陈仪安在外面和别的孩子打架,也都是双方家长相互道歉之后,各回各家教育孩子。陈家的孩子们还是比较惧怕陈正贵,所以都会听他的话。

七、家族公共事务

1949年之前,家族在陈仪学那一代的时候已经不起多大的作用,陈家整个家族聚在一起的时间非常少,正式的活动也就是每年清明节的时候举办的"清明会",那一天陈氏家族的家长们会聚在一起祭祖、吃饭和聊天,其余时间都是各自忙各自的。陈氏家族的族长就是家族内部辈分最高的男性,他的权利并不太大,主要起着组织"清明会"的作用,还有就是家族内部的人有矛盾的时候进行调节。陈氏家族有自己的族田和学田,族田平时就是家族的人轮流耕种,族田的收入并不多,都用于"清明会"聚会的时候使用,不够的就需要家族成员添上,有钱的人家就多出一点,没钱的少出一点或者不出。学田也是轮流耕种,收入用来资助陈氏读书的孩子,那些能读书但是家里穷的孩子就可以得到这笔补助,或者是做出成就的家庭可以得到奖励。陈家小儿子读书没有用家族的钱,因为陈家能够负担得起学费。

八、保甲长常来陈家吃饭

陈家和保甲长之间的联系主要在上粮和派款的时候,除此之外便是他们到陈家来吃饭,因为陈家的家庭条件在村里面算是比较好的,所以保甲长有时候会到陈家吃饭,他们会提前告诉陈正贵,第二天要来陈家,陈正贵和陈淑华就需要准备好酒好菜招待保甲长,否则便会得罪他们。陈家每年要出的摊派款子也比较多,但是陈家没有欠过钱粮,在上面拉壮丁的时候,陈正贵都是出粮请人代替他去。保甲长平时管的事情不多,主要就是负责税收和摊派,其他村里的事情他们很少会管,村内的矛盾也大都是自己解决。陈家没有人当过保甲长,因为没有关系,也没有念过书。保甲长都是上面指派,陈正贵做不了决定,上面指派的保甲长都是念过书和有钱、有关系的人,一般三年左右会更换一个保长,有的是因为犯错误被换掉,有的是有其他的安排,就换别人来担任保长。

---

① 犟:形容人的性格太硬,不听劝。

九、村庄公共事务

(一)参与主体

1.村务会议家长参加

村里通知开会都是保甲长到家里通知,村务会议皆是陈正贵去参加,会议必须要家长去参加才可以,若是家长不在家,才能换其他家庭成员去,大多都是让长子代替家长去参加,女性一般不去参加村务会议,除非是家中没有合适的男性,像村里的两个"地主婆",每次开会她们都得去参加,因为家里没有男性,孩子年龄又太小。陈正贵没有外出过,所以村里的会议他都会去。征税会议同村务会议一样,也是必须要家长亲自参加,不管家里有没有自己的土地,即使是在租种别人的土地也得去,要去听政策。陈正贵每次去开会都是坐在下面认真地听,他对村庄的事务上心,但是在保甲长面前他不能说什么,要不然会得罪保甲长。开完会回去,陈正贵会给父亲讲开会的内容,两人会在吃饭的时候说说自己的看法,孩子们就是听着父亲讲。

2.修桥、修路、淘井都出力

1949年之前,新房村修桥、修路的时候并不多,很多时候下雨导致路不好走,都是村民们自己垫上石块,村里和官府组织修桥、修路的次数很少,每次需要修的时候都会在村里筹资、筹劳。每家人都需要出一个劳动力,如果不愿意出劳动力,就要出钱,算是用钱请劳力。陈家遇到修桥、修路需要出劳力的时候都是陈正贵去,因为父亲毕竟年纪大了,村里要求壮实的年轻劳力,大儿子在13岁就去世,二儿子陈仪安也只有十多岁,而且他的身体一直都很瘦弱,家里人担心他吃不消①,就没有让他去,只要不是农忙的时候陈正贵都是自己去,若家里实在是忙不过来,陈正贵就出钱,这样就可以不去。

新房村六组有好几口井,陈家用的井就在水塘附近,离陈家很近,周围的几家人都是在这口井里挑水用,这口水井很多年前就已经存在,淘井则是使用这口井的家庭共同负责。淘井的时候,湾子里用这口井的人家每家出一个劳动力,不一定是家长,只要是男性劳动力就行。陈家有时候就是陈正贵的父亲去参加。

3."派款"

村费征收在当地叫作"派款",陈家经常是被"派款"的对象,陈家一年消费之中,除了自家粮食消费之外,被派款的消费是最多的,具体的陈家都算不出来,因为总是被"派款",而且不能不给,如果不交,保甲长可以把人抓起来关着,直到家里人凑够"款子"交上才会放人。"派款"的数目并不固定,每次的数量不一样,而且同一次派款,不同的家庭也都会不一样,因为家庭条件不同,所以会有所区别,陈家家庭条件在村里属于中等偏上,所以每次"派款"的数目都不少。"派款"是由保甲长亲自把"派款单"送到家里,上面写着家长的名字还有"派款"的数量,保甲长还会带着警备班来,如果有拒绝交纳的人,直接就抓走。

4.村内无力灾害治理与治安维护

灾害治理方面,村里有过的灾害就是1933年的大旱灾,对于那一年的旱灾,村里也做不了什么,只能在收税的时候请政府减税,村里的派款在那一年也更少一些。在治安维护方面,

---

① 吃不消:指承受不住。

村里最大的治安问题就是"棒客",保甲长自己都害怕,也没办法保护村民们。1946年乡兵打"棒客"之后,短时间之内治安好转,后面又卷土重来,连组织打"棒客"的乡长都因为害怕报复而藏起来。

(二)筹资筹劳,户为单位

村里面组织修桥、修路、淘井等集体活动的时候,要求每一家都要出一位青年劳动力,有的时候还需要每家出一点钱,这个也能够理解,都是关系到大家的事情,确实应该出一份力。陈家也都积极地参与,没有想过要逃。出劳力的人多数时候都是陈正贵,只有淘井的时候父亲曾经代替他去参加过。有时候村里想要修路,但是没有那么多钱,县里又批不了那么多,所以就选择让村民们一家出一点,这个是有钱的人家多出一些,实在是很穷的人家,拿不出来也算罢了,同一个村的人,家庭条件大家都知道,也不用隐瞒,像贾贵华家的经济条件就很差,他平时的为人也挺老实,就是因为没土地、没房屋,才会导致穷困,每次筹资大家都同意他不用出。

十、国家事务

(一)按时按量纳税

纳税是以一个家庭为单位进行,按照家庭自有的土地面积计算税款,陈家的0.61万平方米的土地,需要交纳二石四的谷子。交税是在每年秋收之后,把这一年新的谷子收割起来晾干,除掉杂草之后,就要自己挑到永安乡去交税。陈家由陈正贵自己挑到永安,官府在那里会设立一个收税点,所有交税的人按照先来后到交纳,一个个上称称重量。税收的数量固定,只要土地面积没变,数量就不会变,每年收税的日子,保甲长会挨个通知,都是直接通知陈正贵。陈家每次都会按时交税,迟早都要上交,拖着也没有用,如果一直不交也会被抓走,警备班的人直接把家长带走,最后还是要交税才能放回家。陈家的粮食一直都够吃,所以从来没有拖欠过税款。

(二)"拖壮丁"

国民党在打仗的时候经常会"拖壮丁",陈家也被拖过几次,每一次都是陈正贵被"拖壮丁",家里除了他之外就只有10岁出头的孩子,所以只要国民党来"拖壮丁",他就跑不掉。但是"湾子"里面有人是专门"卖兵"的,也就是被"拖壮丁"的人如果不想去,就给他米,他就代替被拖的人去,他因为经常去,所以知道怎么逃回来,因此每次都是去了之后再跑回来。陈家好几次被"拖壮丁",都是请湾子的一个熟人,陈仪学叫他贾幺叔,他就是"卖兵"的,每次陈正贵给他一两斗米,他就会代替陈正贵去当兵,然后没隔多久就会跑回来,他说是因为他去过太多次,已经有经验,别人看不住他。

(三)"做样子的"[①]选举

1949年之前,村里的村长、副村长和保甲长选举的时候都要召开会议,让村民们来投票,但这只是一个"做样子的"环节,村民们都知道那些人是有关系、有势力的人,都得罪不起,所以投票的时候只能举手表示通过。陈家每次参加这种选举会议的是陈正贵,他也会乖乖举手,因为他没有权势,也不敢反对,所以他每次都会举手。

---

① 做样子的:形容只是为了做给别人看,并没有实际意义的举动。

调查小记

　　2018 年寒假是学院第二次安排进行家户制度调查,有了上一次的调查和后期整理的经验之后,心中对这次调查内容更加熟悉和了解,也不再只是满足于将问卷上面的问题一一问出,而是希望能够就受访者记起的经历进行深入挖掘。为了更加全面地了解四川农村地区传统时期的生活图景,本次家户制度调查特意选择了一男一女两位九十左右高龄的受访者来完成访谈。

　　第一位受访老人已经有 92 岁的高龄了,老人是我在四处打听合适的访谈对象过程中别人推荐的,在听说老人年龄及生平经历之后,我和长辈一起前往老人家中请老人接受访问,一开始老人有一些抗拒,因为我们是突然到来的陌生人,但我们通过与老人说明来意,特别是给老人说了几位他认识的村里人之后,老人开始放下戒心,慢慢地和我讲述那个年代的故事。农村的相处之道就是这样,即使两人不认识,只要能够说得出一两个双方都认识的人来,便很容易获得亲近感和信任,人们就是这么淳朴。访谈的时间持续不长,因为天气原因及老人年龄实在太高,所以我们和老人约定第二天再来,第一个家户就这么顺利完成。

　　第二位受访老人则是一个美丽的意外,这位老人是我的姨婆,就在老家旁边居住,三年间的口述史访谈都没有去找她是因为考虑到姨婆年事已高,而且又是女性,可能对于过去的事情参与很少,记忆也不多。抱着去找姨婆聊天试一试的想法,没想到老人对于过去的事情记忆非常深刻清晰,甚至家中在 1949 年前租种哪家地主的土地,数量多少、租金交多少等大小事情都能迅速而清晰地回忆起来,于是我向姨婆提出了想要访问她的想法。老人家一开始顾虑到自己没有读书,语言组织不好,怕影响我写作业,不好意思接受访问。在我的劝说和坚持之下,老人最终同意试一试,访谈也是经过好几天才完成,整个过程老人非常健谈,问到以前的事情都能够说出一二三,而且因为这是第一个女性家户,也让我对那个时代的女性有了更多的了解,而不是以往都通过男性来讲述女性的生活。

　　最后,感谢中国农村研究院给予的家户调查机会,感谢尊敬的徐勇、邓大才两位教授及黄振华老师的谆谆教导,感谢审核小组数次的谨慎指导。

第八篇

兄弟合力:富户自立的生存之道

——鲁西王顺庭村赵氏家户调查

报告撰写:郭艳艳[*]

受访对象:赵培忠

---

*郭艳艳(1992—),女,山东省聊城人,华中师范大学中国农村研究院 2016 级硕士研究生。

导　语

　　山东省聊城市莘县柿子园乡王顺庭村,人口规模中等,是一个典型的北方村落。赵培忠自祖上迁至此地,均以务农为主,在当地属于大姓家族中的一分子,在1949年以前王顺庭村已有王、吴、胡、赵等多个家族居于此地,而赵氏家族则自始至终为当地人口最多、家族最庞大的姓氏。赵家仅为赵氏家族中的一分子,与其他赵氏家族成员共同生活于此地。

　　在1949年以前,赵家仅有两代人共同生活,共计12口人,家内人口较多,孩童相对来说多一些,并且年龄都较小。赵家的家户生活最大的特点便是兄弟合力,共同为生活努力,赵家在村内属于经济条件中上等水平的家庭,兄弟二人齐心合力耕种近六万平方米土地,家内有雇工,在整体生活环境困难时期,赵家兄弟为户内其他家庭成员创造了较为优越的生活条件。赵兰之在兄弟二人中排行老二,但是一直以来作为赵家的家长。赵泽广与刘氏作为兄弟二人的父母,在1949年以前均已去世,赵家家业多为祖上世代共同经营,祖辈虽已去世,但是兄弟二人均较为踏实且有头脑,尚能管理继承自祖上的赵家家业。

　　赵家虽以赵兰之的家长权威作为赵家整体核心所在,但是家户内其他家庭成员均可适当地提出自己的建议,赵兰之也会虚心地接受家人所提建议,因为赵兰之作为家中排行老二的弟弟,比较尊重兄长赵兰新与大嫂邵氏的建议,邵氏在赵家则承担内当家的重担,负责管理家户内所有成员的生活所需。赵家的成员整体上来看思想均较开明,认同自家付出努力后一定能够获得回报的道理,因此赵家兄弟二人齐心合力,共同经营家内的生活。家庭氛围较为融洽,家中虽较为富裕,但是对当地的其他穷苦人家并不苛刻,相反赵家有时会为生活较困难的人家给予力所能及的帮助。赵家作为村内的富裕人家,与周围其他人家之间的关系均较为和睦,由于村内缺乏有组织性的公共活动,所以赵家较少参与村庄公共事务。家内虽无老人在世,但是赵兰之与赵兰新兄弟二人却依旧团结和睦,因为家和万事兴为赵家所有家庭成员均认同的理念,并且实际上赵家也时刻遵循着这一原则,所以家人之间和睦相处,坦诚相待,为了家人更好的生活而努力。

第一章　家户的由来与特性

据记载,赵家祖上在当地居住已有十几代,在村内属于迁至此地较早的家户。世代繁衍至赵培忠这一代,赵氏家族人口已达一百多人,赵家在赵氏家族内属于经济水平较高的人家。赵家自祖上开始均为能够数得上的富裕人家,赵家父母虽去世较早,但赵兰之兄弟二人依旧将家业经营得较好。以赵兰之为家户的核心,赵家所有成员共同努力,整体生活水平能够得到保障,但由于劳动力不够,家内有时会雇工,大多为一个长工和一个短工。赵家人共同居住于自家院落内,赵家院子坐落于村内居中的位置,由于当地均为平原地区,所以赵家所在的居中位置与其他家户相比较,属于较为优越的地理位置。家内房屋的位置、布局以及用处均和其他一般人家类似。临近1949年,赵家家业依旧没有衰败,可以实现家户生产生活的自立和自足,并且年终会有结余,在村内属于生活条件较好的人家。

一、家户迁徙与定居

(一)迁自豫地家业兴

赵家近几代人均居住在山东省莘县王顺庭村,当地人祖上均由山西洪洞县迁至此地。由山西洪洞县迁出的原因是当地人口较多,出现荒乱,导致很多人饿死,因此还能够行动的人便一起迁出,迁往全国各地,迁至鲁、豫等地的人口居多。但是具体共繁衍多少代人不得而知,赵家祖上是由河南鄄城赵庄村迁至本地的赵海村,这段迁徙发生在明末清初以及中华民国时期,因此赵家祖辈三代以上的老人应该是生活在其他地方。赵家表示听老人相传迁徙的时候,赵氏家族并不是同一时间迁至此地,而是前后断断续续迁过来,也许是由同姓家族之间的互通导致。迁至本村的时候,村内已有吴、王等姓氏,后迁过来的还有胡姓家族。

据说吴姓家族是最早由外地迁至本村的家族,王姓家族为本地最初定居的家族,但是相比人口来说,赵氏家族一度成为村内人口最多的姓氏,并且生活水平相对较高。村内不同姓氏之间尤其是赵姓与王姓家族关系不是很好,在1949年以前,两个家族之间时常会闹矛盾,相处不是很和睦,这是由于后来者对于先前定居于此的人来说,抢占当地的资源,主要是当地的生存资源较为紧张,且开发程度较低,因此迁至此地的人口越多,对于先前定居于此的人来说便是不断地增加生存挑战。

在1949年以前,赵家族谱有记载的代际为七代。为方便排辈分,家里男孩子起名字的时候会依据辈分定姓氏之后的一个字,如赵培忠的“培”字,便象征着辈分。族谱记载已有的辈分包括青、守、文、西、培、登、荣七个辈分,赵家的后代子孙已有的辈分便到“培”字。赵氏家族辈分最小的已到“荣”字。在已有的辈分排行用完以后,便会由赵氏家族的人再接着已有的辈分续族谱,即再由家族内较有威望的人来选择接下来的字辈。

(二)祖辈传承家业无变故

赵家家业多承自祖上,共有良田近六万平方米,在当地属于中上等的人家。1949年以前,赵家没有经历过重大的变故,因此家业一直都比较多。这样的人家并不多,赵家在村内也有较高的威望。赵泽广在世时,赵家的家业已经基本定型,赵兰之做家长时没有变卖家业,也没有扩大家业,因为整体的社会环境不好,赵兰之两兄弟更多的是尽力经营好现有的家业,以保证赵家人的生活水平。直至土地改革运动时期,两兄弟通过分家来平分赵家的土地、房屋等财产,相对较大的家业才没有得以延续。

赵家祖先赵泽广经营家业的故事在赵家广为流传,赵泽广在世时是清朝末年,农村的管理者是保长,能够担任保长的人都是村内比较有权有势的人,赵泽广虽然没能担任村内的保长,但是担任保长的是赵家另一户人家的家长赵泽坤,与赵泽广是堂兄弟的关系,因此赵泽广对村内事务也了解甚多,平时赵泽坤也会与赵泽广商讨村内的事务,也使得赵氏家族在村内相对其他家族来说较有影响力。在赵家落户于此地的时候,赵氏家族内只有十几口人,村内掌管村庄事务的是王姓家族的人,最初赵姓与王姓家族的人关系并不融洽,经过赵泽坤带领赵氏家族与其他姓氏的家族人员之间长期地相处,两姓氏之间的关系才得以缓解。赵泽坤担任村内保长时,对待不同姓氏的家族不会很偏心,因为一旦偏心便会让其他姓氏的家族成员不满,赵氏家族便难以在当地自立自足。

经过赵泽广的勤奋和努力,赵家在村内的家业得以开始建立,主要依靠务农。赵氏家族来此定居时,村内的人口还比较少,生存资源开发程度也较低,赵氏家族便在荒地上开发出较多能够经营的土地。赵泽广为人比较勤奋,时间久了便在村内开发出几万平方米可耕种的土地。自此赵家家业便不断扩大,赵家家产最多的时候就是赵泽广在世时所经营的土地,将近6万平方米土地,虽然家内的房屋没有特别多,但是也能满足赵家人生活所需,供居住的房屋有十几间。总的来说,赵家依靠土地为生也能够使家业不断发展。

二、家户基本情况

(一)家户成员基本情况

1.两兄弟同居共食

赵家在1949年以前有12口人,但仅有两代人。赵兰新和赵兰之两兄弟同居共食,在赵泽广去世之前均已成家,不久赵泽广因病去世,而刘氏身体本就虚弱,因丈夫去世后丧失精神支柱,不久便也去世。因此赵家的主要劳动力在赵泽广去世后主要包括赵兰新、赵兰之以及赵兰新的长子赵大章,在1949年以前赵大章已经成家,1949年以后才生儿育女。赵兰新作为长兄,因为不愿意做当家人,而是比较倾向于踏踏实实地干农活,因此成为赵家主要的劳动力。赵家成婚的家庭成员包括赵兰之、赵兰新和赵大章三人。赵兰之和赵兰新属于家中的长辈,有两个姐姐均已出嫁并育有儿女。赵兰之与妻子李氏育有两个儿子和两个女儿,赵培忠为长子,赵培爱为次子,大女儿为赵凤云,小女儿为赵凤卫,在1949年以前两个女儿年龄较小,均没有出嫁。赵兰新与妻子邵氏育有两个儿子和三个女儿,1949年以前两个大女儿已经出嫁,大儿子赵大章已经成家,与妻子胡氏在1949年以后育有一女,小儿子赵培运在1949年以前没有成家。

赵家除了自家人之外,还有长工和短工各一个,但是由于是本村的人,因此均不在赵家居住。

表 8-1　1949 年前赵家家户基本情况表

家庭基本情况	数据
家庭人口数	12
劳动力数	6
男性劳动力数	3
家庭际代数	2
家内夫妻数	3
老人数量	0
儿童数量	6
其他非亲属人员数	0

2.家中无老人

赵家在 1949 年以前没有老人,因为赵泽广与刘氏作为赵家的长辈均去世较早,赵家共同生活的是赵兰新和赵兰之两兄弟以及两个家庭的其他成员,都为中年和青年以及儿童,没有年龄较大的家庭成员。家中年龄较大的为赵兰新,1949 年以前的年龄在 50 岁左右,妻子邵氏年龄也在 50 岁左右,赵兰之的年龄为 45 岁左右,妻子李氏年龄与之相差无几。家中的青年人包括赵大章和赵培忠两个后辈人,赵大章在 1949 年前已结婚,赵培忠年龄较小,便没有结婚,家中其余女孩子均在 1949 年以后结婚成家。赵兰之和赵兰新均正值壮年,身体较好,都是赵家最主要的劳动力。其次,赵大章和赵培忠二人均处在青年阶段,也能够为家里增加很多劳动力。赵家人口负担较轻,除了没有老人之外,更重要的是家人身体都比较好,没有发生过重大疾病的成员,唯一可以称得上负担的便是家中有两三个年幼的孩子需要大人照顾。

3.家有雇工不住家

赵家在平时的生产生活中除了自家人之外,还有一个长工会和赵家人在一起吃饭,但是由于雇工是本村人,因此雇工每天干完活都会回家睡觉,只是一天三顿饭在赵家吃。雇工不住家,赵家每年给雇工报酬的时候会多给一些。赵家所雇用的长工在赵泽广未去世之前便已雇用,由于是本村人,互相之间均比较了解、信任,因此才能够长久的雇用。赵家除长年雇用的长工之外,还会在平时农忙的时候雇一个短工,忙过之后就不再需要。

4.家庭成员读书较少

赵家的家庭成员除赵培忠和赵大章之外,其余的成员均没有读过书,在 1949 年以前由于赵培忠年龄尚小,并且赵家的家庭条件还算可以,赵兰之便选择让赵培忠去接受学校教育,增长一些见识。

5.家中成员无宗教信仰

赵家的家庭成员在宗教信仰上基本一致,没有人信仰宗教。因为在 1949 年以前,农村生活比较艰难,赵家人将主要精力放在经营自家的生产和生活上,没有时间和精力去信仰宗教,并且村里没有几户信仰宗教的人家,村庄内也没有组织和场所提供给信仰宗教的人。

表 8-2　1949 年赵家家庭成员基本情况表

成员序号	姓名	家庭身份	性别	年龄	婚姻状况	健康状况
1	赵兰之	当家人	男	45	已婚	优
2	李氏	妻子	女	45	已婚	优
3	赵培忠	长子	男	10	未婚	优
4	赵培爱	次子	男	8	未婚	优
5	赵凤云	长女	女	5	未婚	优
6	赵凤卫	次女	女	3	未婚	优
7	赵兰新	长兄	男	50	已婚	优
8	邵氏	长嫂	女	50	已婚	优
9	赵大章	侄子	男	23	已婚	优
10	胡氏	侄媳	女	26	已婚	优
11	赵培运	侄子	男	16	未婚	优
12	赵凤青	侄女	女	14	未婚	优

(二)房屋四周有邻里,院落面积满足需求

1.院落居村中

赵家的房屋院落居于王顺庭村的村中位置,赵家迁至此地时村内人口还较少,后来迁至此地的其他姓氏人口不断增加。赵氏家族搬迁至此地的时候已有王姓和吴姓家族在此生产和生活,赵氏家族便选择在王姓家族聚居的旁边开辟居住地,并且合力盖起居住的房子。后来搬迁至此地的人家便在赵氏家族旁边定居下来,时间久了以后,赵家所在的位置便成为村内居中的位置。村庄人口在 1949 年以前最多的时候达到三四百人,相对来说是比较大型的村庄。

2.房屋由祖上翻盖

赵家的房屋是由赵泽广翻修而成,在赵家人搬迁至此地的时候,由于资源有限,最初的房子完全用土来建造,称之为"土坯房"。但是赵泽广在世的时候,由于依靠种地开荒有所积累,便翻修了赵家的房子,虽不是全部用砖盖的房子,但是用砖打地基的房子已实属难得。下半段用砖打地基以后,上半段便是用土和草混合而成,所谓的草一般是在高粱熟了以后砍下的秸秆,房顶是用细小的林条和土混合,即树枝搭建之后用土盖上即可。

3.院落面积大,相邻人口集中

赵家的院落占地面积较大,由于搬迁至此地的时候开荒面积较大,因此院落加上空地共有将近两亩地的面积。赵家房屋的周边为道路和其他人家,赵家院落大门朝南,在赵家院落的北边有邻居赵文会和赵文祥两户人家,东边毗邻一片空地,相邻的人家有赵西章、赵西岭和赵文汉三户人家,毗邻户数较多,这主要是因为赵家的院落面积相对来说较大。在赵家院落的南边是赵雨成家,院落西边为一条胡同,胡同对面的人家是赵守序家。赵家院落所在的位置人口居中,道路较窄,周边没有河流。

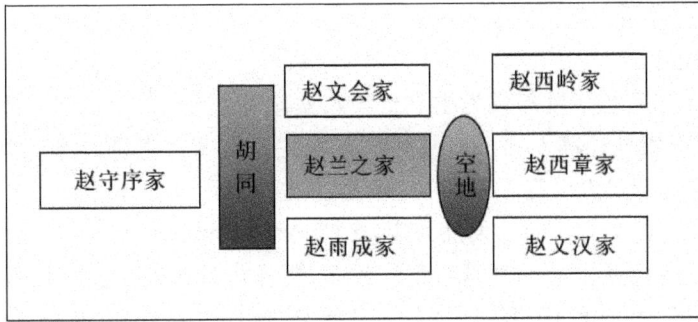

图 8-1　赵家房屋及其周围空间示意图

4.房屋较多,满足需求

赵家的房屋结构包括堂屋和配房,配房包括东屋和西屋,房屋全部用来给人居住。作为长兄和长嫂,赵兰新和妻子邵氏在赵泽广夫妻均去世后是家里辈分最高的人,因此堂屋便由赵兰新夫妇居住。除此之外,由于赵大章成家后需要独立的房屋居住,因此家里配房中的西屋便留出一间供其居住,另外一间当作厨房。东屋的两间房屋供赵兰之夫妇居住,赵兰之夫妇与小女儿赵凤卫居住一间,两个男孩子赵培忠和赵培爱居住一间。东屋和西屋称之为偏房,堂屋为正房。赵兰之虽为家里的当家人,但是家人的生活是由赵兰新的妻子邵氏来负责操办,因此赵兰新夫妇居住在正房也是符合当地的讲究。家里的牲口、农具等生产资料均放置在搭建的牛棚里,院落内除了居住的房屋以外,还有较大面积的空地,赵兰之便让家里人翻出一片空地,用来种一些菜供自家人食用。院落面积比较大的原因主要是赵泽广为家里的男孩子考虑,日后成家都需要住新房,如此便可以有地方修建新的房屋。

在进入赵家院落的大门以后,左手边为厕所,没有分开男女厕所,厕所条件较为简陋,仅仅是用土抷起来,并且是露天厕所,没有顶棚;牛棚则在厕所的北边,和赵大章夫妻所居住的一间西屋中间隔着一片空地;赵大章夫妻居住的一间西屋旁边便是厨房,赵家的厨房面积较大,因为赵家人口较多,如果面积较小便会不够用。厨房内有一口烧柴火的大锅,旁边是一口小锅,一般大锅是用来给家人煮饭,小锅则用来炒菜。大锅对面放置的是木制的橱柜,用来放置家里的锅碗瓢盆等用具。吃饭的桌子是用很简陋的木板搭建,一般吃饭的时候都会坐不下,因此妇女们会带着小孩在灶台旁边吃。除此之外,赵家的厨房内还有一张火炕,火炕主要是冬天的时候可以烧火取暖,后来赵兰新夫妻年龄大了身体容易被冻着,赵兰之便建议兄长挪到炕上睡觉。

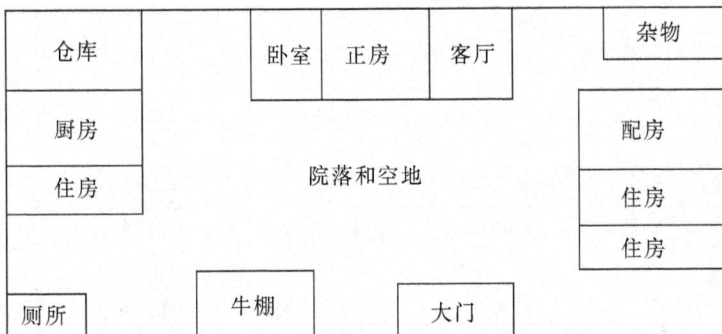

图 8-2　赵家房屋内部结构示意图

(三)农业生产养活一家人

1.以务农为主业

1949年以前,赵家世代以务农为主。赵家人没有学习其他的手艺活,主要是因为赵泽广以及祖上几代人均依靠开辟土地、种地为生,赵家主要的家业也是以土地为主,共有土地5万多平方米,赵家的劳动力以赵兰新为主,赵兰之、赵大章等也要下地干活。除自家人之外,赵家还会雇用长工,长工为村内的吴姓人家,名叫吴章国。赵泽广在世的时候便选定其为赵家常年的雇工,因为赵家土地一直以来都比较多,赵泽广选定这个长工后就没有变化过,主要是吴章国在赵家干活的时候表现得比较好,不会偷奸耍滑,赵家人与之相处的也比较融洽。吴章国家里的土地数量比较少,人口也比较少,即使去开发荒地,劳动力也不够用,因此主要依靠做长工养活自己和家人。

2.收支略有结余

赵家每年的收支基本上都会略有结余,家里土地较多,因此每年收获粮食以后,赵兰之会选择留一部分作为家里的存粮以备不时之需。家里人口虽然比较多,但是除了满足温饱以外也没有多余的支出,因此尚且够用。赵家近六万平方米土地主要以种小麦为主,一般来说一亩小麦的收成大约是一百多斤,按照3.33万平方米土地来算,每年大概有五千多斤的收成。粮食的价格比较低,但是如果遇上年景不好的时候粮食价格便会翻倍的涨,因此赵家每年都会攒一些粮食,在年景不好的时候除了满足自家人的需求之外,还可以卖给粮铺,挣一些钱以维持生活。

表8-3 赵家1949年以前家计状况统计基本情况表

土地占有与经营情况	土地自有面积	5.33万平方米	租入土地面积		0
	土地耕作面积	5.33万平方米	租出土地面积		0
生产资料情况	大型农具	犁2张、耙2张、小推车1辆			
	牲畜情况	牛1头、驴1头			
雇工情况	雇工类型	长工		短工	其他(无)
	雇工人数	1		1	0
收入	农作物收入				
	农作物名称	耕作面积(万平方米)	产量(斤)	单价(元)	收入金额(折算)(元)
	小麦	3.33	5000	0.02	100
	高粱	0.67	1500	0.01	15
	谷子	0.67	2000	0.01	20
	棉花	0.67	200	0.03	6
收入共计	141元				
支出	食物消费	衣服鞋帽	燃料	肥料	租金
	55元	15元	0	0	0
	赋税	雇工支出	医疗	其他	支出共计
	6元	20元	0	15元	111元
结余情况	结余 30元		资金借贷	借入金额	0
				借出金额	0

(四)土地数量多,掌一定权威

在 1949 年以前,赵家共有两代人同居共食,因为赵兰之的父亲和母亲均去世较早。赵兰之成为赵家的当家人,也是赵家的外当家,由妻子李氏辅助其处理赵家的一些事务。邵氏则成为赵家的内当家,负责打理赵家所有家庭成员的衣食住行等基本生活。赵家虽然人口较多,并且家里事务也比较多,但是并没有因此请管家来帮忙打理家务。这样的状态持续到土地改革运动分家的时候,赵兰之便与赵兰新分开居住,各自生活。

赵家所在的村庄对于大户、中户和小户人家的区分没有那么明显和规范,只是人们在日常生活中对一个家庭的了解所形成的称呼。一般来说,一户人家人口较多的同时土地也比较多,这样的人家才能够被称之为大户人家。而赵家还没有达到这样的水平,因此称之为中户比较合适。中户和大户人家比较少,村内并没有真正的大户人家。总体来说,村内仍以小户人家居多,自家土地均不足 1 万平方米,生活过的比较紧张并且有时会顾不上自家人的生活需求。

赵家的人口在当地算是比较多,主要是赵家小孩子比较多,家里没有老人。对于赵家在村内的地位,影响较大的主要是自家的家业大小以及赵氏家族在村内的人口和经济实力大小,赵氏家族虽然最初搬迁至当地的时候人口并不多,但是随着时间的发展,赵氏家族的人口和家业均在不断壮大,在当地逐渐具有一定的实力,可以与其他原居于此地的家族相比较。因此,也慢慢的在村里有一定的话语权,同样促进赵氏家族在村内的威望和地位的提升。

总体来看,赵家在村内算得上中上等水平,土地的多少基本上决定着地位的高低,而赵家一户人家的土地,能够抵得上十几户甚至二十几户小户人家的土地数量,因此在当地能够"说得上话"。

第二章　家户经济制度

1949 年以前,赵家拥有田地近六万平方米,居住房屋十几间,宅基地面积占地 0.2 万平方米,并且各类生产和生活资料均能够称得上完备,基本上能够实现经济和生活上的自给自足,年景好的时候能够通过结余存储一些口粮和钱财。赵家无论是在生产上的劳动、分配或是在生活上的分配、消费等活动,均以赵家的家户整体为单位进行,其中每个家庭成员在生产和生活过程中均能够作为个体参与,虽然与家长相比处于被支配和从属地位,但是也能够提出一些自己的建议和想法。以家户整体进行生产生活等活动的同时,在遇到外来侵占和破坏时也以家庭为单位进行反抗,均以维护自家人的利益为主。

一、家户产权

(一)田地承自祖上,共享产权

1.家有田地近百亩

1949 年以前,赵家共有土地五万多平方米,由于地处北方平原地区,因此多为旱地。赵家所拥有的土地数量虽然比较多,但是分布的地块也比较多,所以在耕种的时候会比较麻烦,耗时耗力。当地分布的方位分别为"家东""家西""家北""家前",即在村民集中居住的区域的四个方位。赵家分布在"家东"的土地数量占比最多,大概将近有一半;分布在"家西"的土地数量占总量的四分之一;剩余的四分之一分布在"家北"和"家前"。之所以称之为"家前",是由于一般的北方人家居住的房屋均为坐北朝南,南方即为居住房屋的前边,因此称之为"家前"。分布在不同方位的土地优劣不同、灌溉条件不同,但相同的是均在平原地区,没有地势高低的不同。赵家四块土地中,"家西"的灌溉条件最好,因为在地块的旁边有一条河流,天气变暖后河里便会流水;"家东"的土地质量最好,土地比较肥沃,因此赵家所有的土地质量相对来说还是比较好。

2.田地均承自祖辈

赵家所有的土地均是继承于祖上,赵兰之做当家人的时候没有发生过买卖的情况,赵家的土地也没有发生增减的情况。赵泽广在世时,赵家所有的土地均由赵泽广的父亲以及祖父开发而来,赵泽广与兄长分家时分到近六万平方米土地。最初赵家所有的土地数量为 7 万多平方米,由于赵泽广的兄长一家人口相对较少,因此分家的时候赵泽广分到的土地比兄长多分到一些。赵泽广去世后,这些土地的数量也没有发生变化。

赵泽广未与兄长分家时,赵家所有的土地均为赵泽广的父亲开荒而来,在开荒几万平方米土地以后,村内能够开荒的地块就比较少了,因此之后所得来的几万平方米均为赵泽广的父亲凭借自己的努力和勤奋逐渐积累得来。

3.土地产权归兄弟二人所有

赵家的土地产权由全家人所有,因为没有长辈在世,赵家的土地属于赵兰之和赵兰新两兄弟,同时两个人都有各自的小家庭,但赵家的土地并不是只属于某一个人或者属于当家人自己。1949年前,赵家一直没有分家,因此土地一直都属于全家人共有,而不是与外人所共有。在当地,土地是一家人最为看重的财产和希望,不能够随意与外人发生纠纷。赵家虽有数量较多的土地,但是仍旧生活得比较勤俭节约,赵家人继承祖上艰苦奋斗、吃苦耐劳的精神,因此能够守得住为数较多的家业。赵家没有设置私房地、养老地等名义的土地,因为一家人一直生活在一起,并且家中没有老人,所以没有其他用途的土地。

对于家里所有的土地,作为家长的赵兰之相对其他家庭成员来说有完全的支配权,他有权利对所有的土地进行处置,包括变卖和典当等。但是赵兰之作为赵家的当家人,对于赵家所有家庭成员的衣食住行也承担着责任,正因为有责任,所以他才有比其他人多的权利,因此赵兰之在平时的言行举止方面都会考虑到自家人的权利是否能够得到保障,对于不利于家人权益的事情赵兰之不会去做。土地作为安身立命的根本,赵兰之比家人更珍惜、爱护,不会轻易处置自家的土地,用作其他的用途。赵家自赵泽广经营家业以来,拥有的土地数量就比较多,家里会有存储的粮食和其他财产来防备年景不好的时候。

实际上,赵家的土地产权应该归赵兰之和赵兰新兄弟二人所有,赵兰新的大儿子赵大章虽然也已经成家,但是名义上来说赵大章对于这些土地没有所有权。所谓的"子承父业",即赵兰之和赵兰新分家后,赵大章才能够对赵兰新所有的土地享有继承权。赵家人同意家里的土地归全家人所有,是由于两兄弟没有分家,所有的家人生活在一起,同居共食,是分不开的。家内其余的家庭成员在名义上更是没有土地的所有权,但是由于是一家人,赵兰之和赵兰新两人所有的产权土地,也是为了供养两个小家庭较多的人口。嫁进来的媳妇对土地也没有土地所有权,但是可以同家人一起享有土地的收益权;同理,入赘的女婿也是如此,对于赵家所有的土地没有所有权。赵家虽有雇工,但是不住家,雇工对于赵家的土地也没有所有权。

4.田以"土埂"为界

赵家的土地与其他人家的土地之间有明显的边界,这样便可以让邻里之间能够认清并且记住自家的土地面积有多少。当地的土地之间均以土埂为边界,土埂即在耕种完土地以后用铁锹抔起来的一条线,这条线相对于两边的土地来说是凸出来的,比两边的土地高大约十五到二十公分。这样的边界是长久以来临近的人家彼此默认而形成。一旦明确两家土地之间的边界后,互相之间都不可以随便超越,哪怕只超越一点,也容易引起邻里之间的矛盾。赵家所有的土地与相邻的人家之间都有明确的土地边界,也从未超越边界进而想要多耕种一些土地。

能够对赵家所有的土地进行耕种的仅仅为赵家人,即使是赵泽广兄长的后代也不能随意耕种,因为已经分家,并且后代之间没有承认过要共有土地的产权,因此赵家的土地不会有外人来进行耕种。赵家雇工在耕种土地的时候不算是外人,因为雇工干的所有活都是赵家的,只有在收粮食的时候赵家会分给雇工一定数量的粮食或钱财。赵家的土地继承权归赵兰之和赵兰新所有,在赵家两兄弟分家之后,赵家的土地所有权便由两个小家庭分别做决定。

赵家的土地所有权仅由赵兰之和赵兰新所有,但是经营权可以是其他人享有,赵家的雇工长年在赵家干活,因此对于赵家的土地也享有一定的经营权,但不是完全的经营权,因为最完整的经营权还是由赵兰之和赵兰新二人所有。对于土地耕种的种类和数量,大多时候还是由赵家两兄弟决定,雇工主要听从他们的要求来干活。

5.家长占主导

赵家对于土地的处置,一般来说赵兰之拥有绝对的支配权,对于赵家有关土地变动的事宜原则上也都应该由赵兰之决定。如果赵兰之不在家,赵家能够对土地有处置权的也仅仅只有赵兰新,其他家庭成员不可以随意对赵家的土地进行处置。赵大章虽然已经成家,并且作为一个成年人有劳动能力和认知能力,但是他并不能够决定家里关于土地的事情。在赵兰之和赵兰新需要的时候,他可以作为家人提供一些自己的建议和想法,参考与否便由赵兰之和赵兰新决定。

6.匪患猖獗,土地被侵占

赵家的土地在赵泽广去世前曾经有过被侵占的情况,主要是社会环境不太好,村庄周边经常会有匪患出没,村里每户人家都提心吊胆。除匪患侵占以外,村内人没有出现过侵占赵家土地的情况。

赵家人都还记得,附近十里斯村的土匪经常来村里,有一个叫"张大脚"的土匪就曾经侵占过赵家的土地,他在村西头离赵家居住区域比较远的地方耕种粮食,赵家将近有 0.7 万平方米土地被侵占,但是由于他们比较凶悍,赵家人也没能够抢回自家的土地。由于村内没有防范的措施,被侵占以后大多都是默默忍耐。赵泽广在世时,曾经想过要抢回来,但是赵氏家族其他的老人把他劝了回去,因为和土地相比,还是人命比较重要。因此赵家的 0.7 万平方米土地就这样被侵占,再也没有要回来。

7.土地产权互相承认

村内其他的农户均承认赵家所有的土地权益,不仅是对赵家,村民之间基本上都相互认可。即使赵家是在王姓、吴姓等后定居于此,但是时间一久,也都能够了解别人家的土地如何得来,不管是开荒还是再购买其他的土地,村里人彼此之间也都了解每家有多少土地以及土地的四至边界,因此赵家所有的土地也都能够得到村里其他人家的认可。在中华民国时期,每一户所有的土地都曾经发过证书,称之为"文书",只有有文书的土地才被官方承认,赵家大部分土地都有官方所承认的"文书"。

相对于其他外人而言,赵氏家族内部的成员之间更加团结,对于赵家所有的土地更是比其他人家都要认可,并且还会主动维护同姓人家的土地权益。如果同姓人家的土地被侵占,关系较近的家族成员会主动去维护赵家人的权益。

(二)房屋数量较多,满足自家需求

1.房屋占地亩余

赵家房屋的占地面积相对其他人家来说较大,主要是由于赵泽广在世的时候为自家添置较大面积的宅基地,因为考虑到自家有两个儿子,并且两个儿子分别又都会有儿子,所需要的宅基地面积比较大,因此赵泽广在世时便为后代人准备了较多的宅基地。但赵家的房屋占地面积并不是很大,因为最初修建房屋的时候赵家人口数量还比较少,只是后来都娶妻生子,人口数量才不断增加,在分家之前赵家也没有重新修建新的房屋,修建房屋不是一件特别容易的事情。但是在赵泽广去世后,赵兰之和赵兰新兄弟二人曾经对所居住的房屋进行过修缮,重新修建房顶,保证其更加牢固并且不易漏雨。

赵家的宅基地面积一共将近0.2万平方米，但是居住的房屋面积占地可能还不足0.05万平方米，其他的地方均为空地。赵家的房屋共有十几间，包括堂屋和配房，配房又分为东屋和西屋，除此之外，院子里还有牛棚，放置杂物的地方以及家里放置粮食的仓库等。赵家的堂屋坐北朝南，在进入正门后首先看到的是一张八仙桌，在上面摆放着各种供奉的香火以及神位，每逢过年过节的时候赵家人都会在此祭拜；紧邻堂屋的两边分别是仓库和东屋，东边的配房共有三四间，紧挨着堂屋的配房供赵兰之和李氏二人居住，由于赵培忠和赵培爱为男孩子，赵兰之夫妇便让自家的小女儿跟着父母一起住，而两个男孩子则自己居住一个房间，但是两间房屋是紧挨着的。在东屋配房的西边也就是院子里有两棵枣树，正因为如此，赵兰之夫妇居住的两间房子成为冬暖夏凉的好住处。

院落的西边即为两间西屋，由于堂屋旁边是仓库，因此挨着仓库的一间房子便用来当作赵家的厨房，厨房南边的一间房子用来居住，居住在这间房子里的是赵大章，是其在结婚后与妻子在此房间居住，结婚之前由赵大章和赵培运二人居住于此，赵大章结婚后，赵培运便在堂屋和赵兰新夫妇一起居住。堂屋共有三间，中间的一间用来当作正房，在两边共摆放两张床，供赵兰新夫妻和两个小孩子居住。赵家所有的居住房屋均是用砖打的地基，上面用土和草抷起来，牛棚则只是用土抷起来，房顶是用草和树枝搭建。从赵培忠年纪尚小直到1949年，赵家的居住房屋没有发生变化，数量没有增减，只是对于居住的房屋进行过修缮。

2.房屋继承自先祖

赵家的房屋继承自父辈和祖辈，1949年以前赵家最初有三代人一起居住，赵泽广夫妇还在世的时候，赵家两兄弟还没有那么多孩子，仅仅是赵兰新的两个孩子，并且年龄还比较小，赵大章长大后也没能够记起祖父母的样子。赵泽广夫妻二人均去世后，赵家仅有两代人一起居住，慢慢的家里的小孩子也逐渐增加。自此赵家的房屋数量没有发生过变化，后来小孩子逐渐增多的时候，家里的房屋会比较紧张，居住的地方变得有些狭窄。

3.房屋产权归儿子

赵家每位家庭成员均认为居住的房屋属于全家人，但是严格意义上来讲，赵家的房屋产权还是属于赵家两兄弟。赵泽广去世后，赵家的房屋便应该一分为二，分给赵兰之和赵兰新，由于二人没有分家，在一起居住，并且二人均各自娶妻生子，有了各自的小家庭，共同生活的人口较多，都是一家人，因此也不分房屋到底是属于谁，赵家人认为一家人居住在一起没有必要分的那么清楚。赵家的房屋仅是赵家两兄弟所有，不与其他人共有，赵家虽有雇工但是不与赵家人同住。赵家所有的房屋都已被使用，或用来居住，或用来存储，或用来当做厨房，每个房间没有特殊的规定必须要作何用途，但是时间久了自然而然地就形成习惯。专属于小家庭的房间，家长如果有其他用途，为居住者安排别的住处也可以征用。赵家在1949年前的房屋居住条件还是比较紧张，主要是由于小孩子比较多，并且也都在慢慢长大，长大后男孩和女孩便需要分开居住，并且还要为男孩准备结婚用的房子，但赵大章结婚后至1949年以前，赵家没有男孩子再成家，因此房屋尚且还能够满足需要。

4.以滴水线为界

北方的房屋居住向来都比较集中，主要是基于"抱团取暖"的需求，因为社会环境不好，村里居住集中一点对大家来说比较安全。因此每户人家的宅基地之间都需要有明确的界限来规范，避免邻里之间因此产生不必要的矛盾。村民之间宅基地的界限均以房后五寸的"滴水"为准,基本上在墙外的半尺范围之内,共墙的人家比较少,如果有院墙,邻里之间基本上也都是独立的院墙。

赵家的房屋产权名义上归赵家两兄弟,实际上赵家人都可以居住,继承权只能归赵家人所有,一般都是由家中的儿子继承。在赵兰之与兄长赵兰新未分家的时候,赵家的房屋没有发生过大的变化。赵家人都对自家的房屋有着相同的认知,房屋继承只能是家中的儿子,居住的时候家人都可以居住,同时在外人想要恶意侵占自家房屋的时候,家人会一致对外进行反抗。

5.家长实际支配

赵家能够对房屋行使支配权的包括赵兰之和赵兰新,能够决定如何处置家里的房屋以及支配其用途,但是直到分家,赵家的房屋数量和用途均没有发生过变化。

赵家是两兄弟在一起生活,由于一直没有分家,因此一家人也已经习惯一直生活在一起,但是对于各自的生活还是比较尊重,赵兰之对于长兄赵兰新和长嫂邵氏一直以来都比较尊重,虽然赵兰之作为当家人,但是对于赵兰新夫妻二人的意见一直比较重视,邵氏也作为内当家掌管家里生活方面的事情。每个小家庭如果有事情的时候,若表示不需要当家人插手,赵兰之也不会去管,赵大章和胡氏二人作为家里的后辈,主要是由赵兰新和邵氏对其进行教育。家长赵兰之对于小家庭所居住的房屋不会经常过问,也不会干涉。如若不是个人有需求,每间房屋的用途基本上不会发生变化。

6.房屋产权受外界保护

对于赵家所有的房屋以及宅基地面积,王顺庭村的其他村民以及村庄管理者均会给予承认,因为赵家的房屋是由自家的劳动力来修建完成。赵家对于这些房屋拥有产权,对于买卖、租赁和置换等各项权利均是合理的,居住房屋若要发生变化一定要经过当家人的同意才可以,赵兰之以及家人均认为居住的房屋和种粮食的土地是一样的,都是农民安身立命的根本,不能随意将其变卖。由于赵家的居住房屋面积并不大,因此没有将其租赁出去。房屋是赵家独立所有,不存在与其他人家共有的情况,因此即使有发生变动的需要,也只需赵家人商量后决定即可,村内的管理者也没有权利干涉。相反,如果赵家的房屋以及宅基地面积受到其他人的干涉,村庄管理者会出面进行调解。

(三)生产资料丰富,满足生产需求

1.大多数承自祖传

1949 年以前,赵家所拥有的生产资料较为齐全,包括两张犁、三张耙、五把锄头、五把铁锨、石碌、磨、两头牛、两头驴、一辆大车等。赵家的上述生产资料均是由自家父辈和祖辈攒下来的,比较大型的农具和牲口都是花钱购置,但是小型的农具有时候会自己做。多数生产资料为赵泽广与兄长分家的时候分得,但是时间一长也需要修补,赵兰之会根据农具的损坏程度来决定是否要换新。赵家所有的农具与赵泽广在世的时候相比基本上都发生过变化,或是进行修缮,或是更新换代。更新的时候,需要自家给木匠准备好木头,制造的大小和样子基本上都一样,结束之后只需要给木匠一些制造费便可以;如果不是自己家拿木头,木匠也可以自己去准备,但是这样需要支付更多的费用。

赵家所有的生产资料均属于自家所有,没有与其他人家共有的情况。和村内一些小户人家相比,赵家的生产资料相对来说较为齐全,主要是因为赵家的土地数量比较多,如果农具

数量不够,即使劳动力够用也可能会耽误干活的时节。农忙的时候赵家的生产资料都会用得上,因此不会在农忙的时候将自家的农具借给其他人使用。平时不是非常要紧的时候,如果有闲置,赵家的生产资料会借给他人使用,出借的对象一般都是赵氏家族内关系比较近的人家,村内其他姓氏的人家关系如果非常好,赵家也会借给他们。由于赵家周边居住的均是赵氏家族的人,因此平时交往较多的也全部是同姓氏的人家。

2.共享生产资料

赵家所有的生产资料属于全家人所有,因为赵泽广去世后,赵家两兄弟在一起生产生活,吃、住和劳动均在一起,因此,干农活所需要的农具等生产资料也是由两兄弟共同使用,不分你我,这些生产资料对于全家人来说都一样,是大家共同的财富和资产。因此,赵家的生产资料不存在与其他人家共有的情况,也不会单独属于某个小家庭或个人,不管是娶进门的媳妇或是嫁出去的女儿,对于家里所有的生产资料都没有所有权和继承权。但是由于有婚姻关系以后就都是一家人,不会明确地提出谁具有所有权,谁没有所有权,只要一起生活的家人,都享有使用权和收益权。

赵家人都认同家内所有的生产资料为全家人所共有,作为这个家庭的一分子,都需要承担一些责任和义务,相应的也都会为此付出自己的一份努力,如果太过较真,一家人在一起生活便会出现许多矛盾和纠纷。

3.家长做主支配生产资料

赵兰之和赵兰新对于赵家的生产资料拥有绝对的支配权,二人不仅是作为赵家家业的继承人,同时二人作为家里的主要劳动力,对于自家的土地情况和农具的使用情况都比较了解,因此二人对于家内的生产资料该如何处置一般都能够做出决定。

赵家需要修缮或购买生产资料的情况一般都是赵兰之决定,但是大多是由赵兰新提出。因为赵兰新作为家里最主要的劳动力,一方面比较熟悉自家的土地耕种情况,另外也比较擅长做一些农具的修补工作。在有需要的时候会和赵兰之说一下,如果需要购买零件的时候均是赵兰之去集市上购买。涉及农业生产的事情时,赵家的事情均由赵兰之做主,即需要花费一定的钱财时,家长拥有决定权。赵家如果需要添置生产资料,不需要向街坊四邻、村庄管理者请示,家户内部决定即可,一家一户的事情不需要向外人请示。

赵家的生产资料有过出借的情况,周围的邻居互相借东西都是经常的事情,大家在一起生活很久,彼此之间也比较了解。赵家的生产资料借出去后一般也都能够完整地被送回来,一旦出现损坏的情况,邻居之间也不会闹矛盾,借用的人家一般都是修补好再还回来。赵家无论谁在家,邻居如果来借东西,都可以借出去,归还的时候也一样,不是必须只有当家人在家的时候才可借。

4.外界承认保护

赵家所有的生产资料产权都能得到其他村民以及村庄管理者的承认,没有发生过被侵占的行为。但是赵家的锄头曾在田地里被别人偷走,由于没有人看到是谁偷的,所以没有证据揪出小偷。后来赵家西边的邻居赵守序说自己看到过是谁偷的,原来是村内一户比较穷但是人品不好的人家,赵家没有再去找这户人家要回,赵兰之说"就当是可怜他们家了吧,家里有几亩地却什么农具也没有",主要还是这一户的男人不勤奋踏实地干农活,因此一家人经常忍饥挨饿。

(四)生活资料齐全,略有结余

1.生活资料按需添置

1949 年以前,赵家有一块地用来做晒场,面积约为 0.06 万平方米。因为赵家的土地数量比较多,并且北方习惯将收获的粮食运往晒场进行晾晒。赵家的晒场在居住房屋南边的空地上,距离本家比较近,便于看管。没有土地的人家会在收粮食的时候去别人地里捡一些没有收干净的小麦穗等,因此赵兰之担心自家晒场如果设在种粮食的地里,会有人顺手偷粮食,但即使设在家门口,将粮食放在晒场进行晾晒,赵之依旧会与家人包括赵兰新、赵大章以及家里的长工轮流看管,晚上睡觉也会在旁边的空地搭建一个小棚子,从家里拿来凉席和被褥,晚上就在晒场旁边睡觉,吃饭的时候也是家里人轮流吃,总之赵家晒粮食的时候旁边不会离人。赵家晒场在每年收粮食的时候都会重新铺平,用石磙压过以后,打扫干净,铺上麻袋就可以放置粮食。在非农忙的时候这片空地也不会闲着,赵兰之会要求家里的长工翻几遍土地,然后种上几种青菜,保证能够满足自家人的生活需求。

除了晒场之外,赵家其他生活资料也都比较齐全。赵家有一口自家单独打的水井,就在自家院子里,以解决家里人平时的生活所需,不管是吃水或者是生活用水所需都比较方便,不需要去村里其他较远的地方担水。水井是赵泽广在世时所打,赵泽广与兄长分家的时候,家里的一口水井分给兄长,因赵泽广在其他方面分到的东西多一点,便趁机在自家院子打了一口水井,自己使用时也方便。

除了上述生活资料以外,赵家还有石磙和磨,是由赵泽广分家时所得,石磙和石磨使用年限较长,并且不会轻易坏掉。生活上所需要的桌椅板凳和油盐酱醋是生活必需品,赵家没有断过,家里的经济条件还算可以,所以这些花费较少的生活必需品赵家都会及时去集市上买。

2.家户共同所有,内当家主导

赵家人都认为家内的生活资料属于赵家所有人共同所有,没有单独哪个人拥有的情况。1949 年以前,赵家均是一家人同食共财的状态,生活资料自然也是属于全家人所有,没有小家庭和大家庭之分。

赵家的生活资料基本上都是衣食住行所需,生活上基本上都是由邵氏当家做主,男人都不会操心家里的这些事情,而家庭妇女本身就是在家负责家务事。当家人赵兰之不怎么操心家里一些琐碎的事情,他知道家里有长嫂邵氏,她会承担起家里的这些生活日常。邵氏作为赵家实际上的内当家,操心的事情往往是其他人所想象不到的,表面看上邵氏的权利与当家人赵兰之差不多,实际上邵氏作为家庭妇女,需要操扯①家里大人、小孩的衣食住行,还是非常辛苦。邵氏所能掌管的仅限于能够在家里完成的事情,一旦需要购买东西或者修补东西的时候,就需要由赵兰之去集市上购买。如果赵兰之不在家,赵兰新也会去集市上购买东西,但是家里的财务方面由赵兰之主要负责管理。赵兰之对于兄长的尊重体现在各个方面,赵兰新也可以掌握家里的财务权利,但是由于赵兰新不愿意操心这么多,并且自己内心就比较喜欢老老实实地干活,比较信任自己的弟弟,相信赵兰之的能力可以管理好赵家所有的事情,便全权交给赵兰之掌管。

---

① 操扯:指操心负责。

赵家对于生活资料的维修和借用等情况都可以由邵氏提议,然后赵兰之做出决定,家里其他人基本都不会操心这些琐碎的事情。生活资料的开销由大家庭的财务承担,赵家这些事情不需要向街坊四邻或者村庄管理者请示,都是自家的事情,可以由自家人做出决定。赵家厨房所用的桌椅板凳在需要置换的时候是由邵氏提出来,因为邵氏认为自家人口越来越多,桌椅早就已经不够用,因此赵兰之便去操办此事。由于自家没有木头,赵兰之就去找木匠,让其帮忙做一张桌子和十把小椅子,虽然木匠不是本村的,但是赵兰之通过其他人认识邻村的木匠,因此花费并不是很高。

3.外界持认可态度

赵家所拥有的生活资料完全归赵家所有,外界包括村里其他人家以及村庄管理者均给予承认,一般情况下没有人侵占赵家所有的生活资料。邻居之间也都比较清楚谁家有什么东西,不会出现恶意侵占的情况,并且生活资料用完以后就会安置在家里,生活资料都会在房间里放置,因此也没有被恶意侵占的机会。村里的管理者会对恶意侵占的情况进行调解,比如村里出现过自家农具被村里其他人恶意侵占的情况,两户人家还是邻居,但是恶意侵占的人家不太讲理,别人拿他们家没办法,因此村庄管理者即庄长便站出来为其调解,最后侵占者还是把别人家的东西还回去。

二、家户经营

(一)生产资料由家人维护

1.自家劳力不够用,雇用长工

1949 年以前赵家一共有三个劳动力,包括赵兰之、赵兰新和赵大章,不过家里其余几个男孩子平时也可以帮忙干活,只是年纪轻,力气不大,不如已经成家的赵大章干活有力气。由于赵家的土地数量较多,没办法依靠自家人来干完家里的活,全依靠一个雇工常年在赵家干农活,农忙的时候还会再雇用一个短工来帮忙,雇用短工的时候只需要管饭吃就可以,农忙时出来做短工一般都是家中没有土地的人家。短工家里还有家人在等着吃饭,因此赵家每次都会多给一些粮食。赵家的妇女和女孩子都不会出门下地干活,仅是在家里做一些家务活,包括做饭、洗衣服、织布、做衣服等。赵家儿童上过学的只有赵培忠、赵培爱和赵培运三个男孩子,女孩子则没有出过门,村内也没有专门供女孩子上学的地方。男孩子每天上完学以后,会去地边割草回家喂养牲口。

赵家对于农活最擅长的就是赵兰新,他一门心思在地里干活,对于庄稼和土地的情况比较了解,也有自己的一些技巧,因此赵家土地所收的粮食比较多,相比其他农户,赵家每亩土地收的粮食都会比别人家多,并且赵家所请的雇工也比较能干,赵家主要就是依靠赵兰新和家里的长工两个人。赵家的雇工一般情况下只有长工一个人,是本村的吴姓人家,需要雇长工或短工的时候由赵兰之和赵兰新两个人决定,他们两个对于家里的生产需求最清楚,因此也不需要请示家族内的其他人或者是村里的管理者。

2.共有田地近百亩

赵家在 1949 年以前共有近六万平方米土地,这些土地均为旱地,实际上不太好耕种,因此需要较多的劳动力,仅依靠自家劳力干不完这些土地的农活。但是赵兰之也没有把自家的土地出租给其他人,因为请短工帮忙干活比出租土地划算。赵家请的短工是赵氏家族内的一个堂哥赵培成,他们家的土地比较少,赵家在用完牲口以后还会借给他们家用。

3.牲口可互相调剂

赵家在未分家之前共有两头牛和两头驴,平时家里还会喂养猪,猪比较难养,长得比较慢,一只小猪长大需要一年的时间。赵家的土地数量比较多,但是赵家的牲口还是可以满足自家所需,农忙的时候赵兰新一般都会这么安排:赵兰之和一个短工拉着牲口在前边翻地、耕地,赵兰新和长工则在后边负责耕种。这样干活比较快,赵家不需要向其他人家借用牲口,因为村内有牲口的人家本就不多,穷人家甚至都养不起一头牲口,干活的时候都需要借用别人家的。赵家的牲口在自家用完以后也会借给别人家,主要是周边邻居关系较好或者是本家族内关系较近的人家。赵氏家族内有一位妇女,因为丈夫外出不在家,家里只有妇女一人,没有孩子,因此赵兰之经常会让自家人去帮助她干活,会用自家的牲口去给他们耕地,并且不要任何报酬,即使院里的大娘让赵家人在她家吃饭,赵家人也会委婉地拒绝,因为堂伯家条件本就不好,算是孤寡老人,赵兰之及赵家人都认为,农村人虽然比较穷,但是相对来说都比较真诚,谁家有难都会互相帮助。

4.农具种类齐全

赵家的农具比较齐全,不论是大型的或是小型的均具备。赵家的大型农具都是通过其他卖家购买得来,但是家里常用的一些小农具大多都是由自己制造,所需要的零件会去集市上买,自制的农具比去集市上购买更划算一些,并且会使用好的材质,不会偷工减料,也比较耐用,相同费用购买的农具够用两年,自制的农具可能能用三四年,像锄头、铁锹等这样的小农具,都可以自家制作,集市上都会有卖零件的地方。这些小型的农具村里每户人家基本上都会有,较为稀缺的是比较大型的农具,如平板车、耙和犁等,依靠自己制作会比较困难,因为需要比较专业的工具。一些小型的农具不管什么时候都不会有人来借,只要家里有地的都会有,如果家里土地数量较少,就不会准备比较大型的农具,因为花费较高,大型的农具一般都是和牲口配套来使用,家里土地较少的人家养不起牲口,或是与别人家合用一头牲口,或是在农忙需要的时候去借一下,如果借不到用人工代替牲口干活也可以,只是这样会比较慢,并且人工干活不如牲口力气大。

赵家的牲口和农具会在农忙干活的时候借给别人家,这种比较重要的生产资料只有最信任的人才会借出去。比如牛和耙经常配套借给东边的邻居赵文汉家,因为赵文汉的父亲和赵泽广关系比较好,虽然老人都已去世,但是后代的关系一直以来都比较好,按照族谱往上查两家的关系也比较近。借出去的牲口和农具一般都会被原样还回来,因为只有比较了解比较信任的人家才会把牲口借出去,赵文汉家借用赵家的农具和牲口一般都会比较小心,也不会因为想要抓紧干完自家的活而让牲口太累。

(二)生产过程:男女分工,各司其职

1.男女各司其职

在1949年以前,赵家主要从事的是农业耕种与生产,除了农业生产以外,赵家也会饲养猪和鸡,并没有其他的手工业和副业劳动,农业生产基本上占赵家家庭经济比重的百分之九十。在这些生产活动中,赵家没有明确的分工,但是时间愈久便自然而然地形成男女不同的分工模式。赵家的男性劳动力主要以土地生产为主,女性劳动力则主要以在家做家务活、纺

花织布、掐辫子①等为主。之所以形成这样的分工模式,主要是由于北方重男轻女的思想让农村妇女饱受摧残,赵家的家庭妇女以及未出嫁的女孩子虽然没有经历特别艰苦的生活,却也一样不能接受学校教育,不能随意出门等,这样的约束让她们只能在家里从事一些家务劳动。

2.家长安排生产耕种

对于在生产上的安排,赵家基本上是由赵兰之负责安排家里的农业劳动,农忙时家里的成年男性劳动力均要下地干活,甚至是年龄不大的几个男孩子也要下地干活,做一些力所能及的事情。农业生产过程中如犁地、播种、锄草、灌溉、收麦等环节,均属于需要劳动技巧的生产过程,赵家的这些体力活基本上是由赵兰之、赵兰新和长工以及短工几人完成。这些分工都是由家长赵兰之做出决定,其他家庭成员听从家长安排即可。由于赵家没有老年人,因此农业劳动的时候一些比较省力气的活便会交给年龄不大的赵培运、赵培忠两人,其他的几个孩子年纪尚幼,不能从事这些劳动。赵家的其他家庭成员均会听从家长赵兰之的安排,小孩子也没有出现过比较顽皮不听话的现象,主要是赵家的家教都会比较严格,小孩子不敢有反抗的心理。

赵家一年主要种植的作物有小麦、高粱、谷子、棉花。其中,小麦为每年种植数量最多的农作物,因为小麦是最主要的粮食作物,但是小麦的产量比较低,而高粱和谷子的产量比小麦的产量高很多,所以会额外种植一些高粱和谷子,同时也可以多一些吃食的种类。赵兰之在安排具体耕种面积时,规定本家只耕种3.33万平方米的小麦,剩余的2万多平方米土地分别种植一些高粱、谷子和棉花。赵兰之做出这些生产上的安排不需要向村内其他街坊四邻以及村庄管理者请示,因为每家每户的生产安排都是自家的事情,不需要向其他人请示。

在农业生产过程中,家里的妇女不会下地干农活,但是可以在家里做一些劳动,比如在耕种之前,赵兰之会安排李氏和邵氏对小麦的种子进行筛选,每年都会留下第二年耕种的种子,耕种前需要把一些不好的小麦种子挑选出来,在男性劳动力下地收割、耕地的时候,家里的妇女便需要开始做这项工作,赵家的土地数量较多,因此需要的种子量也会比较多。筛选种子的工具除人工之外,还会用带有漏网的筛子,在筛子里来回摇晃即可。农忙时,小孩子可以做的事情也有很多,赵兰之会安排自家年龄不大的小男孩去收集粪便,攒起来到时候就可以倒进地里施肥,但是需求量比较大,粪便其实是好东西,街上只要出现牲口的粪便,很快便会有人捡回家攒着,赵家的男孩子跟着自家的牲口后边,如果在外面排便,便要扛着粪篓捡起来带回家。

在一年的耕种劳动中,每个生产过程都有一定的时节要求,如果错过时节,最后的粮食产量可能会减少。因此,赵兰之会安排并要求家里人在农忙的时候绝对不能偷懒,成年男性都比较勤奋,基本上每天天刚刚亮便会起床下地干活,干到出太阳的时候再回家吃饭,吃饭以后再接着下地干活,直到中午吃饭。在收割、播种等时间比较紧张的时候,赵兰新和赵兰之以及家里的雇工中午也不回家,就在地里等着家里人去送饭,这时,邵氏便会安排赵培忠拿上几个人的饭菜去地里送饭。

---

① 掐辫子:指北方的农村妇女从事的一种手工业劳动,将麦子秸秆手工编织成辫子形状的成品。

3.妇女负责喂养牲畜

在未分家之前,赵家基本上每年都会喂养家畜,主要是猪和鸡。养猪和鸡并不是为了挣钱,因为规模比较大的养殖才能挣钱,而较大规模的养殖在 1949 年以前也比较少,不仅需要较多的人力,需要的饲料数量也较多,难以满足人们温饱需求的时期一般不会进行大规模养殖。赵家养猪的时候最多只有两三头猪,这样邵氏和李氏在家便能够好好照顾它们;养鸡主要是散养,在院子里养几只鸡,能够下蛋吃,若是一段时间后下蛋比较少,便会杀掉让家人吃一顿鸡肉。喂养猪和鸡的饲料都是从地里锄下来的一些青草,其中猪食除青草之外,每天还会喂一些高粱面、杂面和成的东西。

每年年底的时候赵兰之会看自家的猪是不是可以宰杀,因为杀猪还可以去集市上卖猪肉或者自家留着过年吃猪肉。赵家主要负责喂养家畜的是邵氏和李氏,但是家里的牛和驴由家里的长工负责喂养,即在每天干完活回到家以后需要喂养牲口,所食用的饲料也是从地里割下来的青草,农忙的时候会和一些高粱面等粗食进行喂食,这样才能够保证牲口干活的时候有力气。赵家自从赵泽广去世后,共换过三次牲口,即牲口生病或者是老去都需要重新购买。当牲口生病去世不会拿去卖肉,因为生病去世的牲口体内可能会有一些不干净的东西,如果牲口老去,便可以去集市上卖掉,之后再买一头小点的养大。去买卖牲口的时候一般都是由赵兰之去,因为赵兰之比较懂这些事情,不会上当受骗。

(三)生产结果:由年景决定

1.产量丰减均由天

赵家每年的粮食产量都比较高,主要是赵兰新比较能干,基本上每年就只收一季粮食,还没有人尝试过每年耕种两季粮食。赵家每年收获一季小麦、高粱和谷子,基本上北方均以种冬小麦为主,种高粱和谷子的地需要留出来,等到来年春天再种。因此土地每年都会有半年时间闲置,在土地闲置的时候,赵兰之也会安排长工进行翻地。赵家每年能够收获的粮食包括 3.33 万平方米的小麦,小麦产量比较低,一般情况下平均亩产量为一百多斤,因此 3.33 万平方米土地一般能够收获将近五千斤粮食,有一部分土地土质并不肥沃,产量不如平均水平高;除此之外,每年能够种植 0.7 万平方米左右的高粱,高粱的产量比小麦高一些,但是高粱相对小麦来说是粗粮,不太容易消化,高粱的亩产能够达到二百多斤,因此 0.7 万平方米土地上种植的高粱估计在两千斤左右;谷子的产量和高粱差不多,赵兰之每年也会种将近 0.7 万平方米的谷子,因此也能够收获将近两千斤的谷物。高粱和谷子是在秋季收获,小麦是在夏季收获,因此一年当中整体来看农忙的时间比较长,只有在冬季天气较冷的时候才没有农活。

耕种小麦、高粱等作物的产量比较低,主要是由于"靠天吃饭",依靠雨水让粮食生长,年景比较好的时候就是雨水比较适中的时候,作物的长势也比较好,年景不好的情况包括很多,雨水过多、雨水较少形成的旱涝灾害或者在作物成熟将要收获的时候突然天降大雨,便会使将要收获的作物被雨水淹掉。因此农民主要是靠天吃饭,在年景好的时候攒一些粮食以备不时之需非常必要,年景好的时候,赵兰之每年都会拿出三分之一的粮食放进仓库,其余的留够自家人生活所需之后,便会卖掉。

赵家关心粮食收成的主要是成年人,小孩子不会担心这个。家里的女性包括邵氏、李氏、胡氏都会经常向家里的成年男性询问粮食长势以及收成情况。因为这关系到一家人的生存问题,和每个人都息息相关。由于土地数量较多,赵家的土地收成每年都能够满足自家人的需求,超过自家需求的粮食,赵兰之会拿出一部分储存,一部分卖掉。卖掉粮食所得收益归全家人所有,但是不会分给每一个人,而是由赵兰之负责保管,家里或者个人有需求的时候便从这里支出。

2.饲养家畜以吃肉为主

1949年以前,赵家一年会养一两头猪和几只鸡,养猪的地方在牛棚的旁边,地方不大,因此饲养的数量一般就是一两头。饲养家畜主要是为了自家吃鸡蛋或者是猪肉,有时也会变卖,但是比较少,因为养大一头猪需要一年的时间。年底屠宰的时候会找专门的屠夫,只需要给屠夫一点费用即可,如果需要卖猪,也可以一并卖给屠夫,但是那样收益会比较少,不划算。因此赵家饲养的家畜多为满足自家需求,而不是为了增加收益。

三、家户分配

(一)分配主体主要为家户内部

1.家户统一分配

赵家在分配时主要以家户为单位进行分配,赵家所在的赵氏家族以及村庄整体不是分配单位,无论是家族还是村庄都没有成型的组织来操办公共活动,因此没有可分配的收益。赵家在1949年以前没有分家,因此赵家的分配单位是以家户为整体,进行统一分配和管理。赵家的长工和短工不参与家户的分配活动,因为对于雇工,赵家都会在年终专门为其结算,或者是在收粮食的时候为其结算应得报酬。

2.生活分配,妇女可做主

分配时,赵家主要是由赵兰之决定,因为其作为赵家的当家人,对于赵家的财产、人员情况最为了解,并且赵家其他家庭成员都比较信任赵兰之。但是赵家的吃住等方面的分配便由邵氏和李氏进行决定,作为家庭妇女,比较了解家人在吃穿方面的需求。每个人的分配由家庭妇女做主,但是家户整体的分配是由家长赵兰之做主。如果赵兰之不在家,邵氏和李氏关于家人在生活上的需求和分配便可以做主,等到赵兰之返回家中时,跟他说一声即可。在未分家的时候,不存在小家庭内部的分配,因为收益是以家户整体的名义由家长进行保存,小家庭内部基本上没有收益。家庭妇女有时会依靠自己掐辫子的手工劳动攒一些私房钱,但是也不需要在小家庭内部进行分配,作为母亲攒下的私房钱基本上都花在自己的孩子身上。

对于以家户为单位进行的分配,村内其他村民和家族内部的人都没有权利干涉,实际上大家也不会随便掺和别人的事情,而是将精力放在自家的温饱上面。如果在分家的时候家户分配出现矛盾,家里又没有长辈可以做决定时,便可以请家族内部比较有威望的老人来主持大局,调解一下。除此之外,没有外人干涉自家的分配情况。

(二)分配对象以赵家人为主

赵家分配的主要范围就是赵家的所有家庭成员,即在本家户范围内。赵家人本就在一口锅里吃饭,从未分开过,因此不论是家里的收益或是钱财都是归全家人所有。除此之外的亲戚、邻居都不可以参加赵家的分配,即使是赵家的雇工也不可以。

赵家在进行分配的时候,主要来源均是赵家的土地生产收益,其余的收益均不作为分配来源。赵家也没有其他的收入来源,赵家妇女在家掐辫子的收入相对来说比较微薄,因此不作为赵家分配的来源。在赵家,所谓的分配主要是指家人的衣食住行,而不是真正意义上将财产等分配给个人。

（三）分配类型以农业收入为主

1.家户农业收入分配

赵家的农业收成主要是种植的农作物小麦、高粱、谷子以及棉花的收入，由于土地均为赵家所有，因此赵家不需要缴纳地租。赵家虽然土地数量较多，但是也没有租出去，而是请长工为赵家做活，赵家最后给此长工的报酬相比一般的长工来说较多，虽没有按照地租的标准进行分成，但最后的报酬与地租分成相仿。比较流行的地租分成的标准为"三七分"，即长工为别人家做劳力，最后按土地收成分配，无论收益多少，均按照此比例进行分成。赵家在给长工报酬的时候并没有按照土地收成，在年景不好的时候，赵家并不会少给长工报酬。

赵家的农业收成需要缴纳税收，但是由于社会环境不稳定，每年缴纳税收的标准也不同。一般时候，赵家纳税是每年缴纳二百斗粮食，因为赵家土地数量比较多，因此上级要求多缴纳的时候，赵家便需要多拿。赵家缴纳的税收数量相对于赵家的收成来说虽然占比不多，但是平时村内常会来一些需要村民出粮食的军队，因此赵家经常需要多拿一些粮食，以免除拿不出粮食的家庭的苦难。赵家人认为自家承担这些纳税的担子不算轻，因为并不是每年的收成都比较好，在年景不好的时候赵家的收成也会比较少，只是赵兰之会在年景好的时候储存一些粮食以备不时之需。

赵家在缴纳税收的时候不需要通知街坊四邻以及赵氏家族内的其他人，由赵兰之出面决定即可。若赵兰之不在家，赵兰新在家也可以对缴纳税收的事情做决定，赵兰之对此没有意见，遇到灾荒年间，村内需要缴纳的税收一般也会有所减免，减免时多为官府主动减免，因为如果不减免，一般的农民多数都缴纳不起。在年景不好的时候，赵家所缴纳税收减免的数量比较少，都知道赵家的土地比较多，即使在灾荒年间，官府也不会为经济条件好的家庭减免很多税收。缴纳税收的时候一般都是由赵家人自己送到村里集中收税的地方，由村里的庄长清查是否缴纳足量的税收，若缴纳的数量不够或者是没有去缴纳，庄长便会催促家里的当家人，即使没有也要想办法借来上交。

2.家户手工业和副业收入分配

赵家的内当家邵氏、李氏以及胡氏在家中均会做一些手工劳动，主要是纺花、织布，赵家种植的棉花较多，收获的棉花除留下自家生活所需的数量以外，其余的会卖掉以增加家里的收入，自家留下的棉花会制作成衣服。所谓的手工业分配即邵氏、李氏为赵家人的温饱所进行的分配。

赵家饲养的家畜包括猪和鸡的收益，也不会真正的将钱分配给每个人，因为家里除了几个成年人之外均是小孩子，没有能力掌管钱财。赵家便会为家里每个人准备所需的吃食和衣物，家里的男孩子上学也需要一定的花费，因此赵家没有真正意义上的收入分配，而是在生活上根据个人需求进行支出。赵家对于手工业和副业的收入分配不需要向村内其他人请示，由赵家自家人做主即可，主要是由邵氏进行统筹。

（四）家长在分配中居主导地位

1.家户内无私房钱分配

赵家没有私房地，但是赵兰之允许其他家庭成员自己攒私房钱。赵家的家庭妇女们一般都会有私房钱。例如赵家的内当家邵氏以及赵兰之的妻子李氏和胡氏均攒有自己的私房钱，女性攒私房钱的主要来源便是自己做的手工活即掐辫子卖的钱，一般这份收入不会计入家庭总收入内部。主要原因是这份收入本就比较微薄，并且家庭妇女如李氏还要负责自己年幼的孩子，而家庭的总收入是由赵兰之管理，家庭妇女不可能为了自己的孩子每次都向当家人张口要钱，尤其是一些小钱，会比较麻烦，所以赵家允许自家的家庭成员藏有少量的私房钱，赵兰之也会适当为每个小家庭分配生活所需的零用钱。

2.衣食按需分配

在对衣物的分配上，赵家主要是根据需求来进行分配，所谓的分配并不是严格意义上的均分到人，而是在日常生活中如果谁有需求，便由邵氏同意为其添加新衣服，而在过年的时候，赵家基本上每个人都会有新衣服穿。赵家自家种植很多棉花，虽然棉花产量较低，但是毕竟土地数量比较多，因此所产棉花还是能够满足赵家人的衣物需求。每年都需要添加衣物的主要是小孩子，成年人的衣服每一件都能够穿很长时间，而小孩子正值长身体的时候，原来的衣服很快就不合身，赵家就采取大孩子穿过的衣服留给小孩子继续穿，这样也可以省一点布料，同时也不会浪费。

相对于衣物来说，食物则不需要分配，因为赵家人同吃同住，无论成年人或是小孩子，吃饭的时候均在一起。虽然赵家人口较多，但是并没有分开吃饭，家里的土地等均没有分开，所以其他方面也不方便分开。

（五）家庭成员在分配中的地位

对于家庭成员在衣物、零用钱等方面的分配，赵家基本上是由邵氏做主，邵氏作为实际上的内当家，对于赵家人在各方面的需求都比较了解，也知道每个人急需或者真正的需求，因此分配时会优先急需的成员。邵氏作为家里的长辈，所谓的"长嫂如母"，赵兰之和李氏对于邵氏的管理均比较认同并支持。李氏没有管理赵家的家庭事务，原因就在于赵家为两兄弟居住在一起，没有长辈，赵兰之作为次子已经掌管赵家大小事宜，如果李氏再掌管内部家庭事务，对于长兄、长嫂来说不太合适，因此，赵兰之便让长嫂邵氏作为赵家的内当家，管理着所有家人的基本生活。邵氏作为主要管理家庭事务的内当家，其他家庭成员如赵兰之和李氏均可以为其提出一些建议，因为没有绝对的当家人，主要还是操持赵家的家庭事务。

（六）分配统筹兼顾所有人

1.分配兼顾公平

赵家在进行分配的时候，当家人会首先将全家的需要放在首位进行考虑，因此一般情况下均能够照顾到所有家庭成员，不会有偏重的事情发生，赵兰之和邵氏分别掌管赵家内外事宜，也避免两兄弟间矛盾的发生。赵兰新的大儿子赵大章已经成家，赵兰之会在一定程度上多照顾一下赵大章夫妇，虽然胡氏比较年轻，在赵家也没有遭受其他家人对其奴役和打骂等不堪的事情。相反，由于赵家有邵氏和李氏在操办家内的事情，胡氏省去很多操心的事情，只是在平时洗衣做饭时帮忙干活就可以。邵氏在为家里人增添衣物时，会考虑到家里的每个人，为成年人做衣服的频率少于为儿童做衣服的频率，因为儿童的身高一旦有所增长，衣服便会变小，邵氏就得为小孩子重新做衣服，赵家的小孩子比较多，因此衣服均可以轮流穿，即身高比较高的孩子穿小以后便可以给个子矮小的孩子穿。但是过年的时候会为每个孩子置办新衣服，不然身高矮小的孩子就会很久都没有新衣服穿，心里会不平衡，对于两个家庭来说也不公平。

2.自家需求为先

赵家在自家需求与缴纳赋税方面的选择一般为优先满足自家需求,然后再考虑缴纳赋税的事情,因为赵兰之认为如果不能满足自家需求而是优先缴纳赋税,对于辛苦种地的农民来说太不公平,当地其实有很多缴纳赋税后便不能满足自家生活所需的家庭,之后只能忍饥挨饿,再想办法拼凑自家需要的食物。年景不好的时候,赵家也会遇到缴纳赋税之后所剩无几的情形,在和平时期还好一点,若在匪患或战乱时,赵家也会有不能满足自家生活需求的时候,这时就得去集市上买一些粮食,因此在年景好的时候攒下一些粮食或者是钱财非常必要。

3.分配规则灵活

赵家的分配实际上是按需分配,比较灵活。邵氏作为赵家的内当家,管理方式也比较灵活,能够处理好自家人之间的小摩擦和小矛盾。在分配上没有出现过让家人不满意的情况。邵氏知道李氏要照顾两个年龄较小的孩子,便会在生活上偏向一下李氏,自己的几个孩子年龄均大一点,但是也不会经常让李氏的孩子穿自家孩子剩下的衣物,而是在过年或平时主动提出为李氏的孩子赵培爱和赵凤卫做新衣服或者是购置一些小孩子吃的东西。因此,李氏对于邵氏这个内当家的管理表示比较满意。

当家人赵兰之在处理自家外部事情的时候,也会比较注重自家内部分配的事情,因为没有长辈,两个兄弟在一起生活难免发生一些不公的现象,如赵家上学的几个孩子中,赵兰新的二儿子最先弃学不上,主要是由于赵培运年龄相对较大,家里需要劳动力的时候就不再让其上学,赵培忠年龄比赵培运的年龄大两岁,但是依旧在上学,因此相对来说,赵兰新和邵氏有理由表示不同意,但是赵兰新和邵氏均表示没关系,因为知道孩子即使再上学也还是要回家干活,既然达到可以下地干活的年龄,就没必要再上学。赵培忠相对来说就多上了一段时间。

在家庭内部分配的时候,家里没有人有特权,家中无老人,因此没有出现过特殊情况,赵家所有人的吃穿均没有差别,也没有人需要特殊照顾,即使在年景不好的时候,赵家会依靠自家的存储一起度过,也没有出现过优先谁吃、谁不能吃的情况。

(七)分配结果家人均满意

在实际生活过程中,对于衣物、食物以及其他方面的分配结果基本上能够让其他家庭成员满意。地租赋税在分配比例中的占比将近百分之二十,百分之五十用于食物分配,百分之五用于私房钱分配,百分之十用于衣物分配,剩余部分则分配在家内其他零散的事情上。一般的年景,赵家的分配比例大概就是上述情况,上下浮动较少,年景不好的时候便会将重点倾斜在自家的食物分配上,其次是缴纳赋税。对于这样的分配比例,其他家庭成员都能够认可,没有表示出不满意。赵大章作为1949年前唯一成家的后代,在分配的时候会对其有所倾向,这是赵兰之的决定,李氏也没有表示不满。

四、家户消费

(一)家户消费及自足程度
1.年景好时消费略有结余

1949年以前,赵家需要花钱的地方较少,农民基本上都是自给自足,需求最多的便是衣物和食物,其他方面的花销就比较少,尽管如此,赵兰之也会在每年收获粮食以后变卖一些粮食存一点钱,以备家里人有需求。赵家人口较多,每年的花销按照粮食来计算能够折出三千斤粮食,如果将花销折算为银元,赵家每年的花销能够达到一百块银元,占赵家每年总收成的百分之八十,其余部分便作为结余储存起来,赵家的收入水平在村内相对来说较高,其他小户人家甚至都不能够满足自家的生活需求,更不敢奢望能够存储一些粮食或者钱财。

当然,赵家并不是每年都能够存储这么多,遇到年景不好的时候甚至不会收粮食,只能依靠自家的存储。这个时候赵家也会生活得比较紧巴,衣食住行各方面都会比较节俭。但是收成不好的时候依旧需要支付家里长工的报酬,全部需要依靠之前的存储来支付,年景不好的时候就不会再请短工。总体来说,赵家的消费水平在当地属于中上等。

2.粮食和衣物无需外购

赵家每年的粮食消费不需要外购,收成较好的时候还会选择卖一些粮食以便储存一些钱财。赵家的粮食消费占自家收成的百分之五十左右,消费的粮食均为自家耕种所收,不需要去集市上买,但是自家平时生活需要的肉蛋类食品要去集市上买,赵家也会考虑为家人改善生活,但是自家养猪也不能在平时就杀掉,所以会去集市上购买一些。赵家自己养的鸡会下蛋,所以鸡蛋不需要购买,基本上每两天就会在鸡窝附近发现有鸡蛋,因此邵氏便不需要为鸡蛋发愁。除此之外,家里也不需要外购蔬菜,自家的空地上有菜园子,种一点青菜就能长出来很多,足够满足自家人的需求。

除粮食不需要外购以外,赵家的衣物也不需要外购。需要去集市上购买颜料,因为要自己做衣服,自家只有棉花,需要家里的妇女一步步做成衣服,赵家有纺花的机器和织布的工具,但是这些工具都比较简陋,仅能够满足自家的需求,由人工操作的过程比较缓慢,有时一件衣服如成年人的衣物所需布料比较多,花费的时间就会比较长。赵家的妇女邵氏、李氏和胡氏都能够做这些手工,即使人口较多也能够自家来完成。除了冬季的衣服,其他比较单薄的衣服都比较好做,冬季的棉衣需要更加繁琐的步骤,胡氏比较年轻,做不了这么复杂的手工,因此只有邵氏和李氏来做,全家人的棉衣都要依靠两个人的手工。一般去集市上买颜料都是由赵兰之或者让赵大章去购买,男性和女性的颜色分开即可,集市上的颜料种类本就比较少,因此不用费时挑选。

3.住房刚够满足需求

赵家的住房在1949年之前刚够自家需求,赵泽广在世的时候没有新建房子,只是置办较多的宅基地。赵泽广夫妇两位老人去世以后,赵家后来又新增加两三个小孩子,因此住房相对来说不是很宽裕。但是赵兰之也没有重新置办居住房屋,因为临近1949年前期的时候,村内环境比较乱,家人都认为就这么暂时居住相对比较安全。

4.治病多靠当地偏方

在1949年以前,当地医疗消费均比较少。赵家基本上没有医疗消费,平时一般的感冒发烧等小病多为自己扛过去,去县城对农村人来说比较困难,并且大都没有钱财支付看病的费用,村内也没有药铺,只有邻村有个土医生。赵家有时也会请邻村的土医生来家里给家人看病,尤其是小孩子生病,特别容易扛不过去。村西南土坡上经常会有生病去世的小孩子被扔在那里没有人管,主要都是穷苦人家,孩子生病以后没钱看病,就只能扔掉,时间一长这个坡也变成乱坟岗,平时不会有人去那里,大家都觉得那里太吓人。

赵家在医疗方面没有大的支出,赵泽广年老生病的时候,赵兰之曾经想过要为父亲看病,去县城里找正规的医生,但是赵泽广担心花费太高,拒绝去看病,自己在家熬了一段时间之后就去世了,但是在赵泽广生病期间,赵兰之也为其找来农村的医生,开土方来维持生命,相对来说花费比较少。通过土方子开药以后,赵兰之就会拿着药方子去集市上的药铺抓药,花费比较少,抓一次药不到一块银元,但是效果还是不如去医院看病。

5.人情压力相对较小

1949年前,赵家的人情压力比较小。因为在农村几乎没有人情消费,农村人主要的任务便是吃饱穿暖,赵家虽然能够满足自家的基本生活需求,但是周边的邻居和亲戚等大多条件还不是那么好,因此与亲戚和邻居之间来往并不需要比较重的人情消费。即使在过年过节的时候,与亲戚之间互相来往也不需要拿很多东西,拿几个白面馒头就已经算是比较好的礼品。回娘家的时候,赵家一般都会让媳妇准备一点礼品,胡氏的家庭条件不太好,邵氏除了让胡氏带一些粮食回娘家之外,还会带一些家里攒下的鸡蛋等比较稀缺的食物。除此之外,赵家在其他方面的消费便比较少,赵家均认为这样的人情消费是应该的,即使结婚毕竟还是一家人,亲情比什么都重要。

所谓的人情消费除了走亲戚之外,还有比较重要的一部分便是红白喜事方面的支出,自家亲戚或邻居家里若有红白喜事,赵家需要随礼,尤其是媳妇的娘家,如果生育孩子或者有人去世,作为嫁出来的闺女,需要承担的礼比较重。如邵氏的父亲去世时,邵氏需要"上供",作为闺女,邵氏准备好五只鸡和五条鱼,除此之外还准备几瓶酒,这些东西也都是条件好的人家才可以置办,一般的农户家里拿不起这么多礼。若是一般的亲戚或者邻居家里有人去世,不需要这么重的礼,只要拿一份"平供"即可,即篮子里放馒头和纸钱即可。

在结婚生子方面的人情消费比较少,一般农户家里生育孩子时,只是请关系较近的亲戚和邻居吃一顿喜宴即可,也没有为孩子大摆宴席的习俗。去亲戚家吃喜宴的时候不需要带比较贵重的礼品,家里若有鸡蛋,带几个鸡蛋即可,吃过喜宴要离开的时候,主人家还会再给压回一部分,不会让客人带着空篮子回家。

6.红白喜事费用多

赵家未分家的时候曾有过几次举办红白喜事的经历,赵泽广生病去世后,就是由赵兰之负责操办,不久之后刘氏也去世,赵兰之和赵兰新兄弟二人承担父母的丧事花费算是适中,没有特别大的排场来操办,只是请自家的亲戚来参加吊唁,由家族内关系较近的成员帮忙,都不需要支付费用。举办丧事需要支付的费用包括为去世的老人准备寿衣和棺材,以及请来吊唁的亲戚吃饭。最后,赵兰之总结举办丧事所需要的花费大约为赵家半年的收成,即七十块银元,因此相对一般人家来说,赵家所支出的费用还是比较高,赵兰之认为自己的父亲辛苦养大几个孩子并且操办下不少的家业,去世的时候不能够太寒酸。一般人家支付不起这么多丧事费用,若支付不起,就只能简单操办。

赵家在举办婚礼方面有一些支出,主要是在赵大章结婚的时候,赵家共消费近二十块银元,除了给女方家里的聘礼,剩余的是举办喜宴时的支出,需要赵家承担亲戚朋友来吃饭的开支。结婚也不会随礼,因为一般人家生活并不宽裕,大家都是只能维持生活,人情消费和自家生活相比,还是自家生活比较重要。

7.教育消费不可少

赵家在教育方面的开支也比较多,赵家的小孩子比较多,并且三个未结婚的男孩子年龄相仿,不可能只让某一个孩子去上学而不让其他孩子去,赵培忠是三个孩子中年龄最大的,赵培运和赵培爱年龄较小。早期上学要支付费用,因为不是公家开办的学校,而是邻村私人开办,每个人上学时都要支付三块银元,因此赵家每年都要九块银元的教育支出。赵家人都认为在教育方面的支出很必要,若不让自家的孩子学一些东西,以后孩子会没有文化,不认识字。赵家最先辍学的是赵培运,因为赵家需要干活的劳动力,赵培运最先表示自己不想再上学,因此赵兰新便同意他辍学回家,下地学习干农活。

(二)家户消费主体与单元

对于赵家来说,上述所有方面的消费基本上都是由本家户内部自己承担,家族和村庄在消费方面没有关系,没有可交叉的地方。一般在村内,只有出现孤寡老人或者是丧失父母的时候,家族内才会有人出面,家族内的长辈会动员大家一起帮助生活困难的老人或小孩。除此之外,家族或者村庄内不会参与家户内部的事情。

(三)家长在消费中的地位

赵家在粮食、衣物、住房、人情、红白喜事、医疗、教育等方面的支出,都是由赵家的当家人赵兰之做主决定。家里遇到重大事情的时候,赵兰之会与家人商量,主要是听一下大哥赵兰新和嫂子邵氏的意见,赵兰之一直都比较坚信人多力量大的道理。尤其在红白喜事方面的支出,因为农村涉及人情往来的关系时,事情可大可小。因此,在亲戚邻居家有红白喜事的时候,赵兰之都会与赵兰新商量该如何与别人相处。

(四)家庭成员在消费中的地位

1.大多由当家人决策

在粮食、食物和衣物等方面的支出,赵家人都认为是生活必要的消费品支出。在这些消费问题上,多是由内当家邵氏做决定,其他的家庭成员即使有参与的权利,但是也很少有人上心。主要是赵家的家庭成员情况比较简单,除了兄弟两个和姐妪两个之外,其他都是青年人和小孩子,对家里的琐事不会太过关注。赵大章作为唯一的成年人,与胡氏两个人对家里的事情会关心一下,但主要是参与,而没有做出决定的权利。实际生活中,赵家在消费方面没有区别,也没有先来后到。赵家在年景不好的时候,比如1942年北方普遍闹灾荒,村里很多人家都没有收成,也有很多人被迫逃荒去东北,但是赵家有些存粮,由此才能够度过灾荒的日子,另外家里还有小孩子,也没办法逃去别的地方。家里比较困难的时候,一般都优先家里的孩子吃饱穿暖,小孩子扛不住饿,并且也没办法吃粗粮,家里的成年人都可以凑合一下,全家共同渡过难关。

2.住房问题由家庭成员一起决定

赵家的房屋面积不算大,相对于人口来说刚好满足自家需求,一家人住一起,无论遇到什么事情都会比较容易商量。赵家在赵大章结婚的时候就调整住房,家里人都表示没有意见。赵泽广去世后,赵兰之让赵兰新和邵氏搬进赵家的堂屋居住,让两个小孩子住进赵兰新夫妇原来住的屋子。赵大章结婚后需要独立的房子居住,赵兰之便在自己居住房屋的另一边又放置一张床,让自家的孩子和自己住在一起。因此,家庭住房是按需安排,家庭成员一起商量,都没有不同的意见。

3.成员较少干涉人情消费

赵家在人情往来方面的支出都是由赵兰之决定,但是做决定的时候赵兰之会提前和家里人商量一下,因为人情往来在农村来说比较复杂,比较容易闹矛盾,因此赵兰之会与赵兰新商量一起决定，而家内其他家庭成员在赵家的人情关系上较少关心。赵兰之不在家的时候，家内的人情支出则由赵兰新决定，与邵氏共同商量。有一次赵兰之不在家，出远门干活去了，要将近一周的时间才能回家，但是村里有人要结婚，赵兰新和邵氏均不知道与要结婚的人家之间有没有礼，即互相之间要不要随份子，又没办法让赵兰之回来，因此邵氏和赵兰新只能自行商量决定，最终还是选择随份子，他们认为这样起码不会失礼。

4.红白喜事由家长决定

赵家在1949年以前经历的红白喜事较多，包括丧事、结婚和生孩子。这些方面需要消费的时候基本上都是赵兰之决定。赵家举办丧事的时候是赵泽广以及刘氏去世的时候，均是由赵兰之负责操办。赵兰之主要是在举办丧事期间拿主意，决定一些事情，比如说亲戚来吃饭是何规格，以及丧礼结束帮忙的人会告诉赵兰之花费多少钱，赵兰之不会过问太多具体的过程以及细小的花费在什么地方，那样会显得不懂事。具体的操办是由家族内其他关系近的人或者是村里其他管事的人来帮忙，这些人都是义务帮忙，不会要报酬。

在赵大章结婚的时候，定亲主要是由赵兰新和邵氏做决定，赵兰之也会给出自家的建议。但是下聘礼以及操办婚礼的时候基本上就是由赵兰之做决定，因为赵兰之掌管着赵家的财产，因此这种比较大的支出需要由家长决定。这样的消费基本上是遵照当地习俗，男方家里条件好一些便可以比当地的习俗支出多一些，若是家庭条件不好，便会比当地的习俗支出少一些。这种消费支出不会针对某个人，因为结婚不是一个人的事情，而是关乎两个家庭，赵家的条件还算不错，若操办较小气，便会让别人说闲话。

赵家新增人口的时候，也会有相应的消费支出。生育过程不需要花费，因为村内有经验丰富的接生婆，摆宴席的时候让接生婆来家里吃饭即可，并且要去接生婆家送一些东西。赵家为接生婆家送的是熟鸡蛋，由于是自家的鸡下蛋，不需要花费。增加人口以后，赵家主要的消费便在于孩子六天或者九天的时候摆宴席，这种消费均是由家长赵兰之决定，摆宴席的标准、花费金额等事情，在决定的时候会和家人，例如邵氏和赵兰新一起商量是否合适。

5.其余消费看成员需求

赵家除上述几类消费支出以外，其余均为生活中的不固定需求，需要看家庭成员的需求，若是真的需求，向家长提出便可以。在教育消费方面，赵家人都支持让自己的孩子多学一些东西，哪怕只是多认识一些字，只要不是文盲就好。因为赵兰之和赵兰新等人不识字，他们知道教育的意义，因此都比较支持。

五、家户交换

（一）交换单位

1.家户为交换基本单元

赵家在安排自家的交换活动时大多以整体家户为一个单位，由赵家家庭成员决定，而不需要告知街坊四邻、家族以及村内庄长。赵兰之不在家的时候，赵家也会发生交换活动，但一般不涉及整体家户，因此除赵兰之外，赵家内部的邵氏、李氏等成年人均可以从事交换活动，多限于自身或自己小家庭的事情。如果赵兰之在家时，做决定的也只是与整体家户有关的事情，对于个人需要交换的事情，赵兰之也会给出自己的建议，但不会强求。

2.小家庭亦可交换

除了以赵家整体家户为单位进行的交换之外,赵家内部的小家庭也会存在交换活动。如李氏经常以小家庭为单位开展交换活动,因为李氏要抚养自家两个较小的孩子,赵培爱和赵凤卫年龄都比较小,因此李氏经常会与村内的流动商贩打交道,流动商贩会卖一些小孩子的玩具或吃食,李氏常为自家的孩子购买一些,这种交换活动不需要经过家长的同意,只需李氏个人决定即可。

3.个人交换活动有限

除以大家庭和小家庭为单位进行的交换,赵家的妇女也可以以个人的名义进行交换活动,比较频繁的便是邵氏、李氏,她们通过简单的手工编织活动即掐辫子所获得的劳动成果,可以与街上的流动商贩打交道,村内经常会有人喊"收辫子了",这时村内的妇女听到后就会将自家攒下的劳动成果拿出来卖掉,这个劳动所得均由妇女个人管理,而不需要上交给大家庭,因为妇女一般要给自己的孩子买一些花费较小的东西,而不会去寻求大家庭的帮忙。家族内以及村庄管理者也不会参与妇女所从事的这种交换活动。

(二)交换主体

1.家长支配以家户为单位的交换活动

赵家在交换活动中,凡是以家户整体为交换单位的活动均是由家长赵兰之做决定,其他活动便由家庭成员各自做决定,但前提是不会有损整个家庭的利益。如赵家内部关于粮食、牲口等的交换活动均是关系到家户整体的至关重要的活动,除了家长之外的其他人不可以随意进行交换。

2.家长可委托交换

赵家可以通过家长对其他家庭成员进行委托,赵兰之一般会委托邵氏或赵兰新来代替他进行交换活动。曾经有过这样的情况,由于赵兰之需要去其他的亲戚家参加葬礼,但是已经提前和粮食行商量好要卖一些家里刚收上来的小麦,由于葬礼比较突然,赵兰之不得不去。因此,便委托赵兰新和赵大章二人去卖粮食,需要自家拉着平板车去集市上卖,并在那里盯着过秤。由于这种交换活动涉及赵家整体家户的重大交换活动,赵兰新和赵大章均比较看重,生怕出差错。至于粮食的价钱,是集市自然形成,但是赵兰之也已经提前和粮食行的负责人商定好价钱,因此赵兰新和赵大章只需要拉到集市上去,看着粮食行的人过秤即可,回家以后把卖粮食的钱交给赵兰之便算是完成他的委托,看上去很简单,却是关系整个家庭生计的交换活动。

(三)交换客体

1.上集市交换需家长"拍板"

赵家在需要添置物品的时候,会去集市上购买,一般由家长赵兰之去购买,有时也会让赵兰新去。谁去集市购买便代表整个家户与集市打交道,去集市购买东西的时候大多是家户整体的需求,个人的购买活动比较少,因为没有分家的时候,家庭成员的衣食住行所需大多由家户整体经济承担,个人没有经济能力,并且其他家庭成员也不可以独自去集市购买东西。因此,家人若有需求均可以向家长提出,由家长去购买或者家长委托能够去集市的人购买。

距离赵家所在村庄较近的集市有一个,但是范围比较小,有时可能需要去其他比较大的集市,但是大集市距离比较远。出门一般都是走路,去集市购买东西的时候,若是较近的集市,赵兰之会在吃过早饭后走路去集市,若是较远的集市,他会早早起床去集市,去晚了集市就散了,最终买不到东西。去较近的集市购买东西的时候,一般在中午前便能够赶回家吃午饭,若是较远的集市,早早起床赶去,到那里也得半晌时间,购买结束返回家中时已到下午。距离赵家较近的集市是本村附近的一个村庄,名叫柿子园,距离较远的集市有王庄集、朝城、马集、常庄等地。想要知道自家所需的商品价格,只能够亲自去集市看。赵兰之曾对赵培忠说过"买的永远不如卖的精"。意思是卖东西的人总会在买的人面前说自家的东西都不挣钱,但是实际上无论如何卖家都不会做赔本买卖。因此赵兰之告诫赵培忠在与卖家打交道的时候一定要精明一点,不能够任意听从卖家的"忽悠"。

赵家除家长赵兰之去集市上与卖家打交道以外,赵兰新和赵大章也可以作为家户代表去集市上购买东西,但前提是赵兰之对其有所委托,否则他们也不能擅自去集市上买东西。接受委托以后,赵兰新和赵大章二人便可以独自去集市上从事购买活动,因为二人皆为成年男性,不会轻易地被人欺骗,赵兰之也放心。

2.粮食行交换可授权

赵家在 1949 年以前经常与粮食行打交道,赵家的土地数量比较多,年景正常的情况下,每年都会在收获粮食以后卖掉一部分,卖粮食的时候便要自家人送到粮食行去过秤,然后再卖掉。赵家与粮食行打交道的一般都是赵兰之,但有时也会是赵兰新和赵大章。每年五月份收割完冬小麦之后,赵家便会拉一部分到粮食行去卖,决定卖粮食的是赵兰之,卖多少就要看家里的收成有多少,一般会卖掉自家收成的三分之一,赵家的土地数量较多,每年种植 3 万多平方米的小麦,即使卖掉三分之一,也能够满足自家的生活需求。卖粮食的时候,赵兰之一般会让自家的长工拉着平板车去集市上,赵家除了赵兰之能够做出买卖粮食的决定外,其他人均不可以擅自去集市上买卖粮食。

3.家户成员均可同流动商贩交换

赵家所在村庄经常会有流动商贩,流动商贩一般是卖比较零散的小东西。赵家和流动商贩打交道的一般都是家里的妇女,除了为自家的小孩子购买一些玩具和零食之外,便是妇女卖掉自己掐辫子的劳动成果,有时会遇到在街上叫卖油盐酱醋的商贩,赵家也会根据自家需求查看是否需要购买。村内总人数较少,并且大家居住的较为集中,街上每有流动商贩的时候,几乎全村人都可以听到。赵培忠小时候,每次有买"辫子"的商贩来村里时,李氏和邵氏就会喊着自家的孩子,如"忠啊,快来,买辫子的又来了,你去不去?"小孩子帮忙卖东西,回来总是会得到一些奖励,哪怕是一块糖也会让他们很开心,因此帮助自己的母亲卖辫子便成为小孩子非常乐意的事情。

家庭妇女从事这种零散的交换活动不需要经过家长的同意,内当家可以决定购买自家需要的油盐等生活品。在与流动商贩进行交换时,邵氏基本上很少会讨价还价,因为流动商贩本身卖的就是比较小的东西、比较便宜。在买完东西付钱的时候,如果遇到很小的零头,流动商贩也会很大方地抹去。流动商贩大多是周围村子的村民,来的次数多了,村内人大多都会认识,因此算得上是"熟人交易"。

4."人市"寻劳力

当地有"人市",是在集市上一块固定的地方,很多家里没有土地或者土地比较少的成年男性就会在那里等着需要劳动力的人家去找。赵兰之曾在农忙的时候去"人市"挑选比较能干的短工,除了赵兰之以外,赵兰新也曾去过"人市"挑选劳动力。在挑选劳动力的时候若碰上认识的人,一般就会选择认识的人,因为认识的人比较值得信任。

(四)交换过程

1."货比三家"不上当

赵家在进行交换活动的过程中,尤其是赵兰之以及其他人去集市上开展经济活动的时候,一般都会进行多番比较后才会买卖,家里一直也比较坚信"货比三家不上当"的道理,因此赵兰之也会这么教育家里的其他人。事实证明确实如此,赵兰之去集市上购买制造锄头的零件时便证明这个真理,由于锄头属于比较简单且小型的农具,因此赵兰之选择自己购买零件来制作。在集市上购买铁具的时候,赵兰之一般不会只看一家店铺的东西,而会将集市上的几家店比较一下,大约有四五家店铺提供赵兰之所需的零件,比较过后赵兰之便发现其中一家店铺零件质量好并且价钱较便宜,最终顺利完成买卖活动。

2.熟人交易不好"讲价"

赵家在进行交换时没有特地选择跟熟人进行交易,但是有时在街上或者集市上碰到,就会在熟人这里买东西。但是与陌生人交易或与熟人交易这两种方式相比较,与熟人交易明显不如与陌生人交易方便议价,因为熟人交易往往就会说"肯定就按最低价给你了,放心好了",但是和陌生人交易时,无论卖家说什么,赵兰之都会继续与卖家讨价还价,往往能够比卖家说的价格低一些。

在集市上碰到熟人的几率其实比较大,因为集市规模本来就比较小,大多都是周边村子的人,赵家所在的村子便有人在集市上卖东西,是一户王姓人家,主要出售食用的油盐酱醋等小东西,有时去集市上购买的时候便会在他们家购买,但由于本就是小东西,价钱也不高,所以就不会讲价。

3.经纪交易由家长负责

当地有过经纪这个行业,在赵家进行经纪交换的过程中曾经找过"粮食经纪""牛经纪"等,当地称经纪为"中间人",但是这个意义上的中间人又不同于村内调解家务事的中间人,作为经纪行业的"中间人"要收取报酬,至于要收多少则看交换的内容如何,需要根据交易金额来支付报酬,一般来说交易金额越大,经纪承担的风险就会比较大。赵家在卖粮食的时候便找过"粮食经纪",是赵兰之在附近村庄经过熟人介绍认识的,赵兰之认为可以值得信任。"粮食经纪"负责为赵兰之寻找买粮食的粮铺,经纪的报酬由卖方支付,因为是熟人介绍,所以赵兰之支付的报酬就比一般的价格低一点。除了这种比较大型的买卖活动之外没有其他方面的经纪。

4.能够认秤即可盯着过秤

赵家对于开展经济活动时由谁盯着过秤没有一定的要求,因为赵家几个成年男性均能认秤,因此谁盯着都可以。不管谁去集市上买回需要称重的东西,到家里以后赵兰之都会再过一遍秤。一般在熟人那里买东西都不会出现缺斤少两的情况,因为熟人经常去当地的集市上摆摊,若出现做买卖不实诚的现象,以后自家的买卖便会很差。但外地的人来当地集市摆摊,来一两次以后可能就不会再来,极有可能出现缺斤短两的现象,即便再去集市上找人,很大程度上就找不到,因此较容易吃"哑巴亏"。

第三章　家户社会制度

　　1949年未分家之前,赵家在婚配、生育、赡养以及人情往来方面均以家户整体为主要的生活单位,日常生活中有一定自家的生活特点:赵家的婚配事宜均遵从当地的传统和习俗,通过邻居、亲戚介绍和说亲的方式,由孩子的父母决定是否同意;在生育方面,赵家遵从自然以及夫妻二人决定生育的数量;在赡养方面,赵家重视自古以来的优良传统,即"孝是美德",尽最大的努力去照顾和赡养老人;对于亲戚、邻里之间的人情往来,赵家也比较重视,但是人情礼往的关系并不是很多。除此之外,赵家内部的生活则较为和谐,没有出现过较大的矛盾和纠纷,即使是两个兄弟共同生活,没有老人,但依旧较为团结。赵家人的家户生活不仅体现较多的家户整体性,同时还包括赵兰之作为家长的个人威望。

一、家户婚配

(一)家户婚姻情况

1.熟人介绍,适龄成婚

　　赵家在1949年未分家之前,家户内共有三人已婚,包括赵兰之、赵兰新和赵大章,六个小孩子没有结婚,但是在分家时赵培爱、赵凤云等都已经到成婚年龄,都是在分家以后成家。赵家没有光棍、守寡和离婚的情况。嫁进赵家的媳妇都是附近村庄的人,距离都比较近,邵氏为邻村郭海村人,结婚时由家族内一个伯父作为中间人介绍而成;李氏与赵兰之也是由中间人介绍而成,是村内一个胡姓人家介绍而成,李氏本为胡姓人家的娘家人,娘家为附近村庄孙桥村,距离赵家所在的村庄比较近,走路十几分钟便可以到,因此也能算亲上加亲;胡氏为玉连海村人,距离赵家比较远,是赵兰之在集市上碰到的熟人介绍而成,熟人为附近村庄的人,彼此都比较熟悉,因此比较了解赵家的情况,但是胡氏家里的经济条件并没有那么好。

　　当地成婚的范围为"五服之内不通婚",同姓人家之间可以通婚,但是必须往上至少三代没有血缘关系,虽然没有那么严格的要求,但大多数人们都会遵从这个传统。赵家内部也没有在近亲范围之内成婚的现象,同村之内通婚的现象还是比较多的,因为王顺庭村范围相对来说比较大,并且姓氏也比较多。

2."门当户对"为通婚前提

　　在成婚过程中,门当户对一直以来都比较重要。赵家也比较看重,但并不是唯一的标准,有时别人介绍,即使对方家庭条件不如赵家好,看在熟人的面子上也会同意成婚。赵家在村内属于中上等水平的家庭,因此找媳妇的时候也会找条件相对好一些的,尤其是为女孩子找婆家的时候,男性找媳妇便没有那么死板,女孩家里人好就可以成婚。即大户人家和小户人家不是不可以通婚,而是看双方家里是否有意见,若都没有意见便可以通婚。赵大章和胡氏之间的通婚便证明这一点,胡氏家庭条件不如赵家好,但由于是熟人介绍便不好推辞,并且事实上证明胡氏与赵家相处得很好,赵大章和胡氏二人生活的也比较和谐。

(二)婚前准备

1.父母之命,媒妁之言

赵家儿女的婚事均由父母来做决定。由于赵家是两兄弟住一起,因此儿女的婚事主要由孩子的父母决定,赵兰之和赵兰新结婚的时候均是由父亲赵泽广决定,赵泽广去世后,赵家的儿女成婚多是由赵兰之来操办。赵大章是在1945年结婚,这个时期的社会并不安生,村内时常会有不知名头的军队在此驻扎,村民生活诚惶诚恐。因此,有人向赵兰之介绍胡氏的时候,赵兰之立即回家和赵兰新以及邵氏商量,几人商量过后便认为在这种社会不稳定的年头,要是有合适的结婚对象还是立马结婚比较好,越往后就不知道会发生什么事情。因此,赵兰之随即和邻村的熟人回复,于是两家很快便结亲。在商量赵大章这门亲事的时候,赵大章也在场,并没有发表意见,因为无论是自身周边还是依从传统,赵大章都比较认同自己的婚事应该由家里的父母做主。赵家有要成婚的儿女不需要和街坊四邻或者是村里的庄长商量,但是快要定亲的时候赵兰之会和家族内比较年长的长辈说一下,以表示尊重,家族内的老人也不会干涉或反对。

2.婚配标准依据当地习俗

赵家在为自家的孩子选择另一半的时候,并没有特别死板的要求,如为赵大章定亲事的时候,赵家老人和胡家家长见过面,由于是熟人介绍,互相之间还都比较满意。赵家认为找女方的条件,最主要就是女方要贤惠、脾气性格好,长相自然是能够和自家的孩子相配最好。胡氏的年龄比赵大章长2岁,一般男方家庭都会找年长几岁的女性,比如赵家的几个媳妇均比自家丈夫年长2到5岁,当地人都认为找年长一些的媳妇,嫁过来便可以帮忙干活以及操持家里的事情,但胡氏嫁过来以后并没有操心太多以及干很多活,因为邵氏和李氏正值中年,能够干很多活,也不需要胡氏操心家里的事情。总体来说,胡氏嫁进赵家的生活还是蛮不错。

在为自家女儿找婆家的时候,赵兰之认为不能找太穷的家庭,因为自家的条件并不差,女儿在家生活得也都比较好,如果婚配给太穷的人家,自家的女儿会比较难过。1949年以前,赵家有两个女儿出嫁,均为赵兰新的孩子,但主要操心的是赵兰之,两个女儿出嫁的时间相隔不远,赵兰之选择女婿的标准主要是家庭条件要和自家门当户对,男方的年龄不能比自家女儿小太多,最多能接受2岁,男孩子如果太小便不会过日子,女孩子就会比较容易受委屈。

从家庭类型上看,不同的家庭选择另一半的标准不一样,但是社会整体的大环境影响力较大,大户人家一般不会与自家条件相差太多的人家结亲家,除了考虑到孩子的生活之外,更多的还有其他人家对自家的看法,以免别人说闲话。

3.结婚主要为延续后代

依据传统的观念和习俗,到年龄就该结婚,如果错过合适的年龄,以后便不容易找配偶,外人会以为自家的孩子有毛病,以后很有可能会打光棍。赵家对于孩子结婚的目的没有比较独特的认知,认为生活就该像一般的人家一样,社会整体习俗就是如此,结婚就是延续香火,若不结婚便要打光棍,会遭人笑话、说闲话。因此结婚也没有为了个人或是为了家人这一说,也没有追求自己的幸福这种认知和思想。

4.自由恋爱不存在

1949年以前的农村,农民对于自由恋爱没有认知,社会上没有过这样的事情,基本上都是父母之命,如果结婚后不满意,也只能凑合过下去,没有办法。女孩子到十三四岁的年龄就不会再自己单独出门,也不会与外界不认识的异性交往,村里也没有自由恋爱的机会,而且从根源上来讲,年轻人本就没有自由恋爱的思想,因此主客观均不具备自由恋爱的条件。

5.聘礼、陪嫁基本公平

赵家在为赵大章定亲的时候,下的聘礼有:两身衣服、两双红色的袜子、两块毛巾以及三十块银元,能够拿出这些聘礼的人家就算是条件比较好的,胡氏陪嫁的东西包括四床被褥和一个衣柜。赵家在分家以前,后代只有赵大章一人结婚,因此下的聘礼比较多,但是因为村内环境不稳定,结婚办酒席就低调很多。

赵家女儿出嫁的时候,陪嫁的东西有:一个衣柜、一个洗脸盆和架子、六床被褥。已经出嫁的两个女儿陪嫁的东西一样,女儿婆家所下的聘礼,赵兰之让两个女孩一并带走,并没有留下。赵家知道女孩子嫁到别人家以后,很多地方都没办法自己做主,因此让自家女儿生活得好一些也是邵氏和赵兰新的期盼。

男女双方的定亲都是由父母商定,结婚的事情由媒婆在中间传话而定。即使是熟人介绍双方认识,但是要定亲、结婚的时候还是要找当地的媒婆来帮忙,这时候请的媒婆便需要送礼或者是给报酬。通过媒婆来传送聘礼、商定结婚的时间,双方家人不见面。赵家与胡家在请媒婆以后便商定结婚的时间,大约在两个月以后,没有专门的定亲仪式,因为世道不稳定,因此双方家人都认为以免夜长梦多,便早早地定下良辰吉日,定亲以后,两家也没有走动。

当地的大户、中户和小户之间在聘礼方面的不同之处在于数量的多少,一般传统均是送给女方衣服、钱财等,大户人家送的钱财相对会多一些,而女方的嫁妆会依据聘礼的多少来定,聘礼多、嫁妆也会比较多,反之亦然。

(三)婚配过程

1.家长决策婚配过程

赵家在婚配过程中,结婚的方案基本上是由赵兰之决定,因为安排媒人的时候便是赵兰之负责,赵大章结婚的时候,赵兰之找到的媒人是村内经常为别人做媒的一户人家,也是本家族内部的成员,按辈分赵兰之应该称呼其为伯父,也算是作为长辈代表赵家出面。赵大章结婚时,婚礼下帖的署名为赵兰新,虽然赵兰之是赵家的当家人,但是赵兰新作为赵大章的父亲,应该是优先的,若赵家长辈赵泽广还在世,便应该署名赵泽广。准备婚礼的时候,需要请一些村内关系较近的人来帮忙,这时候是由赵兰之出门去请,作为赵家的当家人,也是表示出对别人家的尊重,同时也向外人展示赵家内部团结和睦的生活氛围,不会惹人说闲话。

大户、中户、小户不同的家庭在不同的婚姻环节中,家长所表现出的作用不一样,因为不同的家庭条件在结婚时的消费等标准不一样,因此在消费不同的情况下,家长所展示出的权威也不同。像赵家这种中等以上条件的人家,在婚姻的不同环节,家长和其他家庭成员能够决定的事情不同,赵兰之需要对婚姻宴席的标准进行决定,而赵兰新作为孩子的父亲,能够决定的是结婚的时间以及结婚时具体的环节安排。

2.其他成员服从家长

赵家其他家庭成员在为赵大章举办婚礼的时候,能够做的便是服从家长的安排,包括赵家的家庭妇女和孩童,因此也没有能力对一些事情做决定,便听从赵兰之的安排做一些力所能及的事情。如在赵大章结婚时,赵培忠和赵培爱两个人陪着赵大章去接新娘,称之为"接媳妇";邵氏和李氏便在家里负责安置新房、安排酒宴,其他的小孩子在赵大章结婚的时候没有被安排的事情,就可以愉快地玩一天。

(四)婚配原则

1.婚配次序适龄优先

赵家在婚配次序上没有争议,因为赵家分家前只有赵大章到适婚年龄,之前已有两个女儿出嫁,其他的几个孩子年龄还较小,未到成婚的年龄。在赵兰之和赵兰新成婚的时候,赵泽广和刘氏均在世,赵兰新先结婚,其是家里的长子,年龄比赵兰之大几岁,随后,赵兰之虽然也到成婚的年纪,但由于没有遇到合适的对象,便成婚稍晚一些,导致赵兰之的孩子和赵兰新的孩子年龄相差有点大。已经成婚的几个孩子包括赵大章和两个出嫁的女儿中,女儿的年龄较大,但是赵大章结婚早于二女儿,原因是一般男性的结婚年龄小于女性,因此赵大章结婚的时候,赵兰新的二女儿还未到出嫁的年龄。

即便如此,但也没有严格地要求必须长子先娶或长女先嫁,赵家均认为由于自家的经济条件相对好一些,并且自家的孩子也没有健康问题,不会存在找不到对象的情况,便没有那么在意是谁先成婚,但也是按照一般的原则顺其自然进行,即到适婚年龄便会为其寻找配偶,让其成婚。

2.结婚花费大体公平

在不同孩子的成婚花费上,男孩子相对女孩子来说会多一点。在分家前成家的男孩子只有赵大章,出嫁的女儿有两个,两个出嫁女儿的嫁妆花费基本上差不多,而男孩子娶媳妇需要赵家来下聘礼和摆酒席,虽说为了低调,便没有大办,但也还是请来一些亲戚和朋友一起吃饭。总的算起来,赵大章成婚时共计花费近五十块银元,两个女儿出嫁的时候,每人嫁妆共花费不到二十块银元。因此男孩子成婚总是会比女孩子出嫁花费多。

分家的时候,赵兰之的两个儿子都还没有成婚,但也没有因此多分一些家产,因为只是按照两兄弟即两支来分成两份,而不是按照人口来划分财产。不同水平的家庭在婚姻花费上不同,穷苦人家成婚时找的另一半家庭条件大多也比较贫困,因此总的花费就会比较少,男方下的聘礼和女方配送的嫁妆都比较少。而多子女或者是少子女在花费上的不同主要看家庭条件,大户人家即使人口较多,结婚时的花费也会较多,不会因为适婚年龄的孩子较多而减少聘礼或降低结婚的开支;而小户人家即使只有一个适婚年龄的孩子,也依旧没有较多的聘礼或嫁妆。

二、家户生育情况

(一)生育基本情况

赵家近几代的生育情况都比较适中,并且几代人均是男女均等。赵泽广这一代人,有两个男孩子、两个女孩子,赵泽广与兄长分家的时候,兄妹四人均已成家,但是由于赵泽广成婚不久,年龄还不算大,在分家的时候还没有生育孩子。赵兰之和赵兰新这一代人共有三个孩子,两男一女,女孩子比赵兰新年龄小,但是比赵兰之年龄大。赵培忠的同辈孩子共有九人,包括四个男孩和五个女孩,其中赵兰之共生育两个男孩和两个女孩,赵兰新共生育两个男孩子和三个女孩子。除此之外,赵家没有出现过孩子夭折、丢弃、溺婴以及买卖的情况,但是村内却出现过很多弃婴的现象,在村子西南坡的一个地方,经常可以看到死去的小孩子被丢在那里,或是因为生病去世,或是夭折的孩子被扔,这样的小孩子都被认为容易沾惹晦气,因此不会与自家去世的人埋在一起。

(二)生育目的与态度

1.生育孩子为后继有人

赵家均认为生育孩子基本上就是延续后代,以免自家断了香火,赵培忠认为人们对于生育后代的真正目的没有准确的认知,就像生死轮回是自然界的规律一样,没有人去问为什么,而是自然而然的就应该这样,一般来说,赵家人普遍认同生育孩子就是延续自家的香火。如果谁家没有孩子,生活便会没有希望,也会惹外界说闲话,平时很少与村内其他人接触。家里如果只有女儿、没有儿子,如本村的财主王家成家里,只有几个女儿,没有儿子,就寄希望于纳妾,从而为自己生育儿子,但是一般的穷人家没有条件纳妾,要么继续生育,以期得到一个儿子,要么直接放弃,不再想要儿子,但不管是哪一种,这一户人家的生活压力都会特别大。一直没有儿子的家庭,在重男轻女的思想依旧比较严重的社会容易被人看不起,自家的女儿嫁出去以后,也会被认为娘家没有人,容易被婆家欺负。条件不好的人家也会通过招赘的方式留一个女儿在身边,这种情况往往不会特别长久,家里的老人去世后,入赘的女婿便想要返回自己家中。

2.生育情况随家人心愿

赵家在生育孩子方面没有特别死板的要求和态度,因为赵泽广教给后人的观念就是一家人在一起要团结和睦,互相尊重,赵泽广便比较尊重赵兰之和赵兰新二人的生育意愿,事实上二人的生育情况均比较合适,男女都有,数量适中。但当地重男轻女的思想还是比较严重,如财主王家成为生育男孩另娶小妾;村内一户穷人家为后继有人选择入赘一个女婿。之所以倾向于生育男孩子,就在于男孩长大后可以作为家里的劳动力,农村以种地为生,但是种地依靠的是人工劳动,所以农村人视人丁兴旺为第一要务。赵家生育孩子的年龄多在十七八岁,因为男孩结婚时年龄都比较小,算是早婚早育,这也是当地的习惯,男孩子能够下地干活以后便可以成家。

赵家对于生育孩子的数量抱以顺其自然的态度,由夫妻二人决定,家长没有意见,但是一般都会生育三个孩子以上,因为家庭人丁兴旺,会意味着这个家庭以后会过得越来越好,生育儿子比较多的家庭,即使家里过得很穷,也会很有底气,但即使家里条件再好,没有生出儿子,也会被人看不起,称之为"老绝户",即家里没有儿子的人家。

(三)妇幼保护功能

1.妇女生育得照顾

赵家在家中妇女生育孩子的时候,一般都会给予其一些照顾。关于是否生孩子以及生几个基本上可以由负责生育的夫妻二人决定,赵泽广在世时,并没有要求赵兰之和赵兰新二人必须要生几个孩子,因此赵兰之对于后代也没有这样的要求。即使家长没有要求,后代的生育观念和父母也很相似,会选择生育适当数量的孩子,多了不易养活,少了便显得家里人丁不够兴旺。因此赵大章和赵培忠等人的生育观念均是要生育适当数量的孩子,最好还是要有男孩子,否则年老以后没有人伺候。赵家人认为晚年时膝下若没有儿孙,是对一个人最大的惩罚。

妇女生育孩子的时候多少都会得到一些照顾,分家前赵大章这一代没有生育孩子,邵氏在生育三个孩子以后,赵泽广和刘氏便相继去世,李氏还没有生育,因此在生育赵培忠等几个孩子的时候,邵氏和李氏得到的照顾便比较少,只是后来在将要生育的时候会请来一个帮忙干活和照顾妇女的婆婆,就像接生婆一样。所谓的孕期便是将要生孩子的临近几天以及生育后的半个月内,此时孕妇不用下地干活,除此之外孕妇还得像平时一样做家务,赵家的妇女在生育孩子时的待遇相对来说还比较好,因为一般的人家直到生孩子的时候也还是在干活,没有孕期的特殊照顾。邵氏在生育孩子的时候便由李氏做家务,李氏生育的时候便由邵氏做家务,同时也会在怀孕时照顾彼此。怀孕时的饮食并没有太大的变化,能够补充营养的便是每天多吃几个鸡蛋,或者杀鸡熬鸡汤补充身体。由于照顾的相对比较周到,赵家的妇女在生育时没有遭遇大出血等危险,生育时母亲和孩子均比较健康。

2.生育事宜由家长安排

妇女生育的时候,一般都是由家长去请产婆,这样才能显示对产婆的重视,李氏生育时由赵兰之负责请产婆,在邵氏生育时由赵兰新去请产婆。妇女生育一般都是感觉马上就要生的时候才会请产婆,赵家都是请村内一个经常为别人接生的婆婆来帮忙。生育时的花费比较少,因为产婆在家里接生,并不需要花钱。需要花钱的地方是给孩子摆宴席庆祝,由大家庭承担费用,分家以后便是由小家庭自己承担。

赵家对孕期中的妇女会给予一定的照顾,在生育后的半个月内孕妇不需要干活,邵氏或李氏两个人基本上是轮流互相照顾,一个人生育后,由另一个人负责做家务活,这样轮流照顾是赵兰之做出的安排,妇女原来承担的家务活也会减少,如在李氏生育期间,赵家喂养家畜的活便由赵兰之承担。其他方面的保护均会持续半个月的时间,妇女如此才能休息好。在邵氏或李氏孕期和分娩期,赵兰之都曾请过专门照顾她们的人,是本村的妇女,主要是照顾妇女的生活以及刚出生的孩子。

(四)生育仪式

1.喜酒庆祝添丁进口

赵家在生育后都会举办喜酒仪式来庆祝自家又增添一口人,通常是以摆喜酒的形式庆祝。生育男孩和女孩都会有喜酒,但是在请喜酒的规模上会有所不同。生育男孩子的时候,赵家会邀请村内关系较好的人都来喝喜酒,以及众多的亲戚和朋友都会来祝贺,但是在生育女孩子的时候规模便会小很多,不会请村内关系不近的人家来吃饭,只有几家亲戚和村内同姓家族内的长辈来庆祝一下即可。摆喜酒请宾客的时候,不需要请村内的庄长,而请亲戚的时候,赵家主要是请李氏或邵氏的娘家人,村内的人来吃喜宴的时候不需要带礼品,但是妇女的娘家人都需要带着礼品来看生育孩子的妇女,他们走的时候不需要回礼。

2.生育仪式迎接新生

在生育孩子的时候,赵家举办喜宴的目的除了沿袭传统之外,还包括为自家孩子的出生庆祝。分家之前举办喜宴的费用均由大家庭来承担,举办喜宴基本上收不到份子钱,只有孕妇的娘家人会给新生儿送一些份子钱,这份钱由妇女自身保管,与大家庭没有关系。在生育仪式上,不同家庭类型举办仪式的规模也不一样,主要由本家户整体的经济水平决定。赵家在当地的经济水平属于中上等,因此举办仪式的规格也基本属于中上等水平。

（五）孩子起名为符号

赵家在为新生孩童起名字的时候，大都没有特殊的寓意，因为赵兰之和赵兰新二人都没有文化，也不认识字，因此赵家在为孩子起名字的时候只是想让孩子以后有个称呼，作为与其他孩子区别的记号。赵家几个孩子的名字大多为赵兰之和赵兰新二人所起，为男孩起名字的时候一般都是中间的字为固定，不是自家人决定，而是根据家族内排辈来决定，如赵培忠的"培"字便象征其在同姓家族内的辈分，与家族内其他人之间如何互相称呼便是由中间的字来识别，但是中间的字也不是必须要用，如赵大章的名字便没有使用中间象征辈分的字。为女孩子起名字也较为简单，赵家的女孩子分别名为赵凤云、赵凤卫、赵凤青等，均没有特殊的寓意，而只是跟从农村给孩子起名字的习惯而已。

三、家户分家与继承

（一）分家

1.社会环境变化导致分家

赵家分家的原因是1947年底到1948年村内要开展土地改革运动，最初对于成分的划分以及对待不同成分的措施还没有明确的规定，将要开展时，赵兰之便和赵兰新商量分家，如此划分成分的时候就不会被划分的太高。分家的事情虽然是由赵兰之提出来，但是赵家其他家庭成员也可以提，如赵大章已经成婚，也可以向父亲提出分家，但是赵家分家是指赵兰之和赵兰新两兄弟之间分家，赵大章若要提分家也是和父亲赵兰新提，不过赵大章没有提分家，因为家里只有他自己成婚，还有没结婚的弟弟和未出嫁的妹妹，在这个时候提出分家也不合适。

除了赵家内部的家庭成员之外，外部的人一般不会影响赵家分家的决定，赵兰之在决定分家的时候也没有征求家族内其他人的意见，只是决定以后和家族内的长辈说一声便可以，分家时还需要家族内的长辈做见证。村内的庄长也不会影响赵家分家，庄长不会参与家户内部的事情，只负责管理村内的公共事务。

村内人家在分家的原因上不一样，像赵家这种便是受社会环境影响导致的分家，村内一般人家分家多是因为儿女均结婚生子，家庭人口较多，生活在一起会比较麻烦，此时可能就会有儿子或儿媳提出希望分家，或者是住在一起的妯娌们生活不和导致分家等。赵家分家时，村里人没有任何意见，因为村里人均认为这是家户内部的事情，外人不应该参与。

2.家内儿子可有资格参与分家

赵家分家时是按照赵兰之和赵兰新兄弟二人来分，即将家内所有的资产分为两份。虽然赵家的长辈去世，但是赵家两兄弟之间并没有争执和矛盾，关于分家资格的确定是由家长赵兰之提出，赵兰新和邵氏也比较赞同，没有意见。除了赵家人之外，其他的外部成员没有分家的资格。赵兰之有两个已经出嫁的姐姐，但是她们就没有分家的资格，因为比较认同"嫁出去的闺女犹如泼出去的水"，嫁出去的闺女和家里的儿子之间不存在共同分家产的关系。

不同类型的家庭在分家的时候，成员资格上没有区别，基本上都是由家内的儿子继承，若只有一个儿子便基本上都不会分家，此种家庭若是与老人分家，会让村内其他人笑话，人口较多的家庭则较容易早早地提出分家，主要是由于一个家庭内部人口过多，容易产生矛盾。

3.族内长辈担任见证人

赵家在分家的时候请来家族内部的一位长辈做见证人,按辈分赵兰之应该称其为堂伯,名叫赵泽兴。之所以请赵泽兴为见证人,主要是由于父亲在生前与其关系较好,同时作为家族内的长辈,平时生活中较有威望,方便调解分家过程中的争议。赵家分家的时候是由赵兰之去请,作为当家人去请长辈也表现出对其的一种尊重,见证人在分家以后就没有什么事情,但是如果分家以后两家还有争议,便需要见证人再出面调解,家族内的老人一般都会出面调解。见证人去世后,基本上就不会再出现有争议的事情,往往会在分家后的两三年内容易出现问题,之后若出问题,再找家族内的老人调解便可以。赵家在分家以后没有出现过需要调解的问题。

除了赵家人之外,其他的家庭外部成员没有资格为其安排见证人,因为见证人一般都是要家族内较有威望的长辈来担任,若家族内没有这样的老人,也可以去请村内其他家族内有威望的人或者村内的庄长。不同的家庭类型在分家的时候是否请见证人没有明确规定,条件一般的人家大多不需要见证人,主要是家里的土地和房屋等家产较少,甚至是没有,因此分家的时候便没有什么争议,因此不需要见证人。

4.分家时由家长做主

赵家在分家的时候基本上都是由家长赵兰之做主决定,其他家庭成员都会服从。由于赵兰之和赵兰新的父亲去世较早,自赵泽广去世后,赵家便由赵兰之做当家人,赵兰新作为兄长也表示赞同,因为赵兰新认为自己不适合操心这么多家里的事情,更适合去地里干农活。因此,分家的时候家里人都听从赵兰之的安排,已经出嫁的闺女即赵兰之的姐姐,也可以为赵家的分家提出一些建议,但是赵家出嫁的女儿都没有参与赵家分家的事情。在分家的问题上,不同的家庭由谁做主也不一样,若是三代同堂的家庭,分家与否必须听从老人的意见。像赵家这样两代人居住在一起的家庭,只要两兄弟之间均同意即可。

5."分单"为凭

分家的时候,赵家通过写分单来确定两兄弟已经分家,分家单在当地称之为"分单",分单由见证人来写。赵家分家时的分单内容较为详细,包括两兄弟家的人口,分家时赵家所有的土地数量和四至边界、房屋数量和宅基地面积、家内所有的农具和牲口以及家内现存的粮食和钱财等全部家产。分单上列清楚家内所有的家产后要由赵兰之签字,这是家长必须要签字的地方。赵家在写分单的时候,最主要的任务就是在两兄弟之间分清楚所有的家产,罗列清楚以后会将所有的家产按照两份配套划分好,然后通过抓阄的方式来决定两人分别分到哪一份。

赵兰之和赵兰新在划分家产的时候都表现得比较团结,并且邵氏和李氏在分单上面也没有不同的意见,因为赵兰之在分家之前就已经说清楚,分家是他们两兄弟之间的事情,家庭的其他成员可以提意见,但是不可以因此闹矛盾。列完分单以后,赵兰之和赵兰新两兄弟很和谐地分完家里的东西,最后还要各自署名,由于两兄弟均不会写字,便通过按手印来代替。

分家时的分单共有三份,包括赵兰之、赵兰新和见证人三人各自持一份,以后如果遇到问题的时候都有凭证,比较方便解决问题。不同类型的家庭分家时的分单不一样,因为家庭条件不好的家庭基本没有家产,即使写分单也没有可写的内容,这也是小户人家不写分单的原因。另外,写分单的时候内容会比较多,也比较容易出现问题,因此可以将分单作为解决问题的凭证。

6.外界对赵家分家均认可

无论是家族还是街坊四邻以及村内的庄长,对于赵家分家这件事都给予认可,认可的象征便是以后再有事情需要找每一户家长的时候,会分开找赵兰之和赵兰新,赵氏家族在续写族谱的时候也会按照户主分别为两家续写家谱。赵家在赵氏家族的族谱上只到赵泽广,因此在赵家分家的时候,家族内长辈便提议将两家目前的人口续写到族谱上。

分家之后,政府没有当即为两个家庭变更户籍,主要是社会环境比较复杂,分家后也没有更新户籍,而是在1949年以后重新更新的户籍。

(二)继承

1.家中男孩方可继承

农村地区拥有继承资格的基本上均为家中的男孩子,也只有家庭内部成员才可以继承。赵家在分家的时候拥有继承资格的只有两个儿子,即赵兰之和赵兰新。赵家人都认为如果家里没有亲生儿子,那抱养或者入赘而来的男性也都应该继承家产,因为家内正是由于没有亲生儿子才会有入赘或者抱养来的儿子,因此分家的时候应该分给他们。一般在当地,女儿没有权利继承家产,因为女儿一旦嫁出去就被认为和娘家没有关系,就没有继承的资格。赵家人也同意这样的观点,赵家嫁出去的女儿在分家时便没有资格参与分家和继承家产。

在家里所有可以继承的男孩中,一般继承权都一样,如赵兰之和赵兰新二人的继承权便一样,没有谁多、谁少的说法。但是像财主家里,如果有妾生的男孩和正妻生育的男孩,其继承权不一样,因为妾生的孩子在家里的地位本来就比较低,也容易被人看不起,因此在分家产的时候继承权会不一样。

一个家庭中,老人去世前就已经确定谁为继承人,老人去世后便由该继承者负责老人的葬礼,若老人的葬礼由侄子负责,那么侄子便可以继承老人的家产,其余的外部成员则没有继承的资格,一般家里如果有后代也不会将家产分给外人,即使自家的孩子再不孝顺也会有继承权。

2.继承权由家长确认

在确认继承权的问题上,基本上是由家长来做主,一般条件好的家庭,在家长去世前均会确认拥有继承权的后代,比较贫困的家庭则没有可继承的东西,因此也不需要确认是否有继承权。赵家由于老人去世较早,较长时间内都是由赵兰之作为当家人来管理赵家的事情,因此分家时家里人都听从赵兰之的安排,实际上两兄弟之间也一样拥有同等的继承权。

不同类型的家庭在继承权的确认方面也会有不同的情况,因为家庭条件较好的家庭对于是否有继承权以及继承权是否平等等方面较容易存在争议,但是条件不好的家庭在继承方面便没有这么多问题。三世同堂和两代人居住的情况也不一样,三代同堂的家庭需要考虑第三代成家或未成家的孩子是否同等地享有继承权。

四、家户赡养

(一)赡养单位

赵培忠认为赡养老人是家户内部的事情,赵家关于赡养老人的事情也不存在有争议的地方,因为两位老人去世前是由赵兰之和赵兰新共同赡养,因此赵家没有预留养老地或养老钱,老人去世前对于共同赡养也没有意见,并且看到两个儿子这么团结和睦地照顾自己,管理家业,老人也表示很欣慰。赵家对于老人的赡养没有特意安排,因为本就没有分家,自然就一起赡养老人,并且老人去世的时候年龄并不是特别大,因此后代所谓的赡养也没有花费较多的精力和钱财。对于家户内部的赡养方式,村内的管理者以及家族内部的其他人没有意见,这是家户内部的事情,外人无权干涉,但是如果后代儿子不孝顺,导致老人无人赡养的时候,家族内便会有老人出面管教,或是教育后代要孝顺老人,或是由家族全体共同帮忙照顾老人。不同类型的家庭在赡养老人方面基本上都一样,因为赡养的主体一般都是老人的后代,老人若没有儿子,出嫁的女儿需要赡养老人。

(二)赡养形式:多子共同养老

赵家在赡养的形式方面其实没有选择,由于兄弟没有分家,因此老人需要照顾的时候是由两个儿子共同照顾,都在一起生活,便没有通过轮流的方式照顾老人,老人需要照顾的时候,谁在家、谁就会照顾,赵兰之在家照顾的时间比较多,因为赵兰新和自家的长工下地干活的时间较长,刘氏则是由两个儿媳妇来照顾,并且也比较方便。这样的赡养方式并没有需要由谁做决定,在生活中两兄弟更多的是自然形成的分工。在赡养老人的问题上,家庭条件好的子女和家庭条件一般的差别并不大,不管有钱与否,老人都需要照顾,只是条件好的家庭会照顾得更周到,生活会好一些。

(三)养老钱粮

在未分家时,赵家便已经需要为老人养老,赵泽广和刘氏在世期间,赵兰之和赵兰新两兄弟一直在一起生活,从未分开过,赵泽广和刘氏两位老人均是由两兄弟共同照顾进行养老。因此,赵家没有专门留出养老钱和养老地,但是在养老过程中,赵家的家业均是由两兄弟来经营,因此赵泽广和刘氏两位老人养老所需的粮食和钱财等是由两兄弟共同决定。老人生病时,赵兰之便决定带父亲去大地方的医院看病,只是老人不愿意去看,认为一把年纪不该再这么折腾。除了赵兰之以外的其他家人对于老人的养老问题也可以提出自己的建议,如邵氏在赵泽广生病时,便决定在自家厨房留出一片空地修建一个火炕,让老人居住,因为老人生病后比较容易怕冷,赵兰之对于邵氏提出的建议表示赞同,便着手修建火炕。

赵泽广和刘氏两位老人去世后的丧葬费用为两兄弟共同经营的家业承担,因为没有分家,所以费用便由大家庭的财产承担。在丧葬活动中,赵家的儿女需要筹备好丧葬的费用,提前去请村内关系较好的邻居来帮忙。在举办丧葬仪式的时候,作为儿女不需要干什么,只要在老人灵前守孝即可,关于仪式的诸多事宜,会有家族内的其他人来帮忙操办,村内一般会有几个经常在丧葬仪式上主持大局的人,因此儿女们只要在灵前守孝即可,仪式结束后要请村内帮忙的人吃一顿饭。出嫁的女儿在丧葬仪式中也不需要操心很多事情,在举办仪式的三天时间里,出嫁的女儿一般都会住在娘家,不会再回自己家。儿女们在决定这些事情的时候,不需要向村内的其他人请示,由自家人商量决定即可。

(四)外界对家户赡养的认可与保护

赵家所在的家族认可赵兰之和赵兰新两兄弟对于老人的赡养,因为两兄弟将两位老人照顾得非常周到,邵氏和李氏作为儿媳对于公婆的伺候也比较到位,老人去世前的生活相对来说比较安详,相比村内一些条件不好的家庭,老人的生活不愁衣食,较为幸福。若有不赡养老人的儿女,家族内一般会有德高望重的老人出面解决问题,但是不会对不孝顺的儿女进行惩罚,因为其他人没有权利参与儿女与老人之间的家事。赵家所在的村庄和官府对于老人的赡养问题没有太多关注,官府基本上不参与家户内部的事情,只是管理一些村庄的公共事务,即使出现不赡养老人的儿女,村庄和官府都不会出面惩罚或解决问题。

五、家户内部交往

(一)父子关系

1.家教严格,权责明确

赵泽广去世前,作为赵兰之和赵兰新两兄弟的父亲,对于后代儿孙的教养较为严格,因此赵兰之沿袭父亲的教育风格,对于第三代儿女的教育也比较严厉。在农村,父亲对于儿子的责任和权利不是由谁规定的,而是自传统以来自然形成的权责。父亲给孩子生命,便要尽到抚养的义务。赵家对于父亲与儿女之间的关系虽然没有明确的认知,但是在平时的相处过程中,父亲与孩子之间的关系逐渐成为一种固定的模式。赵兰之和赵兰新是两种风格的父亲,赵兰之对于自己的儿女通常表现得非常严厉,因此对于儿女的要求也比较高。父亲具有抚养孩子长大的义务,在长大的过程中还有对孩子进行教育的义务,在赵培忠和赵培爱长大后还有为其娶妻成家的义务。父亲对于孩子的权利在农村来看也比较大,因为大多数人没有具备独立的意识,对于父母的话言听计从,无论是小时候接受教育、下地干活,或者是长大后娶妻生子均是听从父母的意见和要求。

但是赵家父亲对于儿女的教育并不是蛮横无理,也不会随意对孩子进行打骂,赵泽广养育赵兰之和赵兰新的时候没有进行过打骂,因此两兄弟在教育自己的后代时也不会进行打骂。但是要求儿女对父亲的话一定要无条件服从,一般都不会反抗。所谓好的父亲便是能够让儿子对自己的教育心服口服地接受,否则儿子只会对父亲具备越来越多的反抗心理。当家里有两代人居住和多代人居住时,父子之间的关系略有不同,赵泽广在世的时候,对赵大章进行的教育也比较多,部分程度上代替父亲的角色,但是赵泽广去世后,赵培忠等家里的几个男孩子基本上完全由父亲即赵兰之来进行教育,与赵泽广对于孩子的教育略有不同。

2.儿惧父威

赵家的父子关系相对来说比较融洽,赵泽广在世的时候,赵兰之和赵兰新二人经常与父亲一起下地干活,干活的时候父子之间的交流较多,关于家里的土地买卖和种植等情况,父亲都会经常与两兄弟交流,一起吃饭的时候父亲还经常让儿子陪着自己喝点酒,以缓解干活的劳累,因此赵兰之和赵兰新对于父亲的感情也比较深刻。但是赵泽广表现较为严厉的时候,两兄弟也会比较惧怕父亲发脾气,赵兰之年轻的时候曾惹得赵泽广对其发过一次火,赵泽广正在地里干农活,赵兰之认为自家的土地太多,便想要去找短工来干,并且独自去集市上找来三个短工,这样自己就可以不用干活,赵泽广知道以后对其大发雷霆,因为赵泽广在世的时候很少找短工,基本上只有在农忙的时候才会去找一个。因此,赵泽广认为赵兰之是想偷懒,便对其发火,自此以后赵兰之便再也不敢偷懒不干活。

(二)婆媳关系

赵家的儿媳与婆婆之间的关系还是比较和睦,刘氏在世的时候,对于两个儿媳邵氏和李氏的态度比较和蔼,因为两个儿媳都是属于比较勤奋、能干的妇女,刘氏也不是刁蛮的婆婆,因此相处起来很少有不和睦的时候。婆媳之间的关系是属于地位极不平等的一对关系，当地有句俗话说"多年的媳妇熬成婆"，意思是在做媳妇的时候会经受婆婆的支使甚至是打骂，自己熬过很多年以后也会成为婆婆，便可以让媳妇干活。刘氏对于邵氏和李氏两人平时的表现还是比较满意，因此没有对她们进行过打骂，但是刘氏说的话她们都要无条件服从。在媳妇生孩子、坐月子的时候，婆婆不会对其有过多的照顾，生孩子对媳妇来说并不会给予太多特殊的照顾。邵氏生育赵大章的时候，刘氏只是帮忙照看孩子，并没有照顾邵氏，因为生完孩子很快就可以下地，自己的事情自己就可以做，不太需要别人照顾。

在日常交往的关系中，儿媳对于婆婆还是比较惧怕，虽然邵氏和李氏没有很惧怕刘氏，但平时的交流也仅限于家里的家务劳动，彼此之间不会聊一些心里话。但赵家的婆媳之间也没有发生过不可调和的冲突，邵氏对于自己的儿媳胡氏也比较和蔼，因为胡氏虽然家庭条件不好，但是比较懂事、能干，属于那种做得多、说得少的人，因此两人也未发生过大的矛盾和冲突。

（三）夫妻关系

赵家的夫妻关系包括赵兰之和李氏、赵兰新和邵氏、赵大章和胡氏，由于男女不平等的思想还是比较严重，夫妻之间的关系不是特别平等，因此，作为妻子就被认为理应照顾一家人的生活，更要伺候好丈夫的穿衣吃饭等。赵家的夫妻关系中，虽然没有无理的打骂和奴役，但是一般都是妻子对丈夫言听计从，妻子基本上没有自己的生活，将自己的大部分精力放在丈夫和孩子身上，作为年轻一些的赵大章和胡氏的夫妻关系，相对来说平等一些，但仅限于两人在一起的时候，在大家庭中，胡氏其实是最应该干活的人，作为儿媳妇、妻子应该照顾好一家人的吃饭和穿衣。总之，赵家的夫妻关系中，没有过起冲突的时候，主要是由于妻子一般都不敢反对丈夫的话，因此不会有冲突。

（四）兄弟关系

赵家的兄弟关系包括赵兰之和赵兰新，在后代人中包括赵培忠和赵培爱、赵大章和赵培运。在兄弟关系中，日常相处较为和睦，家中若有长辈在，兄长对弟弟要承担的责任较少，但是如果家里的长辈去世，长兄就要对弟弟承担"长兄如父"的责任，要考虑弟弟娶妻生子的人生大事。在赵兰之和赵兰新这对兄弟关系中，赵兰之作为弟弟，在父亲去世后更多地承担起赵家当家人的角色，按传统来讲本应赵兰新作为当家人管理家事，但是赵兰之相对来说更适合做赵家的当家人。赵泽广在世的时候，兄弟二人无论是在干活或是娶妻的问题上，都会听从父亲的安排，赵泽广去世后，赵兰新便主动说以后赵家由赵兰之来负责当家。虽然如此，赵兰之对兄长也比较尊重，平时有事的时候都会找兄长一起商量做决定。

（五）妯娌关系

赵家的妯娌关系只有邵氏和李氏这一对，自两人进入赵家一起生活以后，二人没有发生过矛盾和冲突，李氏的性格偏内向，而邵氏则属于比较外向的人，因此，赵家是由邵氏担任内当家，负责料理赵家的家务事。李氏更多的是干活，邵氏并没有对李氏随意奴役，并且常会热情地称呼李氏为"老二家的"，李氏对于长嫂也表现出比较尊重的态度，听从邵氏的安排来做家务事。刘氏去世后，两人会互相照顾，在邵氏生育的时候，李氏会主动承担家里的大部分家务活，并且不让邵氏操心，李氏生育的时候，邵氏也会关心李氏，让她多休息几天再下地干活。因此，两人之间的关系向来都比较融洽，没有发生过矛盾。

(六)叔嫂关系

除了上述几种关系之外,赵家还有一对叔嫂关系,即赵兰之和邵氏之间,作为长嫂,邵氏表现得比较大方和宽容,两人分别为外当家和内当家,共同处理好赵家内外的所有事情,赵兰之对于长嫂表现出足够的尊重,很多事情都会征求大嫂的意见。如在举办赵泽广和刘氏的葬礼时,对于需要邀请的宾客赵兰之会与邵氏共同商量决定,是否要邀请家里媳妇的娘家人,最后也是由邵氏决定邀请,并且在举办葬礼的时候,每个儿媳妇的娘家人上供的标准都是由邵氏决定,赵兰之也比较尊重邵氏的决定。两人在处理家事的问题上算是一对比较默契的搭档。

(七)其他关系:雇主与长工关系较好

在赵家,除了内部家人之间的关系之外,还有一对比较特殊的关系,即赵家人与自家长工之间的关系。赵家长工为本村一户吴姓人家,名叫吴玉国,吴玉国在赵家做长工的时间较长,最初是由赵泽广雇用。虽然赵泽广已经去世,但是赵兰之认为吴玉国为人比较好,干活也比较勤快、能干,因此一直雇其为自家的长工。吴玉国就住在本村,每天干完活就回自己家住,但是吃饭都是在赵家,每天早起以后都会来赵家喂养牲口,完事以后会和赵兰新拿上农具下地干活,吃饭的时候和赵家人一起吃,虽然为长工,但是与赵家人吃一样的饭菜,因为赵兰之认为只有让其吃饱饭后才能更有力气干活。因此,赵家与长工之间的关系不是苛刻的雇主与雇工,赵家人对待雇工的态度也不是下贱、看不起的态度,而是把其当做自家人。

六、家户外部交往

(一)对外交往和气为主

赵家与邻居之间的关系也比较融洽,附近的邻居中与赵文汉家关系最为交好,主要是赵兰之与赵文汉自小一起长大,因此两家的关系一直比较近,在日常生活相处中,两户人家会互相帮忙。但是邻里之间本没有所谓的权利和义务,赵家人均认为亲戚、邻居等这种关系都是靠人与人之间的相处,即帮忙是互相的,而不是一味地由一户人家一直付出。赵文汉与赵兰之两户人家从大人到小孩均相处的比较好,两家来往比较密切,赵家有红白喜事的时候,赵文汉会来帮忙,即使在农忙的时候也会来帮助,如赵泽广去世的时候正处于收割小麦的季节,赵文汉家里的农活还没有干完,但是赵家举办丧葬仪式的时候大多都是由赵文汉帮忙操心,对此赵兰之也对其表示了感谢。

(二)对外冲突及调试

当赵家人对外有冲突时,家长出面处理即代表赵家的家庭成员。在对外处理冲突时,赵家均以家户为单位,大多由当家人赵兰之出面解决,有时赵兰新也会出面。如赵大章在与外人相处时曾发生过冲突,虽然与赵大章定亲的女方家里条件不好,但赵家并没有因此而拒绝这门亲事,于是村内就有人说闲话,认为赵大章自身可能有什么毛病,不然为什么要找这么穷的人家做媳妇,赵大章听到这种话就比较气愤,认为村里人在没事找事,于是就去找说闲话的人理论,生气之下还动手打了一个王姓的中年男性。赵兰之得知此事以后,首先带着赵大章去给这位王姓人家道歉,但是赵兰之也向这户人家解释,这件事本就是王姓人家的错,只是赵大章年轻气盛,一时冲动才动手,因此,王姓人家也向赵大章道歉,表示自己不该说闲话。

在处理对外冲突的时候,赵兰之首先会考虑自家人是否有不对的地方,若有,会让自家人先向别人道歉,然后会了解外人是不是在故意惹事,如果是故意,赵兰之也会严厉地为家人说句公正话,因为只有这样,别人以后才不敢欺负赵家的家庭成员,同时也教育自家人与外人相处的时候以和气为主。

第四章　家户文化制度

　　赵家的家庭经济水平虽然在村内算是比较好的,但是赵兰之和赵兰新两人都没有文化,两人都认为小孩子不能再同他们一样不识字,因此,赵家非常重视孩子的教育问题,希望他们学习一些知识,起码能够认识字,不再是文盲。赵家共有两代人一起居住,但是家里的长辈们都没有文化、不认识字,赵兰之认为应该重视培育自家的后代,让他们都学习一些文化知识,在农村有文化非常容易得到别人的尊重。除了希望后代能够上学识字以外,在赵家的生活中,家内的文化气息不算浓厚,家里对于一些习俗和信仰等比较虔诚,每逢过年过节均会祭拜家里供奉的家神、祖先等。在进行这些活动的时候均以家户为单位进行,由家长赵兰之主导,其他家庭成员跟随家长形成一些生活中的传统和习惯。

一、家户教育

(一)家户教育概括

　　1949年以前,赵家年轻一代的小孩子都上过学,祖辈没有上过学,也不认识字,赵兰之只是认识几个字,但是没有上过学,这还是在村里与其他人交往的时候习得,最先认识的是他的名字。赵兰之和赵兰新没有上学的原因是家里缺少劳动力,兄弟二人年龄很小的时候就开始下地干活。在赵兰之那一代人中,上学念书都是"老书",即三字经和四书五经之类。

　　赵培忠这一代人上学时,最早也是念的"老书",后来慢慢开始读一些比较现代的书本,村内经常会来一些军队,不同军队驻扎在这里时,村内小孩子念书的类型也不一样。赵培忠和家里其他男孩子上学的时候,家里还不需要劳动力干活,因为家里有赵兰之和赵兰新二人以及雇用的长工,赵培忠和赵培爱等一直上完"完小"[①],大概有五六年的时间。赵家虽然有多个男孩子,但是家庭条件能够供得起,因此赵兰之便让几个男孩子都上学,他们上学大多是从八九岁开始。赵兰之让孩子上学是由于家里的经济条件还算可以,不愿意让小孩子就这么玩过去,也希望自家的孩子都能够认识字。村里很多小孩不上学的主要原因就是家里需要劳动力,家长都认为没必要上那么多年,还不如回家种地干活,反正也没有用。赵培忠以及其他小孩子不上学的事情是由赵兰之提出来,其实也是没有办法的事情,因为村内环境不安稳导致村民整体的生活环境发生变化,

(二)学校教育

　　在1949年以前,赵家的几个男孩子全部去邻村开办的学校念书,赵家是由赵兰之负责送几个孩子去上学,只有第一次去的时候需要送,以后再去的时候,小孩子自己去便可以。赵

---

　　① 完小:相当于当今社会的小学时期。

家去学校念书的是几个男孩子,家里的女孩子没有上学,因为村内没有女孩子出门念书的传统,也是由于重男轻女的思想较为严重,女孩子不可以和男孩子一样随意出门,哪怕是玩耍也不可以。男孩上学念书由赵兰之决定,家里其他家庭成员也不敢有意见。

(三)教育的家户单位

在孩子年纪较小的时候,对孩子进行教育的主要是家里的父母或者是祖父母。赵家老人去世较早,老人曾教育过的孩子包括赵大章和已经出嫁的两个女孩子,由于赵兰之和赵兰新都经常下地干活,因此对小孩子进行教育的主要是赵泽广和刘氏,两位老人去世以后,赵家对小孩子进行教育的则变成赵兰之。赵泽广教育赵大章的时候,主要教育该怎么处理家里的事情以及该怎么种好地,刘氏教育家里的女孩子,主要是教育女孩子应该学做针线活和家务活,在出嫁之前就应该能够持家,这样到婆家以后才不被欺负,什么都能干。

赵兰之教育赵培忠的时候主要是教育其与家人和朋友之间的相处,除此之外也会教育男孩子成家以后该怎么处理好自己家的事情,而李氏和邵氏便会教给自己的女儿们,作为女孩子一定要注意自己的一言一行,并教导女孩子做家务劳动,还要教女孩子嫁入婆家以后要怎么与婆家人相处,为人妻和为人母等情况下该如何做人、做事等等,大多都是自身过来的一些经验。在赵家,赵泽广和刘氏对于后代的教育与赵兰之这一代人对后代的教育相比较来说,前者更侧重于比较传统的习俗和美德,赵兰之和李氏作为父母,对于后代的教育则更多侧重于日常生活中一些比较重要的事情。

(四)家教与人格形成

父母对孩子的成长影响比较大,因为孩子对于父母的话基本上都是无条件服从,父母说的话孩子都会认为是对的,很少会有自己的想法和追求。因此,每对父母教育出来的孩子,和父母的生活模式比较类似。赵兰之夫妇对赵培忠的人格形成影响较大,但很多都是好处的一面,因为赵兰之夫妻二人在生活上为人比较谦逊有礼,与邻居和亲戚相处的时候不会斤斤计较,反而在很多事情上都会选择自己吃亏,这对赵培忠的影响较大,以至于在赵兰之夫妇去世后,赵培忠也一直谨记他们的教诲。除了赵兰之夫妻自身的言行对孩子的影响之外,家庭生活中的环境和氛围也会对孩子的成长有较大的影响,赵家的生活氛围算是比较团结和睦,这对个人的成长很有好处,在与外人相处的时候也不会容易发脾气,这样便不容易吃亏惹事。

赵家家庭成员做人做事的道理大多都是从家长那里习得,因为从小到大都是比较听从家长的教育,家长也通过自身的言行来教育自家的孩子,赵兰之和李氏在平时的生活中也比较注意自己的言行,因为他们知道自身的言行会影响到孩子的成长。如赵培忠在上学期间,曾有过与其他小孩子发生争执的情况,主要是由于其他小孩子故意对赵培忠进行恶作剧,因此惹怒赵培忠,回到家以后,赵培忠希望自己的哥哥赵大章能够为自己出一口气。但是回家以后,赵兰之知道了,便对赵培忠进行一番教育,赵培忠也因此知道自己不应该让自己的哥哥去给自己出气,小孩子之间的事情要自己解决,并且也要懂得谦让别人,不与其他人计较那么多。

赵家所有的家庭成员都比较相信"家和万事兴",因为赵家一直以来的生活氛围都比较和睦、团结,赵家通过多年的努力也得到较好的经济条件,因此家人一致信奉和气生财。

二、家户意识

（一）自家人意识："相对自家人"

赵家人认为自家人指的是从内心里就感觉关系比较亲近的人，自家人包括一起生活的自家父母和伯父伯母以及兄弟姐妹们，其他不在一起居住的亲戚相对来说便是外人；但是如果以亲戚和村内其他人来说，亲戚便是自家人，如嫁出去的姑姑和姑父、母亲的娘家人等这些都是自家人，但如果是长久没有联系的亲戚，便不算自家人。如赵家在邻近的河南省安阳县有一户亲戚，是嫁出去的一个姑姑，但是嫁的比较远，与家里的联系几乎已经断掉，因此这样的亲戚便不算自家人。像邻居赵文汉这样的关系，对赵家人来说可以算是自家人，因为平时走动的比较多，并且从内心里两户人家之间的关系就比较亲近。

当一个男人娶妾以后，即使男人把自己的小妾当家人，男人的妻子也不会把小妾当作家人，小妾生的孩子也不会和正室生的孩子是一家人。

（二）家户一体意识：相互扶持，目标一致

赵家没有分家的时候，赵兰之和赵兰新兄弟两个人在生产生活上都在一起，因此不管赵家遇到什么困难，都是兄弟两个人一起面对。比如在1942年闹饥荒的时候，很多人都去东北逃荒或是去其他的地方，赵家之所以没有去逃荒，主要是因为兄弟两个人团结在一起。除了赵家两个兄弟之外，两个儿媳妇也都比较懂事，有困难都会互帮互助，比如两个人怀孕的时候都会互相照顾，并且会帮助对方干家务活，李氏怀孕的时候，邵氏对其尤其照顾和帮助，对于李氏来说，邵氏作为长嫂更大程度上像婆婆的角色，但是邵氏并没有对李氏行使那种婆婆的威严，所以李氏对于邵氏也比较尊重。

在赵家的家庭成员被外人欺负时，家长赵兰之并不会无理地去找别人讨公道，而是会先向自家人了解清楚情况，如果自己的家人也有错误，会首先批评自己的家人，然后再带着自己的家人去找外人。

未分家时赵家有一定的共同目标，那就是经营好现有的家业，在一定程度上有发家致富的意思，但是除此之外，在其他方面也有共同的目标，比如让家里的孩子长大以后都能够生活得更好。对于赵家的家庭成员来说，大家都认为所谓的光耀门楣就是经营好自己家里的土地，因为赵家并没有人涉及官府，在不稳定的社会环境当中，经营好自己家里的土地意味着自己的家人就不会饿着，并且也可以依靠自己家里的土地来实现致富的目标。赵家的家长并没有灌输过一定要发家致富或者光耀门楣这种思想，因为整个社会环境中，所有的农村人基本上都是以吃饱穿暖为主要目标，赵家虽然有着比较好的经济条件，但是也要为以后考虑，种地难免会遇到年景不好的时候，此时家里就需要有一定的存粮或者钱财，不然家里人就会挨饿，所以很多人才会逃荒去别的地方。对于没有分家时的赵家来说，最大的共同生活目标就是一家人能够团结和睦地生活在一起，面对外来的灾难或者战争时，能够安全地度过。

（三）家户至上意识

在家庭与个人的关系上，赵家人认为家庭比个人重要，因为是自己的父母给了自己生命，只有父母在一起生活，自己才算是有一个完整的家。即使在父母去世以后，自己娶妻生子也是一个完整的家，要对这个家庭负责任，考虑事情的时候，首先考虑的是家庭的利益。当家庭的利益与个人发生冲突时，个人首先要对家庭有所退让，比如在选择上学与不上学的问题

上,赵培忠考虑到家里的情况已经没有之前那么好,所以选择不上学,回家经营自己家里的土地。在家里其他家庭成员遇到这种选择时,若事先考虑到自己,家人一般情况下也不会有所指责。

(四)家户积德意识

赵家在日常生活中虽然没有明确地提出自家人应该具有积德意识,但是日常行事中,赵兰之和赵兰新两兄弟都比较注重行善积德,一方面是由于赵家在当地的经济条件还算是比较好,另一方面赵兰之和赵兰新两兄弟为人都比较善良,对于村内一些孤寡老人也时常会给予力所能及的照顾。例如赵氏家族内有一户老人,后代只有一个儿子,但是这个儿子由于自身的精神问题不能自食其力,并且没有成家,因此这户人家只有一位老人和一位精神不正常的儿子共同生活。赵兰之在每年收获庄稼的时候,都会为这户人家赠送一些吃食,不仅是赵兰之一家,赵氏家族内的其他人家也会在力所能及的范围内提供帮助,主要得益于赵兰之的带头作用。赵家的老人虽然去世较早,但是赵兰之和赵兰新两兄弟也将自家的名誉经营得比较好,虽然在家族和村庄的公共事务中不是领头人,但是也在积极地行善事,为后代子孙积福积德。

三、家户观念

(一)家户时间观念

在1949年以前,对于时间的表示主要是以日出和日落为主要依据,关于四季之中节气的划分都有固定的日子,时间一久人们就一代一代地传承下来,农村没有文化的人只知道是什么,而不知道为什么。普遍来说,农闲时间比较短,主要是天气严寒,没办法下地的时候,人们闲在家里,出太阳的时候就在街上取暖。农忙的时候出工则比较早,所谓"闻鸡起舞"来形容农民出工的时间也不为过,天刚刚亮就会有人出门下地干活,除非是特别懒的人家,等到日上三竿才出门下地干活,一般这种家庭地里收获的粮食也会比较少。

(二)家户空间观念

赵家的房屋居住听从家长的安排,老人居住在堂屋,子辈居住在配房,但是长辈去世以后,赵兰之做当家人,便让自己的哥哥嫂子住在堂屋里,自己仍然住在配房。家里的公共空间主要包括厨房、正房、厕所以及院子等地,对于公共空间的管理由全家人一起负责,包括打扫卫生以及维护设施等责任。对于家人的私人空间,其他人不会私自进入,也没有进行打扫和维护的义务,一切皆由个人进行管理。赵家的房屋在村庄居中的位置,与周边邻居家的房屋有明确的产权界限,未曾与邻居发生过争执。赵家所在的村庄与周边的集市距离较近,最近的集市走路二十分钟便可以到,稍远一些的集市需要一个多小时。

(三)家户生活观念

1949年前,对于赵家人来说,理想的生活即为能够满足赵家人衣食住行,因为一家人的生活来源皆为种地收入,因此,赵家人都会祈祷年景好一些,雨水多一些,以生产更多的粮食维持生活。对于所有的家庭成员来说,主要是家里的成年人承担家里主要的责任,小孩子不懂得家里的事情,只顾着自己玩耍,参加劳动的时间也比较少,赵家的成年人参加劳动则比较多,并且都是自愿参加。农民除了在土地上耕作劳动,也没有其他的事情,若经常在街上溜达不参与劳动,会被认为不正干、太懒,名声不好,因此家长们都会教育自家人要勤劳地劳动。一家人都在为了生存而努力,所谓更好的生活并不是追求富裕的生活,而是能够有吃有喝、粮食丰收的生活。因此,在生活中,家庭妇女做饭、做衣服的时候都会算计着,节约一点是一点,小孩子的衣服轮流穿便是最好的证明。

四、家户习俗

(一)节庆习俗概括

1.节庆习俗依当地传统

1949 年以前过春节的时候,相对来说比较简单。在赵家,过春节是从小年以后才开始有年味,即在腊月二十三以后,大家开始准备过年。腊月二十三这一天往后,基本上人们都会认为是在过年,腊月二十三在当地人们看来是老天爷上天的日子,有一种说法为"上天言好事,下界保平安",并且在腊月二十三的晚上,赵家人会包饺子吃,吃饺子的时候就已经开始需要"圆意"了,即下饺子的家庭主妇会在嘴里一直说"老天爷、灶王爷、老爷爷老奶奶过年了,都来家里吃饺子",并且会在老天爷和灶王爷以及财神爷的牌位下面放几碗饺子供着。

腊月二十三以后,每一天都要忙碌着干活,村子附近的集市是在每个月的三、五、八成集,因此赵家人会在腊月二十五去集市上购买年货。购买年货的时候,一般都是由赵兰之和赵大章两个人去,去之前家里的妇女会向他们说清楚家里需要什么。腊月二十七,家里准备贴春联,有说法为"贴七不贴八",即腊月二十八不可以贴春联。腊月二十八这一天家里会准备大扫除,清理一下家里的垃圾等杂物,邵氏和李氏会准备蒸馒头和包大包子,之后很多天都不需要再准备。腊月二十九这一天需要炸丸子,一般都是由邵氏、李氏和胡氏来准备,小孩子们则可以尽情地玩耍。到大年三十,中午有吃菜的传统,一般都是用白菜和粉条炖着吃,吃完饭后准备包饺子,下午四五点钟的时候便开始吃晚饭,早早地吃过饭后一家人便等着除夕守岁,家里会准备一些吃食,一家人坐在一起,小孩会跑出去玩,晚上要睡觉的时候再被找回来。

大年初一早上是一年当中起床最早的一天,天不亮的时候就要起床去给长辈拜年"磕头",即双腿跪在地上,并且头要碰到地,这样自家的长辈便会给压岁钱,但压岁钱数量都比较少,只是一个象征性的意义。除了给自家人磕头拜年以外,还会给村内其他关系比较亲近的人家拜年,去别人家拜年的时候,会先给挂在正房的"主对"①"磕头"。在村内给别人拜年的时候,不需要带礼物,春节后走亲戚的时候需要带礼物,一般都是初一去男方的亲戚家,如姑姑家和男方的姥姥家,初二便是媳妇走娘家的日子。

除了春节以外,赵家的传统节日还有中秋节,但是中秋节的过节仪式比较简单。赵培忠记得在中秋节之时,家长从集市上买来一斤月饼,然后分给家人,基本上就是每个人能尝一口就可以,晚上吃饭的时候,家里会杀一只鸡炖肉,改善一下生活,这样便算是过节。

2.红白喜事依当地传统习俗

赵家在举办红白喜事方面没有特殊之处,大多与当地的传统一致。赵家举办过的红喜事主要是为赵大章娶媳妇,当地娶媳妇需要给女方家里一定的彩礼,赵大章与妻子结婚是由村内的邻居介绍而成,在定亲的时候,男方为女方送去彩礼,但是男女双方并不见面,直到结婚的时

---

① 主对:指的是在正房当门的墙上挂一张买来的布,上面会列出自家已经去世的老人。

候才见面,只是由媒人送去彩礼,包括钱财、生活用品如袜子、毛巾、衣服等,女方的嫁妆则是在结婚的时候直接带过去,一般情况下是用男方送的彩礼钱购买一些衣服、被褥和家具等。

赵家经历的白喜事主要是赵兰之的父亲和母亲去世的时候,举办的葬礼规模较小,因为邻居以及亲戚都是一些家庭条件很一般的人家,因此赵家有人去世时只是依照传统向邻居和亲戚下帖通知其参加葬礼,下贴的时候署名为赵兰之,因为其是赵家的当家人。举办葬礼的时候,一般是老人去世的当天就摆上灵堂,下半晌便会陆续地有亲戚和邻居来吊唁,第二天便是正式的吊唁时间,赵家的子孙都应在灵堂前陪灵,吊唁的灵堂分为前堂和后堂,前堂是摆放灵位和供品的地方,一般会设在院子里,后堂则设在堂屋内,堂屋会摆放去世的老人遗体,由赵家所有的女性后代吊唁,女性不可以进入前堂。之所以分为前堂和后堂,主要是为了区分男女后代的吊唁,当来宾中有女性的时候,后堂的女性便会随着管事人的呼喊声开始哭灵,主要是去世人的直系亲属,旁系亲属则会在一旁劝慰,直到其停止哭灵。第三天,中午吃饭前,亲属、邻居和亲戚等会在前堂对逝者进行吊唁,主要是由男性进行哭灵,哭灵过程中会有较为有序的步骤,一般是由村内管理红白喜事的人来掌控吊唁的步骤。吊唁结束后,吃过午饭,来参加葬礼的所有人员便会一起去坟上进行最后的丧葬仪式,在抬棺材出灵堂的时候,先由逝者的长媳去村内的庙上"领魂",去庙上的路途中不需要哭,从庙上回来的时候则需要哭着回家,长媳回到家进门的时候,抬棺材的人就需要开始抬棺,此时需要赵家的长子即赵兰新手持一个瓷碗,在出门以后摔破,以示哀悼。

(二)家户习俗单元

赵家在过年过节的时候,都是以家庭为单位,尤其是没有分家的时候,即使在过年过节的时候,家里有人在外地干活,也会赶回来与家人一起过年。赵家在分家以后,两兄弟之间虽然明确表示已经分家,但是过年的时候还是在一起,因为还是居住在一个院子里,即使后来两家人不再住在一个院子里,过年的时候还是会聚在一起,家人都觉得这样会更加热闹,气氛更好。

过年过节的时候都要在自己家里过,尤其是出嫁的闺女不能在娘家过年。比如胡氏在结婚一年以后,有一次过年前父亲生病,之前胡氏已经在娘家伺候父亲将近一个月的时间,直到腊月二十三的时候,家里人让她回自己家,因为出嫁的闺女不可以在娘家过小年。亲戚在过年的时候也不会住在别人家,赵家的家庭成员也没有在过年期间去别人家的情况。大年三十的时候,一家人要聚在一起吃饭,这样便意味着来年一家人能够安安全全地居住在一起,没有分家的大家庭,过年的时候更是要在一起吃饭,吃过团圆饭以后,才能认为是一家人在一起过年。在春节或者是其他节日期间,家里的祭祀等一般都是由家长来主持,所谓的祭祀主要是为家里供奉的家神,以及去世的祖先磕头上供。如果在过节的时候,家长不在家,家庭妇女也可以做这些事情。

五、家户信仰

(一)家神信仰及祭祀

1949年以前,赵家没有人信仰宗教,但是家里会供奉一些家神,赵家供奉的家神包括财神爷、灶王爷以及老天爷。一般情况下,财神爷摆放于家里正房中左侧门后的墙上,供奉家神都是在墙上贴一张画像,在墙的旁边放一张小桌子,桌子上会摆放一些供品,并且在过年过节的时候会摆放饺子、丸子、馒头和"肉方"①等食物;供奉的灶王爷会放在家里做饭的厨房,赵家将灶王爷的画像挂在烧锅的上方,由于不方便摆放桌子,因此便在墙上钉了一块木板,在木板上摆放一些供奉的物品,供奉时除了食物以外,还有香火,每次吃饭的时候都会查看香火是否熄灭;供奉老天爷的位置则是在堂屋正门的右侧外墙,也是在墙上贴一幅画像,在墙的旁边摆放一张桌子,在腊月二十三以及腊月三十这样比较重大的日子当中,除了供奉食物、香火之外,还需要烧火纸,烧火纸的时候,家长就会向上磕头。在赵家,除了当家人以外,家里的其他人也可以供奉家神,家里的小孩子从小潜移默化地接受这些东西,慢慢也学会了,不需要专门去教。

家里供奉这些家神的主要目的就是希望这些神明能够保自家平安、发财、能够有吃有喝。虽然事实上供奉家神并不一定有实际作用,但是由于传统习惯和习俗的要求,家人从内心都已经接受供奉,认为这些家神有作用,并且相信只要自己的家人虔诚地供奉,神明都能够帮助自己家人。

(二)祖先信仰及祭祀

赵家人对于自家的祖先从哪里来的这些内容没有具体地了解,但是听家族内的老人聊起过,相传赵家的祖先是由河南省迁到当地。关于祖先的来源对赵家的生产生活没有带来影响,但是赵家人对于祖先的尊重和崇敬一直都有,并且在过年过节的时候,祭祀家神的同时也会祭祀自家的祖先。对于家人来说,祖先是一种象征性的意义,人生来必有出处,只有不忘本源才能够扎根发展。在堂屋正门摆放的桌子上会放着老人的牌位,所谓的牌位就是用毛笔写上老人的名号,去世的男性称为"先考",女性对应称为"先妣"。赵家摆放的去世老人的牌位一共有四位,包括赵兰之的父亲和母亲以及祖父和祖母。按照辈分的排位,将祖父祖母放在靠上的地方,将父亲和母亲放在祖父母牌位的下面。赵家庄没有家庙或者是祠堂,村内同姓家族也没有祠堂,虽然如此,赵家人对于自家祭祀的祖先依旧比较尊重和重视。

除了家里会供奉老人的牌位之外,赵家也有祖坟,名义上是祖坟,但是埋葬的老人只有赵兰之的父母以及祖父母两代老人,不同辈分的老人,坟地也有排位。赵家的祖坟在自家的地里,每个人的坟地面积大小一样,祖坟比较简陋,只是将去世老人装进棺材、埋进地里,用土堆起一个坟头。每年祭祀时,赵家人都会为老人烧纸、打扫坟地。赵家人比较重视孝道,对于后代的教育,赵兰之和赵兰新会通过自己的行动来说明应该如何孝敬老人,赵家也没有出现过不孝顺的子孙。

(三)庙宇信仰及祭祀

在1949年以前,赵家所在的村里只有一座庙宇,供奉的是关二爷和泰山老奶奶。村内庙宇主要用于村里人祭祀,村内的庙宇距离赵家比较近,走路三分钟就可以到,赵家也会在过年过节的时候去祭祀庙宇供奉的神位,比如大年三十家里人吃完饭以后,赵兰之便会邀家里人一起去庙里烧香磕头。赵家人认为祭祀的神位是用来保护村里人平安的,是用来祈福的,必须要有虔诚的心态,不然不会有用。赵家的家庭成员在过年的时候都能去拜神,家庭妇女也可以,但是要跟随家里的成年男性一起才可以。去拜神的时候,家人会拿着香火和火纸以及一些食物,如饺子。

---

① 肉方:将肉切成一块方形的样子。

六、家户娱乐

(一)结交朋友

在赵家,经常会结交朋友的包括赵兰之、赵大章等家里的男性,家里的女性结交朋友较少,主要是与自家附近的家庭妇女在闲时聊天,家里的小孩子结交的朋友,基本上都是自家周围同龄的小孩子,家庭成员结交朋友没有固定的标准,每个人都有自己不同的性格喜好,因此家庭成员结交的朋友也不同。但是相比之下,男性可以结交的朋友范围比较广,女性可以结交的朋友范围则较窄,因为男性可以经常出门去集市或者是去其他村庄,但是家里的妇女不会经常出门,只能在自家附近结交朋友。如李氏与邻居赵文汉的妻子便比较交好,主要原因还是由于赵兰之与邻居赵文汉走的较近。除此之外,家里的妇女不可以和外面的男性随意交往,哪怕平时在自家门口碰到村里不熟悉的男性也不可以,若随意交流便会遭人说闲话,对自己的名声不利。

结交朋友不需要仪式,朋友之间也没有特定的称呼,只是称呼对方的名字便可以,对于朋友的父母可以称呼为伯父伯母。如赵兰之与邻村一个名叫孙有成的关系较好,二人便互相称呼对方父母为伯父伯母。朋友之间有时也会到对方家串门,家里有红白喜事的时候也会参加,赵兰之的父亲去世的时候,孙有成便到家里来吊唁,在赵兰之家里生子或者娶媳妇的时候,孙有成也都前来祝贺。赵家人结交的朋友一般都是和自家条件差不多,主要收入来源都是依靠家里的土地,朋友里面没有当官或是家庭比较富裕的。对于结交朋友,赵兰之对于家人并没有不成文的规定或者是要求,家庭成员自己凭自己的喜好结交朋友便可以,但是如果家庭成员结交人品不好的朋友,作为家长的赵兰之也会对家人进行说教,告知其不能结交损友。

(二)串门聊天

1949 年前,赵家家庭成员经常会出去串门,家里的男性、女性以及小孩子都可以出去串门,但是对于女性来说,仅限于在自家附近与周围的邻居之间互相串门。女性一般走亲戚都会去自己的娘家,别的亲戚都不会随意去。串门都是在白天吃过早饭或者是午饭以后,不需要干农活的时候进行。女性串门就是几家妇女坐在一起聊些家常,在一起做手工活"掐辫子";男性串门也是闲聊一些农活和生产等。去邻居家串门一般都没有成文的规定或是准则,但是如果邻居家里刚刚有老人去世便不会去串门。

赵家也经常会有邻居来串门,比如赵文汉,来串门时主要找赵兰之聊天,除了自家的生活和生产,也会聊一些村里的事情,如在土地改革运动前,赵文汉便提议赵家两兄弟可以分家生活,赵兰之也考虑了朋友的建议。

第五章　家户治理制度

赵家在分家以前,最初的当家人为赵泽广,但是赵泽广去世较早,他去世后便由赵兰之担任赵家的当家人。赵兰之当家时,赵家的事情基本上都由赵兰之做决定,家内事务则由邵氏负责管理。赵家在当地属于条件较好的人家,即使赵兰之与赵兰新两兄弟在一起生活,也相安无事地共同居住几年时间,实际上在 1949 年以前,赵家没有分家主要得益于两兄弟之间的团结和睦、互相理解。赵兰之担任当家人期间,自己未掌握家里绝对的权威,而是充分尊重兄嫂的意见,家人一起商量决定的事情比较多。赵家也没有成文的家规或家法,而是在生活中日渐形成一些潜移默化的规则,家人都会遵守。在村庄和国家事务中,赵家的参与度相对来说比较低,主要是由整体的社会环境决定,农村人无暇顾及国家大事,朝夕只为自家的衣食住行而劳动。

一、家长当家

(一)家长的选择

1949 年分家以前,赵家担任家长时间较长的是赵兰之,之所以由赵兰之担任赵家的家长,主要是赵泽广去世以后,长子赵兰新明确表示自己做不了赵家的家长,自己更适合干一些农活,认为赵兰之比自己更适合做,因此赵泽广去世以后,赵兰之才成为赵家的当家人,主要还是由于他的能力比较强。赵家称家长为"当家的",对赵家来说,家长和具体管事的是一个人,在家庭内部都是该怎么叫就怎么叫,没有特殊的称呼。赵家的所有家庭成员对赵兰之都非常信任,由他担任家里的当家人,大家也都比较放心。赵家人都认为赵家的情况除了让赵兰之担任当家人以外,没有更好的选择,因为是两个兄弟在一起生活,只能是二人当中的一个为当家人,不可能是家里其他的女性来担任,家里的下一代都还是比较小的孩子。

(二)家长的权力

1.家庭赋权范围广

赵培忠认为家长的权力都是由家庭成员一起赋予,因此家庭成员对于家长的权力也都承认。赵兰之担任家长时,对于家庭的管理并不是涉及各个方面,因为家庭内部关于衣食住行的事情,主要是由邵氏来负责管理。赵兰之和邵氏虽然分别负责家庭外部和内部的事情,但是一般家里其他人都会服从两个人的安排,而且也不是说两个人绝对分开,家里家外有事情的时候都是大家一起商量。

当家中遇到重大事情的时候,也会与家里其他人一起商量,比如赵大章结婚的时候,赵兰新和邵氏是其父母,因此赵兰之在大多事情上都是听从他们两个人的意见,只是在对外下请帖和请媒人等事情上,赵兰之会作为赵家的家长去请人。也即大多数事情上并不是家长拥有绝对的权威,而是更大程度上作为一个家庭的代表去处理一些事情,当家庭成员有自己的建议或意见的时候,家长也会采纳。

2.家长拥有财产管理权

赵家的家庭收入主要来源于农业收成,其他的手工业和副业收入相对来说比较少。赵家的土地生产所得收入均以家庭的名义进行管理,存放财产的箱子有两把钥匙,这两把钥匙分别由赵兰之和邵氏来掌管,作为内外当家人,两个人都有对家里的财产进行管理的权利,并且能够在家庭成员中间进行分配。存放财产的箱子里主要是土地、宅基地地契以及上一辈老人留下来的比较贵重的东西,箱子放在堂屋的里屋,最初是由赵泽广和刘氏居住,后来便由邵氏和赵兰新两个人居住,除了赵兰之以外的其他家庭成员不可以随便进入这个屋子。在平时的日常生活中,家长会根据实际生活需要对几个小家庭分配一些日常所需的零用钱,在分配零用钱的时候,按照小家庭内人口的多少来分配,比如说赵兰新的小家庭人口最多,因此给他们分配零花钱的数量也会多一点。分配零用钱的时候会将钱给家里的妇女,因为都是她们在负责家人的生活开支。

除了日常生活的一些小事之外,家里遇到土地买卖、租佃以及婚丧嫁娶等这种比较大的事情时,家长会与家庭其他成员一起商量,家里的妇女也会参与进来,在这种重大事情需要签名字的时候都是写赵兰之的名字或按手印。赵兰新的二女儿出嫁的时候,关于彩礼的问题是一家人商量过后才做出的决定,因为大女儿出嫁的时间比较早,对于二女儿的嫁妆要与大女儿一样还是比老大多一些,这在赵家内部有不同的意见,赵兰之认为二女儿应该多一些,毕竟时间不一样,但是李氏和邵氏认为应该一样,如果大女儿知道为二女儿陪送的嫁妆比自己多,可能心里会生气,但最终还是听从家长赵兰之的提议。

3.内、外当家分别决定生活和生产事务

赵家在生产和生活上的事情分别由赵兰之和邵氏决定,制衣分配的权利一般都是由邵氏掌握,赵家对于家人的穿衣安排均是由三个妇女来完成,并没有在每个小家庭内部进行分配,而是根据个人需求具体进行。由于赵家的小孩子比较多,因此大孩子穿过的衣服可以继续给小孩子穿,这样便可以节省一些棉花。赵家自己种植棉花,棉花的收成除了满足自家人的需求之外还可以卖钱,因此在穿衣制衣方面,赵家还是比较宽松。赵泽广和刘氏在世的时候,关于家人的穿衣安排是由刘氏来决定,老人去世以后,在生活方面的决定权便由邵氏掌握。邵氏会根据家人的需求来安排制衣,做一件衣服可以穿很多年,穿破以后还可以补一补再接着穿,一般成年人尤其是男性每天下地干活,都不要求穿些好衣服,但是在过年之前邵氏会为家里的孩子做新衣服。

除了生活上的安排以外,家里在生产以及其他比较重大的事情上,由家长担任代表,家人共同商量决定。比如婚丧嫁娶等事情的管理,虽然家人都会听从家长的安排,但是在事情比较多的时候,家里人都会帮忙。赵家在娶媳妇、嫁闺女的事情上,孩子们也都会听从家长的安排,但是家庭妇女会帮助家长一起处理。由于赵家的老人去世比较早,因此赵家关于儿女的婚姻大事,均是由赵兰之和赵兰新两兄弟来决定。

4.家长负责对外交往

在对外交往时,赵兰之可以代表整个赵家,赵家虽然没有对外以家庭的名义进行过借债,但是在其他需要以家庭名义进行的事情上,一般都是赵兰之出面,比如向村里缴纳粮食

的时候,如果一个家庭交不上公粮,村里的管理者都会首先找家长。每次需要交公粮的时候,赵家都是由赵兰之负责去缴纳。除此之外在婚丧嫁娶的事情上,需要家长出面请宾客、下请帖的时候,也都是由赵兰之出面。

(三)家长的责任

赵家家长必须要管理的事情主要是家里的生产以及对外处理人际交往,家庭成员穿衣吃饭的事情,均是由邵氏来负责管理。因此总的来看,作为家长并不是对家庭所有的事情都拥有绝对的权威,而是在更大程度上作为家庭代表对外处理各种交往事宜。赵家人认为比较好的家长主要是能够经营好自己家里的家产,让自己的家人不挨饿受冻,赵兰之担任家长期间,赵家所有家庭成员的生活基本上都能够有所保障,并且相对来说生活的条件还比较好。对于一个家庭来说,一个家长能否领导好家庭所有成员,不仅在于家长,很大程度上也在于家庭成员是否接受家长的领导。赵家的情况比较特殊,由于没有老人,只有两兄弟生活在一起,因此两个小家庭能够团结和睦还是比较不容易。总之,赵兰之担任家长期间,赵家的生活整体比较好,赵兰之算得上是一个负责任的家长。

二、家户决策

赵家的家长并不是决定家里大小事情的主体,而是作为家庭的代表处理比较重大的事情。家内生活基本上都是由邵氏等其他家庭妇女来负责,名义上当家人为赵兰之,但是并没有事事都由他做决断,而是大多事情会与家人一起商量。当家长一个人做出决定的时候,其他家庭成员可以提出建议,如果没有提出自己的不同意见,即大多数都服从,如果不服从,家长的权威便没有了保障,一个家庭便没有能够说话管事的人。赵家的家庭成员也没有不服从家长安排的情况,因为家长安排事情的时候都会提前跟家里人商量,商量好以后家庭成员便都会服从。赵兰之在和全家人有关的事情上,会与家人一起商量做决定,比如有关于粮食买卖的问题、赵大章娶媳妇的问题以及自家孩子上学的问题等,家长与家庭成员商量这些事情的时候,一般都是在家人一起吃饭的时候,而不是专门召开家庭会议,此时家里人都可以提出自己不同的意见,而对这些事情有想法的人,主要还是赵兰新、邵氏和李氏等成年人。赵兰之担任赵家的家长期间,涉及土地生产即种植粮食作物的种类和数量、粮食是否买卖以及数量等事项时主要还是由他做主决定。

三、家户保护

(一)社会庇护

1949年以前,赵家的家庭成员与外人交往发生冲突的情况下,一般都会首先想到找家长来帮忙解决问题。在土地生产上赵家人没有与其他人家发生过矛盾和冲突,但是在生活中自家的小孩子曾经与别人家的孩子发生过冲突,此时家长即使参与进来也不会对别人家的小孩子进行说教和批评,而是会去问自家孩子的具体情况,以此来教育自家的孩子该怎么与别人相处。比如在赵培运上学期间,与邻居家赵守序家的孩子打过架,小孩子的年龄只有10岁,打架的原因是由于男孩子的淘气导致恶作剧,让赵培运备受委屈,于是和其他的小伙伴动手,这件事情让赵兰新感觉比较严重,刚刚知道这件事的时候比较生气,但是赵兰之劝过以后,赵兰新没有对自家的孩子发火,而是首先询问清楚到底是为什么,帮助小孩子分析问题,告诉赵培运他错在不应该和别人动手,自家人一直以来都比较信奉吃亏是福的观点,因此教育赵培运遇到这种问题后应该对其他小孩子宽容一点,并且动手打人是不对的。

但是当自家人果真受委屈并没有犯错时,家长也会为自家人伸张正义,赵兰之认为自家人没有犯错却受委屈,如果不去伸张别人会瞧不起。而平时一旦家人犯错,家长就会首先教育自家的孩子,再出面与其他小孩子的家长解决问题。

(二)情感支持

赵家的家庭成员如果在外面受委屈,大多都会回家向父母诉说,尤其是已经嫁出去的女儿,在婆家如果受委屈,走亲戚的时候便会向自己的母亲倾诉,但是并不会让自己的家人去为自己伸张正义、出口气,因为这样会伤了一家人之间的和气,只是向自己的家人透露一下自己心里的委屈就可以。当嫁出去的女儿向自家母亲诉说委屈的时候,自家的父母一般都会比较心疼,但是作为父母一般都会劝慰自己的儿女,要对别人宽容大度一点。比如已经出嫁的赵兰新的大女儿,她嫁去临近乡镇的王庄村,由于王庄村离娘家比较远,大女儿回家次数比较少,只有在过年过节的时候才会回家走亲戚,每次回家的时候都会诉说在婆家受的委屈,婆家在村里是经济条件比较好的人家,有点看不起赵家,但是邵氏也并没有因此去女儿的婆家讨公道,而是劝慰自家的孩子要大度一些,熬过这几年即可。

赵兰之和赵兰新对于自家男孩子的期望没有很高,只希望自家的孩子能够认识几个字就可以,然后就跟着家长学习该怎么种地,怎么干活。家庭和睦就是家人一辈子奋斗的目标,家庭是家人在遇到困难时的避风港,家人之间都会互相帮助。

(三)防备天灾

1.全家齐心抵御灾荒

1942年,当地发生过一次比较严重的灾荒,由于干旱比较严重,导致河南地区的很多人都逃荒去周围的省市,其中逃往河北、东北等地的人数最多。山东部分地区也有较多逃荒的人,而东北一直是地广人稀的地方,因此很多人都逃往东北。赵家人在面对旱灾的时候,没有选择逃荒,主要是赵家还有一些存粮可以让自家人度过灾荒时期,气候干旱,庄稼完全没有收成,很多人在逃荒路上饿死,赵家人就依靠自家之前的积蓄勉强度日,一家人每天都是紧衣缩食,吃的粮食都是一些粗粮,家里有两个小孩子,赵培忠也不过只有6岁,抵抗力比较弱,生病也没有办法去看病,赵家人便让小孩子吃一些好消化的细粮,成年人则吃一些难以消化但饿不着的粗粮。就这样,一家人齐心协力的度过灾荒。

2.灾荒时期无救济

在灾害发生的时候,当地的村庄并没有办法进行救济,因为灾害面积较大,当地政府也没有办法帮助那么多灾荒地区,国家也没有过多的钱财和粮食来帮助灾害地区。因此,人们只有依靠自己想办法度过艰难的日子,或是逃荒,或是吃各种树叶子、树皮,各种小动物能吃的东西人们都会吃掉。这样的情况下,有很多饿死的人,尤其是自家原本就没有多少土地,根本就没有存粮来度过这种灾害的人家。赵家虽然土地较多,但家里的存粮也不多,并且家里的人口较多,对于村内饿死的人家也没有办法去帮助。发生灾害的时候,赵家人认为祈求任何神明其实都没有办法解决问题,因此即使村内有一些祈雨活动,赵家也没有参与,赵兰之认为没有意义。赵家的家庭成员在灾害发生的时候都听从赵兰之的安排,没有人为了保证自己吃饱而不让他人吃的自私行为。

(四)防备盗匪

当地曾出现过很多匪盗,赵家在分家前曾遇到过土匪绑架的事情,此时赵泽广和刘氏均在世,由于赵家算是当地条件较好的人家,因此成为匪盗盯着的对象。刘氏在一次外出的时候遇到一伙土匪,遭遇绑架,土匪绑架刘氏以后便给赵家送信,要拿二百块银元来换人,赵家并没有那么多的积蓄,但是家里还有些存粮。赵泽广听说以后第一反应便是卖掉粮食换钱,然后救回刘氏,赵兰之和赵兰新则认为应该向官府报告,协助官府抓住匪盗,以免以后再被抢劫,这样下去可能会恶性循环。但是赵泽广要求先救出刘氏再说,两兄弟便听从赵泽广的安排,凑够救人的钱财,一起送到匪盗指定的地方,他们本就没有想要刘氏的命,因此刘氏便被救回来,赵家因此也逃过一劫。后来盗匪也没有再抢劫过赵家,据说后来这伙盗匪被官府抓起来了。

(五)防备战乱

1949年以前,赵家所在的村庄没有发生过较大规模的战乱,1945年前后村内经常会有军队驻扎,但是村里人并不了解这些军队到底属于哪一方。共产党的军队于1947年前后在村里驻扎过,村内有一些党员,但还是地下党员,并不敢公开身份,因为害怕有人会迫害共产党人士。其他军队驻扎在这里的时候,村内经常需要交给他们粮食,供他们吃喝以及为他们做衣服,虽然村内的人大多都不愿意做,但是也不敢拒绝。大家对于共产党的军队就比较友善,主要是因为共产党军队驻扎在村内的时候不会伤害村里人,也不会拿村民家的东西,若村内有匪盗,共产党还会帮助村民打走他们,正因如此,村民对于共产党非常信任,会让他们住在自己家里,为他们做饭。

除了部分军队驻扎在这里以外,在比较乱的时候村内也会组织巡逻队,以保卫村庄的安全,巡逻队一般都是由村内的年轻男人组成,赵兰之也参与过,与村内十几名年轻人一起巡逻,但是村内并没有配备枪支。

四、家规家法

赵家没有成文的家规家法,只有家里条件特别好的财主家才有成文的家规家法,并且都是由祖辈流传下来。赵家由于世代都是没有文化的劳动人民,因此没有成文的家规家法。在平时的日常生活中,最多也就是有一些默认的规矩而已。

(一)默认家规及主要内容

1.习俗规矩全家守

赵家虽然没有成文的家规家法,但是有一些日常的习惯和传统全家都要遵从,这些都是在日常生活中一代一代传下来而养成的习惯,并没有人明确告知这是赵家的家规。对于这些默认的家规,家人都会遵守,即使是出嫁的闺女也会在自己的家庭形成习惯而遵守。若家里的小孩子在不知情的情况下违反这些习惯,家长们便会以此教育自家的孩子,在以后的生活中也会慢慢形成习惯。

2.吃饭规矩较宽松

在赵家,吃饭的时候没有硬性的规矩,因为世代是劳动人民,对于传统的礼俗要求较少,只是在有老人和小孩子的时候要注意对小孩子的教育。赵家的老人去世较早,老人在世时家里有三个小孩子,包括两个女孩子和一个男孩子,小孩子对于祖父母要遵守的礼仪较多,如在吃饭的时候,老人如果没有动筷子,家里其他人也不可以吃饭。赵家吃饭的时候都在一起,由于厨房内的饭桌不够大,邵氏和李氏大多都是在灶台旁边吃,家里的男性和老人在饭桌上吃,一家人吃的饭菜都一样,每个人都可以吃饱。但即使如此,赵兰之和邵氏也会经常教育自家的孩子吃饭时要懂得勤俭节约,不能够浪费粮食,只有种地以后才懂得粮食的来之不易。赵大章未结婚时,赵家吃过饭以后主要是邵氏和李氏收拾碗筷,胡氏嫁进来以后,很多时候都是她来干,但是做饭是由邵氏和李氏来做。

农忙的时候,赵家人也会去地里给干活的几个成年男性送饭,农忙时,赵兰新和家里的长工中午都不回家吃饭,而是由家人送到地里去,赵家经常去地里送饭的是赵大章,因为他是家里最大的男孩子。

3.座次讲求辈分长幼

赵家在平时生活中的座位规矩方面没有那么严格,主要是赵家较早便没有了老人,赵兰之和赵兰新两兄弟生活在一起,需要遵循的长幼辈分原则较少。只是赵兰之也会教育孩子生活中的座位规矩,以免家里有客人来的时候,家里的孩子坏了规矩,惹人说闲话。

赵家人一起吃饭的时候,赵兰之会教育家里的小孩子什么位置是长辈坐的,什么位置是小孩子坐的,家里没有老人,因此"长兄如父",赵兰之对于兄长便以对待父亲的礼俗进行教导。吃饭时赵家饭桌的上座由赵兰新坐,虽然赵兰之为家里的家长,但并不是家里的长辈,因此讲究辈分和长幼的时候,赵兰之还是以兄长为尊。饭桌上的上座即正对厨房门口的位置,其他人按次序坐在两边。时间一长,赵家人便形成习惯,总会把辈分最高的位置留给赵兰新坐。

当家里来客人以后,一般都要坐上座,但如果客人的辈分不如赵兰新的辈分大,依旧是赵兰新坐在上座的位置,客人便坐在其左手边,在座位和站位上均是以左为上。当赵家需要摆宴席的时候,对于邵氏、李氏和胡氏的娘家人,需要按照邵氏、李氏和胡氏这种次序来为其摆放位置;若是赵家本姓亲戚,则按照赵兰新和赵兰之这边的辈分来排序;若仅是一般朋友之间在一起吃饭,便没有那么多规矩,朋友之间大多是平等的地位。

4.大事请示家长

未分家的时候,赵家的大事都会请示家长,尤其是家庭成员遇到比较重大的事情时,一般不会自己做决定。如赵兰新和家里的长工一起耕种的时候,关于耕种粮食的种类和地亩数都要请示赵兰之,赵兰之在做决定的时候也不会自己随意做,这关系到家庭成员比较重大的事情,尤其是粮食生产和买卖方面。赵家的请示一般都是口头上的商量,并没有正式的申请等之类的文书。家中在生活方面的事情均向邵氏请示,如为家人制作衣服、做饭、食物采购等方面的事情,邵氏一般都会安排李氏和胡氏去做,家庭成员都会服从。

(二)家庭禁忌

赵家在生产生活上的禁忌基本上都是根据当地长时间形成的传统习俗来定。在生活中,赵家忌讳的事情包括吃饭的时候不可以把米粒掉在桌子上或者是在碗里剩下米粒,原因就是"掉一粒饭,就是破一次财",米代表财产,掉饭和剩饭就代表漏财和破财,因此赵家的家长会告诫自家的小孩子不可以随便剩饭,其实根本上来说主要是让孩子节约粮食,不浪费。在生活上,赵家忌讳在床头摆放镜子,主要是镜子在风水上是针对直冲来的煞气,会把煞气反射出去,因此若床头对着镜子,人在睡觉的时候就会接收镜子反射的煞气,除了影响身体健康之外,还会影响家庭的后代以及财运。虽然看起来这些都是迷信,但是赵家人对这些禁忌还是比较在意,对待这些生活中的传统习俗,赵家人认为"信则有,不信则无",也只是心理上的作用罢了。

当地在婚姻上也有一些忌讳,如新媳妇在结婚的时候要"哭嫁",如果不哭嫁意味着女方对家里的老人不在意,结婚以后家里的老人容易生病,对身体不好。实际上,女性在结婚的时候都会不自主的哭,是由于对自家的不舍以及对要去一个完全陌生的家庭的恐惧。结婚后,新媳妇在当天晚上不可以踩男方的鞋子,若是踩上男方的鞋就意味着这一辈子都要把自己的男人踩在脚下欺负。因此,诸多结婚后的忌讳多为对女性的约束和对男性权利的保障。除此之外,对于新媳妇还有一些诸如过年过节不能住在娘家、结婚三天必须回门等的习俗规定。

五、奖励惩罚

在赵家,对于家庭成员的奖励和惩罚一般都是由家长来做决定。赵泽广在世的时候,对于自己的儿孙要求比较严格,无论是在生活上还是在生产上,赵兰之都要求自家的孩子不能懒惰,否则肯定要受穷。赵兰之担任家长的时候,由于有兄嫂在,因此对于后代的奖励和惩罚多是由孩子的父母来进行,如赵兰新和邵氏对赵大章进行奖励和惩罚,赵大章因别人说自己闲话而与别人发生冲突时,赵兰新便因此批评赵大章,教育其要心胸宽广一些,并且不能随便与外人动手,否则最后吃亏的肯定是两个人。在家庭成员表现较好的时候,赵家也会对家人进行奖励,如胡氏在嫁进赵家以后,一直都比较勤奋、能干,眼里有活,因此在其结婚的第一年过年的时候,邵氏决定给其多做一身衣服以作奖励。

六、村庄公共事务

(一)参与主体

1.会议

1949年以前,赵家所在的村庄组织会务次数较少,组织会务的主要事务是村内关于征收粮食、村庄庄长的更换等公共事务。在这些会议中,主要的组织者是村里的庄长和两个账先[①],赵家参加村庄会议的人员主要是赵兰之,赵兰之没有时间的时候会安排赵兰新去参加,但是赵家的女性没有参与过。家里人去参加村庄会议的时候,可以向村内的管理者提出自家的一些建议,赵兰之有时便会向村里提建议,如在召开关于征收公粮事务的时候,赵兰之提议由村内一些家里条件较好的人家为村内的几户孤寡老人来缴纳,赵兰之的建议得到村里人的尊重,因此赵兰之便提出自家可以帮助两户老人纳税,村里人都对其表示赞赏。

2.修桥修路

村里在修桥修路的时候一般都会先召集村民一起开会讨论决定,而不是直接找家里的青年人去干活,规定由每一户出一个年轻人去参加,如果家里没有年轻劳动力便可以不去,一般年龄在60岁以上的不用去参加修桥修路的工程。村里只征过一次劳力,是参加当地挖河的劳动,赵家是由赵兰之去干活,因为家里的雇工也要作为自家的代表去参加。挖河工程

_____

① 账先:即会计。

没有让女性参加,但是女性要为劳力做饭,做饭的时候是由几户人家一组,轮流为劳力做饭,并且派人送到干活的地方。

3.治理灾害与维护治安

1949年以前,当地曾经发生过较为严重的旱灾,导致较大的人口变化。农村主要是种植业,依靠自然降水为生,在"靠天吃饭"的时候,如果没有足够的雨水,庄稼收成甚微甚至是没有收成,因此出现大片的饥饿人群。王顺庭村有很多人家逃往去东北,相比较山东,河南的旱灾更为严重。村内没有集体救济,国家也没有救济。因此依靠自家人抵御灾害的力量比较弱小,出现很多饿死的情况。赵家所在的村庄并没有集体救济,大多依靠农民自身渡过劫难。赵兰新和赵兰之在面对旱灾时,除了依靠自家原有的积蓄外,更主要的是全家人齐心协力,家里的成年男性会走很远去外地甚至与东北搭界的地方劳动,然后带一些吃的回来给家里的女性和孩子吃。

(二)筹劳

村内出现筹劳的情况就是在挖河的时候,是一条比较小的河流,后来并没有用上。挖河的时候每一户人家都要出劳力,如果有谁家不愿意去,可以出钱让一些家里人口较多但是条件不好的人家代替,赵家是赵兰之去参加的村庄筹劳活动。村庄需要找人干活的时候,一般都是先找家长开会通知,然后由家长安排自家人去干活。除了挖河以外,村里其他方面没有大规模的筹劳,修建庙宇以及挖井等都是小范围内的村民共同筹资筹劳完成。

七、国家事务

(一)纳税

赵家在缴纳税收的时候以家户为单位进行,按照土地数量进行纳税。每一年缴纳的税收都不是固定的数量,但是基本上每一年都在递增。缴纳税收的时间在每年小麦收获以后,基本上是在五六月份的时候,因为若不在收麦子后缴纳,很多人家过一段时间以后便没有了余粮。收完麦子以后,都要先满足税收缴纳,之后剩余的才是自家食用。当地缴纳的税收都是粮食,没有交过钱,农民基本上都没有钱,只是依靠土地粮食供给家人的生活。每年缴纳税收的时候都是庄长先在村里开会,通知每一户人家,不一定是家长,能够代表即可,赵家一般都是由赵兰新和家里的长工用平板车拉着粮食交到村里集中收税的地方,赵家基本上都能够按时缴纳,没有拖延过。

(二)摊派劳役

1949年前,赵家所在的村庄内部曾经有过摊派劳役的事情,曾经派赵兰新参加过劳役,主要是按照家户内部的人口要求,依据的是"三丁抽一,五丁抽二"的政策,即家里若有三个男性成年劳动力,则必须派出一个去干活,如果有五个及以上男性成年劳动力,必须出两个参加劳役,赵家有三个男性劳动力,只需要派一个去参加就可以,如果家里没有青壮年劳动力便不需要出劳役。村里摊派劳役的时候,赵兰之也让兄长赵兰新去参加,主要是村内挖河修路的工程,有青壮年的人家出劳力,没有劳力的人家则需要给干活的人做饭,因此在一定程度上来说还是比较公平,村内人对此决策也比较认同。

调查小记

  进行调查的第一天，通过亲戚我找到了邻村的老人。赵培忠爷爷已经82岁了，身体依然非常健康，在我第一次见到他时，他就对我非常热情，老人和老伴两个人住，住的房子虽然不是很好，但是能感觉到老两口彼此互相照顾、互相陪伴的温暖和情谊。赵培忠爷爷的几个孩子均已成家立业，并且不与他住在一起，但是会隔三差五地来看望两位老人，在说起自己孩子的时候老人脸上更多的是骄傲和幸福。老人一共有两个儿子和三个女儿，老人说自己的大儿子在家务农，但平时也会出去打工，老二主要是在外面跑物流开大车，自己的三个女儿也已经出嫁，但都在附近比较近的村庄生活，隔三差五几个孩子都会回家来看望二老。同老人访谈的时候，老人表示他对现在的生活很知足，因为在老人小的时候过过苦日子，所以现在的生活相比以前来说已经好了不知超越多少倍了。

  对老人进行家户制度的访谈，首先了解了老人的家户成员情况，老人在小的时候，家里人口比较多，老人一家与其叔叔婶婶住在一个院子里，一家人相处比较和睦，老人回忆的时候表示以前的生活比较困难，一家人在一起满足自家的吃喝是最重要的事情。老人家当时家庭条件在村里相对来说还是很不错的，划分成分的时候老人家里是富农，因为家里土地比较多，所以老人当时生活得也不错。在进行访谈的时候老两口都能够回忆起以前的生活是什么样子的，赵培忠爷爷的老伴也能够补充一些，因此访谈比较顺利。通过对赵培忠爷爷进行的家户制度访谈，我了解了该村庄在新中国成立前的生活状态是什么样子的，在村庄富农人家的角度了解了农民在新中国成立前是如何生活的。

第九篇

内立外联:望门中户的存续与治理
——皖南钱村钱氏家户调查

报告撰写:芮秀妹[*]
受访对象:钱昌桃

＊芮秀妹(1991—),女,安徽宣城人,华中师范大学中国农村研究院 2016 级硕士研究生。

导　语

　　安徽省芜湖市芜湖县定丰钱村位于长江中下游平原,定丰是一个圩区,钱村便坐落于圩中。钱村外毗邻长江支流青弋江,是个有二三百户人家的大村庄,全村人口多达千人,村庄各家户人口数量不一,存在大户、中户、小户的分别,其中百分之七八十的人家都是钱姓,钱氏家族兴旺发达。钱村共有良田万亩,十分富裕的人家有十八户,其中的两户富裕人家更是坐拥良田千亩,富比陶辛,村庄发达程度较高。

　　钱氏[①],祖籍乃浙江钱霸圩,元初迁至宣州,择定丰圩为居,历经十代有余,家族自文保公之始盛,钱氏从大户发展至望族。定丰圩一支为钱氏文保公后代中的第三房廷杨公之后[②],在钱家未分家时,人口最多达到三十多人,家中田地有四万多平方米,因劳动力富足,家庭经济一直维持在中等水平。分家之后钱家从大家庭分为小家庭,到1949年钱家人口逐渐增加到十三人,钱宗诰病逝,独子钱宏耀继任为当家人,最终的十三口之家为选定家户调查对象。

　　钱家居住在钱村的中心位置,整体的经济状况在村庄中属于中等,在人口规模上属于大户人家。钱家13口人、四代同堂共同生活,钱宏耀作为当家人统筹安排家庭生产,家中自有土地[③]2.2万平方米,另外常年租种祠堂的0.5万平方米田地,家中参与田间生产的男性劳动力仅有钱宏耀的两个儿子,并雇请一位大师傅[④]与放牛娃专门指导并协助两个儿子经营农田生产,农忙时会额外请短工,家中田地的收入是家中的主要经济来源。钱家的经济收入和家庭生产生活支出均由当家人决定和支配,钱家在家庭食物、衣物、人情、教育、信仰等方面的消费能力均较高;钱家对外的经济交往如借贷、交换等较少。钱家家庭成员的家户一体意识明确,在家庭的婚配、生育、分家和继承、过继与抱养、家户赡养、内部交往及外部交往等家庭行为与活动中都凸显了中等经济家庭的独有优势、中庸的家风传统及其他家庭成员对家庭的高度归属。钱宏耀于内通过家规家训团结和规制家庭成员,对外代表家庭参与宗族和村庄的活动,建立起较高的威信和和睦的社会关系,努力通过家庭内部的自立自强和外部的良好社会关系网络建立的保护来保证家庭的发展。钱家一直勤恳耕种,本分持家,所以整体上表现为自立的中户家庭。

---

　　① 据《芜湖县钱氏宗谱》记载,钱氏是从浙江钱霸圩,即今钱塘江迁徙来到芜湖钱村。

　　② 据《芜湖县钱氏宗谱》记载,钱氏文保公为迁徙来此地的一始祖,文保公之后有廷楠、廷榆、廷杨三大支,受访钱家为廷杨公之后。

　　③ 自有土地:钱家在新中国成立之前,勤劳耕种并努力扩大生产规模,购买过别人家的5亩好田,自家土地也达到了最多的时候,38亩自有土地加上7亩租种的祠堂田总共是45亩土地,后没过几年钱家家长病重,于是家中卖掉了原本买来的5亩土地用于治病和维持生活,到1949年左右家中自有土地变为33亩。

　　④ 大师傅:当地称雇请的富有耕种技术并主要负责耕种的长工为大师傅。

第一章 家户的由来与特性

钱氏始祖于浙江兴旺发达,世称吴越世家。文保公元初因梦弃浙徙宣,寻得佳地宣州宛陵,于此成家立业,成就宛陵盛族。文保公生有三子,钱氏一支为廷杨公一房之后,六余代兴盛,历经多次分家,加甚家族的衰败,于由盛转衰之时徙至金宝圩,多灾之地生存不易,家族分散发展之初,再徙至定丰钱村,勤劳治家。到1949年以前,钱家繁衍13口人,四代同堂。钱家居住在钱村的中心位置,在人口上算是大户人家,在经济上算是中等人家。钱宏耀是钱家的当家人,钱家的生产生活都由他一人协调和管理。钱家凭借以耕种为本的家庭内部自立发展,加上钱宏耀在外任公职广交际的家庭外部联系与保护,最终发展成为一个人口规模大、生活逐渐改善的中户家庭。

一、家户迁徙与定居

(一)祖居浙江成就吴越世家

钱村的大部分人家都是在元明时期从浙江钱霸圩迁徙到宣州宛陵,当时钱塘江钱氏人家有上百户。钱氏的家户历史可以追溯到吴越时期,根据家谱记载,钱氏在钱霸圩十分有名气,世称吴越世家。家谱记载:"钱氏系出自钱镠年遇难稽至吴越王保有浙江十四州,其族始大,钱氏源流系颛帝之后,曾孙陆终氏生彭祖,子孙因以字为氏,衍其氏族起于秦汉盛于唐宋兴于元明,官场兴家风正可谓吴越世家。"浙江是一个可以安居乐业的好地方,钱氏依水而居,在钱霸圩繁衍八代有余,钱氏因官运亨通在钱霸圩成为名门望族,家中先祖更是身居高位,钱氏自吴越王保浙江十四州开始扩大,八代文风兴长,家族也日益兴旺,历代官场得意,恩隆绩著,故称吴越世家。

钱家人并不是很了解自己家族的这些事,只知道自己的祖上在浙江钱塘江一带声名显赫,也仅仅是听家中的老人提起过这些事情,目的是让家中的后代可以知道自己的根源在哪里。而关于吴越世家的讲法,村里人刚开始并不是很清楚,只记得村里有个传统习俗是从祖上一代一代传下来的,那就是跑龙灯,而每代人的龙灯上都有"吴越世家"四个大字,没有人在意也没人知道,直到30年前家族里组织修家谱,老谱在"文化大革命"期间"破四旧"的时候几乎全部被毁,幸有一人到附近的村庄做上门女婿,他誓死保存家谱才得以将家族历史保留下来,族人才知道自己的家族历史,才明白吴越世家的真实含义,对外那是一段辉煌的历史,而对内却是一段永存的温情记忆。

(二)梦迁宣州发展为宛陵盛族

钱氏一族远居浙江,元初弃钱塘迁徙到宣城宛陵。家中的先祖是逃荒来到钱村,这里地多人少并且有水河,适合发展,便在此地安顿下来,钱家在村里繁衍已有六七代,有内三房、外三房,门支庞杂、人口众多。关于钱氏为何弃钱塘来宣城宛陵,家谱中的描述甚是简单,即"梦迁宣邑"[①],钱家都不知道具体是什么梦,但是代代相传的说法是佳梦中提示钱氏会在宛陵之地兴旺,古人多信风水命数,也正是有这一次迁徙,钱氏文保公乔迁钱霸圩卜居定丰圩乃鼎建之伊始,后三房为三祖世居定丰圩。最开始迁来宣城的祖先是若水公为枢密使政事缪公九世孙,在宋度宗咸淳年间遭时弗靖迁宣生子藻公登进士,藻公生子凤公富比陶朱,凤公之子百顷公举乡试任督同,百顷之子可互公又举乡试,族人世代为官,家中为官者昌明,为商者富硕,氏族逐渐发展壮大,成为宛陵盛族。定丰钱氏成为宣城的望族,世泽绵延,代生贤哲颇多仁人。

(三)十代共生繁衍至四世同堂

钱氏自文保公迁居宣邑宛陵,大多是分居在金保圩,金保圩四面环圩埂,外围便是长江支流水阳江。钱氏为官,在金保圩的田产、房产都很大,但是由于身处圩区会经常遭遇旱涝灾害,严重的年份生活也会出现一些困难,加上官运的逐渐消颓,钱氏便另卜良地,其中廷杨公之后大部分迁徙到定丰圩,钱宏耀的前几代长辈皆是因家道中落逃荒来到定丰钱村。定丰圩虽外靠长江支流青弋江,但整体地势相对较高,所以洪涝灾害相对金保圩较少一些,加上定丰钱村人口少、土地多,并且有水河利于发展便迁徙至此。落户是很简单的事情,不需要经过大财主、保长这些人的同意。当地的人口流动性很强,因此行政规划并不清晰,对于逃荒者也没有约束。

迁徙落户无须经过当地乡绅仕贵的同意,落户流程简单,但落户后寻得在新居住地的稳定与发展往往比较困难。钱氏先祖来到钱村以后,利用之前的家族积累在钱村开起油坊,油坊的规模达到几十间房屋。经商一向不是钱氏家族的主道,不到3年时间油坊便经营不下去了,但是钱氏也有了钱财的积累,在落户、发展期间有规划地购置了土地田产,在经商失败后便转向耕种。其间,祖籍地人口也日益迁徙过来,家庭规模越来越大。钱家在定丰钱村的发展也经历七代的时间,加上迁徙前的三代,就是历经十代的发展,都是为了共生的目标。

在钱宏耀的祖爷时期,定丰圩也出现洪涝,在水利设施几乎全无的时代种田完全靠天收,所以人们都想通过增加田土数量来增加收入。定丰圩圩内的田地已经基本被人占完,只能到与隔壁保太圩共有的外滩圈地,将外滩的滩地用泥巴做埂围起来,把外滩变为内滩,这样就多置办一些土地,这被叫作"冲保太滩"。这个工作是钱氏家族中继字辈和宗字辈之间的一位名叫钱宗谛的太公带头组织大家开始做的,并且和乡绅一起有序地组织,为全村谋取了福利。这样钱氏在定丰便安定下来,家庭也日益兴旺。目前钱宏耀家在定丰钱村已经延续有六七代人,现在有三大支,又下分为内三房、外三房,门支庞杂、人口众多,直到1949年前,钱宏耀家共有十三口人一起生活,四世同堂。

---

① "梦迁宣邑":《芜湖县钱氏家谱》关于钱氏为何弃钱塘来宣的记载谈道:"钱氏出系吴越王保有十四州,其族始大,抬宋枢密使经若水者过宛陵得佳梦遂迁居于化城圩之西井湾今更名今保圩,此宣城之钱氏由来也,其后有让风者徙居钱圩壩历十世,孙文保公元初弃钱圩壩迁居定丰圩至文保五世孙有让孜者生三子长廷楠次廷榆次廷杨为钱氏三大分支嫡祖,由凤以上而推则以迁居宣邑之若水为始祖,由文保以上而推则以迁钱圩壩之凤为始祖,由孜之三大分以上而推则当以迁定丰圩之文保为始祖一脉,徙来宣邑见其山水之明秀,风俗之淳茂,而钱氏一族更能礼文之相纠,食之相洽有无之相通庶几,长保其室家,皇帝赐进士出身,勒授文林郎知宣城县"。

(四)从合到分家族由盛转衰

钱家是宛陵盛族,在宣城的发展鼎盛之至,但是门支众多,历经多次分家,大家族变成小家户。加上钱氏迁徙后并没有像祖上在官场中的亨通,家庭人口众多的压力使得大家庭开始出现分裂。钱家由大家庭变为小家庭,是因为钱宏耀的太祖前后娶妻3个,共育有4个儿子,但是同父异母的情况使得家中的兄弟、婆媳与妯娌关系复杂,大家庭矛盾重重,难以为继,所以分家各自生活。

从大家族的历史来看,相比钱氏家族祖上的"吴越世家"和"宛陵盛族"的盛状,从仕途为官之道到油坊经商之道,实为一种由盛转衰;从重文风求仕途到重耕种求安稳,也是一种由盛转衰;从家族大势力重联系到家户小角色轻往来,亦是一种由盛转衰的表现。从小家户的发展来看,钱宏耀的父亲钱宗诰英年早逝,从奶奶当家到父亲当家时期,家中的发展较小,再到其子辈成家以后的日渐衰败,此段时间家中时运不济,诸事不顺,种田收不到粮食,家中养猪养牛都会得病死掉,家中的牲口也养不起来,最严重的时候赶上钱宏耀生病,家庭的发展日渐衰微。

二、家户基本情况

(一)十三口人共同生活

1949年以前,钱家总人口是十三人,四代同堂,祖辈是一位老人,即钱宏耀的母亲,第二代有钱宏耀及妻子两个人,儿辈为五儿一女,1949年以前只有老大和老二结婚,第四代人只有长子的一个女儿和一个儿子。钱家13口人在一起生活,包括居住和吃饭都在一起,人口在村中虽算是大户,但是对于家庭生活能力来说只是适中。钱宏耀的母亲和妻子皆为陶辛人,距离钱村只有四五千米,大儿媳来自十联圩朱墩,二儿媳来自街口,婚嫁都是以附近的地方为多,钱村在1949年以前富硕之名名声在外,邻村的家庭都愿意把女儿嫁入钱村。

表9-1 1949年以前钱家家庭基本情况表

家庭基本情况	数据
家庭人口数	13
劳动力数	3
男性劳动力数	3
家庭际代数	4
家内夫妻数	3
老人数量	1
儿童数量	2
其他非亲属人员数	3

(二)家中以青年为主

在这个人口适中的家户中,有一位老年妇人、一对中年夫妻、两对青年夫妻,还有四个青少年、两个孩子,总共是四代人,这个大家庭以青年人居多。自古家长对孩子有管教之责,中年夫妻要管教四个青年人,青年夫妻要管教两个小孩子,但是全家都是在家长钱宏耀的主持下运行,家中的一切皆由家长做主。因为几个小家庭都有自己要照顾的对象,家中老弱皆存,也会面临生活压力,所以家中并没有从外面再收养过孩子。

家中地多,劳动力相对较少,但是总体上家中条件尚可,所以家中有请长工,包括一个专职管理田间生产的大师傅,一个专职放牛的放牛娃,还有一个专职做饭洗衣的厨娘。农忙的时候家中还会请上几个短工,以协调农业生产。家中虽老弱皆存,但以青年为主的家户结构使得家庭更加的和谐稳定。

表 9-2　1949 年钱家家庭成员情况表

序号	家庭关系	姓名	性别	出生年份	当时年龄	婚姻状况	健康状况	参与社会组织情况	备注
1	母亲	陶氏	女	1883	66	守寡	健康	无	娘家陶辛
2	家长	钱宏耀	男	1904	45	已婚	较差	圩会会长、祠堂叔长	当家人
3	妻子	陶氏	女	1906	43	已婚	健康	无	娘家陶辛
4	儿子	钱昌柳	男	1925	24	已婚	健康	大刀会①	21 岁结婚
5	儿媳	陈华英	女	1923	26	已婚	健康	无	娘家十联圩朱墩
6	儿子	钱昌桃	男	1927	22	已婚	健康	无	受访者
7	儿媳	庄冬英	女	1927	22	已婚	健康	无	娘家街口
8	儿子	钱昌槐	男	1932	17	未婚	健康	无	1951 年娶妻
9	儿子	钱昌桂	男	1935	14	未婚	健康	无	—
10	女儿	钱昌梅	女	1937	12	未婚	健康	无	—
11	儿子	钱昌椿	男	1940	9	未婚	健康	无	—
12	孙女	钱万芳	女	1946	3	未婚	健康	无	长孙女
13	孙子	钱万兴	男	1948	1	未婚	健康	无	长孙

注:传统时期女性的名字大家很少知道,所以母亲和妻子的名字不详。

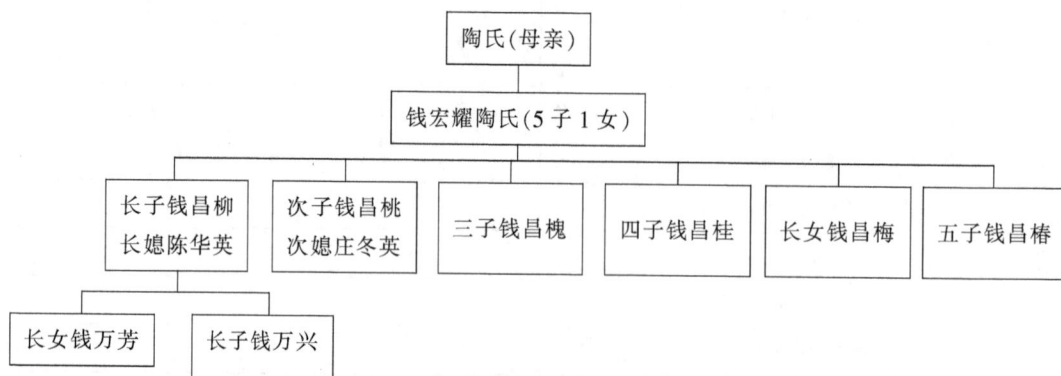

图 9-1　1949 年以前钱家的家户结构图

---

① 大刀会:在抗日战争期间在钱村兴起,宣称可以被神灵护卫,身扛大刀,号称"小铁人"刀枪不入,以可以身抵枪弹打败日本兵为由组织起来。国民党统治下,钱村的隔壁村组织了大刀会,钱村也接到上级任务要兴办大刀会,每家每户需要出一人参加。在当地被大家视为邪教组织。

(三)居住村中心半八间

1949年以前,定丰圩圩埂之内独钱村大,钱家的房屋大体位于村庄的东头,算是居住在东头的中心地段。钱家房屋所处的位置算是比较好,房屋地势相对圩区内地势较高,房屋前方靠近田地和河流,并且通往田间的大路就在房屋的前院处,房屋的后门一打开便是钱村的青石板古栈道,是村里的主要干道。钱家的房屋坐落在村东边,坐北朝东南,周边水路、陆路交通便捷,在地域空间上具有一定的优势。钱家房屋与别人家的房屋以水滴为界,东边邻居是财主家,前方则是贫困小户、财主家皆有,西边是财主家,后面是一户小户人家。

当地建筑中多八间的构造,八间就是前三后三,中间有个天井①,旁边两个包厢。八间的标准高度是一丈三,宽度则要满足办酒席时可以放"三进",其中四桌为"一进"。钱家房屋的布局主体是八大间的一半,后期在周边添置新房,房屋整体坐北朝东南,门向十分讲究,主偏东南,不能偏也不能倚。房屋是典型的徽派建筑风格,白墙小灰瓦,主体的老八间是前三间、后三间,旁边各一间包厢,正好八间围作一个内院,还有外院,外院处设有大门,进门的第一个院子便是外院,再向内便是第一排房屋正三间,正中间设有堂屋,是家中待人接物的主要场所。再向内便是内院,穿过内院后面便又是三间。

钱宏耀的父亲钱宗诰排行老四,和三哥一起分得老八间,老大和老二与父母亲分得新八间②。分家时,老八间东边的一半就是钱宏耀一家居住的半八间,因为考虑到三房只有夫妻两人而无后代,所以在分家的时候对他们进行照顾,尽管钱宏耀家里人口要更多一些,但是也只分得老八间的一半。

钱家居住靠东边的半八间,房屋的分配有"后为主,东为大"的讲究。由于家中人口逐渐增多,分家后的屋产根本不够居住,所以钱家陆续在半八间周边新建了一些房屋,包括在东侧边做两小间厨房,在后三间的后面一排新增一排新三间,再后一排新建三小间草房,草房右侧方做一个厕所。居住安排也是按照长幼和需要等各方面作出,在半八间里面,前一排是家中二儿子钱昌桃和妻子的婚房,旁边与三哥家共有的一间是堂屋,靠东侧边一间包厢是家中奶奶居住,后三间靠东是长子的婚房,中间原本与三哥家共有,后因钱家房屋不够住便改造成两个房间,分别安排给三儿子和小儿子居住;后新修的三间房屋,从东往西分别是钱宏耀夫妻、四儿子以及幼女居住,再后面的三间小草屋从东至西分别为雇工居所、工具室、牲口屋。

钱家的房屋有正偏之分,已婚儿子都安排在东边的正屋。而房屋的功能也不一样,家中的堂屋专门接待客人,各自小家庭的房间为私人空间,草屋是帮工的居所及工具、牲口的存所,房屋因为是先后不同时间修建,所以结构上不是特别完整,但基本是按照"后为主,东为大"的原则修建和安排居住。家中房屋的地基、门向还有排水沟十分讲究风水,地基需要研究地势,地基稳通常被寓意为家中发展稳固,门向一般多为坐北朝南或东南。钱家的地基和门向设计的都很成功,但是家中的排水沟是设计比较失败的地方,钱家的内院并没有专门修建的排水系统,地下只有泥土造的排水沟,排水沟的管子一般都是朝向家中后门方向,以便将

---

① 天井:当地称被八间围起来的内院为天井,露天结构。

② 新八间:在钱家分家时候,因为新八间更大一些,所以钱宏耀的祖爷就带着未成年的女儿和大房二房搬出了老八间去了新八间,女儿只是居住并不占有。

雨水及时地排出家中,但是钱家请的风水大师说家中的水流出去对本家不好,肥水不能留入外人田,强调这样做易守财,于是钱家的排水管是朝本家大门前方,而家中地势前高后低,所以下雨时就容易出现排水沟中的水倒灌到家中的情况。

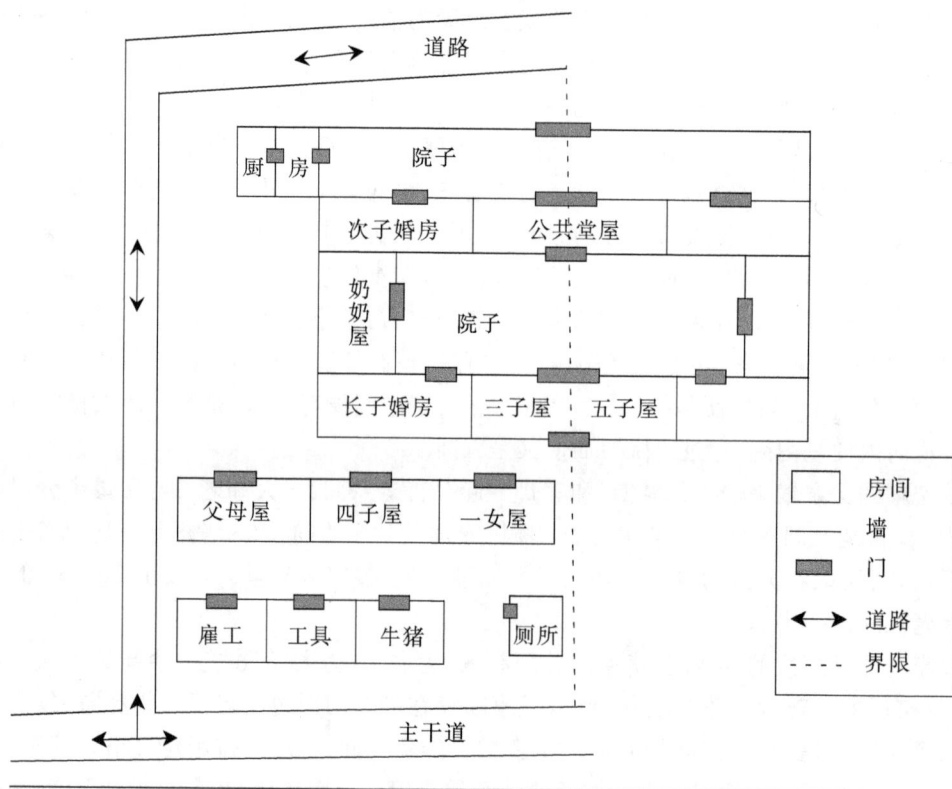

图9-2　1949年钱家老宅基地的居住分布图

(四)自耕维系生活有余

1949年以前,钱家土地仅有2.67万平方米,其中0.87万平方米田地是上一辈分家得到的田产,另外还有1.33万平方米田地是在继字辈和宗字辈之间的长辈"冲保太滩"时增加。宗喃这个长辈被省里司令看中,过继给他做干儿子,所以钱宗谪组织"冲保太滩"的事情便得到省里的支持,他代表定丰圩联合隔壁保太圩的人一起去省里批下这个项目,钱村的村民被钱宗谪发动起来,根据自身家庭情况出钱,隔壁保太圩也雇人来钱村,加之钱村所雇的八十人一起将外滩冲了圩埂。田地改好之后,便按照开始时出钱的多少将其分配到户,钱宏耀家因此分得1.33万平方米,这些田地相当于自家购买,至此钱家的自有田地就增加到2.67万平方米。

钱家的两个儿子主要从事田间劳动,十分勤劳,家中的农业生产也较为稳定,所以钱家为了更好地生活,一直都努力购入土地,有一段时间购入别人家的0.33万平方米田地,自有土地约2.53万平方米。另外家中还有0.53万平方米是租种公堂里的田,祠堂田由家族祠堂依据族人家庭情况收取租金,家庭经济状况差可免租。由于乡绅还有祠堂管理人员和家长钱宏耀关系要好,祠堂派人查看钱家家庭情况以便定田租的时候,祠堂管理人员只带着定租者去看了钱家后三间茅草屋,通过这层关系的保护,钱家这0.5万平方米田地最终被免去租金,所以这部分祠堂田一定意义上也算是自耕土地,于是钱家土地最多的时候达到 3 万平方米,但是钱宏耀病重的时候,为此又卖掉买来的 0.33 万平方米,最终家中土地剩下约 2.67 万平方米,包括自有土地 2.17 万平方米和租种的 0.5 万平方米祠堂田,其中定丰有 1.33 万平方米、保太有 1.34 万平方米,整体分布比较规整,耕作方便。

钱家十三口人一起生活,全家的生活来源主要是田间生产,家中劳动力只有三人,即钱宏耀、钱昌柳、钱昌桃,家中老三、老四、老五都还算不上劳动力,而钱宏耀在年纪上虽然可以算是劳动力,但是因为忙于家庭之外的公务,无法真正参与田间劳作。他在钱村担任圩会[①]圩长和祠堂叔长[②],村中的大部分事情都需要他参与处理,因在村里有权威、能说得上话,所以村里人都相信他,遇事都会找他帮忙解决。所以钱宏耀常年以叔堂和圩会的工作为主,既没有时间,也缺乏耕种经验,因而经常不能参与家中的田间生产,只好请来大师傅带领家中的两个儿子生产。

家中的田有水田、有旱地,保太的田地是旱地改的水田,在定丰的 1.33 万平方米大多也是在低坝里,有 0.5 万平方米的二类田[③],还有一些好田,好田可以种植三季豆麦、一季水稻、一季小麦和一季泥豆。但是好在家中生产农具都齐备,钱家有一辆大水车、两辆小水车、一副风车、一只水泥船,还有大小两头耕牛,加上家中没有懒汉,钱家劳动力通过勤劳耕种使得家中生活慢慢改善,但是家口多、压力大,以及孩子读书、儿子婚娶建房等事务的开展,使得家中并没有多少剩余用于增加田地生产。家中生活基本靠种田,钱宏耀在祠堂任叔长,一年 8 担[④]的补贴及在圩会任职获得的 20 担报酬仅能够支撑一部分家庭开支,每年的生活要根据当年的田间收成情况而定,遇到灾荒的时候生活比较困难,收成好的年份生活就会好过一些。

表 9-3　1949 年以前钱家家计状况表格

土地占有与经营情况	土地自有面积	2.2 万平方米		租入土地面积	0.47 万平方米
	土地耕作面积	2.67 万平方米		租出土地面积	0
生产资料情况	大型农具	大车 1 辆,小车 2 辆,风车 1 副,水泥船 1 只			
	牲畜情况	牛 2 头(1 头大牛、1 头小牛),猪 2 头			
雇工情况	雇工类型	长工		短工	其他
	雇工人数	3 名(1 名大师傅、1 名厨娘、1 名放牛娃)		1 名	

收入	农作物收入					其他收入	
	农作物名称	耕作面积	产量	单价	收入金额(折算)	收入来源	收入金额
	水稻	2.67 万平方米	16000 斤	不详		叔长工资	8 担稻谷/年
	小麦(油菜)	1.33 万平方米	6000 斤	不详		圩长工资	20 担稻谷/年
	泥豆	0.47 万平方米	840 斤			收入共计	
						—	

① 圩会:是 1949 年以前处于圩区的村庄中的专门管理水利灌溉防汛等的组织,在当地称为"圩上"。

② 叔长:钱村里是"五家连一保,十家为一叔"的规定,村庄也相应地有保甲长和叔长。

③ 二类田:依据田地的肥力、蓄水能力、地势等因素,田地按土地质量高低依次被划分成"一类田""二类田""三类田",在当地方言中又分别称为"好田""中等田""差田"。

④ 担:当时的数量计量单位,1 担换算为斤两是 100 斤。

	食物消费	衣服鞋帽	燃料	肥料	租金	
支出	0	10 担稻谷	0	0	0	
	赋税	雇工支出	医疗	其他	支出共计	
	0	不详	100 担稻谷		不详	
结余情况	结余 不详		资金借贷	借入金额		0
				借出金额		0

（五）内立外联寻求发展

1949 年以前,钱家是村庄中经济条件较为普通的家庭,但是因钱宏耀在村里任祠堂叔长与圩会会长,村邻和族人都很相信他,村里发生纠纷或者有纠正错误的事情都会请他到场见证或帮助处理。钱宏耀是富人不爱、穷人不欺,讲话有威信,别人都相信他,所以从这一方面来看,钱家在村中声望很高,家中与四邻关系和睦。也正是因为钱家家长对外有较高的交际能力和社会威望,使得钱家与一些地方乡绅、保甲长关系都比较好,所以在公堂田免租、壮丁税等各种税赋的减免上会得到一些特殊的照顾。钱家家长钱宏耀是一个善于统筹家庭内外的人,他掌管家中的一切大事,并掌握家中的财产权,但因在外任叔公和圩长,所以在家中的时间很少,大部分时间都是在外交际处理事物。

钱家内部的小家庭没有人担任过乡长、保甲长,但是家族里的一个长辈,人称三先生,他是乡里的委员,钱村的事情也都要通过他决定安排,他在任的时候便利用自身权利,委任自己的儿子担任保甲长干事一职。因为三先生和钱宏耀关系要好,所以三先生对钱家也十分照顾,在国民党抓壮丁的时候就帮助钱家免于中签,使钱家的两个成年儿子得以保全,不用被抓去做苦力。除了是乡委员,三先生家也是当地有名的乡绅和大财主,有权有势,钱家还受过三先生儿子的欺负,三先生家的田地和钱家田地在一块,他的儿子对钱家的二儿子钱昌桃说:"你种田种死了都不行,不像我当官有权利。"因为这件事情,钱宏耀感触较深,认为家人不仅要靠勤劳耕种,自己也要维持好跟乡亲、绅贵的关系,只有通过这种内立外联的方式才能维持钱家的发展。

（六）村庄中等水平老户

1.一人独揽当家权

1949 年以前,钱家有四代人,钱宏耀是一家之主,既是内当家,掌管着家庭的财政大权、决策权,也是外当家,负责赶集、与人交际等一切对外事务。也就是说,钱家的当家人只有钱宏耀一人,家长虽不参与家中田间生产和家中内务活动,但是这些活动的决策和掌控皆是家长一人主持,家中没有其他的当家人。

钱家当家人的权力向来是在钱宏耀手中,家长的威信使得家中的每位成员都服从安排并团结在家户中,但家中长子有过一段夺取当家权的努力,长子试图通过将田间收入的一部分攥在手中,然后去集市购买物品、安排家中生活来夺取内当家权,但最终钱宏耀以购买布匹等物品的费用太高、不会当家为由阻止了长子的夺权行为,即钱家的当家权有过波动,但最终没有变动。

2.家庭社会声望高

钱村是个大村,1949 年以前有二三百户,村庄内有大户、小户、中户的分别,钱村多是钱姓人家,村庄中有十八户很富裕的人家,较为富裕的家庭也占到全村的百分之四十多,基本都是村里的大户人家。一般人口多或者是家中有钱有势,抑或在当地经济水平较高、声望比较高的家庭,如良田千亩的士绅家就可以算作是大户人家;中户人家一般是指生活上只能够自顾自、自保自,土地数量在百亩以内,在村里有一定社会地位的人家,家庭人口也算比较多;而小户一般是指生活又穷苦、人丁又不兴旺的人家,在村里没有特殊的地位,较艰难地维持生活的人家。1949年以前,钱家总人口有十三人,从人口数量角度来看,在村庄中算是比较多的,并且家户结构以未成家的青少年为主,全部家庭成员生活在一起,可以称得上是大户;但在土地和经济上还是只能算是中户,因为人多地少,家中并没有十分富裕的经济来源,生活自保之上富裕未满。

家户大小对家庭在村中的交往和发展有所影响,若家中在人口上可以算作是大户,那么这家人也能靠着劳动力在村中立足,并且家中人口可以相互帮衬,并且一致对外的威慑保护作用也非常明显;若家中是因为田地或财产多而成为大户,不一定会带来社会地位的提高,有钱没钱只是家户生活上的区别,并不等同于较高的社会地位。钱家在土地和财产上只算是中等家户,从土地和财产上来说在村里没有特殊影响,钱村比钱家富裕的人家仍有不少,比如乡绅仕贵家,但是钱家家长对外的威信并不是来自钱家的人口与经济方面的影响,而是他的个人人格与广泛的社会交际。总的来说,钱家在村里还是处于中等水平,一是家庭人口比较多,二是家庭田产、房产都算中等水平,三是钱家家长善于公正地处理各类纠纷问题,这在别人眼中还是比较有威信和能力,所以钱家在整个村中比较有地位,谁家有纠纷或者借贷需要都会请钱宏耀作证,钱宏耀印有名帖[①],别人做事情需要担保人时,拿着钱家家长的名帖也可以办成,可见钱宏耀在钱村的影响力。

3.在村庄中发展源流长

钱家迁居到钱村已经很长时间,六七代前的长辈便逃荒迁居到钱村,从年份上看,钱家在钱村算是老户,钱家的发达同钱村的发展同步。由于钱村一直很富裕,所以很多外来人口想迁入,钱村是一个融合度很高的村庄,附近的人都渴望将女儿嫁入富裕的钱村,钱家在钱村中也是自立自强,不断通过耕种和对外建立良好的社会关系,以保证在村中立足发展。

---

① 名帖:又称名刺,即名片。旧时民间用一小方红纸书写姓名、职衔,用作拜谒通报的帖子。

第二章 家户经济制度

钱家总体为中等人家,钱宏耀作为当家人掌握家中的经济支配权和对外经济交往权,在家户资料产权所有、生产经营、消费分配、交换借贷等经济活动中均占主导地位。首先,在家户资料产权所有上,钱家人产权意识强烈,在家户的土地、房屋、生产资料及生活资料等方面的产权占有上有着统一的自家人共同占有、家长自决自主、全家人共同享用、共同担责、侵权全家维护的价值认知。其次,在生产经营上,家长统一安排、家庭成员分工明确、内立外联,生产生活有序。最后,在家户消费与家户分配上,以家户为单位,分配对象为所有成员,钱家的基本生活自给自足,家庭消费种类多、消费能力较高,家长统筹家庭衣食住行各方面的分配与消费。总体上来说,钱家较少发生借贷活动,而钱宏耀是家庭借贷活动的主导者,同时也是其他家庭借贷的担保人。钱家的家户交换活动均由钱宏耀对外代表,并决定经济交易的内容、方式和地点。

一、家户产权

(一)家户土地产权

1.租地变自有,家中多次地

1949 年以前,钱家的土地数量并不固定,同时种类也很多,有祖传土地、开荒土地、租入土地、买入土地等,土地最多的时候有 3 万平方米。钱家的土地中,祖传的土地有 0.87 万平方米,开荒的土地有 1.33 万平方米,租入土地有 0.5 万平方米,买入土地有 5 亩[1],即 0.33 万平方米。钱家的田地比较集中,其中祖传田、租入田和买入田都是在定丰本村范围内,另外 1.33 万平方米买入的田地在保太,真正属于家里的土地有 2.53 万平方米,钱家的土地前期都在增加,只有后期钱宏耀病重的那几年,家中衰败,卖掉 0.33 万平方米土地用于治病和维持生活,到 1949 年左右,家中剩下 2.2 万平方米自有土地。

钱村的田地集中分布在村庄的正前方,钱家的土地在本村的分布是东边多西边少,每块田的大小不一,最大的有 0.25 万平方米左右,最小的只有 0.03 万平方米。农田也因地势、土壤和水源等方面的差异被划为三个类别的田地:地势高、土壤储水、水源充足的田地就是好田;地势低洼、土壤不易储水、水源缺乏的田地是次田,条件介于两者之间的就是中等田。因为钱村包括田地的整体地势是西高东低,所以钱家在定丰的 1.33 万平方米土地中以次田居多,除 0.2 万平方米好田和 0.5 万平方米中等田以外,其他的都是低坝次田。钱家在保太的 1.33 万平方米土地是在外滩由旱地改的水田,所以储水性也不是很好,附近没有河道,但是地势高,总

---

[1] 1949 年以前钱家日益发展,将田间收入积余的一部分用于购买田产,购买了别人家的 5 亩好田地。

体也算是次田。所以总体来看,钱家的土地多次田,家中田地的质量不高是影响家中生产收益的重要原因,钱宏耀为解决这个问题,便请了有耕种经验的大师傅带领两个儿子耕种。

钱家田地的另一个特征就是假租佃。钱家的2.67万平方米田地中,有0.5平方米田是租种的钱家祠堂里的田,这些田原本租人的时候定好一亩田一担稻的租金,租期为5年。钱家的当家人是钱宏耀,他在村中任圩上圩长,在家族祠堂里任叔长,是一个受人敬重、在外能说得上话的人,跟村邻与村里有地位的人的关系都十分要好,每年到祠堂收租的时候,祠堂管理者会带领定租收租者去看钱家后排的三间茅草屋,说"你看钱家条件真的很差,只住着这三间茅草屋,生活过不下去,家中的一家老小人口也很多"。由此便根据钱家"家庭困难"的情况免去其租金,最后钱家的0.5万平方米土地便没有收租,一年一年过去,五年后这0.5万平方米土地还是在钱家,最后"租期"变成永久,钱家成为这部分公堂田的实际拥有者,即使表面上钱家还是"租"地,但是一直都不用交租金,跟家中自有土地一样也是自耕种、自收成。

定丰圩地势低洼,外毗邻长江支流青弋江,为防止青弋江水患,四周都有阻断江水的堤坝,钱村就在这圩堤之内,所以钱村属于低洼的圩区。加上钱村的气候是常年夏季多雨水,偶有干旱年,所以钱村经常会有洪涝灾害。自然的地势和雨水条件增加钱村农田的耕种难度,在耕种靠天收的年代,置于圩区的钱村多是"十年九不收",耕种条件恶劣。钱家的土地次地多,只能依靠本身数量多和用心耕种来维持生活。

2.土地多种来源,足够家户生产

(1)从祖辈继承

钱家的土地中仅有0.87万平方米为祖辈传下来的,钱宏耀的爷爷钱继祖前后娶妻三次,大老婆和小老婆各生育两个儿子,四个儿子成家后便衍生四个小家庭,老大、老二是一个母亲所生,但是母亲早逝,老三、老四是一个母亲所生,母亲和大家在一起生活,家中母子、兄弟、婆媳、妯娌之间的关系复杂并且不和谐,最后在1925年分家。分家的时候,除去养老田,家中的土地由四个兄弟平分,钱宏耀的父亲钱宗诰分得田地0.87万平方米,钱家最初的家庭就是靠着0.87万平方米土地维持生活,而这也是钱家最早的固有土地财产。

(2)开荒土地

钱家在保太的1.33万平方米算是开荒所得,但是也有花费,是长辈"冲保太滩"的时候增加的,是钱家本家一位叫钱宗诮的带头组织的开荒行动,他很有能耐,被省里司令看中,钱氏家族便将他过继给司令做干儿子,但钱宗诮也是一个有抱负、一心想为村庄家族办事情的人,他便从"冲保太滩"增加村民田地做起。所谓熟人好办事,介于他与省司令的这层关系,"冲保太滩"的事情得到省里的支持,省里批下这个项目,但是省里可以给到的资金支持很少,所以他便发动钱村的族人筹款来支持这个活动,他给族人许诺,事成之后会分田地给大家。此外,因为这个外滩旱地是在定丰圩和保太圩之间,一直都被默认为两方的公共土地,但基本是荒滩地不得利用,所以钱宗诮联合隔壁保太圩一起做这件事情,于是两个村各自筹钱雇人,一起将外滩冲了圩埂,其中钱村一起筹钱雇用80人来开荒。开荒成功以后钱宗诮也兑现承诺,按照出钱的比例将滩田分配给族人,钱宏耀家就是在这个时候又增加了1.33万平方米土地,也就相当于是自家购买,这样钱家的自有田地就增加到2.2万平方米。

（3）买卖土地

钱家的生活在家长的管理下日渐变好，在家庭发展的过程中，钱家努力生产，一直想着增加土地，购置土地成为其中一个方法。钱家在定丰靠西边有一块田地，其附近就是村中一户贫穷人家的祖地，这户人家因为男人滥赌，家中生活难以为继，最后只能靠卖地维持，钱家家长眼光长远，立即决定购买这块土地，于是花去三十担稻谷购买这 0.33 万平方米好田。但到了后面，钱家因为钱宏耀生病，几乎花去家中所有积蓄，所以在不得已的情况下又卖掉了这 0.33 万平方米土地，钱家的自有土地也就相应减少。

（4）租入土地

钱家因为家庭财力有限，无力购买更多的土地，但是家中人口日益增多，家中生活、建房、娶亲等方面的压力越来越大，所以钱家向公堂租种 0.5 万平方米的祠堂田，租金是每年 100 斤稻谷。但是因为钱家当家人钱宏耀和收租的人关系很好，每到祠堂收租的时候，和家长关系要好的那个人带着收租的人到钱家最后三间茅草屋查看情况，因为钱家"家庭困难"，成功劝说他们免去钱家的租金，最后钱家的 0.5 万平方米土地没有收租，但一直由钱家种植，年年如此，钱家成为这些公堂田的实际拥有者。

3.土地家户所有，资格限定产权

（1）家户土地，心中自有数

钱家家庭成员对自家土地有清晰的认识，认为家中从祖上继承、开荒所得的 2.2 万平方米皆属于自己家，家庭共同享有土地所有权；从公堂里租种的土地虽然并没有收租，但是真正意义上并不属于自家，所以这部分土地不能进行买卖，严格意义上来讲，土地所有权还是归钱家祠堂，并不是钱家自己所有。归家庭所拥有的土地中，没有属于个人的土地产权，这些土地虽然不是家中所有成员去耕种，主要是由雇用的大师傅带着钱家的长子和二儿子一起耕种，但是他们并没有认为土地是自己种就归自己，而是归全家人共有。钱家的土地除租入的 0.5 万平方米土地没有地契，其他都有地契，继承和开荒的地契上面写着钱家老家长钱宗诰的名字。家长虽有土地管理权，但是不能独自占有，如果家庭因经济困难需要变卖土地维持生活，只有家长可以支配这些土地，其他家庭成员可以提出一些意见。

（2）土地产权，资格有限定

土地归家庭共同所有，但并不是家庭中的每位成员都有土地所有权，而是有一定的资格限定和范围。钱家的土地是由家中的男性和嫁入的儿媳所共有。钱家在没有分家以前，家中土地是全家共有，田地的产出也归家庭成员共同消费，分家后，小家庭只拥有分家时分得的 0.87 万平方米土地的土地产权，不再享有分家之前其他土地的土地产权。在小家庭中，男性是放在首位享有土地产权的，家中嫁入的女性没有额外的土地产权，而是跟随丈夫，以组成的小家庭为单位享有土地产权。家中外嫁的女儿和未出嫁的女儿都没有土地所有权，未嫁的女儿只能在家中吃饭。另外，常住在家中的非血缘关系人员如长工大师傅、放牛娃、厨娘等，虽居住在家中但是是外人，不具有家庭土地所有权，他们需要通过劳动以换得在家中吃饭的权利。家中的土地虽然在所有权上有成员资格限制，但是田间的粮食收入是归家长管理和支配，用于全部家庭成员的生活消费。

（3）土地所有，家人有共识

钱家的家庭成员有家中土地属于家庭而不是个人的共识，没有分家就不能够按照土地所有资格分开耕种，更不用将土地分配到每个个人，否则集体耕种、共同生活的家庭意义就不复存在。在钱家看来，一家人不用算得那么清楚，只要家长管理和协调好生产，不论是谁耕种都会使家庭生活越来越好，即土地所有权不是目的，只是形式，家庭的最终目的是家庭成员的和谐生活。

4.土地有边，心中有界

钱村的土地集中分布，土地平整，每家每户的土地都相邻，为了避免土地纠纷，自古便设置了土地边界。村有村邻，地有地邻，地邻就是土地毗邻，两家人经常一起种田，久了就形成地邻关系，一般情况下地邻关系也有好有坏。自家的土地和地邻家的土地有边界，钱村普遍以田埂或者水沟为界，中间的界限土地归两家共有，在地契中一般都会标明土地的边界。这个边界只限于区别两家的土地，告诫彼此不能越过界限到地邻家的土地上耕种或者破坏，并且任意一方不能私自变更，一般相处较差的地邻关系都是因为土地边界的纠纷。钱家的地邻基本都是大财主，他们一般都给自家佃户耕种，钱家和地邻关系都挺好，只有一个佃户是租种的财主三先生家的田地，三先生的儿子想当乡政府的干事，有一次跟钱家二儿子钱昌桃发生争执的时候说："你家靠种田苦做苦累就是做到死也比不上我"，并且挑唆自己家的佃户跟钱昌桃发生矛盾，两家因为地界发生争执。自家的土地仅归自家，雇用的长工可以耕作使用，其他家庭的人不能享有土地的使用权，土地的界限就是防止出现侵犯别家土地的情况，土地的耕种只限于家户内部，土地的继承也只限于家户内部有土地继承权的成员。

钱家家庭成员对自家土地有强烈的心理认同，钱家二儿子就是因为三先生的儿子蓄意占界发生争执，这是他对于侵犯家庭共有土地的行为的争斗。家庭土地的经营权归家庭集体成员所有，对于何人耕种没有明确规定，只是土地的管理权在家长手中，但是因为钱家家长是种田的门外汉，所以钱家的劳动力分配是家长雇用大师傅带着两个儿子参与耕种，具体的劳动分工如谁干什么、种什么、施肥多少都是劳动力自己把握。钱家的土地产出归家户所有，田里的所有收入都是由家长在家庭内部分配，外人对于家庭土地的经营和收益都不能干涉。

5.家长直接管理，实际支配土地

（1）家长完整的支配权

1925年钱家未分家以前，家中的家长是钱宏耀年老的爷爷，他是大家庭的大家长，虽然他已年老不能参与田间劳作，但是家中土地的管理权、土地耕种的劳动力分配权以及土地收益分配权都是爷爷一人说了算，家中所有成员都需要听从爷爷的安排，家长是土地的实际支配者。

分家以后。在钱家从大家庭分为小家庭后，家中的家长先是钱宏耀的父亲钱宗诰，他掌管着家中土地的管理和分配，家中祖传下来的0.87万平方米土地及在保太开荒的1.33万平方米田的地契上也是写的钱宗诰的名字，后来钱宗诰去世，钱家的家长由唯一的儿子[①]钱宏耀继承，钱宏耀成为家中土地的实际支配者，家中购买0.33万平方米土地的时候就写上了新家长钱宏耀的名字，只有家长才有土地的买卖、租佃、置换、典当等权利。

（2）土地买卖，家长主导

钱家在分家以后，土地的数量一直在增加。起初钱宏耀的父亲钱宗诰做家长的时候，是

---

① 钱宗诰生育有两个儿子，钱宏炳和钱宏耀，钱宏炳乘船跌落水中淹死，其妻后也改嫁，钱宗诰只剩钱宏耀一个儿子。

他决定出钱参加堂兄弟钱宗谪为首的"冲保太滩"的活动,最后家中分到1.33万平方米田地,相当于自家花钱开荒,在分配的时候,地契上写的便是钱家家长钱宗诰的名字,他代表家庭对土地享有土地所有权。日后钱宏耀做家长的时候,他为改善家中生活,扩大家中生产规模,便又购入0.33万平方米土地,地契上由钱宏耀代表家庭签名。在这些土地买卖的活动中,都是家长做主,不用同家庭成员商量,也不用通知保甲长和族长,外人更是无权干涉。

（3）土地租佃,家长自决

钱家的土地中有租佃的情况,租多少、租期多少、租佃谁家的土地都是家长做主,一般家长会根据家中的自有土地情况、劳动力情况、经济情况等综合考虑是否通过租佃来扩大生产。如果其他家庭成员也有想租种土地的想法,一般情况下也可以跟家长请示,但是最终是否租种别人的土地还是由家长决定。钱家人口日益增多,家中的费用也越来越大,所以家长钱宏耀就决定租入土地,家庭成员并没有发表意见。

钱家一直在勤恳种田,没有过土地典当和土地置换的情况,家中的土地还算比较集中,一片的土地在一块,耕种起来比较方便,因此就没有与人置换。钱家的经济在村中属于中等水平,并且土地是家中生活的主要来源,所以也没有进行过土地的典当。

6.其他家庭成员配合管理,不参与土地支配

（1）其他家庭成员不完整的所有权

土地的买卖、租佃、置换和典当等活动均由家长钱宏耀实际支配,其他家庭成员也会参与在这些活动中,偶尔会就土地的管理、劳动力分配等问题发表自己的意见,但是钱宏耀在家中比较有威严,较少会接受其他家庭成员的意见,其他家庭成员也不敢过多干涉,钱家家庭成员一直信服家长当家分配的合理性,服从他的决定和安排。家中的女性成员不参与土地所有权的管理与支配活动,家中的男性虽有土地所有权,但是其权利实现形式不是参与土地支配讨论,而是参与土地劳动,钱家两个儿子负责田间耕种,但不干涉父亲管理支配田间的重大生产决定和收入管理。

（2）土地买卖,听从安排

钱家的土地买卖活动除由家长钱宏耀实际支配外,便是两个儿子参与耕种、全体家庭成员参与土地收入分配的形式。在钱家0.33万平方米土地的购入与卖出、1.33万平方米"冲保太滩"田的购入上都是当家人做主,其他家庭成员对家中土地的买卖不发挥主要作用,除了儿子偶尔发表一些意见,其他家庭成员尤其是家中的老人、妇女及小孩都没有意见,甚至在购买的时候也不知情,钱家分家后的两次土地购买都是钱宏耀自己决定,并没有同家中的其他家庭成员商量讨论。

（3）土地租佃,无权干涉

钱家在土地活动中的突出特点是假租佃,钱家租种祠堂0.5万平方米田地,首先是家长钱宏耀依据家庭人口增长和发展需要决定,最后被免租成为自有土地,也是钱宏耀平日注重与乡绅关系的维系促成。其他家庭成员在家庭土地租佃的活动中,既没有权利决定家庭是否需要租佃、向谁租佃以及租佃数量等内容,也不参与实际的租佃活动中租金的交付、租佃的续租等活动,只有家中的两个儿子会实际负责耕种租佃来的0.5万平方米田地,其他家庭成员不会发表意见,都是做好自己的工作,享受租佃土地带来的家庭收益,在钱宏耀的权威下也不会肆意干涉。

7.地主强占据理力争

钱家的土地出现过被外人侵占的现象,是属于边界侵占的类型。钱家的土地中有好几块田地都是和财主三先生家的土地搭界,虽然三先生和钱家家长的关系很要好,但是地邻关系不一定和家户之间的关系一致,因为地邻之间的交流可能只是家户中的劳动力而不是家长。一次村里下大雨,三先生的儿子将与钱家土地分界的田埂挖掉大部分,并且将自家田中的水放到钱家的田中,这一行为被钱家二儿子钱昌桃发现,两者便引发矛盾,三先生家的儿子强词夺理,坚持自己正确,最后还用藐视的语气辱骂钱昌桃:"你这么苦做苦累的就是做到死也赶不上自己",所以钱昌桃便和他起争吵,之后三先生家的儿子就挑唆租种家中田地的佃户来打钱昌桃。最后三先生家的儿子还恶人先告状,三先生找到钱家家长寻求处理,钱宏耀就叫上钱昌桃一起去对质评理,去之前钱昌桃就被钱宏耀责骂过,钱昌桃只能鼓起勇气讲述事情的经过,最后家长还是先教育他:"即使是别人不对先动手,也不应该跟别人争吵打闹,要以理服人",之后又肯定了他保护家庭土地所有权的行为。最后事情妥善解决,三先生和佃户都跟钱家家长道歉,钱家的土地所有权也受到了保护。

8.外界多方对家户土地产权的认可与保护

(1)其他村民的认可与保护

在一个村庄中,其他村民对钱家的土地数量、分布情况和好次情况基本都清楚,也很明确这些土地归钱家所有,不会轻易去侵占。钱村大部分村民都是钱姓本家,所以大家平时的关系都很和睦,有生产需要的时候会互相帮忙合作,彼此尊重各自家庭的土地收益,没有蓄意破坏别人收成的情况发生。除去互相帮忙的时候,也有相互进行土地买卖、置换、租佃等活动,这些活动中首先需要家长同意并统一安排,涉及土地产权的活动,其他村民也会认可,钱家起初买入0.33万平方米田地,最后又因钱宏耀病重卖掉这部分土地,村民认为这些活动是钱家的家务事,不会侵犯也不会随意干涉。

(2)家族的认可与保护

钱氏家族承认族员家中土地所有、耕作、收益的权利,钱家租种祠堂中的0.5万平方米田地因关系免租,祠堂中也认可。加上钱氏祠堂的掌事人都是本村的本家人,一般都知道钱家的自有土地的情况,家族成员如果要交换、出租钱家的土地,也是需要同其当家人钱宏耀商量才可以开展,家族中的人不会干涉反对,同时家族里也会对钱家的土地所有权有一定的保护,其他族姓的人不敢侵占。

(3)村庄的认可与保护

村庄层面也会承认村民对家庭所拥有的土地的所有产权,包括自有、租佃和购买的土地,再者村里的保甲长对各家土地的数量、位置都有记录,他们会对登记的土地实施保护,钱家的土地也相应受到村庄的认可和保护,主要体现在两个方面:首先,情理上来讲,村庄不能侵占钱家的土地,村里的土地决策变动调整如果涉及钱家的土地权益,也需要同其家长商量,要得到家长的允许才可以变动其土地。此外,村庄还需要为村民的家庭土地所有权提供一些保护,如果钱家与别家出现土地纠纷,村庄需要出面帮助协调解决。

(4)政府的认可与保护

钱村所在的芜湖县人民政府也承认钱家的土地所有权,政府对村民自有田地给予认同与保护,钱家合法享有对自家土地的劳作、收益、分配等各方面处理的权利,县政府也通过村庄的土地分布情况统计制定政策，县政府会在更高层面通过保障县域内土地的稳定来保护一家一户的土地权益。县政府一般不会随意侵占钱家的土地,如若需要占用钱家土地,需要通过村里与钱家家长钱宏耀进行商议,并且要给一些补偿费用,只有钱家的家长接受条件才可以占用,如果不可以也不能强制占用。

(二)家户房屋产权

1.四代同居住继承得来的半八间

钱家的旧房屋是祖辈相传下来的,建造的时间比较早,由钱宏耀的祖爷建造,是大家庭生活在一起时居住的老房子,房屋的主体构造是八间,老八间是前三间后三间,还有旁边各一间,正好八间围作一个内院。分家的时候,钱宏耀的父亲辈是四个兄弟参与分家,房屋按照儿子数量平分,钱宗诰排行老四,和三哥一起分得老八间,老大和老二与父母亲分得新八间。

老八间为钱宏耀家和其三叔家共有,钱家居住靠东边的半八间,钱家是全家人一起居住,包括钱宏耀的母亲、钱宏耀及妻子,以及他们的五个儿子和一个女儿,孙辈还有一女一男,总共是四代人共同居住。家中的房子在村里可以算得上是中等水平,家中不同的房屋有不同的功能设计:家中的堂屋用于接待客人,小家庭的房间是各自的私人空间,草屋是工具、帮工还有牲口的居所,房屋因为是先后不同时间修建,所以结构上不是特别的完整,但是基本是按照后为主、东为大的原则修建和居住。

2.人口多迫建但居住正偏有序

在家庭人口不断增多的过程中,房屋不够居住,所以钱家在半八间周边又新建一些房屋,即在东侧边建造两小间厨房,后三间的后面新增一排新三间,再后一排新建三小间草房,草房后侧方还建起一个厕所。

钱家的房屋有正偏之分,结婚的孩子都安排在东边的正屋,房屋的分配有"后为主,东为大"的讲究,在钱家的半八间里面,前一排是家中二儿子钱昌桃和妻子的婚房,旁边是和二叔家共有的堂屋,靠东侧边一间包厢是钱宏耀的母亲居住,后三间靠东是长子的婚房,旁边也是与二叔家共有的堂屋,后改为两个房间分给家中的三子和五子居住,也算是五子借来三叔公家的一间房间居住;再后面新修的三间从东向西分别是钱宏耀夫妻俩、四儿子以及小女儿居住,三小间草屋则是雇工的居所、工具室、牲口屋。

3.自古规矩定房屋家户享有

(1)房屋所有与居住有别

钱家在未分家之前,房屋属于钱家大家庭中所有家庭成员,嫁入门的媳妇也拥有一份,但是不包括雇工,出嫁的女儿也在房屋的所有权之外,未出嫁的女儿只能在家中居住,不享有房屋的所有权。钱宏耀家的房屋有与别人共有的情况,是和亲三叔所共有,共有的老八间是在钱宏耀父亲分家时两家共得的屋产,老八间是左右对称的设计,两家从房屋整体中间的堂屋中分,一家占有半边,所有两边各自的房间属于各自的家庭,中间的堂屋和内院、外院算作共有,一家一半。

钱家的小家庭因为房子不够住,还住了三叔家一间房间,其他房屋的分配则按照"东为大、后为主"的原则安排,家人之间除各自的房间是属于小家庭,其他都是共用,在使用上也要讲究尊卑长幼顺序。

（2）产权所有的资格限定

钱家的家庭成员在自家人的范围内都有所有权，而家中的女儿不管是已婚还是未嫁都被看作始终是夫家的人，一定意义上就是别人家的人，所以家中的女儿和雇用的大师傅、厨娘以及放牛娃都被排除在房屋所有权范围之外。拥有房屋所有权的家户成员范围只限于家户内部，嫁入的媳妇和入赘的女婿都有份，但是分家以后的人就不在范围之内。

（3）家户对房屋所有的态度和认知

钱家认为家中的房屋并不属于家长一个人，而是属于全家人所有，但是家中的房屋所有权是在一起的，房契上也是以家为单位、家长为代表签名的方式明确家庭所有权。钱家认为家庭共有，大家心里也有数，有份的人不会担心，不该有份的人也不会去想，所以觉得没有必要将家中的房屋所有权分配到个人。房屋属于全家是历来都符合规矩的做法，并且有利于家庭的团结和睦。

4.边界明确防止弱欺强护

钱家房屋和前后左右邻居的房屋均有边界，以房屋滴水为界。建造房屋一直有固定的标准，邻居房屋之间留有水沟，屋檐伸出墙体之外的长度不可长于两家房屋间隔的四分之一，这样的标准是为了保证下雨天时两家的屋檐水可以滴到水沟之中，所以两家都是以这个屋檐滴水为分界。钱家的房屋居于村庄中心地段，东边的房屋与一户财主家毗邻，以屋檐水滴为界；西边是三叔家，以堂屋的中间为界；前面是一户财主家，钱家的前院与之毗邻，也是以屋檐滴水的标准让出边界距离，钱家后门一出便是村庄的主要干道，和对面邻居家的房屋以此道路为界。

在家庭内部，钱家房屋的分配权和管理权都在家长手中；而对外，钱家的家庭成员都反对别人在房屋边界上的侵犯，家长更是有保护家庭房屋的责任。房屋的边界虽有标准，但是仍然存在一些边界上的纠纷，都是以强欺弱。钱家在分家后是由钱宗诰当家，钱宗诰去世后，家中的大儿子也跟着去世，剩下唯一的儿子钱宏耀还没到当家的年纪。钱家隔壁的财主家就因为钱家当家人去世，家里只有守寡的妇人，建房时便仗势故意超出两家中间公共的地界中线，并且故意将房屋做得更高些，雨天的时候，房屋的水便全都滴到钱家屋檐上，这在钱家看来就是欺负他家没有当家人，故意想压在钱家上头，但是钱家也没有男人可以出头，只能忍气吞声。

5.内人心明听由家长统管

钱家的家庭成员对拥有的房屋有明确的心理认同，都认为房屋属于全家人所有，对自家房子的四至，使用时该注意的地方，家中每个人也都很清楚。家里的房屋和别人家的房屋产权都很明确，家中只要是有当家人的情况下，就绝不会容忍自家的房屋被他人侵占。

钱家房屋的管理权都统一在当家人手中，家中的房屋买卖、典当、出租、建造等活动都是家长一人决定和安排。虽然家中每个人都可以居住在家中，但是得听从家长的安排居住，如果家中房屋不能满足需求，家长会主动安排修建，让家人都有安稳的居所。钱家在分家后，家中的人口日益增多，加上家中儿子成家需要新房，所以钱家两次新修房屋，钱家的房屋从开始的半八间，然后在半八间后面新建三间，最后在新三间之后又修三间。在新建过程中，都是家长钱宏耀做主，但是其他家庭成员可以在房屋的修建方面提一些意见。家庭成员按照家长的安排居住，若是在居住中出现问题需要修理，需要请示家长，然后家长请人来维修。

6.家长实际支配房屋所有权

钱家家长是家中房屋的实际支配者,在家庭房屋的买卖、典当、出租和建造等活动中都是家长一个人最终拿主意,但是新建房屋是家中的大事,若是家中的人有意见也可以向家长提出来。在家中,凡事都要听从家长的安排,所以只要涉及房屋的钱财,都要过问家长。如果家中生活过不下去,需要变卖屋产,只有家长才有资格出卖,家中属于小家庭的房屋虽然归自己居住,但是对家庭房屋的买卖、典当、出租和建造还是不能做主,同样地,若是家中条件尚好,家长也可以做主买别人家的房屋。

房屋的买卖、典当、出租和建造活动都是在家户内部进行,并且家长在这些活动中占据支配地位,起决定性作用,这些活动外人都不能参与,也不需要通知村里的村长、保甲长参加。钱家在房屋管理这一块权利很大,钱家是个本分人家,在村中也算是中等人家,所以家中没有过房屋的买卖、典当、出租等活动,只是通过新建房屋以解决房源紧张问题。

7.其他家庭成员无权支配

家庭的规矩很多,家长负责管理和安排家中的大小事务,其他成员只能服从。在钱家的房屋所有权中,除了家长以外的其他家庭成员无权支配。只要当家人在,房屋就没有其他家庭成员做主的份。而若是在家中房屋被其他人侵犯的情况下,此时所有家庭成员都会一致对外。

8.外界认可并保护房屋产权

钱家在钱村的名声很好,平时与人友善,与邻无争。房屋是家中的主要家财,家中房屋的所有权也归属本家成员所有,钱家对自家房屋的所有、买卖、租用、置换等权利都是在家庭内部实现和拓展,与外人没有直接关系,所以外人对钱家处理自家房屋的所有活动都无权干涉,这一点是普遍认可的。并且外人也不敢轻易侵犯别人家的房屋,比如外人进出大户人家的房子时,还需要通报等待传唤。但是如果一个家庭中男丁不兴旺、自我保护能力弱的就容易被人欺负。钱家的邻居在钱家有当家人之后,便对他们家的房屋产权给予认可和尊重,同时,钱家也认可其他家庭的房屋所有权,钱家一直以来都注重与四邻友好关系的维系,在房屋产权上不会随意侵占别人家的房屋,这也是钱家的房屋权大部分时候都能得到其他家庭认可的原因之一。此外,钱家祠堂、村庄以及政府都会对家户房屋的所有权给予认可,在家庭房屋所有权出现侵占纠纷的时候会出面协调,对正确的一方给予保护。

(三)生产资料产权

1.小型农具齐全,大型农具渐置

开始时钱家土地较少,但全家人都是以勤恳种田为生,而且家长钱宏耀眼光长远,便不断用家中田间的收入富余扩大土地规模,家中土地的最大规模曾达到 3 万平方米。种地是家中最主要的收入来源,钱家自然在农具方面也很齐全。钱家的农具一部分是在大家庭分家的时候继承而来,在钱家从大家变成小家庭的时候,钱家作为一房分到 0.87 万平方米土地和一些农具,按照平均分配的原则,钱家还分到一辆小水车、一辆风车及犁耙锄头等一些小型农具。农田的耕种全都是手工,工具也就十分重要,就是再穷的人家也会有耕种的锄头、耙、镰刀、稻箩、扁担这些基本的生产农具,钱家这些小型农具在分家的时候都有分到,也能满足开始的耕种需要。但随着家中农田规模的扩大,耕种的劳动力也日益增多,钱家的大师傅和钱家长子、次子都参与田间生产,家中的农具开始出现不够用的情况,此时儿子或者大师傅会将添置农具的需求告知家长,家长才会安排购买或者打造,尤其是像水车、水泥船、户筒等大型农具,都是在钱家土地扩大的过程中逐渐添置的。到了最后,钱家的种田农具十分齐全,大、小型农具都能保证家中的生产使用需要。

2.全部牲口均自给自用

钱家的生活在村中算是中等水平,为了保证田地收入的稳定,家中的耕牛一定要配齐,耕牛在耕作中的作用非常大。钱家在分家的时候就分到一头小牛,因为耕牛在家中算是十分贵重的财产,所以钱宏耀都是请专门的放牛娃放养。之后家中农田越来越多,小牛在农忙的时候用不上,钱家又去县城的牲畜市场购回一头大牯牛,由此,钱家的大、小两头耕牛足以供给田间的耕作需要。除了生产上的牲口,钱家还饲养了两头猪,平日里是家中几个媳妇轮流喂养,钱家每年开春的时候都会圈养猪崽还有鸡鸭,等到临近过年的时候会杀猪、杀鸡鸭庆祝过年。

3.生产资料为家户所有

(1)生产资料家户所有

在钱家人看来,家中的农具、牲口等生产资料皆属于家中每个人所有,即使是家长安排,但也不表示单属于家长个人,这些生产资料应该供大家共用。钱家在这些生产资料中,不论是生产上的农具、耕牛还是生活中鸡、鸭、猪等都没有与别人共有的情况,都是以家庭为单位所有。钱家认为家户中每个人都有不可分割的生产资料所有权,每个人都可以使用和享有,只要在家长的安排之内即可,而钱家未出嫁的女儿不在当家人的安排中,家中的雇工如大师傅、放牛娃、厨娘等人只是暂时居住在家中,与家里人并无直接血缘关系,更加不能享有钱家生产资料的所有权。

(2)拥有所有权的家户成员范围

钱家认为生产资料属于家中的每个成员,但是对家中生产资料的所有权层次不同,可以划分为几种情况:家长是支配,劳动力可能是管理和使用,家庭成员是享用。比如钱家耕牛的喂养人选、喂养用度、使用情况安排等都是家长钱宏耀决定,而平时的喂养是雇用的放牛娃,真正使用其耕田的又是家中的大师傅及大儿子、二儿子三个劳动力。但是家中的生产资料所带来的收入却是最终用于钱家每个人的生活保障,所以在一定意义上,又可以说家中的每个成员都在生产资料的所有权范围内。

(3)对生产资料家户所有的态度与认知

钱家的每个人都认同自家的耕牛、鸡、鸭、猪等生产资料属于本家人共有,不应该将所有权分配到个人,划分之后就不能齐备地进行农业生产,尤其是在农业经营上需要一整套农具,可能会伤了家庭成员之间的和气,所以钱家认为只要放在一起能够经营管理的好,将会有助于家庭整体生活质量的提高,所以在一个家庭中,只要是为了家庭整体发展、不违反规定的使用都可以。钱家每个人都认可耕牛、牲畜对家庭的作用,所以都祈求家中六畜兴旺。

4.家长合理支配生产资料

(1)家长实际支配生产资料

家长是一家之主,在家中负有供给和管理的职责,同样地在家庭的生产资料上也是如此,钱宏耀作为钱家的家长,合理有序的安排着家中的生产资料供给与使用协调。首先体现在钱宏耀统筹把握家中的钱财,根据生产需要安排生产资料的购买;其次体现在生产资料的使用管理上,虽然钱宏耀并不擅于耕种,一般会依据大师傅以及两个儿子的耕种实际需要合理安排生产资料的使用、修缮,生产资料用在合理的地方是其产生最大生产效益的保证;最后便是体现在协调好生产资料或其带来的成果的享用,保证家中分配的公平有序。实际上,家长钱宏耀虽然不直接使用生产资料,但确是家中生产资料的支配者,在生产资料的购买、维修、借用等活动中起决定作用。

（2）家长决定生产资料购买活动

家长掌握家中的财权,需要依据家庭经济状况购买家庭一切生产资料,在购买活动中占主导地位。钱家认为生产资料是将土地与劳动力相结合以带来家庭收入的重要环节,钱宏耀作为一家之主,对生产资料的购买有直接决定权,但因他不直接参与田间生产,所以钱宏耀多是依据大师傅、儿子们的意见购买及分配。总体上来说,钱家的生产资料较为齐备而且使用有序。钱宏耀每年都会亲自去购买鸡苗、鸭苗、猪崽及饲料,并且将喂养的任务安排给家中的儿媳;另外他还会在每年的年末询问两个儿子以及大师傅家中农具、耕牛的使用情况,以根据情况安排购买农具、耕牛。钱家的一些生产资料是祖上承继来得,但钱家的大牯牛、水船是钱宏耀在衡量家庭条件和需要之后,由他带着大师傅去县城购置的。

（3）家长负责生产资料的维修

钱家的一部分生产资料是分家前购置的,使用一定年份以后就会出现损坏问题,钱宏耀会依据生产资料尤其是农具的损坏情况决定是否有必要继续维修, 钱家的经济条件仅仅是中等水平,所以一般的生产资料若是还能维修,钱家都会继续维修。因为钱宏耀在生产上并不精通, 所以在生产资料维修中会询问大师傅和儿子们的意见, 修理的费用是家庭共同承担。家庭生产资料的维修也是家户内部的事情,钱宏耀只会听取大师傅和儿子们来自耕种中的实际需要,然后安排大师傅请人来维修。

（4）家长主导生产资料借用活动

钱家的土地较多,分家时也分到家中生产需要的生产资料,到钱家自有土地达到2.2万平方米的时候,家中匹配耕种的农具、牲畜主要有大、小两头耕牛,一辆风车,一大、两小三架水车,一条泥船及其他小型农具,可谓大型、小型农具都很齐备,所以钱家在耕种过程中没有向别人借用农具或耕牛的情况。钱家比较注重与别人家建立和睦的关系,村中一些贫苦人家无力购买水车、泥船、耕牛等大型生产资料,与钱家关系较好的人家会向钱家借用,是否出借、出借方式、借还时间等都是钱宏耀拿主意,钱宏耀会优先满足自家使用,之后才依据远近关系安排出借活动。

5.其他家庭成员维护自家生产资料

钱家的生产资料只有当家人钱宏耀有支配权,其他家庭成员都没有支配权,加上钱家的家庭成员中,只有两个儿子和两个儿媳会较为经常性地接触农具、耕牛、猪等生产资料,其他家庭成员除去享受生产资料带来的家庭收益外,并不直接使用。但是钱家全体家庭成员在生产资料属于自家的认识上是一致的,积极配合钱宏耀对家中生产资料的购买、维修、出借等安排决定与活动,不随便做主以及不滥用是必须遵守的规定,全部家庭成员都要服从。

6.生产资料没有遭受过侵占

钱宏耀在村中威信很高,并且一直以来都十分重视通过与其他村民、地邻建立和睦的交往关系寻得对家庭的社会保护,所以钱家在生产资料方面没有出现过被外人侵占的情况。人各有所不同,村庄中也存在家户生产资料被侵占的现象,钱家当家人钱宏耀是一个深明大义并且正直的人,会被请去协调争执,通常是几户因共有生产资料在使用顺序上发生矛盾而起争执,一次村庄中两户共耕牛的兄弟之间因为要抢收抢种,都争着先用耕牛,便因此发生争执,最后是钱宏耀到场协调两户的当家人,如此得以解决。钱家的家庭成员对自家的生产资料有强烈的保护意识,生产资料可以外借但是绝不允许被外人侵占,如果出现侵占的情况,家庭成员会一致对外进行反抗。

7.外界认可合法私有生产资料

生产资料的购买、使用都在家户内,对于每家每户的生产资料,只要是合法所得,村民都会承认其对自家生产资料的家户产权,家庭之外的人不能随意使用和侵占。钱家家庭内部只要是涉及购买、使用、修缮生产资料等活动都是钱宏耀拿主意,同样地,外界要是向其借用、置换生产资料也要获得钱宏耀的同意,不能强行使用、置换、破坏、占用。家族里对于村民的生产资料也是给予尊重和保护,若是出现因强占、破坏等发生纠纷时,家族中的叔公、族长也可以出面协调,钱家家长钱宏耀也会在外帮助别人协调这种纠纷,若是实在调解不了就需要通知保甲长,邀请其到场协调解决。

(四)生活资料产权

1.生活稳定保障资料共用

钱家一向注重勤恳耕种,家中劳动力够用、生产资料齐备,所以在钱宏耀的管理下,钱家的生活也是日渐转好。田地增多后,钱家几乎每年都有余粮。每年钱家家长会统一安排生产收入,在留足口粮和灾粮的基础上将剩余粮食变卖,所得一部分安排家中用度,包括日常生活和扩大生产;一部分留作存款。钱家是自耕自种,家中的收入主要来自田间生产收入,加上钱家家长担任叔长的 800 斤粮食的回报,还有其担任村庄圩长的 2000 斤粮食的工资,所以家中一年下来的收入算是比较多且稳定。因此,家中的生活绰绰有余,家长会用家中共同的收入安排粮食、油盐、布匹等生活资料的购买,由家庭成员共享。钱家有晒场,家中的桌椅、灶锅、磨等生活资料齐全,家中的衣食住也都能满足,生活算是安定。

2.粮、棉、布、油、盐的来源和使用

(1)粮食的来源和使用

钱家的粮食全是家中耕种所得,钱家地多人少,只要是土地耕种,家里的粮食就足够全家人生活,生活之余家长还会卖掉一部分粮食用于购买其他生活资料。另外,家长会在粮食富足之年保留存粮,以防止灾荒年。钱家也因战乱逃荒没有粮食生活的情况,钱家便靠着家长外出借粮食度过。不管是富足还是缺粮之时,钱家的粮食都是家庭成员一起食用。

(2)棉、布的来源和使用

棉花和布匹都是家中每个成员的生活必需品,需要从外购买,钱家的棉、布的购买权在家长手中,家长一般上半年会买布,然后分配给家中成员,下半年会购买棉分配给家里人,基本上都是平均分配,但有特殊需要的也会有所照顾。制衣权在家长手中,都是家长花钱请裁缝来家中统一制衣。

(3)油的来源和使用

生活的好坏在食物层面要看两个方面,一个是菜的种类,二是菜的油量。油的使用要看家庭情况,钱家因为收入稳定,所以家长买油比较频繁,家里的油都是全家一起食用。

（4）盐的来源和使用

盐是生活必需品且无法自制，都是去盐铺购买。钱家的盐是家长一个月购买一次，家中成员一起使用，三个媳妇轮流做饭，在食盐快要用完之前需向家长报备，然后家长购买。

3.生活资料共有共护

（1）生活资料为家户所有

生活资料归家庭所有，钱家的成员也认为家里的生活资料属于全家人，不可分割。大家庭和小家庭共同拥有家中的生活资料，对于媳妇房间中的嫁妆，如桌椅等，未分家之前，名义上归家里人，但若是分家，小家庭中媳妇带来的嫁妆不用拿出来参与分配，这是生活资料家户所有中比较特殊的一点。其他的油盐酱醋茶、锅碗瓢盆、桌椅板凳、粮布面磨都是家里人所共有，家中除女儿和雇工之外，其他每个人都有份。生活资料是支持家庭成员共同生活的保障，外人不在其所有权范围之内。

（2）对生活资料家户所有的态度与认知

钱家承认家中的生活资料属于家庭成员所有，除了女儿外，自家人都有一份，虽然没有划分到每个人，大家也赞同这种生活资料归在一起的做法。家长在生活资料所有权上和符合资格的成员是一样的，只是家长被赋予对生活资料的支配权及对其使用规范的管理权，但是家庭成员也认为管理好家庭生活资料，提供富足的生活资料是家长的家庭责任。

4.家长按需规划购买

家长实际是家庭生活资料的支配者和管理者，在生活资料的购买、维修、借用等活动中，钱家家长具有决定权，这些活动得以进行的首要条件是家长的同意。一般都是家长制定生活资料的购买计划，但若是家庭成员上报生活资料的短缺问题后，家长也会购买；家中若是需要维修生活资料，也是家长请师傅并且支付费用；若是家中需要外借或者借出生活资料的时候都是需要家长做主，其他家庭成员没有资格决定借用活动。

5.生活资料用完保管好防止被盗

家里的生活资料没有过被侵占的情况，但是家里的人对生活资料有明确的心理认知，对家中生活资料有自我保护意识，用完的东西需要存放在保管的地方以防止被盗。钱家的生活资料都是钱家通过勤劳耕种所得，并不会去强占、乱用别人家的东西，所以村里的其他家庭也很尊重钱家，也不会随意侵占、乱用、破坏钱家的生活资料。在钱家内部，生活资料的用度、维护都由钱宏耀来做主，家庭的生活资料在家户内部的保护更为常见，村庄、政府在出现相关的纠纷后也会出面协调，保护家户产权。

二、家户经营

（一）生产资料

1.劳力不足靠雇工来凑

钱宏耀因为常年在外任职，并且没有参与过田里的劳动，整日穿着长袍在外帮人处理事务，人称"半先生"。钱家的男性中只有钱宏耀、大儿子钱昌柳、二儿子钱昌桃可以算是劳动力，其他三个儿子还不能算是劳动力，所以家中只有大儿子和二儿子参与家中的农业生产，家中2.67万平方米土地单靠两个儿子实在是耕种不过来，最主要的是两个儿子也是参与田间劳动不久，耕种经验不足，所以钱宏耀安排雇工，从外地雇请一个耕种经验丰富的大师傅来家中带领两个儿子耕种。钱家只有男性劳动力才会参加田间劳作,女性都不用参加,妇女主要是负责家务活。钱家有耕种能手大师傅,再加上钱家的两个儿子,家中的劳动力才勉强够用,但是钱家的两个儿子还是需要整日在田间忙生产。钱家没有和别人家换过工,在农忙的时候大师傅会请示家长,向其反映请短工的需求,家长会根据实际需要雇请短工。平日里田间锄草施肥等细活都是大师傅和两个儿子去做,农忙的时候请上几个短工,只有这样钱家的农业生产才能稳定顺利地开展。

2.男女分配上内外互补

钱家在大家庭时期很富裕,就是男主外、女主内,到钱家的小家庭也是这样的家庭传统。家中成年的男性需要去田间干体力活,而钱家的三个成年男性中也有不同的分工,钱宏耀是家长,在外担任家族叔长和村庄圩会圩长,一年的报酬有 2800 斤粮食,顶上一个劳动力的耕种。两个儿子负责田间生产,三儿子也可以算半个劳动力,可以帮着家中做一些晒谷子、锄草的轻便事务,另外两个儿子还是孩子,没有读书,只是在家中玩耍。钱家的女性中,钱宏耀的母亲在家养老,喜欢在外打牌,妻子在家中教导两个媳妇做家务事,两个媳妇都是轮流做家务,平时负责扫地、洗衣做饭和给公婆倒尿桶等家务事。钱家对妇女的要求很多,不可过多地对外交际,需要在家中相夫教子。钱家家庭分工很明确,男外女内分配合理,全家的劳工分配权在家长手中。

3.土地多样但耕种有序

钱家的土地情况较为复杂,家中土地类型也多,最大规模时达到 3 万平方米。钱家起初在分家的时候从大家庭继承 0.87 万平方米土地,之后在保太花钱参与村庄的大型开荒活动"冲保太滩",家中分到 1.33 万平方米土地。后来钱家家长又购买同村地邻家的 0.33 万平方米土地,但到最后又卖掉了。另外钱家在祠堂中租种 0.5 万平方米田,因为钱宏耀与收租人的特殊关系,这 0.5 万平方米田地被免去地租,最后变成钱家的自耕地,钱家的土地也达到小家庭时期的最大规模。钱家的土地种类多样,相对于劳力情况,可以说是超出自家耕种能力。家中土地富余的人家,大多数会选择将土地出租给外人耕种,但是钱宏耀为了家庭的生活变好,坚持自家耕种,专门请有耕种经验的大师傅帮助自家耕种,并没有将土地出租。

4.牲口兴旺且农具齐备

钱家在生产资料这一块比较齐备,家中牲口兴旺,农具齐全。钱家有大、小两头耕牛,完全能够满足家中的耕地需求,家中 2.67 万平方米土地靠两头耕牛耕作,有时还有富余,所以有的时候还会有人来钱家借耕牛,钱宏耀一般都会同意外借。耕种需要农具,钱家的农具也都很齐全,家中有一大两小共三部水车、一条水泥船、一辆风车,其他的小型农具也都保证够用,像镰刀、锄头等农具都是人手一把。钱家的农具都是随着家中土地增多而逐渐添置,皆是和田地配套使用,足够开展家中的农业生产。钱家的大型农具够用之余,可以外借给关系要好的村邻家使用,但是借用和归还都必须经家长之手。

(二)生产过程

1.农业具体耕作分工自由

在 1949 年以前,钱家主要从事农业耕种,另外钱家还饲养一些家畜,钱家没有人参加副业生产,也没有人从事手工业。家畜饲养只是家中生活自给自足,并不拿出去销售,家中的农业耕种是主要生产。钱家的土地分为水田和旱地,在土地质量方面,分为好田、中等田、差田三个等级,耕种主要是家中的大儿子和二儿子负责,平时是大师傅在请示当家人的前提下指导和协助两个儿子搞好生产。一年中,田间的生产除了两季的农忙时期,平日里的农活也很繁重,钱家三个负责种田的劳动力在不同的生产环节中并没有明确的分工,平日的耕种有环节,比如犁地、耙地、插秧、锄草、灌溉、割稻、种稻收稻、种麦收麦。

全家一年的农业耕作都是家长授权,由大师傅统一安排,平时生产中的小事情,比如当天谁锄草、谁耙地都是相互商量,并不用请示家长,但如果是生产中加大投入、购买农资、生产雇工、收成处理等方面的问题就不是大师傅和两个儿子能做主的,必须交由钱家当家人支配。在生产过程方面,钱家比较特殊,在生产过程的主要环节中,家长钱宏耀只管两头,即抓住一个重点、一个核心:钱宏耀因为缺乏生产经验,所以会在生产开始投入和最后的收益时负责处理分配。年初,家长和大师傅商量好一年的大体农耕安排,比如种哪些农作物、种植在哪里、种多少;这些大的生产安排指派下去后,生产过程中的劳作若是涉及需要钱财支撑的事务,则由家长支配,其他只要是为了搞好家庭生产的活动,都可以由劳动力自行安排。

2.家畜饲养兼顾内外需要

钱家在家庭生产中除去种植,就是家畜的饲养,钱家的家畜数量每年都不固定,最大规模也就是三头猪和几十只鸡鸭,平日里是家中的几个媳妇轮流喂养,钱家每年开春的时候都会圈养猪崽和鸡鸭,等到临近过年的时候会杀猪、杀鸡鸭庆祝过年。在整个家畜的饲养中,都是家长内外兼管,家中要饲养哪些牲畜、饲养规模、饲养劳力安排、年末分配等也由家长统一安排,不论是对外的家畜幼苗购买,还是家内劳力分配、成果分配都是当家人一手操办。

耕牛是家中的重要财产,也是家中生产的重要生产资料,所以钱家很重视耕牛的养殖。耕牛不仅可以耕田,还可以运输东西,在钱家的作用很大,钱宏耀专门请来放牛娃养牛,以保证家中的生产。钱家先是在分家时分到一头小耕牛,后期在田地增多后,钱宏耀又去县城的牲畜市场买了一头大牯牛回来,家中的两头牛完全可以保证家中 2.67 万平方米田地的耕种需要。

(三)生产结果

1.农业收成自给丰足

钱家的土地最大规模达到 3 万平方米,田间的收入比较稳定,但是生产效率比较低,好田的平均产量为 500 斤。一年中,钱家一般都是种植两季粮食,只有好田可以种植三季,包括一季水稻、一季泥豆、一季小麦,水稻均产是 400 斤,泥豆的平均产量是 100 斤,小麦的产量是 400 斤左右。因为钱村是在圩区,所以旱涝灾害发生的年份可能出现减产或绝收的情况,钱家最好的年份能收成 2 万斤,在发生洪灾的那一年,定丰圩的 1.33 万平方米田地全部绝收,只有保太圩的 1.34 万平方米土地收获几千斤粮食。种田要看年份,所以家中的每个成员都十分关心家中的收成情况。

1949 年以前,钱家的田间收入可以保障家中生活,即使是在灾年钱家也可以依靠存粮过活。家中的粮食收成后归全家所共有,但是粮食留多少、是否外借、出卖多少等都由当家人支配。

2.家畜饲养增添收益

钱家每年饲养的牲畜数量需要根据前一年的家庭收入而定,并且饲养家畜也要家长决定。钱家每年都会饲养鸡鸭和猪,上半年家长安排购买幼崽,再安排家中妇女饲养,到年底家长会统一安排家畜的处置,一般是优先满足家庭消费需要,如果喂养的好就足够家中需要,若是六畜不兴就不够家中生活消费,这种情况下家长会再安排购买家畜。总之,家畜的饲养、劳动的分配、收益分配权都在钱宏耀手中,钱家饲养家畜的目的是供给家庭需要,以改善家庭生活。

3.家长公职改善生活

钱家的家庭收入中占比最大的就是田间耕种,次之便是钱宏耀在外任职的报酬。钱宏耀在外十分有威望,钱村是"五家为一保,十家为一叔,保长和叔长分别是村庄和家族层面的职位设置,负责管理村庄和镶嵌于村庄的家族"的规定,家族中的人都信任他,便选他出来担任叔长,钱氏共选择 8 个人组织在一起负责家族公共事务的管理协调,每年祠堂会给他们每人800 斤粮食的补助;另外,钱宏耀还在村庄圩会中任会长,负责管理村庄的水利和防汛,每年村庄会支付其 2000 斤粮食的报酬。钱家家长的这两项公共职务的收入也是家中生产生活的重要收入来源。

三、家户分配

(一)分配中家长主导成员参与

钱家的祠堂主要管理家族的公共事务,只有家庭违反族规的,家族才会干预其中,家庭内部事务的支配权主要是在家户内部,但是钱家祠堂还承担为族人提供福利的责任,所以家族中的收入除去家族管理支出、公共设施修建费用外的部分会分配给家族成员。钱家在分配的时候,主要有以宗族为分配主体与以家庭为分配主体的两种分配形式,一种是家族大范围的分配活动,一种是家户内部的分配。

1.家族男丁参与的福利分配

由家族祠堂利用公堂田的租金收入进行的分配,分配对象是整个钱氏的男丁,分配主要有为族人分配实物和支付家族活动经费两种形式:一是在清明节和十月半的时候,祠堂会办酒席宴请全族男丁庆祝家族兴旺,并且会在收成的时候将粮食和鱼肉按照男丁数进行分配。二是为族人办理学堂,钱村只要是钱氏本家族的男丁都可以在祠堂兴办的学堂中学习。家族还会集体购置坟地、安排家族祭祀等,家族中的人去世都会按照宗亲辈分统一分配祖坟地,这些祖坟地就是由家族购置安排,不仅可以用来安葬家族成员,还可以方便家族成员集体祭祀。此外,钱氏家族十分重视祠堂的修缮,认为这是十分重要的家族事务,同时还会为族人开展修桥修路、村庄维稳等公共事物和活动。

2.家户成员参与的生活分配

钱家小家庭内部的财产收入在分配的时候以家户为分配主体,家庭的收入由家长钱宏耀一个人统一决定,分配并不是按劳分配,而是具有自家人限定资格的全部家庭成员在一起参与分配。除了外嫁的女儿和家中雇工外,其他一口锅吃饭的所有家庭成员都可以参加分配,但是未嫁的女儿可以在家中吃饭、生活。家中一起吃饭的成员的衣食住行都是在一起,家长并不会将家中生产生活之余的收入拿出来分给家庭成员,所以家中成员几乎没有私房钱,需要用钱的时候,只要是合理的请求,家长都可以允许。家中的亲戚或要好的朋友等这些外人都不是家户分配的对象,他们也不能干涉家庭的分配。

(二)家庭收益收支由家长协调平衡

钱家的收入主要是来自田间生产和家长对外公共事务的报酬两个部分,后者全部由家长掌握;家长钱宏耀虽然不从事田间劳作,但是他紧抓田间的所有收成,他会根据家庭的生活开支需要决定粮食收入的留存和出卖,出卖所得也是由他统一保管、协调安排用于生活生产。也就是说钱家是大师傅和大儿子、二儿子负责劳动生产,家长也担有公职,这些就是家中所有的收入来源,家中所有成员的共同生活费用、田间的投入、家庭税赋就是家中的所有支出,对于家庭的收入与支出,家长都是统收统支,好的家长需要保证家中收支平衡。收入是全部集中,分配则以全家人的需要为前提,自家消费为主、赋税为次,分配的过程按照平均规则进行,这样可以避免因分配不均导致的家庭矛盾。分配的对象和平均分配的原则不会变,但是分配的内容及分配数量会由家长根据每年的家庭收入衡量决定、调整。

(三)生活中按人口无差异分配

1.留足口粮全家食用

钱家的田间收入虽然是两个儿子的耕种结果,但是田间的收入作为家庭的主要收入,由家长钱宏耀一手掌握。每年田间 2.67 万平方米田地的产出都由钱宏耀去市场交易,他会根据家中人口的消费情况和田中生产投入所需来决定田间产出的出卖与留存情况。在粮食收入这一块,出卖所得由家长统一安排家中的生产生活所需,还有一部分粮食是被作为家庭生活口粮和牲畜饲料留存下来,这些粮食虽不具体分配到个人头上,但是供全家人一起使用,没有吃多、吃少的差异。田间的收入由钱宏耀统收统支,其中,粮食分配是最主要的部分,是在所有的家庭分配之前就预留的部分。

2.牲畜改善老小生活

钱家每年都会饲养一些牲畜,比如鸡、鸭、猪等,饲养这些家畜是为了能够改善家中的生活。钱家的家畜饲养一般都是家中妇女负责,由家长钱宏耀安排专门的人来负责饲养,家畜养起来以后的收益分配权在当家人钱宏耀手中,钱家的家畜很少有变卖的情况,都是用于改善家中老小的生活。一般家畜兴旺的年份,钱家在过年过节的时候都能宰杀家畜,若是牲畜养不起来,钱宏耀也会拿出一部分家庭收入再安排购买一些家畜,这种家畜的分配也由家庭成员共享,没有谁多、谁少的区别。钱家在后期不顺利的时候,钱宏耀病重,家中便会减少家畜消费,但这些分配安排的权力都属于钱宏耀。

3.统一购布集中制衣

衣物也是生活需求的一个主要方面,钱家的衣物用度都由家长钱宏耀从家庭的收入结余中安排,掌握着家庭衣物分配的支配权。钱家因为土地多是次田,便没有种植棉花,家中妇女也不擅长做衣物,所以钱家制作衣物所需的布匹都是外购。钱家十三口人加上几个雇工,无论男女老少都可以参与衣物分配,每年钱宏耀都会统一购买布匹和棉花,按照人口统一分配给每个家庭成员,并请裁缝来家中统一制衣,所有的花费都是从家中收入统一支出,在分配中没有谁有、谁无的差别,此外钱家每年也会给家中的长工分配衣物。

(四)消费按需求主次分配

1.家长对外任职收入的分配

钱家的收入主要有两大块,最主要的是家中 2.67 万平方米土地的收入,再者就是钱家家长钱宏耀对外担任公职的报酬。钱宏耀在家族祠堂中担任叔长,每年大概有 800 斤米的收入,另外还担任村中圩会圩长,一年大概有 2000 斤粮食的报酬。这些收入也要统统纳入家庭收入,作为家庭生活生产开支的补充,由家长钱宏耀统一安排家中的生产生活开支,若是家中有人生病、结婚或是办事需要钱财,需要向钱宏耀申请。钱宏耀在家庭财务分配上通常会根据各种条件协调,一般都是按照需要分配,比如结婚时需要有彩礼,钱家大媳妇结婚的时候就没有彩礼,婚礼排场也不大,而钱家二媳妇结婚的时候不仅有彩礼,排场也挺大,自然后者的用度要大于前者。其次家中收入的用途、该如何使用也有规定,家中的钱物首先要用于安排家庭口粮和生产继续,其次是赋税,然后再是家庭的衣、住、教育等用度,对这些主次多少的区别的把握都取决于家长对家产的支配。

2.私房钱、地、零花钱的分配

钱家没有私房地一说,家中的土地都归家庭内部男性成员共有、家庭成员共享田间产出。钱家也很少有私房钱的情况,钱家的家庭成员都被团结在家庭内部一起劳动,一起生活,家中是统收统支,除了当家人钱宏耀能够经手家中收入,其他人无权支配家中收入,所以家中一般很少有人有私房钱,即使有,大多数情况下也会被家庭征用。家中只有钱宏耀一人掌握经济,他爱好赌博、打牌,有时候会留一部分私房钱用于娱乐。此外,钱家不会分配零花钱给家庭成员,家中的生产生活用度都由钱宏耀统一安排,若是其他人需要用钱,要向家长申请,最多就是在过年过节的时候会给子女孙辈一些钱,比如子女送私亲的礼钱、孙辈的红包等。

四、家户消费

(一)家长统一安排消费用度

家庭是家户消费的基本单位,钱家的粮食消费、食物消费、衣物消费、住房消费等基本消费都是全家一起,坚持平均分配或者共同使用的原则。钱家的这些消费都由自家的收入统一支付,钱财全部掌握在家长手中,所以钱家的消费都是由家长钱宏耀统一安排。因为是家户内部的事情,所以在这方面家长钱宏耀就可以做主,并不需要通知家族和村庄方面,这些事情并不在他们的管理范围内,并且是由本家户消费,不需要家族和村庄来负担。钱家的生活消费基本都可以自己满足,但村中也存在一些生活困难的家庭,祠堂也会给予一些帮助,但不是全部,毕竟祠堂的力量也有限。

(二)粮食消费基本自给自足

1949 年以前,在未分家的时候,钱家有四万多平方米田地,劳动力富足且都本分种田,所以家中的经济水平在村中可以维持在中等水平。分家后钱家从大家庭变为小家庭,分得 0.87 万平方米田地和一些农具、房屋等,慢慢发展成为十三口之家,期间钱家通过勤劳耕种和良好的社会关系,家中的田地最多时增到 3 万平方米,房屋也增加两处,家里的农具也慢慢齐全,家中的生活也是越来越好。家中的消费水平是由家长根据家庭的经济水平把握和安排,钱家一年的消费数目并不固定,但是每年的消费都是以家庭成员的生活支出为主,花销最大的就是日常生活必需的柴米油盐茶,这些都是家中每个人的日常生活所需。

钱家的收入可以维持家庭消费,只有在战乱年代会出现生活消费缺口,这种情况下全家逃荒在外,先以积蓄过生活,后借粮食过生活。除战乱外,钱家很少会出现不够开销的时候,只是在灾荒年吃喝与开销更少一些。钱家的田间主要种植水稻,一般每年种的粮食能够满足一家人的生活和生计。钱家劳动力少,但是人口多,所以吃饭是主要开销,钱家的粮食基本都是自种自给,基本不用花钱外购。家中所吃的菜基本上都是自家种植,饲养的鸡、鸭、猪家畜也可以供应家中的饮食消费,但是平日的鱼和一些肉需要外购,钱家的收入水平在鱼、肉购置方面也具备消费能力,在逢年过节或是办红白喜事的时候都会消费鱼、肉,平时的生活中消费比较少。总的来说,钱家的粮食消费和食物消费基本都可以自给自足,其他部分也具备外购的消费能力。

(三)衣物住房需求大消费高

衣物消费和住房消费也是由家中的收入统一支出,衣物消费是钱家一项支出比例比较大和固定的开支。钱家衣服消费的支配权在当家人手中,钱家因为有十三口人,再加上几个雇工,所以家中的衣物消费需求很大,衣物消费也是家中每年都会有的大项消费。除人口多的原因外,家中妇女都不会织布纺纱,因此钱家的衣物消费完全为外购,但是钱家的收入较为稳定,家长对家里人的生活也很大度,所以钱家在衣物消费方面还是具备较高消费能力,每年钱宏耀会统一购买布匹和棉花并将其分配给家人,请裁缝来家中统一制衣,购买布匹和制衣的所有费用都由家中收入统一支出。

除了家中的衣物消费占家庭支出比重大以外,家中的基本生活消费中还有一项较大的支出,那就是住房消费。钱家在从大家庭分为小家庭的时候只分到半八间,随着家中人口的日益增多,住房需求也越来越大,尤其是儿子到成婚的年纪,所以钱家开始扩建房屋,新修住房的消费花去家中较大的一部分收入,这些消费都从家庭收入中统一支付,目的是保障家人都有居所。

(四)医疗消费以需要者为主要

钱村的家族祠堂虽会为族人提供一些公共福利,但是每个族人的医疗费用皆由家户内部负责,宗族并不负担,村庄也不会提供相关的医疗福利。人们的医疗消费也需要根据家庭条件决定,富裕人家生病会请大夫治疗,穷人家的医疗消费能力弱,生小病是靠自身抵御,生大病不是靠偏方治疗就是等死。钱家的条件一直算是中等水平,钱家从钱宏耀的父亲辈分成小家庭后,钱宏耀的父亲钱宗诰一人操持小家庭的生活,身体也日益变差,请村中的老中医治疗也没有效果,最后去世,但是其医疗消费占据家庭收入的大部分。所以那几年的钱家经济有些衰败,家庭也会受到财主的欺负,等到钱宏耀成年当家后家庭慢慢变好,但好景不长,中间有几年时间钱宏耀也生病,起初的时候,钱家请来大夫治疗,此次医疗消费也几乎花去家中的所有积蓄,为了延续治疗,钱家将家中的田地卖掉 0.33 万平方米,卖得的 50 担稻谷变卖成钱继续给钱宏耀治病,但是仍不见其好转,最终钱家将这种"非常规的生病"和久治不愈归咎于家中风水运势不好,所以最后钱家请神婆跳大神来家中给钱宏耀治病,又花去一部分家庭积蓄。钱家的医疗消费都是由自家承担,占据家庭消费的大部分。

钱家的两次医疗消费都是在病情比较严重的情况下,所以费用较多,这些消费的支出都由家户整体收入支付,只有家中有人病重需要请大夫又有条件的才会请,但到底要不要请大夫也需要家庭中的当家人决定。家中成员若是生小病,一般由家里的妇女用一些迷信的做法或偏方治疗即可,这种治疗方式的消费成本较低,也在家庭的常规消费能力范围内,比如家中的小孩子若受到惊吓而没有精神,妇女们或者家中年长的老人会通过"叫魂"来给小孩子治疗,若是家中条件稍微好一些,也会专门请神婆来家中"叫魂",事后需要给一些好处,村中专门的神婆被认为"叫魂"的效果更好。通常,烧香拜神、请巫"叫魂"等迷信活动是小家小户疾病治疗的主要方法,并且多是妇女参与其中,在条件不允许请大夫的情况下,当家人也会同意家中妇女操持迷信的一些做法,由妇女做主,此外的医疗消费由当家人做主,家中任何成员的医疗消费都是由家庭的共同财产收入来支撑。但家长在家庭医疗消费中占据主导地位,其他家庭成员若是生病,需要治疗也可以,一般需要分情况对待,要是治疗不需要花费什么钱物,比如"叫魂"可以直接办,无须经过当家人,但是请神婆或请大夫等有花费用度的情况就需要请示当家人。

(五)人情消费分场合礼数多样

钱家在1949年以前的人情消费并没有固定的数目,也没有人去统计,但人情消费也是钱家消费的一个重要方面,主要包括走亲戚、随礼、请吃饭等。在农村,家庭非常注重礼尚往来,所以人情消费的礼轻、礼重要根据双方关系的亲疏程度来定,像亲戚、朋友、邻居之间就存在送礼多少的差异,另外在不同的场合也需要区别对待。人情消费的种类很多,但各类消费的多少也有区别,礼数的轻重都是由当家人把握,因为人情消费的支出都是从家庭收入中来,家长有决定权和管理协调权,其他家庭成员可以在人情消费过程中提出自己的申请与意见。其中,走亲戚、随礼、请客是钱家人情消费最主要的三个方面,也是钱家社会交往的三个方面。

1.走亲戚

逢年过节的客礼。钱家在村中算是中等人家,钱村多是钱姓家族聚居,加上钱家家长钱宏耀的人际关系甚广,所以钱家的人情往来很频繁,逢年过节的时候,钱家会和亲戚朋友相互拜年拜节,钱宏耀通常要去族里有名望的乡绅财主家拜望,礼物通常用于维系与这些人的关系。此外,钱家小辈要去自己的亲戚长辈家拜年拜节,拜年拜节的时候通常要带上烟、酒、糕点等礼品。全年当中,一般就是在春节的时候带上烟、酒、糕点等礼品拜年,端午节的时候带上粽子、烟、酒等礼品拜节,中秋节的时候要带上月饼、烟、酒等礼品,不同的节日,礼物会有所不同,但家中必要的人情免不了,基本年年如此。

红白喜事的回礼。钱家在钱村算是有声望的人家,家长钱宏耀也是爱面子的人,通常家中有红喜事时都会大办,在婚嫁喜事上的回礼一般都是喜糖和烟,算是比较丰厚的回礼,也有贫穷人家用马酥糖和糕点作为回礼。若是家中添人丁更是喜事一桩,会办满月酒,在满月酒席上的回礼一般是十个熟鸡蛋,富裕的人家会配上一包烟。钱家重孝,若是家中有白喜事,钱家也会有回礼,白喜事的回礼一般就是孝绳和毛巾。这些回礼虽然不是天天有,但由于操办规模较大,也会占据家庭消费支出的一部分。

特殊关系的敬礼。钱家在日常交往中,除去亲戚关系与以家长钱宏耀为主的朋友关系,还有一些特殊关系,比如与家中孩子老师的关系,若是有孩子在私塾中请师傅教学,那么家庭需要在平时维持好与老师的关系,还有钱宏耀与乡绅财主的关系。一方面,在家庭与老师的关系维系中,钱家需要在中秋和端午的时候给老师送礼,一般都是家中准备好让孩子送给老师,比如端午送粽子、中秋送月饼,这被看作对老师的尊敬。另一方面,家长钱宏耀为了使家庭得到当地乡绅的照顾和不受财主欺压,便致力于与这些人搞好关系,所以钱宏耀会注重在一些节点给他们送礼。

亲眷关系的访礼。钱家十三口人一起生活,家中妇女也有不同的亲戚圈子,这些关系也需要通过送礼来维系。比如媳妇回娘家需要带礼物,女儿嫁做人妇后,除了第一年的回门和之后的过年过节回娘家,其他时间很少回娘家。一般回娘家需要携带礼物,通常因为人们的日子难过,女子又要照顾家庭内务,所以有一些生活困难的人家的媳妇除了过年拜年回娘家要带礼物以外,其他节日回娘家时不需要带礼物,甚至有娘家倒贴给女儿东西。所以说儿媳给娘家的礼数并没有那么多规定,但是要脸面的婆家都会让媳妇带上礼物回娘家拜年拜节,钱家的条件尚可,家中的媳妇无论回门还是逢年过节都会带上礼物回娘家,这些礼物都是钱家家长一手操办安排,都比较平均。

2.随礼

钱家的人情消费不论是大家庭的"公亲"①还是各个小家庭的"私亲"②,这些人情消费的支出都由家庭共有收入承担。家庭成员的"公亲""私亲"中若有办红白喜事的,家户都要随礼,只是出面的代表不同,如"公亲"一般多是家长出面代表随礼,"私亲"若是大媳妇娘家的事情,就由大儿子、大儿媳做代表,若是二儿媳娘家就是二儿子与二儿媳作为代表前去。但因为这个随礼都是由家庭收入承担,所以随礼多少会由当家人决定,并且在各小家庭的"私亲"中的随礼要一碗水端平,以维持家庭内部关系的平衡。随礼的大原则是当家人按照对方与自家关系的亲疏和对方来家中的礼金多少决定随礼多少,一般情况下至亲最多,普通亲戚次之,再者朋友,最少是村邻。

3.请客

村庄是一个熟人社会,很多时候办事情和交际都需要请客。钱家当家人在家族和祠堂中均有任职,人际交往广泛,经常会请一些人吃饭,最多的就是和他关系要好的一些乡绅财主,一般要花费一些钱物,但也有的请客并不讲究饭菜。比如,当地乡绅与钱宏耀关系要好,临时来到钱家,钱家没有准备丰盛的菜肴,而乡绅则笑称:"不用准备菜,我只要鸡蛋泡锅巴就可以了。"但是有一些请客需要准备好饭菜,比如每年正月要请家中的长工吃上工酒,家中建造房子的时候要请木匠和瓦匠吃开工酒等。

(六)红白喜事的排场用度不一

家中会有红喜事也会有白喜事,是否操办及操办的排场,一方面要看家庭条件而定,另一方面要看当家人对红白喜事的态度。古话说道:"富裕人家喜事多",就是道出不论是红喜事还是白喜事,富裕人家都会操办,穷人家的生活困难,喜事丧事都是糊弄过去就行,没有能力去大操大办,所以红白喜事的排场用度通常不一样,就是在一个家庭内部也会存在一定差异。钱家的经济水平在村庄尚算中等,家中的红白喜事也不是全部都操办,并且不同的红白喜事也有不同的排场。钱家红白喜事的消费支出由家户内部共同承担,决定权属于当家人钱宏耀。

1.婚娶的排场不一

农村办婚礼可以算是一笔比较大的花费,其中占比较大的就是彩礼,即给女方家的彩礼钱。此外还有酒水礼,主要包括自家办酒席的支出与承担女方办酒席的鱼、肉、酒水支出两个部分。钱家两个媳妇嫁进来的时候,钱家都操办过婚礼,但是在排场上有区别,一个比较简

---

① 公亲:一般是指一个大家庭中的所有人作为家庭成员所公共的亲戚。

② 私亲:一般是指一个大家庭中的小家庭群体或个体成员的亲戚,是相对于公亲而言的。

单,一个则大操大办。婚嫁排场不仅要看婆家的经济情况,也会考虑娘家的经济、声望等情况,钱宏耀家的大儿媳家条件比较艰苦,加上考虑钱家大媳妇的娘家不是十分富裕与有声望,于是大媳妇嫁入的时候,婚礼是小排场,并未花费很多;等到钱家二儿媳嫁入的时候,钱家的条件稍好一些,最重要的是其二儿媳的娘家条件比较好,并且是街口比较有名望的人家,所以二儿媳是风光大嫁进门,婚礼宴席排场很大,村中亲邻都到场祝贺,宴席也是大办三天。

2.添丁多不办酒

钱家的人口一直在逐渐增多,家中添丁都是一件喜事,钱宏耀虽然也觉得这是家庭兴旺发展的表现,但苦于家庭生活,他对此并不是很看重,他更多的是看重搞好家庭的生产和生活。但是在家庭条件较好的年头,若是添丁也会办满月酒庆祝;若是在条件不好的年头不会办酒席,只会简单请几个人到场庆祝,比如新添孩子的舅舅、外祖父外祖母等。

3.丧事讲究大排场

钱家的家规明确要重丧祭,所以一直以来钱家的白喜事都会大操大办。若是未分家的一家一主的情况,丧葬花费就是由家庭共同收入来支撑;若是分家后有多个儿子的情况,就是由儿子平摊费用。钱家是一个家庭生活在一起。若是有老人去世,都是当家人钱宏耀根据家庭情况安排丧葬方案,丧葬的花费主要就是办酒席的用度,丧葬的墓地是家族负责统一购买安排。在钱家看来,丧事要大办,丧事的排场不仅是对逝者的尊重,还关乎家庭面子,所以在添人丁上可以节省操办,但在白喜事上万不能节省,要尽可能操办好,这也被视为有利于家族发展。

(七)教育消费占家庭花费比重小

钱村富裕人家居多,但是贫富差距还是比较大。在教育这一块,钱村富裕人家都能够重视家中孩子的教育,会请老师进行教育,有的将私塾老师请到家中教学,也有的将孩子送到私塾老师家中读书。但是穷人家的孩子连吃饱穿暖都是问题,更不用说教育,多数都没有接受过教育、没有去过学堂,教育要以家庭条件作为基础。钱家是中等水平人家,家庭的教育消费占家庭消费支出的比重总体来看比较小,在十三口人中,只有钱宏耀和大儿子、二儿子读过书。家中的其他男性也是因为家庭条件或一些其他原因都没有接受教育。在一个家庭当中,只有经济条件宽裕或者十分重视教育问题的才会送小孩子去读书识字,首先送去读书的就是男孩子,女孩子不能上学,这个情况全村都一样。钱家读书的人较少,还有一个重要原因,就是家长钱宏耀一直是个"半先生",不懂得耕种粮又常年任职在外,所以需要家中的孩子帮忙耕种,用钱家的话来说,"家中小孩子上学是要看运气的,碰上家中年成好,可能就会被送去读书,如果家中条件一般或者不好,男孩子需要留在家中帮忙做一些家庭事务"。

(八)视信仰消费为家庭必要支出

农村大多信仰自家家族的祖宗,家神家祖的祭拜是信仰的主要形式,村民多认为信仰的消费支出是家庭消费支出中的必要部分。钱村的大体情况都是这样,钱家也不例外,家中的祭祀、家神家庙的拜祭和办会活动等都是家长安排和主持,信仰消费的一部分是由家族承担,一部分则是以家庭为单位承担。

1.祭拜祖先仪式

钱家家规强调重丧祭,每年都有祭祀祖先的安排。在家族层面,清明节和十月半的时候会在祠堂中举行祭祖仪式,举行大型的祭祖活动,家家户户的男丁都可以去参加家族祭祖仪式和宴席,清明节的时候,每房支还会派一个代表组织起来,一起到山中祖坟扫墓,家族里公共祭祀活动的消费支出全部由家族祠堂承担。家庭层面的就是每家每户都会在七月半、腊八、过年的时候祭祖,七月半的时候会举办"请祖宗"的活动,过年的时候祭祖也很重要,一般都是年三十的晚间准备一桌子菜,一般八碗、十碗都可以,然后由家里的当家人做代表端去祠堂里,村里大概有几十桌,每户将饭菜端到大桌子上之后,便开始烧香拜祭。此外,平时若是家中不顺当也会烧化祈求祖宗保佑,这些信仰支出由单个家庭独自承担。

2.家神家庙拜祭

钱家的家神家庙一般都是家中男性祭拜,多是每个月的初一、十五烧香拜祭。此外,钱家供奉财神菩萨,家中年年都会请财神菩萨,大年三十晚上会关财门,到大年初一早起放爆竹、开财门就是为了迎接财神,财神一般放在堂屋案桌上,平时就是初一、十五烧香拜祭。另外,钱家还在家里面供奉灶神,一般年底腊月二十三会送灶神,到大年三十晚上再来接灶神,一般认为灶神是在厨房,只需要在过年送和请的时候才会拜祭一下,其他时间无需拜祭。家中拜神一般多为家长进行,多数情况下只有家中成年的男性才能祭拜,除了庵公庙和娘娘庙是女性拜祭,其他时候女性参与祭拜会被视为对神的不尊敬。此外,还会有一些祭拜家庙的活动,如初一、十五要去村中的土地庙敬香。这些家神家庙的拜祭所需的花费都由家庭承担,算是祈求神庙保佑。

3.村庄集体办会

钱村因为处于圩区,经常会有水旱灾害的发生,所以人们多通过一些办会活动祈求风调雨顺、事事顺心。在拜祭的神灵中,有一些神灵的祭拜通常要举行一些大型活动,并在固定时间举行,比如二月二的土地庙会,就是每年的农历二月初二被视为"龙抬头"的好日子,所以这一天钱村会举行土地庙会,接土地庙的土地菩萨回家,一个小队的人组织起来一起办会,祈求风调雨顺;还有三月三庵公会,就是每年的农历三月初三,村中的妇女会去到当地的庵公庙祈福,祈求家庭平安顺利。在这些活动中,只有庵公菩萨会一般是由妇女去参加,其他都需要男性参与;这些办会的费用有些是家族承担,而参会时一般带上香烛烧化,此外还要"丢香钱"[①],这些信仰的消费支出就是由家庭自己承担。

五、家户借贷

(一)借贷单位与过程

1.本户少借贷,以家庭为单位

钱家一直以来的生活可以算是中等,家庭内部也是一直本分种田,一直努力保障家庭的日常生活。钱家的生活基本能够自保,有些年份收成好,还会有结余,但也有偶尔不能维系生活的时候,如遇灾荒或战乱。由于钱家的中等经济水平,钱家的借贷情况很少,仅有几次需要靠借贷维持生活的情况。有一次是日本人入侵钱村的时候,钱宏耀带着全家逃荒,去了不远处的太丰圩舅老爷家,在那边的几年时间内,先是靠着一些积蓄生活,到了后面就只能靠钱宏耀出面、由舅老爷担保,出去借粮食过生活,这次借贷主要是因为战乱破坏了家庭生产。另

---

① 丢香钱:在去庙宇祭拜的最后,需要丢钱给庙宇,算是祈福的香钱,一般给不给、给多少都是自愿的,当地习俗一般都是要给的。

外还有一次借贷是家庭条件变差,钱村有几年的雨水很多,洪涝灾害和虫灾多发导致收成不好,钱宏耀平时爱好赌博,一输就是几担米,家中的存粮很快也被消耗完,外加那几年钱宏耀病重也花掉家中的一些积蓄,家中时运不济,耕牛也死了一头,家庭生活变得十分困难,于是钱家只有向别人家借粮食才能过生活。

钱村有一个恶霸财主陈国香,是宣城地区泾县的县长,他的儿子陈柏宇因为承包陶辛十里铁路的修建而发财,发财后便在当地购买很多土地,成为当地有名的财主。钱村的贫富差距很大,有一些贫穷人家都吃不饱、穿不暖,遇到灾年或是青黄不接的时候只能向财主、大户人家借贷。这种借与贷不同,借可以向亲戚朋友借,是借多少还多少,不需要收利息,但若是向财主家借或是贷,就要收高额利息。利息是否收取和收取多少跟借贷双方的关系与借贷时间有关,关系好的,可能借贷都不需要利息,关系不好,一般借贷的时间越长,利息就越高。钱家这次借粮就是钱宏耀向村中的陈柏宇财主家借,因为钱宏耀堂弟家抱养的押女①是陈柏宇的妹妹,有这层关系之后,加上钱宏耀与陈柏宇的父亲陈国香平日关系交好,所以钱家向陈家借来的4担粮食并没有附加利息,也无须另外的担保手续。

钱家借粮食以家庭为单位,借粮食虽是当家人钱宏耀一个人安排、决定,但是借粮食是用于家庭所有成员的共同生活,所以家中成员也都赞成,不会有人反对。家庭发生借贷是家户内部的事情,不需要告知四邻、家族、保甲长,这些人都不能干涉家庭的借贷活动,借贷活动都是家庭所需,能不能借贷、以什么样的条件借到也是看各家本事。家庭内部若是未分家,都要听从家主安排,小家庭不能外出借贷,也不存在个人借贷。

2.家长多担保,以面子为保证

当借贷活动发生的时候,一般不需要抵押,只有借出的金额数目较大、出借人又不是很相信借款人家的还款能力时会要求抵押借贷,一般穷人家借贷也没有值钱的抵押,多是家中的土地或是房屋。钱村中借贷抵押的是少数,一般的借贷只要有担保人担保就可以,必要的时候需要打一个借条,就相当于一个契约,主要包含明确的借贷款项、借贷期限、借贷抵押情况、借贷利息等内容。借条一般都是中间担保人书写,借贷双方签字就可以,如果没有担保人就是借款人打欠条给借出的一方。借钱不是说借就可以借到,财主家也要衡量借方的经济情况和之间的关系,最终来决定借不借或者贷不贷。关系好且有人肯担保,就比较好借贷;如果家庭条件差,每年都很拮据,即使是有担保人,财主家也是多半不情愿出借,多是担心借出后有借无还。

钱家因为经济条件在钱村算是中等水平,家中也一直勤劳耕种,所以家中的生活总体算是可以,很少有借贷的需求,只有在灾荒战乱或家庭变故的时候需要通过借粮食渡过难关。钱家因为钱宏耀对外的良好人际关系和较高的社会声望,借贷活动都十分顺利,不需要另请担保人,也无须抵押。另外,钱宏耀不仅代表家庭借贷,而且还帮别人担保借贷,他就像是借贷的中间人,村里的人大多相信他,会请他到场见证,如果实在无法请钱宏耀本人到场,请到钱宏耀的"名帖"也一样可以做担保。只要愿意借贷,借贷的过程就十分简单,就是请一个中间人做见证,书写一张欠条,如果是有抵押就拟定一个抵押协议便可以。中间人还有一个作用,就是见证两方对于利息的商讨,不过因借贷关系中的贫富差距,借贷利息和期限基本都

---

① 押女:在当地是没有子女的去抱养的女孩,区别于家中有儿子抱养女孩回来养大后直接婚配给自家儿子的童养媳。

是富裕的一方占据主导权,说是多少就是多少,穷人愿意接受方可借贷。钱宏耀在别的家庭的借贷活动中就是以中间人的身份发挥作用,一般他出面或是"名帖"到场都有用,借贷活动多需要面子做担保,并且钱宏耀还会帮助一些贫苦的人家降低利息,这也是钱宏耀建立普遍社会联系和提高社会声望的做法与体现。

(二)借贷主体与责任

1.当家人多为借贷主体

家庭若是发生借贷,主体一般情况下都是当家人,因为当家人掌握着家中的经济大权。钱家在借贷中,钱宏耀就是实际的支配者,钱家只有过几次借粮食的活动,就是钱宏耀带着堂弟做中间人、两个儿子做搬运工去借的,在借贷中,主要是钱宏耀出面,没有委托他人借贷的情况。在钱家借贷的时候,家庭的其他成员都赞成,毕竟借来的粮食是用于解决全家人的吃喝问题,并且两个儿子也参与借贷过程,大家也都相信钱宏耀是为家庭着想。在家庭的借贷中,借多少、向谁家借都是当家人钱宏耀做主,家庭其他成员很少发表相关意见,毕竟其他家庭成员对外交往的实践经验相对钱宏耀来说比较缺乏,他们也没有那么广的人脉。

2.当家人协同家庭成员共同承担借贷责任

借贷活动之后,若是大家庭借贷,当家人就是第一负责人,承担借贷活动的主要责任,但是其他家庭成员也需要承担偿还家庭债务的责任,担保人则需要承担一定的担保责任,其他人不需要承担别人家庭内部的借贷责任。钱家借粮是当家人钱宏耀决定并出面去财主陈柏宇家借,借来之后就需要在规定的期限内还清,借贷主体虽负有主要责任,但是一般都会将这个借贷的责任分配到家庭内部,这个分配不是按人口平均分配,而是把还贷的任务落到家中种田的两个主要劳动力即大儿子、二儿子的身上,主要依靠他们勤劳耕种带来的收入来偿还。因此,借贷责任是当家人协调家庭成员共同承担,在钱家表现为当家人钱宏耀承担借贷活动的主体责任,实际的偿还责任则由家中的劳动力来承担,家中的劳动所得用于偿还家庭借贷。

(三)借款使用与还贷

在借贷活动中,借款的使用权和还贷责任并不一定统一,也要分情况来看。一般情况下,用于全家生活生产的借贷一般是家长出面借贷、全家负责还贷,私人借贷并且用于私人使用的情况就需要私人偿还,这个有明确的区分。另外,在道义上还有父债子还与夫债妻还的规定。

1.家长借全家用全家还

借贷活动虽然有一个出面代表,但多数情况下的借贷都是以家庭为单位,一般都是由家长出面借贷,但借贷的钱粮却是供全家人使用。在这种情形下,借贷的偿还责任自然而然也需要全家人承担,全家人也不会反对,就是用全家的共同收入来还。如钱家向陈柏宇家借的10担粮食就是全家人在一起吃,用家中农田的收入和家长的公职等共同收入来还,还债时由当家人带上担保人,并且由两个儿子挑着粮食送到陈柏宇家中,钱家在第二年秋收的时候便一次性还清所欠粮食。

2.私人借款使用私人偿

钱家家长钱宏耀虽然爱好赌博,输钱的时候输掉几担稻也是常有之事,但是他算是比较有分寸,不会胡来,他赌博的大部分时候都是陪乡绅财主,是为了维系好关系,并不会真正地去滥赌,所以钱宏耀并没有欠赌债的情况,不会去私人借钱赌博。因为家中的生活都在钱宏耀的安排下,加上他的威严震慑,所以钱家其他家庭成员不敢也没有其他私人借款的现象。但钱村有一些家庭中会存在私人借款的情况,他借来的钱可能是私人使用,比如赌博、抽大烟,最终也就由他自己负有偿还的责任,所以私人借债都是私人去还。

3.父债子还与夫债妻还

农村有长幼尊卑的关系,在这些关系中也相应规定彼此的责任。比如在借贷活动中就有父债子还、夫债妻还的规定。一个家庭的债务若是父亲欠下的,在他没有能力偿还或因去世而无法偿还的时候,就需要儿子替父偿还,即使是分家后,儿子也有替父还债的责任。同样的,若是小家庭中的丈夫在外借钱无力偿还或去世,妻子也需要承担夫债妻还的责任。父债子还、夫债妻还一直被认为是天经地义的事情,如果不承担就要受到社会舆论的谴责,被指责为不道德、没有良心。农村还存在因为还不上债务而卖妻、卖儿的现象。钱家一直是中规中矩的本分人家,并没有发生过这些事情。

六、家户交换

(一)村庄集市是交换的主要场所

钱村经济发达,人们的生活较为富裕,在之后的土地改革运动划定成分的时候就有18个地主,随着村庄的逐渐发展,人口也日益集中,慢慢地村庄集市也发展起来,每天都可以去集市,所以钱村的人们赶集十分便利。钱村内就有一个小型集市,大型的集市在湾沚县县城。钱家人赶集很方便,家中后门口的石板栈道就是通往集市的主干道,一些基本的生活用品可以在村庄集市中购买到,但像粮食、耕牛、大型农具等就需要到县城的大集市购买,不过钱村去湾沚集市只需要乘坐半个多小时渡船就可以到达。钱家若是遇到红白喜事都会去县城里的大集市购买物品,逢年过节也会上县城赶集。

(二)家庭交换中多为家长做主

钱家在经济交换的时候或者是集市贸易的时候,都是由家长钱宏耀安排,家庭交换中的事情只有钱宏耀一个人能够决定,他不需要跟其他家庭成员商量或寻求意见,也不用告知或请示四邻、家族和保甲长等人。钱家既会去集市赶集,也会在村庄进行交换,平时家中的油盐酱醋茶、柴米菜布等生活用品都是钱宏耀去村庄集市赶集购买,大型的东西会到更远的湾沚县县城购置;同时钱家也养殖家畜,猪鸭鸡肉都是家中自养自给,家中的这些物品也会和别人家进行交换,比如在收成比较好的年份,钱家会养两头猪,两头猪不是一起杀掉,而是先宰杀一头,给关系比较好的亲眷或村邻家,将分给各家各户的斤两记下来,等到这些农户家宰猪的时候会返给钱家相同斤两的猪肉。

钱家的大部分生活用品都是在村庄集市中购买,只有少数家庭用品是和别人家交换而来,一般经济交换的单位就是家户,家内的小家庭一般不会单独开展经济活动。钱家除钱宏耀以外的其他成员也不能够单独开展经济交换活动,只有在家长的允许下才可以。在钱家,曾经有一次钱宏耀外出不在家,长子钱昌柳就拿家中的钱去集市购回一大匹龙头布,钱宏耀回家后就以钱昌柳买贵了且买的不好责骂他。在其他家庭中,若是家长实在没有办法直接去集市进行经济交换,也可以委托给家中其他人,一般家长会委托信得过的成员,同时还会将经济交换活动所需要的费用或实物也一并委托给这个家庭成员。钱宏耀没有委托过其他成员进行交易或交换的活动,但是其他人对于家中生活需要的短缺可以上报说明和发表意见,钱宏耀会根据意见并结合家中的实际情况进行经济交换活动。

(三)粮食行及流动商贩的交易形式

村庄交易并不是各家对各户实现的,交换活动有固定的场所,交换活动中需要跟一些交换客体打交道,家户的交易也包含粮食的买卖和置换活动。当家人是家户和集市打交道的代表,购买物品和置换物品都是这样,集市的选择和交换的花费都由当家人一个人做主,其他的家庭成员一般不参与或者在当家人的允许下协助当家人完成。

1.和粮食行打交道

钱村的大部分农户都是以农业种植为主,多种植水稻和小麦,收到的粮食基本是家中收入的唯一来源,所以家中除去吃食方面的其他用度都需要依靠变卖粮食或置换的东西来维持。粮食买卖和置换两种活动是每个家庭去集市的粮食行进行,在粮食行可以用稻谷、小麦换大米、面粉,同时也可以变换成钱。钱家耕种的土地比较多,家中的大师傅富有耕种经验,加上两个儿子的辛勤劳作,所以除去战乱、灾害的年份会减产绝收外,一般都会有一个较好的收成。家中土地每年都会种植水稻、小麦,还会种一些泥豆、油菜等,收成的粮食还算比较充足,耕种下来很少有不够吃的时候,每年家中也会有"好年防灾年"的意识,专门多留存口粮以防止来年的灾荒。在留存基本口粮和预留粮食后,家中收入的多余粮食就会拿去粮食行交换。一般都是由钱宏耀带着两个儿子去,用自家的水泥船装着粮食运去湾沚集市进行交换,但是去哪个集市、出卖多少粮食、置换什么、置换多少等都是钱宏耀决定和安排,两个儿子只是负责搬运,不能参与这些交易活动的决策和安排,其他家庭成员更无法参与其中。

2.与流动商贩做买卖

钱村在附近算是十分富裕的村庄,全村中光雇用的外地长工就达百人有余,即使村庄有小型集市,但还是会有村庄和外村的一些人挑着货品来村里叫卖,一些实用价廉的商品经常会受到青睐,流动商贩一般都是贩卖食盐、茶叶、茶点之类的小物品。钱家也跟流动商贩进行过交换,一般都是急需什么东西才会在流动商贩处购买,即使流动商贩的价格会略高于集市价格。钱家由当家人跟流动商贩打交道,因为他管着家中财产大权,但是偶尔碰到当家人不在家又紧缺东西的时候,其他家庭成员也可以做主购买,比如家中缺盐时,钱宏耀的妻子也可以做主购买。

(四)货比三家的经纪交易

钱村富裕人口众多,集市也较为发达,集市中的商品琳琅满目,购买时候的选择也比较多,湾沚县城的大集市更是这般,货品更加齐全。所以钱村人去赶集的时候都会赶早,一是因为赶早可以买到鱼等时鲜货,二是赶集购买货品的时候,一般通过货比三家才能确定购买,这需要花费一些时间,所以赶集都是赶早不赶晚。

1.货比三家定买卖

钱家在进行交换的时候,都是钱宏耀决定去何处进行,他来到一个集市的时候首先会货比三家,通过比较几家商铺出售相同货品的质量和价格,最后本着物美价廉的原则,决定到底在哪一家购买。货比三家的过程通常也伴随着讲价的过程,买卖开始或必要的时候当家人会衡量要不要货比三家,若是在已经对一个集市很熟悉的情况下,也许一种或一类货品都会在一家店铺买卖,这样可以方便争取更多的优惠。钱家人,宁愿和生人做生意,也不愿意和熟人做买卖，与熟人不好商讨价格，出问题也不好解决，这也是钱家家长钱宏耀喜欢去县城赶集，大批量购买家庭用品的原因之一，比如家庭衣物所需布匹就是他上县城集市统一购买回来。

2.经纪交易保质量

若是碰到大型的经济交换活动，一般双方都会请经纪，经纪在交换活动中就相当于见证人，主要负责保证交易商讨意见的一致、交易的公平和交易质量。一般经纪交易都是请村中能说上话的人，交换活动中也需要家户的当家人去和经纪交易。经纪是一种在市场中专门从事中间介绍的职业，卖家和买家都会找他，他负责搭线和促成交易，给村庄交易创造了便利。钱家在购买耕牛的时候就是找来经纪，经纪给钱宏耀提供卖家信息，并且带着钱宏耀去跟卖方交易，经纪交易不仅便利，同时在交换活动后若是出现问题，也可以联系经纪帮忙解决。

第三章　家户社会制度

　　钱家是钱村的本分人家,人口上属于大户人家,经济条件属于中等水平,社会地位上比较有声望,村邻关系也很和谐。钱家在家庭的婚配、生育、分家和继承、过继与抱养、家户赡养、内外部交往等家庭行为与活动中都凸显出钱宏耀的主导地位,并且钱家在这些行为与活动中也表现出其独有的优势、中庸的家风传统和其他家庭成员对于家庭的高度归属感。钱家的当家人钱宏耀注重自立外联,既注重家庭内部生产的有序和生活的和谐,又注重家庭对外的交往,从而保障家庭的稳定发展。

一、家户婚配制度

(一)家户婚配情况

1.婚姻优势明显吸引女性嫁入

　　钱家有十三口人一起生活,家中的儿女一般都是到适婚年龄就会开始谈婚论嫁,尤其是钱家的儿子比较多,家中一直按照排行大小给他们娶媳妇。以往的婚姻都是男方父母去找媒婆让其帮忙说亲,但是钱家两个儿子的婚姻却不是这样。第一,钱村在 1949 年以前富比一方,邻村想要嫁入本村的家庭很多;第二,钱家家长经常在外帮人处理事务,威望名声在外;第三,钱家的条件在村中是中等水平,也算得上是大户人家,所以家中儿子一般长到 21 岁左右,就会有人主动向钱宏耀提亲。钱宏耀的五子一女中,只有老大和老二在 1949 年以前结婚,钱家分家之前一共有三对夫妻,钱宏耀的母亲守寡,其他家庭成员都是未婚。其中长子的媳妇姓陈,是十联圩朱墩人,家中是书香人家,父亲先是在芜湖做土律师,后来回农村当乡长,但是家中很穷,所以女儿嫁到钱家时并不是风光大嫁。钱家的这个大媳妇在做闺女的时候住在芜湖城市里,所以也不会做家务活,而且比钱家大儿子年长两岁,是因为父辈关系要好、亲戚介绍所以才结亲成功。二儿媳妇姓庄,是附近街口人,算是隔壁邻村,源于本村做裁缝的到街口女方家,女方也到适婚年龄,便找裁缝搭话聊天说起婚嫁一事,说到"钱村里钱家好像有个儿子还没有婚配,和你家姑娘差不多大,要不要我给你讲讲",女方父母一听也挺心动,便开始托裁缝说道说道。于是裁缝便来到钱家跟钱宏耀说可以帮忙介绍一个媳妇,钱宏耀听他细说完便同意,但是双方子女尚不知情。

2.门当户对且禁止同姓结合

　　钱村是出了名的大村庄,钱村有一百多户,钱姓就占到 80%,客姓有 20%,钱家在村中算是大家户,一般大家户娶媳妇都是附近村庄嫁入的多,婚嫁范围比较小,并且婚姻都是家长包办。村中嫁娶都比较自由,一般情况下只要门当户对的双方家庭愿意,便都可以婚嫁,但是村中大户并不一定就和大户家结亲,有些小户人家会用钱去支配,花钱活络关系将女儿嫁入条件较好的人家，所以说家庭人口规模对婚姻还是存在一定影响，人口多的人家就会看得上。在钱村，同村客姓与钱姓之间可以结婚，但是不允许同姓结婚，不过也有极少数这样的情况，比如崔家有一户人家非常穷，因为一直娶不到亲，最后就娶回亲戚家的女儿，后面家族修谱时未允许他们上谱。在钱家看来，这种做法相当于打破家族制度，祖上传下来的本姓之间不能结婚，如此一来便是不符合宗祠道德的行为，并且亲戚结亲会影响血统健康，最终不利于家族发旺。

（二）婚前准备情况

1.父母之命子女需听从

在1949年以前，家中婚姻都是家长做主，子女对于婚姻对象、婚姻方案这些都不知情。女子一般到17~18岁，男子到21~22岁便为男女适婚年龄，适婚年龄男女的婚嫁都是由家中父母提出，子女即使有想法也不敢开口。当然也有特殊情况，比如村中有一户人家的儿子到结婚年纪，父母给其安排一个女孩子，女方父母也同意，但是儿子就是不同意，最后婚事没有谈成，结果这家儿子日后娶亲也变得更加困难，因为大家都不愿意再帮他介绍。家中如果有喜事不用告知保甲长，婚事主要就是通知一些家族亲眷，还有一些要好的村邻就可以。一般婚姻的成功与否取决于男女双方父母的决定，其他人比如族长、保甲长不会干预，但是礼多人不怪，可以邀请他们参与，毕竟邀请只有好事，不会是坏事，至于婚姻是否合适他们也不会干涉。

子女在家庭婚嫁对象的选择和确定上也没有发言权，即使心中有不一样的想法甚至不满，都不会主动去表达，因为对于1949年以前的社会来说，这是一种忤逆，在婚姻大事上，无论是选择婚配对象还是婚事安排都是父母之命，子女只能听从。在钱家看来，结婚不是两个小辈的事情，是结婚双方两户人家的事情，如果不是门当户对，日后两家的交往会有很多不顺心的事情发生，所以为了提前避免这些问题，家长们会按照门当户对的要求去安排。

2.媒妁之言由条件牵线

当地的婚姻都是父母决定，但是在谈婚论嫁的过程中主要靠媒人①发挥作用，媒人一般有周公或媒婆两种，请谁做媒人没有固定规矩，一般都是男方、女方各在家中亲眷中选一个能说话的去负责双方的沟通交流，所以一般情况下媒人就是牵线人，两方都是带着条件去交流。1949年以前都讲究门户相对，加上媒人基本都是亲眷，所以媒人一般都会找个和本家家庭条件差不多的、知根知底的家庭，不会找个太差的去婚配。也就是说男方即使想娶个长相比较漂亮的媳妇，但是也不方便说出口，一般都是男女结婚的时候才能见到面，所以婚前双方都不知道对方的美丑。婚配的过程就是双方媒人自己揣着合适的条件为两方牵线，主要考虑门当户对，其他条件如长相、年纪、家庭情况等都是一般的要求，父母和媒人掂量着合适就可以。

婚姻对象都有条件衡量，一般对女方会注重名声，要会做事，钱村古话说"娶亲要娶圩里人，圩里人讲话好听而且会做事情"；对男方比较注重是否会干活，还有德行，这些方面媒人和父母都会提前关注，俗话说得好，"家有万金，外有等称"。别人对你的评价就足以让你了解

---

① 媒人：当地将婚配中的介绍人和牵桥搭线的男性人物称为周公，女性人物一般称为媒婆，按当地习俗一般都是媒婆介绍，但是婚嫁双方家庭正式商议婚姻之事时是需要请周公办事的。

一个人的各方面条件,所以媒人都会互相打听对方的条件。门当户对条件下的婚姻讲究要看家庭条件,如果家庭条件好就会讲究得多一些,如果家庭条件很差,就没有资格去要求那么多。还有一点就是人的思想也有所不同,有的人爱人,有的人爱财,思想不同对于条件的讲究就有所不同,一般都是男方对女方的要求。但是用钱家的话来说,钱家是穷不欺、富不通,所以钱家在嫁娶方面一般都是媒人介绍,家长看着条件相当、年纪相仿就可以,没有觉得自己家有多么富裕,也不会去提过分的要求。

3.嫁娶包办需家长满意

钱家的家庭条件在村中整体算不错,在人口规模上算是大户人家,条件不错、名声也很好,所以周公帮忙选择的对象也不会太差,子女不会有意见,都是包办婚姻,没有自由,一般只要家长钱宏耀满意就可以,人好、条件好的婚姻是比较容易成功的。钱家认为结婚最主要的目的就是生儿育女、传宗接代、养老送终,加上在村里有"要钱不如要人"的说法,所以不生不养会被视为不孝,不生不养要被休掉。但是钱村也有"得子休妻"的情况,主要就是本身不满意儿媳,在儿媳生完小孩之后便将媳妇休掉,而这种情况也会被大家所唾骂,钱家并没有这样的事情发生。对于婚姻,双方婚前完全不见面,更不用提感情,感情都是寄希望于婚后的培养,爱情要男女双方都好才会有,结婚更多的是一种责任,是为了家庭而不是个人。在钱家人眼中,婚姻不是自由的,家中也不允许自由恋爱,自由恋爱被看成有伤风化的事情,所以大部分人都是顺从这种包办婚姻。但是"人吃六谷五颜六色",所以也会有一些自由恋爱的情形,比如富人家里讲究不许自由恋爱,穷人家里稍微松些,但是自由恋爱还是需要父母出面请媒人包办,包办就是生根的东西。无论大户、小户,婚姻要看个人情况和条件,钱家的婚姻都是由熟人、亲戚介绍,父母比较满意就可以。

(三)婚配具体过程

1.协商定亲与下聘礼

婚配的时候讲究门当户对,所以说聘礼要看两家的条件,也要看女方的要求。聘礼一般是家长根据村里的基本水平,由双方媒人商量决定。一般情况下,大户人家的聘礼要讲究一些,数量也会多一些,富人家要面子、要排场,穷人家里马马虎虎的就算可以,加上穷人家能够把女儿嫁去条件比较好的人家已经是不错的选择,也不会额外要求太多。钱家在人口上虽是大户人家,但经济上只能算是尚可,家中几个儿子娶媳妇的时候聘礼都不一样,聘礼也会分人而论,有多有少。钱家的大媳妇进门的时候并没有要多少彩礼,她家比较穷,所以也没有陪送嫁妆,二媳妇进门的时候是风光大嫁,要去一百盒子①米,但是同样也陪送了很多嫁妆。彩礼和陪嫁在家庭内部也有差异,要看家庭条件来定,正是因为一个家庭中的子女多,结婚对象的家庭条件也不一,本身家中条件年年有变化,要统一对待也很困难,所以最终的聘礼都是家长做主,子辈也不敢发表意见。再者,一般提出要彩礼的家庭都会陪嫁东西,所以都是因人而异。

钱家的婚事都是先由媒人讲亲,然后定亲,定亲一年左右之后就可以结婚,一般都是上半年定亲、下半年嫁娶,定亲后小辈不能见面,但是两家长辈之间还是会有走动,但是不送礼客往,新娘不过门不用送礼拜节,父辈之间的走动也不用带东西,一般都是男方到女方家走

---

① 盒:1949年以前当地的容量计算单位,4盒为1担,10斗也为1担,一担为100斤。

动。媳妇过门以后也是男方要去女方家中拜节,端午、中秋、春节三个大节都要去拜节,婚后拜节只有小辈去,捎带上一些香烟、麻酥糖等。钱家的二儿子钱昌桃婚后和媳妇回门时还有一件趣事,他媳妇家是个大户人家,回门时需要准备十几户人家的礼物,为了讨个好兆头需要带糕,这个糕是收礼者收到后需返回给送礼者的,寓意"高来高去",但因为没钱置办那么多回礼,便让木匠将木头锯成糕状大小,包好并贴上签子,外观与糕无异,每户回礼中一半是真糕,一半是假糕,他送给妻子兄长的时候被发现,兄长还跟妹夫说想要吃糕,故意和他打趣。

2.家长决定用婚书预报佳期

在婚配中,定亲之后就是结婚,一般结婚的方案都是家长拿主意,媒人也是家长去请,结婚方案的细节都是请媒人商量决定。不管家里是三世同堂还是四世同堂,婚事都是家长安排,当家人还要出面去请帮忙的人,村中有专门帮忙的人,还会有村里人主动来帮忙,但是帮忙时一般都是先请家里人再请外人,如果当家人不在家,也可以由家中的大儿子出面请人。结婚的时候,家庭中的其他成员不参与婚事的决定,但是可以参与到婚事的筹划上。

结婚要写婚帖,上面要有新人的署名,还有媒人的署名。写婚帖是因为嫁婆都要下帖子,帖子被对折七道,上面写着新人的名字、结婚的日期、媒人的名字,外面用个大筒子套住,用毛笔写4个大字"预报佳期",送日子、下帖子都是媒人负责,因为结婚的日子不是男方决定,所以在送去女方的婚帖上用上"预报"两字,如果女方家长看后没有将帖子送回去,就表示同意结婚日期,如果婚帖被送回来,就说明女方不同意这个婚期,两家还得重新商量以定佳期。正式下帖子的时候,还需要在一张纸条上面写上邀请的对象,然后贴在筒子上,下帖子是为了通知家里的亲朋好友办喜事的消息、时间、地点,一般都是通知家中比较重要的亲眷,钱家还会邀请钱宏耀比较要好的朋友,当然,还有一些没有被邀请的人也会来参加婚礼。

3.家内讲究有序婚配

在钱家,钱宏耀有5个儿子,兄弟之间基本都是相差2到3岁,兄弟们结婚基本都是按照大小顺序,谁先到适婚年龄谁就先结婚,婚嫁的顺序原则上就是先男后女、先大后小。结婚是家庭的大事,所以家中一般都是从大到小安排婚事,不仅如此,主动来介绍的媒人也会自觉地先给钱家老大介绍,老大婚事定下来以后,若再有合适的人选才会轮到老二,遵循长幼顺序,钱家一般也都是按照一个辈分中的长幼来安排婚事。但是如果一个辈分中年长的哥哥始终找不到对象,而后面的兄弟又已到结婚年纪,也可以先结婚。在钱家看来,一般能结婚办喜事的总是好事,不会有人在前面阻挡,一般多子女的家庭都是按照年纪安排婚事,大家庭更注重这种次序性。

4.结婚办喜宴有简单有热闹

农村办婚礼可以算是一笔比较大的花费,其中占比较大的就是彩礼和酒水礼,后者主要包括自家办酒席的支出和给女方办酒席送的鱼肉菜等支出两个部分。另外,婚礼在农村算是大喜事,一般要大办宴席,操办酒席也要花费很多钱,酒席总共有三天,第一天是请提前去媳妇家搬嫁妆的人喝酒,喝完酒将嫁妆提前搬回来,第二天是接迎亲的喝酒,第三天才是正式的宴请宾客。钱家二儿子结婚的时候,酒是8角钱一斤,亲眷随礼一般都是2~10块钱,家中喜事收到的礼金都由钱宏耀保管,而家中喜事的花费也是钱宏耀用家中积蓄统一安排用度。钱家不同儿子的婚礼花费也不一样,大儿子的婚礼要简单一些,二儿子的婚礼排场比较大,但是家中的这些事情都是钱宏耀安排,子辈们并不敢有意见。

(四)其他婚配形式

1.家中少纳妾

钱家不兴纳妾,祖训要"宜家室",所以钱家从分家成为小家庭后没有一个男性纳过妾。钱村有一户人家有纳妾的现象,此人是钱村的一个干部,在村里算是比较厉害的人物,能听懂日本话,日本人来的时候,他吓唬日本人:"我当的干部大大的,你的太君不行,官没有我大。"他家中的妻子没有生育,他又喜欢吃喝嫖赌,之后便从芜湖县城的妓院带回一个漂亮女人做小老婆。纳妾一般都是富人或者有权有势的人家才会有,多是因为家中妻室不漂亮或者没有生育。钱家宗子辈有一个人有纳妾,原因是家里的妻室不漂亮,加上也没有生育,家中是老婆婆做主,老婆婆为了保住家里的财产和家室,就给儿子纳妾,但是小媳妇也没有生育,就只好安排自己的小媳妇假怀孕,将女儿家的孩子抱回来偷偷养。此人娶妾便是家长决定,其实小妾也不漂亮,只是为了延续香火。

一般大户人家更倾向于纳妾,生育不顺利的家庭也更容易纳妾,纳妾一般也是基于传宗接代的需要,且小妾一般为穷人家的女儿,富人家的女儿不会同意做小妾。纳妾时也是由家长安排,自家纳妾无须告知保甲长,纳妾时一般也不用写契约,不用给对方粮食,纳妾本身就等于给穷人家的女儿更好的生活。

2.养童媳省操心

钱村也有童养媳的婚配方式,童养媳就是在男方家庭收养小女孩,把大概8~9岁的小女孩从别人家抱回来做女儿,长大后直接婚配给自家儿子,在当地又被称为"养媳妇"。钱村有童养媳的情况很多,但是钱家没有养过童养媳,家中共8间屋的三叔家因为没有生育孩子就抱回一个押女,这还不算是童养媳。一般抱养童养媳的家庭比较富裕,但是也有一些穷人家会抱养,这种情况主要是为家中儿子的婚配方便,不用求人做媳妇,也不用请媒人,酒席也可以省去,俗话说"拍拍灰,娃成堆",童养媳的婚事就比较简单随意。

童养媳一般都是本地人,也是经由家中的亲戚朋友介绍,对方多是家中儿女比较多且生活比较困难,才会把女儿送去别人家做童养媳,因为生活不容易,家中少一个女孩子就会少一个负担,也有富人家的女儿送做童养媳,但只是少数。童养媳在婚前算作女儿,但是在家中的地位很低,一般都或多或少会受到奴役或者虐待,重活、脏活都是童养媳负责,成婚以后童养媳的地位稍有提高,但还是得看婆婆和丈夫的态度,除了保住基本生活以外,一般无法当家,还需要做繁重的家务。养童养媳的家庭一般是家中有儿子且家中生活还不错,别人家有年纪相仿的女儿,但是生存比较困难,这时亲戚就会介绍搭线。一般亲戚介绍时都是会往好人家介绍,或者男方家长看到别人家的女孩子秧苗好,生得机灵、漂亮,就会主动上门去请求领养,做家中的童养媳,两家家长同意后,女孩就成为男孩家的童养媳。童养媳的领养程序很简单,不需要请保甲长,不需要写文书,也不需要拜祭祖宗,也不用给其亲生父母粮食。童养媳如果是外村人,抱来后要去重新登记户口,便成为本村人,但是还会允许和生母家走动,长大婚配后也需要把生母家作为娘家来走动。

3.忌改嫁守贞节

钱村很少有改嫁的现象,嫁过门的媳妇"生是婆家人,死也是婆家的鬼",伦理道德上不许改嫁，所以村中很少有这种情况。1949年以前，妇女的地位很低，守寡被看作是守贞节的行为，村中祠堂对这种行为也极为赞扬，所以客观上即使有想改嫁的妇女，实际上也不太容易。

钱村是一个富裕的大村庄，村中有祠堂管理家族事务，改嫁被视为有伤风化和不光彩的事情，祠堂更是会对这方面的出格行为加以惩罚。祠堂能够担住人命案子，有家规整家风，所以说祠堂和家规压住这些改嫁女，婚姻便具有固定性，很少有变动，结婚基本就是一辈子。但是只要不是特别出格，比如婆家同意媳妇改嫁，祠堂也不会干预太多。钱家有一个长辈去世，他的妻子选择改嫁，嫁给一个没有娶过亲的人，两个人等于说是搭伙养命。另外，钱宏耀的大哥渡船淹死后，他的妻子在得到钱宏耀的母亲同意后，经人介绍改嫁去陶辛，婚礼的时候也给钱家下过帖子，把钱宏耀的母亲即之前的婆婆当娘一样看待和走动。钱宏耀的母亲就是寡妇，知道守寡的不容易，便同意媳妇改嫁，经过婆婆同意后并且改嫁成功，媳妇也认婆婆做娘，并且一直作为娘家走动，这在1949年以前还是比较少见。改嫁也要家中家长同意才可，只要婆家同意，一切都好办，也不用告诉族长、保甲长，更不用写契约，改嫁的男方也不用给女方钱，而且改嫁时很少办理婚礼，直接在一起生活即可。

4.家无子招女婿

入赘在钱村也是一种婚配的形式，是男方"嫁"到女方家中，和正常的婚配方式相反，但是一般的结婚流程都差不多，这种现象在当地叫作"招上门女婿"，也叫"倒插门"，男嫁女娶。一般是男方家条件差、娶不到亲，而女方家中条件尚可，这种情况对男方家庭而言是一举两得的事情，不仅可以解决没有经济条件娶妻的问题，也能够因入赘改善生活条件，所以贫穷人家入赘的情况并不少见。但是这种事情还是要看人，各人的思想不同，有的人能够理解，觉得是好事，就愿意做上门女婿；有的人家想不通，认为就是再穷、再娶不到亲，也不愿意干这倒插门的事。倒插门在大户、富裕之户看来是丢脸面的事情。钱家没有人做上门女婿，钱家是根本人家①，觉得倒插门是不光彩的事情，上门女婿很多时候会被村里人看不起，名誉难担，别人会说他"娶亲都娶不到，还要去别人家做儿子"。

招上门女婿的情形一般是女方家庭条件比较好，多是家中没有儿子但是有家产需要继承，这种情况对上门女婿也会有要求，如对他的长相、文化等有要求，即使女婿的家庭条件艰苦。做上门女婿的家庭，一般就是家中儿子多、娶不到亲，亲戚就会发动关系介绍到别人家做儿子，知根知底的亲戚有时会往条件比较好的人家介绍。招入赘女婿时也需要介绍人，一般是与双方都有关系的亲戚来介绍，实际是一种亲连亲，还需要双方父母的商量，另外还需要征求一下子女的意见，毕竟招亲不像是常规的婚姻，男方很有可能被别人看不起，所以需要本人知晓，招亲的男女双方需要提前了解彼此，一般是女方根据媒人介绍查看男方条件如何。入赘也不用跟族长商量，招亲时只要双方家长还有本人同意即可，结婚的方案由双方自行商量，有条件的男子就带些嫁妆去，没有条件的也无需强求。一般招亲也会办婚礼、请媒人，但是女方一般不用给男方礼钱，不结亲时是两家人，结亲之后就是一家人。人们对于婚姻的要求并不高，一般都是本分人家，也不会过分要求，只要家庭有能力，还是会和正常家庭一样举办婚礼。

---

① 根本人家：当地方言，意指守规矩、守本分且社会声望较好的人家。

(五)婚配终止

1.得理方可休妻

1949年以前妇女的地位十分低下,嫁到婆家以后,生是婆家人,死也是婆家的鬼,结婚意味着一辈子,婚姻的主动权永远不在自己手中,婚前婚姻的选择是娘家家长包办,婚后婚姻的终止权是在丈夫手中。一般休妻就是因为妻子不能生育或者不能生男孩,古话常说"不生不养把你休掉",生养是婚姻的重要纽带,但是一般情况下不能生育都是怪妻子,妻子在婚姻中始终处于弱势。钱家在村中算是根本人家,没有发生过休妻这种不光彩的事情。钱村的保长家比较富裕,他的儿子结婚娶妻,妻子很漂亮,也给家中添了男丁,他却贪恋警察局局长家的女儿,看中她家的权力、势力,所以他就想休掉家中的妻子去娶局长家的女儿。但是妻子的娘家在陶辛镇一片也是有名的大绅士,妻子娘家人便过来发话,他害怕被告,每次都会假装妥协,哄走妻子的娘家人,之后又冷落妻子并且扬言要休掉妻子,还以不同床等各种理由进行要挟,妻子最后告丈夫"得子休妻",为此没有被休掉。

钱村的婚姻基本都是父母之命、媒妁之言,所以婚后两个人存在一些婚姻不幸福的情况,一般都是男方休妻子,但是也要有一些正当的理由才可以。休妻一般是由丈夫提出,但是休妻也算是家中的大事,因此也要经过家长的同意,大家户的女儿若为人妻后被休,娘家会去婆家要说法。除非是妻子做出不守妇道或者有伤天理的事情,比如不能生育、对公婆不孝、作风不好等,这样即使是娘家人也没有话说,如果本质上并未犯错误,娘家人肯定会来讨说法。若是经过两家商量之后仍然不行,则需要请族长出面,然后两家人在桌面上把话讲清楚,最后判定应不应该休妻。族长出面一般也是先劝解,"讲和不讲离",实在不行就和平解决,在桌面上说的话才算数,如果真的需要休妻要写休书,休掉的妻子不能分得家中财产。

2.生要守寡,死要守节

钱家十三口人,四世同堂,最年长的就是钱宏耀的母亲陶氏,陶氏生育两个儿子,但是丈夫早早生病去世,所以她一直是守寡的状态。钱家分家以后,家中条件还算殷实,所以陶氏舍不得离开,便守寡带大两个儿子。陶氏守寡很可怜,家里没有当家的男性说话,娘家距离又远,也很难随时照顾,外人就在一些小事上欺负她。比如隔壁财主家起房子的时候,按照规矩是要让出五寸的地方滴水,做屋檐为界,但是隔壁财主家就越界起房,并且房子比钱家还高,水就滴到钱家房子上,并且财主也成功占用公共的地皮。若是家中有人可以出来说话,也不至于在这些小事上受欺负,但是外人对于守寡的妇女非常势力,直到日后钱宏耀长大,家里有了男性当家人才不再受别人欺负。守寡的妇女在分家时分不到财产,但是儿子可以分到,另外守寡的妇女也可以回娘家,家中的事情基本都是自己做主。一般大户家庭的丈夫去世,女性多半会选择守寡,毕竟婆家的经济条件比较好,可以保证生活无忧,死后也会葬到夫家祖坟,即生是夫家的人,死也是夫家的鬼;小户家庭的媳妇则更有可能选择改嫁,总得为日后的生存找个保障。

二、家户生育

(一)生育基本情况

1.世代男多女少

钱宏耀的父辈有四个兄弟,大房有两个儿子,老二没有结婚,老三家有一个儿子,四房有一个儿子,钱家是四房的后代。钱宏耀这一辈有两个兄弟,大哥很早去世,钱宏耀的儿辈中有五男一女,孙辈还有一男一女,因此就人口来说可以算是大户人家,钱家基本是倾向于多生育,且以男孩为主。大家庭的时候,家中基本每一代都是由老四房延续下来,但是生育条件差,所以有孩子夭折的情况,钱家长子的女儿就夭折了,家中还有一些小孩子生下来便死于疾病。除此之外,钱家没有丢弃小孩的情况,但是村中有些人家会因为生育的女儿多而丢掉,甚至还有溺婴的现象,但这些都是少数。此外,钱村还有买卖小孩的现象,一般在村内进行买卖。

农村的普通民众基本都是靠劳动过生活,所以劳动力很重要,不论是大户传宗接代还是小户男性劳动力的补充需要,都使得每家每户倾向于生育男孩。因为没有必要的生育措施,一个女性可以一直生育到40~50岁,一般都会多生,但是条件较差的家庭,生育多,死亡也多,穷人家生育较多,因为养不活就会经人介绍卖给孩子少的人家。钱村有一户人家孩子较多,买孩子的人家就打听上门,谈好价钱之后以100块大洋接着转手卖到别处,也不会留下孩子的去处。还有一些未婚先育的情况,这种叫作私果子或者私生子,钱家没有未婚生育的情况,钱家的家规中有明确规定禁止这种败坏家风的事情,钱家讲究"有钱不养残生女"①,并且家规中明确规定"禁止客姓归宗",若是出现违背的情况,家族族长会组织开祠堂门来整治这种行为。

2.生育为传宗接代

钱家认为生育最重要的目的就是传宗接代、养老送终。农村一直说养儿防老,而女儿长大嫁人就被视为别人家的人,所以这也是重男轻女的原因。对于家庭来说,生儿育女是一种责任,一代一代的延续。没有生育男孩的家庭,或者招上门女婿,或者过继抱养,因为男孩在家中能传香火,并且在农业生产上也能担起责任。所以在子女生育上,不论是钱家还是其他村民都倾向于生男孩,生男孩才能保证家庭延续下去,也是对自己老年生活的一个托付。如果没有生育,村里人会说闲话,若是发生这种事情,只能想其他办法解决,比如抱养。与钱宏耀一起共八间的三哥家就没有小孩,然后抱回一个女孩做押女。还有一种人,没有结婚或者没有生育,也没有选择抱养,去世之后,本家的人会在亲眷中多子的人家选一个儿子过继到他户下,这叫"顶支挂线"。家中对于未婚生育非常排斥,钱家家规严,不允许出现这种丢人的事情,外人会在背后议论说闲话,并且严重时还会开祠堂门整家规。

钱家人一般都是20岁左右结婚,还算比较早,婚后一两年就生育小孩,早婚早育一直都被认可,俗话说"早插晚秧早生根,早生儿子早得力"。所以钱家也是倾向多生,女性一般可以生到49岁,在没有避孕措施的情况下能生就会一直生,人口增多被看作扩大家庭规模、家族兴旺的象征,不论家庭条件如何都会多生。但是村里有家产的人家肯定会多生儿子,大户人家如果实在没有儿子继承家产,也会在亲戚家过继儿子以继承家中财产,以亲为主,家产不能流入外人田。

(二)小家生育,大家照顾

钱家十三口人、几个小家庭在一起生活,家里的事情基本都由家长钱宏耀做主,但是在生育方面,生不生、生几个孩子是小家庭的夫妻自己决定,即使作为家长的钱宏耀也没有权力过多干涉,但是会变相地进行催促和引导。1949年以前,基本都是选择多生孩子以给家

_____

① 有钱不养残生女:意思就是家中条件无论多好,都不能养残疾或嫁不出去的女儿一辈子。

庭开枝散叶,所以只要一怀孕就会生下来养育,尽管存活率比较低。而人多就是力量大,劳动力富足之后生活就会变好,家庭壮大之后外人也不会欺负。

女性怀孕之后,能干活的时候还是会干些家务活,普通人家没有丫鬟,事情还是得靠家中妇女来做,孕妇并没有特殊待遇,也要和家中妇女一样轮流干活。到了孕后期,实在是没法做事,就会少做或者不做,很少会一直在家休息待产。1949年以前的生活并不好过,所以孕妇在家中的饮食也不会有特殊的安排,就是和家人一起吃喝,只有生产后坐月子的时候稍微有一些特殊照顾。生育的时候需要产婆接生,一般是生育当天才会去请产婆,产婆需要由丈夫去请,生育所需费用一般就是请产婆接生的花费,这个费用由大家庭的家长承担。产后需要坐月子,一般情况下,坐月子就是一个月的时间,需要断生水、不能碰冷,所以在坐月子期间,家里的婆婆还有妯娌都会对产妇进行照顾,刚开始时饮食方面会有些照顾,后期就跟其他家庭成员吃一样的饭菜。

(三)生育仪式

1.酒宴庆祝,上报喜丁

一般家中生育之后,添丁就是大喜事,家中会办喜事,不过也有不办酒的家庭,这个需要根据家庭条件来定,但是一般长子都会比较重视。办酒席时一般就是满月酒或者是洗十二澡①,多是娘家和婆家的主要亲戚聚在一起庆祝。亲戚来的时候会带上一些生鸡蛋、红糖或者老母鸡,主要是给产妇带些吃食,酒席之后还要回礼,回礼一般就是熟鸡蛋。但是一般家庭都是生育好几个孩子,生活也不好过,所以一般很少会给办酒席,只有家中条件好、喜得男丁的家庭可能会操办,其他的情况都比较随意。此外还有一些比较重视生子的人家,会在家中添丁的时候去祠堂"上喜丁","上喜丁"是家族中的大事,一般由族长与先生掌管家谱,挨户登记上谱,懂礼的人家要用红布包着鸡蛋和烟送给"上喜丁"的人,这些费用由大家庭承担。在生育仪式上,大家户一般会隆重一些,小家户就比较随意,甚至没有仪式。

2.大名小名,自儿自起

给新出生的孩子起名字的权力不归大家庭的家长,而归孩子的父母。钱宏耀的二儿子生育的几个孩子的,名字都是其二儿子亲自起,当家人钱宏耀不会干涉父母给自己的孩子起名字。起名字一般是在孩子出生以后再起,一般孩子的大名是按辈分来起,小名则不用按辈分,较为随意。钱宏耀的二儿子钱昌桃家的大儿子叫钱万忠,二儿子叫钱万诚,既按照辈分,同时忠诚的含义也是家人对儿子的期望,另外大儿子还有学名叫钱雨清。一般先生上门"上喜丁"的时候就需要孩子的大名,所以孩子的名字需要在这之前起好,大户人家在起名字上更讲究些,穷人家起名字一般很少讲究这些。

三、家户分家与继承

(一)分家

1.分家源于多妻多子

钱家在1925年分家,是在钱宏耀的父亲钱宗诰这一辈分家,分家的原因要追溯到钱宗

---

① 十二澡:是当地为庆祝孩子出生的仪式,在孩子出生的第十二天给孩子洗澡,家中的主要亲戚尤其是娘家亲戚到场祝贺,当地除了洗十二澡外还有摆满月酒的仪式。

诰的上一辈。钱宗诰的父亲叫钱继祖,钱继祖一生共婚娶三次,第一个老婆是本邑胡氏,生育两子一女,分别是儿子钱宗谦、钱宗襄,一女钱滴凌,但是妻子后来去世,于是钱继祖续娶附近陶村的陶氏,她直到去世也没有生育小孩,之后钱继祖再续娶章氏,育有两子一女,分别是儿子钱宗怡、钱宗诰,一女钱滴陶。家中两个妻子的六个孩子在一个大家庭中共同生活,子女成人后纷纷成家,家中人口众多,且儿子之间有异母的隔阂,家中关系复杂,矛盾也日益突出,所以便开始分家。一般分家就是家庭内部出现问题,难以继续生活在一起,家庭外部成员如亲戚、保甲长不会影响到家庭的分家。

2.提出分家和同意分家

钱家从大家庭分为小家庭,主要是因为大家庭中有四个小家庭。老大、老二是一个母亲所生,母亲早逝,老三、老四是一个母亲所生,母亲和大家在一起生活,母子关系和婆媳关系都变得比较复杂。老大和老二还有他们的妻子总觉得得不到公平的对待,加上钱继祖年纪变大,几个儿子都想争夺家中的当家权,最后一直吵着要分家,大家长钱继祖夹在家庭的矛盾中,无奈提出分家,家中的小辈也不愿意继续生活在一起,于是大家都同意分家。

在钱村,大家庭的分家比较常见,一般都是妯娌不和、老人去世造成,比如小家庭的妯娌不和,几个小家庭的亲兄弟虽然都是同姓同亲,但是妻子们毕竟是各姓,没有那么亲,所以琐碎的生活交往对应复杂的家庭矛盾,日子一久就会伤和气,以至于最后面临分家的结局。其实村里人一般都不希望分家,都希望能够在一起和睦相处,只有真正过不下去的才会分家。通常,贫穷的小户人家会团结在一起过日子,很少分家,但生活富裕的大户人家往往因家中钱财矛盾最终分家。

3.分家资格与见证人

分家是家事,所以分家一般是以一家一户为单位,只有家里人才有分家资格,家庭之外的人无法参与和干预,也只有家庭内部成员才能分得家产,家庭之外的人无权分产。钱家大家庭在分家的时候,家中除未出嫁的女儿、长工以外,四个儿子所在的四个小家庭都拥有分家资格,因四个儿子都已经成家,孙子、媳妇、未出嫁的女儿都不作为家产分配的对象。钱家不管是大老婆生的儿子还是小老婆生的孩子都有分配资格。如果某一家没有儿子,过继来的儿子也可以分得财产,但是干儿子不可以,干儿子只是一种临时关系。在分家资格方面,不同的家庭有不同的情况,大户人家分家可能会更严格,小户分家会比较随意。

分家的时候不一定需要请见证人,若是分得好就房内解决,分得不好则房外解决,只有需要房外解决的时候才需要请见证人。见证人一般是家中年长的人,也可以是亲戚中比较有威信的人或者是族长,一般需要当家人去请见证人,见证人会协调分家当事人之间的争执,保证分家过程公平顺利地进行。分完家以后见证人就没有责任,分家以后小家庭的事情也不用见证人再参与。一般大家户分家的时候会请见证人,还需要写分家单,但是小一些的家户没有这些讲究,家庭内若是能够顺利分家就会免去这些烦琐的程序。

4.分家的原则

小家单位,只分男性。钱家分家的时候,四个儿子都已经成家,所以就是把四个儿子所在的每个小家庭作为分家资格拥有单位。实际就是四个儿子有权分得家产,家中的媳妇和未出嫁的女儿无权参与分配,都是归属在各个儿子的小家庭中分享家产,即分家的原则是只分给家中男性,男性代表其所在的小家庭参与分配。

公平优先，兼顾照顾。分家时最重要的原则就是公平分配，该分多少都要平均来分配，并且需要透明进行。但是家中很多东西都无法量化平分，所以一般会出现两种情况：一是分家的时候具体分什么东西需要抓阄进行；二是可能出现一些物品共有的现象。分家的具体过程是整个家庭成员共同商量，由家长主持，公平是分家顺利的前提保障，但是在现实情况中，若是家里有未成家的儿子，一般是与父母一起构成分家单位，因为他未来要娶妻成家，所以在分家时候会给予这一分家单位更多的照顾。

家产预留，保障养老。分家的时候有一个原则就是要预先保留一部分养老的家产给家中年长者，以保证他们的生活，包括房子、土地和家财。若是还有未成家的儿子在一起生活，未成家的儿子分得的东西也归到一起。还有一种情况，如果年长者已经无力劳动，可能不会给他们留田地，但是会要求儿子们定期给粮食赡养老人。

5.分家的具体情况

钱家在分家的时候，除去养老的家产支出，剩下的全部由四个已成家的兄弟平分，钱宗诰分得田地0.87万平方米，因为田地分好、中、差三等，所以分田地的时候会把田地按类别平分，接着抓阄分配，另外钱家还分到一头牛、一副水车加上一些基本的农具，这些基本可以满足生产需要。在房子的分配上，四房中大房和二房比较亲，就一起分得新八间，老三和老四是同一个母亲所生，因此一起分得老八间。两个兄弟共有的八间房屋是从中间堂屋平分。钱家的分家整体算是比较平均，每个小家庭分到的东西比较齐全，基本能够保证生活和生产所需。总体上来看，钱宗诰家在这次分家中分到老八间的一半房屋，0.87万平方米田地，还有一头牛、一副水车、一些生产生活的基本用具。

6.分家做主：家长做主，子抒己见

分家的过程中一般都是家长做主，如果家长实在有分配不公平的地方，几个兄弟就会发表意见，这个时候家长也会听取这些意见，并且对分家方案进行调整，否则分家无法进行，家庭外部的成员更不能拿主意。在这方面，大家户的家长在分家更有权威，小家户的家长分家的时候可能更随意。

7.分家契约

分家往往是起于家庭成员之间的矛盾，所以在分家的时候会拟定书面的分家契约，防止日后各小家庭对于分家结果的肆意违反，人们也将契约称之为分家单，分家单上对分配的家产来源和归属有详细的记载，分家单上会明确罗列出谁分得什么、谁和谁共有什么东西等，在分家单的最后一般会有具备分家资格的儿子、家长、见证人的署名。一般情况下，家长会保留一份分家单，几个分的兄弟也人手一份，这就相当于几个小家庭之间签订的契约。

（二）继承

1.继承资格：儿子有权，条件限制

1949年以前，大部分家庭的生活都比较困难，家中代代如此，生活尚且艰难，家产继承更难谈起。只有一些比较富裕的家庭才会注重继承，一般只有家庭内部成员才有资格继承家产，一般就是儿子、孙子，家产只传男不传女，上代传下来的东西就是儿子做主，如果儿子去世就会再往下传给孙子。继承是家庭内部的事情，外人没有权利干涉。钱家分家后，父母死后所剩的田地、房屋、财产也都是由钱宗诰兄弟四个继承，以儿子为单位继承。但是有些条件下儿子也无权继承，比如抱养给别人家的儿子、被逐出门的儿子、干儿子、改嫁带来的儿子、私

生子都没有继承权,但是过继来的儿子还有小老婆生的儿子都有权继承。一般情况下,不同继承人的继承权是平等的,即使是未成婚的儿子也不会额外多继承一些,会由所有有继承权的儿子平均继承。只要家中有儿子,而儿子又没有出格就一定是儿子继承家产,家长不能指定其他继承人。

继承权虽然属于儿子,但并不是只要是儿子就可以继承,继承也有条件。即使是亲儿子、过继抱养的儿子抑或小老婆生的儿子也都要符合继承的条件。如果有不孝顺、不养老送终的儿子和被逐出家门的儿子不能继承,在这种情况下,若是当家人去世,可以请舅父出面做主;若是去世的当家人实在没有儿子,房上的亲人会出来商量家产如何处理,一般会从老人的兄弟中选择一个,让他的儿子顶支到老人户下,这样也可以继承去世老人的家产。此外,女儿在特殊情况下也可以继承,老人生病或去世之后,房里人会询问老人的女儿是否可以负责父亲的生老病死,如果可以就继承所有家产。这两种都是以送养和安葬老人为条件的继承,只要满足条件即可继承。

2.继承内容:土地、房屋、家庭财产与公共财产

在当地,继承内容涵盖全部家产,包括土地、房屋和家庭财产与公共财产,除了这些东西,在某些情况下还有一些职务可以继承。家庭内部的家产一般是平均分配,不分长幼,但是一些家族身份或者职务,比如房叔公之类,一般是直接传给长子。

3.继承的多个原则

继承家产的时候一般会请舅父到场,以符合条件的儿子数量为继承单位,为了保证继承过程的顺利进行,也有诸多原则:①公正公平。继承和分家一样,都是公平公正地分配家中的东西,为了防止有争执,需要请舅父来主持。②平均分配。在确定继承资格的前提下,会将家中的东西按照继承人的人数平均分成几份,讲究平均分配的原则。③以亲为主。在确定儿子以外的继承人的时候是以亲房为主,之后再考虑其他情况的继承人。继承权的决定一般是由房里掌事的亲戚一起商量,一般的大家庭的规矩都是这样。

四、家户过继与抱养

(一)过继

1.家中无子,过继保延一支

一般没有儿子的家庭会选择过继,若是家中已经生育男孩子就不会再过继,即使男孩子身体能力欠缺一些,也不会再去考虑过继的事情,若是只生育女儿也会选择过继,过继的最终目的还是延续香火,保证家中的一支可以延续下去。钱宏耀父亲那一辈,大房生育四个儿子,二房没有后代,便从大房一支中承继一个儿子,二房家庭负责这个孩子的房屋、娶亲,反过来这个孩子就要负责二房父母的养老送终,且有权继承其所有家产。

2.长幼有别,客姓不许归宗

过继是在没有儿子的家庭中,家长为延续本家一支香火,同时也是希望自己老有所养、死有所终所做出的选择过继,在钱村是很普遍的现象,但更多的是死后家谱上的过继。过继也有次序,钱家从祖上一直有一个规定"不许客姓归宗"[①],所以过继会优先过继自己亲兄弟

_____

① 《芜湖县钱氏宗谱》中规定:"禁止异姓归宗。"

家的儿子。如果亲兄弟没有儿子或者只有一个儿子，再考虑同房里堂兄弟的儿子。如果以上有血缘关系的亲人都不合适，当地还有一种做法叫作"鬼过鬼"，若是实在找不到符合条件的过继对象，就在亲眷死掉的儿子中选择一个，过继给去世的这个人，会在家谱中进行记录，以使得这一支延续下去。

对于没有子嗣的家庭来说，过继是一件大事，但是过继并不单单是一个小家户内部的事情，若是在比较容易就能确定过继对象的情况下，过继就是出继与过继两个家庭之间的事情；若是比较难寻合适的过继对象，过继就变成家族中几房内部的事情，需要房支叔长一起商量处理方法，后者出现的时候需要请族长到场。出继的家庭一般都会选择家中年龄比较小的儿子，所以不论是哪一种情况，过继都是过幼不过长，即长子不能过继。

3.过继之后，两家正常生活

过继一般都是在本家族范围之内进行，一般也分为两种形式，包括完全过继和过继一半，具体的过继形式由出继者所在家庭的家长决定，不需要跟村庄管理者打报告。因为过继的一般是亲兄弟或者是堂兄弟的子女，所以入继家庭一般不用给出继家庭钱物，出继也不用写契约，都是家族内知根知底的亲戚，所以不需要过继单做保障。再者，若是过继过程比较坎坷，还需要请族长、叔长来做中间人，本家能够解决的就不用找介绍人，见证人也是以亲为主。出继的时候一般很少考虑出继者的意愿，因为出继家庭一般倾向于选择年龄较小的儿子出继，只要出继家庭的家长同意就可以。过继之后，两家还是各自过各自的生活，出继者可以和出继家庭像亲戚一般走动，只是出继者到入继家庭之后，需要赡养入继家庭的父母，由此也可以继承其家产。

（二）抱养

村中没有儿子或者只有女儿的家庭，除了过继的方式，有些家庭也会选择抱养小孩子，一般都是抱养男孩回来，抱养女孩的家庭一般都是当作童养媳，已经生育男孩子的家庭，多半不会再抱养别人家的小孩。抱养别人家的孩子也需要经别人介绍，一般都是一些关系比较好的人去帮忙打听介绍，抱养和过继不一样，过继是以亲为主，是家族内发生的关系变化，而抱养的多是外姓人家的小孩，一般是去外村打听家里孩子多且家庭条件并不是很好的人家，抱养时也是遵循抱幼不抱长的原则，因为从小抱养比较容易养熟，抱养孩子的目的也是延续香火、养老送终。抱养是涉及两个家庭的事情，所以需要两方家长的协商决定，其中很重要的一点就是抱养一般需要请介绍人，介绍人也是中间人，会帮助两方就钱财回报、是否可以回认等进行协商并且作见证，同时签订相应的协议。

钱家家规很严，代代相传不许客姓归宗，所以没有子女或者没有儿子的家庭都会优先选择在家族中过继儿子，不允许家产流入外人田。正是因为这个规定，所以钱家很少有抱养孩子的情况，但与钱宏耀家共八间的三哥家因为没有生育，便只能外村抱养一个女孩，也是经别人介绍，当地叫作押女，但是不会抱养男孩回来继承家业。

（三）买卖孩子

只要涉及家庭香火延续的问题，钱氏家族都要受不许客姓归宗的规定影响，所以整个钱家大家庭中即使无子女，也不会去买孩子回来。但是钱村存在买卖孩子的现象，卖孩子的家庭中孩子偏多，并且生活条件艰苦，孩子多不容易养活，正好需要买孩子的家庭没有儿子并且家庭条件也比较好，希望有个儿子日后养老送终，两者就达成协议，成为买卖孩子的双方。

但是买卖孩子并不是双方直接接触，一般都是想买孩子的家庭向中间人打听，委托其在别的村庄找到适合的孩子，并代表买方去卖方家中打听购买。买卖孩子一般都是买远不买近、买幼不买长，这是为了防止孩子长大后会被亲生父母认领回家，如此买方就"竹篮打水一场空"，所以一般中间人去买孩子的时候会给卖方一定报酬，并且也不会告诉卖方孩子的去向，也是防止亲生父母日后反悔。一般只有大家户才会买孩子，有的人家都是偷偷去远处买孩子，回来以后就像亲儿子一样对待。钱村有一户穷人家，因为孩子多难以养活，就将其中一个年幼的儿子卖到较远的地方，以此获得 100 块钱，他们并不知道孩子的所卖去向，因此一辈子也不会去认回。

五、家户赡养

(一)以小家庭为单位

赡养老人是家户内部的事情，有儿子的家庭就是儿子赡养，没有儿子一般就是过继或抱养的儿子赡养，总之是家里人来养老，家户之外的人不能干涉。钱家十三口人一起生活，家中只有钱宏耀的母亲陶氏一个老年人，钱宏耀和妻子两个中年人，年轻一辈有已成家的老大、老二与其妻子，还有三个未成家的儿子与一个女儿，孙辈是一男一女。由此来看，家中需要赡养的就是陶氏，钱宏耀是家长，家中的养老负担主要是他负责，只是他将劳动生产的任务安排给两个儿子。家中的赡养责任是一代一代传承，爷爷辈是父亲、叔伯们共同赡养，父亲年老以后就是家中的几个儿子赡养，养儿防老就是这个原因，未出嫁的女儿或嫁出去的女儿都不需要赡养老人，"嫁出门的女儿泼出门的水"，女儿没有赡养责任。

一般情况下，独子家庭就是独子负责赡养，如果是多子家庭，就是按照平摊原则负责赡养，每个儿子都有赡养责任，无论是支付赡养金还是贴身伺候，都是以小家庭为单位，赡养责任的分配一般是大家长安排。如果家中某个儿子不愿意承担赡养责任，就会请族长到场评理说教，如果说教后还是不听者，祠堂会惩罚他并且强制要求他赡养。钱村的家规严，老人在家中的地位很高，一般家庭的儿子都会赡养，只有一些爱赌博、好吃懒做的儿子不愿意，但是不赡养老人也会被村里人看不起。

(二)赡养形式多样

养老形式其实有很多种，有养老地、养老粮或者轮流赡养。分家之后，家中老人的养老一般就是儿子承担，几户小家庭都要参与这个赡养过程。如果老人可以自理，只是不能劳作，一般就是几个小家庭平摊老人的养老费用，比如每个儿子每年给多少粮食或者多少钱;如果是老人已经无法生活自理，一般就会采取子女轮流照顾的方式，即老人轮流在几个儿子家，并且所住时长相同。

赡养方式一般由家中几个儿子在一起商量，家长会首先出来发表一下赡养的想法，儿子也可以发表意见，虽然赡养方式是家长负责安排，但是具体的分配可以由几个儿子协商决定。若是没有儿子的家庭，只要有家产就好处理，一般谁继承家产谁就负责赡养老人。

(三)养老地和钱粮

1.养老田地

一个大家庭在一起生活时，家中老人的赡养费用会一并纳入家庭开销，但是分家后的情况就有所不同，所以大家庭经过分家变为小家庭的时候，对于养老会有一定的措施安排。

分家的时候一般会预先单独拿出一部分土地作为家中长辈的养老地,有的老人会将养老地出租给别人,通过收租过生活,还有一些老人索性不要养老田,而是给儿子们分掉,然后儿子们轮流照顾。钱家在分家的时候因为子女都很孝顺,所以并没有设养老地。钱家人认为这种为防止儿子不孝顺、不赡养而设置养老地的做法更容易伤害家庭感情,钱家子女一定会赡养老人。

2.养老钱粮

分家时除去会预留养老地,还会预留养老钱粮,这个是家长统一安排,几个儿子也必须服从,比如会在大家庭分配全部家产和粮食之前预留出一部分给家里的老人,以保证分家后老人可以独自生活。等到钱粮用尽不能生活的时候,每个儿子都需要定期给老人粮食,一般每个月都要给一些粮食以保障生活所需,钱财多少一般没有强硬的要求,都是看子女的意愿,若是子女本身的生活条件都很艰苦,即使没有能力给老人养老钱,老人也不会强求,更不会有怨言。

(四)治病与送终

一个村庄一般是由几个家族组成并且一般都有祠堂,但是村庄和家族祠堂一般不负责家庭中的赡养问题,赡养一直都是家户内部的事情,家庭成员是治病照顾的实际承担者。老人生病需要花费时,如果没有分家,就是由家中共同财产支付,几个儿子、媳妇轮流照顾;如果已经分家,就是儿子们平均分摊;如果有儿子不愿意出钱治病,祠堂族长会出面劝说,若是祠堂门内的劝说没有成效,家族会开祠堂门,公开惩治这种不孝顺的行为。大家生活都不容易,嫁出去的女儿要顾着婆家的事情,因此一般赡养老人的任务都归儿子、媳妇。钱家很注重孝道,所以家中的子女都很孝顺,老人生病也都是儿子、儿媳照顾,分家后看病的费用都是几个儿子平摊,条件稍好一些的儿子还会主动多出一些,对家庭条件差的也会有一些照顾,这些都是几个兄弟们相互商量决定,如钱宏耀生病的时候就是他自己决定,看病所有花费也是大家庭的共同收入支付。

老人的寿命都不是很长,农村老人一般生病也不会去医院治疗,大多是找乡下郎中治疗,或者是请村里的巫婆,要是患上某种疑难杂症,基本都是靠偏方治疗,穷人家的境遇会更差,一般就是在家等死。老人去世是家中的一件大事,钱家对于老人死后的丧葬十分重视。老人去世后,丧葬的费用由家长安排,以家庭共同财产支撑,若是子辈已经分家,送终形式便又不一样,比如老人若是是一家一位,那丧葬就是各家主持一位的葬礼,费用都是由一个小家庭承担;如果老人独居,采取儿子轮流赡养的方式,丧葬费用则由儿子们平摊,孝堂一般设在长子家中,因为长子是孝子,如果长子不在就顺延到次子,以此类推,谁是孝子谁就主要负责丧礼。

丧葬中的方案和细节一般是长子做主,其他儿子可以提出意见,然后大家商量。葬礼上长子是孝子,要出面去请抬丧的人和来帮忙操办丧礼的人,这些人一般都是由村中固定的几个人组成,需要孝子以跪拜之礼请来帮忙,长媳需要带着其他几个媳妇哭丧,在丧礼上,长子和长媳需要站在孝堂旁给客人行礼,而其他儿子在旁边做协助工作,保证丧礼的顺利进行。老人去世后会在家中摆放几天,具体时间因家庭情况不同而不同,某些有钱人家会用沙把尸体拥起来,在家中放一年的时间,而大多数家庭只会摆上 3~5 天。举行丧礼时女儿也要到场,女儿虽然不需要平摊父母亲丧葬的花费,但是女儿需要请哭灵,丧礼上的哭灵一般是以女儿为主,毕竟儿媳妇没有女儿那般亲。安葬的时候要开香,就是请三先生喊起喊拜,灵堂前面放三道香案,第一道是茶案,第二道是香案,第三道是主案,孝子先拜,接着家里人拜,然后女婿再拜。

钱村地处圩区,圩区没有用于安葬的山地,但圩民有将逝去的先辈葬于高处的传统,人们认为高山处风水好,有利于保佑家族兴旺,所以家中老人去世便会葬到附近的山里。一般只有家庭条件好的人家才有能力去买山地做祖坟山,钱氏一族在当地是大家族,在附近山头买地作为祖坟山也是祠堂为族人提供的公共福利,族人去世后可以按照辈分被送葬至家族祖坟山。钱氏家族的祖坟规模一般是十棺、二十棺、三十棺不等,主要是按照一个房支或同一辈分安排坟地。钱家在祖坟山所在地还会额外购买一块田地,送给专门雇来看坟墓的人,用于支付其看坟地与清明祭祖时期的接待费用,这些费用由家族祠堂承担。此外,钱氏家族里去世的人都要在祠堂里供奉牌位,祠堂中的牌位需要花钱请,这个费用由小家庭全体成员共同支出或分家后的几个家庭共同承担。

六、家户内部交往

(一)父子关系

1.权利与义务对等

父亲对于儿子需要承担一定的家庭责任,父亲首先要生养儿子,抚养儿子长大,再者要搞好儿子的教育,另外要教会儿子生存之道,还要给儿子娶媳妇,使儿子成家立室。在农村,除去一些家庭十分贫穷的人家,供养不起孩子后会将孩子送给他人抚养,一般的家庭都会抚养自己的孩子。大家户一般还会给儿子留家业,但是一般的穷家小户能把儿子抚养长大就已经很不错,甚至有一些家长根本没有能力帮儿子娶妻。所以总的来说,父亲对儿子有抚养、教育、娶妻的责任,但是责任能否都承担,还得看父亲的能力。就拿送儿子读书来说,读书需要交学费,并且学费还比较多,一般都是用船将粮食运去卖掉,然后当作学费。对于非常贫困的家庭甚至大多数家庭来说,家中的粮食本身都不太能满足温饱,也就没有闲钱再去送孩子读书,所以说还得看家庭条件和家庭能力。

在生活中,父亲可以随意差遣儿子,儿子有不正确的行为和态度的时候,父亲可以打骂,如果儿子做出出格的事情,有的父亲甚至会将儿子逐出家门。父亲作为一家之主的权力很大,但这并不意味着可以随意打骂,还是以教导为主,也正因为父亲是一家之长,所以在儿子心中还是很有权威,即使父亲的安排可能不合理,父亲的话儿子也一定要听从。钱家认为,在外有威信、在家又可以照顾好家庭的父亲可以算是好父亲,顺从父母、关心父母的儿子就是好儿子,父亲的义务完成,日后年老就要靠儿子赡养,被赡养可以说是父亲的权利,与他们养育儿子的义务是对等的。钱宏耀曾和自己的妻子抱怨儿子对自己不够关心,但是儿子们也表示因为忙于生产生活,很难有精力时刻关心父母,加之儿子们都觉得钱宏耀非常严厉,平时也不敢与他多交流。

2.父子间的日常交往

钱家十三口人一起生活的时候,钱宏耀的面相严肃且具有杀相,看上去十分严苛,并且他在村庄中说话、做事都一贯讲究威信,所以村庄中大小纠纷的调解、重大仪式的见证均请他到场参加。他整日在外,与自己的子女交流很少,加上他对待子女也十分的严格,基本上不会和儿子一起开玩笑、一起喝闲酒,所以父子之间的关系谈不上融洽。在钱宏耀的儿子们看来,他们比较佩服父亲在外的办事能力,但是也因此觉得父亲不太好接近、不好相处,家中的一切事情都要听从他的决定,有些专断,但是好在他不会乱安排,可以把家庭管理得很好。家中父子有长幼秩序,对上必须服从,一般越是大户家庭越是这样,好比四代同堂的家庭,即使家长是第二代中年男性,但他还是得尊重上面的父母亲,在长幼尊卑方面要求非常严格。

3.冲突关系与调试

在一个家庭中,不论家庭规模的大小,只要是父子之间发生冲突,都得听从家长的安排。钱家家长钱宏耀十分有威严,在他看来,家庭内部起冲突会被别人看笑话,并且他又在外帮助别人协调处理各种矛盾和关系,如果自家的父子关系都处理不好,别人也不会那么信任他,所以钱家很少发生父子之间的冲突。但是钱村也有父子关系处理不好的情况,如钱村有一户大户人家,分家时因为多给长子分配了一些,另外几个儿子就和父亲起争执,这在外人看来都会说是儿子的不对,父母一般能给你多少,就要多少,不能跟父母争吵。若是偶尔发生这种争执,首先都是想着在家内解决,如果实在不行就会请舅父或者叔长来协调,在协调过程中,舅父和叔长一般也会以说教子辈为主,然后平息冲突。在大多数情况下,遇到这种事情家里人都会站在父亲一方,长者为尊的传统影响着每个人,家里的事情外人不能插手,况且这种矛盾也不希望被外人知道,就怕好事不出门、坏事传千里。

(二)婆媳关系

1.权利与义务对应

在一个家庭中,婆媳关系比较微妙,媳妇原本不是家里的人,是成年后嫁进来的,等于说是半路进来的人。媳妇多数都在出嫁之前就已经学会做家务,所以婆婆对于媳妇的责任一般就是指导媳妇做家务,不用再特意教其做家务。另外,婆婆要负责给媳妇坐月子,媳妇生产的时候要在饮食、洗涮上照顾好媳妇,也要帮媳妇带孩子,最重要的是婆婆要教导媳妇怎么在家中生活,怎么照顾自己的丈夫孩子,这些都是作为婆婆应该做的事情。如果婆婆没有做或者没有做好这些事情,第一会加剧婆媳关系的恶化,第二就是会被外人讲闲话。

婆婆和媳妇之间也是长者为尊,婆婆可以随意役使媳妇,在钱家,家务事由几个媳妇轮流去做,不服从婆婆会被婆婆责骂,甚至有一些恶婆婆会打骂媳妇,而对于婆婆的批评打骂,儿媳妇不能还手还口,对于婆婆的话,儿媳妇多数都得无条件服从,即使婆婆说得不对、做得不对,媳妇也不敢说、不敢违抗。对于1949年以前的农村家庭来说,婆婆在家中的地位要高于媳妇,比如媳妇要帮婆婆倒尿桶,这是每个媳妇都要做的事情。村中将既能安排好媳妇的家务,又能关心照顾媳妇、处理好与媳妇的关系的婆婆视为好婆婆,好婆婆一般也是对应着好媳妇,好媳妇一般就是听从家长和婆婆的安排做好家务事、给家中生男孩、能够团结家庭的媳妇。

2.婆媳关系较融洽

钱家的婆媳关系一直十分融洽,钱家四代同堂、十三口人在一起生活的时候存在两代婆媳关系。钱宏耀的妻子是一位十分善良朴实的传统农村妇女,一辈子没有跟自己的丈夫、婆婆说过高话,对自己的婆婆就像对待自己的亲娘一般恭敬,钱宏耀的母亲比较爱打麻将,儿媳妇一般都是做好饭菜送去给婆婆吃,并且对于家中的繁杂家务从无怨言,婆媳之间很和谐。钱宏耀的妻子在家庭中对上是做媳妇,对下又是做婆婆,她对待自己的两个儿媳妇从不偏袒,家中的家务活由两个媳妇轮流做,但是她每天都会去帮助她们一起做,比如烧饭需要两个媳妇轮流去做,但是她每天都会在灶台帮忙,所以媳妇们也都很尊敬她。

钱宏耀的妻子是个老实人,她平时都是和媳妇们一起做事,没有婆婆的架子,十分和蔼,甚至会和媳妇们在一起开玩笑逗趣,所以家中的婆媳关系比较好。1951年,钱家三儿子结婚娶妻,三儿媳是一个十分强势的人,嫁进来以后谁也不怕,就连家长钱宏耀也会捧着她,家中很多事情也都是由着她,她不仅对自己的丈夫比较苛刻,妯娌之间的关系也搞不好,有时还会跟婆婆闹点小矛盾,但是总体来说她和婆婆的关系还算妥当。

3.为和谐婆婆忍让

婆媳之间发生矛盾一般也会在家户内部自行解决,若是争吵太厉害,传出去名声也不好听,钱宏耀是要面子的人,所以平时都会用威严压着家里的媳妇们。钱家的三媳妇比较刁蛮,为避免发生家庭矛盾,钱宏耀也只能捧着三媳妇,即使三媳妇与婆婆发生冲突,他也会让妻子让着三媳妇,目的就是为了家庭的和谐,钱宏耀的妻子本身就比较老实,对于婆媳关系也会听从丈夫的话做出让步。婆媳关系各家各有不同的情况,钱家的婆媳关系总体比较和谐。

(三)夫妻关系

1.夫于妻大于天

在1949年以前的农村,一个家庭中的妻子主要就是洗衣、做饭、照顾好自己的丈夫孩子,丈夫主外,对于妻子的责任主要就是种田养家糊口,还有就是保护家庭不被外人欺负。妻子要是生病,丈夫有责任带妻子看病并照顾好妻子,丈夫还要保持好与妻子娘家人的关系。

丈夫对于妻子大于天,丈夫对于妻子可以随意差使,有的丈夫比较强势,可能会打骂妻子,而妻子即使被打被骂也不能还手。女人的地位很低,家中所有事情一般都是男人做主,因此妻子要无条件地听从丈夫的话,妻子不能也不敢随意评价丈夫的所作所为,只需要服从就好。在钱村,好丈夫就是在外通过劳动能增加家庭收入,在内能和妻子相互照顾、不争吵;而听从丈夫、能生养儿子、照顾好丈夫和孩子、不爱管闲事的妻子就是好妻子。

2.恩爱与争吵并存

女人在家中要处理好各种关系,包括与公婆、丈夫、妯娌等人的关系,着实不好做人。就拿起床来说,古话常说"起来早了得罪丈夫,起来晚了得罪公婆",但是家庭都对媳妇的责任有规定,平时只要做好自己的家庭分工任务,夫妻关系应该还算是比较融洽。在丈夫的权威震慑下,妻子一般都有点害怕丈夫,丈夫的地位也比妻子高。钱家十三口人一起生活时有好几对夫妻,夫妻关系有恩爱的、也有争吵的:钱宏耀与妻子之间都是很传统的夫妻关系,即在丈夫威严下的和谐夫妻关系;长子与长媳都是老实人,所以夫妻关系也比较好;钱家老三虽然很憨厚,无奈媳妇十分刁蛮,甚至会打骂自己的丈夫,钱家怕三媳妇会跑掉,也不敢出来责骂三媳妇,反而都得捧着她,所以在三儿子和三媳妇的夫妻关系中,妻子是比较强势的一方。

3.夫妻争屋内息

夫妻之间的关系总体上比较和谐,但是会发生争吵,如果妻子有做得不对的地方,一般都是丈夫打骂妻子,也有少数妻子会打骂丈夫,发生这些矛盾的时候,家长会站出来说话,要求两者不要争吵,有事情去房内商议解决,万不可将家内私事闹得人尽皆知。家长在制止争吵的时候,一般都是居高临下地命令其停止争吵,但是有时也会让妻子去调解劝导,目的是让家里人团结在家庭内部,钱家认为夫妻争吵是两个人的事情,不能因为家庭内部小范围的争吵影响大家庭的安稳。

(四)兄弟关系

1.大带小,强扶弱

村中大多数家庭都主张多生,钱宏耀的五个儿子和一个女儿的年纪都是只相差几岁,所以几乎都是大带小。因为家里人口多,生活压力也比较大,男性劳动力多忙于生产,女性也需要忙于各种家务,所以众多孩子里较年长的一个就需要负责照看年纪小些的。如果是父母去世,就由长兄代替父母亲负起养育弟弟的责任,照顾弟弟,条件满足时便送弟弟去读书,待弟弟成人后还要给弟弟娶媳妇,这就是长兄如父。兄弟之间一般都是以大带小,另外家庭条件比较好的也需要照顾帮扶条件稍差一些的,这就是以强扶弱。兄长照顾弟弟,弟弟也需要听从兄长的话,兄长可以管教弟弟,如果弟弟做错事情,兄长可以打骂,但不能将弟弟逐出家门或卖掉。对于父母双亡的家庭,长兄如父亲般教育并照顾弟弟,还帮助其成家立业,这种行为会被大家赞扬,这就是好兄长。好弟弟一般就是听从兄长的话,成家后也一直善待兄长。

2.内协作,外团结

钱家的五兄弟之间关系比较融洽,兄弟之间都是在一起生产,种田时怎么安排都是在一起商量,兄弟之间会开玩笑,也会经常在一起聊天。钱宏耀对待儿子们十分严格,所以儿子们的性格都比较老实、内向,除吃苦种田以外,并没有好吃懒做、赌博等不良习惯。儿子们在家庭内部负责协作种好家中的田地,保证家庭生活有稳定的来源。钱家五兄弟非常团结,要是家中受到外人的欺负,几个兄弟就会团结在一起一致对外,如此一来别人也不敢轻易欺负钱家,这也是大多数家庭都愿意多生儿子的其中一个原因。

3.免争吵,多协商

钱家几兄弟之间关系一直很好,也没有发生过争吵,原因主要有四个:第一,钱家几个儿子性格都很憨厚,不是爱斤斤计较之人。第二,钱家以大带小的传统使得兄弟感情深厚,不会相互争吵。第三,家中事情都是父亲做主,几个兄弟只是在一起种田,全家生活在一起,兄弟之间并没有利益冲突,所以也不会有值得争吵的地方;他们在种田时注重相互协商,总是把家庭利益放在第一位,所以协商也有助于避免争吵。第四,钱家几个兄弟都是在家长钱宏耀的统筹安排下生产和生活,在父亲的威严下几个兄弟也不敢相互争吵。

(五)妯娌关系

1.隔血亲隔座山

在一个家庭中,兄弟是有血缘关系的至亲,但是各自妻子之间即妯娌之间并没有血缘关系,加上个人思想不同,所以隔血亲如同隔座山,有的妯娌关系比较好,也有的妯娌关系比较差。钱家的三个儿媳中,大媳妇和二媳妇都是老实人,但是三媳妇有点蛮横,她经常找二媳妇的麻烦,甚至有时候会联结隔壁家的媳妇一起对付、打骂她。

家里的儿子一般都按照顺序结婚,所以媳妇也是按顺序先后进门。嫂子对弟媳的责任就是带着弟媳一起熟悉家庭事务,嫂子虽然比弟媳稍微年长一些,但是在家中有长辈的情况下,她们就是同辈人,她们需要轮流去做家务活,所以嫂子并不能差遣弟媳做事情,按道理来讲更不能打骂弟媳。弟媳按照身份也需要尊重嫂子,但并不是绝对服从嫂子的安排,如果嫂子有不对的地方,弟媳也可以指出来。能够带头做好家务、指导并照顾弟媳的嫂子就可以算是好嫂子,好弟媳就是要能够配合嫂子做好家中事务,与嫂子的关系融洽。

2.强者欺负弱者

按照常理来说,一个家庭的媳妇嫁进一户就成为一家人,在家庭内部也应该团结互助,共同做好内部的家务事。但是钱家的三媳妇和大嫂、二嫂的关系并不是很融洽,尤其是跟二嫂的关系十分紧张。钱家二媳妇是个老实人,三媳妇却是个偏蛮横的人,在平常的生活中,三媳妇经常因为一些小事去找二媳妇的麻烦,说是二房里人口多,若还在一起生活,家庭任务更重,便要求分家。两人的争吵多半是三媳妇的性格所导致,她十分要强,甚至连同隔壁家的媳妇一起找她二嫂子的麻烦,打骂她也是常事,因此钱家的姒娌关系很紧张。

3.家长反而护强

钱家的媳妇之间有嫌隙,二媳妇和三媳妇经常发生冲突,不是吵嘴就是打架。钱家二儿子碍于兄弟情面只能说教自己的妻子,但也心疼妻子老实,劝说妻子不要跟强悍的弟媳争吵,但是钱家三儿子是个老实可怜的人,不敢说自己的妻子,说得不好还要挨打。钱宏耀介入后,考虑到三儿子娶亲不容易,便偏向三媳妇,担心惩罚三媳妇后其会跑掉,一是三儿子再难娶妻,二是钱家也会成为村上人的笑话,他是在外面能说得上话的人,如果自家内部的关系搞不好,他也没有脸面出去,所以家长反而护强,结果就是三媳妇日渐霸强,不是和家里其他媳妇争吵,就是和村里人争吵,她还喜欢用自杀来威胁家里人,所以家长也没有办法,只能由着她,导致她越来越强势,姒娌关系直到最后也不融洽。

(六)其他交往关系

钱家家规注重家庭和睦,所以钱家一家人生活在一起还算是比较融洽,除三媳妇比较蛮横以外,其他人之间的关系都比较好,兄弟之间、兄妹之间、叔嫂之间的关系都很好,钱家在家长钱宏耀的管理下井然有序地发展着。除了家里人关系不错以外,钱家和家里的雇工关系也很好,钱家请大师傅专门负责家中的农田生产安排,还请厨娘与放牛娃,家长钱宏耀是一个肚量很大的人,无论大师傅去田里干活还是有其他事情,他基本上都不会管,他认为只要田间收成好就可以,若是种得好来年就继续留用,种得不好第二年就再换一个。钱家对待雇工十分人性化:在工作时间上不强制要求,只要事情做完、做好就可以;在待遇方面,比如多少工时不会跟雇工们斤斤计较,从来不会扣工。有一个大师傅是从江北过来,他种田能力很高,但是早上不喜欢做事,钱宏耀也不会去计较这个,觉得只要能把田地种好就行,这个长工因为家中只剩他一个人,所以过年的时候并没有回家,而是留在钱家过年,并且还给钱家的小孩子包红包,就连日本人打来村里,全家跑荒的时候也是跟着钱家一起,帮着钱家挑担子,与钱家的关系非常好。家里对待厨娘和放牛娃也都很好,长工都是和家里人一起吃饭,因此整个家庭内部都很融洽,而不像其他家庭先顾着自己吃完,然后把剩菜、剩饭留给做工的人吃,这样斤斤计较的人家一般都留不住人,而且很多次请短工、请师傅都请不到。

七、家户外部交往

(一)远亲不如近邻

钱家认为,远亲不如近邻,邻居之间应该互相帮助,尤其是在生产方面,比如换工或者丧事喜事帮忙之类,邻居家有事情钱家会去帮忙,等到钱家有需要的时候邻居也会主动来帮忙。土地临近的几个家庭,一般在催水或者收割的时候都会互相帮忙,村里的人十分讲义气。

但因各家都需要通过辛勤劳作过生活,所以亲邻在交往过程中也会相互理解,若是家中出现事情首先自家解决,再找家中有条件的亲戚,邻居之间也会相互帮助,但并不是事事都有联系,若是邻居经济条件差,便不能向邻居家求助。

(二)亲邻关系融洽

钱家虽然不是十分富裕,就是本分的种田人家,但是钱家在钱村的名声比较好,和村邻的关系也都很好。这主要是因为钱家的家长经常在外帮别人处理一些纠纷,他做事雷厉风行,也很讲义气,大家都信得过他,只要别人请他去,他都会去帮忙。再者就是钱家家长穷不欺、富不攀,本分维持家庭,所以村里人都和钱家关系很好。钱家的邻居中有比较富裕的财主家,地邻里面也有比较强势的财主,虽然某些财主存在一些强势的强占行为,但是钱家家长肚量很大,并不会事事计较。

(三)对外以理服人

钱家的对外关系都还不错,但也有发生一些小矛盾的时候,此时家中处理对外冲突的单位就是家户,一般都是家长出面。钱宏耀都是在外面替别人说公道话,所以当家里人和外人发生矛盾的时候,首先会责问家里人,然后再同对方协商解决,他讲究以理服人,钱家认为理是圆的,只要摆出理、以理服人就不会有问题。钱家前面有一户恶霸财主,和村里人关系都不好,强行把门前的路拦起来,不许钱家与其他人从那边去田间,钱家二儿子为此与他发生争执,最后钱宏耀二话没说先是训斥儿子:"就算你有理,你也不应该和他争吵甚至动手。"最后他出面带着儿子解决了这个事情。钱家的家规中有一条内容是"息争讼",所以钱家世代都不愿与人争斗,钱宏耀也经常教育自己的子女,兄弟姐妹要团结一心一致对外,但是一定要以理服人。

第四章　家户文化制度

钱宏耀是个深明大义之人,在家庭内部注重对家庭成员的规制,威望高;对外讲究以理服人,威信高。钱家十三口人同居共财,钱宏耀努力通过家庭内部的自立自强和外部的良好社会关系网络建立的保护来保证家庭的发展。在家庭教育方面,即使送去读书的孩子不多,但是钱宏耀注重积德、讲道理的思想深深地影响着家庭成员的意识,钱家人的自家人意识很强,认识到家庭是一个整体,家庭的发展是个人利益的保障。在钱家的发展方面,除去家教的作用,还有家户习俗、家户信仰、家户娱乐等其他方面的作用,这些家庭文化活动不仅可以丰富家庭成员的生活,而且这些文化活动中都有家庭责任的内容,通过这一系列文化活动的精神塑造和联系作用,个人与家户的关系被规制在合理的范围内,并且家庭成员和家庭都在家户文化活动中得到发展。

一、家户教育

(一)"半先生"顾外妄内

钱宏耀小时候因为家庭条件还好,便在适学年纪去读私塾,之后才可以在村中帮助别人处理事情,他也因为读过书,在村里又经常教育人,常年穿着半边大长袍子,像个先生又不是先生,人称"半先生"。1949年前的农村大多生活艰苦,不是人人都可以读书,也没有重视和不重视教育的讲法,教育往往是和家庭条件相联系,条件好就去读书或者多读几年,条件不好就不去读或者少读几年。1949年以前,钱家十三口人一起生活,由于家中人多地少,生活压力比较大。

教育这回事像是生来注定,有钱人家虽然有上学读书的条件,但也要看自己的现实条件,有的孩子可以读出成绩,有的孩子读不下去最终弃学。钱家儿辈中只有老大和老二读书,家中的孩子需要以大带小,而老三长大的时候家中条件已经慢慢变差,后面的小孩子就都没再读过书。钱宏耀送两个儿子去上学也是为了让他们多学习一些东西,大儿子从六七岁开始读私塾,因为比较聪明,读书表现比较好,读完私塾之后又被选送去南陵军校继续读书,二儿子也被送去读私塾,私塾就在本村,十几个学生一起,先生一对一教学,私塾老师和钱宏耀的关系比较好,在教学时会特意将钱家老二的书桌和他的办公桌放在一起。后来,老大结束读书是因为家中田地缺少劳动力耕种,便只能回家种田,老二结束读书是因为日本侵略中国,全家逃荒去舅父家,因此中断学习,几年后回乡便开始种田,战乱时期家中条件差,孩子大了或者体力比较好的就需要回家种田。钱宏耀是个"半先生",常年在外处理事情,家中的田间耕种需要劳动力,于是老大、老二到了可以种田的年纪,就让他们直接回来种田,并没有管他们读书是好是差,钱家家长在这一方面虽有自己的打算,但是有些顾外妄内。

钱家儿辈中只有老大和老二被送去私塾读过书,家中谁去读书都是由钱宏耀决定,因为读私塾、请老师需要当家人支付学费,一般只有男孩子才有机会读书,女孩子不会被送进私塾读书。私塾的费用是家户的教育成本,需要本家户全权承担。私塾的学习内容主要是《百家姓》《三字经》、习事行文、药书等,但不是每个人都要学习,一个私塾老师所教的十几个学生的学习内容都不一样,有的学习《百家姓》《三字经》,有的就专门学习药书。在授课形式上,主要是老师一对一教读与督促背诵,若是学生不认真或背诵错误,老师便让学生回家背熟之后再回来,此外还有专门写大字、小字的课程,一般一上午讲两个小时。

家长有决定送谁去读书的权力,也有请私塾老师和维系好与私塾老师关系的责任。一般中秋和端午需要给私塾老师家送节①,由家长去送或者安排给家中读书的孩子带去给老师。钱家的教育投入很少,主要是因为家中成人基本都有自己的家庭分工,没时间教育孩子。富人家的孩子到了年龄就去接受学校教育,穷人家的孩子到了年龄,一般都是自己学习一些生活上的知识,学校的东西没人去教,这就是穷人家的孩子早当家的道理。家中不同辈分的人对下代的教育有所不同,但是只要下代不乱来,一般家中成员也不会说教小孩子。

(二)家教与人格形成

家户中家长对子女的教育一般很少,而且多是一种潜移默化的影响,家庭成员的思维方式和处事方式会对小孩子有影响。钱宏耀因为对外交际睦村邻,要是家中孩子与别家发生争执后,他首先会训斥自家孩子,这种方式使得孩子们都十分害怕并服从家长的权威。还有钱家父亲面相十分严肃,又威严在外,平时在家中也很少与孩子交流和说笑,所以孩子们大多内向少言。

钱宏耀严格的处事方式也教会子女们一些为人处事的道理,家中孩子只要不犯错误,家长很少会主动教育,要是犯错误,家长就会有所教导。钱宏耀十分严格,没有和子女交流过家里的来历、当地的风俗习惯等,也不会刻意去跟子女说"勤劳致富""家和万事兴"等,但是会要求子女勤恳种田、努力协调家庭内部和谐。家中成员若有困难,家庭尤其是家长会拿主意及时解决,每个人都离不开家庭,家长一个人当家,子女也都会顺从并且团结在家庭中。

(三)家教与劳动技能

钱家由于钱宏耀在外面交际,家中的事情主要是抓财权和决策权,对其他的事情比如孩子的技能培养不会太关心。加上钱宏耀是个"半先生",自己本身就不会耕种,也就不会教孩子们劳动技能,家中的男孩子都是被安排跟着大师傅学习种田技能,除此之外,孩子也会自学,钱家田里的活都交给大儿子和二儿子,他们想发财、想家庭变好必须要肯吃苦、肯学。因为家中生活条件还算好,家中请来师傅、厨娘、放牛娃,所以除去有能力种田的男孩要学习种田,其他男孩、女孩都不用学习什么劳动技能,女孩子也很少承担家务,家户中的家务是钱宏耀的妻子带着媳妇轮流完成。钱家的孩子不论男孩还是女孩,都没有人刻意去教他们劳动技能,多是依靠自学,依靠自己钻研,他们还会偷偷跟着家中雇工学习,想通过种好田证明自己已经长大成人。钱家也没有手艺可以教给家里的孩子,自家的田都耕种不完,所以根本不会考虑让家中的孩子再去学习手艺,都是本本分分的庄稼户,还是得以种田为生。

---

① 送节:指节日时候给亲眷长辈或老师等特殊群体送礼物问候。

(四)家教与家户秩序

钱家十三口之家的治理权在钱宏耀之手,家庭内部的秩序和外部的联系是家户发展的基础条件。钱宏耀是一个负责的当家人,为了实现家庭的稳定有序发展,首先需要做的就是把家庭成员团结在家庭内部,使得家庭成员具备强烈的家庭归属感,并为家庭的发展不断努力。除学堂正式的教育外,家户内部还有家庭教育,钱宏耀十分注重对家中成员的家教培养,他十分严肃,很少与家中小辈交流,往往都是通过自己的言行来潜移默化地教育家庭成员。若是家庭成员中出现不利于家庭发展的事情或不团结、不努力的个人,家长会重点教化纠错。家庭教育是家长治理家庭的重要手段之一,良好的家教可以发挥对家庭成员的规制与团结作用,通过对错误行为的教化与正确行为的发扬,为家庭发展赢得稳定的秩序。

二、家户意识

(一)自家人与外人严格区分

钱家认为一个家庭中的人算是自家人,主要是在一起吃饭生活,家庭以外的人就算是外人。钱家就是从奶奶一辈到父辈、儿辈、孙辈共四代十三口人可以算是自家人,其他人就不能算自家人,与钱宏耀家一起共八间的三哥家也不算,因为是各自过各自的生活。像同村的一些亲戚,比如姑姑姑父、舅舅舅妈也不算,只能算是亲戚关系。分家后的兄弟也不能算是自家人,因为也已经开始各过各的生活。一个大家庭如果没有分家,几个小家庭同住在一个院子里也可以算是自家人,只要分开,即使有血缘关系也不能算作自家人。

钱家认为在一起生活的算自家人,叔伯堂兄弟这些来往的算是亲戚,自家人和亲戚之外的就是外人。自己人和外人有区别,家里的事情不会跟外人商量,外人也不能干涉家里的事情,外人和家里互不干涉。要是和别人家争吵,关系好的外人可能会来劝解一下,一般不会干涉,还有关系不好的人家巴不得自己争吵打架,不怕打死人,就怕打不成。

对于外人,钱家觉得人各怀心思,有好的也有不好的,自己家的事情不希望外人干涉,外人家的事情本家也不会去干涉。对于外人,与之交往的时候会注重保护家庭利益,不论说话还是做事情都会有所保留,跟自家人生活就不需要。家里的事情只有分家、结婚这些大事会请舅父这些亲戚来,像争吵这种家庭内的事情,除非吵闹到不可开交才会请亲戚来,不然不会让他人介入。钱宏耀本来就管理祠堂,比较有威望,家中的事情也会在家内解决,不会请外人参与。

(二)家户一体意识强烈

钱家十三口人在一起没有分家,兄弟之间也会在生产上相互帮助,家中其他成员也会协调做好家庭内务。即使家中妯娌之间关系处得不好,家长也会要求在家庭内和平解决,不要对外声张。要是家庭中的任何成员被欺负,钱家不会选择联合起来去对付外人,钱家的家长会分情况处理,自家人有道理的会代表家庭去说理,没有道理的还会责骂家户成员,都会以理服人,家里人对就是对,不对就是不对。钱家向来讲究家人的相互扶持,亲戚中若是有条件不好的家庭或者生病的成员,钱家都会对他有所照顾,但是这也要看个人情况,像钱宏耀父亲辈的几个兄弟分家后,几家条件不一,与钱家共八间房的三房家没有子女,因为人口少,生活条件比钱家要好一些,但是他除了借出一间房给钱家使用外,并没有主动扶持帮助钱家。

对钱家而言,家中所有成员的共同目标是家庭和谐,在钱家人看来,本家算是比较稳定、一家人都团结在一起,生产也搞得比较好,外人也都认可和尊重钱家。钱家是靠劳动致富,钱村有些富裕人家不是靠当官就是靠做生意发家致富,钱家就是单纯以种田为生,是本分人家,送子女去读书就是指望家中的孩子能成为人才,光耀门楣,保长的妻子经常跟钱宏耀说:"应该送二儿子去读书,既能成大事,还给祖上添光,送老大去读书算是送错了。"钱宏耀虽经常在外,但是对于家中的发展还是比较上心,尽管家长不苟言笑,但会用自己一贯的言行教导家人要和睦相处。家户的这些共同目标,家庭成员并没刻意说出来和表现出来,但是都会在大家的行为习惯中表现出来。

(三)家庭利益至高无上

在钱家人看来,个人没有家庭重要,毕竟个人是家庭中的人,个人不归自己管理,只希望家里生产多、家里过得好,考虑事情的时候总是会先想到家里,不会想个人,俗话说"种哪边田望哪边好,在一起就望在一起好了"。每个人都会顾家庭,没有家庭就没有个人,个人思想不被允许,就像家中几个兄弟还小,不能参与生产,家中的收成也不会单独分配给他们用作生活支出。

钱家人一切以家庭利益为主,当家庭利益和个人利益发生矛盾的时候,要优先实现家庭利益,特殊时期可以为了家庭放弃个人利益,比如钱家二儿子钱昌桃在结婚当晚有几块洋钱,交由妻子收保箱底,但就在当晚地下党来起会收费,钱宏耀让他去洞房取出来交给地下党,钱宏耀这样做也是为了全家的安全和稳定。此外,钱家在应对征兵的时候,需要派出男丁代表去抽签,钱家长子考虑到兄弟年纪更小,便主动去参加抽签。家庭的利益至高无上,钱家老大、老二都是为了家中的农业生产自愿放弃读书,后期家中条件慢慢变得不好,家中剩下的几个孩子都没再去读书。钱家子辈的婚姻也都听从家中当家人的安排,一般都是家长根据家里条件统一安排婚配。

(四)行善积德造福子孙

钱家的老人很少教下代一些做人的道理,行善积德、造福子孙这些都是家中小辈在长辈的言行中体会出来。家长钱宏耀只会教导下一辈人不能做哪些事情,一般发生事情时都会先责问家里人,以理服人是他的原则。钱宏耀常年在外帮别人处理纠纷或做公证人,积极组织参加家族内的公共事务,村里的很多事情都会请他到场,钱宏耀是一个热心肠的人,时常帮助别人解决困难,别人也都十分地信任他、尊敬他。

钱家在清明、十月半的时候会去祠堂祭拜祖先,祈求祖先保佑家人平安健康,认为家中顺利是祖先保佑。钱家认为无德的人是人心不好,只要不干出格的事情也不会严格处理他。村中有做土匪的人,被称为"做人不做做鬼的",祠堂为吓唬他、教育他,族长便让人挖出一个石灰窖子,用石灰把他埋掉,然后安排人进来,请求放了他,虽然通过这种恐吓的教导方式让此人变好,但在其去世后,后代与别人家争吵的时候,别人还是会把他家做过土匪的事情拿出来说。所以钱家认为上代人只能做好事,不能做坏事,否则下代都要受打击。钱村人不笑穷笑娼,认为男强女娼是卑鄙、伤道德的事情,所以钱宏耀告诉家里人坚决不能做这种事。

三、家户习俗

(一)春节喜气拜年

1.年前准备

春节是从正月初一开始算起,一直到正月十五,正月十五在当地算是小年,一年下来只有这十几天是清闲的日子,不需要做农活,大年三十晚上全家人要聚在一起吃年夜饭,钱家十分注重年三十的年夜饭要赶早,家中的长工大师傅有时候也会留在钱家过年,和钱家人一同吃年夜饭。春节需要提前准备,女人们便负责年前的大扫除。有的财主家请来丫头,就让丫头把家中打扫干净,家中的屏风都要擦干净,这样家中迎客才有面子。钱家的妇女们也会在节前就开始忙碌起来,钱家媳妇和厨娘年年都会在腊月二十三完成家中的除尘出新工作。另外家中还需要置办年货,这主要是当家人钱宏耀与几个儿子的事情,钱宏耀掌握着家中财权,所以他会在年前去街上办年货,包括布匹、粮油、酒食、春联、爆竹等。置办年货持续到腊月二十九,腊月二十九晚间钱家全家人会洗年澡①,到了年三十,钱宏耀一早就会张贴门对子②,家中的大门、小门都会张贴以迎接新年,门对子代表喜庆。接着就是年夜饭,钱家的经济条件在村庄算是中等,年夜饭也通常是家里一年中最丰盛的一餐,全部成员都会团聚一起庆祝。

2.春节旧事

过春节时以家庭为单位,家长在春节的准备、春节仪式、春节活动中都占据支配地位,春节是一年中的一个重大节日,也是家中团结在一起、庆祝一年成果的重要节日。一般没有分家的大家庭都会在一起过年,分家后即使住在同一个院子里也不会在一起过年,因为已经各自过各自的生活,就不再是自家人,与钱家共八间的三房家就不会跟钱家十三口人一起过春节。过年过节一般都是在家户范围内开展,自家人聚在一起吃团圆饭,一般不能去别人家过,就算是嫁出去的女儿也不能回娘家过年,因为嫁出去的女儿就是婆家的人,不再算是自己人,不生活在一起就不会在一起过年。亲戚同样也不会到钱家过年,外人就更不可以。但是钱家有过几次例外,钱家请的长工大师傅是江北人,家中只有他一个人,钱家与大师傅关系也很好,便留下大师傅在家中过年,初十再开始种田,大师傅在家中过年的时候,也会给家中的小孩子包红包作为答谢。

3.分岁祭祖

过年除吃喝玩乐外,比较重要的事情就是祭祖,腊月三十晚间烧一桌子菜,一般八碗、十碗都可以,家里的家长做代表,用筛子端去公堂屋里,村里很多户人家同去,大概有几十桌,公堂屋有个大桌子,是几张方桌并在一起拼成的长桌,每户前去将饭菜端到大桌子上,便开始烧香拜祭,这个就是祭祖,也是"分岁"的做法,意思是又长一岁,这岁数是祖宗分给并保佑自己而来。过年期间的祭祖以家户为小单位进行,没有族长主持。分岁完把菜端回家,在门口烧些烧化纸钱,然后家里人便开始吃年夜饭。家中吃饭的时候座位有讲究,长者在上。年夜

---

① 洗年澡:是当地比较重要的迎接春节的仪式活动之一,沐浴干净迎接新年不仅是一种习俗,更是一种信仰,洗掉不好的运气迎接新一年的财气、运气是最广泛的认知。

② 门对子:是当地人对春联的称呼,是春节必不可少的标志,家家户户都会张贴于门上,以示辞旧迎新。当地春联还分不同的颜色,死了人的家户第一年贴蓝色的,第二年贴黄色的,第三年开始就可以一直贴正常的红色了。

饭就是钱家十三口人加上家中的一个大师傅一起吃，外人不会参加。第二天也就是初一早上，天不亮就要去村里的庵观寺庙敬香。

4.喜气拜年

过年时各处的风俗不一样，一家三五里，各处有乡风，拜年也有很多讲究。钱村是个大村，一般过春节的时候就是大年初一，每房的代表聚在一起，一起去最年长的老太婆家给她拜年，需要跪在地上给她拜，礼性大，一般都是初一拜长辈、初二拜娘家。拜年只是在家户亲戚关系内，不用给保甲长拜年。

（二）分走亲戚与节日活动

1.走亲戚

春节的时候亲戚家会互相走动，走亲戚是一代一代的，如钱家当家人是钱宏耀，所以走亲戚的时候主要就是他去，若亲戚是他的同辈，就会让子辈去，即由走动双方家的小辈去对方长辈家拜年。家中的女性不能外出走亲戚，由男人带着小孩去走亲戚，然后亲戚会拿糕夹着钱包给小孩子，这就是图个热闹。还有一些特殊的亲戚家会由特定的人去，比如钱宏耀二媳妇的娘家基本就是二儿子钱昌桃带着孩子去。走亲戚是双向的，他来你家，你就要去他家，双方的下一代互相走动。亲戚之间也会轮流请吃饭，三天年①的吃饭请客仅限于亲戚关系以内，即使特别要好的朋友也只是平时来往，过年期间不会来往。

2.节日活动

正月初一没有特殊活动，就是每家每户会有个开财门的仪式，打着灯笼去庙里敬香；正月初二流行走龙灯、马灯和叠罗汉，这些活动是各村自己举办，都是为了赶热闹的活动。除了春节，一般村庄每到大节都会举行一些全村性或全族性的活动，比如清明节和十月半，祠堂会举行大型的祭祖活动，家家户户的男丁都去参加祭祖仪式和宴席，另外这两个节日里还可以从祠堂分到猪肉和菜，女性不参与其中。清明节每房会派一个代表一起到山里的祖墓扫墓；端午节在农历五月初五，会举行赛龙舟，各村在大河里一起比赛，各村的龙舟都努力向前以讨个好兆头；七月半还有腊八的时候家里也会祭祖，有些人怀疑家中不顺当，会烧化祈求祖宗保佑；中秋算一个大节，但活动是一家一户自己安排，即吃月饼、赏月亮、家人团圆。

（三）红白喜事习俗

1.红喜事习俗

钱家嫁娶有一些习俗，嫁娶都要坐轿子，只是有大轿子、小轿子之分，大轿子上面挂灯结彩，一般都是接亲的队伍晚上点灯上门，点着火泼浪子②，举着沙稿去迎娶。嫁女儿要哭嫁，女儿出嫁前一夜会在家中洗澡，家里的亲戚会来包洗澡钱。嫁女儿有一个程序，首先是看人家，就是请嫁方主要亲戚吃饭，然后送日子、下帖子，提前一个星期办嫁妆，如箱子、花瓶、独镜，提前两天婆家派人来把嫁妆抬走，然后到婚期那天再派轿子来接人。其中，嫁娶都要下帖子，下帖子是为了通知亲朋好友家中要办喜事，帖子需要被对折七道，上面写着新人的名字、结婚日期，还有介绍人的名字，外面用个大筒子套住，用毛笔写上"预报佳期"几个大字，送日子、下帖子都是媒人负责。娶媳妇的第二天，新媳妇不用急着干活，规矩上允许做几天新娘，

---

① 三天年：特指春节正月初一至初三的三天时间。
② 火泼浪子：当地对于照明的火把的别称。

但是早上起来要给公婆请安。新媳妇一般是正月回娘家，上半年结婚也是到来年正月，这时可以回娘家住些日子，要在娘家做好鞋子并且带回来，给家中的奶奶、公婆、丈夫一人一双，这是新媳妇的任务。

2.白喜事习俗

钱氏在当地是较为兴旺的家族，所以十分重视丧葬礼俗，家族祠堂会为族人提供祖坟山作安葬地，钱家也很注重丧葬。在丧葬礼俗方面，一般家中老人去世后，需要在家中供奉三日或五日，有的富裕人家会用沙石将逝者的身体拥埋起来，在家中供奉一年以尽孝道。除去供奉时间上的差别，穷人家与富裕人家在葬礼仪式上也有差别，穷人家的丧礼操办简单，但是钱家这样的人家比较讲究，会有一些仪式：安葬的时候有开香仪式，主持丧礼的三先生引导逝者下代起拜，并且讲究灵堂前面放三道香案，分别设茶案、香案和主案，孝子先拜，然后家里其他成员拜，最后是女婿祭拜。此外，葬礼上也有哭灵，哭灵的一般是女儿，女儿不会哭还需要请人哭，哭灵是女儿的任务。

钱氏家族中某一房支的长者去世，一般都要远葬祖坟山，若是小孩子夭折，不必远葬祖坟山，通常就是葬在附近的一个名叫滩巴埂的圩埂上，村里人一般在小孩夭折后都会安葬在那边。另外，钱氏家族去世的人都要在祠堂里供奉牌位，牌位按辈分从大到小，16岁算成丁，成丁的可以放正位，不成丁的要摆在偏位。牌位需要花钱请，即公堂有田的人家进牌子时要请老人吃酒，所以一般没钱的人家就马马虎虎操办，可能就不进牌子，有钱的进"热牌子"，打锣吹号将其放在祠堂比较好的位置，办得十分热闹。

四、家户信仰

（一）宗教信仰

1949年以前，钱家一直信仰佛教，家庭成员都信奉菩萨保佑、祭拜神明，村中人家也是大多信仰佛教，只有十几户信仰基督教的人家。钱村有一些供奉神灵的庙宇，如土地庙、庵公庙、娘娘庙等，相应的庙宇中会供奉土地菩萨、庵公菩萨、娘娘菩萨等。在钱家对佛教的信仰方面，除小孩子没有强烈的祭拜意识外，其他家庭成员都十分重视重大祭拜日与平时初一、十五对神明的祭拜，同时也要求家中的小孩子不能做出违背神灵要求的事情，如不能摸堂屋案桌上的香炉、不能去庙宇中撒尿等。钱家除去信奉佛教，家里还有人信奉其他门道，主要是家中妇女尤其是钱宏耀的母亲信奉"马加"[1]，是一种迷信的治病之道。后期钱家衰败，家中庄稼收成不好，耕牛死亡，猪鸡这些家畜、家禽也养不起来，最严重的时候钱宏耀也病倒，其母亲将这些归结为家中不顺并请"马加"给儿子医病，希望通过唱跳烧纸钱让家中转运。这个门道并不是家中所有人都信，钱宏耀本不相信，但是由于自己生病，没办法就只能将信就信，因为是自家的家长病重，其他家庭成员也不会去反对。

（二）家神信仰与祭祀
1.信奉的神明多种多样

1949年，钱家供奉财神菩萨，基本都是大年初一有人来贴财神，站在你家门前说上"财

---

① "马加"：芜湖县定丰钱村当地对于神婆的称呼，可以通灵，作法的时候鬼魂便附加其身与在世亲人对话。

神到财运到"之类的好话,财神有贴图片式,也有雕像式,家中年年都会请财神菩萨,大年初一早起放爆竹、开财门就是为迎接财神。财神一般放在堂屋案桌上,方便平时敬香。另外家里还供奉灶神,腊月二十三会送灶,三十晚上接灶神,灶神是在厨房,不用贴图片,也没有实物菩萨供奉。

家中拜神一般是钱宏耀拜祭,实在不行儿辈也可以代表家庭拜祭,一般都是家中成年的男性才能祭拜,还有个别神灵女性也可以拜祭。平时拜神和过年拜神不一样,过年的时候更隆重一些,需要带一些烧化、香、爆竹,初一、十五去庙里敬香只带烧化和香,平时在家中拜神只要敬香就可以。钱家有一些为神灵举行的活动,比如二月初二的土地会,三月初三的庵公会,庵公菩萨一般是妇女去参加;还有"打锣唱歌上九华",因为九华山为佛教圣地,前去祭拜的路上若是碰到土地庙都要拜祭,"上九华"的时候一般是十几个人组织起来一起去,要花费很多钱财和时间,但是当地人都认为"上九华"等于做好事,所以也甘愿,一个人若是要"上九华",家中的亲朋好友会在其去九华山之前恭贺他,而他"上九华"归来后也会给大家带菩萨的礼物,大家认为带回来的是福泽,所以说"上九华等于做好事",钱宏耀就参加过"上九华"。

2.信奉神明求平安

钱家信奉很多菩萨,包括财神、庵公、灶神、土地菩萨等,但信奉各种菩萨都有不同的目的,信奉财神通常是祈求带来财运,信奉庵公是祈求保一方平安,信奉灶神是祈求保家中生活富硕,信奉土地菩萨是祈求保家中平安顺利。钱家认为祭祀家神很重要,家神可以保佑家庭和睦平安,家中拜神没有固定的时间,但是基本上初一、十五家长都会敬香,另外家中有实在不顺利的时候也会拜祭神灵,以祈求保佑。还有一些神灵祭祀活动的时间是固定的,比如二月初二的土地会、三月初三的庵公会等。这些活动中除庵公会多为妇女参加外,其他多为家长参与。

(三)祖先信仰及祭祀
1.祭拜祖先

钱家的家庭成员对自己家的家族历史不是很明确,家长钱宏耀一般也不会跟下一代讲述,只有一些主动想了解的会去查阅家谱。钱家是本分种田的人家,除却生产生活之外,很少聊及祖先的内容,大家只知道几代前的事情,对祖先的了解不多,但是祠堂对祖先的敬重影响着家户中的每个人,所以家中还是会祭拜祖先,因为祖先是钱家的根源。

钱家会祭拜祖先,虽平日里极少专门将祖先祭拜的要求教给下代,但是家中十分重视每一次的祭祀,认为祭拜祖先既是道德要求,也是家族成员的责任。家中有祖坟,不是在村里而是在附近的山里,而且祖坟不止在一个地方,共有好几处,一般都是二十棺到四十棺不等的规模。因为家中是圩区,无地安葬,加上容易发生洪灾,所以只能在附近的山区购买墓地,并且会在当地另外购买一些田地赠予农户,农户帮助看管坟墓与每年清明祭祖人员的接待。祖坟的安葬安排一般是不同代埋在不同的地方,同一个地方的棺木是一排一排地按照辈分安葬,以上为尊,以中间为大。祖坟维护和修缮的资金来自于同家族有关系的出钱,出钱的原则是以亲为主。祭拜祖先一般就是在春节、清明、十月半,一房派一个代表组织在一起,到坟山祭祖,在祭祀祖先的活动中,一般都是家长占据支配地位,家中除家长和成年男丁,其他人都不能祭拜,但是小孩子们会在祭拜的时候磕头。

2.祠堂修葺

钱家有祠堂,祠堂是三进,一进是四间,五扇门①,祠堂正面挂着祠堂的标志,左右各一个希管②,这些希管都由香木制成,底座似方桌大小,中间立着一棵洞香木。钱氏祠堂是家族中按人丁出钱建立的,大概是在光绪年间修葺。另外,祠堂是处理族里事务的地方,大多族人都很尊重,只有个别人不尊重,好比公堂屋里挂上祖先的画像,有一个懒汉因为没得吃便去祠堂找麻烦,画像中有位祖先是从这家人的祖宗顶支过来,他便以把祖先画像拿回家为由在祠堂闹事要粮食,祠堂也没有办法。此外,家中祠堂屋的正屋里会供奉家族中已逝者的牌位,牌位按辈分从大到小排列,16岁算成丁,成丁可以放正位,不成丁则要摆在偏位,不成丁者多被看成是"野鬼"。祠堂也是族人供奉祖先牌位的地方,家族中的有钱人请牌子的时候比较热闹,一般都是敲锣打鼓进"热牌子",牌位的供奉位置也代表其在家族中的地位,一般兴盛的家庭也通过捐款修缮祠堂来维系自家的家族地位。

3.家谱修缮

钱家有家谱,其中包含家谱历次修订的记载,钱氏家谱先后历经唐景福二年(893)、宋祥符四年(1011)、元至顺二年(1331)、明嘉靖十八年(1539)、万历三十年(1602)、大清顺治十八年(1661)、乾隆二十年(1755)、道光十六年(1836)、光绪二十六年(1900)、1948年共十次修缮活动,在不断的修缮中,家谱内容也日益完善。钱家只看到过两个版本的家谱,之前的家谱因为遭遇变故被销毁,所幸有一套老谱被家族中一个到外地招亲的人带走,他冒着生命危险才保留住家谱,这一版大概是清朝时期修订,家谱一般是由老族长保管,家谱对于家庭来说意义还是比较重大,可以让家庭成员知道自己的根源。修缮家族的时候会上人丁,女儿不能上,嫁入的媳妇和新添男丁都算是喜丁,每隔一两年会请村里的先生上谱。

4.孝道传承

钱家一直以来都十分地注重孝道,家中一贯传下来的传统就是要对家中老人孝顺,孝顺长辈就是体现在称呼上、言语上、行为礼节上的尊重,还有平时对家中老人的照顾。首先,在称呼上要跟长辈道明关系并体现敬意,在言语上要先听长辈说完才可以,长辈询问或训斥的时候不能顶嘴。钱家对于祖先的孝和对在世老人的孝是结合在一起的,对在世老人的赡养与对祖先的祭拜都是孝顺的内容。钱宏耀的妻子就是一个十分孝顺的媳妇,村里人也是对她口口称赞。钱宏耀的母亲爱好打纸牌,钱宏耀的妻子就会给她送饭吃,平时对她也是嘘寒问暖,十分的孝顺,妻子的孝顺也是为了给家中的几个孩子树立榜样,使得家中下一辈也能够孝顺,让钱家的孝道可以传承下去。

(四)庙宇信仰及祭祀

1949年以前,钱村有土地庙,主要是保佑地方水土兴旺、风调雨顺;还有娘娘庙保当地平安,规模要比土地庙大,大概有一间屋子大小,平时村里人都会经过,若是遇上雨天还会去躲雨。很多妇女会去娘娘庙"喊魂",都是在家人尤其是小孩子遇到惊吓时去,这时家中的儿媳妇可以一起去,而平时这些寺庙的拜祭一般都由当家人去,有时家中的老人还会去土地庙进行拜祭。通常情况下拜祭的单位是家户,但也有极少数是因个人原因进行。平时去寺庙拜

---

① 钱氏家族中有规定,只有家里出过人才的家族的祠堂才能开五扇门。

② 希管:是一种管道,钱氏家族中有规定只有有社会成就和贡献或有社会地位的人才可在祠堂中留希管。

663

祭一般只需要带些烧化就可以,略表心意就行,但是到节庆尤其是春节会更隆重一些。

五、家户娱乐

钱村虽较为富裕,但村中人多以耕种为生,物质生活相对匮乏,钱家在村中算是中等水平,基本生活能够自我满足,但是娱乐生活较为缺乏。钱家的娱乐活动不算多,主要包括交朋友、打牌、聊天、逛庙会、参加组织等。钱村每逢过年过节的时候会举行一些娱乐活动,也有一些大户人家办红白喜事的公共活动,家长有资格决定安排谁去观看。娱乐活动不仅是家户成员生活的一部分,也是家户对外交往的一部分,参加娱乐活动可以增进家户内部成员间、家户与外部人员的交流与联系。

(一)交朋友

钱家不是每个家庭成员都有很多自己的朋友,女性成员的朋友相对要少一些,有一些小脚女性都没有办法走远,更别说外出交朋友。交朋友也是钱宏耀获得较高社会声望和社会保护的原因之一,钱宏耀擅于结交朋友,平日里也十分注重与乡绅、保甲长之间的关系往来,他认为朋友多也好办事。加上钱宏耀是一个十分正直的人,一般和谁都可以处得来,村里人都相信他的人格和能力,愿意与他结交,所以他在祠堂里和村里都很吃得开,一辈子也是交友广泛,社会声望很高。

但钱家在交朋友上也有讲究,比如家里条件要差不多,即讲究门当户对。因为钱宏耀交友广泛并且十分的繁忙,所以他也很少对家里人交朋友进行干涉,除非是交友不慎,或者起争执、犯错误的时候,他才会出来批评指出,甚至有可能给予惩罚。此前钱村有一位年轻人因为家里比较贫穷,家中的规矩比较宽泛,所以他经常会和一些强盗土匪结交,父母发现后劝也劝不住,最后在一起偷盗中被发现,不仅伤害自己,也不利于家庭发展。在这之后钱家人在交朋友上变得十分谨慎。

(二)爱打牌

钱村是有名的富裕村庄,有很多通过经商富裕起来的家庭,少了繁忙的农活缠身,便有了丰富多彩的休闲方式。村里经常会有人打牌,也叫做摸牌,是一种纸牌式的赌博性娱乐方式,一般都是村里清闲的人玩纸牌。除了摸牌,钱村还有押宝的赌博,一般有杠子宝、四门宝等,还有牌九、单双、麻将等不同类型的娱乐方式,这些都是村中人与钱家人喜欢的娱乐方式。

钱宏耀和他的母亲都喜爱打牌,钱宏耀一般是和一些乡绅财主打牌,主要是因为他们很熟悉。他的母亲则都是和村中年纪相仿的老人打牌,大家生活条件差不多、年龄差不多,就会在一起打牌。钱宏耀和母亲都不用种田,打牌时间比较多,尤其是钱宏耀的母亲几乎天天打牌,都是钱宏耀的妻子给其送饭菜吃,家中其他成员没人有意见。

(三)喜聊天

1949 年以前,村民们相互串门的比较少,家中的男女老少都可以出去玩和聊天,一般男性是被请去别家喝酒,女性一般就是跟邻居聊聊天。出去聊天一般没有成文或者不成文的规定,只是为增加邻居间的感情,串门的时候也比较自由。聊天大体可以分为家庭内部的聊天与串门聊天两种,聊天也是大家获取一些消息的途径,钱家的女性成员无须从事田间劳作,在做好家务活后便可以自由聊天,钱宏耀只是要求家庭成员在聊天的时候不要乱说乱听,对于影响家庭和睦相处的话都不能乱说,家庭成员负有维护家庭的责任。

(四)逛庙会

钱村一直有庙会,尤其是正月里庙会特别多,正月期间的灯会包括马灯、龙灯、叠罗汉等活动,这些活动是钱村一代代传下来的,是村中大型的集体娱乐活动,男女老少都会参加。正月过后,紧接着二月有土地会,三月有庵公会,四月还有唱戏,这些庙会一般是在本村举办,村里人都喜欢凑这份热闹。庙会中有集市,所以参加庙会时不是看戏就是买东西。此外,在庙会期间,家里还要举行聚会活动,接亲戚回来参与庙会。

(五)进组织

钱村没有关于武术、音乐、乐器、跳舞等方面的社会组织,社会组织一般多是关乎公共事务的。钱宏耀在家族中担任叔长,在村中担任圩会圩长,热心公共事务,家里其他人没有参与公共事务。但是钱宏耀的大儿子参加过大刀会,大刀会是抗日战争期间在钱村兴办起来的,宣称有神灵护卫,身扛大刀,号称"小铁人",可以刀枪不入,起初是以身抵枪弹、打败日本军队为由组织起来。在国民党统治下,钱村的隔壁村就组织大刀会,钱村接到上级任务也要兴办大刀会,每家每户需要出一人参加,这并不是一个好组织,甚至可以说是邪教组织,但是每家都必须出人去参加,所以钱宏耀只能派大儿子前去。钱家其他家庭成员很少参加社会组织。

第五章　家户治理制度

在家户内部,当家人的选择是自然而然发生,钱宏耀作为家中独苗承继祖权,当家人不仅要管理家庭的内部事务,还需要代表家庭对外交往,当家人享有家庭的财产管理权、制衣分配权、对外交往权等权力。当家人被赋予家户治理权力的同时也要履行好自己的家庭职责,要通过自己的治理保持家庭的收支平衡,家庭团结和谐,发展稳定有序。钱家未分家的时候出现过家长不当家的情况,但钱宏耀当家的时候当家权没有更替,钱宏耀在当家过程中通过家规家训团结和规制家庭成员,对外建立较高的威信和和睦的社会关系,以此保证家庭的发展。家规对家庭角色的责任和行为、家庭关系的秩序和维持都有明确的规定,也是家长当家过程中采取的首要手段。另外,家长代表家庭参与宗族和村庄的对外活动,通过良好的对外交往获取外界对于家庭的认可与保护。

一、家长当家

(一)家长的选择

钱家共四代同堂,有十三口人生活在一起,家长是钱宏耀,是家中的第二代。之前是钱宏耀的父亲钱宗诰当家,后来钱宗诰病重,而钱宏耀的兄长渡船溺水而死,家庭人口又在慢慢增加,生活压力也随之慢慢增加,钱宏耀的父亲钱宗诰病逝后,中间有两年时间是委托共八间的三叔家做名义上的本家代理当家人,实际还是钱宏耀的母亲安排家中的事情,好在那个时候家里需要做决定的事情比较少,等到钱宏耀长大后,钱家就把当家权交给钱宏耀,因为他是家中的独苗,所以自动成为当家人。

家长在当地被称为"当家的",是家中最有权威的人,同时也负责管理家中具体事务。在家庭内部,家庭成员称呼家长时并不是叫"当家的",而是按照各自的身份关系去称呼,比如其儿子就叫他父亲;但是出去家门,外人一般就称呼其为"钱当家的",钱家人出去办事需要搬出家长的时候,就会向别人介绍家中的当家人是谁,他实际上是钱家对外的代表。钱家的家长和内当家都是钱宏耀一个人,并没有内当家、外当家的区分。家中一般都是男性当家长,女性最多可以当内当家进行辅助。

钱家家长钱宏耀是一个雷厉风行、讲究道义并且在外面能说得上话、有头有脸的人,家里的所有事情都是他一个人安排,家中事务被管理得井井有条,所以家里的成员都很信服他,也很尊重他,同时家中的小辈都觉得钱宏耀面带杀相,十分严肃,所以全家也都是对他毕恭毕敬,不敢忤逆。

(二)家长的权力

1.祖赋权利

钱家认为家长的权力是祖宗一代代传下来的,在一个家庭中,一般是长子可以从年长者那里继承当家权力,全家也支持这种权力,多半情况下这种权力可以促进家庭生产发展和生活安定,所以家长的绝对权力被认为是理所应当的,家长是祖先选出来管理整个家庭事务的人,家中所有人都要服从家长的统一安排。家中的大事、小事都由家长钱宏耀一个人决策,像家中的土地买卖、房屋扩建、儿女婚嫁等只需家长一个人拿主意就可以,不需要与家中的其他成员商量讨论,其他家庭成员只能够参与到活动的具体操作中去。

2.财产管理权

钱家的收入主要有两块,其中最主要的收入就是家中2.67万平方米田地的收入,田地由大师傅带着钱家老大、老二这两个勤恳的儿子耕种,田间收入还算比较稳定,只要不是遇到战乱或重大自然灾害就行。再者就是钱宏耀在家族祠堂中担任叔长,每年大概有800斤米的报酬,主要负责家族中一些纠纷或者协议等的公证、判定,钱宏耀还担任村中圩会圩长,一年大概有两千斤粮食的报酬。这些收入统统纳入家庭收入,这些家产以当家人的名义全家共有,当家人只是负责管理这些财产的统一用度。家长的财产管理权是家长一人独揽,不能进行分割。

家长对家庭财产的管理表现在以下几个方面:首先,家中的一切贵重物品,比如房契地契、金银珠宝洋钱这些都由家长收管,由他秘密存放,钥匙也只有他一个人有。有些家庭的当家人会分男女,男当家人管理钱财,女当家人管家中的生活用度,比如油盐酱醋、衣服等,但是钱家的父亲很强势,母亲又是个老实人,在这方面没有能力,所以家中所有事情都是家长一个人决定安排,大到钱财使用、房屋、婚嫁,小到家中的柴米油盐、布匹等生活用品的购买。其次,钱家的劳动力完全投入到生产中,他们除了种田没有其他收入来源,并且他们只是土地耕种投入的劳动力,田间的租佃、生产安排仍然是家长钱宏耀掌握,所以家长掌握住田间的管理和收成就相当于抓住家中的财权。再次就是家中办大事需要用钱的时候,比如娶儿媳的聘礼、彩礼都是家长决定,但是一般媳妇带过来的嫁妆归媳妇和儿子自己拥有和处置,家长一般不会去干涉。家中十三口人在一起吃饭,收获的粮食每年留多少口粮、外卖多少都是钱宏耀来掌握,其他家庭成员并不参与。最后就是以家庭为单位对外发生租赁、买卖等关系的时候,如果需要见证协议之类的都是写家长的名字,他就是整个家庭的对外代表,同时也对外负责。

3.制衣分配权

农村的生活很困难,每家每户都是先管吃喝之后才能顾得上穿衣,也只有有钱的大户人家才会在穿衣上有所讲究。钱家虽在人口上算是大户人家,但是在经济上顶多算是中等水平,家中生活有余但富足不及,所以在制衣这一块还是可以支撑。钱家因为人口多,批量采购布匹会便宜许多,如果家中需要添置衣服,一般一年采购两次布匹,上半年是采购布匹,下半年是采购布匹和棉花,一般都是儿辈们平均分配布匹,家中尊长者比如奶奶、钱宏耀与妻子会适当多一些,家中的小孩子也会适当多一些。这些分配皆由钱宏耀安排,分好布匹,家长会统一请做衣服的工人上门做衣服,想做什么衣服便由自己决定,暂时不愿意添做新衣服的可以留着下半年或者来年再做,最后做衣服的工钱由家长支付。钱家在制衣方面并不是很严格,如果有人因特殊情况在其余时间需要添置衣服,家长钱宏耀也会允许,他对待家人的衣服用度还是比较大度,并且不仅对自家人制衣大度,家中每年也会给大师傅、厨娘、放牛娃各添置一身衣服。有一年不知何故,厨娘所住的草屋失火,厨娘的衣物多数被烧毁,钱家家长二话没说就给厨娘重新添置衣服。

4.劳动分配权

钱家的男性劳动力只有钱宏耀、大儿子、二儿子,因为钱宏耀担任祠堂里的叔长和圩会圩长职务,整日忙于公务而无暇参与家中的劳动生产,加上他是"半先生",缺乏种田的经验,家中的田间生产只有大儿子和二儿子具体负责,劳动力比较紧张,所以钱宏耀请来一个长工大师傅带着两个儿子种田,还请来放牛娃。农忙的时候家长也会视情况请短工,田间的事情钱宏耀没有动过手,只是有时会在下午给两个儿子送点茶水,大多数时候还是不怎么去。

钱家的女性劳动力就是钱宏耀的妻子与三个儿媳,她们主要就是负责家中的家务活,请厨娘的年份,她们的家务活就是洗衣服、带小孩,没有请厨娘的年份,她们就是负责做饭、洗衣、带孩子等家里的所有家务活,做饭一般就是三个媳妇轮流做,钱宏耀的妻子作为婆婆每天都会去灶台帮忙,但是家中有一些事情需要子辈给上辈人做,比如三个媳妇需要给公婆轮流倒尿桶。家中女性的劳动安排都是家长钱宏耀安排给妻子,妻子再分配下去,钱宏耀的妻子十分的善良,所以她一般都是跟着媳妇一起做家务。在钱家,上年纪的长辈多半都不用再操劳,像钱宏耀的母亲就是整日打牌,家中的男孩子在十八九岁之前都不用参与劳动,女孩子在十几岁的时候需要开始学着做一些家务事。

5.婚丧嫁娶管理权

在一个家庭中,家长掌握家中财产大权,并且有家规对家庭成员进行规制,所以家庭成员都会听从家长的安排。钱家在娶媳妇、女儿出嫁上都需要钱宏耀拿主意,对婚事是否同意、婚嫁方案如何都是他一个人根据情况决定,最多请示一下家中年长者的意思,一般不会同家里的小辈商量。有的人家是爷爷当家,孙辈婚嫁的时候爷爷会听取一下儿子、儿媳的意思,其他方面不会商量,家中的婚事不会因其他家庭成员的反对而终止,婚嫁完全由双方家长商议安排。此外,家长就是一个家庭的代表,一切对外活动都是家长到场才能代表这个家庭,钱氏家族的祭祀活动也都是由当家人全权代表参加,清明时请祖宗的仪式也是由家长主持。

6.对外交往权

在对外的所有关系中,包括亲戚关系和村邻关系,都是当家人代表整个家庭。村中像开会、投票、缴纳赋税等活动也是家长去,家长就是家户代表,在一定意义上可以说是家户的主要责任人,在对外交往权和对外责任上是统一的。参加活动是这样,借钱时也是这样,家长可以以家庭名义借钱并且算家庭公共的外债,但是家长以外的人出去借钱就算在个人头上。

对外交往是一个家户经营的重要环节,对外交往的程度往往和家庭的经济与结构相关。钱家在钱村算是中等水平人家,钱家的人口众多,虽然土地较多,但是劳动力较为紧张,本分耕种仅仅能够解决自家的吃饭问题,灾害战乱年代还存在一定的困难,所以钱宏耀一直在寻找本家可以在村庄立足的其他方法。1949年以前,钱村财主、富农众多,钱家的当家人由钱宗诰到钱宏耀过渡的时期,其在村中的地位尚低,甚至遭遇过财主家的欺负,等到钱宏耀当家时,他强烈地感知到钱家需要通过自身的强大寻求社会保护并在村中立足,但是钱宏耀并不是那种在劳力上强势的人,也无法短期内通过经济的发达来改变自家的状态,所以他只能从对外交往中寻求社会保护。

在别人看来,钱宏耀有些"不务正业",整日穿着长衫,从不参与家中的田间劳作,所以大家都称他为"半先生",不是先生却穿着长衫,故只能算是半个先生。钱宏耀面相带着杀相,但为人正直、讲信用,也善于交际,热心帮助村邻解决一些问题,所以很快在村中树立起威信,大家都相信钱宏耀的人品和能力,遇到问题都去请他帮着解决。钱宏耀也热心参加宗族的事务,最后被选为祠堂叔长,负责监督和管理家族的公共事务。钱村是在圩区之中,经常会遭遇洪涝之灾,所以村中有专门的治理水利和负责防汛的组织"圩会",钱宏耀被推举为圩长。钱宏耀代表家户对外交往,村中与家族中的大部分事情都需要他参与处理,他在村中算是有权威且能够说得上话的人,社会声望进一步提高,成为村里的名人。有社会威望的人社会地位就高,钱宏耀整日忙于处理公务和帮助别人处理事情,并且制作自己的"名帖",村里人若是遇到纠纷协调、借贷见证等都请钱宏耀到场做中间人,若是请不到钱宏耀本人,请到他的"名帖"也可以办成事情。

对外良好的人际关系只是钱宏耀外联的第一步,若是想在村中寻求保护,除了自身变强,还需要寻求乡绅官吏的保护,所以钱宏耀十分地重视与这些乡绅、保甲长、村中先生的良好关系的建立与维护。也因为钱宏耀与这些乡绅官吏的要好关系,钱家的几个儿子都可以在抓壮丁的时候被免签,家里租种祠堂的 0.5 万平方米田地也被免租,至此钱家实际获得了较高的社会地位和较强的社会保护。但是钱宏耀并没有放松对家庭内部的管理,而是协调好家内的农业生产,在到内立自强,再加上钱宏耀的外联保护,钱家得以在稳定的环境中发展延续。

7.家长权力的约束

很多家庭的家长身份都是父老子继,一般都是长子做家长,当然也有长子能力不行或者好吃懒做、喜好赌博,一般即使把家庭交到这样的人手里,他也管不好,在这种情况下家里可能会重新选择一位当家人,一般是按照儿子的顺序并结合其品行和能力。比如村里面就有一户人家的父亲即家长滥赌,在外输钱借债,最后债主讨上门,儿子们只能帮忙还债,因为父债子还一直是天经地义的事情。做这种情况下,其家族或者家庭内部会约束他的当家权,甚至撤换当家人。

钱宏耀通过在外建立的威信维持住在家中的威权,所以他的家长权力很牢固。钱宏耀是一个讲义气、懂事理的人,虽然对家里的人非常严格,但是从来都会把家中的事情安排得很妥当,不会胡来。自己虽然在外面交际,也会赌博,但是从来不会因为私事借钱,他是个很明确自己要干什么、该干什么的人。另外,他在管理家庭上很有能力,对待家中的几个儿子不偏不倚,家中生活也能够被安排得有条不紊,家中也是接连着办大事,如婚娶、买地置房等都很顺利,家庭成员都很信服父亲,也都听从他的话。他的权力很大,没有人敢对他的权力进行约束,好在他不会乱来,所以大家都愿意服从。但是钱家大儿子曾经私自跟卖粮食的借过一些钱,然后到街上买回一些龙头布,钱宏耀最终以他买贵了、买得不好为由责骂他,之后再也不许儿子们私自买东西回来,从而紧紧抓住当家权。

8.家长权力的代理

在一些大家庭中,家庭事务繁重确实需要当家人来管理,如果遇到家长过世或者家中没有人可以当家,一般会请亲房伯叔中的一个明白人来做家长代理人,一般都是选择男性,因为男性方便代理参加村中的公共事务。当家人一般都是在自己年老、无法继续管理家中事务的时候,就开始培养儿子管理家里的事情,在这段过渡时间中,儿子代理名义上的当家人,父亲实际行使当家权,父亲会一直等到儿子能够熟练管理家庭的时候,再将当家权完全交给儿子。

(三)家长的责任

1.家长要做的事情

一家之长不仅要管理家庭的内部事务,还需要代表家庭对外交往,所以家长并不是那么容易,家长必须得有"两把刷子",没有把家庭管好的本事和责任心,家里人首先就会人心不齐,并起来反对这个家长当家,再者整个家庭对外部来说也没有面子可言。所以家长需要有能力并且要有责任心,才能做好自己应该做的事情,使家庭和谐。

首先,作为家长要保证全家人的吃饭问题。农村都是靠土地吃饭,所以家长要操心田里的事情。比如钱家土地是否够种、是否需要请长工、劳动力的分配、年内预留口粮和出卖粮食的比例等方面都需要家长统一做好安排,因为钱宏耀整日在外面处理事务,很少种田,在种田上能力较欠缺,所以请来种田好手大师傅专门带领两个儿子种田,田间的具体生产安排、种田分工等就由大师傅报备当家人后,再和钱家大儿子、二儿子商量着进行。钱宏耀本身不在行,所以也不过多干涉,只是抓住田间的收入,合理安排,保证家里人饭饱即可。遇到灾荒年,家里人没有粮食吃的时候,需要家长想办法解决,比如钱家在日本人入侵村庄的时候,全家逃荒去南陵县舅舅家,这段时间生活困难,就是依靠钱宏耀的舅老爷带着他去借粮食,后期回来继续种田,也是他拿着这些收成去还债。

其次,家长要解决家里人的冷暖问题,这个跟吃饭一样,家长要保证家庭收入。一是要根据家里的人口变化安排房屋新建修整,钱家就在老八间的后面新修六间房屋,修房子请人、购买材料这些都是当家的负责,以保证家里的房子够。二是还要统一安排家中成员的衣服添置,购买布匹回来请人制衣。也就是让家人有房住、不愁吃不愁穿的当家人才是称职的。

最后,家长要履行好自己的家庭职责,最重要的就是通过自己的管理保持家庭的收支平衡,家庭的团结和谐,保护家庭不受外人欺负,在农村社会中,强欺弱、富欺穷是常事,家长要努力使家庭强大。钱家家长在家族中担任叔长,还在村中任圩会圩长,这些职务的报酬虽然不多,但是到年底可以弥补家庭开销的空缺。钱宏耀虽然表面上在家中的时间不多,但是一直在为家中做打算,也很有远见,和一些绅士先生的关系走得很近,家中租种的0.5万平方米公堂田,就是因为钱宏耀的关系被免税租,最后成为钱家的田地。家长钱宏耀不断开源节流,家里的生活也是越来越好,家人也在他的领导下团结在一起。钱宏耀常说"家庭最重要的就是人心齐,家和万事兴",他也一直在努力协调好家庭关系。

2.好家长的标准

一个家庭的家长被赋予很大的权力,拥有家庭内部的决策和分配权与对外的交往权,但是也需要承担很多的家庭职责,当一个好家长就是要履行好这些职责。只有能够安排好家庭生产,保证家庭收入,照顾好家庭生活所需,以保证家庭收支平衡,家中尊卑有序、团结一心、关系和谐,家庭对外关系融洽,能干且有责任心的家长才可以算是好家长。钱宏耀是一个比较有管理能力和威信的家长,这些方方面面基本都能顾到,照顾家庭、保护家庭,在家中对上尊敬孝顺,对下威严而不失关怀,对内对外都很有威严,是钱氏家族里公认的好家长。

(四)家长的更替

1.临时性更替

家长的当家权是唯一的,但是也存在当家人需要更替的情况,比如当家人出远门务工或经商长期不在家,抑或当家人生病而无法照顾家庭,一般会委托一个人来代理自己当家,有些会选择自己的妻子代管, 有些会让长子来管理家中事务, 也可以借此机会锻炼自己的儿子,还有一些会委托自己的兄弟来代管家庭事务。这种更替一般只是临时性的,只是当家人在无法直接管理家庭事务的时候做出的安排,严格来说还是家长在当家。

2.长期性更替

家长的更替除短期的委托代理人管理家庭外,还有些更替是长期性的,这也要分三种情况来看。第一种是家长年纪较大,无心无力再继续管理家庭,主动提出要更换当家人,这个时候一般会在自己的儿子中选择一个继承当家权,首先考虑长幼,一般倾向长子,再考虑能力品行,管理能力强、品行好且顾家、有责任心的人更受青睐。第二种就是家中经历分家,使得一个大家庭变为几个小家庭,在这种情况下一般都是在各自小家庭中产生一个当家人,若是父亲可以就是父亲,父亲无法承担就是家中的长子担任,这种更替是自然发生的。第三种就是在家长做错事情或者滥赌不顾家导致家庭衰败或难以为继的情况下, 家中成员会主动要求更换家长,然后会在家里选择一位能力最强的来担任家长。

3.权力的更替

家庭中财产支配的权力、事务决策的权力、对外交往的权力都是家长所拥有,但是他享有权力的同时也负有责任。一般情况下当家人无法继续当家的时候,家庭就会重新选择当家人,但无论是前任当家人的主动退让, 还是因前任当家人无能等原因需要选替新当家人的情况,当家人的选择都有一定的更替顺序和更替条件,一般是以长子为先或能力品行突出者为优。

家中的当家人若是发生更换,原来的当家人就要交出手中所有的当家权,包括管理家庭内部事务的内当家权和对外的外当家权, 就是交付给委托人管理家庭的内部处理权和外部交往权。家中的钱财、钥匙也要一并交给下一任当家人,但是一些贵重物品可能还是会给老家长保管。

二、家长不当家

(一)兄弟当家,妻子主内

当家人也有不能当家的时候,这个时候可以是当家人的兄长当家,钱家有过这种情况,钱家从大家庭分家后,小家庭的当家人就变成钱宏耀的父亲钱宗诰,但是他的身体并不是很好,有几年钱宗诰病重,大儿子也溺水而死,独苗钱宏耀还没有长大,妻子当家对外不方便,也很容易被欺负,所以钱家请来钱宗诰的三哥钱宗怡代理当家,之后钱宗诰去世,钱家仍然是钱宗怡当家,这个情况一直持续到钱宏耀成人才结束。

在这种兄弟当家的模式下,家中的财产管理权实际还是在家庭内部,比如病重的原当家人或者当家人妻子手里,兄弟当家一般只是负责对外交往,实际没有财产支配权,也不能一个人决断家中事务,而是和家中成员商量决定。选择家长代理人时一般会选关系比较近的、自家事情相对少的来帮忙管理,但是由于兄弟当家并不是完全接管家庭,所以钱家实际还是钱宏耀的母亲在支撑,家庭没有强悍的当家人的保护,在村庄就容易受到欺负,俗话说"有能吃能,无能吃屁"。

(二)子争父权,尝试失败

后期钱家的家长一直就是钱宏耀,他的身体开始很好,又有文化,还懂得家庭的管理,钱家在他手里渐渐兴旺。但是钱家情况特殊，钱宏耀虽然当家，然而很多时间都是在外面帮助别人处理事务，他也日渐变老，大儿子已经成家立业。但是钱宏耀考虑到儿子太过老实，并没有打算将当家人的位置让给大儿子，钱家大媳妇听从隔壁人的挑拨，回家便和丈夫表示不服气，于是钱家大儿子便开始想法设法夺取当家权。趁着钱宏耀外出的机会，他拿走家中的一些粮食钱，再到街上买了龙头布，准备回家给大家做衣服，但最后家长钱宏耀责骂了他，以他买得太贵甚至不好为由牢牢握住当家权，所以钱家十三口人一起生活时都是钱宏耀当家。

三、家户决策

钱家的大小事情都是由家长钱宏耀一人说了算，因为他是一家之主，家外的事情也是他一个人说了算，因为他是家庭的对外代表。钱宏耀既是钱家的内当家，也是外当家。在钱家，长子也很少有机会参与家庭决策，家长一般会把家里生活琐事的决定直接告诉自己的妻子，然后妻子指导媳妇去实行。家中的大小事务都是家长钱宏耀一个人决定和安排，如果遇到他出远门的情况，他会在出发之前将家中事务安排好，或者跟自己的妻子有所交代。钱家当家人和自己子女的交流很少，他的威严使得子女都害怕他，所以一般只要是钱宏耀做出的决定，不论是错误还是正确，他们都会听从。一个家庭在涉及生育的时候，家长可能会跟各个小家庭有所交代，并且把生育的更多权力交给儿子、儿媳。

四、家户保护

（一）社会庇护

钱家的社会声望高，与其他村邻关系和睦，当家人钱宏耀平日也注重与乡绅权势交好，通过对外联系建立的和睦社会关系寻求社会庇护，并且钱家当家人在代表家庭对外交往或处理家庭对外事务的时候都遵照以理服人。钱家家庭成员与家户之外的其他人发生矛盾，不论是谁和别人发生的纠葛，都是钱宏耀出面去和对方协调解决。钱宏耀是个深明大义的人，在平时的对外交往中很注意自己的言行，没有与人发生过争执，但是钱家的妇女和小孩子与他人争执过，妇女经常会因为一些琐事争吵，小孩子经常会在玩耍中因行动或言语争吵，钱宏耀都会及时出面，带着与人争执的家人一同前去，以方便在调解过程中了解事情原委。面对家庭成员的争执，钱宏耀首先会责问家里人，也趁机教育家庭成员不要那么强势，不应该和别人发生争吵，然后再搞清楚事情原委，若是别人的错误，他会要求对方解释和道歉，如果是自己家人的错误，他也会代表家庭向对方道歉或赔偿。如钱家二儿子钱昌桃就与地邻三先生的儿子因为田地高低雨天排水问题起争执，三先生的儿子仗着自己的父亲有权势，甚至辱骂钱昌桃"你这么苦做苦累的就是做到死也赶不上自己"，并挑唆租种家中田地的佃户殴打钱昌桃，钱昌桃还手，惹得三先生的儿子恶人先告状，三先生便找到钱宏耀，钱宏耀先是责备钱昌桃，教育他不该争吵和动手，之后又了解一下情况，最后与三先生协商解决，在接受三先生的道歉后他也会安抚钱昌桃，并教导他要以理服人的道理。

对外是这样，而对于家庭内部的矛盾，钱宏耀也一直教导家人，家庭内部要保持和谐，即使有矛盾也要在家内及时地解决，毕竟家丑不可外扬。家里的婆婆也会经常教导媳妇，家里的事情不论好坏都不要到处乱说，如果不好的事情外传，对家庭名声会有影响，面子和声望对于钱家家长钱宏耀来说非常重要，所以钱家人在这方面做得都比较好。

(二)情感支持

在一个家庭中,如果家庭成员在外面受委屈或被欺负都会回家诉说。如果是比较轻微的事情,一般都是在各自的小家庭内部诉说;如果比较严重,尤其是危害到大家庭利益或名声时就会跟大家庭的家长诉说,家长会安抚受委屈的家人并且帮助处理。若是家人受到欺负,当家人一定会给他讨回公道,钱家一直讲究以理服人。另外,钱宏耀的妻子对待媳妇都像对待女儿一般,指导和照顾并施,就是为了不让媳妇在婆家受委屈。在钱家人看来,家庭是将家人聚集在一起、能够为家人遮风避雨的地方,每个人在家中都可以找到情感寄托和归宿。虽然钱宏耀是一个外表十分严肃的人,但对家庭还是很负责任。

(三)防备天灾

1.天灾弄人

钱村整体地势低,四面环绕着圩埂,处于定丰圩的中心,村内水系发达、河流众多,外毗邻长江支流青弋江,钱村的地理位置使其在雨水多的年份容易发生洪涝灾害,或是出现长江水倒灌破圩埂的大型洪涝灾害,或是出现圩内水沉的小型洪涝灾害。

由于排水和灌溉机器缺少,所以排水基本都是用水车、依靠人工开展,雨水要是很大,排水的速度抵不上下雨水来的速度,人力根本无力阻止河水上涨,就会发生洪灾,人力不可避免。钱村最严重的一次是连降半个月大雨,钱村外围的圩埂已经断开裂口,眼见就要发生决堤,钱氏家族连忙带人去堵住决堤口,算是保住圩区,没有发生大的洪灾,但是大雨累积的雨水无法排出圩区而发生内沉,内涝洪水漫过钱家门槛有 1.2 米之高,家中的大部分农田都被淹没,导致田间颗粒无收,只有保太的田地势高可以收一些粮食,但是也因为洪灾又引发虫灾,产量也有所降低。种田基本都是靠天收,雨水多的时候,不管洪涝大小都会影响粮食产量,粮食减产是预料之中的事情,干旱也是同样,钱村一直都是洪涝干旱灾害的多发地,人们耕种起来比较艰难。

当洪涝发生时,田间一年的收成就会减少,也有一些低洼的田地在大水淹泡一段时间后会出现绝收的情况,但是钱家在保太的田地是大旱天收不到,雨水天反而收得多一些,钱家在保太的田地收获 60 担水稻,足够家中生活。但要是遇上大旱基本就没有收成,旱灾的时候,钱家一般都是靠着之前的余粮度过灾荒,发生灾荒的时候全家人会节约一些,通过外借粮食与团结在一起度过灾害。住在圩区的人,一般只要有条件的家庭都有"好年防灾年,晴天防雨天"的意识,因为农村发生灾害并不会得到国家救济,只能自家提前留有口粮应对灾害。条件差的人家,一年顾不上一年,若是遇到灾荒,有些会去亲戚家寻求接济或者去村中比较富裕的人家借粮食,一般都由家长出面去借,并商定利息和偿还时间等。甚至还有一些没有接济的家庭要靠出卖土地度过灾荒,或者到没有发生灾害的附近村庄乞讨,最不济的就只能被饿死。正是因为天灾是人力所无法控制的,天灾发生后人们的生活便不好过,所以平时村民都会祈求神灵风调雨顺,无灾无害,钱村一般就是在正月十五去罗汉庙祈福,祈求一年风调雨顺。

2.人祸害人

钱家虽然没有在旱涝灾害中受害很重,但是全家人曾因战乱经历逃荒。大概在 20 世纪30 年代,日本军队与共产党在湾沚县城对战,有一座桥叫大洋桥,当共产党过桥后,为阻断日本部队的追击,便埋下地雷炸毁这座桥,最终使得日本军队需另寻他路,从大路来到钱村方向,因为其所到之处皆放火,所以钱村的人看到日本人将要进村,便全都从小路逃荒而去,钱宏耀家一起逃荒到隔壁南陵县太丰圩舅老爷家,家中的田地全部荒弃,逃走的时候只是带走重要的家产,然后锁住大门,日本人进村后肆意在房屋前点火,尤其是一些财主、富裕人家的好房子,容易烧的都被烧掉了,不方便的就没被烧掉。钱家前面一户财主家因为在屋边堆放了四个草堆,日本人一把火便点着,四周的房子因此都被烧掉,只有中间的八间没有被烧毁。

钱家逃荒时是全家一起逃荒,一般就是以一家为单位,家长带领家眷逃去亲戚家,村里人逃荒时都逃向各方,俗称"八仙过海各显神通",哪里有亲戚就往哪里逃。钱村大部分人都没逃远,只是逃到附近胡阙,坐渡船去到太丰圩,形成河这边是日本人、太丰圩那边就是国民党的局面。钱家带着钱财、粮食、被单、衣服和耕牛逃荒到舅老爷家,家中的大师傅也帮钱家挑着东西,一起逃过去。有些人家的耕牛来不及带走会散养在村里,还有一些人家的耕牛被日本人杀死,日本人杀牛的时候并不是为了带走整头牛,而只是用刺刀在牛腿上割去一些肉带走,这对牛主人的影响很大。

钱家在太丰圩舅老爷家大概待了四五年,其间只要形势不是那么紧张的时候,钱家家长钱宏耀就会派大师傅跑回钱村种田,来回两头跑。这个时期保甲长和国民党那边有联系,有门道的可以跟国民党驻扎在胡阙渡河的军队头子联系,跟他报告一下,第二天他就会放你坐渡船回钱村,钱家就是这样两头跑,生活常住在舅老爷家,但是会回钱村种田,逃荒期间的生活粮食都是钱宏耀跟着舅老爷一起去向别人家借用,一直等到日本人撤退以后全家才返回家中。

(四)防备盗匪

钱村的富裕人家比较多,在 1949 年以前容易招致盗匪。村中也有个别人好吃懒做、爱好赌博,因欠债无法继续过生活就会成为强盗、小偷,另外还有一些是外面来的强盗。村庄治安很差,村里不仅有暗地里偷抢的,还有明着抢的,比较混乱。

1.家口害家人,有钱遭绑票

钱村因为是个大村庄,村中富裕人家很多,但是也有一些穷人生活不下去就做起偷抢的营生。于是当地的地痞悍匪出于仇富和劫财的心理就去抢劫村庄富裕的人家,他们很清楚谁家富裕、谁家贫苦,就专门挑村中的大财主家下手,要不是直接到财主家抢东西、抢钱,把家主绑起来准备点火,以此逼他说出家中钱财的藏匿之处,然后抢钱而去;要不就是绑走财主最重要的人,比如孙子,传书信告诉财主家的家长,扬言要火烧并索要巨款才能放人,拿到钱后他们就会放人分账。这些人都是村里的人,甚至是亲戚才会清楚地知道他家有钱,然后几个人商量好夜里去抢劫,或者从外面雇人去抢劫,都是家口害家人的情况。一般都是有钱人家才容易发生绑票勒索,贫苦人家不值得他们铤而走险。钱家前面的一户人家就是大财主,家中院墙红瓦十分华丽,因此也被盗匪盯上,在一天夜里几个劫匪就带着枪到他家,首先就是开一枪震住家里人,然后很多人开始抢东西、抢钱,门口还有两个站岗的人。钱家透过窗户看到这次抢劫的过程,也听到那户人家的家主被打时发出的声音,但是钱家人都不敢发出声音,毕竟土匪没有抢自己家,强出头相当于给自己家找麻烦,和土匪作对没有好下场。

到了后期的战乱年代,钱村人的生活开始变得困难,村中的土匪强盗也变得更多,还出现很多帮派,平日里在村中走路,都会被拦道要钱、要东西,这些人都是各种队长、各种头目,因此老百姓出门走路都行不通。所以村中开始流行拜头目、拜先生，拜先生要给钱，逢年过节要拜节，给头目好处之后，他就会保护自己，给自己行方便。钱家托关系拜了村里的三先生，也因此受到保护，所以没有被拦道抢劫过。钱家因为只是中等水平，家庭并不富裕，家里房产、田产都不大，没有成为盗匪的目标，家里也没有被偷盗过。整个村庄中一些有钱财、有势力的人家也会有枪支防御，他们还会筑起高高的院墙用来防备，因为有钱人家多是土匪强盗们的目标。钱家二儿子就经历过一次事情，曾有一次跑荒，他去到太丰圩一个亲戚家，亲戚家是大财主，房产很大，三个六间加一个八间围起来，还有一个院子，家中有几把枪支，平时埋在院子里的菜园地里，那天夜里家中的大儿子把枪支挖出来正在擦枪，正好听到院外一帮土匪要去抢村里的马洛英大财主家，因自家家产、房产也大，害怕自家也会被抢，于是他立马在院子打了几枪，最终吓走那些土匪，正是这一枪帮助马洛英家和自己家免于一难。

2.家庭多防备，村庄少防御

村庄治安混乱的时候，村民们也是想尽办法防备这些盗匪，比如村中的财主、富裕人家一般会请保镖，出门的时候跟随保护，家中也会请专门的护院，并加固墙院等来防备盗匪。但这些都只能唬住一些小强盗，一些大规模或有实力的强盗都是有组织而来，这些防备此时便不再管用，因为强盗人多势众而且配有枪支，重点攻击富裕人家，这已成为他们获取财富的重要途径。而村中其他不太富裕的家庭或者穷人家会去拜先生、拜各种头目，拜完后会给先生头目们一些好处，贫穷人家需要靠这些有权势的人给予保护。另外，在土匪肆虐的年代，钱家的家长也会要求家里人不要轻易外露家财，土匪多发的时候会派家中劳动力值夜看守等。这些家庭的自发防御对于一些强盗行为也起到一定的防备作用。同时，村中也有一定的防御措施，但是作用很小。国民党时期，村中有一个治安队，专门请两个人打更，并且配有长、短枪各一支，以维持村中治安稳定，通常是夜里持枪在村中日常巡逻两圈。但是一般土匪来的时候人多、枪多，土匪枪一响，治安队的两个人便被吓跑，起到的实际作用不大。所以村中的防备力量太少，村庄治安很混乱。

（五）防备战乱

1949年以前战争一般发生在山区，湾沚县县城附近的小山里就发生过大型战役，但钱村因在圩区，地势平坦、四周无山，不利于开展战斗，所以钱村并没有发生重大战役和战乱。在日本侵华的时候，日本军队来到钱村，烧杀抢掠无恶不作，因为钱村在圩区纵深的地方，战乱最先在附近的山区爆发，很快便得到日本人要入侵钱村的风声，于是钱村人都得以提前逃荒，并没有人被杀死，但是村庄已被破坏。此时钱家有一个宗字辈族人叫钱宗喃，在村中是个大头目，在国民党军队当干部，日后日本人来的时候又在日本军队中当头目，别人看他权力大，说他是汉奸，就设法害他，最后他被日本人杀害，钱村也因为他受牵连，全村的人多次外出逃荒；再到后面解放战争的时候，有国民党川兵路过钱村，但是那些军人没有佩戴任何枪支，穿着一身黄军装和草鞋，身绑手榴弹，步行经过钱村去另一个地方领枪支，队伍路过需要一两天时间，并没有在钱村引起骚乱和战斗。钱家大儿子的丈人是乡长，地下党找他起会收取钱财，但是他没有来得及筹齐钱款便被杀害。

战乱时期钱家的防备保护能力很弱，尤其是日本人入侵的时候，钱家并没有枪支，钱家不能自保就选择全家外出逃荒，在家长钱宏耀的带领下逃去国民党所在的安全地方，居住在附近太丰圩的亲戚舅老爷家，吃喝都由家长钱宏耀外借，在此期间钱宏耀会让大师傅和儿子回家种田,通过这种两头生活和生产的衔接度过战乱。在战乱中,钱家没有抵抗敌人,一般都是为了安全逃跑。

(六)其他保护

钱家的经济状况在村中算是中等水平,但是钱村大多是比较富裕的人家,所以村中经常有穷困或逃荒的人来乞讨,这些乞讨的人来到钱村可以乞讨到一些粮食,更有甚者,有些逃荒者来到钱村的时候,发现钱村生活较为富裕,就将自己的小孩丢给好心的人家。钱家家长钱宏耀人缘关系好,村中经常会有一些人需要借粮食,钱家若是家中有钱财,也愿意借给家中生活困难的亲戚。另外,因为钱宏耀社会声望比较高,所以他还会经常帮一些贫困的人家做担保,去向财主、富裕人家借东西,村里的人都比较相信他。

五、家户规矩

(一)成文家规

1.家规自古成说

钱氏在钱村算是比较兴旺的家族,钱家在村庄中也算是比较有声望的人家,村中供有祠堂,钱家一直以来都有家规家训,这些家规就是由历代祠堂中的叔堂制定,从祖上便开始,只是不同时期有补充、有删减,钱家的家规与祠堂中的族规一致,被钱氏统称为钱家家规。家规在祠堂中有公示,家谱上也有专门的记载。钱家家规严,祠堂有一个功能就是整家规,要是家族中有人做下不正确的事情,祠堂就会请叔堂里的八个叔公开祠堂门整家规,审问和惩罚犯家规的人。

家里人虽然说不出家规完整的要求,但是都听说过,也知道家规规定哪些事情可以做、哪些事情不可以做。在钱家十三口人的小家庭中,家长钱宏耀十分严格,又是家族中叔堂的叔长,所以家中成员的日常行为都得循规蹈矩。钱家一直是一个本分人家,没有人违反家规。

钱村以钱姓为主,80%都是钱氏族人,还有一些是从外地投奔而来,都是一些散户、小户,所以日常交往中不会出现钱家家规与其他家庭家规相冲突的现象,一个村里的情况和处理事情的方式都差不多。钱家祠堂在村中作用很大,在正家风方面尤为突出,村中很少有人做违反家规、有伤风化的事情。并且祠堂的权力很大,规矩很严,如果真的有人严重违反家规,祠堂有权判定他的生死,即有些国家法律允许的事情,钱家家规不一定允许,政府都担不住人命官司,但是祠堂可以掌管族人的生死。可以说钱家的家规引导着村民的生活,也规制着族人的日常风俗,使得村庄民风淳朴,村庄和谐。钱氏家族中有一个人做小偷被抓住,祠堂里开祠堂门整治他,叔长用供在祠堂里的竹丝棍打他,旁边的人也一直高喊"打死他",这个时候另外会有叔长出来说话,假装阻止,说再给他一次机会,然后问他还偷不偷,这样做既惩罚了他也教育了他,这就是祠堂用家规起到教化的作用。

2.内容有承有转

钱家的家规和族规一致,家规包含很多内容,主要包括应做之事和禁止之事两大部分。家规的主要内容是对家庭的每个角色的行为和责任进行规范,比如家长要照顾家庭,使得家庭和睦,女性要传宗接代、守妇道,男性要勤劳耕种,女性要服从丈夫,父亲要教育子女,孩子要崇文尚学,子女要孝顺长辈,家中要尊卑有序,家庭要息争讼等内容。家规中有明确指出一家之主的责任与权力,并且指出家庭成员要听从家长,遵守家规,在家规的最后还指出违反家规者需要接受的惩罚,轻者家长家法处置,重者祠堂族长处置。这些家规有一些是从祖上的家规中继承而来, 也有一些是根据族情新变化而更改, 比如不再明文规定女性一定要裹脚。家规可以约束整个钱氏的行为,同样的,在钱家小家庭中,所有人包括家长也都受家规家训规制,只要是一个家族内,不论是亲戚还是朋友都适用,家规对外人没有约束力。

(二)默认家规

1.家规的约定俗成

钱家除成文的家规,还有一些家庭内部约定俗成的规矩,包含对家庭成员生活行为等方方面面的要求。这些规矩在各个小家庭中可能就存在差异。钱家也有一些默认的家规,一般家里的长辈都会用来教导小辈,家里的小辈在日常生活中也可以自己体会到,家庭成员都需要遵守这些家规。钱家家长家风严厉,默认的家规不用刻意说出来,但是家里的人都会自觉遵守,都是一些人情世故的内容。钱家相对于大户人家的诸多规矩来说还算比较自由,只要家庭成员的行为在伦理、尊卑身份之内,不会违背大的规定就可以,但如果有人不遵守就会受到当家人的惩罚,被拿出来作为教导全家人的例子。

2.吃饭与吃饭规矩

钱家的家务活一般都是女性做,家中生活境况比较好的那些年,请来厨娘专门负责家中的伙食,但是日后三个媳妇进门后,家中便没有再请厨娘,家长把做饭的任务安排给三个媳妇,由三个媳妇轮流一人烧一天。但钱宏耀的妻子作为婆婆,每天都会去灶台指导和帮助媳妇做饭,媳妇主要烧锅,婆婆帮忙切菜。厨娘在的时候,家里每天做什么饭菜要请示家长,媳妇做饭时就不用天天请示,一般菜园里有什么菜就做什么菜,只是做饭的时候要照顾一下家中的老人,比如早饭要清淡一些,如给老人煮粥,给劳动力准备米饭。

钱家的生活条件一般,因为人口多,所以每天都做很多菜,但是家中并不是天天上街买菜,一般是逢年过节、定亲宴请、家中来重要客人的时候才会上街买些硬菜。上街买菜一般是钱宏耀去买,买什么、买多少都是他拿主意,也有家长不得空的时候,他会把菜单和钱给儿子,让儿子上街购买。买菜一般不需要记账,因为家长经常买菜,大致知道买这些东西需要花多少钱,给钱的时候也不会多给,所以等到儿子购买回来以后他不会查儿子的账,如果有问题他才会查账。钱宏耀的二儿子因为要定亲被父亲派去买鱼,钱宏耀给他钱,他到集市也买了鱼,但在街上偷偷买了糖糍粑粑,回到家还要假装再吃早饭,交鱼的时候一同把钱交给钱宏耀,他看差不多也没有查账。

吃饭的时候钱家并没有太多的规矩,吃饭时大家一起在桌子上吃,也不用等待晚归的人,钱宏耀经常在外面吃饭或者晚回来吃饭,只要超过正常饭点,便是他自己一个人吃饭。吃饭时大人都可以上桌吃饭,小孩子一般都是在一旁的小桌子上吃饭,每个家庭成员都是吃一样的饭菜,只有家中媳妇生孩子、坐月子的时候才会单独吃,一般都是另烧一些饭菜端给媳妇,帮助她好好恢复身体。钱家对待家中的雇工也很好,雇工都可以和钱家人一起吃饭,并且也是吃一样的饭菜。如果是农忙的时候,钱家会派家里的妇女给劳动力送饭菜,男性需要体力干活,所以一般会加餐,家里的饭菜会比平时丰盛。家长一起吃饭的时候,家中的小辈会给他盛饭,钱宏耀的妻子一般都是先把饭送去给打牌的婆婆吃过后才回家继续吃饭,家里的媳妇会教育自己的孩子主动给长辈盛饭、吃饭的时候要端着碗、要懂礼貌、要等家里的长辈动筷子以后再开始吃、吃多少就盛多少、不能浪费等规矩。另外还会教导孩子去别家吃饭的时候要叫人,吃完饭也要跟长辈打招呼,吃饭的时候不要紧盯着一碗、两碗菜,吃要有吃相等。

3.座位规矩

钱家在座位上也有一些讲究,堂屋最里面放置一张长桌,专门用来放香案,再靠外有一张四方桌,叫四仙桌,桌子四面席位有尊卑顺序,东边为一席,一般是最尊长的人坐,对面是二席,次于一席,靠屋里的是三席,最后是靠大门方向的四席。家中若是有客来访,一般年长者坐一席位置,青年坐二席,主人家主陪坐三席,家里其他主要的家庭成员坐四席,四席一般会安排一个年轻、会喝酒的负责端菜和倒酒。一般宴请的时候上客、贵客都坐在一席,三席是四面中最随意的席位,如果参加宴席不知道该坐哪一方时可以坐在三席,这个席位可大可小。在平时比较亲近的亲戚往来中,钱家没有那么多规矩,座位比较随意,只有在正式宴请的时候才会讲究这些。

家中若是办红喜事,宴席以舅父为大,舅父要坐在头席酒的一席座位。一般办喜事的时候客人基本都是以本家亲戚为主,便把同一代人安排在一桌,然后根据辈分来安排座位,村邻就是以邻居的辈分、年龄排座次。若是需要邀请保甲长、族长,都是因为有亲戚关系才会宴请,没有亲戚关系一般也不会邀请,他们的座次也是按照辈分安排。

钱村不同的喜事也有不同的宴请规矩。婚娶时的座位一般以娘舅为大,家户内部的亲戚为主,一般都是按照代归代、节归节,将同辈分的一代亲眷安排在一桌,再根据年龄安排座次。若是升学宴,就是以村里邻居为主,一般一桌中以叔长为大,其他按照年纪、辈分安排。办白喜事的时候,如果是家中奶奶去世,那就是以奶奶的娘家为主;如果是爷爷去世,那就是以本家亲戚为主。

4.请示规矩

（1）生产活动中的请示

田地收入是钱家的主要收入来源,也是钱家当家人权力管理的重点。钱家对于土地的管理,钱宏耀一般是统筹安排,但是因为他在种田方面算是外行,也缺乏劳动的经验,所以他会把土地种植的一些细节的决定权交给家中的大师傅和两个儿子,他就负责农业生产投入的支持、长工短工的雇用、收成的预留和变卖等。至于全年农业生产中的生产种植计划、耕地、犁田、播种、锄草看护、收割、打场等生产细节,钱宏耀是不参与的,只要大师傅和两个儿子能把这些事情做好,不让他操心,他就不会主动去干涉,只有田间的管理涉及购买、添置等需要花费或者生产遇到困难需要解决的时候,大师傅和两个儿子才会找钱宏耀决定和解决。只要搞好生产,钱宏耀很少直接管理田间生产,具体劳动怎么分工不会管,他只管田间的账,最主要的是投入与产出。

（2）家庭生活中的请示

日常生活中每顿饭做什么、吃什么不用请示家长,这些可以由媳妇和婆婆把握,只有家中来贵客的时候才需要请示家长。家中什么时候、给谁添置衣服的权力在家长,所以谁要是需要做衣服、添被褥都要请示家长,另外家中日用品购买、孩子上学读书、购置田产都是钱宏耀一个人决定。

（3）与外界交往中的请示

家庭成员如果要外出活动,只要不是出远门或者不需要花钱就不用跟家长报备请示,如果走亲戚需要带礼物则需要向家长请示,若是钱宏耀批准,他会给一些钱去置办东西,但是这些一般都是在逢年过节的时候才会有，东西一般也是家长提前置办好。如果宴请来客要请示家长，家长会安排人买菜、烧饭作陪等。如果家庭成员中有需要借钱、借用东西，一般都需要家长钱宏耀出面，别人才会出借，所以一般也要请示家长。但是钱家生活总体可以，缺钱时也可以向家长请示，钱宏耀不喜欢家里的子女偷偷向外借钱，他认为这是丢他脸面的事情。家里的成员参加一些社会组织也需要请示他，经过同意后才可以加入。

（4）请示的形式

钱家家庭成员在生产、生活和与外界交往中有问题需要请示家长的时候，一般都是口头请示汇报，汇报上去的事情也是钱宏耀一个人决定，所以也不会召开家庭会议。在家庭中的请示，如果家长同意就可以去执行或者听从家长的相关安排，如果家长不同意就不能执行，家长的决定不可讨价还价，更不可违抗。若是家中的老当家人过世，家中成员遇到问题一般需要向年轻一辈的新当家人请示，而不是年长的家庭成员。钱宏耀的父亲钱宗诰去世后，家中所有的事情都要请示并听从钱宏耀的安排。一般大家庭分家以后，几个儿子各自成立家庭，各自家中的事情就不用再请示原家长，自己做主即可。

5.请客规矩

（1）生产活动中的请客类型

钱村是个大村庄，田多人多，有的大户人家有良田千亩，所以村中有很多从江北过来专门做工的人。钱家虽有十三口人，但是参与田间生产的劳动力只有钱家大儿子和二儿子，家中有2.67万平方米田地，劳动力比较紧张，所以钱宏耀决定雇工，家中常年请一位大师傅，还有一个放牛娃，并且会在农忙时期请短工帮助生产。家中请长工的时候要请上工酒，上工酒一般是在正月，请介绍工人的介绍人和长工大师傅吃上工酒，介绍人相当于担保人，由钱宏耀去请。家里如果买地也需要请见证人吃饭，钱宏耀就经常帮别人做中人。但是在农业生产中，如果需要借用别家的生产工具或者牲畜，一般都是给租钱或者工换工，钱家的生产工具都很完备，若需要添置农具，钱宏耀直接请木匠来家中制造。

家中如果新建房子，房子开工的时候也要办开工酒，请木匠、瓦匠还有帮忙做小工的回家吃酒，等到上梁封顶的时候会有撒梁的活动，上梁的时候木匠会说好话，钱宏耀要给木匠包钱、包烟，此外，家中的长媳娘家会准备包子、糖果作为贺礼，上梁的时候木匠会将包子、糖果从屋顶撒下去给村邻吃，邻居也把抢到这种喜包、喜糖视为沾喜气。然后钱家邀请亲戚和瓦匠、木匠吃上梁酒，办上梁酒的时候也是家里的亲戚来恭贺新房落成之喜的时候。这些酒席客人的邀请都是钱宏耀去做，一般都需要提前通知客人。

（2）生活中的请客类型

村中每家每户定亲、结婚都会大办酒席，但是生孩子、孩子满月、给老人祝寿这些不一定都办。生孩子与孩子的满月酒一般只有家庭条件较好的人家，而且一般是长孙才会办喜酒，一般人家不办，钱家就是这样。一般人的寿命短，普通人家很少有人做寿，只有村中一些有钱的财主家或者有权力的保长年到60岁会做寿、办酒席。家中如果有白喜事一定要办丧礼，请客一般是捎口信就可以；而红喜事以宴请家里的亲眷为主，需要正式下帖子。如果家里跟别人发生矛盾，还请来调解人，这种不需要请客吃饭，像家长钱宏耀这样经常帮助别人调解，他一般就不会去别人家吃饭。

（3）宴请特殊对象

一般一个家庭在生产生活中举行宴请时,不需要邀请村内财主富户、村长、保甲长等村庄管理者和乡绅族长, 如果这些人中有亲戚关系就需要邀请。像保甲长这些人都是村庄干部,普通村民一般只有涉及田粮、圩费、壮丁才会和保甲长打交道,而且普通人家高攀不上乡绅乡贤,所以如果不是亲戚便不会邀请他们,族长有时可以邀请,礼多人不怪。家中请客一般都是邀请平时来往关系密切的亲眷朋友和村邻,像奶奶的娘家、母亲的娘家、姐妹的婆家、自己女儿的亲家都有来往关系,就需要邀请,一般都是一代亲、二代表、三代四代已拉倒。除了亲戚,升学和白喜事的时候会邀请村邻。在钱村有一个白喜事的规矩,就是家中有白喜事的都要接三先生去主持丧礼,三先生是乡委员,也是村里的文化人,懂得丧礼上的一些礼节,也很有威信,所以大家都相信他,都想请他到场主持。

（4）宴请规矩

在宴请活动中,同一次宴席宴请不同的群体,存在主桌、次桌、下桌的区别,东边的为主桌,次桌在右边,最靠大门的一桌被称为下桌,有些人辈分小,被称为"下桌货",只能坐在下桌。虽然桌位不一样,但是饭菜的数量和质量都一样。红白喜事一般都是请专人回来掌厨,一桌有十三到十八个菜,一般是十个大菜,其他配菜都是小菜,酒席就是在家里堂屋举办,如果场地不够,可以在屋外场院或者去邻居家借堂屋或院子,邻居一般都会借。除了场地,还需要向亲戚或邻居家借炊具和碗筷,结束之后回些酒席的礼品就可以,不用给租金。酒席中会有很能喝酒的人,排座的时候会将这些能喝的人安排在一起。

（5）陪客规矩

在宴请之前,家长会请一些亲戚来家中帮忙,会提前安排好宴请当天每个人具体负责哪些事,一般会安排一个年长的、有文化的亲戚来负责礼单和座位安排,主客一般坐在靠东边的主桌的一席位置。宴请重要的客人需要陪客,此外宴请家中的普通亲眷并不需要专门陪客,家里的长辈就是主要的陪客,一般一桌中的年长者会主导饭桌上的交谈,桌上比较年轻的会被安排在下桌方位,负责端菜和倒酒。家中宴请的时候一般都是男性有资格上桌作陪,女性只能在灶口吃饭。

（6）开席和散席

宴请的时候,同一桌上都是互相认识的家里人,一般谁先动筷子没有讲究,懂礼数者会请一桌的长辈多吃,一般是等人坐齐才会陆续上菜,开始上菜的时候就会放高炮表示开席,之后就可以开吃,家里人一般不会发言。在喝酒方面,一般喝酒的人都会举杯共饮庆祝一下,不喝酒的人就可以直接吃菜。宴席的最后一道菜一般都是肉圆子,在大家吃过十多分钟以后开始上,上肉圆子这道菜的时候要放鞭炮,端菜的人还需要对着上桌行作揖礼。只有等这道菜上后才可以离席,最后一批客人吃完就可以散席,离席、散席比较自由,主、客桌之间没有关系。

（7）贵客

钱村家族兴旺、礼性重,十分注重人来客往。当地有贵客的讲法,宴请贵客一般都是家长作陪,一般像财主、保甲长这些不可以算是贵客,亲戚来往比较少但是关系又重要的才能算是贵客,宴请贵客的饭菜也会更好一些。钱家把家中的亲戚分为两种:一种是公亲,比如族长、叔长、叔父这些;另一种是私亲,比如钱宏耀妻子那边的舅老爷、老丈人等亲戚。

6.房屋及进出居室的规矩

(1)房屋

钱村修建房子十分注重风水,其中门的朝向十分讲究,一般都是东南或西南朝向,以东为大、以东为主。钱家居住的房子是分家所得老八间的一半,钱家居住在靠东边的半八间。由于家中人口众多,分家后的屋产根本不够居住,所以钱家在半八间周边新建一些房屋,即在八间东侧边建造厨房两小间,后三间的后面一排新增一排房间,再后一排新建三小间草房,草房后侧方新增一个厕所。房屋的功能也不一样,家中堂屋用来接待客人,房间是各自小家庭的私人空间,草屋是工具、帮工和牲口的居所。

钱家的房屋有正偏之分,在房屋分配上有"后为主,东为大"的原则,在半八间里面,已婚者都被安排在东边的正屋,前一排是钱家二儿子钱昌桃和妻子的婚房,旁边是钱宏耀与三哥家共用的堂屋,靠东侧边的一间包厢是钱宏耀的母亲居住,后三间靠东是长子的婚房,旁边是与三哥家共用的堂屋,经借用由钱家改为两间房间给家中三儿子和小儿子居住,新修的三间从东向西分别是钱宏耀夫妻、四子与一女居住,再后面的小三间草屋从东分别为雇工居所、工具室、牛屋牲口屋。在钱家,除了各自的卧房算是私密空间,其他的地方都是公共空间,在公共空间中要遵守长幼秩序、家规约束,不能做违背家规的事,不能说不该说的话。但是在私人空间中,行为和言语都相对自由一些。

钱家有院子,院子里种了两棵宝塔松,前面的院门朝向东南。家中修建房子讲究风水,都会请地仙带着罗盘选门向,一般都认为风水门向选得好会使家庭兴旺。如钱家在设计天井排水沟的时候,本应将排水管朝大门外方向设置,以便将积水及时排至家外,但是钱家请的风水大师说家中的水往外流不易守财,所以钱家的排水管便朝后门的方向,导致每逢大雨天,排水沟中的水都会倒灌到家中。因为害怕改动风水先生的安排不利于家庭发展,所以钱家并没有对此进行调整。

(2)进出居室

钱家在进出居室方面没有过多的规定和要求,居室是个人私密的地方,一般不能随意进出,各自的房间也是自己进行打扫。在家庭成员内部,公婆不能随意进出媳妇房间,公婆训儿媳、使唤儿媳都是在公共空间里,古话说:"到了晚上,媳妇进了房间公婆就望着叹气",意思就是晚上媳妇进自己的房间后,公婆就不会再进入其房间训斥她,想使唤也没有办法。另外媳妇也不能进小叔子的房间,子女们也不能随意进家长的房间,公婆为大。所有的进出都要得到许可,进门之前要先询问是家庭成员都知道的规矩,家中有事需要宣布或一起商量,一般就是在堂屋。此外,钱家还有一个三不进的规矩,即禅房不进、绣房不进、药房不进。

7.制衣洗衣的规矩

钱家的制衣权在当家人钱宏耀的手中,他掌管着家中的财权,所以都是由他去请裁缝来家中做衣服。这些裁缝一般知道哪些人家有做衣服的需求,就主动上门揽生意。裁缝在钱家做衣服总共要花去几十个工时,到年底钱家家长钱宏耀会给他结算一年的工钱。所以家中做衣服都不需要妇女动手,由裁缝上门服务,具体的安排也是看家长钱宏耀的意思,通常家中的每个家庭成员都能分到布匹棉花,裁缝来了以后,想做衣服的人就可以拿出布匹让裁缝量身定做,做不做和具体的样式家长不会干涉。

在钱家请厨娘的时候,厨娘也要负责清洗衣服,日后儿媳妇都陆续进门,家里条件也慢慢变得不太好,钱家就没有再请厨娘,家里的衣服一般都是妇女自己负责清洗。但是洗衣时不是全家人的衣服都放在一起,而是以钱家内部另行组建的小家庭为单位,小家庭之外的公婆、小叔子的衣服则还是放在一起,由几个媳妇轮流洗。比如钱家有三个儿媳,家务活由家中的媳妇们轮流负责,一个人负责一天的生活,轮到哪个媳妇,她就要负责扫地、清洗自己的小家庭加上公婆、小叔子、小姑子与长工大师傅的衣服,没有轮到的媳妇只要负责洗自己小家庭的衣服就可以。钱家房屋的前面就有一条水河,妇女们一般去河里洗衣服,洗衣服时用皂角,用棒槌敲打清洗。但在洗衣服上也有一些规矩,比如要用专门的洗衣盆,洗衣服的水不能倒在大门口,尤其是正对大门方向的场地上。晒衣服的时候也有一些规矩,钱家在大门口支上两根竹篙,晾晒的时候男女衣服要分开,男人的衣服在前、女人的衣服在后,上衣在前、下衣在后。

(三)家规家法的制定者

钱家的家规家法和家族的族规大致相同,这些家规是从上一辈人流传下来的,成文的家规都在家谱中有记载并一代代传递下来。另外钱家的默认家规都是当家人根据家庭情况制定,是对家庭成员行为制定的规范。这些家规家法从祖先那一代一直传承至今,家里人还会一直遵守下去。

在一个小家庭中,家规是否严格要看家长的思想,也有一些家长比较松泛,就不会那么严格地管束家里人的行为,还有一些家庭生活条件比较艰苦,就更顾不上管束,所以说家规是否严格,各家还是有所不同。钱家的家规一直都在被每一代人根据实际情况修订,制定、修订一般都是当家人或者叔长、族长负责,不需要同家庭成员商量。钱家的家规是在钱宏耀的二儿子钱昌桃手中经办的,其中有家训内容是"家中是官府人家,不许剃头、不许修脚、不许抬轿",意思就是本姓钱氏祖上历来是官宦人家,地位高高在上,不能做给别人理发、修脚、抬轿子等这些下等的工作。在最新修订中,这些内容已经不符合实际情况,通过几个叔长和房支的代表商议通过后就都被删除,还有就是根据国家政策的改变修订家谱,比如妇女地位提高,家谱中就废除女性要裹小脚的规定。

(四)家规家法的执行者

家长管理家庭事务的时候一般会按照家规家法办事,也有一些事情得看家长的思想,会有一些变通,要是发现家人有违反的情况,如果影响较轻,家人首先就是提醒教育,如果非常严重,家长就会家法伺候,大管小是家长的责任。家长要想管理好家庭,首先就是要以身作则,言行要符合规矩。钱宏耀就是以身作则,他在外有权威,是个有头有脸的人物,不允许自己有话柄、落人舌根。同时他严格要求自己的子女本分做人,不能做出违反家规的事情。在小家庭内部,家规的执行者只能是家中的当家人,家规的规制对象是家中的所有人;在家族中,家规的执行者就是叔长、族长,家规的适用对象是整个钱氏家族。钱家从廷杨公弟兄四个开始,之后就是四房,到了钱宏耀这一代,每房选出两人组成叔会,负责整治家风。如果家族中有违反家规的人,叔长、族长就会开祠堂门整治他,一般会惩罚他、打骂他,家族认为打他等于带他过关,帮助他变好。

(五)家规家法的影响力

钱家的家庭成员都是在小家庭中受长辈的教导了解家规家法,同时村里人的言行一致、以身作则使得家庭成员耳濡目染地接受家规家法,如果平时有违反的时候,家长钱宏耀也会及时提醒和纠正。钱家的家庭成员都能够遵守家规家法，因为家族中有被惩罚的先例，家庭成员都引以为戒，不敢去违反。钱家认为家规家法在一个家庭的维系中作用很大，可以规范内部家庭成员的言行，防止其犯错，将家里人团结在一起，使家庭、家族有序发展。

（六）家庭禁忌

1.生产上的禁忌

钱家在农业生产的时候除了一些祈愿的活动以外，基本没有禁忌，钱家家长钱宏耀是个半先生，因为不太懂得生产，所以也不怎么管理田间的事情，只要家中的大师傅和两个儿子能够把田间生产弄好，他一般都不会干涉和去计较一些事情。在生产上有一些通常的说法、做法，比如一般在每年的正月里，每家年后第一次去田里的时候会选择一个双日子，并且要说好话："今天日子好，我们去发下土"，只有发土后才能开工生产，大家都认为发土可以使土壤发旺庄稼，有个好收成。还有一种习俗是水田里都有"秧田菩萨"，在播种下去的水稻秧苗稍微成长起来的时候，每家每户都要做粑粑端去田间请菩萨，希望通过供奉菩萨保佑风调雨顺、五谷丰登。在这个时候，一般穷人家的孩子会在这一天去田间抢这些粑粑，在钱村，抢到这些就是抢到了收成和福气，所以一般没有威信的人家端着粑粑去田间的路上就会被村里的小孩子抢掉，有威信的人家端到田埂边祭拜后才会分给孩子们。钱家家长钱宏耀虽然不擅长耕种，但是田间的这些活动安排，比如端粑粑、请秧田菩萨，是他自己去做，他十分有威信，且一脸的杀相，所以村里的小孩子都惧怕他，不敢去抢他的粑粑。

2.生活上的禁忌

当地在婚姻上会有一些禁忌，如忌讳同姓的族人内部结婚，还有一些不合情理的婚姻，如私奔、未婚先育等，这些都被认为是不光彩的事情，所以有禁忌。此外，在结婚后的生活上还有一些禁忌：新媳妇不能不尊敬公婆；新媳妇娶进门不能立马回娘家，要等到正月初二、初三才可以，而且得先由娘家那边派人来接才可以回娘家。家里的媳妇在生育上没有特别的禁忌，就是生孩子的时候男子要回避；属虎的人不能在月子里看望小孩子等；一般家中女性生产的时候，头一胎会更加受重视一些，若是生下男孩还会办满月酒，要是生女孩就会马虎一些。办满月酒很讲究，要提前向主要亲戚尤其是女方父母、舅舅等报喜。

钱家在生活上除了要听从当家人的安排，其他没有忌讳之处，只要所有的事情都在家规范围和家长钱宏耀的管理秩序内都可以，但在丧葬之中会有一些禁忌，比较重要的就是"孝子要到六七剃头"，也就是儿子尤其是孝子至少要到父母去世后的第六个七天才可以剃头发，因为身体发肤受之父母，保留一段时间的头发被认为是对逝者亲人寄托思念，这被视为一种守孝的做法。除了死后的守孝，钱氏家族中也一直强调老人在世时子女要孝顺，不能死后才来"学猫叫"，钱村并不提倡长辈生前不孝顺、待死后受愚孝的做法。但是钱村祠堂会用一些方法去试探族人的孝心，比如在父母亲坟头守孝三年零六个月的孝子，会为其提供三年六个月的份粮。钱村之前就有一个懒汉，他的父亲去世后，他看中祠堂设的这个份粮便想通过守孝获得，但是他守孝不到三天就放弃了，最后三先生出来打他、惩罚他，这么做也是给村里人看，为了警示家族里的人要真的孝顺长辈，而不是愚孝或假孝。除此之外，生活上的禁忌还包括逢年过节的时候会有一些要讲究的地方，如春节的时候，初一不能倒水、倒垃圾，这被认为是将家中的财气和运气倒掉；正月里不能动剪子，这个不吉利；初七不要出门，是为了祈求顺利和守财，这些禁忌都是从长辈那里一代一代传下来的。

(七)族规族法

钱家一支是廷杨公的后代,钱村中有80%的村民都是廷杨公的后代,家族中设有祠堂以供家族的人祭拜。此外,祠堂也为家族里的人提供教育、修桥修路等公共事务,是家族人可以聚在一起的地方。同时,家族中也有家规制度,用以管理整个家族,族规的内容在祠堂中都有公示,一般在祠堂最显眼的地方张贴族规祖训,此外族规祖训在家谱中也有记载,钱氏族人都能通过这两个方法了解到这些家族规矩。钱家人都本本分分地种田和追求安安稳稳的生活,在家长钱宏耀的管理下都能够自觉地遵守族规,家长钱宏耀作为一家之主也会监督家庭成员遵守,如果家中有人出现违反族规的苗头或已违反的事实,家长都会及时地阻止和纠正,以防止家庭成员犯下错误,成为家族中的笑话。鉴于此,家长钱宏耀通常采用两个方法:一是从孩子小时候就说教,尤其是以身作则;二是用自己严格的管理方式去阻止和纠正。

钱氏族规是自早便有并一代代传承延续下来的,每一代在内容上可能稍有变更调整,但大体的内容都明确,在钱氏家谱中也有明文记载:"明宗法,立宗长,供子道,笃友于,择交游,宜室家,重丧祭,勤耕种,谨门教,亲师友,禁忤逆,崇俭约,谨安墓,修宗谱,慎举动,谨言语,息争讼,序尊卑,睦宗族,振文风。"[1]在这些家规中对钱家影响比较大的几个方面就是"立宗长""宜室家""勤耕种""息争讼""序尊卑"。首先,"立宗长"和"序尊卑"使得钱家内部成员长幼有序,家长权力至上,家长管理家庭较为容易;其次,"宜家室""息争讼"使得钱家内部的争吵减少,钱家整体被团结在家庭内部;最后,"勤耕种"是钱家本分持家的根本保证,钱家的两个儿子勤劳耕种也是钱家生活维持和家庭发展的重要原因,勤劳致富是钱家所有成员致力于家庭发展的动力来源。

钱家田间的生产和家里的生活一般都是由家长钱宏耀负责管理,要是出现一些不正确的事情,家长会酌情处理:不严重的时候先是以家长钱宏耀管教为主;若是关乎家族、情节比较严重的时候就需要交由家族祠堂管理,一般是家族祠堂中的几个叔公一起商量处理办法,都会依理而判。家族还会管理村中人口的登记、族风的整治、宗族的祭祀等,起到家族记录、家族管理、家族保护等方面的作用。

六、奖励惩罚

(一)对家庭成员的奖励

1.奖励主体

奖励是一个家庭中管理的重要方式,家庭成员如果在生产生活上表现得好,家长可以代表家庭对表现良好的个人表示奖励。钱家的田间生产劳作都是由大儿子、二儿子开展,种田种得好就可以获得一些奖励。然而在钱家,这种奖励并不是奖励给个人,而是以集体享有的方式展开,比如让家庭的伙食更好一些,家庭用度更多一些。这种奖励虽然不是到个人身上,但是还是能够激励家庭成员更好地组织生产和安排生活。钱家就是这种情况,两个儿子都在田里苦做苦累,家里的收入都由钱宏耀一手抓,两个儿子和其他家庭成员也没有怨言;家里的妇女们则安分地做好家务事情,都是一家人在一起生活,不用钱宏耀监督与奖励,都是自觉地想把生产生活搞好,这是每个家庭成员的本能,家庭的每一个分工都做好,家庭才会越

---

[1] 出自《芜湖县钱氏宗谱》甲子号卷之一"家规条例"部分。

来越好,家中个人的生活就会自然而然地变好,家庭成员都是将家庭利益放在首要位置。

2.奖励形式

如果一个家庭中有人把生产或生活搞得好,家长一般会奖励整个家庭。在钱家,这种奖励是基于每个家庭成员尽好自己的本分,家庭内每个人只要努力都能够获得某些机会。比如钱家读书的机会,钱家小辈中只有大儿子和二儿子读书,他们两个最后也都是回家种田,家中其他儿子没有读书,这些机会都是根据家庭条件按长幼享有,并不只是对表现良好的家庭成员的奖励。家里生产生活搞得好就是一种奖励形式,即家中的伙食更好、家里衣服更多一些,钱宏耀一般只会对听话的小孩子给予口头的表扬。能搞好家中生产生活又能孝顺长辈的人在外面的名声会好一些,别人会赞扬,说谁家的小孩子教育得好。

(二)对家庭成员的惩罚

1.惩罚主体

在一个家庭中,对于家庭成员的惩罚权一般只有当家人才可以行使,家中的年长者在一定程度上也可以行使这个权力。惩罚是家庭内部的事情,并且在家庭内部也会分情况进行不同处理:如果是一般的错误,只需要口头说教,各自的长辈都可以说,区分开长幼就可以。在一个家庭中,若是小一辈存在一些错误,父母可以说教孩子,丈夫可以说妻子,婆婆可以说儿媳,兄长可以说弟弟,但这些都是随口式的教育,一般都是上代管下代,只有权力大或者资格老的才可以出来管教人,惩罚权一般归家中的当家人,家庭讲究等级高低、尊卑有序。

说教和惩罚都是家里人才可以,家里人再不对,需要说教或惩罚时也都是家门里面的事情,外人不能介入。而且一般都以教育说教为主,惩罚较少,比如媳妇在家务方面做得不对,会由婆婆去指导她改正;如果是家里的小孩子做错事,去偷别人家的东西或者打别人家的孩子,当家人会出面带着孩子去道歉,并且回家后会责骂甚至殴打孩子,纠正孩子的错误行为。钱家整个家庭内部都比较团结,说教和惩罚也很少用到。

2.惩罚对象和形式

家里的惩罚只是针对家庭内部成员,并不能适用于家庭之外的人,外人若是做错事情会由他自己的家庭惩罚,再严重的还有祠堂开祠堂门整家规、进行惩罚,一个家庭不能介入别的家庭的惩罚,村里是五家连一保,十家为一叔,家庭的事情还另有叔长的干涉和监督,惩罚由轻到重一般有责骂、呵斥、打骂、警告和逐出家门几种形式,所以家庭成员一般都会惧怕家庭的惩罚和祠堂的惩罚。这些惩罚形式在家庭和祠堂中都适用,采取哪种惩罚形式都是家长或叔长族长根据错误的程度决定。钱家因为钱宏耀的威严,加上钱宏耀家的几个儿子性格都比较内向,所以钱家人尤其是儿辈在家长的震慑下均听从其安排,基本不会受惩罚。

七、家族公共事务

(一)公共事务的参与

钱村 80%的家庭都是钱氏一族,并且十分富裕,可谓家族兴旺,所以家族会为族人举办一些公共活动,比如开办学堂、给村里修建木桥、修缮村里的道路等,这些都是祠堂用公堂田出租的租金请人去修建,不需要家家户户派劳动力参与。家族的这些公共事务并不用族人出钱出力,只是在国民党时期,村里会组织每家每户加固圩埂,每个家庭按照田地数量领取挑圩埂的任务,一家派一个 1.33 万平方米田地的圩牌,超出这个数量的家庭可以向别人家购买劳动力,家中田地不足 1.33 万平方米的就领个小牌。这个可以是家中的任何一个成员去完成,一般家长会安排,钱家是派大师傅去挑圩埂。

除了这一类修建基础设施的活动,家族还会举行教育、祭祀等公共活动。钱氏家族举办过学堂,在祠堂有田地交租的族人不用交费用,但是也有少数其他村或其他姓氏的人来读书,这些人需要交费,学堂的费用以公堂田收入作支撑。

(二)参与事务的类型

钱村一直发展较好,整个家族也一直遵从族规祖训,所以钱村注重祭祀,每年家族祠堂都会举行祭祀祖先的活动,祭祀的费用由家族祠堂里的共同费用支撑。每年三月的时候,钱村所有钱氏成员会组织聚集在一起,清明的时候一起去祖坟处祭祖。钱村处于圩区,四面无山,祖坟多由家族祠堂统一购买,并且为了保证家族祭祀活动的顺利和便利,公堂在购买祖坟地的同时,也会在旁边额外购买田地送给看守坟墓与接待祭祀的人,方便清明祭祖时他能够为族人提供歇脚和吃饭的地方,整个祭祖的费用也是公堂里的共同开支。此外祠堂还会举办一些大型的祭祀活动,比如每年清明的时候会到祠堂中办清明会,家中的男丁都可以去参加,祭祀仪式过后会一起吃饭,钱家是七个男丁,加上共八间的三房的一个男丁,正好是八个人坐在一桌吃饭。清明会的开支也是公家费用,不需要每人平摊。

祠堂在钱氏家族中非常重要,钱家修缮过家庙和祠堂,这些都是家族祠堂公共费用开支,钱家祠堂有千亩租田,不用家族人出钱出力,都是家族里的族长叔长安排请人置办。1949年以前,钱村有穷者、有富者,就是需要平摊费用也平摊不起来,祠堂甚至还会接济穷人家,因为祠堂有很多田产,也很富裕,有能力去办这些公共事务,所以就没有平摊费用。有时候村中富裕人家可能会捐钱修建祠堂,或者家中有喜事的会向家族祠堂里出喜钱,这种行为被认为可以祈求祖先保佑,也可以获得族人称赞的名声,比如有的富裕人家新添人口会自动送一些东西给祠堂。1949年以前,钱氏祠堂在当地很有名气,为钱氏族人办过很多好事,族人的福利有读书教育、清明祭祖、修桥修路、分发肉菜、困难救助等,外村人也是非常地称赞,所以钱村人都比较容易娶到媳妇,别人都笑称"就是嫁的那户什么都没有也很穷,但是他家有公堂有田也不会差到哪里去"。

确实,钱氏家族的设施和福利都比较好,也很重视教育,如果村中有人想读书但是读不起,祠堂会支持他;如果有人家的生活过不下去,可以向祠堂租田或者借粮食,少数的祠堂会直接支援粮食。钱家重祭祀,也很重视教育,钱宗喃的父亲钱继禄就是秀才出身,在当地任官,族人打官司、处理问题都找他。

八、村庄公共事务

(一)参与活动事项

1.村务会议

村里组织开展村务会议的时候,钱家一般都由家长钱宏耀代表家庭去开会,只要是钱宏耀有空,他都会去参加,但如果实在是没办法去参加,还是会由他安排,或者不去参加,或者委派家里的男性去参加,儿子就可以代替他去,只要是家长委托,不论男女老少都可以参加。村里开会一般都是男性参加,即使有的人家是女性当家,村里开会也会让这个家的男性去参加,也有一些人家会请代理当家人去参加。村庄会议一般都是税赋、挑圩任务下派、政策通知等,一般不是召集村里人去商量村务,普通老百姓即使去参加,一般也不能发表意见、建议,村里也不会采纳。

2.征税会议

钱村也开过征税会议,通知每个家庭的家长去参加,但是这个征税会议并不是向村民征求意见,而主要是下达任务,比如通知大家有什么税赋、什么样的上交标准、怎么上交等问题。这个会议一般是全村每家每户都得去,只要是在纳税范围内的家庭都得参加,有些征税并不是按照田地数量来安排,而是按照人口来计算,所以大部分征税会议是全体都要参加。村里面除了召开这些征税会议外,基本没有召开过其他会议,1949年以前,国家对于村庄的管理很少,相互间的联系基本就是税收,国家征税,村庄中的家庭交税。钱氏家族重视对整个钱村的管理,这个管理基本是当地家族乡绅在管理。对钱家来说,钱宏耀在家族里任叔长,在村里圩上任圩长,所以他对村庄事务比较上心,有时候村里的事情他也能够说上话,钱家其他人都是在家庭内部,不会和家长一起讨论村里的事情。国民党的时候收的就是田亩税、道路税、壮丁税等,税收种类多且税赋重,田亩税是要根据田亩上交税费,道路税就是以道路维修为由收税,壮丁税一般是按照壮丁年龄收钱,抓壮丁的时候采取抽签的方式,中签的人家若是没有钱就要被抓走,有钱的家庭可以出钱购买壮丁去顶。征税比较随意,税收种类很多,国家下来收税时,要是本家和他关系好即可以被免除,关系不好就一定要交,像壮丁税还会故意安排本家中签。

3.修桥、修路、修庙

钱村修桥、修路、修庙都是家族里的族长、叔长决定和组织的,一般都是用祠堂的田亩收入来请人修建,不需要以家庭为单位提供人力。钱村的公堂屋、祠堂、石板路都是在钱氏宗字辈和继字辈两代之间修建完善。钱村的保甲长就像是通信员,如果他们通知修路,就会开会召集各个家庭的家长征税,一般都是按人摊费用,这是道路税,每家每户还需另出劳动力,一般一家出一个劳动力即可。保甲长到每家每户通知家长,家长一般派家中的儿子或者长工去参加修路,一般家里条件好便是安排家中的长工出工,其他条件较差的家庭只能是家中年轻力壮者出工,若家里实在没有壮实的青年男性,可以花钱雇人代表自家去参加,既没有男人也没有能力雇请别人的家庭会向村里反映,但是得看村里任职的人会不会为难,关系好的可能不会为难,关系不好的即使这家再困难也不会理解。修桥、修路、修庙的活动一般不让女性参加,女性不能参加对外的公共活动。

4.打井淘井

钱村家家户户基本都是使用压水井,打水井是属于个人家庭内部的事情,不在祠堂和村庄的管理范围内,村庄和祠堂都不会干涉,水井是每家每户生活的必需品,各家会请专门的人来打井,结束之后结算工钱。因为钱村的富裕名声在外,村里的手艺人也少,所以外村会有专门打井的人自动来到钱村转悠,挨家挨户地上门寻找打井生意。当这些人来到钱村的时候,一家开始打井,其他家出于方便的缘故,也都开始打井,然后各自支付打水井的费用,若是实在打不起水井,就只能使用河湖里的水,村里也有两三户共打一口水井的情况。

5.开展集体活动

钱村也开展过一些村庄集体活动,比如出会、唱戏、跑龙灯、叠罗汉等,钱家也会参加,并且不是只有家长钱宏耀可以参加,其他成员也可以较为随意地参加。在当地,这些集体活动都为大家所知晓,活动进行的时候不需要村里人通知参加,一般都是自愿参加。比如出会活动,钱村每年都需要操办土地会、观音会、庵公会,村庄和祠堂都不会负责活动开支,一般都是自愿参加的家庭组织在一起,十家、二十家在一起吃饭办会,这也是村庄关系较好的家庭间相互交往的重要方式。

此外,还有一些唱戏、跑龙灯、叠罗汉的集体活动,这些活动是村里一代代传下来的习俗,一般都会在村中选拔专门的传承人才,比如跑灯、叠罗汉的活动一般都是在过年的时候组织专门的演出队伍表演,在当地是非常热闹的一件事情。其中,跑灯又分为跑龙灯和跑狮子灯,两者就是规模上有大小之分,其他礼节上大致差不多,龙灯或狮子灯会去有钱人家下帖子,这一家的家长要摆好香案接待,并且要放鞭炮和包礼钱,一般会让龙灯或狮子灯从堂屋穿堂而过,因为龙灯或狮子灯穿堂被认为会带来祥瑞之气。

叠罗汉也是钱村里的传统,一般是在一个家族中选人操办,罗汉堆在最低端的是家族中身体最壮者,然后往上人数依次叠加,在罗汉堆最顶端的基本就是家族中的小孩子。叠罗汉并不是随便一个人都可以参加,为了家族的传承,会在整个家族选拔优秀的继承人,从小就开始培养练习。全村人都可以参加叠罗汉和唱戏这些集体娱乐活动,这些家庭成员不需要征求家长的意见,男女老少都可以去观看,也是钱村十分热闹的时候。

6.村费征收

钱村并没有收村费的习惯,一般都是需要均摊的时候按人分摊,在日常生活中,则需要上交一些粮费,圩上会收圩费,有的年份还有一些杂税。有一年钱村做陡门大闸的时候需要统一收费,规定是按照田亩来收,一亩田收 150 斤稻,钱家一般就是钱宏耀负责去交,他担任这个项目的监理,加上他和那些收费的关系都不错,所以上交的费用相对比较少。其他人家都需要当家人在规定时间内上交,有的人家没有钱上交,就需要家长想办法,实在不行就去拿望江钱①,等到家里有了收成再由家长去还。

7.治理灾害

钱村因为地势低洼,深居圩区,所以夏季雨水集中的时候多发洪涝灾害,村民"种到哪里淹到哪里",好的情况下高田可以收一些,但是也有雨水少的年份又会发生旱灾,这些主要是因为没有机器排水和引水所致。钱村是一个十年九不收的地方,不管是雨水多还是雨水少,一般情况下都是村民各自催水排涝或浇灌,都是以家为单位进行管理,是一种自顾自的做法,村里很少会召集全村家户联合起来抵御灾害。只是有一年雨水来得很急,村里的保甲长便召集各家户的当家主事开会,按照相邻 1.33 万平方米田地配置一部水车,进行集中排水。每家每户都要按照标准派劳动力参加,村里的三十多部大水车都被架到陡门那边,叫作"搭伙催",经过努力,虽然排出去一部分水,但还是抵不住一场大雨,钱村最后还是被淹。村里组织一起治理灾害的时候,都是以家庭为单位提供人力,原则上都是按照田地数量来出人力,按照要求钱家需要派两个劳动力去,钱宏耀便安排年轻力壮的两个儿子前去。

8.维护村庄治安

当村庄发生战乱的时候,为了维护村里的治安,会安排一些加固防护、人员巡逻等活动进行抵御。因为战乱期间盗匪猖獗,钱村便雇请两个人专门巡逻,夜间巡逻就是为了防止盗

---

① 望江钱:相当于现在的利息钱。

匪,保护村庄安全,雇用的对象都是家庭条件差的外姓人,这两个人又都是身强力壮的人,因此得以选出来负责持枪巡逻,一年下来每人收入十多担米,即大概一千多斤的报酬。除了请专人巡逻,村里还会安排各家轮流打更,打更的责任由每户家长承担和安排,钱宏耀一般都是派长子去,三更的时候是在半夜,五更天的时候就是天亮,整夜的打更也是为了提醒村民要防御盗贼,并且也对盗匪有一定的警示作用。

(二)筹资

村庄在组织修桥的时候并没有向村民筹资筹款,修桥的费用来自公堂里的公共资金,一般就是从公堂田的田租收入中支出。在组织修路的时候,村级层面有进行筹资筹款,修路的费用是一家一份,由保长通知下来,让每家每户的家长筹备,一般都是把家中共同收入上交村庄。村里组织修庙的时候并没有筹资筹款,这些庙基本都是家庙,所以都是钱氏家族自行出钱修建。村庄的灾害治理一般都是村民自顾自地管理解决,村庄层面基本没有救治措施。家里交给村庄的筹资花费,当家人做主就可以,不用跟家人说清,如果交不起钱也是当家人负责解决。

(三)筹劳

钱村在组织修桥的时候并没有进行筹劳,修桥都是钱氏家族花钱请人来操办,修桥被认为是钱家祠堂为钱氏家族攒功德的事情。村里在组织修庙的时候也没有开展筹劳,村里面的庙基本都是家庙,所以都是钱氏家族祠堂出钱请的劳力,所有的修建和维护都是由祠堂承担。在村里组织修路的时候,保长会出来发动大家出劳力,筹劳的时候是一家一个劳力,一般是保长直接告知家长,然后由家长来安排家庭成员出劳力。

村里有组织过管理水利设施的公共事务,在修建堤坝、陡门水闸的时候,村中也会筹劳,如钱村在修建陡门水闸和挑圩埂的时候,都是按照每1.33万平方米田地派一个人的标准征派劳力。另外,钱村没有组织过集体看青活动,但是因钱氏人口比重大,家族也很兴旺,在钱家看来,钱家必须仰仗土地,十分重视农田生产,因此祠堂里会组织集体看青,祠堂一般会在田间稻秧出青的时候请道士去作法,会用鸡进行祭拜,道士带着符,将鸡血滴在符上,然后一片田插一张符,这个看青活动就是为了让田里能有个好收成。这个道士一般由祠堂请来,只给公堂族人的田看青,族人不用出钱,外姓人不在此范围内。此外,钱村在秧苗出青的时候会有接观音的习俗,每家每户都会准备好拜祭的礼品接观音回来,祈求菩萨保佑五谷丰登。

九、国家事务

(一)纳税

钱村纳税一般都是以家户为单位进行,按照土地面积计税,少的时候一亩田需要上交五十斤左右粮食,多的时候需要上交一百五十斤左右粮食。纳税都是需要上交税款而不是实物粮食。一般情况下,一年要上交两次税费,包括田粮一次、圩粮一次。要是税赋多的年份,还有很多其他的税费,比如人头税、壮丁税等,人头税就是家中新添的家口需要上交人头税,壮丁税是对村中青年男性征收的一种税赋,一般不是所有的男性青年都要上交,都是中签以后才需要上交,但是这个中签却是保甲长所操控的,所以一般都是与其关系亲近的就可以免签或出钱购买名额,与其关系较差的人家就要中签交壮丁税,实在交不起的就要被抓走。钱家的大儿子、二儿子已经长大成人,但是因为钱宏耀在外的人脉且和收税的保长关系好,所以钱家一直没有中签。

每年收税的时候，保甲长都是直接通知每个家庭的家长，然后家长再安排家里人去交税。一般纳税通知后会预留出一段上交时间，此时家长就要开始准备将家中的粮食变卖成现钱来作为税钱，若是交不上，家长也会早做打算，一般不是向亲戚家借就是借利息钱，穷人家基本都是这样做，但是也有一些可以不交，比如和保甲长关系好，或者家里实在是特别困难，但这些情况也只是少数。

（二）征兵

1.征兵

国民党正式征兵的时候，钱家没有被派兵，这个时期如果被征家庭没有人愿意去，可以向别人家买兵，一般都是找村里的贫穷且儿子较多的家庭，由当家人做主出钱买兵。因为儿子负有传宗接代的责任，一般家庭都不愿意自己的儿子被征走，所以但凡家中有条件都会去买兵，购买的费用由家庭共同财产负担。对于卖兵的家庭来说，一般都会从家中次子以下选择，同时也会考虑儿子的年龄、体力、健康等方面，一般不会选择长子或者已经结婚的儿子，村中征兵一般也不会向独子家庭征兵。钱家在征兵过程中没有躲兵的现象，该钱家去抽签的也都会去，只是没有中签，因为钱家和三先生这些乡绅关系较好，最后被免兵。

钱村在国民党征购军粮的时候，很多情况下都是强制低价购买，但是钱家因家长钱宏耀在外的关系活络，可以通过关系得到照顾，粮食销售都有门路，也就能卖到较好的价钱，即使是卖作军粮，价格也会比别人家高出一些。日后日本军队来的时候，汪精卫国民党军队在县城设卡，给村民发良民证，让村民通行控制买卖，国民党的购买价格很低，因此钱家更愿意去黑市将家中的粮食卖给日本人，因为日本人不懂货也不懂行情，所以当地村民经常将玉米用热水泡开、将泥土掺入黑色的泥豆中卖给日本人，当地人将这个称为"鬼弄鬼"。但是共产党来征购粮食的时候会给村民合理的价钱，村民一般都愿意卖给他们。

2.抓壮丁

钱家没有被抓过壮丁，但是在国民党抓壮丁时期，钱家也担心家中会中签，被抓走当壮丁。当地抓壮丁有"三子抽一丁，五子抽两丁"的规定，就是说一个家庭中若是有三个成年儿子，就要有一个壮丁名额，五个成年儿子的家庭就要有两个壮丁名额。然而虽有规定，但实际上抓壮丁就是胡来，存在乱抓的现象，有些穷人家因为没权势，儿子数量即使没有达到要求也会被派壮丁签，根本不问身高、健康、体格、家庭情况等这些标准，都是保甲长操控抽签，谁家中签，谁家就要派规定数目的儿子当壮丁，所以村中有儿子的家庭尤其是贫苦人家都会担心。钱家有几个儿子，家里人开始的时候也会害怕，因为他们不知道家长钱宏耀在外的人际关系可以起到作用，好在钱宏耀平日里就很注重和这些保甲长、乡绅先生等建立良好的关系，果然在壮丁中签的时候派上用场，钱家几个儿子都没有被当作壮丁抓走，这也是钱家社会地位较高的一个表现。

虽然对外宣传壮丁是去当兵，但实则是被拉去做苦力，即使去当兵也都是堵枪眼送死，所以每当听到要开始抓壮丁的时候，村里那些儿子多但是没有钱财的人家就会非常害怕，他们没有办法保护自己。钱氏家族中就有一户人家因为没钱，在听到抓壮丁的风声后提前逃走，逃到附近的亲戚家躲避风头，等抓壮丁的风头过去才回村。而有钱的人家即使是儿子多也不会害怕，原因有两个：第一，家里权大势大，可以通过钱财打点干部、疏通关系，使家中在一开始就免于中壮丁签;第二就是抓壮丁中有个不成文的规定,如果中签又不想被抓,可以花钱去买别人家的壮丁替自己去,有些穷苦人家为了生活会考虑出卖壮丁。钱村一户富裕人家因平日里和乡绅、保甲长的关系并不是很好,于是被抽中壮丁,他便花钱去他佃户家买了一个壮丁,这个壮丁就代替这个富人家的儿子被抓走,被火车一路拉去四川,在半路的时候跳火车又逃了回来。隔壁小八咀村也有一个半路逃回来的,他家是村里最穷的,家中卖壮丁的时候得到十几担米,之后他被拉去打仗,先是将他们关在一间楼房的二楼,将草铺在地上让他们睡觉,他们就撒尿将草弄湿,再编织成绳子,在夜间看管较松的时候从窗户顺着绳子下去逃跑了。逃跑回来以后保长一般也不会管,毕竟是一个村里的,他的任务只负责抓上去,但是逃回来的他不会主动去管,逃回来的人若能保住性命,也能给家里窘迫的生活带来一些收入,但大多数被抓走的壮丁还是没法逃回来。

(三)摊派劳役

钱村在摊派劳役的时候,一般都是按照家户的自有土地面积来计算,以任务的形式强制下派,任务一般是由甲长通知到户,此外任务的执行过程也在甲长的监督中。在钱村人们都把这种劳役摊派称为"劳派",钱家也被摊派过,比如钱村修陡门水闸和道路的时候,钱家就被按照自有土地摊派过劳务工,其中钱家租种的土地不用于计算"劳派"任务。钱宏耀担任钱村圩会的圩长,负责在钱村汛期的时候召集村里人挑圩埂或组织抗洪防汛。此外,钱宏耀还是修陡门水闸工程的监理,整个钱村有一百多户,每户除了要按照田亩出劳力外还需要出钱。摊派劳役是村庄管理中一个重要的手段,在家户外一般都是保甲长通知到家长,在家户内谁去完成这个劳役就是当家人说了算,较为富裕的家庭都愿意花钱雇短工或者让家中的长工去服劳役,东家会给长工粮食和锅,让他们带去做工的地方烧饭,以解决伙食问题,这也成为村中穷人打短工的一个途径。钱家因为钱宏耀是个"半先生",家中条件也尚可,所以家中的劳务都是让长工大师傅去完成。钱村除了劳役摊派,还摊派过人头税、田亩税、保甲费等税费,这些不是按田亩计算,而是以家户为单位征派。钱家认为,这些摊派劳役的方式不正确,这也是国民党失败的原因。

(四)选举

钱村的村长是当地人选出来的,并不是由上面委派的,虽然在钱村的日常管理中作用不大,但依旧发挥一些传达消息和集中处理事情的作用。除去村长,还有保长,保长不再是由村里人选举出来的,而是由上级政府委任下来的,主要起上传下达的作用。此外,还有甲长,甲长基本都是当地人选出来的,是一个临时性的岗位,因为职务需要轮换,主要起到通讯员的作用,负责传话,比如村里要收税、征派劳役的时候都是甲长下到各家各户通知家长,直接与户对接消息和任务。选举甲长、村长的时候,并不是村里人都到场选举,一般就是一些平日里能说得上话、有威望的人聚在一起商量就行,通常都是选一些能说话、能被众人信任的、有威望的人,钱家家长钱宏耀就去参加了这个选举,选举之前也没有跟家人一起商量,选举只是村中少数人的权利。

调查小记

　　2017年暑假期间,我担任中国农村研究院家户制度调查项目的调研员,在接受学院调研培训后,我明确了自己的调研任务,并且认真记录下调研技巧和任务要求。因为是第一次接触家户制度调查,对于任务实际调研操作与调研内容整理不熟悉,我深感任务艰巨,于是安排尽早地离校着手调研,调研地点定在了安徽省芜湖市芜湖县湾沚镇定丰钱村。

　　磨刀不误砍柴工,调研任务虽急迫,但我牢记培训中强调的要寻找合适访谈对象的要求,同为寻得好的访谈对象家户调研便成功了一半,后期实际调研与内容整理成稿会比较容易。所以在调研伊始,我首先将家户受访对象的要求告知了家中的几位亲戚,托其帮忙寻找合适的访谈对象。正是因为家户调查需要寻找年龄为八十岁以上、头脑清晰、身体健康的老年人,并且对老年人1949年之前的家庭人口规模与结构也有要求,需要至少是三代同堂八口人共同生活,所以寻找适合的访谈对象成为调研的首要难点。通常是家里人提供适合访谈的老年人的信息,然后带着我上门约谈老人,试探老人是否适合继续深入访问。万事开头难,最初找的几位老人我都登门仔细询问,不是对1949年前家中的事情记忆不清,就是身体不适合,还有一些是家庭人口或代际没有达到要求,一位符合家庭要求又健谈的老人是十分难找的。但是我一直坚持尝试寻找,并没有因为难找便凑合,家里亲戚也是四处为我打听,最终在机缘巧合之中,俞伯伯的一位同事在与他闲聊中告知他们村庄钱村中有一位92岁并且十分健谈的老人,第二天俞伯伯放下手中的活,骑车载我去了钱村,在与钱昌桃老人简单试谈后,我发现老人是一个人居住,虽已92岁高龄但生活完全可以自理,1949年之前家中是满足条件的四代同堂十三口之家,最重要的是老年人记忆力清晰且十分喜欢聊家族往事。于是我便和钱爷爷约好访谈时间,之后便是为时一周的深入访谈,原本以为实际访问会是调研的一难所在,但因为钱爷爷喜欢聊天且对我十分耐心,所以在调研中没有任何困难,交流顺畅、访谈深入。在我看来家户调研的再一难便是后期整理与写作,需要较强的梳理总结能力和细致耐心的心态,幸得钱爷爷借出家中的家谱给我阅读以补充写作。整个家户调研过程算是比较顺利的,虽困难重重但最终在多方帮助与自己的努力下完成了。

　　在家户制度调查的前期准备、中期调查与后期的梳理整理过程中,我获得了很多人的帮助。在此,首先我要感谢中国农村研究院给予的此次调研机会、技巧培训与经费支持,这是前期调研准备中重要的一环;其次,感谢尊敬的徐勇教授、邓大才院长对于我的指导与鼓励,也感谢黄振华老师及审核小组成员的细致指导和建议;再次,感谢我的受访者钱昌桃爷爷,耐心地配合我的访问,于我更是知无不言、言无不尽;最后,感谢帮助我寻找老人并陪同我调研的亲戚和给我写作意见的朋友,他们的帮助使得我的调研得以顺利开展,报告更加完善。

附　录　调查图片

第一篇　明氏

受访人明少安

第二篇　贾氏

受访人范聚财

第三篇　刘氏

受访人刘灵便

刘灵便的丈夫李俊忠

第四篇　葛氏

受访人程瑞娣

第五篇　李氏

调研员李巧与受访人刘慧慧合照

第六篇　李氏

受访人李文兵(左)

李文兵家的房屋照片

第七篇　陈氏

受访人陈仪学

第八篇　赵氏

受访人赵培忠

1949 年以前钱家房屋一角(现受访者居处)

第九篇　钱氏

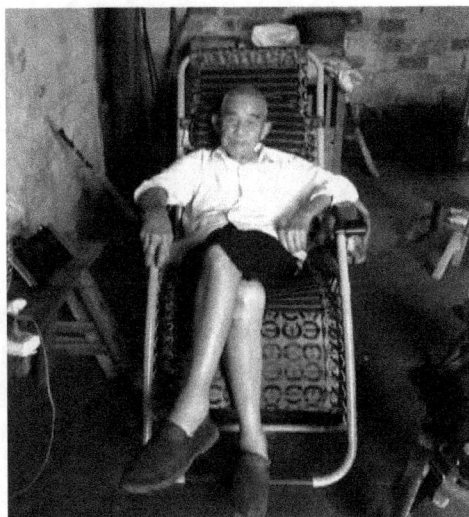

受访人钱昌桃

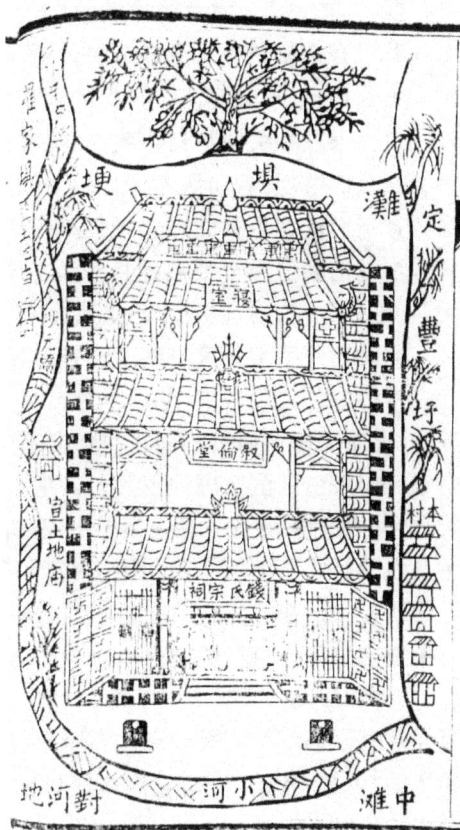

1949 年以前钱家祠堂图

后 记

2016年底，在徐勇教授和邓大才教授的主持下，作为华中师范大学中国农村研究院的"世纪工程"之一，"家户制度调查"顺利启动。"家户制度调查"以家户制度为核心，以家户关系为重点，对1949年以前的传统典型家户进行全面深入的调查，其内容涵盖家户的由来与特性、家户经济制度、家户社会制度、家户文化制度、家户治理制度等诸多方面。调查者通过对传统时期典型家户的当事人进行系统访谈，搜集了大量详实、第一手的文献资料、访谈资料、录音资料和图片资料，并在此基础上完成家户制度调查报告。本卷从调查员所撰写的家户调查报告中择优选择九篇编辑而成，力求以平实客观的文风、原汁原味的笔触还原传统时期典型家户的运行与变迁。

2017年1月，"家户制度调查"开始试调查，同年7月，"家户制度调查"项目全面启动。两批共二百余位调查员分赴全国各地，实地采访仍然健在的传统典型家户的亲历者；大量搜集有关典型家户的各类家谱、族谱、账本等文字文本材料；走进乡镇、县市政府档案部门搜集查找典型家户相关资料；整理和撰写家户调查报告……正是调查员们前期深入的调查，中期不厌其烦的整理，后期认真仔细的写作，使本卷能收录到质量极高的调查报告。在此，感谢各位调查员们认真负责的态度、吃苦耐劳的精神以及对学术孜孜不倦的追求。

本卷的问世首先要感谢接受调查员访谈的明少安、范聚财、刘灵便、程瑞娣、刘慧慧、李文兵、陈仪学、钱昌桃、赵培忠等诸位老人。

同时还要感谢为家户制度调查员提供帮助和便利的自贡市、三门峡市、运城市、宁波市、武汉市、定西市、聊城市、芜湖市等市县朋友们。感谢四川省自贡市市民童家财及其妻子刘正芳、女儿童旭对调研员柏静在找到合适受访对象并且得以顺利访谈中的关心与帮助。感谢河南省三门峡市湖滨区磁钟乡的老人牛小么对调研员范静惠在找到合适受访对象之前的帮助与关怀。感谢永济市的各级领导干部、韩家庄老书记刘锁子及其妻子在调研员于国萍选择村庄及农户时给予的关心和支持。感谢庄桥街道办事处副主任张良及葛家村村委书记应福良对调研员张众在找到合适受访对象并得以顺利访谈中的支持、关心和帮助。感谢东西湖区径河街道永丰苑小区居民吴麦华对调研员李巧在找到合适受访对象并且得以顺利访谈中的关心、支持和帮助。感谢李文兵老人对调研员周世东在访谈中的支持与帮助。感谢王顺庭村赵西成及其妻子郭兰英对调研员郭艳艳在找到合适的受访对象并顺利访谈过程的支持、关心和帮助。感谢芜湖市湾沚县定丰钱村民钱玫瑰、村民俞善明对调研员芮秀妹在找到合适受访对象并得以顺利访谈中的支持、关心与帮助。这些提供支持和帮助者有各市、县的领导干部，也有调查员的亲友，正是在他们的支持和帮助下，我们的调查员才得以顺利完成调查并撰写出高质量的调查报告。

本卷得以顺利付梓,最为重要也是最要感谢的是徐勇教授和邓大才教授的倾力贡献。他们前瞻性、创造性地提出了"家户制度调查"这一重大调查领域,并持续推动着家户调查工作的进展。为了打造这一"学术三峡工程",徐勇教授和邓大才教授不辞辛苦、孜孜以求,为本卷内容的构思、写作、编排、出版倾注了极大的心血。从调查前的理论指导到调查提纲的设计修改,从调查培训到调研指导,从报告撰写再到报告定稿出版,两位老师全力支持、全程参与、全心投入。正是两位老师的心血倾注,才使本卷得以保质保量迅速完成。

本卷是《中国农村调查(总第 41 卷·家户类第 10 卷·中等家户第 7 卷)》,收录了 9 位调查员的家户调查报告:一是柏静的《维生以佃:无房无地家户的艰难生存》,计 7 万字;二是范静惠的《以工襄农:飘零耕户的艰辛与波折》,计 11.8 万字;三是于国萍的《盎盂相击:断弦再造的家户延续》,计 8.2 万字;四是张众的《合食通财:上门女婿之家的聚合及延续》,计 7.1 万字;五是李巧的《雇请短工:劣势环境下普通农户的生存之道》,计 12.6 万字;六是周世东的《以农辅工:多匠少地家户的融合与治理》,计 7.7 万字;七是柏静的《内聚外引:农副并举的发展之道》,计 7 万字;八是郭艳艳的《兄弟合力:富户自立的生存之道》,计 7.4 万字;九是芮秀妹的《内立外联:望门中户的存续与治理》,计 11.7 万字。感谢华中师范大学中国农村研究院黄振华老师对家户报告出版的指导和协助,同时感谢黄老师及张航、朱露、何婷、王美娜、刘娜、郭皎皎对家户报告审核的倾力付出,正是他们卓有成效的工作,保证了调查报告的前期质量和水准。此外,还要感谢天津人民出版社王玲、郭雨莹老师等对著作出版的大力支持与辛勤劳动。本卷的统稿、编辑与校对工作由郭皎皎负责,内容核实与修改工作由各位报告的撰写者负责,在此表示感谢。

由于编者的水平有限,错漏之处难以避免,敬请专家、学者及读者批评指正,我们将在今后的编辑中不断改进和完善。

编者谨记
2020 年 11 月